中国年鉴精品工程
High Quality Project of China's Yearbook

# 黄埔年鉴

# HUANGPU YEARBOOK

# 2020

广州市黄埔区地方志编纂委员会　编

方志出版社
Publishing House of Local Records

**图书在版编目（CIP）数据**

黄埔年鉴.2020/广州市黄埔区地方志编纂委员会编
—北京：方志出版社,2020.9
ISBN 978-7-5144-4441-4

Ⅰ.①黄… Ⅱ.①黄… Ⅲ.①区(城市)－广州－2020－年鉴
Ⅳ.①Z526.54

中国版本图书馆CIP数据核字（2020）第207830号

## 黄埔年鉴（2020）

**编　　者：**广州市黄埔区地方志编纂委员会
**地　　址：**广州市黄埔区开萝大道6号
**电　　话：**020-82378741
**传　　真：**020-82378596
**责任编辑：**顾　洁

**出 版 者：**方志出版社
地址　北京市朝阳区潘家园东里9 号(国家方志馆4 层)
邮编　100021
网址　www.fzph.org
**发　　行：**方志出版社图书经销中心
电话（010）67110500
**地　　址：**北京市朝阳区潘家园东里9号楼4层
**电　　话：**010-67121249
**印　　刷：**深圳市精典印务有限公司（0755-83748726）
**开　　本：**889毫米×1194毫米　1/16
**印　　张：**35.5
**字　　数：**1230千
**印　　数：**1—1500册
**版　　次：**2020年9月第1版
**印　　次：**2020年9月第1次印刷

ISBN 978-7-5144-4441-4　　　　**定　　价：**358.00元

# 编辑说明

一、《黄埔年鉴》坚持以马克思列宁主义、毛泽东思想、邓小平理论、“三个代表”重要思想、科学发展观、习近平新时代中国特色社会主义思想为指导，坚持辩证唯物主义和历史唯物主义的立场、观点、方法，坚持存真求实、改革创新、编鉴为用的原则，全面、客观、系统地记述区域发展情况。

二、《黄埔年鉴》是由黄埔区人民政府主办、黄埔区人民政府地方志办公室承编的地方综合年鉴。自1999年开始逐年编纂公开出版，一年一卷，卷号以编纂出版年份标识。《黄埔年鉴2020》为第22卷。

三、《黄埔年鉴2020》记述内容包含黄埔区（行政区）、广州开发区（经济功能区）的发展情况。广州开发区为广州经济技术开发区、广州高新技术产业开发区、广州出口加工区、广州保税区四个国家级经济功能区和中新广州知识城的统称。除广州高新技术产业开发区的天河科技园、黄花岗科技园、广州民营科技园、南沙资讯科技园和广州经济技术开发区建设运营的广州国际生物岛外，其余经济功能区均位于黄埔区，在管理体制上黄埔区与广州开发区深度融合，除特别注明行政区的社会管理事务外，所记述内容均为两区融合发展内容。

四、《黄埔年鉴2020》系统记述黄埔区2019年自然、政治、经济、文化、社会、生态等方面情况。采用分类编辑法，以类目、分目、条目组成框架结构和主体部分，在少数分目中，增设子分目，以条目为记述内容。采用现代语体文记述，条目标题用黑体加【】表示。全书前有目录，后有索引，具有比较完善的检索系统。记述时限为2019年1月1日至2019年12月31日，个别内容根据实际情况略有上溯或下延。

五、《黄埔年鉴2020》共设置类目34个：（1）图照、（2）特载、（3）大事记、（4）黄埔概貌、（5）中国共产党黄埔区委员会、（6）黄埔区人民代表大会、（7）黄埔区人民政府、（8）中国人民政治协商会议黄埔区委员会、（9）中国共产党黄埔区纪律检查委员会 黄埔区监察委员会、（10）民主党派、（11）群众团体、（12）法治、（13）军事、（14）经济管理、（15）口岸管理、（16）城市管理、（17）城乡建设、（18）农业和农村经济、（19）工业、（20）信息业、（21）金融业、（22）商贸流通服务业、（23）旅游业、（24）广州开发区、（25）教育、（26）科学技术、（27）文化、（28）卫生 体育、（29）社会民生、（30）镇 街道、（31）人物 荣誉、（32）统计资料、（33）附录、（34）索引。

六、2019年，黄埔区部分街道行政区划发生变化。3月，撤销东区街道和荔联街道，设立云埔街道；撤销九龙镇，设立新龙镇、九佛街道和龙湖街道。故《黄埔年鉴2020》“镇 街道”类目新增1个镇和3个街道的记述，删除原九龙镇和东区街道、荔联街道的记述。经济功能区单独设“广州开发区”类目记述。

七、图照设置分集中设置和随文插图。集中设置为卷首专题图片，有黄埔区行政区划图、黄埔荣誉·2019、黄埔数字·2019、四区四中心、礼赞新中国 奋斗新时代、营商环境优化、科技创新、城市更新、交通建设、文化设施、时代华章——粤港澳大湾区城市公共雕塑大展、2019黄埔花市、黄埔马拉松、生态建设、美丽乡村、精准扶贫、社会民生；随文插图见条目释文，图随文出。

八、条目作者署名，同一分目的所有条目为同一作者的在最后一个条目署名，不同作者的在条目后分别署名。

九、《黄埔年鉴2020》所记述的事实资料和数据资料，均由参与单位负责编写，并经各级主管部门审核。全区社会经济统计资料由黄埔区统计局提供。如个别数据有出入，以黄埔区统计局公布的数据为准。

# 《黄埔年鉴 2020》编纂委员会



# 《黄埔年鉴》编辑部

# 《黄埔年鉴 2020》撰稿人员

（以姓氏笔画为序）

| | | | | | | | | | | |
|---|---|---|---|---|---|---|---|---|---|---|
| 丁莉斯 | 万志国 | 万　薇 | 马健瑜 | 王　丽 | 王　勇 | 王　雪 | 王　晨 | 王　锋 | 王丽华 | 方润雨 |
| 邓志伸 | 邓丽萍 | 邓绮珊 | 卢雪婷 | 叶小红 | 叶　峰 | 田丽华 | 冯善军 | 邢　趣 | 吕　磊 | 吕敏进 |
| 朱文慧 | 朱杰玲 | 朱思佳 | 朱振强 | 伍晓燕 | 任　成 | 邬丽娜 | 庄良伟 | 刘　莉 | 刘　静 | 刘之阳 |
| 刘巧斌 | 刘立华 | 刘丽春 | 刘坪辉 | 刘顺玉 | 刘锐娟 | 刘煜杰 | 江银曼 | 孙雅琪 | 孙锋锋 | 麦清华 |
| 劳美华 | 杜娟慧子 | | 李　月 | 李　欣 | 李　科 | 李　娜 | 李　倩 | 李　蓓 | 李　想 | 李　霁 |
| 李　聪 | 李志玲 | 李建明 | 李彦瑾 | 李晓芳 | 李继朋 | 李婧昀 | 杨　菠 | 杨小娜 | 杨飞龙 | 杨兴伟 |
| 杨春艳 | 杨思敏 | 杨俊玲 | 杨莉娜 | 杨家怡 | 吴宇婷 | 吴宇静 | 吴丽萍 | 吴秀娟 | 吴春霞 | 吴晓莹 |
| 吴燕南 | 邱子芹 | 何升聪 | 何文婷 | 何书艳 | 何旭鹏 | 沈　铭 | 宋赫男 | 张　旭 | 张　争 | 张　莹 |
| 张　敏 | 张　惠 | 张　楠 | 张东虹 | 张丽霞 | 张晓燕 | 张海鸥 | 张淑雯 | 张惠颖 | 陈子浩 | 陈天亮 |
| 陈中奇 | 陈旻语 | 陈南星 | 陈思佳 | 陈秋而 | 陈家慧 | 陈惠曼 | 陈瑶馨 | 陈嘉殷 | 林　枫 | 林　彦 |
| 林佳儿 | 林晓薇 | 林曼婷 | 易　乐 | 罗　华 | 罗青云 | 罗秋凌 | 周　杨 | 周　爽 | 周　翔 | 周木秋 |
| 周琼璇 | 冼纳芸 | 庞杏玉 | 郑　晖 | 赵　翔 | 赵冬冬 | 赵放平 | 赵漫秋 | 胡　琴 | 胡　琼 | 胡伟琪 |
| 胡秀兰 | 胡金林 | 胡晓琴 | 柯蔚蔓 | 钟　敏 | 钟　琳 | 钟可盈 | 钟冬明 | 钟庆红 | 钟秀云 | 钟浩礼 |
| 钟鸿颖 | 钟婉雯 | 施　琼 | 胥　茜 | 骆燕玲 | 秦锡扬 | 袁洁莹 | 袁爱华 | 莫少娟 | 莫冬梅 | 夏秀文 |
| 徐俊超 | 徐雅琛 | 徐燕妮 | 翁绮雁 | 高　亮 | 郭利丹 | 黄　利 | 黄　捷 | 黄　婕 | 黄　锐 | 黄小引 |
| 黄子芳 | 黄文秀 | 黄东雅 | 黄成怀 | 黄齐欣 | 黄连枝 | 黄秀凤 | 黄英桦 | 黄秋云 | 黄俏铭 | 黄倩华 |
| 黄碧君 | 黄慧敏 | 黄燕文 | 梅卫峰 | 常　欢 | 常智峰 | 康文斌 | 梁宝心 | 梁意滢 | 谌　煌 | 彭　磊 |
| 彭丽玲 | 葛碧瑾 | 韩小红 | 傅立业 | 覃　希 | 童兴用 | 曾佩群 | 曾德东 | 谢子建 | 谢　疆 | 谢笑玲 |
| 赖美华 | 赖斯麒 | 雷乐珩 | 蔡　颖 | 蔡永平 | 蔡俏丽 | 蔡馥慧 | 廖庆斌 | 谭　聚 | 黎卫文 | 黎法平 |
| 潘　虹 | 潘奕君 | 潘淑莹 | 薛丽雯 | 薛晶晶 | 戴海波 | 魏亚婷 | | | | |

# 目　录



## 图　照



## 特　载



## 大事记



## 黄埔概貌

## 中国共产党黄埔区委员会

## 黄埔区人民代表大会



## 黄埔区人民政府

## 中国人民政治协商会议 黄埔区委员会



## 中国共产党黄埔区纪律检查委员会 黄埔区监察委员会



## 民主党派

## 群众团体

## 法　治



## 军　事

## 经济管理

## 口岸管理

## 信息业



## 金融业

## 商贸流通服务业

## 旅游业



## 广州开发区

## 教　育

## 科学技术

## 文 化



## 卫生 体育

## 社会民生



## 镇　街道

## 人物　荣誉



## 统计资料



## 附　录



## 索　引

# 黄埔区行政区划图

黄埔区在广州市的位置图
韶关市
清远市
清远市
从化区
花都区
增城区
惠州市
广州市
白云区
天河区
越秀区
荔湾区
海珠区
黄埔区
佛山市
东莞市
番禺区
南沙区
深圳市
中山市
图例
省级行政中心
市级行政中心
县级行政中心
地级行政区界
县级行政区界
从化区
增城区
白云区
九佛街道
龙湖街道
新龙镇
太和镇
中新镇
新和
高田
大安
秋风
永兴
山美
马洞
茅岗
陈洞
沙田
帽峰山林场
帽峰山森林公园
沙田水库
和龙水库
梅窿水库
白山
兴丰
长寿
八斗
慕园
天鹿湖
黄登
三丫岭
正坑尾
三斗
黄沙路
木榴水库
水声水库
集丰
九和
白汾水库
美村
凤尾
凤凰二路
红卫
穗北
老屋仔
大岭山
三伯塘
蟹庄
龙潭
泗和庄
伯坑
郭屋
野圹
枫下
长安新村
石窝洞
佛塱
竹丫朗
黄婆
九佛
腰坑水库
福龙
埔心
何棠下
迳下
竹园
文和庄
横坑榄
新陂水库
莲塘
燕塘
白兰花森林公园
重岗
江边
大塘村
山龙
黄田
长庚
大秧地
犁石洞
荔枝坑
盘铭里
汤村
黄坑
业村
黄田庄
旺村
边坑
洋田
途屋
新田
石沥
桑园
九龙
大埔农场
新南
大涵
石门围
高平堂
福山
福洞
广河高速
镇龙
新龙镇
迳头
九楼
山背
大坦
大山场
均和
岗尾
廖屋
金坑水库
金坑森林公园
金坑
九龙尾
宝石
观音亭
麦村
牧古涨
永龙大道
珠三角环线高速
京港澳高速
花莞高速
九龙大道
凤湖四路
凤湖五路
凤湖大道
知识城
九佛西路
九佛北路
佛塱路
腾龙大道
知明路

黄埔区
天河区
萝岗街道
永和街道
联和街道
云埔街道
南岗街道
夏港街道
穗东街道
长洲街道
大沙街道
鱼珠街道
文冲街道
红山街道
黄埔街道
新塘镇
新塘街道
永宁街道
珠吉街道
车陂街道
棠下街道
龙洞街道
凤凰街道
长兴街道
官洲街道
小谷围街道
化龙镇
新造镇
东莞市
番禺区
海珠区
增城区
天河区
广州经济技术开发区（东区）
广州经济技术开发区（西区）
永和经济开发区
云埔工业区
① 港湾一村 ⑦ 荔园
② 港湾五村 ⑧ 怡港
③ 怡园 ⑨ 黄埔花园
④ 下沙 ⑩ 金港华园
⑤ 丰乐 ⑪ 文冲新村
⑥ 金丽园
图例
县级政府驻地
镇级政府驻地
村委会/社区居委会
农、林场
自然村
景点、公园
港口
地级行政区界
县级行政区界
镇级行政区界
城市快速路
高速公路及其编号、出入口/互通/立交
国道及其编号
省道及其编号
县道及以下公路
街区
铁路及车站
城际轨道（在建）
地铁线路及枢纽站
桥梁
隧道
注：本图界线仅作参考，不作为权属争议依据，资料截止日期2019年12月。

# 黄埔荣誉·2019

☆获联合国“2019 年度全球杰出投资促进机构大奖”

☆连续 2 年获中国最具幸福感城市（城区）

☆获中国十佳营商环境示范县市

☆获 2019 年度中国营商环境改革创新最佳示范区

☆ 2019 年营商环境指数居全国经济开发区第一位

☆ 2019 年营商环境居全国十佳经济开发区第一位

☆科技创新实力居全国经济开发区第一位

☆科学城“双创”示范基地连续 2 年获国务院督查激励，入选国家级大中小企业融通型发展示范区

☆全国首创“区块链 +AI”商事服务模式

☆广东省首个营商环境改革创新实验区，其中“广州开发区营商环境改革探索”入选“2019 中国改革年度优秀案例”

☆获国家科学技术奖 6 项

☆获中国专利金奖 1 项、专利奖 20 项

# 黄埔数字·2019

☆地区生产总值 3502.47 亿元，增长 8.6%

☆工业总产值 8049.78 亿元，增长 5.7%

其中：规模以上工业总产值 7936.50 亿元，增长 5.7%

☆财税总收入 1168.16 亿元，增长 11.03%

☆税收收入 907.45 亿元，增长 4.8%

☆商品销售总额 8899.73 亿元，增长 38%

☆人均地区生产总值 30.92 万元，增长 5.7%

☆社会消费品零售总额 996.95 亿元，增长 7.1%

☆固定资产投资 1398.72 亿元，增长 20.1%

☆出口总值 186.46 亿美元，增长 0.7%

☆实际使用外资 22.81 亿美元，增长 1.5%

☆通过国家高新技术企业认定 659 家，累计 2100 家

☆新增国家级孵化器 4 家，累计 14 家

☆专利申请量 2.73 万件，其中发明专利 9387 件

☆专利授权量 1.76 万件，其中发明专利 2803 件

中国共产党广州市黄埔区第一届代表大会第五次会议暨中国共产党广州开发区工作委员会2019年第一次工作会议提出，要增强空间互联、产业互动、政策互通，打造大湾区“四区四中心”即建设知识城大湾区知识创造示范区，打造具有全球影响力的国家知识中心；建设科学城大湾区制度创新先行区，打造具有国际影响力的中国智造中心；建设黄埔港大湾区现代服务创新区，打造服务港澳的新贸易创新中心；建设生物岛大湾区生命科学合作区，打造世界顶尖的生物医药研发中心

科学城掠影　（梁建伦　摄）

科学城掠影　（邓志伸　摄）

中新广州知识城远景 （贾自豪 摄）

中新广州知识城新貌 （黄埔区融媒体中心供图）

黄埔临港商务区　　（张旭华　摄）

黄埔港一角　　（谌煌　摄）

广州国际生物岛远景 （贾自豪 摄）

广州开发区科技企业加速器 （黄埔区融媒体中心供图）

雪松控股总部大楼　　（贾自豪　摄）

广州海格东信集团总部大楼　　（黄埔区融媒体中心供图）

2019年3月1日，广州高新区 开发区 黄埔区重大项目集中动工活动百济神州广州研发中心项目主会场奠基仪式举行。主会场设在广州国际生物岛，在中新广州知识城、广州科学城、黄埔港等地设立4个分会场

（贾自豪 摄）

2019年7月11—19日，湾区青年创新论坛在黄埔区、广州开发区举办 （黄埔区融媒体中心供图）

2019 年 6 月 10 日，第三届官洲国际生物论坛在广州国际生物岛开幕　（贾自豪　摄）

2019 年 1 月 17 日，中国人寿财险和科学城集团举行全面战略合作协议签约活动（黄埔区融媒体中心供图）

2019 年，黄埔区、广州开发区举行庆祝中华人民共和国成立 70 周年灯光秀

我和我的祖国——黄埔区庆祝中华人民共和国成立七十周年嘉年华在广州科学城广场举行 （廖志远 摄）

中新广州知识城（黄埔区融媒体中心供图）

百达丰总部基地 （黄埔区融媒体中心供图）

黄埔港 （张旭华 摄）

生物岛 （张旭华 摄）

2019年，黄埔区、广州开发区优化营商环境，承接用好省、市级事权，破解项目落地、人才落户瓶颈，出台5G、工业互联网等产业政策，营商环境指数居全国经济开发区第一位

2019年6月21日，北京大学粤港澳大湾区知识产权发展研究院揭牌活动在广州科学城会议中心举行

（黄埔区融媒体中心供图）

2019年11月11日，广州开发区管委会、知识产权出版社有限责任公司联合举办广州开发区知识产权大数据应用基地揭牌活动

（钟飞兴 摄）

2019年2月28日，由中国版权保护中心与黄埔区、广州开发区共建的中国版权保护中心华南版权登记大厅暨广州版权产业服务中心启用　　（李剑锋　摄）

中国版权保护中心华南版权登记大厅内景
（黄埔区融媒体中心供图）

中国版权保护中心华南版权登记大厅　广州版权产业服务中心外景　　（黄埔区融媒体中心供图）

2019 年 4 月 22 日，全国首张通过“区块链 +AI”平台办理的企业营业执照在黄埔区政务服务大厅发出

（黄埔区融媒体中心供图）

2019 年 7 月 18 日，黄埔区、广州开发区发布《广州市黄埔区 广州开发区促进金融业发展的政策措施》，简称“金融十条”

（黄埔区融媒体中心供图）

2019 年，广州开发区金融控股集团有限公司召开知识产权质押贷产品介绍会

（黄埔区融媒体中心供图）

2019年，黄埔区、广州开发区打造产业智造高地，实施黄埔制造提质工程，培育新一代信息技术、人工智能、生物医药三大世界级产业集群。以粤芯芯片为龙头打造集成电路产业园，以天基信息系统为基础推动低空轨道卫星产业化应用，打造世界顶尖的生物医药和生物安全研发中心和世界领先的中国智造中心，建设中国工业互联网中心，培育“中国智造”标杆企业

2019年3月27日，情系黄埔“氢芯”中国——鸿基创能膜电极项目竣工及HyKey1.0产品发布会举行

（黄埔区融媒体中心供图）

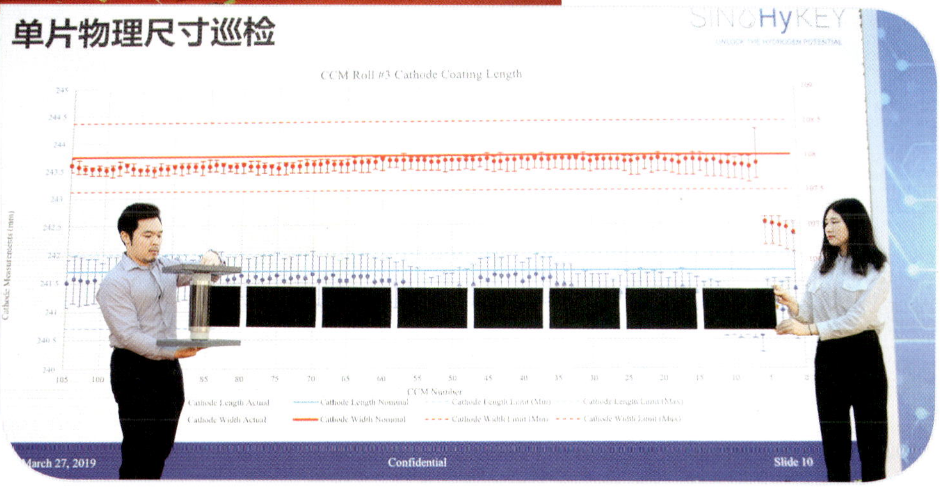


鸿基创能生产的催化剂涂层质子膜展示

（黄埔区融媒体中心供图）

2019年7月22日，位于黄埔区、广州开发区的广州方邦电子股份有限公司在上交所举行签约仪式，成为科创版第一股

（黄埔区融媒体中心供图）

2019年11月18日，广州中新知识城GE生物科技园内的GE医疗—龙沙生物制药项目KUBio模块现场安装启动 （黄埔区融媒体中心供图）

图为KUBio模块安装现场 （黄埔区融媒体中心供图）

2019年11月18日，“智造新时代 创领新未来”2019广州发那科开业庆典暨新展品新技术展示会在黄埔区、广州开发区举行（黄埔区融媒体中心供图）

广州发那科机器人有限公司机器人项目开业暨新品展示（黄埔区融媒体中心供图）

2019 年 5 月 15 日，广州高新区投资集团入股搜于特集团暨全面战略合作签约仪式启动

（黄埔区融媒体中心供图）

2019 年 3 月 16 日，珍宝巴士集团与中国电信广州分公司就高标准高质量推进“智慧公交”建设，携手推进实施 5G 公交站场项目及智能公交项目签署战略合作协议。广州首个 5G 公交站场项目在黄埔区启动

（黄埔区融媒体中心供图）

2019 年 7 月 14 日，黄埔区 5G 车联网（智能网联汽车）产业创新发展论坛举行。图为文远知行基于 5G 网络的 L4 级别自动驾驶测试车

（黄埔区融媒体中心供图）

2019 年，位于广州科学城的多益网络有限公司获评“年度中国十大游戏研发企业”和“年度中国十大游戏出版运营企业”称号　（黄埔区融媒体中心供图）

2019 年 7 月 18 日，广州开发区民营科技型中小企业金融创新服务超市正式上线

（李剑锋 摄）

广州华银医学检验中心实验室

广州禾信仪器股份有限公司

科技创新

广州洁特生物过滤有限公司

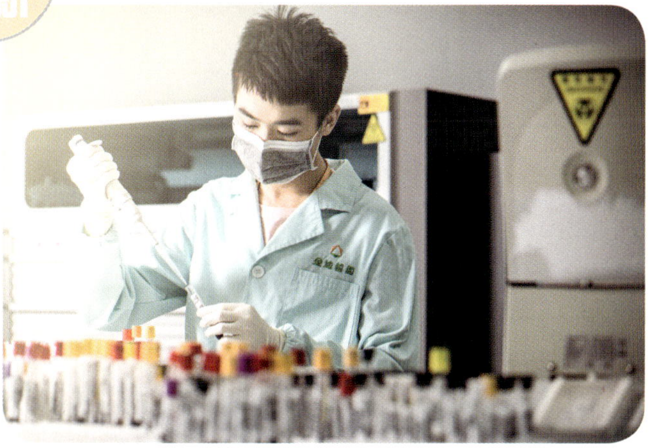
广州金域医学检验集团有限公司

（黄埔区融媒体中心供图）

2019年9月27日，百济神州生产基地一期在黄埔区、广州开发区竣工　（黄埔区融媒体中心供图）

广州明珞装备股份有限公司位于黄埔区开源大道，主要为汽车制造、航天航空、轨道交通和一般工业管理提供智能制造解决方案

（黄埔区融媒体中心供图）

2019年，黄埔区、广州开发区探索加快城市更新改革，创新“快拆快批快建”工作机制，推进城市更新流程再造，出台“城市更新10条”，形成“1+20”更新政策体系，改造速度和总量在全市领先

2019年4月，广州市推进城市更新工作现场会在黄埔区大沙街丰乐北路姬堂社区召开 （贾自豪 摄）

图为城市更新项目建设现场 （黄埔区融媒体中心供图）

2019 年 6 月 5 日，星河湾萝峰旧村改造项目展示中心开放活动在黄埔区举行　（黄埔区融媒体中心供图）

2019年，黄埔区完善基础设施，推进开放大道等41条道路全要素升级，建成北二环高速公路——开创大道出入口等重点道路12条，广州地铁21号线全线通车，黄埔区有轨电车1号线列车试验段进行空载试验

2019年11月，黄埔区有轨电车1号线列车试验段进行空载试验　　（黄埔区融媒体中心供图）

2019年12月20日，广州地铁21号线员村至镇龙西段开始运营，该地铁段长35.3千米，设车站12座，其中黄埔区内有车站8座

（叶嘉荣 摄）

2019年4月23日，高速凤凰山隧道萝岗出入口正式开通，标志着凤凰山隧道项目全线通车

（黄埔区融媒体中心供图）

2019年7月16日，广州市北二环高速公路——开创大道出入口工程（香雪互通立交）正式通车运营

（肖代文 摄）

2019年，黄埔区大力推进文化基础设施建设。9月，广州市第三少年宫竣工；创新推出“政府主导资源补给＋企业园区自主运营＋社会力量参与”的企业分馆建设和运作模式，新增图书馆10个

2019年9月，广州市第三少年宫竣工。该项目位于黄埔区大沙北路　（曾锃钢 摄）

黄埔区、广州开发区图书档案大楼　　（贾自豪 摄）

广州市第一家7×24小时全天候对外开放服务的图书馆分馆——缘创咖啡图书馆（黄埔区融媒体中心供图）

2019年1月19日，“时代华章——粤港澳大湾区城市公共雕塑大展”在黄埔区开幕，是粤港澳大湾区首次举行的大规模城市公共雕塑专题展览

市民在黄埔区图书馆（香雪馆）参观雕塑作品 （黄埔区融媒体中心供图）

参展雕塑作品
（黄埔区融媒体中心供图）

雕塑家潘鹤作品——《艰苦岁月》 （钟飞兴 摄）

2019 年 2 月 2—4 日，黄埔区迎春花市在黄埔体育中心等地举行

（黄埔区融媒体中心供图）

市民在花市上选购年货（黄埔区融媒体中心供图）

中新广州知识城花市夜景　（黄埔区融媒体中心供图）

2019年12月22日，“奔跑黄埔 逐梦湾区”——2019广州黄埔马拉松赛开跑。赛事设全程马拉松、半程马拉松、迷你马拉松3个比赛项目，起点均设在科学城绿轴广场，参赛规模2000人

（贾自豪 摄）

2019年，黄埔区巩固城市治理成果，永和河等4条河涌通过国家检查。以“四区一网多节点”进行整体布局，提升主干道绿化景观，对全区公园实施网格化精细管理，全区24个公园获市级认定

创业公园 （曾铠钢 摄）

香雪公园 （李清波 摄）

天鹿湖森林公园 （黄埔区融媒体中心供图）

光谱路与大观路立交桥底绿化改造效果
（黄埔区融媒体中心供图）

整治后的河涌（贾自豪 摄）

植树活动（黄埔区融媒体中心供图）

2019年，黄埔区加快推进乡村振兴，建成28个干净整洁村、17个美丽宜居村，新龙镇洋田村获评全国乡村治理示范村；提前一年完成“厕所革命”三年任务；开展农村集体产权制度改革

2019年12月26日，黄埔区新龙镇大坦村举行2020年元旦晚会——歌舞表演　（黄埔区融媒体中心供图）

红色革命村——洋田村获评国家级“美丽乡村试点村”。图为洋田村太空鲜花工坊景区，以航天造型、花海、田园、小塘为元素，打造具有独特风格的旅游休闲花园　　　　（黄埔区融媒体中心供图）

2019 年 9 月，黄埔区新龙镇洋田村举行文艺晚会
（黄埔区融媒体中心供图）

2019 年 6 月，黄埔区夏港街道墩头基社区举行国际龙舟节　　　　（黄埔区融媒体中心供图）

黄埔区穗东街南湾村古村新韵　　（赵瑞元 摄）

黄埔区新龙镇莲塘村俯瞰图　　（黄埔区融媒体中心供图）

2019年，黄埔区全面完成广东省清远市阳山县对口帮扶任务，加强贵州省黔南州西部扶贫协作，推进广清经济特别合作区“一区三园”开发建设，打造政策叠加、利益共享的跨区域合作“广清样板”

2019年，广州开发区第二小学与贵州三都县玉水小学开展结对帮扶之旧书捐赠仪式（黄埔区融媒体中心供图）

黄埔区结对帮扶新疆疏附县托克扎克镇援建的托克扎克镇医院业务楼——黄埔楼（黄埔区融媒体中心供图）

2019年，黄埔区、广州开发区与清远（英德）合作共建广清经济特别合作区——广德产业园（黄埔区融媒体中心供图）

2019 年，黄埔区派驻贵州的扶贫干部金进（左三）在消费扶贫与乡村振兴（深圳）大会上见证贵州都匀市农产品与全国企业合作签约　　（黄埔区融媒体中心供图）

2019 年，金进亲友团相约来到贵州都匀市深度贫困村胡广村开展捐资助学活动，与当地儿童共庆“六一”
（黄埔区融媒体中心供图）

2019 年，黄埔区与贵州都匀市三都县合作举办“黄埔·三都民族班”，有 146 名学生在广州市 86 中学就读
（黄埔区融媒体中心供图）

2019 年，广州黄埔·黔南独山 2019 东西部扶贫协作劳务帮扶招聘会暨就业扶贫政策补贴集中发放仪式举行
（黄埔区融媒体中心供图）

2019年，黄埔区加强民生福祉，均衡基础教育资源，新开办中小学、幼儿园21所，新增学位1.5万个。提升医疗卫生服务水平，加强儿科服务能力建设，新增住院床位175张。十件民生实事全部兑现，获评“2019中国最具幸福感城市”

2019年，黄埔区投放一批便民巡逻车，兼具治安巡逻和便民功能，市民可以到指定乘车点免费乘车
（黄埔区融媒体中心供图）

2019年9月20日，“文明城市共创建，垃圾分类我先行”黄埔区深化全国文明城市创建暨推进生活垃圾分类宣传动员活动举行
（黄埔区融媒体中心供图）

2019年9月20日，黄埔区垃圾分类自愿者授牌仪式启动　　（钟飞兴 摄）

2019年9月20日，黄埔区垃圾分类宣传公益健康跑开跑　（黄埔区融媒体中心供图）

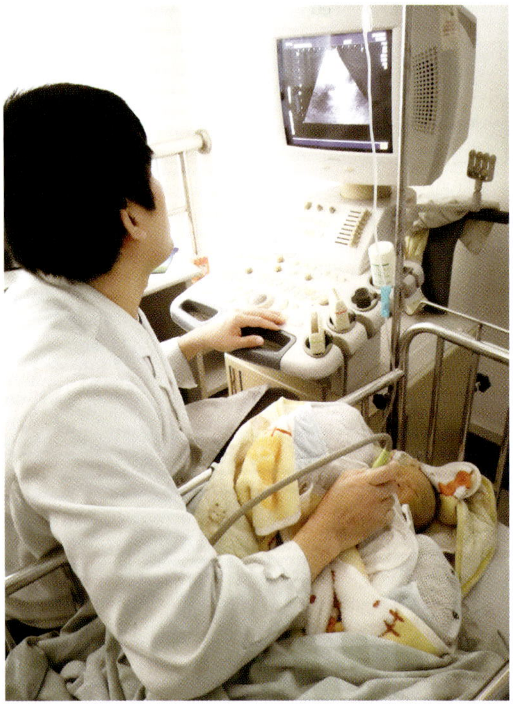

2019年，萝岗红十字会医院救治弃婴宝宝，开通绿色通道为婴儿检查

（黄埔区融媒体中心供图）

2019年，黄埔区推行餐余和其他垃圾收储的呐吉“小岛”建设

（余巨澜　摄）

2019年，黄埔区执法人员现场督导垃圾分类　（余巨澜　摄）

2019年5月，黄埔区教育部门办幼儿园小班招生电脑派位现场会召开　（黄埔区融媒体中心供图）

2019 年 11 月 28 日，黄埔区退伍军人就业招聘会在区图书馆举行（黄埔区融媒体中心供图）

2019 年 2 月 15 日，广州开发区医院和黄埔区红十字会医院整合成新广州开发区医院，图为医院揭牌仪式（黄埔区融媒体中心供图）

2019 年 12 月 5 日，国际志愿者日主题活动暨黄埔志愿服务文化节在黄埔区少年宫举行

（黄埔区融媒体中心供图）

2019 年 12 月 5 日，国际志愿者日主题活动暨黄埔志愿服务文化节举行，志愿者在活动现场拍照留念

（黄埔区融媒体中心供图）

天誉小学　（黄埔区融媒体中心供图）

华峰学校　（梁智峰 摄）

天景小学揭牌仪式　（黄埔区融媒体中心供图）

玉山学校揭牌仪式　（黄埔区融媒体中心供图）

铁英小学　（黄埔区融媒体中心供图）

玉泉学校小学部　（黄埔区融媒体中心供图）

○编辑　潘　虹

特

载

# 高水平开放 高质量发展 在“两个一百年”历史交汇点上 展现黄埔担当

## ——2020年5月25日在中国共产党广州市黄埔区第一届代表大会第六次会议暨中国共产党广州开发区 广州高新区工作委员会2020年第一次工作会议上的报告

周亚伟

### 一、全面发力、笃定前行，高质量发展再创佳绩

2019年，我们坚持以习近平新时代中国特色社会主义思想统领工作全局，深入学习贯彻习近平总书记对广东重要讲话和重要指示批示精神，认真落实省委“1+1+9”工作部署、市委“1+1+4”工作举措，用汗水浇灌收获，以实干笃定前行，彰显了不同凡响的黄埔风采、黄埔力量、黄埔精神。这一年，我们坚持以高质量党建引领高质量发展，在传承红色基因中赓续前行。“不忘初心、牢记使命”主题教育扎实开展，庆祝中华人民共和国成立70周年“黄埔之夜”精彩纷呈。这一年，我们坚持以高远站位实现高点定位，在践行“中小企业能办大事”中迸发活力。全力营造“办大事”的环境，获评“2019年度中国营商环境改革创新最佳示范区”。习近平总书记视察的12家中小民营企业合计完成营业收入249.7亿元，同比增长11.3%。这一年，我们坚持以十足劲头勇立时代潮头，在“双区驱动”“双城联动”中赛龙夺锦。大力实施“湾区+”战略，创建穗港智造特别合作区和穗港科技合作园，成为穗港合作标杆。

2019年工作主要体现在六个方面：

经济发展稳中有进。完成地区生产总值3502.47亿元，增长8.6%，增速创6年来新高；规模以上工业总产值7936.50亿元，居全市第一位；固定资产投资1398.72亿元，居全市第 位；进口总额1601.68亿元，居全市第一位；出口总额1285.04亿元，居全市第一位；实际利用外资22.81亿美元，居全市第一位；财税总收入1168.16亿元，增长11%。科技创新能力、营商环境指数、上市企业数量、发明专利授权量、财税总收入位居全国开发区第一位，彰显“实力黄埔”。

改革开放纵深推进。改革跋山涉水、开放海纳百川，成为新时代广东“改革四小虎”。改革成效更加显著。“12345”审批模式得到国务院“放管服”改革协调小组通报推广，在北上广深四个特大城市中成立首个营商环境改革局，率先在全省设立民营经济和企业服务局、单独设置知识产权局，功能区与行政区深度融合。营商环境亮点频现。政策兑现、知识产权证券化、“秒批”等3项改革举措在全省推广，“广东省营商环境改革创新实验区”入围“2019中国改革年度优秀案例”，中国（广东）知识产权保护中心挂牌运行，获批发行全国首支纯专利权知识产权证券化产品。全面开放尽显气势。在全国开发区率先出台打造“7个新高地”举措，国家级开发区创新提升现场会在我区成功召开，中新广州知识城二期合作协议重磅落地，凸显“开放黄埔”。

○编辑 李 丰

2020年5月25日，中国共产党广州市黄埔区第一届代表大会第六次会议暨中国共产党广州开发区广州高新区工作委员会2020年第一次工作会议召开

科技创新动能强劲。科学城"双创"示范基地连续两年获国务院督查激励，广州高新区从2017年的全国第12名跃升至第7名。创新主体充分激活。落实"民营及中小企业18条"，统筹3个百亿发展基金，中科院科技成果转化母基金60亿元进驻科学城，科技部遴选瞪羚企业总数连续5年位列全国高新区前4名。创新平台持续强化。新引进高端科技成果创新转化平台10个，新增5所省工程实验室、占全省1/4，新增3个国家企业技术中心、占全省1/2，新增3个省制造业创新中心、占全省3/5。创新实力全面提升。"黄埔一号"卫星载荷成功发射，6个项目荣获2019年度国家科学技术奖，人类细胞谱系大科学研究设施启动立项工作，标注"创新黄埔"。

产业建设力度空前。坚持打好产业基础高级化、产业链现代化攻坚战，初步形成"智谷氢谷药谷美谷纳米谷"五谷丰登产业发展新局面。招商行动给力。阿斯利康、西门子、益海嘉里、立景创新、宝能动力电池等重磅项目接踵而至，引进优质项目164个，投资总额达3000亿元，荣获联合国"2019年度全球杰出投资促进机构大奖"。项目建设发力。开展4次集中动工活动，诺诚健华、百济神州广州研发中心等307个项目开工建设，完成攻城拔寨重点项目148个，14个月建成乐金化学偏光片、粤芯芯片等项目，刷新黄埔速度。产业后劲有力。在全省率先完成制造业高质量发展综合评价试点，推进建设全省首个面向5G技术的物联网与智慧城市示范区，建成昊志机电、京信通信2个5G智慧工厂。抢抓新一轮能源革命，"湾区氢谷"落地建设。集聚区块链企业超300家，位列全国第一方阵，成就"质量黄埔"。

民生事业蒸蒸日上。着力解决群众操心事、烦心事、揪心事，荣获"中国最具幸福感城市"称号。城市更新九项重点工作更深入。加快实施省"三旧"改造改革创新试点工作，创新"快拆快批快建"工作机制，"三旧"改造考核工作连续3年居全市第一位，全市城市更新工作现场会在我区召开，"云埔模式"成为老城市新活力的生动实践。深入推进"厕所革命"，建立垃圾分类样板小区60个，黑臭河涌基本消除。城乡治理水平更出彩。试点开展"五治同创、阳光村居"治理创新，"令行禁止、有呼必应"全市现场会在我区召开。深入实施"千村示范、万村整治"工程，洋田村被认定为全国乡村治理示范村，"长洲慢岛文化游"入选首批广东省乡村旅游精品线路。基础设施更便利。开通全球首条5G公交运营线路，开通地铁21号线，石化北路跨广园路主线桥全线贯通，广汕路黄埔段八车道双向通车。社会事业更优质。知识城南方医院、广医妇女儿童医院等8所医院加快建设。新开办北师大广实高中部等中小学、幼儿园21所，为来穗人员随迁子女提供公办学位数连续3年居全市第一位。阳山精准扶贫扎实推进，黔南州东西部扶贫协作有序开展。黄埔马拉松成为全民文体盛事，跑出"幸福黄埔"。

党的建设全面加强。始终把学习贯彻习近平总书记重要讲话和重要指示批示精神作为首要政治任务，区委常委会第一时间、第一议题集中学习55次，区领导牵头组织开展专题调研84个。牢固树立大抓基层的鲜明导向，15个软弱涣散党组织实现100%整顿转化，"两新"党组织覆盖率达100%，抓基层党建述职评议考核优秀。坚持无禁区、全覆盖、零容忍，共立案282件282人，留置24人，追缴赃款1900余万元，挽回经济损失约4亿元，反腐败斗争压倒性胜利进一步巩固。创造性开展村级"点穴式"巡察和"挂图作战"，巡察利剑作用进一步彰显。创新容错纠错机制，澄清保护干部104人次，全面从严治党主体责任考核位居全市第二位。加强和改善党对人大、政协工作的领导，爱国统一战线持续巩固壮大，人民团体作用进一步发挥，展现"阳光黄埔"。

迈入2020年，一场突如其来的新冠肺炎疫情席卷全球。全区上下坚决贯彻落实习近平总书记"坚定信心、同舟共济、科学防治、精准施策"总要求，严格落实中央决策部署和省委、市委工作要求，在疫情防控中交出了合格答卷。着力打好疫情防控阻击战。把疫情防控作为头等大事和最重要的工作，坚定扛起内防扩散、外防输入的重大责任，第一时间成立区疫情防控工作领导小组，在全市率先出台"1+N"工作方案，构筑疫情防控"移动堡垒"，党旗始终高高飘扬在战"疫"一线。着力打好科技战疫攻坚战。组织近200家企业、科研单位进行紧急攻关，全方位构筑防、控、治一体化的疫情防治体系，生动演绎科技战疫的“广东密码、黄埔现象”。国务院应对新冠肺炎疫情联防联控机制（医疗物资保障组）2次发来感谢信；外交部感谢我区以实际行动支持“抗疫外交”，推动构建“健康命运共同体”；驻外使领馆、外国驻华使领馆、世界500强企业纷纷发来感谢信；世卫组织专家考察组对生物岛实验室科研攻关成就给予点赞。着力打好复工复产保卫战。在全国开发区率先推出“暖企8条”“稳企6条”，出台“金镶玉”2.0版，推动企业实现“应复尽复”“满工满产”，500强企业项目、规上工业企业均100%复工，163个攻城拔寨重点项目投资完成额居全市第一位。着力打好经济增长主动战。坚持投资拉动、项目带动，2月28日，“百大项目庆百年”快速启动，3月29日，新基建项目全面铺开，3月31日，广州人工智能与数字经济试验区（鱼珠片区）破土动工，4月18日，宝能“四中心一基金”系列项目重磅落地，5月8日，“1+16”数字新基建项目持续发力，全面掀起项目建设热潮高潮。

过去的一年，尤其是面对疫情防控这场大战大考，我们更加清醒地看到还存在不少问题和挑战。随着国际疫情持续蔓延，抗疫斗争远未结束；传统产业转型升级步伐不快，新兴产业仍未扛起大梁；发展不平衡不充分问题仍然突出，民生保障还存在许多短板；党的建设存在薄弱环节，干部改革创新、干事创业的精气神有待进一步提升等等。对此，我们一定要努力改进，切实履行职责，尽心竭力不辜负全区人民的期待。

## 二、化危为机、迎难而上，在大战大考中担当作为

习近平总书记强调，统筹做好疫情防控和经济社会发展，既是一次大战，也是一次大考。当前，疫情尚未结束，发展任务异常艰巨。面对这次大战与大考，我们要在危机中育新机、于变局中开新局，在大战中践行初心使命，在大考中交出合格答卷。

### （一）直面风险挑战，准确识变科学应对

习近平总书记强调，要科学分析形势、把握发展大势，坚持用全面、辩证、长远的眼光看待当前的困难、风险、挑战。从全球来看，境外疫情暴发增长态势仍在持续，深度扰动全球发展走势。世界经济深度衰退、国际贸易和投资大幅萎缩、经济全球化遭遇逆流、一些国家保护主义和单边主义盛行。从国内来看，疫情产生的“蝴蝶效应”加剧，产业链供应链循环受阻，国际需求持续收缩。从我区来看，部分企业投资意愿不强，工程进度低于预期，进出口增速出现明显下滑。风险挑战前所未有，我们要坚持底线思维，做好较长时间应对外部环境变化的思想准备和工作准备。

### （二）把握战略机遇，蹄疾步稳再攀高峰

习近平总书记强调，“我国发展仍处于并将长期处于重要战略机遇期”“经济稳中向好、长期向好的基本趋势没有改变”。今年是“双区驱动”“双城联动”全面铺开、纵深推进的关键之年，也是深圳经济特区成立40周年，省委以支持深圳建先行示范区同等力度支持广州“四个出新出彩”，机遇交汇、战略叠加。去年以来，我们牢牢抓住“双区”利好叠加的“化学效应”“乘数效应”，知识城总体发展规划即将获国家批复，《广州科学城创新发展行动方案》获省委深改委批准，鱼珠片区纳入广州人工智能与数字经济试验区建设，“4+2”发展战略平台利好不断、势能强劲。只要我们顺势而为，必将大有可为，要保持“不畏浮云遮望眼”的清醒头脑和“稳坐钓鱼船”的政治定力，继续在战略机遇中乘势而上、乘风破浪，肩负起“老城市新活力”历史使命，在“双区驱动”“双城联动”中引领示范。

### （三）强化使命担当，攻城拔寨接续奋斗

今年是全面建成小康社会和“十三五”规划收官之年，也是脱贫攻坚决战决胜之年，我们要坚定信心、苦练内功，把高质量发展之路走对走实走好。要全力完善社会主义市场经济体制。加强系统集成，创新政府管理和服务方式，统筹推进优化营商环境、城乡融合、科技创新、国资国企、生态环保等方面改革，构建更加完善的要素市场化配置体制机制。要全力建设现代产业体系。坚持创新驱动和改革开放两个轮子一起转，把发展经济的着力点放在实体经济上，加快新旧动能转换，加速形成带动全国高质量发展的新动力源。要全力冲刺全面建成小康社会。以更高标准跑好全面建成小康社会“最后一公里”，实现“十三五”规划圆满收官，科学谋划“十四五”发展蓝图，干五年、谋十年，向着“第一个百年奋斗目标”全力冲刺。

## 三、只争朝夕、不负韶华，推动高质量发展决胜未来

2020年工作的总体要求是以习近平新时代中国特色社会主义思想为指导，全面贯彻党的十九大和十九届二中、三中、四中全会精神，坚决贯彻党的基本理论、基本路线、基本方略，增强“四个意识”、坚定“四个自信”、做到“两个维护”，深入贯彻习近平总书记对广东重要讲话和重要指示批示精神，落实省委十二届九次全会、市委十一届十次全会要求，紧扣全面建成小康社会目标任务，统筹推进疫情防控和经济社会发展工作，在疫情防控常态化前提下，坚持稳中求进工作总基调，坚持新发展理念，坚持以

供给侧结构性改革为主线，坚持以改革开放为动力推动高质量发展，扭住建设粤港澳大湾区这个“纲”，学习对标深圳建设中国特色社会主义先行示范区，推动广州实现老城市新活力、“四个出新出彩”，扎实做好“六稳”工作，全面落实“六保”任务，争当科技创新尖兵、现代产业发展标兵、高层次人才精兵、营商环境改革强兵、全面从严治党排头兵，让广州开发区这面改革开放先行先试的旗帜始终高高飘扬，在“两个一百年”历史交汇点上展现黄埔担当。

由于全球疫情和经贸形势不确定性很大，我区发展面临一些难以预料的影响因素，区委、党工委考虑，不提出全年具体目标，主要集中精力抓好“六稳”“六保”，努力实现全面建成小康社会和“十三五”规划目标任务。重点抓好五个方面工作：

### （一）保持战略定力，“双统筹”夺取“双胜利”

科学研判形势，紧盯发展目标，推动防疫与发展、经济与民生、生产与生活融合并进，以扎实有力的“双统筹”奋力夺取疫情防控和经济社会发展“双胜利”。

狠抓疫情防控。始终绷紧疫情防控这根弦，抓好常态化疫情防控措施落地见效。筑牢“社区防线”，把防控力量向社区下沉，构建联防联控、群防群控体系，做到哪里任务险重哪里就有党组织坚强堡垒、哪里防控需要哪里就有党员冲锋陷阵。筑牢“国门防线”，毫不放松严密实施入境人员全流程闭环管理，扎实做好外籍人员服务管理工作，确保管得住、办得妥、防得紧。筑牢“校门防线”，压实学校主体责任，细化优化复学复课防控预案，护航师生安全。筑牢“宣传防线”，深入开展爱国卫生运动，引导群众做好个人防护。及时回应社会关切，多宣传“战疫故事”、多点赞“黄埔服务”。

狠抓稳企暖企。坚持稳字当头，加大“六稳”“六保”工作力度，推动复工复产复市提速扩面。用足用活政策。全面贯彻中央和省、市各项政策举措，落地落细落实“暖企8条”“稳企6条”“金镶玉”2.0版等系列政策，助力市场主体纾困发展。扩内需促消费。稳就业促增长保民生，提高居民消费意愿和能力。支持企业出口转内销，加快恢复文化和旅游市场，促进住宿和餐饮消费回暖。贴身服务企业。全面深化“一十百千万”服务企业专项行动，推动广大党员干部踊跃投身复工复产、复商复市一线，让服务效果转化为战疫胜果、发展成果。

狠抓产业变革。加快培育和壮大经济发展新生力量，在新一轮产业变革中抢占制高点。培育新业态。超前布局跨界“新赛道”，催生一批高成长性新业态。扩大大数据、人工智能、区块链等前沿科技的场景应用，重点发展新型健康业、科技服务业、现代物流、教育服务等新模式，加速无人零售、数字营销、生鲜电商、在线服务、智慧城市等新业态蓬勃涌现。布局新产业。大力发展新基建，全力推进信息基础设施、融合基础设施、创新基础设施等新型基础设施建设，为新产业铺就“高速路”。紧盯全球未来产业新趋势，加快扶持5G物联网、量子信息与量子计算机、石墨烯等未来产业，以天基信息系统为基础，推动低空轨道卫星产业化应用，突破一批关键核心技术。抢滩新经济。牢牢把握知识经济、数字经济、信息经济机遇，加速线下服务线上化、数字化、智能化进程，推动数字科技与实体产业、居民生活融合发展，壮大“平台经济”“共享经济”“夜间经济”，打通线上线下，连接白天黑夜，让新经济成为高质量发展的有力支撑。

### （二）绘就一张蓝图，优化区域空间布局

坚持设施互通、产业互联、景观互融，由北向南串联成线、以点带面，形成优势互补、高质量发展的区域经济布局。

加速北部牵引，以知识城为带动，打造具有全球影响力的国家知识中心。牢记习近平总书记关于知识城要“在政策支持和创新驱动上下功夫”重要指示，全力推进知识城总体发展规划报批工作。对标深圳建设高质量发展引领区，高起点规划“一核两心三区”，将环九龙湖总部核心经济带建设成为城市核心、生态绿心、市民活动中心，加快推进中试验证和成果转化区、大科学装置启动区、科教创新区、生物安全产业园区建设，重点创建以GE、龙沙、百济神州为核心的世界级生物制药基地，以粤芯为核心的集成电路产业园，以三大电信运营商、互联网国际出入口、工业互联网标识解析国家顶级节点为核心的国际数字枢纽，确保今年固定资产投资达500亿元，全力打造大湾区高质量发展的重要引擎。

聚焦中部建带，以科学城为支撑，打造世界领先的中国智造中心。牢记习近平总书记关于科学城要“实现五年大变化”殷殷嘱托，落实《广州科学城创新发展行动方案》，高标准布局“一核两轴三区”，形成向西融入广州主城、向东辐射珠江东岸地区的带状枢纽。加速以立景创新、视源电子为核心的翟洞智能制造产业园建设，确保新一代信息技术、人工智能、生物医药三大新兴产业增长7%以上，全力建设综合性国家科学中心重要承载区。突出智能制造、科技创新等重点领域，加快建设穗港合作重大平台，推动建设京广协同创新中心、大湾区高端装备制造中心、中国新基建产业园、湾区氢谷等科技成果转化基地，加快建设穗港、穗澳青年合作平台，打造穗港合作新标杆。

推动南部成链，以黄埔港为重点，提升珠江滨江黄金岸线，打造服务“一带一路”的新贸易创新中心。黄埔港加速发展高端港口经济，加快建设黄埔国际邮轮城，推动广州保税物流园区升级为综合保税区。优化鱼珠片区空间规划，加快推进沿珠江岸线升级改造，构建数字经济生态圈，打造以中国软件 CBD 为核心的广州人工智能与数字经济试验区（鱼珠片区）和国家级信创基地。生物岛依托实验室，组建学科交叉融合、创新链条全程贯通的生物安全研发平台，打造世界顶尖的生物医药和生物安全研发中心。长洲岛深入推进珠江国际慢岛建设，提高隆平国际现代农业公园发展质量，加快建设隆平院士港，打造现代农业科技“黄埔军校”。

（三）提升第一动力，挺起创新驱动脊梁

以原始创新抢抓科技革命和产业变革机遇，强化协同创新、集成创新、应用创新优势，打造原始创新策源地。

打造硬科技。科学规划“十四五”科技版图，制定实施建设世界一流高科技园区行动方案，实施“一十百千万”科技计划，建设 1 个以上大科学装置、10 所以上中科院系或国家级科研院所、100 个以上高水平研发机构、1000 个以上科技创新创业平台，集聚 1 万名以上高端创新人才。谋划一批重大科技设施。全力推进建设太赫兹国家科学中心、人类细胞谱系大科学研究设施、航空轮胎动力学大科学装置等重大科技设施，构建科学城、知识城两城协同的科技创新格局。建设一批高等研究院所。围绕建设国家实验室和高水平创新研究院集群，制定实施世界一流科研院所建设三年行动计划，集聚大院、大所、大学、大咖等高端创新资源，打响“黄埔实验室”品牌。积极推动香港大学、西安电子科技大学、广州大学设立“黄埔研究院”、研究生院，依托中山大学、华南理工大学等本地一流高校建设顶尖学院或重点实验室。引育一批高端创新人才。持续优化“上管老、下管小”人才服务品牌，打造港澳青年实习就业首选站，加速推进技术移民试点，争取建立永久居留审批绿色通道，创建大湾区人力资本运营中心，构筑“黄埔人才港”。

筑牢新支柱。集聚发展新兴产业、提振升级传统产业，率先构建以先进制造业为主体的现代产业体系。抓好项目引进落地。积极扩大有效投资，用好地方政府专项债，以“百大项目庆百年”为抓手，凝心聚力谋划引领型大项目、好项目，全力推动集中动工活动项目落地，用项目建设之“进”撑起高质量发展之“势”。推动传统产业转型升级。深入开展国家高端装备制造业标准化试点，高标准谋划工业产业区块，建好全国首个通用软硬件适配测试中心，推动广汽本田、广石化等大型工业企业开展新一轮技术改造，持续提升汽车、电子、化工等优势产业，打造全球高端制造业重镇。建设世界级新兴产业集群。促进产业迈向全球价值链中高端，加速打造广东省生物安全与健康产业先导区，创建以 BI（生物医药、新一代信息技术）为核心的世界级产业集群中国样本，擦亮“黄埔智造”新名片。

加速办大事。践行“中小企业能办大事”，建设“中小企业能办大事”先行示范区。强化企业创新主体地位。深入开展高新技术企业树标提质行动，大力实施专精特新“小巨人”和“冠军企业”培育工程，选定 100 家具有行业领先优势的企业进行重点培育，形成一大批走在全国前列的民营及中小企业品牌。提升金融服务实体经济能力。加速推动风投创投机构集聚发展，建立健全科技型民营及中小企业常态化融资对接机制，完善“金融超市”功能，全力破解融资难融资贵等问题。加强与沪深港新交易所对接合作，推动区内企业登陆资本市场上市融资，支持广东股交中心创设“科技创新专板”。实打实为民营企业服务。探索信息化筹建服务，推出全国首个“企业筹建”APP。建立健全协同发展机制，保障民营企业平等获取生产要素和政策支持，加快建设国家级“大中小企业”融通型特色载体示范园区。

（四）用好关键一招，释放改革开放活力

以“咬定青山不放松”的韧劲和毅力，健全各方面制度，完善治理体系，为高质量发展挖掘新潜能、点燃新动力。

树立体制机制新标杆。加快创建国家级开发区创新提升新体制，探索建立更加成熟、更加定型、更具优势的制度体系。强化区域治理机制创新。完善功能区与行政区融合发展机制，着力解决体制性障碍、机制性梗阻，深化政策性创新成果。优化基层公共服务力量，构建简约高效的基层管理体制。全面对接港澳营商规则。推行商事服务“跨境通”“证照联办”，实现“离岸办”“免费办”。探索港澳工程建设管理模式，推行相对集中工程建设项目行政许可权、试行区域评估、实施产业用地“标准地”出让等制度。创建港澳及国际投资者创新创业创造“一站式”服务平台，推进粤港澳知识产权互认互通。深度参与双城制度联动。率先借鉴深圳建设中国特色社会主义先行示范区经验，在要素市场化配置、营商环境优化、城市空间统筹利用等重点领域深化改革。学习深圳前海先行先试政策，复制推广投资贸易便利化、事中事后监管等经验，在共建产业平台、共筹资源要素、共享改革开放成果上做示范。

构建全面开放新高地。发展更高层次的开放型经济，全力打造高水平开放引领之区。高质量建设中新国际合作新典范。以中新广州知识城奠基10周年为契机，加快建设中新国际科技创新合作示范区，加强与新加坡国立大学、南洋理工大学等高校合作，支持新加坡企业、高校和科研院所建立高水平协同创新平台。高水平打造“一带一路”支撑区。推进中欧政策合作试点，加快推进中以生物产业孵化基地、广州国际机器人产业园、中乌（黄埔）国际创新研究院等项目建设，推动泛亚“沙特石油化工化纤一体化”项目投产。高效能推动外贸外资发展。用好外贸外资政策工具，加大对出口商品技术研发和创新的扶持力度，鼓励外资企业增资扩产，深挖外贸新增长点，稳住外贸外资基本盘。

打造营商环境新样板。推动省实验区实施方案各项任务落实落细，加快创建国家营商环境改革创新实验区。对照指标再优化。全面对标世行指标和国家评价体系，进一步提高获得电力、登记财产、纳税、跨境贸易、办理建筑许可水平，打造营商环境“黄埔指数”。知识产权改革再深化。推进知识产权综改试验，推动中国（广州）国际知识产权运营中心建设。加速知识产权市场化运营，创建知识产权跨境交易平台，创新知识产权金融服务，持续发行知识产权证券化产品。政务服务水平再提升。扩大“承诺制信任审批”事项范围，升级“订制式”审批服务。加快“数字政府”改革，运用大数据、云计算、区块链、人工智能等前沿技术推动城市管理手段、管理模式、管理理念创新，建设“令行禁止、有呼必应”综合指挥调度平台2.0版，实现“一网通办、一网统管”，让城市更聪明一些、更智慧一些。

### （五）坚持第一追求，确保全面小康成色

始终把人民群众对美好生活的向往作为奋斗目标、第一追求，用心用情用功打造更具幸福感的黄埔家园。

强化民生事业。坚持尽力而为、量力而行，办好群众所急、所需、所盼的民生实事。均衡教育凝民心。推动全区义务教育一体化发展，扩充集团化办学版图，建好“黄埔军校”系列学校，谋划成立黄埔教育集团，打响读书“到黄埔去”品牌。普惠医疗润民心。着力建设健康黄埔，扩大基本医疗卫生服务圈。坚持整体谋划、系统重塑、全面提升，加快完善重大疾病防控体系建设，健全突发公共卫生事件应急管理体制机制，织牢织密公共卫生防护网。特色文化聚民心。积极推进南海神庙及码头遗址参与海丝申遗，建设黄埔军校纪念公园红色文化地标，布局外贸博物馆等高端艺术馆、博物馆，建设粤港澳大湾区多元文化交流创新示范区。对口帮扶暖民心。全面完成黔南州、阳山等扶贫协作、对口支援任务，推进广清、广德、广佛产业园开发建设，树立产业帮扶新标杆。

强化基层治理。着眼长远，补齐短板，把制度优势更好转化为治理效能。擦亮基层治理品牌。全面推开“五治同创、阳光村居”治理创新，坚决打好打赢扫黑除恶专项斗争收官战，努力建设更高水平的平安黄埔、法治黄埔。夯实乡村振兴根基。争创广东省城乡融合发展改革创新示范区，大力推进“四个万亩”工程，实现特色精品农业产业集群发展。以广汕路、九龙大道为主轴，重点推进美丽乡村群、古村落群、生态宜居乡村群等建设，打造美丽乡村示范片区。提升环境治理能力。创建全市首个生态文明示范区，深入推进“厕所革命”，扎实做好垃圾分类工作，推进18条河涌“长制久清”，坚决打好“蓝天、碧水、净土”保卫战。加强应急管理建设。深入推进危化品、交通、消防等重点行业领域安全隐患排查治理，提高应急救援和防灾减灾能力，坚决防范和遏制重特大事故发生。

强化创新城区。推进“多规合一”规划体系建设，实现好山好水好风光、生产生活优生态。完善便捷化交通体系。深度融入大湾区“1小时生活圈”，重点推进地铁5号线东延段、7号线二期等重大轨道交通建设，加快科学城至知识城快速通道建设，打通创新大道、开放大道等交通大动脉，构建山海相连、四通八达交通格局。推动老城区焕发新活力。加快建设“四大片区”重点商圈，强势推进城市更新九项重点工作，确保三年、力争两年完成全区“三旧”改造任务，推动旧工业园蝶变为新产业园，实现老城市新活力、老园区新生机。塑造生态化城市客厅。用“绣花”功夫建设精品城市，铺开“万里碧道”，加快知识城海绵城市、科学城云端绿道、生物岛生态绿洲建设，把黄埔港打造成为工业遗产公园和世界一流滨水岸线，让黄埔四季如春、繁花似锦。

## 四、初心如磐、使命在肩，锻造新时代黄埔铁军

高质量全面建成小康社会和实现“十三五”规划圆满收官，关键在于加强党的领导和党的建设。要全面落实新时代党的建设总要求，坚定不移推进全面从严治党，把全区各级党组织锻造得更加坚强有力。

锻造对党忠诚铁军。完善贯彻习近平总书记重要指示批示精神和党中央决策部署的闭环落实机制，把增强“四个意识”、坚定“四个自信”、做到“两个维护”作为政治建设首要任务抓实抓好。坚持以“大学习、深调研、真落实”为工作方法，全面落实第一议题制度，推动学习贯彻习近平新时代中国特色社

会主义思想常态化制度化。巩固拓展主题教育成果，把不忘初心、牢记使命作为加强党的建设的永恒课题和党员、干部的终身课题。压实意识形态工作责任，全方位加强意识形态阵地建设管理，筑牢意识形态“护城河”“防火墙”。坚持党对一切工作的领导，加强和改进党对人大、政协以及统战、群团工作的领导，凝聚推动全区新一轮发展的强大合力。

锻造担当作为铁军。强化政治标准选贤任能，加强和改进政治素质考察，对政治上不合格的“一票否决”。抓住领导干部这个“关键少数”，选优配强全区各级领导班子，以“关键少数”示范带动“绝大多数”。大力培养选拔优秀年轻干部，让年轻干部在“双区”建设、改革攻坚、乡村振兴、三大攻坚战等第一线练就宽肩膀、真本事。落实“减负”“赋能”各项要求，持续推进基层组织建设三年行动计划，完善“令行禁止、有呼必应”党建引领基层共建共治共享社会治理格局。强化正向激励，发挥绩效管理正面导向作用，健全容错纠错机制和澄清保护机制，为担当者担当、为负责者负责。

锻造风清气正铁军。完善落实中央八项规定精神、纠治“四风”长效机制，深入整治形式主义、官僚主义，让广大基层干部把更多精力投入到疫情防控斗争第一线和经济社会发展主战场。深化政治巡察，突出政治监督，强化日常监督，持续深入抓好中央巡视反馈意见整改落实。深入整治民生领域的“微腐败”、放纵包庇黑恶势力的“保护伞”、妨碍惠民政策落实的“绊脚石”，一体推进不敢腐、不能腐、不想腐，进一步巩固发展反腐败斗争压倒性胜利。

# 政府工作报告

## ——2020 年 5 月 27 日在广州市黄埔区第一届人民代表大会第八次会议上的报告

陈 勇

### 一、2019 年工作回顾

过去一年，我们坚持以习近平新时代中国特色社会主义思想为指导，深入学习贯彻习近平总书记对广东重要讲话和重要指示批示精神，牢记习近平总书记视察广州科学城的殷殷嘱托，在市委、市政府和区委坚强领导下，坚持稳中求进工作总基调，落实高质量发展要求，努力推动黄埔新时代发展出新出彩，圆满完成了区一届人大七次会议确定的目标任务。

#### （一）经济高质量发展迈上新台阶

经济发展再创新高。完成地区生产总值 3502.47 亿元，同比增长 8.6%，增速创六年新高；规模以上工业总产值 7936.50 亿元，增长 5.7%，工业增加值增速创 6 年新高；商品销售总额 8899.73 亿元，增长 38%，增速创十年新高。固定资产投资 1398.72 亿元，增长 20.1%。在全面落实减税降费基础上，财税总收入 1168.16 亿元，增长 11%，连续 4 年位居全国经开区第一位；一般公共预算收入 181.19 亿元，增长 4.5%。进出口总值 2886.73 亿元，增长 7.4%。实际使用外资 22.81 亿美元。地区生产总值、规上工业总产值、固定资产投资、上市企业数量等主要指标位居全国经开区第一位。

产业结构持续优化。高端制造业提质增效，高新技术企业产值占比提升 12 个百分点，年度小升规工业企业 131 家，规上工业企业总数突破 1000 家。新一代信息技术等五大战略性新兴产业产值 3833 亿元，增长 8.6%，高于规上工业产值增速 2.9 个百分点。现代服务业稳步提升，新增规模以上服务业企业 146 家，增长 17.3%；软件和信息服务业营收增长 21%，总量占全市四成。

发展动能澎湃强劲。荣获联合国“2019 年世界杰出投资促进机构大奖”。引进阿斯利康、广汽等重大优质项目 164 个，总投资超过 3000 亿元，其中益海嘉里、正威等产出超百亿项目 12 个。新增市场主体 5.2 万户，同比增长 87%，增速居全市第一位。开展项目集中动工 4 次，新增动工项目 307 个，平均每周 6 个项目动工。一批新动能核心骨干企业投产，粤芯成为广州首个芯片制造项目，百济神州研发生产国际领先，乐金 OLED 面板技术全球顶尖，全年投试产重点产业项目达到 60 个。

#### （二）重大战略平台建设打开新局面

2020年5月27日，广州市黄埔区第一届人民代表大会第八次会议召开

知识城打造新引擎。“一核两心三区多园”城市格局全面铺开，环九龙湖总部经济带启动建设，知识塔、国际会议中心等重点项目动工，康方药业等54个产业项目加快建设，康盛生物等15个产业项目竣工，海丝知识中心、国际数字枢纽等重大平台加速集聚，成为中新合作“3+1”旗舰项目。

科学城展现新变化。开展规划提升设计，创建“中小企业能办大事”先行先试区，科技企业加速器全面升级，东区、长岭片区产业加快转型，雪松等一批总部项目建成入驻，瑞松等36个项目投产，“双创”示范基地建设获国务院督查激励，入选国家级大中小企业融通型发展示范园区，“五年大变化”迈出坚实步伐。

黄埔港焕发新活力。推进黄埔港片区控规调整，洪圣沙码头启动转型，保利鱼珠港、华南国际港航中心初具规模。大湾区航运研究院等83家航运机构落户，南方智媒大厦、广物商贸综合体、中国软件CBD总部开工建设，成为广州人工智能与数字经济试验区重要一极。

生物岛实现新提升。岛内环境全要素升级，恒瑞南方总部、大湾区高性能医疗器械研发中心等一批重点项目落户，默克创新中心投入使用。成功举办第三届官洲生物论坛、全国智能网联汽车大赛，启动建设全国首个5G自动驾驶应用示范岛。

着眼打基础、利长远，突出土地储备这个战略基点，有效解决翟洞地块历史遗留问题，加快推动“三条围”搬迁，整理出两个3平方公里的连片土地，有力破解重大平台发展瓶颈。穗港智造特别合作区、穗港科技合作园启动建设，穗港城、湾区氢谷、大湾区高端装备智造创新中心等项目动工。

### （三）重点领域改革开放实现新跨越

体制机制改革成效显著。扎实推进政府机构改革，推动行政区、功能区职能优化融合，在全省首设营商环境改革局、民营经济和企业服务局，在全省唯一单设知识产权局。理顺龙湖、九佛、新龙两街一镇行政区划，优化设置萝岗、云埔、长岭3个街道，进一步强化基层治理能力，为知识城、科学城等片区高质量发展释放了活力。深化国企改革，推动区属国有企业优化重组，整合金融、电力、建设等主营业务，国企资产增长超60%，营收突破百亿元，增长1.08倍，利润增长36%。

营商环境全面优化。主动承接用好44项省、市级事权，有效破解项目落地、人才落户等瓶颈，出台区块链2.0、工业互联网、5G、金融等产业政策，营商环境指数排名全国经开区第一位，广州开发区营商环境探索作为广东省唯一代表入选“2019中国改革年度案例”。全国首创“区块链+AI”商事服务模式，启动商事登记“跨境通”，“12345”审批模式、知识产权综改经验在全国推广，秒批、知识产权证券化等改革经验在全省复制。成立大湾区知识产权调解中心，新增国家知识产权示范企业4家、优势企业53家，总量占全市近一半。

城市更新改革大胆突破。强化省“三旧”改造改革创新试点责任担当，围绕快批、快拆、快建，推进城市更新流程再造，出台“城市更新10条”，形成“1+20”更新政策体系，推进58个项目改造，动迁房屋超1.1万栋，拆除旧房288万平方米，改造速度和总量在全市领先。整治提升村级工业园44公顷，升级改造农贸市场20家，征地702.67公顷，拆除违法建筑超600万平方米，完成进度居全市第一位。

开放合作再结硕果。发挥广州开发区区域带动作用，与北京经开区共建京广协同创新中心，强化与重庆铜梁区、哈尔滨齐齐哈尔市等地对接合作，广清产业园获评国家级共享协同发展园区。深化“一带一路”合作，共建中新国际科技创新合作示范区，设立中德氢能源研究院，9个项目入驻中以生物产业孵化基地，中乌（黄埔）国际创新研究院落户，中沙吉赞城泛亚聚酯项目动工建设。

### （四）科技创新能级取得新突破

创新枢纽地位凸显。以综合性国家科学中心重要承载区建设为牵引，引进中科院微电子所、自动化所等10所大院大所，纳米国家科学中心成为全国纳米产业转化主战场，太赫兹国家科学中心构建全国最完整的太赫兹技术创新链条，大湾区协同创新研究院成为体制最优、机制最新的协同创新机构，在科技界打响“黄埔实验室”品牌。新增省工程实验室5个，占全省1/4，新增国家企业技术中心3个，获评省高水平研究院5所，占全省半壁江山，国家级高新区实力大幅提升，排名跃升至第7位，科技创新实力稳居全国经开区第一位。

创新成果更加丰硕。荣获国家科学技术奖 6 项，增长 50%；获得中国专利金奖 1 项、专利奖 20 项，占全市一半；专利授权量 1.76 万件，增长 20%，PCT 国际专利申请量 756 件、发明专利授权量 2803 件，居全国经开区第一位。技术交易合同 4281 项，增长 132%，成交额 227 亿元，增长 48%。瞪羚企业数量超 300 家，金域医学获评全国质量标杆。

创新生态持续优化。出台“海外尖端人才 8 条”等政策，新引进院士 15 人，高层次人才 882 人，居全市第一位。新增国家级孵化器 4 家，3 家孵化器获国家考评优秀。60 亿元规模的中科院科技成果转化母基金落户，丸美、亿航、维港成功上市，方邦成为广州科创板第一股，科创板上市企业 4 家，占全市八成。

（五）城市功能品质实现新提升

基础设施优化完善。开展黄埔东路、开放大道等 41 条道路全要素升级，建成北二环—开创大道出入口、九龙—广汕立交等重点道路 12 条，广汕路实现双向八车道贯通，地铁 21 号线全线通车，有轨电车 1 号线试运行。建成 5G 基站 2500 个，实现重点区域 5G 网络全覆盖，建设全省首个 5G 应用示范区。

城市治理巩固提升。打好污染防治攻坚战，18 条重点河涌消除黑臭，凤凰河消除劣Ⅴ类水，永和河等 4 条河涌通过国检，河长制、环保责任制考核均居全市第一位。完成 30 个老旧小区微改造，加装电梯 121 台，258 个小区楼层全部撤桶，实现定时定点垃圾分类投放。创新“五治同创”社会治理模式，推进扫黑除恶专项斗争，案件类警情下降 9.7%，群体性事件下降 29.8%，圆满完成中华人民共和国成立 70 周年大庆安保。全年无重特大生产安全、食品安全事故。

乡村振兴深入推进。建成 24 个干净整洁村、16 个美丽宜居村，迳下村、大坦村获评市级美丽乡村，“长洲慢岛”入选全省首批乡村旅游精品线路，洋田村获评全国乡村治理示范村。提前超额完成“厕所革命”三年任务。开展农村集体产权制度改革，推动百企帮百村行动，农村集体经济净利润增长 32%，分红总额增长 13.7%。

（六）民生事业发展翻开新篇章

基础教育优质均衡。新开办玉山、天誉、广钢科城等 16 所公办中小学、幼儿园，新增中小学学位 8000 个、幼儿园学位 5310 个。为来穗人员随迁子女提供学位 4193 个，连续 3 年居全市第一位。新招聘教师 850 人，新增高级以上教师 75 人。东荟花园小学获得 2019 跳绳世界杯赛 18 个单项冠军。

医疗卫生稳步提升。知识城南方医院、广医妇女儿童医院等 8 个医院加快建设，整合广州开发区医院、黄埔区红十会医院，成为区属第一家三级医院，新增住院床位 175 张。实行儿科诊疗补贴，推动岭南医院重开儿科急诊。社区卫生服务云系统上线。全省率先推行疫苗储送一体化和全流程追溯管理。

文体事业快速发展。新建图书馆、文化馆分馆 11 个，全年举办文化活动 4000 余场。区融媒体中心投入使用，玉岩书院恢复对外开放。实施中华人民共和国成立 70 周年国庆光亮工程，“黄埔之夜”活动精彩纷呈。举办全国新区经开区高新区首届职工健康运动会，承接世界名校赛艇邀请赛等重要赛事，第三届黄埔马拉松成为全民盛事。

社会保障坚实有力。十件民生实事全部兑现，获评 2019 中国最具幸福感城市。城镇新增就业 4.8 万人，社保精准扶贫 4870 人，城乡居民养老保险参保完成 114.4%。新增养老床位 1626 张，为 6000 多名老人提供爱心午餐。阳山精准扶贫扎实推进，黔南州留守儿童关爱行动获评全国优秀。

人民武装、退役军人、工商联、民防、海防、粮食、物价、保密、打私、对台、民族、宗教等工作取得积极进展，青年、妇女、儿童、残疾人、侨务、外事、工会、档案、气象、地方志、供销社等事业加快发展。

这一年，我们狠抓政府自身建设，深入开展“不忘初心、牢记使命”主题教育，树牢“四个意识”，坚定“四个自信”，做到“两个维护”。我们狠抓能力建设，强化经济运行调度，推动新旧动能转换，在产业发展、城市建设、民生保障中摔打历练。我们狠抓作风建设，切实增强干部的主体意识、主责意识、主动意识，推动干部进基层、进企业、进车间，在一线服务企业，在一线改进作风，切实把区委决策部署执行落实到位。我们自觉接受监督，强化绩效考核、督查督办，成为国务院办公厅“双百”督查联系点，查处政府系统违纪违法案件 58 宗 58 人，主动向区人大报告工作、向区政协通报情况，高质量办理市、区代表议案、建议 155 件，委员提案、意见 143 件。

各位代表，过去一年我们紧盯发展的痛点、堵点、难点，迎难而上，解决了许多长期想解决而没有解决的难题，干成了许多过去想干而没有干成的难事。我们攻坚克难，啃下了新白广、花莞高速等征拆“硬骨头”，成功推进广汕路拓宽、黄埔东路升级，全面启动丰乐北等重点区域改造。我们担当作为，珠江钢铁、南科电子等地块长达十余年的历史遗留问题得到破解，九龙水质净化一厂、三厂历时 8 年成功投产。我们大胆改革，深入推进教育“区管校聘”、医疗机构绩效管理，基础教育、基层医疗全面得到加强。

这些成绩的取得是以习近平同志为核心的党中央领航掌舵、正确指引的结果，是市委、市政府和区委坚强领导、科学决策的结果，是区人大、区政协和社会各界有效监督、鼎力支持的结果，也是全区人民团结拼搏、共同奋斗的结果。

迈入新的一年，新冠肺炎疫情给全区人民生命健康安全和经济社会正常运行带来巨大冲击。在严峻挑战面前，全区坚决贯彻落实习近平总书记关于疫情防控重要指示精神，坚决贯彻党中央国务院决策部署，认真落实省、市防控工作要求，全力打赢疫情防控人民战争、总体战、阻击战。我们第一时间构建疫情防控“四级责任”体系，抓好全方位防控，在最短时间内遏制疫情，实现本地确诊病例“清零”、患者“零死亡”。我们第一时间构建防、检、治一体化科技战疫体系，口罩、防护服、中医药等防疫物资供应国内外，检测试剂日产量占全国1/4，在疫情防控中做出了黄埔贡献。我们第一时间出台“暖企8条”“稳企6条”“新基建10条”，率先实现企业100%复工，强化经济逆周期调节，组织5次项目集中签约、动工、投产，在实现疫情防控和经济社会发展“双胜利”中迈出坚实步伐。

过去一年，特别是在这场疫情大考中，我们更加清醒地认识到，我区经济社会发展还存在许多问题和挑战：一是产业发展新旧动能转换还不够快，科技创新驱动还不够强，受全球疫情影响，经济不确定性增多，外贸风险加剧，部分企业生产经营困难，经济下行压力持续加大。二是城市治理水平有待进一步提升，城市更新任务繁重，污染防治、安全隐患治理还存在薄弱环节，疫情防控暴露出社会治理、公共卫生服务、应急能力建设等领域还存在突出问题。三是民生社会事业发展存在短板，教育、文化优质公共服务供给还有不足，乡村振兴成效还不够明显，城乡发展不平衡不协调问题还比较突出。四是政府职能转变仍需加强，一些形式主义、官僚主义和不担当不作为问题依然存在。对此，我们要采取有力措施、扎实解决。

## 二、2020年工作安排

今年是全面建成小康社会和“十三五”规划的收官之年，做好今年工作，意义十分重大。我们要按照区一届六次党代会对今年工作的总体部署，以习近平新时代中国特色社会主义思想为指导，全面贯彻党的十九大和十九届二中、三中、四中全会以及中央经济工作会议精神，坚决贯彻党的基本理论、基本路线、基本方略，深入贯彻落实习近平总书记对广东重要讲话和重要指示批示精神，落实省、市和区委的工作要求，紧扣全面建成小康社会目标任务，坚持稳中求进工作总基调，坚持新发展理念，坚持以供给侧结构性改革为主线，坚持以改革开放为动力，扭住建设粤港澳大湾区这个“纲”，学习对标深圳建设中国特色社会主义先行示范区，推动实现老城市新活力、“四个出新出彩”，统筹推进疫情防控和经济社会发展，扎实做好“六稳”工作，落实“六保”任务，争当科技创新尖兵、现代产业发展标兵、高层次人才精兵、全面从严治党排头兵，让广州开发区这面改革开放先行先试的旗帜始终高高飘扬，在两个一百年历史交汇点上展现黄埔担当。

今年经济社会发展的主要预期目标是：固定资产投资增长30%左右，一般公共预算收入可比增长2.1%，研发经费支出占地区生产总值比重达到4%以上，节能减排约束性指标完成市下达的年度任务，登记失业率控制在3.5%以内，城乡居民收入增长与经济增长基本同步。重点抓好八方面工作：

### （一）统筹推进疫情防控和经济社会发展，在夺取“双胜利”中突显黄埔作为

抓紧抓实抓细常态化疫情防控，增强逆周期调节的主动性，加大投资长远谋划的战略性，以扎实作为促进经济社会健康发展。

抓好疫情常态化防控。完善全方位防控链条，持续巩固扩大防控成果。筑牢口岸入境“大门”第一道防线，落实入境人员全闭环健康服务。守住村社、厂区、商场“小门”，优化“大数据+网格化”智控体系，加强健康码管理。管好开学复课学校“校门”，全面建立与疫情防控相适应的教育教学秩序。

加强经济针对性调控。围绕解决产业链受损、供应链受阻、资金链紧张等问题，出台消费品工业促进办法，引导出口转内销和供应链国产化替代，加强政银企对接，支持企业融资。实施外贸提升工程，支持外向型企业线上营销，鼓励企业通过广交会等平台争取国际订单。落实消费券等鼓励消费举措，支持线下生活性服务业稳定经营，全方位促进消费转暖复苏。

加大项目高强度投资。强化精准招商、靶向招商，重点引进现代氢能、小鹏汽车等一批重大项目，力争落地总投资十亿级项目30个、五十亿级项目10个、百亿级项目4个。全力推进“百大项目庆百年”，加快诺诚健华、创维智能等重大项目建设，确保宝洁新智造中心、日立IT总部等重点项目投产，实现重点产业项目动工超100个、投试产超60个。积极争取地方政府专项债额度，储备发债项目规模超200亿元。

### （二）全力构建“平台+园区”融合发展新格局，在承担国家使命中做出黄埔贡献

围绕北部牵引、中部建带、南部成链，加快构建“四区四中心＋一区一园”发展格局，强化多点支撑、多极带动，在“双区驱动、双核联动”中实现高质量发展。

打造知识创造高地。建设综合性国家科学中心重要承载区，推进大科学装置先行启动区建设，高标准打造智谷、氢谷、药谷、美谷、纳米谷五大知识创造平台，建设具有全球竞争力的科技成果中试和应用推广基地。推动知识城总规批复，共建中新国际科技创新合作示范区，推进知识塔等项目建设，加快打造具有全球影响力的国家知识中心，实现知识城年度固定资产投资超500亿元。

打造产业智造高地。实施黄埔制造提质工程，打造新一代信息技术、人工智能、生物医药三大世界级产业集群。集聚发展集成电路产业，建设公共服务平台，打造以粤芯为核心的集成电路产业园。创建国家高端装备制造业标准化试点，打造以立景创新为核心的翟洞智能制造产业园，以天基信息系统为基础，推动低空轨道卫星产业化应用。打造世界顶尖的生物医药研发中心，加快燃石医学、百奥泰等项目建设，重点建设以GE、龙沙为核心的世界级生物制药基地。推进科学城创新发展，建设具有国际影响力的中国智造中心，建设中国工业互联网中心，培育“中国智造”标杆企业，新增“上云上平台”企业100家。

打造贸易创新高地。建设科学大道—开创大道、环九龙湖、鱼珠湾等总部经济带，引进一批科技、金融等企业总部。支持有色金属、化工产品、成品油等大宗商品交易平台建设，推进专业物流园区集中布局，创新“区块链＋贸易”模式，发展E国际贸易，提升商贸枢纽能级。创建综合保税区，扩大汽车平行进口试点，推动保税研发、保税展示拍卖等新业态集聚发展。积极探索离岸贸易，争取开展所得税、关税优惠、便利通关等试点，创建服务“一带一路”新贸易创新中心。

打造开放合作高地。积极推动与港澳规则衔接，加快新华穗港城、黄埔国际邮轮港、穗港澳航空产业基地等项目建设，深化法律、会计、知识产权等领域合作，借鉴香港工程建设管理模式，进一步简化境外企业准入手续。加强中欧、中英、中乌、中以等“一带一路”合作，开展生物医药、高端医疗、机器人、氢能源等领域协同创新和产能合作，推动中国—沙特吉赞产业聚集区等海外园区建设。

（三）加快营造新经济形态，在培育壮大发展新动能上打造黄埔硬核

适应后疫情时期需求变化，以构建多元化应用场景为抓手，着力营造数字、流量、绿色新经济形态，增强实体经济发展韧性。

做精做实数字经济。大力推进新基建，建设国际数字枢纽，布局互联网国际出入口核心节点等信息基础设施，创新一批5G、区块链、人工智能、工业互联网等技术融合创新的应用场景，打造“双千兆”城市。建设广州人工智能与数字经济试验区鱼珠片区，打造数字经济产业长廊，积极引进南方数字交易所，创建以工业软件为特色的国家级信创基地、以区块链为特色的中国软件名区。

做强做新流量经济。瞄准新消费，加速发展网络视听、游戏动漫等在线娱乐，举办中国游戏产业年会，大力发展网上超市、生鲜电商等智慧新零售，推动直播电商、社交电商等新业态蓬勃发展。发展新文创，建设大湾区多元文化创新中心、粤港澳青年数字创意园，推进南方智媒大厦、广州日报科技文化中心等项目建设。聚焦新金融，大力发展区块链金融、科技金融，支持区内企业上市融资，争取国家科技重大专项成果转化基金（第二期）、大湾区科技创新股权投资基金等基金落户。

做大做优绿色经济。建设国家新能源综合利用示范区，加快烯湾科技、广石化供氢中心落地建设，打造以宝能等项目为核心的新能源汽车产业园，建设以LG偏光片等项目为核心的新材料产业园。扩展新能源汽车在市政环卫、物流运输等方面的应用，完善加氢站布局，完成大观停车楼充电站建设。打造智能交通，引进百度等智能网联汽车龙头企业，稳步推广自动驾驶出租车。集聚燃料电池、石墨烯等检验检测中心，打造国家检验检测服务业集聚区。

（四）全力建设国际科技创新中心枢纽核心区，在创新驱动发展中塑造黄埔典范

面向全球配置创新资源，激发全链条科技创新活力，形成强大的源头技术供给和成果转化能力，建设世界一流高科技园区，挺起广深港澳科技创新走廊的脊梁。

实现高端创新资源大集聚。发挥黄埔实验室“集聚、加速、协同、攀登”四大功能，推动人类细胞谱系、航空轮胎动力学等重大科技基础设施建设，加快建设太赫兹国家科学中心、国家纳米科技创新研究院等高水平研究机构，努力把生物岛实验室建设成为国家实验室。筹建广州交通大学、西安电子科技大学研究生院、广州大学黄埔研究生院等高水平大学。大力引进培养战略科学家、产业顶尖人才和高水平创新团队，全年新增高层次人才100名以上，新增博士后科研创新平台5个以上。

推动开放创新发展大融合。探索建设“一带一路”合作创新示范区，拓展与新加坡等国家和地区在科技

创新、人才培养等领域的合作。加强大湾区科技合作交流，与深圳宝安区打造先进制造业协同发展先行先试地，与深圳光明区打造生命科学成果协同转化新高地，与深圳前海蛇口自贸片区共建自贸试验区改革创新协同发展示范地，推动穗港科研机构联合创新，打造大湾区工业设计中心等科创合作平台，推进大湾区协同创新研究院、高端医疗器械创新中心、高端科学仪器创新中心等项目建设。

构筑科技成果转化大平台。聚焦变革性技术产业化，搭建更多新技术应用试验场景，打造国家科技成果转移转化示范区，创建大湾区新兴产业国家技术创新中心。建设“中小企业能办大事”先行先试区，健全科技型民营及中小企业常态化服务机制，支持企业“走出去”实施并购重组，着力培育一批独角兽、“专精特新”、行业“单项冠军”以及对全球产业格局具有重要影响的龙头企业。完善“创业苗圃—孵化器—加速器—科技园”链条，构建以 PNP 为代表的国际垂直孵化平台，新增国家级孵化器 3 家以上。

### （五）全面推进营商环境改革创新，在国家级经开区创新提升中树立黄埔标杆

对标最好最优，加快创建国家级经开区创新提升新体制，充分挖掘营商环境软实力，为经济高质量发展注入更强动力。

推动营商环境改革再突破。争创国家营商环境改革创新实验区，推进科学城复制知识城省级管理权限和财税、用地等政策，推动广东自贸区省级权限知识城全覆盖。优化“企业有呼、服务必应”工作机制，开创线上线下一体化企业筹建服务模式。全面贯彻中央和省、市各项政策举措，落实“金镶玉”2.0 等系列政策，持续优化制度供给。深化国企改革，增强国企活力，实现区属国企年度固定资产投资超 500 亿元。

推动政务服务品牌再提升。积极争取综合授权改革试点，大力压减各项审批办理时限，探索简易低风险项目便利举措。以数字化政务服务为核心，推出更多不见面审批事项，推广“一网通办、一窗通取”，创新“AI+ 政务”，推出智能审批事项 50 项。探索“区块链 + 信用监管”，建设块数据融合信息中心，实现数据共享、监管联动，打造“流程最优、材料最简、成本最低、时间最短”服务品牌。

推动知识产权综改再深化。加快建设知识产权服务园区，共建中新国际知识产权创新服务中心，争取国家知识产权运营中心落户，探索创建知识产权跨境交易平台。发展知识产权质押融资，建设知识产权金融服务超市，推动专利保险试点，发行知识产权证券化产品 2 个，总规模 4 亿元以上。争创国家级知识产权保护示范区，开发运营知识产权海外侵权责任保险，培育区知识产权优势企业 20 家、示范企业 10 家。

### （六）全面塑造现代化城市品质，在实现老城市新活力中彰显黄埔形象

强化科学化、精细化、智能化城市建设管理，推动城市空间转型、城市功能蝶变，把黄埔建设成为广州城市发展的新样本。

高标准构建枢纽型交通网络。全面融入大湾区“1 小时交通圈”，推动黄埔高铁站、知识城高铁站建设，加快建设地铁 5 号线东延段、7 号线二期、穗莞深城际轨道。实施“72386”外围交通发展行动，规划建设人才大道等交通主通道，加快从埔高速、永九快速等高快速路建设，推动鱼琶、沙鱼洲、西区麻涌等隧道尽快动工。加快有轨电车线网建设，打通科学城至知识城快速通道，推进开放大道、创新大道、知识大道等交通大动脉建设，完善重点园区道路配套，全年新建道路 100 千米。

高起点推进精细化城市治理。打造 5G 智慧城市示范区，构建智能交通综合管理系统，推进智慧城市管理、智能电网、智能建筑等重点工程，建设黄埔“城市大脑”。打造广汕公路、九龙大道等主干道路景观带，创建容貌示范社区 2 个、示范街镇 1 个，力争拆除违法建筑 700 万平方米。加快油麻山生态公园、生物岛碧道建设，建成多功能绿道 10 条。加强管道燃气入户、占道施工管理、城乡环卫一体化等工作，完成 80% 垃圾投放点优化提升，创建 14 个垃圾分类示范村，垃圾减量率达到 38% 以上。

高品质优化集约型城市空间。争创“三旧”改造国家级试点，坚持总体规划、分批实施、总量平衡，落实快批、快拆、快建，启动珠江村、南湾、何棠下、凤尾等 13 个项目改造，推进火村、笔村、大塱、萝峰等 28 个项目建设，实现城市更新固定资产投资超 500 亿元。加快村级工业园、专业市场升级改造，推进福山福洞搬迁，重点推进翟洞、护林路沿线等片区征拆，全年收地 733.33 公顷。

### （七）坚决打赢三大攻坚战，在全面建成小康社会中展现黄埔担当

围绕高质量全面建成小康社会，对照既定目标，打硬仗、啃硬骨头，坚决打赢精准脱贫、污染防治、风险防范化解攻坚战。

脱贫攻坚要决战全胜。深入实施乡村振兴战略，开展数字乡村发展试点，打造省级城乡融合发展试验区。推进乡村振兴“一二三四”工程，打造隆平国际现代农业公园“一个龙头”，建设九龙大道、广汕公路乡村振兴“两条主轴”，创建迳下村、莲

塘村、麦村村“三个精品村”，实施水稻、水果、蔬菜、花卉“四个万亩”农业发展计划。高标准建设隆平院士港，在生物种业、智慧农业等方面探索创新，打造现代农业科技“黄埔军校”。全面完成清远阳山县对口帮扶任务，加强贵州黔南州等东西部扶贫协作，推进广清经济特别合作区“一区三园”开发建设，打造政策叠加、利益共享的跨区域合作“广清样板”。

污染防治要决战决胜。制定生态文明建设发展规划，创建自然资源生态功能区，加大环保督察整改力度，打造城市生态新样板。打赢蓝天保卫战，迎接循环化改造示范试点国检，全面落实工地“六个100%”，坚决整治扬尘问题。打赢碧水攻坚战，持续整治“散乱污”场所，开展排水单元达标专项攻坚，落实佛塱、枫下等11条农村雨污分流改造，确保南岗河、凤凰河、金紫涌达到Ⅳ类水标准。打赢净土防御战，开展第三批重点行业企业用地调查，深入推进土壤污染综合防治。

风险防范要决战完胜。牢固树立总体国家安全观，健全应急管理体系，确保社会大局安全稳定。创建国家生物安全治理试验区，围绕五大主攻方向，建设大湾区生物安全创新研究院、生物安全创新港、荔枝山生物安全园，打造纳米生物安全中心，构建生物安全战疫体系。着力提升社会治安水平，加强智感安防小区建设，纵深推进扫黑除恶专项斗争，强化反恐、禁毒等专项工作，全面创建“广州最安全区”。防范化解金融风险、债务风险、劳资纠纷风险，加强生产安全、食品药品安全监管，全面提升群众安全感、满意度。

### （八）坚决把民生实事办实办好，在增进民生福祉中提升黄埔温度

坚持“民有所呼、我有所应”，办好群众所急、所需、所盼的民生实事，努力打造民生幸福标杆。

增强基础教育软实力。着力引名师、建名校，打造广州开发区、广州高新区、中新广州知识城、黄埔军校系列学校品牌，让教育成为黄埔高质量发展的核心竞争力。探索组建区教育集团，深化“区管校聘”改革和集团化办学，完善校长、教师考核激励机制。开展人工智能教育试点，推广在线教育。新增公办中小学5所，新增学位超7000个。新建幼儿园8所，新增幼儿园学位超2300个。

推动医疗卫生大提升。强化区疾控体系建设，提高突发公共卫生事件应急处置能力，推进云埔、南岗、鱼珠社区卫生服务中心新址建设。构建中西医结合的医疗救治体系，加快岭南医院二期等医院建设，推进黄埔区中医院、广州开发区医院、黄埔区妇幼保健院改造提升，建设胸痛中心和危重症孕产妇、新生儿救治中心，构建“互联网+医疗健康”服务新模式。

焕发文体事业新活力。提升文化事业和文化产业创新发展水平，建设南海神庙文化景观带、长洲岛珠江国际慢岛，建成广州海事博物馆，筹建外贸博物馆，打造文化地标和“网红打卡地”。推进新时代红色文化中心、黄埔文化活动中心建设，提升东江纵队纪念广场、辛亥革命纪念馆、黄埔军校品牌影响力。继续办好黄埔马拉松等明星赛事，新建健身步道30条。

推进社会保障全覆盖。落实社保减负、补贴稳岗、就业用工和人才支持政策措施，充分发挥失业保险民生兜底作用。提高养老服务水平，重点发展社区居家养老，用心用情做好爱心午餐、日间托老服务，科学发展机构养老，打造医养结合品牌。开展好第七次全国人口普查，深化来穗人员融合行动计划，完善社区管理和服务体系。

## 三、推进政府治理能力现代化

面对新形势新任务，我们要深入学习贯彻习近平新时代中国特色社会主义思想，树牢“四个意识”，坚定“四个自信”，做到“两个维护”，着力提升政府治理体系和治理能力现代化水平，加快建设人民满意政府。

坚持依法行政。自觉接受区人大及其常委会的法律监督、工作监督和区政协的民主监督，坚决执行区人大及其常委会各项决议决定，坚持重大事项向人大报告、向政协通报。做好民生热点问题的民意调查、沟通协调，提高建议、提案办理质量。加大政府信息公开力度，及时回应社会关切，保障人民群众的知情权、参与权、表达权、监督权。完善公共法律服务体系，加大全民普法及依法治理工作力度，提高法治能力。

坚持高效施政。发挥行政区、功能区高度融合体制优势，巩固提高经济调节、市场监管、社会管理、公共服务、生态环境保护等政府职能，推动制度优势更好转化为治理效能。坚持有所为有所不为，完善政府权责清单制度，切实让市场在资源配置中发挥决定性作用。深入推进简政放权、放管结合、优化服务，深化镇（街道）体制改革，扩大街镇人事、财政自主权限，完善基层治理体系，健全充满活力的基层群众自治制度。切实增强主体意识、主责意识、主动意识，严厉整肃形式主义、官僚主义和不担当不作为问题，以优良的工作作风确保政府工作干一件、成一件。

坚持清明廉政。完善制度建设，强化审计监督，加强关键环节、重点领域监管，把权力关进制度的笼子里。严格落实中央八项规定及实施细则精神，坚持“过紧日子”，全面深化财政改革，确

保财政资金用到刀刃上。坚持标本兼治，探索建立廉政建设与业务工作融合机制，坚定不移推进反腐败斗争，严肃整治群众身边的腐败问题。完善高质量绩效管理体系，建立健全容错纠错机制，切实为基层减负，切实营造风清气正、心齐气顺的干事创业氛围。

## 名词解释

**知识城“一核两心三区”**

一核，即环九龙湖总部核心经济带；两心，即枫下、新龙两个片区中心；三区，即大科学装置区、中试验证和应用推广示范区、科教创新区。

**“1+20”更新政策体系**

“1”是“城市更新10条”，“20”是城市更新总规、旧村改造融资楼面地价评估报告等20个细化实施细则。

**“五治同创、阳光村居”社会治理模式**

在政治、法治、德治、自治、智治五个方面共同创建阳光村居试点。

**教育“区管校聘”**

指教师由区统一管理、学校各自聘用，目的是进一步增加学校用人自主权和教师流动性，激发教育发展活力。

**E国际贸易**

以跨境电子商务平台为载体，通过大数据、云计算、物联网、人工智能等新一代信息技术的融合使用，实现货物高效跨国流转的新型贸易形态。

**数字经济**

通过大数据的识别、选择、过滤、存储、使用，引导、实现资源的快速优化配置与再生，促进经济高质量发展的经济形态。

**双千兆**

移动网络千兆和光纤宽带网络千兆。

**流量经济**

依靠人才流、信息流、资金流、知识流、物资流等要素资源的流动而带来经济效益的经济业态。

**绿色经济**

以市场为导向、以传统产业经济为基础、以经济与环境的和谐为目的而发展起来的新经济形式。

**综合授权改革**

围绕制约改革发展的体制机制障碍，梳理形成若干批次综合授权改革事项，并清单式批量申请国家、省、市授权。

**简易低风险项目**

私（民）营、外商和港澳台企业投资或投资占主导的，总建筑面积小于2500平方米、建筑高度不大于24米，年综合能耗1000吨标准煤以下，功能单一、技术要求简单，且不生产、储存、使用易燃、易爆、有毒、有害物品或危险品的新建普通仓库和厂房。

**“72386”外围交通**

包括向西连接天河的7条道路，向北连接白云、从化的2条道路，向南连接番禺、海珠的3条过江隧道，向东连接增城的8条道路，以及6条高快速路。

**广清经济特别合作区“一区三园”**

一区，即广清经济特别合作区；三园，即广清产业园 、广佛（佛冈）产业园、广德（英德）产业园。

**智感安防小区**

利用智能感知设备构建小区数字防线，采集进出小区人、车、码等信息，利用人工智能、大数据分析技术，实现对辖内人口底数清、情况明以及异常行为事件的预知预警。

# 大事记

○编辑 张侠

## 1月

**2日** 黄埔区、广州开发区依托省、市电子证照系统和区行政审批系统，利用大数据、云计算、多层架构体系、目录服务等技术，建设安全自主可控的区电子证照系统，签发全市第一张区级电子证照——公共卫生许可证。

**3日** 黄埔区、广州开发区辖内企业广州维港环保科技有限公司在香港联交所主板上市，是2019年香港主板上市第一股、广州市企业上市第一股。

**8日** 广东省人大常委会召开省、市、县人大常委会主任座谈会，对全省人大工作的先进集体进行表彰。黄埔区人大常委会被授予“广东省县乡人大工作和建设先进集体”称号。

**8日** 国家科学技术奖励大会召开。黄埔区、广州开发区4个项目获2018年度国家科学技术奖：中国科学院广州生物医药与健康研究院“EMT-MET的细胞命运调控”项目获2018年度国家自然科学奖二等奖；京信通信系统（中国）有限公司（张远见）“热点区域高容量无线网络的协同自组织技术及应用”项目获2018年度国家技术发明奖二等奖；中国南方电网有限责任公司“复杂电网自律—协同自动电压控制关键技术、系统研制与工程应用”项目获2018年度国家科学技术进步奖一等奖；环境保护部华南环境科学研究所“区域环境污染人群暴露风险防控技术及其应用”项目获2018年度国家科学技术进步奖二等奖。

**9日** 黄埔区、广州开发区与中经智库咨询（北京）有限公司在萝岗会议中心签署战略合作协议，“国家中小企业公共服务平台数字金融平台”落户黄埔区。

**12日** 中国共产党广州市黄埔区第一届代表大会第五次会议暨中国共产党广州开发区工作委员会2019年第一次工作会议召开。广州市委常委、黄埔区委广州开发区党工委书记周亚伟代表黄埔区委、广州开发区党工委向大会作题为《牢记嘱托 出新出彩 为建国70周年创造高质量发展新的更大奇迹》的报告，总结2018年工作，研究部署2019年任务，审议通过《中共广州市黄埔区委 中共广州开发区工委关于深入学习贯彻习近平总书记视察广东重要讲话精神推动高质量发展的实施意见》《中共广州市黄埔区委 中共广州开发区工委 广州市黄埔区人民政府 广州开发区管委会关于贯彻落实〈粤港澳大湾区发展规划纲要〉的实施意见》。

**14日** 黄埔区中医院名中医工作室揭牌。

**16日** 中共中央政治局委员、国务院副总理胡春华到黄埔区九龙镇检查指导非洲猪瘟疫情防控工作，慰问疫区临时检查消毒站工作人员。

**16日** 广东政务传播力及政务微信运营指数年度榜单发布，黄埔区获2018年度政务传播大奖，“广州黄埔发布”官方微信公众号获2018年度政务微信影响力大奖，政务微信影响力居全市各区第一位。

**17日** 广州高新区投资集团有限公司（乙丰公司）、广州市建筑集团有限公司（广州一建）、中国船舶燃料广州有限公司和广州二运集团有限公司签订黄埔临港经济区鱼珠地块合作改造意向书。

**17日** 黄埔区工商联（总商会）一届七次执委（理事）会暨2019年新春联谊会在萝岗会议中心举行，现场为区优秀基层（异地）商会、“百企帮百村”先进民营企业、区非公经济组织党建工作示范单位颁发牌匾。区工商联分别与贵州省三都水族自治县工商联签订友好协议，与中国建设银行广州开发区支行签订深度合作战略协议。

**18日** 2019中国马拉松风云会在人民日报社新媒体大厦召开，公布“2018最具影响力马拉松赛事排行榜”，广州黄埔马拉松赛进入榜单前100名。

**18日** 广州国际生物岛党群服务中心和人才家园揭牌。

**19日** “时代华章——粤港澳大湾区城市公共雕塑大展”在黄埔区图书馆（香雪馆）开幕，是粤港澳大湾区首次举行的大规模城市公共雕塑专题展览。

**21日** 黄埔区、广州开发区重点项目集中投试产活动在瑞松科技园举行。瑞松智能科技、视琨电子科技、摩登大道广州时尚中心等22个项目集中投试产。

**21日** 黄埔区一届人大常委会召开第四十次会议。会议审议通过《区人大常委会关于区一届人大七次会议改期的决定》，听取审议《区政府、开发区管委会关于区一届人大六次会议代表建议、批评、意见办理情况的报告》《区政府、开发区管委会关于2018年黄埔区十件民生实事推进落实情况的报告》《区政府、开发区管委会关于2018年度预算绩效管理工作的报告》，审议通过干部任免事项。经表决，任命雷虎为副区长。

**23日** 黄埔区“冬日暖阳，青春腾飞”举行重点关爱青少年群体行动总结会暨青春团年饭活动，重点关爱青少年社区参加基地揭幕活动。

**23日** 黄埔区、广州开发区举行禁毒宣传顾问聘任仪式，向周正松、肖瀚森、伍巍、廖晓明、袁瑰秋、夏琴6人颁发聘书。

**24日** 黄埔区、广州开发区召开2019年民主恳谈会，听取民主党派、无党派、新的社会阶层、黄埔欧美同学会、工商联代表人士对区经济社会创新发展的意见和建议。

**24—25日** 中共黄埔区第一届纪律检查委员会第五次全体会议暨广州开发区2019年度党风廉政建设工作会议在萝岗会议中心召开。会议以习近平新时代中国特色社会主义思想为指导，学习贯彻十九届中央纪委三次全会、十二届广东省纪委四次全会和十一届广州市纪委五次全会精神，部署黄埔区全面从严治党工作。会议听取2名区领导和6名区属单位党委（党工委、党组）书记述责述廉述德报告并进行评议。

**28日** 黄埔区、广州开发区两大市政道路重点工程——长岭居核心片路网（萝岗新城外环路ABCDE线道路）、九龙大道与广汕路口立交（即镇龙立交）隧道部分通车。

**29日** 黄埔区、广州开发区举行“中国梦 劳动美”2019年慰问留穗过年异地务工人员迎春晚会。3000余名留区过年的异地务工人员代表参加活动。

## 2月

**2日** 黄埔区委常委会、广州开发区党工委会议召开，会议传达学习习近平总书记在中央政治局第十二次集体学习上的重要讲话精神，传达学习习近平总书记在省部级主要领导干部坚持底线思维着力防范化解重大风险专题研讨班上的重要讲话精神、在《告台湾同胞书》上发表40周年纪念会上的重要讲话精神；听取黄埔区2018年督查督办工作情况汇报，研究下一步工作；审议《广州市黄埔区关于实现基层社会治理“有呼必应”的实施意见（送审稿）》《黄埔区人民政府中山大学附属第三医院合作建设岭南医院二期项目协议书（送审稿）》《关于解决与广州通通圆益科技开发有限公司收回国有土地使用权纠纷问题的方案（送审稿）》，研究2019年广州市劳动模范和先进集体候选对象推荐工作和广州开发区产业基金投资集团有限公司等4家国有企业设立党委有关事宜。

**12日** 黄埔区、广州开发区召开2019年加快推进“四治”暨建设动员大会，部署“治水”“治气”“治违”“治乱”、征地拆迁工作和建设工作。

**20日** 《人民日报》《光明日报》，中国新闻社、中央人民广播电台等中央驻穗媒体代表到黄埔区、广州开发区开展新春走基层调研活动，参观科学城展厅。

**20日** 黄埔区、广州开发区举行重大项目集中签约活动，23个重大项目签约落户，包括各类总部项目14个、先进制造业项目5个、创新平台项目4个，总投资超过1000亿元。

**22日** 黄埔区、广州开发区召开科技创新和企业家大会，表彰2018年度获“创新人才之星”“创新发展之星”“卓越贡献奖”的企业代表，部署全区科技创新和企业服务、企业发展工作。

**26日** 中新广州知识城联合实施委员会中方第一次会议召开，研究协调中新广州知识城发展有关事宜。国家商务部亚洲司商务参赞出席会议并通报中新广州知识城部级联合工作委员会机制组建情况。

**26日** 黄埔区联和街黄陂社区长安片区旧村改造项目动工仪式举行，首期动工安置区占地6.5公顷，规划建筑面积20.32万平方米，投资总额约10亿元。

**27日** 黄埔区、广州开发区2019年“南粤春暖”大型招聘会在广州科学城绿轴广场开幕，250家企业提供6000个工作岗位。

**28日** 黄埔区一届人大常委会

第四十一次会议召开，表决通过区人大常委会关于接受个别区人大代表辞去代表职务请求的决议、区人大法制工委委员调整名单；依法任命294名区法院人民陪审员；表决通过区法院、区检察院人事任免事项；审议区人大常委会工作报告、2018年区法治政府建设情况报告、2018年区环境保护工作报告、区人大各街道工委2018年工作报告、区人大代表各街镇联组2018年集中视察情况报告。

**28日** 中国版权保护中心华南版权登记大厅和广州版权产业服务中心启用活动在黄埔区举行。登记大厅平台体系采用国内首创的三合一版权服务模式。

## 3月

**1日** 广州高新区、开发区、黄埔区举行重大项目集中动工活动。在广州国际生物岛设立主会场，同时设立4个分会场，35个项目集中动工，包括15个产业类项目、7个科技商业综合体类项目、7个城市更新类项目、6个市政配套设施类项目，总投资额达1023亿元。

**1日** 黄埔区、广州开发区与黄埔海关联合举行政策宣讲会，解读国务院出台的《关于促进综合保税区高水平开放高质量发展的若干意见》21条措施。

**5日** 黄埔区、广州开发区召开干部大会，宣布中共广州市委关于黄埔区、广州开发区政府主要领导任职决定：陈勇任黄埔区委委员、常委、副书记，广州开发区党工委委员、副书记，提名为黄埔区区长候选人。

**6日** 清华珠三角研究院与香港浸会大学签署产学研合作框架协议、仿生快速多维耐药分析系统及其应用的研发与产业化合作协议。

**6日** 黄埔区、广州开发区妇联联合区文明办举行纪念三八国际劳动妇女节109周年大会。通报2018年受上级妇联表彰的先进集体和先进个人，宣布成立新时代文明实践中心巾帼宣讲队，启用新“黄埔女性”微信公众号。

**7日** 黄埔区一届人大常委会第四十二次会议召开，任命陈勇为黄埔区人民政府副区长，代理区长职务。会议审议通过《关于区一届人大七次会议举行日期的决定》《关于补选个别区一届人大代表的决定》，听取《关于黄埔区、广州开发区2018年国民经济和社会发展计划执行情况与2019年计划草案的报告》《关于黄埔区、广州开发区2018年预算执行情况与2019年预算草案的报告》，审议通过区人大常委会关于计划草案、预算草案的初审意见。

**15日** 黄埔区委一届八次全会暨广州开发区党工委2019年第二次工作会议召开，对全区机构改革进行动员部署。广州市委常委、黄埔区委广州开发区党工委书记周亚伟就《广州市黄埔区机构改革方案》和调整优化广州开发区党工委、管委会内设机构情况作说明，就机构改革工作作专题讲话。机构改革后，黄埔区设置党政机构32个，包括党委机构10个、政府工作部门22个。广州开发区党工委、管委会单独设置工作部门9个，包括广州开发区党工委工作部门1个、广州开发区管委会工作部门8个。

**15日** 2019禾雀花文化旅游节在天鹿湖森林公园开幕。以“禾雀花开添新彩”为主题，首设双会场，融合知识科普游园、诗词大会、UTV全地形车观摩、丛林探险等内容。

**15日** 黄埔区、广州开发区在东区街道耙田山公园林地开展全民植树活动，种植乔木867株，绿化面积0.67公顷。

**15日** 广州粤芯半导体技术有限公司12英寸集成电路生产线项目主设备迁入厂房。该项目为广州第一条12英寸芯片生产线。

**16日** 珍宝巴士集团与中国电信广州分公司就高标准高质量推进“智慧公交”建设，携手推进实施5G公交站场项目和智能公交项目签署战略合作协议。项目为广州市公交行业首个5G应用项目，珍宝巴士集团所属运营车辆于2019年底全面完成5G升级。

**16日** 黄埔区新时代文明实践中心揭牌仪式暨首场文明实践活动在区青少年宫（萝岗宫）举行，联和街玉树社区新时代文明实践站揭牌成立。

**17日** 第15届广州民俗文化节暨黄埔“波罗诞”千年庙会开幕。以“海丝长福地·波罗多良缘”为主题，包含“海丝盛会”“四乡会景”“非遗精粹”“梨园荟萃”“互联网+庙会”“寻味庙会”等活动。

**19—21日** 黄埔区政协一届五次会议在萝岗会议中心举行。27名政协委员聚焦建设粤港澳大湾区、推动经济高质量发展、构建创新创业平台、优化公交道路线网、实施乡村振兴战略、打造特色文旅品牌、形成社区治理新格局等发言。会议选举梁正华、郑卓文为政协第一届黄埔区委员会副主席，许嘉森、陆柳红为政协第一届黄埔区委员会常务委员；审议通过政协第一届黄埔区委员会第五次会议决议。大会期间，收到提案129件。

**20—22日** 黄埔区一届人大七次会议举行。大会选举陈勇为黄埔区人民政府区长；表决通过区人大社会建设专门委员会以及区人大监察和司法委员会成员名单；依次表决通过《关于黄埔区人民政府工作报告的决议》《关于黄埔区、广州开发区2018年国民经济和社会发展计划执行情况与2019年计划的决议》《关于黄埔区、广州开发区

2018年预算执行情况和2019年预算的决议》《关于黄埔区人大常委会工作报告的决议》《关于黄埔区人民法院工作报告的决议》《关于黄埔区人民检察院工作报告的决议》；会议按照《黄埔区人民政府2019年重点推进的民生实事项目票选办法（草案）》的有关规定，投票决定区2019年度十件重点民生实事。

**22日** “第一届多边共治共享网络技术论坛暨粤港澳大湾区多边共治共享网络技术联合实验室”成立发布会在广州科学城举行，粤港澳大湾区多边共治共享网络技术联合实验室签约、揭牌，发布多边共治共享网络技术白皮书。

**22日** 萝岗街道萝峰社区旧村改造征拆动员会举行。

**25日** 2019“姬堂会”民俗文化活动在大沙街姬堂村举行。晚会分“古韵绽芳华”“走在春天里”“共圆姬堂梦”3个篇章。

**27日** 黄埔区、广州开发区云埔街道办事处揭牌成立，街道辖区面积46.78平方千米，总人口24万人，下辖11个社区。

**27日** 国家重大科学仪器设备开发专项成果转化项目对接会在广州高新区开幕。包括项目推介、参观考察、深入对接等环节。

**27日** 鸿基创能科技（广州）有限公司在黄埔区、广州开发区举行“情系黄埔 氢芯中国”膜电极产业化项目竣工及HyKey1.0产品发布系列活动，标志着全国首家燃料电池膜电极产业化项目建成。

**28日** 广州开发区民营经济和企业服务局、黄埔区政务服务数据管理局（广州开发区行政审批局）、黄埔区市场监管局（广州开发区市场监管局）、黄埔区退役军人事务局、广州开发区营商环境改革局、长岭街道办事处举行揭牌活动。

**29日** “智慧广州 物联未来”广州科学城智慧产业峰会暨润慧科技园项目发布活动在润慧科技园举行，华润产业创新集群落地签约和华润置地产业战略合作伙伴签约活动同步举行。

## 4月

**2日** 黄埔区、广州开发区举行党建阵地建设现场会暨“两新”组织党建工作推进会，通报全区镇（街道）、村（社区）党群服务中心规范化建设总体情况，对推进党建阵地建设及“两新”组织党建工作进行部署。

**2日** 黄埔区、广州开发区首届国家机关“谁执法谁普法”履职报告评议会在萝岗会议中心举行，区应急管理局和区检察院有关负责人作履职报告，并通过台账、展板、PPT和视频等方式展现本单位履职情况。

**2日** 黄埔区台湾青年创新创业中心揭牌仪式在广州市光机电技术研究院举行。

**3日** 黄埔区、广州开发区和紫光广州存储系列项目合作框架协议签约活动在广州白云国际会议中心举行。黄埔区区长、广州开发区管委会常务副主任陈勇代表区与紫光集团董事、联席总裁王慧轩签约。

**3日** 2019中国广州国际投资年会广州高新区、广州开发区、黄埔区分论坛——沙发论坛举行，粤芯半导体总裁陈卫，龙沙集团总监David Wach（大卫·沃克），诺诚健华董事长崔霁松，高深智行总经理刘澍泉，默克中国创新中心董事总经理孙正浩，文远知行首席执行官韩旭，中国欧盟商会华南董事会副主席贺励平（Peter Helis）7名嘉宾围绕“打造粤港澳大湾区营商环境示范区”主题作发言。广东省社会科学院院长、教授、粤港澳大湾区研究院院长王珺作《粤港澳大湾区与广州发展》专题演讲。广州高新区、广州开发区、黄埔区2019形象宣传片《黄埔之约》发布，宣传片时长5分钟。

**4日** 亿航载人级自动驾驶飞行器（Autonomous Aerial Vehicle，AAV）在奥地利维也纳进行全球首次公开载人飞行演示。来自世界各地的17名媒体代表成为全球第一批乘客，现场体验“城市空中立体交通”。亿航AAV是由黄埔区、广州开发区企业亿航智能全球首创的纯电力低空中短途载人级自动驾驶飞行器，2016年在美国消费电子展上首次发布，至是日，完成载人飞行任务2000余架次。

**9日** 黄埔区、广州开发区“为烈属、军属和退役军人等家庭悬挂光荣牌启动仪式”在夏港街影剧院举行，为16名光荣家庭代表颁发“光荣之家”牌匾，为3户光荣之家悬挂光荣牌。

**10日** “黄埔杯”第六届“创青春”广东青年创新创业大赛暨第二届粤港澳大湾区青年创新创业大赛在萝岗会议中心启动，发布“青春助力乡村振兴”广东乡村青年就业创业促进行动。黄埔区粤港澳大湾区青年创新创业联盟揭牌成立，“青春黄埔行”“大湾区青创协作”签约仪式举行。

**11日** 广州市推进城市更新工作现场会在黄埔区大沙街丰乐北路姬堂社区召开。

**12日** 广州市大湾区虚拟现实研究院成立大会暨首届虚拟现实与数字经济国际论坛在黄埔区、广州开发区举行。

**14日** 广州开发区管委会与中国信息通信研究院、华为技术有限公司签署《共建5G示范区合作协议》，广州开发区产业基金投资集团有限公司、广州海格通信集团股份有限公司和中国移动通信集团广东有限公司广州分公司共同签订《5G广州高新区、广州开发区、黄埔区智慧城市战略合作协议》，“广州市黄埔区5G示范网络”宣告开通。

**14日** 广州高新区、广州开发区、黄埔区与香港新华集团在科学广场展示中心签署全面战略合作框架协议，总投资将不少于100亿元。穗港创新合作集聚中心举行揭牌活动。

**15日** 黄埔区、广州开发区在广州商学院举行第四个全民国家安全教育日主题宣传活动，通过歌舞、小品、话剧、武术、快闪、知识问答等形式，普及宣传《中华人民共和国国家安全法》知识。

**18日** 广东省省长马兴瑞主持召开省政府常务会议，审议《中新广州知识城总体发展规划（2019—2035）》。

**18日** 广州市委常委、黄埔区委广州开发区党工委书记周亚伟会见新加坡贸工部高级政务部长许宝琨一行，双方就知识城升级为国家级双边合作项目后加强企业对接和经贸合作有关事宜进行交流。

**18日** 粤港澳大湾区文创新思维发展论坛暨区文化创意产业协会2019年度大会在黄埔区文化创意产业园区励弘文创旗舰园举行。

**18日** 黄埔区、广州开发区龙湖街道办事处和九佛街道办事处揭牌成立。新设立的龙湖街道辖区面积45.73平方千米，户籍人口3.2万人，下辖10个村（社区）；九佛街道辖区面积56.82平方千米，总人口约3万人，下设10个村（社区）。

**20日** 黄埔区文化馆与企业共同创编的海丝文化题材亲子舞台剧《菠萝蜜奇遇记》在广州中山纪念堂举行全国巡演首站演出，该剧是黄埔区创新文化馆、图书馆总分馆政企合作模式后，在公共文化领域探索的又一个政企合作模式。

**22日** 黄埔区、广州开发区图书馆、文化馆莱迪分馆启用，面积810平方米，藏书1.5万册，建有“书、影、娱、学”四大模块，分为开放阅览区、会议交流室、儿童阅览区、多功能文化厅以及文化长廊等文化功能区域。启用仪式上举办“同城共读·万卷共知——共读半小时”读书日主题活动和钢琴音乐演奏会。

**22日** 全国首张通过“区块链+AI”平台办理的企业营业执照在黄埔区政务服务中心大厅发出，试点上线“商事服务区块链平台”，率先开启“全天候、零见面、一键办”的企业开办服务新模式。

**23日** 黄埔区、广州开发区推荐的广州禾信仪器股份有限公司总经理、首席科学家周振在“五一”国际劳动节暨全国五一劳动奖和全国工人先锋号表彰大会上获全国五一劳动奖章。

**23日** 凤凰山隧道萝岗出入口开通，凤凰山隧道项目全线通车。

**24日** 国家知识产权局主办的2019年“知识产权服务万里行”（广东站）活动在黄埔区、广州开发区举行。

**25日** 首届粤港澳大湾区高端科学仪器产业发展论坛在萝岗会议中心举行。

**30日** 中国（广东）知识产权保护中心挂牌仪式在黄埔区创新大厦举行。

**30日** 黄埔区、广州开发区庆祝五一国际劳动节大会在萝岗会议中心举行。2019年，黄埔区1名职工获全国五一劳动奖章，1名职工获广东省五一劳动奖章，1个先进单位获广东省五一劳动奖状，3名职工获评广州市劳动模范，2个先进单位获评广州市先进集体，全区各级劳模累计150人。

## 5月

**5日** 黄埔区、广州开发区召开2019年度区人大代表建议和区政协提案、意见交办会。区一届人大七次会议期间收到的建议和区政协一届五次会议期间收到的提案、意见分别移交给区政府。经审查和协商，需移交办理的建议103件，提案106件、意见20件，内容涉及政治、经济、文化和社会生活等方面。

**7日** 广州市首家区级非公党群服务中心——黄埔区、广州开发区非公党群服务中心揭牌并投入使用。区非公党委党校和区工会职工服务中心举行揭牌仪式。

**8日** 广州市黄埔区、广州开发区30秒形象片《黄埔之约》亮相美国纽约时代广场“中国屏”。

**11日** 黄埔区夏港街举办主题为“拥抱‘穗港智造特别合作区’爱我夏港追梦前行”徒步活动，1000余人参加。

**13日** 黄埔区发布《广州市黄埔区广州开发区人才住房建设和使用办法（试行）》。

**16日** 广州市首座加氢示范站在黄埔区、广州开发区投入使用，是全国首个使用储氢罐设备的加氢站，加注1台车仅需3~5分钟。

**17日** 全球首条常规公交5G运营线路开通暨黄埔智慧公交产业园揭牌活动举行。黄埔区、广州开发区与珍宝巴士集团、中国电信广州分公司、华为技术有限公司签订共建5G公交站场及智能公交项目战略合作协议。

**20日** 黄埔区、广州开发区与中国黄金集团签订框架协议。中国黄金集团计划在黄埔区投资20亿元，建设其粤港澳大湾区总部，并导入其国际国内核心产业资源。

**20日** 黄埔区、广州开发区2019年科技活动周启动仪式暨中小学第三届科技博览会在广州市二中苏元实验学校举行，以“科技强国 科普惠民”为主题，含5大类28项活动。启动仪式上，与会嘉宾为黄埔区在科普领域和科技竞赛领域获得优秀的选手代表和指导老师颁奖，广州市二中苏元实验学校与明珞汽车、视源电子、高新兴3家企业签约，会上还成立乐创科教校园联盟，携手企业共建科技人才孵化基地。

**21日** 黄埔区、广州开发区与国家开发银行广东分行签订《开发性金融合作备忘录》，双方商定在基础设施建设、产业转型升级、城市更新、节能环保、生态建设、扶贫开发和乡村振兴等领域推动项目合作。

**27日** 新加坡副总理兼财政部部长王瑞杰率队到黄埔区考察中新广州知识城规划展示厅、人才大厦和腾飞园，了解知识城开发建设及中新合作情况。

**27日** 广州市推进粤港澳大湾区建设领导小组知识产权专项小组第一次全体会议在黄埔区召开。会议传达学习5月13日广州市推进粤港澳大湾区建设领导小组第四次全体会议精神，听取各有关单位汇报市推进粤港澳大湾区知识产权相关工作情况及下一步工作计划。

**28日** 黄埔区、广州开发区举行穗港智造特别合作区全面启动暨新华穗港城等重大项目集中动工活动。主会场设在西区穗港码头，并在广州科学城、大沙北路、鱼珠、黄埔港、长岭居、南岗等地设置10个分会场；35个重大项目破土动工，包括产业及科创综合体项目23个，民生、市政项目11个，城市更新改造项目1个，总投资额达1280亿元，预计达产产值或营业收入2300亿元。

**28日** 2019年“广州榜样”第三期发布活动举行，黄埔区豫章苑彩票店店主卢秀兰和鱼珠街茅岗社区环卫工人李桂华获4月“广州好人”称号。

**30日** 黄埔区新龙镇举行成立揭牌活动。新龙镇是全区唯一的建制镇，辖区面积75.87平方千米，也是全区面积最大的街镇。

## 6月

**5日** 萝峰旧村改造项目展示中心开幕。该项目计划新增3.97万平方米产业用房和18.57万平方米公建配套设施。

**10日** 第三届官洲国际生物论坛在广州国际生物岛开幕。主题为“聚焦生物经济 共谋湾区创新”，邀请中国科学院院士贺福初、澳门大学中药质量研究国家重点实验室主任王一涛、中国科学院院士徐涛、龙沙生物制药副总裁凯仁·芙伦作主旨演讲。粤港澳大湾区高性能医疗器械创新中心揭牌，香港中文大学和广州再生医学与健康广东省实验室“再生医学高等研究院”项目签约，广州再生医学与健康广东省实验室生物医疗器械项目启动，广州高新区生物医药产业发展蓝皮书发布。

**10日** 黄埔区、广州开发区参加第十二届中国生物产业大会特装展。设立集中展示区域，面积621平方米，展示广州再生医学与健康广东省实验室、粤港澳大湾区高性能医疗器械创新中心、粤港澳大湾区高端科学仪器创新中心、华南生物材料出入境公共服务平台、华南生物医药研究院、中国科学院广州生物医药与健康研究院6个平台及辖内20家重点生物医药企业研发成果。

**11日** “2019广州书法论坛——经典的重构”第三场活动在黄埔区、广州开发区举行，著名书法家、当代书法批评与研究代表人物、中央美术学院教授邱振中分享研究心得。

**12日** 广东省新一代通信与网络创新研究院聘任首席科学家活动在黄埔区、广州开发区举行，中国电子科技集团首席科学家、中国工程院院士陆军受聘为研究院首席科学家。

**12日** 《广州市黄埔区 广州开发区促进工业互联网产业发展办法》出台，从外地迁入或投资该区的工业互联网企业，或者在该区从事工业互联网行业并有研发所得者，均可享受高额政府奖励。

**15日** 2019年广州（黄埔）国际禁毒日主题宣传活动暨首届广州市“最美禁毒人”颁奖典礼在黄埔区宝能国际体育演艺中心举行。来自全市各校近万名师生、2500名企业员工代表，社会各界代表1.5万人出席活动。

**17日** 广东片区“世界海员日”庆祝活动暨首届广东船员发展论坛在黄埔区、广州开发区举办。

**18—19日** 第六届全国医疗器械科学监管与发展研讨会暨首届全国医疗器械创新发展峰会在黄埔区、广州开发区召开。广州市委常委、黄埔区委广州开发区党工委书记周亚伟会见国家药监局副局长徐景和一行，双方就推动粤港澳大湾区创新医疗器械发展，组织创新医疗器械博览展览有关事宜进行交流。

**19日** 黄埔区、广州开发区召开纪念五四运动100周年暨“靠埔追梦人·建功新时代”主题青年座谈会，现场为青年讲师团成员颁发聘书。

**20日** 科创板上市委2019年第七次审议会议结果出炉，黄埔区、广州开发区辖内企业广州方邦电子股份有限公司IPO（首次公开募股）申请过会，成为广州首家科创板过会企业。

**21日** 北京大学粤港澳大湾区知识产权发展研究院在广州科学城揭牌，北大智库在黄埔区、广州开发区运行。

**21日** 第二届粤港澳大湾区知

识产权合作暨知识产权运用和保护综合改革试验推进工作会议在黄埔区、广州开发区举行，10余名知识产权业界专家和顶级学者共同为建设粤港澳大湾区知识产权服务中心、开展国家知识产权运用和保护综合改革试验出谋划策。

**26日** 黄埔区、广州开发区首部原创诗歌历史情景剧《风雅浴日亭》在区青少年宫（丰乐宫）试演，“再现”900余年前宋代诗人苏东坡、杨万里、刘克庄登临南海神庙章丘岗，观赏日出、吟诗作对的场景。

**28日** 黄埔区、广州开发区举行2019年“广东扶贫济困日”活动捐赠仪式，认捐总额超过2200万元。

**28日** 黄埔区龙湖街何棠下村举行整村改造拆迁启动仪式。

## 7月

**1日** 黄埔区、广州开发区举行纪念中国共产党成立98周年暨“七一”表彰大会，全区77名优秀共产党员、73名优秀党务工作者、117个先进党组织获表彰。

**1—13日** 2019年跳绳世界杯赛在挪威首都奥斯陆举行。东荟花园小学20名跳绳队员与来自全国各地的18支队伍组成中国跳绳国家队，参加比赛。东荟花园小学云荟跳绳队获18个项目的冠军，为中国队收获60枚金牌，并打破女子3×40秒交互绳速度接力、混合组2×60秒交互绳速度接力两项跳绳世界杯赛会纪录。

**2日** 自然资源部部长陆昊率队到广州调研第三次全国土地调查工作推进情况，视察广州国际生物岛官洲村集体经济发展用地情况，召开现场会。

**3日** 广东省新一代通信与网络创新研究院与中国电科集团网通公司、世纪龙信息网络公司在黄埔区、广州开发区签署战略合作协议，计划在5G通信网络领域开展业务创新，服务粤港澳大湾区工业互联网、车联网、无人机、智慧交通智能电网等领域客户。

**3日** 证监会同意黄埔区、广州开发区瞪羚企业广州方邦电子股份有限公司科创板首次公开发行股票注册发行，方邦电子成为全市首家拟登陆科创板的企业。

**3日** 第六届广州城市治理榜发布会暨城市治理创新论坛在南方报业传媒集团举行，《南方都市报》2018年度《广州城市治理榜》发布。黄埔区、广州开发区蝉联营商环境榜第一名，获高质量发展榜第二名，人类发展指数榜第三名；中新广州知识城获评“最具创新力功能区”；区税务局推行区块链电子发票试点入选“十大改革创新案例”。

**4日** 黄埔区、广州开发区出台《广州市黄埔区广州开发区促进5G产业化发展办法》，该办法是全国首个区县级5G专项政策，最高奖励达500万元。

**10日** 第十届中英桥开放创新项目对接会在黄埔区、广州开发区举行，易创科技国际有限公司、广州呼研所医药科技有限公司、纳斯特投资管理公司、粤港澳大湾区科技创新服务中心、丰乐集团公司集中签约，共建中英生物科技和健康创新成果转化中心与中英生物科技创新基金；中英桥华南办公室、中英生物科技和健康创新成果转化中心揭牌。

**10日** 南方报业传媒集团产业总部项目签约活动在科学广场展示中心举行，黄埔区、广州开发区与南方报业传媒集团、越秀集团签署合作协议。

**12日** 广州高新区、黄埔区响应近日广东省印发的《广州高新区（黄埔区）建设广东省营商环境改革创新实验区实施方案》，出台《广州高新区（黄埔区）建设广东省营商环境改革创新实验区行动方案（2019—2022）》，以45条具体改革措施按下优化营商环境“加速键”。

**14日** 黄埔区、广州开发区举行5G车联网（智能网联汽车）产业创新发展论坛，与广州市公共交通集团有限公司、工业和信息化部电子第五研究所签署战略合作框架协议，共建5G车联网（智能网联汽车）先导区。现场举行广州市5G自动驾驶应用示范岛签约和“黄埔区车联网（智能网联汽车）产业基地”揭牌活动，启动“全国首个自动驾驶综合应用示范岛”建设，启动广州国际生物岛1条自动驾驶公交应用示范线、5台自动驾驶出租应用示范车辆。

**15日** 黄埔区、广州开发区发布新版区域品牌形象视觉识别系统及宣传口号，并全面启动推广应用。

**16日** 黄埔区、广州开发区重点建设工程——北二环高速公路开创大道出入口竣工通车。

**16日** 黄埔区、广州开发区与中山大学创新融合产学研对接会上，广东新一代通信与网络创新研究院、广州鸾莺科技有限公司分别和中大数据科学与计算机学院、中大附属三院签订项目合作协议；广州禾信仪器股份有限公司和广州桑瑞科技有限公司现场发布企业需求；70多家区内企业与中大有关专家现场进行项目对接。

**17日** 黄埔区、广州开发区与北京经济技术开发区签署战略合作协议。

**17日** 黄埔区、广州开发区城乡规划委员会城市更新专业委员会召开第一次专家评审会议。广州开发区管委会副主任黄东出席会议，代表区政府、管委会现场向专家颁发聘书。作为全市唯一的区级城市更新专业委员会，可对城市更新项目控制性详细规划调整进行审批。

**17日** 《广州市黄埔区广州开发区促进金融业发展的政策措施》（简称“金融10条”）发布。

**22日** 黄埔区、广州开发区辖内企业广州方邦电子股份有限公司在上海证券交易所上市，成为广州市科创板第一股。全区上市企业51家。

**23日** 在走进“国家知识产权改革试验田”活动中，广州开发区推进国家知识产权综合改革亮出“成绩单”。在商务部2018年全国219个国家级开发区综合发展水平评价中，广州开发区综合排名第二，科技创新排名第一，其中支撑科技创新排名的两项重要指标——PCT国际专利申请量和发明专利授权量均排名第一。

**23日** 黄埔区人大常委会组织开展以“我为民、我履职、我行动”为主题的代表进社区活动，省、市、区、镇各级人大代表分别到各社区联络站接待群众（选民）。活动接待群众265人次，收集各类问题159个。

**25日** 黄埔区、广州开发区辖内企业广东丸美生物科技有限公司在上海证券交易所主板上市，成为2019年广州市主板上市第一股。

## 8月

**1日** 黄埔区、广州开发区举行首届最美退役军人、最美军嫂、最美双拥标兵发布会，表彰一批作出突出贡献的优秀退役军人、好军嫂、拥军优属拥政爱民工作标兵。

**1日** 广东省人民政府网站公布《关于将一批省级行政职权调整由广州市黄埔区（广州高新区、广州开发区）实施的决定》，自2019年9月1日起施行。

**6日** 2019广东推进粤港澳大湾区高质量发展论坛举行，公布“我们的湾区大文章”南方号新媒体爆款大赛获奖名单，“广州黄埔发布”获二等奖和爆款奖。

**8—10日** “黄埔杯”第六届“创青春”广东青年创新创业大赛在黄埔区、广州开发区举行。大赛由共青团广东省委，黄埔区人民政府、广州开发区管委会等单位联合主办，超万名创新创业青年参赛。

**12日** 中国联合网络通信有限公司广州市分公司与黄埔区辖内企业广州明珞汽车装备有限公司签署战略合作协议，双方首个合作项目“5G工业制造联合创新中心”同日揭牌。

**15日** “走进大湾区，抒写新时代——全国主流媒体社长总编增强‘四力’”主题采访活动在黄埔区、广州开发区启动，100余名新闻工作者参加活动。

**22日** 中新广州知识城联合实施委员会举行第一次会议，听取中新双方工作进展情况及下一步计划汇报，审议中新广州知识城总体发展规划等内容。中新双方签署《中新广州知识城联合实施委员会2019—2020年度合作工作计划》等项目合作协议。

**22日** 黄埔区、广州开发区、广州高新区发布《广州市黄埔区 广州开发区 广州高新区关于集聚海外尖端人才的若干措施》。

**23日** 黄埔区、广州开发区对贝客音涂料公司内9栋违法建设依法进行拆除。该违法建设占地面积6200余平方米，建筑面积8500余平方米，均未履行规划报建手续。

**23日** “5G时代智慧健康养老产业高质量发展论坛”在黄埔区、广州开发区举行，200多名相关领域专家、学者、企业家及业界人士参加论坛。“中国智慧家庭生态联盟智慧健康养老创新中心”“全国智慧健康养老标准化工作组大湾区工作站”揭牌。

**24日** 黄埔区、广州开发区总工会职工创编的男子群舞《奔跑吧小哥》入选广东省总工会“我和我的祖国”千场文艺展演优秀作品。

**26日** 核酸药物Blockmir产业技术平台研讨会在黄埔区、广州开发区举行。由中山大学中山医学院国家“重大新药创制”临床前药效学评价技术平台与锁核苷酸（LNA）创始人、南丹麦大学Jesper Wengel院士团队共同创立的核酸药物Blockmir产业技术平台落户黄埔区。该平台是中国首个核酸类技术平台。

**28日** 黄埔区、广州开发区举行穗港科技合作园核心区暨京广协同创新中心启动活动。活动设1个主会场和3个分会场，有13个重大项目破土动工、5个创新平台项目揭牌、18个产业和创新载体项目集中签约，项目总投资额达1523亿元。

**28日** 广东粤港澳大湾区硬科技创新研究院第一届理事会第一次会议在黄埔区、广州开发区举行，会议听取研究院筹备进展情况汇报，审议并表决通过研究院有关重要事项。

**28日** 广州市首批区级融媒体中心之一的黄埔区融媒体中心运行，通过流程优化、平台再造，建设广州领先、全国一流的黄埔特色融媒体平台。

**28日** 黄埔区、广州开发区市场监管局在区政务服务大厅试点启动“证照联办”改革，在企业开办一站式服务基础上，进一步减环节、简材料，实现照、章、税、证（3+X）一窗受理，统一出件。

**29日** 中国首条高世代OLED面板线——LG Display广州OLED项目在黄埔区、广州开发区宣告投产，是全球最大尺寸和最先进的8.5代OLED生产线，该项目总投资约460亿元。

**29日** 粤港澳大湾区协同创新研究院在黄埔区、广州开发区揭牌。该研究院计划整合约10所国际一流大学，聚集100多名高端人才，每年培养约100名创新创业研究生，每年创造20余项具有竞争能力的重大技术，新增10余家创新创业企业，为约100家企业提供技术支撑。

**30日** “2019中国国际OLED产业大会”在黄埔区、广州开发区举行。大会以“OLED——时代与荣耀”为主题，突出国际化、专业化和市场化，包括高峰论坛、高端访谈、精品展览和行业优秀企业评选四大版块，是全球OLED产业界聚焦的年度盛会。

**30日** 广东顺德清远（英德）经济合作区移交签约活动在英德市举行，黄埔区、广州开发区与顺德区、英德市签署“两德”合作区移交协议。

## 9月

**1日** 为庆祝中华人民共和国成立70周年暨广州开发区建区35周年，由黄埔区委组织部、广州开发区党工委组织部，黄埔区委宣传部，黄埔区国家档案馆联合主办的“不忘初心 牢记使命”党史创业史档案文献展在黄埔区图书馆一楼开展。

**4日** 黄埔区、广州开发区举行营商环境观察员聘任仪式暨第一次座谈会，首批20名营商环境观察员上任。

**7日** 在2019厦门国际贸易洽谈会暨丝路投资大会上，黄埔区、广州开发区获4项国家大奖，涵盖投资促进、绿色发展、合作共享等多个领域。广州开发区获“绿色生态园区”；广州开发区、广清产业园获“共享协同发展园区”；黄埔区、广州开发区投资促进局获杰出投资促进机构奖；引进的GE生物科技园（GE BioPark）项目获杰出投资促进项目奖。

**8—9日** 共青团广东省委联合广东省教育厅、科技厅、人社厅、农业农村厅、市场监管局、广电局、金融监管局、青联、学联，以及黄埔区政府、广州开发区管委会等主办的“黄埔杯”第六届“创青春”广东青年创新创业大赛暨第二届粤港澳大湾区青年创新创业大赛决赛及颁奖活动在黄埔区举行。黄埔区参赛项目“可智能管理多站型巡检机器人——中科开创”获商工组初创类二等奖。

**9日** 广州市2019年质量月活动启动仪式暨市长质量奖颁奖典礼在广州国际媒体港举行，黄埔区、广州开发区辖内金域医学、广电运通、昊志机电3家企业获奖。

**9日** 《广州市黄埔区广州开发区促进氢能产业发展办法》发布。该办法从投资落户、研发机构认定、加氢站建设运营、资金配套、贷款贴息、风险投资等方面对氢能产业予以扶持，在国内首次实现全产业链扶持。

**10日** 黄埔区、广州开发区对外发布《广州市黄埔区 广州开发区关于加快省“三旧”改造改革创新试点工作的若干措施》（简称“城市更新10条”），于是日起实施，有效期两年。

**11日** 黄埔区、广州开发区召开“不忘初心、牢记使命”主题教育工作会议，学习贯彻习近平总书记在“不忘初心、牢记使命”主题教育工作会议上的重要讲话精神，全面落实中央、广东省委、广州市委主题教育第一批总结暨第二批部署会议精神，对全区开展“不忘初心、牢记使命”主题教育进行动员部署。

**11日** 黄埔区、广州开发区召开深化机构改革总结会议，通报全区深化机构改革工作情况，研究部署推进工作。

**11日** 黄埔区、广州开发区知识产权证券化产品“兴业圆融——广州开发区专利许可资产支持计划”发行设立并完成深圳证券交易所上市挂牌转让，标志着中国首个专利知识产权证券化产品落地。

**16—20日** 庆祝中华人民共和国成立70周年“红色记忆”集邮巡展（黄埔站）在黄埔区图书馆大沙分馆举行。巡展收到传统、现代、极限类邮票72部138框。组委会印制巡展纪念封。区集邮协会设计刻制黄埔站纪念戳，供集邮爱好者现场盖戳及邮寄。

**17日** 黄埔区各大地标建筑举行庆祝中华人民共和国成立70周年主题灯光秀，科学城商业广场1.6平方米楼体幕墙上滚动播放“我爱你中国”标语。

**20日** 粤芯12英寸晶圆项目在黄埔区、广州开发区投产，是广州第一条、广东省唯一一条量产的12英寸芯片生产线，该项目总投资288亿元。

**27日** 黄埔区、广州开发区举行环湖总部经济带动工暨穗港澳通用航线启动活动，14个重大项目集中动工，涉及商业综合体、科研培训、创新平台、城市更新、航空客运、学校、医院和城市基础配套建设等，累计总投资额约523亿元。百济神州广州生物医药生产基地一期项目竣工，中新广州知识城国际数字经济枢纽项目签约，穗港澳通用航线启动。

**27日** 我和我的祖国——黄埔区庆祝中华人民共和国成立七十周年嘉年华在黄埔区科学广场开幕。活动以“我和我的祖国”为主题，分为“海丝情怀 生日颂歌”“湾顶明珠 守望幸福”“魅力黄埔 扬帆中国”3个篇章。晚会现场呈现万人大合唱、民间貔貅舞、经典爱国歌曲演唱、群众广场舞、大型无人机表演、水舞灯光秀等节目。

**29日** 庆祝中华人民共和国成立70周年“老城市·新活力——黄埔记忆”摄影展在黄埔区图书馆大沙分馆举行，展出优秀作品100幅，分为城市风光、民俗风情、百姓生活、工业生产、绿色生态五大板块。

**30日** 黄埔区、广州开发区在东江纵队纪念广场举行2019年烈士纪念日公祭活动。

**30日** 黄埔区夏港街青年社区被评为第五批“广东省家庭文明示范点”。

**30日** 广州市2018年度环境保护目标责任考核结果出炉，黄埔区、广州开发区被评为优秀，环境保护目标任务考核总分居全市第一位。

**30日** 黄埔区、广州开发区创业英才企业康威（广州）生物科技有限公司获2019年第八届中国创新创业大赛（广东赛区）初创企业组一等奖。

## 10月

**1日** 庆祝中华人民共和国成立70周年升旗仪式在广州开发区政务服务中心广场举行，全区干部群众近500人参加活动。

**1日** “我爱你中国，庆祝新中国70华诞”主题灯光秀在科学广场举行，700架无人机变换出各种图案，呈现光影盛宴，庆祝中华人民共和国成立70周年。

**1日** 广汕立交东西跨线桥通车，可缓解九龙大道与广汕路口交通压力，密切中新广州知识城与黄埔区中心之间的联系。

**8—12日** 13名基层环卫工人代表黄埔区、广州开发区参加首届“珠三角地区环卫技能竞赛”，以总分第三名的优异成绩获团体二等奖。

**15日** 2019中新双边合作机制会议在重庆召开。中新广州知识城管委会与新加坡凯德集团、知识城（广州）投资集团有限公司签署合作协议，计划在中新广州知识城共同打造中新国际科技创新合作示范区。

**15日** 第八届中国创新创业大赛全国总决赛在黄埔区、广州开发区开幕。广州高新区粤港澳大湾区青年创新创业基金成立，粤港澳大湾区科创学院揭牌。

**18日** 第八届中国创新创业大赛生物医药行业全国总决赛在黄埔区、广州开发区举行。来自广州高新区的奇点医药科技（广州）有限公司获初创组一等奖；德琪（浙江）医药科技有限公司获成长组一等奖。

**22日** 广东省总工会在黄埔区、广州开发区召开广东工会会员实名制服务平台暨“粤工惠”APP试点推广会。

**22日** 黄埔区、广州开发区商事登记“跨境通”服务暨港澳企业离岸登记服务启动会在粤港澳青年创新创业基地召开。区市场监管局与招商银行、建设银行、广发银行、中国银行、农业银行、工商银行六大银行及粤港澳青年创新创业基地运营单位签署《商事登记“跨境通”服务合作协议》，并分别向港资企业广州优米区块链科技有限公司，澳资企业健行智慧科技（广州）有限公司颁发首批“跨境通”营业执照和免费印章。

**22日** 黄埔区、广州开发区发布《广州市黄埔区广州开发区5G产业化发展行动计划（2019—2022年）》，计划到2022年建成1.2万座5G基站。

**28日** 黄埔区、广州开发区出台《黄埔区、广州开发区加速区块链产业引领变革若干措施实施细则》（简称“区块链10条2.0政策”实施细则），包括设立10亿元规模区块链产业基金等，进一步推动区块链产业发展。

## 11月

**3日** 黄埔区、广州开发区推动建设的“黄埔一号”卫星载荷发射成功，开展系列在轨实验验证工作。

**5日** 粤港澳大湾区建设与青年发展机遇平行论坛在黄埔区、广州开发区举行，来自亚太20多个国家和地区的100名青年代表参加论坛。

**5日** 黄埔区辖内企业百济神州自主研发的药品“泽布替尼”成为第一个在美国获批上市的中国本土自主研发抗癌新药。

**6日** 在第二届中国国际进口博览会上，黄埔区、广州开发区与阿斯利康投资（中国）有限公司签署战略合作备忘录，与ABB集团公司合作开展光伏、储能智慧能源示范项目并签署协议。

**8日** 西门子全球最先进的配电变压器工厂在黄埔区、广州开发区开工建设，预计2021年建成投产。

**16日** 亚太新材料科学院大会在黄埔区、广州开发区开幕。

**17日** 新加坡教育部部长王乙康率新加坡政企高层代表团考察中新广州知识城，为中新国际知识产权创新服务中心与新加坡商务服务中心揭牌。

**18日** 第七届中新知识论坛举行。论坛以“提升湾区发展新动力探索中新合作新机遇”为主题

**18日** 广东—新加坡合作理事会第十次会议召开，新加坡教育部部长王乙康出席会议。中新广州知识城共签署项目合作协议8个。

**18日** 2019年广州国际灯光节

黄埔分会场活动在科学广场开幕，以“科技之光·创新黄埔”为主题。

**22—24 日** 2019 年全国新区经开区高新区首届职工健康运动会在黄埔区、广州开发区举行。

**25 日** “2019 中国最具幸福感城市”结果发布，黄埔区首次获“中国最具幸福感城市”（县级）称号。

**26 日** 第二届中国高科技产业化高峰会议在黄埔区、广州开发区闭幕。中国载人航天工程副总设计师、中国首飞航天员杨利伟等近 800 名专家代表参加会议。

**27 日** 黄埔区、广州开发区出台“粤港澳知识产权互认 10 条”。

**28 日** 文远知行无人驾驶项目起航活动在广州开发区政务服务中心举行。文远知行携手白云出租汽车集团、科学城（广州）投资集团，在黄埔区开启 RoboTaxi 试运营服务，成为全国首支在一线城市落地的自动驾驶出租车队。

**28 日** 黄埔区、广州开发区举办退役军人专场招聘会，80 余家区内优质企业提供岗位 1860 个。

**29 日** 黄埔区推出 38 台新型政务智能一体机，群众在家门口就可在线查询事项 1304 个，自助申报事项 824 个。

**29 日** 《黄埔区 广州开发区进一步加快各类孵化器发展实施意见的通知》《黄埔区 广州开发区企业投资建设项目订制式审批服务实施办法的通知》出台实施。

## 12 月

**6 日** 以“科技、创新、高质量”为主题的黄埔国际化妆品科技创新大会举行，吸引宝洁、高露洁、立白等全国 100 多家企业参与。

**12 日** 黄埔区、广州开发区培育的无人机上市第一股智能自动驾驶飞行器科技企业——广州亿航智能技术有限公司，在美国纳斯达克挂牌上市，股票代码为“EH”，成为“全球无人机第一股”。

**13 日** 中国建设银行粤港澳大湾区综合金融服务方案发布会在珠岛宾馆举行。黄埔区、广州开发区与建银国际（控股）有限公司、广东恒健投资控股有限公司、广东省粤科金融集团有限公司、中国建设银行股份有限公司广东省分行签署《粤港澳大湾区科技创新股权投资基金合作框架协议》。

**17 日** 广纳创新院合作项目签约、广州高新区与中科院合作项目签约活动在科学城会议中心举行。

**17 日** 黄埔区、广州开发区举行“纳米 10 条”新闻发布会，介绍区纳米产业发展总体规划，解读“纳米 10 条”政策。

**18 日** 2019 年中国优秀政务平台推荐及综合影响力评估结果通报，黄埔区、广州开发区政府门户网站在国家级经济技术开发区网站序列中居第一位，获“2019 年度中国政务网站领先奖”“2019 年度国家级开发区外文版政府网站优秀奖”。

**18—19 日** 教育部、科学技术部、中国科学院、欧美同学会（中国留学人员联谊会）、广州市人民政府共同主办的 2019 年中国海外人才交流大会暨第 21 届中国留学人员广州科技交流会在白云国际会议中心举行。黄埔区、广州开发区获“最佳组织奖”。

**20 日** 广州地铁 21 号线（增城广场—员村）全线通车。

**22 日** 广州农商银行·2019 广州黄埔马拉松赛在黄埔区绿轴广场开幕。赛事由中国田径协会，黄埔区人民政府、广州开发区管委会主办，黄埔区体育局、广州中体体育有限责任公司承办，广州农商银行冠名赞助，广汽本田官方合作支持，广发证券股份有限公司金牌赞助。2 万名马拉松爱好者参赛。

**23 日** 广州市 19 家企业获批建立院士专家工作站，其中黄埔区、广州开发区企业有 12 家。

**27 日** 百济神州自主研发的抗 PD-1 抗体药物百泽安·（通用名：替雷利珠单抗注射液）通过国家药品监督管理局（NMPA）批准，用于治疗至少经过二线系统化疗的复发或难治性经典型霍奇金淋巴瘤（R/R cHL）患者。该药物是百济神州首款在国内获批上市的自主研发抗癌新药，也是百济神州全球首款肿瘤免疫治疗药物。

**29 日** 2019 智能网联汽车技术大会在广州国际生物岛举行，邀请超过 200 名专家学者及业界人士，吸引近 1000 名观众参与。向 2019 智能网联汽车驾驶大赛获胜者颁奖，黄埔区的文远粤行车队获一等奖。

**30 日** 黄埔区、广州开发区上线全省首个“粤商通”专区，九大模块 53 个事项企业登陆专区，即可一站式通办多项服务事项。

**30 日** “广州开发区营商环境改革探索创新实验区”入围中国经济体制改革杂志社组织评选的“2019 中国改革年度案例”，为广东省唯一入围案例。

（张侠）

# 黄埔概貌

○编辑 田丽华

## 自然地理

【位置面积】 黄埔区位于广州市东部，地处北回归线以南，北纬23° 01′ 57″ ~23° 24′ 57″之间，东经113° 23′ 29″ ~113° 36′ 2″。与白云、天河、海珠、增城和从化5个行政区交界，与东莞市和广州市番禺区隔江相望。区内交通干线密集，有东二环高速公路、广深高速公路、广惠高速公路、广河高速公路、广汕公路、广深公路、广园东路、广深沿江高速公路、广深快速路等路网体系。从区内穗港客运码头通过珠江航道到香港65海里。黄埔区行政区域总面积480.56平方千米，国土面积（涉及所有权）176.52平方千米。

【地质地貌】 黄埔区地层方面保存有古生界变质岩及上第三系中新统红色砂岩，此外为第四系冲积层和两个地质单元。

下古生界变质岩系 由石英岩、片麻岩、斜长片麻岩、注入片麻岩、混合片麻岩与片岩等组成。主要分布在长洲岛的深井村，变质较深，表现为台地低丘。

上第三系中新统的红色岩系 主要由凝灰质砾岩、砂岩、页岩组成，走向西，倾向北，倾角较缓，倾斜15~25度。主要分布在茅岗、横沙、庙头、南岗社区及黄埔东路和中山大道东黄埔段附近，呈低丘孤立状分布于南侧平原中。

第四系第一级阶地沉积 主要是以砂砾、砾石、砂质黏土、泥炭土等组成的冲积层。主要分布在黄埔东路以北的茅岗、横沙、文冲等社区北面，沧联社区等地，呈东西带状分布。

第四系第二级阶地沉积 冲积显著的海陆混合沉积层，由砂质壤土、砂、沙等组成。其分布范围明显比第一阶地向南推移，在黄埔东路南侧及珠江之沙洲上，形成三角洲冲积平原，地势低平。

火成岩 以中生代燕山第二期侵入的岩浆岩发育，形成区内较高山地。分布于黄埔地区北边，主要有斑状花岗岩、黑云母、角闪石二长花岗岩等。此外，在飞龙岗、鸭䴙水、王塔母、将军岗有一条呈东北方向的构造岩带，由断层挤压形成的糜棱岩化带和片麻岩化带。花岗岩储量约5000万立方米，是质量较好的建筑材料。

萝岗岩体单元 萝岗岩体地质构造稳定，为萝岗至帽峰山南麓的整块高低丘陵，基岩为燕山二期黑云母二长花岗石，第四系覆盖层分布于丘间洼地，为河流相冲积层与花岗岩风化残积层，厚0~40米；花岗岩层有大、中、微分化状，埋深40~50米，残积层中保留有球状风化残体——孤石，给萝岗片区建设带来一些困难。萝岗岩体区地震烈度为Ⅵ级。

麻涌断陷单元 西区坐落于麻涌断陷单元上，区内地势平坦，属珠江三角洲冲积平原。第四系覆盖层主要为三角洲相淤泥、淤泥质砂，厚18~25米。基岩为第三系灰黑色钙质泥岩，强度尚高，地震烈度Ⅵ级。主要有4条断裂带通过，分别为位于广深铁路北缘自西向东经沙河、瘦狗岭、华南理工大学、吉山、大田山之间的瘦狗岭断裂带，长18千米；自广深铁路线之南缘自西向东经华坑、经笔村，至新塘、仙村达郑田止的新塘断裂带，长27千米，黄埔区内长5千米；自长平以西经水声水库至增城区石角水库止的长平断裂带，长42千米，黄埔区内长12千米；自上堂至沥岗、沙铺、黄埔新港至狮子洋的黄埔断裂带，长17千米，从黄埔新港西侧经过。

黄埔街、红山街、鱼珠街、大沙街、文冲街、南岗街、穗东街、云埔街（沧联社区）、长洲街地处珠江三角洲北部。域内地形起伏平缓，平原台地低丘分布明显。地貌可分珠江和东江三角洲冲积平原和侵蚀台地低丘陵，地势北高南低。北面大田山主峰海拔 239.6 米，亚婆髻山峰高 183.3 米。南部围田区海拔一般为 0.7~2.5 米，地下水位埋深在 33~60 厘米。大田山以北和西面，包括姬堂、茅岗、沧联等社区，以丘陵台地为主，其中为开阔的垌田、山坡、旱地和丘陵山地。垌田一般海拔为 2.6~4.5 米，山坡旱地一般坡高 5~10 度，海拔 15~28 米。台地侵蚀面可分为 60~80 米、20~40 米、10 米三级。以 20~25 米一级最为明显，为坡度在 8 度以下比较平缓的山坡旱地、中台地。冲积平原地貌多分布在夏园、南湾、双沙、下沙、长洲、深井等沿江各社区及江中沙洲岛上。

夏港街、萝岗街、联和街、云埔街、永和街、九佛街、龙湖街和新龙镇地形南北狭长，地势南低北高，总体分为 3 种地貌类型。高丘陵地貌区：域内广汕公路黄陂公司至长平段、长永公路长平至永和段以北及镇龙西及西南地区，境内有 88 平方千米高丘陵地貌区南翼，山峰海拔高度 250~500 米，多由花岗岩组成，部分是变质岩。距该地区西北 4 千米帽峰山主峰海拔 534.9 米，向南和东南进入萝岗境内山峰海拔高度多为 220~430 米。如西面公鱼岭（252 米）、古箭岭（224 米）、凤凰山（370 米）、石狮顶（295 米），中部八哥山（242 米）、牛头山（362 米）、乌石山（240 米），东面鹤斗顶（327 米）、鸡啼山（344.4 米）、大岭头（275 米）、华峰山（379 米）、油麻山（433.6 米）等，属侵蚀、剥蚀构造地貌区。低丘陵台地地貌区：九龙镇以 25 度坡以下丘陵台地为主，山丘表层为砖红壤性红土，基岩以花岗岩居多，工程地质条件较好。中至中南部为低丘陵地貌区，山峰海拔以 100~250 米居多。主要有中部萝峰低丘，自西向东有玉树公坑顶（160 米）、长安荔枝山（141 米）、暹岗大山（288 米）、鸡公岗（273 米）、水西岗（108 米）、大笨象岗（220 米）、周岭坳（178 米）、灯芯堂（288 米）等，萝峰寺处于萝峰低丘坡麓，海拔 47 米。低丘陵还有中南部萝岗荔枝山（240 米）、火村泥坑山（109 米）、刘村大山（273 米）等山丘，以及南部亚婆岗（194.90 米）、将军岗（101 米）、铜鼓石（144.70 米）等。低丘陵区域属剥蚀、侵蚀地貌。南部河涌与滨江冲积平原地貌区：域内发育有乌涌、南岗涌、细陂涌与瑶田河，除乌涌汇入珠江广州河段前航道外，其余皆汇入东江北干流，区内乌涌、南岗涌、细陂涌的中、下游均发育有低谷冲积平原，连同广州开发区西区东侧东江北干流、西侧黄埔航道的滨江平原，组成萝岗境内河涌与滨江冲积平原，其地势平坦，海拔 1.5~2 米，主要有乌涌中游玉树冲积平原，南岗涌中游火村冲积平原、下游笔村冲积平原，细陂涌中游小径冲积平原，黄埔半岛（西区）滨江堤围冲积平原等，为冲积平原地貌。

【土壤】 黄埔区土壤类型有水稻土、赤红壤 2 个土种，分为渗育性水稻土、潴育性水稻土、潜育性水稻土、赤红壤和花岗岩赤红壤 5 个亚类，分为宽谷冲积土田、三角洲沉积土田、泥肉田、反酸田、花岗岩（片麻岩）赤红壤和花岗岩（片麻岩）赤红地 6 个属，分为砂泥田、泥田、泥骨田、泥肉田、反酸田、薄有机质层厚层花岗岩赤红壤、厚有机质层厚层花岗岩赤红壤和赤红砂泥地 8 个土种。其中，潴育性水稻土属冲积土田，肥力较好，水源充足，地下水位适中，排灌方便，宜农宜耕，主要分布在乌涌、南岗涌、夏浦水中下游的宽谷冲积土田和河流冲积田，南部（西区）三角洲冲积田多数为城市建设占用；渗育性水稻土属窄谷冲土田，肥力逊于潴育性水稻土，主要分布在岭头公司、水声水库及坝下水声溪两旁；花岗岩赤红壤成土母质，皆为花岗岩风化所成，呈酸性，是果林生长的良好土壤，主要分布在北部丘陵台地地区。

【河流、水文】黄埔区内河流较多，水源丰富。经广州市规划局划定控制规划红线的主要河涌有 19 条，规划长度 71.21 千米，自西向东流向的有深涌、珠江涌、三岸涌、乌涌、文涌、双岗涌、庙头涌、南湾涌、沙涌、沙步涌、南岗河、细陂河、牛屎圳 13 条河涌，其他小河涌共 10 余千米，分别自北向南流入东江和珠江。全区较大的河涌是南岗河、乌涌河。南岗河发源于木槵水库，自北向南流经萝岗街、南岗街，经南岗头注入东江，全长 26.31 千米，流域面积 125 平方千米，境内自笔岗陂起流至河口长 6.31 千米，设计最大洪峰流量 330 立方米 / 秒。乌涌发源于水口水库，全长 24.13 千米，其中流经黄埔区辖内河涌长度 10.53 千米，从北至南贯穿黄埔区中心城区，担负大沙中心城区灌溉、排涝、防洪等重要功能，设计最大洪峰流量 192 立方米 / 秒。

夏港街、萝岗街、联和街、东区街、永和街、龙湖街、九佛街和新龙镇与近邻地面主要有干支流 10 条（段）。属珠江广州河段及东江水系：

（1）珠江广州河段前航道、后航道与黄埔航道。珠江广州河段前航道自沙面白鹅潭，经员村、黄埔港至大蚝沙止，长 28 千米，平均宽度 432 米，平均深度 4.50 米。年均水流量 184 立方米 / 秒，枯水年 114 立方米 / 秒。后航道自白鹅潭，经芳村、丫髻沙、沥滘、新造、化龙，至大蚝沙与前航道会合，长 32 千米，平均宽度 583 米，平均深度7米。年均水流量207.7立方米/秒，枯水年190.8立方米/秒。黄埔航道自大蚝沙起，南北走向至莲花山止，长11千米，平均宽度2200米，水深9米，年均水流量1037.4立方米/秒，枯水年622.44立方米/秒。下接狮子洋。

（2）前航道一级支流乌涌。发源于古箭岭南木窿，经水口水库（天鹿湖）、黄陂、玉树至黄埔港流入广州河段前航道，全长21.5千米，年平均流量1.55立方米/秒，枯水年流量0.95立方米/秒。

（3）黄埔航道支涌墩头涌与东、西滘涌。墩头涌、东西滘涌可合称为墩头涌，起自东滘涌（又名横滘涌）东口龟山，经东港桥、夏港桥至蕉园会合西滘涌流入墩头涌，三涌全长8千米，年平均水流量2.80立方米/秒，枯水年流量1.30立方米/秒。

（4）东江北干流。东江北干流东起石龙，西至黄埔新港，长41千米。平均宽度550米，水深6米。年均水流量646立方米/秒，枯水年411.61立方米/秒。下段接纳瑶田河、细陂涌、南岗涌。

（5）东江北干流右岸一级支流南岗涌和二级支流水声溪。南岗涌是东江北干流右岸最后一支一级支流，发源于广州开发区鹅山，流经木榴水库、高田、石桥、南岗至龟山，全长25千米，年平均流量3.42立方米/秒，枯水年流量2.05立方米/秒。另东江北干流的二级支流水声溪发源于萝岗区岭头公司南蛇坳，经水声水库、岭头至高田流入南岗涌，长6.5千米。

（6）东江北干流右岸一级支流细陂涌。细陂涌发源于萝岗街刘村大山的洋城岗，经刘村、云埔工业区、小径进入增城市，再经水南、夏浦至西洲建材厂流入东江北干流，全长14千米，集水面积42平方千米，其中于黄埔区境内长度8.5千米，年平均水流量1.09立方米/秒，枯水年流量0.69立方米/秒。

（7）东江北干流右岸一级支流瑶田河。瑶田河上游永和水又称官湖水，发源于永和经济区的华峰大窝口，经布岭、永和、官湖、久裕、坭紫至久裕闸流入东江北干流，全长17千米，集水面积57平方千米，年平均水流量2.17立方米/秒，枯水年流量0.98立方米/秒，在永和经济区内长度为8.5千米。

（8）西福河支流金坑河。西福河是增城境内西部地区最大的河流，多年平均径流量5.1亿立方米。其主要支流金坑河发源于帽峰山，经镇龙于莲塘汇入西福河，河长24千米，集水面积127平方千米。

（9）西福河支流平岗河。平岗河区内长度14.31千米，发源于风门岭，向东南方向，经腰坑水库、虎尾村、梨贝村、猪古村至横下闸村，转向西南方向，经黄坳村、向河背村至东园村，转向东经中屋村、蛟湖村、大岭下村，进入增城市中新镇境内，汇入西福河，经西福河汇入东江。区内集水面积58.72平方千米。

（10）流溪河支流凤凰河。凤凰河干流全长21.91千米，发源于帽峰山东麓，最终在白云区钟落潭镇黎家塘村北侧汇入流溪河，流域面积76.08平方千米，黄埔区内长度15.28千米，区内面积62.29平方千米（含新陂水库2.28平方千米）。地下水受地形、地质、降水、植被的影响划分为两种地下水类型：平原孔隙水，分布在乌涌、南岗涌、细陂涌和墩头涌的河流冲积平原第四系松散堆积浅层（厚度约10米）覆盖区上，为含砂层或残积土层地下裂隙水，平原约30平方千米，按广州市地下水径流模数27.40万立方米/千米·年计，孔隙水年径流量为800万立方米；基岩裂隙水，萝岗片丘陵台地约355平方千米基岩为花岗岩，隐藏有基岩裂隙水，按广州市丘陵地下水径流模数28.50万立方米/千米·年计，丘陵地下水年径流量为1.01亿立方米。

**【动物资源】** 黄埔区内的动物资源主要来源于野生和饲养。

**野生动物** 有燕子、麻雀、画眉、白燕、钓鱼郎（翠鸟）、灰雀、鹳、白鹇、锦鸡、黄莺、雉鸡、鸽子、鹧鸪、乌鸦、斑鸠、白颈鸦、啄木鸟、伯劳、鹰、野鸭、鹌鹑、白鹭、白头翁、鹩哥、沙鹤、布谷鸟、喜鹊、禾花雀、猫头鹰等飞禽；有鳖、鳝、蛙、石螺、田螺及鲲鱼、鲷、黄姑鱼、大黄鱼、小黄鱼、带鱼、金线鱼、鲅鱼（马鲛鱼）、鲳鱼等鱼类和毛虾（麻虾、大头虾、白虾等）、贝类（黄蚬、乌蚬、白蚬）等。

**牲畜、家禽** 有大花白猪、长白猪、杜洛克猪、汉普夏猪；水牛、黄牛、花白奶牛；麻鸡、三黄鸡、黄陂鸡、夏巴鸡、尼克鸡、迪高鸡、罗斯鸡、竹丝鸡；麻鸭、泥鸭、番鸭、白鸭、北京白鸭、樱桃谷、卡基鸭、水鸭；黑鬃鹅、马岗鹅；王鸽、杂交鸽；山羊、长毛兔、果子狸、海狸等。

**养殖水产品** 有青鱼、草鱼、鲢鱼、鳙鱼、鲤鱼、鲫鱼、鲮鱼、鳜鱼、塘虱、鲶鱼、凤尾鱼、泥鳅、黄鳝、白鳝、鳊鱼、鲈鱼、罗氏沼虾、东北鲫、非洲鲫、福寿鱼、加州鲈鱼、小白鲳、基围虾等。观赏鱼有红高头、红花白高头、五彩高头、蓝龙睛、红龙睛、鹤顶、水泡眼、红白花、流金、寿星、五彩神仙、七彩神仙、红剑、花马、彩鹤、锦鲤等。

**【植物资源】** 黄埔区植物资源主要有植被、林业资源、道路两边绿化带和受保护的古树名木。

**植被** 黄埔区植被分为4个类型：（1）本地马尾松、马占相思、美叶桉、黎蒴与芒萁、芒草，为山林植物群落。分布于中部帽峰山余脉、广汕公路与长永公路以北高丘陵，及区北部和中南面低丘陵区中少数稍高的低丘山顶。（2）低丘坡麓荔枝、柑橙、乌榄、板栗、华南毛蕨、芒果，为果树植物群落。萝岗街原为柑橙著名产地，以清甜肉嫩的萝岗橙著名，后因黄龙病肆虐导致柑橙树大片死亡，所剩柑橙树面积仅占果林10%。区内荔枝树密布，尤其是中部山麓与北部及中南部山丘以荔枝林为主。荔枝树占全区果林面积70%。（3）平原水稻、蔬菜、花卉、荔枝、柑橙，为蔬菜果树植物群落。乌涌、南岗涌和细陂涌中下游平原除荔枝、柑橙、香蕉等水果外，还有水稻田和蔬菜、花卉地，种类以菜心、青菜、苦麦菜、番茄、枸杞、黄瓜、冬瓜、丝瓜、玫瑰、菊花等居多。北部九佛街、龙湖街和新龙镇一带的平原台地以种植水果、蔬菜和花卉闻名，是东南亚最大的白兰花种植基地，可常年提供优质的白兰花800吨以上。（4）道旁马占相思、木麻黄、大叶榕、高山榕、美叶桉、芒果、红花羊蹄甲等，为行道树植物群落，主要分布在区路公路、高速公路和城镇道路两旁。

林业资源　人工林主要树种有相思、桉树、松树、藜蒴和果树等，果树在人工种植中比例较大，主要树种有荔枝、龙眼、橄榄、杨桃等。天然次生林主要属壳斗科和樟科，树种有樟树、红椎、米椎、鸭脚木、荷木等。灌木有山苍子、桃金娘、梅叶冬青等。草本植被主要是芒箕、芒草、蕨类、鹧鸪草等。藤本植物分布相对较少，主要是鸡矢藤、菝葜等。萝岗香雪公园的梅花、天鹿湖森林公园的禾雀花都具有较高的观赏价值。

道旁绿化带　全区道路两旁普遍建有绿化带，部分路中间隔离带种有绿化植物，主要植物有乔木24种、灌木14种、地被15种。乔木有凤凰木、南洋楹、樟树、秋枫、细叶榕、大叶榕、高山榕、木棉、美丽异木棉、海南蒲桃、扁桃、芒果、桃花心木、糖胶树、尖叶杜英、黄槿、人面子、铁刀木、细叶榄仁、黄槐、鸡冠刺桐、大叶紫薇、红花紫荆、宫粉紫荆等。灌木有澳洲鸭脚木、桂花、红车、红千层、鸡蛋花、小叶紫薇、朱槿、朱缨花、山瑞香、尖叶木樨榄、狗牙花、灰莉、黄金榕、红花檵木等。地被有花叶良姜、亮叶朱蕉、蜘蛛兰、长春花、大叶龙船花、黄金榕、红花檵木、黄连翘、红背桂、斑叶鹅掌藤、假连翘、花叶假连翘、马缨丹、日本星花、大叶红草等。

古树名木　至2019年末，黄埔区登记在册的古树名木有280株，分属10科10属。古树种以榕树、荔枝、木棉为主，名木以格木、沉香、桂木、红鳞蒲桃、樟树、山牡荆、芒果、白兰为主。古树名木分别为当地养护责任单位管理，大部分设置围栏，挂保护牌子。位于香雪公园萝峰寺文昌庙西侧的一株荔枝树，树龄约1000年，是广州市树龄第二长的古树。位于云埔街道火村小学内被当地人称为“孪生树”的一株樟树（因其旁边附生着一株细叶榕），胸径达到2.7米，树龄900余年，是广州市胸径最大、树龄最长的樟树，也是全市树龄第三长的古树。位于联和街水声下村后山的一株乌榄树，胸径达1.1米，树高15.6米，冠幅20×17米，树龄341年，是广州市胸径最大、树龄最长的乌榄树。

【矿产资源】　黄埔区内丘陵均为缓坡低丘，矿产资源较贫乏，无能源矿产，无有色金属矿产。在九佛街的蟹庄及萝岗街道一带花岗岩体中，有稀土矿，以中轻富稀铕为主。区内主要非金属矿产为花岗岩，分布广泛，部分岩石裸露山边，开采较易，主要用作建筑材料。

【气候】　2019年，黄埔区平均气温22.8℃，较常年偏高0.4℃，年内最高气温为38.0℃，最低气温为6.1℃，年降水量2459.3毫米，较常年偏多3成。天气气候具有“暴雨频繁开汛早、降水虽多秋冬旱、高温突出气温高、台风不多灾情轻”的特点。3月4—10日持续性暴雨导致全省提前近一个月入汛；6月24日全区大暴雨致多处水浸；7—8月高温过程持续时间长；秋冬气象干旱达重旱等级；年初寒潮影响持续气温走低。全年台风、暴雨、雷雨大风等灾害性天气对全区经济社会发展造成一定程度的影响，但较往年偏轻，属较好年景。

气温　全区年平均气温22.8℃，较常年偏高0.4℃。7月平均气温最

2019年广州黄埔国家基本气象站逐月平均气温变化趋势示意图

单位：摄氏度

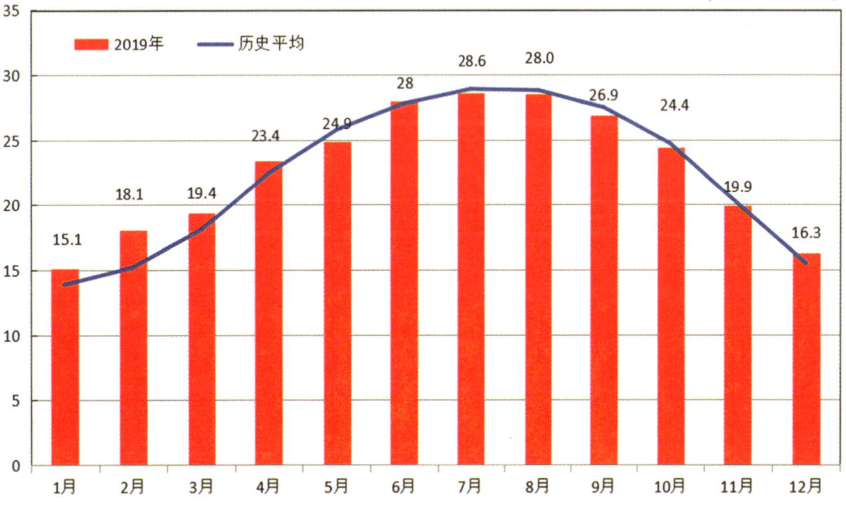

2019年黄埔区年降水量分布示意图

单位：毫米

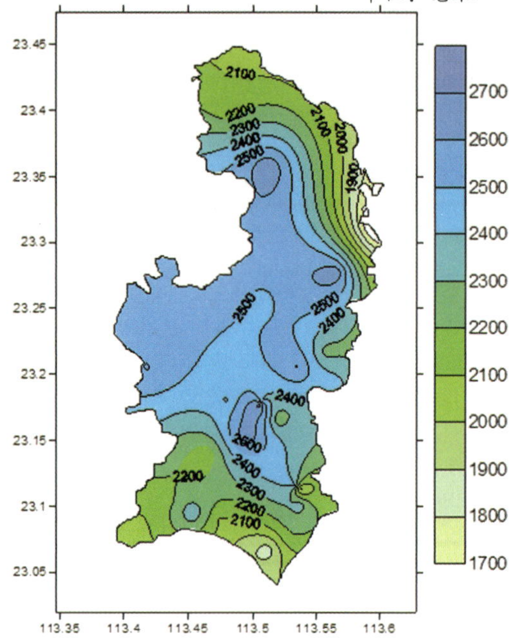


2019年广州黄埔国家基本气象站16方位逐时风频示意图

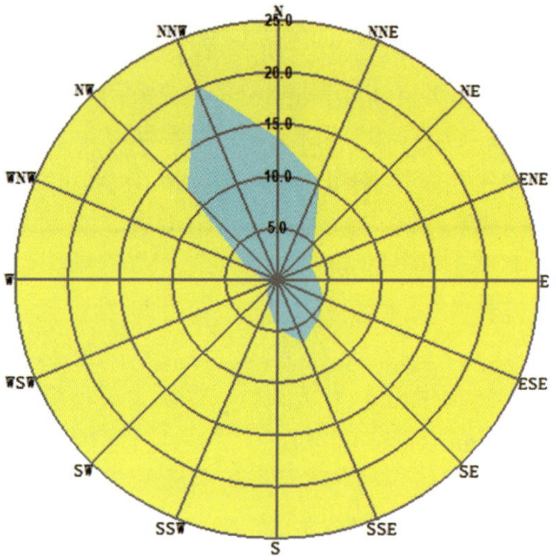


全年，静风0.06%

2019年广州黄埔国家基本气象站降水量月变化示意图

单位：毫米

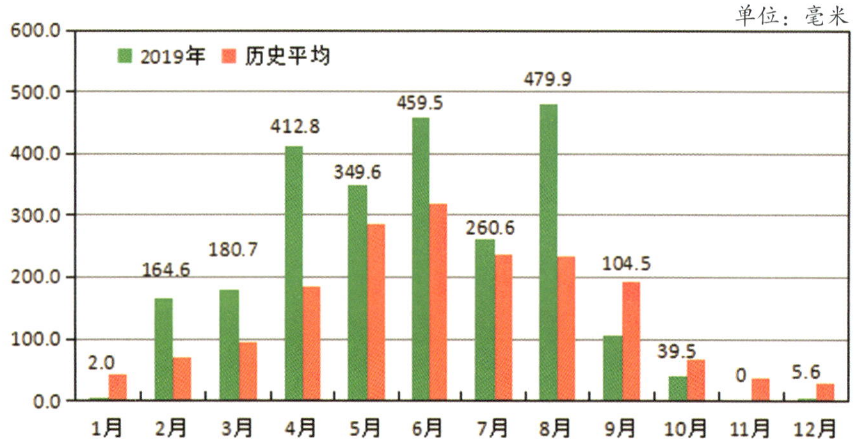


2019年广州（黄埔）国家基本气象站日照时数月变化示意图

单位：小时

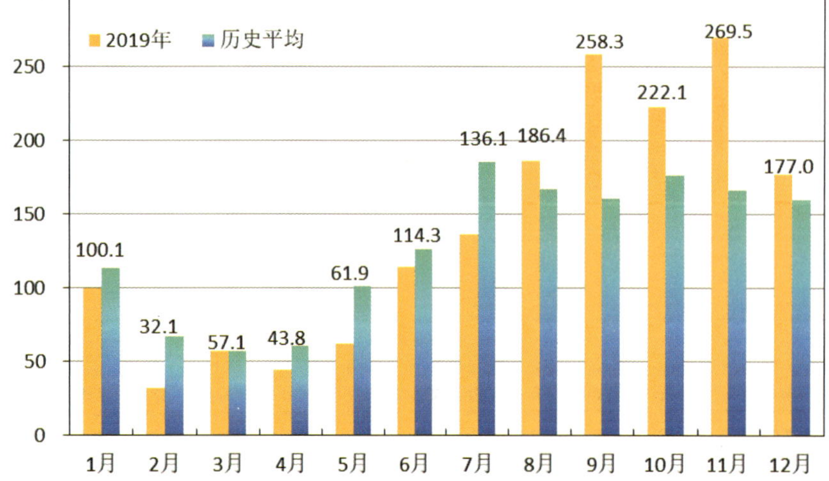


高，为28.6℃，1月平均气温最低，为15.1℃。5、7、8、9、10月气温较常年偏低，1、2、3、4、12月气温较常年偏高，6、11月与常年同期基本持平。全年高温（日最高气温达到或超过35℃）日数有26天，主要集中在6—10月，其中8月高温日数最多，为13天。

**降水量** 全区全年降水量为2459.3毫米，较常年偏多3成。前汛期（4—6月）降水量为1221.9毫米，较常年同期偏多5成；后汛期（7—9月）降水量为845.0毫米，较常年同期偏多2成多。年内，2、3、4、5、6、7、8月的降水量较常年显著偏多，1、9、10、11、12月的降水量较常年显著偏少。降雨日数为154天，暴雨（日降水量达到50毫米或以上）日数为11天，主要集中在2月（1天）、4月（3天）、5月（3天）、6月（1天）、8月（3天）。是年，全区降水空间分布不均，其中萝岗街道办自动气象站录得累积降水量最多，为2731.9毫米。

**风力风向** 全区全年平均风速为2.17米/秒，1月平均风速最大，为2.68米/秒，8月平均风速最小，为1.85米/秒。全年主导风向为西北偏北风（NNW），出现频率为20.5%，次主导风向为偏北风（N），

2019 年广州（黄埔）国家基本气象站蓝天日数月变化示意图

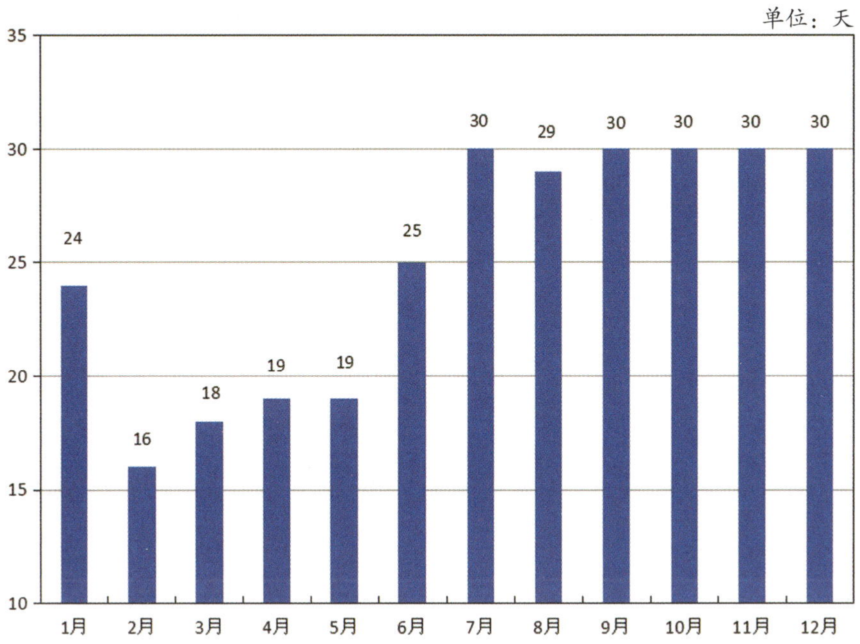


2019 年广州（黄埔）国家基本气象轻雾日月变化示意图

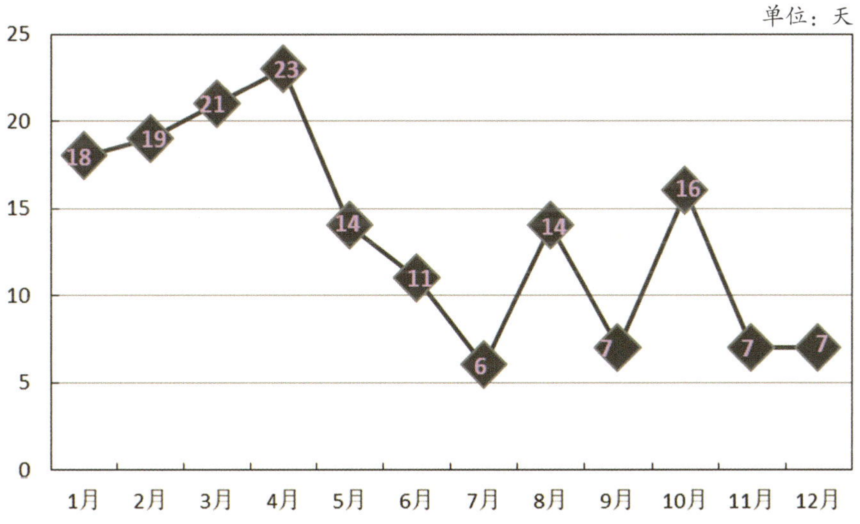


出现频率为 13.7%。

**日照时数** 全区全年日照时数为 1658.7 小时，较常年略偏多。其中 11 月的日照时数最多，为 269.5 小时，4 月的日照时数最少，为 32.1 小时。年内，8、9、10、11、12 月日照时数较常年偏多，1、2、4、5、7 月日照时数较常年偏少，3、6 月日照时数与常年基本持平。

**蓝天及雾日数** 全区全年可见蓝天日数为 300 天，与上年蓝天日数接近。年内，轻雾（含雾）日为 163 天，全年出现轻雾或雾的概率为 44.7%，其中 3、4 月的轻雾日数均超过 20 天。

## 建置　区划

**【建置沿革】** 中华人民共和国成立前，黄埔地区属番禺县管辖。1951 年划入广州市，1953 年 1 月第一次建立区级建制，辖 2 镇 16 乡和 45 个自然村。1956 年 6 月 25 日第一次被撤销，并入广州市郊区。1960 年 7 月第二次建立区级建制。1962 年 8 月 23 日第二次被撤销，并入郊区。1973 年 11 月 13 日第三次建立区级建制。1977 年 3 月，管辖黄埔人民公社、南岗人民公社、长洲镇、黄埔街、红山街。1980 年 7 月，召开第一次人民代表大会，成立广州市黄埔区第一届人民代表大会常务委员会和广州市黄埔区第一届人民政府（区级班子届次由此起计）。1989 年 1 月至 2002 年 8 月，辖大沙、南岗、长洲 3 个镇及黄埔、红山、鱼珠、夏港 4 个街道办事处。2002 年 8 月“撤镇设街”，撤销大沙、南岗、长洲 3 个镇，新设大沙、文冲、南岗、穗东、荔联和长洲 6 个街道办事处，同时“撤村建居”，横沙、姬堂、茅岗、双沙、文冲、下沙、九沙、南岗、沙步、夏园、庙头、南基、沧联、笔岗、深井、长洲 16 个村民委员会停止运作，成立社区居委会。2002 年年末，全区居民委员会重新调整划分。调整划分后，有社区居民委员会 58 个。至此，黄埔区行政区划范围有黄埔、鱼珠、红山、夏港、南岗、荔联、穗东、大沙、文冲、长洲街道办事处 10 个。根据广州市政府决定，2003 年 1 月 24 日零时起，黄埔区将荔联街笔岗社区范围内的一切行政社会事务及其下属的全部人员、财产、债权债务整建制移交广州经济技术开发区管理委员会管理；是年 5 月 24 日零时起，夏港街道办事处行政区划范围内的一切行政管理事务，由广州经济技术开发区管理委员会承接。2005 年 10 月，黄埔区成立黄埔街黄埔花园社区居民委员会、金逸雅居社区居民委员会、鱼珠街金碧社区居民委员会、文冲街万科花园社区居民委员会；11 月，黄埔区与萝岗区双方政府签署行政区域界线协议书，将广州经济技术开发区东晖广场（含夏园农民公寓）、广州经济技术开发区东区（黄埔区荔联街沧联社区中广州经济技术开发区的征地管理部分和南岗街南岗社区南康新村）、广州经济技术开发区科学城（黄埔区大沙街姬堂社区中广州经济技术开发区征地管理部分）、广州保税区4个区域划归萝岗区管理。2008年10月，黄埔区成立文冲街金碧领秀社区居委会。2009年7月，成立黄埔街金港华园社区居委会。2014年1月25日，国务院同意撤销广州市黄埔区、萝岗区，设立新的广州市黄埔区，以原黄埔区、萝岗区行政区域为新的黄埔区行政区域，黄埔区人民政府驻萝岗街道香雪三路1号。

中华人民共和国成立前，萝岗地区分属番禺县和增城县等管辖。中华人民共和国成立后，萝岗地区分别由番禺县、增城县（市），广州市白云区、黄埔区、天河区等管辖。2005年4月28日，国务院批准广州市在广州开发区基础上成立萝岗区。白云区萝岗街道，钟落潭镇九佛、穗北2个居委会和红卫、凤尾、埔心、蟹庄、枫下、佛塱、燕塘、莲塘、山龙、重岗、黄田、何棠下、迳下、长庚14个村，黄埔区夏港街道、荔联街道笔岗居委会、穗东街道东基和西基2个自然村，天河区新塘街道玉树村，增城市中新镇镇龙居委会和镇龙、迳头、九楼、大坦、麦村、金坑、均和、福洞、福山、大涵、汤村、旺村、洋田、新田14个村，新塘镇贤江、新庄、永岗、禾丰4个村划归萝岗区管辖。区政府驻广州经济技术开发区志诚大道。2005年7月29日，广州市委、市政府在广州东方宾馆举行行政区划调整管理交接仪式。2005年9月28日，萝岗区人民政府挂牌成立，管辖面积393.22平方千米。2009年8月，广州开发区、萝岗区领导机关和主要职能部门办公地点整体搬迁至香雪三路1号广州开发区萝岗区行政服务中心。区内有广州经济技术开发区、广州高新技术产业开发区、广州出口加工区、广州保税区4个国家级开发区，拥有国内对外开放度最高的经济区域——广州保税物流园区，还有正在建设的以知识经济为核心的中新广州知识城。2014年1月，国务院批准撤销萝岗区，2015年8月底，萝岗区停止运作。广州开发区机构和职能从原萝岗区独立出来单独设置。

2015年9月1日，新黄埔区挂牌，原黄埔区与萝岗区行政区域合并成立新的黄埔区。2017年9月，黄埔区、广州开发区深度融合。

**【行政区划调整】** 2018年9月18日，黄埔区撤销萝岗街道，设立新的萝岗街道、长岭街道，撤销荔联街道、东区街道，设立云埔街道。2019年3月27日，云埔街道挂牌成立，3月28日，长岭街道挂牌成立，3月30日，新的萝岗街道挂牌成立。2019年3月7日，撤销九龙镇，设立新龙镇、九佛街道和龙湖街道。

**【镇（街道）、村（社区）设置】** 2019年末，黄埔区域面积480.56平方千米。辖1个镇16个街道：新龙镇、黄埔街道、红山街道、鱼珠街道、夏港街道、大沙街道、文冲街道、南岗街道、穗东街道、长洲街道、联和街道、永和街道、萝岗街道、长岭街道、云埔街道、九佛街道、龙湖街道，有群众性居民自治组织——社区居民委员会127个，行政村28个。（田丽华）

**2019年黄埔区村（社区）设置情况表**

| 序 号 | 村（社区）名称 | 性 质 | 所属镇（街道） |
|---|---|---|---|
| 1 | 镇龙社区 | 城市社区 | 新龙镇 |
| 2 | 九楼村 | 行政村 | |
| 3 | 镇龙村 | 行政村 | |
| 4 | 大坦村 | 行政村 | |
| 5 | 均和村 | 行政村 | |
| 6 | 福洞村 | 行政村 | |
| 7 | 金坑村 | 行政村 | |
| 8 | 新田村 | 行政村 | |
| 9 | 洋田村 | 行政村 | |
| 10 | 麦村村 | 行政村 | |
| 11 | 迳头村 | 行政村 | |
| 12 | 福山村 | 行政村 | |
| 13 | 港湾一村社区 | 城市社区 | 黄埔街道 |
| 14 | 怡园社区 | 城市社区 | |
| 15 | 金丽园社区 | 城市社区 | |
| 16 | 悦涛社区 | 城市社区 | |

续表

| 序号 | 村（社区）名称 | 性质 | 所属镇（街道） |
|---|---|---|---|
| 17 | 东苑社区 | 城市社区 | 黄埔街道 |
| 18 | 丰乐社区 | 城市社区 | |
| 19 | 港湾五村社区 | 城市社区 | |
| 20 | 怡港社区 | 城市社区 | |
| 21 | 港前路社区 | 城市社区 | |
| 22 | 港湾机关村社区 | 城市社区 | |
| 23 | 荔园社区 | 城市社区 | |
| 24 | 港湾北社区 | 城市社区 | |
| 25 | 黄埔花园社区 | 城市社区 | |
| 26 | 金逸雅居社区 | 城市社区 | |
| 27 | 金港华园社区 | 城市社区 | |
| 28 | 下沙社区 | 转制社区 | |
| 29 | 文船社区 | 城市社区 | 红山街道 |
| 30 | 航专社区 | 城市社区 | |
| 31 | 广冶菠船社区 | 城市社区 | |
| 32 | 远航钢社区 | 城市社区 | |
| 33 | 火电社区 | 城市社区 | |
| 34 | 双沙社区 | 转制社区 | |
| 35 | 鱼木社区 | 城市社区 | 鱼珠街道 |
| 36 | 鱼珠社区 | 城市社区 | |
| 37 | 蟹山社区 | 城市社区 | |
| 38 | 瓦壶岗社区 | 城市社区 | |
| 39 | 天虹社区 | 城市社区 | |
| 40 | 莺岗社区 | 城市社区 | |
| 41 | 九沙社区 | 城市社区 | |
| 42 | 金碧社区 | 城市社区 | |
| 43 | 茅岗社区 | 转制社区 | |
| 44 | 保税社区 | 城市社区 | 夏港街道 |
| 45 | 丽江社区 | 城市社区 | |
| 46 | 普晖社区 | 城市社区 | |
| 47 | 青年社区 | 城市社区 | |
| 48 | 金碧社区 | 城市社区 | |
| 49 | 墩头基社区 | 转制社区 | |
| 50 | 大沙东社区 | 城市社区 | 大沙街道 |
| 51 | 泰景社区 | 城市社区 | |
| 52 | 瑞宁社区 | 城市社区 | |
| 53 | 大沙北社区 | 城市社区 | |
| 54 | 豫章苑社区 | 城市社区 | |

续表

| 序号 | 村（社区）名称 | 性质 | 所属镇（街道） |
|---|---|---|---|
| 55 | 姬堂社区 | 转制社区 | 大沙街道 |
| 56 | 横沙社区 | 转制社区 | |
| 57 | 石化社区 | 城市社区 | 文冲街道 |
| 58 | 开元社区 | 城市社区 | |
| 59 | 海安社区 | 城市社区 | |
| 60 | 万科花园社区 | 城市社区 | |
| 61 | 骏雅社区 | 城市社区 | |
| 62 | 文冲新村社区 | 城市社区 | |
| 63 | 瑞东花园社区 | 城市社区 | |
| 64 | 文冲社区 | 转制社区 | |
| 65 | 四航局社区 | 城市社区 | 南岗街道 |
| 66 | 黄埔电厂社区 | 城市社区 | |
| 67 | 南岗圩社区 | 城市社区 | |
| 68 | 新港社区 | 城市社区 | |
| 69 | 省电力一局社区 | 城市社区 | |
| 70 | 海地社区 | 城市社区 | |
| 71 | 南岗头社区 | 城市社区 | |
| 72 | 广海社区 | 城市社区 | |
| 73 | 康南社区 | 城市社区 | |
| 74 | 尚城社区 | 城市社区 | |
| 75 | 南岗社区 | 转制社区 | |
| 76 | 沙步社区 | 转制社区 | |
| 77 | 南石市社区 | 城市社区 | 穗东街道 |
| 78 | 庙头社区 | 转制社区 | |
| 79 | 夏园社区 | 转制社区 | |
| 80 | 南湾社区 | 转制社区 | |
| 81 | 黄船社区 | 城市社区 | 长洲街道 |
| 82 | 梅园社区 | 城市社区 | |
| 83 | 深井社区 | 转制社区 | |
| 84 | 长洲社区 | 转制社区 | |
| 85 | 联和社区 | 城市社区 | 联和街道 |
| 86 | 金峰园社区 | 城市社区 | |
| 87 | 龙华社区 | 城市社区 | |
| 88 | 科翔社区 | 城市社区 | |
| 89 | 富春社区 | 城市社区 | |
| 90 | 峰湖御境社区 | 城市社区 | |
| 91 | 黄陂社区 | 转制社区 | |
| 92 | 玉树社区 | 转制社区 | |

续表

| 序 号 | 村（社区）名称 | 性 质 | 所属镇（街道） |
| --- | --- | --- | --- |
| 93 | 暹岗社区 | 转制社区 | 联和街道 |
| 94 | 天鹿湖社区 | 转制社区 | |
| 95 | 珠江嘉园社区 | 城市社区 | 永和街道 |
| 96 | 山景城社区 | 城市社区 | |
| 97 | 里享家社区 | 城市社区 | |
| 98 | 蓝藤社区 | 城市社区 | |
| 99 | 青藤社区 | 城市社区 | |
| 100 | 新庄社区 | 转制社区 | |
| 101 | 永岗社区 | 转制社区 | |
| 102 | 禾丰社区 | 转制社区 | |
| 103 | 贤江社区 | 转制社区 | |
| 104 | 荔红社区 | 城市社区 | 萝岗街道 |
| 105 | 香雪社区 | 城市社区 | |
| 106 | 科城社区 | 城市社区 | |
| 107 | 新福港社区 | 城市社区 | |
| 108 | 罗兰社区 | 城市社区 | |
| 109 | 萝岗社区 | 转制社区 | |
| 110 | 萝峰社区 | 转制社区 | |
| 111 | 岭头社区 | 城市社区 | 长岭街道 |
| 112 | 长岭社区 | 城市社区 | |
| 113 | 和苑东社区 | 城市社区 | |
| 114 | 和苑南社区 | 城市社区 | |
| 115 | 水西社区 | 转制社区 | |
| 116 | 长平社区 | 转制社区 | |
| 117 | 黄登社区 | 转制社区 | |
| 118 | 黄麻社区 | 转制社区 | |
| 119 | 东区社区 | 城市社区 | 云埔街道 |
| 120 | 新东社区 | 城市社区 | |
| 121 | 东荟城社区 | 城市社区 | |
| 122 | 中海誉东社区 | 城市社区 | |
| 123 | 誉品社区 | 城市社区 | |
| 124 | 金梦社区 | 城市社区 | |
| 125 | 雅筑社区 | 城市社区 | |
| 126 | 万荟社区 | 城市社区 | |
| 127 | 春树里社区 | 城市社区 | |
| 128 | 爱特城社区 | 城市社区 | |
| 129 | 沧联社区 | 转制社区 | |
| 130 | 笔岗社区 | 转制社区 | |
| 131 | 刘村社区 | 转制社区 | |

续表

| 序 号 | 村（社区）名称 | 性 质 | 所属镇（街道） |
|---|---|---|---|
| 132 | 火村社区 | 转制社区 | 云埔街道 |
| 133 | 穗北社区 | 城市社区 | 九佛街道 |
| 134 | 凤尾村 | 行政村 | |
| 135 | 枫下村 | 行政村 | |
| 136 | 山龙村 | 行政村 | |
| 137 | 重岗村 | 行政村 | |
| 138 | 红卫村 | 行政村 | |
| 139 | 蟹庄村 | 行政村 | |
| 140 | 莲塘村 | 行政村 | |
| 141 | 佛塱村 | 行政村 | |
| 142 | 燕塘村 | 行政村 | |
| 143 | 九佛社区 | 城市社区 | 龙湖街道 |
| 144 | 凤凰湖社区 | 城市社区 | |
| 145 | 幸福誉社区 | 城市社区 | |
| 146 | 天韵社区 | 城市社区 | |
| 147 | 腾飞社区 | 城市社区 | |
| 148 | 埔心村 | 行政村 | |
| 149 | 何棠下村 | 行政村 | |
| 150 | 长庚村 | 行政村 | |
| 151 | 迳下村 | 行政村 | |
| 152 | 黄田村 | 行政村 | |
| 153 | 旺村村 | 行政村 | |
| 154 | 汤村村 | 行政村 | |
| 155 | 大涵村 | 行政村 | |

## 历史文化

**【人文黄埔】** 黄埔区位于广州市东南部珠江之滨，古称“黄木之湾”。约6000年前，因海水入侵而成浅水海湾，又称古扶胥镇。历经沧桑巨变，积淀厚重的人文历史和文物古迹，尤以扶胥古港（今黄埔港）的兴盛驰名中外。

古代海上丝绸之路发祥地 黄埔港为千年古港，兴于隋，历经唐宋直至明清，一直是海运贸易的物流中心。十七、十八世纪，随着欧美经济的发展和世界各地来华航线的开辟，广州成为西方商船首选的黄金口岸，成为清政府解除海禁之后重要的商贸港口。清乾隆皇帝确定“一口通商”国策，广州是清政府唯一的中外商贸区，至今仍是世界十大港口之一，航线通往五洲四海。

中国近现代民主革命策源地 黄埔牛山炮台是第一次鸦片战争遗址，在此处曾经上演过600余名清军以血肉之躯抗击英军的惊天地泣鬼神的乌涌之战。屈辱的《黄埔条约》，给中华民族留下历史伤痛。在黄埔历史舞台上曾有林则徐、邓廷桢、孙中山、廖仲恺、周恩来、蒋介石等历史风云人物。举世闻名的黄埔军校，曾是国共两党的将帅摇篮，深深影响20世纪中国的命运。

人文荟萃名胜地 黄埔原居民多为南宋前后从韶关南雄珠玑巷迁来，其中不乏名人后裔。如横沙罗氏，为珠玑巷南下带头人罗贵之后；横沙朱氏，为宋代理学家朱熹玄孙朱澄之后；茅岗周氏，为宋代文学家周敦颐之后；南岗秦氏，为宋代才子秦观之后；晚清官宦深井人凌福彭，其女凌叔华是著名作家。有东江纵队纪念广场等数十处红色革命史迹。全国重点文物保护单位南海神庙存有大量历代碑刻，誉称“南方碑林”，其中著名的碑刻有唐代韩愈碑、宋代苏东坡碑、明代洪武御碑、陈献章碑、清代康熙碑等；明末清初文化名人陈恭尹、清代名人李鸿章也分别在夏园和南湾留有墨宝；南湾“三贤祠”，是明代理学家陈献章设台讲学之地，其在黄埔收授的增城弟子、理学家湛甘泉曾先后任兵部、礼部、刑部三部尚书；横沙书香街，为广州市第一批历史文化保护区，保存有清代私塾和祠堂52间，清代书法家刘华东、熊景星等均留下墨宝。有岭南古建筑玉岩书院、莲塘古村落；有保存完好的深井古民居群，有祠堂、庙宇10多间，石脚古屋34间，有中国革命同盟会会员凌鸿年故居；有中国近代造船工业的开端“柯拜船坞”，诞生中国第一代产业工人；有国家重点文物保护单位黄埔军校、东征阵亡烈士墓园和北伐纪念碑。据记载，清代黄埔的私塾有100余所。清末民初，废私塾，兴学校，至中华人民共和国成立前夕，黄埔先后出现官办的水师学堂、广东海军学校、中正中学。有元贝村抗日游击队联络站旧址、抗日游击队长平税站遗址、旺村东江纵队增从番独立大队旧址等数十处红色革命史迹。有辛亥革命纪念馆、东江纵队纪念广场、佛子庄革命烈士纪念碑、旺村革命烈士纪念碑、九佛革命烈士纪念碑等纪念场馆。

改革开放前沿地　1984年，经中央批准，在珠江与东江交汇处划出9.6平方千米，建立广州经济技术开发区，是全国改革开放的窗口，是经济改革之“试验田”，成为广东省、广州市经济腾飞的“启动点”，为中国改革开放和经济建设作出重大贡献。

物产美食富饶地　黄埔地处亚热带季风气候，地势平缓，南低北高，夏长冬短，雨量充沛，四季宜耕，名优特产、美食种类繁多。农作物有水稻、糖蔗、水果和蔬菜等，其中笔岗糯米糍荔枝、萝岗甜橙、姬堂暗柳甜橙、深井霸王花、庙头菠萝节瓜是特色物产。特色美食有深井烧鹅、黄埔蛋、南岗鱼包、南岗片糖等。

【民俗文化】　黄埔人杰地灵，因扶胥古港和海上丝绸之路的兴起和繁荣闻名于世，千年古港的兴盛和对外贸易的发展，形成黄埔独特的民俗文化。

波罗诞　源自南海神庙的“南海神诞”，隋文帝建南海神庙，供奉祝融“南海神”，因南海神庙又叫波罗庙，故南海神诞又称“波罗诞”，诞期为每年农历二月十一至十三日，十三日为正诞。期间，南海神庙附近方圆数十里的村民，甚至旅居东南亚的海外华人及港澳同胞牵朋唤友，远道而来游会拜谒，路人如蚁，四乡云集，庙中人声鼎沸，紫烟缭绕，爆竹轰鸣。附近家家户户包粽子，拜祭洪圣王，招待亲友，到神庙进香求神庇佑，踏青欣赏古扶胥美景，探讨古波罗庙文化，买波罗鸡作镇宅之用或赠送亲友。关于波罗诞的热闹场景，清嘉庆年间崔弼《波罗外纪》有记载：“波罗庙每岁二月初旬，远近环集如市，楼船花艇，小舟大舸，连泊十余里，有不得靠岸者，架长篙接木板作桥，越数十重船以渡，其船尾必竖进香灯笼，入夜明烛万艘与江波辉映，管弦呕哑，嘈杂竟十余夕，连声爆竹，起火通霄，登舻而望，真天宫海市不是过矣”。波罗庙会起源于何时，已难考证。2005年3月18日，首届广州市民俗文化节暨黄埔波罗诞千年庙会在南海神庙举行，该活动永久落户黄埔。2011年，波罗诞列入国家级非物质文化遗产扩展项目名录。

金花诞　清末和民国时期，黄埔长洲金花诞盛行。金花娘娘，又称金花夫人、金花圣母、送子娘娘等，是民间传统信奉的生育女神。每年农历四月十七为金花诞期，四乡信徒到金花庙祭拜，从清晨开始，各乡狮子队接踵而来，在庙前舞动，善男信女争先恐后进庙跪拜。当时妇女间传诵歌谣：“祈子金花，多得白花，三年两朵，离离成果”。庙前陈列盆景、书画、古董等，有来自四面八方的养鸟爱好者带鸟雀到此斗唱，还有灯饰展示，名曰“唱灯花”。妇女们组织“金花会”，请戏班，唱八音，庙会相当于集市，非常热闹。金花诞于20世纪50年代中断，2009年恢复，在突出金花夫人生育保护神基础上，增加优生优育宣传内容，举办“家家有个好宝宝”优生优育文艺表演、有奖

2019年3月，广州市民俗文化节暨黄埔波罗诞千年庙会在南海神庙举行
（邓志伸 摄）

知识问答、妇女儿童健康咨询等活动。2018年，“金花娘娘的传说”被列入广东省第七批非物质文化遗产代表性项目名录。

乡村年会　又称“村会”，在过年期间，村中按照传统惯例，召集乡亲父老，远方亲友，聚会欢庆。横沙会，起源于清代，会期为每年农历正月二十四（民间传说的三娘菩萨诞日），是横沙村民间最重大、最隆重的传统节日，村民到庙宇祈福许愿，抬菩萨神像游街，各家各户包裹粽子赠送亲友，出外谋生的村民及港澳同胞、海外侨胞回乡探亲祭祖，各界友人欢聚一堂，观赏粤剧、粤曲和舞狮等各文艺表演。2008年，横沙村把横沙会民俗传统活动定为“横沙书香文化节”；2009年，横沙会被列为广州市第二批非物质文化遗产民俗项目。沧头村年会与民间雷公诞结合起来，时间为每年农历正月二十四至二十六日，一年一小会，五年一大会；每年村会从外请粤剧团演出三晚；正月二十五，摆宴席招待兄弟村代表和村中60岁以上老人，醒狮队巡游表演助兴；家家户户做粽子送人，设宴招呼亲朋好友。沙元下村年会在每年农历九月十五，家家户户架起炉灶煮粽，宴请及馈赠亲朋好友，大街小巷飘满浓浓的粽香。榕村联合小径村、南兴村每四年举办一届榕径约“会景”，时间为农历正月十五，当天有舞醒狮、文艺表演、放电影等活动，举办集体村宴招待兄弟村代表和为村建设作出贡献的友好人士；家家户户宴请亲朋好友。文冲村年会为每年农历二月十五，将传统的黄埔波罗诞延续至此，组织醒狮队、腰鼓队、民乐队、曲艺社表演，各家各户包裹粽子，赠送亲友，邀请附近表亲和各界人士共庆村会。茅岗村年会在每年正月十五元宵节，是日亦为该村敬老节，一日三节同过，有醒狮队、曲艺社表演，宴请村中老人、各村老表和各界友好人士，热闹隆重。

【方言】　黄埔区方言属粤语。粤语，又称广东话、广府话、广州话，两广当地人惯称“白话”即是两广地区的“普通话”。海外华人则称为“唐话”，是“汉藏语系”汉语族的声调语言，也是汉族广府民系的母语。黄埔地区位于广州老城区东部，历史上大多数人都操粤语方言，讲广州话，与广州老城区的越秀区、荔湾区（含原东山区）相比，方言存有差异，但差异较小，相近者多。黄埔区、天河区在历史上隶属番禺管辖，现天河区与黄埔区、黄埔区与番禺区接壤的地方，方言基本接近。黄埔区方言因各地历史和生活习俗不同，并受周边地区方言影响，形成独特的乡音，基本可分成陆上白话和水上渔民白话及客家话3种。区内白话差异不大，各村的发音稍有不同，与地道的广州话也稍有差别。大致可分为南岗片、大沙片、长洲片、水乡片、萝岗片、九龙片6个方音，其中南岗、大沙、长洲、萝岗4个片是陆上白话，水乡片是水上白话，各片内不同的村落，其乡音也稍有差异，九龙片包括粤语和客家方音。

南岗片方音　在区境东部，含笔岗、沧联、南岗、沙步、夏园、庙头社区，乡音特色是重音。“装”“张”不分，有“装”无“张”，“张”讲“装”，如“张先生”讲“装先生”。“能”“邻”不分，有“能”无“邻”，“邻”讲“能”，如“邻居”讲“能居”。“竿”“官”不分，有“官”无“竿”，“竿”讲“官”，如“竹竿”讲“竹官”。“春”“穿”不分，有“穿”无“春”，“春”讲“穿”，如“春天”讲“穿天”。“力”“勒”不分，有“勒”无“力”，“力”讲“勒”，如“力气”讲“勒气”。“王”“黄”不分，有“黄”无“王”，“王”讲“黄”，如“王爷”讲“黄爷”。“笔”“北”不分，有“北”无“笔”，“笔”讲“北”，如“一支笔”讲“一支北”。“香”“康”不分，有“康”无“香”，“香”讲“康”，如“香港”讲“康港”。“秦”“陈”不分，有“陈”无“秦”，“秦”讲“陈”，如“秦始皇”讲“陈始皇”。“润”“刃”不分，有“刃”无“润”，“润”讲“刃”，如“滋润”讲成“滋刃”。

大沙片方音　在区境中、西部，含双沙、文冲、横沙、茅岗、下沙和姬堂社区，乡音特色是变音。“狂”“强”不分，有“狂”无“强”，“强”讲“狂”，如“坚强”讲“坚狂”。“刚”“缰”不分，有“刚”无“缰”，“缰”讲“刚”，如“新疆”讲“新刚”。“角”“脚”不分。有“角”无“脚”，“脚”讲“角”。如“洗脚”讲“洗角”。“失”“色”不分，有“失”无“色”，“色”讲“失”，如“颜色”讲“颜失”。“频”“平”不分，有“频”无“平”，“平”讲“频”，如“和平”讲“和频”。“郎”“娘”不分，有“郎”无“娘”，“娘”讲“郎”，如“爹娘”讲“爹郎”。“削”“索”不分，有“索”无“削”，“削”讲“索”，如“剥削”讲“剥索”。“唱”“创”不分，有“创”无“唱”，“唱”讲“创”，如“唱歌”讲“创歌”。“雀”“作”不分，有“作”无“雀”，“雀”讲“作”，如“麻雀”讲“麻作”。“账”“壮”不分，有“壮”无“账”，“账”讲“壮”，如“记账”讲“记壮”。“场”“床”不分，有“床”无“场”，“场”读“床”，如“上场”讲“上床”。

长洲片方音　在区境西南部，长洲街长洲和深井社区范围，乡音特色是切齿音重。“柱”“趣”不分，有“趣”无“柱”，“柱”讲“趣”。如“一根柱”讲“一根趣”，“蒸”“增”不分，有“增”无“蒸”，“蒸”讲“增”，如“蒸鱼”讲“增鱼”。“罪”“在”不分，有“在”无“罪”，“罪”讲“在”，如“犯罪”讲“犯在”。“肾”“顺”不分，有“肾”无“顺”，“顺”讲“肾”，如“顺利”讲“肾利”。“术”“实”不分，有“实”无“术”，“术”讲“实”，如“技术”讲“技实”。

**水乡片方音** 含穗东街道南湾社区、鱼珠街道九沙社区、长洲街深井社区、黄埔街下沙社区等地。上述地区有渔民或世代在水上居住的人，其方言、乡音与广州市海珠区沥滘村、番禺区莲花山镇等地方言、乡音相似。有些受南岗、大沙、长洲等地陆上人乡音影响，也有些词语发音与南岗、大沙、长洲等地陆上人乡音相似。

**萝岗片方音** 集中在萝岗街、联和街，主要使用粤方言，当地人称之为“本地话”或“本地白话”。片内各地方音差异不太明显，当地人能辨认谈话对方的方音。萝岗片粤语同属广州话。《广州市志·方言志》记载，广州话有声母20个、韵母59个、声调11个。萝岗粤方言语音与广州话相差不大，其语音对应规律明显。萝岗街、联和街比广州话少n、ŋ两个声母。2个方言点的韵母系统与广州话存在不同的对应规律，如：萝岗街无an、at两个韵母，广州话读an的字在萝岗街全部读作aŋ，读at的字全部读作ak；联和街无ɔeŋ、ɔek两个韵母，广州话读ɔeŋ的字在联和街全部读作ɔŋ，读ɔek的字全部读作ɔk。声调方面，萝岗街阳去调为中降31调，而联和街则与广州话相同，为低平22调。词汇部分，2个方言点的词汇各具特色，如：词目“南瓜”三地的说法各异，萝岗街称“田瓜”，联和街称“南瓜”，九龙片称“瓜仔”或“金瓜”；词目“玉米”三地的说法统一为“苞粟”异于广州话的“粟米”。

**九龙片方音** 九龙片（新龙镇、九佛街和龙湖街一带）方言语音与广州话相差不大，粤语系属原番禺县禺北片及原增城县增西片所在的粤语群落中。原番禺县禺北片，广州市北郊珠江流域流溪河片区粤语系列，总体上与钟落潭、太和等地相近，稍有九佛当地特有口音。原增城县增西片，因片区很大部分讲客家话，粤语夹杂其中，属东江流域绥福河片区粤语群落，故当地粤语随增城粤语口音，略带萝岗、长平等地粤语系列特点。九龙片粤语方音其语音对应规律明显。九龙片声母系统则与广州话相同；声调方面，九龙片阳去调为中降31调；词汇方面，九龙片称“瓜仔”或“金瓜”，“玉米”称“苞粟”异于广州话“粟米”。子女称父为“爸”，称母为“妈”。一些迷信的人家怕子女养不大，故意让子女称父为“叔”或“伯”、称母为“婶”，也有让子女称母为“阿大”“阿二”（按其在家族中的排行次序而称）的。子女间相互的称呼：男大为“兄”（俗称阿哥），小为“弟”（俗称细佬）；女大为姐，小为妹；称兄之妻为“嫂”，弟之妻为“弟妇”；称叔、伯之子女为堂兄弟、堂姐妹。比自己大的为堂兄、堂姐，比自己小的为堂弟、堂妹。称父之兄为“伯”，父之嫂为“伯母”“伯娘”，也有人忌讳“伯母”音同“百无”，故称“伯有”；称父之弟为“叔”，父之弟妇为“婶”。称祖父为“爷”，祖母为“阿嫲”；称祖父之兄为“伯公”，祖父之嫂为“伯婆”；称祖父之弟及弟妇为“叔公”“叔婆”。称父之姐妹为“姑”（姐为姑妈，妹为姑姐），称父之姐夫、妹夫为“姑丈”。称姑之子为表兄弟、表姐妹，称这种表亲关系为“姑表”。夫妻相称，多直呼其名字（或小名）。

**客家方音** 主要集中在永和街、新龙镇、九佛街和龙湖街一带。原镇龙片在增城西片，因片区很大部分乡民讲客家话，其先祖大部分来源于粤东北的梅县、河源地区，客家话又夹杂在东江流域绥福河片粤语中；九佛片客家话又受粤语为主的珠江流域流溪河片语音影响，故两片区客家话与公认标准的梅县客家话有不少区别。

（黎法平）

## 人 口

**【人口总量】** 2019年末，黄埔区

2019年黄埔区人口变动情况统计表

单位：人

| 地区或地段号 | 总户数 | 人口总数 | | | 人口增加数 | | | | | 人口减少数 | | | | |
|---|---|---|---|---|---|---|---|---|---|---|---|---|---|---|
| | | 合计 | 男 | 女 | 合计 | 出生 | 市内迁入 | 市外迁入 | 其他增加 | 合计 | 死亡 | 迁出市外 | 市内移出 | 其他减少 |
| 合计 | 162792 | 562203 | 284575 | 277628 | 67627 | 11853 | 19088 | 22995 | 13691 | 33049 | 2157 | 1660 | 15532 | 13700 |
| 黄埔派出所 | 17987 | 57564 | 29264 | 28300 | 2865 | 736 | 916 | 1213 | | 2533 | 225 | 140 | 2168 | |
| 红山派出所 | 8260 | 24325 | 12129 | 12196 | 1448 | 397 | 450 | 601 | | 674 | 100 | 28 | 545 | 1 |
| 鱼珠派出所 | 9842 | 30306 | 15567 | 14739 | 2088 | 440 | 940 | 708 | | 1412 | 178 | 79 | 1155 | |
| 大沙派出所 | 5975 | 20615 | 10833 | 9782 | 911 | 259 | 249 | 138 | 265 | 980 | 140 | 70 | 505 | 265 |
| 文冲派出所 | 11841 | 36667 | 18878 | 17789 | 4158 | 661 | 1042 | 2455 | | 1452 | 229 | 71 | 1152 | |

续表

| 地区或地段号 | 总户数 | 人口总数 | | | 人口增加数 | | | | | 人口减少数 | | | | |
|---|---|---|---|---|---|---|---|---|---|---|---|---|---|---|
| | | 合计 | 男 | 女 | 合计 | 出生 | 市内迁入 | 市外迁入 | 其他增加 | 合计 | 死亡 | 迁出市外 | 市内移出 | 其他减少 |
| 南岗派出所 | 5091 | 18298 | 9986 | 8312 | 784 | 229 | 342 | 213 | | 871 | 120 | 192 | 559 | |
| 穗东派出所 | 4505 | 13802 | 6852 | 6950 | 737 | 216 | 223 | 298 | | 236 | 64 | 7 | 165 | |
| 荔联派出所 | 1687 | 6065 | 3038 | 3027 | 333 | 102 | 151 | 80 | | 140 | 23 | 17 | 100 | |
| 长洲派出所 | 9340 | 29046 | 14779 | 14267 | 2327 | 512 | 881 | 934 | | 1233 | 95 | 62 | 1076 | |
| 夏港派出所 | 6989 | 29848 | 15894 | 13954 | 2321 | 498 | 1148 | 675 | | 2801 | 41 | 460 | 2299 | 1 |
| 东区派出所 | 23965 | 68469 | 34877 | 33592 | 23039 | 2179 | 3874 | 3560 | 13426 | 15513 | 143 | 140 | 1804 | 13426 |
| 联和派出所 | 10435 | 39103 | 19675 | 19428 | 6240 | 920 | 3192 | 2128 | | 1803 | 111 | 116 | 1575 | 1 |
| 萝岗派出所 | 16897 | 54856 | 27205 | 27651 | 6553 | 1460 | 1638 | 3455 | | 1094 | 179 | 54 | 861 | |
| 永和派出所 | 8799 | 27808 | 14097 | 13711 | 6315 | 973 | 2006 | 3336 | | 526 | 60 | 22 | 444 | |
| 九佛派出所 | 12405 | 55340 | 26872 | 28468 | 5193 | 1260 | 1646 | 2287 | | 750 | 212 | 26 | 512 | |
| 镇龙派出所 | 8774 | 50091 | 24629 | 25462 | 2315 | 1011 | 390 | 914 | | 1031 | 237 | 176 | 612 | 6 |

## 2019 年黄埔区民族及人数情况统计表

单位：人

| 民族 | 人口数 | 民族 | 人口数 | 民族 | 人口数 |
|---|---|---|---|---|---|
| 汉族 | 553803 | 土家族 | 1114 | 达斡尔族 | 21 |
| 蒙古族 | 421 | 哈尼族 | 6 | 仫佬族 | 62 |
| 回族 | 60217 | 哈萨克族 | 4 | 羌族 | 11 |
| 藏族 | 17 | 傣族 | 12 | 布朗族 | 1 |
| 维吾尔族 | 17 | 黎族 | 153 | 毛南族 | 10 |
| 苗族 | 686 | 傈僳族 | 1 | 仡佬族 | 32 |
| 彝族 | 82 | 佤族 | 1 | 锡伯族 | 27 |
| 壮族 | 2230 | 畲族 | 178 | 俄罗斯族 | 3 |
| 布依族 | 117 | 拉祜族 | 3 | 鄂温克族 | 5 |
| 朝鲜族 | 349 | 水族 | 15 | 京族 | 12 |
| 满族 | 1017 | 东乡族 | 3 | 鄂伦春族 | 2 |
| 侗族 | 330 | 纳西族 | 8 | 赫哲族 | 3 |
| 瑶族 | 749 | 柯尔克孜族 | 4 | 穿青人 | 8 |
| 白族 | 72 | 土族 | 7 | 其他 | 6 |
| 合计 | | | | | 562203 |

有常住总人口数 131.96 万人，户籍总人口数 56.22 万人，户籍总户数 16.28 万户。户籍人口以汉族居多，另有少数民族 41 个、人口数 8400 人。户籍总人口数中，男性 28.46 万人，女性 27.76 万人。

【人口分布】 2019 年末，黄埔区户籍总人口有 56.22 万人，分布如下：黄埔派出所 5.76 万人，红山派出所 2.43 万人，鱼珠派出所 3.03 万人，大沙派出所 2.06 万人，文冲派出所 3.67 万人，南岗派出所 1.83 万人，穗东派出所 1.38 万人，荔联派出所 6065 人，长洲派出所 2.90 万人，夏港派出所 2.98 万人，东区派出所 6.85 万人，联和派出所 3.91 万人，萝岗派出所 5.49 万人，永和派出所 2.78 万人，九佛派出所 5.53 万人，镇龙派出所 5.01 万人。

【人口变动】 2019 年，黄埔区户籍人口增加数 6.76 万人，其中出生 1.19 万人，市内迁入 1.91 万人，市外迁入 2.30 万人，其他增加 1.37 万人。户籍人口减少 3.30 万人，其中死亡 2157 人，迁出市外 1660 人，市内移出 1.55 万人，其他减少 1.37 万人。

【人口迁移】 2019 年，黄埔区人口迁移总量 4.6 万人（黄埔区常住人口）。其中，迁入人口 3.7 万人，占迁移总量 80%，迁出人口 9166 人，占迁移总量 20%；净迁入人口 2.78 万人。解决夫妻投靠、未成年小孩随父（母）入户、老人投靠子女等人员到穗入户 6220 人。

（田丽华）

## 2019 年经济社会发展情况

【经济运行稳中有进】 2019 年，黄埔区地区生产总值完成 3502 亿元，比上年增长 8.6%。固定资产投资完成1398.72亿元，增长20.1%。规模以上工业总产值完成7936.5亿元，规模以上工业增加值增长8.5%。商品销售总额8899.73亿元，比上年增长38%。社会消费品零售总额996.95亿元，比上年增长7.1%。其他营利性服务业营业收入470.14亿元，比上年增长21.9%。建筑业总产值525.41亿元，比上年增长54.2%。财政八项支出280.4亿元，比上年增长33.8%。进出口总值2886.7亿元，比上年增长7.4%。规模以上工业总产值、固定资产投资、一般公共预算收入、税收总额、进出口总值、实际利用外资等指标总量居全市第一位。

【产业结构优化】 2019年，黄埔区发展智能化高端化制造业，新增国家级制造业单项冠军企业2家、国家级专精特新“小巨人”企业2家、国家级工业设计中心1个。乐金显示OLED、LG化学偏光片、粤芯芯片等项目建成投产，宝能动力电池项目落地建设。提升现代服务业发展能级，出台“区块链10条2.0”政策，建成广州区块链国际创新中心、黄埔链谷等四大载体。建设全省首个面向5G技术的物联网与智慧城市应用示范区，建成5G基站近2000个。出台“金融10条”，新增上市企业4家，累计达53家，新引进花城创投母基金等风投机构101个。

【粤港澳大湾区国际科技创新中心建设提速】 2019年，黄埔区全面参与粤港澳大湾区国际科技创新中心建设，推进再生医学与健康广东省实验室、粤港澳大湾区协同创新研究院等科研项目机构，打造清华珠三角研究院粤港澳创新中心。加快共建广深澳科技创新走廊、穗港智造特别合作区、穗港科技合作园启动建设。出台“港澳青创10条”，建成澳门青年创新创业部落、香港青年人创新天地等青年创新创业载体。推进对外合作，启动建设中新国际互联网数据专用通道，沙特吉赞经济城中沙合资公司注册成立，动工建设中沙泛亚“石油化工化纤一体化”项目，投入运营中以生物产业孵化基地二期。

【重点领域改革深化】 2019年，黄埔区建设广东省营商环境改革创新实验区，获全国经济开发区营商环境第一名。推出第二批162项“秒批”清单，加快推进审批事项全流程网办。推出商事登记“跨境通”服务，实现港澳企业商事登记“足不入境、离岸办理”。出台“粤港澳知识产权互认10条”，落地全国首单纯专利权的知识产权证券化产品，知识产权大数据应用基地等5个重大项目落户。全年专利授权量1.76万件，比上年增长20%；PCT国际专利申请量756件，占全市46.6%；新获评中国专利奖21项。完成知识产权质押融资17.2亿元，占全市45.5%，占全省11%。

【重大平台建设加快】 2019年，黄埔区“四区四中心”建设步伐加快，中新广州知识城打造国家级双边合作新标杆，全面铺开54个重大产业项目，获批全国首批智慧城市创建试点。科学城集聚科技企业3200余家、科研机构400余个，获评中国生物医药园区创新药物潜力指数十强园区。启动报批黄埔港首条穗港澳跨境直升机航线，加快推进穗港澳游艇自由码头、穗港澳直升机客运站等重大项目。广州国际生物岛开展国家生物医药政策创新试验，引进超过30家国内外顶尖生物医疗企业，投入运营粤港澳大湾区高性能医疗器械创新中心。

【城市环境改善】 2019年，黄埔区交通条件改善，科学城科林路、永和禾岭路等12条新建道路建成通车，水西路等41条道路完成升级改造。开通全球首条常规公交5G运营线路，首次在一线城市推出自动驾驶出行服务。开展全省“三旧”改造改革创新试点，出台“城市更新10条”，新增开工建筑面积118万平方米，竣工建筑面积46万平方米。全面落实河长制，基本消除深涌、文涌等18条黑臭河涌，建成污水管网265.71千米。推进“厕所革命”，新建、改建公厕87座。出台乡村振兴战略规划，开展洋田村、莲塘村岭南特色精品示范村建设，迳下村、大坦村被评为“广州市美丽乡村”。

【公共服务完善】 2019年，黄埔区全面完成十件民生实事，首次获“中国最具幸福感城市”（县级）称号。新建成玉山学校等7所公办中小学、14所幼儿园，完成凤凰湖小学等4所学校改扩建工程，新增学位1.5万个。推进知识城南方医院、中山大学国际健康医疗研究中心等项目和黄埔区中医院等4个区属医院提升改造工程。新建11个图书馆、文化馆分馆，广州市第三少年宫开放运营。落实就业优先政策，发放就业专项资金1.68亿元，新增城镇就业4.78万人。实现养老机构医养结合全覆盖，全区每千名老人拥有床位数79张。推进老旧小区住宅加装电梯，完成加装电梯121台。

（赖斯麒）

## 组织机构设置和负责人名录

【组织机构】 2019年，黄埔区、广州开发区党政群机关及正处级事业单位机构设置情况见“2019年黄埔区、广州开发区党政群机关及正处级事业单位情况表”。

## 2019年黄埔区、广州开发区党政群机关及正处级事业单位情况表

| 序号 | 机构名称 | 规范简称 |
|---|---|---|
| | 一、党委、党工委系统 | |
| | （一）中共广州市黄埔区纪律检查委员会广州市黄埔区监察委员会机关与中共广州开发区纪律检查工作委员会机关“一个机构、两块牌子” | 黄埔区纪委监委机关、广州开发区纪工委机关 |
| | （二）工作机关和设在相关部门的区委议事协调机构的办事机构 | |
| 1 | 中共广州市黄埔区委办公室与中共广州开发区工委办公室（广州开发区管委会办公室与其合署办公）“一个机构、两块牌子” | 黄埔区委办、广州开发区党工委办、广州开发区管委会办 |
| 2 | 中共广州市黄埔区委组织部与中共广州开发区工委组织部“一个机构、两块牌子” | 黄埔区委组织部、广州开发区党工委组织部 |
| 3 | 中共广州市黄埔区委宣传部 | 黄埔区委宣传部 |
| 4 | 中共广州市黄埔区委统一战线工作部 | 黄埔区委统战部 |
| 5 | 中共广州市黄埔区委政法委员会 | 黄埔区委政法委 |
| 6 | 广州开发区政策研究室 | 广州开发区政研室 |
| 7 | 中共广州市黄埔区委全面深化改革委员会办公室（设在区委办） | 黄埔区委改革办 |
| 8 | 中共广州市黄埔区委全面依法治区委员会办公室（设在区司法局） | 黄埔区委依法治区办 |
| 9 | 中共广州市黄埔区委国家安全委员会办公室（设在区委办） | 黄埔区委国安办 |
| 10 | 中共广州市黄埔区委网络安全和信息化委员会办公室（设在区委宣传部） | 黄埔区委网信办 |
| 11 | 中共广州市黄埔区委外事工作委员会办公室（设在区政府办） | 黄埔区委外办 |
| 12 | 中共广州市黄埔区委机构编制委员会办公室与中共广州开发区工委机构编制委员会办公室“一个机构、两块牌子” | 黄埔区委编办、广州开发区党工委编办 |
| 13 | 中共广州市黄埔区委审计委员会办公室（设在区审计局） | 黄埔区委审计办 |
| 14 | 中共广州市黄埔区委农村工作办公室（设在区农业农村局） | 黄埔区委农办 |
| 15 | 中共广州市黄埔区直属机关工作委员会 | 黄埔区直机关工委 |
| 16 | 中共广州市黄埔区委巡察工作领导小组办公室（设在区纪委） | 黄埔区委巡察办 |
| 17 | 中共广州市黄埔区委老干部局与中共广州开发区工委老干部局“一个机构、两块牌子” | 黄埔区委老干部局、广州开发区党工委老干部局 |
| | （三）加挂（保留）牌子的机关（均在相关部门挂牌，不单设） | |
| 1 | 中共广州市黄埔区委保密委员会办公室（广州市黄埔区国家保密局） | 黄埔区委保密办（黄埔区保密局） |
| 2 | 中共广州市黄埔区委机要局（广州市黄埔区密码管理局） | 黄埔区委机要局（黄埔区密码管理局） |
| 3 | 广州市黄埔区档案局 | 黄埔区档案局 |
| 4 | 广州市黄埔区公务员局 | 黄埔区公务员局 |
| 5 | 广州市黄埔区新闻出版局（广州市黄埔区版权局） | 黄埔区新闻出版局（黄埔区版权局） |
| 6 | 广州市黄埔区互联网信息办公室 | 黄埔区互联网办 |
| 7 | 中共广州市黄埔区委台湾工作办公室（广州市黄埔区台湾事务局） | 黄埔区委台办（黄埔区台湾事务局） |
| 8 | 广州市黄埔区民族宗教事务局 | 黄埔区民族宗教局 |
| 9 | 广州市黄埔区侨务局 | 黄埔区侨务局 |
| 10 | 广州市黄埔区来穗人员服务管理局 | 黄埔区来穗人员服务管理局 |
| | 二、政府系统 | |
| | （一）黄埔区政府、广州开发区管委会工作部门 | |
| 1 | 广州市黄埔区人民政府办公室 | 黄埔区政府办 |
| 2 | 广州市黄埔区发展和改革局与广州开发区发展和改革局“一个机构、两块牌子” | 黄埔区发展改革局（广州开发区发展改革局） |
| 3 | 广州开发区投资促进局 | 广州开发区投资促进局 |

续表

| 序号 | 机构名称 | 规范简称 |
| --- | --- | --- |
| 4 | 广州市黄埔区教育局 | 黄埔区教育局 |
| 5 | 广州市黄埔区科学技术局与广州开发区科技创新局“一个机构、两块牌子” | 黄埔区科技局（广州开发区科技创新局） |
| 6 | 广州市黄埔区工业和信息化局与广州开发区经济和信息化局“一个机构、两块牌子” | 黄埔区工业和信息化局（广州开发区经济和信息化局） |
| 7 | 广州市公安局黄埔区分局 | 黄埔区公安分局 |
| 8 | 广州市黄埔区民政局 | 黄埔区民政局 |
| 9 | 广州市黄埔区司法局 | 黄埔区司法局 |
| 10 | 广州市黄埔区财政局与广州开发区财政局“一个机构、两块牌子” | 黄埔区财政局（广州开发区财政局） |
| 11 | 广州市黄埔区人力资源和社会保障局 | 黄埔区人力资源和社会保障局 |
| 12 | 广州开发区规划和自然资源局与广州市规划和自然资源局黄埔区分局“一个机构、两块牌子” | 广州开发区规划和自然资源局（市规划和自然资源局黄埔区分局） |
| 13 | 广州开发区生态环境局与广州市生态环境局黄埔区分局“一个机构、两块牌子” | 广州开发区生态环境局（市生态环境局黄埔区分局） |
| 14 | 广州市黄埔区住房和城乡建设局与广州开发区建设和交通局“一个机构、两块牌子” | 黄埔区住房城乡建设局（广州开发区建设和交通局） |
| 15 | 广州市黄埔区水务局 | 黄埔区水务局 |
| 16 | 广州市黄埔区农业农村局 | 黄埔区农业农村局 |
| 17 | 广州市黄埔区商务局与广州开发区商务局“一个机构、两块牌子” | 黄埔区商务局（广州开发区商务局） |
| 18 | 广州市黄埔区文化广电旅游局 | 黄埔区文化广电旅游局 |
| 19 | 广州市黄埔区卫生健康局 | 黄埔区卫生健康局 |
| 20 | 广州市黄埔区退役军人事务局 | 黄埔区退役军人事务局 |
| 21 | 广州市黄埔区应急管理局与广州开发区应急管理局“一个机构、两块牌子” | 黄埔区应急管理局（广州开发区应急管理局） |
| 22 | 广州开发区民营经济和企业服务局 | 广州开发区民营经济和企业服务局 |
| 23 | 广州市黄埔区审计局与广州开发区审计局“一个机构、两块牌子” | 黄埔区审计局（广州开发区审计局） |
| 24 | 广州开发区国有资产监督管理局 | 广州开发区国资局 |
| 25 | 广州市黄埔区市场监督管理局与广州开发区市场监督管理局“一个机构、两块牌子” | 黄埔区市场监管局（广州开发区市场监管局） |
| 26 | 广州市黄埔区统计局与广州开发区统计局“一个机构、两块牌子” | 黄埔区统计局（广州开发区统计局） |
| 27 | 广州开发区知识产权局 | 广州开发区知识产权局 |
| 28 | 广州开发区金融工作局 | 广州开发区金融局 |
| 29 | 广州开发区城市更新局 | 广州开发区城市更新局 |
| 30 | 广州市黄埔区城市管理和综合执法局 | 黄埔区城市管理综合执法局 |
| 31 | 广州市黄埔区信访局 | 黄埔区信访局 |
| 32 | 广州市黄埔区政务服务数据管理局与广州开发区行政审批局“一个机构、两块牌子” | 黄埔区政务服务数据管理局（广州开发区行政审批局） |
| 33 | 广州开发区援建和对外经济合作局 | 广州开发区援建和对外经济合作局 |
| 34 | 广州开发区营商环境改革局 | 广州开发区营商环境改革局 |
| | （二）加挂（保留）牌子的机关（均在相关部门挂牌，不单设） | |
| 1 | 广州市黄埔区口岸局与广州开发区口岸局“一个机构、两块牌子” | 黄埔区口岸局（广州开发区口岸局） |
| 2 | 广州市黄埔区粮食和物资储备局 | 黄埔区粮食和储备局 |
| 3 | 广州市黄埔区体育局 | 黄埔区体育局 |
| 4 | 广州市黄埔区交通运输局 | 黄埔区交通运输局 |
| 5 | 广州市黄埔区人民防空办公室（广州市黄埔区民防办公室） | 黄埔区人防办（黄埔区民防办） |

续表

| 序号 | 机构名称 | 规范简称 |
|---|---|---|
| 6 | 广州市黄埔区扶贫开发办公室 | 黄埔区扶贫办 |
| 7 | 广州市黄埔区知识产权局 | 黄埔区知识产权局 |
| | 三、人大机关 | |
| 1 | 广州市黄埔区人民代表大会常务委员会办公室 | 黄埔区人大常委会办 |
| 2 | 广州市黄埔区人民代表大会常务委员会监察和法制工作委员会 | 黄埔区人大常委会监察和法制工委 |
| 3 | 广州市黄埔区人民代表大会常务委员会预算工作委员会 | 黄埔区人大常委会预算工委 |
| 4 | 广州市黄埔区人民代表大会常务委员会城乡建设环境与资源保护工作委员会 | 黄埔区人大常委会城乡建设环境资源工委 |
| 5 | 广州市黄埔区人民代表大会常务委员会社会建设和华侨外事民族宗教工作委员会 | 黄埔区人大常委会社会华侨外事民族宗教工委 |
| 6 | 广州市黄埔区人民代表大会常务委员会经济和科技工作委员会 | 黄埔区人大常委会经济科技工委 |
| 7 | 广州市黄埔区人民代表大会常务委员会文化教育卫生健康工作委员会 | 黄埔区人大常委会文化教育卫生健康工委 |
| 8 | 广州市黄埔区人民代表大会常务委员会选举联络人事任免工作委员会 | 黄埔区人大常委会选联工委 |
| | 四、政协机关 | |
| 1 | 中国人民政治协商会议广州市黄埔区委员会办公室 | 黄埔区政协办 |
| 2 | 中国人民政治协商会议广州市黄埔区委员会提案委员会 | 黄埔区政协提案委 |
| 3 | 中国人民政治协商会议广州市黄埔区委员会经济委员会 | 黄埔区政协经济委 |
| 4 | 中国人民政治协商会议广州市黄埔区委员会农业和农村委员会（中国人民政治协商会议广州市黄埔区委员会社会法制民族宗教委员会与其合署办公） | 黄埔区政协农业农村委（黄埔区政协社会法制民族宗教委） |
| 5 | 中国人民政治协商会议广州市黄埔区委员会城建资源环境委员会 | 黄埔区政协城建资源环境委 |
| 6 | 中国人民政治协商会议广州市黄埔区委员会教科卫体委员会 | 黄埔区政协教科卫体委 |
| 7 | 中国人民政治协商会议广州市黄埔区委员会港澳台侨外事委员会 | 黄埔区政协港澳台侨外事委 |
| 8 | 中国人民政治协商会议广州市黄埔区委员会文化文史和学习委员会 | 黄埔区政协文化文史和学习委 |
| | 五、法院、检察院机关 | |
| 1 | 广州市黄埔区人民法院 | 黄埔区法院 |
| 2 | 广州市黄埔区人民检察院 | 黄埔区检察院 |
| | 六、镇（街道） | |
| 1 | 广州市黄埔区新龙镇 | 黄埔区新龙镇 |
| 2 | 广州市黄埔区人民政府黄埔街道办事处 | 黄埔区黄埔街道 |
| 3 | 广州市黄埔区人民政府红山街道办事处 | 黄埔区红山街道 |
| 4 | 广州市黄埔区人民政府鱼珠街道办事处 | 黄埔区鱼珠街道 |
| 5 | 广州市黄埔区人民政府夏港街道办事处 | 黄埔区夏港街道 |
| 6 | 广州市黄埔区人民政府大沙街道办事处 | 黄埔区大沙街道 |
| 7 | 广州市黄埔区人民政府文冲街道办事处 | 黄埔区文冲街道 |
| 8 | 广州市黄埔区人民政府南岗街道办事处 | 黄埔区南岗街道 |
| 9 | 广州市黄埔区人民政府穗东街道办事处 | 黄埔区穗东街道 |
| 10 | 广州市黄埔区人民政府长洲街道办事处 | 黄埔区长洲街道 |
| 11 | 广州市黄埔区人民政府联和街道办事处 | 黄埔区联和街道 |
| 12 | 广州市黄埔区人民政府永和街道办事处 | 黄埔区永和街道 |

续表

| 序号 | 机构名称 | 规范简称 |
|---|---|---|
| 13 | 广州市黄埔区人民政府萝岗街道办事处 | 黄埔区萝岗街道 |
| 14 | 广州市黄埔区人民政府长岭街道办事处 | 黄埔区长岭街道 |
| 15 | 广州市黄埔区人民政府云埔街道办事处 | 黄埔区云埔街道 |
| 16 | 广州市黄埔区人民政府九佛街道办事处 | 黄埔区九佛街道 |
| 17 | 广州市黄埔区人民政府龙湖街道办事处 | 黄埔区龙湖街道 |
| 七、广州开发区各功能园区管理机构 | | |
| 1 | 中新广州知识城合作事务办公室（中新广州知识城开发建设办公室） | 中新广州知识城合作事务办（中新广州知识城开发建设办） |
| 2 | 广州开发区西区产业园管理委员会（挂保税业务管理局牌子） | 广州开发区西区产业园管委会 |
| 3 | 广州开发区长岭居管理委员会 | 广州开发区长岭居管委会 |
| 4 | 广州开发区黄埔临港经济区管理委员会（挂长洲生态文化旅游区管委会牌子） | 广州开发区黄埔临港经济区管委会 |
| 5 | 广州国际生物岛（中以合作区）管理委员会 | 广州国际生物岛（中以合作区）管委会 |
| 6 | 广州开发区云埔工业区管理委员会 | 广州开发区云埔工业区管委会 |
| 八、民主党派和工商联机关 | | |
| 1 | 中国国民党革命委员会广州市黄埔区基层委员会 | 民革黄埔区基层委员会 |
| 2 | 中国民主同盟广州市黄埔区基层委员会 | 民盟黄埔区基层委员会 |
| 3 | 中国民主建国会广州市黄埔区基层委员会 | 民建黄埔区基层委员会 |
| 4 | 中国民主促进会广州市黄埔区基层委员会 | 民进黄埔区基层委员会 |
| 5 | 中国农工民主党广州市黄埔区基层委员会 | 农工党黄埔区基层委员会 |
| 6 | 中国致公党广州市黄埔区基层委员会 | 致公党黄埔区基层委员会 |
| 7 | 九三学社广州市黄埔委员会 | 九三学社黄埔区委员会 |
| 8 | 广州市黄埔区工商业联合会 | 黄埔区工商联 |
| 九、群团机关 | | |
| 1 | 广州市黄埔区总工会（挂广州开发区总工会牌子） | 黄埔区总工会（广州开发区总工会） |
| 2 | 中国共产主义青年团广州市黄埔区委员会 | 共青团黄埔区委 |
| 3 | 广州市黄埔区妇女联合会 | 黄埔区妇联 |
| 4 | 广州市黄埔区科学技术协会（挂广州开发区科学技术协会牌子） | 黄埔区科协（广州开发区科协） |
| 5 | 广州市黄埔区归国华侨联合会 | 黄埔区侨联 |
| 6 | 广州市黄埔区文学艺术界联合会 | 黄埔区文联 |
| 7 | 广州市黄埔区残疾人联合会 | 黄埔区残联 |
| 8 | 中国国际贸易促进委员会广州市黄埔区委员会（中国国际商会黄埔区商会）（挂中国国际贸易促进委员会广州开发区委员会牌子） | 黄埔区贸促会（广州开发区贸促会） |
| 十、正处级事业单位 | | |
| 1 | 中共广州市黄埔区委党校，与中共广州开发区工委党校“一个机构、两块牌子” | 黄埔区委党校、广州开发区党工委党校 |
| 2 | 广州市黄埔区国家档案馆（广州开发区档案馆、广州市黄埔区人民政府地方志办公室与其合署办公） | 黄埔区国家档案馆（黄埔区地方志办） |
| 3 | 广州市黄埔区气象局 | 黄埔区气象局 |
| 4 | 广州市黄埔区供销合作联社 | 黄埔区供销社 |
| 5 | 广州市黄埔区机关事务管理局（挂广州开发区机关事务管理局牌子） | 黄埔区机关事务管理局、广州开发区机关事务管理局 |

**【黄埔区委、区人大常委会、区政府、区政协、区纪委监察委领导名录】**

黄埔区委

书　记：周亚伟（2017.1 起任）

副书记：陈小华（2016.9—2019.1）

陈　勇（2019.2 起任）

李雪枝（2019.5 起任）

常　委：周亚伟（2017.1 起任）

陈小华（2016.9—2019.1）

陈　勇（2019.2 起任）

李雪枝（2015.6 起任）

冼银崧（2015.6—2019.5）

黄金持（2015.6 起任）

陆小荣（2015.6 起任）

胡德开（2019.12 起任）

黄晓峰（2015.6—2019.6）

毛松柏（2019.6 起任）

符华胜（2016.12—2019.12）

陈　娟（2017.12 起任）

魏　华（2018.6 起任）

邓奕中（2019.6 起任）

牟治平（2019.5 起任）

黄埔区人大常委会

主　任：崔世刚（2016.12 起任）

副主任：刘翠芳（2015.9 起任）

曹燕红（2015.9 起任）

刘岳生（2015.9 起任）

徐红怡（2015.9 起任）

金伊君（2018.2 起任）

牛穗生（2018.2 起任

黄埔区政府

区　长：陈小华（2016.12—2019.1）

陈　勇（2019.3 起任）

常务副区长：

冼银崧（2015.8—2019.5）

副区长：毛松柏（2019.7 起任）

洪　谦（2017.12—2019.4）

梁正华（2015.8—2019.3

陈智勇（2017.12—2019.4）

黄建强（2017.10 起任）

雷　虎（2019.1 起任）

刘　石（2019.7 起任）

贺璐璐（2019.7 起任）

罗志钊（2019.10 起任）

黄埔区政协

主　席：邓少敏（2015.8 起任）

副主席：梁正华（2019.3 起任）

崔幼文（2015.8 起任）

赵同顺（2015.8 起任）

周　怡（2015.8 起任）

郑卓文（2019.3 起任）

黄埔区纪委、广州开发区纪工委、黄埔区监察委

黄埔区纪委

书　记：陈　娟（2017.12 起任）

副书记：石　磊（2016.5 起任）

刘仁江（2017.12 起任）

广州开发区纪工委

书　记：陈　娟（2017.12 起任）

黄埔区监察委

主　任：陈　娟（2017.12 起任）

副主任：石　磊（2018.1 起任）

刘仁江（2018.1 起任）

**【广州开发区党工委、广州开发区管委会领导名录】**

广州开发区党工委

书　记：周亚伟（2017.1 起任）

副书记：陈小华（2016.9—2019.1）

陈　勇（2019.2 起任）

谭明鹤（2017.5—2019.2）

冼银崧（2019.5 起任）

委　员：周亚伟（2017.1 起任）

陈小华（2016.9—2019.1）

陈　勇（2019.2 起任）

谭明鹤（2017.5—2019.2）

冼银崧（2019.5 起任）

张超平（2015.6—2019.2）

陈建荣（2015.6—2018.12）

孙学伟（2017.7—2019.5）

蒋宝鸿（2015.6—2019.5）

胡德开（2019.12 起任）

黄晓峰（2019.6 起任）

符华胜（2017.7—2019.12）

严志明（2017.9—2019.12）

黄　东（2017.9 起任）

陈　娟（2017.12 起任）

洪　谦（2019.4—2019.12）

陈智勇（2019.4 起任）

广州开发区管委会

主　任：周亚伟（2017.1 起任）

常务副主任：

陈小华（2016.9—2019.1）

陈　勇（2019.3 起任）

副主任：谭明鹤（2015.6—2017.5）

张超平（2015.6—2019.3）

孙学伟（2015.6—2019.4）

蒋宝鸿（2015.6—2019.5）

黄晓峰（2019.7 起任）

严志明（2017.10 起任）

黄　东（2017.10 起任）

秘书长：陈建荣（2015.6—2019.1）

洪　谦（2019.4 起任）

总经济师：张　晖（2015.6 起任）

总规划师：陈智勇（2019.4 起任）

**【黄埔区委、广州开发区党工委工作部门负责人名录】**

黄埔区委办、广州开发区党工委办、广州开发区管委会办

主　任：洪　谦（2019.1 起任）

黄埔区委保密办主任（黄埔区国家保密局长）：林建宁（2015.7 起任）

黄埔区委组织部、广州开发区党工委组织部

部　长：符华胜（2016.12 起任）

黄埔区委宣传部

部　长：李雪枝（2015.6—2019.6）

牟治平（2019.6 起任）

黄埔区委统战部

部　长：黄金持（2015.7 起任）

台办主任：徐申泉（2015.7 起任）

台湾事务局局长：

徐申泉（2019.3 起任）

侨务局局长：

潘琼慧（2019.3 起任）

民族宗教局局长：

黎秀英（2015.9 起任）

黄埔区委政法委

书　记：陆小荣（2017.7 起任）

黄埔区来穗人员服务管理局局长：

罗修明（2019.3 起任）

黄埔区人武部

部　长：向　军（2017.7—2019.8）

段　警（2019.8 起任）

政　委：魏　华（2017.7 起任）

广州开发区政研室

主　任：李耀尧（2017.9 起任）

黄埔区直机关工委

书　记：张　慧（2015.7 起任）

黄埔区委老干部局、广州开发区党工委老干部局

局　长：肖　聪（2019.3 起任）

黄埔区委编办、广州开发区党工委编办

主　任：林吴养（2017.6—2019.4）

　　　　黎集慧（2019.4 起任）

【黄埔区人大常委会工作部门负责人名录】

区人大常委会办

主　任：谢克春（2015.9 起任）

区人大常委会监察和法制工委

主　任：范永红（2019.7 起任）

区人大常委会预算工委

主　任：唐 平（2019.7 起任）

区人大常委会城建环资工委

主　任：陈廷远（2015.9 起任）

区人大常委会社会建设与侨外民宗工委

主　任：杨国前（2019.7 起任）

区人大常委会经济和科技工委

主　任：黄志宏（2019.10 起任）

区人大常委会文教卫健工委

主　任：施黎菊（2019.7 起任）

区人大选联工委

主　任：赵永怡（2015.9 起任）

【黄埔区政府、广州开发区管委会工作部门负责人名录】

黄埔区政府办

主　任：陈文聪（2017.11 起任）

黄埔区发展改革局（广州开发区发展改革局）

党组书记、局长：

　　顾晓斌（2017.6 起任）

广州开发区投资促进局

局　长：邵静波（2018.2 起任）

党组书记：

　　林兴良（2019.3—2019.6）

　　洪　谦（兼，2019.11 起任）

黄埔区教育局

党组书记：

　　张建武（2017.6—2019.10）

　　何宇鸿（2019.11 起任）

局　长：张建武（2015.9 起任）

黄埔区科学技术局（广州开发区科技创新局）

党组书记、局长：

　　夏　坚（2017.7 起任）

黄埔区工业和信息化局（广州开发区经济和信息化局）

党组书记：

　　陈　超（2017.7—2019.10）

　　黄辉龙（2019.10 起任）

局　长：徐　丹（2017.7 起任）

黄埔区公安分局

局　长：雷　虎（2018.12 起任）

政　委：邓小棠（2015.7 起任）

黄埔区民政局

局　长：陈劲松（2017.6 起任）

黄埔区司法局

局　长：乐　鸿（2018.11 起任）

黄埔区财政局(广州开发区财政局)

局　长：梁玉军（2019.6 起任）

黄埔区人力资源和社会保障局

党组书记、局长：

　　周锦高（2019.3 起任）

广州开发区规划和自然资源局（市规划和自然资源局黄埔分局）

党组书记、局长：

　　林　敏（2019.3 起任）

广州开发区生态环境局（市生态环境局黄埔分局）

局　长：李应生（2017.6 起任）

黄埔区住房城乡建设局（广州开发区建设和交通局）

党组书记、局长：

　　杨佳新（2018.7 起任）

黄埔区民防办公室（黄埔区人民防空办公室）

主　任：黄恒澄（2015.7—2019.3）

黄埔区水务局

党组书记、局长：

　　谢鸿滨（2015.7 起任）

黄埔区农业农村局

党组书记、局长：

　　刘　猛（2019.3 起任）

黄埔区商务局(广州开发区商务局)

局　长：杨家伟（2017.7 起任）

黄埔区文化广电旅游局

党组书记、局长：

　　林　艳（2019.3 起任）

黄埔区卫生健康局

党组书记：郭　杰（2019.2 起任）

局　长：郭　杰（2019.3 起任）

黄埔区退役军人事务局

党组书记、局长：

　　栗　量（2019.3 起任）

黄埔区应急管理局（广州开发区应急管理局）

党组书记、局长：

　　赖曦东（2019.3 起任）

广州开发区民营经济和企业服务局

局　长：代新祥（2019.3 起任）

黄埔区审计局(广州开发区审计局)

党组书记：周超豪（2019.10 起任）

局　长：周超豪（2019.12 起任黄埔区审计局局长，2019.12 起任广州开发区审计局局长）

广州开发区国资局

党组书记、局长：

　　梁玉军（2017.6—2019.6）

　　林兴良（2019.6 起任）

黄埔区市场监管局（广州开发区市场监管局）

党组书记、局长：

　　黄小杰（2019.3 起任）

黄埔区统计局(广州开发区统计局)

党组书记、局长：

　　李琼玉（2017.7 起任）

广州开发区知识产权局

党组书记、局长：

　　刘　石（2017.6—2019.6）

　　蓝伟锋（2019.8 起任）

广州开发区金融局

党组书记、局长：

　　高树东（2018.7 起任）

广州开发区城市更新局

党组书记、局长：

　　侯　奔（2015.7 起任）

黄埔区城市管理综合执法局

党组书记、局长：

　　钱澄青（2017.6—2019.7）

黄埔区信访局

党组书记、局长：
曾科峰（2019.3 起任）
黄埔区政务服务数据管理局（广州开发区行政审批局）
党组书记、局长：
郑为中（2019.3 起任）
广州开发区援建和对外经济合作局
党组书记、局长：
林卫群（2019.3 起任）
广州开发区营商环境改革局
党组书记、局长：
黄娇娥（2019.3 起任）

## 【黄埔区政协工作部门负责人名录】

黄埔区政协办
秘书长：刘伟平（2018.2 起任）
黄埔区政协提案委
主　任：李彩华（2019.7 起任）
黄埔区政协经济委
主　任：陈晓芳（2015.8 起任）
黄埔区政协社会法制民族宗教委
主　任：庄稼汉（2015.8—2019.7）
黄埔区政协农业农村委（社会法制民族宗教委）
主　任：空　缺（2019.2—2019.9）
林　艳（2019.10 起任）
黄埔区政协城建资源环境委
主　任：张建新（2015.8—2019.10）
空　缺（2019.11 起）
黄埔区政协教科文卫体委
主　任：黄达鑫（2015.8—2019.7）
黄埔区政协教科卫体委
主　任：黄达鑫（2019.7 起任）
黄埔区政协港澳台侨外事委
主　任：曾国玉（2015.8 起任）
黄埔区政协学习和文史资料委
主　任：杨秀兰（2017.9-2019.7）
黄埔区政协文化文史和学习委
主　任：杨秀兰（2019.7 起任）

## 【黄埔区纪委（纪工委）监察委机关负责人名录】

办公室主任：李玉振（2017.6 起任）
干部室负责人：
邓康林（2019.7 起任）
宣传教育室主任：
李焜泰（2017.7 起任）
信访室主任：
李志红（2017.6—2019.10）
黄晖丽（2019.11 起任临时负责人）
党风政风监督室主任：
王小俊（2017.7 起任）
案件管理监督室：
黄少彬（2017.7 起任）
第一纪检监察室主任：
崔　蕾（2017.6 起任）
第二纪检监察室主任：
陈楚豪（2017.7 起任）
第三纪检监察室主任：
胡克匡（2017.6—2019.5）
第四纪检监察室负责人：
邱焕逵（2018.1—2019.10）
第五纪检监察室临时负责人：
熊　沁（2018.1 起任）
第六纪检监察室临时负责人：
苏　浩（2018.1 起任）
案件审理室主任：
沙　磊（2017.6—2019.4）
李　嵋（2019.5 起主持工作）
纪检监察干部监督室临时负责人：
贺锦云（2018.1—2019.10）
吕　晶（2019.11 起任）
第一派驻纪检监察组组长：
罗晓忠（2017.6 起任）
第二派驻纪检监察组组长：
牟延安（2017.7—2019.10）
第三派驻纪检监察组组长：
蔡雪琳（2017.7 起任）
第四派驻纪检监察组组长：
吴全收（2017.7 起任）
第五派驻纪检监察组组长：
朱稳怀（2017.6 起任）
第六派驻纪检监察组组长：
黄　俊（2017.6 起任）
第七派驻纪检监察组组长：
董国英（2017.6 起任）
第八派驻纪检监察组组长：
沈　凯（2017.7—2019.4）
李志红（2019.10 起任）
第九派驻纪检监察组组长：
贺锦云（2019.10 起任）
第十派驻纪检监察组组长：
李丽文（2019.6 起任）
第十一派驻纪检监察组组长：
林　艳（2017.6—2019.10）
第十二派驻纪检监察组组长：
刘　明（2017.6—2019.10）
区委巡察办主任：
石　磊（2017.6—2019.10）
牟延安（2019.10 起任）
巡察一组组长：
李丽文（2017.7—2019.6）
易智勇（2019.7 起任）
巡察二组组长：
石国荣（2017.6 起任）
巡察三组组长：
袁京梦（2017.7 起任）
巡察四组组长：
沙　磊（2019.4 起任）

## 【黄埔区法院、检察院负责人名录】

黄埔区法院
党组书记、院长：
杜传杰（2017.2 起任）
黄埔区检察院
党组书记：陈焯霖（2015.7 起任）

## 【黄埔区镇（街道）负责人名录】

黄埔区新龙镇
黄埔区委常委、镇党委书记：
邓奕中（2019.6 起任）
镇党委副书记、镇长：
李贵清（2019.6 起任）
黄埔区黄埔街道
党工委书记：
黎广宁（2015.7 起任）
党工委副书记、办事处主任：
黄烜煜（2018.9 起任）
黄埔区红山街道
党工委书记：
罗志钊（2015.7—2019.4）
周　宇（2019.11 起任）
党工委副书记、办事处主任：
周　宇（2016.10—2019.11）
黄埔区鱼珠街道
党工委书记：

熊义民（2015.8 起任）
党工委副书记、办事处主任：
郑炜（2019.7 起任）

黄埔区夏港街道

党工委书记：
栗　量（2015.7—2019.4）
邹志强（2019.5—2019.10）
邓耀雄（2019.11 起任）
党工委副书记、办事处主任：
邹志强（2015.7—2019.6）
谭鸿飞（2019.7 起任）

黄埔区大沙街道

党工委书记：
邓奕中（2015.7 起任）
党工委副书记、办事处主任：
彭　瑄（2015.7 起任）

黄埔区文冲街道

党工委书记：
陈鸿钦（2018.11 起任）
党工委副书记、办事处主任：
张全国（2018.12 起任）

黄埔区南岗街道

书　记：陈少初（2015.7—2019.4）
田　农（2019.5 起任）
副书记、办事处主任：
胡文刚（2019.10 起任）

黄埔区穗东街道

党工委书记：
黄辉龙（2018.11—2019.10）
邹志强（2019.10 起任）
党工委副书记、办事处主任：
陆　辉（2019.10 起任党工委副书记，2019.11 起任办事处主任）

黄埔区长洲街道

党工委书记：
钟才雍（2018.11—2019.5）
黄恒澄（2019.7 起任）
党工委副书记、办事处主任：
邹勇刚（2019.5—2019.6）
刘华钦（2019.7 起任）

黄埔区联和街道

党工委书记：
黎信坤（2017.12 起任）
党工委副书记、办事处主任：
邓耀雄（2017.12—2019.11 任党工委副书记、2018.1—2019.12 起任办事处主任）

黄埔区永和街道

党工委书记：
黄俊韬（2016.10—2019.5）
钟才雍（2019.5 起任）
办事处主任：
邹勇刚（2015.7—2019.5）
凌伟东（2019.6 起任）

黄埔区萝岗街道

党工委书记：
王丛立（2016.7—2019.1）
王章军（2019.4 起任）
党工委副书记、办事处主任：
王章军（2016.10—2019.4）
伍添奇（2019.6 起任）

黄埔区长岭街道

党工委书记：
林吴养（2019.4 起任）
党工委副书记、办事处主任：
沈　凯（2019.4 起任）

黄埔区云埔街道

党工委书记：姚锦全（2019.4 起任）
党工委副书记、办事处主任：
陆　辉（2019.3-2019.11）

黄埔区九佛街道

党工委书记：
陈少初（2019.4 起任）
人大工委主任：
钟炳光（2019.6—2019.12）
余银星（2019.12 起任）

黄埔区龙湖街道

党工委书记：
罗志钊（2019.4 起任）
办事处主任：
刘惠明（2019.6 起任）

## 【广州开发区各功能园区管理机构负责人名录】

中新广州知识城合作事务办

党组书记、主任：
谭明鹤（2015.7 起任）

广州开发区西区产业园管委会

主　任：刘光如（2016.12 起任）

广州开发区长岭居管委会（广州开发区项目建设办）

党组书记：徐春平（2019.6 起任）

广州开发区黄埔临港经济区管理委员会

主　任：许　可（2018.1 起任）

广州国际生物岛（中以合作区）管理委员会

党组书记：
陈　超（2019.10 起任）
赵　军（2015.7—2019.10）

广州开发区云埔工业区管委会

主　任：陈俩国（2015.7 起任）

## 【民主党派负责人名录】

民革黄埔区基层委员会

主　委：唐福权（2016.2 起任）

民盟黄埔区基层委员会

主　委：崔幼文（2016.1 起任）

民建黄埔区基层委员会

主　委：伍　洋（2015.9 起任）

民进黄埔区基层委员会

主　委：赵瑞元（2017.9 起任）

农工党黄埔区基层委员会

主　委：陈　莉（2015.3 起任）

致公党黄埔区基层委员会

主　委：王宏钢（2017.9 起任）

九三学社黄埔委员会

主　委：陆柳红（2018.10 起任）

## 【黄埔区、广州开发区群众团体负责人名录】

黄埔区总工会（广州开发区总工会）

主　席：牛穗生（2018.9 起任）
常务副主席：
郑卓文（2017.8—2019.4）
关安庆（2019.4 起任）

共青团黄埔区委

书　记：黄晓嫱（2017.7 起任）

黄埔区妇联

主　席：严红英（2015.7—2019.3）
郑　琪（2019.8 起任）

黄埔区科协（广州开发区科协）

党支部书记：
冯新荣（2016.3—2019.7）
张景铭（2019.7 起任）
主　席：冯新荣（2017.7—2019.6）
张景铭（2019.6 起任）

黄埔区侨联
主　席：李子安（2017.7 起任）
黄埔区工商联
党组书记：王伟雄（2017.6 起任）
黄埔区文联
驻会主席：庄汉山（2009.12 起任）
黄埔区残疾人联合会
理事长：林世雄（2015.7 起任）
黄埔区贸促会（广州开发区贸促会）
会　长：黄文敏（2017.6 起任）

## 【黄埔区区属处级事业单位负责人名录】

黄埔区委党校
校　长：李雪枝（2019.7 起任）
常务副校长：黄炳海（2017.6 起任）
黄埔区国家档案馆
馆　长：李国荣（2019.6 起任）
黄埔区气象局
党组书记、局长：
李少群（2014.4 起任）
黄埔区供销社
理事会副主任：
蔡永平（2017.11 起任）
黄埔区机关事务管理局（广州开发区机关事务管理局）
局　长：邓　斌（2015.8 起任）

## 【黄埔区区属国有企业负责人名录】

广州高新区投资集团有限公司
党委书记、董事长：
许鸿生（2017.8 起任）
党委副书记、董事、总经理：
王　平（2017.8 起任）
科学城（广州）投资集团有限公司
党委书记、董事长：
洪汉松（2017.8 起任）
党委副书记、董事、总经理：
赵光南（2017.8 起任）
知识城（广州）投资集团有限公司
党委书记、董事长：
陈福华（2017.8—2019.11）
陈长新（2019.12 起任）
党委副书记、总经理：
陈长新（2017.9—2019.6）
广州开发区投资集团有限公司
董事长、党委书记：
郭杰锋（2017.8 起任）
总经理、党委副书记：
张晓中（2017.8 起任）
广州开发区金融控股集团有限公司
党委书记、董事长：
严亦斌（2018.10 起任党委书记，2018.11 起任董事长）
党委副书记、总经理：
肖　立（2019.10 起任）
广州恒运企业集团股份有限公司
党委书记、董事长：
钟英华（2018.9 起任）
党委副书记、总经理：
黄　河（2015.12—2019.3）
朱晓文（2019.6 起任）
广州开发区产业基金投资集团有限公司
党委书记、董事长：
杜海峰（2017.9 起任）
党委副书记、董事、总经理：
智　羽（2017.8—2019.11）
广州开发区交投集团有限公司
董事长：沈　群（2017.5 起任）
总经理：李雄晖（2017.9 起任）
广州开发区人才工作集团有限公司
党委书记、董事长：
陈永品（2017.8—2019.6）
许鸿生（2019.9 起任）
党委副书记、总经理：
吴　禄（2017.9 起任）
黄埔文化（广州）发展集团有限公司
党委书记、董事长：
黎学军（2017.9 起任）
党委副书记、总经理：
周成就（2017.9 起任）

## 【2019 年黄埔区撤并机构负责人名录】

广州开发区行政审批局（黄埔区政务管理办公室）
党组书记、局长：
代新祥（2018.3—2019.3）
黄埔区文化广电新闻出版局
党组书记、局　长：
林　艳（2017.6—2019.3）
黄埔区卫生计生局
党组副书记：
郭　杰（2017.6 起任）
副局长：郭　杰（2015.7 起任副局长，2018.4—2019.3 临时主持全面工作）
黄埔区人力资源和社会保障局（广州开发区人力资源和社会保障局）
党组书记、局长：
李雄慧（2017.6—2019.3）
广州开发区国土规划局（黄埔区国土规划局）
党组书记、局长：
林　敏（2017.7—2019.3）
广州开发区建设局（黄埔区住房和建设局）
党组书记、局长：
陈智勇（2017.6—2017.11）
黄埔区环保局（广州开发区环保局）
局　长：李应生（2017.6—2019.3）
广州开发区交通运输局（黄埔区交通运输局）
党组书记、局长：
郑为中（2018.8—2019.3）
黄埔区城管局
党组书记、局长：
钱澄青（2017.6—2019.3）
黄埔区市场和质量监管局（广州开发区市场和质量监管局）
党组书记、局长：
黄小杰（2017.6—2019.3）
黄埔区安全监管局（广州开发区安全监管局）
党组书记、局长：
赖曦东（2017.6—2019.3）
广州开发区企业建设和服务局
局　长：郑　勇（2017.12—2019.3）
黄埔区食品药品监管局
党组书记、局　长：
张文东（2017.6—2019.3）
黄埔区城市更新局
党组书记、局　长：
侯　奔（2015.7—2019.3）
广州开发区知识产权局（黄埔区知识产权局）

党组书记、局长：
刘　石（2017.6—2019.3）

**【驻黄埔区机构负责人名录】**

广州市黄埔区税务局（广州开发区税务局）
党委书记、局长：
伍建兰（2018.10 起任）

黄埔海关
关　长：郑汉龙（2019.8 起任）
李文健（2018.8—2019.8）

黄埔老港海关
党组书记、关长：
彭也澎（2015.8 起任）

黄埔新港海关
关　长：张学敬（2017.6 起任）

萝岗海关
关　长：林　坚（2016.2 起任）

黄埔穗东海关
关　长：柯映红（2017.12 起任）

黄埔边检站
党委书记、站长：
李集银（2013.1 起任）

广州黄埔海事处
处　长：吴以达（2012.3 起任）
政　委：欧仲健（2019.4 起任）

广州新港海事处
处　长：雷世元（2015.7—2019.12）
张俊中（2019.12 起任）
政　委：洪国鑫（2019.3 起任）

广州港集团
董事长、党委书记：
蔡锦龙（2017.11 起任）
总经理、副董事长、党委副书记：
李益波（2017.11 起任）

广东万纬冷链
总经理：郑建基（2012.9 起任）

黄埔邮政
局　长：叶志军（2014.8 起任）

电信黄埔分公司
总经理：李　剑（2014.11 起任）

黄埔移动分公司
总经理：蔡发达（2018.5 起任）

广州石化
广州分公司代表、党委书记：
丘仲宜（2019.7 起任）
党委书记、副总经理：
丘仲宜（2017.8—2019.7）
总经理：陈尧焕（2018.6—2019.7）
田宏斌（2019.7 起任）

南方碱业
党委书记、董事长、总经理：
周剑华（2017.9 起任）

广州天赐高新材料股份有限公司
党总支书记：梁建龙（2018.1 起任）
董事长：徐金富（2017.5 起任）
总经理：徐金富（2018.1 起任）

广汽本田
董事长：李　少（2016.12 起任）
总经理：佐藤利彦（2016.4 起任）

东风本田
总经理：成濑哲夫（2018.4 起任）

中船黄埔文冲
董事长、党委书记：
盛纪纲（2018.8 起任）
总经理、党委副书记：
向辉明（2013.8 起任）

黄埔供电局
书记、局长：刁卓朋（2018.05 起任）

中国能建广东电力工程局
党委书记、董事长（执行董事）：
成　祥（2018.11 起任）
党委副书记、总经理：
刘　方（2017.9 起任）

中国能建广东火电工程有限公司
董事长：刘瑞华（2017.9 起任）
党委书记：刘瑞华（2017.5 起任）
总经理、党委副书记：
白雪寒（2017.9 起任）

广东粤华发电有限责任公司
党委副书记（主持工作）、总经理、厂　长：梁　超（2018.8 起任）

工行广州黄埔支行
行　长：何宝敏（2018.2 起任）

建行广州开发区支行
行　长：张　勇（2019.1 起任）

中国银行广州开发区分行
行　长：任奔滔（2016.4 起任）

农行广州开发区支行
行　长：陈智军（2016.11 起任）

广州银行开发区支行
行　长：钱　冰（2018.3 起任）

广州农商银行黄埔支行
行　长：胡显勇（2019.2 起任）

广州黄埔惠民村镇银行
董事长：姚庆伟（2019.3 起任）
行　长：孙红艳（2019.6 起任）

人保财险黄埔支公司
总经理：李　浩（2014.3—2017.3，2017.12 起任）

（田丽华）

# 中国共产党黄埔区委员会

○编辑 田丽华

## 综 述

**【全面深化改革推进】** 2019年，黄埔区、广州开发区推进全面深化改革工作。黄埔区委深改委（领导小组）召开4次会议，审议通过《广州开发区关于推进创新提升打造改革开放新高地的若干措施》等7个重大改革文件；推动黄埔区委、广州开发区党工委出台贯彻落实《中共中央关于坚持和完善中国特色社会主义制度、推进国家治理体系和治理能力现代化若干重大问题的决定》的实施意见，提出建设“11个黄埔”的制度设计；率先推动将改革工作纳入年度绩效考核，实现改革考评工作重大突破；举办全区首个改革培训班。勇当广州改革“排头兵”，提请中央改革办专题调研黄埔区、广州开发区创建国家营商环境改革创新实验区和“中小企业能办大事”先行示范区工作；广东省委改革办将黄埔区、广州开发区列为基层改革联系点和“观察哨”；推动广州市委深改委审议通过《广州高新区（黄埔区）国家营商环境改革创新实验区申报方案》等3个重大方案。将营商环境改革创新作为全面深化改革“头号”工程，“广州开发区营商环境改革探索”作为广东省唯一代表入选“2019中国改革年度案例”。助力中小企业“办大事”，将广州科学城“中小企业能办大事”先行示范区建设工作作为全年改革工作的重头戏，推动广东省委深改委将打造广州科学城“中小企业能办大事”先行示范区纳入《广州科学城创新发展行动方案》；起草完成并推动广州市委深改委印发《广州高新区建设科技型民营中小企业发展先行示范区方案》。

**【机构改革部署】** 2019年9月11日，黄埔区、广州开发区召开深化机构改革总结会议。会议通报全区深化机构改革工作情况；指出全区组织、人事、编制部门聚焦历史遗留、体制机制等复杂难点，对标对表、有机衔接，实现改革平稳有序、协同高效、按时完成的目标。会议要求，要持续巩固机构改革成果，提高治理体系和治理能力现代化水平；要聚焦重点领域和关键环节，推动全区高质量发展；要立足新形势新任务新要求，推出更多原创性引领性改革；要涵养干事创业精气神，做敢于斗争、善于斗争的战士。

**【“不忘初心、牢记使命”主题教育】** 2019年9月11日，黄埔区委、广州开发区党工委召开“不忘初心、牢记使命”主题教育工作会议，深入学习贯彻习近平总书记关于“不忘初心、牢记使命”主题教育重要论述，贯彻落实中央、全省及全市主题教育第一批总结暨第二批部署会议精神，对全区开展“不忘初心、牢记使命”主题教育进行动员部署。黄埔区作为第二批开展主题教育单位，从9月开始，到11月底基本结束。会议强调：要牢记初心使命，深刻认识开展主题教育的重大意义；要坚持以习近平新时代中国特色社会主义思想为指导，不忘初心、牢记使命、接续奋斗，以高质量的主题教育成果、高质量发展的新成效，实现老城市新活力、“四个出新出彩”，在全省实现“四个走在全国前列”、当好“两个重要窗口”中勇当尖兵；要坚持善作善成，把高标准高质量贯穿主题教育全过程；要坚持从实际出发，科学合理安排，抓好各项工作，推动主题教育有力有序有效开展；要加强组织领导，确保取得高质量的主题教育成果，以“率”当先，以“督”促改，以“声”为媒，以“干”打底，各级领导干部要认真履行“一岗双责”，先学一步、学深一点，先改起来、改实一点，同时担负好领导责任；要把开展主题教育同落实中央决策部署、省委“1+1+9”工作部署和市委“1+1+4”工作举措结合起来，同黄埔区实施“湾区+”战略和推动高质量发展结合起来，在“4+2”发展格局、创新驱动、产业项目、营商环境、乡村振兴、生态文明、民生工程等重点领域求突破、见实效，以高质量发展成效检验主题教育成果。

是年，黄埔区委、广州开发区党工委在全区范围内开展“不忘初心、牢记使命”主题教育活动。制订完善主题教育“1+4”实施方案，打造“十个一”学习载体，坚持“第一议题”制度学习教育。围绕“九项重点工作”“中小企业能办大事”等中心工作深入调研，开展“千名干部深入基层，万名党员联系群众”解难题工作，召开“不忘初心、牢记使命”专题民主生活会、专题组织生活会，聚焦8个专项整治落实整改，办好新建广汕公路、恢复岭南医院儿科急诊、优化“44证合一”改革等385项民生实事。是年，全区17个镇街和10家国有企业开展专题学习482次、讲专题党课277次、培训党员干部1.63万人次、组织主题活动541次，领导班子整改问题175个，领导班子成员整改问题897个。

**【“令行禁止、有呼必应”基层治理创新】** 2019年，黄埔区委、广州开发区党工委在全市率先探索构建“令行禁止、有呼必应”党建引领基层共建共治共享社会治理格局。2月，出台《广州市黄埔区实现基层治理“有呼必应”实施意见》，成立推进“令行禁止、有呼必应”工作领导小组。围绕“民有所呼、党政必应，街镇有呼、部门必应，企业有呼、服务必应，党有呼唤、全民响应”建设目标，推出区“令行禁止、有呼必应”综合指挥平台，整合区应急指挥、三防调度、网格管理、城管、环保、政务等14个信息系统，实现全区调度指挥上下贯通、双向联动、快速响应。构建“区—街镇—村社（网格）”三级响应管理机制，形成实时流转、实时督办、实时反馈评价的闭环式管理。建立健全综合考核评价机制，引导职能部门更好服务街镇、服务群众。10月，成立“基层治理创新处”和下属事业单位区令行禁止有呼必应指挥中心（挂民营企业投诉中心牌子），负责总体统筹和指挥平台建设工作。全年“令行禁止、有呼必应”平台流转各类民生呼叫事项超20万件，办结率、满意率均在99%以上。

（黄倩华）

**【党代会常任制试点及党代表工作】** 2019年，黄埔区委加强建设村（社区）党代表工作室，优化建设党代表个人工作室。至年末，全区村（社区）党代表工作室（站）全部建成。举办党代会常任制工作培训班1期。组织党代表开展基层履职服务，全年安排1名全国党代表、4名省党代表（含全国党代表）、49名市党代表（含省党代表）、308名区党代表（含市党代表）到村（社区）党代表工作室（站）开展履职活动。

（王锋）

**【广州开发区改革探索入选“2019中国改革年度优秀案例”】** 2019年，黄埔区、广州开发区擦亮营商改革“新名片”，将营商环境改革创新作为全面深化改革“头号”工程，推动广东省委深改委印发《广州高新区（广州市黄埔区、广州开发区）建设广东省营商环境改革创新实验区实施方案》，赋予全区28项省级管理权限和支持事项，“广州开发区营商环境改革探索”作为广东省唯一代表入选“2019中国改革年度案例”。

**【“四治”建设】** 2019年2月12日，黄埔区、广州开发区召开加快推进“四治”暨建设动员大会。部署2019年“治水”“治气”“治违”“治乱”及征地拆迁和建设工作。会议明确，全区要以“四治”为突破点，坚持治管结合、治建并举，推动“四治”立竿见影、建设出新出彩，要高质量推进“四区四中心”建设，为现代化经济体系创造优质“黄埔环境”。

**【形式主义、官僚主义整治】**

2019年5月17日，黄埔区委、广州开发区党工委召开整治形式主义官僚主义动员大会。会议强调，要把力戒形式主义、官僚主义作为加强作风建设的重要任务，站在讲政治的高度，进一步增强整治形式主义、官僚主义的使命感、责任感、紧迫感。会议通报形式主义、官僚主义方面典型案例和干部担当作为先进典型案例，部署形式主义、官僚主义整治工作。会议指出，整治形式主义、官僚主义是践行“两个维护”的具体行动，是密切联系群众的必然要求，是实现高质量发展的现实需要，要刀刃向内、自我革命，坚决向形式主义、官僚主义顽疾开刀。整治形式主义、官僚主义的关键是以上率下、示范带动。各级党委（党组）要扛起主体责任，让党的作风建设这张金色名片永远闪亮、永不褪色。整治形式主义、官僚主义的方法是以点带面、整体推进。各单位要抓住人民群众反映最强烈、基层干部反映最集中、日常监督和巡察发现最突出的问题，集中兵力打好“歼灭战”，用立竿见影的效果转变作风，用实实在在的成效取信于民。整治形式主义、官僚主义的重点是持续用劲、久久为功。既要拿出“当下改”的举措，又要形成“长久立”的机制，建立健全标本兼治的长效机制，扎好制度的“篱笆”。整治形式主义、官僚主义的保障是强化监督、执纪问责。要高悬问责利剑，坚持正确用人导向，强化监督检查。

**【黄埔区、广州开发区纪念中国共产党成立98周年暨表彰大会】** 于2019年7月1日召开。会上对全区优秀共产党员、优秀党务工作者、先进党组织进行表彰。授予马伟洪等77名“广州市黄埔区 广州开发区优秀共产党员”称号，授予万施霖等73名“广州市黄埔区 广州开发区优秀党务工作者”称号，授予黄埔区纪委监委、广州开发区纪工委机关办公室党支部等117个党组织“广州市黄埔区 广州开发区先进党组织”称号。5名优秀共产党员、6名优秀党务工作者、7个先进党组织获广州市委表彰，分别被授予“广州市优秀共产党员”“广州市优秀党务工作者”“广州市先进党组织”称号。

（钟庆红）

## 重要会议

**【区委全体会议】** 2019，黄埔区委第一届委员会召开全体会议4次，广州开发区党工委工作会议召开4次。其中黄埔区委第一届委员会全体会议套开广州开发区党工委工作会议3次。

1月12日，广州开发区党工委2019年第一次工作会议召开。会议以习近平新时代中国特色社会主义思想为指导，全面贯彻党的十九大和十九届二中、三中全会精神，贯彻中央经济工作会议和庆祝改革开放40周年大会精神，贯彻习近平总书记对广东重要讲话和对广东工作一系列重要指示精神，落实广东省委十二届六次全会、广州市委十一届六次全会部署。会议批准周亚伟代表黄埔区委、广州开发区党工委作《牢记嘱托，出新出彩，为建国70周年创造高质量发展新的更大奇迹》的报告。会议强调，要抢抓粤港澳大湾区建设大机遇，围绕“世界知识城、湾区创新源、国际人才港”目标，全力打造粤港澳大湾区国际科技创新中心核心枢纽；建设打造“四区四中心”（知识城粤港澳大湾区知识创造示范区、制度创新先行区、现代服务创新区、生命科学合作区，国家知识中心、中国智造中心、新贸易创新中心、生物医药研发中心）；要围绕高质量发展再发力，推动新时代发展出新出彩；拓展四片联动新内涵，推动知识城实现新跨越、科学城五年大变化、黄埔港焕发新活力、生物岛发展结硕果，实现老城市新活力；要围绕党的建设再强化，把党的政治建设摆在首位，开展“不忘初心、牢记使命”主题教育，推进“两学一做”学习教育常态化制度化，深化“大学习、深调研、真落实”工作；建强基层组织战斗堡垒，打造“有呼必应”等基层治理创新品牌；开展“作风建设年”活动，力戒形式主义、官僚主义，巩固发展反腐败斗争压倒性胜利。

3月15日，黄埔区委第一届委员会第八次全体会议暨广州开发区党工委2019年第二次工作会议召开。会议以习近平新时代中国特色社会主义思想为指导，全面贯彻党的十九大和十九届二中、三中全会精神，深入贯彻习近平总书记关于深化党和国家机构改革的重要论述，学习贯彻习近平总书记对广东重要讲话和重要指示批示精神，贯彻中央关于机构改革的决策部署，落实广东省委十二届五次、六次全会精神和广州市委十一届六次、七次全会精神，对全区机构改革进行动员部署。周亚伟就《广州市黄埔区机构改革方案》，调整优化广州开发区党工委、管委会内设机构情况向会议作说明，就机构改革工作作专题讲话。会议强调，要对标最高最好最优，为实现高质量发展提供系统完备、科学规范、运行高效、符合黄埔区和广州开发区特点的机构职能体系。要坚持突出融合发展，建设知识城“四个走在全国前列”先行先试区，充实对外经济合作及产业帮扶职能，推进国家级知识产权运用和保护综合改革试验区建设，构建彰显高新区、开发区特色的体制机制。要坚持统筹各项改革，理顺优化党的部门、行政机关、群团组织、事业单位职责，加快推进事业单位改革，深化综合行政执法改革，同步推进部分镇街行政区划调整，推进机构编制工作“法定化”，提升优化整体协同发展的体制机制。会议决定，张超平、陈建荣、冯志生因工作调离，免去其区委委员职务。

8月13日，黄埔区委第一届委员会第九次全体会议暨广州开发区、广州高新区党工委2019年第三次工作会议召开。会议坚持以习近平新时代中国特色社会主义思想为指导，深入学习贯彻习近平总书记关于粤港澳大湾区建设重要论述和对广东重要讲话、重要指示批示精神，全面落实《粤港澳大湾区发展规划纲要》，认真贯彻广东省委十二届七次全会、广州市委十一届八次全会精神，总结黄埔区、广州开发区、广州高新区推进粤港澳大湾区建设情况，举全区之力高起点谋划、高质量推进、高水平建设，在大有可为的粤港澳大湾区建设中大有作为。会议听取周亚伟代表黄埔区委常委会、广州开发区、广州高新区党工委所作的“勇立潮头、奋楫争先，在大有可为的粤港澳大湾区建设中大有作为”的报告和陈勇关于粤港澳大湾区建设的具体部署，讨论《广州市黄埔区、广州开发区、广州高新区落实省市推进粤港澳大湾区建设若干措施的实施方案》。会议强调，要深刻把握习近平总书记、党中央建设粤港澳大湾区的初心和要求，抢抓湾区大机遇，在建设国际一流湾区中坚守初心、担当使命。走好湾区建设新征程，打造开放型经济、创新型产业、开放型合作、核心技术、资源运用、人才发展、营商环境七大新高地，建设新时代高质量发展引领之区。要对标对表《粤港澳大湾区发展规划纲要》，实施“湾区+”战略，实施“湾区+活力”“湾区+创新”“湾区+开放”“湾区+合作”和“湾区+生活”工程，为推进粤港澳大湾区建设贡献黄埔力量。贯彻落实党中央和广东省委、广州市委决策部署，全力以赴做好下半年工作。开展“不忘初心、牢记使命”主题教育，深入推进全面从严治党，以主题教育的扎实成效为黄埔区、广州开发区、广州高新区高质量发展提供坚强政治保证。会议决定，批准谭明鹤因工作调动原因辞去第一届区委委员职务、庄靖虹因工作调动原因辞去第一届区委候补委员职务。

12月6日，黄埔区委第一届委员会第十次全体会议暨广州开发区党工委2019年第四次工作会议召开。会议以习近平新时代中国特色社会主义思想为指导，深入学习贯彻习近平总书记在党的十九届四中全会上的重要讲话和党的十九届四中全会精神，就落实《中共中央关于坚持和完善中国特色社会主义制度、推进国家治理体系和治理能力现代化若干重大问题的决定》《中共中央、国务院关于支持深圳建设中国特色社会主义先行示范区的意见》和广东省委十二届八次全会、广州市委十一届九次全会精神，举全区之力推进粤港澳大湾区建设、支持深圳建设中国特色社会主义先行示范区，为推进国家治理体系和治理能力现代化作出黄埔贡献进行全面部署。会议听取和讨论周亚伟代表黄埔区委、广州开发区党工委所作的报告和陈勇的专题讲话，审议通过《中共广州市黄埔区委 中共广州开发区工委贯彻落实〈中共中央关于坚持和完善中国特色社会主义制度、推进国家治理体系和治理能力现代化若干重大问题的决定〉的实施意见》《广州市黄埔区 广州开发区贯彻落实省市关于支持深圳建设中国特色社会主义先行示范区若干措施的行动方案》《中共广州市黄埔区委 中共广州开发区工委关于建立健全抓落实制度机制推动高质量发展的决定》《关于支持广州知识城学习深圳建设中国特色社会主义先行示范区率先行动的意见》《广州科学城“五年大变化”行动方案》。会议强调，要全面推动高质量发展，打造治理体系和治理能力现代化的黄埔样板。强化区域协同，坚持发展政策同创、产业体系同链、科技走廊同建、区域发展同行，携手共建全球投资最佳地、产业协同先行地、科技创新策源地、“一核一带一区”示范地，在推动“双区驱动”“双核联动”中展现黄埔作为。提升“四区四中心+一区一园（穗港智造特别合作区、科技合作园区）”发展平台，聚焦机制创新，完善功能区与行政区融合发展机制，完善共建共治共享基层治理新格局，完善人民福祉长效机制，在推进治理体系和治理能力现代化中贡献黄埔效能。

12月18日，黄埔区委第一届委员会第十一次全体会议召开。全会听取黄埔区第一届代表大会第六次会议有关会议安排及相关文件起草情况的汇报，审议是年党建工作总结。大会听取和审查周亚伟代表黄埔区委、广州开发区党工委、广州高新区工作委员会作的报告；听取陈勇对2020年具体工作部署；审查黄埔区纪委，广州开发区、广州高新区纪工委工作报告。全会决定，黄埔区第一届代表大会第六次会议于次年2月上旬召开。

（钟庆红）

**【区委常委会议】** 2019年，黄埔区委、广州开发区党工委召开区委常委会议58次，主要听取并审议《关于黄埔区 广州开发区2018年国民经济和社会发展计划执行情况与2019年计划草案的报告（送审稿）》《关于黄埔区 广州开发区2018年预算执行情况和2019年预算草案的报告（送审稿）》《中共广州市黄埔区委 广州市黄埔区人民政府关于深化供销合作社综合改革的实施方案（送审稿）》《广州开发区管理委员会 融捷投资控股集团有限公司融捷创新产业园项目投资协议（送审稿）》《益海嘉里华南粮油生产销售基地项目投资合作协议（送审稿）》等文件，研究黄埔区、广州开发区贯彻落实中央政治局民主生活会精神以及广东省委常委会会议、中国共产党第十九届中央纪律检查委员会第三次全体会议等有关精神工作和重大财政投资扶持项目、《2019年度区政协协商监督议题》、2019年区本级第一次预算调整方案等重大事项。

1月7日，主要议题：传达学习中央政治局民主生活会精神以及广东省委常委会会议有关精神，研究黄埔区、广州开发区贯彻落实工作；传达学习中国共产党广东省第十二届委员会第六次全体会议精神、广东省委书记1月5日调研广州有关指示精神以及广州市委常委会会议有关精神，研究黄埔区、广州开发区贯彻落实工作；研究2019年广州市劳动模范和先进集体候选对象推荐工作；听取区委第五轮巡察情况汇报，研究下一步工作。

1月22日，主要议题：传达学习习近平总书记在庆祝改革开放40周年大会上的重要讲话精神、在会见香港澳门各界庆祝国家改革开放40周年访问团时的重要讲话精神，以及广东省委书记在省庆祝改革开放40周年大会上的讲话精神，研究黄埔区、广州开发区贯彻落实工作；传达学习中国共产党第十九届中央纪律检查委员会第三次全体会议精神，研究黄埔区、广州开发区贯彻落实工作，审议召开中国共产党广州市黄埔区第一届纪律检查委员会第五次全体会议暨广州开发区2019年度党风廉政建设工作会议有关事宜及有关文稿；传达学习习近平总书记在中央政法工作会议上的重要讲话精神，研究黄埔区、广州开发区贯彻落实工作；审议《关于黄埔区 广州开发区2018年国民经济和社会发展计划执行情况与2019年计划草案的报告（送审稿）》《关于黄埔区 广州开发区2018年预算执行情况和2019年预算草案的报告（送审稿）》；审议《中共广州市黄埔区委 广州市黄埔区人民政府关于深化供销合作社综合改革的实施方案（送审稿）》；研究收购博汇商务区一期房屋有关事宜；通报2017年度区委书记抓基层党建述职评议结果，研究2017年度基层党建述职评议结果和综合评价意见。

2月26日，主要议题：传达学习习近平总书记等中央领导关于推进粤港澳大湾区建设的重要批示精神，研究黄埔区、广州开发区贯彻落实工作；传达学习习近平总书记关于退役军人工作的重要批示和中央、广东省有关会议精神，研究黄埔区、广州开发区贯彻落实工作；传达学习全国组织部长会议、全国老干部局长会议精神，听取区离退休干部工作汇报，研究黄埔区、广州开发区贯彻落实工作；研究《广州开发区管理委员会 融捷投资控股集团有限公司融捷创新产业园项目投资协议（送审稿）》；研究给予刘昌孝院士项目政策性扶持有关事宜；研究《益海嘉里华南粮油生产销售基地项目投资合作协议（送审稿）》；研究个别区委委员职务变动事项。

3月6日，主要议题：传达学习习近平总书记对做好“三农”工作重要指示，李克强总理批示，中央、广东省有关会议文件精神，研究黄埔区、广州开发区贯彻落实工作；传达学习习近平总书记对信访工作重要批示和全国、全省、全市信访工作有关会议精神，听取黄埔区、广州开发区信访工作情况汇报，研究贯彻落实工作；传达学习广东省委办公厅、省政府办公厅有关文件精神和广州市委书记有关批示精神，听取全区重大动物疫情处置管理工作情况汇报，研究贯彻落实工作；传达学习全国、全省、全市统战部长会议精神，研究黄埔区、广州开发区贯彻落实工作；研究黄埔区、广州开发区城市污水处理特许经营相关事项；研究萝岗中心区水质净化厂等4个水质净化厂改扩建有关事宜；研究将2019年第一批广东省新增债券转贷资金纳入预算草案有关事宜；听取“1903”专案工作情况汇报，研究下一步工作；通报干部处分事项；研究调整政协第一届广州市黄埔区委员会委员、常委会组成人员有关事宜。

3月26日，主要议题：传达学习全国“两会”精神，研究黄埔区、广州开发区贯彻落实工作；传达学习习近平总书记在省部级主要领导干部坚持底线思维着力防范化解重大风险专题研讨班上的重要讲话精神，广东省市厅级主要领导干部坚持底线思维着力防范化解重大风险专题研讨班精神，研究黄埔区、广州开发区贯彻落实工作；传达学习习近平总书记对江苏响水天嘉宜化工有限公司“3·21”爆炸事故作出的重要指示以及《生产安全事故应急条例》精神，听取黄埔区、广州开发区应急管理工作情况汇报，研究贯彻落实工作；审议《广州市黄埔区 广州开发区关于加速区块链产业引领变革若干措施（送审稿）》；研究重大财政投资扶持项目；研究在广州（清远）产业转移工业园设立派驻纪检组相关事宜；研究设立中共广州国际生物岛（中以合作区）委员会相关事宜；讨论干部处分事项；讨论干部任免事项。

4月4日，主要议题：传达学习习近平总书记在中央党校（国家行政学院）中青年干部培训班开班式上的重要讲话精神，以及《党政领导干部选拔任用工作条例》《公务员职务与职级并行规定》精神，研究黄埔区、广州开发区贯彻落实工作；传达学习习近平总书记在学校思想政治理论课教师座谈会上的重要讲话精神，听取黄埔区、广州开发区教育工作情况汇报，研究贯彻落实工作；传达学习《中共中央关于加强党的政治建设的意见》精神，研究黄埔区、广州开发区贯彻落实工作；传达学习中央和省、市对台工作会议精神，研究黄埔区、广州开发区贯彻落实工作；传达习近平总书记对四川省凉山州木里县森林火灾作出的重要批示以及广东省委书记有关批示精神，研究黄埔区、广州开发区贯彻落实工作；传达学习全国公安厅局长会议精神和广东省委书记对禁毒工作的批示精神，听取黄埔区、广州开发区公安工作情况和禁毒工作情况汇报，研究黄埔区、广州开发区贯彻落实工作；传达学习广东省政府常务会议有关精神，研究黄埔区、广州开发区贯彻落实工作。

4月29日，主要议题：传达学习习近平总书记关于巡视工作重要讲话和全国巡视工作会议暨十九届中央第三轮巡视动员部署会精神，广东省委有关巡视通报精神，听取区委第六轮巡察情况报告，研究黄埔区、广州开发区贯彻落实工作；传达学习市扫黑除恶相关会议精神，听取黄埔区、广州开发区扫黑除恶专项斗争工作情况汇报，研究黄埔区、广州开发区贯彻落实工作;传达学习广州市委工作通报《关于加快推进重点工作和城市更新工作的要求》，研究黄埔区、广州开发区贯彻落实工作；听取中央环境保护督察组督察反馈意见整改工作进展情况汇报，研究下一步工作；研究《黄埔区关于落实中央和省、市宗教工作督查反馈意见的整改落实方案（送审稿）》；研究《黄埔区金融产业布局规划（送审稿）》；研究重大财政投资扶持项目；研究《2019年度区政协协商监督议题》。

5月10日，主要议题：传达学习4月19日中央政治局会议分析研究当前经济形势和经济工作的有关精神及中央财经委员会第四次会议精神，听取黄埔区、广州开发区一季度经济运行情况汇报，研究贯彻落实工作；传达学习习近平总书记在解决“两不愁三保障”突出问题座谈会上的重要讲话精神及广东省东西部扶贫协作工作座谈会精神，听取黄埔区、广州开发区东西部协作黔南州工作情况汇报，研究贯彻落实工作。

5月21日，主要议题：传达学习中央办公厅和广东省委办公厅、广州市委办公厅有关文件精神，通报党的十九大以来黄埔区、广州开发区贯彻落实中央八项规定精神情况，研究黄埔区、广州开发区贯彻落实工作；传达学习习近平总书记重要批示和全国有关问题清查整治专项行动部署电视电话会议精神，研究黄埔区、广州开发区贯彻落实工作；通报中央环境保护督察组督察反馈意见整改工作进展情况，研究下一步工作；传达学习国务院关于粤港澳大湾区国际科技创新中心建设方案精神，研究黄埔区、广州开发区贯彻落实工作；传达学习《广东省各级党组织一把手开展党内谈话实施办法》《统计违纪违法责任人处分处理建议实施办法》《关于四起党员干部涉黑涉恶和充当“保护伞”典型案例的通报》精神，听取黄埔区、广州开发区2018年推进基层正风反腐工作情况报告，研究黄埔区、广州开发区贯彻落实工作；研究《广州市黄埔区、广州开发区促进先进制造业发展办法（修订稿）》；研究科学城（广州）投资集团有限公司融资建设LG偏光片项目首期厂房财政贴息方案；研究推进将军山天安粤港澳大湾区创新园项目有关事宜。

6月4日，主要议题：传达学习《中共中央关于在全党开展“不忘初心、牢记使命”主题教育的意见》和中央、广东省委、广州市委“不忘初心、牢记使命”主题教育工作会议精神，审议成立区委主题教育领导小组、开展主题教育工作安排等有关事宜；传达学习《关于深化改革加强食品安全工作的意见》《地方党政领导干部食品安全责任制规定》精神，听取黄埔区、广州开发区食品安全工作情况汇报，研究黄埔区、广州开发区贯彻落实工作；传达学习中央办公厅、国务院办公厅关于统筹推进自然资源资产产权制度改革的指导意见精神，研究黄埔区、广州开发区贯彻落实工作；研究广州出口加工区迁址升级为综合保税区、广州保税区核减面积有关事项；研究《黄埔区关于规范环卫行业岗位及相关用工成本的指导意见（送审稿）》及增加环卫用工经费有关事宜；研究安排全区机关事业单位职业年金有关事宜；研究《关于合作共建广东硬科技创新研究院的协议（送审稿）》；研究安排财政资金支持设立穗港智造特别合作区、穗港科技合作园开发建设载体公司有关事宜；研究黄埔区、广州开发区2019年区本级第一次预算调整方案。

6月14日，主要议题：传达学习习近平总书记在中央机构编制委员会第一次会议上的重要讲话精神及全省编办主任会议精神，研究黄埔区、广州开发区贯彻落实工作；传达中央扫黑除恶督导组“回头看”反馈意见和全省视频会议精神，听取黄埔区、广州开发区扫黑除恶专项斗争工作情况汇报，研究黄埔区、广州开发区贯彻落实工作；传达学习习近平总书记在全国公安工作会议上的重要讲话精神，听取黄埔区、广州开发区社会稳定形势分析研判情况汇报，研究黄埔区、广州开发区贯彻落实工作；传达学习中央办公厅、国务院办公厅、中央军委办公厅《关于做好退役军人信访工作的意见》精神，听取黄埔区、广州开发区退役军人信访工作情况汇报，研究贯彻落实工作；听取黄埔区、广州开发区意识形态工作情况汇报，审议《黄埔区、广州开发区党委（党工委、党组）意识形态工作责任制检查考核实施方案（送审稿）》，研究下一步工作；传达学习6月6日广州市委书记到黄埔区、广州开发区调研的有关工作要求，研究黄埔区、广州开发区贯彻落实工作；传达学习第十二届中国生物产业大会精神、官洲生命科学圆桌会议及第三届官洲国际生物论坛精神，研究黄埔区、广州开发区贯彻落实工作；研究机构编制有关事宜。

6月25日，主要议题：研究黄埔区、广州开发区近期重点工作事项安排；审议《中共广州市黄埔区委、中共广州开发区工委关于表彰优秀共产党员、优秀党务工作者和先进党组织的决定（送审稿）》；审议2018年度全区绩效考评结果。

7月8日，主要议题：传达学习《习近平新时代中国特色社会主义思想学习纲要》精神，研究黄埔区、广州开发区贯彻落实工作；传达学习《中国共产党党组工作条例》《党政领导干部考核工作条例》《干部选拔任用工作监督检查和责任追究办法》精神，研究黄埔区、广州开发区贯彻落实工作；传达学习《国务院关于推进国家级经济技术开发区创新提升打造改革开放新高地的意见》，研究黄埔区、广州开发区贯彻落实工作；听取黄埔区、广州开发区教育事业发展工作情况汇报，研究下一步工作；审议《广州市黄埔区、广州开发区促进金融业发展的政策措施（送审稿）》；审议《广州高新技术产业开发区管理委员会、中国科学院微电子研究所启动建设广东省大湾区集成电路与系统应用研究院合作协议（送审稿）》；审议《中共广州市黄埔区委、中共广州开发区工委2019年政党协商计划（送审稿）》。

7月22日，主要议题：传达学习习近平总书记在中央政治局第十五次集体学习的重要讲话精神和广东省委书记在全省县（市、区）委书记“守初心担使命暨抓基层党建促乡村振兴”研讨班开班式上的讲话精神，研究黄埔区、广州开发区贯彻落实工作；传达学习习近平总书记在中央和国家机关党的建设工作会议上的重要讲话精神，研究黄埔区、广州开发区贯彻落实工作；传达学习《中共中央、国务院关于建立国土空间规划体系并监督实施的若干意见》精神，听取黄埔区、广州开发区国土空间规划体系建设工作情况汇报，研究黄埔区、广州开发区贯彻落实工作；传达学习中纪委《关于贯彻习近平总书记重要批示精神深入落实中央八项规定精神的工作意见》精神，研究黄埔区、广州开发区贯彻落实工作；传达学习全省公安工作会议精神，听取黄埔区、广州开发区公安工作情况汇报，研究下一步工作；传达学习全市深化拆违治水问责工作座谈会精神，研究黄埔区、广州开发区贯彻落实工作；审议《广州市黄埔区、广州开发区创新创业领军人才聚集工程实施办法（送审稿）》；研究《关于南方报业传媒集团产业总部（南方智媒大厦）项目的投资合作协议（送审稿）》及《补充协议（送审稿）》；研究对科学城（广州）投资集团有限公司垫付粤芯项目厂房建设资金给予财政贴息有关事宜；研究黄埔区委、广州开发区党工委，黄埔区政府、广州开发区管委会领导工作分工。

8月8日，主要议题：传达学习习近平总书记关于宣传思想工作的重要论述和《中国共产党宣传工作条例》精神，研究黄埔区、广州开发区贯彻落实工作；传达学习《党政主要领导干部和国有企事业单位主要领导人员经济责任审计规定》精神，听取黄埔区、广州开发区审计工作情况汇报，研究黄埔区、广州开发区贯彻落实工作；审议黄埔区委第一届委员会第九次全体会议暨广州开发区、广州高新区党工委2019年第三次工作会议方案和有关材料；审议个别黄埔区、广州开发区委委员、候补委员调整事项；审议《黄埔区广州开发区实施公务员职务与职级并行制度工作方案（送审稿）》《黄埔区广州开发区综合管理类公务员职级设置方案（送审稿）》。

8月16日，主要议题：传达学习《习近平关于“三农”工作论述摘编》、中央办公厅国务院办公厅《关于加强和改进乡村治理的指导意见》精神，听取黄埔区、广州开发区实施乡村振兴战略工作推进情况汇报，研究黄埔区、广州开发区贯彻落实工作；传达学习广州市委书记8月15日调研黄埔区、广州开发区有关工作要求，研究贯彻落实工作；审议党内规范性文件及政府规范性文件；研究黄埔区、广州开发区对美经贸有关工作；研究重大财政投资扶持项目；研究公务员职级套转有关事宜。

8月22日，主要议题：重温习近平总书记到黄埔区、广州开发区视察时的重要指示精神，传达学习广东省委《关于深入学习贯彻习近平总书记视察广东重要讲话精神奋力开创新时代广东改革开放新局面的决定》精神，研究黄埔区、广州开发区贯彻落实工作；传达学习《中共中央、国务院关于支持深圳建设中国特色社会主义先行示范区的意见》精神，研究部署黄埔区、广州开发区有关工作；通报广州市委对黄埔区、广州开发区委书记2018年度抓基层党建工作述职评议考核结果并研究整改方案，审议2018年度各街镇党（工）委书记和区直有关部门党委（党组）负责人抓基层党建工作述职评议考核结果；研究2018年度处级干部考核等次及公务员奖励意见。

9月6日，主要议题：传达学习习近平总书记在中央党校（国家行政学院）中青年干部培训班开班式上的重要讲话精神，研究黄埔区、广州开发区贯彻落实工作；传达学习中央办公厅有关通报精神，研究黄埔区、广州开发区贯彻落实工作；传达学习中央关于加强新时代退役军人工作的文件精神和全国退役军人工作会议、广州市创建全国双拥模范城“九连冠”动员大会精神，听取黄埔区、广州开发区双拥工作情况汇报，研究黄埔区、广州开发区贯彻落实工作；听取迎接中华人民共和国中国成立70周年维稳安保工作情况汇报，研究下一步工作；听取黄埔区、广州开发区委第七轮巡察情况报告，研究下一步工作。

9月9日，主要议题：审议《关于开展“不忘初心、牢记使命”主题教育实施方案（送审稿）》《黄埔区、广州开发区开展“不忘初心、牢记使命”主题教育工作安排（送审稿）》《黄埔区、广州开发区“不忘初心、牢记使命”主题教育指导单位分组方案（送审稿）》；审议《区领导同志参加“不忘初心、牢记使命”主题教育工作安排（送审稿）》。

9月26日，主要议题：传达学习习近平总书记关于近期自然灾害防治和安全生产工作重要指示精神，听取黄埔区自然灾害防治及安全生产工作情况汇报，研究下一步工作；审议《黄埔区监察职能向村（社区）延伸工作指导意见（试行）（送审稿）》；审议《关于加强党对村（社区）基层组织全面领导的实施意见（送审稿）》《关于完善农村“三委”干部保障机制的实施意见（试行）（送审稿）》。

10月11日，传达学习习近平总书记在庆祝中华人民共和国成立70周年大会上的重要讲话精神，以及广东省委书记在《广东省庆祝中华人民共和国成立70周年系列活动总结会》上的批示精神，研究贯彻落实工作；传达学习习近平总书记对地方人大及其常委会工作作出的重要指示精神、纪念地方人大设立常委会40周年座谈会精神，以及习近平总书记在中央政协工作会议暨庆祝中国人民政治协商会议成立70周年大会上的重要讲话精神，研究贯彻落实工作；传达学习习近平总书记对化解涉台纠纷工作作出的重要批示精神以及中央、广东省委领导批示精神和省委常委会、广州市委常委会会议有关精神，听取黄埔区、广州开发区相关工作情况汇报，研究下一步工作；审议黄埔区、广州开发区“不忘初心、牢记使命”主题教育8项专项整治实施方案；研究追授区优秀共产党员有关事项。

10月17日，主要议题：传达学习中共中央政治局审议《中国共产党党内法规制定条例》《中国共产党党内法规和规范性文件备案审查规定》《中国共产党党内法规执行责任制规定（试行）》精神，《中共中央关于印发〈中国共产党党内法规制定条例〉及〈中国共产党党内法规和规范性文件备案审查规定〉、〈中国共产党党内法规执行责任制规定（试行）〉的通知》精神，广东省委办公厅《党内规范性文件制定和备案工作提醒事项清单》精神和市委常委会会议有关精神，听取黄埔区、广州开发区开展党内规范性文件备案工作情况汇报，研究贯彻落实工作；传达学习中共中央政治局审议《中国共产党农村工作条例》有关精神、《中国共产党农村工作条例》精神以及广东省对广州市2018年度推进乡村振兴战略实绩考核情况反馈意见精神，听取黄埔区、广州开发区乡村振兴工作情况汇报，研究下一步工作；传达学习中国新加坡双边合作联委会第十五次会议精神，研究贯彻落实工作；传达《中共广州市委组织部关于认真开展党费管理突出问题集中治理的通知》精神，听取黄埔区、广州开发区党费管理工作情况汇报，研究下一步工作；传达中央和省市关于安全可靠应用全面替代工程文件精神，听取黄埔区、广州开发区相关工作情况汇报，研究下一步工作；研究补选区一届人大代表候选人人选有关事宜。

（潘虹）

## 重要文件

【区委文件】 2019年，黄埔区委、广州开发区党工委全面推动高质量发展，印发关于深入学习贯彻习近平总书记视察广东重要讲话精神、贯彻落实《粤港澳大湾区发展规划纲要》的实施意见、开展“不忘初心、牢记使命”主题教育、建立健全抓落实制度机制推动高质量发展等内容的文件。深化党建制度改革和机构改革，印发关于黄埔区机构改革、深化供销合作社综合改革等实施方案。

【区委办文件】 2019年，黄埔区委办公室、广州开发区党工委办公室印发关于实现基层治理“有呼必应”、进一步完善改革创新容错纠错机制的实施意见，印发关于成立黄埔区委、开发区党工委“不忘初心、牢记使命”主题教育领导小组、成立或调整部分区级议事协调机构等通知。

（钟庆红）

## 综合党务工作

【督查督办】 2019年，黄埔区委办、广州开发区党工委办、广州开发区管委会办开展现场督查、专项

**2019年黄埔区委、广州开发区党工委重要文件表**

| 序号 | 文件标题 | 文号 |
|---|---|---|
| 1 | 中共广州市黄埔区委 广州市黄埔区人民政府印发《关于深化供销合作社综合改革的实施方案》的通知 | 穗埔字[2019]1号 |
| 2 | 中共广州市黄埔区委 中共广州开发区工委关于深入学习贯彻习近平总书记视察广东重要讲话精神推动高质量发展的实施意见 | 穗埔字[2019]2号 |
| 3 | 中共广州市黄埔区委 广州市黄埔区人民政府关于印发《广州市黄埔区机构改革方案》的通知 | 穗埔字[2019]3号 |
| 4 | 中共广州市黄埔区委 中共广州开发区工委 广州市黄埔区人民政府 广州开发区管委会关于贯彻落实《粤港澳大湾区发展规划纲要》的实施意见 | 穗埔字[2019]4号 |
| 5 | 中共广州市黄埔区委 中共广州开发区工委印发《关于开展“不忘初心、牢记使命”主题教育实施方案》的通知 | 穗埔字[2019]5号 |
| 6 | 中共广州市黄埔区委 中共广州开发区工委关于建立健全抓落实制度机制推动高质量发展的决定 | 穗埔字[2019]6号 |

**2019 年黄埔区委办公室、广州开发区党工委办公室重要文件表**

| 序号 | 文件标题 | 文号 |
|---|---|---|
| 1 | 中共广州市黄埔区委办公室关于印发《广州市黄埔区实现基层治理“有呼必应”实施意见》的通知 | 穗埔办 [2019]4 号 |
| 2 | 中共广州市黄埔区委办公室 中共广州开发区工委办公室 广州市黄埔区人民政府办公室 广州开发区管委会办公室印发《关于进一步完善改革创新容错纠错机制的实施意见》的通知 | 穗埔文 [2019]3 号 |
| 3 | 中共广州市黄埔区委办公室 中共广州开发区工委办公室关于成立黄埔区委、开发区党工委“不忘初心、牢记使命”主题教育领导小组的通知 | 穗埔文 [2019]55 号 |
| 4 | 中共广州市黄埔区委办公室 中共广州开发区工委办公室 广州市黄埔区人民政府办公室 广州开发区管委会办公室关于成立或调整部分区级议事协调机构的通知 | 穗埔文 [2019]59 号 |

督查、联合督查 100 余次，下发督办通知 102 份，督办事项 1200 余项。其中，市委督查室交办任务 75 件全部办结；区党代会报告和区政府工作报告确定的 40 项 114 件重点工作基本完成。

**政治督查** 把学习贯彻落实习近平总书记重要讲话和重要指示批示精神，做到“两个维护”作为督查监督的首要任务。制定《中共广州市黄埔区委办室、中共广州开发区工委办公室关于完善工作机制办好政治要件推动习近平总书记重要指示批示落细落实的具体措施》，参与制订“不忘初心、牢记使命”主题教育“1+4”实施方案及 8 项专项整治实施方案，牵头起草贯彻落实存在突出问题的专项整治方案，精准分解任务、严明时限要求。

**专项督查** 开展集中动工活动实际动工“回头看”4 次，督促项目真落地、真动工，96 个集中动工项目动工 81 个。督查跟进各街镇征拆“主战场”“摩天工坊”“厕所革命”、东江纵队纪念广场环境整治等专项工作，参与推进大沙街新材料产业园、宝能新能源汽车产业园、将军山等地块收储工作。

**督查检查考核** 印发《关于统筹规范全区性督查检查考核工作的管理措施》，制定“严格落实提高政治站位、明确统筹范围、提出年度计划”等措施 15 条。全年全区督查检查考核项目从初筛 83 项精简至 16 项；严格控制“一票否决”和签订责任状项目，保留综治维稳、安全生产等 4 项，清理取消 21 项；严格规范村（社区）考核，明确要求取消层层签订责任状和不必要责任书，让基层干部腾出更多精力抓实际工作。

（钟秀云）

**【信息采集】** 2019 年，黄埔区委办、广州开发区党工委办向广东省委办公厅、广州市委办公厅报送党务政务信息 902 条，被广东省采用 22 条、广州市采用 476 条，在广东省委信息中的排名从全市第八升至第一，被评为 2019 年度广东省委信息工作先进单位、广州市委信息工作突出贡献单位。《黄埔区以“区块链十特色金融”为抓手助力中小企业创新发展》《黄埔区创新“建引领、有呼必应”基层治理模式》等多篇信息获省委采用；《谨防民营经济好政策遇到四种“门”——民营企业家反映从“实验室样品”到“市场商品”过程中存在困难并提出建议》经广州市委办公厅送报中共中央办公厅。编辑《广州开发区信息》56 期、《黄埔区广州信息》47 期，创新刊发《大湾区专辑》2 期，刊发世界三大湾区在先进城市新举措、好经验。

（万薇）

**【联络接待】** 2019 年，黄埔区委办、广州开发区党工委办、广州开发区管委会办组织接待活动 459 批次。其中，省部级以上接待 44 批次、地厅级接待 99 批次，政务接待 189 批次；广东省委省政府主要领导调研 3 批次；广州市委主要领导调研 24 批次；区委主要领导开展“大学习、深调研、真落实”活动，开展“不忘初心、牢记使命”主题教育专项调研活动 109 批次；举办穗港智造特别合作区全面启动、穗港科技合作园核心区暨京广协同创新中心启动、官洲国际生物论坛、“我和我的祖国——黄埔区庆祝中华人民共和国成立 70 周年嘉年华”系列、国家级经济开发区创新提升现场会等重大项目动工和重大活动 88 次，打造“到黄埔去”品牌。

（袁洁莹）

**【文电法规】** 2019 年，黄埔区委办、广州开发区党工委办、广州开发区管委会办围绕中心工作强化以文辅政。全年办理各类公文 5438 件，梳理“奋战 500 天，百大项目庆百年”重大项目 181 个。协助黄埔区委、广州开发区党工委落实《中国共产党重大事项请示报告条例》，全年向上级报送请示报告 178 份。从严从实开展党内规范性文件备案，向广州市委办公厅备案 67 件，按时备案率、通过备案率均为 100%，开展党内规范性文件“下备一级”审查备案 47 件，纠正 11 件，提醒 1 件，反馈 4 件，告知 8 件，维护全区党内规范性文件的严肃统一。制定进一步规范“一企一策”提高决策效率的相关制度，杜绝部门简单上缴问题、推诿责任以及不作为、乱作为等问题。围绕基层减负着力精简“文山”。执行

《关于广州市整治形式主义为基层减负的具体措施》，强化发文计划刚性执行，对未列入计划发文严格落实“一事一报”制度。每季度合并一次印发区级议事协调机构成立或调整文件，杜绝随意发文、照抄照搬、层层转发现象。倡导“短实新”文风，创新以会议议定事项代替会议纪要，对报告件按照确有必要原则进行把关，从文风入手助推全区作风转变。是年，协助黄埔区委、广州开发区党工委下发文件 59 份，比上年压减 63.1%，示范带动全区全口径发文数压减 57.4%。深入街镇、社区调研，找准基层负担根源，完善公文质量季度提醒机制，通过反面案例通报、现场指导、实地调研、“上门服务”业务培训等形式，指导部门、街镇压减发文数量、提高公文质量。全年开展调研培训 20 余次，覆盖全区 60 多个单位（含全部新成立单位），退回不规范报送公文 1134 件、比上年下降 37.8%。

【保密工作】 2019 年，黄埔区委、广州开发区党工委筑牢保密安全防线，确保政令畅通。结合“4·15”国家安全教育日活动，在广州商学院开展国家安全宣传系列活动，推进电子政务内网建设，做好国家级商业密码创新基地落地工作。编写并参与拍摄的《密中密》保密微电影获全国比赛二等奖，被金城出版社采纳在全国发行。开展“五法”普法进机关、进校园活动，135 个单位、10 所中学 1.82 万人参加活动。举办各类保密教育培训班 12 场 1655 人次。开展全覆盖保密检查，检查互联网计算机 4881 台，订阅《保密工作》月刊 280 本发至区属各单位，为各类会议提供保密服务保障 35 次，组织全区销毁废旧文件 12 次 108 吨，为区重大会议、重点会议，以及普通高考、成人高考、自学考试提供保密服务保障工作。

（黄秋云）

【综合调研】 2019 年，黄埔区委办、广州开发区党工委办、广州开发区管委会办在推进粤港澳大湾区建设、国家营商环境改革创新试验区建设和国家知识产权综合改革、国资国企改革等方面，深入调研，挖掘问题根源，探索工作路径。全年编发《关于西区经济社会发展瓶颈及问题的调研报告》《关于区属国企有关问题的调研报告》等调研型、研究型文稿 6 期。《粤港澳青年创新创业平台建设的启示与借鉴》《借大湾区东风 助西区再腾飞 打造老城市新活力的示范样板》分别在《中国高新区》杂志 2019 年第 9 期、12 期上刊发。完成会议材料、调研要求、新闻通稿等文稿起草工作，做好调研录音记录整理、调研指示精神传达等工作，全年参与起草各类文稿约 100 篇。其中，起草上级精神传达提纲 10 多篇，编印《工作通报》10 多篇，起草调研要求、调研活动重点跟进事项汇总表 20 多份。

（李婧昀）

## 组　织

【概况】 2019 年，黄埔区委组织部、广州开发区党工委组织部加强党的基层组织建设，指导全区 255 个党组织 2317 个党支部开展“不忘初心、牢记使命”主题教育，全区 4.3 万名党员参加主题教育活动。加强党组织标准化规范化建设，推进基层党组织示范点建设，创新开展“两新”组织党建工作。全面整顿软弱涣散村（社区）党组织，全区 15 个软弱涣散村级党组织完成整治并全部“摘帽”。科学推进基层治理工作。启动“头雁领航”工程，推进基层干部队伍和基层党组织带头人建设。挖掘先进典型和优质素材，推进党史宣传教育和党员电教工作。提升基层党组织服务效能，夯实“五事联办”工作机制。推进党代会常任制试点，优化党代表履职服务机制，畅通党代表服务联系群众渠道，发挥党代表示范引领作用，宣传贯彻党的十九大和十九届二中、三中、四中全会精神。突出政治标准选人用人，完善正向激励机制，发现培养选拔优秀年轻干部，培养忠诚干净担当的高素质干部队伍。贯彻《党政领导干部选拔任用工作条例》，加强各级领导班子和干部队伍建设。抓好干部教育培训，全面提升干部综合素质。加强干部常态化管理，织密织牢干部立体监督网。推进公务员职务与职级并行。坚持党管人才原则，实行更加积极、开放、有效的人才政策，优化高层次人才服务保障，多措并举吸引人才、留住人才、服务人才。

【干部任用】 2019 年，黄埔区委组织部、广州开发区党工委组织部讨论决定干部任免事项 31 批 737 人次，其中干部提拔、重用或转任领导职务 108 人次。推进全方位交流轮岗，157 名各层级干部在机关单位之间、机关与基层之间、机关与国企之间实现交流，38 人次在机关与基层之间实现双向交流任职。至年末，15 名 80 后干部担任处级领导岗位。安排 19 名选调生到镇（街道）、村（社区）锻炼，同意区公安分局专项使用 12 个区管职位、8 个科级职位实现安保表现突出干部“战时选拔”，专项使用 2 个公务员编制面向表现优秀的村（社区）党组织书记实行定向招录，选派 128 名优秀干部参与精准扶贫、对口帮扶、到上级机关和先进地区挂职锻炼等专项工作。

【干部培训】 2019 年，黄埔区委

组织部、广州开发区党工委组织部举办各类培训班26期，培训8200余人次。其中，《粤港澳大湾区发展规划纲要》专题轮训3期，十九届四中全会专题轮训、处级干部任职培训班、科级干部任职培训班、新录用公务员初任培训班、第一书记及选调生岗前培训班各1期，按照上级要求选派干部参加广东省委党校主体班、广州市委党校主体班以及上级部门各类专题培训。举办黄埔讲坛5期，涵盖《习近平新时代中国特色社会主义思想学习纲要》、《中共中央关于坚持和完善中国特色社会主义制度、推进国家治理体系和治理能力现代化若干重大问题的决定》、《粤港澳大湾区发展规划纲要》、保密工作、宗教工作等重要内容。举办中新广州知识城软件转移系列讲座2期、中新知识论坛1期。举办村（社区）党组织书记培训班、区直机关党组织和区属国有企业党组织书记培训班、实施乡村振兴战略推动城乡融合发展培训班等专题培训班各1期。组织全体公务员参加网络课程学习，开展形式多样、内容丰富的学习培训活动，培训教育实现全员覆盖。

2019年4月2日，黄埔区启动“头雁讲堂”，全面推进实施“头雁领航”行动，抓好基层党组织带头人队伍长效建设，率先实现“村村都有第一书记”

（黄埔区委组织部供图）

【干部监督】 2019年，黄埔区委组织部、广州开发区党工委组织部加大干部监督力度，在全区开展“干部干事创业精气神不够、患得患失、不担当不作为”专项整治工作，全年排查不担当、不作为干部13名，均依情节做出处理。对拟提拔、立功受奖、区委巡察、辞职等领导干部，核查个人有关事项313人次，其中“凡提必核”118人次，随机抽查78人次，重点抽查117人次。组织全区96个单位完成“一报告两评议”工作，选人用人总体评价满意度平均97.04分。全年受理信访件21件，按期查核办结。对事项报告存在漏报、少报和未按要求及时报告的以及信访举报查实等问题进行组织处理，全年开展谈话提醒53人次、诫勉7人次、取消考察资格1人次。对全区单位开展选人用人监督检查，重点检查贯彻执行《党政领导干部选拔任用工作条例》、选拔任用干部工作及国家工作人员因私出国（境）管理等情况，结合“不忘初心、牢记使命”主题教育，对12个单位进行“回头看”抽查，确保整改实效。

【公务员管理】 2019年，黄埔区委组织部、广州开发区党工委组织部按期完成机构改革人员和一镇五街行政区划调整人员转隶工作，657名科级及以下公务员转隶到位。统筹接收广州市执法人员转隶干部83名。推进区公务员职务与职级并行，指导83个单位完成职级职数设置、1434名科级以下公务员职级套转，对各单位使用职级职数及时审核备案。就职级晋升工作相关问题，组织区属各单位开展“一对一、面对面”交流辅导。

【基层党组织建设】 2019年，黄埔区委组织部、广州开发区党工委组织部优化基层党组织设置，完成区划调整镇街的党组织成立，完成区属国有企业成立党委及换届选举。开展基层党组织全面自查自纠，118个超大党支部、43个超大党总支、2个覆盖单位超过5个联合党支部完成整改。加强党组织标准化规范化建设，推进基层党组织示范点建设。严格党员发展和管理，举办党员发展对象培训2期，665名发展对象参训。制订完善基层党组织和在职党员到村（社区）“双报到”工作制度，全区4.2万名党员到村（社区）、企业一线联系群众、解决问题，党员服务时长累计6599.18小时。制订《黄埔区、广州开发区全面规范党费等党建工作经费使用管理的工作方案》，规范党建工作经费的使用和管理。制定《黄埔区委组织部 广州开发区党工委组织部关于开展“头雁领航”行动的实施方案》，安排43名干部驻村（社区）担任党组织第一书记，1名第一书记获全省“百名优秀村（社区）党组织第一书记”称号，3名第一书记被评为广州市和黄埔区优秀共产党员、党务工作者，“广州黄埔大沙街：党建引领城市更新，创造‘加速度’”获“广东基层党建十大优秀创新案例奖”。投入专项建设经费加强基层党建阵地建设，全区各镇（街道）、村（社区）党群服务中心实现全覆盖、100%融合建设。制定《关于加强村党组织运转经费保障工作的管理办法》，设立村党组织服务群众专项经费。镇（街道）全部设置组织办公室，配备组织办主任和4名以上党建指导员，每个村（社区）配备1名专职组织员。开展镇（街道）领导干部驻点普遍直接联系群众工作，全区17个镇（街道）的148支驻点团队接待群众3.79万人次；走访17.91万户，入户率100%。收集问题2932个，解决2895个，办结率98.74%，其中村（社区）自行解决2207个，镇（街道）解决685个。

【“两新”组织党建】 2019年，黄埔区委组织部、广州开发区党工委组织部推进“两新”组织（新经济组织和新社会组织）党建，全年新建“两新”组织党组织60个，新增“两新”组织党员135人。至年末，全区有“两新”组织党组织675个，其中党委27个、党总支15个、党支部633个，配备党组书记675人。开展“两新”党组织书记培训49期、2835人次，组织入党积极分子及党务工作者培训18期、395人次。做好“两新”组织党建工作基础保障，全年拨付经费890.88万元，配备12名“两新”党建专职党务人员，制定区级管理办法，规范“两新”组织党建工作指导员队伍管理。探索园区党建工作模式，指导成立云埔街穗港科技合作园区党委、夏港街“两新”组织党委。以科技企业加速器园区为样板，探索中小企业党建服务“三化”机制。以科学城园区为载体，打造“两新”组织党建“四联四共”工作格局。与南方党建智库开展党建课题研究合作，打造南方党建智库黄埔区、广州开发区基层党建研究基地暨广州开发区金控集团党委与科技企业加速器园区党委党建共建活动中心，凝聚党建新合力。跟进习近平总书记视察过的12家中小企业，提升党建工作水平，交流研讨关于习近平总书记“中小企业能办大事”的落实情况。推进组建民营医疗行业、民办教育行业、“小个专”3个行业党委，加强行业监管。创建“两新”组织党建品牌，依托乐飞家园，打造全市唯一区级非公经济组织党群服务中心，创建广州市首家区级非公经济组织党建培训基地。打造多益网络、明珞汽车、嵌入式职业培训学校等党群阵地，指导多益网络党支部升格为党委。编印“两新”组织党建创新案例汇编，拍摄制作“两新”组织党建宣传片，展现42个“两新”组织党建经验和成果。5个区直机关党组织与8个“两新”党组织开展结对共建，构建政企党建共融共建共享新格局。

【基层党组织治理】 2019年，黄埔区委组织部、广州开发区党工委组织部推动全部行政村、转制社区党组织书记实现“四个一肩挑”。开展软弱涣散村（社区）党组织排查整顿，撤换不合格村（社区）党组织书记6人，选配村（社区）“两委”后备干部683人，15个软弱涣散村（社区）党组织全部实现“摘帽”。开展“扫黑除恶”专项斗争，完成对全区村（社区）“两委”干部排查，清理村社干部33人，对64名村（社区）“两委”初步人选进行联审，审查出不合格人选8人。探索构建“令行禁止、有呼必应”党建引领基层共建共治共享社会治理格局，出台《黄埔区镇街“大党工委”制度》，构建起以街镇党（工）委为核心、社区党组织为基础、辖区单位党组织、驻街镇单位党组织共同参与的“大党（工）委”制度。推行大事共议、实事共办、要事共决、急事共商、难事共解的“五事联办”工作机制。优化“令行禁止、有呼必应”综合智慧指挥平台，开发“黄埔党建云”“党有所呼，全民响应”模块，探索构建党与群众互动联系、服务响应机制，平台建立后，流转约20万宗各类基层社会治理事件，事件办结率、满意率均超99%。

【人才工作】 2019年，黄埔区委组织部、广州开发区党工委组织部强化组织领导，构筑“大人才”工作格局，制定《广州市黄埔区 广州开发区人才工作领导小组成员单

2019年6月21日，黄埔区政府办第一党支部与高新兴科技集团党委结对共建签约（黄埔区委组织部供图）

位工作责任制》，撰写《关于深化黄埔区人才发展体制机制改革的调研报告》《黄埔区打造创新集聚、宜业宜居人才生态最优区》等调研报告。组织召开人才办会议2次和协调会50余次，专题研究“美玉10条”政策兑现、国家级人力资源产业园建设和“人工智能小镇”等重点工作。开展专项督办11次，督促各职能部门主动对接人才和企业，确保事事有着落、件件有回应。建立健全专家咨询制度，邀请高层次人才参与区内重大经济决策、社会决策座谈会10多场。聘请高层次人才担任区营商环境观察员，借力“智慧大脑”参与社会治理。在全市率先举办区级高层次人才国情研修班2期，45人次参加。开展专题讲座、参观爱国教育基地4次，推荐袁玉宇、杨琴、黄险波等8名高层次人才先进模范担任各级“两代表一委员”。修订黄埔区创新创业领军人才政策，出台“海外尖端人才8条”和人才住房保障制度，启动修订“美玉10条”人才政策2.0版。建成人才工作一站式服务平台，线上线下有效互动，优化简化流程，实现政策兑现24小时“不打烊”。发放各类人才补贴和奖励3.38亿元，拨付人才引导基金4亿元。梳理国家、省、市、区各级人才政策，以“一图解读”方式编制《人才政策汇编》。走进园区、重点企业开展送政策上门服务，开展重点人才政策宣讲政策6场，1800余人次参与。优化“上管老、下管小”人才服务品牌，筹建人才住房7480套，建成才颐养老公寓65间，配备154张床位；建成人才工作集团幼儿园、儿童成长中心7所，提供公立学位2920个。在全市首推高层次人才万能捷通卡，提供实验设备和原材料进出口便捷清关、机场贵宾服务、优先就医、免费体检等服务。推动司法、知识产权服务进驻园区，为人才提供各类免费咨询服务。探索设立“人才管家”，为人才提供从落地注册到上市辅导的全链条精细化服务。发挥黄埔人才引导基金优势，解决人才创新创业融资难、融资贵问题，先后投资越洋医药、慕恩生物等6个人才项目，方邦电子成为广州市首个科创板上市项目。是年，全区入选国家、省、市、区各级人才计划的高层次人才882人，总量居全市各区第一位、全省前列。

**【党员电教】** 2019年，黄埔区委组织部、广州开发区党工委组织部以阳山扶贫、人才报国、先进典型等为主题，制作《一起幸福》《圆梦》《担当》等党员教育电视片，其中《一起幸福》《圆梦》分别获广州市第十届党员教育电视片观摩交流活动一等奖、二等奖。结合“不忘初心、牢记使命”主题教育，开展党员教育宣传展播活动，设计制作4000余张海报派发给全区基层党组织，编辑主题教育课件28件在各大学习平台播放，其中《一起幸福》《我的“中国芯”》等电视片在中共中央宣传部“学习强国”等平台展播。完善全区党员干部现代远程教育站点管理，协调电信部门做好区划调整镇街站点迁移工作，确保设备正常运作，站点开机学习率100%。

（王锋）

## 宣　传

**【概况】** 2019年，黄埔区委宣传部围绕学习宣传贯彻习近平新时代中国特色社会主义思想和庆祝中华人民共和国成立70周年，以“不忘初心、牢记使命”主题教育为引领，举办区委理论学习中心组学习26次，指导区属各单位理论学习中心组学习360场次，推动贯彻落实习近平新时代中国特色社会主义思想成为全区上下共同意志、共同目标、共同行动。在中央、省、市主流媒体和海外媒体刊发稿6000余条次，比上年增长50%；被中央级媒体报道1000条次。在全市各区率先发布区域品牌视觉识别系统，推出全新区域形象宣传片《黄埔之约》，两度亮相美国纽约时代广场，并被评为首届国家高新区微视频大赛最佳视觉奖。助推广州开发区获全国经开区营商环境指数第一、“中国最具幸福感城市（县级）”等奖项。黄埔区融媒体中心作为广州首批融媒体中心挂牌运营，登上新浪微博热搜话题榜4次，5条新媒体推送点击量100万余次。官方微信“广州黄埔发布”在全市政务新媒体评比中获第一名，获“首届网络文明号优秀政务号”。编发系列舆情产品254期。选树“好人”，全年新增“中国好人”1人、“广东好人”2人、“广州好人”27人，上榜人数居全市第一位。指导制定《广州市黄埔区广州开发区促进文化创意产业发展办法实施细则》，为文化产业高质量发展提供政策体系支撑。策划举办“我和我的祖国”国庆大型群众嘉年华活动、“到黄埔去”2019首届黄埔户外音乐季活动、“把粤剧传承好发扬好”——粤港澳大湾区粤剧名家重温习近平总书记视察广东重要讲话精神暨2019黄埔·秦中英粤剧作品惠民演出季等大型文化活动，放大文化服务区域经济发展能量。落实版权扶持政策，带动全区著作权登记和成果转化，向区内300余家企业宣讲版权知识以及登记资助政策。压缩行政许可事项承诺办结时限，由法定时限20个工作日压缩至6个工作日承诺办结，压缩率70%。

**【中共创新理论学习宣传】** 2019年，黄埔区委宣传部坚持把学习贯彻习近平新时代中国特色社会主义思想作为首要政治任务，落实“第一议题”制度，第一时间传达学习总书记重要讲话和重要批示指示精神，全年编印《学习参考》12期、“不忘初心，牢记使命”主题教育学习特刊6期，举办区委理论学习中心组学习26次，黄埔讲坛5次，全区各级理论学习中心组开展学习360余场次，推动领导干部切实增强“四个意识”、坚定“四个自信”、做到“两个维护”。全面推广应用“学习强国”平台，做到“横向到边、纵向到底、全员覆盖”。挖掘全区工作特色亮点，组织供稿，全年有90篇稿件被“学习强国”平台采用，其中6篇稿件登上全国主平台。选送13个作品参加广东省乡村短视频大赛，3个作品获三等奖，1个作品获最佳人气奖。整合资源，利用新时代文明实践中心（所、站）、社区党群服务中心等载体开展宣讲活动，全年组织理论宣讲120余场次。推出H5、短视频、动漫等新媒体产品。启动“基层百姓宣讲能人”选拔活动，让身边人讲身边事。结合区域特点，走进企业车间、深入田间地头开展理论宣讲，打通理论传播的“最后一公里”。

【主流舆论工作责任制落实】 2019年，黄埔区委宣传部压紧压实舆论宣传主体责任，将舆论宣传工作纳入全区重点工作统筹谋划，将主流舆论工作责任制落实情况纳入全区绩效考核。是年，区委常委会听取相关工作汇报4次，区领导开展专题调研4次。发挥联席会议制度作用，召开联席会议2次、研判会议5次。检查考核区属各单位主流舆论工作责任制落实情况。进入重点区直部门、街道、企业开展专题调研，落实宣传工作责任。制定完善区属媒体、政务新媒体管理办法，摸查全区微信、微博、APP客户端等新媒体建设情况，执行信息发布三级审核程序和新闻纪律；执行“三同意”制度，加强对各类社科类论坛、讲座、报告会等审批力度；加大对户外公益广告、电子显示屏、广告牌、宣传栏等管理巡查强度。综合运用传统媒体和新媒体形式，开展成就宣传和典型宣传。官方微信、微博及订阅号等平台全年发布推文10万余篇次，点击量5000万次。

【中共十九大精神及习近平新时代中国特色社会主义思想宣讲】 2019年，黄埔区委宣传部将党的十九大精神及习近平新时代中国特色社会主义思想贯穿理论宣讲的始终，邀请专家做客黄埔讲坛，专场解读《习近平新时代中国特色社会主义思想学习纲要》，结合“不忘初心、牢记使命”主题教育，围绕“习近平总书记关于初心使命的重要论述”“习近平新时代中国特色社会主义思想蕴含的世界观方法论”“习近平新时代中国特色社会主义思想体系”“习近平总书记关于增强斗争精神勇于担当作为的重要论述”“习近平总书记对广东重要讲话和重要指示批示精神”“习近平总书记关于全面从严治党重要论述”“党史、新中国史”组织集中学习研讨7次。

【中共十九大精神及习近平新时代中国特色社会主义思想贯彻落实成果宣传】 2019年，黄埔区委宣传部融入中央、广东省、广州市媒体“广东落实总书记全国两会精神纪实报道”“壮丽70年奋斗新时代”等大型新闻策划，多次作为“广东典型”“广州唯一案例”被《人民日报》、新华社、中央电视台《新闻联播》、《光明日报》、《经济日报》报道；区内5名青年亮相《人民日报》“青春派”开篇之作；“中小企业能办大事”主题宣传浓墨重彩，《人民日报》海外版要闻版推出半版头条报道，《人民日报》品牌栏目“麻辣财经”2条报道阅读量达2000万次；《光明日报》头版刊发长篇通讯并作内参报道；《经济日报》、《科技日报》、《21世纪经济报道》要闻版、“南方南”、《求是》、小康杂志推出大版面报道。

【庆祝中华人民共和国成立70周年宣传活动】 2019年，黄埔区委宣传部为庆祝中华人民共和国成立70周年策划黄埔嘉年华、无人机表演和主题灯光秀3场集中采访活动，被各级媒体报道1000余条次。其中，被中央级媒体报道150余条次，《人民日报》官方微博首发无人机表演上榜微博热搜，阅读量1.2亿人次；共青团中央、央视影音、《光明日报》等官方媒体转发量近4500万次；《人民日报》《中国青年报》客户端和央广网、腾讯网的报道阅读量120万余次；新华社、《中国青年报》等网络媒体现场直播阅读量250万次。拍摄制作《锦绣黄埔 歌唱祖国》《锦绣黄埔 赞美祖国》《我爱你中国》《夜黄埔》等5个短视频全网推送，其中新华社客户端推送的《锦绣黄埔 赞美祖国》成为百万爆款。《经济日报》《科技日报》《南方日报》等媒体推出特刊报道，广东电视台《社会纵横》专题报道黄埔区“全国劳模”颜柏青国庆阅兵观礼感受。举办“我和我的祖国——黄埔区庆祝中华人民共和国成立70周年嘉年华”“爱我中华——花园庆国庆”主题游园活动，统筹开展文化活动60场，覆盖群众100万余人。

【纪念广州开发区建立35周年宣传活动】 2019年，黄埔区委宣传部组织策划广州开发区建立35周年主题宣传活动。以举办全国新区经开区高新区首届职工健康运动会和第三届黄埔马拉松赛为契机，在新浪发起“到黄埔去”话题，2次登上微博热搜榜，阅读量2.1亿人次。黄埔马拉松电视直播首次覆盖港澳和亚太地区，收视达3000万余人次，比上年增长50%。《经济日报》《中国高新技术产业导报》《南方日报》等推出广州开发区建设35周年半版、整版、跨版主题报道。策划创意“快闪”活动并录制MV。制作广州开发区建设35周年纪录片《开创》《奋进》，在广东广播电视台双频道推出。

**【“不忘初心、牢记使命”主题教育宣传】** 2019年，黄埔区“不忘初心、牢记使命”主题教育活动被中央、广东省、广州市媒体推出相关报道800余条次。“令行禁止、有呼必应”主题宣传被《人民日报》头版双头条刊登，《光明日报》2次将该区作为广东主题教育唯一案例，授予该区为“经济日报社全国调研点”。以党建引领为“两新”组织助力主题报道被《人民日报》、“学习强国”和《南方杂志》刊登；治理“散乱污”的“大沙经验”被央视报道；《光明日报》两次以该区作为全省典型推出大版面报道；《南方日报》围绕该区基层党建工作，推出《“手眼”并用强治理 一“网”打尽社区事》《将脚印留在访民情、解民困的路上》《“头雁”飞入基层 党政响应民呼》等多篇重点报道，多角度反映该区各单位走深走心走实、边学边查边改，以切实的整改举措为民服务解难题。

**【“到黄埔去”品牌形象宣传】** 2019年，黄埔区委宣传部从新闻宣传、外宣品制作、重点活动策划、环境营造等多维度打响“到黄埔去”宣传品牌。设计新黄埔区挂牌以来首个标识统一、层次多元、特色鲜明的区域品牌形象，在全市各区率先发布区域品牌视觉识别系统。面向海内外唱响“到黄埔去”时代强音，打造一批高质量外宣精品。是年，区域形象宣传片《黄埔之约》在广州国际投资年会上发布，并两度亮相美国纽约时代广场，新华社客户端2次推送报道，点击量均超过120万次。将区域LOGO、宣传口号融入庆祝中华人民共和国成立70周年嘉年华无人机表演，微博热搜话题阅读量1.2亿人次。以承办全国新区经开区高新区首届职工健康运动会和举办第三届黄埔马拉松为契机，在新浪发起“到黄埔去”预热宣传，阅读量2.1亿人次。会同广州市委宣传部在韩国首尔举办中韩友好交流等故事会，区内3名企业嘉宾分享自身故事，号召中外友人“到黄埔去”。

**【文化建设管理】** 2019年，黄埔区委宣传部推进文化体制改革，文化产业科更名为文化科并承接电影工作业务，统筹文化产业、文化事业发展。指导区文化广电旅游局制定《广州市黄埔区广州开发区促进文化创意产业发展办法实施细则》。引进著名词曲家李海鹰、粤剧演员吴非凡、著名画家许钦松等名家大师落户黄埔成立工作室，全年兑现扶持金额1400万元。广州国家级文化和科技融合示范基地专项资金投资项目16个，（滚动）签约投资额9525万元，是年向专项资金增资1500万元。引进《广州日报》科技文化创新中心、南方报业集团总部、娱加娱乐传媒、奥飞动漫硅谷等重点文化产业项目落户。视源电子、多益网络、励丰文化等7家文化龙头企业入选2019年广州文化企业50强。举办“时代华章——粤港澳大湾区城市公共雕塑大展”和黄埔区首个户外主题音乐季“2019年黄埔户外音乐季”等文化活动，协同举办“把粤剧传承好发扬好”——粤港澳大湾区粤剧名家重温习近平总书记视察广东重要讲话精神暨2019黄埔·秦中英粤剧作品惠民演出季。全年播放公益电影1300场，观影16万余人次，审批新设电影院2家，推动文化事业全面繁荣。

保持“扫黄打非”工作高压态势，全年查办全国“扫黄打非”办公室和公安部治安管理局重点督办案件1件，广东省“扫黄打非”办转办举报案件3件；至年末，全区17个镇（街道）、144个社区以及92所中小学校园基层“扫黄打非”站点基本完成规范化标准化建设目标。

**【版权管理】** 2019年，黄埔区委加快版权产业发展，出版物行政许可审批事项承诺办结时限压缩至6个工作日，压缩率70%。全年向区内300余家企业宣讲版权知识及登记资助政策；为790家区内企业发放9971项著作权登记资助，发放金额比上年增长77.4%；为7家区内企业发放软件正版化补贴，发放金额增长256.6%。多益网络获“广东省版权兴业示范基地”，为广州市唯一入选企业（全省共5家企业入选）；欧科信息与多益网络的两款产品获“广东省最具价值版权作品”（全省共20个产品获奖）。

（刘丽春）

## 统一战线

**【概况】** 2019年，黄埔区委统战部贯彻落实《中共中央关于加强社会主义协商民主建设的意见》《关于加强政党协商的实施意见》，重点协助区委做好政党协商的组织和落实。健全黄埔区党政班子党员领导与区各民主党派负责人联谊交友制度，畅通反映情况、沟通思想渠道。协助区委举行黄埔区民主恳谈会。支持黄埔区民主党派成员、无党派人士参与各种形式的协商工作。加强民主党派自身建设，提高参政水平，履行民主党派参政议政、民主监督和服务社会职能。全区有民主党派 7 个，正副主委 50 人，各民主党派总人数 824 人。创新工作方式，研发“黄埔统战”移动信息管理系统，加强各民主党派内部财务管理、文档收集、信息流转、组织管理，统计汇总各党派成员个人信息等。是年，致公党黄埔区基层委员会完成届中调整工作。

【党外干部培养】 2019 年，黄埔区委统战部把民主党派干部队伍建设列入重要议事日程，完善民主党派人才库动态管理。举办黄埔区民主党派、党外知识分子联谊会、新的社会阶层人士联谊会、欧美同学会等成员培训班并赴河南省安阳市委党校开展红旗渠精神主题教育。选派人员参加中共广州市委组织举办的党外高级知识分子读书班及党外中青年骨干培训班。配合做好党外人士的政治安排工作，黄埔区 7 个民主党派主委中，担任政协副主席 1 人、正处级领导职位 1 人、副处级领导职位 5 人；副主委中，担任正处级领导职位 3 人、副处级领导职位 3 人、科级职位 9 人。

（李霁　黄秀凤　钟婉雯）

【黄埔区、广州开发区 2019 年民主恳谈会】 于 2019 年 1 月 24 日召开。区各民主党派主委、工商联主席、无党派代表人士、新的社会阶层代表人士、黄埔欧美同学会代表人士参加会议，围绕学习贯彻习近平总书记对广东重要讲话和重要指示批示精神、黄埔区一届五次会议暨广州开发区党工委 2019 年第一次工作会议精神及黄埔区经济社会创新发展，向中共黄埔区委提出意见和建议。

（钟庆红）

【黄埔区党外知识分子联谊会】 至 2019 年末，黄埔区党外知识分子联谊会有会员 66 人，其中荣誉会长 2 人、常务副会长 1 人、副会长 15 人、秘书长 1 人，理事会理事 53 人。黄埔区知联会理事中，2 名为中共党员，党外人士占绝对主体，体现该组织的党外属性。绝大多数会员是其所从事行业的专家或在所属行业具有较高威望、具有较广泛社会影响力的人士。同时，联谊会理事的发展重点向广大非公经济人士和新的社会阶层人士倾斜，凸显其为中共黄埔区委中心工作服务的特色和优势。

【黄埔区新的社会阶层人士联谊会】 至 2019 年末，黄埔区新的社会阶层人士联谊会有会员 148 人，含会长 1 人，常务副会长 1 人，副会长 13 人，下设黄埔新联会秘书处，包含秘书长 1 人、专职副秘书长 1 人、兼职副秘书长 3 人，常务理事 48 人，理事 80 人。其中，有 20 多名成员担任市、区级人大代表和政协委员。是年 2 月，该协会组织走访卡尔蔡司光学、广州视源电子科技股份有限公司，召开会长办公会议及开展新个人所得税政策和小微企业减税降费措施解读分享会。3 月，组织走访广州瑞粤科技企业孵化器，讨论 2019 年黄埔区新的社会阶层人士工作要点。4 月，黄埔新联会会长、卡尔蔡司光学中国区总裁彭伟率黄埔区新的社会阶层骨干培训班学员 26 人，赴贵州省遵义市开展“不忘初心 牢记使命”红色革命传统教育培训。7 月，黄埔区司法局召集区内律师事务所代表，举行黄埔区新联会律师行业分会的筹备座谈会议。8 月，携手广州市新联会举办羊城新智荟——“四好”主题讲座并在广州励丰文化科技股份有限公司举办以“新时代 新湾区 共发展”为主题的轮值会长活动。10 月 25 日，召开黄埔区新联会一届理事会三次会议暨成立 2 周年大会。宣布成立黄埔区新联会律师行业分会，并为新增设的 2 个示范基地（广州视源电子科技股份有限公司、广州励丰文化科技股份有限公司）授牌。

（叶小红　黄秀凤）

## 网络安全和信息化管理

【概况】 2019 年，黄埔区委成立网络安全和信息化委员会，简称黄埔区委网信委，下设办公室，设在区委宣传部，简称黄埔区委网信办，负责统筹全区网络安全和信息化工作。是年，黄埔区委网信办贯彻落实习近平总书记关于网络安全和信息化工作的系列重要讲话和重要指示批示精神，落实网络舆论宣传工作责任制和网络安全工作责任制；围绕全区中心大局、部门重点工作，做好舆情监测、舆论引导、新媒体建设等工作，营造良好网络舆论生态。

2019 年，黄埔区委网信委明确网信委成员单位及相关职责，强化“党委统一领导、党政齐抓共管、宣传网信部门组织协调、有关部门分工负责”的“大网信”工作格局。12 月，区委网信委召开第一次全体会议，审议通过《中共黄埔区委网络安全和信息化委员会工作规则》《中共黄埔区委网络安全和信息化委员会办公室工作细则》等制度文件，明确网信工作机制。将网络舆论宣传和网信工作纳入绩效考核体系，压实各级党委（党工委、党组）主体责任，全面推进全区网信工作落地见效。健全完善网信工作队伍，建立网络安全三级联系人制度，组建舆情信息员队伍，组织开展网络安全工作责任制专题学习培训，提升网信工作队伍专业化水平，锻造网信铁军。全面摸查区内互联网企业情况，加强走访调研和沟通交流，凝聚网信工作最强合力。加强与辖内自媒体互动，通过建立微信群、开展自媒体沙龙等形式，宣传《微博客信息服务管理规定》《互联网新闻信息服务发展管理暂行规定》《中华人民共和国网络安全法》等，引导自媒体自觉履行责任，合法合规运营。

【网络综合治理】 2019年，黄埔区委网信办开展网络舆论责任制落实情况督导检查。开展“清朗”“打击网络政治谣言、清理网络有害信息”等专项行动，重点排查属地网站、音视频平台、直播平台等内容，发现和处置各类网上违法和不良信息。加强管网治网，督促互联网企业、网络自媒体等履行责任、依法办网，约谈自媒体2家，破获盘踞在黄埔区的大型网络“水军”团伙，净化全区网络生态环境。优化政务新媒体管理。摸查全区微信、微博、APP客户端等新媒体建设情况，注销长期不更新的账号；指导各部门加强运维，严格执行信息发布三级审核程序，定期开展检查通报，确保政务新媒体更新及时、内容准确、互动有序、运行安全。

【网络安全监管】 2019年，黄埔区委网信办贯彻落实网络安全工作责任制，突出做好网络安全宣传、培训、应急演练等工作，增强全民安全防范意识和能力，全区未发生重大网络安全事件。推动网络安全检查常态化，统筹协调多方资源，构建跨部门、跨行业、跨领域的网络安全统筹协调工作机制，落实日常监测管理，开展网络安全专项检查和关键信息基础设施安全排查。加大对违反网络安全行为的行政处罚力度，全年摸查192个单位的网络资产，审核备案网站223个，排查疑似僵尸网站2990个，发现并协助处理网络安全漏洞隐患80处，办理涉网络安全方面的行政案件19件。推动网络安全宣传多元化。举办网络安全专题宣讲、培训、咨询活动10余场，编印发放《互联网相关法律法规政策汇编》800余册，设计制作2个网络安全短视频、3版宣传海报，深入开展网络安全公益宣传，增强网络安全防护意识。推动网络安全应急演练规范化，制定网络安全应急预案，按照有关程序和标准组织开展全区网络攻防应急演练和政务外网网格安全应急演练，提升检测预警、监测发现和应急处置能力。

【舆情监测预警】 2019年，黄埔区委网信办强化网络舆情监测处置，做好常态化舆情监测工作，主动掌握涉区舆情信息和舆论形势，并围绕重点工作、热点事件和焦点问题，梳理舆情发展脉络、预判舆情走势，提出应对建议。全年编印系列舆情产品255期。建立健全舆情通报机制，全面掌握舆情信息、通报舆情动态、开展分析研判，针对重大事件、敏感舆情、突发情况以及网民反映强烈的问题，协调相关部门稳妥应对，发布权威信息，回应合理关切，最大限度减少负面影响。加大对涉区煽动性、行动性、攻击性有害信息的处置力度，实行“依法处置、舆论引导、社会面管控”三同步原则，线上线下联动处置涉教育、征拆、环保领域敏感信息，避免热点舆情风险传导。

【网络舆论引导】 2019年，黄埔区委网信办贯彻落实习近平新时代中国特色社会主义思想、贯彻落实党的十九大精神，围绕庆祝中华人民共和国成立70周年等重大主题，开展网络宣传。聚焦全区中心大局和重点工作，策划选题，创新表现形式，灵活运用网言网语，制作品质精良、传播面广、互动性强的网络产品。制作推出“系列10条政策解读”“感官黄埔四重奏” “聚‘胶’黄埔” “花漾黄埔”“2019年黄埔大片”“黄埔超能‘碌’战队”“一封特别的家书”“黄埔给你来电啦，快接听”等精品，网络点击量1000万人次。

（刘丽春）

## 精神文明建设

【概况】 2019年，黄埔区强化社会主义核心价值观培育，按照“抬头可见、低头可读”标准，在城市主干道、工地围墙、交通站点、城乡社区、户外广告牌、电子户外大屏等场所刊播公益广告；立足黄埔城市环境“现代风、岭南韵、国际范”的设计风格和人文特色，设计制作具有黄埔特色的公益广告，打造主题景观，推动社会主义核心价值观融入生活。开展群众性精神文明创建活动，全年组织开展“文明交通”“新春文化”“志愿服务”“全民阅读”“网络文明”等主题实践活动1000余场次，组织开展“我们的节日”主题活动500余场次，20万余人次参与，营造文明、和谐、诚信、奉献的良好氛围。开展“全民讲礼仪”“文明·有约”千场大讨论活动100余场次，推动社会主义核心价值观融入市民公约、乡规民约、团体章程和学生守则。

【文明城市创建】 2019年，黄埔区坚持以文明城市创建工作为龙头，以随机抽样、交叉检查、重点回访的形式，指导城乡基层开展创建文明城市网格化工作。做好材料审核、实地考察和入户调查，通过文明城市创建检查。实施创建惠民工程，推进老旧小区微改造，推动绿化升级改造，完善提升公共基础设施，开展集贸市场、老旧社区、背街小巷以及农村人居环境整治。加强非机动车管理，全面治理违法停车、占道经营等行为，打造干净整洁平安有序的城区环境。

【新时代文明实践】 2019年，黄埔区推进新时代文明实践中心（所、站）建设，3月16日，黄埔区新时代文明实践中心揭牌。至年末，全区建成新时代文明实践中心（所、站）137个，覆盖全部街镇和社区，其中联和街道玉树社区被评为广州市文明实践站示范点。开展文明实践活动，全年举办文明实践活动500场次。结合庆祝中华人民共和国成立70周年，区新时代文明实践中心举办主题宣讲活动，分别邀请党的十九大党代表、“中国好人”、优秀焊接工代表刘仔才，党的十九大党代表、市道德模范、优秀环卫工代表颜柏青等嘉宾分享国庆观礼见闻和感受。

【公民道德建设】 2019年，黄埔区开展公民道德建设，宣传学习选树“中国好人”“广东好人”“广州好人”。是年，新增“中国好人”1人、“广东好人”2人、“广州好人”27人，上榜人数居全市第一位。推出“黄埔好人说”系列主题活动，常态化开展“道德讲堂”活动，传播凡人善举，弘扬正能量。在“广州黄埔发布”“微社区e家通”等媒体平台开设“身边好人”专题，弘扬先进典型和感人事迹。打造“阳光泉叔工作室”“张勇好人工作室”“善德好人工作室”等，发挥典型示范引领作用。

【未成年人思想道德建设】 2019年，黄埔区开展校园文化活动，组织开展“清明祭英烈”“新时代好少年”“我们的节日经典诵读”“岭南童谣征集”“扣好人生第一粒扣子”等主题教育实践活动，举办中小学生诵读中华经典美文表演大赛。结合庆祝中华人民共和国成立70周年，开展“红领巾与祖国共成长”“祖国发展，我成长”“高举团旗跟党走 我与祖国共奋进”“我为新中国唱首歌”红歌活动等系列活动。挖掘和培育“广州新时代好少年”，推动文明校园创建，完善未成年人保护委员会体制建设，加强法律、心理咨询未成年人保护工作队伍建设，推动出台广州市未成年人保护指标体系的“黄埔标准”。

【志愿服务】 2019年，黄埔区强化志愿服务机制建设，制定出台《关于进一步加强黄埔志愿服务的实施方案》，明晰志愿服务工作部门职责，调整优化志愿服务工作体系。设立黄埔区志愿服务发展中心，作为正科级公益一类事业单位，统筹开展全区志愿服务工作。组建专业公共文明引导员队伍，在全区设置文明交通、卫生整治、平安巡防等86个岗位172人，开展公共文明引导志愿服务。按照“六个有”建设标准，完善社区、窗口行业单位志愿服务站点建设，实现全覆盖、规模化。组织开展环境卫生、文明礼仪、敬老助残、扶危济困、关爱青少年等主题志愿服务活动，全区志愿服务工作得到广州市文明办、共青团市委好评。

（刘丽春）

## 政策研究

【概况】 2019年，黄埔区、广州开发区制定政策文件12个、政策实施细则13个；开展重大课题研究8项、专项调研20多个（次）。其中，“广州开发区营商环境改革探索”作为全省唯一代表入选“2019中国改革年度案例”；“政策兑现改革创新项目”获“2019粤港澳大湾区营商环境改革创新奖”。政策创新、政策兑现、深化改革等方面经验做法被中央电视台、《人民日报》、《光明日报》、《南方日报》等主流媒体报道。

【政策制定】 2019年，黄埔区、广州开发区出台“区块链10条”2.0

2019年，广州开发区政策研究室报送“广州开发区营商环境改革探索”案例列入中国经济体制改革杂志社组织评选的“2019中国改革年度优秀案例”，为广东省唯一入围案例 （广州开发区政研室供图）

版，制定“纳米10条”，全面打造中国纳米谷。制定《促进金融业发展的政策措施》，强化现代金融服务实体经济能力。制定《促进5G产业化发展办法》《工业互联网产业发展办法》，抢占新兴技术应用制高点。召开多场企业家座谈会，走访代表企业和区职能部门，了解政策执行情况及具体修订意见，形成4个“黄金10条”修订初稿。研究出台“海外尖端人才8条”，构建“塔基更实、塔尖更高”的人才体系。制定《人才住房建设和使用办法（试行）》，优化提升“上管老，下管小”人才服务品牌。出台“港澳青创10条”，支持香港、澳门融入国家发展大局。是年，被《人民日报》报道广州开发区政策出台过程作为青年奋进新时代案例。统筹区职能部门修订出台先进制造业、现代服务业、总部经济、风投、文化创意、民营及中小企业18条、“区块链10条”2.0版等政策实施细则，推动各项政策落地落实落细。

**【政策兑现】** 2019年，广州开发区政研室加大政策兑现统筹力度，做好“大统筹”。全年“一门式”政策兑现1.14万宗，拨付金额106.5亿元，惠及企业3208家。提前介入开展对政策、细则可操作性审查33次，新增纳入统筹管理16项政策145个事项，“一门式”统筹率91.76%。指导和审核办事指南编写、修订340次，跟踪指导“非一门式”办理业务事项31项。编印政策汇编200册，印发月报12期，编写报告，开展数据分析，为全区决策提供参考。聘请第三方机构开展政策兑现评估并形成报告，初步建成适合黄埔区、广州开发区实际的政策兑现指标评价体系。指导追回不合规发放资金300万余元，协助广州开发区知识产权局排除风险隐患点15个。打造“大平台”，全区OA（办公自动化）单点登录互通全面上线，部门系统互联加速推进。开展为期2个月的政策兑现服务“进基层、进企业、进园区”系列宣讲。邀请20多名政策专家，组织区内多个部门，走进科学城、生物岛、知识城、华新园、云埔管委会等企业密集园区，开展6场不同主题的政策兑现宣讲会，派发资料1000份，释疑答疑100余个，惠及近700家企业、园区和孵化器代表。制作全区政策兑现品牌宣传片，定期更新窗口宣传页、展示展板，规范品牌输出管理。在业务模式规范、应用平台拓展、小程序开发等方面创新，获《广州日报》、广州电视台、《小康》杂志等28家媒体报道。政策兑现改革创新经验被广东省政府评为第一批供全省借鉴的改革举措。政策兑现窗口连续4年获评区政务服务中心优秀入驻单位，获2019年全区政务服务大比拼二等奖，多名窗口工作人员获评服务之星，获企业“想企业所想干实事急企业所急高效率”致谢锦旗。

**【智库建设】** 2019年，广州开发区政研室坚持以文辅政、以智辅政。全年起草各类综合性文稿370余篇110万余字，起草黄埔区委一届五次党代会、一届八次全会、一届九次全会、一届十次全会等大会报告，牵头起草全区加快推进“四治”暨建设动员会议、营商环境和招商引资大会、科技创新和企业家大会等重大文稿，完成“不忘初心、牢记使命”主题教育有关文稿工作，多篇新闻稿件刊载于《人民日报》《光明日报》《南方日报》等主流报刊，发出黄埔区声音，讲好“黄埔故事”。全年完成课题报告7篇、调研报告20篇，51.7万字。举办国家级开发区创新发展“智囊谈”活动，以“大湾区框架下珠三角国家高新区发展问题”为主题，邀请8名专家、学者和企业家代表采取圆桌会议讨论方式建言献策，为国家级高新区创新发展提供建议、对策50多条，新华网、《南方日报》、广州电视台等10多家媒体均有宣传报道。编印《决策研究》12期、《决策参考》15期，整理《国家部委及全国先进开发区“三引”政策动态信息》243条，《每日经济》240条、433万余字。牵头编印画册《奋进》《策论二十年——记录广州开发区决策谋划思想轨迹》。开展特约研究员、特聘研究员培养工程，评选“特聘研究员”24人，组织特约研究员培训班1期，80多名特约研究员参训。筹备成立广州高新区高质量发展研究院（广州知识城海丝创新研究院），完成第一轮人员招聘工作，6名工作人员到岗，与北京大学林毅夫教授团队合作开展新时代黄埔区高质量发展战略研究。参与国家高新区发展战略研究会、中国开发区协会研讨交流，获全国高新区战略研究会优秀论文奖论文2篇，其中获一等奖1篇，政研室获“优秀组织单位”奖；1人被评为“中国开发区杂志优秀特约记者”。

**【课题研究】** 2019年，广州开发区政研室学习借鉴先进地区在政策制定、执行、兑现等方面的经验和做法，赴江苏无锡市、浙江温州市和北京大兴区调研，形成《关于赴先进地区学习高质量发展政策创新的调研报告》。赴济南市高新区、哈尔滨市经济开发区调研，围绕制度建设、营商环境改革、产业建设、体制机制创新等方面内容开展实地考察和座谈讨论，形成《关于赴济南、哈尔滨调研的情况报告》。学习深圳先进经验，赴深圳南山区、光明区就中国特色社会主义先行示范区、综合国家科学中心、推动科技创新、产业发展等方面开展调研。掌握区内产业、企业情况，调研国机智能、麦仑信息、创新奇智、安居宝数码等企业，了解人工智能产业发展现状，为打造世界级人工智能产业集群提供决策支持；参观卡尔蔡司、百济神州、金域医学等重点企业的生产基地或项目，了解行业发展趋势、企业生产经营状况和困难，为找到产业高质量发展突破口和制定相关政策措施提供依据；赴黄埔港调研，获得黄埔港产业发展、经济研究工作等最新一手数据资料，增强研究成果实际可操作性。聚焦高质量发展热点问题，开展《新时代黄埔区、广州开发区高质量发展研究》课题研究，总结广州开发区的发展经验，结合粤港澳大湾区、一带一路和中新广州知识城建设的时代机遇，探究推动黄埔区、广州开发区实现高质量发展有效路径；聚焦产业集聚，开展《世界级人工智能产业集群研究》《广州开发区国际合作园区发展研究》《广州开发区对标国际一流优化营商环境对策研究》等课题研究，为推动全区经济社会健康发展提供决策支持；起草《关于加强广州开发区与深圳产业协同发展专题调研报告》，创新提出区产业协同发展的思路举措和政策建议。其中《广州开发区对标国际一流优化营商环境对策研究》在《中国高新技术产业导报》上发表。

（赵冬冬　吴宁婷）

【广州高新区高质量发展研究院成立】 2019年4月，广州高新区高质量发展研究院（广州知识城海丝创新研究院）成立，该院是广州开发区管委会办公室下属公益一类事业单位，是黄埔区、广州开发区为进一步推动粤港澳大湾区建设，更好融入国家发展大局而搭建的高层次政府专业化决策咨询平台。主要职责是跟踪监测区域国民经济和社会发展运行的基本态势、发展趋势，发展粤港澳大湾区战略研究；掌握收集全球经济和科技发展动态，为全区经济发展和科技创新战略布局提供技术支持；组织分析研究全区经济运作中急需解决的重大问题，为实现全区高质量发展、打造“最高最好最优”营商环境提出政策建议；加强对新加坡等海上丝绸之路节点国家政策及营商环境研究，为黄埔区委、广州开发区党工委制定发展战略和中长期规划提供研究成果和决策咨询，为“四区四中心”和“一区一园”战略（“4+2”框架）发展提供智力保障；整合国内外智力资源，组建粤港澳各领域专才政府智囊团，携手港澳构建海内外联动、东西双向互济新机制。

是年，该院开展重大课题研究2个，专项调研6个，并参与讲话文稿、决策参考等各类综合性文稿写作。

（赵翔　周翔）

## 老干部服务管理

【概况】 至2019年末，黄埔区、广州开发区有离退休干部4403人。离休干部24人，其中副省级2人、市副局级及以上3人、处级及以下19人；退休干部4379人，其中副市级5人、市正副局级136人、处级及以下4238人。

是年，黄埔区委强化离退休干部工作党组织阵地建设，成立离退休干部党工委，启用区离退休干部党建活动中心，满足服务基层党建工作需求，对离退休干部党组织量身定制“八个有”具体举措，推动离退休干部党组织标准化建设。实施离退休干部党组织“头雁”工程，打造富有黄埔区、广州开发区特色的基层离退休干部党支部、关工组织负责人、退休协会会长“三位一体”党建品牌。聚焦离退休干部服务需要，增强精准服务意识，在精细化、优质化、便利化、个性化上下功夫。编印《老干部工作业务手册》，推动规范基层单位“十个一”老干部服务制度，与区财政局、区人力资源和社会保障局联合印发《黄埔区、广州开发区机关事业单位离退休干部公用经费管理使用的指导意见》，设立离退休人员公用经费专项，为离退休干部工作提供经费保障。

【离退休干部党组织建设】 2019年7月，黄埔区委成立区委离退休干部党工委（设在黄埔区委老干部局），统筹协调各单位将离退休干部党组织建设纳入部门党建总体布局，协助黄埔区委组织部负责全区离退休干部党组织和党员队伍建设的具体指导。依托区老干部活动中心，建设总建筑面积2000平方米的区离退休干部党建活动中心，并于9月在全市率先启用，面向全区各单位离退休干部党组织开放。通过建设集学习、活动、培训、服务一站式服务中心，打造基层离退休干部党组织开展党建工作的日常阵地、离退休干部党员教育管理的综合平台和发挥离退休干部独特优势的有效载体。选派党建指导员，为基层离退休干部党组织和党员开展党建活动提供全方位、规范化服务。至年末，该中心为全区23个基层离退休干部党组织开展“不忘初心、牢记使命”主题教育提供服务保障，接待参观交流学习2批次。11月，黄埔区老干部党校举办全区离退休干部党组织书记培训班，区属各单位离退休干部党组织书记、委员60余人参训。发挥老年（老干部）大学、活动中心的学习主阵地作用，采取专题学习、支部学习、读书会、辅导报告、座谈讨论等形式，组织离退休干部深入学习贯彻习近平新时代中国特色社会主义思想和党的十九大精神，十九届二中、三中、四中全会精神，习近平总书记视察广东重要讲话精神和对老干部工作的重要指示批示精神，全年分专题、分层次、分批次开展学习活动32期，1200余人次参加，印发学习资料2000余册。

【离退休干部服务】 2019年，黄埔区委老干部局、广州开发区党工委老干部局完善各项老干服务制度，指导全区各单位做好老干部服务工作。聚焦信息化建设，启用并试运行“广州市离退休干部智慧服务管理系统”，面向全区举办老干部工作者信息系统培训班2期，录入近4500名离退休干部信息。推进全区直属93个基层单位全面启用系统完善服务管理，推动新时代老干部工作信息化、精准化、规范化。8月，举办全区老干部工作业务培训班，全区机关、街镇、直属事业单位、功能园区、国企等单位的分管领导、老干工作者135人参加培训，并向各单位派发《老干部工作业务手册》，推动规范基层单位“十个一”老干部服务制度（一个党组织管理、一次参观考察、一批报纸杂志、一次情况通报、一份节日慰问、一次体检、一次疗养、一次生日慰问、一份特别关怀、一次信息更新）。制定《老干部外出活动服务规范》。与区财政局、区人力资源社会保障局联合印发《黄埔区、广州开发区机关事业单位离退休干部公用经费管理使用的指导意见》。与广东医学院附属第五医院、广州开发区医院合作开辟老干部医疗绿色通道，推进落实《医疗预防保健协议》，联合举办健康保健培训班4期，分三批组织离退休干部150人集中体检疗养。指导全区各单位开展对老干部慰问活动，全年探访慰问老干部146人次，送医送药834人次。组织召开春节、中秋情况通报会，听取老干部对黄埔区、广州开发区发展的建设和意见，向老干部通报全区经济社会发展情况。首次在敬老月期间为年满70周岁的离退休老干部举办集体祝寿会，定期为老干部送上生日慰问信和生日蛋糕券。建立意外保险关爱服务制度，为231名离退休干部购买意外关爱保险，是年，有4名老干部获保险公司理赔。全年为老干部办理出入境审批44人次。

【离退休干部志愿服务活动】 2019年，黄埔区委老干部局、广州开发区党工委老干部局组织离退休干部为助力粤港澳大湾区建设和黄埔区、广州开发区发展贡献智慧和力量。选树8名老干部先进典型，弘扬新时代老干部精神，为全区离退休干部“不忘初心、牢记使命”树立“最美”榜样，连续2个月在《广州日报》《黄埔新时代》和官方微信公众号同步宣传。开展“我看新中国成立70周年新成就”专题调研和“我看新中国成立70周年新成就”征文活动，收到老干部曹小约《我看新中国成立70周年》、王锦雄《喜迎国庆感悟》、黄一汉《我看新中国成立70周年新成就》、施大鑫《众多丰碑中的“厕所革命”》、黄蝶度《同龄人的心声》、马穗华《守初心，担使命——奋斗不息》等征文6篇。组建老干部党员“爱心党支部”“发展顾问团队”“红旗志愿者服务队”等，激励老干部力所能及投身关心下一代、精准扶贫、垃圾分类、红色教育、科普宣传等志愿活动。王德业、吴晓峰等9名老党员被聘为黄埔区对口帮扶点贵州都匀经济开发区发展顾问，老干部崔鸣文长期驻点都匀参与扶贫开发工作；老干部王晋鹏为区内8个企事业单位党员干部讲授“不忘初心、牢记使命”专题党课。老干部“红旗志愿者服务队”进社区开展“垃圾分类我带头、黄埔区广州开发区老干部在行动”系列活动，讲解垃圾分类相关常识，派发宣传单，引导群众观看宣传展板，开展有奖知识竞答；到老人院参与“我和我的祖国”主题文艺汇演。

【关心下一代工作】 2019年，黄埔区关工委、黄埔区老干部红旗志愿者服务队走进区启智学校、知明学校、黄埔国光学校、鱼木幼儿园等单位开展“礼赞新中国、奋进新时代”“传承红色基因、争做时代新人”爱国主义主题教育。配合建设“四点半学校”“假日学校”、亲情活动室、校外辅导站等关爱服务阵地，打通教育、关心、服务儿童的“最后一公里”。组织开展“腾飞中国、辉煌70年”主题教育活动暨宣讲活动，把爱国情、强国志、报国行自觉融入新时代新征程。老干部陈作明、王若和张保成分别将自己珍藏的革命生涯回忆录、书画册、革命连环画册赠予学生。离休干部王若、陈作明为合富辉煌集团党委讲述自己亲历战争年代的革命故事。是年，投入81万元帮助175名困境青少年。全区有113家非公企业建立关工组织，其中民营企业106家，涵盖青年员工4万余人。联和街道儿童之家被广东省关工委评选为优秀儿童之家。

【老干部文体活动】 2019年，黄埔区委老干部局、广州开发区党工委老干部局开展庆祝中华人民共和国成立70周年主题系列活动。春节前夕，组织老年干部大学书法班师生走进镇（街道）、村（社区）、分教点举办庆祝中华人民共和国成立70周年——迎新年送春联公益活动4场，赠送春联（福字）800余幅。3月，在黄埔区老干部活动中心举行区老干部京剧社成立仪式暨首场演唱会。5月，组织817名机关退休协会会员在区老干部活动中心举办赛期一周的文体比赛。6月，“我和我的祖国”庆祝中华人民共和国成立70周年、老年干部大学建校15周年暨第四届校园文化节在区青少年宫开幕。老年干部大学师生书画摄影作品在科学城会议中心展出110幅。区老干部门球队获广州市第二十三届区际门球赛冠军，情景舞蹈《八女投江》以优秀节目入选广州电视台重阳节晚会节目录制并获优秀节目奖，老干部何堪如代表广东省离退休干部参加2019年“中联水泥杯”乒乓球赛，获团体冠军和个人单打冠军。

**【老年大学建设】** 2019年，黄埔区委老干部局、广州开发区党工委老干部局完善《黄埔区老年大学办学章程》《黄埔区老年大学职责与任务》及人、财、物管理规章制度20项。发挥区老干部活动中心、老年（老干部）大学示范引领和辐射带动作用，打造区、镇（街道）、村（社区）三级网络平台，推进总建筑面积1.5万平方米的新老年（老干部）大学建设储备立项，新建区老年（老干部）大学夏港分校，拓展黄埔区老年教育阵地。至年末，全区有天河南、联和街道金峰园社区、长洲街道、广州开发区西区、科城山庄、金港华园、怡港、怡园、东苑、水荫路10个老干部教育和活动点。区老年（老干部）大学在校学员2500余人次，拥有养生保健、康乐健体、书法绘画、现代科技、外语、舞蹈、音乐7个系，有养生保健、瑜伽、手工、智能手机、钢琴、葫芦丝等17个专业77个课程。

（翁绮雁）

## 区直机关党建

**【概况】** 2019年，黄埔区直机关工委管理服务区直机关直属党组织67个，机关党支部553个，党员1.01万人。落实理论学习中心组、机关学习讲坛、党支部学习研讨、党日活动交流学习、党员自学“五学联动”机制，深化“大学习、深调研、真落实”工作，推进“两学一做”学习教育常态化制度化，举办党的十九大、粤港澳大湾区建设等专题学习培训。开展“不忘初心、牢记使命”主题教育，落实主题教育“守初心、担使命、找差距、抓落实”总要求，抓好学习教育、调查研究、检视问题，推进整改落实。承担区委主题教育联络指导二组职责，抓好机关单位主题教育，确保机关党员干部理论学习有收获、思想政治受洗礼、干事创业敢担当、为民服务解难题、清正廉洁作表率。

构建“令行禁止、有呼必应”党建引领共建共治共享社会治理格局，推动1万余名机关在职党员100%到社区报到，开展区直机关党组织与企业党组织结对共建，推动党代表、党员参与社区服务活动。坚持党建带群团，慰问困难党员、老党员，结对社区困难党员27户，慰问困难、住院、重疾职工227人，投入经费25.79万元。开展模范机关创建活动，督促检查机关党组织贯彻落实基层组织建设三年行动计划和支部工作条例。开展区直机关党员干部思想状况和区直机关党支部标准化规范化建设调研，找准问题，落实整改。打造18个基层党建工作示范点，指导机关党组织、纪检组织及群团组织设置，规范党费和工会费的收缴、使用和管理，划拨党员教育活动及党建示范点创建经费413.51万元、工会经费及工会专项活动经费338.23万元。开展“作风建设年”活动，破除形式主义、官僚主义。推进“头雁”工程，做到党支部书记、党务干部培训、抓基层党建工作述职评议考核、公开承诺全覆盖。实施党员先锋工程。全年新发展党员112人，预备党员转正128人。选树优秀共产党员、党务工作者60人，先进党组织43个。

创新党建模式，擦亮打造黄埔机关党建工作品牌。开展“牢记使命跟党走 砥砺奋进新时代”机关党员干部新时代风采展示大赛、“礼赞新中国、奋斗新时代”微心语活动、“相约黄埔·逐梦湾区”徒步嘉年华、“贺国庆、强体魄、展风采”趣味运动会，完成庆祝中华人民共和国成立70周年晚会及黄埔马拉松组队任务。建设以“香雪·初心”为主题的区直机关党群服务中心，为机关党员干部、园区高层次人才和粤港澳青年打造读书、交流、学

2019年9月26日，在黄埔区直机关工委主办的“牢记使命跟党走，砥砺奋进新时代”党员干部新时代风采展示大赛活动中，黄埔区纪委监察委选送的《保护干部敢于担当》小品获二等奖 （区直机关工委供图）

习平台。系列活动在腾讯网、腾讯大粤网、腾讯新闻APP、黄埔发布、高新区发布、黄埔信息等渠道报道。

**【区直机关主题教育活动】** 2019年，黄埔区直机关工委按照“守初心、担使命、找差距、抓落实”总要求，筑牢“两个维护”思想根基。围绕“习近平新时代中国特色社会主义思想体系”“习近平总书记关于全面从严治党重要论述”等进行专题研讨，开设专题党课。开展区直机关党员干部思想状况和区直机关党支部标准化规范化建设调研并形成报告，提出有效措施16项，推进整改落实。召开主题教育专题民主生活会、专题组织生活会，开展批评和自我批评，提出整改措施。举办区直机关“不忘初心、牢记使命”主题教育学习讲座，邀请广州市委党校教授王超作“深入学习习近平新时代中国特色社会主义思想体系”专题授课。参与制作“不忘初心、牢记使命”主题教育图片展览，展现区直机关党建工作风采和党员干部勇立潮头、奋楫争先的风貌。开展“千名干部深入基层，万名党员联系群众”解难题活动，听取社区存在的实际难题，建立解难题工作清单，梳理出3个大点、9个小点需解决难题，提出整改措施25项。摸查社区实际需求，结合在职党员“双报到”工作，形成服务清单，组织区直机关单位和党员有针对性地为基层群众开展服务，把“守初心、担使命”的要求落实到为人民群众服务的具体行动中。结对开展主题党日活动，开展爱国主义教育，组织区直机关党员干部参观“不忘初心、牢记使命”主题教育档案文献展，到红色教育基地开展爱国主义、“扫黑除恶”教育活动，观看红色革命、爱国主义题材影片，强化使命担当，发挥先锋模范作用。

承担区委主题教育联络指导二组工作职责，抓好机关单位主题教育。全年开展专题学习1321次；开展各类调研1597次，形成调研报告438份；讲专题党课371次1.02万人参加；各单位班子检视问题1572个，落实整改1228个；班子成员检视问题4364个，落实整改3140个；梳理基层群众“操心事、烦心事、揪心事”专项清单140项，制定整改措施192项。是年，各类信息被市委主题教育办采用6则，专刊1期。

**【学习宣传活动】** 2019年，黄埔区直机关工委贯彻党的十九大精神及党的十九届二中、三中、四中全会精神，把用习近平新时代中国特色社会主义思想武装全党作为党员教育管理的首要政治任务，形成理论学习中心组、机关学习讲坛、党支部学习研讨、党日活动交流学习、党员自学“五学联动”机制。全年开展中心组学习和党员干部集中学习等35次，举办区直机关党员干部学习贯彻《粤港澳大湾区发展规划纲要》专题报告会，650人参加。发放学习资料、学习笔记本3.35万册。完善机关党建宣传栏、党员图书阅览角等党建学习、宣传阵地。组织开展“听党话、跟党走、为党作贡献暨书和远方”青年阅读分享会。指导区直机关各党组织用好“学习强国”学习平台。

**【庆祝中国共产党成立98周年系列活动】** 2019年，黄埔区直机关工委开展“牢记使命跟党走砥砺奋进新时代”——机关党员干部新时代风采展示大赛，用情景舞台剧展示机关党员干部新风采新贡献。区政府办、区卫生健康局获一等奖；区纪委监察委、广州开发区纪工委机关，区城市管理综合执法局，区政务服务数据管理局获二等奖；区委老干部局、广州开发区党工委老干部局，区教育局，区人力资源和社会保障局，区退役军人事务局和区税务局获三等奖。开展“礼赞新中国 奋斗新时代”——区直属机关党员干部“微心语”活动，全区近万名党员干部参加，活动在腾讯网、腾讯大粤网、腾讯新闻APP、黄埔发布、高新区发布、黄埔信息等渠道报道。开展区直机关2019年党内表彰，“七一”前夕，评选出市级优秀共产党员2人、优秀党务工作者1人、先进党组织4个，区级优秀共产党员31人、优秀党务工作者26人、先进党组织39个。

**【模范机关创建】** 2019年，黄埔区直机关工委印发《关于在模范机关创建活动中做好查摆问题工作的实施意见》，指导机关单位全面查摆问题，开展创建活动。开展机关党组织与企业党组织结对共建试点工作，区政府办、区工业和信息化局、区科技局、区市场监管局、区民营经济和企业服务局5个区直机关党组织和8家区内有代表性的民营企业党组织开展结对共建活动，推动模范机关创建活动向基层延伸，强化党建工作对企业创新发展的核心引领作用，构建政企党建共融共建共享新格局，使机关党员干部更好地为中小企业服务。开展深化模范机关创建推动政企结对共建——企业学习交流活动，组织区直机关工委领导班子成员、区直机关党组织书记、优秀党员代表、预备党员、发展对象、入党积极分子等140人到广州开发区高新兴科技集团股份有限公司、广州明珞汽车装备有限公司、广州环亚化妆品科技有限公司等5家区内重点高新技术企业学习交流。指导区机直机关在职党员100%回社区报到，开展“悟初心、担使命、强党建、优服务”党代表（党员）进社区服务群众活动。组织区委政法委、区卫健局、联和街道办事处、团区委、区残联、区中医药学会等单位为基层群众开展服务。开展2019年机关党建重点课题调研，选送区科技局火炬中心党支部、区图书馆党支部等7份优秀调研材料报送广州市直机关工委。组织区直机关党组织参加广东省直机关第七届“先锋杯”工作技能大赛。参加广州基层党建优秀案例评选活动，推选区直机关党群服务中心、区直机关党员干部“微心语”活动以及区机关党员干部新时代风采展示大赛等参加评选。建设以“香雪·初心”为主题的区直机关党群服务中心，打造集教育、管理、服务、活动、展示和办公于一体的开放式、多功能、专业化的党建工作综合阵地，为机关党员干部、园区高层次人才和粤港澳青年提供读书、交流、学习平台，使其成为宣传新思想的“红色阵地”，展示党建形象的“红色窗口”，联系服务党员群众和青年人才的“红色家园”。

【基层党组织建设】 2019年，黄埔区直机关工委批复区直机关单位党组织的设立、换届、改选53个，全部基层党组织完成机关纪检委员设置。办理组织关系转接1844人次，新发展党员115人，批准预备党员转正28人。对67个区直机关直属党组织标准化建设全覆盖检查，组织区直机关各有关党组织40多人到区税务局开展党建经验交流活动，打造区直机关基层党建工作示范创建点18个。区直机关工委书记向区委进行抓基层党建工作述职，67个区直属机关党组织书记向区直机关工委述职并评定等次。是年，区直机关增补选举区第一届党代表14人。举办2019年区直机关党组织、区属国有企业党组织书记培训班，党建党史、党务业务领域专家学者集中授课，重点学习《中国共产党支部工作条例（试行）》《关于新形势下党内政治生活的若干准则》、心理调适和压力管理等方面的课程，近700人参加培训。加大对机关党建和工会工作经费的投入，全年划拨党员教育活动及党建示范点创建经费413.51万元、工会经费及工会专项活动经费338.23万元。对13名因公致残的党员、干部开展慰问，对37个离退休党支部进行补助。

【党风廉政建设】 2019年，黄埔区直机关工委强化党风廉政风险防控，教育引导区直机关党员严格自律，党风廉政原则问题上克己奉公、旗帜鲜明。严格执行领导干部个人事项报告制度，主要领导开展述责述廉述德报告。执行“三重一大”制度，规范决策行为，严格会议决策制度与公示制度。推进“作风建设年”活动，力戒形式主义、官僚主义。制定《黄埔区直机关工委督办工作制度》。加强对区直机关监督指导，做好区直机关各党组织民主生活会督导。是年，现场督导区工业和信息化局、区规划和自然资源局、区城市管理综合执法局、区市场监管局4个党组织领导班子民主生活会，对发现的问题要求落实整改。指导开展编报2018年工会经费收支决算和2019年工会经费收支预算工作，组织审计区直机关66个基层工会经费，落实基层工作审计全覆盖要求。

【群团活动】 2019年，黄埔区直机关工委印发《关于做好机构改革中区直机关基层工会组建有关工作的通知》，规范和加强区直机关工会组织建设，全年批复区直机关基层工会设立、换届、改选29个。举办2019年基层工会干部业务培训班，区直机关各基层工会主席、副主席及工会干部230人参加培训。全年向227名机关职工发放困难职工慰问金、住院关爱慰问金25.79万元。举办黄埔区、广州开发区“相约黄埔·逐梦湾区”机关徒步嘉年华活动，600余人参加。举办区直机关“贺国庆、强体魄、展风采”趣味运动会，区直机关各基层工会组织代表队53支、运动员1300余名参赛。组织600余名机关干部参加区庆祝中华人民共和国成立70周年大会，组织区直机关500人方阵参加第三届黄埔马拉松竞赛。

（黄慧敏）

## 机构编制管理

【概况】 2019年，黄埔区委、广州开发区党工委按照新一轮党和国家机构改革的整体部署，完成党政机构改革，形成系统完备、科学规范、结构优化、运行高效、特色鲜明的机构职能体系。率先在北京、上海、广州、深圳4个特大城市中及广东省内成立营商环境改革局，打响营商环境改革品牌；在全省率先设立民营经济和企业服务局，促进中小企业办大事能力显著提升；全省率先单独设置区级知识产权局，推进国家级知识产权综改试验区建设；创新设立广州开发区城市更新局，推进全省唯一“三旧”改造改革创新试点；打造招商引资全流程、全方位工作闭环，助力广州开发区获联合国“2019年度全球杰出投资促进机构大奖”。

【机构改革】 2019年1月28日，中共广东省委机构编制委员会办公室印发《广州市黄埔区机构改革方案》；3月13日，中共广州市委机构编制委员会办公室印发《关于调整优化广州经济技术开发区、广州高新技术产业开发区、广州出口加工区、广州保税区、中新广州知识城党工委管委会内设机构的批复》；3月25日，黄埔区、广州开发区的机构、编制、人员调整到位，涉改部门的“三定”规定全部印发，完成机构改革任务。在推进机构改革的同时，创新广州开发区内设机构设置。

【民生与重点领域体制改革】

2019年，黄埔区委编办推进“区管校聘”“集团化办学”改革。优化调整教师进修、教研、科研和电教等机构和职能，整合设立黄埔区教育研究院（挂黄埔区教师发展中心牌子）、区学前教育发展中心、区教师管理服务中心3个事业单位，实现教科研训一体化，促进教师队伍全面发展。加强基础教育编制资源配备，增加优质义务教育学位供给，保障义务教育健康均衡发展，新设立4所公办小学为区教育局下属正科级事业单位，暂配事业编制40人和雇员制教职员指标70人，新增学位约6000个。配备雇员制教职员指标1712人，解决原有学校编制不足和结构性缺编等问题。组建区卫生健康局，实现区级卫生工作从以治病为中心到以人民卫生健康为中心的理念转变，为全区卫生健康工作提供体制机制保障。11月，结合镇街区划调整，新建长岭街、龙湖街、九佛街和文冲街4个公办社区卫生服务中心，并在区卫健系统内部盘活和调剂事业编制向基层倾斜，加强公办社区卫生服务中心力量，让群众就近获得更好的医疗服务。推进市场监管、文化市场、农业、生态环境保护、交通运输5个领域综合行政执法改革，解决多头重复执法检查问题。率先在区级层面设立统筹“令行禁止、有呼必应”工作的相关机构，为党建引领基层治理创新提供体制机制保障。完成新设立镇街的机构设置和编制配备，保证新镇街及时挂牌运作。

【事业单位分类改革】 2019年，黄埔区委编办将原事业单位承担的行政职能全部回归行政机关，涉及事业单位17个，推进全区承担行政职能事业单位改革，理顺政事关系、事企关系，强化事业单位公益服务职责。

【事业单位登记管理】 2019年，黄埔区委编办按照《事业单位登记管理暂行条例》及实施细则，《广东省事业单位登记管理实施办法》《事业单位法人年度报告公示办法（试行）》要求，3月底前全面完成280个事业单位2018年度法人年度报告公示，报送率、公示率100%。全年审核办理176项事业单位登记许可事项，其中设立登记18项，变更登记144项，注销登记14项，并同步在“网上审批系统”“广州市信用信息网”和区政务门户网站进行动态更新和公开。理顺网上办事大厅的各项办事流程和权责清单，完成2019年网上中文域名单位的缴费工作和43个机关群团统一社会信用代码赋码工作。6月，区事业单位管理局制定黄埔区、广州开发区事业单位法人公示信息抽查工作方案，随机抽查16个事业单位进行实地核查。

【绩效管理体系建设】 2019年，黄埔区委制定出台《广州市黄埔区广州开发区广州高新区关于创新绩效管理的若干措施》（“绩效8条”），持续创新绩效管理模式。开展绩效专项考核，在现有综合考评基础上，结合区域发展核心战略，选取招商引资、征地拆迁、营商环境改革3项重点工作开展专项考评。完善奖励激励机制，对年度考评优秀单位，实现绩效奖励倾斜，并增加单位公务员、事业单位人员、编外人员个人年度优秀比例。对绩效排名末位的单位领导班子进行绩效约谈并督促整改。开展创新项目现场评审，针对各单位2019年推进落实的体制机制创新、管理手段创新，以参评单位作项目陈述、答辩，专家评委现场评价打分形式，评选出一批优质项目，推动提升全区创新意识。落实“督考联动”机制，采取线上交办任务，线下实地督查的一体化模式，以督促抓落实，以绩效促整改。参与现场督导重点项目建设、大气污染防治、厕所革命、垃圾分类等工作；印发《黄埔绩效》专刊，亮成绩，找差距，提建议，助力单位提升行政效能，协调解决问题。

【编外聘用人员指标管理】 2019年，黄埔区委编办健全编外聘用人员指标管理制度，重新核定全区机关事业单位编外聘用人员指标数量及类型，实现对全区编外聘用人员指标管理横向到边、纵向到底的全域覆盖。建立全区编外聘用人员指标动态调整台账，完善编外聘用人员实名制管理数据库，实现账实相符。规范编外聘用人员指标数量和指标类型核定、指标使用、人员信息录入等审批流程。创新优化编外聘用人员管理体制改革，充实基层辅助人员力量。探索实施镇街政府聘员经费包干管理模式，变指标管理为经费统筹，选取镇街面积、常住人口、辖内单位数量、重点工作等要素，综合评估各镇街工作量，重新测算核定各镇街包干指标和包干经费，赋予镇街在岗位设置、薪酬分配、考核奖惩等方面的用人自主权，提升工作效能，激发基层发展活力。统筹全区社区专职工作人员指标配备，全面摸查各社区常住人口户数、社区管理服务完善程度等情况，反复测算数据，明确指标配备原则和标准，全年为19个社区增配社区专职工作人员指标；增配村（社区）专职组织员、监察站站长指标，增配镇街垃圾分类督导员指标。

【机构编制效能评估】 2019年，黄埔区委编办探索构建机构编制管理两大评估体系：对拟成立的新部门进行前期必要性及可行性论证为主体的机构编制设置评估体系；对被评估单位运行期间机构编制设置的执行情况和运行效果为主体的机构编制验证评估体系。

（黄成怀）

## 党校教育

【概况】 2019年，黄埔区委党校坚持为党育人，聚焦主业主课，干部教育培训工作取得新成效。坚持为党立言，服务发展大局，科研资政工作实现新突破，坚持市场导向，满足多元需求，电大人才培养工作得到新提升。全年承办各类培训班次22期，举办天数73天，参训人数5500人次，基本覆盖全区各级各类党员干部。开展4项课题研究，其中市社科联“羊城青年学人”立项课题1项，重大立项课题1项，校级立项课题2项。

【党员干部教育培训】 2019年，黄埔区委党校发挥干部培训主渠道作用，提高全区党员干部的政治觉悟、理论水平和工作本领，举办处级干部学习习近平总书记视察广东重要讲话精神专题研讨班、处级干部学习贯彻《粤港澳大湾区发展规划纲要》专题培训班、党的发展对象培训班、村（社区）党组织书记培训班、“两新”组织党组织书记班等培训班次22个。

突出理论教育和党性教育。把习近平新时代中国特色社会主义思想作为学习的中心内容和主干课程，结合“不忘初心、牢记使命”主题教育，引导学员学深、悟透、做实。把党性教育贯穿到学员学习管理的全过程，开展党性剖析，坚定理想信念，使党校成为各级党员干部加强党性修养的“大熔炉”。把党性教育、廉政教育、纪律教育三者结合起来，将廉政教育和纪律教育作为党性教育的重要方面。

实施精准专业化培训。突出对粤港澳大湾区建设的学习培训，举办处级干部学习贯彻《粤港澳大湾区发展规划纲要》专题培训班2期，实现处级干部全覆盖。量身制定差异化培训内容，在处级公务员任职培训班设置“领导干部调研方法论”“突发事件的应对与处理”等课程；在新录用公务员培训班设置“机关公文写作格式与规范”“演讲能力的提升与训练”等课程。

创新优化培训方式。开发用活各种教学形式。在各类班次针对性运用专题辅导、文件解读、专项提升、实践辅导、学员论坛、党性分析、工作交流、法治学习、视频教学、知识竞赛、知识问答、自学等10余种教学形式。落实党政干部到党校（行政学院）讲课、作报告和与学员座谈的制度。推行线上线下相结合教学模式，优选线上学习资源。坚持敞开校门办学，加强与省内高校合作，邀请中国社科院、北京大学知名专家授课。挖掘区内企业资源，邀请企业界人士走进党校课堂。推进“移动党校”建设，借助微信平台辅助教学工作。

学风校风管理。严格进行师资管理，与任课老师签订协议，为教学活动划定“红线”与“底线”，落实“用学术讲政治”要求。严格规范教务，完善培训班组织工作策划案，落实班主任跟班负责制，实行教学质量评估等，推进教学教务管理精细化规范化。加强学员管理，组织成立班委会，以管促学、以学促管。

【科研活动】 2019年，黄埔区委党校深入研究阐释习近平新时代中国特色社会主义思想，组织申报的“习近平党的政治建设思想研究”课题获市社科联“羊城青年学人”立项，在学界率先对习近平党的政治建设思想前沿理论问题进行全面系统阐释。把“建设粤港澳大湾区背景下的区域文化发展”作为2019年度重点研究课题，研究提出推进全区文化发展、建设人文湾区的思路与建议。紧扣黄埔区当前经济发展重点问题和基层党建理论热点及实践，开展“黄埔区民营科技型中小企业融资需求研究”“黄埔区非公党建作用发挥问题调查研究”2项校级课题研究。推动教学科研一体化，由课题研究成果转化的“基层党建理论与实践”教学专题被评为第二届广州市党校系统精品课；全年撰写学术理论文章10余篇，其中省级以上等学术期刊公开发表5篇，入选国家级理论研讨会3篇。

【镇（街道）党校建设】 2019年4月，黄埔区委党校增加对镇（街道）党校业务指导工作职责，新增内设机构1个：镇（街道）党校协调部，增配事业编制3个。建立完善镇（街道）党校工作联系机制，指导全区17所镇（街道）党校制定培训计划，按季度发布镇（街道）党校培训课程指引，组织召开“两班一会”（业务工作能力培训班、基层党员干部培训示范班和工作推进交流会），围绕“如何备好上好基层党校的课”“如何加强基层党校建设”开展学习交流。

（魏亚婷）

# 黄埔区人民代表大会

◎编辑 龚晓华

## 综　述

【人大常委会履职】 广州市黄埔区人民代表大会常务委员会（简称黄埔区人大常委会）是黄埔区人民代表大会的常设机关。2019年，黄埔区人大常委会召开区人大常委会会议14次，听取和审议区“一府两院”和广州开发区管委会专项工作报告28项，作出决议、决定23项，检查法律法规实施情况1部，满意度测评工作报告3项，专题询问重点工作1项，任免国家机关工作人员386人次，备案审查规范性文件27件。

【规范性文件备案审查】 2019年，黄埔区人大常委会严格遵循“有件必备、有备必审、有错必纠”原则，从提高站位、保障力量、规范流程、建立专家团队、完善工作机制、加快信息化建设6个方面着手，做好规范性文件备案审查工作，审查黄埔区政府、广州开发区管委会报备的规范性文件27个，做到有件必备、有件必审。黄埔区人大常委会规范性文件备案审查案例作为全省唯一的基层人大案例入选全国示范案例。发挥基层立法联系点的平台作用，对6部地方性法规草案提出修改意见。

【报告听取和审议】 2019年，黄埔区人大常委会听取和审议区政府关于法治政府建设、代表议案建议办理、十件民生实事落实情况、落实国家“一带一路”倡议开展对外交往工作情况、金融类国有资产管理情况、民营经济及中小企业发展情况、农村人居环境整治、水环境治理和保护、规范性文件备案审查等工作报告。对产融对接服务体系建设、城市管理和综合执法、区检察院关于充分发挥职能作用为打好“三大攻坚战”提供司法保障3项专项工作报告进行满意度测评，推动“一府两院”改进工作。

【调查研究】 2019年，黄埔区人大常委会聚焦关系改革发展稳定大局和群众切身利益、社会普遍关注的重点问题，围绕“发展现代服务业”“智能化交通建设”“全区教育资源配置和义务教育落实情况”3项重点课题开展调研，围绕“老城市新活力”“特殊儿童教育”等开展30多项工作调研，服务人大监督工作。

【专题询问】 2019年，黄埔区人大常委会围绕粤港澳大湾区国际科技创新中心核心枢纽建设，从科技创新战略规划、软环境建设等方面，对黄埔区政府、广州开发区管委会及16个职能部门开展专题询问，助推黄埔区打造大湾区“科技黄埔军校”。

【重大事项决定】 2019年，黄埔区人大常委会健全与区“一府两院”协调确定重大事项议题的工作机制，听取和审议《关于黄埔区、广州开发区2019年上半年国民经济和社会发展计划执行情况的报告》《关于黄埔区、广州开发区2019年上半年预算执行情况的报告》，对黄埔区政府、广州开发区管委会提出工作要求。听取和审议《关于黄埔区、广州开发区2018年决算的报告》《关于黄埔区、广州开发区2018年度区级预算执行和其他财政收支的审计工作报告》以及关于区本级预算调整方案的报告等，依法作出决议。听取和审议区金融类企业国有资产管理工作情况报告，要求黄埔区政府、广州开发区管委会健全风险防范和应急处置机制，防范化解国有金融资产风险。首次审议黄埔区、广州开发区2018年度国有资产管理情况综合报告。听取和审议区政府2019年重点推进的民生实事项目办理情况的报告，督促区政府把人民群众关心关注的民生实事办好办实。审议关于法治政府建设工作报告和2019年度政府重大行政决策事项的备案报告，做好关于黄埔区部分街镇行政区划调整的备案工作。

【人大组织构成】 黄埔区第一届人民代表大会由249名人大代表组成，至2019年末，实有代表239人。全区设立16个人大街道工作委员会，接受区人大常委会和街道党工委的双重领导，对区人大常委会负责并报告工作。黄埔区人民代表大会常务委员会是黄埔区人民代表大会的常设机关。黄埔区人大常委会机关设办公室和7个工作委员会：监察和法制工作委员会、预算工作委员会、城乡建设环境与资源保护工作委员会、社会建设与华侨外事民族宗教工作委员会、经济和科技工作委员会、文化教育卫生健康工作委员会、选举联络人事任免工作委员会。是年，黄埔区人大常委会新成立区一届人大社会建设委员会，法制委员会更名为监察和司法委员会，区人大专门委员会设置更加完善；新成立区人大常委会经济和科技工作委员会，对部分工作委员会的名称和职能进行优化调整，并完成人员配备，常委会整体工作效能得到提升。

（彭磊）

## 重要会议

【黄埔区第一届人民代表大会第七次会议】 2019年3月19—22日在黄埔区会议中心召开。黄埔区人大代表210人出席会议。

大会听取和审议政府工作报告；审查和批准黄埔区、广州开发区2018年国民经济和社会发展计划执行情况与2019年计划草案的报告，黄埔区、广州开发区2018年预算执行情况与2019年预算草案的报告；听取和审议区人大常委会工作报告、区人民法院工作报告、区人民检察院工作报告。通过上述各项报告的决议，确定黄埔区、广州开发区2019年经济社会发展的目标任务。经代表投票选举，陈勇当选为黄埔区区长。表决通过区人大社会建设委员会以及区人大监察和司法委员会成员名单。

大会收到建议、批评和意见103份，闭会后由区人大常委会交由黄埔区政府、广州开发区管委会及有关部门研究办理并答复代表。

【黄埔区一届人大常委会会议】 2019年，黄埔区一届人大常委会召开会议14次。

1月21日，审议区政府有关人员辞职事项；审议区政府有关人事任免事项；审议关于区一届人大七次会议改期的决定（草案）；审议黄埔区政府、广州开发区管委会关于2018年十件民生实事推进落实情况的报告（书面报告）；审议2018年度预算绩效管理工作的报告（书面报告）；审议区一届人大六次会议代表建议、批评、意见办理情况的报告。

2月28日，审议个别区人大代表辞职事项；审议区法院部分工作人员任免事项；审议区法院有关人民陪审员任命事项；审议区检察院有关人事任命事项；审议广州市公安局黄埔区分局关于提请许可对汤成安采取刑事拘留措施的事项；审议区人大常委会法制工委委员调整名单有关事项；审议区人大常委会工作报告（送审稿）；审议黄埔区政府、广州开发区管委会关于黄埔区、广州开发区2018年法治政府建设情况的报告（书面报告）；审议区政府关于2018年黄埔区环境保护工作情况的报告（书面报告）；审议2018年区人大各街道工委和九龙镇人大工作情况报告（书面报告）；审议2018年区人大代表各街镇联组集中视察情况报告（书面报告）。

3月7日，审议关于区一届人大七次会议举行日期的决定（草案）；审议补选个别区人大代表有关事项；听取黄埔区政府、广州开发区管委会关于黄埔区、广州开发区2018年国民经济和社会发展计划执行情况与2019年计划草案报告的说明，审议区人大常委会关于计划草案的

2019年3月19—22日，黄埔区第一届人民代表大会第七次会议在黄埔区会议中心召开 （李剑峰 摄）

初审意见；听取黄埔区政府、广州开发区管委会关于黄埔区、广州开发区2018年预算执行情况与2019年预算草案报告的说明，审议区人大常委会关于预算草案的初审意见；审议区政府关于提请任命陈勇为黄埔区人民政府副区长的议案报告。

3月15日，审议区政府有关人事事项；研究关于新龙镇人大代表名额及设立新龙镇选举委员会有关事项；审议部分区人大代表辞职事项；审议关于确认个别当选代表的代表资格的决定草案，听取区一届人大代表变动情况的报告；审议区政府关于2019年黄埔区十件民生实事建议事项的报告（书面报告）；听取区一届人大七次会议筹备处关于大会筹备工作情况的报告，审议大会有关文件草案。

3月18日，审议区政府有关人事事项。

4月25日，审议个别区政府副区长免职事项；审议孙湘辞去广州市十五届人大代表职务的有关事项；审议部分区人大代表辞职事项；听取关于九龙镇行政区划调整备案的说明。

6月20日，审议部分区人大街道工委主任职务任免事项；听取和审议黄埔区政府、广州开发区管委会关于2019年区本级第一次预算调整方案的报告；听取和审议区政府关于水环境治理和保护工作情况的报告。

7月3日，审议区人民政府有关人事任免事项；审议区人大常委会机构调整事项；审议区人大常委会部分内设机构工作人员任职事项。

8月15日，审议区人民政府有关人事任免事项；审议区人民法院有关人事任免事项；审议部分区人大代表辞职事项；审议补选部分区人大代表有关事项；审议区人大常委会机关部分工委委员名单事项；听取和审议黄埔区政府、广州开发区管委会关于2019年上半年国民经济和社会发展计划执行情况的报告；听取和审议黄埔区政府、广州开发区管委会关于2019年上半年预算执行情况的报告；审议黄埔区政府关于2019年区十件民生实事1—7月推进落实情况的报告（书面）；审议黄埔区政府、广州开发区管委会关于2019年度政府重大行政决策事项目录的备案报告（书面）。

9月25日，审议区人大常委会有关人事任免事项；审议区人民检察院有关人事免职事项；审议补选部分区人大代表有关补充事项；审议区人大常委会个别工委委员名单事项。

10月11日，审议区政府有关人事任命事项。

10月30日，审议区监察委员会有关人事免职事项；审议区人大常委会有关人事任免事项；审议区法院有关人事任免事项；听取和审议黄埔区政府、广州开发区管委会关于2018年决算（草案）的报告、关于2018年度区本级预算执行和其他财政收支的审计工作报告，审查和批准2018年决算（草案）；听取和审议黄埔区政府、广州开发区管委会2019年第二次预算调整（草案）的报告；听取和审议区检察院充分发挥检察职能为打好“三大攻坚战”提供司法服务和保障的专项工作报告，并进行满意度测评；听取和审议黄埔区政府、广州开发区管委会关于产融对接服务体系建设专项工作报告，并进行满意度测评；听取和审议黄埔区政府关于城市管理和综合执法情况专项工作报告，并进行满意度测评；审议关于确认部分当选代表的代表资格的决定（草案）；对黄埔区创建粤港澳大湾区国际科技创新中心核心枢纽情况进行专题询问。

11月28日，审议区监察委员会有关人事任免事项；审议区法院有关人事任免事项；听取市人大代表黄埔联组部分代表履职报告；审议区人大常委会部分工委委员名单；审议区人大常委会部分街道工委委员名单；补选个别广州市十五届人大代表；审议个别市十五届人大代表辞去代表职务的有关事项。

12月27日，审议区政府有关人事任命事项；审议区人大常委会街道工委有关人事任命事项；审议区法院有关人事任命事项；补选个别市十五届人大代表；审议个别广州市十五届人大代表辞去代表职务的有关事项；听取区人大常委会2019年度规范性文件备案审查工作情况报告；听取和审议黄埔区、广州开发区金融类企业国有资产管理工作情况报告；审议2018年度黄埔区、广州开发区国有资产管理情况综合报告（书面报告）；听取黄埔区政府关于农村人居环境整治工作报告；听取黄埔区、广州开发区民营经济及中小企业发展情况工作报告；审议黄埔区政府、广州开发区管委会关于区一届人大七次会议及闭会期间代表建议、批评和意见办理情况的报告（书面报告）；审议黄埔区政府、广州开发区管委会关于区一届人大一次会议以来往年代表建议办理情况的报告（书面报告）；听取和审议黄埔区政府、广州开发区管委会关于《区一届人大四次会议关于“做大做强文化产业、增创黄埔发展新优势的议案”的决议》2019年落实情况的报告；听取和审议黄埔区政府、广州开发区管委会关于《区一届人大六次会议关于“建设高质量高水平医疗卫生服务保障示范区的议案”的决议》2019年落实情况的报告。

（彭磊）

## 人大监督

**【预算监督】** 2019年，黄埔区人大常委会开展“阳光预审”，重点审查财政资金使用绩效。在大沙街、联和街探索开展“参与式”预算监督，把对政府投资的民生项目及部门预算的监督往基层延伸。组织相关工委、街镇人大、人大代表对3个财政投资的民生项目及7个单位的部门预算草案进行预先审查，聘请会计师事务所参与预审工作并提供专业意见，倒逼预算部门改进预算编制方式方法，拓展预算编制的内容和范围。加强预算联网监督系统的建设和应用，新龙镇预算联网监督系统达到上线试运行要求。

**【执法检查和专题视察】** 2019年，黄埔区人大常委会开展《广州市非机动车和摩托车管理规定》执法检查，督促区政府加强“禁电限摩”政策宣传，加大“五类车”整治力度。开展凤凰河治理和保护工作专题视察，组织市、区人大代表联动巡查黑臭河涌，督促区政府加强河道管理和污染源查控工作，推动黄埔区治水工作。

（彭磊）

## 代表工作

**【人大代表培训和履职服务】**

2019年，黄埔区人大常委会与南京大学、西安交通大学联合举办履职培训班2期，95名代表参加培训。6名市人大代表向区人大常委会报告履职情况、86名区人大代表向原选区选民述职。落实常委会组成人员联系代表、代表联系群众“双联系”制度，实现联系经常化、全覆盖，畅通社情民意反映和表达渠道。按照有场地、有人员、有制度、有活动、有经费、有设备“六有”标准，在全区建立人大代表中心联络站17个，架起联系群众的“连心桥”。将原有的69个社区（村）联络站整合为43个，规范站点设置、组织管理和工作制度。组织代表开展进社区、进网格活动149次，收集意见建议463条，推动解决295件群众关注的难点、堵点问题。

**【人大代表建议办理】** 2019年，黄埔区人大常委会完善代表建议交办、督办和反馈机制，发挥代表议案建议管理系统作用，实时监督代表建议办理。区一届人大七次会议及闭会期间提出的109件代表建议均办复，代表建议所提问题得到解决或计划逐步解决的占95.4%；区人大代表答复为满意的106件，占97.25%；基本满意的3件，占2.75%。

**【人大街道工委工作品牌打造】**

2019年，黄埔区人大常委会对区一届人大一次至六次会议的4件议案、39件建议（包括10件重点建议，29件列入政府年度计划或列入规划拟逐步解决的建议）办理情况进行集中督办。常委会领导牵头成立6个督办小组，全年召开协调会34次，现场督办25次。通过重点督办、对口督办、协同督办、评估督办等方式，对议案建议办理各个环节进行质量管理和督查监控。重点督办的39件代表建议均销件办结，彻底解决困扰天鹿花园等4个安置小区居民长达10年的燃气管道建设问题等。

是年，黄埔区人民代表大会各街道工委探索和打造工作品牌。人大文冲街道工委“人大代表网上联络站”建成使用，形成线上掌握社情民意、线下解决实际问题的“双线”履职模式。人大夏港街道工委打造“零距离为企业服务、心贴心为群众解忧”的“企业服务圈”和“社区服务圈”，为企业搭建高管碰头会、上下游产业对接会、信息交流会3个平台，策划八大文化品牌活动。人大鱼珠街道工委依托“议事厅”，搭建代表与群众、企业、相关政府部门之间的议事平台，打造共建共治共享社会治理新格局。

（彭磊）

## 工作委员会

**【监察和法制工作委员会】** 2019年，黄埔区人大常委会监察和法制工作委员会到黄埔区检察院开展专题调研，组织政府部门、企业家代

2019年8月8日，广州市人大代表黄埔联组“垃圾分类“专题调研座谈会召开（黄埔区融媒体中心供图）

表座谈，研究制订《听取和审议区检察院关于充分发挥检察职能为打好“三大攻坚战”提供司法服务和保障专项工作报告方案》。通过优化专项报告的满意度测评评分项，提出初审意见等系列措施，为区人大常委会听取和审议区检察院该专项工作报告做好基础工作，推进区检察院专项工作取得显著成效。与区法院开展“优化营商环境”专题座谈，共同探索法治化营商环境的内涵，督促区法院贯彻落实《区人大常委会关于发挥审判职能作用，为企业家创新创业营造良好法治环境专项工作报告的审议意见》，推动区法院为黄埔区营造良好的法治化营商环境提供优质的司法服务和保障。督促区政府落实《区人大常委会关于加强和改进行政应诉专项工作报告的审议意见》，推动政府加强和改进行政应诉工作，保障《行政诉讼法》在黄埔区的有效实施。组织开展《广东省规范性文件备案审查条例》专题辅导讲座，制定《规范性文件主动审查各部门基本职责和主要流程》，规范《规范性文件审批文书格式》，优化《规范性文件主动审查简要流程图》，明确区人大常委会各部门职责分工。利用信息化手段，对区政府及“两院”报送的27份规范性文件进行全面审查。牵头召集各相关工委开展联合审查，并向制订机关提出审查纠正意见。区人大常委会规范性文件备案审查案例作为全省唯一的基层人大案例入选全国示范案例。

就《广州市文明促进条例（草案）》《广州市房屋租赁管理规定（草案）》等6部地方性法规草案，征求区内各有关部门的意见建议，向市人大常委会提出有价值的意见建议。配合市人大常委会开展《广州市非机动车和摩托车管理规定》执法检查。优化调整监察和司法委员会及监察和法制工委的人员结构，制定《广州市黄埔区人大监察和司法委员会工作规则》（草案）。起草区委全面依法治区协调小组工作细则，召开协调小组工作会议。召开对区司法局2019年上半年预算执行检查会议，对区政务服务数据管理局2019年预算执行和2020年预算草案预审会议。到永和街、联和街和新龙镇实地协调督办区一届人大一次至六次会议期间代表提出的7件未办结的建议。配合“智慧人大”平台建设，加强与区法院、区检察院和咨询单位的沟通，修改完善监察和法制工作联网监督系统技术方案。

（杨小娜）

**【预算工作委员会】** 2019年，黄埔区人大常委会预算工作委员会围绕依法讨论决定重大事项开展监督，实现科学化、规范化、常态化，做好区人大常委会听取和审议上半年计划和预算执行情况报告、2018年度决算和审计报告，以及关于区本级预算调整方案报告的审查工作，并提出工作建议，为区人大常委会审议并依法作出决议提供参考。

开展计划预算审查监督。牵头实施预先审查、初步审查、大会审查“三审”制度，指导相关工委、街道对宏岗河综合整治工程等3个财政投资民生项目及7个单位部门预算草案进行预先审查，管好政府“钱袋子”。建立阳光审查、延伸审查制度，指导大沙街、联和街探索“参与式”监督，把政府投资民生项目和预算审查的环节往基层延伸。深化预算联网监督系统建设和应用，强化预算执行监督，推进新龙镇预算联网监督系统达到上线试运行要求。探索聘请第三方专业机构开展专业审查，通过数据分析和预警功能，督促预算执行严重低于序时进度的单位提高预算执行率，提高预算资金使用效率和效益。

促经济发展提质增效。为区人大常委会首次书面审议黄埔区、广州开发区2018年度国有资产管理情况综合报告做好前期工作，促进国有资产管理摸清家底、规范透明、安全有效。加强政府投资项目监督，协调区政府首次向代表大会提供1028个政府投资项目一览表。组织听取和审议区金融类企业国有资产管理工作情况报告，提出初审意见。建议区政府、管委会健全风险防范和应急处置机制，坚决防范化解国有金融资产风险。组织区产融对接服务体系建设工作情况专项报告评议，提出初审意见。建议进一步完善黄埔区、广州开发区产融对接体系，加快建立与创新发展相适应的多层次金融市场，发挥区属国有企业在产融对接体系建设中的引领作用。

（曾佩群）

**【城乡建设环境与资源保护工作委员会】** 2019年，黄埔区人大常委会城乡建设环境与资源保护工作委员会持续跟踪关于加快推进黄埔区交通体系建设的议案办理情况，召开督办座谈会听取汇报，调研“八纵八横”路网建设、交通智能化建设、有轨电车建设和运营、停车场规划建设和管理等情况，组织区人大代表开展专题视察，到外地城市学习借鉴交通路网建设经验做法，推动黄埔区综合交通体系建设。跟进水环境治理和保护重点建议办理。组织调研凤凰河整治情况，督办流溪河一级支流凤凰河水环境治理达标。协调组织省、市、区三级人大代表开展凤凰河水环境治理和保护工作情况专题视察。查看黑臭河涌整治情况，督促有关部门继续加大力度推进河涌整治工作。组织听取和审议黄埔区政府关于水环境治理和保护工作情况的报告，提出初审意见供常委会审议时参考，跟踪督办区政府处理落实情况。助力乡村振兴战略。到洋田村、旺村、燕塘村和莲塘村调研村容村貌及历史文化。组织召开关于加快推进新龙镇美丽乡村建设的建议办理情况督办会，听取办理情况汇报，要求各有关单位继续加大力度把美丽乡村建设作为综合性、系统性、长期性工程来抓。学习借鉴外省推进美丽乡村建设，改善农村人居环境的经验做法，助力践行乡村振兴战略。推进环境保护和城市管理。调研企业环保工作情况，了解企业生产经营状况、环保设施投入及排污情况，帮助企业解决环保问题。检查区城市管理综合执法局、区农畜牧管理综合执法大队2019年上半年部门预算的执行情况，督促相关部门聚焦工作重点，发挥财政资金的作用。协调组织部分省、市人大代表黄埔联组对黄埔区实施“垃圾分类”情况开展专题调研，提高垃圾分类工作水平。专题调研黄埔区“厕所革命”和拆违工作情况，推动农村人居环境改善见实效。组织开展城市管理和综合执法评议，对城市管理工作报告进行初步审查并提出意见，供人大常委会审议时参考，会后跟踪区政府及相关职能部门处理情况。促进城市更新改造。到外省学习调研历史文化古村落更新改造工作情况，总结调研成果和经验，形成专题调研报告，为推进全区城市更新与旧村改造中对历史文化遗产的保护和传承，让“老城市”焕发新活力提供参考。促进农村经济发展。组织召开有关农村经济发展的人大代表建议办理情况督办会。跟踪督办氢能产业发展建议，跟踪督办关于高起点、高标准建立和发展氢能产业的建议办理情况，组织召开督办会，听取情况汇报。

（钟敏）

**【社会建设与华侨外事民族宗教工作委员会】** 2019年，黄埔区人大常委会社会建设与华侨外事民族宗教工作委员会参加外事活动4次，接待上级来访1次，组织视察、调研活动和召开工委会议53次。开展专项调研，促进监督实效。针对机构调整的新情况，围绕社会建设、民族、宗教、安全生产、特殊儿童教育等民生问题组织部分区人大代表和工委委员深入基层、企业开展专题调研，将调研转化成果交给区政府决策参考。开展专项调研活动。4—12月，以特殊教育两头延伸为切入点，到黄埔区残联、财政局、教育局、康园工疗站、启智学校、区智明学校、社区服务中心，全面摸查和了解全区残疾人权益保障情况，组织到上海、浙江学习外省特殊教育先进经验，形成调研报告，为促进黄埔区特殊教育向学前教育和职业教育两头延伸出谋划策。听取和预审区残联2020年部门预算工作。5—7月，组织工委到区残联调研、黄埔街道工疗站调研残疾人经费使用情况。11月，召开预审会对区残联2019年部门预算和2020年度部门预算进行审查，将建议反馈给区残联，规范残联预算编制和执行，提升残疾人服务工作水平。搭建“以侨引资、以侨引智”平台，促进服务实效。引荐信诺弗罗斯特大数据团队、瑞博澳生物公司等侨资企业与归谷广州科技园有限公司进行产业对接，为企业搭建合作双赢机会。推进惠侨助侨服务工作，与区外事办、政协港澳委、侨联沟通联系，为做好侨务工作出谋划策。加强对外交流，助推粤港澳大湾区建设。组织人大代表深入中慧科技园有限公司、青怡苹果（广州）有限公司、归谷广州科技园有限公司、区“一带一路”欧亚商贸合作交流中心等侨资企业走访调研，了解侨资企业在生产经营中遇到的困难和问题，听取其对黄埔区营商环境等方面的意见建议，促进侨资企业转型升级，为侨资企业和侨商提供更多的经贸合作机会。关注民生热点，促进议案建议办理。加强历次历史遗留的人大代表建议督办工作。参与“人大代表议案、建议全面落实年”行动，了解区一届人大二次会议至六次会议期间有关代表建议的办理进度，听取主办单位及会办单位汇报建议的办理进展情况及存在问题，加强跟踪督办，确保代表建议得到落实。

（黄连枝）

**【经济和科技工作委员会】** 2019年，黄埔区人大常委会经济和科技工作委员会组织开展“现代服务业发展”重点课题调研，了解全区现代服务业发展情况，综合分析调研数据、资料，撰写《黄埔区现代服务业发展情况报告》，供区人大常委会决策参考。开展关于区人大常委会听取区民营经济及中小企业发展情况报告的前期调研，对专项工作报告的初稿提出修改意见。通过区一届人大常委会第五十三次会议听取该专项工作报告，促进各项企业扶持政策落实。联合区人大萝岗街道工委、人大云埔街道工委召开预审工作会议，对区知识产权局2019年部门预算执行情况和2020年部门预算进行预审，对该单位的部门预算执行和编制提出完善意见和建议。

（钟浩礼）

**【文化教育卫生健康工作委员会】**

2019年，黄埔区人大常委会文化教育卫生健康工作委员会结合“人大代表议案、建议全面落实年”总体部署，以全面推进区一届人大四次会议通过的《关于做大做强文化产业、增创黄埔发展新优势的议案》和区一届人大六次会议通过的《关于建设高质量高水平医疗卫生服务保障示范区的议案》的落实为工作重点，深入政府职能部门和企业开展调研。组织听取和审议黄埔区政府、广州开发区管委会《关于做大做强文化产业、增创黄埔发展新优势的议案》《关于建设高质量高水平医疗卫生服务保障示范区的议案》2019年度落实情况的报告，并提出初审意见。加大对《关于加大扶持现代职业教育，进一步提升和服务我区产业发展的若干建议》重点建议的督办力度，采取座谈、走访、调研、考察等多种形式持续跟进办理情况，引导构建和完善与产业发展相适应的现代职业教育体系。开展全区教育资源配置和义务教育落实情况专题调研。为深入了解黄埔区教育事业发展总体情况，摸查全区基础教育情况及存在的困点难点，到20多个相关职能部门和学校进行调研，召开征求意见座谈会。撰写《关于开展全区教育资源配置和义务教育落实情况专题调研工作报告》，供区人大常委会监督参考。开展基层医疗卫生工作调研。赴江苏南京、扬州、宿迁考察，学习三市在基层医疗卫生工作方面的先进经验和主要做法，形成《借鉴三市医疗卫生工作经验 推动建设高质量高水平医疗卫生服务保障示范区议案决议落实》调研报告，促进黄埔区基层医疗服务水平提升。

（宋赫男）

**【选举联络人事任免工作委员会】**

2019年，黄埔区人大常委会选举联络人事任免工作委员会组织驻区省、市人大代表黄埔联组代表对黄埔区实施“垃圾分类”情况开展专题调研，对凤凰河水环境治理和保护工作情况、黄埔区交通路网建设情况（珠吉路—科林路—茅岗北路）进行视察。分别与南京大学、西安交通大学联合举办“广州市黄埔区人大代表履职能力培训班”。送课下基层，为区、镇代表及基层人大工作人员讲授人大代表业务知识。组织市、区人大代表参加“羊城代表学堂”。全年培训人大代表220余人次，培训人大机关和街道工作人员110人次。组织召开人大代表履职报告会，6名市人大代表向区人大常委会报告履职情况、86名区人大代表向原选区选民述职。定期召开街镇人大工作会议，听取各街镇人大开展代表活动情况、人大街道工委规范化建设三年行动计划落实情况及相关工作思路，对街道工委工作进行部署。指导15个街道30个选区依法选举产生34名区一届人大代表。优化提升代表联络站，全区1镇、16街道全部建立人大代表中心联络站。街镇人大代表中心联络站按“六有”标准与党群服务中心融合建设，有相对独立的办公和活动区域。梳理原有的代表联络站，依托村（社区）党群服务中心设置村（社区）联络站43个。全年开展代表进社区活动149次，参加活动的五级人大代表570人次，接待选民群众1129人次，收集意见建议463条，推动解决295件选民群众关心的热点、难点问题。针对代表议案建议办理中存在的“满意率高但落实率不高”问题，牵头开展人大代表议案建议全面落实年”行动，对区一届人大一次至六次会议的4件议案、39件建议办理情况进行集中督办，促进代表建议办理落地落实。4件议案决议的落实均取得新进展，重点督办的39件代表建议均销件办结，困扰天鹿花园等4个安置小区居民长达10年的燃气管道建设问题得到解决，永顺大道贤江段（贤江社区路口）增设一座人行天桥、广州市新机场油库征地涉南湾社区返留用指标等民生难题得到妥善解决。对2019年度区政府十件民生实事项目的实施情况开展专项监督。制定监督工作实施方案，定期召开座谈会。通过人大代表参与的方式，对民生实事项目的实施情况进行全面监督。十件民生实事全部按计划节点推进，大部分超额或提前完成。全年依法任免国家机关工作人员386人次，其中任职365人次、免职21人次。

（钟可盈）

# 黄埔区人民政府

◎编辑 田丽华

## 综 述

【督查督办】 2019年，黄埔区政府、广州开发区管委会联合督导机制化、常态化，督导直面体制机制等瓶颈难点。完成市、区十件民生实事，推进省、市、区重点项目攻城拔寨。15个省重点建设项目完成年度投资计划（121亿元）的1.75倍；62个市重点建设项目完成年度投资计划（311亿元）的1.15倍。150个区重点建设项目完成年度投资计划（478亿元）的1.23倍。科学城“双创”示范基地连续第二年再获国务院督查激励，并入选国务院办公厅“双百”督查联系点。逐项分解细化全年督查任务，将“以督查促落实，以落实促发展”工作理念具体化，为中小企业发展拓展空间，全年完成“三旧”改造固定资产投资148亿元，城市更新实施速度居全市首位，全市“三旧”改造工作年度考核连续3年排名第一。

【人大议案、建议办理】 2019年，黄埔区政府、广州开发区管委会承办黄埔区人大常委会交办的代表建议109件（其中闭会建议6件），由黄埔区、广州开发区68个单位研究办理。4月，经区人大常委会主任会议研究决定，第2034号《关于高起点、高标准建立和发展氢能产业的建议》、2093号《关于扶持区内优质传统制造业及实业健康发展的建议》、3001号《关于推动广州开发区西区向“智造型城区”总体转型的建议》3件作为年度区人大重点建议，由区人大常委会有关工作委员会负责督办。在区人大常委会的监督指导下，109件建议均办复并取得代表反馈意见。其中，主办单位初次答复为落实（基本落实）或取得初步成效的（A类）81件，占74.3%；正在解决或列入计划准备解决的（B类）19件，占17.4%；受政策或客观条件限制，暂时不能完全解决，列入规划逐步解决的（C类）4件，占3.7%；受现行法律法规限制，一时难以解决，向代表做出解释说明，留作一般性参考的建议（D类）5件，占4.6%。经区各承办单位对其中的23件BC类代表建议续办续复，完成（或基本完成）3件；继续跟进办理，限时办结6件；因办理时间跨度较长，转为政府日常工作推进14件。至年末，上述109件代表建议中，代表建议所提问题得到解决或计划逐步解决的占95.4%。区人大代表对建议办理答复满意率100%，其中满意106件，占97.2%；基本满意3件，占2.8%。

【政协提案、意见办理】 2019年，黄埔区政府承办区政协交办的建议案1件、提案106件，意见20件，均按要求办理完毕。4月，区政协将第1030号《关于增加知识城知识含量的提案》、1022号《关于建设粤港澳大湾区工业设计中心的提案》、2025号《关于加快发展我区有轨电车线网，助力粤港澳大湾区建设的提案》等11件作为区政协重点提案，分别由区委区政府主要领导、区政协主席会议、区政协有关专门委员会牵头督办；确定区政协一届四次会议第2007号《关于大力提升城区综合服务功能，助力西区经济转型升级的提案》为区政协主席会议“回头看”跟踪督办提案。106件提案中，办理解决或基本解决的（A类）93件，占87.74%；正在解决或列入计划逐步解决的（B类）12件，占11.32%；因目前条件限制有待解决的（C类）1件，占0.94%。政协委员反馈意见满意率100%，无基本满意或不满意。

【专题调研】 2019年，黄埔区围

绕黄埔港新贸易创新中心、“一带一路”合作创新示范区开展课题研究，先后6次对接中国国际经济交流中心，研究担当国家战略使命，主动服务香港、澳门发展，进一步提升该区在“一带一路”、粤港澳大湾区经济发展和对外开放中的支撑引领作用，对黄埔港及全区合作创新发展现状、存在问题等进行分析，形成课题报告2篇。黄埔港新贸易创新中心建设方案获广东省批示，“一带一路”合作创新示范区建设方案送至国家发改委审批。围绕“三旧”改造、四治、征地拆迁、安全生产、乡村振兴等重点工作，结合机关、街镇实际选择代表性强的调研点和调研路线，确保专题调研取得实效。

【政务接待】 2019年，黄埔区以做好大型活动接待为契机，用“高质量政务接待”助力全区“高质量发展”。完成官洲生物论坛、2019年度亚太材料科学院大会院士圆桌会议、全国新区经开区高新区首届职工运动会、广州农商银行·2019广州黄埔马拉松赛等重大活动组织接待工作。围绕全区发展大局，服务中心工作，发挥接待工作辅政职能，提升服务水平，全年完成接待516批次。

【信息采编】 2019年，黄埔区政府办坚持围绕中心、服务决策，发挥信息在参谋辅政中的重要作用，反映改革创新动态以及发展中遇到的新情况、新问题，其中关于基础教育教师职称晋升通道“拥堵”问题等信息被广东省政府办公厅采用，各类信息获省、市、区领导批示13人次。强化《黄埔信息》区内信息主渠道作用，优化提升栏目设置，增强服务中心工作的水平，全年编辑《黄埔信息》47期、《黄埔信息·专刊》10期。是年，信息工作在全市政府系统中排第一名，被国务院办公厅采用信息4篇。

（赖斯麒）

## 重要会议

【概况】 2019年，黄埔区政府、广州开发区管委会召开区政府全体会议2次，区政府、管委会常务会议23次，审议重大财政资金使用、重大政府投资项目安排、重大国有资产处置事项及重大政策措施。

【黄埔区政府、广州开发区管委会全体会议】 2019年，黄埔区政府、广州开发区管委会分别于3月12日、5月5日召开全体会议。主要听取并研究《政府工作报告》；听取2018年区人大代表建议和区政协提案、意见办理情况通报，集中交办2019年区人大代表建议和区政协提案、意见相关事宜。

【黄埔区政府、广州开发区管委会常务会议】 2019年，黄埔区政府、广州开发区管委会常务会议召开23次，会议听取并研究议题223个。主要是审议重大财政资金使用、重大政府投资项目安排、重大国有资产处置事项、重大政策措施。

1月4日，9个议题：《黄埔区广州开发区2018年国民经济和社会发展计划执行情况与2019年计划草案的报告》；《黄埔区广州开发区2018年预算执行情况和2019年预算草案的报告》；2018年黄埔区十件民生实事推进落实情况报告，2019年黄埔区十件民生实事有关事宜；《广州市黄埔区委黄埔区人民政府关于深化供销合作社综合改革的实施方案》；《广州市黄埔区九龙片区集体所有土地征收补偿指导意见（试行）》；《广州市黄埔区人民政府关于黄陂社区长安片区旧村项目改造的通告》；双岗涌支涌及沙浦支涌综合整治工程立项有关事宜；天鹿南路（广汕公路—康平路）道路及排水系统升级改造工程项目立项有关事宜；黄埔东路道路及绿化景观升级改造工程项目立项有关事宜。

1月29日，13个议题：传达学习上级关于火灾防控有关会议精神，听取近期消防工作情况汇报，研究部署近期消防安全、森林防火、安全生产、道路交通安全等工作；《黄埔区城中村（社区）智能视频系统建设工作方案》；《广州市黄埔区广州开发区2018年法治政府建设情况报告》；《广州市黄埔区人民政府关于鱼珠旧城更新改造的通告》；《关于新型产业用地与产业园区功能配比的指导意见》；《关于解决与广州通通圆益科技开发有限公司收回国有土地使用权纠纷问题的方案》；2019年广州市劳动模范和先进集体候选对象推荐工作；研究广州国际经贸大厦房产和公共设备处置有关事宜；给予中以生物产业孵化基地专项扶持有关事宜；将全区2019年新开办的天韵小区配套小学等4所学校办为公办学校有关事宜；建设广州市黄埔区广州开发区大气污染防治网格化精准监测项目有关事宜；落实2019—2020年跨年度排水设施维修改造经费有关事宜；黄埔区珠江堤防达标提升项目采用EPC建设模式有关事宜。

2月14日，13个议题：提高黄埔区“村改居”社区治安联防队员工资福利待遇有关事宜；调整各镇（街道）包干指标内编外聘用人员包干经费标准有关事宜；《黄埔区农村集体资产和财务管理办法（修订稿）》；《广州市黄埔区长洲岛历史文化保护总体规划》《广州市长洲岛历史文化街区保护利用规划》；云埔工业区康南路道路拓宽工程及南岗西路（康南路—富南路）、富南路改造、南丰路道路征地拆迁补偿项目立项事宜；广州开发区外国语学校新建宿舍楼、体育馆项目立项有关事宜；《广州开发区管理委员会·融捷投资控股集团有限公司融捷创新产业园项目投资协议》；给予金特尔项目政策性扶持有关事宜；给予刘昌孝院士项目政策性扶持有关事宜；《益海嘉里华南粮油生产销售基地项目投资合作协议》；关于高新兴购置广州科学城总部经济区二期研发办公大楼有关事宜；《阿里工业云全国总部项目合作协议的补充协议》；《思派大健康总部项目合作协议》；关于按"黄金10条"政策兑现项目落户奖有关事宜。

3月1日，6个议题：《中山大学附属第一医院升级改造工程项目协议》《广州医科大学附属第五医院升级改造工程项目协议》；黄埔区城市污水处理特许经营相关事项；萝岗中心区水质净化厂等四个水质净化厂改扩建有关事宜的请示；将2019年第一批广东省新增债券转贷资金纳入预算草案有关事宜；11个部门制定的系列贯彻落实〈关于大力支持民营及中小企业发展壮大的若干措施〉实施细则；"大棚房"清理整治工作情况汇报。

3月26日，17个议题：传达学习习近平总书记对江苏响水天嘉宜化工有限公司"3·21"爆炸事故的重要批示指示精神和全市应急工作专题会议精神，听取近期应急管理工作情况汇报；听取"大棚房"问题专项清理整治工作情况汇报；安排街道基层管理机动经费有关事宜；相关项目立项有关事宜：南岗河（广深公路至河口段）综合整治工程项目立项有关事宜；黄埔区新材料产业园园区三路市政道路及配套工程项目立项有关事宜；开发区东区道路（一期）改造工程项目立项有关事宜；黄埔区创新大道中（水西—长平段）建设工程项目立项有关事宜；黄埔区地铁21号线市政道路恢复及提升工程项目立项有关事宜；黄埔区萝岗红十字会医院二期升级改造工程项目立项有关事宜；《关于加强黄埔区基层医疗卫生机构人员管理工作的指导意见》；2019年学校（幼儿园）保安服务采购有关事宜；《广州市黄埔区广州开发区促进先进制造业发展办法》《广州市黄埔区广州开发区促进先进制造业发展办法实施细则》修订情况的汇报；《黄埔区广州开发区参与国家集成电路产业投资基金（二期）出资工作方案》；《黄埔区九龙镇旧村现状建筑测量和复建安置计算实施办法》；给予广芯微电子（广州）股份有限公司注册资本奖励有关事宜；《麦和总部项目投资合作协议》；《关于广州日报科技文化中心项目的投资合作协议》；《紫光广州存储系列项目投资合作框架协议》；《兴森科技半导体封装产业项目投资合作协议》；《广州市黄埔区广州开发区关于加速区块链产业引领变革若干措施》；给予诺诚健华项目固定资产投资专项扶持有关事宜；《广州高新技术产业开发区管委会清华珠三角研究院关于建设粤港澳创新中心的协议》。

4月19日，18个议题：区公安分局关于扫黑除恶专项斗争工作情况汇报；《广州市黄埔区社区专职工作人员管理实施细则（试行）》；《广州市黄埔区来穗人员随迁子女接受义务教育工作实施细则（试行）》；相关项目立项有关事宜：科学城开达路至石化北路通道建设工程项目立项有关事宜，西滘涌墩头涌水闸、东滘涌水闸及部分堤岸加高工程立项有关事宜，珠江堤防达标整治工程项目立项有关事宜，长岭居医疗地块征收补偿项目立项有关事宜；非洲猪瘟防控处置专项工作经费有关事宜；新设立街镇经费安排有关事宜；办理国有资产划转手续有关事宜；《广州市黄埔区人民政府关于火村旧村改造项目一期改造的通告》；《广州市黄埔区广州开发区人才住房建设和使用办法（试行）》；《黄埔区金融产业布局规划》；《区规划和自然资源局关于新型产业用地与产业园区功能配比的指导意见(试行)》；《黄埔区广州开发区"企业开办全程网上办"改革试点实施方案》；给予中国外运华南有限公司及7家子公司奖励扶持有关事宜；关于广州万达匹兹堡大学医学中心国际医院项目的投资合作协议》；《广州市人民政府广州高新技术产业开发区管理委员会北京协同创新研究院共建粤港澳大湾区协同创新研究院合作协议》；《共建中国科学院空天信息研究院粤港澳大湾区研究院暨太赫兹国家科学中心合作协议及建设方案》；《共建中国科学院自动化研究所广州人工智能与先进计算研究院合作协议及建设方案》；将"风投10条"办公用房补贴政策覆盖至首批金融创新集聚区等区域有关事宜。

5月17日，14个议题：《黄埔区、广州开发区2019年土地供应计划》；研究黄埔金竹山路升级改造工程。原黄埔片区部分道路红线外地块城市绿化景观升级改造工程2个项目立项有关事宜；九龙镇农村生活污水治理查漏补缺工程采用EPC建设模式有关事宜；对科学城集团融资建设LG偏光片项目首期厂房财政贴息方案；推进将军山天安粤港澳大湾区创新园项目有关事宜；鸿基创能项目落户奖处理有关事宜；《广州绿叶生物制药产业园投资合作协议》；《广州市黄埔区广州开发区促进建筑业发展试行办法》；《广州市黄埔区、广州开发区促进工业互联网产业发展办法》；《广州市黄埔区广州开发区促进先进制造业发展办法（修订稿）》；给予盈盛智创科技（广州）有限公司区块链培育奖励有关事宜；“军工企业”“规下企业”参照享受《广州开发区黄埔区2015年鼓励工业企业转型升级和扩大生产奖励暂行办法》和《广州开发区黄埔区2016年鼓励工业企业转型升级和扩大生产奖励办法》有关事宜；追加黄埔区恶臭气体预警及大气污染防控综合服务项目经费有关事宜；清算兑付2018年税务奖励金有关事宜。

6月27日，14个议题：传达学习中央、省、市领导关于防汛救灾工作重要指示批示精神，研究黄埔区贯彻落实意见；学习《广东省地方党政领导干部安全生产责任制实施细则》，研究黄埔区贯彻落实意见；传达学习国家、省关于加强土地管理政策有关要求，研究黄埔区贯彻落实意见；听取区领导领办区一届人大七次会议代表建议情况的报告；3个立项有关事宜：黄埔区（大沙片区）光环境提升工程项目立项有关事宜，黄埔区黄船小学综合教学楼、体育馆及配套工程项目立项有关事宜，广州市第十二人民医院易址新建项目一期用地征收补偿立项有关事宜；给予禁养区清理的原萝岗15家畜禽保留场补偿有关事宜；《广州市黄埔区广州开发区政府投资工程建设项目建设方案联审决策实施细则》；《广州市黄埔区广州开发区支持港澳青年创新创业实施办法》；《广州市黄埔区广州开发区促进金融业发展的政策措施》；签订生物制造工艺培训中心项目合作备忘录有关事宜；《广州高新技术产业开发区管理委员会中国科学院微电子研究所启动建设广东省大湾区集成电路与系统应用研究院合作协议》；《广州市黄埔区广州开发区促进5G产业化发展办法》；《燃料电池电堆研发及产业化项目的合作协议》；开展黄埔区污水应急处理一体化设施服务采购项目有关事宜。

7月18日，12个议题：《广州市黄埔区广州开发区企业申请提高工业用地利用效率实施办法》；福山村、福洞村整体搬迁项目征收补偿立项有关事宜；《黄埔区政府广州开发区管委会2019年度政府重大行政决策事项目录》；《广州开发区创新创业领军人才聚集工程实施办法》；《关于南方报业传媒集团产业总部（南方智媒大厦）项目的投资合作协议》及《补充协议》；对科学城集团垫付粤芯项目厂房建设资金给予财政贴息有关事宜；《广州开发区管委会　广东省铁路建设投资集团有限公司合作协议》；安利（中国）日用品有限公司租金补贴有关事宜；支持建设“香港青年人创新天地”项目有关事宜；《广州科学城（澳门）青年创新创业部落项目的合作协议》；部分机关事业单位办公用房调配有关事宜；提高警务辅助人员经费标准相关事宜。

8月12日，13个议题：传达学习《地方各级人民政府行政首长防汛抗旱工作职责》精神，听取黄埔区“三防”工作情况报告，研究黄埔区贯彻落实意见；听取区人大代表建议、政协提案办理情况汇报；区十件民生实事上半年工作进展情况汇报；《广州市黄埔区　广州开发区关于加快“三旧”改造改革创新试点工作的若干措施》及配套文件；研究黄埔东路（南岗地铁站—康南路段）道路绿化景观升级改造及黄埔东路人行天桥建设工程，黄埔区排水管线隐患排查结构性缺陷维修改造及查漏补缺工程，新龙镇排水主干管完善工程项目，九佛街枫下村佛塱村农村生活污水查漏补缺工程项目，龙湖街大涵村、迳下村、埔心村农村生活污水查漏补缺工程，新龙镇洋田村农村生活污水查漏补缺工程6个项目立项有关事宜；《广州市黄埔区广州开发区促进氢能产业发展办法》；《关于集聚海外尖端人才的若干措施》；《捷芯科技第三代半导体产业项目投资合作协议》；《谷城公司和九佛公司等九龙镇镇属企业产权无偿划转给科学城投资集团的可行性实施方案》；共建中国科学院自动化研究所广州人工智能与先进计算研究院合作协议及建设方案；共建广东粤港澳大湾区协同创新研究院合作协议；追加玉山学校等学校预算经费有关事宜；区商务局专项工作。

8月29日，12个议题：传达学习习近平总书记关于垃圾分类工作重要指示精神，听取黄埔区垃圾分类工作情况汇报，研究部署下一步工作；黄埔区承接广东省政府规章下放职权工作进展情况汇报，研究部署下一步工作；黄埔区推进粤港澳大湾区建设工作情况汇报，研究部署下一步工作；传达学习全省涉农资金统筹整合改革视频会议精神，听取区涉农资金统筹整合工作情况汇报，研究部署下一步工作；研究知识城价值创新园区重点项目意向用地土地平整工程项目、知识城玉麟三路市政道路及配套工程项目（修编）、黄埔区开放大道北（永和隧道及其附属设施）建设工程项目、黄埔区开放大道中（东区规划十路—永和隧道南出口）建设工程项、长岭居规划二、三、五路和长平路市政道路及配套工程征地拆迁5个项目立项有关事宜；《广东顺德清远（英德）经济合作区移交三方协议书》；给予国家卫生健康委人体组织器官移植与医疗大数据中心场地租金支持有关事宜；《一品红总部和粤港澳大湾区儿科药国际研发中心项目合作协议》；《海康威视华南研发总部项目投资合作协议》；《京信通信5G介质滤波器和天线项目投资合作协议》；LG化学偏光片项目补充协议；对洛科威防火保温材料（广州）有限公司环保搬迁进行补偿有关事宜。

9月12日，8个议题：传达学习全市科技创新大会精神；1—8月经济运行情况汇报，研究部署下一步工作；听取黄埔区安全生产工作情况汇报，研究部署下一步工作；黄埔区突发事件快速响应工作情况汇报，研究部署下一步工作；区财政投资建设项目进展情况汇报；黄埔区黑臭水体治理工作情况汇报；《广州市黄埔区广州开发区加快推进环保督察问题整改强力解决突出生态环境问题攻坚工作方案》；黄埔区2018年度国家下发林地图斑调整为非林地有关事宜。

9月18日，3个议题：研究知识城南起步区环境综合提升工程项目，知识城北起步区环境综合提升工程项目，南岗河（广深公路至河口段）综合整治工程征地拆迁补偿项目，双岗涌支涌及沙浦支涌综合整治工程征地拆迁补偿项目，东区水质净化厂三期工程征地拆迁5个项目立项有关事宜；废止《黄埔区广州开发区政府信息依申请公开工作规程》有关事宜；解决广州南科集成电子有限公司土地历史遗留问题相关事宜。

9月27日，8个议题：部署国庆节期间安全生产、维稳等工作；黄埔区集体经济发展留用地补助标准有关事宜；通用电气有关协议变更签约法律实体相关事宜；注资给科学城（广州）投资集团有限公司有关事宜；设立湾区氢能产业基金相关事宜；安排职业年金历年补缴所需资金相关事宜；《广州市黄埔区人民政府关于火村旧村改造项目二期改造的通告》；《广州市黄埔区关于进一步促进教育事业发展的若干办法》。

10月12日，6个议题：黄埔区水务工程建设项目进展情况汇报；原萝岗区范围农村（城中村）供水改造资金由区财政全额承担有关事宜；《关于中新广州知识城之中新国际科技创新合作示范区合作协议》《关于中新广州知识城之中新国际科技创新合作示范区开发建设共识性文件》；《广州市黄埔区广州开发区5G产业化发展行动计划（2019—2022年）》；《高新兴智能制造基地项目合作协议》；《关于加快启动建设广东粤港澳大湾区国家纳米科技创新研究院的协议》有关事宜的汇报。

10月24日，8个议题：黄埔区国家网上政务服务能力迎检工作和“数字政府”建设情况的汇报；黄埔区禁毒工作情况汇报；区公安分局编外聘用人员整合包干有关事宜；研究黄埔行政服务中心及周边风雨连廊工程，知识城狮岭涌河道整治工程，知识城中部生态廊道（公园）建设工程项目，镇龙宝能新能源汽车规划园区一、二路市政道路及配套工程4个项目立项有关事宜；《广州市黄埔区 广州开发区质量强区专项资金管理办法》；《关于深化区级预算管理改革的实施意见》；《黄埔区、广州开发区2019年财政预算收支调整计划》；《黄埔区、广州开发区本级2020年部门预算编制意见》。

11月19日，15个议题：传达11月18日广州市市长温国辉召开的工作会议精神，听取黄埔区广州开发区1—10月经济运行情况汇报；黄埔区2018年度违法用地及2019年新增违法用地整改工作情况汇报；穗港智造特别合作区有关工作及《广州开发区西区工业用地处置及盘活再利用试行办法》起草情况汇报；黄埔区向广州市申请行使市级管理权限事项及申请市向省争取支持管理权限事项情况的汇报；研究镇龙厚德路、博学路、勤勉路市政道路及配套工程征地拆迁，黄陂社区长安片区国有旧厂地块收储补偿，广州德尔信钢结构有限公司收储补偿3个项目立项有关事宜；《黄埔区开创大道、开泰大道实施货车限行交通管理措施的通告》；《关于公布区政府管委会行政规范性文件清理结果的通知》；研究《广州市黄埔区广州开发区推进粤港澳知识产权互认互通办法（试行）》；给予粤芯公司UPS配置补贴有关事宜；《关于烯湾科技碳纳米管纤维材料制造基地项目的投资合作协议》；给予乐金显示（广州）有限公司平板显示产业发展扶持有关事宜；《关于阿里健康大药房全国总部及阿里健康华南运营总部项目的合作协议》；《关于建设粤港澳大湾区高性能医疗器械创新中心合作协议》；《共建广东省大湾区华南理工大学聚集诱导发光高等研究院启动期合作协议》；研究向广州高新区投资集团有限公司增资有关事宜。

11月28日，10个议题：《知识城集团与开发区基金重组整合工作方案》；研究黄埔区嘉利仓码有限公司蟹山西路地块收储补偿，九龙金坑河整治工程拆迁补偿项目总投资及建设内容调整，黄埔区有轨电车2号线（香雪—南岗）项目征地拆迁3个项目立项有关事宜；传达学习上级有关安全生产工作会议精神，听取全区近期安全生产工作情况、道路交通安全工作情况汇报；违建别墅清查整治专项行动工作情况汇报；中央、省环保督察整改进展情况汇报；黄埔区推进大气环境质量改善有关工作情况汇报；《黄埔区广州开发区企业投资建设项目“来了就办、一次搞掂”审批再提速实施办法》；《〈关于加快启动建设广东粤港澳大湾区国家纳米科技创新研究院的协议〉补充协议》；广州开发区金融控股集团有限公司申请凯得投资公司2017及2018年度政策性经营亏损补贴有关事宜；《广州开发区国资局监管企业投资监督管理暂行办法》及《广州开发区国资局监管企业投资项目负面清单（2019版）》；传达学习市委十一届九次全会精神。

12月5日，5个议题：洛科威地块收储补偿立项有关事宜；《〈关于加快启动建设广东粤港澳大湾区国家纳米科技创新研究院的协议〉补充协议》；《广州市黄埔区广州开发区促进新型显示产业发展扶持办法》；《关于扬子江药业集团粤港澳大湾区总部项目投资合作协议》；《广州市黄埔区广州开发区集体经济发展留用地管理办法》。

12月11日，7个议题：区十件民生实事推进情况汇报；1—11月经济运行情况汇报；违建别墅清查整治专项行动工作情况汇报；国资国企有关工作情况汇报；《立景创新全国总部项目投资合作协议》；《广州市黄埔区广州开发区促进纳米产业发展办法》；支持广州公交集团第三公共汽车有限公司开展氢燃料电池公交车运营示范有关事宜。

12月23日，12个议题：《关于区一届人大七次会议代表建议办理情况的报告》《关于区一届人大会议以来往年代表建议办理情况的报告》《关于区政协一届五次会议以来提案办理情况的通报》；《黄埔区关于规范专职督导员、生活垃圾分类专管员、督导员用工指导意见》和相关预算经费事宜；《中新广州知识城新能源新材料及智能芯片园控制性详细规划》；《黄埔区、广州开发区国民经济和社会发展第十四个五年规划编制工作方案》；科学城科丰路与开泰大道交叉口隧道工程项目立项有关事宜；依托科学城牛角岭公园建设黄埔音乐公园有关事宜；追加市政公用设施维护费有关事宜；增加2019年度企业发展专项预算有关事宜；按现有评估价协议转让25项房产物业至区属国企有关事宜；出资参与中国科学院科技成果转化母基金有关事宜；广州高新区投资集团有限公司处置国投公司欠财政债务有关事宜；违建别墅（房地产类）完善手续相关事宜。

（潘虹）

## 重要文件

【区政府文件】 2019年，黄埔区人民政府、广州开发区管委会推动全区高质量发展，印发加速区块链产业引领变革若干措施、促进先进制造业发展办法、促进工业互联网产业发展办法、促进建筑业发展试行办法、支持港澳青年创新创业实施办法、促进5G产业化发展办法、促进金融业发展政策措施、促进氢能产业发展办法等通知文件，释放制度创新动力，构建现代产业体系。

【区政府办文件】 2019年，黄埔区人民政府办公室印发黄埔区森林火灾应急预案、黄埔区街道行政职权和公共服务事项实施目录、2019年度重大行政决策事项目录、黄埔区燃气突发事件应急预案等通知文件，主动公开政府服务决策内容，为生产生活安全提供保障。

**2019年黄埔区人民政府、广州开发区管委会主要文件表**

| 序号 | 文件标题 | 文号 |
|---|---|---|
| 1 | 广州市黄埔区人民政府关于黄陂社区长安片区旧村项目改造的通告 | 穗埔府规〔2019〕1号 |
| 2 | 广州市黄埔区人民政府 广州开发区管委会关于印发广州市黄埔区 广州开发区加速区块链产业引领变革若干措施的通知 | 穗埔府规〔2019〕4号 |
| 3 | 广州市黄埔区人民政府 广州开发区管委会关于印发广州市黄埔区 广州开发区促进先进制造业发展办法的通知 | 穗埔府规〔2019〕8号 |
| 4 | 广州市黄埔区人民政府 广州开发区管委会关于印发广州市黄埔区 广州开发区促进工业互联网产业发展办法的通知 | 穗埔府规〔2019〕9号 |
| 5 | 广州市黄埔区人民政府 广州开发区管委会关于印发广州市黄埔区 广州开发区促进建筑业发展试行办法的通知 | 穗埔府规〔2019〕10号 |
| 6 | 广州市黄埔区人民政府 广州开发区管委会关于印发广州市黄埔区、广州开发区支持港澳青年创新创业实施办法的通知 | 穗埔府规〔2019〕11号 |
| 7 | 广州市黄埔区人民政府 广州开发区管委会关于印发广州市黄埔区、广州开发区促进5G产业化发展办法的通知 | 穗埔府规〔2019〕12号 |
| 8 | 广州市黄埔区人民政府 广州开发区管委会关于印发广州市黄埔区、广州开发区促进金融业发展政策措施的通知 | 穗埔府规〔2019〕13号 |
| 9 | 广州市黄埔区人民政府 广州开发区管委会关于印发广州市黄埔区、广州开发区促进氢能产业发展办法的通知 | 穗埔府规〔2019〕14号 |
| 10 | 广州市黄埔区人民政府 广州开发区管委会关于印发广州市黄埔区、广州开发区质量强区专项资金管理办法的通知 | 穗埔府规〔2019〕17号 |
| 11 | 广州市黄埔区人民政府办公室关于印发广州市黄埔区镇街道行政职权和公共服务事项实施目录的通知 | 穗埔府办〔2019〕18号 |
| 12 | 广州市黄埔区人民政府关于黄埔区开创大道、开泰大道早晚高峰时段实施货车限行交通管理措施的通告 | 穗埔府规〔2019〕19号 |

续表

| 序号 | 文件标题 | 文号 |
|---|---|---|
| 13 | 广州市黄埔区人民政府关于印发广州市黄埔区农村集体资产交易管理细则的通知 | 穗埔府规〔2019〕20 号 |
| 14 | 广州市黄埔区人民政府 广州开发区管委会关于印发黄埔区、广州开发区企业投资建设项目订制式审批服务实施办法的通知 | 穗埔府规〔2019〕22 号 |
| 15 | 广州市黄埔区人民政府 广州开发区管委会关于印发黄埔区、广州开发区企业投资建设项目承诺制信任审批实施办法的通知 | 穗埔府规〔2019〕23 号 |
| 16 | 广州市黄埔区人民政府 广州开发区管委会关于印发广州市黄埔区、广州开发区行政规范性文件管理办法的通知 | 穗埔府规〔2019〕24 号 |
| 17 | 广州市黄埔区人民政府 广州开发区管委会关于印发广州市黄埔区、广州开发区关于贯彻执行《广州市政府合同管理规定》的实施意见的通知 | 穗埔府规〔2019〕25 号 |
| 18 | 广州市黄埔区人民政府关于加强水声水库饮用水源准保护区管理的通告 | 穗埔府规〔2019〕27 号 |
| 19 | 广州市黄埔区人民政府 广州开发区管委会关于印发黄埔区、广州开发区进一步加快各类孵化器发展实施意见的通知 | 穗埔府规〔2019〕28 号 |
| 20 | 广州市黄埔区人民政府 广州开发区管委会关于印发广州市黄埔区、广州开发区推进粤港澳知识产权互认互通办法（试行）的通知 | 穗埔府规〔2019〕29 号 |
| 21 | 广州市黄埔区人民政府 广州开发区管委会关于印发广州市黄埔区、广州开发区促进新型显示产业发展扶持办法的通知 | 穗埔府规〔2019〕31 号 |
| 22 | 广州市黄埔区人民政府 广州开发区管委会关于印发广州市黄埔区、广州开发区促进纳米产业发展办法的通知 | 穗埔府规〔2019〕32 号 |
| 23 | 广州市黄埔区人民政府关于黄埔区部分镇街行政区划调整的公告 | 穗埔府〔2019〕5 号 |
| 24 | 广州市黄埔区人民政府 广州开发区管委会关于印发广州市黄埔区 、广州开发区加快省“三旧”改造改革创新试点工作若干措施的通知 | 穗埔府〔2019〕10 号 |
| 25 | 广州市黄埔区人民政府关于安全生产委托执法的公告 | 穗埔府〔2019〕13 号 |
| 26 | 广州市黄埔区人民政府关于公布黄埔区第四批区级非物质文化遗产代表性项目名录的通知 | 穗埔府〔2019〕14 号 |
| 27 | 广州市黄埔区人民政府关于广深铁路（黄埔段）线路安全保护区划定的公告 | 穗埔府〔2019〕15 号 |

### 2019 年黄埔区人民政府办公室主要文件表

| 序号 | 文件标题 | 文号 |
|---|---|---|
| 1 | 广州市黄埔区人民政府办公室关于印发黄埔区森林火灾应急预案的通知 | 穗埔府办（2019）5 号 |
| 2 | 广州市黄埔区人民政府办公室关于印发广州市黄埔区街道行政职权和公共服务事项实施目录的通知 | 穗埔府办〔2019〕6 号 |
| 3 | 黄埔区人民政府办公室 广州开发区管委会办公室关于印发广州市黄埔区人民政府广州开发区管委会 2019 年度重大行政决策事项目录的通知 | 穗埔府办〔2019〕16 号 |
| 4 | 广州市黄埔区人民政府办公室关于印发黄埔区燃气突发事件应急预案的通知 | 穗埔府办〔2019〕17 号 |

## 人　事

【概况】　2019 年，黄埔区着力选人用人机制改革，出台‘绩效 8 条’，全市率先启动上半年事业单位招聘工作，采取送策送考上门的方式赴北京、南京、武汉等重点高等院校招聘 55 人，缓解编配矛盾，优化人才结构。出台“海外尖端人才 8 条”，向全球海外人才发出邀请函，10 名特聘雇员上岗履职，助力黄埔区经济社会高质量发展。

（黄利　徐雅琛）

【事业单位人员管理】　2019 年，黄埔区创新用人机制，争取国家、广东省、市支持，激发队伍干事创业活力。发挥表彰奖励导向作用，“中新广州知识城建设先进奖”获省批准，推进评比事项落地。申报“2019 年黄埔区‘四治’及九项重点工作”“2020 年广东省营商环境改革创新实验区建设先进奖”等年度表彰奖励项目，发动干部职工、人民群众参与全区重点工作攻坚克难。推进“五街一镇”调整、机构改革人员划转工作，完成涉及调整的 13 个机关下属事业单位工作人员 460 人、雇员 85 人、编外临聘人员 808 人的划转工作。全面恢复事业单位岗位设置、人员晋升、调动等人事管理工作。出台详细业务办理指引，提前进行网上预审核，实现人事手续办理“最多跑一次”。全年办理 40 个事业单位 121 个职位选拔方案，对 182 名科级干部的任职予以备案；事业单位人员聘用1239人次、人员调动107人次、辞职20人，退休120人，岗位设置方案审批38个。完成2018年事业单位、机关工勤、政府雇员和编外聘员年度考核备案工作。确定事业单位工作人员优秀人数1002人，机关工勤优秀人数35人；政府雇员优秀人数150人，编外聘员优秀人数693人。

打造政府雇员“黄埔模式”。在全国首创高端、专业、精尖的特聘雇员队伍，招聘经济发展首席经济师、全球招商总监等10名特聘雇员上岗履职，主持或参与重点工作，推进黄埔区经济社会高质量发展。印发《政府雇员专业序列、管理序列助理岗位区内选拔工作指引》《一般管理序列雇员定向招聘工作指引》，打通政府雇员区内选拔、定向招聘，创新落实“能上能下”竞争机制，首次启动内部选拔和定向招聘。举办事业单位和雇员初任培训班各1期，举办事业单位九、十级人员业务培训3期，事业单位七、八级人员业务培训2期，雇员业务培训4期，培训1622人次。

创新事业单位招聘模式。在全市率先启动事业单位及一般管理岗位雇员招聘，面向社会公开招聘事业编制岗位51个、政府雇员岗位99个。创新重点大学定向精准引才模式，通过送考送政策方式在北京、南京、武汉、成都4个城市重点高等院校进行宣讲和招聘，引入专业猎头公司，采取点对点方式在“双一流”高校及学科专业学生进行定向重点宣传引才。55人入围，其中硕士研究生46人、本科9人。率先在全市试点教师招聘“先面试后笔试”方式。全年审核批复教育系统招聘方案13批次、14个，招聘事业编制教师165人、编外聘用制教师570人；审核批复卫生系统招聘方案3批次，招聘事业编制医护人员275人。

实施“区管校聘”改革。推动落实全区中小学教师“区管校聘”改革落地，理顺200余名教师借调关系。统筹核定教育系统岗位设置，按照“区管岗位结构，学校按岗定员”原则，全区学校设置专业技术岗位4845个，其中正高级岗位44个，副高级790个，中级岗位2467个，初级岗位1544个；全区教育系统非学校类事业单位设置专业技术岗位110个，其中副高级岗位42个，中级岗位46个，初级岗位22个。

（周杨）

**【专业技术人员管理】** 2019年8月1日起，黄埔区专业技术人员职称认定评审申报工作统一由黄埔区人力资源和社会保障局办理，打造“一窗式”服务平台。贯彻落实《广州市人民政府关于将一批市级行政职权事项调整由区实施的决定》，加强全区大中专院校毕业生初次专业技术资格考核认定。至年末，全区受理职称认定评审1756人，其中教育系统认定评审762人，企业认定评审994人。是年3月，组织区内企事业开展职称业务指导培训，参训人员约200人。响应省市职称制度改革，创新职称工作服务模式，黄埔区人力资源和社会保障局在区新的社会阶层人士联谊会设立职称业务点，作为职称申报点“区专业技术人才服务中心”的补充和延伸，通过“以点带面”辐射园区内外，为全区非公企业和个人提供便捷的职称服务。

（傅立业　吴燕南）

**【海外人才引进管理】** 2019年，黄埔区出台“海外人才8条”，向全球海外人才发出邀请函，完善博士后等政策，构建人才一站式管理体系，让人才结构塔尖更高、塔基更实。根据《广东省人民政府关于将一批省级行政职权调整由广州市黄埔区（广州高新区、广州开发区）实施的决定》，9月1日始，黄埔区人力资源和社会保障局承接“广东人才优粤卡审批”及“高技能人才引进入户核准”2项业务。全年审批通过广东优粤卡137张。优化人才服务审批流程，压缩审批时限，人才引进审批业务压缩至15个工作日，广东人才优粤卡和广州市人才绿卡审批业务压缩至5个工作日，全年网上受理审核1.26万人次，获入户资格7300人，其中通过计划指导类办理入户6900人，全年发放入户卡（含随迁人员）1.27万张。发放“广州人才绿卡”514张，审批通过广东优粤卡129张。制定并公布《黄埔区 广州开发区总量控制类引进人才入户指标定向支持民营及中小企业申报指南》，对民营及中小企业引进的中高级管理人员和技术骨干予以入户指标重点倾斜，适当放宽适用条件，优先安排入户指标。全年总量控制入户审核通过获入户资格616人，其中民营及中小企业327人，总量占比53%。

**【博士后流动站管理】** 2019年，黄埔区新增博士后科研单位10个，至年末，全区博士后设站单位86个，其中博士后科研流动站1个、博士后科研工作站30个、区域性工作下属分站8个、广东省博士后创新实践基地21个、广州市博士后创新实践基地18个、区博士后创新中心8个。全区在站博士后116人，接收出站（留区工作）博士后123人。区内博士后科研单位覆盖生物医药、新材料、新能源、电子信息等战略性新兴产业，为促进粤港澳大湾区发展奠定人才储备基础。是年，博士后政策兑现审核通过196件，兑现资金1371.5万元。“美玉10条”新引进入户住房补贴全年审核通过911人（本科490人、硕士395人、博士 18 人、副高 8 人），全年兑现资金 600 万元。

（傅立业）

【工资福利】2019 年，黄埔区落实工资福利待遇相关政策。规范机关津贴补贴发放，开展全区机关事业单位应休未休年休假报酬、各事业单位受处分人员人事政策执行情况和绩效工资专项检查工作，举办全区机关事业单位工资津贴补贴政策纪律专题培训班，通过系列规范清理整治，纠正和查处违规发放津贴补贴行为，规范全区工资福利待遇发放工作。配合区机构改革进程，接收和调整转隶人员工资关系 740 人次，接收机关事业单位新进人员 464 人，兑现镇街职务与职级并行人员待遇。

（李志玲）

## 人才交流

【概况】2019 年，黄埔区人才交流服务中心坚持“服务社会、服务人才”宗旨，优化服务人才发展环境，深化人才服务战略，全面推进人才服务枢纽建设，将中心建设成“人才服务保障平台、人才交流汇聚平台、人才发展培育平台”，为全区高质量发展提供人才支撑。全年网上受理审核引进人才入户 12653 人次，发放入户卡（含随迁）12731 人。网上受理毕业生接收申办 3554 人次，打印发放批复 1664 份。发放人事档案调档函 1021 份，办理人事档案入库 2350 份，办理人事档案调出 686 份，开具各类档案证明 538 份。受理继续教育复验 225 人次，审核专业技术资格初次认定 1262 人次，来穗人员省外专业技术确认 53 人次。8 月起，承接“广东省人才优粤卡”“广州市人才绿卡”等省市事权下放业务，完成“广东省人才优粤卡”审核 137 人、“广州市人才绿卡”审核 223 人。

【人才招聘】2019 年，黄埔区人才交流服务中心搭建招聘平台，为区内企业免费提供知名招聘网站服务资源，免费分配简历数和职位数，节约企业招聘成本。6 月 15 日、8 月 24 日分别在广州市建国酒店举行骨干人才专场招聘会 1 场，10 月 12 日，在华南理工大学举办百家企业 2020 校园精英招聘会 1 场，3 场招聘会吸引区内 182 家企业报名参加，提供包括制剂总监、注册总监、研发总监等高端高薪高层职位在内的 1000 余个职位，需求人数 3100 人。11 月 30 日，在湖北武汉市举办高层次人才企业研发人员专场招聘会，吸引到场求职博士近百人。

【企业人才需求对接】2019 年，黄埔区定期开展企业走访调研活动，听取企业对人才工作的意见和建议，鼓励企业大胆吸纳人才。根据企业人才需求，举办系列招聘活动，专门开办“博士交流会”，为博士深入了解黄埔区、广州开发区发展和人才引进政策提供平台，满足企业对高端人才的迫切需求。

【高层次人才服务】2019 年，黄埔区开展广州市高层次人才认定受理和初审工作，组织开展区杰出人才、优秀人才、精英人才的认定与审核，对认定的区杰出人才、优秀人才、精英人才开展全球纳才奖、住房补贴、人才津贴等政策兑现工作。组织高层次人才开展年度体检，协调教育部门解决 10 名高层次人才子女入园申请。组织和参与 13 场人才政策宣讲会，提高区内企业的政策知晓率。

【人才工程项目培育】2019 年，黄埔区开展人才个性化服务，举办 29 期中山大学高级管理研修班课程，高层次人才受众 127 人。组织和辅导人才申报上级人才工程项目，2 名高层次人才通过国家重大人才工程项目评审。是年，黄埔区各类高层次人才总量居全市第一位、全省前列。

【人才讲坛】2019 年，黄埔区举办“开发区人才讲坛”27 期，“开发区人才讲坛”每月举办两期，每期选题以区内企业和人才发展需求为导向，邀请行业专家及优秀导师开展人力、行政、财务、法律、生产及研发销售等多个领域的专题讲座，为企业和人才答疑解惑。

【创业沙龙】2019 年，黄埔区组织举办创业沙龙 5 期。“创业沙龙”是专门针对高层次人才举办的研讨或户外交流活动，每季度举行 1~2 次，聚焦于解决人才企业投融资、股权架构、风险防范等方面问题，通过邀请资深专家授课、户外徒步多种方式，为高层次人才提供博采众长、互通有无的交流平台。

（蔡馥慧）

## 行政审批

【概况】2019 年，广州开发区行政审批局争当审批服务的“龙头”，在制度上做文章，加快形成系统完备、科学规范、运行有效的制度供给。瞄准企业群众的“盼头”，在优质服务上下功夫，全链条提供企业筹建集中审批服务，升级“订制式审批服务”，跑出黄埔审批加速度。优化营商环境，在施工许可办理改革上求突破，对标世界银行营商环境评估指标体系，打出施工许可办理改革的精简环节、简化要件和核发前置的“三维”组合。

【承诺制信任审批】 2019年，广州开发区行政审批局根据信任审批实践和营商环境改革实际，动态调整信任审批清单。调整信任审批事项，对于部分水务、市政、绿化信任审批事项，为提升审批效率，不再实施信任审批，直接精简有关审批要件；调整信任审批类型，对于部分建设事项，由非核心要件信任审批调整为要件后补式信任审批。开展环评文件全信任审批。至年末，广东联创检测技术有限公司等8家检验检测类实验室项目企业通过只提交1份告知承诺书的全信任审批方式取得行政许可，审批时间从原来的20个工作日（含公示时间）缩减至最快1个工作日。持续深化施工许可信任审批和失信惩戒工作。施工许可证核发实施承诺制信任审批后，70%的项目选择采用承诺制信任审批，部分建设单位未按承诺要求按时在承诺期限内完成相关材料的办理，提前在一个月、一周前给企业书面发送《关于某项目的告知提醒函》，承诺期限截止前3天通过电话再次督促提醒。就规范施工许可证核发事项承诺制信任审批材料的问题通过集中审批业务会进行研究，明确办理要求和审批系统办理流程。至年末，晋阳电子、巨轮、华润等73家企业项目通过要件后补、非核心要件信任审批方式取得施工许可证。

【订制式审批服务】 2019年，广州开发区行政审批局坚持以企业需求为导向，聚焦企业遇到的痛点、难点、堵点，提供全方位服务，精简流程手续，根据企业的特征和需求，帮企业梳理筹建报批主流程的事项，为其订制个性化报批流程，统筹报批时间。持续打响黄埔审批“来了就办、一次搞定”“订制式审批服务”改革品牌。

卡斯马二期热成型技术改造项目审批。发挥集中审批标准化、批前辅导的优势，组织专人跟进。实现全流程网办、不见面审批、无须提交纸质材料；强化部门联动，取得黄埔区建设局支持，对城市基础设施配套费同步办理；在网上办事大厅上传材料样板，率先制定施工图设计文件稳定说明和建设单位承诺模板，规范企业申报。以1个工作日完成该项目的施工许可证与建设工程规划许可证并联办理。

京东集团腾讯华南电子商务运营总部项目审批。针对在办理规划验收中存在的问题和困难，结合该项目需在市办理产权登记实际情况，提供订制式审批服务，通过协调区规划和自然资源局，创新性办理规划条件核实文证，安排专人陪同企业到市相关部门办理产权登记。全程全方面提供“管家式”服务，该项目仅用2个工作日便完成规划验收的“极速审批”，比承诺时限缩减70%。

【审批事项并联办理】 2019年，广州开发区行政审批局将企业投资项目备案（核准）由建设单位在开工前办理。企业投资项目核准与招标方式、招标范围的核准并联办理，占用、挖掘城市道路与砍伐迁移城市树木，占用城市绿地审批并联办理。发挥相对集中行政许可优势，探索将规划设计方案审查、占用挖掘城市道路、砍伐迁移树木行政许可3个事项合并联审。在“规划部门核发的设计方案审查意见”基本稳定的情况下，容缺受理市政、绿化申报事项。协调区道路养护、绿化管养部门，完善其他技术性资料。同时出具规划审查批复意见、道路开挖、砍伐迁移树木许可等审批结果。是年，在广东省中科宏微半导体设备有限公司增设路口事宜办理中，相关的规划及市政、绿化等行政许可事项3个工作日内办结，节省15个工作日。

【行政审批申请材料精简】 2019年3月1日起，广州开发区行政审批局将内资企业投资建设项目备案申报材料缩减至仅须提供加盖公章申请表一份要件。占用、挖掘城市道路审批事项从是年3月30日起，取消管线权属单位意见作为许可审批的必要材料。取消招标文件备案，落实招标人负责制，根据市“逐步取消建设工程招标文件事前备案”改革要求，于2月1日起，在黄埔区范围内全面取消建设工程招标文件事前备案。

【企业投资项目全流程网办】 2019年6月1日，黄埔区、广州开发区实施企业投资项目备案电子印章，项目备案审核通过后，企业可直接自行打印、留存电子证照。全面实行房屋建筑工程施工、监理招标项目电子招标投标。招标投标情况备案事项依托广州市招标监管审批平台，所有审核材料及备案结果直接传至广州公共资源交易中心用于开展招标投标。

【网上中介服务超市】 2019年初，黄埔区网上中介服务超市试运行。广州开发区行政审批局全面梳理区级中介服务事项，开展网上中介超市管理。至年末，全区中介服务机构进驻数88个，比上年新增55个；发布中介服务事项123个，新增57个。是年，网上中介服务超市完成交易6宗。

【企业提容审批】 2019年，黄埔区、广州开发区制定《广州市黄埔区广州开发区企业申请提高工业用地利用效率操作细则》（简称《细则》），于12月4日印发实施。该《细则》通过精简工业用地提高容积率、调整建筑密度等事项的审批程序，压缩企业提容审批和规划设计方案审查时间，支持企业转型升级和增资扩产项目建设，促进新增工业用地合理布局和规模集聚，优化营商环境。为提升该类产业项目的审核、审批工作效率，在《细则》印发实施前，先行启动工业用地利用效率论证技术审查外包服务选取工作，确保该细则印发实施后提容工作顺利开展。是年9月，黄埔区长视科技股份地块（广州开发区东区BP-A1-1地块）申请提高工业用地容积率至4.0。在《细则》尚未出台、无文件指导、无先例可循的情况下，广州开发区行政审批局先探路，指导该企业完善提高容积率论证报告和设计方案，牵头组织召开专家评审论证会，开展控规修正征询意见等工作，为该地块核发设计方案调整的复函。

**【“带规划方案出让用地”审批模式】** 2019年，广州开发区行政审批局发挥城市规划建设的前瞻引领作用，推行“带规划方案出让用地”审批模式。牵头组织广州开发区经济和信息化局、投资促进局、规划和自然资源局、黄埔区土储中心等相关部门，针对区重点项目YH-0-8地块采取“带规划方案”的整体出让方式召开专题研讨会，缩减符合条件企业投资建设项目的审批环节和周期，加快项目动工投产。该地块于5月21日由广州西门子变压器有限公司成功摘牌，黄埔区、广州开发区首个带设计方案出让工业项目出炉。是年，为该项目核发设计方案复函、建设工程规划许可证及施工许可证。

**【行政审批和技术审查相分离】** 2019年，广州开发区行政审批局推进技术审查与行政审批相分离，规范技术审查工作，制定《广州开发区行政审批局委托专业机构开展大型建设项目初步设计技术审查工作规则（试行）》，明确初步设计技术审查的程序、要点和时限，规范各方责任权利，提高企业获得感和满意度。签订《环境影响评价技术审查及环境管理咨询服务合同》，为日常建设项目环评文件审批提供技术支撑。组织前往南沙区行政审批局和华南所调研环评技术审查工作，就环评技术评估工作交流学习。签订《2019年度国家版排污许可证技术审查服务合同》，为2019年国家版排污许可证核发提供技术支持。

**【施工许可改革】** 2019年，广州开发区行政审批局精简施工许可申报环节，对施工许可申报要件实施承诺制信任审批、不见面审批，办理时限压缩至3个工作日，实现全流程网办而无须企业提交纸质材料。取消建设工程合同备案、大中型初步设计审查（除国有资金外）、施工图设计文件审查备案等前置审批环节，合并办理建设工程质量安全监督登记与施工许可。简化施工许可申报要件，从原来30多个要件减至8类要件，对施工图设计文件审查意见书、建筑施工企业工人工资保证金存储凭证、建设项目工伤保险缴费凭证、危险性较大的分部分项工程清单及其安全管理措施等实施承诺制信任审批，允许建设单位在3个月内补齐。将核发施工许可证前置到规划阶段，探索将“建设工程规划许可证”“建筑工程施工许可证”并联办理，鼓励企业将工程规划许可证与施工许可证并联办理，将“建设工程设计方案审查”“增设机动车出入口”“占用、挖掘城市道路”“砍伐、迁移城市树木”多个行政许可事项合并联审，简化办理程序，缩减审批时限。审批系统互联互通，将工程规划许可证与施工许可证合并办理。探索开展香港工程建设认可人士制度，组织前往深圳前海、珠海横琴新区学习借鉴香港工程建设管理模式，起草《关于学习借鉴香港工程建设管理模式的调研报告》。

（麦清华）

## 政务服务

**【概况】** 2019年，黄埔区政务数据管理局坚持“以人民为中心，以企业为主体”的服务宗旨，以“处处优化营商环境、人人都是营商环境”为准则，推进落实“秒批”政务服务、事项标准化建设、全流程网办、基层公共服务平台建设、政务服务绩效管理等职能工作，提高全区政务服务水平。是年，黄埔区政务服务中心受理业务总量130万件，接待办事群众103万人次，按时办结率100%，服务评价满意率99.98%；黄埔区、广州开发区网上办事分厅（广东政务服务网）受理业务总量3.89万件。“一窗式”受理业务总量14.3万件，按时办结率100%，收到锦旗14面，牌匾5块，表扬信22封，获“广州市学雷锋活动示范点”“营商环境协同力奖”“2019粤港澳大湾区营商环境改革创新奖·优胜奖”等荣誉。在政务服务大厅持续开展学雷锋志愿服务活动，3月5日，该中心获“2018年广州市学雷锋活动示范点”称号。

**【基层公共服务平台建设】** 2019年，黄埔区政务数据管理局加强区、镇（街道）、村（社区）三级公共服务平台建设，将政务服务延伸到基层。加强区级政务服务中心日常服务质量管理，抓窗口作风建设，实行事项标准化、流程规范化的“一门式”运作。镇（街道）政务服务中心按照《广州市政务服务规范》要求，统一挂牌为“黄埔区XX街（镇）政务服务中心”。各镇（街道）根据实际情况进行业务整合，设立窗口6—10个，业务涵盖民政、出租屋管理、就业、社保等98个服务事项。云埔街、龙湖街新建24小时自助政务服务区。在原公共服务站基础上，加强公共服务平台建设和运行管理，完善对外服务窗口，保证社区联通光纤，将“一门式一网式”政务服务系统延伸到党群服务中心，自2019年始，村（社区）公共服务站均加挂“党群服务中心”牌子。建设村（社区）公共服务查询系统，为135个运行的村（社区）配置触摸式展示机。

**【网格化服务管理】** 2019年，黄埔区政务数据管理局完成数字黄埔基础应用平台改造重建。以数字黄埔基础应用平台为载体，完成“有呼必应”事项流程改造重建工作，通过系统智能评判与人工评价相结合，评价区级各部门为基层办事效能。全年平台登记网格事件22.38万件，办结22.29万件，办结率99.63%；受理“有呼必应”事件7213件，办结7174件，办结率99.46%，其中部门办结378件，“有呼必应”事件评价368件，受评单位20个，被评为满分的单位10个。理顺全区网格化服务管理机制，重启联席会议制度，针对网格化机制不顺问题，以召开座谈会、走访调研等形式逐步摸清全区网格化工作现状，起草并呈报区政府印发《广州市黄埔区广州开发区社区网格化服务管理专项工作联席会议制度》，发挥各单位的协同联动作用，推进网格化服务管理工作。学习先进经验，前往市来穗局、荔湾区网格中心等部门，学习网格化工作机制建设经验。12月27日，黄埔区召开全区网格化服务管理工作会议，会议要求要进一步完善网格化管理，配齐配强网格化管理队伍，做好网格化管理保障工作。是年，租赁采购2033套网格化移动终端及网络通信服务，网格员通过使用移动终端、移动APP等方式及时开展问题记录和反馈，建立“街镇及时呼叫”“由下至上”的快速反映民生诉求渠道。完成15个街镇1个职能部门2017—2018年网格化移动终端项目133份验收材料的准备工作，指导街镇各自组织验收。组织系统开发公司前往新成立的龙湖街、长岭街、九佛街开展系统操作培训，确保网格员使用平台及网格APP的规范性。

**【“一窗式”集成服务改革】** 2019年，黄埔区政务数据管理局依托线上线下覆盖一体化政务服务大数据平台和实体政务大厅，运用互联网+政务服务思维和技术，深化“前台综合受理、后台分类审批、统一窗口出件”模式，建立“受理、审批、监管”相分离的政务服务模式。“一窗”综合受理窗分设企业开办服务区、企业经营管理服务区和企业筹建服务区3个区域对外服务，承接25个区属部门、847个事项，通过拆分事项层级、细化办事情形，根据不同的办事情形和人员（企业）身份信息，为办事群众和企业定制针对性强的受理资料清单，实现“无差别全科受理”模式。推出港澳青年创新创业专窗、民营中小企业专窗、工程建设项目联合审批专窗、水电气外网综合受理窗等系列特色服务专窗，实现“一窗”综合受理窗口办事区域布局更合理、受理事项更全面、窗口队伍更夯实、“一窗”运行更高效目标。打造“审批流程优、政务服务好、办事成本低、政府效率高”的黄埔政务服务新环境、新形象。

**【“秒批”政务服务改革】** 2019年5月，黄埔区、广州开发区推出第二批“秒批”事项162项，其中企业事项116项，占比72%，范围拓展至商事登记、从业资格等领域企业高频办理事项，如区市场监管局“个人独资企业设立登记”“外商投资限责任公司设立登记”等37个事项。至年末，全区“秒批”政务服务覆盖22个部门、300余个事项，占全区依申请办理事项总数的25%。

在线“秒批”实现办事“零跑动”。在广东政务服务网黄埔区分网开设“秒批”专窗，集中展示“秒批”事项办事指南，为企业群众办理“秒批”业务开辟绿色通道。升级改造审批系统，推动40个事项实现全流程在线“秒批”、企业群众办事“零跑动”。引进“区块链”技术，创新建设黄埔区商事服务区块链平台，企业设立登记类部分事项实现微信掌上“秒批”。

审批结果电子证照在线“秒达”。在全市率先实现区级审批系统签发电子证照，合伙企业设立登记、民办非企业单位登记证书换发、公共场所卫生许可等18个事项办理结果可实现电子证照在线“秒达”，减少现场发证领证环节，推动证照在不同政府部门之间共享复用，免除营业执照等申办材料多次重复提交，大幅提高审批服务效能。

信任“秒批”助力审批再提速。强化企业信用信息运用，通过实施有条件信任审批，推动办事流程再优化、办事时限再压缩、审批服务再提速。是年，注销排污许可证的申办材料直接削减1/2，原需提交的企业注销说明等3份材料可选择由1张承诺书替代，使法定办理时限为20个工作日的行政许可事项“排污许可证核发（注销）”实现信任“秒批”。全年“秒批”日均业务量近2000宗。对比“秒批”改革措施实施前，有78个事项审批层级进一步压缩，205个事项申办材料进一步精简，98个事项办理时限进一步缩减。“秒批”举措被新华网及G4新闻网等新闻媒体报道。

**【政务信息公开】** 2019年，黄埔区通过政府信息公开基本数据情况。全年全区通过区门户网站主动公开信息9578条，官方微信微博等其他途径主动发布信息1.28万条；举办新闻发布会8次，组织政府在线访谈6次，发布政策解读稿件80篇。区政务公开办督促指导各部门规范受理黄埔区政府信息依申请公开，全年全区（含各部门）收到政府信息公开申请869宗，其中来自公民申请687宗，商业企业申请137宗，社会公益组织2宗，法律服务机构5宗，其他组织申请38宗；2018年结转政府信息公开申请108宗，其中来自公民申请84宗，商业企业申请21宗，其他组织申请3宗；相关申请中，予以公开422宗，部分公开87宗，不予公开204宗，无法提供194宗，不予处理32宗，转下年度继续办理38宗。

是年，重新设置黄埔区、广州开发区政务公开工作领导小组，加强区内政务公开工作的协调和督促力度。定期通报区内政务公开工作情况，总结问题，将相关情况纳入年度政务公开工作考核评估内容。尝试引入第三方评估机构，对全区57个政府部门政务公开工作进行考核和综合评价，增强政务公开监督能力。设立区政府管委会电子公报，收录并发布公报信息72条，整合区政府信息公开目录，归集到广东省政府网站平台，集中发布和规范管理政府信息，尝试开拓政府信息扁平化管理模式。是年，黄埔区、广州开发区门户网站在国家级经济技术开发区网站序列中排第一位，获“2019年度中国政务网站领先奖”“2019年度国家级开发区外文版政府网站优秀奖”两项国家级奖项；“广州高新区发布”微信公众号获2019年度国家高新区微信公众号领先奖。

**【政务服务事项标准化】** 2019年，黄埔区政务数据管理局统筹开展全区政务服务标准化专项工作，推进同一事项无差别受理、同标准办理，为企业群众办事提供清晰的办事指引。完成区属35个部门所涉依申请政务服务事项1310个、非依申请政务服务事项190个的实施目录与实施清单标准化梳理工作。组织培训，指导、督促各行政审批部门在“广东省政务服务事项目录管理系统”中完成机构改革后政务服务事项调整工作，全年完成19个部门1293个服务事项迁移梳理。

**【政务服务“好差评”系统评价】**

2019年，黄埔区完成区级审批系统与“好差评”系统对接。指导各镇（街道）、村（社区）使用区级审批系统进行二次录入产生评价，督促指导全区各级政务服务大厅开展该项评价工作，倒逼窗口工作人员转变工作作风，将评价结果作为群众满意度情况纳入年度政务服务绩效考核，提升窗口审批服务效能。至年末，全区181个政务服务大厅均产生评价数据，评价大厅覆盖率100%，产生总评价量6.12万个。政务服务“好差评”做法在“广东数字政府研究院”刊登相关报道。

**【行政审批与公共服务绩效考核】**

2019年，黄埔区政务数据管理局梳理优化全区政务服务绩效考核指标，组织49个政务服务部门业务培训，制定并印发《黄埔区、广州开发区政务服务绩效管理考核办法》《2019年度黄埔区、广州开发区政务服务绩效管理工作方案》；采取过程管理和目标管理相结合的方式，开展全区政务服务绩效考核，有效提升全区政务服务质量，降低企业群众办事成本。

**【“就近办”“上门办”服务】**

2019年，黄埔区政务数据管理局印发《政务服务事项“上门办”工作指引》《街（镇）网格员可代办政务服务事项清单》，为网格内“就近办”仍有困难的老、弱、病、残、困等弱势群体提供上门代办服务，探索授权网格员上门跑腿、全程代办，推动实行采集信息、代收材料、递交材料、代领证件、上门送达闭环服务，将“就近办”升级为“上门办”，切实解决群众“烦心事”“操心事”。

**【“一门”“一窗”“即办”服务】**

2019年，黄埔区数据管理局突出强化全区政务服务大厅“一站式”功能，除法律法规另行规定以及对场地有特殊要求等事项外，推动部门审批服务事项按要求进驻大厅统一办理，实现全区100%事项“一门办理”。是年，通过部门内部优化“小综合”或将事项受理移交区政务服务中心综合窗，实现全区99.31%（达标要求70%）事项“一窗通办”。全面梳理优化事项审批服务流程，加快推进简化审批、靠前审批、信任审批，提倡一级审批，推动实现审批流程由立体多级向扁平快速过渡，实现全区43.05%（达标要求30%）行政许可事项可“即办”。至年末，全区入驻事项可网办率达100%，最多一次跑动率100%，零跑动率80.99%（达标要求50%）。

**【“12345”政务服务热线管理】**

2019年，黄埔区“12345”政府服务热线工单受理量13.05万件，比上年增长69.8%，办结率100%。制定《2019年度广州市黄埔区广州开发区政务热线回应绩效考评实施细则》，规范全区热线工作机制，提高热线市民满意度，是年，热线综合成绩居全市第四位。全年协调处理权属不清争议疑难工单5000余件，召开协调会议131场，处理集体突发性工单100余宗1.5万余件，比上年增长2倍。

区领导现场接听热线活动。4月17日，副区长黄建强、36家单位负责人到现场开展接听热线活动，接听市民来电7个，表达诉求11个，主要涉及城市管理、城市建设、教学管理环境保护等问题，全部按期办结完毕。加强重点交办事项的后续督导工作，指导相关职能部门在3个月内办结重点事项督办协调会上市政务数据管理局交办的12个重点工单。

政务热线回应绩效考评系统开发建设。9月，为实时监测各热线承办单位的工作量、工作进度以及工作效率，开发建设政务热线回应绩效考评系统，按照绩效考核标准，通过各项指标统计，对各热线承办单位进行考核，实现信息收集分析的自动化、半自动化，提升社会服务水平。

"一对一"业务指导。6月28日，组织召开全区"12345"政府服务热线培训大会，不定期开展定制式"一对一"热线工作培训行动。是年，为工单数量较多的黄埔区公安分局、区教育局、市生态环境局黄埔区分局开展送服务上门"一对一"业务指导，举办广州"12345"政府服务热线新系统操作、知识库系统及热线注意事项培训，对各单位在工单承办过程中遇到的问题和困难进行针对性指导。

（麦清华）

## 电子政务

**【概况】** 2019年，黄埔区围绕数字政府建设，不断创新发力。深化大平台整合，建设审批监管政务服务大数据平台，推进公共平台整合和应用，完善"多证合一"信息共享平台。深化新模式应用，打造商事登记服务新模式，实现开办企业"照""章""银""税"1天办结和"全天候、零见面、一键办"；建设首个"粤商通"专区——黄埔区（广州开发区）专区。响应"基层减负年"，推广"粤省事""粤商通"等应用，在服务上做加法，以数据共享和电子证照复用在负担上做减法。运用信息化管理"组合拳"，推进信息化项目建设，强化网络隐患排查，确保无信息安全。加强政务资源数据管理，推进政务信息系统互联互通、数据共享，破解"数据烟囱"，全区政务服务效率和水平得以提升。

**【"数字政府"建设】** 截至2019年末，黄埔区"数字政府"新三年行动计划（2018—2020年）要求建设的31个重点项目，完成8个，建设中19个，筹备中4个。完善建设审批监管大数据平台，归集入库23类数据1.7亿条，实现207个部门4818个事项在平台受理和办件，全年办理业务3.5万件。完善"多证合一"信息共享平台，通过平台向区内20个部门自动推送事项42万余件。

**【智能化政务服务】** 2019年，黄埔区政务数据管理局推行"智能化"政务服务。以政务智能一体机推进基层减负和便民。是年，将新升级的37台智能一体机2.0版投放至区政务大厅、23个镇（街道）政务服务中心及企业集聚、人流密集区域，集成一体化身份认证、人脸识别、视频通信、电子白板、语音通话、材料扫描6项先进技术，将"大湾区政务""省政务服务网黄埔区广州开发区分厅""多证合一""视频咨询""网上中介超市""粤省事""社保业务"等模块整合一起，实现"家门口办""就近办""不打烊"政务服务。全年自助查询、办理业务2.5万次。

**【政务信息资源管理】** 2019年，黄埔区政务数据管理局通过开展全区96个单位政务信息资源普查整合，编制完成44个单位1103项信息资源目录，其中区级41个系统882项数据目录，国家、省、市52个系统182项数据目录和其他39项数据目录为手工录入。10月8日，《广州市黄埔区广州开发区政务数据资源目录》印发，为区政务数据资源共享管理平台提供数据支撑，推进各部门政务信息系统互联互通、数据共享，破解"数据烟囱"，提升区政务服务效率和水平。

**【网络和信息安全管理】** 2019年9月23日，黄埔区政务数据管理局举办全区网络安全专题培训，组织区属各单位学习"网络安全等级保护2.0新标准""网络安全隐患及应对策略分析"，落实网络意识形态和网络安全工作责任，提升网络安全意识和防护能力。定期开展政务外网网络安全检查，按季度通报政务外网运行情况。重点对设置独立机房的区公安分局、区教育局、区图书馆信息中心、区人民法院等单位开展实地检查，做好政务外网与其他网络的边界安全管理工作。开展全区关键信息基础设施网络安全工作，督促区属各单位梳理关键信息基础设施清单，排查整改存在问题。完成西区产业园管委会、区司法局、区公安分局、夏港街道的政府网站域名ICP备案注销清理工作。开展政务外网网络安全应急演练。制定网络安全应急预案，模拟"区政府门户网站被篡改""机房UPS设备故障""局域网故障"3种典型情景进行应急演练，提高政务外网在抵御和应对紧急突发事件的能力。

**【全省首个"粤商通"专区——黄埔（广州开发区）专区上线】**

2019年12月30日，黄埔区、广州开发区上线全省首个"粤商通"专区——黄埔（广州开发区）专区，依托"数字政府"建设资源，

2019 年 12 月 30 日，粤商通黄埔（广州开发区）专区媒体集中采访活动举行 （黄埔区政务数据服务管理局供图）

创新以“互联网 + 政务服务”模式建立移动端的企业统一商事入口和政企沟通桥梁。该专区上线九大模块 53 个事项，可实现企业全生命周期政务服务“指尖办”。新华网、《人民日报》海外网等多家知名媒体对“粤商通黄埔（广州开发区）专区”均有报道。该专区既实现从企业招商到企业开办、企业筹建、政策扶持、企业经营等全生命周期服务能力向移动终端全面延伸，又重点突出黄埔区、广州开发区行政审批改革、政策兑现服务、知识产权运用和保护、一站式企业筹建、营商环境改革优化、“企业有呼、服务必应”等特色服务和“一切为了投资者，一切为了企业”服务理念，发挥全省首个营商环境改革创新实验区的服务品牌优势。专区整合涉及多个部门的各个服务事项，企业只需手机一次登录，即可一站式通办多个事项，随时随地查询业务办理进度。“企业有呼，服务必应”版块架起政府与企业之间的沟通桥梁，企业在招商、开办、筹建、经营等环节遇到的问题通过专区可以更加便捷地对政府呼叫，进行咨询投诉，提出意见建议，企业呼叫一键直达各相关部门，相关部门收到“呼叫”后立即处理，高效回应，实现政企双向有效沟通。

**【“区块链 + 商事服务”模式试点】** 2019 年，黄埔区、广州开发区作为广州市“区块链 + 商事服务”模式的试点区域，基于国家区块链技术和应用发展现状和趋势，围绕扶持政策、技术攻关和平台建设、应用示范等，结合区块链的共识机制、数据存储、网络协议、加密算法、隐私保护和智能合约 6 类核心关键技术，建设黄埔区优化营商服务区块链平台。探索共享式登记网，打造商事登记改革升级版，构建全生命周期、全链条、全场景的营商服务体系，优化黄埔区营商环境。该模式通过简化企业开办流程、便利企业更快捷高效进入营业，实现企业开办时间压缩至 5 个工作日，有效破解企业登记便利化改革难题，促进企业开办服务的提速增效，解决“排长队”等老大难问题，减少窗口服务带来的履职风险、法律风险和舆情风险。

利用信息化手段职称管理，推进业务流程、应用系统和政务数据的整合同和，推进与省、市、区服务管理应用系统互联互通、共建共享，避免重复建设，节约管理成本，节省社会资源。通过对名称申报、设立登记，刻章服务、银行开户、税务套餐业务的整合，把过去分散在各部门、与群体联系紧密的审核、审批等项目集中办理，实现企业开办无纸化，从根本上改变原理审批定点、审批程序繁、办事效率低的现状。是年，该模式被列入广东省政务服务数据管理局编制的《广东“数字政府”改革建设案例汇编》。

**【电子证照大数据库建立】** 2019 年，黄埔区建立全区电子证照大数据库，提供跨部门、跨地区、跨层级的电子证照服务，至年末，全区开通证照目录 86 种，发出证照 160 万余张。其中，使用区级审批系统发出电子证照 164 张，261 个区级事项开通电子用证。完成黄埔区卫生健康局、区政务服务数据管理局等 5 个部门 8 种 393 张证照的存量转化工作。1 月，发出广州市首张区级卫生行政审批电子证照，电子证照推广应用方面走在广州市前列。

**【网办指标重点建设和国家网上政务服务能力评估】** 2019 年，黄埔区、广州开发区全面落实网办指标重点建设和国家网上政务服务能力评估迎检工作。至年末，全区实现七大类 1310 个依申请事项“一门”进驻 100%，“一窗”办理率 98.85%，“即办”率 43.47%，可全流程网办率 80.44%。经测评，全部指标达到国家考核要求。

（罗秋凌）

## 应急管理

**【概况】** 2019 年，黄埔区协调处置各类突发事件 1010 宗。协调处置云埔街北二环火村东服务区危险化学品（二甲苯）运输车辆泄漏事件，成功避免爆炸和环境污染事件。

黄埔区政府办及时向区领导、相关部门和属地街镇报送每一个突发事件信息（包括预警信息），全年区总值班室接打电话2.3万个，通过微信传达报送各类信息4000余条，发送手机短信1.72万条，编发月度及节假日值班要情15份、区值班要情快报46份，OA转发办理区领导批示61份，短信微信转办领导批示105条。

全年安全生产和自然灾害形势总体上保持平稳态势。安全生产方面，全区发生生产安全事故74起，比上年上升8%；死亡44人，下降8%。其中，工矿商贸领域发生2起，死亡2人。森林防火方面，接警处置森林火情35起，均及时扑灭，未引发森林火灾和人员伤亡事故。自然灾害方面，汛期启动防暴雨三级应急响应45次、二级应急响应13次，紧急转移1630人，江河水位运行总体平稳，无人员伤亡。全区应急管理系统行政执法受理立案213件；行政处罚金额591.38万元，居全市第五位。安全责任险投保总数2703家，居全市各区投保数之首。是年，黄埔区应急管理局被广州市安全生产委员会办公室评为2019年“安全生产月”活动先进单位；被广州市应急管理局评为行政执法考评优秀单位；在广东省行政处罚案卷评查中被评为优秀等次。

【党政领导安全生产责任履职】 2019年，黄埔区安全生产委员会办公室落实党政领导责任，组织区党政领导在岁末年初、春节前后、全国“两会”、中华人民共和国成立70周年等关键时期开展安全生产督查。全年区党政主要领导带队开展安全生产督查工作24次，主持召开常委会会议、常务会议研究安全生产工作22次。约谈存在重大事故隐患和安全问题突出的企业，全年约谈企业27家、主要负责人51人。组织区安全生产委员会成员单位中负有安全生产监管职责的部门与区委、区政府，签订安全生产责任书，明确各单位年度安全生产工作重点任务，落实“管行业必须管安全、管业务必须管安全、管生产经营必须管安全”党政同责、一岗双责”要求。

【安全生产领域改革创新】 2019年，黄埔区持续深化安全生产领域改革，按照“一个企业一个监管主体”工作要求，实施精准监管，提高安全生产监管水平。明确区、街镇两级监管企业范围标准，完成区、街镇2.8万家企业两级监管清单调整，分级分类对重点企业和一般企业进行精准监管。制定《安全生产谈话提醒办法》，修订《安全生产委托行政执法实施办法》《安全生产委托行政执法实施细则》《生产安全事故报告和调查处理规定》等规范性文件。开展企业安全生产诚信体系建设，制定《安全生产领域行政处罚信息信用修复指引》，推动安全生产承诺、信用档案和分级分类管理制度建设。首设安全执行总监岗位，面向全球发出“求贤令”，高薪公开遴选安全执行总监1人，专职负责定向开展化工聚集区监管工作，提高全区危化品、油气管道规划和监管水平。

【应急队伍建设】 2019年，黄埔区第一时间明职责、建机构、定制度，多措并举，引领队伍建设。按照《机构改革方案》，落实改革方略，加强全区各个部门沟通联系，处理好统与分的关系；加强职能融合和重塑，优化组织结构和运行机制，坚持“新职旧随”。3月29日，黄埔区应急管理局挂牌成立，完成49名公务员、42名雇员、5名事业单位工作人员、5名临聘人员的转隶工作。推动“不忘初心、牢记使命”主题教育走深走实，牵头确定7项调研主课题和49项调研子课题，查摆74项问题和梳理80项整改措施，拿出破解应急管理工作难题的实招、硬招。开展为期一年的应急管理、安全生产法律与执法技能讲座，邀请法律顾问、专家学者、执法骨干就安全生产重点法律法规体系分析与执法运用、执法的沟通和说理技巧等内容进行专题讲解，对全区安监系统近400余人实施全方位安全业务培训。指导街镇完善规范执法上岗制度，组织开展新入职、轮换岗位的安全生产执法业务人员上岗培训班，培训学员近100人次。

【应急政务服务】 2019年，黄埔区应急管理局推动企业提升安全基础和管理水平，主动上门、主动服务，引导和推动企业落实安全生产主体责任。出台《广州市黄埔区广州开发区应急管理局推动法治营商环境出新出彩工作方案》，从审批服务建设、执法能力建设、法制审查建设、诚信体系建设4个方面，持续在应急管理、安全生产领域培育法治土壤。推出“同堂听课”安全教育视频观看登记活动，采取“线下+线上”模式，打造企业安全教育平台，全区14.2万人完成线上登记，观看视频48.4万人次。组建新应急专家“智囊团”，涵盖机械电气、建设工程、消防爆破、地质灾害等10多个专业领域，发挥专家对应急管理工作的技术支撑作用，全年使用专家参与应急管理工作576人次，使用率109.23%。“重组改造”现有行政审批流程，主动新增“秒批”服务事项，实现3项行政审批事项和1项公共服务事项在1个工作日受理、办结；危险化学品经营许可证变更审批时限，从20日压缩至6日，压缩率达70%；企业守法证明办理时限，从10日压缩至5日，压缩率达50%。对区内新筹建企业开展专项宣讲3次，督促、指导50个新建、改建、扩建项目开展安全设施“三同时”工作，完成32个项目的投试产验收。

【安全隐患治理】 2019年，黄埔区完善安全生产“一岗双责”制度，加快全面落实综合监管、行业监管和专业监管责任。组织全区各相关部门开展“春夏攻坚”安全生产专项整治、“奋战50天 全年保平安”重点安全攻坚、安全生产集中整治、安全生产大检查大整治等行动，发现并整治安全隐患1.88万处。开展区域风险评估、统筹开展化工医药行业专项检查，出动执法人员1345人次，检查危险化学品生产、储存、加油站、化工、医药和重大危险源等企业519家次，发现并整治隐患615处，注销危化品许可证3家。推进隔墙路油气管道安全隐患整治，对隔墙北路（油库路）扩路施工道路改造和隔墙南路（油库路）扩路施工现道路基础工程组织油气管道领域联合执法检查15次，召开调研及协调会议7次，检查7家油气管道企业50家次，发出责令整改指令书12份。通过政府购买服务形式，投入150万元聘请第三方技术服务机构，为全区80家粉尘涉爆企业进行安全风险评价，强化粉尘爆炸危险源头控制，淘汰落后工艺，提升粉尘涉爆企业本质安全，全年检查粉尘涉爆企业56家次，发出责令限期整改指令书18份。

构建以区森林消防大队为专业队、街镇森林专职护林员为骨干、村（社区）干部群众为义务护林员的区、街镇、村（社区）三级森林防火体系，加强清明、重阳“两节”期间森林防灭火工作，投入安保力量2177人，设置值守点65个，发放宣传单1.5万张，发放灭火矿泉水9600余支，设立公告警示牌47块。在汛期、敏感时期坚持气象预警30秒内向全区职能部门、重点企业、人员密集场所、学校等进行预警发布，提前部署暴雨、台风等自然灾害预防工作，重点巡查全区登记在册25座水库、35座水闸、11座排涝泵站、77条河涌，在储备仓存放排涝水泵、发电机组、编织袋等物资27类13万余件。

【应急救援】 2019年，黄埔区围绕“无急能防、有急可应、政府主导、社会参与、共创安全”总体目标，加强应急救援队伍建设和管理，打造多层次应急救援体系，开展应急演练，强化应急培训，提高应对突发事件的能力和水平。

筹建区应急总指挥部（区突发事件应急委员会），下设区安全生产委员会、区减灾委员会两个专业委员会和区防汛防旱防风指挥部、区森林防火指挥部、区抗震救灾指挥部3个指挥部，在机构设置上实现“三委三部”的统一，形成统一指挥、专常兼备、反应灵敏、上下联动、平战结合的特色应急管理体制。组建安全生产、自然灾害和社会志愿应急救援队15支，涵盖消防救援、“三防”救援、水上救援、野外搜救、危险化学品运输、管道泄漏处置、医疗救援、空中救援等救援范围，初步构建多层次应急救援体系。

组织开展应急预案修编。推动全区21家重大危险源单位制定重大危险源单位场外应急预案，指导248家企业完成事故应急预案编写、备案工作，修订6个重大危险源单位事故厂外应急救援预案、区生产安全事故应急预案、区危险化学品事故应急预案、区三防预案。在龙湖街凤凰湖举办多灾种综合应急演练，设4个场景，包括高层建筑物火灾事故应急救援、危险化学品道路运输事故应急救援、人员落水突发事件应急救援、社会舆情事件控制等及衍生次生灾害，区应急委员会相关成员单位领导、企业代表、区属15支应急救援队伍代表280人参加演练。

强化突发事件应急基础性建设。依托区内大中型企业和社会机构，与区内9家企业签订应急物资和救灾运输保障协议，确保在紧急情况下救灾物资及时运送到受灾地点。推进“全国综合减灾示范社区”“国际安全社区”建设，创建全国综合减灾示范社区31个，全面推动街镇、社区应急管理、减灾救灾基础能力建设，解决应急工作“最后一公里”问题。

建立应急管理共建共享新模式。与华南理工大学公共管理学院、广东省应急产业协会签署三方《合作框架协议》，共建基层应急管理体系和能力现代化示范区。成立全国第一个智能安全防护与应急救援技术研究政企联合实验室，为企业提供应急救援实践平台，为政府提供新的技术和手段，大幅提高应急救援效率。全年协调处置公共安全突发事件（含生产安全事故、火灾、三防灾情、交通事故）320起，处理各类值守、应急处置电话675人次，举报投诉48起，办结率100%，回访率100%，群众满意度100%。

【应急宣传教育】 2019年，黄埔区应急管理局围绕“防风险、除隐患、遏事故”主题，创新形式，拓宽宣教途径，策划一系列以安全发展为主题的应急管理宣传教育活动。组织开展“安全生产月”徒步活动、第七届“安利杯”全国安全项目促进大赛、重型防化服穿戴技能活动、专家手把手教你正确佩戴与使用职业病防护用品系列活动等30多个子项活动，营造安全常识宣传氛围，广东广播电视台、广州市广播电视台等新闻媒体均有关注和报道。发挥“黄埔应急管理”微信平台作用，全年推送微信推文271期、510篇，其中原创184篇（加原创标识），单篇阅读量5000人次以上的推文33篇，单篇阅读量1万人次以上的推文5篇，微信公众号粉丝数突破16万人。展开多媒体宣传攻势，通过广东广播电视台、广州市广播电视台、区电视中心和《中国应急管理报》《广东安全生产》《黄埔新时代》报纸杂志等行业媒体，结合黄埔区安全生产工作重点、亮点工作，以深度报道的形式对区安全生产监管改革成果予以宣传75篇。推进安全生产宣传教育“七进”，开展应急管理宣传教育、宪法普法、安全生产法普法现场活动8场，受众面1万余人。开办免费送教上门服务200场，受训2万余人。开办应急管理网络学院培训班，在“黄埔应急”微信公众号开辟“应急与管理网络学院”，将线下课堂搬至线上，开发具有本地特色的视频课程，增加互动式、体验式的3D或VR体验课程，实现线上申请、线上学习、线上考核、线上发证等，开设52门课程，16万余人接受网络学院教育培训。开展安全教育“双导式”同堂听课活动，各部门、各街镇组织生产经营单位、各类机构、场所开展节后岗前安全生产培训教育生产经营单位2153场次，覆盖职工11万人次；派出“同堂听课”督导组5040人次，参与企业培训课882场次。

（李建明）

【消防应急管理】 2019年12月，黄埔区消防救援大队举行挂牌仪式。主要负责辖内消防安全宣传教育培训、防火监督检查、消防业务和突发应急事件的处置。全年完成灭火和抢险救援任务2042次，抢救疏散遇险群众657人。检查社会单位6552个，发现并整改隐患5963处，下发责令改正通知书5822份，下发行政处罚决定书24份，责令停产停业单位9个，未发生重大及以上火灾事故。是年，开展电气和电动自行车火灾综合治理、今冬明春火灾防控、“打通生命通道”等专项行动。围绕“防风险保平安迎大庆”专项行动，抽取商场市场、大型综合体、三小场所、“多合一”场所、群租房、住宅小区、公共娱乐场所、博物馆和文物建筑、养老服务机构、医疗和教育类场所十一大类场所，联合开展督导检查。重点检查自查自改工作落实情况、消防安全主体责任落实情况，通过管法人、管责任，实施查隐患、督整改。在“防风险保平安迎大庆”专项行动期间，强化消防宣传培训，加强消防安全意识，全区消防安全形势持续保持平稳。是年，大队被评为全省消防救援队伍基层建设标兵大队、安全工作大队级先进单位；下属永和消防救援站获广东省消防救援总队级以上表彰13人，苏金标被中央文明办评为“中国好人”。

是年，黄埔区公安分局依法落实消防监督检查职责，整治消防安全隐患。检查各类单位、场所5720个（处），发现隐患5253处，督促完成整改5220处，整改“三合一”“二合一”违规住人场所58处。围绕中华人民共和国成立70周年大庆安保为重点的节假日与重点防护期火灾防控工作，开展消防安全专项整治工作。加强重点区域、敏感部位的消防安全检查，确保重大活动和重要节点期间消防安全。与区住房城乡建设局、消防大队于11月8日签订消防行政处罚委托协议，组织各派出所开展消防行政处罚委托工作，受理消防委托处罚14宗，罚款11.2万元，责令“三停”单位4个。开展消防宣传，结合“119”消防宣传月活动，全年开展消防宣传活动57场次，派发宣传单4万份，举办各类消防培训194场次。

（李聪　周木秋　廖庆斌）

【防灾减灾】 2019年，黄埔区组织开展寒冷、高温、暴雨及台风期间自然灾害发生时的群众庇护、救灾工作。黄埔区民政局会同区应急管理局在黄埔街黄埔花园社区组织开展“提高灾害防治能力，构筑生命安全防线”5·12国家减灾日主

2019年9月24日，黄埔区政府开展危险化学品道路运输事故应急救援演练　（黄埔区应急管理局供图）

题宣传活动。7月3日，按政府机构改革要求将民政局防灾减灾职能移交区应急管理局。

（庞杏玉）

## 港澳事务

【概况】2019年，黄埔区出台《支持港澳青年创新创业实施办法》和《支持港澳青年创新创业实施细则》，推动粤港澳大湾区青年交流合作。全年接待港澳青年代表团3批次340人次，协助安排7名香港大学生到亿航智能技术有限公司、盈盛智创科技（广州）公司暑期实习。加强港澳联谊交流，全年举办花市联展、徒步、青创交流、国情教育培训、庆祝中华人民共和国成立70周年嘉年华活动、粤港澳三地歌手大联唱等活动9次，1000余人次参加活动。

【港澳联谊交流】 2019年，黄埔区加强与港澳代表人士和社团的联系，壮大爱国爱港爱澳力量。2月3日，组织70名爱国爱港人士参加2019年迎春花市暨粤港澳名优产品花市联展会活动；3月30日，组织50名香港、澳门代表参加“锦绣黄埔任我行步”徒步活动；5月16日，接待澳门特区政府经济局大湾区澳门青创交流团34人到文远知行、明珞汽车等公司参观学习；5月30日至6月2日，举办黄埔情·香港青年国情教育培训班，组织港澳青年骨干44人到市社会主义学院参加培训；7月6日，举办黄埔情·粤港澳文化品荔活动，港澳乡亲800余人参加；7月17日，接待香港警务处沙田警区少年警讯交流团48人到文远知行、明珞汽车、励丰文化等公司参观学习；9月27日，组织港澳青年代表参加黄埔区庆祝中华人民共和国成立70周年嘉年华活动，参与粤港澳三地歌手大联唱演出；12月14—15日，接待香港广州社团总会义工团骨干交流团（第四期）41人，参观科学城展厅、励丰文化公司；12月22日，组织19名香港、澳门代表参加2019广州黄埔马拉松赛。

【2019年湾区青年创新论坛】 于2019年7月17—19日，2019年湾区青年创新论坛在广州市黄埔区举行。商界各行业人士和创新创业青年人才齐聚黄埔，共议世界各地青年在创新创业中面临的挑战，促进粤港澳大湾区建设。18日，举行湾区青年创新论坛，中新广州知识城智库揭牌成立。万科集团创始人及名誉主席王石等一批专家学者接受聘书，助力中新广州知识城建设粤港澳大湾区知识创造示范区。论坛期间，以青年环保创新计划牵头，十二大创新机构共同倡议发起成立全球湾区创新联盟。联盟执行总部落户广州知识城，计划在三年内以知识城为基地，筹划、建立全球湾区创新孵化器、全球湾区青年创新学院和全球湾区创新基金3个平台，并以青年环保创新计划（YGT）为湾区创新联盟的首个旗舰项目。

（钟婉雯）

## 台湾事务

【概况】 2019年，黄埔区有台资企业173家，其中上市公司17家，常驻台胞569人，解决4万余人就业。台资企业投资总额占全区投资总额的13%，产生的经济效益占全区经济效益总额的20%。规模以上台资企业81家。台企经济绩效高于区域平均水平，企业综合实力强、市场占有率高，在生产和研发方面，居同类企业前列，为全区经济稳增长、调结构作出重要贡献。10家台资企业列入制造业重点企业，至年末，有11名台商获“广州市荣誉市民”称号，15家企业获广州市科技创新扶持资金。开展台资企业走访调研活动，了解台资企业发展和生产经营中遇到的困难，协调区各职能部门帮助台资企业解决各种问题。全年接受咨询58次，走访台资企业和台资企业总部21次，探访台商38人次，协调解决11名台商、台湾籍管理人员子女的就学问题，协助处理台资企业土地纠纷、公积金购买、治安、安全生产、税务、海关、交通出行等方面的问题20个。

【对台工作宣传教育】 2019年4月，黄埔区委召开统战、对台工作会议，传达上级对台工作会议精神，部署黄埔区对台工作要求，形成对台工作的政治共识，明确工作目标任务。开展习近平总书记在《告台湾同胞书》发表40周年纪念会上的重要讲话精神系列学习，在台商、台胞、台湾青年、台湾学生中开展广泛的宣传宣讲活动。组织台商集中学习惠台政策，讨论协会事务。全方位多层次开展涉台宣传教育，通过发放中央台办“两刊”、向台协会员赠阅《两岸关系》杂志、宣传栏进社区进村等多种形式，宣传新形势下对台方针政策和主张。是年，黄埔区委台办再次被评为中央台办“两刊”对台宣传工作先进单位。举办对台工作专题培训班，进行形势政策解读和业务工作讲解。加强对台工作信息报送，及时报送和刊发有关工作信息，扩大全区对台工作影响力。促进两岸文化交流，加强青少年涉台教育，弘扬中华传统文化，联合举办“两岸一家亲”黄埔青少年书法大赛。

【领导走访调研台资企业】 2019年，全国政协常委、港澳台侨委员会副主任、台盟中央副主席吴国华，广东省政协副主席、台盟广东省委主委张嘉极，广东省台办主任黄耿城，市委常委，黄埔区委、广州开发区党工委书记周亚伟，及黄埔区主要领导等深入台资企业生产一线开展调研，了解台资企业、台商情况，帮助企业解决实际问题，并鼓励台企转型升级增资扩产、科技创新、发展壮大。

**【政企联谊活动】** 2019年，黄埔区委台办开展丰富多元的各项活动，促进政企、企企交流，举办台商迎春联谊会暨黄埔区、广州开发区台资企业协会尾牙活动，台商中秋联谊会等活动。1月9日，黄埔区政府、广州开发区管委会举办台商迎春联谊会暨台资企业协会尾牙活动，黄埔区主要领导及分管领导，广州市台办、台协领导，黄埔区有关部门领导、区台协会员及台商代表350人参加活动。活动现场，为区台协理事单位及部分台资企业举办"两岸一家亲，台企展风采"——黄埔区广州开发区台协理事企业展览，有26家台企设置展位。同时举行台资企业向福利院捐赠仪式。9月5日，黄埔区政府、广州开发区管委会举办台商中秋联谊活动。此次中秋联谊活动为历届联谊活动中台商比例最高，首次创新交流联谊活动形式，缩减政府人员规模，台商可以选择与不同部门领导展开交流。

**【台资企业协会理事会】** 2019年2月19日，黄埔区委台办率领6家台资企业负责人一行到黄埔区老人院，开展"欢乐元宵节，情暖老人院"——黄埔区台办、黄埔区台资企业协会走进老人院献爱心活动。黄埔区台资企业协会理事企业南侨、万威、皇威、昱阳、南科5家台资企业向老人院捐赠3万元用于购买室外健身区健身器材。在黄埔区、广州开发区2019年"广东扶贫济困日"捐赠活动中，康师傅、万威、南科、昱阳等台资企业捐款40万元。

**【埔台两地交流】** 2019年，黄埔区委利用黄埔军校、南海神庙等丰富的历史文化资源和广州开发区现代产业优势，接待台湾参访团10批、234人。台湾两岸人民服务协会参访团、台湾媒体参访团、台湾精英参访团、台湾中华文化经贸国际交流团、台湾村里长走进大湾区参访团、台南市民众运动产业广州参访团、台湾青年来穗参加"青创杯"第六届广州青年创新创业大赛参访团、台湾基可生医股份有限公司广州参访团等，到黄埔区参访，就生物医药、电子商务、先进制造业等领域进行交流，对黄埔区、广州开发区经济社会发展和投资环境予以赞赏。8月，黄埔区人大常委会率团赴台湾考察，重点考察台湾社区建设、社区治理工作、增进两岸基层交流。拜访慈善机构、宗教机构、有关社区及台资企业总部等，了解资源环保回收、志愿者服务、公共建设规划、社区治理和养老、两岸经贸和文化合作等情况。

**【黄埔区台湾青年创新创业平台建立】** 2019年，黄埔区委台办促进两岸经济文化交流，鼓励和吸引更多台湾青年到黄埔实习就业和创新创业，引导台企和台湾青年创业团队参与粤港澳大湾区建设。编写《黄埔区、广州开发区推动台湾青年实习就业创新创业实施办法及实施细则（征求意见稿）》，开展调研及征求意见。4月2日，黄埔区台湾青年创新创业中心成立。黄埔区政府拨专款25万元，为台湾青年学习交流、实习就业、创新创业等提供支持和服务平台，至年末，有3个台湾青年创新创业团队进驻该中心。

**【台湾大学生到黄埔实习交流】** 2019年7月8日始，第三批台湾实习生到黄埔区开展为期8周的实习活动，来自台湾各所大学的42名大学生通过双向选择安排至全区17家不同行业的企业。黄埔区委台办及相关企业协助安排实习岗位，做好生活保障，协调解决实习补贴保险，并举办"筑梦珠江·展翅飞翔——台湾大学生广州实习体验活动交流分享会"。接待在穗实习的96名台湾大学生参访亿航公司，参观无人机样品和实操无人机驾驶。参访大学生结合日常生活与工作体验，通过人工智能、移动支付、物联网等新一代信息技术加速重构全球创新版图了解大陆。

**【"两岸一家亲"黄埔青少年书法大赛】** 2019年，黄埔区举行"两岸一家亲"黄埔区青少年书法大赛。从2019年5—11月，历时7个月，由黄埔区委统战部、区委台办、区教育局、共青团区委、区文联联合举办，黄埔军校旧址纪念馆、区书法协会、区台协、区台联会、半间文化公司、区台青中心、区青少年宫共同协办。全区43所学校的大、中、小学生报名参赛，特邀部分在穗的台湾青年及台湾大学生参加。大赛内容融入黄埔军校元素，获奖作品参加巡回展览。大赛收到参赛作品325幅，其中70幅作品进入复赛及参展，入选作品15幅。经过初赛和复赛，最终评选出特等奖2个；一等奖10个；二等奖10个；三等奖20个；优秀奖28个；优秀组织奖6个。

（罗青云）

## 侨　务

**【概况】** 2019年，黄埔区侨务局按照新的职能定位，所承担的五项

2019年6月13日，广州市外办、黄埔区委办联合组织外国驻穗领团走进黄埔，参观迈普医学公司　（包小敏　摄）

行政服务事项初步完成新的广东省政务服务系统事项标准化及测试工作和侨务服务事项进驻工作，实现数字化平台办事功能机制。全年受理和按时办结华侨回国定居1批1人次、归侨和侨眷身份证明办理各1批1人次3项政务服务事项；接待来人来电咨询诉求6批6人次，涉及归侨和侨眷身份确认办理、华侨回国定居办理、侨界人士涉房产纠纷等，受理办结侨界信访转办件2批次，及时解答来访人的诉求和困难。在侨界机构、社团和群体内，发布“三侨生”（归侨青年、归侨子女、华侨在国内的子女）办理指南、侨捐人士办理两地小汽车牌照政策修订、华侨和港澳同胞身份证件便利化措施等最新文件政策法规。组织参加广州市侨办“侨法进社区”宣传活动，指导全区各镇（街道）于年底前完成设立6处“广州市为侨法律服务联络点”并配发全市统一标识。是年推荐2名区华侨代表参加首届广东省海外侨胞和港澳同胞推进粤港澳大湾区建设大会；推荐区侨商会常务副会长担任广东省侨联常委。

**【侨界交流合作】** 2019年12月12日，广东省侨商投资企业协会海内外侨界会员一行35人到黄埔区考察，参观科学城展厅，并与区投资促进局、营商环境改革局等部门座谈交流，全面了解黄埔区、广州开发区营商环境以及招商引资和企业落户等方面的相关政策规定，促进省内侨界和境外侨团对黄埔区、广州开发区的关注。

**【聚侨引资引智】** 2019年8月20日，黄埔区承办中央统战部关于做好新时期涉侨引智工作的调研活动，中央统战部一行5人到黄埔区、广州开发区与侨界创新创业人士等开展调研及座谈交流，主要研讨当前国际形势下针对海外华人华侨专业人士的引进措施。9月，黄埔区侨务局开展“海外高层次人才回国创新创业服务体制机制现状及改进途径”专题调研，形成专项调研报告。8月21日，区侨务局协同区侨联举办“专业解读税改新规优化科创企业税”专题讲座，区内创新型企业代表34人参加。12月27日，组织邀请区内4名侨界人士出席广州市统一战线庆祝中华人民共和国成立70周年国庆展演盛会。

**【贫困侨胞帮扶】** 2019年，黄埔区开展“扶贫济困侨心工程”工作，采取多种形式予以推进，以节日慰问和结对帮扶等形式进行经常性扶助。全年走访慰问困难归侨、侨眷20户，发放慰问金（慰问品）1.6万元。

（杨飞龙）

## 外　事

**【概况】** 2019年，原黄埔区人民政府办公室（侨务和外事办公室）的侨务管理相关职能划转至黄埔区委统战部，外事管理服务工作具体职能由黄埔区委办承担，黄埔区委外事工作领导小组改为黄埔区委外事工作委员会；黄埔区外事工作委员会办公室（简称黄埔区委外办）设在区委办，同时在区委办增设外事处以保证相关工作开展。是年，黄埔区委外办科学统筹全区因公出访计划，围绕区委区政府、广州开发区管委会的中心工作安排出访。全年办理因公出国48批、175人次（含参加上级双跨团组）；服务企业“走出去”，为安利、明珞装备等9家企业共21人次申办APEC（亚太经合组织）商务旅行卡；全面深化国际交流与合作，接待来自美国、利比亚、埃塞俄比亚、瑞典等15个国家和地区代表团组376人次。

**【国外代表团访问接待】** 2019年，黄埔区委外办统筹区资源服务中央总体外交，先后接待由中央、广东省、广州市外事部门交办的来自美国、利比亚、埃塞俄比亚、圣多美和普林西比、新加坡、瑞典、日本、阿根廷、肯尼亚、蒙古、卡塔尔、哈萨克斯坦、俄罗斯等16个国家和地区代表团组386人次，向外宾展示黄埔区改革开放成就和优良的营商环境。

【外国驻穗总领事馆走进黄埔】 2019年，黄埔区有4批外国驻穗总领事馆走进黄埔。5月16日，以色列驻广州总领事馆总领事南可安参观黄埔区、广州开发区，了解中以合作情况。6月13日，由广州市外办、黄埔区委办联合举办的“2019外国驻穗领团走进黄埔”交流活动，25个外国驻穗总领事馆的总领事、副总领事或代表到黄埔区，与广州开发区管委会及广州开发区投资促进局、商务局和金融局等部门进行交流，外国驻穗领团参观广州科学城展厅以及广州迈普再生医学科技股份有限公司。7月10日，法国驻广州总领事馆经济领事Mr.Millard Pascal赴中新广州知识城考察，参加招商推介活动。9月2日，丹麦驻广州总领事馆总领事安雅携丹麦企业HEMPEL赴黄埔区拜访。

【瑞典师生到黄埔交流】 2019年3月19—23日，应黄埔区政府邀请，瑞典斯德哥尔摩Tibble Gymnasium高中的师生代表团27人到黄埔区交流访问。黄埔区委外办组织安排瑞典师生代表团参观南海神庙、宝墨园和沙湾古镇，走访学校、拜访企业，展示岭南和黄埔传统历史文化以及黄埔区学校的办学特色和企业的先进科技文化。

（黄东雅）

【外国人到华工作许可审批】 2019年3月25日，黄埔区人力资源和社会保障局外国专家服务管理职责划转至区科技局。5月13日，黄埔区科技局承接外国人到华工作许可审批工作。全年受理工作许可申请3704件，审批2.35万件次，发放外国人到华工作许可2911件。实现按时办结率100%，群众满意度100%。

（谭聚）

## 信　访

【概况】 2019年，黄埔区贯彻落实中央和省、市、区关于信访工作的决策部署，减存量控增量控变量，推进领导干部落实信访工作责任，推行依法分类处理信访诉求，以“三到位一处理”和“人民满意”为着力点，开展六大领域信访专项治理，信访运行平稳可控，同质化重大信访问题源头有效治理，群众满意度稳步上升，重复信访率大幅下降。全年受理（办理）信访件3409件，比上年上升11.04%。其中，来访630件，比上年上升12.30%；领导接访21件，下降32.26%；网上信访2560件，上升19.01%；来信176件，下降40.34%；复查复核22件，与上年持平。全年办理人民网地方领导留言板网友留言143条。是年，黄埔区率先在全市开展“最多访一次”信访改革试点，代表广州市迎接国家信访局专题调研，在全市信访会议上作经验介绍2次。全年未发生信访重大群体性突发事件，未发生因信访问题处置不当引发群体性事件。

【信访矛盾纠纷化解】 2019年，黄埔区加强信访矛盾纠纷排查化解和预警。区各部门、各镇（街道）按“发现得早、化解得了、控制得住、处理得好”原则，将信访矛盾排查同“网格化”管理结合起来，压实网格责任，延伸信访矛盾末梢进“三化网格”，由社区网格员进行日常滚动排查调处，确保“横向到边、纵向到底”。对排查发现的问题，属地镇（街道）现场处理，或提出预警，由职能部门提前介入。网格员能够处理的，现场进行化解；不能处理的，逐级上报，由区相关职能部门跟进处理。贯彻落实中央、省、市关于扫黑除恶专项斗争部署要求，推动扫黑除恶专项斗争向纵深发展。坚持“一盘棋”思想，参与扫黑除恶专项斗争，建立完善信息共享、线索移交等工作机制，严格按照规定和程序，转送、移交涉黑涉恶信访举报16宗。

实施“最多访一次”。重视受理信访人的诉求，严格审阅、交办群众来信来邮，耐心接听回答来电。区各职能部门和镇（街道）对职责范围内的信访事项严格按规定受理、办理、回复，保证“事事有回音、件件有着落”。对不属于职责范围内的初信初访事项，耐心解释引导。对所有初访案件均纳入“最多访一次”，压缩流转时间，优化流程，即收即转即办，将有关程序一次性告知信访人，让信访人少跑腿，各个环节有专人跟进，落实首接首办责任制，主动对接服务，防止越级访和重复访。

“分级负责，归口办理”。对省、市交办和区信访部门交办的群众诉求，严格按照“谁主管、谁负责”“属地管理、分级负责”原则，由信访部门统一交办、督办，跟踪办理、答复情况，在规定时间内回复上级信访部门，录入“云信访”系统，引导信访人开展满意度评价。

【领导信访责任落实】 2019年，黄埔区党政主要和分管领导把做好信访工作作为黄埔区经济社会发展的重要基础工作。广州市委常委，黄埔区委、广州开发区党工委书记周亚伟主持召开区委（党工委）常委会研究落实广州市委、市政府批示精神，推进永和街贤江社区土地纠纷处置工作；传达学习习近平总书记对信访工作重要批示和国家、省、市信访工作有关会议精神，听取并研究贯彻落实区信访工作情况专题汇报；研究保利林语山庄地质灾害重大信访事件应急处置有关事宜等。召开全区信访工作大会，强调要加强党对信访工作领导，会议以党建引领业务建设和队伍建设，为经济社会高质量发展提供信访保障，明确信访工作目标和总要求。

【领导干部接访、约访和下访】 2019年，黄埔区、广州开发区落实信访工作责任，加强领导接访、约访、带案下访和包案化解信访事项。

定期公开接访 根据《2019年黄埔区、广州开发区党政领导干部公开接访安排表》，区党政领导班子成员每周到区人民来访接待厅接待群众来访，面对面了解、化解群众诉求。能当面化解的，接访领导当场拍板解决；不能现场解决的，由接访领导签署意见，交黄埔区信访局统一交办、督办。7月30日，区领导雷虎公开接待建科广场业主代表，倾听业主诉求，听取责任单位处理进展汇报，向信访人做好解释工作。9月4日，区领导陈勇公开接待来访群众，针对信访人反映的黄埔广附实验学校门外机动车乱停放、萝岗和苑及科城山庄公交不足等问题作出批示，均得到妥善解决。是年，区党政领导公开接待群众24批、61人次，受理信访事项21件。

约访诉求带头人 各镇（街道）各职能部门领导约访群众成为常态。区党政主要领导和分管领导约访群体性诉求的牵头人。分别约访信访人马某某、壹品公寓信访代表、保利罗兰社区群众代表等。帮助信访人解决合理合法诉求，解释相关政策规定，纠正部分当事人“大闹大解决、不闹不解决”的观念。

调研下访 区领导周亚伟组织相关职能部门到萝岗和苑调研，现场研究解决读书难民生信访问题，确保玉山学校顺利建成，保障约1000名孩子如期上学。区领导孙学伟到广州国际生物岛调研历史遗留信访问题等。对一些涉及部门较多、时间较长的信访复杂问题，由区领导组织相关职能部门带案下访，到现场研究解决方案。云埔工业园区空气污染、广州国际生物岛拆迁、保利林语山庄山体滑坡、教育资源分配、拆除违建别墅等问题得到相关区领导组织协调处理。

领导包案 加强协调推进，领导包案化解成效明显。广州市联席办交办由周亚伟包案的信访事项4件均办结，办结率100%，参评率和回访满意率均100%。全年落实区党政领导信访包案161件，人均7.3件，办结161件，办结率100%。

【信访工作高质量发展】 2019年，黄埔区实施化解信访矛盾攻坚专项行动。组织召开区信访工作联席会议。制订黄埔区开展信访矛盾化解攻坚专项行动工作方案，成立由联席会议第一召集人为组长、第二召集人及区政府办主任为副组长、各成员单位分管领导为成员的领导小组，明确攻坚行动指导思想、工作原则、任务目标、组织分工、具体内容和要求，专项治理全区重点领域、重点地区、重复信访等问题。推动区党政领导包案负责6件国专、48件省专、10件市专、16件区专件全部化解。配合国家信访局开展专题调研。7月，国家信访局“新业态从业人员权益保障问题”专题调研组到黄埔区开展调研，并带案下访。黄埔区组织快递、网约车、家政、外卖送餐等新业态从业人员进行访问调查，形成调研报告，提交中央有关部门。开展同质化信访问题化解专项行动。

对区内近年来涉环保、教育同质化突出，群体非理性维权特征明显的信访问题，加强专项治理。中海誉城、常春藤周边涉空气污染信访问题，萝岗和苑、万科幸福誉读书难信访问题得到妥善解决，区域性信访量大幅下降。根据国家、省、市关于群众满意度评价考核要求，部署满意度调查工作，黄埔区纳入国家满意度参评国专件100件，省转交办参评任务件244件。11月底，区信访局组织职能部门和属地，上门回访，引导群众如实评价。其中，国专件参评96件，参评率96%，满意或基本满意91件，满意率94.8%；省件参评任务244件，完成672件，完成率275.4%，是全市唯一“双达标”行政区。

试点企业信访事项有呼必应，服务经济发展。协调驻区企业排忧解难，解决华南日通公司信访诉求，该公司总部最终从深圳市移至黄埔区落户。广州美亚股份有限公司在化解危机后，转产成功，从濒临破产到年产值7亿元。为聚合新材料科技股份有限公司化解上市隐患，收到企业感谢信3封、锦旗6面。为提高“专件”办理质量，强化业务培训，提升办信水平，组织全区130余名信访工作一线人员，对专件受理、办理、要求、规范等基础业务进行培训。落实“三到位一处理”的要求，分析研判，核查办理，不满足于“程序办结”，注重“案结事了，息诉罢访”。主办、协办单位对专件一律重新核查，发现新的诉求，按程序依法重新办理；没有新诉求的，重新上传完整办结证据材料。对于责任单位上报结案的“专件”，区信访部门一律上门回访，了解办理过程和结果，审核把关后，向市信访局申请结案，退案率大幅减少，专件办理质量提升。按照“一案一档”的要求，将结案的“专件”装订成册，归档管理。

（黄碧君）

## 机关事务管理

【概况】 2019年，黄埔区机关事务管理局（广州开发区机关事务管理局）对全区58个区属机关单位、16个街道、1个镇、1个城、5个园区进行数据收集，建立健全办公用房管理信息系统，完善信息统计报告制度，依托全国数据库完成全区党政机关办公用房信息统计报告工作。配合完成与黄埔海关进行办公用房使用权置换工作，解决大沙东路333号大院腾退单位的办公用房需求，重核全区机关事业单位办公用房，租赁场地并完善广垦大厦物业保障，改造完成能容纳500人就餐的饭堂及基础设施配置等，全年完成40个机关事业单位搬迁和调整。加强安全管理，区行政服务中心在实行围蔽管理基础上，启用人脸信息确认开通门禁出入“一脸通”系统。严格来访人员进出登记管理制度及定期清理车牌识别系统录入车辆，引导来访人员、车辆进出。建立健全各行政办公楼安保应急方案，增加安保力量，全面加强行政办公区值岗巡查。视频监控全面覆盖，来访系统同步联结黄埔区公安分局。建立安保协作联动机制，加强与区公安分局协作，提高对突发事件的应急反应能力和处置水平。协助相关部门正确引导疏散群众，全年维稳241件，处理突发事件27件，办公秩序整体平稳。

**【公务用车管理】** 2019年，黄埔区机关事务管理局（广州开发区机关事务管理局）强化区属各单位公务车报废、配置、调配、租赁及单位账号注册、更新、重组管理工作。至年末，管理83个机关单位公务用车1240辆、272个事业单位公务用车965辆。全年接收并办理54个机关及参公事业单位指标重核，办理增编11个单位120辆公务车。统一管理GPS定位监控系统，全年办理车辆新装GPS监控定位终端20辆。加强全区节假日期间公务用车使用管理，做好公务用车违规违纪调查核实工作。

**【基建维修管理】** 2019年，黄埔区机关事务管理局（广州开发区机关事务管理局）抓好重点项目建设。完成广州科学城广场水舞声光秀整体改造提升工程，组织做好水舞灯光秀及无人机表演等活动的保障工作；完成区行政服务中心D、E栋电梯更换和凯通楼高低压配电系统改造和中央空调系统改造项目施工任务；部分办公室、会议室装修改造按时交付。落实每日巡查和定期维保制度，各类设施设备正常运行率98%以上。全年完成水电、土木日常维修5000余次。区行政服务中心、凯通楼、凯达楼、凯盈楼、凯兴楼、凯创楼、大沙东机关大院等9处物业运转正常，无安全事故发生。是年，区行政服务中心及相关集中办公区域在已启用的车牌识别系统基础上，在集中办公区域启用“智能通”系统。加强行政办公区智能化管理水平，逐步实现后勤保障信息化管理。

**【膳食服务】** 2019年，黄埔区机关事务管理局（广州开发区机关事务管理局）管辖凯月楼、凯达楼、凯盈楼、凯创楼、中新知识城人才大厦、玉树新村纪工委工作点6个机关食堂。全年提供就餐服务167.3万人次，其中早餐55万人次、午餐101.5万人次、晚餐10.8万人次。全年膳食接待731围、6400人次，大型自助餐1652人次，重大接待93次，接待国家部委、省市级用餐22次。完成官洲生物论坛（全球生物论坛）膳食接待、全国经济开发区首届职工健康运动会带队领导膳食接待等任务。8月，各机关食堂全面启用“仙人掌”智能系统掌纹识别扣费就餐。完成凯盈楼（广垦大厦）饭堂厨房和餐厅的改造、配备厨具并启用，协调人才大厦二楼作为中新知识城展厅新食堂，完成场地租赁、增编新聘人员等前期工作。

**【会议服务】** 2019年，黄埔区机关事务管理局（广州开发区机关事务管理局）全年接待来访单位534批次8714人。其中，接待二级警卫1批、7人，接待三级警卫3批次、110人，接待地厅级及以上4批次、66人。推行服务精细化管理，落实会务接待和领导办公服务等工作。配合做好大型活动、重要会议及其他公务活动3599次，接待总人数8.3万人，其中重要接待1124次，接待人数1.8万人。全年提供日常会议服务6338场，电视电话及新闻发布会155次，接待人数5986人。配合政务中心完成政务接待108场。

**【公共机构节能】** 2019年，黄埔区机关事务管理局（广州开发区机关事务管理局）完成全区上年度公共机构能源资源统计汇总上报工作，推进LED照明及能耗监管平台建设节能技术改进，实现所管辖物业内的集中办公区域LED照明及能耗监管平台全覆盖。是年，根据职能划拨，完成与黄埔区发展改革局公共机构节能工作移交。

**【后勤服务保障】** 2019年，黄埔区机关事务管理局（广州开发区机关事务管理局）完成全区上下班交通车服务合同到期后的政府采购工作，及时调整线路、站点及车型，保障大沙东机关大院及广垦大厦腾退搬迁期间干职工上下班乘车需求。至年末，全区有上下班交通车有29条、加班车线路6条，安全运营交通班车7000余次，运送12万余人次，跟车调研30余次，全年安全运行无事故。区行政服务中心和凯达楼两处收发室全年发放报纸、信件、杂志等70.81万份。理发室全年为区机关干部职工提供服务3800人次。

（胡晓琴）

# 中国人民政治协商会议黄埔区委员会

◎编辑 龚晓华

## 综 述

【概况】 2019年，中国人民政治协商会议黄埔区委员会（简称黄埔区政协）贯彻学习中共十九大和十九届二中、三中、四中全会精神，坚持人民政协为人民的履职宗旨，坚持团结和民主两大主题，统筹全区发展大局和中心工作，发挥人民政协协商民主重要渠道和专门协商机构作用，围绕“四个走在全国前列”、做好“两个重要窗口”的目标，结合黄埔区经济社会发展的实际，在推进营商环境改革创新、大湾区建设、现代化产业化产业体系建设、乡村振兴等方面精准建言、有效资政。找准民生、基层的热点和重点问题，推动政协协商与基层协商有效衔接，搭建基层联络机构和平台，切实反映民意普惠基层。发动委员和企业家慰问困难群众，落实对口扶贫工作，黄埔区政协办公室驻广东清远市阳山县七拱镇新圩村扶贫工作队获广东省扶贫办颁发的脱贫攻坚突出贡献集体奖。开展联谊交流活动，组织编撰文史资料，增强委员的凝聚力和向心力。坚持“大学习、深调研、真落实”，提升委员理论水平，激发履职活力。适应新时代履职提质增效的要求，推动干事创业、担当作为制度化常态化。加强和区各民主党派的联系和沟通，打造委员互相配合、群策群力的履职建言平台。

2019年，政协第一届广州市黄埔区委员会设置中共、民革、民盟、民建、民进、农工党、致公党、九三学社、无党派人士、共青团、总工会、妇联、青联、工商联、科协、台联、侨联、文化艺术界、科学技术界、社会科学界、经济界、农业界、教育界、体育界、新闻出版界、医药卫生界、社会福利和社会保障界、少数民族界、宗教界、特别邀请人士30个界别；至年末，有委员299人。黄埔区政协机关内设提案委员会、经济委员会、农业和农村委员会（社会法制民族宗教委员会）、城建资源环境委员会、教科卫体委员会、港澳台侨外事委员会、文化文史和学习委员会7个专门委员会和办公室。

【政协政治建设】 2019年，黄埔区政协领会习近平总书记关于加强和改进人民政协工作的重要思想，坚持和加强党对人民政协工作的全面领导，把落实习近平总书记对广东重要讲话和对广东工作一系列重要指示批示精神作为政治建设中心环节。增强“四个意识”，坚定“四个自信”，自觉做到“两个维护”，真抓实干，转变作风，勇于担当，确保政协工作方向正确、路径清晰。开展“不忘初心、牢记使命”主题教育活动，建立11项制度，在党的建设和机关作风建设方面取得明显的成效。召开座谈会、专题讲座、专题报告会，开展专题培训、调研、视察、走访，推动机关干部及委员开展系统学习。

【民主监督】 2019年，黄埔区政协树立以人民为中心的发展思想，贯彻落实习近平总书记“协商于民、协商为民”的要求，准确把握民主监督性质定位。发挥协商式监督作用，围绕交通出行、垃圾分类、征地拆迁、环境噪音等民生问题，协助解决影响群众出行及人居环境的烦心事，提出切实可行的对策建议。针对群众反映的“就医难”问题，加强公立医院建设提出切实可行的措施，区政府增加投入1亿余元资金。中山大学第三附属医院岭南医院等5所公立医院增设夜间儿科门诊。加强知情明政服务，组织全体委员听取区政府、区纪委监委、区法院、区检察院工作情况通报，了解区情政情，就各项专题开展民主监督活动，监督各项政策措施的落实。深入基层关注重点政策落地进度，面对面调研政策落实进度，听取社会各界关于黄埔区建设发展的意见建议。组织委员进行入户调查，围绕5G产业及应用发展情况，组织委员赴外地5G企业开展调研座谈。加强基层政协联络机构和平台建设，政协委员联络站覆盖全区17个镇（街道），拓宽政协委员联系群众、服务基层的渠道。

【民主协商】 2019年，黄埔区政协围绕服务改革发展大局建言献策。通过主席会议协商、常委会议协商、专门委员会对口协商、提案办理协商等形式，提出意见、建议。“加大力度支持黄埔区、广州开发区争创国际一流营商环境改革创新实验区的建议”被列为广州市政协界别座谈会重点发言。“加快推进广州市危险物品卸载基地建设的建议”被评为广州市政协年度优秀提案，推动全市危化品卸载基地以及全国首个危险化学品动态监管平台落地建设。聚焦西区振兴工作部署，通过常委会议专题协商议政，形成政治协商建议案，为区委、区政府决策实施提供有益参考。关注民营企业和科技创新型企业的发展，围绕企业人才引进、融资、科技成果转化等问题“把脉开方”。“加快黄埔区孵化器集群建设的建议”被采纳。围绕中新广州知识城重点项目推进情况组织年终视察，就加快百济神州、粤芯半导体等项目的建设，提出切实可行的意见和建议，助推项目建设、试产投产。开展以“乡村振兴”为主题的年终视察活动，了解黄埔区乡村振兴的情况，聚焦产业振兴、农村金融等领域提出建议、形成提案。

【参政议政】 2019年，黄埔区政协聚焦全区中心工作，运用提案积极履职，黄埔区一届五次会议以来，提交提案130件，经审查，立案106件，立案率82%。多数建议被采纳或为党政决策提供重要参考。增加中新广州知识城知识含量的提案，知识城合作事务办等单位结合《中新广州知识城总体发展规划（2019—2035年）》编制，加快推进粤港澳大湾区知识城知识创造示范区建设，推动科技创新等领域的123项政策在中新广州知识城落地实施。

黄埔区政协践行“真协商”要求，追求“真协商”实效，推动提案办理工作脱虚向实。提高面商率，推动重点提案办理100%面商，提案办理从“文来文往”变为“人来人往”“常来常往”，提案办理的协商面更广、形式更新、内容更实、效果更好。创新协商方式，就垃圾分类、交通建设等同类别提案开展“系列提案办理联合面商会”，邀请主、会办单位与提案者集中沟通协商，加强互动，整合资源，推动提案成果集中转化。对于办理周期较长难度较大的提案，指导承办单位“二次办理”“多次协商”，持续跟踪问效。如办理关于完善养老服务、加快道路建设等提案，协调组织主会办单位调研座谈、实地走访、现场办案等，推动提办双方增进共识。

【团结联谊】 2019年，黄埔区政协丰富各界别党派活动方式方法，建立健全活动组织和运行机制，紧密团结各民主党派、工商联，加强团结联谊，凝聚各方面力量。落实区政协党组成员联系民主党派、工商联的制度，为民主党派、工商联通过政协平台建言献策、发挥作用提供支持。通过召开座谈会、组织参观委员所在企业等形式，打造委员加强了解、增进认识的团结协作平台，促进企业界委员和企业家交流合作。邀请专家学者为委员开展粤港澳大湾区建设、金融业发展、区块链产业发展等主题的专题培训和沙龙，以学习活动创新委员交流渠道，提升党派团体凝聚力。发动委员积极参与“香港黄埔各界联谊会年会”“澳门广州黄埔联谊会成立大会”等大型活动，让港澳委员了解区情，提高港澳委员的归属认同感。组织委员视察南湾水乡、横沙书香街等区内历史文化景点，提高委员参与区内建设献策主动性。组织编撰《黄埔文史》，以文化传承增进委员的心理归属感。

（潘淑莹　林曼婷）

## 重要会议

【黄埔区政协一届五次会议】 2019年3月19—21日，中国人民政治协商会议第一届广州市黄埔区委员第五次会议在广州科学城会议中心召开。会议审议通过黄埔区政协主席邓少敏代表区政协常务委员会所作的工作报告，黄埔区政协副主席崔幼文代表常务委员会所作的关于一届四次会议以来提案工作情况的报告，听取和审议政府工作报告等有关报告，选举政协第一届广州市黄埔区委员会常务委员会部分组成人员。会议期间，委员们围绕建设粤港澳大湾区，打造粤港澳大湾区知识创造示范区、制度创新先行区、现代服务创新区、生命科学合作区，推动经济高质量发展，拓展四片联动新内涵，实现老城市新活力，聚焦营商环境改革，加强对外开放和联系，支持民营经济发展，加强城市更新改造，优化城区功能品质，促进产城融合，提高民生重点议政监督力，发展教育、卫生、交通、文化等社会事业，提升公共服务水平等问题，提出意见和建议。

【黄埔区政协常务委员会会议】 2019年，政协第一届黄埔区委

2019年，3月19—21日，中国人民政治协商会议第一届广州市黄埔区委员第五次会议在萝岗会议中心召开　（黄埔区融媒体中心供图）

员会常务委员会召开会议5次。

1月4日，召开第十八次常委会议，区政协主席邓少敏主持会议。会议听取黄埔区政府副区长梁正华所作的《政府工作报告（征求意见稿）》的说明和关于区政协一届四次会议以来建议案和提案办理情况的通报；听取区纪（工）委监委副主任刘仁江作关于区2018年党风廉政建设和反腐败工作情况的通报。审议通过关于召开政协第一届广州市黄埔区委员会第五次会议的决定（草案）、会议议程（草案）、会议日程（草案）、各次全体会议主持人名单（草案）；审议通过政协第一届广州市黄埔区委员会常务委员会工作报告（草案）、政协第一届广州市黄埔区委员会常务委员会关于一届四次会议以来提案工作情况的报告（草案）；书面听取区政协各专门委员会工作总结及区政协委员履职情况的报告；评选政协第一届广州市黄埔区委员会会议以来的优秀提案。会议免去黄伟华政协第一届广州市黄埔区委员会副主席职务并撤销其区政协委员资格。

3月11日，召开第十九次常委会议，区政协主席邓少敏主持会议。会议同意路影、郭晓光、李斌、郭小聪、余锦豪、廖卓然、伊玉地、陈华、邓浩柱9人辞去政协第一届广州市黄埔区委员会委员职务，同意易国庆辞去政协第一届广州市黄埔区委员会常务委员职务。会议审议通过梁正华、周挹渊、范佳昱、王连轩、陈波、钱冰、闵东植、邹小华、王建清、王君文、张倩、魏薇、王春林、李淑媛、吴子宁、罗修明16人为政协第一届广州市黄埔区委员会委员；审议通过梁正华、郑卓文为区政协一届副主席候选人建议名单；审议通过许嘉森、陆柳红为区政协一届常委候选人建议名单。会议审议通过关于召开政协第一届广州市黄埔区委员会第五次会议的决定（草案）、会议日程（草案）；审议通过关于授权主席会议审议区政协一届十九次常委会议未尽事宜的决定（草案）；书面听取区政协委员履职情况的报告。

3月21日，区政协一届五次会议期间召开第二十次常委会议，区政协主席邓少敏主持会议。会议听取各组对常委会工作报告和常委会提案工作情况报告的讨论意见。会议审议通过政协第一届广州市黄埔区委员会第五次会议选举办法（草案）、会议决议（草案）；审议通过选举大会总监票人、监票人名单（草案）；审议通过梁正华、郑卓文为区政协一届副主席候选人建议名单；审议通过许嘉森、陆柳红为区政协一届常委候选人建议名单；审议通过关于调整区政协专门委员会机构设置的决定（草案），同意组建农业和农村委员会；根据实际工作需要和上下对应的原则，教科文卫体委员会更名为教科卫体委员会，学习和文史资料委员会更名为文化文史和学习委员会，其职责作相应调整。

7月8日，召开第二十一次常委会议，会议围绕“充分利用粤港澳大湾区建设契机，加快推进西区

2019年7月8日，政协一届广州黄埔区委员会第二十一次常委会议在广州科学城会议中心召开　（陈小飞　摄）

振兴”开展专题协商议政，听取区政协调研组所作的专题议政情况报告及与会人员协商意见，提出推动规划提升，实现功能优化；强化城区建设，提升营商环境；解决土地问题，腾出发展空间；深化政策配套，培育创新优势；加强产业合作，激发发展活力5个方面建议。会议审议通过《政协广州市黄埔区委员会委员履职工作规则（修订稿）》。会议表决，同意陆柳红任提案委员会兼职副主任；王伟雄任经济委员会兼职副主任；徐丹任经济委员会兼职副主任，不再担任教科文卫体委员会兼职副主任；郑卓文不再担任经济委员会兼职副主任；黎秀英、林秋城、陈志明、彭伟、李耀尧、徐特辉、杨伟文、刘结熙任农业和农村委员会（社会法制民族宗教委员会）兼职副主任；沈少君任城建资源环境委员会兼职副主任，不再担任学习和文史资料委员会兼职副主任；魏复联、张景铭、伍洋、夏坚任教科卫体委员会兼职副主任，自然免除原教科文卫体委员会兼职副主任职务；宋晓漪任教科卫体委员会兼职副主任，不再担任城建资源环境委员会兼职副主任；熊跃农任教科卫体委员会兼职副主任；吴丽珠、韦民瑛、李旭东任港澳台侨外事委员会兼职副主任；徐申泉、黄晓嫱、陈钢、张慧、赵木生任文化文史和学习委员会兼职副主任，自然免除原学习和文史资料委员会兼职副主任职务；庄汉山任文化文史和学习委员会兼职副主任，不再担任教科文卫体委员会兼职副主任；黎学军任文化文史和学习委员会兼职副主任。

10月30日，第二十二次常委会议召开，会议围绕“充分提升城市精细化管理水平，全力助推营商环境改革创新实验区建设”进行协商议政。会议听取区政协调研组所作的情况报告及与会人员协商意见，提出实施智慧交通，构建快捷高效路网；加强沟通协调，切实规范道路施工；对标宜居宜游标准，聚力打造魅力黄埔3个方面建议。会议同意庄稼汉、张建新辞去政协第一届广州市黄埔区委员会常务委员、委员职务；同意钱澄青、黄国强、程曙华、冯新荣辞去政协第一届广州市黄埔区委员会委员职务；同意石磊、林艳、吉伶伶、何敏丹、范红波、宋琴琴、吴荣基、李瑞光、刘建平、谢雪东、姚海潮、陈锦恒、吴清涛、陈彦真、张治金、邱秋萍16人为政协第一届广州市黄埔区委员会委员；林艳任黄埔区政协农业和农村委员会（社会法制民族宗教委员会）主任；张建新不再担任黄埔区政协城建资源环境委员会主任职务。

（潘淑莹　林曼婷）

## 专门委员会

**【提案委员会】** 2019年，黄埔区政协提案委员会突出质量导向，做好提案征集培育工作。树立精品意识，围绕区中心工作及民生问题，运用提案履职。黄埔区政协一届五次会议中立案的106件提案全部答复，其中办理解决或基本解决93件，占87.74%，提案办结率和满意率大幅提升。围绕区块链+供应链金融、物业管理服务工作和5G产业及应用发展情况等开展视察调研，提出大会发言和提案。

加强市区联动，促进区域发展建言助力。围绕危化品管理工作组织调研形成《关于加快推进广州市危险物品卸载基地建设的建议》，被广州市政协采用为集体提案及摘编社情民意专报并纳入重点督办。推动全市危化品卸载基地的选址规划落地及全国首个危险化学品动态监管平台建立，被广州市政协评为年度优秀提案。围绕营商环境改革创新实验区建议、生物医药企业危险废弃物的监管和处置工作等重点课题组织视察调研，其中《关于加大力度支持黄埔区、广州开发区争创国际一流营商环境改革创新实验区的建议》入选广州市政协专题协商会重点发言。

坚持守正创新，优化提案协商督办工作。着重在“注重见面率、确保办结率、提高满意率”上下功夫，落实黄埔区主要领导领衔督办，政协主席会议、专委会重点督办及“回头看”督办等各层次的督办工作，围绕交通建设和管理等提案创新开展“系列提案办理联合面商会”；围绕社区治理、老人院运营管理模式改革等民生提案的落实开展实地走访，现场办案；就“加快有轨电车线网建设提案”组织主席会议成员专题视察，推动提案建议落实和成果转化。

延伸履职触角，推进基层政协委员联络站建设和进站履职工作。完成对口联系的萝岗街道、龙湖街道委员联络站挂牌和建设，协助做好联络站委员及联络员培训工作，开展履职活动7次，围绕交通出行、垃圾分类、征地拆迁、环境噪音等问题收集和反映社情民意，参与履职的委员38人次。

**【经济委员会】** 2019年，黄埔区政协经济委员会组织学习经济理论知识。组织专题学习中央经济工作会议精神，引导委员关注宏观经济发展趋势，明确推动经济高质量发展和支持民营企业发展的措施。围绕金融业升级发展、区块链产业发展等主题，组织专题培训和沙龙，打造学习交流平台。

关注发展重点精准献策。联合黄埔区城建资源环境委就“推动穗港智造特别合作区建设、实现西区振兴”等课题开展专题调研，着眼粤港湾大湾区建设发展机遇，就如何推动产业实现转型升级、新旧动能转换提出意见建议，通过常委会议专题协商议政，形成政治协商建议案，为区委、区政府振兴西区发展决策提供参考。围绕优化营商环境主题，聚焦城市精细化管理问题，提出优化路网、提升智能交通水平、加强施工综合统筹管理等9条建议，被区委、区政府采纳。发挥民主监督职能，围绕中新广州知识城重点项目推进情况组织专委会年终视察，加快百济神州、粤芯半导体等重点项目建设，提出可行性意见和建议。加强重点提案督办面商。提出“关于加快建设质量强区、标准强区、品牌强区，推进经济高质量发展”“推动我区中小企业数字化转型”“推动广州开发区园区低效闲置用地升级为经济新动能发展空间”等一批提案，挖掘黄埔区经济发展潜力，得到办理部门的重视，为有关政策的出台和落实提供参考。走访基层，与鱼珠街道、云埔街道政协委员联络站保持联动，走访基层和群众，收集社情民意，做好意见反馈。发挥委员自身优势，慰问社区困难群众。协助办公室开展对口帮扶工作，发动委员为当地群众捐献物资，支持产业扶贫措施落实。

**【农业和农村委员会（社会法制民族宗教委员会）】** 2019年3月，经黄埔区政协一届二十次常委会议审议通过，增设农业农村委员会（与社会法制民族宗教委员会合署办公）。聚焦区经济社会发展中的重要问题建言资政，实现发扬民主和增进团结相互贯通、建言资政和凝聚共识双向发力。

画好“同心圆”，增进团结聚合力。与委员保持联系，及时通报政协工作情况。发动委员参与各种履职活动。主动与政法、民政、农业和民宗系统沟通，推进维稳、社会治理、乡村振兴工作，维护民族团结、宗教和顺。筑牢“压舱石”，建言资政谋大局。联合区政研室、区政协港澳委，就“推进我区粤港澳大湾区规则融合对接”主题开展调研。到蟹庄村、何棠下村、镇龙村等10个村入户调查，掌握乡村振兴的第一手资料。征集涉及促进大湾区建设、基层社会治理、乡村振兴、国企改革等方面的提案超20件。选准“切入点”，开展以“乡村振兴”为主题的年终视察活动，选取莲塘村作为视察点，听取区农业局的情况介绍，提出一批针对性提案。落实“面商率”，提案督办讲质量。《关于我区社区治理创新的调研报告》转化为提案并办结，为推动黄埔区基层社区治理工作走在前列作出贡献。以“建立区工业设计中心”为主题的提案被列为区长重点督办提案。搭建“新平台”，联络基层听民声。完成九佛街、黄埔街委员联络站揭牌，组织全体委员参加每年不少于两次的履职活动，通过“听民声、汇民智”，做到“解民忧、促和谐”。

**【城建资源环境委员会】** 2019年，黄埔区政协城建资源环境委员会围绕区委区政府中心工作开展常委会专题协商议政，就“充分利用粤港澳大湾区建设契机，加快推进西区振兴”“着力提升城市精细化管理水平，助推营商环境改革创新实验区建设”开展专题调研，提出针对性意见建议，多条建议被区委区政府采纳。

从群众需求出发，密切关注事关群众切身利益的实际问题，撰写提案《加快发展黄埔区有轨电车线网助力粤港澳大湾区建设建议的提案》《关于我区实施乡村振兴战略的提案》《关于加快推广重型货运汽车应用液化天然气（LNG）的提案》等，围绕广大人民群众普遍关心的热点、难点和重点问题，积极建言，推动民生问题的解决。针对永和水质净化厂和LG水质净化厂三期项目开展年终视察，听取科学城（广州）投资集团有限公司情况介绍，围绕视察课题提出意见和建议。通过政协委员联络站，增强政协委员联系群众、服务基层的能力，加强对基层工作的视察监督，反映群众呼声。加大走访委员工作力度，及时了解委员的情况，听取委员对于区城市建设与改造、环境治理、区政协工作的意见和建议，及时向有关部门转达相关意见。组织委员赴对口扶贫的广东清远市阳山县七拱镇新圩村参与扶贫济困等公益事业。

**【教科卫体委员会】** 2019年3月，经黄埔区政协一届二十次常委会议审议通过，黄埔区政协教科文卫体委员会更名为黄埔区政协教科卫体委员会。围绕民生问题开展专题调研。针对区属公立医院的基本建设、财政保障、运营管理、人才队伍、学科建设等难点，赴江苏省南京市江宁区、宿迁市、昆山市等地开展调研，结合区内实际，提出高水平规划建设新的黄埔区人民医院、新的黄埔区中医院、黄埔区妇幼保健院等意见建议，为区政府推动公立医院改革工作提供建议。

做好年终视察工作。组织委员视察区属公立医院发展情况，围绕区属公立医院改扩建问题、黄埔区中医医院诊疗环境较差、缺少二级妇幼保健院等问题，提出加强区属医院规划建设、完善政府卫生投入机制、加强医疗卫生人才队伍建设、加快推进卫生信息化建设等意见建议。做好提案督办工作。推进“加快我区孵化器集群建设”重点提案督办工作，重点关注小型和初雏小型科技企业的困难，挖掘发现该类企业对扶持政策及资源的急迫需求，督促有关主管部门加强科技创新力度，解决共性技术研发、成果转化难点，加快推动科技型中小企业发展壮大。做好委员街道联络站的履职工作。组织市、区政协委员到南岗街视察调研南岗街河涌治水治污工作情况，到广州国机智能有限公司、好普集团视察，到联和街道参观城中村改造情况，听取有关情况介绍及意见建议。

**【港澳台侨外事委员会】** 2019年，黄埔区政协港澳台侨外事委员会以习近平新时代中国特色社会主义思想为指导，围绕黄埔区、广州开发区的中心工作，谋划部署，创新思路，通过调研、考察、教育等活动履行职能，加强联谊交流，为推进粤港澳大湾区建设谋实策、支实招、求实效。

把握新形势、新任务、新要求，重点围绕粤港澳大湾区建设，引导委员建言献策，组织委员撰写提案，督办重点提案。全年提交提案23份，立案21份。其中，《关于增加知识城知识含量的提案》，被列为2019年区委书记周亚伟督办的重点提案，各提案均得到各承办单位的高度重视。围绕粤港澳大湾区建设、港澳台深度合作、发挥海外华侨优势、民生实事等主题献计献策。定期召开专委会主任、副主任及常委联席会议，巩固专题调研、慈善公益、联谊交友等工作成果。组织委员开展年终视察活动，通过参观考察区粤港澳大湾区青少年研学基地，黄埔区新一代信息技术、人工智能、生物医药、新材料企业，提高委员参政素质。凝聚思想共识，将政治引领放在委员履职工作首位。组织委员集中学习，及时传达中央、省、市、区最新工作情况，宣讲全国“两会”中涉及港澳部分的重要论述。利用传统节日及重要纪念日与委员开展形式多样、内容丰富的联谊活动，协助组织赴香港、澳门出席重要活动8次，走访委员50多次。

**【文化文史和学习委员会】** 2019年3月，经黄埔区政协一届二十次常委会议审议通过，黄埔区政协学习和文史资料委员会更名为黄埔区政协文化文史和学习委员会。聚焦提升“萝岗香雪”品牌，在区政协一届五次大会上做《提升文化内涵，突出生态优势——关于“萝岗香雪”品牌特色的建议》专题大会发言，呼吁玉岩书院尽快修缮完工对外开放，统筹规划周边景点，打造萝岗香雪景区链，重现“十里香雪”特色景观。发言得到黄埔区委、区政府高度重视，区委主要领导专题调研玉岩书院并部署相关工作。5月1日，玉岩书院对外开放。

围绕红色文化基因的传承与发展、历史文化遗产的保护与利用、城市文化综合实力出新出彩等专题开展调研，建言资政。以黄埔区“三旧”改造如何协调好历史文化保护为主题到南湾水乡和横沙书香街开展年终视察，围绕历史文化遗产的保护与利用、城市文化综合实力出新出彩等专题提出较高质量的提案和建议。按照新时期政协存史资政工作的任务和目标，在中华人民共和国成立70周年、人民政协成立70周年、广州开发区成立35周年之际，切实发挥政协“三亲”史料的存史、资政、团结、育人功能，策划编辑《黄埔文史》系列文史资料，包括国企篇、玉岩书院篇，讲好黄埔故事，传递黄埔声音。组织政协委员下沉到联络站履职，倾听群众心声，反映老百姓诉求。针对红山街道联络站反映的地铁口开通问题，通过市政协委员在市政协以社情民意的形式反映。地铁公司主动到街道协商，再次启动研究地铁口开通问题，承诺2年后开通。

（潘淑莹　林曼婷）

# 中国共产党黄埔区纪律检查委员会 黄埔区监察委员会

◎编辑 田丽华

## 综 述

**【概况】** 2019年，黄埔区纪委、广州开发区纪工委、黄埔区监察委围绕中心、服务大局，将全面从严治党、党风廉政建设和反腐败斗争推向深入，深化纪检监察体制改革，推动监察职能向基层有效延伸，为推进黄埔区、广州开发区高水平开放、高质量发展提供纪律保障。全区纪检监察机关全年受理检举控告类信访举报314件，其中初次实名检控类举报率45.32%；处置问题线索785件，比上年增长53.3%；立案282件282人，其中查处处级干部26人。在全市率先开展外派扶贫干部廉政档案填报，印发《扶贫领域腐败和作风问题清单》。在广清园、广德园、广佛园设置纪检监察机构，实现广清“一区三园”纪检监察监督全覆盖。与贵州黔南州纪委建立异地监督协作机制，加强审计结果运用，持续深化纠治。创新“大数据+巡察”模式，开展村级“点穴式”巡察和“挂图作战”，“短平快”发现宅基地建设、“三资”管理、小额工程建设等方面的违纪违法问题96个，推动清华紫光项目征地工作比原定计划提前一个月完成。制定《区纪委监委关于大力支持民营及中小企业发展壮大若干措施的实施细则》，直指吃拿卡要、设租寻租等影响企业发展的违纪违法问题，助力构建“亲”“清”政商关系。落实领导信访包案11宗，依法及时解决群众合理诉求。鼓励引导群众实名举报，推进全区纪检监察系统检举举报平台部署应用，出台《保护、奖励实名举报有功人员暂行办法实施细则》，推动实名信访举报宣传进机关、学校、医院、企业、农村（社区）。

**【激励保护干部担当作为】** 2019年2月，黄埔区纪委、广州开发区纪工委、黄埔区监察委在全省率先出台《广州市黄埔区 广州开发区关于进一步完善改革创新容错纠错机制的实施细则》及五个领域配套细则，对10名一贯表现担当作为的同志作出从轻、减轻或免于责任追究的处理，对受到轻处理的干部进一步使用给予实事求是评价。印发《黄埔区纪（工）委监委关于推动基层治理创新“你担当、我撑腰”实施方案》，对104名受到错告乱告的干部及时澄清正名，消除干部干事创业顾虑。拍摄正面典型宣传片《新时代的黄埔担当作为》，加强对全区党员干部在处置突发事件、治理黑臭水体、征地拆迁、信访维稳中担当作为先进事迹的宣传。编演《保护干部敢于担当》情景剧，彰显纪委监委鼓励担当作为的勇气和决心。

**【“三项改革”一体推进】** 2019年，黄埔区纪委、广州开发区纪工委、黄埔区监察委坚持一体推进纪律检查体制改革、国家监察体制改革和纪检监察机构改革，将制度优势转化为治理效能。打通基层监督“最后一米”。在全市率先推行镇街纪（工）委书记专职化，纪（工）委副书记提级管理、监察站站长专职化，一线监督更加聚焦。全区各镇街纪（工）委立案101件，比上年增长2.26倍，监察站解决信访矛盾287个，越级反映村（社区）干部信访件下降13%。监察体制改革稳步推进。执行《中国共产党纪律检查机关监督执纪工作规则》《监察机关监督执法工作规定》，规范全区纪检监察机关执纪执法工作。健全线索移送、案件通报、技术调查、证据衔接、大数据查询等机制，规范立案文书、程序，促进纪法贯通、法法衔接。在全市率先建立案件评查机制，打造案件质量“三严工程”品牌，对接以审判为中心的诉讼制度改革，坚持罪刑法定等刑法原则，连续两年实现涉嫌职务犯罪案件检察机关“零退查”。建立与公安机关查办案件协调协作等制度，促进与司法机关、执法部门相互配合、互相制约。深化派驻机构改革。全面落实派驻机构改革工作部署，赋予派驻机构监察职能，推动派驻监督高质量发展。增设第十三、十四派驻纪检监察组和区直机关纪检监察工委，实现派驻监督全覆盖。派驻机构督促整改问题290个，立案27件27人，监督质量提升。开展派驻纪检监察组组长、镇街纪（工）委书记和区直属国企纪委书记年度履职汇报考评，提高履职能力。健全完善纪检监察部门与派驻机构监督联动、信息共享机制等，实现室组优势互补、形成合力。推进区管企业纪检监察体制改革，落实国企纪检监察机构主要负责人提名考察、查办腐败案件、日常履职考核以上级纪委监委领导为主的监督机制，强化对区管企业纪检监察工作的领导。

**【纪检监察队伍建设】** 2019年，黄埔区纪委、广州开发区纪工委、黄埔区监察委班子严肃党内政治生活，严格执行民主集中制，从严从实抓好内部管理，纪检监察干部“精气神”全面提振。始终坚持把党的建设放在首位，区纪委常委会带头讲政治、转作风，履行“一岗双责”，全覆盖开展谈心谈话。率先设立机关党委专职副书记、成立机关纪委，落实干部家访和党员关爱帮扶制度，以党建凝心聚力。开展全员培训、一月一室一训、以案代训，监督执纪能力不断增强。加大年轻干部培养力度，选派6名干部到基层一线培养锻炼。规范人员借用、借出管理，高标准选调干部，严把纪检监察干部入口关、出口关。坚持高标准建设新谈话点，强化纪法思维、程序意识，牢牢守住办案安全底线。坚持刀刃向内，严防“灯下黑”，核查纪检监察干部线索15件、22人，立案1件、1人。开展机关文化建设，获全市纪检监察系统气排球比赛冠军、区新时代党员风采展示大赛二等奖及其他个人奖项12人次。

## 重要会议

**【概况】** 2019年，黄埔区召开纪委常委会、广州开发区纪工委工作会议，黄埔区监察委委员会会议；黄埔区纪委书记专题会，广州开发区纪工委书记专题会，黄埔区监察委主任办公会会议，十九届四中全会精神专题学习会、党史专题教育会等100余次。

**【黄埔区纪委常委会会议】** 2019年，黄埔区纪委常委会、中共广州开发区纪工委工作会议、广州市黄埔区监察委委务会会议召开53次，主要有“传达学习习近平总书记重要讲话和重要批示精神、传达学习上级有关重要会议、文件精神和法规制度，研究重点工作、重大事项、重要案件、专项工作、意识形态、保密、“三重一大”、干部队伍、班子自身建设等议题。

**【中共黄埔区第一届纪律检查委员会第五次全体会议】** 于2019年1月24—25日在广州科学城会议中心召开。会议传达中央纪委全会、省纪委全会和市纪委全会精神。黄埔区委常委、黄埔区纪委书记、广州开发区纪工委书记、黄埔区监委主任陈娟代表区纪委常委会、开发区纪工委作《忠诚履行纪检监察工作职责 为勇当“四个走在全国前列”尖兵提供坚强纪律保证》工作报告。会议听取2名区领导和6名区属单位党委（党工委、党组）书记述责述廉述德报告并进行评议。区委、区人大常委会、区政府、区政协，广州开发区党工委、广州开发区管委会领导班子成员；区法院院长，区检察院检察长，区纪（工）委监委领导班子成员，区纪委委员，区属各单位领导班子成员，驻区各有关单位主要负责人，不是区纪委委员的区属各纪委书记、纪工委书记、纪检组长，区纪（工）委监委副处级以上领导干部，区委巡察机构副处级以上领导干部，全区下

2019年1月24—25日，中共黄埔区第一届纪律检查委员会第五次全体会议暨广州开发区2019年度党风廉政建设工作会议在广州科学城会议中心召开 （黄埔区纪委供图）

2019 年 12 月 30 日，黄埔区纪委监察委开展 2019 年度新提拔的区管领导干部进行集体廉政谈话 （黄埔区纪委供图）

派第一书记和村、社区党组织书记及选派到转制社区任职的干部参会。部分区党代表、人大代表、政协委员代表受邀参加全会“三述”活动。

## 党风廉政建设

【概况】 2019 年，黄埔区纪委、广州开发区纪工委、黄埔区监察委明确街镇、区直单位、区管国企全面从严治党主体责任清单，推进全区党风廉政建设责任制考核，形成一层带动一层的廉政责任体系。开展廉政档案比对异常信息问题专项检查，核查问题 244 条，处理 83 人。举办党章党规党纪培训班，开展新提任区管干部集体廉政谈话活动，将纪律教育有机融入主题教育。组织党风廉政宣讲团进机关宣讲 38 场，进企业举办廉洁法制讲座 3 期。拍摄违纪违法案警示教育片，在区反腐倡廉教育基地新公布警示案例 15 个，编印典型案件剖析材料 4 例，常态化组织职务犯罪案件庭审旁听，以身边人、身边事提升警示教育效果。在全市率先开展外派扶贫干部廉政档案填报，并印发《扶贫领域腐败和作风问题清单》。

【新提拔区管领导干部集体廉政谈话】 2019 年 12 月 30 日，黄埔区纪委、广州开发区纪工委、黄埔区监察委组织 2019 年度新提拔的区管领导干部进行集体廉政谈话会议。黄埔区委常委、黄埔区纪委书记、广州开发区纪工委书记、黄埔区监委主任陈娟出席会议，并进行廉政谈话。会议要求，新提任区管领导干部要增强认识，在新形势下提升新站位，要以更强的拼搏精神、更好的廉洁意识，推动区域经济社会发展再攀高峰，推动全面从严治党向纵深发展；要保持清醒，在新起点上经受住新考验，特别是牢记“六个不可”，切实防范好从政路上的廉政风险；要作出表率，在新征程中展现新气象，旗帜鲜明讲政治，带头担当讲责任，秉公用权讲原则，以身作则讲正气，以新担当新作为新业绩回报组织信任与人民重托，不断实现事业蒸蒸日上、人生出新出彩。会上，区纪委常委、区委巡察办主任牟延安结合黄埔区案例，向与会干部专题解读现行《中国共产党纪律处分条例》。

【“三不”一体推进】 2019 年，黄埔区纪委、广州开发区纪工委、黄埔区监察委加强党委对反腐败工作集中统一领导，以“永远在路上”的坚韧和执着把反腐败斗争推向纵深，一体推进“不敢腐”“不能腐”“不想腐”。开展“遏增减存”专项行动，强化“不敢腐”的震慑。查处原东区街党工委书记杨某校贪污案等党员领导干部违法违纪窝案、永和街道 17 名转制社区干部侵害群众利益系列案、区建设工程质量检测中心 21 名工作人员集体违纪案等基层腐败案件。全年 118 名党员干部主动向纪检监察机关交待问题。全力追逃追赃，完成市交办追逃任务 2 个，追缴赃款 1969.5 万元，挽回经济损失 4 亿元。用严明的纪律维护制度，增强纪律约束力和制度执行力，扎牢“不能腐”的笼子。强化日常监督、两个主体责任落实、派驻监督、监察职能向基层延伸，完善全覆盖的制度执行监督机制。推进全区纪检监察系统检举举报平台部署应用，出台《保护、奖励实名举报有功人员暂行办法实施细则》，举报渠道更加畅通。坚持开展以案促改和以案促教活动，发出纪检监察建议书 39 份，督促 7 个案发单位召开专题民主生活会警示教育。增强“不想腐”的自觉。举办党章党规党纪培训班，开展新提任区管干部集体廉政谈话活动，将纪律教育有机融入主题教育。拍摄区司法局原局长吴某违纪违法案警示教育片。与雪松控股集团、黄埔供电局建立协作机制，加强廉洁文化建设协同配合。举办“弘扬黄埔好家风”演讲比赛，选送作品获全市一等奖。

## 巡察监察

【概况】 2019 年，黄埔区纪委、广州开发区纪工委、黄埔区监察委协助区委落实全面从严治党主体责任，定期分析研判政治生态，向区委专题报告情况，在全市从严治党主体责任考核中排第二名。组织2名区领导和6名区管一把手向区纪委全会“三述”（述廉述德述责）。协助建立和完善区领导挂点督导党内政治生活和抓早抓小约谈制度，区委班子成员带头约谈区直部门“一把手”24人次，带动全区各单位开展针对性约谈提醒528人次。开展廉政档案比对异常信息问题专项检查，核查问题244条，处理83人。强化全区各单位“三重一大”决策事项实时监控，发出预警1762次。严明政治纪律和政治规矩，严肃查处违反政治纪律案件3件、3人。回复党风廉政意见2202人次，提出暂缓提拔意见44人次。全区末次违纪行为发生在2019年的案件51件、51人，比上年下降17.74%；“一把手”违纪违法案件1件、1人，下降87.5%，区域政治生态持续向好。

【政治巡察】 2019年，黄埔区纪委、广州开发区纪工委、黄埔区监察委深化政治巡察，开展交叉巡察3轮、村级巡察3轮，巡察22个区属单位、70个村级党组织。通过巡察，发现党的领导弱化、党的建设缺失、全面从严治党不力和基层党组织软弱涣散等问题676个，推动立行立改问题141件次，形成巡察线索321条，立案81人，挽回经济损失1060万元。用好现代化手段捕捉信息、调取数据“图斑”，助力巡察组“短平快”发现宅基地建设、“三资”管理、小额工程建设等方面的违纪违法问题。严格落实区委书记专题会、领导小组会听取巡察情况汇报和区委书记点人点事报备制度，印发未巡先改清单，实现巡察反馈、线索移交、专项整改“一盘棋”。开展巡察整改“回头看”，督促解决问题521个。召开国企巡察整改推进会，督促国有企业真整改、真落实，开发区投资集团公务用车费用比上年下降32%；广州开发区人才工作集团对60%的中层管理人员进行岗位调整，纠正选人用人偏差。

【审查调查】 2019年，黄埔区纪委、广州开发区纪工委、黄埔区监察委在监督执纪中坚持思想教育、政策感化和纪法威慑相结合，运用监督执纪“四种形态”处理504人次。其中第一、二、三、四种形态分别占63.89%、23.61%、7.54%、4.96%，占比依次递减，监督执纪从“惩治极少数”向“管住大多数”拓展。准确运用执纪执法“七个看”工作法和问责“六字诀”，把个案处理和整体政治生态一起研究，减轻处理27件27人，加重处理6件6人，体现宽严相济政策。强化审理提前介入、内部抗辩机制，定期通报案件质量，打造案件审理严进、严审、严出“三严”工程。组织开展纪律处分决定执行情况大检查，发现、整改问题18个。探索职务犯罪案件快结快移的“黄埔路径”，2件留置案件实现7天内办结移送。启动大数据智能监察平台建设，组建心理测试团队，加快信息化手段和传统手段有机结合，实现审查调查的高质量发展。

【纪律作风整治】 2019年，黄埔区纪委、广州开发区纪工委、黄埔区监察委开展整治“四风”行动，全年查处形式主义、官僚主义、享乐主义、奢靡之风问题案件83件，推动中央“八项规定”精神化风成俗。集中整治基层党组织活动违规发放补贴问题，清退补贴2075万元，处分6人，处理29人。突出整治利用名贵特产类特殊资源牟取私利问题，查处违规收送礼品礼金、公款旅游、接受管理服务对象宴请等问题，处分38人，处理14人。开展群众身边腐败和作风问题整治。结合主题教育查处漠视群众利益问题132起，处分39人，处理54人，通报典型案例10起14人。开展生态环境保护、征地拆迁、拆违控违、政府采购等民生领域专项整治行动，立案54件54人。扫黑除恶“打伞破网”协同推进，建立健全扫黑除恶打伞问题线索研判、“保护伞”认定机制，排查涉黑涉恶腐败问题线索26件。查处涉黑涉恶腐败和“保护伞”16件16人，其中“保护伞”4件4人，问责4件4人。

（黄齐欣）

# 民主党派

◎编辑 龚晓华

## 中国国民党革命委员会黄埔区基层委员会

【概况】 2019年，民革黄埔区基层委员会下属3个支部、70人，主要成员和所联系的对象是与原中国国民党有关系的人士、与民革有历史和社会联系的人士、与台湾各界有联系的人士和其他中上层人士，以及社会和法制专业人员中的代表性人士。其中，担任广州市人大代表1人，黄埔区人大代表1人，黄埔区政协委员6人。主委唐福权。

【参政议政】 2019年，民革黄埔区基层委员会中的各级人大代表和政协委员在市、区“两会”上提交大会发言、提案和建议12件。黄埔区政协一届五次会议上，民革黄埔区基层委员会作出题为《关于我区实施乡村振兴战略的建议》的大会发言。代表、委员就关于规划建设知识城至市中心区快速通道、关于创新构建黄埔区非公有制领域职称自主评审认定体系、关于打造新时代黄埔区、广州开发区文化品牌实体等方面提出建议及提案。民革黄埔区基层委提交的《关于精准分类，源头减量，创新黄埔区生活垃圾分类工作的提案》《关于大力提升城区综合服务功能，助力西区经济转型升级的提案》在大会上被评为区政协优秀提案。民革黄埔区基层委员会开展“我为广州发展献一策”活动，提交成果文章《关于完善二孩政策实施后广州市小学入学政策的建议》《关于黄埔区实施乡村振兴战略的建议》2篇。《关于我市城市生活垃圾精准分类源头减量的建议》《关于完善二孩政策实施后广州市小学入学政策的建议》等提案和建议受到市、区政府相关部门重视。

【组织建设】 2019年，民革黄埔区基层委员会重视党员的培训工作，利用各种机会安排党员参加培训及学习，通过培训及学习，提高党员各方面素质。3月，安排2名党员参加市委会组织的2018年度骨干党员参政议政能力提升研修班（中国人民大学），安排新党员参加市委会组织的新党员学习班；5月，安排4名党员参加区委统战部组织的红旗渠精神专题学习班等。全年发展新党员2名。

【社会服务】 2019年，民革黄埔区基层委员会响应民革广州市委员会号召，发扬孙中山“博爱”精神，为市委会结对帮扶的贵州毕节纳雍县通作楷村改善人居环境捐出善款，奉献爱心，3个支部参与捐款党员48名，捐款4.42万元。会员钟军、张进雄、贺利祥等在网上提供免费法律咨询服务。

## 中国民主同盟黄埔区基层委员会

【概况】 2019年，民盟黄埔区基层委员会下属8个支部、141人，主要成员和所联系对象是从事文化教育、科学技术工作的高、中级知识分子。其中，担任黄埔区人大代表1人，黄埔区政协委员12人。主委崔幼文。

【参政议政】 2019年，在黄埔区政协第一届五次会议中，以民盟黄埔区基层委员会名义提交《关于推动黄埔区中小企业数字化转型的建议》《关于以“区块链+”供应链金融促进区内中小微企业融资发展的建议》《关于我区实施乡村振兴战略的建议》《关于推动我区社区治理创新的建议》提案5件和个人提案2件。在黄埔区第一届人民代表大会第七次会议提出建议2个。向民盟广州市委提交社情民意信息8篇，一基层一建议3篇，统战理论文章3篇。3月1—2日，18名骨干盟员到江门开展盟务交流及“海上丝绸之路与文化强区”调研活动。7月10日，20名盟员参加广州民盟“如何破解儿童就医难题”民生论坛活动。在民盟广州市委2018—2019年度评先表彰工作中，徐丹获参政议政二等奖，王国省、朱迎年获新闻宣传先进个人，檀革胜获统战理论先进个人，朱迎年、黄子芸、檀革胜获社情民意信息优秀奖。

【组织建设】 2019年，民盟黄埔区基层委员会召开主委会议及基层委员会（扩大）会议8次，发展新盟员13人，含优秀教师、文艺工作者、企业精英等。参加民盟广州市委在厦门大学举办的2019年骨干盟员综合素质能力提升研修班4人。参加黄埔区各民主党派、知联会、新联会、欧美同学会骨干成员培训班6人。参加由中共广州市委组织部、统战部主办的2019年广州市党外中青年骨干培训班1人。参加中共黄埔区委统战部主办的参政议政理论学习2人。9月21日，为庆祝中华人民共和国成立70周年，盟员王国省创作包含“一带一路”、黄埔文化和民盟元素的剧本《丝路之约》，会同30余名盟员在民盟广州市委文艺会演中演绎。11月9日，12名盟员组成民盟黄埔区基层委员会代表队参加民盟广州市委第七届“双鱼——金雀杯”羽毛球赛。12月13—16日，20余名骨干盟员走进福州，开展民盟黄埔区基层委员会“不忘合作初心，携手前进”主题教育活动。网上盟员之家开展基层盟务管理试运行，收集民盟黄埔区基层委员会档案18篇。朱迎年、王国省、彭书会全年在《广州民盟》刊物上发表多篇文章。

【社会服务】 2019年5月29日，民盟黄埔区基层委员会联合黄埔区卫生健康局、黄埔街道办事处等在黄埔街心公园举办“关爱一生·幸福一生”妇幼健康义诊咨询和未成年人权益保护政策法规宣传服务活动。

## 中国民主建国会黄埔区基层委员会

【概况】 2019年，民建黄埔区基层委员会下属5个支部、156人。主要成员是民营经济及其他领域中上层人士。其中，担任广州市政协委员1名，黄埔区人大代表3人，黄埔区政协委员13人。主委伍洋。

【参政议政】 2019年，民建黄埔区基层委员会提交广州市政协党派联名提案和社情民意信息《关于加快推进广州市危险物品卸载基地建设的建议》，被市政协采纳为专委会集体提案；组织会员到广州人和清洗有限公司召开“履行职能、献计出力”调研，参与民建中央“工匠精神与创新发展”课题研讨活动，企业家全无畏口述、覃希执笔提交的《工匠精神广开清洗路 创新发展勇促行业升》论文获优秀奖表彰；全无畏的论文《调距桨轴系内孔清洗工艺开发及应用》在“第十八届全国清洗行业技术进步与产业发展论坛”获优秀论文三等奖，代表黄埔一支部和民建新阶层委完成民建广州市委会的《“军民融合”大背景下的关于广州军民两用技术与产品交易现状与发展建议》《“军民融合”大背景下关于广州民参军企业创新能力及发展状况研究》两个参政调研课题；深化理论课题研究工作，会员撰写的论文《浅议政协协商与政党协商的历史渊源及定型发展》被全国政协主办的国家级刊物《中国政协——理论研究》杂志刊登采用，分别被民建广东省委会、广州市委会作为重点课题成果报送民建中央和中共广州市委统战部。

【组织建设】 2019年，民建黄埔区基层委员会发展会员9名。全年组织专题学习会3次、爱国主义主题教育2次，组织党员研修班、专题培训班学习2批次，完成参政调研课题2个。

【社会服务】 2019年，民建黄埔区基层委员会组织系列社会服务工作。结合主题教育活动开展社会服务活动5次。扶贫助困活动中各位民建会员捐款捐物，发动会员对区内南岗、长洲3户困难家庭儿童开展助学帮扶活动，了解区内困境儿童生活、学习现状；前往养老院慰问及捐助一批老年人护理康复设施，改善养老护理条件；组织会员赴贵州都匀交流联谊、与清远阳山杜步村结对扶贫活动，慰问杜步镇中心小学师生1000余人、杜步村五保贫困户40余户，捐助物资4万元；会员冯卫江，马自力坚持深入藏区，捐款送物，为贫困孩子送温暖。会员工作之余坚持参与委员会组织的各项社会服务活动，用切实行动践行“饮水思源、回报社会”的责任与使命。

## 中国民主促进会黄埔区基层委员会

【概况】 2019年，民进黄埔区基层委员会，下属6个支部（在职5个，退休1个）91人。由从事教育、文化、出版工作的中高级知识分子组成。其中，担任黄埔区人大代表2名，黄埔区政协委员6名。主委赵瑞元。

【参政议政】 2019年，民进黄埔区基层委员会参与调研，撰写提案10余份，获区优秀提案5篇，成为黄埔区区长和黄埔区政协主席督办提案2篇，黄埔区政协大会发言6篇，献一策文章获广州市一等奖、三等奖各1篇。与黄埔区政协专委会协作完成调研报告3篇，转化为大会发言和提案。提交集体和个人政协提案8篇，提案获黄埔区政协优秀提案2篇。

【组织建设】 2019年，民进黄埔区基层委员新发展会员5人，其中体制内人员3人，企业新阶层1人，民办教育人士1人。发展新会员4人。

【社会服务】 2019年，民进黄埔区基层委员37名会员通过民进广州市委企联会和黄埔区慈善总会向疫区捐款捐物。全体会员捐款2.95万元，个别会员在公布的捐赠账户进行捐赠。组织全体会员到长洲街社区康复中心举行联欢活动，慰问长洲残疾人和5户扶贫助学贫困并户发放慰问品和慰问金。10月27日，参加民进广州市委组织的《我爱我祖国》主题教育歌咏比赛获一等奖；11月22日，全体会员赴从化调研美丽乡村建设。与从化基层委交流结对学习，共同提升参政议政能力；组织开展“大学习、深调研和真落实”系列调研会员企业活动。12月11日，走访会员张冠良企业所在飞晟国家音乐基地，了解会员企业发展情况，考察会员之家建设基层落户飞晟国家音乐基地可行性。

## 中国农工民主党<br>黄埔区基层委员会

【概况】 2019年，农工党黄埔区基层委员会下属5个支部、124人，成员以医药卫生、人口资源和生态环境领域中高级知识分子为主，由一部分社会主义劳动者、社会主义事业建设者和拥护社会主义的爱国者组成。担任广州市政协委员1人，黄埔区政协委员8人，黄埔区人大代表1人。主委陈莉。

【参政议政】 2019年，农工党黄埔区基层委员会在黄埔区政协第一届五次会议上作《关于加强黄埔区餐饮垃圾无害化收运的建议》大会发言，提交人大建议、政协提案15件，受到重视和采纳。参加中共广州市委统战部举办的“2019年度我为广州发展献一策”活动，撰写《关于改革基本公共卫生经费补偿方式的建议》《“筑巢引凤”招贤德 培育广州金融人才助推粤港澳大湾区建设》《走中国特色社会主义解决民族宗教问题的道路》等文章。

【组织建设】 2019年，农工党黄埔区基层委员会每两个月开展一次支部正副主委以上班子、委员及骨干参加学习交流活动。召开专题学习会，组织学习习近平总书记在庆祝人民政协成立70周年大会上讲话和关于对广东重要讲话、重要指示批示精神等。举行分享交流会，召开“不忘合作初心，携手前进”研讨会、庆祝中华人民共和国成立70周年座谈会等。邀请资深老党员干部为大家讲述农工党黄埔区基层委员会的发展历程及入党以来个人的成长经历。要求党员干部关注“广州农工”“学习强国”等微信公众号、APP，建立并运用基层委员会、支部微信群作为信息沟通桥梁，关心党员政治思想动态，加强党员之间的联系交往，收集党员建设性意见，温馨关怀党员。全年发展新党员4名。

【社会服务】 2019年，农工党黄埔区基层委员会发挥以医疗卫生界为主的党员优势，把提高社会效益作为社会服务工作的出发点和落脚点，注重社会服务工作项目的对接与落实。开展送医送药活动。结合“不忘合作初心，携手前进”主题教育活动组织和参与区政协、区卫生健康局、区医学会、区残联和广州开发区医院组织的义诊咨询活动10余次。开展医疗保健教育宣传活动。利用三八妇女节、六一儿童节等重大节日，参加“预防手足口病宣传活动”等全区性大型保健教育宣传活动10余次。基层委员会借力借势组织的社会服务活动，实现社会服务效益最大化。

## 中国致公党<br>黄埔区基层委员会

【概况】 2019年，致公党黄埔区基层委员会下属5个支部、90人，由归侨、侨眷组成。其中，广州市政协委员1人，黄埔区人大代表1人，黄埔区政协委员6人，主委王宏钢。

【参政议政】 2019年，致公党黄埔区基层委员会加大参政议政工作宣传力度，探索实施量化考核机制，激励全体党员积极参与各种提案、建议、信息的撰写工作。定期召开参政议政专委会工作会议、组织参政议政骨干参与致公党广州市委会参政议政年建设工作、市级课题调研活动，培养、发动年轻党员建言献策、参政议政，带头参加各种调研、撰写议案和提案，形成参政议政合力。提交包括《关于黄埔区、广州开发区打造“游·研·学”工业旅游的建议》《关于免除残疾人重新评定评测费用的建议》等在内的提案议案7篇、社情民意《关于严格落实律师调查令制度的建议》

1篇。其中，王宏钢主委及参政议政委员、二支主委柯蔚蔓撰写的《关于创新办学模式 进一步优化公共教育资源配置体系的建议》提案被广州市委统战部评为2019年度“我为广州发展献一策”获奖文章，新党员王群在致公党广州市委会“‘不忘合作初心，携手前进’我和致公党的故事”宣讲比赛中获二等奖，委员、五支主委刘各龙在“不忘合作初心，携手前进2019年致公党广州市委会献一策宣讲比赛”中获优胜奖。

【组织建设】 2019年，致公党黄埔区基层委员会有党员90人，其中正处级3人，副处级1人，科级5人，致公党广州市委常委1人，委员1人。全年发展新党员2人。

【社会服务】 2019年，致公党黄埔区基层委员会发挥侨海优势，联系海外华侨华人和港澳台同胞、新阶层人士等，提升党派履职水平。组织党员、各类华人华侨参与各种社会公益活动；参与广西崇左的扶贫工作、狮子会慈善爱心活动等。

## 九三学社黄埔区委员会

【概况】 2019年，九三学社黄埔委员会下属6个支社，有社员152人，以科学技术界高中级知识分子为主，由工程师、医师、设计师等组成。社员中担任广州市人大代表1人，黄埔区人大代表1人，黄埔区政协委员8人。主委陆柳红。

【参政议政】 2019年，九三学社黄埔委员会聚焦民生事项开展调研，通过中共黄埔区委、黄埔区政府恳谈会，黄埔区人大、政协的议案提案，九三学社广州市委课题、黄埔区政协有事好商量等平台提出建设性意见和建议。黄埔区政协第一届五次会议期间，独立或参与的提案议案5件，大会发言材料2件。抓实深调研，关注学生健康问题，苏琼社员牵头撰写《学校课桌椅分配合格率与学生近视等常见病防控工作状况》的调查报告；社员孙长哲牵头草拟《关于在黄埔区广州开发区设立创业基地，推进港澳青年创新创造创业的建议》，围绕区中心工作，助力粤港澳大湾区建设工作；刘滨晨和彭雯怡社员牵头撰写“推进老旧小区改造”专题协商议题调研报告，探索政协“有事好商量”模式；恳谈会上，陆柳红主委结合工作实际撰写并向黄埔区领导汇报关于《优化监督检查机制，助力脱贫攻坚克难》议题，助力区扶贫攻坚工作。

【组织建设】 2019年，九三学社黄埔委员会开展政治理论学习、科技讲座和现场考察活动，采用多种方式、主题的活动，提高社员政治自觉，开阔视野，促进交流，提升素养。加强中共十九届四中全会精神学习，自觉学习《关于坚持和完善中国特色社会主义制度、推进国家治理体系和治理能力现代化若干重大问题的决定》精神，把握总体要求、总体目标和重点任务，以高度的思想自觉、政治自觉、行动自觉贯彻全会精神。为适应时代发展要求，加强和提升全体社员参政议政能力和民主监督水平，6月25日，在广东省新一代通信与网络创新研究院举办“5G应用与6G愿景”主题的科技讲座，由新进社社员朱伏生院长主讲。7月26—27日，在从化华辉培训基地组织全体社员举办政治理论培训班，分别学习九三学社章程和关于《粤港澳大湾区发展规划纲要》解读。主题教育活动期间，参加各部门组织的各项学习和考察活动，组织和安排多项主题深刻、内容丰富、形式新颖的主题学习和调研实践活动，组织社员赴闽西龙岩地区红色教育基地考察学习，从古田会议旧址、瞿秋白纪念馆、杨成武纪念馆再到中共泉州市委党校学习；易国庆、张明东副主委带领部分社员赴广西灵川、兴安等乡村现场考察乡村振兴发展措施情况，学习借鉴大力振兴高科农业、深度开发旅游资源和推动新型农村的建设等经验。强化日常各项学习，及时传达学习黄埔区“两会”精神、九三学社广州市委全会精神、中共黄埔区委统战部相关会议精神；及时传达并贯彻落实有关管理制度要求。社员发扬“爱国、民主、科学”精神，创新创业，在各自领域中出新出彩。金发科技技术总经理黄险波获“中华人民共和国成立70周年纪念章”，燕少德社员获国务院颁发国家科学技术进步奖二等奖，副主委、全国劳动奖章获者黄险波博士和广东省新一代通信和网络创新研究院长朱伏生获授“2018年度创新人才之星”称号。九三学社黄埔委员会组织发展工作有序严谨，关注年轻、上进、热心的社员的培养；支持各社员发挥自身优势。全年新发展会员9名。

【社会服务】 2019年，九三学社黄埔委员会会员在各自领域积极服务社会，省级微创外科专家吕增会博士仁心仁术，带领团队为患者解决病困；退休老社员孙盛祥随公益团队前往西北地区宁夏固原“泾源县”（回族县）进行医疗扶贫；孙长哲社员向区启智学校捐资捐物；刘荣基社员牵头向帮扶贫困家庭送春联等。

（叶小红　黄秀凤）

# 群众团体

○编辑 张 侠

## 黄埔区总工会

【概况】 2019年，黄埔区总工会（广州开发区总工会）下属镇（街道）总工会17个，系统工会5个，园区总工会6个，行业工会13个。独立基层工会3992个，基层工会涵盖法人单位1.21万个，会员51.21万人。其中，外商投资企业工会419个，会员11.88万人。4月12日，黄埔区总工会第一届委员会（广州开发区总工会第五届委员会）第七次全体会议召开，进行黄埔区总工会第一届委员会（广州开发区总工会第五届委员会）常委、委员的选举、替补和调整；选举产生挂职副主席1人、兼职副主席3人。

是年，黄埔区总工会（广州开发区总工会）举办全国新区经开区高新区首届职工健康运动会。试点推广“智慧工会”平台，该平台是融办公、服务、宣传等功能于一体的网络服务体系，广东省总工会首选在黄埔区做试点并取得成功。注重工运理论研究和实践，选送的论文《聚焦主业 服务大局 努力建设新时代产业工人队伍》，在全国新区开发区第32次工会工作研讨会（滨海·论坛）上获论坛工作成果一等奖。

【基层工会组织建设】 2019年，黄埔区总工会（广州开发区总工会）从制定“一企一策”，发挥“党建促工建”的优势，组织1支由市总工会、区总工会、各街镇和区属国企人员组成的攻坚队伍，对接区人社、环保、住建等职能部门，共同开展攻坚行动，形成工作合力。6个督导组下基层调研指导近100次，全区上下各级工会上门开展组建活动6000余人次，发放宣传资料3000余份。加强基层工会规范化建设，拓展基层工会规范化建设专项检查，投入23.52万元经费聘请律师事务所和会计师事务所联合对34个行政事业单位和50个企业工会进行“检查”，并出具检查报告，帮助其进一步规范组织建设、保障职工合法权益以及构建和谐劳动关系，对检查中发现的共性问题进行通报，促进全区各基层工会高度重视工会经费规范化管理。

【劳模和工匠精神弘扬】 2019年，广州禾信仪器股份有限公司的周振获“全国五一劳动奖章”称号；广州兴森快捷电路科技有限公司的邱醒亚获“广东省五一劳动奖章”称号；广州洁特生物过滤有限公司获评广东省五一劳动奖状；广州创维平面显示科技有限公司的肖义、广州赛莱拉干细胞科技股份有限公司的陈海佳、广州市公安局黄埔区分局巡警大队的林卫忠获“广州市劳动模范”称号；广州瑞松智能科技股份有限公司、广州禾信仪器股份有限公司获“广州市先进集体”。五一前夕，组织举办“当好主人翁、建功新时代”广州市黄埔区、广州开发区纪念五一国际劳动节129周年大会，集中展现区内各级劳模的先进事迹和新时代黄埔区、广州开发区广大劳动者的精神风貌。邀请党的十九大代表、全国劳动模范颜柏青分享进京出席中华人民共和国成立70周年国庆观礼的心得体会。

【劳动竞赛】 2019年，黄埔区总工会（广州开发区总工会）出台劳动竞赛补助办法，投入近14万元支持基层工会结合自身实际开展劳动竞赛，提高职工技能素质。5月，联合区人社部门举办广州开发区第十一届技术能手大赛，全区400余家企业的1500名选手参加，产生区级技术能手54人，黄埔区“技术能手”增至302人。宣传“黄埔工匠”“上管老、下管小”等区内政策，激发职工学本领、精技能的主动性。10月，联合区住房城乡建设局举办黄埔区首届建筑工匠技能擂台赛，区内各大建筑施工企业的7支参赛队伍50余名选手参赛。

**【和谐劳动关系构建】** 2019年，黄埔区总工会（广州开发区总工会）加强和完善构建和谐劳动关系三方协商制度。全年调解劳动争议案件400余件、涉及标的金额约2700万元，调解成功率70%，为职工挽回经济损失近400万元。区诉调工作室现场组织61件案件调解，调解成功20件，调解成功率32.8%。推动企业民主管理和工资集体协商工作，黄埔区内的10家国企全部建立健全职代会制度，广州日弘机电有限公司工会主席郭振泳被广东省总工会评为工资集体协商五年规划先进个人，广州日正弹簧有限公司工会被广东省总工会评为先进集体。全年参与处理群体性突发事件12件，涉案人数4500人。配合有关职能部门妥善处置欧姆龙、华南日通等劳资事件。拓展法律服务网点建设，依托职工服务阵地全面架设法律服务网点，在“会、站、家”建设中加强法律服务一体化标准化建设，全年建立一类工会法律服务点2个，筹建二类工会法律服务点10个，为17个街道（镇）、6个园区、2个行业协会及14家大型企业聘请工会法律顾问。工会法律顾问为顾问单位提供法律服务2000余次，开展各类培训100余场。9月，建成黄埔区工会法律援助中心。

**【职工素质培育】** 2019年，黄埔区总工会（广州开发区总工会）举办2期工会干部培训班，培训400余名基层工会干部，结合贵州扶贫工作任务，代培训近50名贵州基层工会干部。加大职工大学堂办学力度，结合辖内企业实际将课程送进企业，全年开设30余个实用专题课程，1万余名学员参加培训学习。完成发放2019年省总工会646名职工技能补贴。

**【困难职工帮扶】** 2019年，黄埔区总工会（广州开发区总工会）慰问困难职工610人，发放慰问金122万元；慰问坚守岗位职工，发放慰问金7.5万元；慰问各级劳动模范450人次、22.5万元；为93名困难职工建档。8—9月期间，开展“盛夏送清凉”活动，惠及公安、环卫、建筑等行业一线职工，发放防暑降温饮料1万余箱。为约7000名企业一线职工送免费体检。推进“三个保障计划”，其中“职工特种重病互助医疗保障计划”补助21人，补助金42万元。广东省“二次医保”征集到意向职工3万余名，涉及企业180余家。“广州市在职工会会员住院关爱计划”惠及职工人数近3500人，发放慰问金150万余元（包含区级金额50万余元）。其中，“住院关爱计划”升级加入“黄埔特色”，依据是年4月1日起推行的《广州市黄埔区总工会（广州开发区总工会）在职工会会员住院关爱计划暂行办法》，将慰问金标准提升至600元/人（含市总工会发放300元，区总工会发放300元）。开展女性“两癌筛查”工作，投入40万元，惠及女职工1800余人。推进19间“爱心妈妈小屋”和8间“母婴室”建设，关爱职场妈咪。

**【职工服务】** 至2019年年末，黄埔区工人文化宫项目确定为储备立项项目，完成可行性研究报告；区级职工服务中心（青年路站）建成并投入使用。华新园工联会于2019年3月1日组建成立，至年末，华新园工联会涵盖518家企业，发展工会会员近5000人，10月获“黄埔区、广州开发区优秀职工之家”称号，申报2019年度“三个一批”建设示范点。

是年，黄埔区总工会（广州开发区总工会）落实文化强区三年规划，组织开展“当好主人翁 建功新时代”系列文化活动。包括2019年慰问留穗过年异地务工人员迎春晚会、庆祝五一国际劳动节纪念大会以及职工运动会乒乓球和羽毛球比赛。慰问留穗过年异地务工人员迎春晚会设置主会场和若干分会场，其中分会场有149个基层工会参与，发放补助金额272万元。发放9家国企工会文体专项经费补助18万元。开办“文化进企业”书画摄影作品巡展，展出20场，参观职工1万余人。组织参加

2019年9月，黄埔区总工会选送节目《我爱这一身制服》获广东省第十三届“百歌颂中华”歌咏比赛银奖　（黄埔区总工会供图）

2019 年 11 月 22—24 日，全国新区经开区高新区首届职工健康运动会在黄埔区举行（黄埔区总工会供图）

2019 粤港澳工人醒狮邀请赛暨第十届广州市工人龙狮表演大赛获传统醒狮（单狮、群狮）冠军、夜光龙大赛金奖、夜光龙最佳编排金奖、鼓王争霸赛冠军等奖项。组织参加 2019 年广州市职工第九套广播体操比赛获一等奖。举办“当好主人翁 建功新时代”职工运动会，开展乒乓球、拔河等 7 个体育赛事，112 个单位 3000 余人参与。

擦亮“金雁文化”人文关怀品牌。金雁艺术团创编四重唱《我爱这一身制服》获“百歌颂中华”广州市金奖、广东省第十三届“百歌颂中华”歌咏比赛银奖。金雁学院举办瑜伽、手机摄影、化妆等各类培训班 35 个、412 次课，参与企业 82 家，7000 余人参加。全年举办健康徒步行动 2 期，区内 90 余家企业，900 余人参加活动。组织金雁情缘交友活动 4 期，400 余个企事业单位 1000 余名单身员工参与，现场成功牵手 60 对。举办金雁家庭关爱户外拓展、观影、魔术观摩活动，及“小金雁”夏令营系列活动等。

【全国新区经开区高新区首届职工健康运动会在黄埔区举办】 2019 年 11 月 22—24 日，全国新区经开区高新区首届职工健康运动会在黄埔区举办。来自全国近 100 家新区经开区高新区组成的代表队、近 1000 名运动员参赛。黄埔区代表队在田径和趣味运动比赛中，获冠军 4 项、亚军 4 项，组队参加其他 6 个分赛区的乒乓球、羽毛球、毽球、足球、篮球、电竞等比赛，获冠军 1 个、亚军 3 个，团体总分第一名。《人民日报》、中央电视台等近 300 家主流媒体均有报道。

【广东工会会员实名制服务平台暨“粤工惠”APP 试点】 2019 年，黄埔区总工会(广州开发区总工会）通过“组建一支队伍、采用两种方法、走好三个步骤”，推进广东工会会员实名制服务平台暨“粤工惠”APP 试点，工作经验在全省得到推广。至年末，完成 17 个街道、6 个园区、3 个系统工会、9 家国企、68 家区直管企业工会登记工作；总登记单位达 809 个，总实名认证会员为 1.21 万人，从原黄埔工会微信公众号会员系统导入的数据为 8.63 万人。

（林彦）

## 中国共产主义青年团黄埔区委员会

【概况】 2019 年，共青团黄埔区委下属团委 42 个、团工委 20 个、团总支 28 个、团支部 854 个，团员人数为 1.70 万人。全年推荐优秀青年入党 38 人，发展新团员 2300 人。

是年，全区有 8 个先进集体和 24 名先进个人获省、市级表彰；被授予国家级青年文明号 1 个（广州开发区行政管理服务中心）、省级青年文明号 7 个、市级青年文明号 28 个；被授予全国青年安全生产示范岗 1 个（中国通号上海工程局集团有限公司广州分公司）、中央企业青年文明号 1 个〔航天信息（广东）有限公司〕。共青团黄埔区委连续第 26 年获评为广州市先进团委。

【思想政治教育】 2019 年，共青团黄埔区委开展“青春心向党 · 建功新时代”纪念五四运动 100 周年系列活动，举办“我和我的祖国”微团课大赛、18 岁成人礼、祭奠革命英烈、“红领巾相约中国梦”主题巡展等活动 50 余场，覆盖 1.5 万名青少年。为庆祝中华人民共和国成立 70 周年，开展“我与祖国共奋进”——国旗下的演讲系列活动，玉岩中学活动情况在团中央特别主题团日中展播。依托“青年之家”开展“靠埔青年爱学习”系列活动 52 场，举办 15 期青年公益讲堂、67 场青年俱乐部公益培训班，覆盖 73 个青年社会组织、2 万余名青年。召开学习习近平总书记致少先队建队 70 周年贺信精神座谈会，依托“两室一校”开展培训活动 26 场，学习交流活动 8 场。联合区纪委监察委、区委宣传部举办“我的祖国我的家 · 弘扬黄埔好家风”演讲比赛，萝峰小学学生凌敬轩在广州市决赛中获青少年组一等奖。联合区教育局等单位承办 2019 年广州市第二届“少先队知识小达人”知识竞赛。区少工委参加广州市少先队建队 70 周年少先队鼓号仪仗展演获一等奖。倡导“团在你身边，服务伴成长”理念，提升青年之声、i志愿等平台活跃度。加强新媒体平台建设，“青春黄埔”微信公众号关注人数1.4万人。为纪念五四运动100周年、庆祝中华人民共和国成立70周年，拍摄“奋进新时代”黄埔青年形象宣传片、“与祖国共奋进”快闪短片。拍摄《用爱做平凡事》黄埔志愿者宣传片，获首届国家高新区微视频大赛优秀作品。全区中学团校组建率、中学生团员志愿者注册率均为100%。推进“命脉工程”，完成已建党非公企业、规模以上企业团建基础数据摸查，建团工作响应率、覆盖率、规模以上团组织建团率全市排名第一，“智慧团建”平台团员报到率100%。全区初、高中毕业班团学比例均达到改革要求。举办共青团政治理论研修班2期。

**【创新创业扶持】** 2019年，共青团黄埔区委举办广州市“青创杯”文创专项赛、“黄埔杯”第六届“创青春”广东青创大赛暨第二届粤港澳大湾区青创大赛，近7000个项目参赛，在国赛中获金牌4枚、银牌8枚、铜牌9枚。国赛互联网组金奖项目“注塑云工业互联网平台”落户黄埔区。推动167家企业入驻区“青年之家”总部，依托长洲岛青年创新创业孵化基地，推出“靠埔创客”训练营、寻找“靠埔创客”、读书分享等项目，开展活动12场。

4月，成立黄埔区粤港澳大湾区青年创新创业促进会，会员80余人，开展会员活动10场。联络港澳青年非政府组织，签署共建协议，6—7月，组织30余名港澳大学生开展“青春黄埔行”社会实践活动。举办2019亚太青年论坛——粤港澳大湾区建设与青年发展机遇平行论坛，联合国开发计划署驻华代表处青年发展专家高鑫、霍英东集团副总裁霍启文、中山大学粤港澳发展研究院教授、博导张光南等嘉宾和来自22个国家和地区的亚太青年代表100余人参加。组织优秀创业青年分别参加在浙江大学、新疆举办国情教育培训班，赴俄罗斯秋明州参加中俄青年创业孵化器交流项目；组织优秀社会组织青年代表与新加坡人民协会青年运动开展互访。接待香港科技人才考察团、澳门青创交流团、港澳青年创新创业南粤行、俄罗斯创业青年交流团等到访7批、270余人。

**【青少年服务】** 2019年，共青团黄埔区委以“总部+园区+社区”模式优化“青年之家”阵地布局，建成站点13个，黄埔区青年之家总部获评广州市青少年事务社会工作专业人才培训基地。打造黄埔青年之家学习社，举办青年公益课程15期，73个青年社会组织、近5000名青年参加。举办青年俱乐部公益培训班，开设60门课程，服务9600人次。举办两期“共青缘 黄埔情”联谊活动，打通区内直属团组织青年交友圈。开展重点青少年群体关爱服务、“童心童行”小金雁夏令营、金雁小学堂等品牌活动，开展关爱服务416场，大病救助3人，关爱青少年3208人次，黄埔区重点关爱青少年社区融入基地获评广州市青少年事务社会工作专业人才实训基地。开展“6·26”国际禁毒日系列活动，拍摄“无毒青春 健康生活”微电影，举办“智慧禁毒”禁毒嘉年华，开展禁毒宣传教育活动29场，1.4万人参加。承办广州市青少年禁毒街舞大赛，举办第二届黄埔区中小学生禁毒知识竞赛，全区74所学校2.8万名学生参加。

助力精准扶贫，联合都匀团市委举办都匀市志愿服务项目大赛、黄埔——都匀2019年青年马克思主义者专题培训班，联合三都县、独山县团委开展“冬日暖阳”青春关爱行动、“蒲公英”留守儿童关爱行动，其中“蒲公英”贵州留守儿童抗逆力计划获全国社会组织“伙伴计划”优秀项目（广东省4个项目获奖）。助力污染防治，深化“河小青”志愿服务队品牌影响力。组织志愿者利用周末在重点河涌开展志愿巡河、保护水资源、防治水污染宣传活动70余场。2019年，共青团黄埔区委开展“温情黄埔‘未’你而来”未成年人保护宣传周，印发黄埔未成年人保护系列漫画读本5000余册。举办2019年

2019年4—9月，“黄埔杯”第六届“创青春”广东青年创新创业大赛暨第二届粤港澳大湾区青年创新创业大赛在黄埔区举办，近7000个项目参赛 （共青团黄埔区委供图）

2019年12月22日，共青团黄埔区委组织志愿者为黄埔马拉松赛事提供物料分发、赛道搭建、全程指引、医疗帮助等志愿服务
（共青团黄埔区委供图）

区未成年人保护、区预防青少年犯罪小组工作能力提升专题研修班。建有5个"青年地带"预防青少年违法犯罪工作站，组织社区活动810场，探访家庭2520户，登记及持续维系志愿者4237人，服务青少年6.60万人次，2019年市级"青年地带"工作站年度考核首获全优成绩，7名青少年事务社工受聘担任市级项目督导。开发"公益监护人"综合信息管理系统2.0版本，实现公益监护人24小时在线服务。

【志愿服务】 2019年，黄埔区有注册志愿者4.8万人，志愿驿站5个，志愿服务队伍45支，通过i志愿系统，实现志愿服务云管理。推出"靠'埔'青年 志愿同行"十大志愿服务专项行动，开展城市文明创建社区志愿服务活动，联合区委组织部开展黄埔区"两新"组织党员志愿服务集市，推动志愿驿站升级改造，组织1.8万名志愿者开展各类主题活动近600场，获《广州日报》、广东卫视等媒体的系列报道。依托靠埔青年义务劳动先锋队、平安志愿服务队、"河小青"志愿服务队等队伍，开展周末志愿服务活动60余场，1万余名志愿者参加。做好中华人民共和国70周年庆典活动、黄埔马拉松、全国职运会等区内大型文体活动志愿服务常态化工作，近5万名志愿者提供服务。

【团建工作】 2019年，黄埔区在册管理共青团员1.48万人（不含辖内大中专院校），少先队员6.94万人。年度团籍注册数为1.53万人，占总团员的90%。是年，各级基层团组织发展、找回团员3338人。直属团（工）委兼职书记、副书记61人"两新"组织建团总数为49个，其中各经济类型组织建团36个，团员994人，社会组织建团数13个，团员1562人。

（丁莉斯）

## 黄埔区妇女联合会

【概况】 2019年，黄埔区妇联下属街（镇）妇联17个，春节、母亲节、"六一"、中秋节期间走访慰问143户单亲特困母亲和重症儿童家庭；完成公共场所母婴室建设38间；办理群众的来电来访43宗，结案43件，结案率100%。

是年，黄埔区妇联推荐广州市黄埔区社会保障基金管理中心副主任梁清、广州市开物物业管理有限公司党支部副书记张芬、广州昊志机电有限公司董事长汤丽君、广州环亚化妆品有限公司总裁吴知情为广州市"三八"红旗手；推荐广州市黄埔区不动产登记中心、联和街党群服务中心为广州市"三八"红旗集体；推荐广州黄埔区公安分局网络警察大队舆情组、黄埔区中医医院儿科团队、鱼珠街政务服务中心、萝岗街荔红社区妇联、黄埔老港海关船舶清关科、广州市洋城社会工作服务中心为广州市巾帼文明岗。

【妇联基层组织建设】 2019年，黄埔区妇联指导基层妇联组织换届选举，全区15个街（镇）通过增补或召开妇女第一次代表大会的形式，产生新一届妇联主席、副主席、兼职副主席以及执委，完成街（镇）妇联区域化建设。扩大妇联组织的新领域，在"两新"组织中建立妇联组织，与雪松控股集团党委研究，拟建立雪松控股集团有限公司妇女联合会。推进"妇女之家"融合党群服务中心融合建设工作，促进妇女之家在基层党群服务中心中承接联系服务妇女儿童的主要任务。组织黄埔妇联执行委员会替补选举，增强妇联工作活力。7月5日组织召开黄埔区妇联第一届第四次执行委员会，选举替补魏恒为黄埔区妇联第一届执行委员会委员、常委、副主席。9月19日，组织召开黄埔区妇联第一届第五次执行委员会，选举替补郑琪为黄埔区妇联第一届执行委员会委员、常委、主席。

【困难群体帮扶】 2019年，黄埔区妇联在春节、母亲节、"六一"、中秋节期间走访慰问全区143户单亲特困母亲和重症儿童家庭，其中单亲特困母亲家庭96户，重症儿童家庭47户；联合夏港街妇女联合会、夏港街社工服务站在夏港街文化中心广场举行"穗港智造，伴你童行"——关爱来穗人员子女暑期夏令营；协助市妇联开展"玫瑰公益——家家幸福安康来穗妈妈爱心计划"工作，全区1.68万人参与来穗妈妈爱心计划。关爱戒毒康复人员，加强吸毒人员帮扶力度。

【妇女儿童发展规划实施】 2019年，黄埔区妇联组织区妇女儿童工作委员会成员单位联络员进行业务培训，布置2019年妇女儿童发展规划监测统计工作。是年，重新调整分配《黄埔区推进公共场所母婴室建设三年行动计划（2017—2019年）》的任务指标，确保建成的公共场所母婴室纳入百度地图，至年末，黄埔区有公共场母婴室91间；举办“相伴同悦读 共抒家国情”暨庆“六一”嘉年华活动，为孩子们搭建亲子阅读、师生阅读的平台；开展第十二届“羊城小市长”评选活动，选出小学组前7名和中学组前3名选手，代表黄埔区晋级广州市复赛。

【妇女儿童权益保护】 2019年，黄埔区妇联结合三八维权周、禁毒宣传日、宪法宣传日等重大时间节点组织开展“法治我践行 巾帼建新功”“不让毒品进我家”等宣传活动；完善婚姻调委的协调工作机制，建立黄埔区婚姻家庭纠纷人民调解部门协作工作机制，加大对婚姻家庭矛盾纠纷的调处力度，提高婚姻家庭纠纷调解工作效能；推进“舒心驿站”的创建工作，为有需求的妇女群众提供心理咨询、婚姻家庭关系咨询服务。2019年办理群众来电来访43件，结案43件，结案率100%。

【“三八”妇女节纪念活动】 2019年3月6日，黄埔区妇联联合黄埔区文明办在区少年宫（萝岗宫）举行以“传承红色基因 巾帼建功新时代”为主题的纪念“三八”国际劳动妇女节109周年大会。市、区领导为先进集体和个人颁奖，为新时代文明实践中心巾帼宣讲队颁发证书。活动上启动新“黄埔女性”微信公众号。观看电影《烈火中永生》，接受红色革命再教育。

（童兴用）

## 黄埔区科学技术协会

【概况】 2019年，黄埔区科协贯彻实施《全民科学素质行动计划纲要》，根据《广州市黄埔区全民科学素质行动计划纲要实施方案（2016—2020年）》开展各类科普宣传活动，推进全民科学素质行动工作，利用微信公众号、“科普大篷车+”、科普画廊、科普橱窗等形式、渠道和手段进行宣传，开展有针对性的科普宣传活动，全年组织协办各类科普宣传活动193场，4.4万人次参加。举办各类学术交流活动70场，8800人参加。黄埔区科协、广东环亚美容化妆品博物馆、黄埔区青少年宫、广州金河农业有限公司、广州赛莱拉干细胞科技股份有限公司科学技术协会、广州粤嵌通信科技股份有限公司6个单位被评为广州市基层科普先进集体；黄埔区吕燕娜、李宜静、茹凯莹、葛啸虎4人被评为2019年广州市基层科普工作优秀科普工作者；黄埔区教育局、广州开发区生态环境局、黄埔区九龙二小等25个单位获“2019年黄埔区、广州开发区科普工作突出贡献单位”称号。

【创新创业成果转化】 2019年，黄埔区有4个创交会成果转化基地，分别是广州博士信息技术研究院有限公司、华南新材料园、广州开发区金融服务中心、广州科技园。是年，黄埔区科协举办2019创交会项目对接活动之融资对接会、创交会项目对接活动之生物医药行业对接会、创交会前期系列活动之“智能+见未来”科创路演对接会活动、中国创交会前期系列活动之粤港澳大湾区成果对接会活动、创交会前期活动之华南新材料创新园第四届“华交会”等9场项目对接活动。其中，在华新园举办的创交会前期活动之华南新材料创新园第四届“华交会”，首次采用“科技成果、产品秀+展览”的形式，为园区企业提供展示和交流的平台，80家园区科技企业参展，33家园区企业上台进行科技产品展示。

【科普宣传】 2019年，黄埔区科协联合区教育局、环保局、妇联、团区委等科学素质工作成员单位开展各类科普活动；区委组织部、区委宣传部、区委党校等单位将科学素质内容列入干部培训计划，举办“黄埔论坛”“干部学法培训”等各类专题讲座15场，7000人次参加；区人力资源和社会保障局、区总工会、区安监局等单位以“安全生产”技术能力“为重点在城市劳动人口中开展安全培训和劳动技能培训班130余期，5000人次参加，其中社区居民3000人次，从业人员1500人次，专业技术人员1500人次；区卫计局系统举办公共卫生、卫生保健、中医中药和新生儿护理等健康讲座活动40场，6200人次参加；各街道开展重点人群特别是转制居民科学素质培训教育活动，其中穗东街举办“关爱女性健康”等3场主题宣传活动。发放宣传资料2000余份。借助“黄埔科协”微信公众号，发布慢性病预防、普法教育等文章，普及民众慢性病预防常识。

2019年，黄埔区科协在石化小学、华师附属外国语学校、沧联小学、九龙第二小学、凤凰湖小学、荔园小学等中小学校举办科普大篷车进校园活动10场次，科普人数2400人。开展“院士校园行”活动，邀请中科院科普演讲团成员、全国青少年科技创新活动知名专家博士周又红、博士张劲硕在黄埔区荔园小学、凤凰湖小学、东区中学、南岗小学、姬堂小学、文冲小学、横沙小学、九龙第一小学、萝峰小学、光远小学 10 所学校开展科普讲座 10 场次，3000 名师生参加。

【科技周活动】 2019 年，黄埔区科协与黄埔区科技局共同主办黄埔区科技活动周暨黄埔区中小学第三届科技博览会活动，1.06 万人参与，发放宣传资料 6000 余份。组织黄埔街、鱼珠街、红山街、南岗街、荔联街、夏港街、萝岗街、联和街、永和街、东区街和九龙镇开展“科技强国 科普惠民”主题科技周宣传活动。

【青少年科普】 2019 年，黄埔区科协在区内石化小学、华师附属外国语学校、沧联小学、九龙第二小学、凤凰湖小学、荔园小学等中小学校举办科普大篷车进校园活动 10 场次，科普人数 2400 人。开展“院士校园行”活动，邀请中科院科普演讲团成员、全国青少年科技创新活动知名专家周又红博士、张劲硕博士先后在荔园小学、凤凰湖小学、东区中学、南岗小学、姬堂小学、文冲小学、横沙小学、九龙第一小学、萝峰小学、光远小学等 10 所学校开展科普讲座 10 场次，参加师生 3000 人。

【全国科普日活动】 2019 年，黄埔区科协组织举办 5 场以“礼赞共和国 智慧新生活”为主题的全国科普日系列活动，分别在九龙第二小学、荔园小学、新港小学、东荟花园小学、北京师范大学广州实验学校等 5 所学校举行。45 个（家）部门、科技企业参加，展示项目 200 个，7500 余人参与，通过微信公众号等途径发布现场图片直播，浏览量 3.85 万次。

【学术交流】 2019 年，黄埔区科协参加上级科协组织的科学会议、科技论坛、科技沙龙等各类学术交流活动 10 场，参加人数 300 人次。区属各学（协）会开展学术活动 60 场次，参加人数 8500 人次。承办“穗港青少年创客科技文化交流活动”，为期 3 天，74 名穗港青少年参加。

【科技企业服务】 2019 年，黄埔区科协组织区内科技企业参加 2020 年市科协科普项目、科普游项目申报工作，指导申报企业填写申报材料，提醒申报单位按时报送材料，20 家企业申报 2020 年广州科普游项目。走访调研广州科技园、华南新材料园、广东省医疗器械质量监督检查所、五舟科技、金凯长清、金河农业环亚化妆品科技等 30 家科技企业，指导 8 家企业成立科协组织。至年末，全区有企业科协组织 43 个，园区科协组织 4 个。

【科技工作者服务】 2019 年，黄埔区科协与广州开发区科技金融服务中心合作，举办黄埔区科技人员联谊会活动 5 场次，400 余名科技人员参加活动。采取学习座谈、户外拓展、企业路演、读书分享会，沙龙等形式，为区内科技工作者提供学习、协作、交友和发展等方面服务。11 月 21 日，在华南新材料创新园举办“中小型科技企业的战略性人力资源管理”专题讲座，邀请珠江学者特聘教授、博士生导师、教授刘善仕讲课，120 余家中小型科技企业的 160 余人参加。

【广州开发区科技馆管理】 2019 年，黄埔区科协针对科技馆早期规划建设的使用面积和功能布局不能适应科普发展要求，服务管理不专业，经费投入不足等问题，组织开展科技馆优化升级工作的调研策划。全年开放科技馆 46 场次，接待观众 2 万人次，其中组织接待街道、企业、学校、幼儿园团体科普活动 4 场次，受众 800 人。

【科普基地开放活动】 2019 年，黄埔区内科普基地各展示项目实行免费对公众开放。广州市光机电技术研究院的光机电科普场所开放，广东省数字广东研究院的物联网技术接受参观，广州市香雪制药股份有限公司的省凉茶博物馆、广东环亚美容化妆品博物馆的环亚博物馆、企业馆科普、广州白云山中一

2019 年 9 月 17 日，“礼赞共和国 智慧新生活”2019 黄埔区（广州开发区）全国科普日活动启动仪式在黄埔区九龙第二小学举行 （徐莹莹 摄）

药业有限公司的中成药生产流程接受参观。全年组织区内企业、社区居民及青少年学生参加科普基地开放日的各项活动。至年末，全区科普基地32个。

【科技团体】 2019年，黄埔区有科技团体64个。其中，企业科协39个；黄埔区医学会有会员280人，其中高级职称42人、中级职称225人、初级职称13人；黄埔区中医药学会有会员84人；黄埔地区护理学会有会员429人；黄埔环境科学学会有会员92人；黄埔区教育学会有会员65人；黄埔区青少年科技教育协会有会员17人；黄埔区党建学会有团体会员28个；黄埔民营科技企业协会有团体会员55个；黄埔街道科协有会员16人；红山街道科协有会员10人；穗东街道科协有会员5人；文冲街道科协有会员2人；南岗街道科协有会员120人；鱼珠街道科协有会员12人；大沙街道科协有会员33人；长洲街道科协有会员20人；萝岗街道科协有会员3人；联和街道科协有会员15人；云埔街道科协有会员17人；长岭街道科协有会员3人；永和街道科协有会员150人；夏港街道科协有会员15人；龙湖街道科协有会员14人；九佛街道科协有会员14人；新龙镇科协有会员15人。

（薛丽雯）

## 黄埔区归国华侨联合会

【概况】 2019年，黄埔区侨联下属基层组织8个：鱼珠、黄埔、大沙、文冲、红山、穗东、南岗、长洲等街道侨联和区教育局侨联10个基层侨联；侨界群众性团体3个：黄埔区侨联老归侨联谊会，黄埔区侨联青年委员会，黄埔区侨联侨友艺术团。是年，按照中国侨联提出的“两个拓展”和“两个并重”的要求，立足侨联工作定位，谋划侨联工作的发展方向，破解发展难题，推进侨联各项工作，汇聚新侨资源、加强海外联谊交流、服务侨界群众。

【新侨工作】 2019年2月，在全省范围内创新建立区级新侨（归谷科技园）工作站，构建区侨务局、区人大侨外民宗工委、政协港澳台侨外事委、区侨联等4个涉侨机构+企业机构的组建模式，举办13场系列项目对接会、政策宣讲会、讲座，构建以PNP为代表的国际化垂直孵化加速平台、海内外优质科创项目与金融资本对接的平台，全方位服务新侨企业发展、集聚海归人才资源，促进新侨群体深度融入粤港澳大湾区创新中心核心枢纽发展工作。3月和7月，中国侨联副主席、广东省侨联主席黎静分别2次到黄埔区归谷科技园、七喜集团调研新侨创新创业工作。7月，在广州麦普数码科技有限公司成立新侨人文（麦普）科技园、新侨创业示范基地。11月，与冠昊生物签订战略合作框架协议，成立黄埔区新侨（冠昊）工作站，确定双方进行资源整合及促进与海外侨胞经济合作、文化科技交流等具体合作事项。是年，黄埔区侨联在该领域工作获全市新侨工作推进奖、新侨联动活动支持奖。

【济侨助困】 2019年，黄埔区侨联配合广州市侨联开展“为百户困难侨胞送温暖”新春走访慰问活动，组织开展节前慰问活动，走访、慰问7户黄埔区困难侨胞。根据省、市关于推进完成贫困归侨扶贫救助补助资金发放的精神和工作要求，完成全区贫困归侨扶贫救助补助资金发放3万元。对口帮扶清远阳山江英村，多方发动侨界力量，全年组织区侨界青年委员会、企业代表赴阳山开展帮扶慰问工作4次，扶贫金额2.42万元。

【港澳侨界联谊】 2019年，黄埔区侨联加强与港澳侨界社团联谊、交流力度。2月底，赴香港参加广州市侨联香港联谊会港穗侨界新春联欢晚会，3月初，赴香港参加香港旺角街坊会大角咀庙会活动，3月中，赴澳门参加澳门黄埔各界联合会周年会庆，4月底，赴澳门参加澳门缅华互助会泼水节活动。8月，组织澳门大湾区志愿者交流营、澳门缅华工商促进会到粤港澳大湾区青年创新创业基地等进行调研。10月，联合市侨联组织穗港澳三地侨届青年代表开展九龙湖户外拓展联谊活动。

【海外华人联谊】 2019年7月，黄埔区侨联主席李子安随广州市侨联访问团出访越南、柬埔寨、文莱等国，拜访当地侨界、商界、业界社团，密切与海外侨社团的联系与交流，拓展海外联谊工作平台。9月，组织包括“美国中美邮报”“加拿大世界华人周刊”、英国卫报中文网、瑞士亚欧时报社等23家海外华文媒体到黄埔区开展“追梦中华聚焦大湾区”调研采风。

【侨友艺术团】 2019年1月，黄埔区侨联组织黄埔区侨友艺术团到龙头山寿星园进行敬老演出。3月，参加2019年广州波罗诞庙会演出，8月，参加广州市侨文化日演出，9月，参加2019年华侨归侨欢庆中华人民共和国成立70周年文艺晚会获大金奖；10月，参加广州市第十六届“美在金秋”老年风采大赛获金奖；11月，赴南沙华侨农场进行友情会演，12月，参加广东省第六届“老年人欢乐节”，舞蹈《红太阳照边疆》获大金奖。

（柯蔚蔓）

## 黄埔区工商业联合会

【概况】 2019年，黄埔区工商联发挥桥梁纽带作用，促进黄埔区推动“两个健康”，“双区驱动”“双核联动”。创新邀请部分民营企业家和非公企业党组织书记列席学习、交流发言；组织青年企业家参加市工商联组织的国内知名高校培训；举办“不忘初心、牢记使命”青年企业家交流座谈会。以解决民营企业操心事、烦心事为落脚点，开展调查研究，宣传贯彻广州市“民营经济20条”及黄埔区关于民营经济发展的各项要求。引导民营企业家和区工商联党员干部自觉用习近平新时代中国特色社会主义思想武装头脑，牢固树立“四个意识”，坚定“四个自信”，做到“两个维护”，发挥工商联党和政府与民营企业之间的桥梁、纽带作用，将“团结、服务、引导、教育”的功能落实到工作各个环节，增强企业的发展信心，促进黄埔区非公有制经济健康发展和非公有制经济人士健康成长。黄埔区工商联副主席陈茵明、汤丽君被广州市人大常委会评选为履职积极代表。

【参政议政】 2019年，黄埔区工商联会员企业家中有全国政协委员2名，市、区人大代表20人，省、市、区政协委员近40人。履行政治协商、参政议政职能，会同17个部门办理区政协第一届第五次会议第1005号提案；组织10名企业家参加黄埔区民主恳谈会，组织30余名企业家参加省市工商联组织的民营企业座谈会议，为经济发展建言献策；提出《关于建设中国广州国际仲裁中心的建议》《关于加强民营企业家队伍建设的建议》等一批优秀人大议案。

【企业服务】 2019年，黄埔区工商联举办主题为“奋进新时代，改革开放再出发”年会暨一届七次执委会，广州市工商联领导、区领导、区属各职能部门、各街镇、功能园区、各民主党派、群众团体的负责人及黄埔区工商联（总商会）的企业家代表300余人出席。与黄埔区纪委、黄埔区检察院联合举办三期“企业廉洁法律讲座”，提高会员企业依法经营意识和能力。

优化营商环境。聘请29位区职能部门领导为顾问，为企业答疑解难。通过召开执委会、轮值活动等形式，邀请黄埔区有关职能部门相关负责人为企业家现场解读黄埔区出台的最新政策，与企业家互动交流，推进政企沟通对接。10名会员企业家被聘任为区营商环境观察员，发挥民营企业在营商环境建设中献言献策、监督评价等作用，推动黄埔区营商环境改革创新。与黄埔区人民法院签订《黄埔区人民法院　黄埔区工商业联合会关于建立服务民营企业健康发展合作机制框架协议》；联合黄埔区委政法委和区法学会，在广州商学院举办2019年黄埔区“依法兴企，助力民营企业发展”文化沙龙活动；举办法律宣传月活动，接待咨询150余人次，发放宣传资料300余份，采取多种方式保护民营企业的合法权益不受侵犯，支持民营企业健康发展。

搭建交流沟通平台。结合“一带一路”和“百企帮百村”行动，组织民营企业家前往齐齐哈尔、重庆、成都、贵州黔南州独山县、三都县、西藏波密等地商务考察，组织到华为总部和生产基地及荔湾区等地学习交流；接待武汉市党外人士调研组、武汉黄石统战部、延安市宝塔区党政代表团、湖南娄底商会、浙江舟山市工商联等兄弟单位和调研团体，加强经验交流，共同学习提升。缔结友好商会。与成都青羊区工商联签订《友好商会协议书》。加强会员企业沟通交流。通过组织轮值活动、执委会、民营企业家座谈会以及民营企业家互访等多种形式，促进民营企业之间信息共享与经贸合作交流。加强调查研究，破解难题促发展。结合“不忘初心、牢记使命”主题教育活动，加大对会员企业调研力度，收集企业反映的困难，协调有关部门予以解决，走访调研会员企业69家次，收集困难10余个，协调解决人才入户、融资贷款等问题8个，做好企业反映的被拖欠账款、企业用地难以及人才补贴等问题的跟踪办理工作。

【镇（街）商会工作】 2019年，黄埔区工商联走访调研黄埔区1个镇、16个街，了解各镇（街）商会情况，探讨镇（街）商会发展措施。组织各镇（街）分管经济和商会工作领导赴重庆、成都等地学习先进经验；加强对行业协会和异地商会的指导和联系。分别调研指导黄埔区企业联合会、黄埔区物流与供应链行业协会、九龙商会和湖北大冶商会等。黄埔区工商联被评为2018—2019年度全国“五好”县级工商联，广东省湖北大冶商会被评为2019年广东省工商联系统“四好”商会，区物流与供应链行业协会被评为2019年度广州市工商联系统“四好”商会。

【会员企业发展】 2019年，黄埔区工商联发展丸美生物、方邦电子、洁特生物、禾信仪器、乐源数字、亿航智能、兴森快捷等156家企业加入工商联，会员数2204家，广州市领导在黄埔区挂点联系的14家重点民营企业中有13家是黄埔区工商联会员企业，黄埔区领导挂点联系的64家重点民营企业中有42家是黄埔区工商联会员企业。全区50家主板上市企业中一半是黄埔区工商联会员企业。香雪制药登上“2018年度中华民族医药百强品牌企业”榜单。广州鹿山新材料研发团队的“聚烯烃黏接材料技术与应用”获中国石化联合会颁发的“科技进步一等奖”和“专利优秀奖”。

【非公企业党建】 2019年，黄埔区有非公企业3623家，单独组建党组织556家，联合组建121家，组织覆盖非公企业3623家，在册党员1.20万人；新组建党组织49家、新升级成立党委6家，新发展党员95名，新增党员数1254人；推进政治学习，组织习近平总书记视察广东重要讲话精神宣讲286场，组织《粤港澳大湾区发展规划》解读93场；组织书记培训班3期培训532人次；组织入党积极分子培训班3期培训273人次；组织非公有制企业廉洁法治教育讲座3期培训900余人次；组织党务工作者培训班培训700余人次。举办专场主题教育宣讲12场600余人次。推进志愿者服务队活动，开展“红色育苗”计划，帮扶贵州都匀贫困地区学龄儿童32人次；组织关爱儿童党员志愿服务活动，向贫困地区捐赠书籍1830册；组织第一届非公企业“党建杯”篮球交流赛，32个非公企业党组织300余人参赛。5月，建立专业化服务载体，成立全市首家非公党群服务中心。12月，成立全市首家区级非公党建培训基地，促进黄埔区非公有制经济组织党建工作和党群服务工作开展，为辖区非公经济组织创新驱动和粤港澳大湾区高质量发展贡献黄埔党建“加速度”，得到南方日报、广州日报、南方都市报、中国改革报、澎湃新闻网和人民数字联播网等主流新闻媒体关注报道。

【公益事业】 2019年，黄埔区工商联引导会员企业承担社会责任，参与精准扶贫和社会公益活动。引导民营企业参与乡村振兴战略以及“百企帮百村”精准扶贫行动。发动会员、商协会参与东西部扶贫工作，组织28名会员企业家到贵州黔南州、西藏波密参与“百企帮百村”对接帮扶，牵头组织黔南州15家企业与贫困村成功签订帮扶框架协议，通过资金帮扶、项目拉动、公益帮扶、产业带动等方式助推贫困村脱贫。引导企业家投身光彩事业，开展公益事业，在广东省扶贫济困日活动中，会员企业捐款约440万元，占全区捐款总额的20%。引导会员企业助力乡村振兴建设。组织香雪制药、黄埔华苑参加市委乡村振兴办举办的广州市乡村振兴合作项目招商推介会；9月20日，广州市非公经济助推乡村振兴工作现场会在从化区召开，香雪制药与九佛街道莲塘村、云伟实业与新龙镇均和村签订“千企帮千村”协议书。获“第五届广东省非公人士优秀中国特色社会主义建设者”称号的会员企业家4名，获广州市工商联2018—2019年度参与脱贫攻坚及乡村振兴“千企帮千村”工程先进民营企业的会员企业11家。

（赖美华）

2019年6月22日，黄埔区非公有制经济组织党委在辛亥革命纪念馆开展“七一”党日活动 （黄埔区工商联供图）

## 黄埔区文学艺术界联合会

【概况】 2019年，黄埔区文学艺术界联合会辖有12个文艺家协会，会员2278人。其中，国家级36人，省级163人、市级299人。各协会会员在国家、省、市级刊物公开发表作品300余件，在各类比赛和展演中获奖作品150余件。支持协会办好文学报刊《香雪》，开办《黄埔文艺》微信平台以及作协、摄协、民协等协会办好微信平台，鼓励会员多出好作品。8月，黄埔区文联出版的《行走黄埔》入围广东省书籍设计双年展，在北京图书博览会展出；12月，黄埔区文联被广州市文联、广州市文艺志愿者协会授予2018—2019年度“广州最佳新时代文明实践文艺志愿服务基地”称号。

【文艺队伍建设】 2019年，黄埔区文联加强全区文艺人才的组织管理及协调服务，结合“不忘初心牢记使命”主题教育活动，在广泛征求意见的基础上，进一步修改完善《黄埔区文联“三重一大”集体决策制度》《黄埔区文联“三重一大”集体决策制度实施方案》，成立招投标工作小组，建立健全文联各项经费的使用审批制度等相关文艺家协会管理办法，及时组织、有序引导协会，管控好意识形态工作。

【文艺精品创作】 2019年，黄埔区文联开展具有黄埔特色的文艺创作和展演。推出本土原创歌曲《长洲圆舞曲》，由原黄埔区政协副主席、词作家龙莆尧作词，著名作曲家宁林作曲，该曲是文联的多场文艺志愿服务演出中首选歌曲。1月，出版报告文学《筑梦人》，创作该书历时近两年，由区文联联合区文明办、区总工会等单位创编，收入45篇，包括区劳动模范、道德模范、文化战线、科技战线的优秀代表人物专访，及黄埔区驻阳山的全体扶贫干部。2月，黄埔区文联扶持黄埔诗社为老会员编撰出版《耆英集》；6月26日晚，联合区委宣传部在黄埔区青少年宫（丰乐宫）举行黄埔区首部原创历史诗歌情景话剧《风雅浴日亭》试演成功。黄埔区文联利用区作协《香雪》文学杂志，年初开展“我奋斗，我幸福”故事征集活动，评选出30余篇励志好文在《香雪》杂志刊登；年中和年底相继开展“我和我的祖国”主题系列诗歌、散文征稿活动，“我心中的开发区”——庆祝广州开发区建区35周年主题征文活动等，相继办一期专题特刊。黄埔诗社围绕庆祝中华人民共和国成立70周年，发动社员创作逾100余首专题诗词；新春前夕，应邀组织会员为黄埔区新春花市创作春联10余幅。

【文艺展演】 2019年，黄埔区文联开展各类文艺展览80场。第11届香雪文化旅游节期间，在香雪公园爱梅轩举办“香雪缘”书画摄影精品展和“香雪缘”邮品展；1月18日，在黄埔区港湾剧场举行2019年品乐黄埔“育英才·送欢乐”迎新春音乐会；2月2至4日，组织区音协在体育中心举办草地音乐会；3月8日，在“广州文艺市民黄埔空间”——香雪公园爱梅轩举办“林志明、林耀中国画作品联展”；3月16日，“文艺轻骑兵”志愿服务队在黄埔区青少年宫（萝岗宫）成立，并上演《我和我的祖国》；五一期间，在香雪公园“爱梅轩”的“广州文艺市民黄埔空间”举办五月芬芳——“黄埔文艺轻骑兵”为期4天的作品展览活动；5月10日，在香雪公园的“广州文艺市民黄埔空间”举办“绚丽华之夏——广州市黄埔区小幅油画展”；5月17日，“黄埔区文联文学艺术进校园示范基地”授牌仪式在北师大广州实验学校中学部体育馆举行，结合该校纪念五四运动100周年暨第三届“璀璨星光”校园之星颁奖典礼，区文联选送4个文艺精品节目为活动助兴；5月31日，由区文化广电旅游局、区总工会、团区委、区妇联、区文联联合举办的2019年黄埔区“中国梦·劳动美”系列活动“文化进企业”书画摄影作品巡展在多益网络有限公司启动，在区内20个企业巡展，展出书法美术摄影作品80幅；6月16日，恰逢黄埔军校建校95周年纪念日，联合广东革命历史博物馆、区委宣传部在黄埔军校举行“父亲的荣耀——黄埔师生家书演绎”主题朗诵晚会；6月26日晚，为庆祝党的98岁生日，黄埔区首部原创诗歌历史情景剧《风雅浴日亭》在黄埔区青少年宫（丰乐宫）试演成功；7月5日，在香雪公园爱梅轩举办"壮美河山——黄埔美协“广州书画专修学院山水高研班”师生十人山水画展"；9月16日，黄埔区集邮协会举办庆祝新中国成立70周年“红色记忆”集邮展；9月20日，黄埔文艺轻骑兵“我和我的祖国”专场诗歌朗诵会在玉鸣小学举行；9月24日，区委宣传部、区文联在广州科学城会议中心“黄埔厅”举办“赞赞我的国”——广州红色文艺轻骑兵新时代文艺宣讲实践演出活动；9月29日，区委宣传部、区文联联合在区图书馆（大沙馆）举行庆祝新中国成立70周年“老城市·新活力”——黄埔记忆摄影；9月29日，在香雪公园爱梅轩举行“丹青有约 梦笔生花”黄埔区美术家协会花鸟画创作展；9月29日和10月4日，在广州科学城绿轴广场举办“我和我的祖国”——黄埔文艺轻骑兵科学城广场综艺晚会演出活动；10月17日至11月10日，举办粤港澳大湾区粤剧名家重温习近平总书记视察广东重要讲话精神暨2019黄埔·秦中英粤剧作品惠民演出，在南海神庙、区直机关、街道社区、学校等免费演出秦中英创作的7部粤剧作品13场；12月20日，联合区教育局在九佛二中举行“粤剧进校园”汇报演出与座谈交流；12月26日，第十二届黄埔区萝岗香雪文化旅游节期间，在香雪公园爱梅轩（广州文艺市民黄埔空间）举办为期一周的“香雪缘”文学艺术精品展示会活动，包括香雪文学角、“香雪缘”书画摄影展、“香雪缘”朗诵音乐会、“香雪缘”非遗展演与传承学堂、“香雪缘”粤曲展演与传承学堂、“香雪缘”诗词大会、“香雪缘”墨韵飘香等文艺展演。

【文艺志愿服务】 2019年，黄埔区文联开展文化惠民活动。搭建文艺讲座下基层的服务平台。建立“文艺讲座下基层师资库”，以“菜单”的形式针对基层单位文艺需求，基层根据需要选择相应的文艺类别，邀请老师前往授课。是年，开展书法、美术、民间工艺、舞蹈、语言艺术、摄影等各类文艺讲座活动20场（次）。

开展文化进企业书画摄影作品

巡展。组织书画、摄影家创作80余幅书画摄影作品，到20家企业开展“文化进企业”书画摄影巡展活动，为企业和员工挥毫书画作品2000余幅。

开展文艺志愿服务活动。春节前夕，组织书画家到港湾一区社区、云埔街、黄埔街黄埔花园、大沙街豫章苑、新龙镇中泰天境花园、文冲街、黄埔图书馆香雪馆和大沙馆、乐飞家园、黄埔区政协机关、九佛街燕塘村等地举行“挥春送福”志愿者服务；1月31日至2月4日的春节花市期间，黄埔区文联连续5天在黄埔体育中心花市现场，组织书法家为群众写春联，送出新春对联和书画作品2000余幅；举办新春草地音乐会。打造香雪公园“爱梅轩”文艺志愿服务阵地，打造爱梅轩“广州文艺市民黄埔空间”品牌。在香雪文化节、五一劳动节、国庆节期间组织开展文艺展览、展演活动，组织相关协会举办书画展6次。是年，黄埔区文联被广州市文联授予2018—2019年度“广州最佳新时代文明实践文艺志愿服务基地”。结合“横沙会”“金花诞”“玉岩诞”“龙舟会”“七巧节”等民俗活动，选送文艺精品节目为各村助兴。

黄埔文艺轻骑兵志愿服务队在庆祝中华人民共和国成立70周年期间，举办“我和我的祖国”文艺演出活动4场。

**【文艺宣传平台】** 2019年，黄埔区文联在“黄埔文艺”微信公众号发布106篇信息，宣传本土文艺作品。指导监督黄埔区作协出版四期《香雪》文学杂志。利用《广州文艺》《广州文艺家》、广州市文艺网、南国文艺微信公众号、黄埔文艺微信公众号、黄埔信息网、广州黄埔发布、《黄埔新生活》、《黄埔信息》等市区两级宣传阵地和其他社会媒体，推介宣传区内文艺名家及其作品，扩大黄埔文艺家的社会知名度和影响力。

**【黄埔区文联下属协会】** 2019年，黄埔区文联辖有黄埔区作家协会、黄埔区摄影家协会、黄埔区书法家协会、黄埔区美术家协会、黄埔区音乐家协会、黄埔区舞蹈家协会、黄埔区戏曲家协会、黄埔区民间文艺家协会、黄埔诗社、黄埔区集邮协会、黄埔区言语艺术协会、黄埔区收藏家协会12个文艺家协会，会员2278人。是年，黄埔区文联推进协会管理规范化、文艺活动常态化，7月8日，印发《关于调整区文联支持协会经费的若干意见》。

**黄埔区作家协会** 通过文学采风笔会、文学交流讲座和作品朗诵会等多种形式，带领和组织会员开展作品创作活动。培养文艺新人，张少华、万绍山、唐新丽、孙仁芳、王志平、刘欧飞、黄拓洋、慕容蓉8名会员加入广州市作家协会、王又锋加入广东省作家协会。组织开展“我奋斗，我幸福”的故事、“我心中的开发区”“我和我的祖国”主题系列诗歌、散文，《风雅浴日亭》诗歌历史情景剧文学创作活动4次；举办诗文朗诵会7场；参与节庆活动6场（次）；组织参与讲座及文学交流3场；开展采风活动1次；完善“埔上行”公众号，办好《香雪》文学季刊，全年出版4期。会员黎秀冰出版新书《花开路上》，何丽莎、朱柳贞、蒋晚艳、王艳、张海华5名女作家出版“香雪文学丛书”个人作品集。11月20日，夏蔚平获“粤东诗民间·2019年度创作突破奖”。12月7日，王国省获“第二届广州青年文学奖·散文奖”。12月8日，该协会被授予首批“羊城文艺评论基地”。至年末，有会员176人，其中国家级7名，省级15名，市级62名。

**黄埔区摄影家协会** 2019年，召开理事会投票选举，一致通过陈水冰为协会秘书处副秘书长、邓志伸及罗柱梁为理事会成员。举办摄影讲座培训6次；开展文艺志愿者服务工作45次，组织摄影采风创作活动12次；举办各类摄影展览23场次。是年，会员参加全国摄影比赛，其中2人获奖项2个；参加全省摄影比赛，1人获奖项1个；参加市级摄影比赛，6人获奖项10个；参加区级摄影比赛，43人获奖项93个；参加其他摄影比赛，5人获奖项9个。至年末，有会员218人，其中国家级5名，省级17名，市级31名。

**黄埔区书法家协会** 以锦绣山庄活动室和协会注册地作为活动场地开展书画培训、雅集、沙龙活动100余次。开展创作展览23场（次），文艺志愿服务活动36次；组织协会骨干赴广西黄姚，山东临沂、梁山和金乡、贵州三都，广东珠海斗门、佛山顺德等地调研，与当地艺术家笔会交流7次；出版《染翰之雅——广州市黄埔区书法家协会书法作品集》。创作一批书画作品对清远阳山县进行文化帮扶活动；协会作品入展“书圣节海内外华人书艺作品展”“壮丽七十年·翰墨新时代——庆祝中华人民共和国成立70周年广州市书法篆刻精品展”“不忘初心 牢记使命——庆祝中华人民共和国和人民政协成立七十周年书画展”。会员李浩的书法作品入展“党风正，国家强”——广州市庆祝中华人民共和国成立70周年书画大赛、广州书法双年展之2019“红棉杯”青年书法篆刻大赛和第十一届“观音山杯”全国书法篆刻艺术大展；钱伟昭的作品入展首届全国“卫夫人奖”书法篆刻大赛、第十一届“观音山杯”全国书法篆刻艺术大展、广州市庆祝中华人民共和国成立70周年书画大赛、广州书法双年展暨2019“红棉杯”青年书法篆刻大赛，被广东省书法家协会吸收为会员；叶蕴洁的书法作品《浴日亭七绝诗一首》入选广州市文化馆“最美岭南风”五地市书画精品交流巡回展；刘焕章书法作品入选“石化梦·翰墨情——中国石化正书展”；黄一汉、欧杰、秦兵、高耿重、陈育、邓永生、温福群、陈真、贺小亮、李坤、陈煜、冯爱军等会员作品入展国家、省市及专项展览或获奖。规范会员管理，对会员情况进行摸查，清除46名“三不”（不参加年会，不参加协会活动，不交会费）会员。至年末，有会员192人，其中省级25人，市级25人。

**黄埔区美术家协会** 与北京师范大学广州实验学校、市二中、联和街，山东潍坊市开展对外学术交流4次；在香雪公园爱梅轩举办“双林国画展”“绚丽华之夏”小幅油画展、市书画专修学院黄埔学员山水画展、“丹青有约、梦笔生花”花鸟画作品展、“心象、艺境”黄埔区女画家六人展5次；举办“香雪缘”书画摄影精品展、“五月芬芳”——黄埔区书画摄影展、黄埔区“文化进企业”系列活动之“中国梦、劳动美”书法美术作品巡展活动”和“时代欢歌”区美协庆祝中华人民共和国70周年全体会员展等展示活动23场，协助街道、文化馆举办多次展览活动。组织开展文艺志愿者“文艺支教下基层”讲课20场次、组织书画家进企业挥毫50余人次。刘晓曼被评为“羊城之夏”2019年广州市民文化节“我和我的祖国”广州市公益艺术培训“优秀教师”。推出微信公众号，推送20余篇活动简讯，向“黄埔文艺”和“黄埔发布”推送稿件，扩大协会的知名度和影响力。是年，会员创作美术作品100余件参加全国性美术比赛，2人3幅作品入选；参加全省美术比赛，入选4人，获奖4人；参加市级美术比赛，13人获奖项16个，入选2人；参加其他美术比赛，获奖3人。至年末，有会员186人，其中国家级3人，省级14人，市级26人。

**黄埔区音乐家协会** 到街道、社区、企业开展培训、辅导工作，吸收区内优秀音乐工作者和音乐爱好者，吸收黄埔区管乐学会为协会的二级分会，壮大协会的新生力量。3月，成立“黄埔文艺轻骑兵”黄埔文艺小分队，参与百人快闪《我和我的祖国》，“香雪缘”朗诵音乐会，五月芬芳——“黄埔文艺轻骑兵”作品展演，“赞赞我的国”“我和我的祖国”黄埔区庆祝中华人民共和国成立70周年嘉年华等。举办2019年品乐黄埔“育英才·送欢乐”迎新春音乐会、“祖国在我心中”黄埔本土音乐创作比赛，黄埔区音乐家协会管乐学会年会暨国庆70周年阅兵分享音乐会等活动。打造黄埔原创本土音乐，筹备本土音乐专辑《到黄埔去》。至年末，有会员150人，其中国家级1人，省级5人，市级20人。

**黄埔区舞蹈家协会** 常年坚持训练，常年有活动，建立考勤制度，学员中能者为师，互教互学。全年组织开展文艺演出6次；开展交流学习活动3次；“文艺讲座下基层”授课活动2次；原创舞蹈《香雪·思源》《最炫民族风》《月狐吟》《东方明珠》《月影笠丽》等参加文艺志愿者演出5场，近100人次参与；会员参与范围涉及全国、省市大型文艺演出、比赛，周垚、姚舒琪、梁少玲、王丹、谭洁、李乐萌、房炎如7名会员的9个原创作品，获38项个人奖。至年末，有会员104人，省级4人，市级5人。

**黄埔区戏曲家协会** 开展培训、采风交流活动22场（次）。2月8日，组织协会20余名骨干演员参加九龙镇春节文艺晚会演出；3月1日，黄埔剧团在黄埔少年宫上演首排7场大型古装长剧《花染状元红》；3月4日在南湾会堂举办新春团拜会，28个曲艺社218名会员参加；3月28日，协会30余名骨干演员参加区文联举办的波罗诞庙会大型演出；6月16日，组织主席团成员15人参观红船活动；6月25—26日，组织协会理事52人到广东台山交流学习；7月7—8日，组织主席团及剧团骨干演员、乐手23人到广东阳江闸坡进行曲艺交流学习；7月21日、28日和8月4日邀请4名专业老师分别开展音乐伴奏、唱腔艺术、表演艺术三节培训课程；9月10日，黄埔剧团在南湾会堂上演大型古装长剧《花染状元红》；11月25日，组织黄埔剧团全体成员到阳山小江曲艺社联欢学习；12月20日，组织曲协20名骨干演员、乐手到科峻小学进行“粤剧进校园”活动；12月举办5场送戏下乡曲艺晚会；7—12月，筹备本土作家龙莆尧、朱庆强的3场新作粤剧小戏选角及排练工作。9月9日，举办黄埔区第二届私伙局大赛，来自各街镇29支队伍参赛，比赛设：子喉、平子喉、平喉及折子戏4个部分。邀请广州市曲艺家协会主席、国家一级演员何萍，高胡演奏家、国家一级演奏员何克宁，广州市曲艺家协会副主席郑德强，粤剧演员杨小秋，粤剧演员梁玉城担任大赛评委。刘村社区曲艺社《赏花情》获子喉独唱组金奖，鹿步曲艺社《东湖春晓》获子喉独唱组银奖；横沙乐社《挥泪别南唐》获对唱组金奖，红山乐社《祖国颂》、萝峰曲艺社《十绣香囊》、暹岗曲艺社《俏潘安洞房》获对唱组银奖；夏园曲艺社《浔阳江上浔阳月》获平喉独唱金奖，石化乐社《晚霞生辉》和沙涌曲艺社《再进沈园》获平喉独唱银奖；香雪曲艺社《越国骊歌》获折子戏组金奖，南湾曲艺社《七月七日长生殿》获折子戏组银奖；18个乐社获优秀奖；香雪曲艺社、横沙乐社、刘村社区曲艺社、夏园曲艺社、萝峰曲艺社5个乐社获优秀乐队。至年末，在册登记的乐社39个，会员478人，其中省级3人，市级22人。

**黄埔区民间文艺家协会** 年内召开理事会和主席团会议、全体会员大会各1次，规范内部财务制度管理，接受协会主席团、理事会的监督。李晓文、龚桂冬、张伟潮、郭雅桃、朱小萍、曾敏茹6人被广州市民间文艺家协会选举为理事。2月，完成制作《黄埔民协宣传视频》。开展文艺讲座下基层支教活动24场；开展广绣、乞巧、龙狮、客家山歌、貔貅舞等非遗进校园26场次；组织采风、交流学习27次；组织各会员参加“记忆·乡愁——中国民间工艺博览会”“粤港澳大湾区工艺美术博览会”“我和我的祖国”——广州市庆祝中华人民共和国成立70周年主题活动、“2019·广州乞巧文化节赛巧会”“玉喦诞”“金花诞”“横沙书香节”等展演赛事活动46次，其中非遗广绣代表性传承人陆柳卿在中共中央宣传部“学习强国”学习平台、省市电视台、网络直播等媒体上宣传舞春牛和龙狮传统文化11次；全年会员参加比赛获奖项27个，其中获金牌4枚、冠军5人、一等奖7个、其他奖项11个。至年末，有会员170人，其中国家级4人，省级7人，市级80人。

**黄埔诗社** 年内组织召开两次理事会扩大会议，对诗社主席团及理事会成员进行调整，对内部财务进行自查及整改，规范财务制度的管理。春节期间，为黄埔区新年花市创新春联4对，刘荣基、冯树均、钟志雄、梁广汉、吴玉应等会员、分别到永和街道、萝岗街道、水西村开展“迎春送福”挥毫活动。3月，诗社创作活动基地落户永和街文体中心，同时举行老年社员诗词合集《耆英集》的首发仪式，该书是由长江出版传媒崇文书局出版，由黄埔区文联编辑的一部诗词作品集，收录诗社47名诗人的诗词作品500余首；诗社参与编剧的黄埔区首部原创诗歌历史情景剧《风雅章丘》在黄埔少年宫（大沙宫）试演。发动全体社员为庆祝中华人民共和国成立70周年和广州开发区成立35周年创作百首专题诗词，10月1—2日，在永和文体中心广场举行“诗香中国，墨炫永和”庆祝活动。11月，推出微信公众号“黄埔风歌”。12月，开展采风活动1次，创作近100首诗歌。至年末，有会员130人，其中国家级2人，省级33人，市级12人。

**黄埔区集邮协会** 1月19日，黄埔区集邮协会举办2018年年会；9月16日，举办庆祝中华人民共和国成立70周年“红色记忆”集邮巡展，组委会印制纪念邮资封1枚，刻制黄埔区站纪念戳1个。配合黄埔区文联开展香雪节的文化宣传活动，制作黄埔萝岗香雪节纪念封和明信片。协会开展学习交流活动6次；指导区少年邮局开展活动，参加生肖邮票设计大赛，成立黄埔少年邮局沧联小学支局1个，组织100余名学生参加第五届广州市青少年集邮花会“祖国强盛我成长”诗歌创作朗诵活动，开展黄埔少年邮局培训1次。至年末，有会员81人，其中国家级3人，省级7人，市级10人。

**黄埔区语言艺术协会** 1月，调整主席团成员。参与黄埔文艺轻骑兵慰问演出6场，开展《红色革命家书》诵读演出3场，推送《港珠澳大桥》《诗意中国》《你从梁家河走来》等28个优秀作品，主持活动7场。线下培训4场，线上培训推出优秀练声推送8期；区语协副会长、黄埔戏剧社社长符兴忠打造的《符老师带你讲故事》系列有声读物推出3期，配音角色32人，公众号阅读量1527次；区语协推送微信公众号，全年推送文章55篇，关注人数3794人，阅读量1.22万次。张苗琳获“领读中国·书香岭南”之“未来领读者”全国阅读大赛冠军。推荐10人参加广州市第七届“南粤长城杯”演讲比赛，获特等奖1人、二等奖1人、三等奖2人。苑文华、张苗琳、徐欢、赵韵秋被评为2019年度广东省朗诵协会优秀会员。至年末，有会员192人，其中省级21人。

**黄埔区收藏家协会** 完善制度建设和人才队伍建设，加强内部管理，定期举办艺术品鉴赏培训及考察活动，赴上海、江苏、湖南及西安、厦门开展采风创作活动5次，举办听涛轩画廊揭牌仪式暨书画交流鉴赏会、明清官窑瓷器鉴赏、古代书画培训鉴赏活动、江苏古陶瓷“发烧友”交流、宋瓷私藏鉴赏培训、第三届雅集公益拍卖会、苏鸿斌非遗书展、湖南古陶瓷研究文集专家座谈、“长沙窑——解锁瓷诗文化的盛唐浪漫”主题讲座，参加首届全球创新创业大会中国文化艺术产业创新论坛，广州国际艺术博览会，“墨彩江山·庆华诞、迎新年”桂林长田山水画研究院成立三周年作品展。开展文艺志愿服务3次。至年末，有会员101人，其中国家级11人，省级12人，市级6人。

**【黄埔区首部原创历史诗歌情景话剧《风雅浴日亭》试演】** 2019年6月26日晚，黄埔区文联联合区委宣传部在黄埔区青少年宫（丰乐宫）举行黄埔区首部原创历史诗歌情景话剧《风雅浴日亭》试演，700余名观众观看演出。该剧是一部融名人、名诗、名景于一体的诗歌历史情景剧。黄埔区文联经过前期调研，邀请有关专家多次到南海神庙采风，组建创作团队，进行联合攻关，创作历时一年。由区作家协会主席王国省、黄埔诗社社长刘荣基、剧作家田甜担任编剧，原广州话剧艺术中心话剧表演艺术家王伟波执导，国家二级演员祖晴（喜羊羊配音演员）等领衔主演，区语

2019 年 6 月 26 日，黄埔区首部原创历史诗歌情景话剧《风雅浴日亭》成功试演 （陈水冰 摄）

2019 年 10—11 月，黄埔区文联开展“2019 黄埔·秦中英粤剧作品演出季及作品研讨会”系列活动 （陈水冰 摄）

言艺术协会副会长汪强、副会长山禾、理事张歆移在剧中担任重要角色，再现 900 余年前宋朝诗人苏东坡、杨万里、刘克庄登临南海神庙章丘岗，观赏日出、吟诗作对，成就宋元两代羊城八景之首“扶胥浴日”的场景。剧中设计 4 个时间节点，历史人物时间跨度 146 年，整个剧情跨越近 1000 年。内容围绕章丘岗浴日亭展开，由扶胥浴日、云溅碎雪、重聚“章丘”三幕组成，时长 60 分钟。

**【庆祝中华人民共和国成立 70 周年文艺活动】** 2019 年，黄埔区文联举办黄埔文艺轻骑兵展演活动 4 场：9 月 20 日，“送文化进学校”——庆祝中华人民共和国成立 70 周年“我和我的祖国”专场诗歌朗诵会在玉鸣小学举行；9 月 24 日，区委宣传部、区文联在广州科学城会议中心“黄埔厅”举办“赞赞我的国”——广州红色文艺轻骑兵新时代文艺宣讲实践演出活动，以市文联“文艺一家亲”歌舞类节目为主，区文联配套部分原创音乐、舞蹈、语言艺术类节目同台演出；9 月 29 日和 10 月 4 日，在广州科学城绿轴广场举办“我和我的祖国”——黄埔文艺轻骑兵科学城广场综艺晚会演出活动。9 月 16 日，广州黄埔区、海珠区、花都区和清远市集邮协会首次联合举办的“红色记忆”集邮巡展黄埔站在黄埔区图书馆（大沙分馆）举行，收到集邮爱好者的邮集 72 部、138 框。邮展集委会邀请国家、省、市级的评审员，对参展邮集进行评审，评选出邹道崇的《广州解放纪念邮票》、周衍彬的《广州塔门票式邮资明信片》、葛莉莎的《2005—1 乙酉年特种邮票》、张建华的《正阳门箭楼图邮资封》、于祖光的《一代伟人毛泽东》为一框类一等奖邮集；李晓琳的《普 30 保护人类共有的家园》、余瑞莲的《人民军队的辉煌》、邓晓君的《中国纪念邮资明信片（1984.8—1998.9）》、关淑贞的《不忘初心、实现梦想》为金奖邮集。9 月 29 日，黄埔区文联在香雪公园爱梅轩举行“丹青有约 梦笔生花”黄埔区美术家协会花鸟画创作展；组织摄影家深入街道乡镇，运用摄影的形式和视角，创作投稿，收到作品 700 余幅，挑选出 100 幅优秀作品，9 月 29 日联合区委宣传部在区图书馆大沙馆举办“老城市·新活力”——黄埔记忆摄影展。

**【秦中英粤剧品牌打造】** 2019 年，黄埔区文联开展“2019 黄埔·秦中英粤剧作品演出季及作品研讨会”系列活动。10 月中旬至 11 月上旬，在南海神庙、南岗社区、区青少年宫、萝岗文化广场、龙湖剧场、云埔街剧院、北京师范大学广州实验学校和广州商学院等场所免费演出13场，提升黄埔区南海神庙文化标志，擦亮秦中英粤剧的品牌影响力。

【“香雪文学丛书”作品集出版】 2019年，由长江出版传媒集团崇文书局出版香雪文学丛书，该丛书由5部作品组成：《诗酒趁年华》（张海华）、《阶梯》（蒋晚艳）、《清溪如许》（王艳）、《穿过花开的岁月》（朱柳贞）、《蜗牛的脚印》（何丽莎）。

（邬丽娜）

## 中国国际贸易促进委员会黄埔区委员会

【概况】 2019年年末，黄埔区贸促会（广州开发区贸促会）有会员1028家，其中集体会员26家，企业会员1002家。是年，以贸易促进为主，开展对外经济、技术交流与合作，发挥民间外交的独特作用。全面实施“禾雀花”工程，为企业化解操心事、烦心事、揪心事。

【“禾雀花”工程对接】 2019年，黄埔区贸促会（广州开发区贸促会）策划举办“禾雀花”工程对接会24场，参加购销对接企业860余家，促成合作对接企业329家，互相采购金额128.5亿元，比上年增长28.1%；促成机构对接企业103家，银企合作金额115.6亿元，增长15.6%。落实“有呼必应”，组织“电子行业上下游对接会”，50余家关联企业联合应对中美贸易摩擦，其中广合科技与联茂电子材料、汉源新材料等互相采购2.2亿元。服务中小民营科技企业，策划组织“生物医药”“安防设备”“通信电子”等对接会，促成燃石医学、赛哲科技等30余家民营企业实现互相采购2.9亿元。推动企业“上网上平台”。组织京东、苏宁专场对接会，促成格莱玛、皇威等企业成功“触电”；促成亿航5G+无人机训练基地等一批5G运用项目合作。服务招商引资。配合黄埔区扶持建筑业发展试行办法出台，组织一场有70余家企业参加的“建筑业上下游对接会”，其中晟琛钢贸、黄埔建总、中粤新材料互相采购7.3亿元。

【展会平台建设】 2019年，黄埔区贸促会打造“禾雀花”展会服务平台，组织、参与、承办多个展会、论坛。配合黄埔区花市办举办2019黄埔花市暨粤港澳大湾区名品联展，集中展销粤港澳大湾区11个城市，格鲁吉亚、厄瓜多尔、尼泊尔、日本、韩国等多个国家和地区的名优产品，165家优秀企业集中亮相，吸引85.1万人次到场参观采购，是黄埔区历年来“最特色、最年味、最科技、最时尚”的一场新春嘉年华。组织38家企业参加第八届广州国际食品食材展，设立黄埔专区，展区面积608平方米，是黄埔区历年来展位面积最大、参展企业数量最多的一届食品展，被评为广州市优秀组团单位。组织11家企业参加2019广东21世纪海上丝绸之路国际博览会，设立黄埔展区，擦亮“科技黄埔”产业发展品牌。组织8家企业参加广西名优产品与服务博览会，组织2家科技企业参加2019年德国纽伦堡国际电气自动化系统及元件展。

【企业服务】 2019年，黄埔区贸促会建立激励机制，加强制度建设，起草《区企业服务“禾雀花”工程“企业服务之星”评选实施细则》。是年，评选出8个2018年度“禾雀花”工程“优秀协作单位”和10个“企业服务之星”。根据企业服务专员流动性大的特点，收集更新企业服务专员名单，开展业务培训。完成信息网平台扩容升级改造。投入30万余元改造提升黄埔区“禾雀花”信息网，改造完成各个平台功能模块，“禾雀花”信息网平台是基于人工智能与大数据理念进行建设、管理模式的尝试、创新。加强调查

2019年8月23—26日，广东21世纪海上丝绸之路国际博览会、第27届广州博览会在广州白云国际会议中心举办。图为黄埔区、广州开发区展区
（黄埔区贸促会供图）

研究，走访赛莱拉干细胞、科学城投资集团等70余家（个）企业（机构），宣传“禾雀花”工程，了解企业对接需求，联系落实对接企业。联合区住房和建设局开展建筑业发展情况调研，形成《深挖细分行业对接需求 推动“禾雀花”工程持续开展——关于在细分行业开展“禾雀花”对接活动的专题调研报告》。

**【交流推广】** 2019年，黄埔区贸促会（广州开发区贸促会）安排接待中国贸促会贸易推广交流中心考察组，就启动“中英新兴产业创投计划”到广州国际生物岛考察交流。指导、支持广州黄埔“一带一路”欧亚商贸合作交流中心举办第一届理事会会议；配合该中心邀请境外商协会代表组团参观广交会，挖掘国际机构和企业之间的合作机会。组织企业到花都考察格鲁吉亚“一带一路”商务馆。配合中国贸促会贸易推广交流中心举办欧美市场准入规则报告会，邀请专家为企业讲解欧美市场的准入规则。配合中国贸促会发展研究部、广东省社科院到黄埔区调研民营企业。

**【精准扶贫和产业帮扶】** 2019年，黄埔区贸促会利用展会、展销会平台，帮助对口帮扶单位推介农特产品和招商合作，助力扶贫地乡村振兴。在黄埔花市暨粤港澳大湾区名品联展会上，免费为贵州黔南州，广东清远、梅州等11家扶贫企业提供展位，扶贫展销的销售额52万元。在第八届广州国际食品食材展黄埔展区上，免费提供16个展位给西藏波密、贵州等对口帮扶单位设点销售农、特产品，凸显“展会扶贫”特色。参与2019年“广东扶贫济困日”活动。落实物流与供应链行业协会、现代服务业协会、物业管理行业协会等行业协会捐赠4.9万元。推动黄埔区企业与西藏波密县玉许乡的产业对接，组织10家会员企业到西藏波密县玉许乡开展对口支援产业帮扶工作。做好广东清远阳山精准扶贫工作，从贸促会2019年度财政经费中的人员公用经费中划拨1.7万元援助款，用于支持大清村日常工作经费。

（黄文秀）

## 黄埔区残疾人联合会

**【概况】** 2019年，黄埔区持证残疾人1.21万人，其中肢体残疾5450人，视力残疾761人，听力残疾2557人，言语残疾96人，精神残疾1495人，智力残疾980人，多重残疾798人，全区有残疾人机动轮椅车204辆。

**【残疾人康复服务】** 2019年，黄埔区残联审批通过各类残疾人康复资助2863人次，审批通过康复资助结算6243人次，结算总金额959.93万元。资助精神病住院、医疗救助、医疗康复600人次，结算额171.61万元。为90人次报销评残费用，结算总金额1.38万元。为86名重度残疾难以前往医院评残的残疾人上门评残。完成2019年区精神康复项目、南片街镇康复站运营项目、残疾儿童特教康复项目的政府采购工作。以政府购买服务的方式，为全区17个镇（街道）残疾人社区康复站配备管理员、康复治疗师和社工各1人，提供需求调查、训练指导、居家康复、社工和文体活动等全方位服务，构建街镇残疾人社区康复站服务工作长效机制，为残疾人提供更加优质的精准康复服务。全区15个镇（街道）残疾人康复站为1.17万名残疾人开展康复需求调查，为残疾人提供居家康复训练136人，到站训练88人，训练指导266人；开展心理疏导小组45个，服务人数308人，完成心理疏导服务1792人次；开展知识宣传活动28场，服务1580人次；协助542人次残疾人申请提供辅具器具信息服务；开展各类文体活动76场，服务残疾人2662人次；开展社工服务163例，完成社工服务1091人次。社区精神康复综合服务中心为409名精神康复患者及其家属提供社工服务。残疾儿童特教康复项目为34名残疾儿童提供免费的康复训练。

**【残疾人就业、教育和培训】** 2019年，黄埔区残联完成2007个单位2018年度按比例安排残疾人就业年审，为各企业、单位答疑1万余次。办理广东省创业失业登记证37件，残疾人就业登记34人。成功推荐就业17人次，与相关用人单位续签残疾人用工合同237份。为8名残疾大学生成功申报2019学年“南粤扶残助学工程”助学金；为4名残疾大学生发放2016—2017学年“南粤扶助学金”5.5万元。为300名残疾学生和贫困残疾人子女发放2018学年生活补助30.60万元，发放2017学年教育扶助经费32.75万元。全区设置4个教学点（港湾培训学校、东区街、萝岗街、九龙镇），举办3期西式面点师和2期中式面点师职业技能培训班，155名残疾人参加培训。

**【残疾人社会保障】** 2019年，黄埔区残联为322名残疾人新办、更换及补办乘车卡，为107名残疾人办理乘车卡年审手续。全年为1.15万人次发放困难残疾人特惠补贴343.86万元。完成30名残疾人2018年度医保参保身份数据核查，完成6245名残疾人2020年城乡居民医保续保数据核查。配合区人社部门调查辖区内残疾人城乡居民养老保险状况4036人次，为72名残疾人申请2019年度职工养老保险资助40.01万元。开展残疾人基本

2019年8月12日，黄埔区残联组织残疾人参加广州市2019年残疾人羽毛球锦标赛，获羽毛球团体总分第一名 （黄埔区残联供图）

服务状况和需求信息数据动态更新调查工作，全区调查142个社区，1.26万名残疾人，其中入户调查1.18万人，电话调查402人，查无此人5人，搬迁52人，空挂户33人，外出39人。入户率96.71%，移动终端采集率100%。

【残疾人托养】 2019年，黄埔区残联托养资助残疾人31名，其中21名残疾人入住龙头山寿星院，10名残疾人入住萝岗红十字会医院。审核新申请入住托养合作机构的残疾人5人。3个托养机构结算总额为82.21万元，资助托养284人次。对3个民办残疾人服务机构常规项目资助95.01万元，资助155人。

【残疾人文体活动】 2019年，黄埔区残联康园中心开展书画培训班459节次，5180人次残疾人参加。推荐10幅优秀作品参加“2019年广州市第九届残疾人文化节暨第九届残疾人书画展”。组织35名残疾人组成的黄埔区合唱团参加广州市残联“壮丽70年 奋斗新时代”第四届广州残疾人合唱节，出演《黄河大合唱》。举办全民助残健身培训班2期，900余人次参加。组织20名残疾人运动员参加广州市残联残疾人飞镖、棋牌和跳绳比赛，获4个第一名、2个第二名和3个第三名。组织12名肢体残疾运动员参加2019年广州市残疾人群众体育活动季——全民健身日轮椅太极双扇比赛，获第三名。组织38名运动员参加广州市2019年残疾人羽毛球、乒乓球、游泳及田径锦标赛，获金牌40枚、银牌22枚、铜牌9枚。组织30名智力残疾人及亲友团参加广州市残联举办的第十三次“全国特奥日”活动。开展残疾人乒乓球、飞镖、轮椅太极双扇推广活动。

【无障碍设施改造】 2019年，黄埔区残联核实符合残疾人家庭无障碍改造条件家庭109户，按黄埔区无障碍设施改造标准（每户8500元），向街镇下拨残疾人无障碍改造经费110.5万元，全年完成残疾人家庭无障碍改造108户。

【残疾人信息宣传和权益保障】

2019年，黄埔区残联在广东省、广州市残联官网，黄埔区政府官网等网站上刊登各类信息280条，其中《三站合一——康园工疗站项目“黄埔模式”》在《广东残疾人》2019年第6期刊登。制定《黄埔区残联接访工作流程图》，承办广州“12345”政府服务热线工单168件，完成率100%，满意率100%。办结“有呼必应”系统工单5件，接待群众来访10人次，办结市残联转办信访件2件，云信访系统案件2件。协调区人民法院、区人民检察院、区司法局等单位成立黄埔区残疾人法律救助工作协调领导小组，推进残疾人法律救助工作。加强对现有204辆残疾人机动轮椅车的管理，保持残疾人机动轮椅车主零上访、零肇事。

【专门协会工作】 2019年，黄埔区残联残疾人5个类别的专门协会于每月10号、20号分别在九龙、原黄埔片区开展集体走访，通过实地走访、电话访问、短信、微信等方式，了解1100余户残疾人的需求和近期情况。帮助200名残疾人申请办理电信信福卡优惠套餐，指引和帮助残疾人及其家属申办残疾人证、两项补贴特惠补贴等答疑385人次。组织参观爱国教育基地、观看无障碍电影等活动15次。

【康园工疗站服务】 2019年，黄埔区有康园工疗站15个，全年服务工疗人员449人。在职业康复训练方面，全区工疗站开展10个类别的手工加工项目，完成胶花、服饰吊牌等110万件，手工制作、爱心义卖10.49万元。按照每人20元/天的标准，向全区工疗学员发放职业训练津贴5176人次、201.96万元。工疗娱疗方面，开展歌舞学习、黏土手工制作、户外拓展和体育健身等娱乐活动6502次，14.27万人次参加。开展扫盲教学、唐诗学习、书报阅读等文化知识课程4301次，服务学员8.49万人次。开展安全知识、精神病防治等知识讲座162次，4571人次参与；开展烹饪学习、智能手机学习、园艺种植、口红制作等生活技能、职业技能培训862次，2.45万人次参与。全年开展访谈服务1918人次，家访服务937人次，开展家属活动34次，1450人次参与。新增"金穗阳光"农行服务队，联合各志愿者队伍开展活动374场次，8915人次参与。参加2019广州市残障社会工作服务主题实务研讨会，在会议分论坛上介绍康园工作"黄埔模式"。

【残疾人东西部协作帮扶】 2019年，黄埔区残联创新帮扶模式，联合广州市残联和广东狮子会对黄埔区对口帮扶地区贵州省黔南州三都县、独山县和都匀市开展精准帮扶，协助区政府完成国务院扶贫办下达的东西部扶贫协作残疾人帮扶任务。到三地开展帮扶工作2次，募捐慰问物资40余万元，协调解决新建成的独山县残疾儿童康复中心设施设备款198万元、三都县贫困残疾人脱贫资金20万元，推荐三都县贫困残疾人就业2人。

【民办非企残疾人机构转制】 2019年，黄埔区残联推进两个直属"民非企"服务机构——黄埔区残疾人康复中心和黄埔区康园工疗站服务中心的转制工作。7月底完成创办并开展良好康复服务11年的黄埔区残疾人康复中心（民非企）改制工作，该机构更名为黄埔区艾欣残疾人康复中心。黄埔区康园工疗站服务中心转制工作按广州市残联的统一部署和要求，暂不推行。

【残疾人服务场地建设】 2019年2月，黄埔区将地处港湾路横沙牌坊的原黄埔区文化馆整栋大楼物业（近6000平方米）划拨移交给区残联作为全区残疾人开展综合服务的场所，解决残疾人服务场地不足问题。

【残疾人帮扶】 2019年，黄埔区残联利用春节、中秋和助残日活动，慰问困难残疾人8592人，发放慰问品和慰问金251.42万元。全国助残日期间，围绕"自强脱贫，助残共享"主题，开展系列助残扶残主题活动。全区举办现场宣传咨询和普法活动、文艺会演、趣味游园、爱心义卖、知识讲座等各类活动25场，参加人数2000余人次。开展贫困残疾人家庭医生签约服务活动，签约245名残疾人。开展残疾人辅具上门适配服务，上门适配25次，为487名残疾人适配536件辅具。联系慈善机构、爱心企业为残疾人捐赠物资。广东狮子会白云服务队、华润水泥投资有限公司、广州农村商业银行九佛支行、广州润通物业管理有限公司、百润捷有限公司等为黄埔区残疾人送上慰问品和慰问金。第20次全国"爱耳日"宣传教育活动期间，派发宣传资料500份，为49名群众完成听力残疾评定，为281名残疾人适配助听器。举办"残疾预防，从生命源头做起"为主题的第三次全国残疾预防日宣传教育系列活动。完成广东清远阳山扶贫任务；偕同广东狮子会白云服务队上门走访慰问清远市阳山县太平镇太平村29名残疾人，送上粮油慰问品，帮助3户困难残疾人对家庭家居环境进行微改造。

（胡琴）

## 黄埔欧美同学会

【概况】 2018年11月21日，黄埔欧美同学会成立。成员102人，其中正、副会长19人。2019年，黄埔区委统战部加强广州黄埔欧美同学会（广州黄埔留学人员联谊会）组织架构建设，发挥骨干会员带动力和影响力，提升组织凝聚力；加强和留学归国人员和留学人员组织的沟通联系，开展形式多样的交流活动；重点推动建设欧美同学会海归小镇、海归小镇起步区。是年，省、市、区委统战部及欧美同学会先后到黄埔区海归小镇起步区，召开现场办公会、调研并指导海归小镇建设工作。7月25日，举办黄埔欧美同学会·慧聚活动；9月17日，协助举办广州欧美同学会——广州留学人员联谊会"新时代产业创新与知识产权保护"研讨会、欧美同学会第二届粤港澳大湾区论坛研讨会；9月18日，举办2019PNP跨境行项目路演等活动。11月28—29日，组织开展"海归之家"建设方案征集意见会议。12月，确定拍摄海归人才创业纪实专题片。

【"慧聚"交流】 2019年7月25日，黄埔区委统战部组织归国留学人员开展"慧聚"活动，到黄埔欧美同学会骨干企业广州归谷科技园有限公司和广州康盛生物科技有限公司学习交流。围绕留学人员工作和企业创新发展开展讨论。

【"海归之家"建设】 2019年11月28日、29日，区委统战部副部长、侨务局局长在归谷科技园有限公司分别邀请20余名海归代表主持召开2场"海归之家"建设方案征求意见座谈会。海归代表对建设"海归之家"规划方案提出意见建议。

（刘煜杰）

法治黄埔

○编辑 龚晓华

## 政法委及综治

【概况】 2019年，黄埔区推进社会治安防控体系建设，全区社会大局稳定。全区全年受理原始“110”有效案件类警情比上年下降9.7%，刑事警情、治安警情分别下降14.5%、7.3%。排查重大不稳定问题67宗，已化解65宗，化解率97.01%。是年，黄埔区“华峰义工队”和“空中巡防队”入选首届“广州街坊”品牌榜。推进“扫黑除恶”专项斗争。侦破“1903”案件，率先实现村村都有“第一书记”，在永和街贤江社区、云埔街刘村社区、新龙镇大坦村等地开展政治、法治、德治、自治、智治“五治同创，阳光村居”社区治理创新。全年为来穗人员随迁子女安排学位2871个，2441人获得积分制入户信息卡，222个来穗家庭通过公共租赁住房审核。规模以上出租屋门禁系统安装率达91.8%，重点出租屋实现全覆盖。

【社会稳定维护】 2019年，黄埔区委政法委完善重大事项社会稳定风险评估工作规程，健全社会稳定形势研判会商制度和维稳应急处置工作机制。协调指导有轨电车2号线（香雪——南岗）、500千伏科北输变电工程等重点项目的社会稳定风险评估，排查重大矛盾纠纷67件，化解65件，化解率97.01%。开展防范化解政治安全领域专项行动8个、社会矛盾领域专项行动8个和中华人民共和国成立70周年“防风险保安全迎大庆百日攻坚”专项行动，妥善处置群体性聚集维权事件，完成第二届“一带一路”高峰论坛、“中华人民共和国成立70周年大庆”等26个重要活动和敏感节点的维稳安保工作，实现“五个不发生”工作目标，全区社会大局持续稳定。

【邪教防范和处理】 2019年，黄埔区委政法委将反邪教警示宣传教育与“七五”普法、平安创建、无邪教创建等相结合，开展以“反邪教·促和谐·迎大庆”为主题的反邪教宣传“六进”活动，组建反邪教宣讲团，打通基层反邪教宣传“最后一公里”。推进无邪教创建“三个一”示范工程活动。参加广东省委政法委举办的海报征集活动，黄埔区选送的3幅作品分获二等奖、三等奖、优秀奖，微视频《防邪攻略》获2019年中国反邪教“一网两微”年度优秀作品。华峰志愿服务队入选首届“广州街坊”品牌榜，是唯一入选的反邪教防群共治队伍。

【平安黄埔创建】 2019年，黄埔区开展平安黄埔创建活动，群众对平安创建工作知晓率位列全市第一。健全落实综治领导责任制，全年市、区挂牌整治街镇2个，约谈单位1个，对全区81个单位开展年度综治工作（平安建设）考评。广州市挂牌整治的南岗街、黄埔区挂牌整治的永和街整治成效明显，通过验收并摘牌。打造群防共治升级工程，“空中巡防队”“华峰义工队”入选首届“广州街坊”品牌榜。强化特殊人群服务管理，永和街试点运用智能药盒，利用科技手段提升看护能力。引入专业心理咨询师驻点，在全市首创心理咨询阳光信访。申报“区检察院营造法治化营商环境”“云埔街五级联动打造基层社会治理模式”为2019年市综治创新项目。强化矛盾纠纷多元化解机制建设，牵头建设区级综治中心及矛盾纠纷化解中心南北区分中心，接入广东省综治信息系统和综治视联网会议系统，推动综治中心运转规范、衔接有序、指挥高效，构建以综治中心为枢纽、基础网格为单元、政法力量为主导、信息系统为支撑的综治工作体系。

【来穗人员和出租屋管理】 2019年，黄埔区打造政府、基层、社会、校企四大关爱平台，推进积分制服务工作，开展融合关爱活动500场，受众10万人次。成功申请积分入户的来穗人员2441人，随迁子女成功申请积分入学的来穗人员3919人，成功配租公共租赁住房的来穗家庭94户。全年登记在册出租屋6.63万栋、48.96万套，登记来穗人员76.27万人。规模以上出租屋电子门禁覆盖率91.8%，重点出租屋100%全覆盖。开展出租屋“八查”行动，排查整治出租屋32.24万间次，出租屋内没有发生重大的治安消防安全事故。推进“四标四实”工作，出租屋地址门牌等价率为99.67%，详址等价率为99.42%，出租屋单元号实体化率80.47%。黄埔区“千人饺子宴、万人大盘菜”来穗务工人员迎春晚会在中央广电台国际在线报道。

【执法督查和法律服务】 2019年，黄埔区委政法委推进涉法涉诉信访工作，加强案件督查督导。落实司法为民措施，向经济困难的当事人提供国家司法救助。协调、指导区政法各单位开展领导干部干预司法活动、插手具体案件处理的记录、通报和责任追究制度的工作，规范司法办案，促进司法公正。推进区法学会各项工作，建立课题研究和调研、学术交流与合作等机制，开展学术研讨和调研活动。整合区内高校和各政法部门资源开展法律服务，与广州商学院法学院合作建立中立法律服务社黄埔区服务站，是年，该站咨询数量大幅增长。举办“以法兴企，助力民营企业发展”文化沙龙，开展“青年普法志愿者法治文化基层行”“12·4”国家宪法宣传日等活动。

【“扫黑除恶”专项斗争】 2019年，黄埔区委政法委把重点培育地区创建工作与“不忘初心、牢记使命”主题教育、做好中华人民共和国成立70周年安保维稳、“五治同创，阳光村居”基层治理创新结合起来。侦破“1903”案件。率先实现村村都有“第一书记”，整顿软弱涣散村（社区）党组织比例位居全市前列。在永和街贤江社区、云埔街刘村社区、新龙镇大坦村等地开展政治、法治、德治、自治、智治“五治同创，阳光村居”社区治理创新，经验做法被广东省委政法委简报和《广州信息》报道。整治一批行业领域社会乱象，创造“大沙模式”“横沙、姬堂经验”。破获涉黑恶团伙41个，涉黑恶案件查封、扣押、冻结资金5549.5万元。2019年广东省委政法委第三方测评中，黄埔区群众知晓率居全市第一位、安全感提升率位居全市第二位。

（朱文慧）

【黄埔区委政法工作会议】 于2019年3月13日召开，会议以习近平新时代中国特色社会主义思想为指导，贯彻落实中央和省委、市委政法工作会议部署。黄埔区委常委、政法委书记陆小荣作区政法工作报告，总结2018年全区政法工作，部署全区2019年政法工作，宣读《区委关于给予区公安分局表扬通报的决定》。广州市委常委、黄埔区委广州开发区党工委书记周亚伟就学习贯彻习近平总书记重要讲话精神、做好2019年政法工作提出明确要求。

（钟庆红）

## 法治政府建设

【概况】 2019年3月，按照黄埔区委机构改革方案，原区司法局、原区法制办重新组建新的区司法局。全面依法治区委员会办公室设在区司法局（设置秘书科）。根据区委全会决议和编办批复，加挂“中共广州市黄埔区委全面依法治区委员会办公室”和“广州市黄埔区人民政府、广州开发区管委会行政复议办公室”的牌子。中共广州市黄埔区委全面依法治区委员会办公室（简称黄埔区委依法治区办）发挥法治政府建设主力军作用，学习贯彻中共十九大和十九届二中、三中、四中全会精神，习近平总书记视察广东时的重要讲话精神，纵深推进法治政府建设。

【法治能力建设】 2019年，黄埔区委依法治区办组织黄埔区政府、广州开发区管委会常务会议学法专题讲座。开创法治政府建设新局面，运用法治思维和法治方式推动法治建设。围绕《中华人民共和国外商投资法》，举办处级干部法律培训等一系列讲座，为全区500余名处级干部讲授外商投资新规。针对全区在办理行政复议案件、行政诉讼案件、行政执法监督过程中遇到的法治问题，机构改革后立即组织业务培训班，培训职能部门和街镇的分管领导、法制员和常年法律顾问110余人。

【法治化营商环境改革创新】 2019年，黄埔区委依法治区办推动全区营商环境改革创新突破。通过“黄金10条”“美玉10条”“文创10条”“区块链10条”“风投10条”“民营及中小企业18条”“工业互联网10条”“纳米10条”“港澳青创10条”“海外尖端人才8条”等系列政策，为创新创业提供全方位支撑。深化“放管服”改革，精简审批环节，压缩审批时间，优化评审服务。打造“流程最优、材料最简、成本最低、时间最短”的政务服务，即全省首宗1个工作日完成施工许可证与建筑工程规划许可证双证联发；在全市首推企业开设路口设计方案批复、路口开挖和树木迁移许可三证联发。评估全区13个部门近百个“承诺制信任审批”事项实施效果。率先在全市启动区级中介服务事项梳理，录入网上中介服务超市中介服务事项123项。推出第二批“秒批”事项162项，“秒批”政务服务覆盖22个部门300余个事项，占全区依申请办理事项总数的1/4。推出秒批批文“免费包邮”、补材料“替你跑”和“邮政网点政务窗口”设点办理等服务。将38台政务智能一体机布置在区内群众密集区域，推行24小时自助服务。全区各级各类政务服务大厅（服务站点）实现“好差评”评价全覆盖。是年，黄埔区在全国经开区营商环境指数排名第一。

【高质量发展体制机制优化构建】 2019年，黄埔区委依法治区完成机构改革任务，形成系统完备、科学规范、结构优化、运行高效、特色鲜明的机构职能体系。组建新的市场监管部门，整合工商、质监、食药监等部门职责，统一负责市场综合监督管理，化解监管职能交叉重叠、会批不会管、权限边界模糊等问题。在全省首设民营经济和企业服务专职部门，推动营商环境改革创新突破。在全省首创单独设置广州开发区知识产权局，推进国家级知识产权综改试验区建设。根据全区大开发、大建设、大征拆的特点和需求，明晰省、市、区重点项目征拆体制，由专门机构承担重点项目征拆工作。单独设立区城市更新局，统筹推进城市更新改造等工作。成立区委全面依法治区委员会法制、执法、司法和守法普法4个协调小组。在全市率先单独设立区委依法治区办秘书科，统筹协调全区法治政府建设工作，协调推动委员会决定事项、工作部署和要求有效落实。

【规范行政执法】 2019年，黄埔区委依法治区推进事前公开，主动公开行政执法主体、权限、依据、程序、救济渠道和随机抽查事项清单等信息。做好事后公开，在区政府门户网站、行政执法公示平台上向社会主动公开行政执法数据，主动接受社会监督。全年向社会公开行政执法事后信息3356条，其中行政检查信息355条、行政处罚信息490条、行政强制信息51条、行政许可信息2460条。全区行政执法部门基本配备执法音像记录设备，基本实现执法行为过程全程记载。探索实施行政执法档案存量数字化和增量电子化管理。全区行政执法部门、各街镇均建立重大执法决定法制审核制度，明确重大执法决定法制审核范围、机构、人员、程序、方式等，提高行政执法质量，保障行政执法决定的合法性、合理性。全年重大执法决定法制审核3175宗，在广东省行政执法公示平台公开全区开重大执法决定法制审核清单信息20条。

【基层治理共建共治共享】 2019年，黄埔区新时代群防共治升级工程成效显著。“空中巡防队”“华峰义工队”入选首届“广州街坊”品牌榜。全区群防共治力量投入中华人民共和国成立70周年安保工作，提供各类线索41条，直接或协助抓获犯罪嫌疑人75人，协助查获案件39件。“云埔街五级联动打造基层社会治理模式”入选2019年广州市综治创新项目。坚持打建结合，从基层扫除黑恶滋生的土壤。在刘村、贤江村、大坦村3个村居试点开展“五治同创”社区治理，并在全区推广。落实社区矫正监督管理规定，确保各项措施不变形、不走样、不漏项。全年全区新接收社区矫正对象368人，解矫327人，在管351人。全年警告36人次，提请撤缓收监6人。探索建立检察院与社区矫正联合执法工作机制，强化涉毒社区矫正对象管理方式，获中央、省市新闻媒体报道。按照“控新增、减存量、零增长”总目标，强化属地管理、部门联动，严厉查处各类违法建设。依法拆除各类违法建设1.06万宗、563.62万平方米。

【规范性文件管理】 2019年，黄埔区委依法治区出具合法性审查意见69份、报送广州市司法局和黄埔区人大常委会备案的区政府规范性文件备案报告52份，为全区经济社会发展提供坚实的法治保障。印发《关于起草行政规范性文件若干事项的通知》，明确不作为行政规范性文件管理的情形和行政规范性文件不得设定的事项。贯彻落实党中央、省委、市委和区委关于机构改革、证明事项清理等决策部署，开展对涉及机构改革和证明事项行政规范性文件清理工作，全年清理政府规范性文件67份、部门规范性文件72份。

【社会矛盾纠纷化解】 2019年，黄埔区委依法治区履行行政复议职能，在监督行政机关依法行政、妥善化解行政争议、维护群众合法权益、促进法治政府建设等方面发挥作用。全区审结行政复议案件226件，通过撤销、变更、确认违法、责令履行等方式直接纠错58件，纠错率25.7%，比上年增长8.62%。通过撤回申请、和解、调解等方式间接纠错44件，纠错率19.5%。全区建立行业性、专业性人民调解委员会9个，在全市率先设立首个涉军“老兵调解工作室”。在全省率先创新推进粤港澳大湾区知识产权调解中心建设，被纳入2019年广东省和广州市创建知识产权强省（市）重点工作项目。履行行政应诉职责，做好答辩、举证、质证等工作。注重从源头预防和化解行政争议，减少违法行政行为的发生，降低全区行政案件败诉率。全年全区行政败诉率 19.62%，相比 2017 年、2018 年，分别下降 20.38%、11.68%。成立区内新社会阶层人士联谊会律师专业委员会，促进律企协同发展。优化村居法律顾问管理工作，在法律宣传、法律咨询、纠纷提前介入、矛盾化解等方面，为群众提供贴身、贴心、周到、管用的法律服务。

**【法治宣传教育】** 2019 年，黄埔区推进“七五”普法，利用互联网建立“智慧普法”的新途径，制作以宪法为首的系列法治宣传动画片。在来穗人员融合学堂和网站、微信等新媒体平台上推送法治宣传教育内容、普及法律法规。全区有关部门制订 2019 年度普法责任清单在区政府网站上予以公开，形成齐抓共管、普法载体创新、贴近群众的良好局面。打造法治文化主题公园宣传阵地，将法治元素融入群众人居环境中，为群众走进法律、学习法律知识提供生动的平台。开展宪法和法律宣传教育活动，举办黄埔区“宪法在我心中——宪法大课堂”启动仪式，在全区各中小学校开展宣讲活动 109 场。开展“企业普法”和法治文化建设示范企业创建活动，7 家企业被评为省级法治示范企业。

**【政务公开】** 2019 年，黄埔区政府网站设置政策解读专栏，解读重要政策措施。黄埔区委依法治区办对出台的重要改革措施和涉及群众切身利益、容易引起社会关注的政策文件，做好舆情风险评估研判，制订应对处置预案。将政务舆情回应作为网络舆情处置工作的重要环节，及时落实舆情回应的主体责任，围绕经济社会热点和群众办事创业的堵点痛点，加强舆情监测、研判和回应。完成黄埔区政府、广州开发区管委会重大行政决策目录征求意见及合法性审查工作，中新广州知识城合作事务办，区投促、商务等部门报送 7 个重大行政决策事项，经公众参与、专家论证、风险评估、合法性审查等环节，确定中新广州知识城新能源新材料及智能芯片园控制性详细规划及城市设计为2019年度重大行政决策事项。加强扶贫政策举措、扶贫项目、财政专项扶贫资金、行业扶贫相关财政资金、扶贫协作财政援助资金等信息公开。做好生态环境信息公开，加强大气污染治理攻坚、黑臭水体治理、重点流域和近岸海域综合整治，加强固体废弃物和城市垃圾分类处置等方面的信息公开。深化“放管服”改革信息公开，对“证照分离”改革、工程建设项目审批制度改革、压缩企业开办时间、压减行政许可、清理规范基层各类涉企乱收费项目等信息及时向社会公开。

**【司法行政行为监督】** 2019 年，黄埔区行政司法接受区人大及其常委会的法律监督、工作监督和区政协的民主监督，执行区人大及其常委会各项决议决定。坚持重大事项向人大报告、向政协通报。研究办理区人大及其常委会组成人员对政府工作提出的有关审议意见、人大代表和政协委员提出的意见和建议。全年意见和建议办理满意度 95% 以上。接受司法监督，尊重并执行人民法院生效裁判，及时办理检察建议。

（梅卫峰）

## 公　安

**【概况】** 2019 年，黄埔区公安分局围绕“四个走在全国前列”和打造“广州最安全区”的目标要求，以“做实基础、做优系统、做强机制”为导向，以警务机制改革为动力，以创建“枫桥式公安派出所”活动为载体，加快实现公安警务智能化、执法规范化、保障标准化、队伍正规化建设，推出一系列符合警务发展规律、富有黄埔公安特色的创新举措，在“维护国家安全和社会稳定、社会治安防控体系建设、破案攻坚、禁毒示范区、基层社会治理”等方面取得“五个新突破”，推动社会治理体系与治理能力现代化，为黄埔区、广州开发区建设“世界知识城、湾区创新源、国际人才港”创造安全稳定和谐的政治社会环境。贯彻总体国家安全观，开展维护政治安全攻坚战，维护政治安全、政权安全，完成 2019“朱雀”反恐维稳处置演练。全年全区群体性事件批次、人次分别比上年下降 29.5%、21.1%，未发生严重影响社会稳定的重大事件。

**【社会治安管理】** 2019 年，黄埔区公安分局结合辖区特点和环境，打造与黄埔区“四区四中心”建设发展相适应的社会治安防控体系，实施“流动派出所”勤务模式改革，构建电信网络犯罪立体化防范宣传体系。全区案件类警情比上年下降 9.7%，其中“两抢”警情降幅居全市第一，伤害类、涉黑恶警情降幅居全市第二位。

强化智慧新侦查。在广州市率先组建“数据侦查实验室”，与五舟科技、北京唯正等 5 家高科技企业签订战略合作协议，借助知名科创企业的研发实力，共同研究开发前瞻性的新技术、新课题、新应用，强化“以数据为中心”的新型侦查取证思维方式。

改革勤务运行机制。在广州市率先实施“流动派出所”勤务模式改革，统一规范分局各部门值班频率，抽调科室、大队值班警力组成“流动派出所”，根据治安形势、工作重点，支援一线单位开展巡逻防控、治安整治、交通执法等工作。

【禁毒工作】 2019年，黄埔区公安分局强化寄递物流行业管控，在全市创新出台举报毒品违法犯罪奖励办法。举办2019广州黄埔国际禁毒日宣传活动。“禁毒2019两打两控”、涉毒警情降幅均排名全市前列；根据污水监测毒情评估报告，全区五种毒品综合千人均消费量比上年下降55%。

【打击犯罪】 2019年2月，黄埔区公安分局推进“扫黑除恶”“八大攻坚战”“飓风2019”等专项行动，收缴“9·22”跨境网络赌博专案涉案赌资26.1亿元。全年全区刑事拘留、逮捕人数分别比上年上升18.6%、19.5%，升幅均为全市第一位，刑事案件破案率创下近年新高，命案侦破率100%。

12月，建立的分局执法办案中心投入使用，审查各类嫌疑人474人，实现“一站式办案、合成化作战、智能化管理、全流程监督”，高效支撑执法办案、打击犯罪工作，加强执法重点环节监督管理，为提升执法办案质效和执法规范化水平提供有力保障。

【“互联网+”警务建设】 2019年，黄埔区公安分局落实大数据战略和智慧新警务部署，利用人工智能等新一代信息技术，坚持“系统+机制”的发展思路，做优系统，强化新型侦查取证思维方式，提升公安工作智能化、现代化、科学化水平。

智慧新防控 推进智感安防区建设，以“加庄村智感安防区”试点经验为范本，综合运用“大数据”“人工智能”等技术，在宝能国际体育演艺中心、南海神庙及全区各“城中村”等安保重点区域推进智感安防区建设。其中，“加庄村智感安防区”被确定为全国公安大数据智能化建设应用推进会现场考察项目。

智慧新监管 黄埔区看守所被确定为广州市“智慧新监管”试点监所建设“监所实战平台”，实现区域智能防控、行为智能分析、警情联动处置。4月，广州市公安机关“智慧新监管”工作推进会在黄埔区召开，“黄埔模式”在全省公安系统推广。

智慧APP开发 开发黄埔勘视侦、黄埔动态、黄埔合成流转、流动派出所等一批警务应用APP，将移动警务终端打造成集视频指挥、网上办公、平台布警、社会治理等为一体的移动警务综合平台，使智慧新警务成果更好赋能一线实战。

【基层社会治理】 2019年，黄埔区公安分局开展“四标四实”基础大排查，发动社会各界和人民群众排查隐患、化解矛盾，打造新时代“枫桥经验”。推进公安“放管服”改革，在全广州率先提供夜间出入境证件受理服务。实施交巡联勤融合改革，组建铁骑队，开展交通秩序微循环改造，推出巡逻便民服务车，将公安改革与社会治理协同推进、互为融合；在道路基础建设快速发展的形势下，黄埔区主次干道通行能力排名全市前列，全区交通事故宗数、死亡人

2019年5月17日，黄埔区公安分局成立数据侦查实验室（韩啸 摄）

2019年12月20日，黄埔区公安分局成立铁骑队 （韩啸 摄）

数、受伤人数比上年“三下降”，没有发生较大以上道路交通事故。黄埔区公安分局被评为2019年度黄埔区、广州开发区综治工作（平安建设）优秀单位。

【道路交通管理】 2019年，黄埔区公安局强化智慧新交管应用。推动全区智能交通管理一体化发展。全年建成并投入使用信号机361台，电子警察300套；升级交通视频监控外场设施设备473套；全区交通信息控制机智能化占比和交通电子设备智能化改造率80%以上（主干道路100%）；完成“黄埔区‘互联网+智慧交通’管理平台”四大模块建设，实现全区交通管理水平领先全省、看齐全国的高度。

（周木秋 廖庆斌）

## 检 察

【概况】 2019年，黄埔区检察院办理各类案件4016件，其中审查逮捕案件1416件、2087人，审查起诉案件1975件、2587人，公益诉讼案件324件，各类诉讼监督案件301件。批准和决定逮捕1193件、1726人，不批准逮捕221件、349人。起诉1658件、2175人，不起诉229件、240人。纠正漏捕35人，追诉漏犯69人，纠正漏罪48人。提出抗诉5件、7人，获上级检察院支持抗诉3件、3人，获中院改判2件、2人。受理生效裁判监督案件10件，审判程序违法监督案件10件，执行监督案件61件，支持起诉案件5件。受理行政公益诉讼线索案件184件，立案309件，启动诉前程序295件，受理民事公益诉讼线索案件16件，立案15件。

是年，黄埔区检察院被评为2019年度全国检察宣传先进单位；在广州市首届网络文明号评选活动中，被授予“优秀政务号”成为广州市文明媒体联盟成员单位；“‘黄小明’品牌宣传活动”获“全国检察品牌活动20强”。郑帆的微博“@御史书童”获“全国检察自媒体20强”；王锋被评为2018年度全国检察宣传先进个人；许志斌获广东省人民检察院授予个人二等功。

【刑事检察】 2019年，黄埔区检察院维护国家政治安全和社会稳定，批捕公安部点名督办的“417”专案，打击网络水军故意炒作国家领导人形象和国家政策等行为。办理“9·22”跨国网络赌博专案、“103”特大网络诈骗案等大案要案。批捕“两抢一盗”刑事案件352件、425人，起诉404件、489人。对毒品犯罪保持高压惩治态势，批捕走私、贩卖、运输、制造毒品等案件178件、238人，起诉185件、244人。严惩破坏金融秩序犯罪，批捕组织领导传销活动、非法吸收公众存款等涉众型经济金融犯罪5件、7人，起诉6件、27人。起诉公安部挂牌督办的“云联惠”特大传销案中的夏某民等21人组织、领导传销活动案。办理首宗侵犯未成年人犯罪抗诉案件，保护未成年人合法权益。与黄埔区教育局联合签发《广州市黄埔区人民检察院广州市黄埔区教育局关于预防校园性侵害工作机制》，共同预防校园性侵害。落实认罪认罚从宽制度，提高该制度适用比例及量刑建议精准度，办理认罪认罚从宽案件1523件、1808人，占同期审结人数的74.83%。完善刑事案件速裁程序，牵头制定《广州市黄埔区刑事案件速裁程序操作规程》。

【民事行政检察】 2019年，黄埔区检察院加大民事裁判执行活动监督力度，核心业务数据位居全市基层检察院前三位。与公安部门联手快速查办涉案金额1200余万元的某公司与陈某某借贷纠纷虚假调解案，经提请抗诉后获改判。运行全新办案模式，由一个部门对虚假诉讼案件集中履行民事检察和刑事检察职能，突出专业化办案优势。防范、纠正虚假诉讼案件12起，涉案金额4834万元，移送涉“套路贷”线索11条。执行监督与促成调解相结合，在办理买卖合同纠纷执行监督案中灵活适用到期债权执行法规，促成160万元标的执行和解，节省司法资源、减轻当事人讼累。全年促成和解实现息诉40件，涉案金额434万元。依托高检院部署的行政非诉执行监督专项活动，与黄埔区相关职能单位建立行政非诉执行监督协作机制，通过“依职权监督+主动申请监督”双模式，获得线索143条，立案监督20件，发出检察建议15份。在办理黄埔区城管局申请执行行政罚款案件中，行使调查核实权，发现被执行人以更名的方式逃避执行行政罚款3年，遂向法院提出变更被执行人的监督意见，60万元的行政罚款仅用10日即执行到位，该案被评为全省非诉执行监督典型案例。

【公益诉讼检察】 2019年，黄埔区检察院在环境和资源保护领域取得成效，在办理某润滑油公司偷排废水刑事附带民事诉讼案中，依法对该公司及6名犯罪嫌疑人以涉嫌污染环境罪提起公诉并支持民事起诉，被害单位获判赔1500万余元。关注建筑扬尘污染，办理全市首宗涉及大气污染的行政公益诉讼诉前程序监督案。成立全省首个“守护绿色家园”检察公益诉讼教育基地，开展异地“补植复绿”工作和生态保护警示教育活动。加强对国有建设用地供后监管，就个案督促职能部门进行土地供后监管，拟追缴使用人1300万元违约金，促使职能部门启动梳理黄埔区近10年已供应用地项目清单，排查土地682宗，实现土地节约和集约使用。着眼于城市更新项目，针对何棠下村存在256处违法建设尚未拆除的治理问题，向相关职能部门发出检察建议，督促整改拆除违法建设32宗，立案调查118宗。关爱未成年人，率先开展校园安全餐饮专项监督活动、校园周边香烟销售专项活动。以公益诉讼保障“舌尖上的安全”，办理的顺某某生产、销售不符合安全标准的食品刑事附带民事公益诉讼案入选最高检公益诉讼典型案例、省检维护食品药品安全消费公益诉讼典型案例。

【刑事执行检察】 2019年，黄埔区检察院向新入所在押人员发出《在押人员权利义务告知书》1585份，对外接访48次。办理讯问合法性核查案件15件、45人，未发现办案机关存在违法取证现象。办理羁押必要性审查案件350件，立案161件，对155人提出释放或变更强制措施的建议，办案单位采纳148件、148人。参加入矫仪式177次。社区矫正专项检察审查689份档案，审查发现社区矫正人员脱管需要收监执行1人，裁定收监1人，采纳率100%。针对漏管、规范入矫程序等发出检察建议书3份。首次成功办理跨省矫正期满收监执行案。开展特赦检察监督工作，审查6名拟特赦对象的特赦材料，出具倾向性检察意见，同意提请特赦。开展保外就医案件专项行动，审查相关案件20件。新建财产型执行检察档案1427件，罚金型案件开展监督核查1960件，涉案金额1969万元，对没收财产、责令退赔等其他财产型案件核查1104件。对黄埔区人民法院执行情况监督核查1462件，涉案金额4849万元。办理的汤某某羁押必要性审查案和张某某社区矫正监督案被最高检评为2019年度精品案件，其中张某某社区矫正监督案是全省唯一入选的社区矫正精品案件，也是该院首次成功办理的跨省矫正期满收监执行案。

【控告申诉】 2019年，黄埔区检察院受理、分流控告申诉案件143件，比上年增长3%。办理刑事申诉案件4件，审查结案1件，移送刑检部门复查3件。办理国家赔偿案件2件、2人，赔偿金额15万元。办理国家司法救助案件3件、3人，向两名被害人发放救助款20万元。在“12309”检察服务大厅设立信访接待窗口，由员额检察官每日负责接访，接收控告、申诉及法律咨询，接待群众200余批次，其中检察长接访4批次。

【知识产权保护】 2019年，黄埔区检察院批捕侵犯知识产权刑事案件19件、42人，起诉15件、50人。举办“创新有你，守护有我”——“4·26”世界知识产权日主题活动，发布《黄埔检察知识产权刑事保护白皮书》及知识产权保护典型案例，与开发区知识产权协会签订《知识产权刑事保护合作框架协议》，将维护企业合法权益的经验做法覆盖到协会140余家会员企业。受邀参加阳光诚信联盟全国年会并作主旨发言，强化对法治化营商环境的正面宣传。与卡尔蔡司公司签署《知识产权刑事保护合作备忘录》。办理的龙某某等人侵犯著作权案入选2018年度全国检察机关保护知识产权典型案例、全国惩治侵权盗版十大案件；龙某某等人侵犯著作权案、逄某等人假冒注册商标案入选广州市检察机关保护知识产权五大典型案例。与黄埔区纪委监委、黄埔区工商联共同举办黄埔区企业廉洁法治系列讲座，指派检察官为300余家企业、1200余名管理人员授课。延伸法律服务职能，应邀参加宝洁公司内部合规峰会、广州迪森集团2019年度普法培训大会，协助企业做好员工法治宣传和警示教育。

【检务公开】 2019年，黄埔区检察院加强与报刊、电视台、网络媒体记者的联系对接，发表新闻稿件78篇，在广东电视台播出3次、广州电视台播出4次。审核发布案件程序性信息3014条、法律文书2073份。在12309网站发布重要案件信息569条。加快电子卷宗、判决书等文书扫描工作，为律师等诉讼代理人提供阅卷服务829次，提供案件信息查询服务6900次。在

2019年4月26日，黄埔区检察院举办“创新有你，守护有我”——“4·26”世界知识产权日主题活动（黄埔区检察院供图）

官方网站发布84条动态信息，其中宣传扫黑除恶专项斗争工作17条。举办主题为“携手关爱，共护明天”“共和国建设者走进检察机关”“检察护航民企发展”的检察开放日活动，邀请人大代表、政协委员、特约检察员参与。组织人民监督员监督检察官庭审活动，拓宽外界监督渠道。组织15名干警分组旁听人大代表意见并收集整理，及时回复人大代表咨询提问。《广州市黄埔区人民检察院工作报告》在黄埔区第一届人民代表大会第七次会议上，经人大代表审议表决，首次获黄埔区人大会议全票通过。

**【“黄小明”检察工作品牌优化】** 2019年，黄埔区检察院优化“黄小明”检察工作品牌，利用“黄埔检察”微博、微信等自媒体平台传播检察正能量，推送微信图文218张362篇，发布微博1470条，阅读量近400万人次，其中发布扫黑除恶专项斗争普法消息及文章279篇次。创新宣传检察职能，推出由干警填词和演唱的公益诉讼主题曲《沙漠骆驼》，发布以知识产权保护为主题的MV及系列微动漫视频。组建“黄小明志愿者服务队”和“黄小明青年讲师团”，到幼儿园、中小学开展普法教育 。编写的“黄小明”系列普法教育读本《检察官告诉你——令小伙伴后悔莫及的那些事儿》入选最高人民检察院·教育部“法治进校园”全国巡讲活动宣传系列图书。

**【“扫黑除恶”案件检察】** 2019年，黄埔区检察院受理审查逮捕涉黑涉恶案件8件、35人，受理审查起诉涉黑涉恶案件4件、32人，获判4件、26人。加大涉黑涉恶案件漏罪漏犯追诉力度，监督公安机关立案9件、12人。办理“1903”黑社会性质组织犯罪案，对被告人吴某某等29人提起公诉，净化社会风气。提起公诉的“8·3”黑社会性质组织犯罪案获判，铲除长期盘踞在赵溪村一带的以吴某某为首的黑社会性质组织犯罪团伙，该案是全市首宗检察长出庭支持公诉的涉黑案件，庭审情况被广东电视台等13家媒体报道。到机关单位、社区、企业等开展扫黑除恶普法宣传讲座15场，营造惩治黑恶势力良好社会氛围。

**【广州市首宗检察长出庭支持公诉的涉黑案】** 2019年3月27—29日，黄埔区检察院办理的吴某某等23人组织、领导、参加黑社会性质组织案（“8·3”专案）公开开庭审理，检察长陈焯霖出庭支持公诉，是开展扫黑除恶专项斗争以来受理的首宗涉黑案，也是全市首宗检察长出庭支持公诉的涉黑案。检察长陈焯霖等5人围绕该案证据采信、事实认定、定性处理等方面出示证据，指控以吴某某为首的23名被告人涉嫌组织、领导、参加黑社会性质组织罪等8项罪名，针对起诉书指控的犯罪事实展开讯问、举证和发表意见，围绕争议焦点对被告人和辩护人的观点逐一答辩。庭审律师对该院指控表示一致同意，庭审效果良好。

**【顺某某公司食品刑事附带民事公益诉讼案】** 2019年，黄埔区检察院诉顺某某公司生产、销售不符合安全标准的食品刑事附带民事公益诉讼案被最高检评为公益诉讼典型案例，是广东省唯一入选案例。2017—2018年，顺某某公司在黄埔区大规模开展餐饮配送，未严格履行审查义务，最终导致含瘦肉精的猪手被采购加工成食品进入消费环节。黄埔区检察院以生产、销售不符合安全标准的食品罪被提起公诉，依法追究涉案人员、单位刑事责任，惩治食品安全领域不作为犯罪，同步提起刑事附带民事公益诉讼，主张十倍索赔。法院先后作出刑事判决和民事判决，支持该院量刑建议及民事诉求。针对集体用餐配送监管盲点，启动行政公益诉讼，督促黄埔区食药局依法处罚并加强监管。

**【黄埔区首例侵犯网游著作权案】** 2019年，黄埔区检察院办理的龙某某等侵犯著作权案入选“2018年度检察机关保护知识产权典型案例”和“2018年度全国打击侵权盗版十大案件”。该案是一起跨境网络知识产权犯罪案件，犯罪团伙在泰国架设游戏私服，通过网络多

3月27日，黄埔区检察院提起公诉的“8·3”涉黑专案在黄埔区法院公开开庭审理 （黄埔区检察院供图）

次跳转实现后台控制和聚合支付，具有跨境作案、产业化经营等特点。黄埔区检察院走访企业挖掘侵权线索，提出用网侦手段破解涉案通信软件的建议，最终获知侵权游戏运作流程。在审查起诉阶段，从大量电子证据入手，破解跨境取证难题。12月，该案被提起公诉。该案系黄埔区首例侵犯网游著作权案和帮助信息网络犯罪活动案。

（蔡颖）

## 法　院

【概况】 2019年，黄埔区法院新收各类案件2.56万件，办结2.48万件，法官人均结案310件，比上年分别上升38.8%、33.3%和33.2%，为黄埔区、广州开发区经济社会高质量发展提供司法服务和保障。案件改判发回重审率连续3年下降，12个月以上长期未结案件比上年下降11.54%，为全市存案量最少的法院之一。

是年，黄埔区法院完成内设机构改革，内设机构由原来的21个减少到10个：立案庭（诉讼服务中心）、刑事审判庭、民事审判一庭、民事审判二庭、综合审判庭（知识产权审判庭）、执行局、审判管理办公室（研究室）、政治部（机关党委、督察室）、综合办公室、司法警察大队；派出法庭4个：长洲人民法庭、西区人民法庭、九龙人民法庭、萝岗人民法庭。完善人员分类管理，员额法官80人、法官助理48人、进入单独序列管理书记员2人，完成职务及职级并行套转工作和司法警察职务序列套改工作。遴选初任法官4人，新招录审判辅助人员26人，充实审判力量。

【刑事审判】 2019年，黄埔区法院审结各类刑事案件1631件、2156人。其中，依法审结“两抢一盗”等暴力犯罪423件、511人；严惩重大责任事故罪等危害公共安全犯罪394件、407人；严厉惩治黄赌毒犯罪，审结案件297件、398人；严惩危险驾驶、交通肇事犯罪案件372件、374人；依法惩治假冒注册商标等知识产权犯罪案件12件、29人；依法审结破坏环境资源犯罪8件、13人；依法惩处性侵、虐待妇女儿童犯罪32件、32人。

推进“扫黑除恶”专项斗争，巩固“四个三”工作法优势，把好涉黑涉恶案件的事实关、证据关、程序关。强化“打伞破网”，依法审结吴某某等23人涉嫌组织、领导、参加黑社会性质组织案。加大“打财断血”力度，强制执行涉黑涉恶财产案件80件，执行到位资金2522.84万元，其中陈某某涉黑财产1590万元仅用两个月就全额执行。依法严惩职务侵占、强迫交易、合同诈骗等犯罪44件47人。严惩各类涉众犯罪，依法妥善审理涉“善心汇”“云联惠”“云联意”及跨国电信诈骗等涉众经济犯罪案件74件、155人，保护人民群众财产安全。

【民商事审判】 2019年，黄埔区法院审结各类民商事案件8264件。其中，审结商事纠纷案件6686件，劳动争议案件783件，涉不动产纠纷案件1442件，金融纠纷案件3217件，知识产权纠纷案件1577件，家事纠纷案件592件，涉“三农”案件406件，消费者权益纠纷204件，涉环境资源民事案件55件，医疗损害责任纠纷16件。

【案件执行】 2019年，黄埔区法院受理执行案件8946件，办结8205件，执行到位金额12.54亿元，其中办理涉民生执行案件917件，执行到位金额5367.91万元，平均结案周期66天，执行周期缩短25天，广州开发区家永综合厂经济补偿金案件入选广州十大涉民生执行案件典型案例。推动完善“一处失信、处处受限”的信用惩戒格局，曝光失信被执行人4320人，限制高消费7333人次，限制出境25人，拘留14人，罚款25.8万元，压缩失信被执行人规避执行的空间，促使2391人主动履行义务。完善网络大数据询价、网络平台拍卖、网拍成交贷款支付等线上财产变现模式，将拍卖财产评估时间压缩至2天以内。规范司法拍卖不动产清场移交工作，提高财产处置成交率与溢价率。全年发起网拍722次，成交金额4.76亿元，溢价率33.81%，节省拍卖佣金1162.16万元。

【法治化营商环境建设】 2019年，黄埔区法院依法保护企业自主经营权，审结股东知情权、股权转让等公司经营类案件137件。深化破产审判方式改革，办理破产清算案件42件，清理债务3350万元，10家“僵尸企业”有序退出市场。与区14个职能部门联合建立企业破产府院联动工作机制，设立100万元规模的破产审判援助基金，完善办理破产配套制度。贯彻“中小企业也能办大事”精神，落实区委“民营及中小企业18条”。多个案例入选省、市服务保障民营企业健康发展典型案例。与区知识产权局、区检察院联合指导举办“企业商业秘密保护高峰沙龙”。与区知识产权局建立生效案例通报制度和信息沟通机制，提升整体保护效能。

【民商事案件繁简分流】 2019年，黄埔区法院制定《关于进一步规范民商事案件繁简分流工作的实施方案》，组建快审团队，专门审理标的额为1000万元以下的金融借款合同纠纷等九类简易民商事案件，办理案件4315件，占全院新收民商事案件32.47%，快审法官人均结案714件。

【审判改革】 2019年，黄埔区法院全面深化司法体制改革。强化司法责任制，坚持“让审理者裁判，由裁判者负责”，完善新型审判权力运行机制，提升司法效能。围绕市法院确定的“一规范两提升三精品”年度工作目标，实行办案节点全流程监控。严格审限管理，狠抓办案进度和办案周期，严密监控质效指标，实现收结案良性循环。开展案件评查，定期召开专业法官会议，统一裁判思路和审理规则，避免“同案不同判”。完善刑事案件繁简分流规范，推进刑事速裁及认罪认罚从宽工作，适用速裁程序审理案件240件、249人，全部在7日内审结。适用认罪认罚从宽制度案件1204件、1386人，占全部刑事案件的70.37%。

【审判公开】 2019年，黄埔区法院加强与区人大代表委员联络工作，坚持“请进来”“走出去”结合，邀请代表视察法院、旁听庭审、参加座谈56人次，走访各镇街人大联组17批次。支持、配合检察机关履行法律监督职能，邀请检察长列席审委会会议5次，办理检察建议11件。深化司法公开，上网公开裁判文书9114份，庭审直播2180场次。畅通日常监督渠道，召开律师代表征求意见座谈会，听取律师对法院工作的意见和建议。完善信访办理和司法监督员工作机制，依法办理群众来信来访120件。接受舆论监督，邀请媒体采访报道案事件7件，发表新闻通讯56篇。做强做优做响新媒体，创设“指尖埔法”“黄埔案例”等特色栏目，发布原创普法文章281篇。

【“一站式”诉讼服务中心建设】 2019年，黄埔区法院优化跨域立案、网上立案等诉讼服务功能，网上立案率94%，在全国范围跨域立、收案16件，实现案件“当场立、自助立、网上立、就近立”。推进“送必达”改革工作，平均送达时间缩短1/3以上。推广诉讼文书电子送达方式，试行委托代理律师直接送达，公告送达率实现连续3年下降。优化智能云柜系统，案卷材料流转全程留痕、安全可查，实现当事人递交材料“全天候”。

【多元解决纠纷“四分法”工作模式】 2019年，黄埔区法院在推动建设一站式多元解决纠纷机制过程中总结的工作经验，推进矛盾化解的全面化、精准化、多元化和常态化，实现智慧治理、精准治理和系统治理。分层递进，即主动对接诉外解决纠纷力量，强化解决纠纷防线，促进纠纷分层化解、分流递减，形成“社区+街道+区域”的阶梯式解纷格局，实现资源下沉、服务下沉，确保“小纠纷消弭在社区，大纠纷化解在法院”。分类处理，针对道交、物业、家事、劳资纠纷等矛盾多发领域，联合区司法局、区公安分局、区妇联、区工会等多个部门搭建两站六室纠纷调处平台即法律援助中心站、公正司法辅助站及劳动争议、道路交通事故、知识产权、婚姻家庭、物业管理、律师调解诉调对接工作室，借助专业力量化解矛盾纠纷。分员参与，建立以法院为主导的司法附设专职调解队伍、建立特邀调解员名册、形成“法官+调解员”组合，合理配置社会解纷资源，推动司法调解、行政调解及社会调解的资源与力量联动融合，形成多领域齐抓共管解决纠纷合力。分区统筹，与区司法局合作，成立区矛盾纠纷多元化解中心，中心分布于黄埔区南、北、中3个方位，形成从风险源头预防到矛盾纠纷前端解决，再到诉讼终局裁判的分层递进、繁简结合、衔接配套的一站式纠纷解决机制。

【“社工介入民事案件诉调对接”项目】 2019年，黄埔区法院深化矛盾纠纷多元化解机制改革，由市委政法委组织项目参与单位共同签订黄埔法院民事案件诉调对接社工介入项目共建协议。根据相关民事案件特点建立多个社工介入法院民事案件诉调对接项目基地，对相关民事案件特别是少年、家事案件中涉及的未成年人、离异妇女和老年人提供庭前调查、社区调解、心理疏导、判后帮扶、就业就学救助等专业服务。社工服务介入期间，黄埔法院负责协调区相关职能部门负责跟进对相关案件中的未成年人和弱势妇女等进行认知水平提升和思想、行为矫正，促使涉罪未成年人、涉家事弱势群体更好地融入社会和开始新生活。以社工参与少年、家事纠纷为基础，开拓社工介入其他民事纠纷诉调对接的空间领域。

【司法建议助推科技中介行业规范管理和诚信自律】 2019年，黄埔区法院在受理50余件科技企业与科技中介服务机构之间的服务合同纠纷过程中，发现部分科技中介服务机构存在缺乏有效监管、服务质量不高、虚假宣传等情况，背离政府资助初衷，引发诸多风险，甚至滋生腐败，相关部门人员涉嫌渎职，需要引起重视。7月15日，向广州市科学技术局发出司法建议书，建议依法加强中介机构监管；推动中介信息公开；坚决查处中介及自身违法行为；重视行业自律诚信经营。7月23日，广州市科技局派相关负责人到黄埔法院了解相关情况并交换意见。7月30日，广州市科技局会同广州科技服务业协会、广州市科技创新企业协会组织召开广州市科技中介行业诚信自律倡议大会，加强行业自律管理。同时，市科技局将上述司法建议书内容向广东省科技厅反映，11月29日，省科技厅再次发布《关于加强高新技术企业认定服务中介机构管理的公告》，推动中介机构提升规范工作质量。

【根治欠薪冬日攻坚行动】 2019年11月15日，黄埔区法院开展2019年度根治欠薪冬日攻坚行动，采取系列措施执结欠薪案件，保障工人依法获取劳动报酬的权利。行动严格落实“两个清零”要求，10月底以前发生的欠薪案件在2019年底前全部清零；其他新增欠薪案件，在2020年春节前及时、动态清零，发生一起处置一起。行动期间，为800名劳动者追回欠薪2573.08万元。

【吴某某等23人涉嫌组织、领导、参加黑社会性质组织案】 2019年8月30日，黄埔区法院以组织、领导黑社会性质组织罪等罪名，判处吴某某等23名被告人有期徒刑十八年至一年十个月不等，并处罚金。自2013年开始，被告人吴某某陆续纠集或通过他人纠集20名被告人以暴力、威胁或者其他手段，有组织地多次实施故意伤害、寻衅滋事、强迫交易、开设赌场、伪造国家机关印章、非法持有枪支等违法犯罪活动，形成较为稳定和具有一定经济实力的犯罪组织，犯罪组织人数众多，骨干成员基本固定，为非作恶，欺压百姓，控制黄埔区赵溪村美食街的煤气供应和啤酒销售等，称霸一方，严重破坏该地区的经济、社会生活秩序，造成恶劣的社会影响；被告人李某、李某某为被告人吴某某等犯罪组织成员充当眼线和保护伞，在公安机关查禁时向该组织成员等通风报信，收受输送不法经济利益。

【“善心汇”涉众金融犯罪案件】 2019年3月21日，黄埔区法院依法一审公开宣判“善心汇”涉众金融犯罪案，以组织、领导传销活动罪判处被告人王某某等22人有期徒刑三年至一年十个月，缓刑三年二个月至二年不等刑罚，并处罚金。2013年5月起，张某某等人发起善心汇公司，以“扶贫济困，均富共生”的名义为幌子，搭建会员管理平台，以高额静态收益（投资）和动态收益（层级提升）等为诱饵，采取微信传播、介绍入会等形式，建立会员层级制度及会员升级模式，大肆拉人入会，收取入门费和升级费，骗取钱财。截至2017年6月1日，善心汇公司及张某某等人共在内地及港澳台地区发展会员526.8万人，涉及资金数百亿元，投入资金会员385.68万人，资金受损人员230.98万人，受损资金92.23亿元。2018年，黄埔区法院公开审理善心汇高级会员王某某等22人组织、领导传销活动罪一案。

【逄某等五人侵犯卡尔蔡司公司商标权案件】 黄埔区法院审理的被告人逄某等5人假冒注册商标罪、盗窃罪案中，被害单位为国际知名企业卡尔蔡司公司，该案案情复杂、证据繁杂且存有相互冲突之处，主犯拒不认罪。在审理期间，法庭先后3次开庭，查阅相关规定，实地调查收集及核实案件证据，厘清国际注册商标根据《马德里协定》指定延伸中国过程中的相关法律保护问题，在判决书中详细论述商标公告的法律性质，以及知识产权人出具的鉴定意见在知产刑事案件中的审查运用等问题，论述严谨、说理透彻，最终以假冒注册商标罪、盗窃罪判处被告人逄某等5人有期徒刑十年六个月至两年六个月不等，并处罚金。该案依法保护卡尔蔡司公司的知识产权和财产权。2019年2月14日该案判决生效后，卡尔蔡司公司中国区域总裁彭伟向黄埔区法院赠送“手执法律之剑，维护法律公正”“勤勉敬业，公正司法”的牌匾和纪念牌。

（吴秀娟）

## 司法行政

【概况】 2019年，黄埔区司法行政工作坚持以习近平新时代中国特色社会主义思想为指导，在全面深化公共法律服务改革创新上求突破，为营造黄埔区良好的法治环境提供坚实的保障。创新打造的“区级多功能公共法律服务中心”，被广东省司法厅列为全省司法行政固强补弱创新创先示范点；构建黄埔区社会矛盾纠纷调处中心，被广州市委政法委列为广州市2019年基层社会治理创新示范项目；主导建立的全省首家“粤港澳大湾区知识产权调解中心”，被纳入2019年广东省和广州市创建知识产权强省（市）重点工作项目。

（梅卫峰）

【律师事务管理】 2019年，黄埔区聘请专业律师团队作为区政府常年法律顾问，参与政府决策、政府合同审查和复议诉讼案件代理等工作，降低政府法律风险，规范行政行为；参与区重大项目引进和投资决策，提供政策法律咨询意见，当好政府参谋助手，为区重点项目——一汽出行、西门子配变智能化工厂、中俄金融中心、巴塞罗那国际医院、宝能动力电池、海康威视华南研发总部、阿里健康大药房全国总部、清华紫光芯片、兴森半导体等项目提供法律服务。设立企业“法治体检”工作领导小组，组织律师为民营企业开展法治体检专项活动。在区内新社会阶层人士联谊会成立律师专业委员会。全年审查区政府及部门重大合同237份，为各项行政决策出具法律意见593份，法治体检企业46家，开展法治宣传咨询活动61场次，调研走访39次，梳理风险点135个，化解矛盾纠纷18件、完善规章制度37项，出具体检报告25份。

村居法律顾问管理。制订社区法律顾问分片管理模式。由原来分散的管理模式变成集中分片管理模式：将全区分成4个法律服务板块，由4个律师事务所团队实行总负责制，安排固定律师在每个工作日到每个司法所坐班，从而增强基层司法所的公共法律服务能力。组织开展17场一村（社区）一法律顾问工作系列宣传活动。全区142个村（社区）顾问律师参加坐班服务3181次，现场总服务时长2.0万小时，登记工作日志5037卷。为辖内村（社区）及群众提供法律咨询3604次。开展法治宣传、法治讲座420次，出具专业法律意见40次。参与人民调解53宗、提供法律援助3宗、其他108次。

**【公共法律服务】** 2019年，黄埔区落实公共法律服务“半小时服务圈”工作要求，创新建立区南北中3个公共法律服务中心和5个园区公共法律服务示范点，引导仲裁委、公证处、知识产权中心和律师所等机构入驻中心，聘请退休法官、律师、公证员、仲裁员等专业人士，进入中心开展法律咨询、案件调解调处、法律文书的制作等，力争建设成协作配合、快捷高效、便民利民的法律服务平台和矛盾纠纷化解平台。

打造“区级多功能公共法律服务中心”品牌。区3个公共法律服务中心均加挂区调解中心牌子，构建调解、法援、法宣与仲裁、公证、诉讼的联动机制，实现一站式、综合性的专业服务。南区中心对接区法院的案件导流，6月建成运行后，接收区法院调解案件823件，调解成功498件，司法确认321件，履行率100%。北区中心按照“政校合作”的创新思路，整合各种法律服务资源，引入知识产权公证处和律师事务所，丰富公共法律服务内涵。9月起，提供法律咨询、律师服务、法律援助和公证服务100余宗、400余人次。是年，3个中心服务群众3130人次，受理法律援助申请1254件，指派调解案件4011件，“半小时公共法律服务圈”初步形成。该项工作被广东省司法厅列为全省司法行政固强补弱创新创先示范点。

设立工业园区公共法律服务站。按照“一园区一律所一公共法律服务站”工作思路，引进律师事务所参与到园区公共法律服务工作中来，打造政府主导与社会力量参与的市场化服务机制。在中国科协广州科技园、华南新材料园、鱼珠智谷、生物岛、黄埔文化产业园设立5个园区公共法律服务站，协助园区组建律师服务团队，提供法律咨询、矛盾化解、法治宣传、法律援助指引等，依法保护园区企业和员工的合法权益，形成公共法律服务社会化、多元化供给机制。设立广州市知识产权公证处。依托黄埔公证处在广州科学城创意大厦成立广州市知识产权公证处，为黄埔区打造“知识产权保护样板区”提供支撑。

开展法律援助“五进”宣传活动；公开招募优质法援律师28名，建立“黄埔区常备法律援助人员名册”；推广使用法律援助公众号和“法律援助信息管理系统”，利用“互联网+”为法律援助提速增效；通过业务培训、与法院联动、组织旁听、补贴激励等举措，提升法援律师的工作积极性和办案质量；做到特殊案件快速办理，90%以上案件实现“五个当天”完成；开展法律援助进企业活动，为农民工和困难员工申请法律援助开设绿色通道。全年接待法律咨询3025次，受理法律援助案件855件1388件。

**【普法与依法治理】** 2019年，黄埔区新建法治文化主题公园1个、法治宣传栏9个；更新黄埔区法治文化长廊（广州开发区中学）宣传内容；更新191个法治宣传栏3期；购置发放宪法和其他法律书籍1000余册；“黄埔普法”微信公众号发布各类法治宣传信息600条，受众人数4万人。印刷发放宪法、扫黑除恶、知识产权、广州市地方性法规等宣传海报5万张，宣传折页11万张；举办普法宣传、咨询、培训活动，以及送法进校园、进企业、进网络等法律讲座等150余场次；播放法治动漫短片及电影500场，受众人群50余万人次。全年投入使用经费63万元。

落实“谁执法谁普法”责任制。组织召开黄埔区首届时国家机关“谁执法谁普法”履职报告评议会，评定区检察院、区应急管理局的“谁执法谁普法”履职等级为“优秀”。结合机构改革督促指导区属各有关单位制订完成2019年度普法责任清单。

重点精准普法。购买“马米奇遇记”学法系列丛书500套赠送给全区中小学校；新购置一批展板挂图，在青少年法治教育实践基地、青少年宫、学校等地展览；在科学城中学举办“先法在我心中——宪法大课堂”启动仪式，宪法进校园宣讲活动按要求完成；将“青少年普法”和“广州市地方性法规进校园”纳入法治副校长业务培训重要内容；编印发放《当守法好学生，做文明广州人》宣传资料2.5万册。定期到区内企业进行法律体检，宣讲《劳动合同法》《安全生产监督法》等法律法规；利用为企业的普法阵地宣传宪法、扫黑除恶、安全生产、来穗人员服务、禁毒等内容；订单式精准普法，到三叶公司、环美服务中心、恒运集团等企业开展普法活动。通过普法动漫、法治短剧和法治微电影等方式，在各街镇、村（社区）和企业巡回播放。

打造法治文化建设优质品牌。高标准建成黄埔区首家“法治文化主题公园”，并申报全省十佳；与市、区保密局，市法宣办联合拍摄保密微电影《密中密》，获全国保密影视作品比赛二等奖；指导企业加强法治文化建设，7家规模企业获评“广东省法治文化建设示范企业”称号，获评数占全省一半；全区126个民主法治村（社区）创建达到省级标准，实现创建申报100%。

强化普法宣传队伍建设。在公检法司部门挑选热心法治教育工作的优秀人才，按照双向选择的原则，充实完善法治副校长队伍，区内中小学聘请率100%。将街（镇）村（社区）法律顾问纳入作为法治宣讲队伍；与广州商学院协作，遴选推荐20名法学老师作为讲师团成员，47名优秀学生作为普法志愿者。举办2019年全区法治宣传骨干暨法治副校长业务培训，提高普法宣传队伍的能力素质。

12月4日，联合区教育局、区住建局和云埔街道办事处，在广州市义务植树公园举行“12·4”国家宪法日宣传暨法治文化主题公园开园仪式。活动以“弘扬宪法精神，推进国家治理体系和治理能力现代化”为主题，分法治文化主题公园开园仪式和普法宣传文艺演出两部分进行。活动派发宣传资料2000余份，普法奖品500余份。

**【人民调解】** 2019年，黄埔区全年开展矛盾纠纷排查427次，受理纠纷案件6236件。其中，各级调解组织受理4011件，成功调解3939件，成功率98.2%；法院诉前联调受理2225件（其中涉及劳动争议纠纷508件、道路交通事故纠纷387件、物业纠纷239件、其他纠纷1091件），未出现因调处不当而激化升级情况。在全市率先完成专职调解员招聘任务，印发《广州市黄埔区人民调解案件补贴实施细则（试行）》。创新建立全省首家“粤港澳大湾区知识产权调解中心”。构建的黄埔区社会矛盾纠纷调处中心，被广州市委政法委列为广州市2019年基层社会治理创新示范项目。

探索健全不同类别调解组织。推进民营企业和工业园区调解组织建设，建立“黄埔区鱼珠码头人民调解委员会”“黄埔区互联网+小镇鱼珠智谷人民调解委员会”“广州鹿山新材料股份有限公司人民调解委员会”“广州商学院人民调解委员会”。注重发挥明星调解员“人气”效应，设立以个人名义命名“陈英和解室”“马万峰调解工作室”。

打造矛盾纠纷多元化解新平台。以司法所、公共法律服务平台、各调解组织为基础，吸纳法院、劳动、公证等相关部门，整合多方资源联合打造新版的人民调解模式——黄埔区矛盾多元化解中心和南北分中心以及各街镇调解中心建设。南中心以大沙司法所为基础，利用区法院设置的“两站六室”（“两站”指法律援助中心法院工作站和黄埔公证处司法辅助工作站，“六室”指物业纠纷、劳动争议、道路交通事故、知识产权、婚姻家庭纠纷等5个诉调对接工作室和1个律师调解工作室）。建立诉前导流、审前分流、诉讼分流的涉诉纠纷分流机制，主要联系黄埔、红山、鱼珠、夏港、大沙、文冲、南岗、穗东、长洲街等调处力量，推动建立司法、行政、社会相结合的多元矛盾纠纷化解机制，形成“分流、调解、速裁、快审”一站式纠纷化解模式，自建成以来，参与化解矛盾纠纷1204件，成功化解702件，为2000余人次提供法律咨询。其中，妥善解决凯盛系列案等劳动争议纠纷319件，赔付道路交通事故纠纷赔偿款107件，化解联和街道华沙社区13件、97人拆迁补偿纠纷和116件涉雅居乐、万科、黄埔花园物业纠纷系列案。北中心建立龙湖司法所与广州商学院法学院政校合作的新模式。以广州商学院名义设立“广州商学院人民调解委员会”，调委会所有调解员为广州商学院法学院的教师（具有律师从业证）。以龙湖司法所、龙湖街公共法律服务站为基础，设立黄埔区矛

2019年5月，黄埔区司法局人民调解手机应用程序上线启用
（黄埔区司法局供图）

盾纠纷多元化解中心（南片），“广州商学院人民调解委员会”作为调解组织进驻中心，以及法律援助站、公证处司法辅助工作站等相关组织共同进驻中心，将中心打造成多元化的纠纷化解平台，调解九佛、龙湖、新龙地区的矛盾纠纷，及承接区法院九龙法庭的案件诉调分流。

5月，在全区开展人民调解宣传月活动。通过举办主题咨询日活动、开设宣传专栏、邀请媒体报道、派发宣传资料等形式，利用报纸、广播、电视和网络等媒体平台，宣传黄埔区人民调解工作。要求各司法所开展法律咨询活动，带动群众主动参与，强化群众通过人民调解途径解决矛盾纠纷的意识，扩大人民调解和排查化解工作的社会影响力。

**【安置帮教】** 2019年，黄埔区结合人事变动及时调整区安置帮教工作领导小组成员，组织领导小组联络员会议暨安帮工作业务培训。组织区帮教团前往广东省番禺、韶关监狱，对黄埔区户籍的在监服刑人员开展亲情帮教活动；组织对特困刑释人员开展“献爱心、送温暖”社会帮扶活动。组织区内4家企业，参与广东省女子监狱“筑梦新生扬帆起航”临释罪犯就业推介会，与16名即将临释的罪犯签订《就业意向书》；贯彻落实上级有关特赦工作精神，做好黄埔区5名特赦人员的安置帮教工作，协调惠来县、阳江市江城区、湖南省桃江县司法局做好3名特赦人员的列管工作。召开黄埔区社区矫正特赦评审会，邀请区检察院、区公安分局参与，一致同意对6名社区服刑人员报请特赦。经公示，区检察院出具《特赦检察意见书》。广州市中级人民法院对报请的6名社区服刑人员裁定特赦，裁定当日完成解矫手续，卸除定位手环，完成安置帮教对接工作。全年全区在册刑满释放人员949人，其中重点帮教人员142人，重新犯罪率0.003%，通过各种渠道安置946人，安置率99.7%。

**【社区矫正】** 2019年，黄埔区列管社区矫正对象676人，其中新接收368人，期满解矫322人；完成社会调查41人次，走访2957人次，监督报告2.45万人次；集中教育4328人次，集中点名5351人次，个别谈话5066人次，震撼教育130人次；社区服务7379人次；电子定位手环佩戴率98.7%，无脱管漏管。全年予以扣分238人次，警告36人次，提请撤缓收监建议6人。开展扫黑除恶专项排查行动，防止社区服刑人员被黑恶势力拉拢利用，摸查676人次，报送涉黑线索2条。

健全监管机制。全区专项督查司法所17个，排查在册社区矫正人员，摸清安全隐患，严格抓实“四个重点”，落实“五个一”情况，执行“六项措施”，整改存在问题。实行“五个一”教育矫治模式，开展“每月一主题”教育活动，组织重点人员、涉枪赌毒、危险性较高、不服管的59名社区矫正人员前往广州市社区矫正基地开展集中教育及社区服务活动。

推进信息化建设。推动黄埔“社矫+”大融创战略，“社矫+公检法”“社矫+社会力量”“社矫+信息化”等，协调公检法等单位确立刚性执法权威。联合高校、医院、律师、社工等社会力量开展柔性帮扶。创建“黄埔社矫APP”“智慧矫正中心”“五级联通督查系统”等科技项目，打造社区矫正“黄埔特色”，相关经验在中央、省级等新闻媒体均有宣传报道。

**【广东省首家“粤港澳大湾区知识产权调解中心”建立】** 2019年，黄埔区创新建立全省首家“粤港澳大湾区知识产权调解中心”。整合粤港澳三地专业调解资源力量，与广东省知识产权保护中心、广东省知识产权研究会、广州开发区知识产权保护局、国际争议解决及风险管理协会、香港和解中心，澳门知识产权研究会等单位共同签署《粤港澳大湾区知识产权调解中心合作框架协议》，宣告全省首家粤港澳大湾区知识产权调解中心成立。该中心被纳入广州市2019—2021年知识产权三年保护行动计划纲要，以及2019年广东省和广州市创建知识产权强省（市）重点工作项目。

**【司法社工购买服务】** 2019年，黄埔区加强社会力量参与司法服务。通过招标代理机构依法在各级政府采购网上进行公开招标，购买20名司法社工专业服务，投入经费200万元，经过资格审查、评标，由黄埔区普爱社会工作服务社中标，双方签订《广州市黄埔区司法局司法社工服务项目政府采购合同》。10月，20名司法社工全部到岗。

（梅卫峰）

# 军事

○编辑　龚晓华　田丽华

## 区人武部

【概况】 2019年，黄埔区人武部贯彻军委国防动员部、广东省军区和警备区工作部署要求，遵循“深化改革、聚焦备战、夯实基础、从严治军、深度融合”的工作思路，坚持政治建军、改革强军、科技兴军、依法治军，全面建设呈现出稳中前进、整体提升的发展态势。

是年，永和街道武装部干事霍宪功、广州商学院征兵工作站黄莉霞被评为广州优秀专武干部，九佛街道、海军某工厂武装部被评为优秀武装部。

【战备工作】 2019年，黄埔区人武部修订完善各类战备方案和应急行动预案。围绕应急作战、应急动员、支前保障等使命课题，加强对各类战备方案和应急行动预案的研究。全年开展集训9次，参训对象包括专武干部、民兵营长、基干民兵、专业队伍等。

【国防后备力量建设】 2019年，黄埔区人武部抓好民兵组织整顿。按照“平时服务、急时应急、战时应战”要求，构建规模适度、布局合理、功能完善、结构科学的国防后备力量队伍体系。

【拥政爱民】 2019年，黄埔区人武部参加黄埔区扶贫攻坚战，定点联系杜步镇扶贫工作。组织开展民兵轻舟分队专业集训，参加黄埔区综合救援演练，出动民兵防台风备勤。10月6—7日，组织民兵参加广州市白云山和黄埔区丹水坑重阳节登高执勤。

【征兵宣传】 2019年6月，黄埔区人武部组织征兵宣传进校园活动，邀请军事院校的专家、教授到辖区广州商学院、广州航海学院等大学宣传征兵，会同黄埔区教育局、民政局开展大学生应征青年现场咨询、答疑等活动，增强在校和毕业大学生国防观念，激发广大青年报效祖国、参军入伍的热情。7月，开展“国防宣传月”征兵宣传。全年全区张贴宣传标语5230余张，横幅340余条，利用手机短信、微信、有线电视、网络、宣传车等手段深入宣传180余次，刊出各类板报、墙报140余幅（期），召开各种座谈会135场次。至年末，全区大学生新兵占全区征集新兵总数的88.75%，全区无一例退兵情况发生。

（张争）

## 人民防空

【概况】 2019年3月，黄埔区实施机构改革，黄埔区住房和城乡建设局（广州开发区建设和交通局）加挂市黄埔区人民防空办公室（黄埔区民防办公室）牌子，人民防空具体职责由局内设人防工作处负责。是年，黄埔区民防办公室开展人防工程建设“多规合一”“并联审批”“联合审图”“联合测绘”“联合验收”等工作，建立人防工程巡查制度。开展人民防空教育宣传，加强人防工程建设与维护管理，高质量推进人防指挥体系建设。

【人防工程建设】 2019年，黄埔区民防办公室加大公共人防工程建设力度，坚持人防易地建设费专款专用。加强防空地下室项目审核、易地建设及竣工验收备案工作。参与建设工程项目行政审批改革，联合验收案件办理。提高人防工程审批质量，优化审批服务，做好减证便民、告知承诺制、“让信息多跑路，让群众少跑腿”等工作落实。

【人防工程安全管理】2019年，黄埔区民防办公室制订人防工程年度巡查计划，对往年水浸人防工程、位置偏远、老旧人防工程开展重点巡查。重点检查防护设备是否可用管用、维管机制是否落实、是否储存易燃易爆物品、电动车违规用电、防汛措施是否到位等问题。开展春节安全生产排查专项整治、国庆消防安全等专项检查，消除人防指挥工程、人防工程消防安全隐患。巡查人防工程发现问题及时整改。各街镇在职能范围内全覆盖检查人防工程。配合市人防办开展防空行业整治，对人防工程开展防护设备生产企业产品质量的抽检工作，完成行业复查任务。人防工程加挂人防工程标识牌。开展人防工程维护管理人员业务培训，提高维护管理人员水平。开展早期地坑道人防工程安全整治，摸清底数，建立台账。

【城市人民防空演习】2019年9月21日上午，黄埔区、广州开发区参加广州市“羊城天盾——2019”城市人民防空演习。区人武部、区委宣传部、区发改局、区教育局、区住建局等部门在区人防基本指挥所参与联合指挥，主要演练开设人防指挥所、机动指挥所、组织社区居民紧急疏散掩蔽演练等科目，全区30余个单位参与演习的组织保障，参演人数260余人。演习依托人民防空指挥信息系统，采取上导下演、异地同步、多场联动以及室内与室外、指挥演练与实兵行动、计划导调与随机导调相结合的方式，组织实施人员疏散掩蔽行动演练，取得成功。通过演习，检验黄埔区新修订人民防空方案特别是人口疏散方案的可行性，研究探索信息化条件下城市人员疏散掩蔽的组织指挥程序、内容和方法，提高社区居民的国防观念和防空意识。

【通信警报建设及管理】2019年，黄埔区民防办公室制订警报设施维护管理和安全检查工作计划，检查、检测全区警报设施，重点检查每台警报设施的控制终端、室外机组、通信和电源线路，更换部分警报设置点的老旧线路，确保每台警报器运转正常。9月，举办警报器维护管理人员培训班，提高维护管理人员业务水平。

【人防机动指挥所建设】2019年，黄埔区民防办公室督促101建设业主制订通信系统验收工作方案，明确验收流程和时间表，推进101工程通信系统验收。加强重要经济目标防护。督促指导辖区二、三级重要经济目标单位编制防护方案33家，推动重要经济目标单位加强自身防护建设。率先完成人防专业队伍组建工作。督促指导区内重要经济目标单位组建人防专业队。在金坑林场加挂黄埔区人口疏散基地牌子，加强黄埔区人口疏散基地建设。严格落实按纲施训，开展“准军事化”训练演练。坚持指挥通信训练常态化，保证训练质量。组织人防视频会议系统、机动指挥所、短波电台互联互通训练及自训103次。开展区内重要经济目标单位防护训练8次。深入街镇摸清统计各类信息14万条，编制完成区属各街镇人民防空袭疏散工作方案。

【人防宣教】2019年，黄埔区民防办公室开展人防进社区示范点建设。5个示范点，通过建立人防工作站、制定工作站制度、配备应急设施设备、开展应急演练等活动，普及防空防灾知识与自救互救技能，增强民众的国防观念、人防意识。开展人防宣传教育月活动。为各街镇设计制作以人防为主题的宣传栏，每个街镇300份宣传资料和300份人防主题笔记本。在科学城小学开展“关注人民防空 共建平安校园”主题宣传活动。成立广州市人防志愿服务队黄埔区分队，各街镇在志愿服务平台注册广州市人防志愿服务队街道服务分队并招募志愿者，区分队有注册志愿者159人。结合日常人防工程巡查，发放《广州市人民防空管理规定》《人民防空工程巡查手册》、防空减灾知识手册等资料，宣讲人防工程的维护管理常识等，提升管理单位安全防范和防灾减灾意识。

（谢疆）

## 军民共建

【概况】2019年，黄埔区委、黄埔区政府和驻区部队坚持把双拥工作作为一项事关全局的政治任务，纳入地方经济社会发展和部队建设的总体规划。落实党委议军会议、军政座谈（联席）会议、双拥专题会商、重大事项协商、领导定期走访等制度。细化区党政班子成员联系优抚对象和驻区部队制度，全区各级领导尤其党政军主要领导切实当好双拥工作的带头人和第一责任人。是年，黄埔区拓展与海军某舰的共建内涵，擦亮“城市与战舰”双拥共建品牌。持续完善“长洲双拥岛”建设，打造具有黄埔特色的双拥工作精品。以省武警机动支队为依托，开展双拥共建活动，建设具有代表性和示范性的双拥共建军营。

【双拥宣传】2019年，黄埔区双拥办贯彻《中华人民共和国国防教育法》，把以爱国主义为核心，以拥军优属、拥政爱民为重要内容的国防教育和双拥宣传纳入双拥年度工作计划，做到国防教育和双拥宣传进机关、进学校、进社区、进企业、进连队。利用辛亥革命历史纪念场馆、黄埔军校旧址等教育基地，采取专家授课、学习参观等方式，开展国防教育和双拥宣传，增进军地情感认同。通过慰问、走访、联谊、座谈等交流活动，开展拥军优属和拥政爱民宣传教育。在中心街道、社区和广场、公园、公交站点等场所设立双拥公益广告喷画、横幅等双拥宣传标语，利用微博、微信、客户端等新兴媒体开展经常性国防教育和双拥宣传。通过《黄埔信息网》《黄埔新时代》《黄埔有故事》等媒体，反映双拥工作动态，推广双拥文化作品，宣传双拥先进典型。坚持对黄埔籍现役官兵立功受奖的喜报、慰问信及时送达当事人家中。开展黄埔区首届10名“最美退役军人”“最美军嫂”“最美双拥标兵”评选和学习宣传活动。

**【拥政爱民】** 2019年，驻黄埔区部队集中力量办实事、办好事，惠民生、暖民心、解民忧。通过组织官兵宣讲国防知识、开展“军营开放日”等活动，广泛开展国防教育和双拥共建活动。支持地方经济社会发展，主动承担急难险重任务，协助地方有效防范和妥善处置各类突发事件。全年驻区部队官兵参加抢险救灾10余次，无偿献血2万毫升，出动官兵2000余人次，全力支援地方做好重要节日维稳、大型活动安保、创文创卫、春运执勤等工作。协助街镇、社区（村）做好道路、河涌改造和城市卫生整治、环境绿化美化，植树造林1000余棵，清理垃圾10余吨。开展国防教育、军事训练、德育美育特色教育、捐资助学等活动，累计军训学生2500余人。开展学雷锋便民助民活动，参与社区志愿服务，帮助困难家庭解决实际困难20余件，为人民群众做好事150余件。

2019年12月27日，中国爱国拥军促进会“翰墨丹青壮军魂”文化拥军系列活动——全国著名书画家赴武警广东省总队机动支队援军行暨爱国拥军艺术家揭晓仪式（王勇　摄）

**【“翰墨丹青壮军魂”文化拥军活动】** 2019年12月27日，由中国爱国拥军促进会和广东省、广州市、黄埔区双拥办联合主办的“翰墨丹青壮军魂”文化拥军系列活动在驻黄埔区武警机动支队举行。中国爱国拥军促进会特约顾问胡振民，中国爱国拥军促进会会长罗平飞，中国爱国拥军促进会常务副会长、全国政协委员、星河湾集团董事长黄文仔等促进会领导，来自全国各地的30余位著名书法家、美术家走进军营，把对党、对祖国和人民军队的深情厚意化作一幅幅笔墨丹青。广东省双拥办、省退役军人事务厅，广州市退役军人事务局，黄埔区双拥办等地方领导以及武警部队官兵500余人出席，现场创作书画作品200余幅。中国爱国拥军艺术团歌唱小分队青年演员在营区与部队官兵开展互动演出、同台献艺，受到基层官兵的热烈欢迎。

**【中国人民解放军92218部队】** 中国人民解放军92218部队驻黄埔区，是海军“四无”安全建设先进单位、南海舰队从严治军先进单位、军事训练一级团单位、装备管理先进大队、基层建设先进团和先进团党委、广州市军警民共建先进单位。2019年，开展“不忘初心、牢记使命”“传承红色基因、担当强军重任”“牢记使命、建功南海”铭记领袖嘱托、建设强大海军”等主题教育和实践活动，利用驻地、舰艇执行任务海区的红色资源，开展随机教育，筑牢官兵思想基础，打造“大舱文化”“通道文化”等具有登陆舰特色的两栖先锋文化品牌。围绕党在新形势下的强军目标，强化练兵备战鲜明导向，把军事训练摆在中心，组织实战化科目训练。开展群众性练兵比武、“军体强化训练100天”等活动。拓展双拥共建工作内涵外延，开展军地联谊、结对帮扶、走访慰问等活动。为社区区民理发、修理电器、清扫街道卫生等。

（王勇　朱思佳）

# 经济管理

◎编辑 田丽华 潘 虹

## 综 述

【概况】 2019年，黄埔区主要经济指标完成情况良好，地区生产总值完成3502.47亿元，增长8.6%，创近四年来新高。黄埔区综合实力位居全国百强区第四，比上年提升2位；广州开发区综合考评居国家级经济技术开发区第二；广州高新区全国排名上升至第7名。企业经营效益好转，工业企业利润总额增长8.9%；工业企业主营业务收入增长3.4%；工业产品产销率99.2%，同比提高0.3个百分点。新兴产业加速发展，IAB、NEM五大战略性新兴产业产值增长8.9%，高于全区规模以上工业产值增速3.2个百分点。财政收入质量优良，一般公共预算收入增长4.49%，其中区级税收收入占一般公共预算收入的85.3%，全年新增减税额112.95亿元。全年城市和农村常住居民人均可支配收入分别增长9.3%和10.5%，均超过经济增长速度。

【固定资产投资】 2019年，黄埔区固定资产投资完成1398亿元（按项目在地口径统计），比上年增长20.1%。按资金来源划分，财政投资完成357亿元，增长8.6%；社会投资完成1041亿元，增长24.6%。按产业类型划分，工业投资完成372亿元，下降3.3%，三产项目完成投资1027亿元，增长31.6%。

【财政投资基本建设项目】 2019年，黄埔区政府投资计划年度安排资金规模160亿元，结合资金拨付和需求预测情况，适时将年度政府投资基金资金总规模由160亿元调增至199亿元。全年实际拨付资金183.14亿元，执行率92.03%，有力支撑全区区域经济社会发展。

【社会投资项目】 2019年，黄埔区加强与立项企业沟通联系，为企业提供服务，做好立项申报辅导等工作。推进网上备案，大幅压缩审批时限，力求达到“便民、高效、公开、规范”的目标。全年办理社会投资项目立项679个，其中新增项目533个，涉及总投资1795.89亿元；变更项目123个；延期项目23个。

【政府和社会资本合作项目（PPP项目）】 至2019年年末，黄埔区已开工PPP项目5个，其中黄埔区有轨电车1号线（长岭居——萝岗）项目永顺大道段已开通试运行；知识城综合管廊及配套设施工程项目知识城创新大道路段基本完工；广州开发区水质净化厂污泥干化减量项目已基本完工并进入试运营；知识城环九龙湖核心功能区基础设施配套项目四横路西延线已完工；黄埔区有轨电车2号线（香雪——南岗路口）已开展征地拆迁等工作，以上项目撬动社会总投资达113亿元，涵盖交通、市政、管廊、污水处理等多个领域。

【供给侧结构性改革】 2019年，黄埔区完善价值创新园区建设政策体系。制定印发《黄埔区2019年村级工业园整治提升工作计划》《黄埔区村级工业园整治提升三年行动计划（2019—2021年）》《黄埔区村级工业园整治提升实施细则》等一系列制度文件。推动低效园区提质增效和村级工业园整治提升。根据市工信局“三个一批”分类要求，将全区36个村级工业园初步分为改造提升类12个，功能转换类24个（无淘汰关停类），整治提升面积约44公顷。落实减税降费政策。对照深化增值税改革时点：4月1日起“开好票”、5月1日起“报好税”、5月征期后“算好账”。做好政策宣传，加强涉税中介机构服务与监管，落实各项税收优惠政策。全年新增减税降费规模113亿余元，占全市19.5%。创新企业用地供应方式。争取重大产业项目、重要科研平台落户，申请用地指标戴帽下达。购买用地指标，探索根据产业周期确定工业土地出让年限，出让价格按照法定最高出让年期的价格进行比例递减。加强集中供热保障，全区建成集中供热机组14台，集中供热能力1141吨/小时，建成集中供热管道总长近80千米，至年末，区内有集中供热用户150余户，关闭企业自用小锅炉200余台，减少排放二氧化硫500余吨，节省燃油量2000余吨。

**【社会信用体系建设】** 2019年，黄埔区在广州市社会信用体系建设考核中居全市第一名。推进“双公示”数据归集，督促企业更正不符合要求数据；组织区内各部门梳理国家部委信用联合奖惩备忘录，制定信用联合奖惩部门措施清单，将该清单嵌入区公共信用信息管理系统联合奖惩模块中，实现红黑名单与奖惩措施自动匹配，提醒各部门实施奖惩措施。强化失信治理工作，对失信行为展开核查，请第三方出具信用核查报告。开展公益性信用修复培训活动，督促失信在运营黑名单企业履行法院判决，退出黑名单。

**【电力配售改革】** 2019年，黄埔区推进售电直接交易试点，参与市场用户230户，交易电量94亿千瓦时，为企业节省电费3.29亿元。其中，区属全资国企穗开电业公司代理区内用户38户，用电量约40亿千瓦时，节约用电电费1.4亿元。推进知识城增量配电业务改革试点。知识城配电公司完成首期注册资本2亿元注入，取得竞争性售电资格和电力业务（供电类）行政许可，完成第一批人员招聘。印发优化企业供电工程审批程序方案。推动企业高压单电源报装时间压至20个工作日内，高压双电源压减为21个工作日内，低压（非居民）办电时限压减为7个工作日，提高企业办理用电审批效率。

**【重点建设项目推进】** 2019年，黄埔区牵头的148个市“攻城拔寨”重点建设项目完成投资587.5亿元，完成年度计划投资的122.7%。其中，15个省重点项目完成投资224.1亿元，完成年度计划投资的175%；62个市重点项目完成投资358亿元，完成年度计划投资的115%。省、市、区重点建设项目均提前完成年度计划。诺诚健华、康方药业、卡尔蔡司等37个重点项目开工，乐金OLED一期、LG化学偏光片一期、粤芯半导体一期、瑞松机器人、雪松总部等16个项目投试产。

（杜娟慧子）

## 营商环境改革

**【概况】** 2019年3月28日，黄埔区率先在北京、上海、广州、深圳4个特大城市中成立营商环境改革局——广州开发区营商环境改革局，统筹推进全区营商环境改革工作。是年，广州开发区把优化营商环境作为全面深化改革的头号工程。坚持问题导向，从体制机制上破解制约企业发展难点、堵点、痛点，通过高效率推动顶层文件出台、高质量深化“放管服”改革和高标准推进重点领域改革创新，高水平建设全省首个营商环境改革创新实验区。精准聚焦市场主体感受，通过建立全省首个营商环境观察员制度等多种方式，构建内外结合的监管体系，加大营商环境改革监督协调力度。加强全区营商环境改革宣传，打响营商环境改革“黄埔品牌”，相关改革在新华社、《人民日报》、中央电视台等媒体均有报道。

**【广东省营商环境改革创新实验区建设】** 2019年7月3日，《广州高新区（黄埔区）建设广东省营商环境改革创新实验区实施方案》印发实施，广东省委全面深化改革委员会赋予黄埔区4个领域28项改革重任。7月17日，黄埔区制定出台《广州高新区（黄埔区）建设广东省营商环境改革创新实验区行动方案（2019—2022年）》，提出12个方面、44条具体改革举措，配套4条保障措施，推进全区营商环境改革创新工作；同步推出《广州市黄埔区广州开发区2019年营商环境改革工作要点》，明确年度改革目标、细化任务分工。是年，广东省营商环境改革创新实验区取得阶段性成效，黄埔区在若干重点领域和关键环节取得突破，多项指标达到全国最优、国际一流。企业开办、区块链电子发票、政策兑现、“12345”审批服务体系、知识产权保护5项举措作为第一批典型经验，在全市复制推广；政策兑现、“秒批”、知识产权证券化3项经验，作为优化营商环境改革经验在全省复制推广借鉴，“12345”审批服务体系有关经验被国务院推进职能转变和“放管服”改革协调小组、广东省推进职能转变协调小组办公室宣传推广。是年，广州开发区获“2019年全国经开区营商环境指数”第一位、“2019年度营商环境十佳经济开发区”第一位、“2019年度中国营商环境改革创新最佳示范区”等荣誉，“广州开发区营商环境改革探索”作为全省唯一代表入围“2019中国改革年度案例”。

**【“放管服”改革和行政审批制度改革】** 2019年，广东省政府下放12项省级行政职权、支持开展20项改革创新事项。7月19日，公布施行《广东省人民政府关于将一批省级行政职权调整由广州市黄埔区（广州高新区、广州开发区）实施的决定》。广州市委、市政府下放 12 项市级事权，进一步扩大黄埔区经济社会管理权限。广州开发区营商环境改革局统筹全区各相关部门做好事权的承接，确保下放的权限“接得住、管得好、有实效”。建立以权责清单为“源头”的权力约束机制，对全区权责清单 5100 余项、市拟下放权限 3400 余项进行梳理，审核行政中介服务事项 300 余项；完成全区 218 个行政许可的标准化编制，明确基本要素、审批条件等 23 个环节 170 个要素，构建自由裁量基准。

**【营商环境监督评价】** 2019 年，黄埔区对区委深改委营商环境改革专项小组、区推进营商环境改革创新实验区创建工作领导小组进行结构调整，在各成员单位设置营商环境专员。联合国家发改委营商环境评价中标单位无量科技有限公司，组织对年度营商环境进行体检式评价，对标国内先进地区，找差距、补短板、提建议、促提升。以专项绩效考评为抓手，将营商环境评价结果与绩效考评相挂钩，对全区 59 个单位的营商环境改革工作任务量化、指标化，强化考评结果应用，激发改革热情。建立全省首个营商环境观察员制度，召开营商环境观察员座谈会 3 次，收集梳理意见建议 69 项，建立办理台账并及时向观察员反馈，发挥观察员建言献策和监督评价作用。在行政服务中心开设“营商环境监督服务”专窗，在政务服务网站开通“营商环境投诉与建议”专栏，在全省首个“粤商通”黄埔专区设立营商环境投诉专栏，针对企业全生命周期的各个环节，提出黄埔区服务标准，接受投诉建议。协调解决企业重大复杂诉求 60 余项，协调解决 IAB（新一代信息技术、人工智能、生物医药）政策兑现进度慢、政策宣传贯彻不到位，鹿山公司项目落户奖和云升科技园室内手机信号弱等问题，帮助企业谋发展、提信心，构建“亲清”政商关系。

**【机关事业单位 ISO9001 质量管理】** 2019 年 7 月，广州开发区营商环境改革局举办 ISO 9001 质量管理体系文件编写暨内审员培训，全区 36 个贯标单位 70 名负责 ISO 9001 质量管理体系文件编写的工作人员参加培训。委托莱茵技术监督服务（广东）有限公司对全区 8 个标杆单位进行 ISO 9001 质量管理体系现场审核。通过内审和外审，广州开发区管委会 ISO 证书通过年度跟踪审核，推动各部门改进管理方法与手段，提高服务质量。

**【2019 年广州开发区营商环境指数居全国经济开发区第一位】**

2019 年，《2019 年全国经开区营商环境指数报告》发布，广州开发区营商环境指数总得分居全国第一位。是年，黄埔区、广州开发区抢占政策创新制高点。成立北京、上海、广州、深圳四个城市中首个营商环境改革局，全面推进全省首个营商环境改革创新实验区建设。承接省政府下放的 11 项省级行政职权和支持开展的 17 项改革创新事项。密集出台区块链、5G、工业互联网等产业以及“海外尖端人才 8 条”等政策，构建完整、有机、高效的政策体系。加快行政审批改革，全国首创建设项目“12345”审批服务体系，成为国内办理企业投资建设项目行政审批“流程最优、材料最简、成本最低、时间最短”的地区之一，改革经验被国务院推广。畅通政策兑现快车道，建成全国首个限时办结政策兑现系统，将 275 项兑现事项“一口受理、内部流转、集成服务、限时办结”，完成 2.5 万宗资金拨付，4000 余家企业受益。深耕知识产权综合改革试验田，首创司法案件诉前、诉中全过程调解合作机制，建立知识产权纠纷调解的司法确认制度和技术专家咨询制度，形成集司法、调解、仲裁、行政执法、快速维权于一体的立体式知识产权保护体系。

**【全省首创营商环境观察员制度】**

2019 年，黄埔区、广州开发区在全省首创营商环境观察员制度，

2019 年 9 月 4 日，黄埔区、广州开发区举行营商环境观察员聘任仪式（李剑锋 摄）

发挥社会各界力量在营商环境建设中的作用，选聘20名熟悉区情的人大代表、政协委员、企业高管、专家学者、行业协会负责人担任观察员。以“观察+归纳+反馈”构建提效闭环机制，由观察员收集对营商环境改革创新工作的建议，指定相关职能部门根据建议办理、落实。全年收集意见建议69项并全部办结。组织第三方权威机构开展全区营商环境评价，对照世界银行和国家营商环境评价指标体系，组建2个评价调研组，通过听取汇报、走访政务大厅、调阅卷宗、开展问卷调查等搜集数据，查找与国内标杆地区的差距，提出优化营商环境对策措施。开设“营商环境监督服务”专窗，开通“营商环境投诉与建议”专栏。全面梳理分解营商环境改革的重难点问题和工作指标，量化59个单位具体工作任务，将工作实效与过程监督有效结合，推动营商环境改革创新。

**【营商环境监督评价机制】** 2019年，黄埔区推出5项改革举措优化环境评价机制对照世界银行和国家营商环境评价指标体系，调整推进实验区创建工作领导小组，下设14个专责工作组，借鉴香港政企沟通平台“方便营商咨询委员会”先进经验，各部门设置营商环境专员，形成权责清晰、高效联动的工作机制。开展全面评价，委托权威第三方机构按照国家营商环境评价指标体系开展全区营商环境评价，对标国内发达地区找差距、补短板，提出优化营商环境的对策建议，以评促改，以评促建。实施绩效考评。设置工作评估、对标评估、满意度评估、创新引领等考核指标，将第三方营商环境评价结果与部门工作绩效挂钩，打造国内一流营商环境。协调重大事项，协调海关、电力、税务等驻区单位，优化跨境贸易、获得电力、纳税等营商环境关键指标，解决企业重大疑难诉求，助力重点企业、中小企业发展。创新社会监督。在区行政服务中心开设“营商环境监督服务”专窗，在区政府网站开通“营商环境投诉与建议”专栏，接受社会各界对区营商环境的意见和建议，办理和回应相关诉求。

（张晓燕）

**【广州高新区、广州开发区、黄埔区营商环境和招商引资会议】** 于2019年2月16日召开。会议提出，要将营商环境作为企业和群众对地方政府的“用户体验”去提升，争创国家级营商环境改革创新实验区，用高质量的营商环境，吸引高质量项目，推动高质量发展，以全球性视野铺开发展新格局。该次会议着重于“软实力”建树，提出“审批不出区”“服务不打烊”“办事不求人”等要求。在行政审批、企业筹建、招商引资、人才服务等领域推出改革措施。会议提出黄埔区、广州开发区要当好营商环境“建设员”、企业发展“服务员”，把握营商环境、招商引资、实体经济，打造成企业和人才离成功最近的地方，全力打造全球企业投资首选地和最佳发展地，以高质量招商推动高质量发展，为现代化经济体系提供支撑，推动区域建设成为世界一流科技园区。

（钟庆红）

## 财　政

**【概况】** 2019年，黄埔区财政总收入1168.16亿元，比上年增长11.03%。其中，一般公共预算收入181.19亿元，增长4.49%；政府性基金预算收入198.10亿元，增长48.03%；国有资本经营预算收入3.12亿元，下降1.37%；财政专户预算收入1.14亿元，增长7.63%。全区实际可支配财力549.56亿元，比上年增长3.13%。全区一般公共财政预算可支配财力402.64亿元，其中税收返还等上级补助收入净额30.09亿元，上年结余资金37.17亿元，调入资金93.65亿元，调入预算稳定调节基金55.83亿元，地方政府一般债券转贷收入4.71亿元；全区基金预算可支配财力138.21亿元，其中政府性基金预算收入198.10亿元，上级补助收入净额1.79亿元，地方政府专项债券转贷收入12亿元，上年结余资金16.38亿元，调出一般公共预算资金90.07亿元。全区实际财政总支出485.75亿元，比上年增长18.16%。其中，一般公共预算支出343.73亿元，比上年增长26.25%；政府性基金预算支出134.74亿元，增长17.39%；国有资本经营预算支出2.36亿元，下降23.87%；财政专户预算支出0.21亿元，增长10.11%；地方政府债务还本支出4.71亿元，下降77.33%。

**【财政助推经济建设】** 2019年，黄埔区、广州开发区投入71.6亿元支持实施创新驱动战略，主要包括：投入35.3亿元支持建设重大科技创新平台，聚焦中科院大院强所，建设高水平研究机构集群，组建“黄埔实验室”，打造粤港澳大湾区创新中心核心枢纽；投入36.1亿元重点扶持区内重大IAB（新一代信息技术、人工智能、生物医药）产业项目、高成长性科技企业和高层次人才创办企业发展，建成投产乐金OLED、粤芯芯片、百济神州等战略性新兴产业重点项目。投入38.3亿元用于提升产业体系竞争力，加快构建高端高质量新产业体系，主要包括：投入30.8亿元推动制造业链条向高质量发展，发展高新技术产业体系，把知识城、科学城、黄埔港、生物岛打造成高质量发展的核心引擎，工业增加值比上年增长8.5%；投入7.5亿元支持现代服务业、金融业成长，出台“区块链10条2.0”“金融10条”、5G产业发展办法等政策，向民营企业新动能发展基金增资1亿元，为民营企业纾困解难。

【财政支持基础设施建设】 2019年，黄埔区、广州开发区安排基建资金198.99亿元，实际支出183.14亿元。其中，投入土地开发资金86.64亿元，轨道交通资金15.98亿元，道路桥梁工程资金29.77亿元，农林水资金10.8亿元，水电气配套资金6.1亿元，生态建设资金1.7亿元，科技、教育、文化、卫生、体育建设资金8.32亿元，公共服务及安全保障资金21.06亿元，安置区建设资金2.77亿元。区财政局优化支出结构，重点投入征拆收储、节能环保、市政道路、民生等基础设施项目；简化基建项目资金支付审核流程、加强支出进度管理，提高财政资金使用效率。

【财政保障民生实事】 2019年，黄埔区、广州开发区财政从开展优质教育资源供给，健全社会保障就业网络，打造东部医疗高地，促进区域文化繁荣发展等方面保障民生实事。

投入34.9亿元发展教育事业，加大资源供给，促进城乡教育均等化发展。主要包括：投入27亿元保障各类教育经费，推进教师队伍建设及维持学校正常运作，新招聘教师850人，为新开办学校、新扩班学校配备教职员；投入5.5亿元发展学前教育及提升基础教育设施，新开办玉山学校、铁英小学等7所公办中小学和人才工作集团幼儿园、广钢和苑幼儿园等14所幼儿园，确保优质学位供给，新增班级超过500个，新增学位1.5万个；支持来穗人员随迁子女入读公办学校或政府补贴民办学校，提供学位超过4000个；推动集团化办学改革，加强合作办学与交流，发挥优质学校带动示范作用，推进教育事业全面优质发展。

投入16.9亿元完善社会保障体系，分享改革开放发展成果，强化政府民生兜底责任。主要包括：加快推动行政事业单位养老保险和职业年金改革，农转居人员并入城乡居民养老保险改革惠及2.5万人次；实施积极的就业创业政策，投入就业补助资金1.7亿元，补贴企业2.7万家次，补贴个人11.8万人次；落实国家机构改革部署，健全抚恤安置和困难人员帮扶等社会保障机制，提高社会救助标准，低保标准提高到每人每月1010元；推进养老服务改革创新，整合资源提升社区居家养老服务效能，促进居家、社区和机构养老融合发展。

投入10亿元升级医疗卫生服务保障。主要包括：建成中大、泰和、皇家丽等专科医院，加快南方医院、妇儿医院等高端优质医疗资源建设，完成广州开发区医院门诊楼升级改造，基层医疗卫生机构规划布局日趋完善；提升疾病预防控制和基本公共卫生服务水平，重点保障妇幼保健、计划免疫、疫情防控等各项民生实事实施，基本公共卫生经费人均标准从60元提高至65元；深化医药卫生体制改革，巩固基层医疗卫生服务网络，健全社区15分钟、农村（村改居）地区30分钟的基本医疗卫生服务体系；强化独生子女家庭扶助，为7.5万人次购买计划生育家庭综合险。

投入2.9亿元发展文化旅游体育传媒事业，培育和践行社会主义核心价值观。主要包括：拓展公共文化旅游服务空间，高规格建设融媒体中心，高品质打造图书馆、博物馆、文化馆；延展文化艺术传播平台，送阅读服务、艺术服务进企业200余场次，巡演多媒体亲子舞台剧《菠萝蜜奇遇记》50场次，受惠观众30万人次；打造文化体育品牌，举行“我们的节日”“品乐黄埔”、萝岗香雪文化旅游节、“波罗诞”千年庙会、庆祝中华人民共和国成立70周年、黄埔马拉松赛、全国新区经开区高新区职工运动会、“黄埔丝路”世界名校赛艇邀请赛等群众文化体育活动；加强文化遗产保护和传承，加快广州海事博物馆、南海神庙及码头遗址建设，落实“文创十条”政策，支持文化创意产业发展。

【财政支持城乡环境改善】 2019年，黄埔区、广州开发区安排7.4亿元资金用于推动乡村产业兴旺、开展人居环境整治、提升生产生活设施水平等美丽乡村建设工作，提升人居环境品质。聚焦污染治理，加大大气污染防治、生态环境治理的资金保障力度，安排市政公用设施维护和绿化管养费7.55亿元、环卫保洁经费6.36亿元，“三条围”（大沙街姬堂社区新围、旧围、合庆围3个自然村）安置专项经费8.63亿元。推动广州市安全生产和平安城市建设，安排经费用于“四治”（治理非法排放、非法养殖、非法搭建等现象；治理乱停乱放、乱摆乱卖、非法营运等现象；治理涉黄涉赌涉毒涉暴等违法犯罪行为；治理庸懒散奢等机关作风问题）、城市更新、厕所革命、既有住宅增设电梯补贴、公交线路补贴及应急抢险等。

【财政管理机制改革】 2019年，黄埔区、广州开发区深化区级预算管理改革，制定出台《关于深化区级预算管理改革的实施意见》，推出“预算管理改革10条”，覆盖预算编制、执行、监管全流程。以“依法依规，简政放权，绩效导向，风险防控”为原则，推进财政预算管理“放管服”改革，从明确预算管理权责，优化预算执行审批流程，强化预算约束，完善上级转移支付资金管理，改革区级专项资金管理，实施绩效管理，加大财政统筹力度，防范化解财政运行风险，提升对预算单位的服务水平，强化监督问责机制10个方面推进黄埔区预算管理改革，建立现代财政制度。改革举措被《人民日报》、央广网、《南方日报》、《广州日报》、《羊城晚报》和新浪财经等20多家主流媒体报道。加快推进国库管理改革，开展财务核算信息集中监管改革，印发《全面推进黄埔区广州开发区财务核算信息集中监管改革实施方案》，至年末，全区有264个单位的财务核算纳入集中监管系统，占97%以上。启动国库集中支付电子化准备工作，印发《黄埔区 广州开发区国库集中支付电子化管理工作实施方案》，明确各方职责、理顺业务流程，按照广东省财政厅统一部署分步开展试点工作。推进区财政电子票据改革，印发《广州市黄埔区 广州开发区财政电子票据管理改革实施方案》，在区有关单位选择条件成熟的财政票据种类作为试点，探索新办法积累新经验。加强公务卡管理，严格执行公务卡强制结算目录支出要求，印发《黄埔区 广州开发区财政局关于进一步推广和规范公务卡结算管理通知》，建立公务卡管理台账，加强现金使用控制管理，公务卡改革单位覆盖率100%。

**【财政制度建设】** 2019年，黄埔区、广州开发区完善部门财政预算编制，深化项目库建设，优化项目分类管理，严格入库管理。编制2019—2021年滚动财政规划，分析预测重大财政收支情况，研判重大支出政策，增强支出政策的前瞻性和精准度，关注规划期内的重大改革、重要政策和重大项目，推动财政可持续发展。

8月，印发《广州市黄埔区广州开发区落实减税降费政策总体工作方案》，细化相关单位责任分工，加强政策衔接和工作对接，指导、检查和监督全区减税降费实施情况及减税降费政策落实情况。11月，印发《黄埔区 广州开发区综合治税工作管理规定》，明确综合治税工作的组织机构、各成员单位的工作职责、工作机制和责任追究等；成立区综合治税领导小组，领导小组下设办公室，设在区财政局。建立机构改革后政府牵头、部门参与、单位协作、信息共享、齐抓共管的税收综合治理常态化机制，配合经济部门开展涉税数据查询、政策兑现工作。印发《黄埔区 广州开发区本级支出标准体系建设工作方案》。加强预算编制审核，统一审核标准及审核结果应用；印发《黄埔区 广州开发区2020年财政预算编制审核原则及内部工作规程》，明确预算编制流程、审核职责。

**【资产管理】** 2019年，黄埔区、广州开发区完善行政事业单位资产管理制度，转发《广州市财政局转发财政部关于加快做好行政事业单位长期已使用在建工程转固工作的通知》，督促区属行政事业单位加快推进长期使用在建工程转固工作，规范资产管理；转发《广东省省直行政事业单位国有资产对外出租出借管理暂行办法》，将区属行政事业单位国有资产出租出借事项审批权限下放至主管部门，优化国有资产出租出借审批流程；根据《中共广州市委关于建立市政府向市人大常委会报告国有资产管理情况制度的意见》要求，区财政局会同区国资局、区规划和自然资源局印发《黄埔区2019年国有资产报告编制工作方案》，建立健全全面规范的报告国有资产管理情况制度，加强人大和全社会对国有资产的监督，推进国有资产管理公开透明。

**【财政投资评审管理】** 2019年，黄埔区、广州开发区推进财政投资评审管理改革，出台《区财政投资评审复核及综合考评管理办法》等系列文件，简化评审流程，对中介机构评审项目采取抽查复核制，加强中介机构绩效考核管理，根据复核及考评结果，给予增减委托数量和抽查比例、停止委托和扣费等奖惩措施；评审项目实行跟踪负责制，研究解决评审问题。全年完成687项226.87亿元基建项目概（预）算和竣工决（结）算评审工作，审定金额213.98亿元，核减金额12.89亿元，发挥财政监督管理作用，节约财政资金。

**【财政预算绩效管理】** 2019年，黄埔区、广州开发区推进预算绩效管理工作制度化、规范化，在“1+5+N”的预算绩效管理制度框架基础上，印发黄埔区《全面实施预算绩效管理的实施方案》，统筹谋划预算绩效管理改革方向和路径，规范绩效管理工作流程，推进各单位全面实施预算绩效管理，基本建立起“部门职责——工作任务——项目目标”的绩效目标体系，实施支出进度和绩效目标双监控，构建“全面自评、部分复核、重点评价”的绩效评价机制，建立“调整、整改、报告、公开、问责”的综合应用机制。是年，区所有部门预算项目均列入绩效目标申报范围。黄埔区财政局（广州开发区财政局）选取15个预算单位的20个支出项目，开展预算绩效评审工作，涉及财政资金16.35亿元，核减预算金额2.55亿元，核减率15.60%；在各单位全面自行监控基础上，对区人大重点审议的6个部门按照“1+1+X”的模式开展部门整体支出绩效运行监控；推进重点绩效评价和全面自评，重点评价29个重点项目（政策）和7个部门整体支出，涉及区财政资金71.25亿元。注重绩效评价结果的运用，将绩效目标申报及评价结果作为年度部门预算安排的依据，优先考虑绩效优良的项目，对绩效低、差的项目则减少或不再新安排资金，要求项目单位树立“用钱必问效”的绩效管理理念。

【财政监督检查】 2019年，黄埔区财政局（广州开发区财政局）开展财政监督检查24项，涉及财政资金19.5亿元。重点关注部门预算执行情况、财政支出政策和“三公”经费预算执行情况；加大重大财政政策执行情况的监督力度，促进政策落实；加大民生资金监管，落实广东省财政厅以案促改要求，开展“三公”等行政经费专项检查，强化整改落实，健全完善制度；开展科技资金监督检查，规范和提高行政事业单位财务管理，完善内部控制，保障扶持政策落实；开展惠民惠农财政补贴资金“一卡通”专项治理，检查教育和食品药品安全领域、帮扶佛冈县资金和阳山扶贫资金使用情况，保障财政资金安全使用；开展会计信息质量检查，督促单位规范会计核算、加强内部控制和提升财务管理水平，确保会计信息真实准确。落实预算信息公开要求，开展2019年预算公开及2018年决算公开检查工作；重点抽查知识产权局等3个部门决算公开真实性，纠正各部门公开不规范等问题。

【财政信息一体化建设】 2019年，黄埔区、广州开发区加快财务核算信息集中监管改革，开发财务核算信息集中监管系统，支持各预算单位采用《政府会计制度》进行会计核算，与广东省和广州市财务核算信息集中监管系统衔接。至年末，全区有264个单位的财务核算纳入集中监管系统进行会计核算。开展信息安全培训，邀请广州市公安局网监分局讲解网络安全保密、网络安全时间应急处置、网络等级保护等业务，提高财政从业人员网络安全意识。

【政府债务管理】2019年，黄埔区、广州开发区规范地方政府债务发行申报、分配及使用的审批程序，实施化解债务各项措施，修订《黄埔区、广州开发区政府性债务风险应急处置预案》，根据建设资金需求和财力情况，争取地方政府债券；争取到再融资债券4.71亿元，降低全区债务利息负担，缓解集中偿债压力，筹措区域建设发展资金，促进全区经济平稳发展，争取到新增专项债券12亿元，主要用于地铁工程建设及区域重大项目建设。加快债券资金拨付和预算执行进度，形成实物工作量，发挥债券资金效益。至年末，全区负有偿还责任的债务余额153.48亿元，未超出上级下达的政府债务限额。

【政府采购管理】 2019年，黄埔区、广州开发区加强政府采购日常工作监管，严把政府采购预算审核关，依法公平公正处理政府采购投诉，规范政府采购行为，履行监管职能。全年妥善处理政府采购投诉、政府采购信访事项14起，完成政府采购1.17万项，采购金额31.46亿元，节约资金7727.60万元，节约率2.40%。

【会计管理】 2019年，黄埔区、广州开发区办理会计业务2822人次，核发代理记账许可证77个，所有审批事项均未超过政务服务规定的时限。根据政务服务“十统一”要求，重新梳理行政审批事项和公共服务事项办事指南，确保线上申办事项与线下办事大厅保持一致。完成年度全国会计专业技术资格中级、初级考试组织工作，其中初级资格考试报考8645人，中级资格考试报考4580人。开展会计专业技术人员继续教育政策宣传和指引、政府会计准则制度宣传培训等。

【财政信息公开】 2019年，黄埔区财政局（广州开发区财政局）在黄埔区、广州开发区门户网站政务公开栏目公开《广州市黄埔区 广州开发区2018年地方政府债务限额情况表》《黄埔区 广州开发区2018年政府债务信息公开表》《2019年广州市黄埔区财政局（广州开发区财政局）部门预算》《关于黄埔区 广州开发区2019年区本级第一次预算调整方案的报告》《2018年广州市黄埔区（广州开发区）区级决算（省财政厅预决算系统模板）》《关于广州市黄埔区 广州开发区2018年决算（草案）的报告》《2018年广州市黄埔区财政局（广州开发区财政局）决算》《关于黄埔区 广州开发区2019年第二次预算调整（草案）的报告》《黄埔区PPP项目情况表》等文件，保障社会公众对财政工作的知情权、参与权和监督权。

（曾德东 杨思敏）

## 税 务

【概况】 至2019年年末，黄埔区在管正常状态的登记业户12.67万户，其中一般纳税人3.1万户，小规模纳税人6.03万户，非增值税纳税人3.54万户，个体工商户3.17万户，企业纳税人9.5万户。全区域组织各项税费收入1716.05亿元（含海关代征）。其中，税务部门自行组织各项税费收入（含海关代征）1430.69亿元，比上年减少24.83亿元，下降1.71%；剔除海关代征后，税务部门自行组织各项税费收入867.57亿元，比上年增加39.65亿元，增长4.79%。

是年，全区域实现税费收入1716.05亿元。其中，国内税收收入907.45亿元，比上年增加12.43亿元，增长1.39%；费金收入245.48亿元，增加37.00亿元，增长17.75%。区税务局自行组织各项税费收入（不含海关代征）867.57亿元，比上年增加39.65亿元，增长4.79%。其中，组织国内税收收入659.68亿元，比上年增加4.08亿元，增长0.62%；费金收入207.89亿元，增加35.57亿元，增长20.64%。

组织区政府考核口径税费收入934.08亿元，比上年增加10.95亿元，增长1.19%，完成预期目标（886亿元）的107.86%。全年实际办理出口退（免）税179亿元，比上年增长9.62%，占全市38.26%，居全市第一位。组织区一般公共预算收入159.79亿元。

【税收体制改革】 2019年，黄埔区、广州开发区成立由区领导为总召集人的联席会议制度，统筹全区减税降费工作，区税务局梳理重点任务193项，实施挂图作战、对标销号。全年全区落实减免降费政策新增减税118.7亿元。其中，是年出台的小微企业普惠性减税新政为企业减免6.17亿元；推行个税新政、调整减除费用和税率的政策翘尾及6项专项附加扣除等共减免26.68亿元；深化增值税改革减免77.22亿元；其他各项减税降费政策合计减免8.64亿元，其中调低增值税税率的翘尾影响，减免税额6.49亿元、统一增值税小规模纳税人标准的翘尾影响，减免税额0.23亿元。

制定发布深化增值税改革工作方案，开展降税率、降扣除率、出口退税率、离境退税物品退税率，推进增值税实质性减税，减轻实体经济税收负担。落实留抵退税政策，确保税收红利到位，全年为85户纳税人申请办理增值税增量留抵退税6.8亿元。落实新修订的《中华人民共和国个人所得税法》，聘任14名各行业领域代表为个人所得税义务宣传员并举办主题活动；作为全市4个试点单位之一，开展个人所得税新政模拟运行。开展城乡居民基本养老保险和城乡居民基本医疗保险征收职责划转，全年为缴费单位减轻社保负担14.36亿元。

【服务地方经济】 2019年，黄埔区税务局（广州开发区税务局）联合地方部门服务区域IAB（新一代信息技术、人工智能、生物医药）等重点行业发展，争取税收优惠政策。全年向广州市税务局及黄埔区、广州开发区报送信息简报188篇，撰写税收分析报告10篇。是年，承办“走进知识城 税收助力粤港澳大湾区建设”主题论坛暨系列税收活动。为广州粤芯办理增值税期末留抵退税4亿余元。以建设知识城粤港澳大湾区知识创造示范区为着力点，对接区域发展战略，服务粤港澳大湾区建设，促进黄埔区、广州开发区知识产权证券化创新试点在全国率先落实，区内11家企业达成融资协议，融资金额3亿余元。对接粤港澳大湾区青年创新创业大赛，签订全国首个税收服务粤港澳大湾区青年创新创业合作备忘录。协助“走出去”企业在境外享受税收协定待遇减免4.66亿元。

【营商环境优化】 2019年，黄埔区、广州开发区围绕国家级营商环境改革创新实验区的要求，聚焦“成本最低”“效率最高”“服务最优”，推出六大类22项、87条办税（缴费）便利化新举措。推广区块链电子发票应用，“税链区块链电子发票平台试点”案例入选广州城市治理榜十强。落实“一次都不跑”办税清单，加快推进办税便利化改革，企业开办最快1天办结。实现两处不动产登记中心办理点不动产登记缴税“一窗办理”，办理相关业务712宗。拍摄制作《最美税务“纳”一面》《减税降费三句半》，获中国税务报社“纳服新视界”二等奖和优秀奖；在黄埔国际马拉松比赛开跑现场开展个税主题宣传，全年宣传报

2019年4月18日，广州税务局主办，黄埔区税务局（广州开发区税务局）承办的“走进知识城 税收助力粤港澳大湾区建设”主题论坛暨系列税收宣传活动启动仪式在黄埔区举行 （黄埔区税务局供图）

道被上级微信公众号采用38篇次、各层级各类媒体报道143篇次。

【税收风险管控】 2019年，黄埔区税务局（广州开发区税务局）加强税收风险管控，依法强化税收征管，保障4亿余元国家税款安全。全年完成税收风险应对8126户次，入库税款、滞纳金和利息14.07亿元，评估入库税款居全市第二位；专项风险任务应对工作占全市成效近一半。

加强与公安稽查部门联动，协同法院、税收行业协会、街道（镇）等部门对虚开骗税高发的重点行业、重点街道（镇）开展分析监控，向区扫黑除恶办和广州市税务局扫黑除恶办移交涉黑涉恶线索；构建“打—控—防”三位一体体系，打虚打骗，配合稽查部门破获2个虚开售假发票团伙；开展增值税发票管理专项整治，区域税收风险指数排名下降6位。

【税源管理】 2019年，黄埔区税务局（广州开发区税务局）规范统一业务流程，实现“金三”系统并轨工作，制定“大运维”管理机制。强化信息技术支撑，保障自然人税收管理系统（扣缴客户端）运行，为个税改革提供信息支撑；推广应用税务机关网上代开增值税电子发票系统，全区合计代开增值税电子普通发票1219份，开票金额2798万元。

（梁意滢）

## 国有资产监管

【概况】 2019年，黄埔区、广州开发区区属国企资产总额1890.66亿元，比上年增长62.07%，连续2年增幅超60%；所有者权益总额720.03亿元，增长28.76%。全年营业收入150.57亿元，增长111.33%，首次突破百亿元；利润总额25.79亿元，增长38.95%，实现入统固定资产投资127.69亿元，增长21.1%。

【企业资产负债监测预警】 2019年，广州开发区加强企业资产负债监测预警。排查区属国企流动性风险，分类确定国企资产负债约束的基准线、预警线和重点监管线，一企一策制定资产负债约束措施，确保不发生系统性风险。

【国企投资监管】 2019年，广州开发区加强国企投资监管。下发《关于优化区属国企产权管理控制新设子企业工作的通知》，对下属企业进行总量控制。制订《监管企业投资监督管理暂行办法》《监管企业投资项目负面清单》。调整广州开发区国企改革及国资工作领导小组，加强对区属国企主业外、区域外投资管理。

【区属国有企业工资决定机制改革】 2019年，黄埔区、广州开发区推进工资决定机制改革。黄埔区人社局、财政局、国资局联合印发《关于做好国有企业工资决定机制改革有关工作的通知》，推进全区国有企业工资决定机制改革。与区属国企负责人签订经营业绩责任书，推进负责人薪酬与经营业绩挂钩。指导区属国企出台《集团子企业工资总额管理办法》，对子企业工资总额进行规范管理。印发《关于规范企业年金管理的通知》，简化下放年金方案备案权限，监管企业本部及其子企业年金方案人社部门备案后送区国资局备查。

【基础监管制度完善】 2019年，广州开发区完善基础监管制度。修订《区属国有企业外部董事管理试行办法》，选派2名专职外部董事到科学城集团和广州开发区金控集团任职。修订国企物业出租管理制度、制订国企土地资产处置制度。全年针对企业经营投资不规范行为发出监管通知书7份。

（胡伟琪）

## 市场监督管理

【概况】 2019年，黄埔区围绕粤港澳大湾区建设，优化营商环境改革，加强安全监管，推动高质量发展，维护消费者权益，全年立案456件，罚没金额348.05万元。在全国首创“区块链+AI”商事服务模式；开办企业“1天办结”，办理时限居全球第二位；区内2家企业获日本东京第44届国际质量管理小组大会金奖和银奖；“质量管理小组活动案例”入选全国第二届市场监管领域社会共治优秀案例。打造全省首个企业开办“无费区”，推出全省首个“个转企”地方财政专项扶持政策；与港澳品质管理协会达成质量战略合作意向；获准下放进口非特殊用途化妆品备案管理权限。推出企业开办与经营许可“证照联办”，实施“府院联动”便利退出；设立“标准领跑者”奖励、国际标准化高端人才引进和培育资助；打造全市首个“粤港澳大湾区食品安全智能化监管示范区”；制定《市场主体轻微违法违规经营行为容错不予处罚清单》，探索容错免罚机制；开展电子商务主体行为在线监测监管工作。质量强区资助奖励连续4年全市第一；获全国质量标杆称号、广东省政府质量奖、广州市市长质量奖数量均居全市第一；承担TC/SC/WG（全国专业标准化技术/分技术委员会/工作组）组织总数全市第一。累计登记市场主体增速、新登记市场主体增速和企业增速均居全市第一；设立登记、注销登记审核时限居全市第一位；企业年度报告率连续3年居全市第一位；特种设备定检率居全市第一位。

【商事登记改革】 2019年，黄埔区在全国率先上线“区块链+AI”商事服务模式，开启“全天候、零见面、一键办”企业开办服务新模式。在全省率先打造企业开办“无费区”，推出营业执照免费邮寄、发票免费寄递、工商登记材料免费复印、免费公告营业执照作废声明、免费刻章五大免费项目，全年为2.94万家新开办企业节省刻章成本1466.7万元。在全市率先启动企业开办与经营许可“证照联办”，实施企业开办事项与后置经营许可备案事项“一套材料、一窗受理、并联审批、统一出件”办理模式，将食品经营许可证的办理时间从10个工作日压至申请当日“证照同领”。在全省率先（除自贸区外）承接进口非特殊用途化妆品备案管理权限，将产品备案时长从10个月压至3—5个工作日，为106个产品品种办理凭证，增加产值近5亿元。启动商事登记“跨境通”服务，为港澳投资者打造在黄埔区创新创业的“一站式、离岸办”注册服务平台。争取广东省药监局药品审评认证中心落户，共建“粤港澳大湾区生物医药先行先试创新试验区”，打造生物医药审批绿色通道。

【市场主体服务】 2019年，黄埔区聚焦增活力、调结构，加速个体户转型升级，在全省首推“个转企”地方财政专项扶持政策，对符合条件的个体户转型升级企业给予最高3万元财政奖励，“个转企”数量比上年增长1.3倍。推动企业退出注销加速，在全市率先推出“府院联动”机制，实行市场监管、税务企业注销“一窗即办”，注销登记审核时间为全市最短，全年注销企业4926户，增长86.45%。加速登记纠错，压缩简化冒用他人身份信息取得公司登记撤销流程处理时长80%以上，强制虚假注册登记企业退出。至年末，全区实有市场主体16.65万个，比上年增长37.89%；新登记市场主体5.23万个，增长86.94%，其中新登记企业4.26万家（含外资219家），增长1.26倍，各项增速均居全市第一位。完成农贸市场升级改造三年任务，完成20家农贸市场升级改造。

【信用监管】 2019年，黄埔区落实企业信息、经营异常名录、严重违法企业名单公示等制度，强化信息公示、信息共享、信用约束。推动“黄埔区企业信用信息系统项目”完成立项、开发及试运行，为构建信任审批机制、压缩证照办理时间提供信用支撑。完成“双随机、一公开”抽查企业8102家；推进年度跨部门联合抽查和失信联合惩戒，全年有1.65万家企业被列入经营异常名录，483家企业被列入严重违法失信名单。

2019年10月22日，黄埔区 广州开发区商事登记“跨境通”服务暨港澳企业离岸登记服务启动会在粤港澳青年创新创业基地召开（温子璇 摄）

【价格监管】 2019年，黄埔区规范涉企收费、进出口环节收费，开展转供电环节电价整治，加强医药、生猪流通领域等重点民生领域价格执法。打击传销规范直销，全年监管直销企业会议活动3场次。

【网络交易监管】 2019年，黄埔区强化对京东、滴滴等电商平台的服务和监测工作，做好“6·18”“双十一”网购狂欢节保障；开展“网剑行动”，核查网络经营主体3307个。

【广告监管】 2019年，黄埔区加大广告执法力度，开展医疗、药品、医疗器械、保健食品、互联网金融、房地产等重点商品或领域虚假宣传专项整治，开展保健食品“五进”专项科普宣传活动27场。完成上年度广告业统计工作，全区有1614个经营主体参加广告业统计填报，其中广告企业1603家，占99.32%，个体户11户，占0.68%，全区广告业统计工作上报率100%。

【公平竞争审查】 2019年，黄埔区实施市场公平竞争审查制度，健全工作机制，营造公平竞争的市场环境，促进实现创新驱动发展和经济持续健康发展。区市场监管局组织指导公平竞争审查工作，调整公平竞争审查工作部门间联席会议成员名单，完善公平竞争审查组织架构。按照“谁制定、谁审查”和“谁起草、谁审查”的原则，推进公平竞争审查工作，全年有33项规范性文件、政策措施通过公平竞争审查。

【消费维权】 2019年，黄埔区处理消费者投诉、举报、咨询等3.9万件，为消费者挽回经济损失883.71万元。创建“放心消费”示范点297个，签订广州市放心消费共建活动协议书297份。

【打假工作】 2019年，黄埔区调整打假联席会议成员名单，完善打假组织架构。全年收集打假线索777条，出动执法人员4.35万人次，检查场所9405个，立案查处案件380件，捣毁窝点21个，移送刑事案件15件，涉案货值1092.48万元，刑事拘留66人，未发生致人伤亡等影响恶劣的重大制售假案件。

【传销打击】 2019年，黄埔区调整打击传销联席会议成员名单，完善打击传销组织架构，规范直销，打击传销。全年排查涉嫌传销线索32条，未发生重大涉稳事件；对直销企业会议活动监场3场次。开展主题为“警惕传销陷阱创造和谐校园”暨“拒绝非法校园贷共建和谐校园”进校园的宣传活动。

（胡伟琪）

## 食品药品监管

【食品安全监管】 2019年，黄埔区市场监管局2019年，黄埔区编制《关于深化改革加强食品安全工作的若干措施》，落实“四个最严”要求，严把食品生产关、销售关、餐饮关。关注药品重点品种风险管理，重点检查疫苗、生物制品、无菌药品等高风险品种的无菌工艺保障水平，产品冷链储存及运输管理，多组分生化药品种动物源性原辅料供应商变更情况，委托生产品种和本地企业异地厂外车间的管理等。按照“网格到底、责任到人”巡查分工模式，重点检查药品经营企业是否落实，健全药品追溯系统、冷链系统、供销过程合法资格审查、票账货款一致性、电子监管数据上传、药品分类管理、执业药师在职在岗以及药品零售连锁企业“七统一管理”等。围绕促进“两城一岛”器械企业发展，探索医疗器械科学监管工作方式。创新化妆品监管方式，实行“五推行、五促使”（推行日常检查标准化，促使企业生产规范化；推行飞行检查常态化，促使企业规范生产持续化；推行检查结果公开化，促使企业警钟长鸣；推行量化评定分级监管，促使监管资源合理化；推行服务常态化，促使监管人员专业化）化妆品监管新模式，推动辖区化妆品产业快速健康发展。是年，黄埔区化妆品监管新模式被列为2019年国家药品监督管理局&中央媒体“走基层活动”（广东站）亮点采访内容。

收集外部食品安全风险信息，开展打击非法添加、非洲猪瘟、酒类、米面制品、淀粉制品、食用纸包装等专项行动。结合传统节日及大型活动，开展应节食品专项检查，加强原料来源、生产过程管理和产品检验合格放行。督促企业履行食品安全主体责任，组织开展食品生产企业“食品安全大讲堂”，强化食品安全相关宣传教育工作，增强企业食品安全责任意识，全年约谈食品生产企业法人代表、负责人8家次，对35家重点食品企业开展第三方风险评估的现场评估及抽样。开展食品安全体验行，全年召集群众7000人次，参观乳制品、保健食品、饮料、食用油等日常大众消费集中的食品生产企业。

加强食用农产品监管，全年快检12.66万批次，合格率99.73%，发现并销毁快检不合格食用农产品404.19千克。开展非洲猪瘟防控，确保入市肉品质量安全。开展40场“惠民免费检测”活动和17场“你送我检”活动，为市民免费检测食品样品1180批次。

推进餐饮服务食品安全量化分级提级工程，实现持证餐饮服务单位“明厨亮灶”全覆盖。指导新商业圈按市级食品安全示范街标准改造提升，奥园广场商业步行街成功创建市级小餐饮示范街。以发现问题为导向，通过购买服务，对辖区集体用餐配送单位、学校食堂、单位食堂等110个重点餐饮单位开展第三方评估，筛查餐饮食品安全风险，为实施科学监管提供参考；指导评估对象整改，消除食品安全风险，健全食品安全管理体系，提升食品安全管理水平。

加强对校园周边餐饮业、网络食品等重点领域安全监管。完成官洲生物论坛、高考、中考等重大活动食品安全保障28余次。

将进口非特殊用途化妆品备案时长从10个月压缩至3—5个工作日。至年末，发出备案系统门户注册企业账号43个，新增领取进口非特备案凭证产品106种。

【药品生产安全监管】 2019年，黄埔区完成对区内38家药品生产企业全覆盖检查，抽检药品344批次。以药物处方工艺核查为主线，强化药品源头质量水平。对辖区12家高风险药品生产企业开展第三方质量管理评估，推动监管工作精细化、高效化、准确化。为辖区企业在药品审评审批、生产质量管理等方面提供服务，指导百济神州等7家企业通过GMP（药品生产质量管理规范）现场检查，指导百奥泰研发的首个国产阿达木单抗完成新药注册并获批上市。

【药品销售安全监管】 2019年，黄埔区完成日常检查药品批发企业25家次，药品经营总部9家次；零售药店GSP认证检查80家次，责令整改20余家次。开展零售药店执业药师“挂证”专项整治、中药饮片专项整治等。初步确定和上报零售药店“挂证”药师4人次；排查具有第二类精神药品经营范围的药品批发企业2家，未发现违法行为。对包括疫苗配送企业在内的药品经营企业和包括疫苗接种单位在内的各类医疗机构，综合运用日常抽查、GSP认证现场检查、GSP认证跟踪检查等方式，实现“以查促改”“以改促建”，重点检查辖区疫苗配送单位2家次，疫苗接种单位14个次，未发现违规行为。

【化妆品安全监管】 至2019年年末，黄埔区有化妆品企业近60家，化妆品年产业规模800亿元。是年黄埔区落实化妆品生产企业分级分类监管，通过现场核查车间布局、功能间使用、抽核批记录及重要岗位人员访谈等方式，重点检查企业是否存在擅自改造厂房、擅自变更功能间用途、审批记录不真实不完整，是否按注册备案配方组织产品生产，是否存在质量管理体系建立运行与企业实际不相符等问题；对化妆品经营企业实行“处所联动、分片监管、协同推进”工作模式，重点排查企业是否存在未经许可经营、销售未经注册备案化妆品、销售假冒伪劣化妆品、化妆品购销存索票索证和台账登记管理不健全等问题。全年完成化妆品抽检191批次，现场检查（含日常检查、专项检查、有因检查、飞行检查）化妆品生产经营企业1014家次，至年末，被责令限期改正的21家企业均完成整改。开展高风险化妆品生产经营企业专项整治、化妆品“线上净网线下清源”风险排查处置等，督促相关网售化妆品电商平台和贸易公司清理违规产品2743个，清理违法产品信息97条，清理企业及产品虚假资质信息6条。

【医疗器械安全监管】 2019年，黄埔区加强医疗器械监管力度，全年抽检医疗器械103批次，完成经营企业检查356家次，其中责令44家限期改正企业完成整改；结合注册核查、飞行检查、专项检查和日常检查，对《国家重点监管医疗器械目录》涉及的26家重点品种的医疗器械生产企业开展现场检查，检查覆盖率100%，责令其中12家限期整改。提供服务支持，结合监督检查，对企业生产车间的布局、功能间设置、设施设备等硬件改造和软件更新提出合理化建议；为辖区企业争取优先审批绿色通道，缩短企业申报省、市级权限证件的办理时限；引导辖区3D打印技术应用、精准体外诊断试剂、体外循环、物理康复治疗设备等全市重点生产基地群做大做强。

【食品安全智能化监管示范区建设】 2019年，黄埔区落实食品安全工作要求，把握“权责一致，落实责任”工作方向，打造粤港澳大湾区首个食品安全智能化监管示范区，实施智能化、全链条监管。率先在广州开发区西区完成示范园区建设，园区内食品生产企业获得食品安全管理体系企业达78.6%，食品抽检合格率100%，均优于全市水平。大型餐饮单位“明厨亮灶”普及率、餐饮服务食品安全量化分级优秀及良好的比例均位于全市前列。通过行业协会制定团体标准，首次实现园区内食品生产企业的食品安全管理标准化。

【国家食品安全城市创建】 2019年，黄埔区食品安全委员会办公室牵头落实国家食品安全城市创建工作，组织开展多部门联合宣传、联合整治行动，印发《关于进一步推进创建国家食品安全示范城市工作的通知》《关于开展整治食品安全问题联合行动的通知》，建立协调机制。开展联合行动销毁涉案价值约80万元的假酒和15.5吨冻肉，注销345家食品生产厂家的食品经营许可证。开展食品安全科普宣传，提高全区社会公众创建食品安全示范城市知晓率及食品安全知识知晓率。

（胡伟琪）

## 质量标准监管

【概况】 2019年，黄埔区“建设质量强区、标准强区、品牌强区建议”成为区政协重点督办提案。推出《质量强区专项资金管理办法》升级版政策，资助项目从12项增加到三大类16项，全年资助奖励金额4380.3万元，比上年增长27%，连续4年居全市第一位。开展质量管理小组活动，海瑞药业、白云山中一药业分别获日本东京第44届国际质量管理小组大会金、银奖；“质量管理小组活动案例”成为全省唯一县区级入选全国第二届市场监管领域社会共治优秀案例。创新质量奖梯队培育方式，金域医学获年度全国质量标杆称号，广电运通获广东省政府质量奖，3家企业获广州市市长质量奖，数量均居全市第一位。联合市质量强市办启动智能装备（机器人）国际质量比对提升工作。

【标准创新】 2019年，黄埔区设立全市首个“标准领跑者”奖励，广电运通、奥因环保、三晶电气3家企业进入国家级企业标准领跑者名单；设立全市首个国际标准化高端人才引进和培育资助，给予最高100万元专家工作室开办经费资助；设立国际标准化活动区级资助，全球物联网标准组织开放互联基金会OCF中国论坛落户黄埔区。推进“国家级高端装备制造业标准化试点”建设；“广州承压类特种设备检验检测公共服务标准化试点”以96分高分通过验收。辖区承担TC/SC/WG国际级2个，国家级27个，省级21个，总数居全市第一位；新增研制国际标准12项、国家标准47项、行业标准23项、团体标准54项。

【计量监管】 2019年，黄埔区推动全区61%的集贸市场导入计量器具“四统一”规范管理机制；开展加油站、机动车检测站、民用“三表”、青少年近视防控、猪肉销售环节计量等专项监督检查。

【产品质量安全监管】 2019年，黄埔区实施靶向专项摸查整治“2+1”监管模式，全年帮助189家企业排除299项产品质量安全隐患，产品质量监督抽查合格率连续三年95%以上。

【特种设备安全监察】 2019年，黄埔区在全省率先引入第三方技术机构对石化系统大修工作开展监督抽查，做到“应检必检、检必检透、依法检验”。开展全区涉危化品专项、环保督查高污染锅炉核查、电梯起重机叉车专项等一系列特种设备专项整治行动。落实电梯民生实事，启动电梯社区治理工作，推进形成以政府主导、居民自治、行业指导、共建共治共享的电梯社会治理新格局。针对旧楼加装电梯管理难的问题，探索推行“国有公司建造和运营，业主租用”模式。委托第三方机构对辖内1350台电梯、120家特种设备使用单位开展监督抽查，设备定检率长期保持在99%以上，居全市第一位。

【检验检测产业发展】 2019年，黄埔区扶持检验检测服务业发展，兑现上年度检验检测服务业专项奖励766万元；7个世界前十检验检测认证机构、17个国家级检验检测机构入驻，全区检验检测企业166家。推进穗港澳检验检测互认，威凯认证检测、广东省质检院等机构成为首批8家省级“产品医院”。促进绿色发展，引导企业采用先进计量测试技术和管理方法，区内最大的蒸汽供应企业广州恒运东区热力有限公司近九年投入2500万元进行15项节能技术改造，累计节能量约9000吨标准煤。

【首届穗港澳质量管理交流大会】 于2019年11月4日在黄埔区举办。会上，黄埔区质量强区办公室与香港品质管理协会、澳门品质管理协会建立质量战略合作伙伴关系，探索开创以质量提升、标准引领、检测认证为基础的产业合作互融、人才引进交流新局面，助力打造“穗港智造”新引擎。会议提出：发挥质量政策虹吸力，升级“金镶玉”系列政策2.0版，推出“港澳青年创新创业”等专项政策，开展工业互联网标杆品牌计划，支持港澳创新力量参与国际质量比对提升示范项目，推动三地质量管理高级人才交流，培养质量奖梯队后备军；发挥国际标准引领力，引导三地企业开展重大项目、成果和创新经验联合申报，推进资源与成果共享，共同参与国际标准制定、承担TC/SC/WG任务；发挥检测服务品牌影响力，人类细胞谱系大科学装置、太赫兹国家科学中心、纳米国家科学中心等18个重点实验室建设稳步推进；区内机构参与穗港澳检验检测互认，强制性产品检测互认从“音视频设备类产品”扩展到“3C目录内所有产品”；鼓励检验检测认证机构开展第三方品牌认证，共同打造穗港智造区域品牌。

（胡玮琪）

## 国土资源管理

【概况】 2019年，广州市规划和自然资源局黄埔区分局对接城市发展空间需求，加大用地用林报批力度，创新土地供应模式，连片收储，提高土地整备强度，挖潜挖深，最大限度集约节约用地，合理布局新型产业用地，推动形成主体功能约束有效、国土开发有序的空间发展格局。重点加大土地收储力度，朝着“土地等项目”的目标，落实“净地出让”要求，强化供后监管工作。加快批而未供、闲置土地盘活和处置，推进低效土地再开发和地下空间利用，促进形成节约资源的空间格局。

【不动产登记】 2019年，黄埔区完成不动产登记簿登记信息约10万条，核发不动产权证书近5万本，登记证明近4万份。档案利用受理窗口免费为群众办理不动产登记档案对外利用出具查询结果3.77万份。

【土地权属争议调处】 2019年，黄埔区受理土地权属争议案件1件，并于当年办结，办结往年受理的土地权属争议案件1件，累计办结2件，涉及土地面积12.56公顷。

【黄埔区第三次全国国土调查】 2019年1月24日，黄埔区开展第三次全国国土调查，全面调查全区耕地、园地、林地、草地、商业服务业、工矿、住宅、公共管理与公共服务、交通运输、水域及水利设施用地等地类分布及利用状况。是年，完成第三次全国国土调查外业调查举证和国家、省、市检查意见整改工作，三调数据库于12月

2019年6月25，黄埔区规划和自然资源局举办“严格保护耕地 节约集约用地”第29个全国土地日主题宣传活动 （何冰 摄）

15日通过省级检查，形成三调“二上”成果数据。

【测绘管理】 至2019年年末，黄埔区完成乙、丙级测绘资质初审及丁级测绘资质核准26宗。是年，测绘质量监督检查1次，抽查辖区内测绘资质单位6个。开展安全生产检查2次，抽查、指导测绘资质单位10个。开展辖区内地图市场监管抽查1次。

【地质灾害防治】 2019年，黄埔区加强和规范地质灾害防治，保障人民群众生命财产安全。10月25日，印发实施《黄埔区 广州开发区地质灾害防治管理办法》。是年，全区在册地质灾害隐患点202个，经综合整治，核销52个，年末剩余在册地质灾害隐患点150个。加强群测群防网络建设，强化汛前排查、汛中巡查、汛后核查，全年签订监测责任书202份，组织1524人次、604车次排查巡查隐患2444处次，全年地质灾害零伤亡。受2018年艾云尼台风影响，保利林语山庄林荟街后山崩塌地质灾害成为黄埔区新增大型地质灾害隐患点，是年黄埔区组织协调该隐患点的综合整治，督促指导责任单位广东保利公司开展房屋回购、地质灾害应急治理、综合整治等工作。

【征地拆迁】 2019年，黄埔区规划和自然资源局签订预征地协议30份，面积104.8公顷；签订收回国有土地协议10份，面积63.53公顷。是年，收回国有土地使用权2块，拆除9个地块的地上建（构）筑物，签订拆迁安置补偿协议911份，拆除地上建（构）筑物面积38.01万平方米。签订安置购房合同692份；安置购房合同补充协议451份。知识城签订征地协议93份，征地477.53公顷，全年完成交地408.13公顷（含土地收储284.46公顷），完成拆迁主体房屋、附属物和企业面积约86万平方米，分配安置房屋350套、2.93万平方米。

【土地储备】 2019年，黄埔区落实“净地出让”要求，在开展土地收储过程中并行开展管线迁改、土地平整、土壤污染检测及修复、考古、地质灾害危险性评估，完成集体土地预征地和国有土地收储面积640.2公顷（含知识城范围）、收地696.67公顷（含知识城范围）。协调解决翟洞“飞地”、争议地历史征地遗留问题，协商签订翟洞村留用地委托征收协议，推动翟洞村全部盖章确认移交翟洞历史已征土地。

【土地供应】 2019年，黄埔区规划和自然资源局布局新型产业用地，加快黄埔区产业转型升级步伐。全年完成土地出让71宗，面积326.31公顷（含知识城范围）。落实供给侧结构性改革要求，打造优良营商环境，根据产业周期确定工业用地土地出让年限，打破单一的50年制，全年实施弹性年期出让项目9宗，弹性出让年期介于20—40年，降低企业初始用地成本1.1亿元。全年取得用地批复31宗，面积225.76公顷，取得用林批复37宗，面积158.68公顷，报批与批复面积居全市前列。

【土地监察】 2019年，黄埔区规划和自然资源局压实主体责任，严肃督办约谈问责，惩治自然资源违法行为。制定印发《黄埔区2018年度土地卫片执法检查问题图斑整改工作方案》，组织全区责任单位召开违法用地整改工作会议6次，整改违法图斑162.51公顷。动态巡查平均上线率100%，上线时间1.21万小时，巡查距离19.93万千米，涉及土地面积58.02公顷，发现上报疑似违法用地事件115件。立案查处违法用地344宗，面积111.1公顷。开展违建别墅问题清查整治专项行动，全区排查项目1628宗，核实41宗纳入清查整治范围。

【耕地保护管理】 2019年，黄埔区加强用地服务，开展永久基本农田储备区划定工作。将永久基本农田之外的优质耕地划入永久基本农田储备区。是年，划定面积47公顷，提高重大建设项目用地审查报批效率。至年末，完成储备区划定方案编制并上报至广东省审核论证。落实基本农田保护制度，制定黄埔区2019年永久基本农田保护补贴资金发放方案，完成发放永久基本农田保护补贴资金省级和区级共1602万元。制订印发黄埔区年度非农建设占用水田耕作层剥离再利用实施方案。区规划和自然资源局会同区农业农村局等相关部门组织召开专家评审会，对中新广州知识城该年度第十一批次城镇建设用地（增减挂钩）水田耕作层剥离再利用方案进行审查，实施剥离水田耕作层厚度20厘米，土方量4350.8立方米，再利用于地铁知识城支线临时用地复垦耕地项目。

【土地整治项目推进】 2019年，黄埔区推进都市锦田计划，助力区域农业提质发展。总面积132.06公顷的垦造水田项目——“都市锦田计划”完成竣工验收，形成新增水田指标86.69公顷，用于兑现占水田补水田承诺。节省财政支出9.75亿元。区规划和自然资源局牵头推进枫下村占用高标准农田补建工作，指导建设用地单位申请补建手续办理，与区财政局、区农业农村局、区司法局协调，明确委托政府补建流程，于年末签订协议。

【耕地占补平衡】 2019年，黄埔区落实耕地占补平衡工作，推动建设项目占用耕地实现耕地数量、粮食产能、水田面积3类指标占补平衡。管理好存量耕地指标，落实紫光元贝、LG电池厂、长岭居医疗用地等重点项目耕地占补平衡；争取省级水田指标交易份额，参与竞买年度省级公开出售水田指标，竞得20公顷新增水田指标；挂牌交易河源连平县地方分成水田指标33.33公顷。破解用地报批“占优补优，占水田补水田”占补平衡问题，保障项目建设用地报批需求。

【省级三项建设用地审批（审核）权限承接】 2019年，省政府将3项审批（审核）职权下放至黄埔区，委托由区规划和自然资源局审查，广州开发区管委会审批（审核）。2019年11月，黄埔区承接国务院批准城市用地农用地转用和土地征收实施方案审核职权、省管权限农用地转用和土地征收实施方案审批职权、省管权限建设项目占用国有未利用地及农村集体经济组织使用本集体所有的未利用地进行非农业建设审批职权等3项省级建设用地审批（审核）权限。成立区用地报批领导小组，负责承接事项的具体审议工作，由区长任组长，区发展改革局、财政局、规划和自然资源局、土地储备中心等主要负责人为成员，再造业务审批流程，全年审核用地报批31宗，批复4宗。多途径解决用地指标，通过申请专项指标、购买用地指标、争取指标奖励等方式，推动重点项目落地加速，全年全区购买复垦指标100.2公顷。

【不动产登记服务进社区】 2019年12月26日上午，黄埔区不动产登记中心在奥园广场开展以“规范产权管理 维护合法权益”为主题的不动产登记进社区活动。活动以宣传不动产登记政策为主线，通过现场知识宣讲，让企业和群众了解不动产登记工作。现场设置有登记知识有奖竞答环节；现场提供登记业务咨询，为企业和群众搭建互动学习不动产登记知识的平台；现场宣传不动产登记业务流程、“一窗办理”便民举措，发放《不动产登记知识话你知》《广州市不动产登记便民手册》，办理指引等宣传资料。该次活动听取企业和群众对不动产登记工作的建议，前移服务窗口，为企业和群众了解最新不动产登记政策、业务登记流程提供便利。

（刘静）

2019年12月26日，黄埔区规划和自然资源局在黄埔区奥园广场举行主题为“规范产权管理 维护合法权益”的“规划话你知”系列政策宣讲活动 （孙慧梓 摄）

## 物价管理

【概况】 2019年，黄埔区开展物价监测、收费和管理。完成供给侧“降成本”情况汇总，开展民办中小学校教育收费调整初审及新建住宅物业管理费收费标准核定及行政事业性收费年报工作。动态更新收费清单，编制发布不再作为行政审批受理条件、保留的区政府部门行政审批中介服务收费目录清单。加强涉企收费管理，公布经上级清理编制的涉企收费项目、目录，实施社会监督。实施农副产品价格调控。

【收费初审】 2019年，黄埔区发展改革局根据《广东省定价目录》（2018年版）及有关规定，履行价格管理职责，开展民办教育收费初审。有13所学校提出调费申请，6个新建楼盘申报新建住宅小区前期物业服务收费，至年末，均完成收费初审。

【行政事业性收费】 2019年，黄埔区年审收费部门43个，涉及收费项目21个，涉及收费金额3.02亿元，并按要求将全区上年行政事业性收费情况报送至广州市发展改革委。

【收费专项清理】 2019年，根据《广州市发展改革委 广州市财政局 广州市市场监督管理局转发省发展改革委 省财政厅 省市场监督管理局关于全面清理规范涉企收费的通知》要求，黄埔区发展改革局与区财政局、区市场监管局联合发文至区内各有关收费单位。根据《广州市发展改革委关于全面清查收费目录清单制定发布情况的通知》发布的收费目录清单（包括行政事业性收费清单、经营服务性收费清单），公布在区政府信息网站。

【节日期间市场价格巡查】 2019年，根据《广州市发展改革委关于2019年春节期间农副产品价格调控的通知》要求，1月30日—2月3日为价格调控期，黄埔区发展改革局实地巡查辖区内项目单位。经检查，区内平价商店按照要求落实价格调控措施，平价专区、农副产品标识清晰明确，没有出现超出政府调控价标准销售相关产品的违规行为。

【价格认定】 2019年，黄埔区发展改革局按照广东省发改委价格认定中心要求，在广东省政务服务事项管理系统“十统一”中，增加“价格争议调解”事项，法定时限压缩50%。全年完成多宗典型案件认定，完成区检察院提出的首宗民事公益诉讼支持起诉案件“某无牌”生猪养殖场环保工程建设和环保设施系统日运行处理废水的价格认定；配合公安机关开展“扫黑除恶”工作。10月，完成广州宝洁有限公司2009—2013年的职务侵占系列案价格认定。全年受理纪检监察、公安、检察院、国土规划和自然资源局等23个单位《价格认定协助书》1519份，出具《价格认定结论书》1519份，是上年的1.4倍；涉及价格认定物品4514项、2104.69万件，认定总金额1.01亿元，其中超过10万元的案件185件、金额9192.28万元。

（杜娟慧子）

## 审　计

【概况】 2019年，黄埔区委审计委员会办公室设在区审计局，接受区委审计委员会直接领导，承担委员会具体工作，在区审计局办公室加挂区委审计委员会办公室秘书处牌子，负责处理区委审计委员会办公室日常事务。全年完成审计项目20个（含广州市审计局组织的异地交叉审计项目1个），查处管理不规范金额8亿元，违规金额239万元，审计发现非金额计量问题69个，移送事项1件，审计期间整改金额1460万元，审计促进整改落实有关问题资金1049万元。

【重大政策措施落实情况跟踪审计】 2019年，黄埔区审计局（广州开发区审计局）对全区减税降费、拖欠民营中小企业账款、企业奖励补助资金落实、“促进先进制造业发展办法”落实等情况开展审计和调查，配合广州市审计局对全区帮扶黔南州东西部扶贫协作资金进行审计。督促相关部门对审计发现的拖欠账款、扶贫项目违反基本建设程序等问题进行整改。

【预算执行和财政收支审计】

2019年，黄埔区审计局（广州开发区审计局）开展预算执行和财政收支审计。在本级预算执行方面，重点关注政府预算体系建设、财政资金的存量和增量、财政支出结构和投向情况、重点专项资金管理使用、地方政府性债务管理等情况。结合是年黄埔区出台的相关政策及关系民生事项，抽查“农贸市场改造”“厕所革命”“食品安全监督”“新引进入户人才住房补贴”资金等专项使用情况，实地抽查公共厕所改造、农贸市场改造情况，督促有关单位完善项目管理及资金管理制度，堵塞管理漏洞。审计转移支付存量资金、政府债务情况，分析存量资金形成原因，推动区财政对各单位结余资金清理工作，完善二次分配资金管理。在区级部门预算执行及其他财政收支方面，覆盖审计全区86个一级预算部门上年度预算执行及其他财政收支情况。依托大数据分析技术手段和上级审计机关的数据模块，强化审计数据分析，挖掘数据疑点3000余条。对首次开展部门预算审计以及涉及重点资金、重点项目的部门，采取上门现场审计方式核查数据疑点；对近年开展过审计、资金量较小的非重点单位，推送疑点清单方式核查。筛查排除疑点1000余条，核查出存量资金、“六公”经费、政府采购、资产管理、工程管理等7大类、22项问题，涉及金额6.3亿元。

【经济责任审计】 2019年，黄埔区审计局（广州开发区审计局）对

12名领导干部开展经济责任审计。审计对象覆盖区政府工作部门、事业单位、国有企业、街镇机关、群众团体。全年查出被审计领导干部应负直接责任65万元、主管责任259万元、领导责任398万元，向纪委移送案件1件。参与广州市审计局组织的异地交叉审计项目1个，查出主要问题金额1.01亿元。重点关注领导干部贯彻落实党的重大决策部署情况，加大对经济社会运行中各类风险隐患揭示力度，加大对重点民生资金和项目审计力度，推动经济高质量发展。动态管理经济责任审计对象数据库，更新经济责任审计对象信息，拓展审计监督广度和深度，消除监督盲区。

【公共投资审计】 2019年，黄埔区审计局（广州开发区审计局）开展政府投资审计，聚焦民生，促进规范建设，对水环境治理、辖区内重点道路建设、学校建设等项目开展审计，采用资料审查与实地勘察相结合方式，强化重点项目工程质量监督，揭示工程建设领域中存在的多计工程造价、建设业主及监理单位审核把关不严、超概算超合同价未严格履行审批程序、前期准备工作不充分导致工程进度缓慢等问题。探索审计监督提前介入建设项目，对重点建设项目开展全过程动态跟踪审计，发现工程实施过程中存在问题并提出整改意见，促进黄埔区建设项目管理规范化、制度化，以及建设项目资金安全、合理、有效。

【国企监事会】 2019年4月，黄埔区国资局国有企业监事会工作职责划转至区审计局，设3名监事会主席、4名专职监事，负责履行区属10家国企监事会职责。是年，区审计局强化国企监督，开展调研，列席国企“三重一大”会议403次，审议重大事项1411项，对6家区属国企即将完成的15项重大项目或决策事项开展专项调研。配合国资监管部门加强监管，配合审计部门加强工作信息互通，分享业务资源与工作成果，形成监督合力，提高监督效能。

（周爽）

## 统　计

【概况】 2019年，黄埔区统计局（广州开发区统计局）组织完成年度综合数据资料和月报印发工作。收集整理上年各专业统计年（定）报数据及相关部门统计数据资料，汇编上年黄埔区国民社会统计资料，于12月印发《广州市黄埔区广州开发区2018年统计公报2019年统计年鉴》。每月发布黄埔区、广州开发区经济指标完成情况，为社会了解区情提供参考。撰写各类统计分析、统计数据信息材料，为全区经济社会发展作决策参考。全年撰写统计分析20篇、统计数据信息100余篇。

强化与区内各职能部门工作联动，配合广州开发区政研室、黄埔区发改局、黄埔区科技局、黄埔区妇联等部门开展各类社会经济工作事务。全年对外提供数据信息服务200余次。定期向黄埔区民政局提供全区在岗职工年平均工资收入数据，为开展全区退伍军人补偿提供依据；向黄埔区教育局、黄埔区卫生健康局提供全区常住人口数据情况，为做好学龄前幼儿户籍人口数据摸查工作提供数据支持；与黄埔区档案局建立常态化联系机制，为地方志、年鉴等提供统计数据资料。

【功能园区综合统计】 2019年，黄埔区、广州开发区加强各经济功能区的综合统计工作。

是年，黄埔区、广州开发区筹办国家级经济技术开发区综合发展水平考核评价工作动员和培训大会，分部门派发数据表格并提出具体填报要求，牵头核实和整理上报资料（涉及20多个部门提供的53项评价指标说明材料）。对接广东省商务厅、广州市商务委等相关部门，加强资料审核把关。是年，广州开发区在商务部国家级经济技术开发区综合发展水平评价结果中排第二位，其中53项评价指标中有7项指标排全国首位；在吸收利用外资方面排第一位，并被列入国家级经开区发展10个优秀案例名单中。

根据科技部火炬中心的统一部署，组织各园区开展广州高新区综合评价年度统计，督导高新区内5000余家入统企业填报火炬年报。通过火炬统计年报培训、火炬统计工作部署会、火炬统计数据会审会等方式，加强各高新园区的数据质量审核，确保火炬统计数据高质量上报，科技部主持的年报数据年审一次性通过。是年，广州高新区在全国高新区综合发展水平评价排名第七，比上年排名提升2位。12月，广州高新区被科技部火炬中心评为全国火炬统计工作先进单位。

开展广州保税区、广州出口加工区特殊监管区综合统计，收集、核算数据，向保税区、出口加工区上报月度、季度和年度统计报表。

【企业一套表统计】 2019年，黄埔区统计局（广州开发区统计局）推进全区企业基本单位名录管理及“四上”企业（规模以上工业、有资质的建筑业和全部房地产开发经营业、限额以上批发零售业和住宿餐饮业、规模以上服务业法人单位）一套表统计等工作。

联合镇（街）组织召开专业培训会20余场，参训“四上”单位3850个。专业授课人员重点解释与增加值相关统计指标的含义和计算方法，针对性解答统计报表填报工作中存在问题。“四上”企业统计人员通过培训，掌握统计年（定）报工作要求及相关指标含义。是年，完成全区“四上”企业2018年年报和2019年定报工作，包括报表催报、数据审核、查询反馈等。

全区“小升规”企业（小微企业规范升级为规模以上企业）数量再创新高，全区小升规企业数量达998家（含月度小升规），其中工业131家、商业594家、服务业273家。

**【黄埔区第四次全国经济普查】** 2019年，黄埔区第四次全国经济普查完成普查登记、普查数据检查、审核与验收、普查数据汇总与评估、普查总结等各项任务，获取海量基础数据，将为规划经济发展提供数据信息支撑。普查结果显示，2018年年末，全区有从事第二产业和第三产业活动的法人单位4.74万个，比2013年年末（2013年是第三次全国经济普查年份）增加3.38万个，增长3.48倍；产业活动单位4.99万个，增加3.49万个，增长3.33倍；个体经营户3.40万个。

**【统计专项调查】** 2019年，黄埔区统计局（广州开发区统计局）开展多项专项调查，作为统计年（定）报的重要补充。

开展城乡一体化住户调查。选中经常性记账样本户150户开展日常电子记账工作，其中城市户（含国家户、分市县户）90户、农村户（含国家户、分市县户）60户。走访中选街（镇）、村（居）30余次（含培训、会议、入户走访等），宣传城乡一体化住户工作的意义和重要性，为住户日常记账答疑解惑，减少记账差错，提升记账水平。组织街（镇）督导员、村（居）调查员进行日常业务、年报培训，提升业务人员记账指导水平。经国家统计局广州市调查队核定，2019年黄埔区城市常住居民人均可支配收入为6.63万元，比上年增长9.3%；农村常住居民人均可支配收入为3.91万元，增长10.5%。

开展全国月度劳动力调查，为政府准确判断就业形势、制定和调整就业政策提供依据。全年全区完成384户劳动力调查。

组织开展万户调查。发动中选街道和居委会，通过出墙报、张贴居民通知、派发《致调查户的一封信》等形式进行宣传。组织业务培训，推进入户访问，高质量完成调查工作任务。5月底，黄埔区完成万户网的4个街道16个社区800户居民调查工作。

开展人口变动抽样调查，准确、及时掌握人口发展情况，满足各级人民政府制定国民经济和社会发展规划和区域经济转型升级考评。是年，黄埔区常住人口数为115.12万人，城镇化率91.66%，全年完成684户人口变动抽样调查。

2019年6月13日，黄埔区统计局召开各街道（镇）第四次经济普查工作会议，组织部署经济普查数据验收和质量抽查准备工作

（卢宇强 摄）

**【统计法律法规知识宣传】** 2019年，黄埔区统计局（广州开发区统计局）根据“谁执法谁普法”责任制要求，完成上年度统计年报及2019年度定报培训普法宣传，全年组织或配合有关部门统计普法宣传45场次，培训4951人次，发放宣传资料9655份，完成上年度新增入统531家企业统计法律事务告知和3850个经济普查对象告知。组织26名国家工作人员参加广州市学法考试。组织全区党政领导、镇（街道）领导、政府统计人员学习掌握《〈防范和惩治统计造假、弄虚作假督察工作规定〉辅导读本》主要内容，发放学习教材245本。

**【统计执法】** 2019年，黄埔区统计局（广州开发区统计局）组织实施7家企业重点执法检查和60家企业“双随机一公开”执法检查，对存在违法行为的10家企业实行责令整改处理；协助广州市统计局“双随机一公开”执法检查辖区企业50家。组织核查9家企业经济普查数据，向61家迟报企业派发《统计报表催报书》；经济普查催报企业106家。

（邓绮珊）

# 口岸管理

○编辑 田丽华

## 综 述

【概况】 2019年，黄埔区推进口岸通关改革创新，深化海运口岸24小时通关，协调码头企业配合海关开展智能卡口、智能地磅等软硬件设施升级改造，促进港口智能化、便利化。开启全国首批“两步申报”试点改革，实现企业从概要申报到提货放行平均通关时间缩短73.8%。推广国际贸易“单一窗口”，试点上线来往港澳小型船舶联网核放功能，成为全省第一个取消港澳小型船舶纸质出境联系单、实现在线打印出口岸许可证的地区。开展海防联合巡查，实地巡查黄埔港水域，提升辖区协同巡防能力。

【口岸监管】 2019年，黄埔区通过组织政策宣讲活动，鼓励、支持进出口企业用好用足政策；向海关争取扩大适用企业范围，从高级认证企业扩展到向辖区一般信用以上企业开放；协调码头企业配合海关开展智能卡口、智能地磅等软硬件设施升级改造，促进港口智能化、便利化的提升，实现全国首批“两步申报”试点改革，企业从概要申报到提货放行，平均通关时间仅需2.72小时，比改革前减少7.69小时，提高通关效率，降低企业成本；试点实施“同船货运”监管模式，并在全省相关口岸复制推广。协调解决黄埔出入境边防检查站视频安全接入链路及勤务指挥系统建设，实现区内码头监控资源实时共享动态管理。

【国际贸易“单一窗口”推广】 2019年，黄埔区标准版货物申报、运输工具申报等主要业务覆盖率100%。率先实行来往港澳小型船舶联网核放，取消港澳小型船舶纸质出境联系单，实现在线打印出口岸许可证，提高来往港澳小型船舶的通关效率。通过制作功能操作指南、组织专题培训等方式，推广“单一窗口”功能覆盖至海关特殊监管区域，满足企业应用公路舱单申报等八项功能“一站式”业务办理需求。

【口岸提效降费】 2019年，黄埔区完成全区口岸收费清单公示和集装箱码头作业时限标准。宣讲发改部门取消报检服务收费项目政策，推动降费政策措施红利延伸传导，免除相关费用约1520万元，惠及外贸企业7249家，资金拨付额度占广州市72.7%。通过制定实施细则、办事指南、流程图等相关资料，推进落实民营及中小企业优惠政策18条。

【口岸服务环境优化】 2019年，黄埔区口岸局牵头组织召开多项工作会议，促成黄埔海关、知识城（广州）投资集团与中外运东江仓码头达成穗港码头海关H986机检设备搬迁意向，推进黄埔国际邮轮港、穗港出入境大楼建设等，创造良好口岸环境。协调处理广保通滞港禁止进口固体废物事宜，化解涉案货物给环境造成的风险，协调海关解决华南疫苗公司和百粤泰公司反映通关效率、流程等方面问题，减少通关时间和运营成本。

【海防工作】 2019年，黄埔区成立海防委员会及其办公室，组织召开区海防委员会第一次全体会议，审议通过系列规章制度；组织开展国庆前海防联合巡查工作，实地巡查黄埔港水域，提升黄埔区海防工作协同巡防能力；配合推进市海防办“智慧海防”试点建设工作，推进黄埔区海防基础设施建设，完善海防治理工作体系。

（赖斯麒）

# 海 关

## 黄埔海关

**【概况】** 黄埔海关是广东省内7个直属海关之一。2019年，黄埔海关推进政治建关、改革强关、依法把关、科技兴关、从严治关，优化营商环境取得新突破，出台系列措施落实“六稳”（稳就业、稳金融、稳外贸、稳外资、稳投资、稳预期）工作部署，全面深化改革取得新进展，“海关改革2020”方案在关区落地，海运口岸24小时智能通关改革入选国务院支持粤港澳大湾区建设政策库。提升监管效能，筑牢检验检疫防线，开展“国门利剑2019”行动，反走私高压态势持续巩固，刑事案件案值、涉税和执法质量考评得分均列全国海关第一位。全年监管进出口货物8957.1万吨、货值1.59万亿元，分别比上年增长16.7%和3.8%。全年税收入库1223.9亿元，属地税收、口岸税收分别居全国海关第五、第六位。

**【口岸通关环境持续优化】** 2019年，黄埔海关出台落实“六稳”工作部署系列措施，开展开放型经济调研，应对经贸摩擦影响，广州市黄埔区、增城区，东莞市进出口总值分别比上年增长7.6%、41%、2.8%。优化口岸营商环境，12月关区进口、出口整体通关时间分别较2017年压缩60.4%和86.9%，特别是压缩海运进口整体通关时间。支持广州、东莞跨境电商综合试验区建设，跨境电商监管进出口货值居全国海关第一位，开设全国首票跨境电商出口商品退运进境业务。深化“放管服”改革，“单一窗口”货物、舱单、运输工具业务申报应用率均达100%，行政审批事项网上办理率94.8%，电子印章启用，清理取消证明事项和其他事项94项，原产地证书自助打印签发量居全国海关第一位。开展“龙腾行动2019”，查扣知识产权侵权货物200万余件，比上年增长2.8倍。拓展主动披露政策效应，受理主动披露案件116宗，增长36%。落实减税降费政策，为企业减征增值税130.6亿元；试点集中申报与汇总征税政策叠加，为企业节约担保资金23.2亿元；依企业申请实施进口大宗商品重量鉴定，不再申请批次覆盖率70%。

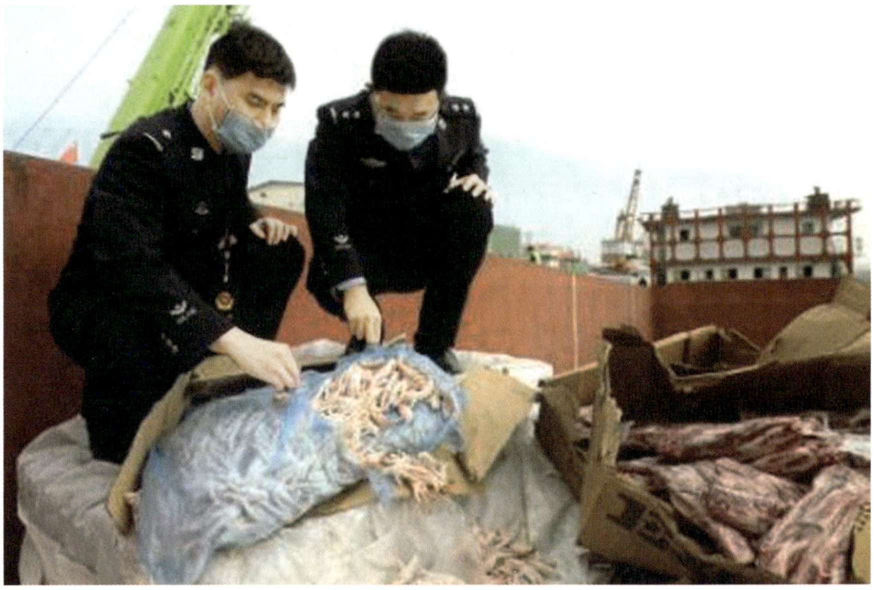

2019年1月16日，黄埔海关查获走私冻品1300吨　（张海龙 摄）

**【改革创新纵深推进】** 2019年，黄埔海关落实“海关改革2020”方案，参与“两步申报”（企业无须一次性提交全部申报信息及单证，第一步凭提单概要申报即可提货，第二步在规定时间内完成完整申报）改革第一批试点，在试通试顺的基础上实现关区全覆盖，整体通关时间较上年同期水运“全通”报关单缩短超过一半。探索“两段准入”（将进口货物准予提离口岸监管作业场所视为口岸放行，以口岸放行为界，根据“是否允许货物入境”和“是否允许货物进入国内市场销售或使用”，分段实施“准许入境”“合格入市”监管）改革。做好机构改革“后半篇文章”，检验检疫业务平稳融入海关整体业务链条，新设立机构挂牌运作顺利，调整优化部分隶属单位业务布局，推进事业单位改革，逐步理顺新海关监管机制。海运口岸24小时智能通关改革入选国务院支持粤港澳大湾区建设政策库。创新推动税收征管改革，汇总征税率达23.5%。深化加工贸易和保税监管改革。推进信息化应用项目，在全国海关率先建设“涉案财物智慧仓库”，研发“智慧监督”系统，在保税、稽核查等领域深化“互联网+海关”应用，助力海关监管方式持续创新。

**【疫情疫病和质量安全关把控】** 2019年，黄埔海关严把疫情疫病和质量安全关，检疫出入境人员90.75万人次，检出传染病确诊126例，截获鼠类病媒7例；截获进境有害生物种类和批次分别居全国海关第四、第五位，截获非法出入境猪肉及其产品482批，检出非洲猪瘟病毒核酸阳性8例；检验检疫食品化妆品10.9万批，抽检不合格率5.33%；加强重点商品质量安全检验，海关总署根据黄埔海关重大检出发布警示通报公告 8 次，保障消费者权益。

【海关稽查】 2019 年，黄埔海关推进法治海关建设，完善合法性审查机制。稽查作业有效率 71.5%，居全国海关前列。惩治象牙等濒危物种走私，破获“1·17”特大国际走私象牙案。全链条封堵“洋垃圾”入境，布控拦截固体废物 826 吨、退运 1.17 万吨。开展“蓝天 2019”行动三轮集中惩治，刑事立案 149 件，查证涉案固体废物 79.9 万吨，维护国家生态安全。“国门利剑 2019”行动取得丰硕战果，全年刑事立案 358 件、案值 242.5 亿元、涉税 37.7 亿元，刑事案件案值、涉税和执法质量考评得分均列全国海关第一位。全年行政立案 1603 件、案值 28.4 亿元、涉税 8744 万元。

【“1·17”特大国际走私象牙案破获】 2019 年 3 月 30 日，海关总署“1·17”专案组指挥黄埔海关缉私局，在合肥、南京、北京、福州、青岛海关缉私局和地方公安机关的支持配合下，出动警力 238 人，分为 36 个行动小组在多地展开收网行动，抓获犯罪嫌疑人 20 名，查获象牙 2748 根，合计 7.48 吨。该案是海关系统一次性查获象牙数量最多的案件，获联合国“亚洲环境执法奖”。

（陈嘉殷）

2019 年 3 月 30 日，海关总署“1·17”专案组指挥黄埔海关缉私局，查获象牙 2748 根，合计 7.48 吨 （彭卫东 摄）

## 黄埔老港海关

【概况】 黄埔老港海关隶属黄埔海关，位于华南第一大港——黄埔港，其前身是黄埔海关驻老港办事处，1997 年 4 月经海关总署批准改设黄埔老港海关。黄埔老港海关缉私分局于 1999 年 6 月成立，黄埔老港海关船舶监管办事处于 2019 年 1 月成立。辖区包括黄埔区和天河区一部分，有一类码头 1 个（老港大码头），二类码头 4 个（外运仓、石化、广裕、嘉利码头），承担三门岛、桂山等 11 个锚地及水域的监管任务。主要业务包括审单、征税、统计、船舶清关、进出口货物监管等传统海关业务以及报检受理、检验检疫单证审核、拟证、签证、检验、检疫、查验（核对货证）、鉴定、抽样送检、合格评定、检疫处理监管等新海关业务，以海运进出境监管为主，履行打击走私的行政执法和刑事执法职能。

2019 年，黄埔老港海关强化监管，优化服务，助力地方经济社会发展。全年监管进出口货运量 1195.3 万吨，进出口货值 212.3 亿美元，监管船舶 1.19 万艘次，报关单 34.2 万份，税收入库 67.65 亿元。

【海关监管】 2019 年，黄埔老港海关严把食品安全关、产品质量关，完成货物检验检疫 6392 票，对检出不合格、不符合准入条件的进口商品实施退运 7 批次、销毁 8 批次。拦截敏感物品 5 万余件。开展“蓝天 2019”专项行动，全年完成固体废物退运 51 票、6230 吨，解决滞港固体废物历史遗留问题，实现“全退运、零滞港”。开展“国门利剑 2019”联合专项行动。开展“龙腾”和保护外商投资企业知识产权专项行动，采取保护措施 25 宗次，拦截涉嫌侵权货物 11.9 万件，货值约 163 万元。查获“理发剪”“牛津字典”“香皂”等案件被广东卫视、《南方日报》等多家新闻媒体报道 21 次。

【海关业务改革】 2019 年，黄埔老港海关推广“两步申报”“两段准入”监管作业改革，缩短整体通关时间。推进报关企业行政许可事项规范化管理，行政审批时间压缩 77%。全面实现报关报检“统一受理、一口对外”，精简企业证明材料 15 种。推广行政审批网上办理，网上办理率 98.6%。率先开展原产地证书“自助打印”改革，实现自助打印 9.3 万份，自助打印利用率居黄埔关区第一位，签发出口原产地证书 22 万份。检验检疫证书出证时间压缩 50%。全面整合锚地监管及船舶检验、检疫、数重量鉴定三大业务，实现外勤执法“一次登临”，整体效率提升 20%。

【通关服务环境优化】 2019 年，

黄埔老港海关服务粤港澳大湾区建设，推进“提前申报”“24小时申报”“两步申报”，落实“一次申报”“查检合一”，推广汇总征税等通关模式，压缩进口、出口整体通关时间。探索来往港澳小型船舶监管模式，实施“一站式、集约化”船舶清关，压缩船舶留港时间6—12小时。推动海运口岸24小时通关，完成4套智能卡口、地磅设备安装应用，选取22家企业试点“厂港联动”模式，企业反映物流链整体时效提升75%。

（施琼）

## 黄埔新港海关

**【概况】** 黄埔新港海关隶属黄埔海关，原名为黄埔海关驻新港办事处，成立于1976年3月，1997年8月更名为黄埔新港海关。黄埔新港海关为黄埔关区业务量较大的口岸型海关，业务主要以海运进出口货物和进出境运输工具监管为主，负责3个一类码头（广州港集团新港作业区、广州集装箱码头、广州益海粮油码头），4个二类码头（广东中外运东江仓码头、广州东江口码头、广保通码头、广州全通秀丽码头）的进出口货物、物品和进出境船舶实际监管。2019年3月办公大楼由广州经济技术开发区新港路12号搬迁至广州经济技术开发区创业路17号。

2019年，黄埔新港海关监管货物1197.9万吨，监管进出境船舶9902艘次，集装箱58.39万箱次。是年，黄埔新港海关获广东省直机关文明单位，杜雨静获全国“海关十佳”科普讲解员。

**【海关监管】** 2019年，黄埔新港海关承接海关总署“两步申报”项目改革先期试点，50家企业参与试点，完成试点报关单1100票，居黄埔海关首位。加强正面监管，严打“洋垃圾”进境，全年查获固体废物案件4件、195.40吨，退运6件、240.55吨，开展惩治固体废物工作。严守国门筑牢国门生物安全防线，全年有效拦截检疫性有害生物18种、384种次，非检疫性有害生物225种、5170种次，其中在全国口岸首次检出外来有害杂草“东方大蒜芥”。

**【通关服务】** 2019年，黄埔新港海关优化通关作用流程，实施29项优化营商环境措施，提升通关效率，12月进、出口整体通关时间分别为41.39小时、6.07小时，比2017年分别压缩60.62%、88.24%。“自报自缴”模式报关单占比93%，税费电子支付占比99.80%。支持穗港码头复建和“穗港智造”建设工作。

（黄捷）

## 穗东海关

**【概况】** 穗东海关隶属于黄埔海关，监管范围包括“五区一城”：广州经济技术开发区、广州保税区、广州出口加工区、广州保税物流园区、广州高新技术产业开发区（科学城）5个国家级经济功能区及中新广州知识城。主要业务包括进出口货物查验、检验检疫、加工贸易监管、通关、征税、统计、特殊区域进出口货物及运输工具监管、企业管理等。2019年，穗东海关监管进出口报关单44.27万份，监管进出口货物119.28万吨，征收税款75.57亿元。穗东海关获评“全国文明单位”“广东省巾帼文明岗”“广东省青年文明号”，广东省直机关“团青之家”“妇女之家”示范点。

**【关检业务】** 2019年，穗东海关完成52项检验检疫业务的划转交接工作，全年监管进口检验检疫申报单5.10万份，签发进口证单1938份，监管出口检验检疫申报单1.92万份，签发出口证单2.14万份，促进关检全面深度融合。优化调整办事大厅、驻广州开发区政务服务中心海关窗口办理地点，便利企业、群众办理海关业务。开展“两步申报”改革试点，做到“传统仓储”和“保税电商”领域全覆盖。深化海运口岸24小时通关改革，探索“保税/非保货物出口集拼”与“场港一体”有机结合，使区内企业物流更便捷。推动“一带一路”与粤港澳大湾区建设融合，助力区内部分重点企业形成稳定的“一带一路”铁路进出口渠道，节约物流成本，全年“一带一路”进出口货运量9151.45吨，货值1.44亿美元。

**【特殊监管区域服务】** 2019年，穗东海关配合广州开发区做好广州保税物流园区升级为综合保税区申报等工作。复制推广自由贸易试验区政策，推广仓储货物按状态分类监管改革，提升企业对国际、国内两个市场的有效利用率。是年，按状态分类监管出口货物2.50万吨，出区内销货值5174.78万美元，内销征税5606.48万元。推进金关二期加工贸易管理系统推广应用改革，154家企业启用金关二期加工贸易管理系统，覆盖率84%。

**【通关监管环境优化】** 2019年，穗东海关强化口岸提效降费管理。12月，进出口整体通关时间分别较2017年压缩56.39%、75.03%，进口标准品平均通关时间同比压缩96.66%。全年审核减免税额8.62亿美元，减免关税增值税2.36亿元。优化监管服务，建立业务专家跟踪问效制度，收集企业诉求，解决企业难题，支持关区新型显示器件、生物医药、集成电路等新兴行业发展。促进跨境电商业务健康发展，全年跨境电商网购保税进口包裹量突破1000万个。深化“互联网+海关”建设，推广“互联网+行政审批”，实现企业365天全天候网上提交申请，单一窗口申报业务应用率100%。

## 东江口海关

【概况】 东江口海关隶属于黄埔海关，主要承担黄埔海关广州片区（除增城海关外）的稽查、核查和案件计税等业务。2019年，东江口海关严厉打击“洋垃圾”进境，落实“蓝天2019”专项行动，对进口废纸企业实施专项稽查，开展固废企业“回头看”。

【智慧监管】 2019年，东江口海关发挥集约化、专业化优势，规范业务环节，强化稽查内外勤联合作战，集中力量开展特许权使用费、跨国企业转移定价专项稽查，提升稽查工作效能。推进检验检疫核查职能融入海关后续监管链条，深化“多查合一”改革，减少侵入式监管，35%作业环节优化合并。完成在广州片区全面应用案件计税系统，平均计核时间比系统使用前下降42%。形成“好上加好、优中选优”企业认证生态，办结重新认证作业34家，高级认证企业重新认证通过率提高50%。

【助企服务】 2019年，东江口海关统筹开展“转变执法理念、优化营商环境”五大主题助企活动，举办“多查合一”新闻发布会，帮扶受经贸摩擦影响企业，助力民营企业出口实现逆势增长。强化宣传，简化核实过程，持续释放主动披露政策红利。实施“一站式”稽查税款执行工作，大幅缩短执行时效，提高企业便利程度，执行效率提升85%。启动全程“互联网+核查”试点，关企足不出户完成全程网上核查，节约关企行政成本30%，单次减少企业停产配合成本100万元以上。将认证工作前移，打造首个企业“信用培育工作室”，全年培育企业129家，比上年增长135%，成为高资信企业的“孵化器”。

（林晓薇）

## 萝岗海关

【概况】 2019年1月7日，萝岗海关挂牌成立，隶属黄埔海关，主要办理“全通”模式下的属地通关业务、广州片区企业认证、黄埔区属地检验检疫和快件、跨境电商监管等海关业务。至2019年年末，萝岗海关征收关税及代征税入库5.05亿元。是年，萝岗海关获评“2017—2019年度广东省直机关文明单位”。

【关检业务】 2019年，萝岗海关拓展检验检疫类业务，设立黄埔关区首个进境观赏水生动物隔离检疫监管场所，完成127万尾进境观赏水生动物的隔离检疫监管，检出黄埔海关首例水生动物二类疫病。完善快递类监管场所证照发放，实现车辆轨迹回放的常态化监管。守护国门安全，在进口快件渠道相继截获毒品大麻49.76克、毒品LSD（致幻剂）0.01克、胎儿性别测试试剂盒4批次、国家一类精神管制药品“安非拉酮”7800粒等违禁物品，查发涉及安全准入情事的954票。

【监管业务改革】 2019年，萝岗海关深化通关一体化改革，支持粤港澳大湾区建设，压缩通关时间，服务辖区企业，释放改革红利，促进地方经济发展。对辖区企业如生物科技等重点项目提前介入、主动对接、跟踪服务，为生物医药行业聚集营造良好的通关环境，助力地方开放型经济发展。提升辖区优质企业认证等级，打造企业认证“培育工作室”，发挥AEO（经认证的经营者）孵化器作用。全年完成重新认证35家、培育企业129家，举办专题系列政策宣讲会2期，涉及1594人次、企业143家。

【通关服务】 2019年，萝岗海关聚焦畅顺物流通道，压缩通关时间，依托全国通关一体化优势，利用监控分析系统，精确监控运行数据，强化与口岸海关联系配合，加快“全通”报关单的处理速度，解决企业通关过程中各种疑难问题，提升通关时效。进、出口整体通关时间分别压缩至20.94小时、2.93小时，海运进口通关时效列黄埔关区第二位。推行新一代电子支付，企业自

2019年1月28日，东江口海关到企业开展调研　（林晓薇　摄）

报自缴率 90% 以上。

【新银河世纪跨境电商产业园建设】 2019 年，萝岗海关推进新银河世纪跨境电商产业园发展，开展多项“量身定制”式业务支持，全程融入产业园各阶段建设，培育辖区外贸新增长极。在促进发展的同时，筑牢监管防线，促进新业态经济规范健康发展。

（李彦瑾）

## 边防检查

【概况】 中华人民共和国黄埔出入境边防检查站（简称黄埔边检站）是黄埔口岸的出入境边防检查机构，主要承担珠江水域黄埔到珠江口 80 多海里范围内广州港 6 个一类口岸码头、11 个二类口岸码头、15 个临时对外开放点、12 个水上检查锚地出入境船舶、员工及旅客的边防检查任务。2019 年，查验出入境船舶 1.6 万艘次，累计查验出入境员工 16 万人次；办理各类边检行政许可 9000 余份；签发“临时入境许可”6000 余份；处理违法违规案件 14 件、10 艘次、10 人次，罚款 6.73 万元。

【口岸安全监管】 2019 年，黄埔边检站落实口岸管控安全责任制、党委主体责任制和站长负责制。开展中华人民共和国成立 70 周年大庆安保维稳工作。加强“防回流”管控，针对来自 21 个重点国家地区的船舶，强化后台分析研判，对于抵港重点船舶，专门抽调业务、证研、后台核查等岗位骨干，开展重点勤务，进行专项查验。严格前台查验，做实“三条底线”。建立基础信息采集“一录一校一核对”责任分级管理制度，制订“一比对二甄别三询问”核查处理流程，落实重点人员盘问询问及行李物品检查“五必问”工作要求，提升前台信息录入质量和一线审查能力。研制《检查工作指引》，严防不法人员和违禁物品潜入潜出。

【联防联管联控】 2019 年，黄埔边检站将全站安保维稳工作纳入地方政府应急防控体系，融入党政军警民“五位一体”联防联管联控机制。夯实应急处突实战力量，优化完善滋扰、暴恐袭击、冲闯关等 10 个应急处置子预案；联合海关、海事、派出所和港航企业开展站级综合演练 3 次、队级演练 30 次、武装巡逻 9 次，提高边检威慑力和一线见警率。做精、做细核查工作。通过前置船舶动态核查、船员身份背景核查，精准研判重点船舶、重点人员、枪支弹药和航程轨迹等风险因素，补充“黄埔系统”风险评估，指导一线勤务。

【边检服务】 2019 年，黄埔边检站深入对接国家重大发展战略，落实中央“放管服”改革。针对香港机场第三跑道项目工程船舶通关服务问题，调研、简化边检查验程序，推出承担建设项目的船舶，除首次出入境需要在前台办理手续之外，在锚地中转砂石往返机场跑道填海作业期间，只需凭借申报资料即可办理网上出入境手续，为项目工程相关船舶提供通关便利。及时回应服务对象诉求，全面论证解决措施，将辖内 3 个不同口岸进行代码整合，在各个码头之间、码头与锚地之间，服务对象不再需要到前台办理出入港手续，减少通关环节。做好穗港码头客运口岸复建及边检查验场地改造的前期调研，研提意见建议上报总站，加强与黄埔区政府沟通联系，争取多方支持，确保穗港客运码头复建项目如期推进。推动警务责任区试点建设。在辖区的新沙码头和东江口码头开展警务责任区试点工作，强化落实“三方共管”机制，加强在港船舶和外籍船员登陆管理服务，构建情报信息网络，开展边检法律政策宣传，提供边检指导服务。规范出入境船舶代理申报差错登记管理。推动基础信息采集，开展代理申报差错登记管理。总结开展代理诚信管理试点工作，制定《黄埔边检站代理申报差错登记管理制度（试行）》，对申报差错的代理公司依据规定采取及时通报、公司约谈及至行政处罚方式进行督促整改，提高基础信息采集质量和口岸安全力度。

2019 年 10 月 31 日，黄埔边检站进行远程勤务指挥，掌握辖区出入境船舶动态

（谌煌 摄）

2019年12月16日，黄埔边检站为首航非洲的装载汽车货轮提供优质通关服务　（谌煌　摄）

【边检工作宣传】2019年，黄埔边检站打造"一库一品牌"，借助"两线三阵地"，全年在各类媒体发布稿件275篇，制作发布微信作品79篇，自制微视频《你可以》被中国警察网和国家移民管理局微信公众号转发，点击率超10万次；12月19日，为仿古帆船出境香港提供便捷高效的通关服务，被《人民日报》海外版报道；9月，开通绿色通道助外籍船员登陆就医情况被《中国移民管理报》头版报道；10月，4000字长篇通讯《千秋黄埔美，百年古港兴》被《中国出入境观察》《特别策划》栏目刊发；10月，制作宪法宣传微视频《聆听宪法的声音》入围司法部、国家网信办、全国普法办主办的第三届"我与宪法"优秀微视频征集展播评选活动前20名，形成全方位立体化宣传氛围，提升队伍形象和知名度。

（谌煌）

## 海　事

### 黄埔海事处

【概况】黄埔海事处直属于广州海事局，负责辖区水上交通安全监督、防止船舶污染等工作。管辖水域包括东圃大桥以东，新洲过河架空电缆以东，沙鹭江南口（国家海洋局南海分局码头与点23º4.87´N，113º26.56´E连线）以北，黄埔大桥化龙岸边与店艚洲东南嘴连线以东，黄埔大桥主孔以北，大濠洲岛东南嘴与广东省石油码头北端连线以北，包含西滘涌、深井河范围的水域以及黄埔区行政区划内的其他河流、水库、风景园林（除新港海事处管辖）等封闭水域。

2019年，黄埔海事处辖区水上交通安全形势稳定。现场巡航638次，巡航里程6351海里，巡航时间990小时，夜间巡航85次，检查船舶4038艘次，查处违章船舶224艘次。办理船舶进出口岸审批924艘次，进出口岸查验手续5391艘次，办理船舶载运危险货物进出港许可1879宗，内河船信息采集770人次，港建费舱单审核3.20万份，征收货物港建费4781.49万元，代征收车船税51.18万元。FSC（森林管理委员会）检查328艘次，必检+应检+可检船舶检查率10.72%，复查率105%；现场监督检查742艘次，必检+应检船舶检查率11.91%，复查率91%；船舶检验质量监督检查率17.38%；船舶燃油抽样检查290艘次，完成率170%，其中使用快速检测仪检查185艘次，完成率103%。载运散装危险货物船舶检查率20.46%，载运包装（集装箱）危险货物船舶检查率15.36%。开展港口码头防污设备及溢油应急计划检查（不包含船厂）20次，全年各码头新增围油栏920米、溢油分散剂0.46吨，吸油材料0.82吨。

是年，黄埔海事处注重传承和创新，创建"古港扬帆，黄埔船畅"的"扬帆"文化品牌和"风正一帆悬，清廉一生安"的"正帆"廉政文化品牌，被广东海事局评为"廉政文化建设示范单位"。

【海事服务】2019年，黄埔海事处推进政务受理便民服务。推广应用国际贸易"单一窗口"标准版系统，实现船舶进出境"一单多报"及通关无纸化，让数据多跑路，让群众少跑腿。结合国际贸易"单一窗口"标准版系统，优化港澳航行船舶的港建费办理方式。代收单位审核舱单后，港澳航行船舶可直接提交相关材料办理出口手续，缩短业务办理时间，降低用户成本，为行政相对人提供高效、便利服务。开展"送安全知识进企业"服务活动。推进船员信息采集一站式服务。做好广州航海学院学生人员信息采集工作。配合广东海事局开展"海事之眼"船员远程便利任解职试点工作，助力海事监管信息化建设。

【"送安全知识进企业"活动】

2019年，黄埔海事处开展"送安全知识进企业"活动。是年，组织编写教材，从法律法规、典型事故案例、事故发生原因、安全制度的制定和落实等方面，介绍落实安全主体责任的重要性，重点从船员安全意识、船员履职、船舶养护、设备操作、船舶防污染等方面与港航单位沟通交流。

（孙雅琪）

## 新港海事处

【概况】 广州新港海事处是广州海事局派出机构，辖区水域包括黄埔大桥主孔（含黄埔大桥）以南，大濠洲岛东南嘴与省石油码头北端连线以南，南方碱厂西端正对岸连线以西，南岗西路桥以南，四航局预制场码头南端与赤沙涌口东南角的连线以北以及包含横滘河、墩头涌、横涌、金坑水库、水口水库、木榀水库等封闭水域。管辖岸线为南方碱厂西端正对岸连线以南黄埔区的岸线（不含化龙镇龙沙码头）。2019年，辖区进出港船舶9.50万艘次，货物吞吐量1.21亿吨，其中集装箱343万TEU（标准箱）。征收港口建设费8226万元，油污基金2.13亿元。实施船舶安检363艘次，滞留低标准船2艘，完成船旗国监督检查率12.5%。实施船舶质量监督检查82艘，完成船舶质量监督检查率22%。全年开箱检查218个，查处危险货物虚报瞒报违法行为7起。检查载运危险货物集装箱船舶337艘次，检查率16%；检查油船280艘次，检查率18%；完成非体系船公司安全和防污染体系监督检查12家。实施行政处罚864宗，罚款1149.16万元，船员违法记分36人次，累计记分228分。全年辖区发生小事故3起，未发生列入统计范围水上交通事故，辖区安全形势持续稳定。

【水面作业监管】 2019年，新港海事处对大量砂石船涌入辖区进行过驳作业，加强安全监管，制定新的风险管控措施，综合运用信息化手段精准监管，确保砂石船过驳作业安全有序。严格落实安全监管“六严”要求，强化现场监管“三个结合”，做好“四类重点船舶”严查严控。开展“平安交通百日行动”、浮吊船专项整治、内河船涉海运输整治、防范船碰桥治理、船舶救生设备专项检查、砂类货物港建费专项稽查等行动，严惩各类违法违章行为。开展入沪、入汉、入珠船舶专项安全监管工作。与地方政府、口岸单位、公安边防建立健全信息沟通、联合执法度和应急协调制度，定期与黄埔、增城海事处开展联合执法行动，参与珠江口综合整治联合执法行动，与公安、水利等职能部门联合开展水上安全监管，惩治船舶各类违法行为，保障船舶航行安全、畅通。

【业务品牌建设】 2019年，黄埔海事处研究辖区监管重点和难点，把握监管规律，打造智慧监管、船载危险货物监管、防范船碰桥、治水治气四大业务品牌。

智慧监管。电子巡航室编写《电子巡航室工作指引》《电子巡航室工作流程》，对台账进行模块化设计，运用各类信息化手段，上下联动，动静结合，精准执法。制定智慧监管兴趣小组管理办法，定期开展研讨会，破解监管难题，关于AIS（船舶自动识别系统）设备研讨成果被《中国海事》微信公众号转载。

船载危险货物监管。全年开箱检查218口，查处危险货物虚报瞒报违法行为7宗。

防范船碰桥。首创桥区水域防范船碰桥分级干预机制，通过搜集东江大桥历史通航数据及违法数据，建立数据库，在东江大桥设置干预线，对通过干预线的船舶进行数据库筛选，及时提醒潜在风险船舶。

治水治气。首次查处2件外轮涉嫌使用超标燃油和违规排放生活污水案件，开创查处外轮先河。

【海事服务】 2019年，新港海事处提出穗港客运码头建设意见，助力穗港智造特别合作区百亿元大项目建设。推进“单一窗口”标准版运行，实现国际航行船舶和来往港澳航线小型船舶进口岸审批及进出口查验在“单一窗口”应用，推进海事政务服务“一站式办理”，推广各类海事电子政务系统应用，政务服务实现无纸化、一体化办理。结合航海日，开展水上安全知识进校园活动，提高学生的安全意识和应急能力。完成多次新船下水现场警戒任务；保障墩头基社区国际龙舟节活动安全。完成庆祝中华人民共和国成立70周年焰火晚会的水上交通保障。

（李月）

2019年9月26日，新港海事处开展水上安全知识宣传

（新港海事处供图）

# 城市管理

◎编辑 龚晓华 潘 虹

## 市容与环境卫生管理

【概况】 2019年，黄埔区推进城市精细化管理，推广管理垃圾分类新机制，开展容貌示范社区和市容环境卫生责任区制度示范街（镇）创建活动，提升各街（镇）、社区人居环境和城市景观。3月，原黄埔区城市管理局（城管执法分局）更名为黄埔区城市管理和综合执法局。是年，黄埔区城市管理综合执法局推进智慧城管建设，组织开展“智慧城管”调研并梳理完成《黄埔区城市管理和综合执法局“智慧城管”建设思路和目标分析》，制订智慧城管三年建设规划，启动智慧环卫需求分析和项目规划，包括垃圾分类智慧管理、环卫保洁机械化作业智慧运营、建筑废弃物智慧监管等。年末，城管指挥中心升级改造项目主体施工完成，全新大屏幕系统上线，初步建成智慧城管视频共享和路面视频智能分析功能。

【城市环境精细化管理】 2019年，黄埔区推进城市精细化管理，制订《黄埔区城市环境精细化考评方案》，开展城市精细化综合考评，整合原黄埔片、原萝岗片环卫资源和环卫力量，统一规范全区城乡环卫作业标准、考核细则和工作要求，坚持机械化作业、人工保洁与精细化作业相结合，全区覆盖并完成1670万平方米市政道路环卫保洁工作，全区一、二级市政道路16小时保洁率100%，城市道路机械化清扫率85%，全区城中村、内街内巷保洁面积1020万平方米，基本实现“日产日清”保洁目标。对全区87条河涌实施“一涌一策”“定人定岗”日常保洁机制，开展黑臭河涌专项整治行动，清理打捞河涌垃圾6030吨。规范完善全区公厕硬件设施和软件管理，强化117座公厕日常管养，改善与提升市民如厕环境；加大环卫资金投入，强化垃圾压缩站（点）、环卫作业机械、流动公厕、垃圾桶等环卫设施的配置、更换、维护与保养，提升环卫基础设施建设品质。在全市城市管理考核评价中，黄埔区连续4年被评为A档。

【垃圾分类管理】 2019年，黄埔区推广“楼层拆桶”、微信“滴垃”上门“代扔”服务等垃圾分类新机制，加快推进垃圾分类“示范片区”“示范村”创建活动，组

2019年9月20日，黄埔区垃圾分类宣传公益健康跑开跑

（黄埔区城市管理综合执法局供图）

织垃圾分类现场观摩会、样板小区和农贸市场推进会、全市各行业专家顾问研讨问诊会、全区垃圾分类“千人动员大会”等活动。加大垃圾分类专项经费和高科技智能设备投入，引进“互联网 + 智能分类”信息化管理手段，建立垃圾分类基础数据管理体系，设置大件垃圾分解中心 20 个、玻璃回收点 29 个、废旧衣物回收箱 279 个、有害垃圾临时储存点 3 个，开辟餐厨垃圾收运专线 20 余条、有害垃圾收运专线 3 条。推广全区“大分流、细分类”源头分类新模式和楼盘小区智能分类回收转运机制。全年全区强制分类单位 545 个，清运生活垃圾 50 万吨。其中，清运餐厨垃圾 3 万吨、低值可回收物 9000 余吨，收集废灯管近 10 万支、其他有害垃圾约 12 吨；开展垃圾分类执法检查 2965 家次，教育整改 608 家次，责令整改 97 家次，立案处罚 25 件，行政罚款 6.88 万元。

**【市容景观管理】** 2019 年，黄埔区开展示范社区和市容环境卫生责任区制度示范镇（街）创建活动，提升各镇（街）、社区人居环境和城市景观，推选 3 个社区、1 个街道参与全市评选活动，构建和谐宜居环境。开展“户外广告（招牌）三年整治提升行动”，定期组织各街（镇）开展户外广告（招牌）安全隐患大排查专项整治行动，整治提升招牌 3500 块，排查发现各类存在安全隐患户外广告和招牌设施 130 块，责令设置人整饰修复户外广告和招牌设施 7850 块，依法处置各类违规设置的户外广告和招牌 7125 块 2.9 万平方米。

推进全区“厕所革命”和垃圾压缩站（点）除臭工程建设，优化美化公厕和压缩站（点）及周边环境，全区新建公厕 63 座，改造公厕 23 座，除臭升级改造压缩站（点）11 个。

**【违法建设拆除】** 2019 年，黄埔区城市管理综合执法局同步推进“治违”与“开发”，严查快拆各类违法建设，加快重点建设项目落地生根，与区城市更新、重点项目管理、公安、国土规划、工商、供电、供水等部门及街（镇）、村（居）社（组）建立协调联动机制，通过提前介入、固化目标和反复宣传与发动等，加大“控新建、拆在建、分批次处理存量”严查快拆力度。完成宝能项目、福山循环产业园、九龙湖、花莞高速、东部快线、广汕公路改造升级等一批重点建设项目征地拆迁和保障区经济建设；推进旧村、旧城区、旧厂房和专业批发市场、物流园、村级工业园整治提升、黑臭水体治理、“散乱污”企业整治等重点工作 9 项。全年依法组织拆除各类违法建设 1.11 万宗 603.1 万平方米。其中，新增强拆违法建设 963 宗、8.52 万平方米，存量拆除 5076 宗、287.69 万平方米，乱搭建拆除 845 宗、10.90 万平方米，“三旧”改造拆除 4213 宗、295.99 万平方米；配合区水务部门拆除河涌范围内违法建设 365 宗、30.53 万平方米。

**【市容环境整治】** 2019 年，黄埔区以“更干净、更整洁、更平安、更有序”为目标，加强市容环境整治，整治各类占道经营乱摆卖等“六乱”行为，加大重点地段、重点时段和上下班人流密集区域整治力度，重点整治网络舆情反映集中、市民群众投诉强烈“六乱”区域及校园、市场、地铁出入口周边等违规行为及利用“五类车”和小型机动车进行乱摆卖、占道经营、户外烧烤等问题，提升全区市容环境。全年组织“六乱”专项整治行动 33 次，全区整治乱摆卖 8.2 万宗，处罚 2219 宗，罚款 5.5 万元；整治占道经营 3.8 万宗，处罚 1090 宗，罚款 1.9 万元；清理乱拉挂、乱张贴、乱丢吐、乱堆放、乱开挖、乱搭建等“六乱”9327 宗，处罚 452 宗。

**【建筑废弃物处置】** 2019 年，黄埔区加强工地源头执法和建筑废（弃）物排放营运违法行为整治，重点加大对全区在建工地无证施工、排放建筑废（弃）物、泥头车营运等秩序的监管，采取上“黑名单”、媒体曝光、停工整顿、“顶格处罚”等手段，每月开展 1 次以上多部门夜间联合执法，惩治无证施工、违规排放营运建筑废（弃）物和路面撒漏污染等行为，落实建筑工地“三化”标准和“一不准进、三不准出”管理制度，规范“平斗密闭装载” 和“两点一线”运输管理，打造良好工地执法管理秩序，确保在建工地“6 个 100%”落实到位。全年牵头组织开展夜间联合整治行动 13 次，出动执法车辆 410 余辆次，出动执法人员 1240 余人次，检查运输车辆 3600 余辆次，检查在建工地 8300 余个次，立案查处违法违规行为 469 宗，行政罚款 947.71 万元（其中工地违规立案 168 宗，处罚 554.54 万元；建筑废弃物处置违法违规立案 301 宗，处罚 393.17 万元）。

**【城管信访案件处理】** 2019 年，黄埔区城市管理综合执法局健全完善市、区、街（镇）三级信息共享和区政府相关职能部门联动工作机制，规范受理、分派、转办、处置、催办、核查、回访工作程序，严格落实 24 小时值班、沙井盖巡查、舆情监管、综合考评与通报等制度，提高各类城市管理投诉信访案件办事效率。全年受理各类城市管理投诉信访案件 3.1 万宗，其中广州市“12345”政府服务热线 1.97 万宗、广州市数字化城市管理信息系统 4368 宗、视频交办 2546 宗、PDA（手持终端）上报 4295 宗、区立案转办 66 宗、承办“云信访”

和群众来访来信来电案件66宗，办结率与回复率100%。

（胡秀兰）

## 供 水

【概况】 2019年，广州开发区供水管理中心安全供水量1.46亿吨，完成市政供水抢修728宗，抢修及时率和修复率均100%，市政管网水综合合格率100%（国家标准为95%以上）。完成黄麻、黄登社区、石桥旧村、岭头村供水改造工程，消除农村（城中村）饮用水隐患，确保水质安全、水量充足。是年，广州开发区供水管理中心配合黄埔区水务局创建节水型居民小区4个，加快推进节水型城市建设工作。

【企业供水保障】 2019年，黄埔区、广州开发区从“压时长、降成本、减环节、提升用水可靠性”等多方面优化改革用水报装，报装时长大幅缩减。全年完成临时用水接驳施工88项、永久用水接驳工程设计施工110项、供水设施迁改工程23项、市政管道接驳冲洗消毒工程9项、市政供水建设方案审查工程29项、户内给水专业设计审查40项、市政供水工程验收和移交接收35项。受理临时水表报装113宗，受理永久水表报装124宗。推动诺诚健华、创维电子、益海粮油、LG等多家重点企业开展用水优化工作。

【二次供水保障】 2019年，黄埔区、广州开发区调整居民共用二次供水水池清洗申请事项，把填报事项由8项调减为6项。在涉及民生和居民饮用水安全方面，研究运用井盖报警安防设备，在突出的露天、防护不利的隐患井盖上安装井盖报警设备8套，保障居民饮用水安全。全区有涉居民小区管理登记在册的物业管理公司54家；管辖的居民

**2019年广州开发区各供水管理所网点情况表**

| 网　点 | 地　址 | 电　话 |
|---|---|---|
| 西区供水所 | 开发区临江路9号 | 82113197 |
| 东区供水所 | 东区果园六路 | 82265526 |
| 科学城供水所 | 科学城揽月路66号二楼 | 82111750 |
| 永和供水所 | 永和街甘竹路，日通物流旁 | 82978148 |
| 萝岗供水所 | 黄埔开创大道2658号 | 82080338 |
| 九龙供水所 | 新龙镇金龙路18号 | 32972822 |
| 生物岛供水所 | 黄埔开创大道2658号（暂） | 82111027 |

**2019年广州开发区加压泵站情况表**

| 网　点 | 地　址 |
|---|---|
| 科学城加压站 | 揽月路66号 |
| 永和（北片）加压站 | 布岭路与兴业路交界处 |
| 永星加压站 | 永顺大道西108号 |
| 萝岗2#加压站 | 开创大道2658号 |
| 东区（临时）加压站 | 东区果园六路 |
| 西区加压站 | 开发区临江路9号 |
| 九龙（临时）加压站 | 九龙镇金龙路旁 |
| 黄陂（临时）加压站 | 黄陂广汕路旁 |

2019 年水质在线监测系统监测点情况表

| 监测点 | 地　址 |
| --- | --- |
| 九龙总表 | 九龙总表房 |
| 青年小区 | 青年路新华书店旁（广州川江物业公司业务室内） |
| 丰乐路总表 | 科林路总表房 |
| 永和总表 | 黄埔区永顺大道湾尾桥处（楼盘“海伦春天”附近） |
| 区行政中心 | 黄埔区香雪三路 1 号 |
| 东区广园路总表 | 东区广园路加压站围墙边 |
| 东区沧联路总表 | 东区迪森工业园（宏明路与沧联小迳村文运坊街交叉口北 150 米） |
| 生物岛总表 | 生物岛环岛南路 |
| 东荟城小区 | 东荟二街 81 号 B3 公寓楼 |
| 北师大实验小学 | 北京师范大学广州实验学校小学部（永顺大道南侧） |

二次供水水池 476 个；按季度安排清洗保洁登记在册的二次供水水池全年清洗容积 11.76 万立方米，清洗后水质送检合格率 100%。

【节约用水】 2019 年，黄埔区、广州开发区根据《广州市城市计划用水管理办法》，将月均用水量在 1000 吨 / 月以上的非居民用户纳入计划用水管理，按上半年 487 户、下半年 475 户的标准推行超计划用水加价收费管理。通过每半年向区内企业核准用水计划，每两个月考核区内企业用水量，掌握企业用水情况。

【智慧水务建设】 2019 年，黄埔区、广州开发区建设内部统一门户系统，接入 GIS（一般指地理信息）管网系统、管网运维系统、客服系统、SCADA（数据采集与监视控制）系统、加压站监测、水力模型、办公自动化、DMA（直接存储器访问）计量分区系统、营业收费系统等。管网在线监测设施完善，基本实现全区供水监控数据全覆盖，客服系统于年初上线使用。6 月 27 日，广州开发区供水管理中心举行应急演练活动。

【水质检测能力建设】 2019 年，广州开发区供水管理中心的水质实验室（广州开发区水质检测中心）检测能力保持良好，日常运作严格遵循实验室资质认定要求。全年采样监测水质指标 9842 项次；全区 10 套水质 24 小时在线监测系统正常运行，保障水质安全。

## 供　电

【概况】 2019 年，广州供电局有限公司黄埔供电局（简称黄埔供电局）供电量 149.95 亿千瓦时，售电量 147.30 亿千瓦时，比上年增长 10.83%。售电量在全市排第一位，增长率在全市排第二位。“新增尖峰站 F38 F27 T28 配变解决尖峰站 F38 T9、T10 配变重载”工程项目获南方电网公司优质工程奖，“三表集抄营销管理”项目获第二十九届广东省企业管理现代化创新成果三等奖。起草《电力设施移交补充协议》，优化资产接收流程，对未办理移交和决算的项目采用“先结算——转固——移交”的方式，不需等决算后再进行，加快移交工作进展。

【电网建设】 2019 年，黄埔供电局电网建设安全生产形势平稳，未发生安全生产责任事故，工程变电站前期与主网基建节点完成率 100%。发挥电力指挥部电网建设协调会平台作用，全年召开专题协调会 40 余场次，解决电网规划建设相关问题 163 项。响应国家能源项目政策要求，推动试点项目，引导规划部门落实变电站、充换电站、储能站合建站等典型设计站址用地规划设计。提前完成 500 千伏科北、220 千伏移动、粤芯（道兴）、山口、蟹山、110 千伏思尼采、名美和美维 8 个站收地工作；黄埔区政府对 220 千伏联通、移动、粤芯（道兴）和山口 4 个站进行用地平整。启动投产 110 千伏黄元围线、黄元港线和 110 千伏云平站 2 号主变站，彻底解决 110 千伏云平站历时近 7 年单电源运行方式。配网按期投产度夏项目 62 项，解决城中村度夏负荷重过载问题。

【客户服务体系建设】 2019年，黄埔供电局连续14年召开“珠江月·南网情”大客户联谊会，通过更新与大客户代表座谈的模式，开拓新的服务理念。承接广州供电局每月抄表试点工作，编制工作方案、确保电费发行的及时性和准确性，电费回收指标可控在控，成为全市首个实现每月抄表的区供电局。完成177个台区1.72万户监抄工作，现场发现问题1370个，针对度夏期间频繁停电问题，通过短信、社区经理走访等，加强对客户的告知与安抚。

是年，设立企业筹建服务专区，并联审批业务量11宗。在中科院开展的测评研究中，黄埔区、广州开发区电力“便利度”在全球190个经济体中排第六位；发布《广州供电局支持广州高新区（黄埔区）建设国家营商环境改革创新实验区工作方案》，广州供电局在提升供电能力、运维水平、服务水平等方面给予支持。加快变电站新增布点规划滚动修编、优化林木砍伐、线路规划开挖办理等审批流程，开辟绿色通道，推动政府简化电力基础建设各项行政审批流程，在电力接入营商环境优化改革中“获得电力”指标争取有利条件。全年解决电力建设及企业用电问题145个。

【涉电安全生产管理】 2019年，黄埔供电局将安全生产目标和指标纳入绩效考核。开展春季暨防风防汛、秋冬季安全大检查，发现并整改问题33项。联合黄埔区工业和信息化局、街道、村（居）委等推动涉电公共安全隐患排查，整治289处；完成水浸隐患点整改77个，超高树木定期清砍944处，高风险电缆管廊隐患10处，站内配网中间头隐患整治和销号3处等。政企联动，推动电力行政执法，与黄埔区工信局、应急局、建管中心等部门建立沟通联络机制，开展约谈及责任认定涉嫌破坏电力设备设施单位16个，化解总部基地电源重大风险。全年启动防风防汛应急响应12次，其中Ⅲ级响应2次，Ⅳ级响应10次，投入应急人员687人次、应急抢修车辆90辆次。

【一流配电网示范区建设】 2019年，黄埔供电局推进科学城一流配电网示范区的311间智能配电房建设和验收，建设数量居全市第一位。推动配电网智能设备试点应用，选取硅谷园电房开展基于状态全面感知的智能环网柜试点应用，新装智能开关柜16面，实现模块化局放传感器、无线测温、电子互感器在环网柜中的应用研究。配合提升广州供电局配电自动化使用水平，实现快速隔离故障、恢复非故障段供电。推动配电网智能设备试点应用，完成18条馈线37间电房配电自动化FA（工厂自动化）自愈功能建设；开展智能管廊试点建设以及基于状态全面感知的智能环网柜应用，推进一次设备智能化试点建设。

【配电网改造】 2019年，黄埔供电局建立频繁停电及投诉问题解决机制。在全区最高负荷、供电量同步增长的情况下，开展“两消除、一控制”工作，控制电力过载和频繁停电问题。城中村用电问题协调小组在城中村取得电房用地72处，其中度夏期间利用抢修快速机制新增配电器20台，解决部分区域的用电难问题。

（郭利丹）

## 供气 供热

【概况】 2019年，黄埔区按照《广州市管道燃气三年提升计划》，推进安置新村及城中村管道燃气设施建设和全区餐饮场所“瓶改管”用户安装优惠政策落地，提高管道燃气进村入户率，确保全区居民用户燃气使用安全。黄埔区内主要供热企业广州恒运企业集团股份有限公司推进西区向东区长距离供热管道项目、东区至科学城规划十一路集中供热管道工程暨向LG公司供热工程等重点工程，完成科云公司、东诚公司管网收购工作。

【燃气供应】 至2019年年末，黄埔区新覆盖居民用户2.57万户，非居民用户421户。加大燃气行业监管力度，开展燃气企业、充气站（点）、餐饮经营单位从业人员安全培训和“同堂听课”53次，受训人员3000余人次，提高燃气行业管理人员和从业人员隐患排查与风险点化解处置能力。加强燃气执法和燃气应急救援队伍建设，定期开展燃气行业领域应急演练，提高全区燃气行业领域安全防范与应急处置能力，发挥各街（镇）社区中心出租屋管理员、网格员管理优势，对各辖区出租屋、居民用户开展入户检查，聘请社会第三方专业机构开展入户检查，排查与消除全区居民用户、出租屋燃气安全隐患3082处。全年开展燃气安全检查262次，排查整治各类安全隐患和风险点316处，现场责令整改268处，立案查处12处，依法查扣非法瓶装液化石油气4080罐、违规运输车辆6辆，行政罚款34.88万元。

【热力生产和供应】 广州恒运企业集团股份有限公司是广州市政府指定的集中供热热源供应点之一，是黄埔区内主要供热企业，拥有4台燃煤热电联产机组，总装机容量112.2万千瓦。下属企业广州恒运东区热力有限公司，年供热量达200万吨，全面覆盖至广州开发区东区、西区、科学城以及云埔工业区，为全区88家企业提供服务。2019年，广州恒运企业集团股份有限公司推进西区向东区长距离供热管道项目、东区至科学城规划十一路集中供热管道工程暨向LG公司供热工程等重点工程。完成燃煤锅炉超洁净排放改造二期3×35吨/小时锅炉脱硫脱硝技术改造。完成科云公司、东诚公司管网收购工作。

## 环境保护

【概况】 2019年，黄埔区推进生态环境治理体系和治理能力现代化，精准治污、科学治污、依法治污。全年完成减排项目16个，完成率133.33%。其中，城镇污水处理设施建设项目1个，农业源结构减排项目3个，工业水污染源结构减排项目4个，工业大气污染源结构减排项目4个，锅炉结构减排项目3个，涉气“散乱污”企业取缔关停项目1个。削减化学需氧量2394.54吨、氨氮157.67吨、二氧化硫35.09吨、氮氧化物30.60吨。是年，黄埔区环境空气质量优良天数321天，达标比例87.9%，$PM_{2.5}$平均浓度30微克/立方米，$PM_{10}$年平均浓度58微克/立方米，六项污染物指标全部达到国家二级标准，空气质量综合指数在全市排第五位。墩头基断面水质达到Ⅳ类标准，珠江涌、双岗涌、乌涌、永和河（黄埔段）均消除黑臭。

【环保督察整改】 2019年，黄埔区、广州开发区印发《广州市黄埔区 广州开发区加快推进环保督察问题整改强力解决突出生态环境问题攻坚工作方案》，加快推进环保督察整改，解决突出环境问题。推动完成中央环保督察交办案件整治116件，中央环保督察“回头看”交办案件整治386件，广东省环保督察交办案件整治127件。9项重大环境风险问题取得重大突破，其中宏仁集团（包括宏信、宏仁电子、宏昌）、融盛公司等4家企业停止污染物排放，推进洛科威、金龙工业园搬迁，环境投诉量大幅下降。

【环境整治】 2019年，黄埔区开展挥发性有机物综合整治行动，惩治固体废物违法行为，开展机动车维修业、加油站和储油库和码头堆场粉尘污染防治监管，监测数据造假专项整治，餐饮业污染整治等专项行动。保持惩治环境违法高压态势，严厉查处环境违法行为。全年出动环境执法人员9436人次，检查污染源2062家次，作出处罚113宗，罚款1161万元；实施新环保法责令限制生产或停产整治决定1宗，查封扣押13宗、作出代履行决定1宗；加强行政执法和刑事司法衔接工作，向公安机关移送涉嫌刑事犯罪线索1宗。综合运用走航技术、网格化精准监测等科技手段，科学分析、精密排查区域废气扰民问题，服务企业，将环保政策、监管要求推送给企业，打造良好的生态环境监管模式。

【环境监测】 2019年，广州开发区生态环境局、广州市生态环境局黄埔区分局出具监测报告表916份，审核第三方监测报告1358份，其中污染源监督性监测592次，地表水监测407次，环保执法监测567次，重点小区投诉监测499个次，其他监测209次。开展机动车污染防治工作，道路抽检柴油货车1198辆次，停放地抽检430辆次；开展机动车遥感检测，取得遥感监测数据2.09万个。开展大气自动站运营维护，6个大气子站正常运行，出具有效数据262万个。高标准建设区级生态环境监测实验分析室。新实验室专业配套设备全部通过专家验收，各类监测仪器均搬迁至新址并运行调试正常。投入3724万元，建设大气污染防治网格化精准监测系统。该系统主要通过安装有针对性的多参数、多类型的实时动态监测设备，科学预判空气质量变化趋势，提升黄埔区大气环境监测监管和决策能力。配套建设大气网格化分析的数据处理平台。投入800万元，委托广州禾信仪器股份有限公司开展大气污染防治综合服务。采用“找问题、找原因、开药方、做评估”的思路，综合运用VOCs走航监测技术、$PM_{2.5}$在线源解析质谱系统和气溶胶激光雷达固定监测技术进行排查，分析VOCs和颗粒物污染特征和来源，为“精细化、精准化”大气污染防治措施的实施、空气质量持续改善提供技术支撑。

【环境宣传与教育】 2019年，广州开发区生态环境局、广州市生态环境局黄埔区分局向各企业、街镇印发《绿色公民手册》《企业环境手册》和大气污染防治法律法规等宣传手册各2000份，为500家重点工业企业订阅《珠江环境报》。6月14日，联合广东省、广州市环保部门在科学城广场举办“生态黄埔 你我同行”“六五”公益行徒步活动暨第十届广东省环保志愿者行动周启动仪式活动。联合黄埔区教育局在中小学举办“环保有我更精彩，世界因你而美丽”征文比赛活动。11月，会同黄埔区教育局、广东省环保学校、广汽本田汽车有限公司分别在贤江小学、怡园小学、苏元二中和科峻小学开展全环境教育活动，提高广大中小学、幼儿园师生的环境保护意识。

【水环境治理】 2019年，广州开发区生态环境局、广州市生态环境局黄埔区分局印发《黄埔区水声水库生态环境保护实施方案》，加强水源保护区的生态环境安全保护。统筹区属各职能单位实施《广州市水污染防治强化方案》，督促各项治水工程推进进度，强化农业面源水污染治理，加强流域河涌保洁。组织实施《墩头基一断面一策工作方案》，墩头基断面水质为Ⅳ类。凤凰河、金紫涌、南岗河水质好转，其中凤凰河水质氨氮年平均值比上年下降56.48%，金紫涌氨氮年平均值下降44.31%，南岗河氨氮年平均值下降36.64%，全区18条黑臭河涌全部消除黑臭。

开展"全覆盖、无遗漏"排查工作，全年全区排查出"散乱污"场所3354个，整治率100%。完成全区17个街镇验收工作，成为全市首个通过市"散乱污"场所清理整治验收工作核查的行政区。

**【声环境治理】** 2019年，黄埔区有环境噪声监测点34个，除广州石化南门、开发大道桥边物流仓内两个监测点噪声测值超过《声环境质量标准》（GB3096-2008）2类标准外，其他监测值均符合标准。全区有交通干线噪声监测点19个，除广州本田汽车有限公司测点噪声值超过《声环境质量标准》（GB3096-2008）4a类标准外，其他监测值均符合标准。

**【大气环境治理】** 2019年，广州开发区生态环境局、广州市生态环境局黄埔区分局落实65蒸吨以下燃煤锅炉淘汰或清洁能源改造，广州恒运东区热力有限公司完成3台35小时/吨锅炉超低排放改造；广州统一企业有限公司关停2台20小时/吨水煤浆锅炉，使用广州恒运东区热力有限公司集中蒸汽供热。开展生物质锅炉执法检查和监督性监测，核实雷诺丽特有限公司停用生物质锅炉，将执法及监测情况录入广州市锅炉排放监管系统。完成"一企一方案"综合整治企业21家，机动车维修行业挥发性有机物整治企业116家。推进扬尘精细化管理，开展扬尘污染综合防治，督促相关部门开展巡查工地5215个次，发出整改通知2060份，督促施工方落实6个100%文明施工要求，动态扣分1089项次，上报不规范行为工地53个。推动相关部门开展夜间联合整治行动13次，出动执法车辆4500余辆次，出动执法人员1.69万人次，检查运输车辆3600辆次，检查在建工地8300余个次，立案查处违法违规行为469起，罚款947.71万元。开展道路扬尘污染控制，每天出动46—51台机械扫路车清扫各主次干道，车行道机械化保洁每天不少于3次。洒水车降尘出动人员2.39万人次，出动2.14万台班，降尘面积25.2亿平方米。喷雾车出动人员276人次，出动喷雾车2137车次，降尘面积2.1亿平方米。强化机动车污染防治。开展道路抽检柴油货车1167辆次，停放地抽检430辆次，复检77辆次，发现超标24辆，取得遥感监测数据2.09万个。

**【土壤污染防治】** 2019年，广州开发区生态环境局、广州市生态环境局黄埔区分局开展重点行业企业用地土壤污染状况调查。以涉及重金属、化工等行业企业用地为重点，构建重点行业企业用地土壤环境质量基础数据库，掌握污染地块分布及其环境风险情况。开展土壤污染重点行业企业基础信息调查208家，其中在产企业152家、关闭搬迁企业55家、填埋场1家。根据广州市最新的关注度划分及纠偏原则，筛选高度关注地块13个，布点采样方案评审3家。强化土壤污染源头控制，监督管理土壤重点排污企业72家。督促企业做好土壤污染隐患排查、向社会公示土壤监测。开展涉重金属重点行业企业全口径排查，完成黄埔区涉重金属全口径清单。加强污染地块环境管理，建立建设用地土壤污染风险管控、修复名录和土地使用权人账户，督促企业及时上传地块土壤调查报告，加强污染地块环境监管。至年末，黄埔区列入"全国污染地块土壤环境管理系统"地块13个。

**【环境应急管理】** 2019年，广州开发区生态环境局、广州市生态环境局黄埔区分局开展安全隐患排查治理"春夏攻坚"专项行动，制订该行动工作方案，加大行动和开展危险化学品企业环境安全隐患排查整治工作期间环境安全管理、环境应急管理的监管力度。排查整治危险化学品企业及化工园区环境安全隐患，督促相关企事业单位落实《企业突发环境事件隐患排查和治理工作指南（试行）》，检查企业25家，出动101人次，发现问题企业1家，立案处罚1家。开展汛期环境安全检查和环境应急管理工作，重点加强汛期危险废物管理，加大对危险化学品企业、危险废物处置单位等重点环境风险源企业的监管力度。落实"安全生产月"期间安全生产工作要求，召集科城环保、天禾、首联、伟翔、赫尔普、港航和世洁7家危险废物处置单位的相关负责人员26人，参与安全生产大讲堂下基层活动。9月4日，在黄埔东路隔墙路29号东码头开展应急演练，提高突发环境事件的应对处置能力。

（吕敏进）

# 城乡建设

○编辑 龚晓华 潘 虹

## 城乡规划

【概况】 2019年，黄埔区、广州开发区高标准推进国土空间规划建设，提升规划管理水平和治理能力，致力实现老城市新活力、“四个出新出彩”目标，推进开展总体规划、详细规划、城市设计、专项规划等各类规划68项。配合广州市完成国土空间总体规划编制；启动编制黄埔区国土空间总体规划（2019—2035年）。组织编制和审查控规编制、修改项目28项，完成黄埔区控规修编二期、临港经济区（南片）等项目19个。贯彻创新、协调、绿色、开放、共享的发展理念，以四大片区联动强化区域带动力，保障重点平台建设发展，重点谋划推动科学城扩容提质增效、环九龙湖地区规划国际化水平规划建设。建立第二中央商务区和长洲岛地区规划师制度，构建柔性缓冲、多元参与的平台，打造共建共治共享的社会治理格局。完善在全市规划系统率先试行的告知承诺制信任审批，全年开展信任审批22宗；实现建设工程规划许可证延期使用“秒批”，建设工程规划许可与人防工程行政许可并联审批；完成联合验收46宗，联合测绘3宗；深化行政审批与技术审查相分离，提高行政审批质效。鼓励新型产业用地和新型产业园区，印发《关于新型产业用地与产业园区功能配比的指导意见（试行）》，推动产业转型升级和城市功能完善。

是年，黄埔区设立区城乡规划委员会（下设城市景观专业委员会及城市更新专业委员会）、规划用地领导小组办公室、历史文化名城保护委员会3个区级议事决策平台，对区城市规划建设工作中的控规编制、城市景观、各类项目用地安排、历史文化名城保护以及其他重大问题进行集体把关和集体决策。全年组织召开区规委会、用地会、景观会、更新委员会20次，审议议题204个。

至2019年年末，黄埔区办理建设项目业务案件883件，比上年增长32.1%。其中，设计方案审查及调整53件，核发《建设项目选址意见书》5件，建设用地规划许可证（含延期）40件，核发建设用地规划条件84件，办理《建设工程规划许可证》（含延期）238件、《建设用地规划许可证》（含延期）49件、《建设项目道征意见书》45件、《设计方案审查》66件、规划条件核实45件，核发建设工程规划许可证317件，核发《建设工程规划条件核实意见书》119件，办理其他业务类案件265件。

【重点项目规划】 2019年，黄埔区、广州开发区推进重点片区、重点项目建设，深化粤港澳合作。推进穗港出入境大楼、黄埔港航站楼等项目建设，焕发老港新活力，打通粤港澳水上交通联系；建设迈普、百奥泰等生物医药研发项目，打造生物岛粤港澳大湾区生命科学合作区；建设穗港科技合作园、粤港澳青少年创新创业基地等项目，形成广深港澳科技创新走廊节点；建设外商活动中心等项目，组建黄埔实验室；建设《南方日报》《广州日报》等项目，打造鱼珠湾总部集聚区；建设保盈跨境电商大厦等项目，引进新业态；建设凯科星贸商业中心、LG小镇、南岗万达广场等项目，补齐商业配套。

立足打造粤港澳大湾区“湾顶明珠”定位，完成穗港智造特别合作区、穗港科技合作园选址，为港澳高端项目落地提供用地保障；落实高端科技装备项目布局，完成广东粤港澳大湾区国家纳米科技创新研究院、中国科学院空天信息研究院粤港澳大湾区研究院暨太赫兹国家科学中心、粤港澳大湾区高性能医疗器械研发中心、生物岛粤港澳大湾区协同创新中心等一系列科技创新平台项目选址；完成姬堂旧村改造启动区、鱼珠木材市场改造商业单元二、机施集团塘口地块、嘉利仓码公司码头地块等重点改造项目地块规划条件核发，打造鱼珠湾总部集聚区，焕发“老城市新活力”。

【集约用地规划】 2019年，黄埔区、广州开发区修订印发《广州市黄埔区、广州开发区企业申请提高工业用地利用效率实施办法》，精简程序、降低门槛，实现工业项目提高容积率的“一窗受理”。全年办理存量产业用地提高容积率事宜16宗，项目计容建筑面积136万平方米。

建设“摩天工厂”项目，在项目核发规划条件阶段取消地块容积率上限（仅设下限2.0）及建筑限高，为项目建设提供充足空间，可提供项目载体不少于20万平方米。探索规划建设现代化“摩天工厂”，鼓励“工业上楼”，邀请国际一流建筑设计团队，在全区北、中、南3个片区布局建设现代化“摩天工厂”，建设土地混合利用、空间垂直兼容、功能复合完善的现代化工业园区，打造一系列战略性新兴产业融合、科研机构集聚、研发生产一体、生产生活功能齐全的粤港澳大湾区科技创新平台及穗港深度合作标杆，深化与香港科技园交流合作。盘活村经济发展用地，打造粤港澳大湾区创新中心核心枢纽载体。在加快村经济发展留用地兑现的基础上，鼓励鱼珠钢富城拆旧建新、萝岗社区伴河路地块、玉树社区等留用地项目引进新业态或规划建设创新创业平台，扶持被征地转制社区发展集体经济，服务粤港澳大湾区建设。

【民生工程项目规划建设】 2019年，黄埔区落实教育、医疗、文化设施项目，完善公共服务设施，打造宜业宜居的开放新区。完成黄陂小学及幼儿园、夏园小学、金和小学等多个学校项目规划手续办理，高标准配套教育设施，缓解黄埔区入学矛盾；完成广州市十二人民医院易址新建、广东省第二中医院中医药传承创新、中山大学附属第一医院东院整治等医疗项目规划手续，为区内医疗服务水平提升提供用地支持；落实广州交通大学、广东省委党校、联和街文体中心等一系列教育文化设施选址，完善区内教育体系，充实群众文化活动场所。推进民生工程项目建设52个，完成区网球学校改扩建、科峻小学配套完善工程等9个项目，新开工广州医科大学附属妇女儿童医院一期工程、黄陂中学新建工程等29个项目建设，加快刘村新村幼儿园和小学新建、中山三院岭南医院二期等14个工程项目建设。

2019年10月16日，黄埔区规划和自然资源局开展黄埔区既有住宅增设电梯宣传活动 （林浣钿 摄）

关注民生诉求，重点开展老既有住宅增设电梯工作，优化和简化审批流程，开展接访和下沉服务，率先开展规划条件核实，全年办理既有住宅增设电梯类案件328件，核发规划许可121件，比上年增长83.3%，规划条件核实25件，惠及居民622户、约2万人。完成广州市第十二人民医院、深井小学等文化教育、医疗卫生等项目规划报建，扩大学位、医疗等资源供应。推动福山村福洞村安置区、萝岗中心区保障性住房、科景苑、才筑科学家等全自持纯租赁人才公寓规划报建，拟新增公共租赁住房约2000套，补齐民生短板。

【美丽乡村建设规划】 2019年1月1日，黄埔区印发实施《广州市黄埔区乡村建设规划许可证实施细则》，赴外地调研及下沉街镇开展宣讲，促进农村建房秩序规范。编制农村住宅建筑图集，强化农村风貌管控。5月，启动农村住宅建筑图集编制，12月中旬完成，梳理农民建房风貌管控的正面清单和负面清单，制定符合辖区农村实际的技术导则，强化农村风貌引导；提供便捷的农房设计和建设技术指导，改变有新房无新村现象。

（黄燕文）

## 市政建设

【概况】 2019年，黄埔区重点推

进轨道交通和路网建设，加快建设地铁5号线东延线、地铁7号线二期、地铁21号线等轨道交通及附属设施站场；完成有轨电车1号线、2号线的方案审查和选址意见书合并办理；加快推动建设增佛高速、机场二高、临江大道东延线、宁埔大道、沙鱼洲隧道、西区化龙过江隧道、东江通道等对外通道和开放大道、创新大道、知识城至科学城快捷通道等快速联络通道；开创——开源大道立交、北二环——开创大道出入口工程、九龙——广汕立交跨线桥和隧道、科学城科林路、永和禾岭路等工程完工通车。中央环保督察重点项目龙新路（一期）污水主管全线贯通。

推进全区电网设施建设，开展电力工程规划审批服务，核发110千伏名美（易为）输变电工程、110千伏思尼采输变电工程、110千伏簕竹（依利安达）输变电工程选址意见书，办理110千伏光谱变电站、110千伏尖峰变电站建设用地规划许可证延期手续和220千伏儒林变电站建设用地规划许可证调整手续，提前审查220千伏围福（宝能）输变电工程、110千伏上岭（火村）变电站和110千伏福洞变电站工程规划情况。推进全区污水处理设施、生态环境保护和生态文明建设，解决污水处理设施存在的规划和用地问题，开展净水厂选址及扩建工作。完成永和北水质净化厂、东区水质净化厂三期选址意见书和建设用地规划许可证核发，推进办理永和北水质净化厂、东区水质净化厂三期修建性详细规划审查。

完善民生基础设施建设，优化提升街区、社区、园区市政配套水平。推进供水供电、排污治污、路桥网络、人行过街设施（包括人行天桥和人行隧道）、环卫设施、公共交通、公共停车等与群众生活息息相关的基础配套设施工程的规划和建设，推进公共厕所的建设和升级。

是年，黄埔区、广州开发区道路绿化美化、国庆灯光秀、云端绿道等多项建设被新闻联播、《人民日报》、新华网等中央媒体报道。科学城“空中连廊”获2019年度“世界人行桥奖”银奖。参展园林作品获第二十五届广州园林博览会特等奖、第二十六届广州园林博览会唯一最佳设计奖。迳下村、大坦村被评为“广州市美丽乡村”称号。知识产权审协中心被评为国家、广东省优质工程奖。广河北辅路获广东省、广州市政优良样板工程。知识城景观大道工程（二期）——景观绿化工程获广东省风景园林与生态景观优良样板工程金奖。永九快速线工程KC12段第二标段获全国市政工程建设优秀质量管理小组活动一等奖。知识城南方医院项目在建设中全面应用BIM（建筑信息模型）技术，获国家级奖项2个、国际奖项一个。外环路A线获广东省、广州市政工程安全文明施工示范工地，D线道路获市建设工程质量五羊杯奖和市建设工程优质奖，广新路升级改造工程获市建设工程优质奖，永和甘竹山公园二期项目获中国风景园林学会科学技术奖园林工程铜奖，玉岩书院修缮保护工程被评为广州市优质建筑装饰工程奖。全区建设项目获省、市级荣誉表彰42项，获奖比例居全市各区之首。全区24个公园获市级认定，达一、二级标准的数量均居全市11个参评区第一位。

（黄燕文　易乐）

**【市政基础设施建设】** 2019年，黄埔区推动新建道路118条，升级改造94条，推进打通断头路46条。创新大道——广汕公路路段实现双向八车道贯通，石化北路跨广园路完成主线桥架设，港前路二期完成5.6千米道路建设，隔墙南路实现南北贯通，知识城福山公墓广河高速连接线工程全线贯通。推进科学城道路快速化节点改造，科珠——科林隧道工程、科丰——科林隧道工程开工建设。长岭居核心片区骨干路网基本建成，云埔工业区升级改造工程的恒达路、耀南路等7个项目完工，西区道路升级改造工程（一期）、生物岛道路全要素升级改造工程基本完工。加快知识城“858”交通体系建设，启动五大价值创新园内部微循环路网建设。“四区四中心”联动路网建设初显成效，全年建成北二环——开创大道出入口、九龙——广汕立交、知识城粤芯项目配套道路等重点道路12条，完成黄埔东路、开萝大道、水西路等道路升级改造41条。

推动实施“72386”外围交通战略，打通东南西北4个方向的交通。推动知识城直通市中心的人才大道线位论证。加快知识城至科学城快速路前期线位研究。初步达成西区——麻涌过江通道线位方案，推进增天高速、机场第二高速、琶鱼隧道、西区——化龙隧道等建设，突破对外交通瓶颈。

推进重点市政道路提升完善，完成开达路、文园路、兴龙大道、开泰大道、禾丰路等道路升级改造及峻祥路、开发大道、东勤路、开创大道等人行道修复改造，全年完成沥青路面修复18.03万平方米，绿道3894平方米，道路侧石1010米，人行道侧石3653米，平石106米，混凝土路面3386平方米，人行道19.01万平方米，树穴修复268米，盲道1576平方米；配合推进区内企业项目筹建落地，10天建成LG动力电池项目地块长580米、宽7米的临时便道，完善宝洁公司北面开设路口、生物岛百济神州动工会场建设，推进加速器、创新基地、科学大道、西区穗港码头等石头造景，助力优化区内营商环境。

**【城市环境整治】** 2019年，黄埔区推进解决城乡统筹，破解区域发展不平衡不充分的问题，开展城市主干道沿线立面整治。编制《黄埔区黄埔东路示范段立面整治方案》，为各街道编制具体方案和实施建设提供示范性指引，引导改造工作按照统一的建筑标准、统一的色彩风格、统一的实施质量实施。完成萝岗万达广场、广垦大楼等重要节点项目外立面改造，确保核心区、主干道整体景观质量提升。推进“三条围”（大沙街姬堂社区新围、旧围、合庆围3条自然村）等安全隐患区域、生态保护区村民违规建房、“华夏奇观”等历史遗留违建案件的规划情况核查相关工作，全年出具涉嫌违法建设规划意见297宗，涉及面积41.6万平方米，比上年增长1.32倍，按时办结率100%。

【桥梁连廊和隧道建设】 2019年，黄埔区、广州开发区推进万科新里程人行天桥、开达路（乐金显示）人行天桥、开源大道（岭南雅筑）人行天桥、开源大道东人行天桥、云信路（玉泉中学）人行天桥、区块链国际创新中心人行天桥、黄埔行政服务中心周边、知识城、科学城周边等风雨连廊工程建设，改善市民群众出行条件，优化城区公共服务配套设施。

12月9日，九龙广汕立交隧道全线贯通。九龙广汕立交隧道是九龙大道与广汕路口的改造项目之一，改造形式为九龙大道主线采用下沉隧道，穿过广汕路，隧道为双向6车道，全长610米。九龙广汕立交主桥和隧道的全线贯通，为知识城打开南大门，是黄埔区落实粤港澳大湾区建设规划、打造“南北贯通、山海相连、东西合璧、互联互通”大交通路网格局的一项重大举措。

【公园绿道建设】 2019年，黄埔区、广州开发区完成华圣公园二期登山道、人工湖、绿化景观等工程建设，及天鹿湖森林公园四季花苑景观改造、牛头山桉树林林相改造、长洲岛中山公园景观升级改造、大外环新阳东路口袋公园景观改造、黄埔公园升级改造等项目。新阳东路口袋公园项目保留原有大树及山体，融入海绵城市理念，通过生态草沟、花溪收集场地内大部分雨水，地雕平台、整石平桥及拱桥、景墙、仿古亭、景石、造型树等景观元素贯穿整个水系，形成岭南园林风格的小公园。

完成主要路段沿线绿化景观升级改造等全要素提升工作。完成开创大道（宏明路——广深公路段）、广深高速（玉树公园——增城黄埔界）、科学城“大外环”沿线等路段绿化景观升级改造工程。完成永和片区、东区云埔片区、科学城片区等道路沿线绿化景观升级改造，推进原黄埔片区部分道路红线外地块绿化景观升级改造工程。建设黄埔东路、狮龙大道、鱼珠智谷、大坑公园、蓝雾公园等绿道及缓跑径23千米。完善绿道配套和功能，增设智慧公厕7个，智慧型驿站10个。加强维护和管理，完成市绿道办巡查整改事项52项，完成全区绿道标示牌、地图牌及信息牌整改304座，打通断头路6千米。完成《云端绿道导览图》《2019黄埔区绿道地图》设计制作工作；完善提升绿道指示牌，新建红色慢行交通指引牌83个，含绿道地图标识、区域位置指引、区域环境及公益宣传等功能。黄埔区绿道作为广东绿色发展生态优先的典型代表，被《人民日报》、新闻联播、新华社、《广州日报》等30余家媒体报道。

【城区环境建设】 2019年，黄埔区、广州开发区强化以景识城效果，对全区主干道路和城市家具按同一标准实施全要素提升改造，打造一批具有黄埔气质的人行天桥、风雨连廊、智慧驿站等便民设施，形成由黑色路面、黑色护栏、黄色休闲椅、红色信息牌、中华灯组成的黄埔特色景观。以科学城五年大变化为重点，完成科学城重点区域和主干道路沿线建筑物、山体、绿化、景观环境节点打造。

提升绿化景观，以“四区一网多节点”进行整体布局，在主要公共空间及重要门户节点布置花卉、花境3.5万平方米，打造主题花坛6个。绿化景观提升科学大道、开泰大道、开创大道、黄埔东路、金洲大道等主干道10条，实施道路和绿化微改造，打造智谷休闲绿地和蓝雾公园2个社区绿地，建设绿道及缓跑径23千米。实现全区19条道路、6座山体、39座廊桥、457座建筑楼宇、27个重要节点、4个公园、4个湖体周边景观亮化提升。重点打造知识城、科学城、黄埔港、生物岛四大片区亮化工程。创新“科城锦绣”水舞声光秀展现形式，在大观路隧道打造长140米、宽10米LED发光长卷巨幅国旗。强化知识城夜间辨识度，在开放大道、风湖二路等景观大道建设新型智慧LED中华灯。推进全区5G基础设施建设，在开萝大道实施智慧中华灯试点项目，打造全国首条5G通讯示范道路。融合智慧城市功能，推广智慧灯杆建设标准，开放市政园林设施设置5G基站及配套设施。加快广州开发区市政园林信息化系统建设，全面测试1.0版，结合手机版的智慧巡查等子系统推进融合升级。

【示范社区、示范路建设】 2019年，黄埔区完成黄埔街道下沙社区大吉沙岛、云埔街道沧联社区高标农田机耕路、长洲街道长洲社区、红山街道双沙社区、红山街道沙浦公园以及联和街道玉树社区6个示范社区建设，财政总投资9800万元。

【行政审批优化】 2019年，黄埔区推动体制机制创新，加快建立预选承包商库，推出“建筑业10条”，推动黄埔区建筑企业高质量发展。加快行政审批制度改革，推动“数字政府”改革建设工作，网办率等多项指标为100%。印发黄埔区《政府投资工程建设项目建设方案联审决策实施细则》，提高建设项目前期审批效率和质量。深化工程建设项目审批制度改革工作，实现工程建设项目审批“四统一”。在全市率先落实“缩短简单小型项目备标时间”政策。精减施工许可前置审批事项，探索“承诺制审批”“不见面审批”等措施办法，大幅压缩审批时间。承接消防行政审批业务，办理设计审查65件、验收127件及备案抽查142件，审批数量居全市各区前列。

【名村及美丽乡村创建】 2019年，黄埔区结合美丽乡村和农村人居环境整治，开展迳下村名村创建，重点完善基础设施和公共配套建设等，财政投资2200万元。黄埔区迳下村、大坦村两村于5月通过广州市美丽乡村工作领导小组验收，获“广州市美丽乡村”称号。迳下村于8月通过广州市名镇名村工作创建工作办公室验收，获“广州市名村”称号。开展麦村市级美丽乡村创建，完善乡村基础设施和公共配套建设，完工建设项目15个，总投资670万元。

【桥梁隧道美化】 2019年，黄埔区加强市政桥梁管养力度，对夏港桥、广州绕城公路跨东勤路桥底、笔村立交、永顺大道跨线桥等6座桥梁实施涂装美化工程；开展桥隧专项体检整治，实施经常性检查桥梁144座，完成桥梁常规定期检测76座，完成连云路北桥、南云一路桥、姬堂桥、志诚大道立交桥等桥梁加固维修；联合开展桥下附属空间整治行动，沧联二路情人桥、镇东桥、茅岗桥、墩头涌桥等桥梁桥底空间实施规范清理9座。

（黄燕文）

## 交　通

【概况】 至2019年年末，黄埔区在册普通货物运输企业1391家、危运企业40家、机动车维修企业195家。区内运输企业车辆以重型货车为主，其中有动力营运车辆1.78万辆，营运挂车1.15万辆；车辆核定吨位数占全市总数50%，大型货运车辆数占全市总数34%；危运车辆动力营运车辆944辆，营运挂车747辆，占全市33%。黄埔区管养的地方公路436条，其中县道3条、乡道48条、村道385条；管养农村公路里程319.38千米。区管公交站场21个，全区公交上落站1341个，区管公交候车亭484个。

【公共交通】 2019年，黄埔区新增公交线路3条，优化调整公交线路45条次，其中新增3条黄埔区至增城区的跨区线路。优化公交线路，以小区住宅、工业园区、公司企业等人流密集区域接驳地铁为主。打造全球第一条5G常规公交线路，在开萝大道建设全国首条5G通讯示范道路。至年末，全区公交线路共207条，定制快速公交（如约巴士）线路23条，常规公交车数量1700余辆。基本形成以地铁5号线、6号线、13号线、14号线、21号线及常规公交骨干线路为主体，以区内短途接驳线路为补充，以定制快速公交（如约巴士）、高峰快线和“最后一公里”公共自行车接驳为特色的公共交通服务体系。开展黄埔区智慧交通系统总体设计研究，结合设计成果开展智慧交运、智慧道路项目前期工作。推进智慧交通运输管理中心系统集成项目立项及公交线路优化、新型微循环巴士运行管理、智慧公交站亭服务、公交发展水平评估、重点营运车辆监控等工作。按照计划节点搭建智慧公交管理系统、重点营运车辆监管系统两个信息化项目，于11月底完成项目初验，进入试运行阶段。

开展智慧道路建设计划前期工作，为车路协同技术落地、自动驾驶示范区建设奠定基础。推进公交停保场、枢纽站、首末站等设施建设，完成知识城南站、云埔（爱特城）配建公交站、中海誉城公交总站主体建设。协助推进龙湖地产、实地常春藤、乐谷、火村“三旧”（旧城镇、旧厂房、旧村庄）改造、茅岗“三旧”改造、颐年园配建公交总站建设。建设具备黄埔特色、交通组织顺畅、便民设施齐全的示范性公交站场2个。推进黄埔区区属公交首末站场建设管理规范性文件编制。加强公交候车亭建设管理，改善候车环境，完成科学城、生物岛片区香雪大道等12条道路新型智能候车亭建设。完成九龙大道、开泰大道、香雪大道、开创大道、瑞和路、发源路道路新型智能候车亭立项。强化候车亭维护运营管理，督促区属700余个候车亭的运营企业落实每日一检；围蔽、清理和恢复出现损毁的候车亭。推进黄埔区中途站建设管理规范性文件编制。地铁21号线建成通车，地铁5号线东延段、7号线二期建设加快推进；有轨电车1号线完成永顺大道试验段空载实验，有轨电车2号线完成招标并组建项目公司，谋划推进有轨电车3号线前期工作。

【交通行业安全监管】 2019年，

黄埔区落实安全生产责任体系，强化行业安全监管责任，与各道路运输企业签订《2019年交通运输行业安全生产责任书》849份；每季度召开安全生产暨综治工作会议；组织安全生产管理培训13次，1285名企业负责人参加。开展安全生产大检查，检查货物运输企业1116家，排查并落实整改问题或隐患172个（处），限期整改企业58家；部署重要时段和重大活动的安全生产工作，检查道路运输企业安全生产工作落实情况564家次。开展“安全生产月”活动，深入企业进行安全大检查，组织开展宣传教育，出动检查人员76人次，检查运输企业23家、机动车维修企业和驾培企业8家，发出整改通知书4份，立案4件，罚款4万元。到企业开展同堂听课5次，实现同堂听课“真听、真导、真获益”。组织开展安全生产应急演练，联合广州市交通管理总站在黄埔区举办全市危运行业2019年度安全生产应急演练。

【村村通工程建设】 2019年11月，黄埔区村村通公路完善工程完成标段二、标段三（原九龙片区）施工总承包单位、监理单位招标；12月，完成标段一施工总承包单位、监理单位的招标工作。二标段、三标段（原九龙片区）进场施工。至年末，该工程建设完成3.3千米。村村通公路完善工程于2018年7月通过区发展改革局可研批复，项目内容为新建农村公路124条，总长度为16.89千米。其中，原九龙片区98条公路13.51千米，包括金坑村、均和村、麦村、迳头村、九楼村、镇龙社区、镇龙村、新田村、洋田村、迳下村，枫下村、蟹庄村、佛朗村13个自然村；原东区街道10条公路1.82千米；永和街道12条公路0.77千米；联和街道7条公路0.79千米。工程涉及专业包括路基、路面、排水、桥梁涵洞、交通及照明工程等，工程总造价8583.98万元。

【公路养护管理】 2019年，黄埔区公路管理站（区交通管理总站）管养农村公路里程319.38千米，其中管养县道3条、7.72千米、乡道48条、118.21千米、村道385条、193.45千米，全年养护资金1964.68万元。农村公路由2个道路养护中心进行养护，其中九龙养护中心负责原九龙镇农村公路的养护，香雪养护中心负责永和、原东区、萝岗、联和4个街道的农村公路养护。

【交通运输综合行政执法】 2019年，黄埔区开展客货运市场整治、危化品运输车辆非法营运整治、车辆超限超载行为等专项联合整治和单独巡查行动830次，出动执法人员5332人次，检查各类车辆、企业数累计4566辆（家）次。立案查处违法违规从事客运车辆案件40件，涉嫌非法从事货物运输或危险品运输案件15件，涉嫌违反《中华人民共和国安全生产法》案件54件；查处超限超载车辆593辆次，强制卸载货物1.02万吨；与源头企业签订责任书135份；全年立案查处违法个案566件，行政罚款总额261.22万元。

（黄小引）

【轨道交通建设】 2019年，黄埔区加快建设地铁5号线东延线、地铁7号线二期、地铁21号线等轨道交通及附属设施站场；完成有轨电车1号线、2号线的方案审查和选址意见书合并办理。是年，黄埔区发展改革局跟进在建及获批的轨道交通线路进展情况，安排轨道交通项目涉及黄埔区所需资金，配合市、区财政局开展相关测算。完善轨道交通线网规划，沟通对接省、市发改部门，协调推进国家铁路、城际铁路、城市轨道交通等项目涉及黄埔区站点、区段的规划及建设工作；梳理区辖范围内的轨道交通及城际铁路线网规划，结合知识城、科学城等重大发展平台建设需求，对城际铁路建设规划及轨道交通线网规划提出诉求。

【广州地铁21号线全线通车】 2019年12月20日，广州地铁21号线全线通车。该地铁线路为增城区增城广场至天河区员村，为快慢车设计，快车单程运行时间大约53分钟，较常规运营模式列车节省14分钟。全长61千米，横跨天河、黄埔、增城3个行政区，串起智慧城、科学城、长岭居、知识城、科教城、增城（荔城）六大重要版块。线路由东向西直插天河国际金融城和珠江新城，连接起广州科学城与广州中新知识城。

（黄燕文）

## 城市更新改造

【概况】 2019年2月，广州开发区城市更新局成立全市唯一区级城乡规划委员会城市更新专业委员会。11月29日，召开区城乡规划委员会城市更新专业委员会首次会议，通过黄陂长安片区及大塱旧村改造项目控规调整方案。至年末，立案开展9个旧村改造项目的控规调整，提供控调前期咨询项目21个，并通过建立收案清单、技术审查模板等标准化方式规范规划管控要求。

是年，黄埔区“三旧”改造标图建库总用地面积52.55平方千米，获批复的全面改造项目和微改造项目102个；开工项目26个，开工面积710万平方米，竣工面积379万平方米，竣工安置房7224套90.3万平方米。启动老旧小区微改造项目55个，其中完工项目30个；旧村改造项目完成签约户数2.29万户，拆卸房屋1.47万栋；旧城改造项目完成签约户数733户。城市更新项目完成固定资产投资698亿元，完成房地产销售面积280万平方米。完成2批次、49个项目的城市更新年度计划申报工作。黄埔区城市更新项目批复总量、开工面积、投资金额等任务指标领先全市其他行政区，城市更新实施速度居全市首位，连续3年在全市“三旧”改造年度考核中排第一位。

**【城市更新项目审批】** 2019年，广州开发区城市更新局完成萝峰、沙步、大塱和汤村4个旧村及德尔信、宏仁集团、石油大厦、洪圣沙码头、大寮口、高新集团友谊路地块、嘉利仓码蟹山西路地块、嘉利仓码码头地块9个旧厂改造的项目实施方案批复。完善珠江村、双沙、南岗南、长平、旺村、洋田和华甫7个改造项目实施方案。开展南岗北、黄陂公司、黄陂二期、金坑、红卫二期等旧村改造项目的现状房屋测量和数据核查、地价评估等工作，编制初步项目实施方案。

**【城市更新项目签约动工】** 2019年，黄埔区在拆重点旧村改造项目19个，总用地面积1089公顷，现状建筑总数4.3万栋，动迁前现状建筑总面积1183.21万平方米。至年末，拆除建筑面积421.9万平方米，签约栋数2.29万栋，全年通过“三旧”改造拆违300万平方米。已批旧村改造项目新增签1.12万户，新增拆卸房屋1.1万栋；旧城改造项目新增签约149户。全年新增动工面积118万平方米，新增竣工面积46万平方米。启动黄陂长安安置区、东风化工商业地块、广东轻工等项目施工建设；开展萝峰、沙步、广州机施等15个项目的批后实施前期工作。

**【广东省“三旧”改造改革创新试点】** 2019年，黄埔区、广州开发区继续推进广东省“三旧”改造改革创新试点工作。9月10日，广州开发区城市更新局发布“城市更新10条”，立足规划管控、土地置换、拆迁前置、容缺审批等方面，加快推进“三旧”改造创新政策的研究编制。初步形成城市更新“1+N”创新政策体系，相关创新政策介绍和解读被人民日报海外版、南方日报等媒体报道。出台《村集体经济发展留用地纳入旧村庄改造工作指引》《广州市黄埔区九龙片区旧村现状建筑测量和复建安置计算工作指引》《广州市黄埔区广州开发区（原九龙镇片区除外）旧村改造补偿安置方案（模板）》《广州市黄埔区广州开发区原九龙镇片区旧村改造补偿安置方案（模板）》《广州市黄埔区广州开发区旧村合作改造类项目公开引入合作企业工作指引》及《广州市黄埔区广州开发区旧村改造项目土地置换若干规定》等配套政策文件4批次19份。

**【城市更新10条】** 2019年9月10日，广州开发区城市更新局推出“城市更新10条”，聚焦“快批、快拆、快建”，将城市更新与产业转型有机结合，激发老城市新活力，打造宜居宜业宜游的优质生活圈，以高品位的城市发展促进高质量的经济建设。成立区城市更新工作领导小组，设立区城市更新规划专业委员会，保留全市仅有的区级城市更新局，形成科学完善的区级城市更新管理架构。编制全区城市更新总体规划，围绕建设粤港澳大湾区中心工作，推进开创大道、广汕路、黄埔东路、九龙大道沿线等重点区域的“三旧”改造，形成中新广州知识城、广州科学城、黄埔港、广州国际生物岛“四片联动”的城市更新蓝图。首创城市更新项目负面清单管理机制，优化目标导向的年度计划管理体制，将改造条件不符合国土空间总体规划、国家产业指导目录、相关专项规划中的强制控制要求的项目纳入负面清单管理，不列入实施计划。鼓励重点区域连片成片改造，试行整地块、整村纳入标图建库；允许用地空间腾挪整合、土规规模及转用指标置换、留用地或预支留用地按政策条件纳入旧村改造。试行旧村改造项目全区域网格化基准融资楼面地价公示制度，统一编制全区网格化旧村改造融资楼面地价报告，以自然村为单位确定参考价格，作为各项目编制改造实施方案的依据，根据实际情况动态调整，并向社会公布。允许产权单一的“商改商”等类型项目参照旧厂改造政策执行，鼓励低效物业加快升级改造。编制全区各片区旧村改造拆迁安置补偿方案统一标准模板，作为规范性文件和各项目编制拆迁安置补偿方案的依据，避免恶性攀比现象。建立城市更新项目实施方案和控调方案审查专家票决制和审议“二合一”推进机制；试行旧村改造项目实施方案“先签约、后批复”；按“灵活分片、动态调整”的原则，优先将涉及重点拆违整治和复建安置物业、公建配套设施、重点产业项目建设的地块划入先行实施片区，实现“签一片、拆一片、建一片”；对城市更新项目的建设审批环节实施“流程再造”，试行并联审批、容缺审批。将“三旧”改造奖励用地指标分配与拆迁进度挂钩，根据计划新增改造和完成改造的面积规模，可预支50%“三旧”改造奖励新增建设用地计划指标，区城市更新部门按季度经广州市政府向广东省自然资源厅申请，按季度向省自然资源厅申请预支50%“三旧”改造奖励新增建设用地计划指标，优先用于征拆迅速且需指标支持的旧村改造项目。制订“资金与信用、进度与效益、公配与产业”等重要事项的全流程监管措施，由区城市更新部门会同相关职能部门与改造主体签订监管协议，明确监管责任和监管内容。驻点监察重点部门和重点项目，防范廉政风险，实现“阳光监管”。

（陈秋而）

## 建筑业与房地产开发管理

【概况】 2019年，黄埔区规范建筑行业建设，加大工地安全文明施工管理，推广落实工地实名制，打造互联网+的安全文明施工监管模式，上线运行工程智慧监管平台。加强房地产市场监管，确保房地产市场正常运营；开展系列房地产市场调控政策执行情况监督检查，遏制投资投机性购房；依法查处捂盘惜售、违规预售、哄抬房价等违规行为，维护购房者合法权益。全年全区有房地产开发项目36个，中介公司223家，物业公司150家，物业管理项目164个。完成商品房销售面积245.86万平方米，比上年下降29.09%。黄埔区住房和城乡建设局（广州开发区建设和交通局）是全区房地产行业监管部门。

【建筑行业监督管理】 2019年，黄埔区举办首届建筑工匠技能擂台赛，开展项目巡查、技能培训和研讨、“同堂听课”、VR体验、知识竞赛、观摩交流等形式宣传200余次。向在建工程各方责任人发送有关安全警示、提醒信息8500余条。召开工程监管工作会议及集中约谈会36次。检查下发整改通知书3494份，责令局部或全面停工整改136项次；警示约谈50次；上报不规范行为企业190家，动态扣分8269分（涉及275家企业1367人次），提请行政处罚15项次，通报批评16项次。抽测建材2836组，处理不合格数据88组；对建筑实体进行回弹、抽芯等质量抽检232项次（2352组），处理不合格数据36组；监督抽测起重机械455台。推广落实工地实名制，全区落实实名制管理工地469个，其中落实工资支付分账管理工地382个。协调建筑领域劳资纠纷65起、涉案人数1624人、涉案金额9485万元。在全市保障农民工工资支付考核中居第三位。

打造互联网+的安全文明施工监管模式，上线运行工程智慧监管平台，安装工地视频监控设备、扬尘在线监测设备等。推进危大工程及重点区域安全风险治理，开展工地消防和危化品安全检查。探索科技手段监管，通过地面监督员日常巡查和联动检查以及无人机“空中监管”，形成立体式、全方位、无死角巡查管控体系。制订文明施工管理标准，严控扬尘污水，推动建筑施工现场标准化。推进施工围蔽提升。制订《关于黄埔区广州开发区建设项目推广使用封闭式外脚手架金属防护网的通知》，在日立总部、创维总部、保利复建区、开创大道西商业楼、科学城总部二期等18个项目推广使用安全性能更好、更环保的封闭式外脚手架金属防护网，减少建筑施工消防安全隐患，提升建筑工地形象。提升工程质量水平，强化示范引领，举行9场大型工程标准化建设现场观摩交流会。创新监管方式，以“双随机”交叉+第三方专家协助监管实现全区建筑工程覆盖检查，开展治理海砂、整治地条钢、排查幕墙工程、推进绿色建筑和建筑节能等系列工程质量专项行动，引入第三方机构开展住宅工程分户验收和淋水蓄水检测评估，开展房地产项目质量专项整治。全年随机抽取170个项目（占上网项目比重54.3%），整改存在问题项目46个。

是年，黄埔区获广东省建设工程项目施工安全生产标准化工地、绿色施工示范工程5项，占广州市15.6%；获市级（绿色）施工标准化示范样板工地36项，占全市18%。工程质量获市级建设工程奖31项，占全市16.15%；获省级建设工程质量奖项15项。

【房地产管理】 2019年，黄埔区加强房地产市场监管，遏制投资投机性购房，依法查处捂盘惜售、违规预售、哄抬房价等违规行为。依法审核办理万科樾山、龙湖天琅花园等商品房预售许可审批97宗，车位车库备案9宗，开发企业资质核准（包括核准、年检、变更等）案件130件，房地产开发项目手册（包括申领、年审、注销）82宗。加强房地产市场调控，依法打击商品房销（预）售过程中的违法违规行为，开展房地产领域市场秩序专项整治行动2次。全年安排执法人员295人次，检查在售房地产项目36个，双随机执法检查105次，检查中介企业82家，行政处罚违规销售的房地产企业2家，处罚金额14.5万元。

协调开发企业、物业企业与业主之间的关系，化解大批涉及房管领域、物业管理方面的矛盾纠纷，查处各类开发商、物业公司违法行为，处理“12345”投诉热线涉及房管领域的投诉2367件，受理云信访168件，对所有投诉均以书面或电话形式回复。

【物业管理】 2019年，黄埔区办理物业管理行政备案50件。建立广州市业主决策电子投票系统基础数据库120个，指导科城山庄锦泽园、君和名成、富域尚品居等小区采用电子投票形式召开业主大会表决业主共同决定事项等问题。组织全区各街镇、居委会开展业主组织建设和广州市业主决策电子投票规则培训。召开区物业管理联席会议，部署住宅小区专项摸查整治工作。督促各物业企业按要求完成广州市物业管理信息系统注册和信息填报，配合各街镇做好灭蚊防控登革热、垃圾分类、来穗人员管理、创文创卫等工作。

【住房保障】 2019年，黄埔区对低收入等群体按最低标准收取直管房优惠租金，对特困家庭给予免租保障。落实瑞东花园29套房源用于鱼珠旧城改造项目，协调落实“三条围”搬迁项目购买萝岗和苑安置房源2136套。完成公共租赁住房各类业务审核1525宗，新增入住新房户籍家庭234户，棚户区改造新开工套数956套。印发《广州市黄埔区广州开发区人才住房建设和使用办法（试行）》，推出人才住房2500套。加强单位整体租赁公租房管理，提高空置房源周转率，租赁备案率100%。

【房屋安全管理】 2019年，黄埔区加强房屋安全管理，做到“在册危房零住人、既有房屋零事故”，提高房屋安全应急抢险处置能力。全区存量在册危房702栋，空置率100%，临时解危681栋，临时解危率97%，彻底解危220栋，彻底解危率31.4%，全年未发生房屋倒塌及伤人事件。在全市率先开展全区削坡建房普查，普查1024个削坡点。加强玻璃幕墙监管，在全市首创委托专业技术队伍开展监督抽查，抽检面积5746平方米。

【房地产销售】 2019年，黄埔区商品房销售面积245.86万平方米，比上年下降29.09%。其中，“三旧”项目销售面积27.23万平方米，比上年下降60.11%；非“三旧”项目销售面积218.64万平方米，下降21.48%。房地产从业人员工资总额前三季度完成13.32亿元，比上年增长44.2%。至年末，房地产从业人员1.94万人，比上年增长42.1%。新增揽境花园、星樾花园、万科幸福誉和保利拾光花园等5个项目，可售面积16万平方米。增加和苑安置房销售面积18万平方米。

（黄燕文）

## 水　务

【概况】 2019年，黄埔区有河涌84条，总长347千米，其中流域面积超过50平方千米的河涌有6条，分别是南岗河、乌涌、凤凰河、平岗河、金坑河、永和河。全区堤防总长753.6千米。其中，1级堤防52.7千米，4级堤防280.4千米，5级及以下堤防420.5千米；其中，主要外江堤防有珠江前航道、东江北干流、长洲岛、洪圣四沙、娥眉沙、大蚝沙等，总长66.8千米。全区有水库25座，其中中型水库2座（金坑水库和木橺水库），其余均为小型水库；水闸35座，其中中型水闸2座（乌涌水闸和新担涌东闸），其余均为小型水闸；泵站12座，均为小型泵站。全区有水质净化厂8座，分别是西区水质净化厂、东区水质净化厂、永和水质净化厂、萝岗水质净化厂、黄陂水质净化厂、九龙水质净化一厂、九龙水质净化二厂、生物岛再生水厂，总设计日处理规模为38万吨。

是年，黄埔区水务局的防汛防旱防风指挥部办公室（水务工程质量安全监督职能除外）划转至黄埔区应急管理局；增设河湖科，承担最严格水资源管理制度中涉及水质的相关工作的职能，推进河长制湖长制组织实施具体工作。

【水利监督管理】 2019年，黄埔区执行“四制”（项目法人责任制、招投标制、建设监理制、合同管理制），完善招标监督服务工作，优化招标备案流程，缩短备案时间。提高招投标监管力度和工作效率，提前审查，招标备案1天内完成，全年备案35件。健全招标规章制度，依法处理招标投诉，保障招标人利益。受理行政审批事项申报90项，建设项目规划审查意见214项；审批水土保持方案30宗，验收水土保持设施10宗；完成水土流失治理面积4.04平方千米，完成申报率90%、实施率80%、验收率70%。利用无人机等手段监控项目，向区内建设工程项目发出整改通知38份。印发《黄埔区河湖管理范围和水利工程管理与保护范围划界确权实施方案》，推进国有河湖管理范围和水利工程管理与保护范围划定工作。做好汛前、汛中、汛后及强降雨后等特殊时期工程安全检查和巡查，掌握全区水库库区工程安全运行状况与隐患情况。明确政府责任人、主管部门责任人和水库管理单位责任人，按规定汛前公示、层层落实防汛责任。开展水库管理培训工作。严格检查水库安全度汛情况，督促水库及时腾空库容。

【供水服务到终端改造】 2019年，黄埔区印发《黄埔区推进供水服务到终端工作方案》，对2000年以前建成的无物业管理、无供水加压设施的老旧小区的用户共用用水设施进行改造，改造完成后移交供水单位管理，实施抄表到户。全区完成4个小区、375户居民共用用水设施改造。

【水库设施管护】 2019年，黄埔区有水库25座。其中，区管水库3座（金坑水库、木橺水库、水口水库），街（镇）管水库22座。全区库容5877.33万立方米，其中金坑水库库容1931.9万立方米，木橺水库库容1027.8万立方米。开展小型水库安全运行管理标准化创建工作，选取水口水库、红旗水库为区级试点。加强库区防溺水、反恐安全防范措施，全年无超警戒水位运行，全区总体运行安全平稳。

是年，木楹水库录得降雨量2552.6毫米。最大日降雨量为6月24日的162.6毫米。全年来水量2882万立方米，出库水量2636万立方米，拦截洪水2355万立方米，防御强降雨及“韦帕”“白鹿”等多个台风。5月，水库大坝实施除险加固施工，施工期间水库低水位运行，根据水位降低及施工过程中暴露的问题细化管理，开展溢洪道口清淤工程、大坝迎水坡石缝修复、输水涵管CCTV检测等工作。加强大坝安全监测监控和主副坝水平及竖向位移的人工监测。落实水工建筑物、消防设施、监控设备的日常维护和检查，开展输水涵管手动蜗轮蝶阀更换项目。推进水环境治理工作，推进水库上游污染源清理，加强加密水库水质监测，提升河涌绿化，改善水质。开展反恐防暴培训演练、大坝安全管理、抢险调度应急和消防演练，提高应急处置能力。加强涉水安全管理，落实库区水域隐患排查和水面巡查，严禁外来人员私自下水，全年未发生安全事故。

金坑水库入库水量4443.8万立方米，出库水量4522.5万立方米，拦截上游洪峰流量最大126.7立方米/秒，拦蓄上游洪水2799.4万立方米。落实库区工程绿化养护及设施维护、大坝安全监测系统维护、白蚁防治等项目监督管理，完成引水石陂修复、视频监控升级项目，协调灌渠首石陂岸墙抢修，处置溢洪道排水沟底部受损等水毁隐患。完成反滤棱体和涵管放水塔重建，完成除险加固工程和单位工程验收，开展腾空库容调度和清淤工程施工。强化常态反恐防范管理和防溺水安全管理，保障工程安全运行和库区安全稳定。落实水质监测，组织流域污染源巡查，配合福山循环经济产业园取水项目建设，推进水库水资源利用与水环境治理。组织各时段工程安全检查，开展大坝安全管理应急演练，水库全年安全运行，无超防限水位。

水口水库全年录得降雨3240毫米，比上年降雨量多1044毫米，比多年平均降雨量（1730毫米）多1510毫米，超历史纪录。水库来水量约1050万立方米，其中雨后来水量660万立方米，正常来水量390万立方米。整治侵占江河湖泊违法违规建筑，配合相关部门清理水库周边的违规建筑13处，拆除面积2000平方米。规范调度程序，加强水库出库流量调控管理。通过“预判+预腾空+联动调度”，全年错峰调洪约450万立方米。制订年度应急抢险演练方案，组织单位职工、相关居民及服务单位进行“与下游联动、预腾空库容，错峰调洪”3个科目的防洪演练。

【供水行业管理】 2019年，中心城区供水日常管理职能由广州市水务局下放到区级水务部门实施，黄埔区水务局供水日常管理范围从原萝岗区扩大到新黄埔区全域。是年，黄埔区水务局依法依规开展供水水质监测，每季度采样检测、公示全区市政供水管网水质监测点16个，全年检测64次，水质综合合格率100%。建立市政消火栓台账，监督供水单位对市政消火栓的管理维护工作，至年末，全区有市政消火栓4995个，其中新建293个，完好率100%。推进节水型社会达标建设工作，印发《黄埔区节水型社会达标建设工作方案》，全年创建节水载体（企业、居民小区、公共机构）74个。

【农村供水管理】 2019年，黄埔区水务局落实水利部农村饮用水“三个责任”和“三项制度”要求，明确并公示黄埔区、区水务局、区供水单位三级管理责任和农村饮水监督电话、邮箱地址；印发《黄埔区农村小型集中式供水工程管理制度》，从工程运营管理、经费保障等方面规范农村供水管理。推进农村供水改造工作，协调完成莲塘村、迳下村供水管网改造主体工程。

【排水行政审批】 2019年，黄埔区水务局负责审批事项11项，其中行政许可事项6项：建筑工程施工许可证核发（市属供水、排水工程开工报告审批）、水利工程初步设计文件审批（含给排水工程）、污水排入排水管网许可证核发（含施工临时排水许可证核发和污水排入排水管网许可证核发）、停止供水审批、调整用水计划审批、大中型建设工程初步设计审查（公共排水设施设计方案审查）；其他事项（含备案及服务事项）5项：公共排水设施接驳核准、排水设施设计条件咨询、广州市排水许可水质检测、城镇排水与污水处理设施竣工验收报告及相关资料备案、城市污水处理费减免。全部事项进驻广东政务服务网。

全年受理办结行政许可事项236宗，其中建筑工程施工许可证核发21宗，水利工程初步设计文件审批（含给排水工程）2宗，污水排入排水管网许可证核发122宗，停止供水审批0宗，调整用水计划审批17宗，大中型建设工程初步设计审查74宗；其他事项（含备案及服务事项）922宗，其中公共排水设施接驳核准102宗，排水设施设计条件咨询465宗，广州市排水许可水质检测283宗，城镇排水与污水处理设施竣工验收报告及相关资料备案68宗，城市污水处理费减免4宗。所有事项均按时办结。全年未出现延误或中断行政审批的项目，未出现审批事项需要通过行政复议或行政诉讼的项目。

【水务设施管理与养护】2019年，黄埔区推进排水设施“厂—网—河”一体化运营管理，成立区属排水公司，以排水管网运维管养特许经营模式，开展黄埔区原萝岗片公共排水设施维护管理，实现“全面覆盖、一体管理、系统运行、专业维护”目标；印发《广州市黄埔区公共排水设施维护管理办法》，加强排水设施监督管理，促进黄埔区排水设施维管工作规范化、科学化、法治化。黄埔区在广州市水务局对中心城区和非中心城区排水设施管理的考核评分中均排第一位。推进排水设施维修改造及内涝整治工作。完成排水设施结构性缺陷修复4707处、功能性缺陷修复1.24万处、雨污水错漏混接整改400处；完成内涝风险隐患点整治51个，组织开展排水应急抢险任务163次。

推进河湖、水闸及泵站等水利设施的日常维护管理工作，强化日常巡查，发出水事巡查通告67份；开展水利设施维修改造工作，下达维修任务通知书105份，实行全过程监管；加强河湖绿化管养监管工作，发出河涌绿化管养和保洁限期整改通知书92份。完成全区河湖划界确权工作。清理整顿规范黄埔区河涌范围立牌，落实重要河段景观提升，提升河涌两岸景观效果。

【水质提升养护】2019年，黄埔区开展珠江涌、下沙涌、永和河、双岗涌河涌水质提升养护试点，4条河涌12.8千米曝气增氧管道、10台污水应急抽排泵等水质提升设施正常运行。通过实施河涌巡查及水质监测工作，对河涌水质作出评估、预警和指导，巩固、提升治水工作成效。水质监测报告显示，珠江涌、下沙涌、永和河、双岗涌四条河涌水质稳定达标。

【水质净化】2019年4月1日起，广州开发区水质净化管理中心实行运管分离改革，所运营的水质净化厂和所属泵站运营维管业务移交科学城（广州）投资集团有限公司管理，区水质净化管理中心履行监管职责。

是年，黄埔区水务局制订《黄埔区水质净化管理中心监管工作细则》《黄埔区一体化污水处理设施监管细则》《广州开发区水质净化管理中心安全管理制度》等制度，监督检查300余次，督促各水质净化厂和一体化设施正常运行。4—12月，科学城集团运营的8座水质净化厂累计处理污水7640万吨，化学需氧量（COD）削减总量2.47万吨，氨氮削减总量0.12万吨。

【水环境基础设施建设】2019年，黄埔区实施经济社截污工程54个，其中通过验收4个。完成蟹庄村、山龙村、重岗村、大涵村等14个农村生活污水查漏补缺工程，建成污水管网约405千米。完成九龙水质净化三厂5万吨/天的土建部分主体工程建设。

【水政执法】2019年，黄埔区水务局开展水政执法检查552次，出动人员1724人次，处理水事违法案件线索137件，其中立案36件；发出责令限期改正通知书363份、处以水行政处罚决定书35份，处以水行政处罚罚款302.1万元。开展整治违章搭建工作，截至7月30日，规模以上河湖“清四乱”问题全部整治完成，24宗问题全部销号。整治规模以下河湖“清四乱”问题107宗，截至11月30日，全部完成销号工作。水务部门联合街道、城管、公安等部门，全年拆除河道管理范围内违法建设249宗，拆除总面积30.28万平方米。

查处辖区内各在建工地违法排水行为137起，其中立案25起，罚款229.6万元；立案查处未落实好水保措施的项目，罚款20万元；会同各街道严厉惩治偷排偷倒行为，督促各项目业主整改雨污混接、错接、漏接等情况，开展养殖场污染源整治。

【水务工程建设】2019年，黄埔区实施水务工程67项。其中，处于前期工作阶段的14项，处于施工建设阶段的33项，完工20宗。项目总投资50.9亿元，比上年总投资额增加20多亿元，完成固定资产总投资20.9亿元；完成支付各类工程款项9.07亿元，增长10%；铺设截污管网104千米，整治河涌12千米，建设自来水管122.8千米。

启动珠江堤防达标整治提升工程建设，整治提升辖区范围珠江段沿线堤防及水闸等水利设施，达到200年一遇防洪潮标准。实施珠江堤防达标整治工程、生物岛堤岸升级改造工程、西滘涌墩头涌水闸和东滘涌水闸及部分堤岸加高工程、南岗河综合整治工程等，实现200年一遇的基本防洪功能。

【河涌治理】2019年，黄埔区整治深涌、宏岗河、三岸涌、细陂河、文涌、鹤子坦涌等黑臭河涌14条，实施治理工程17宗（含农村截污工程5宗），各条河涌涉及的截污管网工程完工，实现流域内截污纳管、河涌两岸无污水直排，河涌水质基本不黑不臭；通过堤岸整治以及景观提升等工程，基本恢复河涌生态，河涌两岸环境持续改善。年末，黑臭河涌基本达到“初见成效”标准14条。

【水务民生实事项目】2019年，黄埔区完成“加强水环境治理”和“推进社区改水工程”两项民生实事。针对深涌主涌等7条河涌流域范围内普遍存在的污水收集和处理设施短板，开展市政管网完善和城

**2019年黄埔区黑臭河涌整治情况表**

| 流　域 | 整治工程 |
| --- | --- |
| 深涌流域 | 深涌流域黑臭河涌治理工程 |
| 沙涌、沙步涌 | 沙涌、沙步涌黑臭河涌治理工程，沙步社区城中村生活污水治理工程 |
| 宏岗河 | 宏岗河综合整治工程 |
| 细陂河、埔安河（原牛屎圳）、金紫涌 | 细陂河综合整治工程，牛屎圳综合整治工程，细陂河、牛屎圳、金紫涌升级改造工程，沧联社区城中村生活污水治理工程，南岗社区城中村生活污水治理工程 |
| 三戽涌 | 三戽涌截污管网完善工程 |
| 深井涌 | 长洲社区城中村生活污水治理工程，深井涌截污工程，深井涌升级改造工程 |
| 文涌 | 文涌截污管网完善工程，文涌景观升级改造及左、东支涌综合整治工程，文冲社区城中村生活污水治理工程 |
| 鹤子坦涌 | 鹤子坦涌截污管网完善工程 |

中村生活污水治理工作。深涌主涌等7条黑臭河涌的管网完善工程及5个城中村截污工程全部完成。针对部分城中村管网老化、缺水缺压的问题，开展并完成文冲、南岗、南湾、沧联、庙头5个城中村社区自来水改造，消除村社消防供水隐患，提高城中村的供水服务水平。

**【水务工程质量安全监督】** 2019年，黄埔区水务局新受理工程39宗，其中水利工程20宗，供排水项目19宗。年末在监水务工程91宗，其中完工待验收40宗，停工1宗，正在施工50宗。全年列席单位工程验收8次，出具安全评价书4份。全年出动1406人次，检查全区在监水务工程625次，排查质量隐患1221处，安全隐患1760处；对存在问题下发《限期整改通知书》311份，《监督记录》314份。针对检查发现的问题，召开质量安全生产专题会议3次，约谈参建各方13次，下发《通报》5份。全年所有在建水务工程未发生质量安全事故。

是年，开展重大节日节前节后安全检查、职业病防治、有限空间、夏季高温作业安全、防汛防风、脚手架施工安全、防高坠专项治理、危大工程及秋冬季消防专项治理等专项检查11次。组织开展消防、有限空间、基坑逃生、反恐安全等应急演练6次，安全教育宣传活动5次，观摩交流学习活动1次。

**【河长制推行】** 2019年，黄埔区基本消除黑臭水体18条，其中珠江涌、永和河、乌涌、双岗涌4条黑臭河涌按“长制久清”推进；深涌、细陂河、宏岗河等7条黑臭河涌根据第三方机构复核评估，达到“初见成效”标准；文涌、三戽涌、鹤子坦涌等7条河涌根据第三方机构的复核评估，整治效果达到“初见成效”标准。中央人民广播电视总台等多家主流媒体专题报道宏岗河治理情况。在上年度广州市河（湖）长制考核工作中得分97.17分，排全市第一位，被评为“优秀”。

是年，黄埔区调整全面推行河长制工作领导小组和办公室成员以及各级河（湖）长责任河湖名单，推行河湖警长制。全区17个街镇均制订全面推行河长制工作方案和湖长制实施方案，建立区、街（镇）、村三级河长体系。全区设置三级河长124人，其中区级河长21人，街（镇）级河长17人，村（居）级河长86人；设置四级湖长61人，其中区级湖长10人，街（镇）级湖长7人，村（居）级湖长23人，业主湖长21人。全年开展区级河长巡河602次，上报各类问题113个；街镇级河长巡河2939次，上报各类问题356个；村居级河长巡河2.1万次，上报各类问题1098个，办结率100%。区总河长、副总河长、区级河长开展调研督导95次，区河长办印发会议纪要62份。收到广州市河长办交办督办问题293个，通过“广州河长APP”平台受理水环境治理问题（投诉）1276个，相关问题均办结。组织属地街镇、相关职能部门到现场协调处理问题90余次；复核各类交办问题整改情况，复核问题400余个。河长制办公室举办全区河（湖）长培训、网格员业务工作培训、典型排水户巡检整治销号培训、镇街级河长巡河履职工作专题培训4期，650人次参加。黑臭水体治理成效被国家级媒体宣传报道2次，省级媒体宣传报道4次，市级媒体宣传报道16次。

**【山洪灾害防治】** 2019年，黄埔区是广州市4个山洪灾害重点防治区之一，受山洪灾害影响的街道1个、行政村1个、自然村18个。九佛街道落实“三个联系、三个对接”制度，执行汛期24小时值班制度和领导带班值班制度。

全区有山洪灾害自动雨量监测站2个，山洪灾害简易监测雨量站点39个。完成60万元基层防汛预报预警体系建设任务，涉及山洪灾害街（镇）、村居预案编制，设立山洪灾害警示标识牌，补充一批山洪预警设备。

**【移民扶持】** 2019年，黄埔区完成移民后期扶持工作年度任务，按时发放移民资金；按要求完成省市下达的历史沉淀资金清零任务。为解决三峡移民居住房屋出现的墙体开裂、渗漏等问题，11月派出施工队进场施工建设新居。推行移民资金用于光伏项目，为移民创造经济收益。参照金坑村光伏发电项目模式，开展长岭街大中型水库移民光伏项目。至年末，全区有水库移民4326人，其中三峡移民82人、大中型水库移民3280人、小型水库移民964人。

（吕磊）

## 园林绿化

**【概况】** 2019年，黄埔区以“四区一网多节点”进行整体布局，在主要公共空间及重要门户节点布置花卉花境3.5万平方米，打造6个主题花坛。提升科学大道、开泰大道、开创大道、黄埔东路、金洲大道等10条主干道绿化景观，实施道路和绿化微改造，打造智谷休闲绿地和蓝雾公园2个社区绿地，建设绿道及缓跑径23千米，营造繁花美景。全区24个公园获市级认定，达一、二级标准的数量均居全市11个参评区第一位。

**【市政绿化养护管理】** 2019年，黄埔区住房和城乡建设局（广州开发区建设和交通局）参照《广州市城市道路绿化养护管理质量标准》一级养护标准监督管理管辖范围内的绿化养护，通过日常巡查、定期抽查、发放整改通知书、扣除养护款和通报批评等方式开展工作。编制《广州开发区建设局市政园林工作管理制度》，建立公众参与监督机制，开展市政园林信息系统建设，加强主要道路绿化巡查和整改，开展绿道常态化维护、精细化管养，准化保护抢救古树名木等，把绿化养护水平与养护经费相挂钩，督促绿化养护管理提升绿化修剪、淋水、施肥、病虫害防治等管养水平。

**【门户景观改造工程】** 2019年，黄埔区统筹利用现有苗木资源，通过配置不同色调的主调树种和花卉，按照“一路一树”“一路一景”“锦绣花岛”的要求，重点打造生物岛特色景观节点。将对景、色景等传统的造园组景手法应用于公共绿地，交叠花境造景，融入海绵城市生态建设理念，打造具有浓郁文化特色和现代视觉艺术特征的科学城景观亮点工程。选取具有一定规模面积的公园绿地、街旁绿地，以景观生态功能、景观社会功能、景观艺术审美功能的三元价值观为理论指导，实践棕榈科植物在海绵城市下凹式绿地中和花镜中的应用，营造城市中地域特色明显的亚热带风景画卷。

**【道路绿化花景建设】** 2019年，黄埔区完成开发大道、香雪大道、九龙大道、丰乐北路、广汕公路、神舟路、西基路、生物岛、规划十一路、开创大道（瑞祥路——广园快速路桥底）东等多条道路的绿化提升改造；完成黄埔区立体绿化工程（新增立体绿化1240平方米）、开创大道北二环出入口绿化升级改造工程、禾岭路升级改造工程、西侧绿化升级改造工程、开发大道与东明三路复绿工程、瑞和路与发源路绿化节点升级改造工程、开泰大道（开达路——东明三路段）国庆节点绿化升级改造工程、云庆路复绿工程、蓝雾公园复绿工程、永和大道沿线铺草复绿工程、开创大道与汇星路交界处绿地复绿种植升级工程、凤凰山高速出入口周边绿化提升工程等。

**【公园绿化管养】** 2019年，黄埔区对全区公园实施网格化精细管理，完善小型足球场等康体设施，实现“一园一品”。全区24个公园获市级认定，达一、二级标准的数量均居全市11个参评区第一位。按照公园绿化社会化管养合同要求绿化管养。加强公园日常巡查，每天出动绿化管养工人80余人次，养护原黄埔片区公园及尖峰岭、环山岭公园，完成全年日常管养补植2400平方米以上。提升公园绿化景观建设，春节期间各公园摆置年橘、菊花等迎春花卉1.5万盆；国庆期间，公园内更换种植时花面积约8000平方米。

推进公园卫生管理及爱卫工作，定期公园环境整治，全年投入人力1800余人次，以预防“登革热”灭蚊消杀工作为重点，做好公园除“四害”工作。参与黄埔区爱国卫生运动行动，完善防蚊设施，督促各公园定期开展除“四害”、灭白蚁和卫生死角清理工作。

**【绿化审批办理许可】** 2019年，黄埔区住房和城乡建设局（广州开发区建设和交通局）审批砍伐迁移修剪树木、占用绿地许可77宗。其中广州市审批10宗，涉及供水、供电、燃气、电信等管道敷设原因申请迁移绿化迁移占绿18宗，地铁项目、道路绿化改造、公共设施项目等原因申请绿化迁移占绿20宗，红线内申请绿化迁移15宗，其他14宗。

**【绿化应急抢险】** 2019年，黄埔区住房和城乡建设局（广州开发区建设和交通局）在台风期间成立绿化抢险领导小组。完成辖区高考保障任务。完成骏功路、骏达路、东鹏大道等道路风雨天气抢险任务。为对抗强台风，适度修剪百合三街、科丰路、开发大道广保大道等13条路段树枝。修剪处理护林路、体育花园、联广路、西基路等20余条道路高压线下存在安全隐患的行道树、绿树乔木1512株。至年末，全年园林绿化应急抢险处理35宗，完成率100%。

（黄燕文）

# 农业和农村经济

○编辑 田丽华

## 综 述

【概况】 2019年3月，黄埔区农业农村局组建。是年，黄埔区统筹推进农业农村工作，改善农村人居环境，促进城乡融合发展，夯实现代农业发展基础，解除非洲猪瘟疫区封锁，规范农村集体“三资”监管，全面铺开农村集体产权制度改革，全年农产品质量安全和农机渔船安全生产事故零报告。

【强农惠农政策落实】 2019年，黄埔区落实各项强农惠农政策，严格审核把关，“三农”各项政策性补贴落实到位。全年发放休禁渔补贴、渔船油补、减船转产、政策性保险保费补贴等资金298.76万元。发放耕地地力保护补贴311.91万元，发放率100%。

【农业耕地生态环境整治】 2019年，黄埔区开展耕地土壤污染状况调查，完成广州市下达的814.75公顷、1923个图斑（其中耕地414公顷、地块385个）土壤污染信息采集工作，建立工作台账，掌握耕地地块位置、面积及作物种植等情况，编制《黄埔区耕地土壤污染情况调查报告》。建立微生物有机肥示范区，示范推广微生物有机肥68吨及其他微生物制剂一批，试验面积11.57公顷，辐射带动面积约100公顷，推广试验证明施用森度微生物有机肥增产提质效果显著，蔬菜长势健壮，收获期提前，产品外观及口感好，减施化肥30%以上。委托广东省农科院农业资源与环境研究所开展测土配方施肥工作，采集土样29个，涉及叶菜、瓜豆、甘蔗、百香果、番薯等作物，指导农户合理施用肥料，扩大测土配方施肥覆盖率。完成农产品产地土壤环境质量国控例行监测点点位调整及样品抽样工作，调整点位3个，抽样5份。完成省、市级15份耕地质量监测土壤样品采集制样送样和田间记载表填报。

【农产品质量监管】 2019年，黄埔区开展产地农产品监督检查，加强日常监管，保障人民群众舌尖上的安全。全年完成产地农产品监测1.06万份，其中区内各街镇监测点完成蔬菜速测1万份，合格率100%；区级例行监测抽样395个（蔬菜水果样品325个、水产品50个、畜禽产品猪肝20个），合格率98.2%；配合省、市级农业部门抽样监测169份，合格率98.2%。全年黄埔区未发生农产品质量安全事故。至年末，全区有无公害认证产品4个（黄埔区庄记菜场蔬菜）、绿色食品A级产品〔粤海家顺泰（广州）麦芽有限公司麦芽有机农产品37个、全兴汉华农业发展有限公司蔬菜〕。日常巡查中加强认证企业的投入品使用、生产标准、产地环境等，确保全区无公害农产品的质量水平。推进汉华菜场、庄记农场食用农产品标识工作，加强溯源管理。

【农业综合执法】 2019年，黄埔区出动巡查人员1412人次，检查农产品生产单位及农资生产经营单位467个次，调查案件16件，立案10件，结案10件，罚没5.07万元。组织人员参加水产检疫员培训，熟悉水产检疫法律法规和规章流程；申报渔业官方兽医，做好相关物资准备和水产检疫申报点建设工作，筹备和落实水产种苗产地检疫和电子开证工作。

【农资质量监管】 2019年，黄埔区农业农村局强化农资（种植）企业监管。与全区内48家农药经营（经营）企业签署《广州市黄埔区农药依法依规经营承诺书》，与区内3个规模种植场签署《广州市黄埔区蔬菜生产质量安全承诺书》，从源头上强化农资（种植）企业守法意识。开展农资宣传，全年发放《农产品质量安全须知小册子》《肥料使用必读》《限用农药名录》《农产品及农资产品监管告知书》等宣传资料2万余份；组建黄埔农资联系微信群，通过微信群，将各种政策、信息发布给全区农资经营（销售）企业。加强农药固体废弃物监管，在日常监管中注重强化农药固体废弃物回收和处置的宣传监督工作，强化农药销售（生产）企业严把农药质量关、严格履行农药废弃物回收和处置义务。

【农业推广培训宣传】 2019年，黄埔区农业农村局举办主要开展渔业渔民技能培训、农民培育（生产经营型）培训、农药管理、农药使用及农药进销电子台账录入知识培训4期，参训257人。组织辖区农民参加春季农业新品种新技术展示观摩暨第十五届农业新优品种（黄瓜）擂台赛综合性状优胜品种推介现场培训。印制农业科学技术、农产品质量安全、农药安全使用知识宣传册5000册、宣传环保袋2000个、宣传雨伞3000把。

【非洲猪瘟疫情防控】 2019年1月16—17日，广州市针对黄埔区一养殖场2018年12月发现非洲猪瘟疫情的情况，采集疫点、无害化处理点周边环境或受威胁区生猪等样品344份，所有样品经PCR（聚合酶链式反应）检测均为非洲猪瘟病毒核酸阴性。1月30日，广州市农业农村局邀请华南农业大学、广东省农科院动物卫生研究所、广东省动物疫病预防控制中心等单位的专家组成专家组，对疫情处置工作开展验收评估，结果显示：广州市没有发现疫源扩散或其他非洲猪瘟疫情，疫情处置工作验收合格。2月3日零时，黄埔区政府解除该疫情的封锁措施。

## 农　业

【概况】 黄埔区农村经济统计汇总范围包括16街1镇，61个经济联合社和717个经济社；辖内14条街道共有32个“村改居”社区。全区有农户6.22万户，农村人口21.23万人，农村劳动力13.46万人，其中，从事家庭经营的劳动力6.63万人，外出务工劳动力5.07万人。集体所有农用地总面积2.68万公顷，其中耕地面积3080公顷，园地面积5413.33公顷，林地面积1.61万公顷（未含国有林地），其他2160公顷。辖区内拥有3个规模蔬菜生产地，拥有省、市级农业龙头企业16家，农业类省名牌产品46个涉及13家企业。

【农田基础建设】 2019年，黄埔区完成高标准农田建设58.77公顷，其中新龙镇福山村13.69公顷，长岭街道黄登村19.78公顷，南岗街道南岗社区25.30公顷。至年末，全区累计建成高标准基本农田1799.30公顷。

【种植业】 2019年，黄埔区种植业主要包括水果、花卉、蔬菜、粮食业种植及经济作物种植。

水果种植。品种有优质甜橙、荔枝、龙眼、香蕉、阳桃、芒果、番石榴、果蔗等。种植面积2645.8公顷，全年产量9142吨。

花卉种植。种植面积284.8公顷，主要分布在九佛街道、龙湖街道和新龙镇，包括鲜花、盆景等，种植品种主要有白玉兰、非洲菊、天堂鸟、菊花、绿萝等。

蔬菜种植。蔬菜是黄埔区农作物种植主要品种之一，主要分布在新龙镇和九佛街道、龙湖街道、大沙街道、鱼珠街道、黄埔街道、南岗街道、长洲街道。全年全区蔬菜种植面积3371.93公顷，蔬菜总产量5.41万吨，居种植业首位，占种植业总产值一半以上。

粮食种植。种植面积570.6公顷，总产量3687.4吨。其中，稻谷种植面积294.87公顷，产量2031吨；玉米种植面积68.73公顷，产量486吨；薯类种植面积207公顷，产量5852吨。

经济作物种植。主要分布在新龙镇、九佛街道和龙湖街道。全年种植面积164.67公顷，其中花生种植面积137.33公顷，甘蔗种植面积27.33公顷。

【渔业】 2019年，黄埔区水产养殖面积372公顷，主要为池塘、山塘面积。养殖品种以罗非鱼为主，“四大家鱼”（青鱼、草鱼、鲢鱼、鳙鱼）为次，兼养其他优质鱼类，总产量5798吨，总产值7128.35万元。

【农业植物保护】 2019年，黄埔区加强农业有害生物防控。组织开展红火蚁防控，全年向街镇、相关单位调拨药剂2850千克用于红火蚁应急扑杀。开展农田灭鼠，全年分春秋两季采购两批含杀鼠醚的毒谷共11吨、老鼠屋3543个，分配各街镇开展“五统一”灭鼠行动。做好市级重大病虫害测报点工作。在新龙镇洋田村设立水稻重要病虫害监测点，指派专人负责定期监测报送数据，指导农户开展病虫害防治。开展草地贪夜蛾监测和调查，在新龙镇洋田村设置3个监测点，对重点街镇开展田间调查。全年调查范围66.67公顷，未发现该虫入侵为害。开展病虫害绿色防控，投入经费8.3万元，采购绿色防控物资，下发各有关单位使用，减少化学农药使用量，覆盖种植面积166.67公顷。与广东省农科院植保所合作开展黄埔区绿色防控成套技术应用推广与示范项目，推广使用黄蓝板、诱芯、诱捕器、种子包依剂、释放捕食螨等措施，示范区减少用药30%以上，示范区面积66.67公顷。组织开展农业植物检疫，全年办理国内调运植物及其产品检疫38宗，签发植物检疫证书38份。

【动物卫生监督】 2019年，黄埔区农业农村局加强春秋防免疫工作。强化犬只狂犬病免疫，规范建立犬只免疫档案，对摸查登记的犬只统一实施狂犬病疫苗强制免疫，全年免疫犬只1.15万只，摸查在册犬只免疫率100%。开展家禽H7N9（亚型禽流感病毒）疫病监测防控，全年对农贸市场监测采样8次，采样监测棉拭子样品392份，经广州市动物卫生监督所病原学检测，皆呈阴性。开展羊布氏杆菌检测，阴道棉拭子56份，合格率100%。开展检查指导，做好无马疫区维护工作，对14种马属动物疫病全采样监测，抽取78份马鼻棉拭子，78份马血清，合格率100%。严把上市畜禽检疫关口。动物产品检疫3.48万吨。生猪屠宰检疫13.2万头，待宰生猪莱克多巴胺、盐酸克伦特罗违禁药物残留速测1.06万份，非洲猪瘟检测3770份，做到应检尽检，均未发现“瘦肉精”和非洲猪瘟呈阳性情况。开展日常监督巡查工作。重点检查动物诊疗活动是否规范、从业人员是否具备资质，医疗废弃物的处理是否合规等。通过加强动物诊疗机构监管，规范诊疗行为。针对部分动物诊疗机构存在未公示从业人员基本情况、病历处方填写不规范等问题提出整改意见。重点对动物产品检疫合格证明和动物产品进销台账、每个动物产品的品种、批次、日期等逐项检查。全年开展监督检查426场次，出动人员1356人次，其中复养巡查养殖场20个次、屠宰场19个次，动物诊疗机构94个次、农贸市场13个次、冷库231场次、饲料兽药企业及经营店34家（个）次，马场15个次。开展“12345”政府热线市民举报动物卫生监督工作。全年处理“12345”工单15宗，主要涉及动物诊疗机构投诉事项。

【牲畜屠宰监管】 2019年，黄埔区内萝岗街道、镇龙镇2家生猪定点屠宰场全年屠宰生猪11.9万头，无害化处理病死猪115头。全年出动210人次检查畜禽定点屠宰场50家次，开展凌晨突击检查3次，到萝岗街道、镇龙镇两家屠宰场开展非洲猪瘟关停后复工前大检查1次。全区范围内开展牲畜屠宰监管“扫雷行动”、屠宰领域“扫黑除恶”专项行动，出动执法人员58人次、摸查排查可疑私宰窝点19处次，派发张贴宣传资料30余份。开展规划选址外现有生猪定点屠宰场关停工作，镇龙屠宰场于12月关停。

【国家海洋督察意见落实】 2019年，黄埔区解决海洋历史遗留问题。根据2017年国家海洋督察反馈意见及广东省整改工作方案责任分工，黄埔区需整改事项有3大类、7小类问题、9项、31件。2019年应完成的19件均完成并销号，按整改任务按时保质完成需长期坚持的12件。完成4个入海排污口清理整治。全面清理海水养殖场，定期排查抑制复发。加强内河水污染防治、河涌保洁、海漂垃圾清理工和陆源污染防治工作。

（黎卫文）

2019年1月16日，黄埔区采集疫点、无害化处理点周边环境或受威胁区生猪等样品385份进行监测　　（黄埔区农业农村局供图）

## 林　业

【概况】 至2019年年末，黄埔区林地面积1.82万公顷，在全市林业面积中居第四位，森林覆盖率42.03%。其中，全区生态公益林1.25万公顷（省级0.42万公顷、市级0.83万公顷），占全区林地面积68.6%，商品林0.57万公顷。全区有自然保护地7个（森林公园4个、湿地公园3个），面积0.21万公顷。有护林员121人，负责日常森林防火、巡山护林等工作。

【林业生态工程建设】 2019年，

黄埔区开展九佛街道重岗村、莲塘村，永和街道贤江村，南岗街道南岗村和长洲街道长洲社区5个乡村绿化美化项目建设；开展长洲森林小镇创建工作，该项目通过专家组现场评审验收并取得广东省林业局创建批复；开展花景建设，在天鹿湖、丹水坑景区等种植开花乔灌木3400株；开展"创新林"义务植树活动，种植各类树木800余株；完成牛头山区域66.67公顷桉树改造，开展黄鳝田林相改造前期工作。

【自然保护地管理】 2019年，黄埔区新增区级大坑湿地公园，完成总体规划修编及取得批复；完成天鹿湖森林公园3座厕所改造以及四季花园、消防水池、生态科普基地、消防通道两侧景观林带等项目，推进天鹿湖、金坑、龙头山、白兰花森林公园涉及项目的经营范围调整。

【林业行政审批】 2019年，黄埔区审核建设项目使用林地40宗，林地面积303.86公顷。其中，取得《使用林地审核同意书》39宗，林地面积160.55公顷（含永久和临时），保障区重点项目落地。依法办理林木采伐许可，严格按照林木采伐限额批准采伐，全年办理林木采伐许可34宗，发放采伐证186份，批准采伐蓄积量2.32万立方米。核发国家三有陆生野生动物经营利用许可2宗，植物检疫证书388份，产地检疫5份，检疫复检2宗，木材运输证114份；依法办理林业相关信访件61件。

【野生动物保护】 2019年，黄埔区开展野生动物保护专项整治行动和"2019护飞行动"。加强对陆生野生动物资源的保护和管理，强化对野生动物非法收购、窝藏、运输、出售、食用等环节查处力度，重点惩治非法收购、出售和繁养野生动物的违法犯罪行为。

【森林防火】 2019年，黄埔区重点开展春节、清明节期间森林防火工作，组织相关单位参加电视电话会议1场，筹备区森林防火工作会议2场，印制宣传横幅200余条，举办扑救森林火灾演练1场。加强森林防火设施建设，开展防火林带抚育718.40公顷、维护林区扑火通道80千米、新建蓄水池2座和维修蓄水池6座。清明节期间，开展检查，督导镇、街落实森林防火"五头一口"等工作，实现全区1—4月森林火灾事故零发生。8月30日，森林防火相关工作移交至区应急管理局。重阳节前开展实地检查，保障森林防火安全。

2019年9月5日，黄埔区规划和自然资源局开展林地复绿检查
（杨运华 摄）

【有害生物防治】 2019年，黄埔区完成松材线虫病防治面积927.33公顷，薇甘菊防治面积700公顷，总投资345.96万元。完成"四率"（林业有害生物成灾率控制在26‰以下、无公害防治率达到88%以上、测报准确率90%以上、种苗产地检疫率达到99%）任务。

（黎卫文）

## 农村经济管理

【概况】 2019年，黄埔区农村集体经济收益持续增长，集体资产总额、收入、净利润、分红总额均呈增长态势。至年末，全区村集体资产总额约317亿元（不包括土地），比上年增长9%；农村集体净资产总额约141亿元，增长8%。农村集体总收入30.65亿元，增长5.3亿元，增长率21%；农村集体净利润21.73亿元，增长5.32亿元，增长32%。农村集体分红总额29.73亿元，增长3.58亿元，增长13.69%。

全区农村集体资产交易规范有序，全年通过区"三资"平台交易的农村集体资产项目812宗，交易总额25.31亿元，成交额与交易底价对比增加2.45亿元，增长10.71%。组织玉树社区留用地合作开发项目和鱼珠钢富城地块合作项目交易并签订合同，涉及农村集体留用地面积16.47公顷，计划投资约38亿元。

【农村集体"三资"管理】 2019年，

黄埔区农业农村局建立健全“三资”管理工作制度，规范“三资”管理。牵头修改完成《黄埔区农村集体资产和财务管理办法》于5月1日施行。完善优化“三资”平台功能，4月16日在全市率先启用农村集体资产电子交易。全年组织电子交易项目139宗，成交额3.52亿元。完善“三资”平台监控功能，通过增加监控指标、优化数据对碰、提升智能分析、简化操作流程等方式，提升农村集体“三资”监管效率。

3月，联合区委组织部、民政、财政、规划等部门开展区级农村集体“三资”管理专项检查工作，发现存在八类问题，指导和督促各镇街、农村集体开展整改工作。开展农村集体资产清产核资验收和数据复查，5月通过市级验收，9月完成广东省和广州市部署的数据复核工作。开展农村集体财务综合检查工作，对55个农村集体上年度日常财务管理工作开展检查，对存在问题督促整改。从7月起，在全区开展基层党组织活动违规使用农村集体资金发放补贴问题专项整治工作，至年末，发现基层党组织违规发放补贴（集体资金部分）问题2019条，清退1863.12万元。专项治理村居两委“白条账”，印发《关于开展农村集体“白条账”专项治理整改工作的通知》，指引各农村集体规范开展整改工作。8月起，对全区农村集体开展银行账户专项检查工作，指导和督促各镇街、农村集体对检查中发现的问题进行整改。5月1日起，全面推广农村集体日常开支“村务卡（公务卡）”支付工作。开展农村集体财务公开专项检查，对农村集体财务“橱窗式”公开情况开展检查456个次，对未按照规定落实财务公开的单位进行通报，督促其落实整改。

加强农村集体“三资”服务。全年分别到各街镇、农村集体开展农村集体“三资”业务指导服务工作58次和302次。挂点指导北部“两街一镇”（九佛街道、龙湖街道、新龙镇）农村集体资产财务管理，分8个组对接28个经联社，提供“一对一”的指导服务。在龙湖街道设立北部服务厅，派专业人员定期进驻，提升农村集体“三资”服务水平。强化农村集体“三资”业务培训，全年组织区农村集体“三资”管理、区农村集体财会业务、区经联社理事会成员薪酬核算业务、电子竞价系统操作培训班及清产核资等多种培训，各街镇、农村集体业务管理人员、理事会成员1050人次参加培训。

【农村集体产权制度改革】 2019年，黄埔区农业农村局牵头开展农村集体产权制度改革。起草《广州市黄埔区农村集体产权制度改革实施方案》，于9月9日以黄埔区委、区政府名义印发。落实下拨农村集体工作经费，推动各街镇出台相关工作方案，调研宣讲140余人次，通报工作进度，组织召开推进会，推动各镇街加快农村集体产权制度改革工作进展。

【农村土地承包经营权确权登记颁证】 2019年，黄埔区组织各街镇开展农村承包地确权登记颁证“回头看”问题排查，对排查出的问题进行整改。指导规范土地经营权流转合同签订工作，协助长洲街道、红山街道、黄埔街道辖内农村集体经济组织农用地、土地承包经营权统筹流转项目56个，涉及土地面积217.71公顷，合同总金额5.92亿元。

## 乡村振兴

【概况】 2019年，黄埔区委、区政府健全工作机制，区农业农村局（区委乡村振兴办）以乡村振兴“再统筹再出发”为新定位，探索黄埔模式、建立黄埔标准、打造黄埔特色，履行统筹、协调、服务、督导、考核职责，掀起乡村振兴工作热潮，促进城乡融合发展。

2019年11月26日，黄埔区龙湖街道迳下村举行特色精品村开工仪式

（黄埔区农业农村局供图）

**【农村人居环境建设】** 2019年，黄埔区开展迎新春村庄清洁专项行动和村庄清洁行动春季、夏季、秋冬季战役。专项开展农村地区人居环境整治百日攻坚行动，开展“三清三拆三整治”，至2019年年末，黄埔区创建“干净整洁村”24个，“美丽宜居村”17个。成立人居环境巡察组，建立工作简报和视频曝光制度，全年发出整改督办通知230份，整改完成率100%。通过人居环境整治巡察暗访，整治农村人居环境短板，完善维护整治成果。加强农村生活垃圾处理和生活污水治理。完成乡村公厕职能移交，推进“厕所革命”，协调解决乡村公厕选址、平地、建设中遇到的问题，推进乡村公厕建设。新建乡村公厕26座、升级改造5座。农村无害化卫生户厕普及率100%，厕所粪污得到有效处理。

麦村村被评为2019年度“广州市美丽乡村”（黄埔农业农村局供图）

**【“五个最美”评选活动】** 2019年，黄埔区制订《广州市黄埔区“五个最美”评选活动工作方案》，鼓励农村地区开展人居环境整治，树立人居环境整治的典型和样板。全年全区评出“美丽家园（最美庭院）”12个、“美丽田园（最美田园）”9个、“美丽廊道（最美村道）”2条、“美丽园区（最美游园）”5个、“美丽河湖（最美河湖）”4条（个）。安排财政资金70万余元，对获得“五个美丽”的单位或家庭进行奖励并全区通报表彰。

**【示范样板新农村打造】** 2019年，黄埔区按照省定特色精品村标准，邀请富有农村建设经验的专业设计团队专门为示范村量身定制建设方案，打造莲塘、迳下、洋田特色精品村。至年末，洋田村、莲塘村特色精品村完成创建，发挥示范引领作用。为促进知识城、科学城产业和生活配套建设，推进迳头、大坦、麦村、九楼和八斗、天鹿湖社区的2个美丽乡村群，促进城乡融合，至年末，迳头、大坦、麦村、九楼美丽乡村群的概念设计方案初步完成制订。

2019年，龙湖街道迳下村创建特色精品村，打造美丽田园花海（何子安 摄）

**【百企帮百村】** 2019年，黄埔区提出乡村振兴三年取得重大进展36项任务，细分为240项具体工作，做到任务目标、责任单位、完成时限“三落实”。起草“乡村振兴十条”、扶持壮大集体经济、盘活集体沉淀资金等政策文件，为集体经济发展提供政策支持。推动高科技农业产业发展，在云埔街道建设新农人现代农业科技产业示范园，洽谈引进万寿菊产业。推动“百企帮百村”行动，推动区属国企、驻区国企、高新企业、外企等参与乡村振兴工作，鼓励企业与行政村结对帮扶，共同推进乡村振兴战略。

（黎卫文）

# 工 业

○编辑 田丽华

## 综 述

【概况】 2019年，黄埔区围绕“主导产业引领、龙头企业带动、产业生态支撑”，推动工业园区化、产业集群化和创新生态化，形成“3+3+5”的主导产业体系，创建以“区块链”为特色的中国软件名区，形成以汽车、电子、能源为代表的三大千亿级产业集群，以化工、食品饮料、电气机械为代表的三大百亿级产业集群，重点培育以新一代信息技术、智能装备、生物健康、新能源、新材料为代表的新兴产业集群，传统制造业不断壮大、战略性新兴产业高速发展、现代服务业优势逐步凸显。

全年实现规模以上工业增加值1824.3亿元，比上年增长8.5%，高于全市3.4个百分点，总量占全市比重39.8%，提升6个百分点。实现规模以上工业总产值7936.5亿元，增长5.7%，占全市比重41.3%，高于全市1个百分点。实现工业投资372亿元，比上年下降3.3%，其中技术改造投资117.3亿元，增长15.8%，总量均为全市第一。

【千亿元级产业集群】 2019年，黄埔区有汽车、电子产业和能源产业三大千亿产业集群。

汽车产业 全年实现工业总产值1678.8亿元（76家），比上年增长2.5%。全区的汽车产业涵盖底盘系统、车身系统、发动机系统、电子电气系统4个细分领域，拥有广汽本田、本田中国等龙头整车厂，整个供应链形成完整的产业生态。

电子产业 全年实现工业总产值1624亿元（130家），比上年增长5.3%。拥有LG、捷普、视源等一批龙头企业，以新型显示行业为例，LG8.5代面板项目带动上下游10余家高技术配套企业进驻园区，产业集群发展效应显著。

能源产业 全年实现工业总产值1614.4亿元（21家），比上年增长7.5%。拥有广州石化、南方电网等龙头企业，产业涵盖能源生产和供应、能源装备制造、能源服务三大领域，其中能源装备和能源服务两个领域规模较大，特色明显。高效节能装备优势明显，是黄埔区能源产业中竞争力最强、行业比重最大的领域，涵盖压缩机、变压器、电线电缆、逆变器、锅炉及辅助设备、节能灯具等细分行业。

【百亿元级产业集群】 2019年，黄埔区有化工产业、食品饮料产业、电气机械产业为代表的三大百亿级产业集群。

化工产业 全年实现工业总产值622.1亿元（130家），比上年增长12.2%。代表性企业有广州宝洁有限公司、安利（中国）日用品有限公司等，全区化工产业向发展高附加值的化工产品方向转变，从结构上完成转型升级和布局调整，该产业重点领域有化妆品、家庭护理品、香料香精、新兴产业用精细化学品等。

食品饮料产业 全年实现工业总产值579.0亿元（72家），比上年下降4.5%。代表性企业有美赞臣营养品（中国）有限公司、广州市合生元生物制品有限公司等企业。

电气机械产业 全年实现工业总产值225.6亿元（52家），比上年增长3.8%。代表性企业有广州南洋电缆有限公司、广州智光电气股份有限公司等企业。该产业产值规模在国内处于中上游水平，主要集中在加工装备、测控装置、装备关键基础零部件等领域。

【战略新兴产业】 2019年，黄埔区有新一代信息技术、智能装备、生物健康、新能源、新材料为代表的五大新兴产业集群。

新一代信息技术产业　全年实现工业总产值1614.7亿元（173家），比上年增长4.6%。产业产值大，优势企业多，四成以上企业产值过亿，产业发展活跃。形成完整的产业链，广州新一代通信设备和终端制造产业基地、广州物联网产业基地、平板显示产业基地3个省级战略性新兴产业基地建设完成，拥有创维4K显示、粤芯芯片、聚华等龙头项目，带动产业集群式发展，其中粤芯12寸晶圆项目填补广州市芯片领域空白。

智能装备产业　全年实现工业总产值347.7亿元（122家），比上年增长7.1%，全区32家企业销售额超亿元。培育和打造特色产业，加快推进国家新型工业化（智能装备）产业示范基地建设系列研究工作。鼓励企业自主创新，广州数控设备有限公司自主研发的机床数控系统入选工信部第四批制造业单项冠军示范企业。推进公共服务平台建设，健全和完善广东省机器人创新中心工作运行机制。

生物医药产业　全年实现工业总产值165亿元（59家），比上年增长10.6%。产值占全市60%，拥有企业1000余家，产业规模壮大、集聚效应明显、发展特色鲜明，在全国生物医药产业竞争格局中居第一梯队。全区拥有国家级研发机构6家、省级以上研发机构96家，形成较完整的技术研究和创新发展平台，引进GE生物科技园、百济神州、百奥泰等行业领军企业落户黄埔。

新能源产业　全年实现工业总产值1367.6亿元（102家），比上年增长16.2%。黄埔区获批国家新能源综合利用示范区，形成涵盖研发设计、能源装备生产、能源互联网等领域的完整产业链，拥有南方电网、协鑫等龙头企业和创新型领军企业。在新兴领域初步培育氢能方面，填补国内高性能燃料电池膜电极产业化的行业空白，引进国际顶尖人才建设氢能创新中心和院士工作站，搭建氢能产业链。

新材料产业　全年实现工业总产值819.0亿元（203家），比上年增长4.1%。高端金属材料、高性能高分子材料、新能源材料、节能环保材料等前沿材料领域发展迅速。培育出金发科技、毅昌科技等代表性企业。金发科技作为亚太第一、全球领先的代表企业，拥有国家先进高分子材料产业创新中心、国家级企业技术中心和国家级工程实验室三大国家级科研平台。

**【技术改造】** 2019年，黄埔区通过优化技术改造备案流程，承接广东省工信厅委托实施的国家鼓励发展的限额以下企业技术改造项目确认审核（内资和外资）2宗省级行政职权，简化企业办事流程，实现“信任审批”，引进第三方加强企业技术改造投资项目事中事后监管，推进技术改造工作。全年办理工业企业技术改造项目备案256个，比上年增长27%；实现技改投资项目数346个，其中5000万以上项目64个。

**【企业服务】** 2019年，黄埔区贯彻落实两级领导挂点联系百强企业机制，由区领导带队走访广州石化、捷普、安利、金发、立景创新、台一江铜等多家重点企业，掌握上述企业增资扩产和投资计划情况，协调解决企业生产过程中遇到的问题。协调推进一品红、京信等增资扩产项目建设。协调解决入学、入户等企业难题，全年解决266家企业614名员工子女入学问题、45多家企业95名员工入户问题。组织召开促进企业发展培训会，围绕促进先进制造业发展和促进技术改造等政策，以及在日常服务企业过程中的相关典型案例进行培训。配合有关街镇园区召开政策宣讲会，掌握和解决企业政策诉求。

**【节能降耗】** 2019年，黄埔区推动94家企业通过绿色清洁生产审核，其中27家获评“清洁生产优秀企业”。实施清洁生产改善方案1830项，包括产品改进、设备升级替换、工艺技术提升、生产信息化、公辅设施节能改造等，带动投资3.39亿元，年产生效益10.48亿元。

推荐相关企业申报市级绿色制造体系建设示范项目，其中东风本田发动机有限公司等3家企业获工业和信息化部、广州市工业和信息化局认定为“绿色工厂”，广东燕隆乳业科技有限公司等2家企业获市工业和信息化局认定为“绿色工厂”，蓝月亮深层洁净护理洗衣液、至尊洗衣液、抑菌洗手液3种家用洗涤剂获市工业和信息化局认定为“绿色设计产品”，广汽本田汽车有限公司等1家企业获市工业和信息化局认定为“绿色供应链管理企业”。至2019年年末，全区有15家绿色工厂（工业和信息化部认定11家、市工业和信息化局认定4家）、1家绿色供应链管理企业（市工信局认定），占全市总数的47%。

（孙锋锋）

## 石油化学工业

### 中国石化广州石化公司

**【概况】** 中国石化广州石化公司是中国石油化工股份有限公司广州分公司与中国石化集团资产经营管理有限公司广州分公司的合称，简称广州石化。占地面积445万平方米，主要生产装置62套，是华南地区重要的进口原油加工基地和国Ⅵ标准清洁燃料生产基地。主要石油产品有汽油、柴油、航空煤油、液化气等60种；化工产品有聚乙烯、聚丙烯、聚苯乙烯三大类70种。现有原油综合加工能力1275万吨/年，乙烯生产能力22万吨/年，拥有惠州大亚湾15万吨级和30万吨级深水泊位原油码头各1个；拥有29.9万千瓦自备热电站。

2019年，广东省同意集团公司重新评估广州石化发展定位，将广州石化纳入打造世界一流绿色能源化工示范企业。广州石化全年加工原油1186万吨，生产乙烯20.77万吨，实现营业收入585.7亿元，实现利润17.43亿元。从1978年投产起至2019年末，累计加工原油2.70亿吨，上缴利税（不含海关增值税）1520.19亿元。

深化“两化”融合。加强监督检查、统筹协调，确保“两化”（工业化和信息化）融合体系有效运行，是年，9项新型能力量化指标均完成年度目标值。通过工信部再评定审核，取得“两化”融合证书。开展仓储规范化和物资域孤岛治理，促进物资采购业务规范化、流程化，业务操作准确、高效。开发智能营销功能，实现产品高效交付，提升营销效率和客户服务水平。深化“互联网+”科技与绿色生产融合，助推企业安全、优化生产、绿色生产。信息化创新创效行动成效显著，是年，广州石化被集团公司授予“深化应用创新创效示范企业”。

是年，广州石化被评为全国模范劳动关系和谐企业、集团公司全面目标成本管理先进单位、中国石化绿色企业、广东省节水型企业、工业和信息部重点用能行业领跑者企业，连续5年被评为原油加工行业能效标杆企业。在广东省工业和信息化厅公布的上年度行业能效领跑者企业名单及主要产品能效指标中获评“能效领跑者”。

【企业管理】 2019年，广州石化从严从紧分解落实预算目标，提升预算管理绩效。加强现金流管理，全年背书转让4.94亿元，比上年增加1.75亿元，降低资金占用规模1.02亿元，获总部奖励利息1482万元，增长55%。通过政策争取、收支统筹、票据转让和两金管控等手段，完成现金流、两金占用等考核指标。全年获财政奖励和税收优惠8600万余元。

加强经营风险防范。修订59项公司制度，提升管理规范化水平。严格执行内控流程和“三重一大”决策制度，防范重大风险。发挥财务、审计、法律、内控、监察等立体监督职能，确保依法合规经营。开展信息系统维护费、废旧物资回收处置专项审计，合同管理、大修剩余物资和“五龙治废”专项督察、“三重一大”决策制度执行情况检查等。

加强原油降本及资源保障工作，全年原油入库价3321.13元/吨，比股份公司平均入库价低65.71元/吨。开展采购物资质量管理、招标管理、储备管理等重点工作，全年完成采购金额60.3亿元，节约采购资金4.0亿元。改代利库513万元，库存管理持续优化。物资采购管理对标评估在17个炼化企业中排第三位，采购策略被总部评为“优秀”。是年，广州石化被集团公司评为“全面目标成本管理先进单位”。

【运营优化】 2019年，广州石化在原油加工边际效益明显的情况下，实现增产增效。合理安排产品出口和手册核销，实现国内和海外资金平衡。优化生产组织，累计实施优化71项，创效3.05亿元。优化原料，调整裂解原料组分，增加轻石脑油和尾油比例，每吨乙烯原料成本比上年降低18元。优化产品结构，加大汽油调和优化力度，增产增销汽油航煤，压减柴油，全年增产汽油9.90万吨，增加创效3960万元；增产航煤7.91万吨，增加创效1582万元；生产柴油汽油比例为1.06，减少0.15个单位，创历史最好成绩；高标号汽油占汽油总量的37.40%。做好渣油平衡，保持较高沥青产销量，全年销售沥青70.40万吨，比上年增加6.20万

**2014—2019年广州石化主要产品产量表**

单位：万吨

| 产品名称＼年份 | 2014 | 2015 | 2016 | 2017 | 2018 | 2019 |
|---|---|---|---|---|---|---|
| 汽油 | 240.5 | 249.02 | 260.22 | 252.24 | 303.56 | 313.46 |
| 煤油 | 167.57 | 177.65 | 179.85 | 176.81 | 197.32 | 205.23 |
| 柴油 | 427.88 | 372.77 | 378.50 | 352.76 | 363.60 | 346.00 |
| 液化气 | 51.51 | 53.00 | 49.88 | 49.47 | 55.53 | 46.91 |
| 沥青 | 47.55 | 61.92 | 62.61 | 54.95 | 64.06 | 70.85 |
| 石油焦 | 97.9 | 89.85 | 92.20 | 86.05 | 86.53 | 65.79 |
| 乙烯 | 22.21 | 20.16 | 22.13 | 22.61 | 22.52 | 20.77 |
| 聚乙烯 | 21.58 | 19.44 | 20.95 | 19.69 | 19.52 | 17.30 |
| 聚丙烯 | 21.56 | 20.05 | 21.44 | 33.37 | 37.76 | 36.52 |
| 聚苯乙烯 | 6.91 | 6.06 | 5.66 | 6.46 | 6.61 | 6.25 |

吨，增加创效640万元。通过提高专用料、新产品排产量，全年生产新产品6.48万吨，生产专用料34.93万吨。

【科技创新】 2019年，广州石化“FCC再生烟气深度除尘除雾及气溶胶等次生污染物协同控制技术”“延长柴油加氢装置运行周期关键技术开发与应用”等5项总部科技项目通过总部技术鉴定。“炼化企业胺液系统及酸性水汽提节能与长周期高效运行技术”项目获集团公司上年度技术发明三等奖。新产品开发取得进展，聚丙烯埋地排水排污管材料B1600、超高流动性薄壁料S990、聚苯乙烯导光板料500T 3个新产品成功顶替进口。

【产品销售拓展】 2019年，广州石化坚持“量效兼顾、量价双收”，优化营销策略，加强产销联动，加强库存管理、规避经营风险，全年航煤、汽油、沥青等产品刷新多项销售出厂纪录。市场推广取得新成效，PPR4220放量生产，产量比上年增加7800吨，增效900万元；DNDA-2020首次出口到特百惠欧盟市场；98号汽油持续稳定供应香港。

【节能减排】 2019年，广州石化加强现场漏点治理和蒸汽优化等，推进实施“能效提升”项目，完成蒸馏一项目改造并投入运行。温室气体排放量比上年下降6.8%。获评广东省节水型企业，工业和信息部“重点用能行业领跑者企业”，连续5年获评“原油加工行业能效标杆企业”。

【安全环保节能项目】 2019年，广州石化完成焦化三装置增设密闭除焦系统改造、轻催烟气深度除尘等项目；建成投产新建硫黄回收系统环保治理项目中的新建污水汽提装置投用；建设完成化工危险废物临时贮存场项目；推进炼油含油污水管网防渗及可视化、动力一站锅炉煤改气环保改造项目建设。完成车用乙醇汽油生产技术路线优化调整；下达B1110A、B1110C裂解炉改造项目实施计划；氢燃料电池供氢中心项目可研报告获批。炼油Ⅰ系列大修及化工消缺期间，实施技术措施项目88项；上报总部炼油中心控制室项目可研报告，提高企业发展质量。

【设备管理】 2019年，广州石化推进设备完整性体系建设，完成中期验收，完善设备管理信息平台，设备管理更加规范和高效。开展设备隐患排查和治理，组织对高故障设备、难点问题技术攻关。全面推行设备运行预警管理，实施预知性维修。加大对关键设备特护攻关，降低机组故障率。抓好设备强检、定检，提高设备可靠性。全年设备完好率99.6%。

【装置适应性改造】 2019年，广州石化按照“原料清洁化、生产过程清洁化、产品清洁化”发展思路，实施部分装置的适应性改造。轻催高负荷配套改造、轻催旋分更新改造、重整二原料和反应产物换热器更新、焦化三装置消瓶颈改造等项目在是年炼油大修同步完成实施。

【安全绿色检修】 2019年10月10日，广州石化炼油Ⅰ系列及化工区34套装置大修开始改造。炼油Ⅰ系列大修总工期56天、化工区总工期25天，涉及装置大修改造及消缺检修项目5500余项、技改项目54个。落实网格化管理，聘请第三方安全监管，提升监管有效性，确保大修全过程安全。完善“绿色检修”措施，加强开停工过程管理，确保大修实现“气不上天、油不落地、水不超排、渣不乱丢、声不扰民”的环保目标。加强对炼油Ⅰ系列装置大修改造和化工区装置消缺期间装置停车、开车组织，加强对在运装置运行管理，最大限度减少大修对效益的影响。

【绿色企业创建】 2019年是广州

2019年广州石化炼油Ⅰ系列装置停工大修改造现场 （邓志伸 摄）

2019 年 4 月 22 日，中国石化公众开放日第四季在广州石化主会场启动
（钟勇浜 摄）

石化绿色发展之年。广州石化践行生态文明建设理念，编印《广州石化安全绿色健康文化理念》《珠江鱼的故事》《烟囱的故事》等企业文化材料，组织职工学习，提升环保意识、调动全员参与"创绿"积极性，培育绿色企业文化。实施"一方案两清单"，提升企业综合污染防治水平。落实总部"固废规范管理年"要求，推动"五龙治废"工作，规范废物（垃圾）管理，推动固废减量化、资源化、无害化，全年固废产生量比上年减少 14.89%，危险废物妥善处理处置率 100%。"无异味工厂"创建取得阶段性成效，外部环保投诉下降 30%。开展环保污染攻坚战，二氧化硫、氮氧化物、颗粒物、COD（化学需氧量）等主要污染物排放总量分别为 119.63 吨、935.13 吨、50.45 吨、62.93 吨，均优于排污许可证指标。获评是年中国石化绿色企业，通过广东省环保信用评级绿牌企业公示。

【中国石化公众开放日第四季在广州石化主会场启动】 2019 年 4 月 22 日是第 50 个"世界地球日"，是日，中国石化公众开放日第四季在广州石化主会场启动，广州石化作为启动仪式承办单位。来自中国石化、广东省国资委、地方政府部门、媒体代表、公众代表等 120 余人参加启动仪式，参观现场和庆祝中华人民共和国成立 70 周年"快闪"活动。网易对启动仪式进行全程直播，公众的点击率 2 小时达 600 万人次。

（邓志仲）

## 广东南方碱业股份有限公司

【概况】 2019 年，广东南方碱业股份有限公司（简称南方碱业）生产经营遇到多重挑战，卤水运输航道封航，供应不足，生产急剧下降；安全、环保形势严峻，石灰石厂家停产整顿，采购价格翻倍，生产成本大幅上升；纯碱市场受国内产能过剩、库存高企、需求萎靡不振等影响，价格断崖式下跌。全年生产经营稳定，完成纯碱产量 58.04 万吨，实现工业总产值 9.56 亿元，实现营业收入 9.64 亿元，营业利润 220.79 万元。

【技术创新】 2019 年，南方碱业推进技术创新，为企业发展提供原动力。成立氨碱法氯化铵取代液氨技术研究及应用团队，验证氯化铵取代液氨技术可行性，取消氨库，摘掉"危化品使用企业""重大危险源企业"两顶"帽子"。结合技术开发与研究，全年完成 2 项发明专利和 5 项实用新型专利申请；获 4 项实用型专利授权，增强企业核心竞争力，提高企业创新能力。以高新技术企业认定标准为目标，推进各项管理工作。完成质量、环境、能源管理体系再认证，完成 ISO 45001 职业健康安全体系建设。加强与大专院校、环保单位科研合作，推动"碱渣综合利用"课题研究，获中国纯碱工业协会论文一等奖和 2 个技术进步三等奖。

（刘莉）

## 广州天赐高新材料股份有限公司

【概况】 广州天赐高新材料股份有限公司（简称天赐材料）是一家致力于锂离子电池材料及个人护理品功能材料的研发、生产和销售为一体的高科技民营企业，注册资本 5.48 亿元，于 2014 年 1 月 23 日在深圳证券交易所中小板挂牌上市，股票简称天赐材料，股票代码 002709。拥有锂离子电池材料、日化材料及特种化学品两大主营业务板块，拥有自主知识产权、核心技术和自主品牌，是国家高新技术企业、国家知识产权优势企业、广东省创新型企业、广东优秀民营科技企业、广东省战略性新兴产业培育企业、广东省自主创新 100 强企业。天赐材料拥有国家级企业技术中心、博士后科研工作站、广东省精细化工材料工程技术研发中心、广东省企业技术中心、广东省动力锂电池电解质材料工程实验室、电化学储能材料与技术教育部工程技术研发中心等研发创新平台；建立研发引导技术、技术推动产品的发展模式，具有自主知识产权、核心技术和自主品牌。通过 ISO 9001

质量管理体系认证、ISO 14000 环境管理体系、HSAS 18000 职业健康安全管理体系认证，通过第三方国际认证机构的认证审核与持续认可。应用国际先进水平的品质保障系统（QAE），提高产品质量，通过 UL（美国保险商试验所）、SGS（瑞士通用公证行）等产品认证和 RoHS 绿色环保认证。

2019 年，天赐材料营业收入 13.08 亿元，比上年增长 15.14%。

【日化材料及特种化学品业务】 2019 年，天赐材料生产的日化材料及特种化学品主要有表面活性剂、硅油、水溶性聚合物、阳离子调理剂、有机硅及橡胶助剂材料等 系列产品。其中，日化材料下游产品应用为个人护理品，包括洗发水、护发素、沐浴露、洗手液、消毒杀菌产品、护肤品等。日化材料广泛应用于日常家居、衣物的清洁及护理，下游产品应用包括卫浴、厨房等硬表面用清洁剂、皮革护理蜡和洗衣液等。特种化学品主要应用于工业领域，产品及应用技术为造纸、建筑、农药、油田、有机硅制品、橡塑和印染等领域。在特定工业领域的产品及技术应用，主要为工业领域内创新产品性能突破、成本和环保等因素提升提供专用化学品和解决方案。

是年，天赐材料保持国内个人护理洗护类材料领域的领先地位，推出新产品，初步奠定新一代温和表面活性剂的领先市场地位，以配方的持续开发能力和技术服务引领的销售策略，拓展护肤、彩妆等新的应用市场，提升行业内对公司化妆品材料认可度。国际业务方面，致力于开发更优质的经销渠道和提升服务精细度。

【锂离子电池材料业务】 2019 年，天赐材料生产的锂离子电池材料主要为锂离子电池电解液和正极材料磷酸铁锂，均为锂离子电池关键原材料。围绕主要产品配套布局电解液和磷酸铁锂的关键原料生产能力，包括六氟磷酸锂、新型电解质、添加剂、磷酸铁和锂辉石精矿等。锂离子电解液和正极材料磷酸铁锂用于生产锂离子电池，锂离子电池在新能源汽车、消费电子产品、家用电器和储能领域均有广泛应用。其中，新能源汽车行业的发展是锂离子电池及其上游锂离子电池材料行业发展的主要推动力；随着 5G、基站、电网储能及家庭储能的发展，储能领域加快推动锂电池材料行业发展。

是年，国家产业政策调整，新能源汽车行业产品品质提升，新能源汽车行业稳定发展。天赐材料市场份额保持领先，在客户转型战略实施上取得进展，国际业务开拓取得预期效果。

【研发创新】 2019 年，天赐材料在产品开发与管理流程上，运用 IPD（集成产品开发）工具，以产品线形式横向打通从试点到规模化生产全流程，严控产品开发进度，产品经理在输出产品的同时，输出产品推广方案及策略，并进行全生命周期管理。新产品立项以市场需求和客户需求为主导，结合产品自身的迭代需求和技术趋势进行立项。将项目激励与产品市场表现挂钩，提高整条产品线产品开发人员积极性，提高产品与市场匹配度。在日化材料及特种化学品方面，完成基于 4 个产品开发平台 30 余项新产品的自主研发和量产，其中多款高毛利新品完成客户验证。在应用研究层面，针对个人护理绿色、温和、天然的发展趋势，结合针对性研发的原材料，推出一系列护肤、彩妆、氨基酸健康洗护及头皮护理的整体解决方案。在前沿基础研发方面，加强绿色可持续合成技术的开发，储备多款可天然来源可生物降解的功能聚合物技术，为未来新品开发奠定基础。锂离子电池电解液方面，新配方研发成果显著，数十种定制化电解液配方导入中试和量产，其中高镍三元电池用电解液，得到市场广泛认可。研发并储备包括配套三元体系的百余种定制化电解液配方，完成数十项新电解质和添加剂物质筛选研究。三元高电压电解液在客户处实现大规模量产。研究硅碳体系产气机理，得到应用端验证认可，为硅碳电解液产品开发提供理论支撑，开发出适用于硅碳电解液产品的多款添加剂。至年末，天赐材料获授权专利 206 项，其中发明专利 131 项，尚有 184 项专利正在申请中。

（陈瑶馨）

# 汽车工业

## 广汽本田汽车有限公司

【概况】 2019 年，广汽本田汽车有限公司（简称广汽本田）生产汽车 76.2 万辆，发车 77.1 万辆，终端 76.6 万辆，工业总产值 934 亿元，各项指标均实现逆势增长。至年末，广汽本田累计产量达 700 万辆，成为广汽集团旗下首家累计产量达 700 万辆的企业。

开展系列具有广泛影响力和高参与度的公益品牌活动，履行企业社会责任。持续开展安全驾驶普及活动，对外开展 30 期安全驾驶课程，覆盖 1187 人次。面向成人、青少年、儿童的喜悦安驾中心，青少年汽车安全科普展厅、儿童交通安全体验园三大安全教育基地接待 550 万余人次。参与 Honda 中国节能车大赛，成为企业燃油比赛、EV 组竞技双冠王。对口帮扶连州联一村，购买农产品。

【“粉丝化”品牌推广】 2019年，广汽本田实施“粉丝化”品牌推广体验，发布全新服务品牌。围绕700万辆产销达成的重要节点，活用客户口碑，塑造“值得信赖”“有梦想”的企业品牌形象。通过全方位的粉丝化品牌推广和体验，吸引更多喜爱广汽本田品牌的客户。企划“梦想同行者”线上品牌故事项目，挖掘真实车主故事。致敬700万车主的微纪录片，成为车主圈、媒体圈、行业和营销界的“现象级”口碑传播事件，实现在线传播人次1.2亿。与广州车展联动，举办首届品牌粉丝共创盛典“广汽本田躁梦节”活动，协同Honda品牌和Acura品牌逾600家特约店开展240余场店端圈层活动，打造与年轻用户互动平台。完成“Enjoy+品牌体验”示范店在全国六大片区20家特约店的导入，制定面向全国特约店推广的方案及标准化指引手册，建立与竞品差异化的客户品牌体验优势，助力销售终端竞争力提升。广州车展期间，推出全新服务品牌——“FUN LINK创享车生活”，包含“Satisfied安心信赖”“Smart智能便捷”“Social社交互联”“Sharing共创共享”四大核心理念，通过全新服务品牌引导客户共同创造和分价值，探索人车生活的可能性。

【销售逆势增长】 2019年，广汽本田各车型销售逆势增长。第十代雅阁凭借时尚年轻的外观和领先同级的主动安全科技，稳居中高级轿车细分市场销量榜首，全年销售22.38万辆，比上年增长26.6%。凌派面对核心竞品的集中换代，通过强化产品价值口碑，挖掘低线城市潜力和用户来源，扩大客户基盘，实现比上年增长36.2%的成绩。奥德赛混动车型月均销售3000余辆。新缤智在外观、空间配置及动力上全面改进，上市后月销售1万余辆，成为特约店销售支柱车型之一。全新中级SUV（运动型实用汽车）皓影通过品牌发布活动+分阶段曝光外观+预售发布+媒体试驾会等活动提前进行预热，实现上市开门红。首款纯电动车型VE-1创新上市，为车主提供全新价值的WOW STATION体系。广汽Acura围绕“I’m Different”这一全新品牌世界观开展一系列品牌活动，在宣传领域持续优化精准投放，重点提升消费者对RDX（讴歌）产品力的认可，在国六车型阶段空缺的不利条件下，全年终端实现1.5万辆，比上年增长63.5%。

【广汽本田2019年安全中国行·道路安全高校联盟成立】 2019年10月29日，广汽本田联合中国汽车技术研究中心有限公司，携手天津大学、同济大学、吉林大学、哈尔滨工业大学（威海）、湖南大学、武汉理工大学等高校，举行广汽本田·道路安全高校联盟启动仪式。该道路安全高校联盟致力于通过持续、定期开展道路安全知识讲座、实车安驾技能、安全主题活动等丰富多样的形式，促进大学生群体道路安全行动力的养成。

（韩小红）

## 东风本田发动机有限公司

【概况】 2019年，东风本田发动机有限公司（简称DHEC）在提升成本竞争力、强化品质保证体系、实现稳定生产、加速人才培养等领域推进各项重点举措，完成生产经营目标。全年发动机产销59.7万台，实现历史性突破，销售收入281亿元，利税29.1亿元。

是年，DHEC强化本质安全体系建设，全年公司无职业病、无重大安全事故、无轻伤事故发生。全力推进技术创新、管理提升以及降本增效，产品结构持续优化，实现全系列发动机从国五标准到国六标准加速提升，提前实现国六排放系统国产化。导入新车型皓影，为广汽本田完善SUV产品线及提升2020年销量提供强劲动力。启动实施供应商可持续发展战略，发布供应商可持续发展导则，完成构建适度互联化的供应链管理系统，以构筑高效稳定的供应链，实现管理工作提升。

是年“中国机械500强”评选中，DHEC居榜单第31位。是自2003年榜单首次发布以来，连续17年上榜并稳居前列。

【绿色工厂建设】 2019年，DHEC落实各项有效措施，节能降耗，完善绿色工厂制造体制，持续提高生产效率，取得明显经济效益。9月，获工业和信息化部“绿色工厂”称号；10月25日，获广州市工业和信息化委员会、广州市生态环境局联合颁发“广州市清洁生产优秀企业”证书；12月，获“广州市绿色制造体系建设示范项目”称号。

（郑晖）

## 船舶工业

【概况】 2019年，黄埔区辖内船舶企业主要是中船黄埔文冲船舶有限公司（简称中船黄埔文冲）。该公司是中国船舶工业集团公司属下大型船舶制造企业，华南地区军用舰船、公务船特种工程船和海洋工程主要建造基地，中国疏浚工程船和集装箱船最大最强生产基地。拥有长洲、文冲和龙穴3个厂区和文船重工中山基地。是年，中船黄埔文冲主要经济指标稳中有升，实现主营业务扭亏。全年完成工业总产值110.4亿元，完成工业增加值24.83亿元，实现营业收入126.11亿元，实现利润总额10.23亿元，含土地处置收益10亿元。全年完工交船30艘+3座，承接军营民营产品184.31亿元。

长洲厂区占地约70万平方米，码头岸线3000米，拥有华南地区最大的室内船台车间，国内先进水平的船体加工车间、涂装车间、管子加工车间，配备1.2万吨举力的浮船坞、120吨门座式起重机、3米预处理线、数控等离子切割机、数控冷弯机等先进设备设施，具备3万吨级船舶和大中型水面舰艇的批量建造能力，以军、民船建造与船舶修理为主要业务，其中造船产品以中小型水面舰船、海洋工程辅助船、公务船为主导产品，以军贸船、民船为补充；修船产品以船舶改装、军船修理和高技术、高附加值船舶及海洋工程修理为主导产品。

文冲厂区占地面积约70万平方米，具备10万吨级船舶建造能力，拥有2.5万吨船台1座，2.5万吨、6万吨造船坞各1座，配备400吨、200吨龙门吊机各1台，100吨吊机2台，数控切割机6台，热处理车间以及各类厂房、设施、设备等。具有年造3500TEU（标准箱）以下支线集装箱船、大中型挖泥船、7万吨以下散货船20艘的能力，以民船建造和非船制造为主要业务。其中，造船产品以支线集装箱船与疏浚工程船为主导产品，以海工辅助船、特种工程船、远洋渔船、散货船为补充；非船制造以起重机械、疏浚设备、船舶与海工配套、新能源设备为主导产品，以新兴产业、咨询服务业为补充。龙穴厂区占地118万平方米，码头岸线3500米，拥有10万吨级大型船坞，900吨、600吨龙门吊机等国内先进的现代化设备设施，具备10万吨级船舶和大型舰艇批量建造保障能力，以军船与海洋工程建造为主要业务。其中，海洋工程以钻井平台、钻井船、大型海洋工程辅助船等海洋工程装备为主导产品，以散货船为补充。中船黄埔文冲采用国际标准和DNV—GL、LR、ABS、BV、CCS和NK等船级社规范，通过劳氏质量认证有限公司（LRQA）、中国船级社质量认证公司（CQSA）和新时代质量体系认证中心（XQC）认证，获GJB 9001A、ISO 9001、ISO 14001、GB\T 28001等质量管理认证、职业健康安全管理认证和环境管理体系认证证书。

**【船舶工业战略合作】** 2019年，中船黄埔文冲驻北海保障站揭牌建立；与四川航天拓鑫玄武岩实业有限公司签署战略合作协议；与南沙区、番禺区分别签订战略合作协议；承担的新兴产业发展后补助项目《饱和潜水支持船产业化》通过广州市发改委验收；广州文船重工有限公司与广新海事重工股份有限公司在中山市签订厂房、场地租赁合同。

制定印发《公司高质量发展战略纲要》，部署后续战略分解、落地等工作；启动“十四五”发展规划编制，完成“十四五”发展规划思路研究。组织完成两化融合管理体系换版审核，修订管理制度207份，率先实现能源管理体系、综合管理体系等制度体系“一体化”融合。

**【装备质量综合提升工程】** 2019年，中船黄埔文冲提升装备质量综合提升工程，防止大质量问题，各项质量指标均达到要求。其中，军用品对军代表交验一次合格率100%、民用品对船东交验一次合格率98.45%；对船检交验一次合格率98.79%；焊接X光拍片一次合格率97.60%；工序交验一次合格率97.66%。推进质量制度体系“一体化”建设；实施精细质量管控方案，以问题为导向，8个专业质量督察组检查质量隐患793处，处理各项质量问题80项，实现质量问题管理归零和技术归零；通过船东意见闭环管理，加强采购质量管控，开展质量提升活动，产品质量总体可控。是年，5个QC（质量控制）小组获“广东省优秀质量管理小组”，5个班组获评“广东省优秀质量信得过班组”。

**【安全环境责任细化】** 2019年，中船黄埔文冲整合环境管理体系和军工安全标准化制度，层层分解、细化安全环境责任指标。严格安全生产作业规程，开展安全生产专项整治，加大安全生产投入，推进安全基础管理更加扎实。加强岗前岗中职业健康检查和劳保用品使用管理，开展职业健康防护意识教育和职业病危害因素排查，职业病防范工作总体可控。开展地面和产品船6S秩序整治，生产现场6S（整理、整顿、清扫、清洁、素养、安全）管理提升。全年未发生安全生产死亡事故、重大火灾爆炸事故等重大恶性事故，未发生急性职业病病例和重大环境污染事件。

**【船舶行业技能竞赛】** 5月24日，中船黄埔文冲的文冲厂区派出选手参加黄埔区、广州开发区第十一届技术能手竞赛（焊工项目），凌帅淘获一等奖，曾显涵获二等奖，冯聪、曾邦勇获三等奖，获奖选手被授予“广州市黄埔区、广州开发区技术能手”称号；文船重工被授予“技能人才培育突出贡献单位”。10月12日，中船黄埔文冲承办“2019年中国技能大赛——中船船舶工业集团有限公司第八届职业技能竞赛”，被评为大赛“优秀组织单位”，船舶电焊工项目团体获第三名，谢祖靠、曾显涵分获船舶电焊工项目第二名、第三名，付建伟获船舶电工项目第七名。11月21日，参加由广东省总工会、广东省人力资源和社会保障厅、广东省工业和信息化厅、广东省科技厅联合主办的2019年广东省电工职业技能竞赛，被评为唯一的“技能人才培育突出贡献单位”称号，并获得前15名中的11个奖项，其中孙耀威获金奖，张哲瀚获银奖，古蒋发、林显焕、欧卓文获铜奖，黄浩华、陶富荣、付建伟、林良品、陈礼洪、潘兵兵获优胜奖。

【军营产品业务】 2019年，中船黄埔文冲承接军品业务134.22亿元，超额完成年度经营目标，按计划完成交付。是年，在主战装备、高新项目领域的建造能力和实力得以巩固。其中，X98舰以982分的高分实现创纪录零手尾异地交付，为公司承建后续主力战舰奠定良好基础；“高新工程”项目H1200船建造周期比首船缩短100余天；代表中巴友谊的1500吨级巡逻船2号舰在卡拉奇顺利下水，建造的临沂舰、黄山舰等明星舰船参加人民海军成立70周年多国海军活动。推进“产品+服务”的军品业务模式，争取修理保障任务，全年承接军修军保任务1.8亿元。开拓广西北海前置保障站点，签订8艘轻型护卫舰临修驻点保障框架协议，承接4艘舰船等级修理任务、8艘舰船专项工程修理任务、8艘次升级加改装修理任务和52艘次外出临时抢修任务，业务量大幅提升。公司军修军保业务范围从南部战区扩大到东部、北部战区，业务领域拓展到驱逐舰、护卫舰、综合补给舰等大型舰船领域。

【民营产品业务】 2019年，中船黄埔文冲民营产品造船接单36.85亿元，修理业务接单1.79亿元，非船业务接单10.78亿元。

船海品牌船型制造 在主建船型市场承接新订单，全年承接9个船型14艘船，其中承接的8.5万吨散货船是该公司第一型自主研发的产品，对主建船型品牌建设具有里程碑意义；承接的德翔海运2700TEU项目，是继万海箱船项目后再次承接台湾订单；承接的6000方挖泥船项目体现船东对该公司挖泥船建造实力的认可；承接的9500方气体船是华南地区第一艘LNG（液化天然气）双燃料多用途气体运输船，对提升高技术、高附加值产品建造业绩具有重要意义；承接的万吨海事船、巡航救助船、应急指挥船等项目，巩固该公司在公务船领域的市场地位。至年末，该公司手持支线箱船居全球第一位，手持挖泥船居全国第一位。

修船经营 全年修船业务完成经营承接99艘次，完成民营产品修船承接金额1.79亿元。其中，承接澳门海关B7、A4等项目，巩固澳门公务船修理市场；承接恒通8、海港号教学船等项目，开拓香港驳船市场；承接完成万顷沙、云浚6、长鹰50等10余艘挖泥船修理项目，巩固挖泥船修理的市场地位；承接流花钢结构、海洋石油709等高附加值的海工产品，拓展海工产品业务范围。

非船业务发展 全年应用产业完成经营承接10.39亿元。承接海上风电导管架25套、单桩39根、单桩套笼55套、裙桩12根，成为华南地区手持订单最多的风电产品制造企业；承接洛溪大桥拓宽工程钢结构、坦洲快线钢结构、清远大桥维修、深中通道钢套箱、白云大道桥钢箱梁等大型钢结构项目，进入专业分包领域，实现钢结构业务由简单制造向制造安装一体化高附加值工程转型；承接广船国际、鞍钢联众等企业的批量舾装件、机加工业务，在华南地区舾装件制作基地的战略地位得以巩固。

船海服务业领域创新 是年，该公司在船海服务业领域改革创新，借助香港成立的华隆、华顺公司平台，开展4艘船的租赁业务，有关风险全面受控，全年租赁收入4000万元。完成工业互联网平台租户注册系统开发6个第三方应用的集成开发；完成供应商管理、车间作业、电力监控等10个APP（手机软件）的开发与上云。获得广州市产业发展资金专项支持350万元，中标工信部信软司2019年工业互联网创新发展工程专项3个方向项目。

【科技创新】 2019年，中船黄埔文冲在产品开发方面，配合完成经营开发115项，开展86K双燃料、85K、1900TEU、3100TEU等主建船型的自主研发设计。其中85K实现批量接单，86K与LR、BV签订合作开发协议，基本完成详细设计；3100TEU与DNVGL联合开发预审，关键技术图纸获得船级社原则性认可。开展船舶快速性、LNG双燃料、智能船核心技术等专题研究，在基础技术研究方面取得明显效果。在设计配建方面，开展22型32艘船的生产设计，完成生产技术准备8953项，设计计划完成率96.4%，生产设计出图基本满足连续施工需求。严抓技术规格把控、设计质量管理，完工船舶设计差错率比上年下降7%；提升专项管理和管控设计成本，策划完成A型舰后续产品、2038TEU集装箱船、120K散货船等项目的设计优化；持续深化设计标准化工作，编制和修订设计标准文件96项。启动公司设计物资代码体系重塑工程。在科研管理方面，完成2个国家级企业技术中心评价和高新技术企业认定申报工作；争取科研项目立项和政策补贴，完成外部科研立项申报43项，新获批经费9250万元，全年到账国家财政拨付资金7613万元；完成科技成果鉴定10项、科技奖申报19项，并有16项获国家部委、集团、协会等科技奖，其中《海上大型绞吸疏浚装备自主研发与产业化》项目获国家科技进步特等奖；全年完成专利申报409项，完成年度目标126%，发明专利占比达80%，重大科研计划完成100%，签订2项专利的实施许可合同。在信息化建设方面，完成CATIA V6系统升级及二次开发工作计划，船体零件处理效率比上年提升20%；推进造船生产管理系统、长洲厂区数字化制造系统、物资管理系统的开发和推广应用，部分模块新上网运行，几个系统的适用性提升；围绕物资成本关键元数据梳理、单船预实成本数据分析，开展企业中心数据库建设；工业互联网平台的建设与推广取得进展。在精度管理方面，长洲厂区开展精度管理组织机构优化和调整工作，优化分段精度控制标准和典型分段控制关键项目，关键指标分段无余量建造率达74.8%。文冲厂区推进2038TEU船无余量建造工法和DAP（详细组立要领）策划，开展内场加工余量割除技术研究，初步实现肋骨冷弯、纵骨加工与样箱曲板加工无余量上胎。龙穴厂区，完善舾装精度管控体系基本框架，梳理单船重要铁舾件清单，全年钢质门、系泊件、重要基座等安装首检合格率95%以上，推进管系精度管控，确定管子的精度控制要求，初步实现管系的精度管控。

**【项目规划与布局规划】** 2019年，中船黄埔文冲完成固定资产投资3.8亿元，基建财政资金预算执行率达100%。在项目申报方面，通过先后5次调整，将生产急需的1.2亿元设施计划纳入调整项目，使国家财政拨付资金的建设项目更加符合公司生产实际需求；某船研保项目取得可研性批复。在厂区规划方面，推进厂区的优化调整布局，文冲厂区搬迁和龙穴厂区的布局调整与建设均取得进展。被广州港务局纳入规划调整范围；结合转移产品生产需要，初步完成龙穴厂区总体规划。在项目验收方面，批产项目按计划实现现场竣工验收."十三五"验收项目总投资约16亿元，各项目验收工作完成。在重点项目建设方面，龙穴厂区分段预舾装场地工程按期完工，海工船台生产场地不足情况得以缓解，保障深中通道配套项目按期下水；龙穴厂区分段总组及室内总装车间工程及长洲薄板中小组立智能生产线进度有滞后。深中通道平面分段流水线、块体生产线、片体生产线交付使用满足深中通道钢壳智能制造、转运需求。修船污水雨棚、长洲5号码头调漆间和海工预处理线的VOCs（挥发性有机物）治理项目、文冲污油水处理装置、龙穴环保在线检测、长洲固废场改造工程等项目陆续按期投入使用，满足公司环保攻坚需求。

**【重点生产任务】** 2019年，中船黄埔文冲造船实现交船30艘+3座，完成修船81艘（项），完成非船产值6.8亿元。造船事业一部完成舰船11艘及大洋综合资源调查船、新型4000千瓦海洋救助船、60米B型巡逻船等产品的交付，其中大洋综合资源调查船是该公司建造的首艘全球级新型综合科考船，其建造质量、建造进度处在同批次船前列。同时，磷虾船项目按计划完成平台航行试验，产品质量、性能得到船东高度评价。造船事业二部完成交船10艘。三线串联建造模式实施并得到固化，生产制作物量比上年增长40%，船坞周期逐步缩短，出坞状态稳步提升。其中，1400TEU双燃料集装箱船的成功交付、夯实公司在LNG双燃料供气系统方面的技术实力，为开拓LNG液货系统市场奠定业绩基础；2700TEU集装箱船首制船（H5590）的顺利交付，为公司拓展巴西市场奠定基础。造船事业三部完成交船9艘和深中通道管节2个，其中交付的1.38万方耙吸挖泥船项目，是龙穴厂区首次建造的项目，较合同提前69天交船；交付的IDEST-246饱和潜水支持船，是一款具有国际顶尖作业能力的海洋工程辅助船，巩固公司高端海工装备市场地位；交付的沉管隧道浮运安装一体船为世界首制。海工库存产品处置取得进展，全年完成库存海工装备处置2艘。修船事业部完成修船80艘（项）。修船产品的平均坞期为6.15天，比上年减少1.09天，坞期缩短15%。其中，完成4艘等级修理、8艘专项工程修理、2艘临抢修工程任务。重工公司交付25套风电导管架,完工2.5万吨桥梁钢结构，完成工业总产值6.8亿元。

**【成本管控】** 2019年，中船黄埔文冲推进成本管理基础提升和过程管控工作，全年成本费用率99.48%,比上年下降6.09个百分点，成本管控取得较好成效。是年，按照“控本降本、扭亏增盈”工作目标制定“1+7”成本管控措施计划体系，按季度做好跟踪检查。建立“体系统一、口径一致”的产品成本框架体系，奠定实施“三表合一”管理基础；梳理和发布主建船型标准物量及设备配置清单，建立基于预算工时与标准费率的成本测算模式，为提高经营报价准确性提供支撑；实施精细化管理，推动各部门实施有效协同控本。建立从经营开发到交船的全过程成本协同控本机制，推动各部门实施有效协同控本。制定并发布《技术中心设计物量管控要求（暂行）》《六大主材设计定额管理实施细则》，健全和完善从产品承接到完工建造全过程设计物量管控；通过设计降配、优化改进，全年实现设计降本6239万元；通过加强设计修改控制，全年设计差错率比上年下降7%。通过战略采购与及时锁价，全年钢板采购均价4620元/吨，控制在型船目标单价以内，比集团招标价格降低采购成本约1500万元；发挥批量船建造优势，加强策略订货、比价压价，主要设备价格下降4.7%，采购成本减少2820万元；加强超目标项目采购评审，强化审价会协同控本平台作用，实现最终采购较首次过会压降3093万元；通过持续实施平衡利库和调配工作，全年平衡利用库存物资4228万元。通过抓计划执行率，做好节拍生产管控，全员造船效率为人均50.0修正总吨/年，提升3.9%。完成大拖系列船尾部施工优化，单船节约工期约两个月；优化散货船标准油漆配套，推行机舱区域“底面一体漆”工艺，机舱周期由10天缩短至8天；平面流水线运作高效，物量完成5500吨/月，达到预期产能，初步形成流水线节拍生产。落实“无预算不开支”总体管理要求，严控费用超支现象的发生；调整融资模式，将高利率订单融资期限从9个月缩短到3—7个月，延长低利率政策性融资期限，开拓2年期低利率的出口卖方信贷流贷业务，资金使用成本率由上年3.6%下降至2.9%。获得转民贴息2918万元。利用母子公司资源整合优势，增加财务收益457万元。

【船舶建造合同签订】 2019年3月26日，中船黄埔文冲在长洲厂区举行大型海事巡逻船建造合同签字仪式，双方法人代表现场签署建造合同。5月5日，在长洲厂区举办万海12艘2038箱集装箱船设备订货签字仪式，分别与中船九江公司签订锅炉、与中船动力签订主发动机、与沪东重机签订发动机、与沪东重机签订主发动机等设备订货合同。8月2日，与天津西南海运有限公司签订1艘绿色环保型9500立方多用途气体运输船建造合同，该型船的承接填补中国华南地区LNG双燃料多用途气体运输船的建造历史空白。9月6日，与德翔海运公司签订2+2艘2700TEU集装箱船建造项目合同，是该公司继2018年获得台湾万海12条2038TEU集装箱项目后，再次成功拓展台湾市场。

【开工建造船舶及海工项目】

2019年3月6日，中船黄埔文冲为美国Del Monteg公司建造的600FEU-2#冷藏集装箱船（H5540）在文冲厂区新船体车间点火开工建造，此型产品系列船共6艘；同日，为中船租赁公司建造的12万吨散货船首制船（H5617）在龙穴厂区开工建造，是该公司开工建造的最大吨位船舶，此型产品系列船共6艘。3月15日，承建的中广核阳江南鹏岛海上风电场导管架预制工程Ⅰ标段在龙穴厂区开工建造，该项目规划总装机容量400兆伏安。4月10日，为广东海事局建造的60米B型海事巡逻船在长洲厂区开工建造。4月23日，为沧州黄骅港航务工程有限公司建造的1万立方米自航耙吸式挖泥船2号船（H5689）在文冲厂区开工建造。5月6日，烟台打捞局下属“德淇”轮进厂修理。5月15日，承接的深中通道沉管隧道钢壳制造（GK02标）工程E32管节在龙穴厂区开工建造，E32管节是该公司建造的首个非标准管节，于11月25日在海工公司进坞并开始总拼。5月18日，承建的广东海事局大型海事巡逻船建造项目开工仪式在长洲厂区举行，该船是中国首艘万吨级海事巡逻船。10月15日，为万海航运股份有限公司建造的2038TEU集装箱船项目H5667轮在文冲厂区开工。11月20日，为中船租赁建造的首艘迷你海岬型12万吨散货船4#船H5620开工建造，该型船是黄埔文冲建造的最大吨位的散货船，总长255米，船宽43米，型宽20.5米，载重量12万吨，仓容13.5万立方米。12月18日，承接的美国Rail Ferry Newbuild I LLC公司火车滚装船H3089在龙穴厂区开工建造。

【船舶竣工交付】 2019年1月9日，中船黄埔文冲为中国船舶（香港）航运租赁有限公司建造的1.32万吨重吊首制船（H5516）“Zea Frontier”和8400吨重吊后续船（H5596）“Zea Color”在文冲厂区举行命名仪式。2月22日，建造的H1204舰举行交付入列仪式，标志着该公司承建的该批次护卫舰研制目标完成。4月3日，文船重工公司承建的广东阳江南鹏岛40万千瓦海上风电场首套风机导管架装船交付，该导管架是国内最大的风电导管架，重量900余吨，创造广东省装备制造新纪录。6月10日，龙穴厂区承建的深中通道项目E2管节A环段成功脱钩，标志着深中通道首件管节E2顺利成型，深中通道E2管节合计88个块体。6月28日，龙穴厂区为洲际船坞集团建造的8.2万吨散货船首制船H3086签字交船。

7月22日，为中国船舶（香港）航运租赁有限公司建造的1.32万吨重吊3号船（H5519）“Zea Future”在文冲厂区举行命名交船仪式，该次命名交船的1.32万吨重吊船是该系列船的第三艘船。7月26日，中国自主研制的4000吨级大洋综合资源调查船“大洋号”在长洲厂区交付，该船是中国首艘按照绿色化、信息化、模块化、便捷化、舒适化和国际化的原则设计建造的新型全球级综合科考船，代表中国船舶工业和大洋调查科技的最高水平。9月26日，为中交一航局建造的深中通道核心装备自航式沉管运输安装一体船“一航津安1”在龙穴厂区交船，该船是世界首制集沉管隧道浮运安装于一体的专用船舶。12月25日，为东海救助局建造的“东海救151”轮在上海交付，该船是交通运输部救助打捞系统中首艘采用全电力驱动全回舵桨作为推进装置的新型救助船。

【中国首艘渔业捕捞加工一体船“深蓝”号入列国家海洋实验室远海科学考察船队】 2019年11月24日，青岛海洋科学与技术试点国家海洋实验室（海洋试点国家实验室）在中船黄埔文冲长洲厂区举行中国首艘渔业捕捞加工一体船“深蓝”号入列仪式。全国人大常委、中国科学院院士、海洋试点国家实验室主任委员会主任吴立新向“深蓝”号授旗，宣布该船入列国家海洋实验室远海科学考察船队。海洋试点国家实验室、中国水产科学研学院、青岛蓝谷管理局、上海崇和实业集团有限公司等单位参加仪式。

【模块车及平面分段流水线验收投产】 2019年4月24日，中船黄埔文冲龙穴厂区新增模块车32轴线，含动力模块3台、四轴线模块车8台，每台四轴线模块车最大载重174吨，合计32轴线模块车最大载重量达1392吨。5月4—5日，龙穴厂区利用新增的32轴线模块车完成2个深中通道钢壳体（总重约500吨）转运，标志着龙穴厂区实现大型总段的建造和运输。6月6日，龙穴厂区平面分段流水线验收投产。该平面分段流水线是该公司首条分段流水线，是提升公司造船及钢结构制造能力的重点设备。该设备的投产使龙穴厂区实现平面分段的流水线作业，产量达753个标准分段年。8月15日，龙穴厂区分段预舾装场工程通过竣工验收。

【文船重工中山基地揭牌】 2019年7月23日，中船黄埔文冲在广东省中山市举行文船重工中山基地揭牌暨首套导管架交付仪式。中船黄埔文冲、中铁建港航局集团、广东省广新控股集团、中电投电力工程有限公司、中广核工程有限公司、中交第三航务工程局有限公司等57家企业的领导和嘉宾出席仪式。该基地位于珠江口要冲、“深中通道”在中山市的第一个出口——马鞍岛，背靠广州南沙自贸区和中山翠亨新区，交通便利；距离汕头海门、揭阳神泉、阳江南鹏岛、湛江外罗等广东省内各大风电场均200海里左右，产品运输方便，区位优势得天独厚。该基地是中船黄埔文冲的第四个产业基地，是华南地区最大的风电导管架、单桩制造基地。中山基地导管架年生产能力可达40台/套；待单桩生产线全面形成产能后，单桩年生产能力可达80根；基地建设完成后，导管架、单桩年产能可达10万吨，桥梁、钢结构产能可达3万吨。

（陈小瑜）

# 电力工业

## 中国南方电网公司

【概况】 2019年，中国南方电网公司（简称南方电网）完成各项目标任务，全系统未发生较大及以上人身事故，未发生设备和电力安全事故，未发生对公司和社会造成重大不良影响的涉电公共安全事件。全年营业收入5663.42亿元，比上年增长5.75%；资产总额9336.52亿元，增长14.5%；利润总额180.34亿元。全网统调最高负荷1.87亿千瓦，比上年增长10.8%；售电量1.05万亿千瓦时，增长7.6%；西电东送电量2265亿千瓦时，创历史新高；客户平均停电时间（低压）10.81小时，下降17.5%；第三方客户满意度测评84分。广东、广西电网公司及广州、深圳供电局连续多年在地方公共服务评价中居第一位。连续十三年获国资委经营业绩考核A级。排名世界500强企业第111位。

【电力体制改革】 2019年，南方电网坚持市场化方向，推进电力体制改革，南方（以广东起步）电力现货市场在全国率先结算试运行，调频辅助服务市场运营平稳，南方区域统一电力市场建设稳步推进。市场化交易规模持续扩大，省内交易电量占全省的39.3%。配合第二监管周期成本监审，与地方电网融合取得重大进展，无偿接收广东地方农电企业，以控股方式重组广西40个县农电资产，收购云南广南电力公司股权。5家“双百企业”改革成效明显，3家企业开展经理层任期制和契约化管理，混合所有制改革稳妥推进，能源公司完成股份制改造。提前一年完成8户“僵尸企业”、6户特困企业处置治理任务。超额完成国资委压减目标，减少法人253户，压减比例68.9%。完成签订移交协议的85.9万户用户“三供一业”供电设施接收改造。调整优化总部组织机构，制订实施总部权责清单和授权清单，权责事项压降50%。理顺广东电网公司、广州供电局管理关系。深化招标管理改革，网省两级采购集中度达98.5%。

【重大项目规划建设】 2019年，南方电网完成远景电力规划、广东目标网架及粤港澳大湾区中长期电力发展、澜湄区域电力互联互通规划等研究。加快重点工程建设，确保海南电网更加安全的海缆二回工程投运，首次将云南清洁能源送至海南，文昌气电首台机组提前投产，推进昆柳龙直流、云贵互联、梅蓄、阳蓄等工程，13项工程获国家级优质工程奖。广州、珠海两个国家级“互联网+”智慧能源示范项目通过验收。强化基建管理，发布实施智能配电标准设计与典型造价3.0版本。推动人工智能与业务深度融合，完成机巡作业14万千米、无人机巡视51万千米。推进供应链创新与应用，电子商城营业额达到24亿元。首次开展GIS（地理信息系统）设备LCC（资产全生命周期）采购。

【电力安全生产】 2019年，南方电网在庆祝中华人民共和国成立70周年、澳门回归祖国20周年、长征五号遥三运载火箭发射等重要节点实行电力保障。健全覆盖全员的安全生产责任体系，开展安全生产巡查，初步形成“大安全”管理格局。落实防范电网安全运行风险防控八大风险、32项工作，推进防范极端情况下电力安全风险防控八大类、26项工作。制定实施防范经贸摩擦风险27项措施。在“护网——2019”网络攻防演习中获得央企第二名。全网厂站集中监控覆盖率96.2%，自动电压控制实现全覆盖。全面开展GOE套管、重大电气火灾、配电电缆及通道、危化品等重大隐患整改，西电东送直流闭锁总数及回数实现双下降。做好防灾减灾工作，通过投产对澳送电第三通道（珠海段）、加固改造涉港线路、加强应急协作，提升港澳供电保障能力。组建防灾减灾中心及各专业中心，有效应对低温雨雪冰冻、暴雨洪涝、地震等灾害影响。坚守安全生产红线，开展人身安全整治。推动广东省出台全国首个公共场所用电设施标准。

【电力营商环境优化】 2019年，南方电网一般工商业电价比上年降低10%，为用户减少用电成本170亿元；实施业扩投资延伸至客户红线，节约客户投资104亿元；配合清理规范转供电环节不合理加价，确保降价红利传导到终端用户。提前完成民营企业无分歧账款清零任务。珠海、中山、佛山、深圳、广州、东莞位于全国地级以上城市供电可靠性前十位。低压非居民（小微企业）用户、高压单电源客户平均接电时间分别比上年缩减55%、49%，五省区所有地级城市实施小微企业接电零投资。深圳、广州“获得电力”指标在全国营商环境评价中位居前列。升级上线互联网客户服务平台，互联网业务占比提升至93%。解决公司购售电同期抄表收费问题。

【海外电力工程建设】 2019年，南方电网“一带一路”建设取得进展，习近平总书记见证签订的中老铁路供电项目于年底开工建设，老中电力投资公司揭牌。对澳输电第三通道珠海段工程提前完工，缅北民生110千伏南邓供电项目按期投产，菲律宾MVIP直流输电工程总承包项目开工建设。越南永新一期燃煤电厂BOT项目连续满负荷安全稳定运行；老挝南塔河水电站项目运行稳定；香港青电、智利兰特斯、马来西亚埃德拉、卢森堡恩赛沃、越南小中河等参股项目经营符合预期，收益稳定。履行大湄公河次区域中方执行单位职责，配合国家举办“澜湄周”活动，参与澜湄及GMS合作机制，成功举办首届澜湄区域电力合作中资企业沟通合作峰会及第六届澜湄国家电力企业高峰会。

【科技创新】 2019年，南方电网开展关键装备技术攻关，成功研制特高压大容量柔性直流换流阀，突破并掌握特高压大容量柔性直流成套设计技术。新获承担国家级科技项目4项。直流输电技术创新团队入选中央企业优秀科技创新团队。完成自主可控保底通信网规划，首批保护装置挂网试运行。组建全球首个数字电网研究院，南网云、“双创”平台上线运行。企业级运营管控平台上线应用。签约加入5G产业联盟，公司技术提案纳入9项国际标准。获准筹建国家直流输电及电力电子技术标准创新基地、综合能源服务标准化工作组，建立公司首个全国标委会（电力需求侧管理）。成立网级电动汽车服务公司，完成7个电动汽车服务平台整合。组建互联网服务公司、国际金融公司，建立绿色能源产业基金。

（刘之阳）

## 广东粤华发电有限责任公司

【概况】 广东粤华发电有限责任公司（黄埔发电厂）（简称粤华发电公司）位于广州市黄埔区庙头社区。2019年，辖有广州市黄埔电力工程有限公司、广州市黄埔粤华发电运营人力资源有限公司、广州市黄埔广电石油储运有限公司、广东粤电黄埔综合能源有限公司4个子公司，业务范围涉及电力检修和调试工程、发电机组运营、人力资源培训、石油储运、售电售热等，业务除电力行业外还涉足卷烟、会展、动车等行业的综合能源服务，驻外项目部开拓远至中国云南、越南、印度尼西亚、柬埔寨等地。全年上网电量31.75亿千瓦时，比上年增加2.79亿千瓦时，连续安全运行3872天，实现第三个连续安全运行一百天；全年无污染事故，废水、废气达标排放。脱硫系统投入率100%、脱硝系统投入率99.73%；脱硫效率98.35%、脱硝效率93.42%。

2019年7月，该公司2个创新成果项目《构建经营管理信息系统的新模式》《汽轮机汽缸加热系统改建及应用创新》分获“2019全国电力行业设备管理与技术创新”一等奖和二等奖；11月，获广东能源集团“2019年继电保护员技能大赛”团体第二名并同时获

“优秀组织奖”称号，同月，获广东能源集团“我是助手”创新创效实践大赛优秀奖。连续12年被广东省环境保护厅评为“环保诚信企业”（绿牌）。

【市场拓展】 2019年，粤华发电公司有2台330兆瓦燃煤机组参与电力交易市场，参与总装机容量660兆瓦，电力交易市场发电企业编号004。属下的广东粤电粤华综合能源有限公司，开展电力、热力营销工作，为综合能源服务业务提供技术路线。属下检修公司具备压力容器、压力管道安装，电厂锅炉维修、改造资格；是年取得锅炉安装1级许可证（最高）；承包12台发电机组整机日常维护，进行26台次D级以上检修。

【科技改造】 2019年，粤华发电公司完成煤栈桥下消防水至330兆瓦机组备品仓供水母管改造、厂生活水母管局部改造、更换电气26B增容改造、轻油点火系统技术改造、110PA驱动装置移位改造、110PB驱动装置移位改造等技改项目。

【节能环保】 2019年，粤华发电公司烟气排放三大指标达到超洁净水平，全年未发生环境污染事件。大气污染物排放浓度达到广州市“超洁净”排放标准，2台燃机领取新排污许可证，完成生态环境部2019年生态环境保护统筹强化监督迎检工作。

【安全管理】 2019年，粤华发电公司落实安全生产主体责任，完善安全生产责任制，党委会、董事会每季度专题研究安全生产工作。开展隐患排查治理及应急预案演练，跟踪落实安全生产交互检查不符合项整改工作，开展“两票”专项督查、燃机项目安健环督察、安健环因素识别与风险评估，开展交通安全隐患排查治理，完成庆祝中华人民共和国成立70周年活动期间电力安全保障工作。

【信息化建设】 2019年，粤华发电公司建立网络安全技术防护体系，提升网络安全防御能力。结合天然气热电联产机组建设，进行燃机信息系统与现信息网络的整合升级工作；进行新机组的生产MIS与SIS系统建设工作，完成上线试运行。

（邓丽萍）

## 中国能源建设集团广东电力工程局有限公司

【概述】 2019年，中国能源建设集团广东电力工程局有限公司（简称中国能建南方建投广电工程局）工商注册资本金1.86亿元，设备类固定资产1905台（套）。经营范围（主营）包括：电力工程、建筑工程、市政公用工程、水利水电工程、机电工程施工总承包；消防设施工程、地基基础工程、钢结构工程专业承包；承装（修、试）电力设施业务；锅炉的安装、改造；起重机械安装、维修、改造；压力管道安装；设备监理及技术咨询；承包与其实力、规模、业绩相适应的国外工程项目，对外派遣实施上述境外工程所需的劳务人员；特种作业人员安全技术培训；机械设备维修、租赁；职业技能鉴定；国内外货运代理；货物及技术进出口；批发和零售贸易；售电业务。

是年6月21日，属下子公司广东光诚技术服务有限公司持有的广东创成建设监理咨询有限公司股权转让成功并在北京产权交易所挂牌交易。8月6日，历时一年的广东创成建设监理咨询有限公司股权转让专项工作完成，实现股权转让整体收入2758.94万元。全年完成营业收入23.64亿元。

是年1月，中国能建南方建投广电工程局连续四年获广州市劳动关系和谐单位AA级。4月，“燃煤火力发电工程斗轮机基础技术研究及应用”技术获中国电力建设企业协会评为科技进步三等奖。5月，“一种锐口推顶管”技术获中国知识产权局授予实用新型专利；承建的吉尔吉斯斯坦比什凯克2×150兆瓦热电站改扩建工程获中国电力优质工程评定工作揭榜公示，是中国能建南方建投广电工程局境外项目首次获此荣誉。9月，“一种大型冷却塔人字柱的施工结构”获中国知识产权局授予实用新型专利。12月，“地下连续墙技术拓展与深化”被中国电力技术市场协会评为科技进步一星奖；“一种混凝土结构外露预埋件防腐漆涂刷装置”获中国知识产权局授予实用新型专利；承建的华润海丰电厂2×1000兆瓦超超临界燃煤发电机组工程项目获国家优质工程奖。

【市场拓展】 2019年，中国能建南方建投广电工程局承接各类合同总金额36.15亿元。年初，承接邢台园博园项目，8月完成交付使用。8月26日，下属城建分公司与华润新能源（苍梧）有限公司签署华润广西苍梧六堡一期50兆瓦风电项目风电场主体工程施工合同。9月11日，属下安装分公司中标的宏发韦立氧化铝公司循环流化床气化炉系统安装工程签署安装合同。10月10日，属下城建分公司与华润风电（清远清新）有限公司签署华润广东清新林泉60兆瓦风电项目风电场道路与平台工程施工合同。

【安全管理】 2019年4—12月，中国能建南方建投广电工程局开展企业安全文化建设年活动，开展“安全宣讲”“安全生产月”“安康杯”等系列活动。成立领导组织机构，发布活动方案，购买安全宣传横幅、挂图、DVD 等安全生产月宣传资料。5 月 31 日，开展“安全生产月”活动启动仪式；6 月 14 日，组织开展安全宣传咨询日活动；组织参加应急、安全知识竞赛等。组织 24 人参加广东省住房和城乡建设厅举办的三类（A、B、C 证）取证，三类人员（建筑施工企业主要负责人、建筑施工企业项目负责人、建筑施工企业专职安全生产管理人员）继续教育 50 人，特种设备作业人员复审 1 人，进网电工复审换证 38 人，全部取得证书。组织工程局注册安全工程师 15 人参加广东省安全生产技术中心组织的注册安全工程师再教育培训。

【交流合作】 2019 年 5 月 15 日，河北省住建厅在中国能建南方建投广电工程局承接的邢台园博园召开现场筹备调度会，与会人员参观项目现场，了解进展情况，对现场施工组织、资源配置、进度工期、文明施工等提出相关指导意见。5 月 24 日，中国能建南方建投广电工程局成立深圳、珠海、中山、惠州、广州、佛山 6 个地区的专班，加强粤港澳大湾区市场开发。7 月 31 日，与广州开发区重点项目推进中心就广州市轨道交通五号线东延段工程双岗站至庙头路站盾构井借用临时用地事宜签订协议书，借出庙头村南区二地块配合地铁施工。

【工程项目建设】 2019 年 1 月 28 日，海南莺歌海盐场天汇能源光伏发电项目设计采购施工总承包项目投产。3 月 1 日，河北省第三届（邢台）园林博览会园博园 PPP 项目开工。3 月 10 日，梅州五华 110 千伏枫林（大坝）变电站工程竣工。4 月 15 日，中吉矿业有限公司布丘克金矿 110 千伏外部供电及变电站工程开工。5 月 20 日，梅州 110 千伏梅县至北郊第二回线路工程开工。5 月 28 日，湛江 500 千伏大唐雷州电厂一期接入系统工程（三标）港茂升高改造竣工。6 月 1 日，广东韶钢松山股份有限公司高效发电超低排放改造（一期）工程于开工。6 月 3 日，宝武集团广东韶关钢铁有限公司煤气高效综合循环利用之一、二电站改建工程项目接入系统总承包（EPC）项目建筑安装工程开工。6 月 15 日，陵水本号 35 千伏变电站第二电源线路工程施工竣工。6 月 20 日，湛江 500 千伏大唐雷州电厂一期接入系统工程（三标）竣工。7 月 16 日，印务巴务市 30 兆瓦燃机电站完成 168 小时满负荷试运行。7 月 20 日，华润电力天堂界风电项目 6 台风机移位工程通过验收；同日，焦作市山阳区郝庄村等城中村改造 2017 年项目——郝杰社区项目（标段二）开工。8 月 28 日，河北省第三届（邢台）园林博览会开幕。9 月 8 日，贺州市铝电子产业项目（一期）工程 PC 总承包项目通过 1 号机组空负荷试运行。

【邢台园博园项目全面落成开园】 2019 年初，中国能建南方建投广电工程局承接邢台园博园项目并于 8 月竣工。8 月 28 日，河北省第三届（邢台）园林博览会开幕，标志着中国能建南方建投投资建设并负责运营，中国能建南方建投广电工程局参与建设的邢台园博园项目全面落成并开园。中国能建南方建投广电工程局非电业务转型取得阶段性成果。

## 中国能源建设集团<br>广东火电工程有限公司

【概况】 中国能源建设集团广东火电工程有限公司（简称中国能建广东火电），隶属于央企中国能源建设股份有限公司，是一家具有电力工程总承包能力的综合性大型企业。

2019 年，中国能建广东火电实现主要经营指标稳定增长，全年新签合同额 200.29 亿元，营业收入 123.58 亿元。其中，新签合同额首次突破 200 亿元大关，连续 5 年实现“双百亿”发展目标，连续 5 年蝉联集团（股份）公司经营业绩 A 级企业。连续 25 年获广东省工商行政管理局颁发的“守合同、重信用企业”称号。承建的多项工程获省级以上优秀工程奖，其中国华乌拉特中旗乌兰 400 兆瓦风电项目工程获国家优质工程奖；220 千伏浔峰变电站工程获中国安装工程优质奖（中国安装之星）；广东陆丰甲湖湾电厂项目 2 台 1000 兆瓦机组工程 1 号机组获全国优秀焊接工程一等奖；500 千伏宝丽华汕尾甲湖湾电厂一期接入系统工程、深圳 220 千伏华星光电二变电站工程、广州 220 千伏浔峰变电站工程、国华乌拉特中旗乌兰 400 兆瓦风电项目获“中国电力优质工程奖”等。

是年，中国能建广东火电举办广东省职工职业技能大赛管工职业技能竞赛、中国能建大赛——南方建投焊工技能竞赛 2 项比赛。其中，在广东省职工职业技能大赛管工职业技能竞赛中，该公司代表队获团队一等奖，蔡耀、文海林、赵松伟、曾会明、慈贤根获优胜选手奖。在焊工技能竞赛中该公司获 4 个单项第一名，其中选手余锋获 2 项单项第一名并获综合成绩一等奖。员工伍照进获“广东省五一劳动奖章”，林桐彪获“黄埔工匠”称号并获得黄埔区政府奖励金 60 万元，伍照进、林建军、何远峰、莫家伦获“广东省技术能手”称号。建立以公司职工缪新平、伍照进、李立平等 3 名先进典型命名的省劳模和工匠人才创新工作室，为劳模和工匠发挥示范引领作用提供平台。被广东省工业工会授予“职工服务示范点”和“解决小诉求、凝聚大力量”示范单位，连续 4 年获全国“安康杯”安全知识竞赛“最佳组织单位”称号。

【工程承建情况】 2019年，中国能建广东火电投产移交机组总容量1045万千瓦，为历年之最。承建的陕西商洛项目2号机组、陕西雷龙湾项目2号机组、上海莘庄项目3号和4号机组，以及广东阳西项目6号机组、韶关热电项目2号机组、惠州项目6号机组、中山三角项目2号和3号机组、中山民众项目1号和2号机组、雷州项目1号机组、阳江核电项目常规岛及核岛6号机组、台山常规岛项目2号机组等工程通过168小时示范性运行并移交商运。其中，广东阳江核电项目6号机组是该公司首次整机移交的核电机组，该项目中的核岛施工从临界到具备商业运营条件仅用32天，质量安全标杆均为八级；雷州项目1号机组是国内建成的首台二次再热、π型炉百万千瓦机组，打造工程建设新标杆。承建的广州市第三资源热力电厂一期工程和深圳宝安区老虎坑垃圾焚烧发电厂三期工程实现投产发电。全年投产输变电工程697个，实施检修维护项目89个；投产新能源工程10.44万千瓦、垃圾发电站工程33.70万千瓦。

【市场拓展】 2019年，中国能建广东火电加快国际业务优先发展战略落地，保持国际业务稳步增长。全年国际市场新签合同额连续2年跻身集团（股份）公司国际签约“百亿”单位行列，国际总承包项目签约比上年增长8.87%，在“一带一路”沿线国家签约增长2.46倍，国际电力市场中的地位得以巩固。签约印尼安汶燃煤电站EPC（设计采购施工）和运维工程、印尼华电玻雅燃煤电站工程、阿联酋乌姆盖万海水淡化EPC工程、波兰一揽子风电工程、越南公清燃煤电厂EPC工程等一批国际项目。其中，阿联酋乌姆盖万海水淡化EPC工程和波兰一揽子风电工程，是中国能建广东水电首次成功进入中东非电及中东欧风电市场的工程。12月9日，《人民日报》第3版要闻头条刊发“我们将实现利用油页岩发电的梦想”，对由中国能建广东火电EPC总承包建设的约旦阿塔拉特油页岩电站项目进行报道：“中国企业（中国能建广东火电）深度参与的阿塔拉特油页岩电站项目，让该国位列世界第四的油页岩储量得到有效利用”，约旦时任首相穆勒吉称该项目“帮助约旦实现自力更生”。

全面融入国家重大战略，布局南方电网、国家电网、增量配网等重点战略市场，巩固输变电业务。中标世界首条特高压常直、柔直混合直流工程——乌东德电站送电广东广西特高压多端直流示范工程、南方电网2019年重点工程——500千伏博贺电厂送出工程、西藏电力有限公司“三区两州”项目等一批重点工程。整合资源，开拓新能源业务，提升海上风电装备实力，开展海上作业支腿平台船采购立项。新商业模式业务助推新发展格局，入围广州市开发区市政工程施工承包商预选库，进入黄埔区市政道路施工工程及贵州纳赫高速公路PPP项目。2019年，售电业务实现交易电量64.71亿千瓦时，用户871户。

【科技创新成果】 2019年，中国能建广东火电获省部级、行业级及以上科技奖项24项、国家专利授权22项、软件著作权1项、主编和参编国家（行业）级标准4项，通过省部级、行业级科技成果评定13项。其中，“带电水冲洗装置遥控设备的研究与应用技术”科技成果经集团（股份）公司鉴定达“国际先进水平”。运用信息化、数字化、网络化、智慧化手段改进项目管理和运营管控，推进EAS（电子商品防盗系统）系统及业财一体化开发，加快工程项目信息平台、云之家移动办公平台及网络信息安全建设。

【承建国内最大垃圾焚烧厂全面投运】 2019年9月28日，中国能建广东火电负责安装施工总承包建设的广州市第三资源热力电厂6炉4机全部投入商业运行，标志着该电厂全场投入商运。该项目设计规模为日均处理城市生活垃圾4500吨，设置6台750吨/天的机械炉排炉，6台蒸发量为73.5吨/小时中温中压余热锅炉。是国内规模最大、建设难度最大，工期最紧的垃圾焚烧电厂。该项目建成投产后，生活垃圾可得到减量化、无害化、资源化处理，减轻广州垃圾填埋压力，缓解广州“垃圾围城”现状。

【承建的阳江核电6号机组、台山核电2号机组具备商运条件】 2019年7月24日，中国能建广东火电承建阳江核电6号机组具备商运条件，标志着阳江核电6台规划机组全部投产。阳江核电6台机组全部投产后，年发电量达480亿千瓦时，与同等规模的煤电相比，相当于减少标煤消耗1560万吨，减少二氧化碳排放3828万吨，减少二氧化硫排放37万吨，减少氮氧化物排放24万吨，环保节能效益明显。9月7日，中国能建广东火电承建的广东台山核电2号机组完成168小时示范运行，具备商业运行条件，是继台山核电1号机组后，全球第二台投入商运的EPR（第三代原子反应堆）机组。台山核电站常规岛区域和BOP区域的全部机电设备的全套安装工程、部分大宗材料采购、部分特殊试验和调试支持服务均由中国能建广东火电负责。

（吴春霞）

信息业

## 数字经济

【概况】 2019年，黄埔区贯彻国家战略，围绕制造强国和网络强国建设要求，以产业集群为突破口，加快推动全区5G、工业互联网、区块链等新一代信息技术在实体经济的集成式发展，全面促进制造业数字化、网络化、智能化、服务化转型升级。

区块链产业 是年，黄埔区集聚约300家区块链企业，设立全省首家区块链协会——广州市区块链产业协会，积聚IBM（国际商业机器公司）、阿里健康、广电运通、汇桔网等160个会员单位。率先推出全国首个“税链”平台和“政策公信链”，建成广州区块链国际创新中心（6万平方米）、中关村e谷区块链产业园（5.33万平方米）、蚁米区块链众创空间（3600平方米）、区块链未来空间（3600平方米）四大载体。

5G产业 是年，黄埔区辖内有京信通信、高新兴、风华芯电等88家5G产业链核心企业，产值突破200亿元。在5G及下一代通信芯片模组、高端元器件、5G新型行业终端等“卡脖子”领域实现关键技术突破。初步形成基于5G、工业互联网的新型基础设施网络体系。至年末，建成5G基站近2000个。

工业互联网 年内，黄埔区工业互联网的群聚效应、规模效应凸显，集聚工业互联网供给资源池企业32家，占全市32%，拥有航天云网INDICS、阿里云飞龙等9个重点工业互联网平台。区内近100家企业上云。打造明珞、京信、黄船、视源、机研院、昊志、智光、达意隆8家工业互联网转型升级标杆企业，其中明珞、黄船、昊志3家企业入选工信部制造业与互联网融合发展试点示范项目。

【“区块链”特色的中国软件名城示范区产业建设】 2019年，黄埔区出台“区块链10条”政策1.0、“区块链10条”政策2.0，建成广州区块链国际创新中心、黄埔链谷、蚁米区块链众创空间、科学城区块链未来空间等创新载体16万余平方米，投资50亿余元打造中国软件CBD（总建筑面积约45万平方米），推进人工智能和数字经济试验区黄埔片区建设。打造“区块链特色的中国软件名区”，全区集聚区块链企业近300家，推出“税链”区块

2019年8月27—28日，2019中国工业互联网大会暨粤港澳大湾区数字经济大会在广州琶洲举行（黄埔区工业和信息化局供图）

○编辑 田丽华

2019 年"创客广东"数字经济中小企业创新创业大赛

（黄埔区工业和信息化局供图）

链电子票平台、"区块链 + 商事登记""区块链 + 智慧停车场""区块链电子处方平台""南航链""区块链 + 人工智能订单""区块链 + 电子合同"等一批应用场景。

**【全省首个面向 5G 技术的物联网与智慧城市应用示范区建设】** 2019 年，黄埔区落实广东省、广州市关于"推进 5G 技术研发与商用""打造 5G 第一城"要求，发展 5G 产业和应用，推动新旧动能转化，实现实体经济高质量发展。5G 应用示范成效显著。探索 5G 在智能制造、智慧城市、智能网联汽车、智慧养老等领域的新应用，推进 5G 应用示范的广度与深度。发挥工业基础雄厚优势，建成京信通信、昊志机电、智光电气等一批 5G 智慧工厂，其中京信通信和昊志机电在 2019 年 8 月入选广东省第一批"5G+ 工业互联网"示范园区。为打造"企业离成功最近"的 5G 产业集聚和应用示范区，是年 7 月 4 日，率先出台全国首个区县级 5G 专项政策"5G 产业化 10 条"，从补"芯"、强"核"、重"用"、联"动"、配"齐"5 个方面着力，形成涵盖具有黄埔特色的 5G 产业优势。10 月 18 日，出台《广州市黄埔区、广州开发区 5G 产业化发展行动计划（2019—2022 年）》，按照"网络先行、应用牵引、产业完备和平台汇聚"四位一体的总体发展思路，将构建"两城两岛"5G 产业发展驱动轴。5G 区域影响力逐步提升。是年，第二届"绽放杯"5G 应用征集大赛广东分赛再次在黄埔区举办，通过"以赛促创"，促进 5G 应用创新成果落地与转化。

**【广东省工业互联网创新中心建设】** 2019 年 6 月 5 日，广州开发区印发粤港澳大湾区首个区县级工业互联网专项政策，加速向国家级示范基地奋进，引领全市、全省工业互联网发展，成为广州市工业互联网与国际接轨、向世界发声的桥头堡。国家工业互联网标识解析顶级节点之一的广州节点落户黄埔区，成为国家工业互联网核心基础设施华南地区与国家、国际互联互通的唯一关卡。集聚航天云网 INDICS 平台、阿里工业 ET 大脑、阿里云飞龙工业互联网平台、中船"船海智云"、东土科技、中设智控 CPC2025、寄云、普奥云等工信部重点培育工业互联网平台，国家工业互联网产业联盟广东分联盟、广东省工业互联网创新中心、广东工业互联网专家委员会、广州市工业互联网企业医院等行业公共服务资源落户黄埔区，举办研修班、供需对接会、中国工业互联网大会等活动。广州开发区在工业互联网、5G、标识解析应用上先行先试，是全市乃至全省工业互联网应用最为集聚的地区。打造明珞、黄船、昊志、智光 4 个工信部制造业与互联网融合发展试点示范项目，以及南方电网、明珞装备、博依特智能 3 个工信部工业互联网试点示范项目。

（孙锋锋）

## 通信服务

**【概况】** 2019 年，黄埔区内的通信网络服务主要由中国电信股份有限公司广州黄埔区分公司（简称黄埔电信分公司）和中国移动通信集团广东有限公司黄埔分公司（简称黄埔移动分公司）两大运营商机构承担，服务区域相互融合，各自营运。上述公司提供电话业务、互联网接入及应用、数据通信、视讯服务、国际及港澳台通信等综合信息服务，拓展 5G+ 应用。辖内服务网点有 56 个。辖内电信固话用户 20.37 万户；电信、移动宽带数据用户 32.6 万户；电信、移动公司移动用户 172.75 万户。

**【电信运营服务】** 2019 年，黄埔区电信服务区域面积 450 平方千米，包括黄埔区（不含永和街、联合街）、天河区（车陂路以东）等区域。提供电话业务、互联网接入及应用、数据通信、视讯服务、国际及港澳台通信等多类综合信息服务。辖内电信网点包括黄埔、东圃、开发区、萝岗、知识城 5 个营销服务中心，1 个行业客户中心，1 个开放渠道运营中心，1 个自有渠道运营中心，1 个校园客户中心，1 个综合维护中心，1 个客户信息化服务中心，1个资源中心。辖区内有黄埔、东圃、大沙东、新港、南岗、萝岗、镇龙7个主机楼，135个接入机房。

是年，电信运营基本面保持良性增长，收入居全市第一位，连续5年完成收入预算，连续6年增长率居前三位。助力政府信息化建设，拓展各类5G+的应用场景。利用大数据业务优势，助力政府搭建信息基础平台，续约海事局组网电路、城市管理局移动办公等重点项目。与黄埔区政府签订5G战略合作协议，其中珍宝巴士5G项目获得中国第二届“绽放杯”5G应用大赛三等奖。全年实现业务收入9.77亿元。辖内固话用户20.37万户、宽带数据用户19.3万户，移动用户44.75万户。全年移动用户净增5.36万户，宽带用户净增1.4万户。

（张惠颖）

**2019年黄埔区中国电信服务网点情况表**

| 序号 | 网点名称 | 网点类型 | 网点地址 |
|---|---|---|---|
| 1 | 萝岗万达广场营业厅 | 营业厅 | 黄埔区科丰路77号香雪商业街B160号商铺 |
| 2 | 黄埔萝岗营业厅 | 营业厅 | 黄埔区萝塱路65号 |
| 3 | 萝岗新城营业厅 | 营业厅 | 黄埔区香雪三路3号首层 |
| 4 | 黄萝东圃营业厅 | 营业厅 | 天河区中山大道中393号（联合社区旁） |
| 5 | 中山大道中营业厅 | 营业厅 | 天河区中山大道中395号BRT东圃站北侧 |
| 6 | 大沙地营业厅 | 营业厅 | 黄埔区大沙地东1、3号首层东部103号之一商铺 |
| 7 | 黄埔营业厅 | 营业厅 | 黄埔区海员路128号 |
| 8 | 沙步营业厅 | 营业厅 | 黄埔区黄埔东路2841号沙步商业广场102号 |
| 9 | 东区营业厅 | 营业厅 | 黄埔区榕村北街十四巷12号 |
| 10 | 广州开发区营销服务中心 | 营业厅 | 黄埔区志诚大道301号首层 |
| 11 | 南岗营业厅 | 营业厅 | 黄埔区黄埔东路3713号首层108-109号商铺 |
| 12 | 镇龙营业厅 | 营业厅 | 黄埔区镇龙大道418号 |
| 13 | 腾飞园营业厅 | 营业厅 | 黄埔区中新广州知识城腾飞园腾飞一街106铺 |
| 14 | 敏捷广场合作营业厅 | 社区店 | 黄埔区水西路敏捷广场A3-108中国电信 |
| 15 | 罗兰社区店 | 社区店 | 黄埔区开创大道保利罗兰花园17栋商铺 |
| 16 | 长岭居合作营业厅 | 社区店 | 黄埔区长岭路30号奥园春晓 |
| 17 | 中海誉城社区店 | 社区店 | 黄埔区开源大道504号1层 |
| 18 | 山景城专营店 | 社区店 | 黄埔区永顺大道万科山景园 |
| 19 | 萝峰社区店 | 社区店 | 黄埔区塘头村北社街27号1层 |
| 20 | 中山大道东合作营业厅 | 合专厅 | 天河区中山大道中516号105铺 |
| 21 | 盈彩美居专营店 | 社区店 | 天河区中山大道中盈彩美居盈溪路136号商铺 |
| 22 | 珠村东专营店 | 合专厅 | 天河区珠村东环路60号 |
| 23 | 兰亭盛荟社区店 | 社区店 | 天河区宦溪村宦溪西路31号兰亭盛荟一期A栋负二层 |
| 24 | 东圃大马路专营店 | 合专厅 | 天河区东圃大马路9号东圃购物中心B座商务区01 |
| 25 | 东圃车陂北牧专营店 | 合专厅 | 天河区车陂村北牧大街1号 |
| 26 | 小新塘社区店 | 社区店 | 天河区大观路小新塘回迁房E地块E2栋1层（黄萝） |
| 27 | 广氮社区店 | 社区店 | 天河区车陂北街29号广氮商业广场1层19铺 |
| 28 | 黄村西社区店 | 社区店 | 天河区龙步西路10号05铺 |
| 29 | 石溪社区店 | 社区店 | 天河区石溪村永宁新街二巷6号 |
| 30 | 康乐新村社区店 | 社区店 | 天河区康乐新村三巷7号 |
| 31 | 大沙北专营店 | 社区店 | 黄埔区大沙北路101号 |
| 32 | 金地雍华府社区店 | 社区店 | 天河区悦景路金地天河公馆金地五街3号(/金地天河公馆) |
| 33 | 丰乐北社区店 | 社区店 | 黄埔区丰乐中路8号大院 |
| 34 | 金洲北路合作厅 | 合专厅 | 黄埔区长洲街金洲北路555号 |

续表

| 序号 | 网点名称 | 网点类型 | 网点地址 |
| --- | --- | --- | --- |
| 35 | 瑞东社区店 | 社区店 | 黄埔区护林路祥东新街16号(/1/大沙东保障性住房/瑞东花园)103号铺 |
| 36 | 佳兆业社区店 | 社区店 | 黄埔区富南路佳兆业城市广场55号商铺 |
| 37 | 尚城社区店 | 社区店 | 黄埔区丹水坑路万科尚城A5栋1层 |
| 38 | 普晖村社区店 | 社区店 | 黄埔区创业路普晖九街 |
| 39 | 沧联社区店 | 社区店 | 黄埔区榕村榕北新街东十二巷18号(/1) |
| 40 | 宝夏社区店 | 社区店 | 黄埔区南湾村南安东街7号(/1) |
| 41 | 夏园农民公寓社区店 | 社区店 | 黄埔区东晖路夏园农民公寓东2巷1号101房 |
| 42 | 沙步社区店 | 社区店 | 黄埔区黄埔东路自编2969号1层(/1/3638号)1层115铺 |
| 43 | 合景社区店 | 社区店 | 黄埔区九龙大道合景天峻C8栋1层115铺 |
| 44 | 万科幸福誉社区店 | 社区店 | 黄埔区九龙大道万科幸福誉K3-104 |
| 45 | 九佛合作营业厅 | 合专厅 | 黄埔区九佛中路1088号 |
| 46 | 镇龙社区店 | 社区店 | 黄埔区新龙镇新灵路4号 |

**【移动运营服务】** 2019年，黄埔区移动服务区域总面积510.83平方千米。提供电话业务、互联网接入及应用、数据通信、视讯服务、国际及港澳台通信等多类综合信息服务。辖内服务网点包括东区九龙、联和萝岗、南岗夏岗、鱼珠大沙、文冲长洲5个联合网格、党政执法、教育、工业能源、金融、互联网医疗、交通农商6个行业团队、1个产品支撑团队、1个商业客户团队、1个DICT项目团队、1个营销支撑团队、1个综合支撑团队。辖区内有科学城机楼、中新知识城机楼、中能大机楼3个，黄埔1、黄埔2、黄埔3重要机房3个，重要汇聚机房24个，业务汇聚机房63个。

2019年，移动运营基本面保持良性增长，形成5G项目创新发展模式、5G示范标杆、5G创新收费模型亮点。其中“基于5G+MEC的柔性生产与工业园智慧管理”项目获得第二届“绽放杯”5G应用征集大赛广东赛区一等奖和全国优秀奖；京信通信“基于5G+工业互联网的智能制造应用”、吕顺合计“5G+非标制造无人工厂标准化示范”和康云科技5G+3D多维视觉3个项目获得中国通信企业协会2019年度“英诺（Innovation）”双推活动5G优秀案例。全年实现业务收入7.88亿元。辖内移动用户128万户，宽带用户13.3万户。全年宽带用户净增2.9万户，移动用户净增0.2万户。

（胡楷丽）

**2019年黄埔区中国移动主要机构服务网点情况表**

| 序号 | 网点名称 | 网点类型 | 网点地址 |
| --- | --- | --- | --- |
| 1 | 黄埔公园服营厅 | 自营厅 | 黄埔区黄埔东路188号57梯首层 |
| 2 | 青年路加盟营业厅 | 委托加盟厅 | 黄埔区青年路124-126号 |
| 3 | 大沙东加盟营业厅 | 带店加盟厅 | 黄埔区大沙地东6号101 |
| 4 | 东区加盟营业厅 | 带店加盟厅 | 黄埔区东联路53号101房 |
| 5 | 广华路加盟厅 | 带店加盟厅 | 黄埔区镇龙新市场广华路29号 |
| 6 | 萝岗加盟营业厅 | 带店加盟厅 | 黄埔区荔红路148号101房 |
| 7 | 萝岗万达加盟营业厅 | 带店加盟厅 | 黄埔区科丰路77号168商铺B170 |
| 8 | 夏园加盟厅 | 带店加盟厅 | 黄埔区黄埔东路2700-2728号夏园大厦首层 |
| 9 | 萝岗敏捷广场加盟厅 | 带店加载厅 | 黄埔区水西路181号敏捷广场A1区101二楼 |
| 10 | 开创大道加盟营业厅 | 带店加载厅 | 黄埔区开创大道238号（东澳广场） |

# 金融业

○编辑 张侠

## 综述

【概况】 广州开发区金融工作局（简称广州开发区金融局）是负责黄埔区、广州开发区金融工作的主管部门。2019年7月21日，黄埔区人民政府、广州开发区管委会印发粤港澳大湾区综合扶持力度最大的区级金融产业扶持政策——《广州市黄埔区 广州开发区促进金融业发展政策措施》（简称“金融10条”）。与市级政策形成合力，与全区“金镶玉”系列产业政策形成组合拳，全方位构筑涵盖金融业发展全链条的金融发展政策高地，加快推动各类金融要素和金融资源集聚。

【金融发展规划】 2019年，广州开发区金融局研究制定全区金融业发展规划，研究借鉴国内先进地区的经验，系统分析全区金融业发展优劣势、机遇挑战，形成《广州市黄埔区、广州开发区金融业发展规划（2019—2025年）》，突显知识产权金融、科技金融、绿色金融特色，打造特色金融高地，成为粤港澳大湾区特色金融引领区、金融服务实体经济标杆的战略定位。加强科技金融研究，会同中国银行业协会首席经济学家巴曙松开展科技金融课题研究，形成《广州高新区、广州开发区、广州市黄埔区建设粤港澳大湾区科技金融创新中心研究报告》，提出加强科技金融工作、建设粤港澳大湾区科技金融创新中心的思路对策。

【金融改革创新】 2019年，广州开发区金融局谋划争取中央层面金融创新政策支持，对标深圳建设中国特色社会主义先行示范区，梳理形成7条知识城金融创新政策诉求并通过知识城国家级双边合作项目、营商环境实验区等途径申请国家层面政策支持。是年末，支持知识城企业到新加坡上市等5条政策诉求获中国人民银行、中国银保监会、中国证监会和国家发改委原则支持。知识产权金融产品创新引领全国，协调争取证监部门、深交所及中国证券基金业协会支持，推出全国首支纯专利权的知识产权证券化产品。9月11日，兴业圆融——广州开发区专利许可资金支持专项计划在深圳证券交易所发行设立。9月23日，该产品在中国证券投资基金业协会完成备案。10月24日，广州市地方金融监督管理局与广州开发区管委会联合举办专利资产证券化专题研讨会，研究探讨该产品的创新意义和价值，推进专利资产证券化工作。

加快推进绿色金融产品创新，服务绿色产业高质量发展。2019年年末，全区绿色信贷余额266亿元，绿色保险保费约5000万元，居全市前列。支持绿色企业到境内外交易所上市或到“新三板”、广东股权交易中心绿色环保板挂牌融资。是年末，维港环保科技控股集团有限公司在香港主板上市，广东捷玛节能科技股份有限公司在“新三板”挂牌，广州市清吸环保科技有限公司等27家绿色企业在广东股权交易中心绿色环保板挂牌。

【惠普金融发展】 2019年，广州开发区金融局推进社区及农村金融服务站建设，为居民提供存取款、转账、话费充值、公共事业缴费等自助金融服务和金融知识普及、金融风险识别等服务。是年末，全区建成社区金融服务站61个、农村金融服务站5个，农村金融服务站柜员机交易量5.02万笔，交易金额1.13亿元，解决金融服务群众“最后一公里”问题，提升金融服务站服务水平。支持银行创新普惠金融服务，支持建设银行创新乡村振兴

2019年1月3日，维港环保在香港联交所主板上市
（广州开发区金融工作局供图）

金融服务产品包，推出“裕农通”服务渠道模式，在不具备传统物理网点的地区设置服务点，为周边农村客户提供助农存取款、转账汇款、现金汇款、代理缴费等普惠金融服务。支持广州农商银行黄埔支行推出以“城市更新”为主题的“太阳·城市更新”主题借记卡，为客户提供分红代收付、拆迁款归集、专属理财、网点优先排队等特色服务，推出“城市更新启融贷”，解决旧村改造项目前期融资难题。加强对小额贷款、融资担保公司的政策扶持。是年末，发放小额贷款公司经营贡献奖励116万元、融资担保公司担保业务奖励159.05万元。鼓励小额贷款和融资担保公司为中小微企业提供融资服务，降低企业融资成本。是年末，辖内小额贷款公司发放贷款8.54亿元，融资担保公司提供担保25.34亿元。

【金融机构培育】 2019年，广州开发区金融工作局组织参加2019广州金融（北京）招商推介活动，吸引优质金融机构、金融资源和人才落户、集聚。至年末，全区有银行25家，设立分支机构129个，金融总部法人机构5个（包括全国性法人金融机构3个）、小额贷款公司4家、融资担保公司3家、融资租赁公司24家、商业保理公司7家。引进前海人寿保险股份有限公司、华康保险代理有限公司广东分公司、东方懿安保险销售有限公司总部、广州科技金融集团有限公司等14个优质项目。

【上市和“新三板”企业培育】

2019年，黄埔区、广州开发区企业上市取得重大突破，完善企业上市对接沟通机制，深化与沪深港交易所的对接合作，通过加强信息共享、培训引导、创新业务探索等方式，建立全链条配套、全过程跟踪的企业上市服务体系。抢抓科创板开板的历史机遇，成立加快推进科创板企业上市工作小组，建立领导干部挂钩联系制度，推动企业到科创板等境内外资本市场上市。培育出2019年广州市赴港上市第一股（维港环保）、广州市科创板上市第一股（方邦股份）、广州市主板上市第一股（丸美股份）、广州市赴美上市第一股（亿航控股）。至年末，全区上市企业53家，居全市第一位，居全国开发区首位，上市公司募集资金总额1000亿余元；申报科创板企业累计6家（占全市60%），上市辅导备案企业18家，均为全市最多，成为全市资本市场发展高地。加快完善拟挂牌“新三板”企业资源库，促进符合条件的企业挂牌“新三板”，组织多场资本市场培训交流活动，开展“新三板”市场分层、转板上市等改革制度解读，提高区内企业资本市场对接能力。推动“新三板”摘牌企业将股权托管在股交中心，促进“新三板”企业摘牌后的规范管理。至年末，全区“新三板”企业124家，其中近20家企业开展IPO（首次公开募股）上市筹备工作。

【区域性股权市场发展】 2019年，广州开发区管委会与广东股权交易

2019年7月18日，广州开发区民营科技型中小企业金融创新服务超市上线
（广州开发区金融工作局供图）

## 2019 年黄埔区上市企业情况表

| 序号 | 公司名称 | 股票代码 | 上市板块 | 上市时间 |
|---|---|---|---|---|
| 1 | 广州恒运企业集团股份有限公司 | 000531 | 深圳主板 | 1994.1.6 |
| 2 | 中国南方航空股份有限公司 | 1055，HK<br>/600029 | 香港<br>上海主板 | 1997.7.31<br>2003.7.25 |
| 3 | 中远海运特种运输股份有限公司 | 600428 | 上海主板 | 2002.4.18 |
| 4 | 南方科学城发展股份有限公司 | 000975 | 深圳主板 | 2002.10.10 |
| 5 | 京信通信系统控股有限公司 | 2342，HK | 香港 | 2003.7.15 |
| 6 | 迪森环保热能有限公司 DEVOTION ECO_THERMAL LTD | D08 | 新加坡 | 2003.8.1 |
| 7 | 美亚控股有限公司 | 1116，HK | 香港 | 2004.6.21 |
| 8 | 广州金发科技股份有限公司 | 600143 | 上海主板 | 2004.6.23 |
| 9 | 分众传媒信息技术股份有限公司 | 002027 | 深圳中小板 | 2004.8.4 |
| 10 | 中山大学达安基因股份有限公司 | 002030 | 深圳中小板 | 2004.8.9 |
| 11 | 广东省水电二局股份有限公司 | 002060 | 深圳中小板 | 2006.8.10 |
| 12 | 台一国际控股有限公司 | 1808，HK | 香港 | 2007.1.11 |
| 13 | 广州广电运通金融电子股份有限公司 | 002152 | 深圳中小板 | 2007.8.13 |
| 14 | 广州智光电气股份有限公司 | 002169 | 深圳中小板 | 2007.9.19 |
| 15 | 广州路翔股份有限公司 | 002192 | 深圳中小板 | 2007.12.5 |
| 16 | 粤首环保控股有限公司 | 1191，HK | 香港 | 2007.12.12 |
| 17 | 广州达意隆包装机械股份有限公司 | 002209 | 深圳中小板 | 2008.1.30 |
| 18 | 7 天连锁酒店集团 | SVN（NYSE） | 纽约 | 2009.11.20 |
| 19 | 威创集团股份有限公司 | 002308 | 深圳中小板 | 2009.11.27 |
| 20 | 广州阳普医疗科技股份有限公司 | 300030 | 深圳创业板 | 2009.12.25 |
| 21 | 广州毅昌科技股份有限公司 | 002420 | 深圳中小板 | 2010.6.1 |
| 22 | 高新兴科技集团股份有限公司 | 300098 | 深圳创业板 | 2010.7.28 |
| 23 | 广州海格通信集团股份有限公司 | 002465 | 深圳中小板 | 2010.8.31 |
| 24 | 广州市香雪制药股份有限公司 | 300147 | 深圳创业板 | 2010.12.15 |
| 25 | 合生元国际控股有限公司 / 健合（H&H）国际控股有限公司 | 1112，HK | 香港 | 2010.12.17 |
| 26 | 广东安居宝数码科技股份有限公司 | 300155 | 深圳创业板 | 2011.1.7 |
| 27 | 中国新能源有限公司 CHINA NEW ENERGY LIMITED | CNEL（AIM） | 伦敦 | 2011.5.23 |
| 28 | 冠昊生物科技股份有限公司 | 300238 | 深圳创业板 | 2011.7.6 |
| 29 | 宏昌电子材料股份有限公司 | 603002 | 上海主板 | 2012.5.18 |
| 30 | 广州迪森热能技术股份有限公司 | 300335 | 深圳创业板 | 2012.7.10 |
| 31 | 康臣药业集团有限公司 | 1681，HK | 香港 | 2013.12.19 |
| 32 | 广州天赐高新材料股份有限公司 | 002709 | 深圳中小板 | 2014.1.23 |
| 33 | 广州好莱客创意家居股份有限公司 | 603898 | 上海主板 | 2015.2.17 |
| 34 | 广州航新航空科技股份有限公司 | 300424 | 深圳创业板 | 2015.4.22 |
| 35 | 广州万孚生物技术股份有限公司 | 300482 | 深圳创业板 | 2015.6.30 |
| 36 | 建禹集团控股有限公司 | 8196，HK | 香港 | 2015.12.9 |
| 37 | 广州高澜节能技术股份有限公司 | 300499 | 深圳创业板 | 2016.2.2 |
| 38 | 广州市昊志机电股份有限公司 | 300503 | 深圳创业板 | 2016.3.9 |
| 39 | 爱司凯科技股份有限公司 | 300521 | 深圳创业板 | 2016.7.5 |
| 40 | 广东达志环保科技股份有限公司 | 300530 | 深圳创业板 | 2016.8.9 |
| 41 | 广州弘亚数控机械股份有限公司 | 002833 | 深圳中小板 | 2016.12.28 |
| 42 | 广州视源电子科技股份有限公司 | 002841 | 深圳中小板 | 2017.1.19 |
| 43 | 广州金域医学检验集团股份有限公司 | 603882 | 上海主板 | 2017.9.8 |
| 44 | 广东原尚物流股份有限公司 | 603813 | 上海主板 | 2017.9.18 |
| 45 | 广州集泰化工股份有限公司 | 002909 | 深圳中小板 | 2017.10.26 |

续表

| 序号 | 公司名称 | 股票代码 | 上市板块 | 上市时间 |
|---|---|---|---|---|
| 46 | 广州广哈通信股份有限公司 | 300711 | 深圳创业板 | 2017.11.1 |
| 47 | 广发证券股份有限公司 | 000776<br>1776，hk | 深圳主板<br>香港 | 2010.2.12<br>2015.4.10 |
| 48 | 摩登大道时尚集团股份有限公司 | 002656 | 深圳中小板 | 2012.2.28 |
| 49 | 广州农村商业银行股份有限公司 | 1551.HK | 香港 | 2017.6.20 |
| 50 | 维港环保科技控股集团有限公司 | 1845.HK | 香港 | 2019.1.3 |
| 51 | 广州方邦电子股份有限公司 | 688020 | 科创板 | 2019.7.22 |
| 52 | 广东丸美生物技术股份有限公司 | 603983 | 上海主板 | 2019.7.26 |
| 53 | 亿航智能设备（广州）有限公司 | EH | 纳斯达克 | 2019.12.12 |
| 54 | 广州洁特生物过滤股份有限公司 | 688026，SH | 科创板 | 2020.1.22 |
| 55 | 广州瑞松智能科技股份有限公司 | 688090 | 科创板 | 2020.2.17 |
| 56 | 百奥泰生物制药股份有限公司 | 688177 | 科创板 | 2020.2.21 |

中心签订合作协议，发挥广东股权交易中心作为全省重大金融基础设施和平台的作用，为中小微企业提供股权托管、融资、结算及相关金融服务。是年末，广东股权交易中心累计挂牌、展示企业达到1.74万家，企业范围覆盖全省，实现融资和流转交易总额1137.01亿元；区内挂牌展示企业1249家，实现流转及融资交易额7.68亿元。广州开发区金融局推动共青团广东省委与广东股交中心共建中国青创版黄埔区广州开发区服务站，推动青创板与粤港澳青年优质创业项目对接。至年末，中国青创板上板项目2998项；43个上板项目及企业与投资机构成功签订股权融资协议，实现融资3.43亿元。

【投融资对接机制建设】 2019年，黄埔区在全市范围内首创民营科技型中小企业金融创新服务超市，以线上移动平台加线下实体门店的形式，整合区内银行、证券、股权投资、融资担保、小额贷款、融资租赁在内的多层次、高品质金融服务链条，打造一站式、智能化、个性化的科技金融综合性服务平台。至年末，金融超市建立区内2049家高新技术企业基础信息数据库，50余个金融机构入驻，累计发布200余种金融服务产品。推动广州科技金融路演中心和广州“新三板”企业路演中心开展活动，全年举办8期科技金融路演和10期“新三板”企业路演，辅导推荐17家科技企业和新三板企业路演，通过搭建优质投融资路演对接平台，引导社会资本与全市科技企业和新三板企业精准对接，拓宽中小微企业融资渠道，促进实体经济发展。至年末，“新三板”路演企业累计融资7.45亿元，科技金融路演企业融资15.19亿元。组织开展银企对接，举办2场“融资汇”银企对接活动，围绕中小企业供应链融资、“四下”转“四上”企业融资，促进企业融资便利化，提高银企对接效率和效果。通过黄埔区、广州开发区产融对接合作平台，企业各类银行授信及意向合作金额累计超过100亿元，帮助企业解决融资难、融资贵问题。举办“融智汇”交流活动3场，围绕企业上市挂牌的热点和难点问题，举办科创板上市专题培训、拟上市高企税收政策交流等专题活动，权威解读最新政策，帮助企业少走弯路。做优“创享汇”交流平台，通过定期邀请投资机构精英、政府专家、企业代表开展主题讲座、圆桌对话等交流活动，为黄埔区、广州开发区内的风投创投机构与企业搭建起政策解读、分享交流、投融对接的服务平台。会同广州私募基金协会、广州创业与风险投资协会等行业协会和专业机构，举办“创享汇”活动5期，促进资本与实体经济的精准对接、深度融合。

【风险投资集聚发展】 2019年，广州市第一家本土民营企业发起运作的花城创投母基金（规模10亿元）、广州国资产业发展并购基金（规模30亿元）、联通广新壹号（广州）股权投资基金（规模30亿元）、广州市松禾成长创业投资基金（规模6亿元）等基金，达晨创投、中科科创、知识城合资公司（中新合作）、凤凰卫视等重点项目设立的基金管理机构落户广州开发区。是年，广州开发区新注册成立（含迁入）风险投资机构101个，注册资本约185亿元。引进外资风投取得突破，首个外资风投基金KIP景辉基金落地运营并开展投资，以基金合作为纽带，促成管委会与韩国最大金融投资机构韩国投资金融控股集团（KIH）签署战略合作备忘录。至年末，全区各类风险投资机构400余个，管理资金规模900亿元，实现税收近2亿元，成为全市风投创投机构最集聚区域之一。一站式服务平台和展示大厅建成使用，入驻机构51个，注册资本125.2亿元。完成黄埔人才引导基金2019年申报工作，综合运用政府引导基金，吸引社会资本加大对黄埔区、广州开发区的投入。至年末，黄埔人才引导基金出资6.2亿元，参股设立子基金14支，基金规模约39亿元，撬动社会资本32.8亿元，杠杆比例超1∶5。子基金已投27个项目金额约10亿元，其中所投项目方邦电子作为全国首批25家企业之一登陆科创板。通过基金投资带动2家区外人才项目企业（广州云移信息科技有限公司、越洋医药开发有限公司）迁入区内。黄埔人才引导基金受托管理机构开发区基金跻身《母基金周刊》2019“中国母基金TOP100”年度榜单；被“融资中国”评为“2019年度最佳政府引导基金TOP30”“中国最具成长性有限合伙人”。

**【非法集资防范处置】** 2019年，广州开发区金融工作局贯彻落实《广州市黄埔区、广州开发区决胜防控金融风险攻坚战三年行动计划（2018—2020年）》相关要求，将防控金融风险、防范和处置非法集资工作内容分别纳入区机关绩效考核和平安综治考核内容，通过绩效考核促进工作责任落实。组织召开区防控金融风险专题会议，总结部署风险防控工作。与广州金融风险防控中心签署定制服务协议，强化及时提醒义务，利用技术手段加强对区内企业的金融风险排查，累计排查企业401家，完成各级转办（含信访）事项14件，对22家涉风险企业开展现场核查，发出风险提示函7件，函请市场监管局对现场核查发现实地查无的15家涉风险企业列入异常经营名录，主动“拦截”拟迁入的疑似涉风险企业4家。完成广东电台股市广播（FM95.3）“金融大讲堂”栏目防范非法集资电台宣传节目录制，组织开展防范非法集资宣传“进社区、进企业、进校园”活动6场，制作、发放防范非法集资宣传伞、环保袋等宣传品4200余份，各类宣传册2.6万份，宣传覆盖1.7万人，提高居民群众的风险识别能力和防范意识，兑现2宗非法集资举报奖励600元。组织开展区处置非法集资领导小组成员单位业务培训会议，提高各成员单位的实战业务技能和发现、辨别非法集资线索能力。

**【互联网金融领域风险防控】** 2019年，黄埔区成立网络借贷风险应对工作领导小组及其办公室，采取约谈企业高管、要求企业制订压降计划、每周报送压降数据、依托广州金融风险监测防控中心加强风险监测等措施，开展P2P网贷平台整治、规模压降及清退工作。是年末，萤光金服、有油贷、海汇金服列入广州市网贷专项整治第一批自愿退出网贷业务平台名单。知商金融和御财金融停发新标并列入停业机构，逐月清退现存标的。是年末，全区网贷机构总待收余额2.61亿元，化解全区网贷行业风险。

**【金融对外交流合作】** 2019年11月14—15日，广州开发区管委会与中国保险行业协会联合举办2019中国寿险业高质量发展会议，350人参加会议。亚洲金融合作协会作为国际性高端金融，发挥平台资源优势，发布每周首席观点、每月专家问答，组织撰写《粤港澳大湾区金融发展报告（2018年）》《亚洲金融观察》等中英文产品。组织参展第八届中国（广州）国际金融交易·博览会，通过设置专题展位、播放宣传片、制作展板、现场派发“金融10条”宣传册等方式，宣传广州金融创新服务区金融发展成就和金融政策。与广东省、广州市地方金融监督管理局联合主办“2019清华五道口全球金融论坛——广州峰会”。

**【粤港澳大湾区金融发展】** 2019年，黄埔区、广州开发区推进粤港澳大湾区建设领导小组金融专项小组组建工作，将推动发展知识产权金融等相关金融重点工作列入国家、省、市、区推进粤港澳大湾区建设系列文件。支持推动湾区氢能产业基金（规模50亿）、粤港澳大湾区科技创新股权投资基金（规模100亿）等湾区概念基金设立，指导开发区金控完成粤港澳大湾区青年创新创业基金（一期）设立并运作，到位资金1700万元，投资金额1620万元。推动粤港澳大湾区（广州）产业协同发展基金设立。推动大湾区基金项目落地，指导区属国企完成粤港澳大湾区青年创新创业基金（一期）设立运作，推动粤港澳大湾区科技创新股权投资基

2019年11月14—15日，广州开发区管委会与中国保险行业协会联合举办2019中国寿险业高质量发展会议（广州开发区金融工作局供图）

2019年2月20日，花城创业投资合伙企业（有限合伙）首期基金签约揭牌活动在黄埔区、广州开发区举行　（广州开发区金融工作局供图）

金、粤港澳大湾区（广州）产业协同发展基金、中科院科技成果转化母基金、湾区氢能产业基金等重点基金项目在区内设立。运用国家知识产权综合运用和保护综合改革试验区相关政策，推进知识产权金融创新工作，创新知识产权债务融资、资产证券化、保险、信托等知识产权金融产品和衍生品，引导培育多元化知识产权金融服务市场，打造引领全国的知识产权金融创新高地，为国家知识产权运用和保护综合改革试验区建设提供有力的金融支撑。

（张海鸥　张淑雯）

## 银　行

### 中国工商银行股份有限公司广州黄埔支行

**【概况】** 2019年，中国工商银行股份有限公司广州黄埔支行（简称工行广州黄埔支行）围绕存款、中收等关键经营指标，稳中求进，突出质量效益，推进转型创新，提升规模和效益。全年实现拨备前利润5.97亿元；中间业务收入1.99亿元；本外币全部存款日均余额为240.76亿元；本外币各项贷款余额89.71亿元；全年票据累贴额为35.85亿元。

**【综合服务银行打造】** 2019年，工行广州黄埔支行金融投资理财产品信息丰富，在线交易方便快捷，拥有国库代理行、税务、海关、商事登记、公积金业务、医保社保等服务资格，综合服务能力出众。该行提供便捷开立对公结算账户、企业周末理财产品、代发工资及批量开卡、工银聚到账伴侣、企业年金、银校通、企业网上银行结售汇业务、跨境双向人民币资金池、人民币利率互换、融资理财通产品组合、NDF业务、网贷通、经营快贷、税易通、工银e贴、票据池、小企业固定资产构建贷款、小企业经营型物业贷款、并购贷款、供应链供应商在线保理、银行保函等服务，满足客户专业化、多元化的服务需求。

**【“获客”“活客”渠道创新】** 2019年，工行广州黄埔支行通过搭建营销场景“线上获客”，做好后续服务。聚焦区内产业发展，组建部室网点联动营销团队，创新场景营销，加强与优质商圈、优质小区以及产业园等合作，开展多场景互动,满足客户综合金融服务需要。

**【金融知识普及】** 2019年，工行广州黄埔支行响应分行“金融知识万里行”“金融知识进万家”“金融知识宣传月”“少儿财商”“老友记”等活动号召，以进校园、进社区、进企业的形式开展网点金融教育宣传活动15场、网点厅堂微沙龙近100场，开展金融知识普及，提高金融消费者权益保护意识。金融知识宣传进校园，开展特色少儿财商活动5场，志愿服务学生约120人次。支行党员志愿者联合黄埔街社工服务站走进黄埔区街心公园开展金融知识和长者居家安全知识进社区活动。送金融知识进企业、进社

2019年3月15日，工行广州黄埔支行联合黄埔区大沙街道、大沙派出所开展防电信诈骗宣传活动　（工行广州黄埔支行供图）

2019 年工行广州黄埔支行辖内网点设置情况表

| 序号 | 网点名称 | 网点类型（级别） | 网点地址 |
|---|---|---|---|
| 1 | 工行广州黄埔支行营业室 | 二级 | 黄埔区大沙地东路 41 号 |
| 2 | 工行石化支行 | 二级 | 黄埔区石化路 160 号 |
| 3 | 工行开泰大道支行 | 二级 | 黄埔区开泰大道与科丰路交会处大壮国际广场 |
| 4 | 工行黄埔军校路支行 | 二级 | 黄埔区军校路 1 号 |
| 5 | 工行红山支行 | 二级 | 黄埔区文冲船厂东区 45 幢 |
| 6 | 工行美林支行 | 二级 | 天河区桃园中路美林湖畔花园 293 号首层商铺 |
| 7 | 工行金港支行 | 二级 | 黄埔区港湾路 238 号 |
| 8 | 工行怡港支行 | 二级 | 黄埔区黄埔东路 266 号怡港大厦首层 101.105 商铺 |
| 9 | 工行中山大道中支行 | 二级 | 天河区中山大道中 231 号首层 G3 房 |
| 10 | 工行东田支行 | 二级 | 天河区海安路 19 号东田大厦首层 101、102 商铺 |

区，开展反洗钱、反假币宣传、防范电信诈骗等宣传活动。

【网点服务】 2019 年，工行广州黄埔支行开展“服务提升 百日行动”“服务百姓 至臻至境”主题活动，强化“四位一体、四岗工行广州黄埔支行联动”大现场制度，关注客户服务体验，通过“一点一策”提升网点服务质量和服务效率。

（陈思佳）

## 中国建设银行股份有限公司广州经济技术开发区支行

【概况】 2019 年，中国建设银行股份有限公司广州经济技术开发区支行（简称建行广州开发区支行）配合黄埔区、广州开发区推进施政举措，扶持企业成长，服务百姓民生，以新金融实践为社会大众安居、乐业、共享贡献“建行方案”。坚持“内比价值创造力、外比市场贡献度”经营导向，抓转型发展，主要经营指标持续向好。至年末，一般性存款时点余额 366.67 亿元，各项贷款余额 342 亿元，实现拨备前利润 8.76 亿元。

【“三个能力”建设】 2019 年，建行广州开发区支行开展“三个能力”建设。

服务国家建设能力　融入区域发展大格局，合作推进粤港澳大湾区建设，推进各类引进项目落地生根。以市场化债转股方式，助力区属国企减负债、降杠杆，助力区内招商引资工作及区内先进制造业发展。全年向区内重大项目投放贷款近 170 亿元，为企业授信 255 亿元。

参与国际竞争能力　创新跨境金融产品及服务模式，推出囊括“商贸通”“资本通”“财富通”“同业通”四大解决方案的“FIRST 飞帆”跨境金融服务方案，为区内企业客户提供进出口贸易融资、衍生交易、跨境风险参与、国际商业转贷款等业务服务，系统性解决客户全面跨境金融需求。推广新一代海关税费电子支付系统，支持进出口企业实现海关平台线上自助签约并实时缴纳各类海关税款。是年，服务区内国际结算客户 402 户，国际结算量约 234 亿美元。

防范金融风险能力　重视资产质量管控，严守资产质量“生命线”，落实风险预警化解措施。开展“巩固治乱象成果 促进合规建设”自查自纠工作，对股权与公司治理、宏观政策执行、信贷管理、影子银行和交叉金融业务风险、重点风险处置 5 个方面开展自查并整改落实。

【“三大战略”实施】 2019 年，建行广州开发区支行实施“普惠金融”“住房租赁”“金融科技”三大战略。

“普惠金融”战略　直击中小微企业融资难、融资贵、融资慢等难点，营造支持中小微企业发展的良好金融环境，推出“云税贷”“抵押快贷”“房押快贷”科技信用贷等产品，为小微企业送上信贷“及时雨”。全年服务小微企业客户 1711 户，发放贷款 30 亿余元。

“住房租赁”战略　打造“政府主导、银企合作”的住房租赁“开发区模式”，支持和推动区域住房供给侧结构性改革。与黄埔区、广州开发区合作打造“科技人才”住房租赁业务，开展公住房租赁 + 高端人才全链条金融服务。与区内七大签约国企开展住房租赁合作，与龙头公寓运营机构魔方公寓合作。全年为区内 5 个住房租赁项目提供专项贷款超 16 亿元。

“金融科技”战略　以“互联网 + 政务服务”平台为载体，技术创新、业务创新、服务创新和管理创新为手段，将“新金融”延展至政务、校园、公司等，全国首创健合中国（合生元）善付通直联 + 平台贷、广医五院医单通、5G 智慧政务金融移动舱、工业园支行 E 网点、E 码通饮料机、广州商学院 E 码通、广州商学院全省首家“智慧高校缴费易”系统、现代信息学院智慧社区等项目，帮助社会各界实现智慧工作、智慧出行。

【“科技+”金融服务】 2019年，建行广州开发区支行加大对区内上市公司、高新企业和科技企业的服务支持力度，探索创新“科技+”服务模式，在行业中率先推出“Fit粤”科技金融服务品牌，创立“六融六+”服务体系，打造“科技金融创新先行地”。针对企业不同需求，探索新融资模式，推出“银行+政府知识产权风险补偿基金担保+专利权质押”混合融资模式、“银行+担保公司+专利权质押”直接融资模式等产品，满足企业不同阶段需求，服务区内建设国际一流湾区创新源。

【民生金融服务】 2019年，建行广州开发区支行以“善融商务”“普惠金融”为平台，坚持精准扶贫、精准脱贫基本方略，把提升金融精准扶贫质量放在首位，创新推出乡村“分红贷”“裕农通”等产品。走进黄埔区九龙镇镇龙村、九楼村、汤村等地开展党建共建活动，免费为汤村设立村口银行，为镇龙村等14个村社布设“裕农通”服务点，服务半径延伸至新龙镇、九佛街道、龙湖街道、南岗街道、永和街道等偏远区域，为九楼村打造“乡村振兴服务站——劳动者港湾”，为20多个村社开立结算账户并进行资金监管，服务农民2.5万人次。

在辖内15个网点设立“劳动者港湾”，内设党建区、阅读区、便民服务柜等，向公众提供饮水点、卫生间、手机充电等便民设施。将港湾广场支行打造为广州地区首家广东省公共法律服务示范点，将网点的劳动者港湾建设成为公共法律服务实体平台的延伸工作室，为群众提供公共法律服务。

（徐俊超）

## 中国银行广州开发区分行

【概况】 中国银行广州开发区分行（简称中行广州开发区分行）主营业务包括存贷款业务、中小微企业业务、国际结算及贸易融资、国内支付结算、中银理财、私人银行、银行卡、代理基金、保险销售、金融市场业务等。其中个人结售汇和个人国际汇款业务是中国银行传统优势业务，创建“中银汇兑”品牌。2019年，中行广州开发区分行研究区域经济发展形势，配合黄埔区产业结构转型升级，承担社会责任，支持中小微企业发展，为黄埔区企业提供全方位、多样化的金融服务，助力区域经济发展，实现银企、银政共赢。至年末，外币各项存款余额257.40亿元，比上年增加64.68亿元，增长33.55%，本外币各项贷款余额216.72亿元，增加52.7亿元，增长32.13%。

**2019年建行广州开发区支行网点设置情况表**

| 序号 | 网点名称 | 网点类型（级别） | 网点地址 |
|---|---|---|---|
| 1 | 建行广州开发区支行营业室 | 一级（旗舰） | 黄埔区科汇四街8号101、201、301、401、501、601、701房 |
| 2 | 建行黄埔支行 | 一级（旗舰） | 黄埔区黄埔港湾路439号 |
| 3 | 建行工业园支行 | 一级（旗舰） | 天河区科韵路16号自编第3栋101、201、203（01梯首、二层） |
| 4 | 建行萝岗支行 | 一级 | 黄埔区香雪三路3号凯通楼03、04单元 |
| 5 | 建行东圃支行 | 一级 | 天河区中山大道中1号 |
| 6 | 建行羊城花园支行 | 二级 | 天河区中山大道366号广东省武警总队综合楼 |
| 7 | 建行南岗支行 | 二级 | 黄埔区黄埔东路3521、3523号首层 |
| 8 | 建行西区支行 | 二级 | 黄埔区志诚大道302号首层 |
| 9 | 建行中新广州知识城支行 | 二级 | 黄埔区镇龙大道550号101房、102房、103房、104房、105房、106房 |
| 10 | 建行凯得广场支行 | 二级 | 黄埔区科学大道237号总部经济区A2栋第二层 |
| 11 | 建行石化支行 | 三级 | 黄埔区石化路石化生活区64栋首层 |
| 12 | 建行港湾广场支行 | 三级 | 越秀区沿江东路406号裙楼首层第一单元 |
| 13 | 建行骏景花园支行 | 四级 | 天河区骏景路92、94首层及114号201单元、202单元部分商铺 |
| 14 | 建行永和经济区支行 | 四级 | 黄埔区花轮一路2号永和金融大楼首层 |
| 15 | 建行丰乐路支行 | 五级（轻型） | 黄埔区丰乐南路418号、420号、422号、432号.107号铺、108号铺、109号铺、110号铺 |

## 2019 年中行广州开发区分行网点设置情况表

| 序号 | 网点名称 | 网点类型（级别） | 网点地址 |
|---|---|---|---|
| 1 | 中行广州开发区分行 | 二级分行 | 黄埔区青年路 2 号 |
| 2 | 中行广州开发区东区支行 | 网点型支行 | 黄埔区开创大道 110、112、114 号 |
| 3 | 中行广州科学城支行 | 网点型支行 | 黄埔区科学大道 111 号附楼首层 |
| 4 | 中行香雪支行 | 网点型支行 | 黄埔区开创大道北山香路 2 号 |
| 5 | 中行大沙东路支行 | 网点型支行 | 黄埔区大沙地东路 163、165、167 号 |
| 6 | 中行港湾路支行 | 网点型支行 | 黄埔区港湾路 258 号 |
| 7 | 中行黄埔支行 | 网点型支行 | 黄埔区黄埔东路 684 号 |
| 8 | 中行南岗支行 | 网点型支行 | 黄埔区黄埔东路 3401 号 101 号 |
| 9 | 中行夏园支行 | 网点型支行 | 黄埔区黄埔东路 2774 号 |
| 10 | 中行中海誉城支行 | 网点型支行 | 黄埔区开源大道 494 号 .502 号 |
| 11 | 中行萝岗奥园广场支行 | 网点型支行 | 黄埔区开创大道 1948 号 |
| 12 | 中行中新广州知识城腾飞园支行 | 网点型支行 | 黄埔区中新广州知识城九龙大道腾飞园腾飞一街 2 号 101 室 |

**【区域发展服务】** 2019 年，中行广州开发区分行发挥中国银行海内外联动和产品创新服务优势，扶持企业“走出去”，为黄埔区内进出口企业办理跨境人民币结算业务，国际结算业务量市场份额持续提升。贯彻国家“双创”战略，与广州开发区金融工作局联合主办中银科创企业投贷联动直通车活动，助力区域经济发展，加强对中小企业创新支持，通过“一站式、一对一”现场对接，为多家中小企业提供投贷联动咨询和优质综合金融服务。2019 年，广州开发区分行成为广东省内首家获国家外汇管理局广东省分局货物贸易外汇收支便利化试点资格的银行，实现试点业务全国首发。办理完成系统内首批货物贸易项下跨境人民币汇出汇款电子单证单据审核业务。实现普易融 1 号产品、优利存 2.0T 产品在广州市机构首发。

贯彻国家民营经济发展战略，加大支持新晋高新技术企业发展力度，承办“中银小微企业数字信贷芯连心”高新技术企业专场平台活动与配套现场评审会 2 场，为 100 余家企业提供政策扶持和现场融资服务。

支持黄埔区内教育事业发展，促进教育与金融结合，开展“中银教育通宝”业务，为区内研究机构提供综合金融服务方案，全年为多所民办学校核定授信并实现贷款投放，为学校提升硬件设施提供金融支持。支持黄埔区医疗发展，为区内多家医保定点医院提供医保 POS 机结算收单业务项目。

**【网点服务】** 2019 年，中行广州开发区分行发展网点智能化建设及服务，辖内全部营业机构均上线智能柜台，网点智能化建设和服务进入新阶段，提高业务办理速度。

（王颖瑛）

## 中国农业银行股份有限公司广州开发区支行

**【概况】** 2019 年，中国农业银行股份有限公司广州开发区支行（简称农行广州开发区支行）下设二级支行 16 个：广州开发区支行营业部、科城山庄支行、庙头支行、黄埔支行、南岗支行、鱼珠支行、长洲支行、红山支行、文冲支行、西区支行、永和经济区支行、塘头支行、科学城支行、东荟城支行、萝岗支行、九佛支行；设离行式自助银行 27 个、自动柜员机 110 台。是年，为黄埔区、广州开发区企业提供全面、综合的金融服务。至年末，本外币各项存款余额 199 亿元，各项贷款余额 240 亿元。

**【普惠金融服务】** 2019 年，农行广州开发区支行践行发展普惠金融的社会责任，全年开展“走进园区”系列活动 6 次，为 120 家企业办理小微贷款业务，投放普惠贷款 4.22 亿元。

**【线上场景建设】** 2019 年，农行广州开发区支行顺应互联网发展趋势，开展各类线上场景建设，上线开发区供水中心缴费直连，为区内 40 个医疗机构上线医保支付业务，实现与九佛街道、黄埔区纪委、国家知识产权局审协广东中心、乐飞家园等单位合作开展党费缴费业务。

**【网点服务】** 2019 年，农行广州

2019 年农行广州开发区支行网点设置情况表

| 序号 | 名称 | 网点类型（级别） | 网点地址 |
| --- | --- | --- | --- |
| 1 | 农行广州开发区支行营业部 | 一级 | 黄埔区科学大道 52 号绿地智慧广场 A3 栋一、二层 |
| 2 | 农行西区支行 | 二级 | 黄埔区开发大道 234 号 |
| 3 | 农行萝岗支行 | 二级 | 黄埔区萝岗街道公路街 33 号 |
| 4 | 农行广州科学城支行 | 二级 | 黄埔区科学大道 191 号一、二层 |
| 5 | 农行永和经济区支行 | 二级 | 黄埔区永和经济区摇田河大街 79 号首层 |
| 6 | 农行科城山庄支行 | 二级 | 黄埔区峻福路 68 号科城花园峻和园商铺会所自编号 G1 栋 102 房 |
| 7 | 农行东荟城支行 | 二级 | 黄埔区东荟二街 111 号、113 号、115 号、117 号、119 号 |
| 8 | 农行九佛支行 | 二级 | 黄埔区九佛街建设路 168 号 |
| 9 | 农行黄埔支行 | 二级 | 黄埔区黄埔港湾路 428 号 |
| 10 | 农行南岗支行 | 二级 | 黄埔区南岗路 3 号 |
| 11 | 农行庙头支行 | 二级 | 黄埔区黄埔东路 2036 号 |
| 12 | 农行塘头支行 | 二级 | 黄埔区黄埔东路 3401 亚钢大厦 103 房和 105 房 |
| 13 | 农行红山支行 | 二级 | 黄埔区双沙市场综合楼西侧首、二层 |
| 14 | 农行文冲支行 | 二级 | 黄埔区黄埔东路 727 号广州中青旅山水时尚酒店一楼 |
| 15 | 农行鱼珠支行 | 二级 | 天河区中山大道中 1088 号 101 房 A102、A103 商铺 |
| 16 | 农行长洲支行 | 二级 | 黄埔区长洲街金洲北路 569 号 |

开发区支行践行高质量发展理念，坚持“以客户为中心”，致力于服务民生、服务普惠、服务小微，通过加强对网点环境建设、网点设施配置、智能化升级改造等，提高业务办理效率和客户满意度，被评为“中银协五星级网点”。

（周琼璇）

## 广州银行股份有限公司开发区支行

**【概况】** 广州银行股份有限公司开发区支行（简称广州银行开发区支行）服务范围涵盖广州开发区、科学城、中新广州知识城以及黄埔区周边地区，长期服务于黄埔区政府、辖区国企及其他各类企业。为开发区发展战略的实施及政府、企业项目融资提供金融服务，与政府及各类企业长期保持战略合作关系。2019 年年末，广州银行开发区支行各项存款余额 82.76 亿元，各项贷款余额 66.15 亿元，全年新增发放贷款 43.67 亿元。累计信用卡发卡 331 张，信用卡贷款 4193 万元，网银 729 个、手机银行 1243 个、微信银行 1378 个。

**【“普惠金融”宣传】** 2019 年，广州银行开发区支行在黄埔区各街道、住宅小区开展“普惠金融”户外宣传活动。在青年路、普辉村、工程机械五金城等周边商业街、社区及专业市场开展“普惠金融”主题户外宣传活动 8 次，宣传内容涵盖支付结算中电信网络新型违法犯罪形势下支付账户安全问题、用卡安全、电子银行、账户管理、支付结算系统的优势等金融知识，发放宣传折页 6900 余份，解答客户问题 800 余个。

**【融资助力政府项目】** 2019 年，广州银行开发区支行配合黄埔区内国企改革，为区内企业改造和产业升级提供金融服务和融资支持。为省市重点项目广州粤芯半导体技术

2019 年，广州银行开发区支行在黄埔区夏港街道普晖村开展“感恩母亲节”金融户外宣传活动 （冯春 摄）

**2019年广州银行开发区支行网点设置情况表**

| 序号 | 网点名称 | 网点类型（级别） | 网点地址 |
| --- | --- | --- | --- |
| 1 | 广州银行开发区支行营业室 | 综合服务型 | 黄埔区开发大道223、221、219号首层、二层 |
| 2 | 广州银行黄埔支行 | 综合服务型 | 黄埔区丰乐中路50号香柏酒店首层 |
| 3 | 广州银行东城支行 | 综合服务型 | 黄埔区开创大道120、122号 |
| 4 | 广州银行萝岗支行 | 综合服务型 | 黄埔区荔红路40号商铺一、二层 |
| 5 | 广州银行广州科学城支行 | 综合服务型 | 黄埔区揽月路80号科技创新基地综合服务楼3楼 |
| 6 | 广州银行香雪路支行 | 综合服务型 | 黄埔区香雪三路3号凯通楼05号铺位 |

有限公司发放贷款15.5亿元，用于厂房建设和设备购置；广州开发区投资集团有限公司发放贷款2亿元，用于收储区内低端低效用地物业；为科学城（广州）投资集团有限公司发放贷款14.8亿元，用于重点项目开发建设和日常经营；为广州恒运热电（D）厂有限责任公司和科学城（广州）融资租赁有限公司分别发放流动资金贷款3亿元和834万元，用于日常经营周转等。大批贷款的投放为区内企业注入“动能”，缓解政府重点项目的资金压力。

（黄英桦）

## 广州农村商业银行股份有限公司黄埔支行

【概况】 广州农村商业银行（股份有限公司黄埔支行（简称广州农商银行黄埔支行）营业网络点遍布黄埔区各个街道及社区，为客户提供优质高效的金融服务和24小时方便快捷的自助服务，支持本土企业和村社业务发展。2019年，独家冠名2019年黄埔马拉松赛。

2019年年末，广州农商银行黄埔支行各项存款余额437亿元，各项贷款余额172亿元，实现利润6.68亿元。

【助农服务】 2019年，广州农商银行黄埔支行落实助农123党建品牌，创建党建共建模式，落实百企帮百村。在总行太阳公益基金会的支持下，开展村社专项帮扶，全年帮扶辖内村社村民145人，提供资助金额83.23万元。

【网点建设】 2019年，广州农商银行黄埔支行下设财富中心、按揭中心、营销团队等17个；营业网点40个、离行点19个、半自助银行3间，ATM机130台。丰乐支行通过中国银行业协会“千佳”复检（黄埔区内唯一一家）；文冲支行获中国银行业协会“五星”网点称号，通过银行业金融安全评估，获评为“广州市安全防范星级标杆网点”。打造标杆网点，提升业务发展、网点功能和服务水平。配合区域经济发展及旧村改造项目，启动7个网点迁址工作。结合黄埔区重点村社、商圈等地理特征，发展社区银行，开展5个农村普惠金融服务站建设，优先配置人力、物资，推进广州农商银行农村普惠金融服务建设。

（黄婕）

## 广州黄埔惠民村镇银行股份有限公司

【概况】 广州黄埔惠民村镇银行股份有限公司（简称广州黄埔惠民村镇银行），于2014年2月成立，注册资本2亿元，总部位于科学城科汇金谷四街10号。主发起行为吉林九台农商银行，持股比例为51%。是广东吉林商会常务副会长单位、广州市总部经济协会理事单位、黄埔区企业联合会常务副会长单位。秉承“立足黄埔、扎根社区、助力小微”的服务理念，改进服务手段，创新服务产品，压缩审批链条，推进各项业务快速增长。2019年年末，该行资产余额11.36亿元，比上年增长28%，负债余额9.64亿元，增长34%；贷款余额5.29亿元，其中正常类贷款占100%，不良和关注类贷款余额为零，生息资产余额10.98亿元，占96.63%，资产质量优良。各项存款余额7.27亿元。实现营业收入0.51亿元，资产收益率5.59%，净利差3.32%，资本充足率25.63%。贷款损失准备充足率100%，流动性比率26.85%，单一客户贷款集中度9.28%，符合监管标准。

【贷款投放】 2019年，广州黄埔惠民村镇银行深入商区、园区、社区，与工商、工信、工会等部门对接，采取“优先支持一批、调研储备一批”的策略，拓展中小客户群体。全年累计发放贷款3.13亿元，其中支持小微企业32家，金额2.42亿元，占77.32%。新拓展小微企

## 2019年广州农商银行黄埔支行营业网点设置情况表

| 序号 | 网点名称 | 网点类型（级别） | 网点地址 |
|---|---|---|---|
| 1 | 广州农商银行庙头支行 | 零售销售型 | 黄埔区黄埔东路2038号 |
| 2 | 广州农商银行南基支行 | 零售销售型 | 黄埔区黄埔东路2316号101房 |
| 3 | 广州农商银行夏园支行 | 零售销售型 | 黄埔区黄埔东路2730号 |
| 4 | 广州农商银行新港支行 | 零售销售型 | 黄埔区黄埔东路2872号103房 |
| 5 | 广州农商银行鹿步支行 | 零售销售型 | 黄埔区沙步村沙步大路5横路22号 |
| 6 | 广州农商银行南岗支行 | 零售销售型 | 黄埔区南岗路1号 |
| 7 | 广州农商银行沧联分理处 | 零售销售型 | 黄埔区南岗沧头中路23号 |
| 8 | 广州农商银行榕村支行 | 零售销售型 | 黄埔区宏光路55号 |
| 9 | 广州农商银行宏岗分理处 | 交易结算型 | 黄埔区笔岗大路39号1栋首层101房 |
| 10 | 广州农商银行笔岗支行 | 零售销售型 | 黄埔区东鹏大道37号105、106、107号商铺 |
| 11 | 广州农商银行秀丽分理处 | 交易结算型 | 黄埔区金友街9号 |
| 12 | 广州农商银行横沙支行 | 综合服务型 | 黄埔区大沙东路134号 |
| 13 | 广州农商银行茅岗支行 | 综合服务型 | 黄埔区茅岗路268号首层铺位 |
| 14 | 广州农商银行下沙支行 | 零售销售型 | 黄埔区黄埔东路29、31、33、35、37、39号 |
| 15 | 广州农商银行文冲支行 | 综合服务型 | 黄埔区石化路58号 |
| 16 | 广州农商银行姬堂支行 | 零售销售型 | 黄埔区丰乐北路198、200、202、204号101房 |
| 17 | 广州农商银行双沙支行 | 零售销售型 | 黄埔区黄埔东路1379、1381号 |
| 18 | 广州农商银行大沙支行 | 零售销售型 | 黄埔区荔香路120、122、124号 |
| 19 | 广州农商银行新溪支行 | 零售销售型 | 黄埔区镇东路3号 |
| 20 | 广州农商银行岗嘴支行 | 零售销售型 | 黄埔区长洲街金洲路728号 |
| 21 | 广州农商银行丰乐支行 | 综合服务型 | 黄埔区丰乐北路138号首层 |
| 22 | 广州农商银行港湾分理处 | 零售销售型 | 黄埔区港湾路22号101房 |
| 23 | 广州农商银行永顺分理处 | 零售销售型 | 黄埔区永和街新庄村甘竹桥头 |
| 24 | 广州农商银行镇龙支行 | 综合服务型 | 黄埔区镇龙大道83号 |
| 25 | 广州农商银行火村支行 | 零售销售型 | 黄埔区火村北路岗荔街6号 |
| 26 | 广州农商银行刘村支行 | 零售销售型 | 黄埔区刘村路9号 |
| 27 | 广州农商银行萝峰支行 | 综合服务型 | 黄埔区孟田西路13号自编101号、102号商铺 |
| 28 | 广州农商银行萝岗支行 | 综合服务型 | 黄埔区锐丰三街4号120.124房首层 |
| 29 | 广州农商银行水西支行 | 零售销售型 | 黄埔区水西路187号117.118房及116商铺101房 |
| 30 | 广州农商银行长平分理处 | 交易结算型 | 黄埔区长平东街89号 |
| 31 | 广州农商银行联和分理处 | 零售销售型 | 黄埔区天鹿南路233号首层自编B5至B16号商铺 |
| 32 | 广州农商银行荷村分理处 | 零售销售型 | 黄埔区岗贝北路2号 |
| 33 | 广州农商银行科学城支行 | 零售销售型 | 黄埔开创大道2838号 |
| 34 | 广州农商银行黄陂支行 | 零售销售型 | 黄埔区联和街广汕路段 |
| 35 | 广州农商银行元贝分理处 | 交易结算型 | 黄埔区萝岗街水西村元贝 |
| 36 | 广州农商银行九佛支行 | 综合服务型 | 黄埔区九佛街建设路 |
| 37 | 广州农商银行穗北分理处 | 零售销售型 | 黄埔区新龙镇红卫泗和二街218号A2栋铺1，A2栋铺2 |
| 38 | 广州农商银行枫下分理处 | 零售销售型 | 黄埔区九佛街九佛中路 |
| 39 | 广州农商银行何棠下分理处 | 交易结算型 | 黄埔区九佛街建设东路 |
| 40 | 广州农商银行开创大道支行 | 零售销售型 | 黄埔区开创大道1932号自编1栋 |

2019年广州黄埔惠民村镇银行营业网点设置情况表

| 序号 | 网点名称 | 网点类型（级别） | 网点地址 |
|---|---|---|---|
| 1 | 广州惠民村镇银行营业部 | 一级 | 黄埔区九佛街九佛中路1192号 |
| 2 | 广州惠民村镇银行科汇金谷支行 | 一级 | 黄埔区科汇金谷四街10号101房、201房、301房B、12号201房 |
| 3 | 广州惠民村镇银行沙步支行 | 一级 | 黄埔区黄埔东路2868号 |
| 4 | 广州惠民村镇银行新溪支行 | 一级 | 黄埔区广新路68号首层102房之一及201房 |

业16家，发放贷款1.23亿元，支持广州市恒远物流、广东京豪信息技术、广州大品兴贸易等客户，新增授信1.5亿元，总授信额度增至10亿元。

【“租金贷”“科技贷”产品推出】 2019年，广州黄埔惠民村镇银行推出“租金贷”“科技贷”产品。“租金贷”是以企业的定期租金收入为切入点，采取分期还款的方式，解决企业资金不足的问题；“科技贷”是根据科技型企业轻资产的特点，通过引进担保公司帮助企业解决无法提供担保物的问题。全年发放科技贷款0.25亿元，支持广东佳博电子科技有限公司、广州康瑞泰药业有限公司3家科技型企业，助力粤港澳大湾区建设。推出聚合支付产品，集银联二维码支付、微信支付、支付宝支付为一体，结算手续费低廉，受到普通商户和小微商户的欢迎。

【金融服务优化】 2019年，广州黄埔惠民村镇银行承诺办贷时限，为小微客户提供审批简便、用信灵活的金融服务。取消企业银行账户许可，优化开户流程。延伸金融服务触角，各支行组织客户经理走进社区街道136次，发放普惠金融、反洗钱、反诈骗等宣传资料5万余份。在九龙营业部开辟“三农”业务绿色通道窗口1个，助力村社分红事宜，为村民开卡430张，办理结算业务金额2亿元。

（冯善军）

## 保 险

【概况】 2019年，黄埔区辖内保险机构主要是中国人民财产保险股份有限公司广州市黄埔支公司（简称人保财险黄埔支公司），该公司是中国人民财产保险股份有限公司在黄埔区设立的分支机构。公司于1986年3月设立，原名为中国人民保险公司广州市黄埔支公司。2003年7月，经国务院同意、中国保监会批准，原中国人民保险公司更名为中国人民财产保险股份有限公司（PICC P&C，简称人保财险），辖属各分支机构也随之更名。人保财险以“人民保险、服务人民”为使命，秉承“以人为本、诚信服务、价值至上、永续经营”的经营理念，弘扬“求实、诚信、拼搏、创新”的企业精神，发挥品牌、人才、产品、技术和服务等优势。立足服务经济社会发展全局，坚持以市场为导向、以客户为中心，引领中国非寿险市场的发展，以金牌服务回报客户。

【经营情况】 2019年，人保财险黄埔支公司主要经营以财产为标的的财产保险，主要险种有机动车辆保险、企业财产保险、船舶保险、货物运输保险、家庭财产保险、各种责任保险、人身意外伤害保险和短期健康服务保险等。在全国范围内设有24小时服务专线电话“95518”，客户在全国范围内可以拨打专线电话办理投保、理赔、查询、投诉、咨询等业务。主要客户为黄埔区委、区政府及其辖属各机关事业单位以及广州港务局、中国海运集团、中国石化集团、广东火电工程总公司、文冲船厂、黄埔造船厂、广汽本田汽车有限公司等企事业单位。全年保费1.5亿，为黄埔区的经济健康发展、人民生活安定、社会稳定和谐起到保障和促进作用。

（朱振强）

# 商贸流通服务业

◎编辑 田丽华

## 商业贸易

【概况】 2019年，黄埔区全面统筹推进商务稳增长工作，激发新动能，引领全区重点行业稳步发展。多途径挖掘新增量，壮大商贸业规模。推进商圈建设，带动全区消费增长，推动黄埔港粤港澳大湾区现代服务创新区建设，倡导区域联动合作，与深圳前海共建协同发展合作区，注重新业态、新经济培育，促进互联网+消费蓬勃发展。加快政策修订，加强企业扶持力度。创新机制体制，促进外贸稳增长。完善企业服务体系，培育服务贸易主体，推动服务贸易发展。

是年，黄埔区商务局（广州开发区商务局）牵头编制《广州市黄埔区 广州开发区商业网点布局与发展规划（2020—2030）》，完成专业批发市场转型疏解目标任务。拆除关闭协民家禽交易市场、广东鱼珠国际木材市场、鱼珠钢富城3个批发市场，东兴粮油副食品批发城（“东兴汇”）商业综合体主体建成。鱼珠木材市场地块、鱼珠钢富城地块引进保利鱼珠港和海丝创新中心，东兴汇商业综合体主体工程完成并引进商户100余户。

招商引资取得突破。引进中启源、海川实业、广东润华等28家企业，全年贡献净增量1100亿余元。至年末，广东正威科城供应链有限公司、广州瑞佳信贸易有限公司等43家月度新增商贸业企业入统，贡献商品销售额净增量467.49亿元，拉动全口径商品销售额增长7.24%。

全区全口径批发零售业商品销售额总额8899.73亿元，比上年增长37.96%，增速居广州市第一位。限额以上商品销售总额增长43.9%，居全国主要经济技术开发区前列。全区大宗商品主要为有色金属、钢铁、石油煤炭化工产品，该类商品全口径销售总额约5600亿元，总量排全市第一位，占全市该类商品销售总额近三成。全区社会消费品零售总额996.95亿元，增长7.1%。全区403家规模以上其他营利性服务业企业营业收入395.93亿元，比上年增长20.9%。实现外贸进出口2886.7亿元，增长7.4%，占广州市进出口总额的28.87%，进出口总额、出口总额和进口总额均居全市首位。

【政策制定与兑现】 2019年，黄埔区、广州开发区制定关于大力支持民营及中小企业发展壮大的若干措施的实施细则，支持民营及中小企业发展，发挥政策激励和导向作用。筹划升级推出“金镶玉”2.0版本，延续政策虹吸效应。出台推进黄埔区、广州开发区跨境电子商务产业发展的实施意见细则，对跨境电商相关企业，从产业发展各环节给予相应扶持，助推新业态发展。研究修订黄埔区、广州开发区促进现代服务业发展办法实施细则，并在官网发布政策解读文件，开展政策宣讲，确保扶持政策应知尽知，促进全区现代服务业发展。黄埔区商务局（广州开发区商务局）会同相关职能部门梳理“现代服务业10条”的执行情况并进行分析评估，草拟“现代服务业10条”2.0版提交区政研室审定，提出提高落户奖励门槛、区分企业规模和增速给予不同档次的经营贡献奖励和鼓励高端专业服务业发展等修改意见。全年全区完成4批奖励兑付，累计拨付奖励金8120万元，惠及其他营利性服务业企业、住宿餐饮业企业和航运服务业企业205家，促进企业做大做强。

【全方位服务企业】 2019年，黄埔区商务局（广州开发区商务局）“送政策上门，送红利到家”，落实“有呼必应”，分门别类做好企业服务台账。建立100强重点企业日常跟进服务制度，建立问题台账，解决率100%。印发《广州市黄埔区 广州开发区商贸服务业企业服务工作方案》《2019年商贸服务业服务企业工作经费方案》，指导街镇做好企业服务工作，走访21个街、镇、园区。

【商贸服务监管】 2019年4月12日，根据黄埔区机构改革要求，黄埔区商务局（广州开发区商务局）商务执法职责划转移交至黄埔区市场监管局。是年，黄埔区商务局（广州开发区商务局）加强行业监管，维护市场秩序。按照“管行业必须管安全、管业务必须管安全、管生产经营必须管安全”和“一岗双责”要求，组织企业参加安全生产和消防安全培训，开展安全生产专项检查，结合日常服务企业，督促企业落实安全生产主体责任。

引导再生资源回收经营者备案24家，单用途预预付卡发卡企业备案6家。督促13家融资租赁企业每月上报快报系统数据，敦促3家商业保理企业及15家经营范围含有“保理”的企业开展自查。推进洗染业经营备案工作，梳理明确洗染业经营备案程序。

再生资源回收站点联合检查。联合黄埔区公安分局、街道等多部门对再生资源回收站点开展联合检查，出动执法检查172人次，整治街道14个，重点整治企业16家，发出告知函15份。

开展商务领域安全生产督导。全年开展各类安全生产隐患排查205次。检查企业206家，出动检查人员727人次、车辆203辆次，排查安全隐患182处并督促整改，整改完成176个。安排安全生产专家协助参与隐患排查检查18人次，组织开展各类安全生产业务培训5次。

加强单用途商业预付卡管理。摸清企业底数，梳理已经备案企业发卡、售卡情况（包括省、市、区三级备案企业）。重点对4家省级备案企业开展核查并跟进检查发现的后续问题。全年重点处理和理顺3宗行政检查的后续工作。及时处理投诉件，全年处理单用途商业预付卡306件（其中中经汇通260件，其他类投诉件46件）。至年末，全区单用途预付卡省市级备案企业有14家，在全市排名靠前；区级备案6家。

【“四下转四上”企业入统】 2019年，黄埔区商务局（广州开发区商务局）会同黄埔区统计局和各街、镇、园区摸查走访全区孵化器、商业楼宇，排查出错统漏统的商贸企业208家，开展统计法律法规宣传，指导企业入统。

【商圈建设】 2019年，黄埔区商务局（广州开发区商务局）支持萝岗奥园广场开业，引进永辉超市、中影、海底捞等品牌零售、娱乐和餐饮店，打造社区商业综合体，成为广州科学城商圈的重要组成部分。推动绿地缤纷城12月30日开业，引进人人乐超市、中影、必胜客、肯德基、绿茵阁等品牌零售、娱乐和餐饮主力店，填补中新广州知识城片区大型购物中心的空白，方便当地群众购物娱乐需要。

【猪肉供应保障】 2019年，黄埔区商务局（广州开发区商务局）针对非洲猪瘟疫情，印发《黄埔区商务局 广州开发区商务局应对非洲猪瘟疫情保障猪肉市场供应应急预案》，成立区应对非洲猪瘟猪肉市场供应应急领导小组，负责全区市场供应应急工作的统一指挥和协调。妥善应对猪肉价格持续攀升情况，加强监控，保障猪肉供应，维护市场秩序。9—12月，对区内各大超市和主要肉菜市场开展猪肉类及替代品供应监测日报工作，主要监测种类为有皮上肉、精瘦肉、排骨、鲜牛肉、白条鸡和白壳鸡蛋。

【冷链物流业指导】 2019年，黄埔区商务局（广州开发区商务局）指导广州市澳兴冷链供应有限公司、广州松洋冷链物流有限公司、广东侨丰实业股份有限公司等3家商贸企业申报中央财政冷链物流发展项目，至年末，申报材料上报广州市商务局审批。

（雷乐珩）

## 对外经济贸易

【概况】 2019年，黄埔区加大政策引导及重点企业服务力度，帮助企业开拓国际市场。进出口、出口、进口3项外贸发展指标均居全市首位，进出口总值2886.7亿元，比上年增长7.4%；出口总值1285.0亿元，增长5.3%；进口总值1601.7亿元，增长9.2%。服务贸易额54.27亿美元，增长14.68%；服务外包全口径执行额17.43亿美元，增长7%。全年新增服务外包企业30家，2家入选“2019年中国服务外包领军企业”。创新举措应对中美贸易摩擦。推进自贸试验政策复制落地、企业参与国家“一带一路”倡议工作及外贸新业态发展。全年走访调研区内重点外贸企业60余家，帮助区内企业协调解决涉及海关、税务等各项问题70余家。

【服务贸易培育】 2019年，黄埔区、广州开发区修订完善区服务外包政策，让利企政策更接地气。完善服务贸易监测机制，指导企业及时填报商务部服务外包系统和商务部服务贸易系统数据，至年末，全区有服务外包企业250家，是年新增30家。培育壮大服务贸易主体，强化龙头企业辐射带动作用，经中国国际投资促进会认定，辖内莱茵技术、海颐2家企业入选“2019年中国服务外包领军企业”，莱茵技术、尼尔森2家企业入选“中国服务外包百强企业”。

【外贸新业态发展】 2019年，黄埔区、广州开发区探索并发展外贸新业态。推动跨境电商发展，出台区跨境电商政策，全年全区跨境电商进出口总额为47.14亿元，比上年增长1.27倍。其中，出口15.61亿元，增长13.12倍；进口31.53亿元，增长60.4%。推动数字贸易建设，支持企业打造集自动化、智能化、集装单元化等功能于一体的智能服务平台。推进全球食品进口集散中心项目，致力形成特色商圈经济，打造外贸新引擎。争取广州市商务局支持，加强与黄埔海关沟通，发挥黄埔口岸在食品加工领域进口优势，争取建设海外食品进入中国最重要的目标地之一。推动探索全球保税维修，协调海关开展保税维修监管制度创新，争取手表、皮包、专业设备等产品全球保税检测维修政策落地。

【自贸经验复制推广】 2019年，广州开发区全面梳理自由贸易试验区172项试点经验，结合区域情况和产业发展特点，整理并拟推进复制试点经验156项，其中落实150项，推进自贸区政策复制落地，复制率96.15%。推动广东省政府将广州开发区纳入中国（广东）自由贸易试验区工作领导小组统一领导，建立高层协调机制。

【“一带一路”投资贸易合作】
2019年，黄埔区、广州开发区加大“一带一路”投资贸易合作，鼓励企业走出去，经贸联系遍及100余个国家和地区。加强国际产能和装备制造合作，打造中沙、中以、中新、中欧等“一带一路”合作平台，组织企业参与21世纪海上丝绸之路博览会、广交会、进博会等，全年实现对“一带一路”沿线国家进出口651.23亿元，比上年增长12.38%，占全区进出口22.56%。对外投资中方协议投资额4.44亿美元，占广州市境外投资中方协议额的24.23%，有境外并购或增资项目50个。

【外贸企业会展服务】 2019年，黄埔区商务局（广州开发区商务局）组织55家内外贸、跨境电商、服务贸易类企业参加第二届中国国际进口博览会，在展会期间签约阿斯利康等大型项目，提高黄埔区、广州开发区对外开放水平。组织辖内高新技术企业参加广东省海上丝绸之路博览会展示。

【全国经济开发区创新提升示范区建设探索】 2019年，广州开发区加大对国家有关外资、外贸、自贸区、综保区的政策研究力度，探索建设全国经济开发区创新提升示范区，将中新广州知识城纳入中国（广东）自由贸易试验区，在广州开发区从事新一代信息技术、人工智能、生物医药三大产业关键领域核心环节生产研发的企业减征15%企业所得税等方面的相关政策研究，向国家商务部、全国开发区大会等部门平台争取相关政策支持，形成《广州开发区创建国家级经济技术开发区创新提升示范区工作方案》上报广东省商务厅。

【海关特殊监管区转型升级】
2019年，黄埔区、广州开发区推动海关特殊监管区转型升级，利用好国际国内两个市场、两种资源，促进海关特殊监管区域适应外贸发展形势转型发展。11月15日，广东省商务厅将广州出口加工区转型升级为广州中新知识城综合保税区的请示上报国务院，12月31日，海关总署批复同意本田公司在广州出口加工区迁址升级期间“视同区外监管”。

【中美贸易摩擦应对】 2019年，黄埔区、广州开发区创新推出应对中美贸易摩擦组合拳，率先出台30条创新举措，强化企业服务，鼓励企业积极应对，全区对美贸易保持稳定，实现对美进出口总值238.3亿元，比上年增长1.87%。

（黄子芳）

## 粮食管理

【概况】 2019年，黄埔区按照储备粮管理有关规定要求，加强储备粮监管。组织区内有关粮食企业开展政策性粮食质量和数量大清查，全面摸清区内地方储备粮基本情况，发现问题及时提出整改意见并督促企业限期整改。推进粮库智能化建设，督促惠安粮库和笔岗粮库智能化升级改造，调试对接上级粮食信息管理系统，完成升级改造项目初步验收，通过信息化手段加强储备粮管理。加强储备粮库防汛抗洪工作，增加相关设备和器材，细化应急预案，确保储备粮安全。

【驻区部队粮油供应管理】 2019年，黄埔区改善仓库设施，完善和补充有关规章制度，明确军供粮油出入库管理规定和做法，确保军供粮油质量，提高军粮供应服务水平。

【粮食统计】 2019年，黄埔区完成粮食流通年报、国有粮食经营企业财务年报、粮食加工企业年报和粮油供需平衡年报工作；完成国有粮食经营企业财务月报和涉粮企业粮食流通统计月报；协调组织东兴粮油市场各粮油价格监测点，定期准确上报粮油价格监测数据。抽取85户居民开展黄埔区2019年居民口粮（油）消费情况抽样调查。

【粮食应急网点审核监管】 2019年，黄埔区审核区内有关粮食应急供应网点，掌握网点变动情况并上报广州市发改委。定期检查有关应急网点粮油库存情况，督促有关企业按照要求开展编制粮食应急预案，定期开展粮食应急演练。

【粮食安全责任考核】 2019年，黄埔区粮食和储备局按照广州市发改委等有关部门的安排，协调黄埔海关以及下属穗东海关，分工负责，牵头开展黄埔区粮食安全责任考核。在规定的时限内，完成有关考核资料的汇总整理，做好有关考核项目的自评并起草自评报告。

## 供销合作业

【概况】 2019年，黄埔区开展供销合作社综合改革，落实原萝岗片区基层社转隶工作，完善供销社系统基层组织体系建设。实施乡村振兴战略，推进助农服务平台建设。开展再生资源回收利用网络体系建设，加强垃圾分类宣传，开展可回收物的回收对接。加强社有资产监督管理，确保社有资产保值增值。

【供销合作社综合改革】 2019年，黄埔区推进供销合作社综合改革。黄埔区供销社经过调研、征求意见、反复论证完善，起草黄埔区《关于深化供销合作社综合改革的实施方案》，经黄埔区委常委会、广州开发区党工委会议和黄埔区政府、广州开发区管委会常务会议审议通过。完善联社机关组织架构，完善供销社组织体系，推进原萝岗区行政区域内萝岗、九佛和镇龙3个基层供销社转隶工作，至年末，3个基层供销社完成清产核资、资产清查、移交管理协议商议等相关工作。加快建立健全“三农”服务网络建设。

【洋田村助农综合服务中心试点建设】 2019年，黄埔区以新龙镇洋田村为试点，推进助农综合服务平台建设。10月30日，黄埔区供销社与广州市供销总社、黄埔区新龙镇和洋田村签定建设协议，12月底全部建成。洋田村助农综合服务中心建设得到广州市供销总社、新龙镇和洋田村支持，广州市供销总社追加项目建设费用，从计划15万元增至49万元；新龙镇提供每年45万元运营经费；洋田村免费提供旧村委作为活动场所，确保中心持续运行并提供优质服务。

【再生资源回收利用及垃圾分类】 2019年，黄埔区供销社加强再生资源回收网络建设，配合相关部门开展行业整规。联合推进区内垃圾分类与资源回收对接。引进广州市供销总社下属回收企业，与街道、居民小区进行对接，建设再生资源回收网点和设置分类回收箱，探索涵盖“社区—街道—区”3个层面的“两网融合”可回收物收运体系，有效对接社区垃圾分类工作。至年末，全区对接社区61个、居住小区113个；设置居民生活垃圾分类回收箱287个，旧衣物回收量15.71万件，提高垃圾分类可回收物的回收率。参与对辖区内再生资源回收站点整治。3月，配合区商务、公安、应急、城管等部门开展全区再生资源回收站点集中联合检查整治。查处存在突出问题和安全隐患的回收企业10家，现场落实限期整改，将存在隐患问题告知相关职能部门和街镇，齐抓共管形成合力。结合“三进”“双报到”等活动，联合鱼珠街道天虹社区、文船社区等开展再生资源回收利用及垃圾分类宣传咨询活动，采取摆摊设点、有奖问答、垃圾分类小游戏、发放宣传礼品、上门家访座谈等方式，宣传普及资源回收与垃圾分类相关知识。组织街镇环卫站开展垃圾分类宣传活动，派发宣传单3.3万张、宣传环保袋6400个。在区政府各饭堂摆放垃圾分类宣传纸盒3300个，提高机关干部垃圾分类工作的知晓率。

【社有资产监督管理】 2019年，黄埔区供销社摸查社属物业资产，建立物业资产管理工作台账。制定《黄埔区供销社社有物业资产经营监管办法》，与代管乙丰公司建立信息交换机制，掌握社有物业经营管理情况，加强对物业出租经营中各个环节的监管，确保社有资产规范经营。

（蔡永平　刘巧斌）

## 物流业

### 广州港集团有限公司

【概况】 2019年，广州港集团有限公司（简称广州港集团）聚焦广州国际航运枢纽建设目标任务要求，强化国际航运枢纽能级、吸引航运要素聚集、促进区域辐射带动、提升综合服务功能，推动广州在2019年新华·波罗的海国际航运中心发展指数上的排名从第18位提升至第16位。全年完成货物吞吐量5.1亿吨，比上年增长11.5%；集装箱吞吐量2106.2万TEU，增长10.7%，排名居全国第四位、世界第五位。

年末，广州港集团拥有内港、黄埔、新沙和南沙4个港区，出海航道长115千米，生产性泊位165个，泊位总长度23.1千米，其中万吨级以上泊位61个；浮筒泊位16个（其中万吨级浮筒泊位15个）。另有生产性锚地21个，其中最大锚泊能力30万吨。年货物设计通过能力2.99亿吨。各类生产装卸机械2360台，机车9台，总资产规模332亿元。

【生产经营】 2019年，广州港集团发挥综合优势和协同效应，立足多元化产业布局和发展实际，深化板块业务改革调整，明确各板块整合方向、目标和功能定位，助推港口转型升级，优化多点赢利、多元发展布局结构。

港口板块。对外细分市场、抢抓机遇、突出重点、精准营销，扩大散货业务准班轮、海铁联运和"散改集"业务量；对内加强作业协同，利用物流、船务、信息、贸易、拖轮、理货等功能，为客户提供船代货代、报关报检、运输配送、融资交易、远程办单等增值服务。发挥境外办事处、内陆港、营销平台和政策叠加优势，加强与"一带一路"沿线地区和腹地区域互联互通。集装箱、商品汽车、砂石等主要货类稳中有升，分别比上年增长10.7%、10.0%和1.5倍。开辟首条美东航线，新增北欧等航线；开展全国首单二手车出口业务；新设越南、柬埔寨2个境外办事处；新开3条"穿梭巴士"支线和3条海铁联运班列；外贸集装箱量完成827.6万TEU，增长21.6%；"穿梭巴士"运输量完成182.3万TEU，增长9.2%；内陆集装箱联运量完成8.2万TEU，增长32.0%；"一带一路"方向集装箱量增长14.2%；南沙港区与中山港航外贸驳运量增长25.4%。以集团为运营主体的"广州港口型国家物流枢纽"项目，是广东省唯一的第一批国家物流枢纽建设项目。集团港口运输结构优化，区域联动效应显现，现代综合交通运输体系完善。

地产板块。加快拟开发项目控规调整，最大化盘活土地资源价值，为后续良性滚动发展做好能力储备。是年，东洛围地块、如意坊地块控规调整完成，签订如意坊地块征收协议，推进黄埔老港码头等地块控规调整；加快推进内四码头、太古仓复建区前期报批。港航二期项目施工和竣工验收备案工作完成，项目获广东省和广州市"建设工程结构优质奖"等奖项；完成港航三期项目土地出让前置工作，推进申请规划设计条件；推进疗养院升级改造项目、设计所大院施工。多措并举优化已开发项目营销和业态，港航一期182米限高以下已售87.8%，182米限高以上物业已同意自主使用；港航二期小型办公楼已售78.3%；动态调优推动太古仓、海港城业态升级；提高内三码头、沥滘码头等物业出租率；推进老旧公房维修与政府公租房申请，完成13套政府公共租赁住房分配。

水产板块。深化内部改革调整，推动贸易转型发展，加强交易市场的规范管理和安全监管，提升鱼获、加工、销售和贸易的水产产业链水平。黄沙水产新市场东洛围地块调规方案完成审批程序；全面退出非标贸易，探索开展进口大宗贸易、鱼货养殖及自营产品研发、销售，着力建设新贸易体系；黄沙水产市场产品检测合格率99.8%，市场交易量比上年增长10.4%，交易额增长15.7%，被评为"2019年度中国农产品供应链优秀单位""全国农产品批发市场行业百强企业"。渔业生产加工能力持续增强，SC加工厂通过资质认证，更新建造3艘远洋渔船，斐济捕捞量比上年增长16%，回运量增长39%，保障大湾区市民"菜篮子"需求。

商旅板块。立足国际邮轮、珠江游、游艇、旅行社等旅游产业资源，突出特色优势，提升游客体验，做大市场份额。编制珠江游资源整合和品质提升方案，大沙头游船码头成为全市夜间经济发展方案的地标项目。承办"世界港口大会""亚洲美食节""读懂中国"等国际会议珠江夜游接待工作。金航公司珠江游旅客人数比上年增长19.8%，大沙头码头和广州塔财富码头业务量增长10%。协调推动南沙国际邮轮母港建设和合资合作，11月17日，新邮轮母港开港运营，全年完成出入境旅客44.19万人次，保持全国第三。

金融支撑。发行广州市首单市属国企CMBS项目，是发行日历史

2019年11月17日，全国单体规模最大的广州南沙国际邮轮母港开港（广州港集团供图）

以来深交所CMBS产品最低利率。融资担保公司完成担保项目53宗、在保余额9.83亿元、引货入港50万吨。煤炭交易中心新增国际煤炭贸易165万吨。金港汽车完成整车到港2637辆。

【港口合作】 2019年，广州港集团推动区域港口资源优化整合，深化港口群协同发展，完善合资合作管控体系，加大合作运营项目规范管理，提升合作项目管理水平和经营效益。茂名博贺码头按期投产，签订进一步深化合作协议。与云浮市合作开发云浮港，加快推进增资扩股、规划及用地报批、项目优化设计等前期工作。与中联航运合作开展船代、海外营销业务，加快培育集装箱运输主体。与“一带一路”沿线国家洽谈港口物流、邮轮、地产等项目。

【绿色智慧港口建设】 2019年，广州港集团严格安全生产目标管理和责任追究，完善安全管理体系和制度体系，加强全员教育培训与安全生产监督，抓好危险货物作业、人员密集场所、施工现场等重点领域和重点部位风险管控与隐患排查治理，强化应急演练、应急值班与领导带班。全年未发生统计范围内重大及以上安全责任事故。推进板块化和模块化专业管理，细化各板块环保检查标准。投入1.71亿元，加大散货码头挡风抑尘墙、皮带机密闭工程污水处理设施设备升级改造等项目建设；以码头岸电、纯电动游船等项目为抓手，推广应用节能环保新技术，持续改善港容港貌。

智慧港口顶层设计通过验收，8个基础项目先期启动；全国十大、华南唯一的智慧港口示范工程——广州港集团“互联网+港口物流智能服务示范工程”率先通过交通运输部验收；首个大湾区智慧港口区块链平台——南沙智慧港口区块链平台成功上线；推进无纸化办单，南沙港区集装箱出口办单电子化率最高达90%，南沙拖车平台EIR（集装箱设备交接单）打单使用率达85%，散杂货网上办单率最高达93%；关港通平台在黄埔海关交付使用，关港联动协作及压缩通关时间；“海事数据共享项目”通过验收；锚地作业海关监管平台投入使用，形成锚地及水侧作业海关监管的“广州港标准”；南沙四期自动化码头“广州方案”通过专家评审；制定装卸工艺规程14项，集装箱人工智能理货技术团体标准经评审立项。是年，受理专利申请26项，授权专利26项，软件著作权9项，多家单位获得省部级资质认证。

【重点项目建设】 2019年，广州港集团完成固定资产投资55.75亿元，比上年增长42.1%，其中纳入广州市“攻城拔寨”重点项目投资额34.86亿元，增长30.3%。提前完成珠江堤防达标提升工程；3月22日茂名博贺通用码头开港；南沙粮食及通用码头扩建工程于9月底开工建设；南沙四期全自动化码头“广州方案”加快实施；海嘉汽车码头于12月底整体完工；新沙二期驳船泊位试投产，12月筒仓工程启动建设，被列入“水运平安百年品质工程”建设试点项目，获2019“智建中国”国际BIM（建筑信息模型）大赛设计组一等奖；南沙国际物流中心北区及南区、粮食码头筒仓二期等项目加快建设。

（杨莉娜）

## 广东万纬冷链物流有限公司

【概况】 广东万纬冷链物流有限公司（简称万纬冷链）于2019年5月30日由广东太古冷链物流有限公司变更而来。万纬冷链是万纬供应链管理（香港）有限公司（持股60%）与广东省食品进出口集团有限公司（持股40%）合资成立的企业。占地6万余平方米。公司通过ISO 9001:2015认证，是冷库行业中机械化、电脑化程度较高，以卫生条件好、品质高、信誉佳而闻名的新型冷链物流企业，被广东出入境检验检疫局指定为“进境水产品备案存储冷库”，被广州出入境检验检疫局指定为“进口预包装食品指定认可监管场所”；是广州市城市物流配送重点企业、广州市重点物流企业（仓储型）”；是广州市第一家拥有“城市配送证”冷藏车的第三方冷链物流企业。连续两年被广东省水产流通与加工协会授予“广东省水产品交易行业十强市场”。

2019年，万纬冷链注册资金1.45亿元，固定资产原值1.97亿元，营业收入5464万元。

【冷库设备】 2019年，万纬冷链有冷库3座。其中，1、2号冷库库容1.8万吨，拥有独立库房50间，库房温度范围5℃至—20℃；3号冷库拥有2500平方米的温控封闭月台及装卸口（配备先进的装卸平台）33个，提供2.1万托盘位的独立库房5个，同时使用最新冷链管理系统软件，库房温度范围5℃至-25℃。万纬冷链高水准冷藏仓储服务与高水准冷藏配送服务，为客户提供多样化的专业物流解决方案，晋身为中国最大冷藏服务提供商之列。

【主营业务】 2019年，万纬冷链的冷库分为不同的独立库房，可按客户的不同需求提供5℃至-25℃的多温区存储，运用智能化的制冷温控技术，实施可视化的温控数据管理，实时查验冷库里的温度。冷库运用先进的WMS系统和RF条码扫描技术进行货物的收、发、存管理，为客户提供分拣、配货、包装、贴标、简单加工等增值服务。同时提供运输与配送服务，是广州市首家拥有“城市配送证”冷藏车的第三方冷链物流企业。自有+外协多温层车辆200余辆，长期合作承运商10余家，运输网络覆盖全国干线。为车辆配备先进的GPS系统，可全程远程视频监控、温度监控、门磁监控，为客户提供安全、快捷、精准的不断链一站式冷链运输服务。

（莫少娟）

## 邮　政

【概况】 2019年，黄埔区邮政局辖下邮政网点27个。其中，邮务网点6个：中山大道东邮政局、开发区邮政局、香雪邮局支局、东圃邮局支局、万科城市花园支局、九佛邮政支局；金融网点6个：中国邮储银行黄埔东营业所、中国邮储银行文冲营业所、中国邮储银行石化营业所、中国邮储银行鱼珠营业所、中国邮储银行长洲营业所、中国邮储银行镇龙营业所；特快专递网点5个：中山大道东营业部、科学城营业部、开发区营业部、科丰营业部、萝岗营业部；普通投递网点7个：黄埔投递站、开发区投递站、萝岗投递站、九佛投递站、镇龙投递站、科学城投递站、沙涌投递站，邮政特许经营服务店（代办所）3个：科学城代办所、埔南路代办所、岭头代办所。黄埔区内设置信箱（筒）162个，新型不锈钢信报箱9万个。

主要业务范围包括新媒体广告、EMS速递（国内国际）、商业信函（国内国际函件）、国内包裹、国际包裹、车辆业务（ETC、车险、车船税、违章缴款、车辆年审等车主服务）、企业形象宣传、集邮业务、企业邮品、储蓄业务、企业（个人）团险业务、代发工资、报刊订阅等。

【政务服务便民点挂牌】 2019年，黄埔区邮政局与黄埔区政务中心合作，自4月1日起，区内10个邮政所正式挂牌“政务服务便民点”，提供“政务流动窗口上门办”和“邮政网点就近办”二类服务。企业也可通过“政务流动窗口”上门收件服务，办理企业开办、劳动就业、通关贸易类服务。

（沈铭）

## 服务业

【概况】 2019年，黄埔区、广州开发区规模以上其他营利性服务业企业403家，营业收入395.93亿元，比上年增长20.9%。黄埔区商务局（广州开发区商务局）统筹和指导全区26个部门对393家其他营利性服务业企业做好稳增长工作，出台工作方案和工作指引，指导稳增长单位开展企业服务工作。开展招商引资工作，新增13家企业，其中11家新增企业贡献7.99亿元，拉动增速2.4个百分点。举办政策宣讲会，发掘花城旅游假期等5家有意向转独立法人的分公司，推动七喜等5家孵化器、88家其他营利性服务业企业、39家住宿餐饮业企业提交申请入统材料。

【新业态新经济培育】 2019年，黄埔区、广州开发区推动分享经济、社交经济在交通出行、电子商务、医疗教育等与居民生活紧密相连的领域率先运用。新引进一汽出行、高深智图、祺宸科技、小鹏汽车等企业。布局“智慧+健康医疗”产业，培育阿里医院、金惟安和医渡云等企业，发展智慧医疗互联网医院、医学检验健康风险评估咨询服务和医学数据智能平台等新业态。快速响应方欣科技、快商税等新经济、新模式的诉求，召集公安、市场监管、税务等相关部门协调解决

2019年黄埔区邮政局主要服务网点情况表

| 序号 | 网点名称 | 网点类型 | 网点地址 |
|---|---|---|---|
| 1 | 中国邮储银行鱼珠营业所 | 金融、邮政 | 黄埔区黄埔大道933号首层 |
| 2 | 中国邮储银行石化营业所 | 金融 | 黄埔区石化路154号 |
| 3 | 中国邮储银行文冲营业所 | 金融、邮政 | 黄埔区广新路615号 |
| 4 | 中国邮储银行长洲营业所 | 金融、邮政 | 黄埔区金洲北路516号 |
| 5 | 中国邮储银行黄埔东营业所 | 金融、邮政 | 黄埔区黄埔东路3521号首层 |
| 6 | 中国邮储银行镇龙营业所 | 金融、邮政 | 黄埔区银龙路189号 |
| 7 | 广州开发区邮政局/EMS广州开发区营业部 | 邮政、EMS | 黄埔区开发大道362号 |
| 8 | 中山大道东邮政局/EMS中山大道东营业部 | 邮政、EMS | 黄埔区中山大道东500号 |
| 9 | 东圃邮政支局 | 邮政 | 天河区东圃二马路62号 |
| 10 | 香雪邮政支局 | 邮政 | 黄埔区香雪三路办政大楼第三铺 |
| 11 | 万科城市花园邮政支局 | 邮政 | 黄埔区石化路161号 |
| 12 | 九佛邮政支局 | 邮政 | 黄埔区九佛凤凰下街12号 |
| 13 | 邮政EMS科丰营业部 | EMS | 黄埔区加庄沙梨基街33号 |
| 14 | 邮政EMS广州科学城营业部 | EMS | 黄埔区光谱西路69号TCL文化产业园创意中心B101室 |
| 15 | 邮政EMS萝岗营业部 | EMS | 黄埔区开创大道1003号首层106 |

新业态推进过程中遇到的问题，研究现行法律法规与新经济模式对接问题。

【商务服务业发展】 2019年，黄埔区受西部假期、宝洁科技、电建治理等月度新增企业及力邦人力、达蒙安防、金誉投资等成长型企业带动，全年租赁和商务服务业企业145家，营收162.39亿元，比上年增长18.93%，占规模以上其他营利性服务业营收的41.02%，其中90家企业正增长、52家企业负增长、3家企业属于纯增量。

【居民服务业发展】 2019年，黄埔区、广州开发区将居民生活服务业网点规划纳入商业网点规划中，根据各街道的具体情况进行业态配置，完善住宿、餐饮、住宿、家庭服务、美容美发、洗染、家电维修等生活服务功能。加快推进再生资源回收利用体系建设，发展循环经济，聘请第三方机构研究起草《广州市黄埔区、广州开发区再生资源回收网点规划（2019—2023年）（送审稿）》。开展餐饮行业发展现状调查、餐饮集聚区摸查与分析，形成《黄埔区商务局关于选址建设饮食一条街或饮食集聚区的情况报告》，提出将优托邦驿站——万达广场——大壮国际广场——锐丰中心——萝岗飞晟文汇为重要节点，提升打造L字特色餐饮集群，打造黄埔餐饮新名片；将萝岗万达广场（含外围商业街）、锐丰中心或大壮国际广场作为“饮食一条街”或“饮食集聚区”的具体选址并优化提升。开展黄埔区餐饮集聚区选址，重点打造萝岗万达广场（含外围商业街）、锐丰中心和大壮国际广场等美食集聚区；对符合条件的住宿餐饮业企业进行政策兑现，对7家企业兑现金额50万元。在“现代服务业10条”2.0版中加入鼓励住宿餐饮业发展的内容。召开促进住宿餐饮业发展专题会议，培育“四下转四上”住宿餐饮业企业，引导30家企业申报入统材料。举办广州亚洲美食节和广州国际美食节黄埔分会场活动，辖内优托邦等大型综合体和黄埔华苑酒家等餐饮店展开美食大联动，100余家餐饮企业参与美食节活动。

【现代服务业高质量发展推动调研】 2019年，黄埔区商务局（广州开发区商务局）围绕促进产业转型升级，推动现代服务业高质量发展，优化提升营商环境等方面内容，前往湖北武汉、贵州贵阳和遵义等地开展调研，形成调研报告，在《开发区信息》和《决策研究》（第3期）。会同各行业主管部门开展摸查研究，形成关于促进现代服务业发展工作措施的情况报告。就黄埔区现代服务业发展现状、存在问题和如何出新出彩开展调研，形成黄埔区、广州开发区现代服务业发展情况及下一步工作建议，向区人大常委会和区府办进行专题汇报。会同区发展和改革局、工业和信息化局成立联合调研组，围绕广州开发区与深圳现代服务业合作发展进行专题调查研究，形成广州开发区与深圳加强现代服务业合作专题调研报告，提出在制度创新、产业集聚、对外开放、人才交流等方面协同发展，发挥两地优势，共同打造粤港澳大湾区现代服务业双核的建议。

【助力区域联动合作】 2019年，黄埔区商务局（广州开发区商务局）为支持深圳建设中国特色社会主义先行示范区，助力广深地区打造粤港澳大湾区核心引擎和具有全球影响力的双子城，落实《广州市深圳市深化战略合作框架协议》，推动促成广州开发区与深圳前海自贸片区于10月24日签订《中国（广东）自由贸易试验区深圳前海蛇口片区管理委员会广州开发区管理委员会关于构建自贸试验区改革创新协同发展示范区的合作框架协议》，在制度创新、区域协同发展、产业合作、对外开放4个方面13项内容开展合作。学习借鉴深圳改革经验，推动广深实现“双核联动、双轮驱动”，起草《关于构建深圳宝安、广州开发区改革创新协同发展示范区的合作框架协议》，拟与深圳宝安建立健全改革创新协同发展推进机制和保障体系，实现两地产业同链、科技同兴、金融同行、人才同心、服务同享。

【黄埔港粤港澳大湾区现代服务创新区建设】 2019年，黄埔区商务局（广州开发区商务局）落实黄埔区、广州开发区“四区四中心”工作部署，建设黄埔港粤港澳大湾区现代服务创新区。出台《广州市黄埔区 广州开发区关于建设黄埔港粤港澳大湾区现代服务创新区工作方案》，提出引领贸易新业态新发展、形成高水平开放新格局、带动区域服务业新升级、打造宜居宜业宜游魅力新城四大工作目标。随同广州市港务局赴北京新华社、中经社、中船集团和大唐国际等单位开展招商工作。跟进黄埔国际邮轮城、南方智媒大厦、《广州日报》等项目建设，黄埔国际邮轮城项目于5月28日举行动工仪式。加强与广州港集团、广东保利、中远海特、中外运、卓志等企业沟通对接，推动优质现代服务业项目落户黄埔港粤港湾大湾区现代服务创新区。

（赵漫秋）

# 旅游业

○编辑　龚晓华

## 旅游管理

【概况】 2019年，黄埔区强化旅游行业管理，推进文化旅游产业发展。编制《广州市黄埔区旅游发展规划（2020—2035）》。全年全区接待游客792.30万人次，比上年下降5.17%，旅游直接收入24.21亿元，增长14.83%。全区纳入统计旅游景点12个，旅游宾馆、酒店11家（其中星级酒店6家），旅行社及分支机构67个，工业游景点4个。南海神庙旅游接待游客38.46万人次，营业收入357.21万元；长洲岛旅游接待人数308.77万人次，营业收入5283.29万元。

【旅游设施建设】 2019年，黄埔区文化广电旅游局牵头推进旅游厕所建设，新建旅游厕所13座，改扩建旅游厕所8座。完成辖内25座旅游厕所电子地图实地位置申报、线上录入工作。为广东省环亚美容化妆品博物馆旅游厕所项目申请市级补助30万元，为黄埔军校旧址的停车场争取新的装配式公厕。指导广东省环亚美容化妆品博物馆、广东凉茶博物馆、辛亥革命纪念馆获评国家AAA级旅游景区。指导广州华厦国际酒店通过4星级酒店评定性复核检查。

【旅游形象宣传】 2019年，黄埔区打造区域级微信公众号品牌“文旅黄埔”，黄埔区文化广电旅游局每周策划制作图文信息2期，发表原创推文115篇，文章总阅读量17.78万次。其中，公众号内单篇稿件阅读量最高1万次，文章被广东文化旅游官方公众号转发，阅读量5万次；完成微信线上活动12次、线下宣传推广活动6次，吸引42万名市民关注并参与活动；全年综合媒体投放和自发转文章的总浏览数量249万次，推介黄埔文化旅游资源，扩大黄埔区文化和旅游的品牌影响力。

【文化旅游市场培育】 2019年，黄埔区文化广电旅游局开展动漫游戏申报项目申报，其中瑜源文化、达力动漫、苍龙文化、天翼爱音乐4家企业8个项目获广州市时尚创意（含动漫）产业发展专项资金93.18万元。简化完善审批流程，受理有关审批的各类咨询1417余次、材料指导1015宗，听证1宗，现场核查29宗。全年完成各类审批事项170项，办结率100%，满意率100%，零投诉。

【“一日游”精品路线打造】 2019年，黄埔区文化广电旅游局挖掘辖区内各种旅游资源，将各项旅游资源按照分类、成片、串点等方式推广和宣传，设计推出黄埔军校“一日游”、科学城“一日游”、红色景点“一日游”、科普“一日游”、工业“一日游”等多条一日游精品线路。其中长洲慢岛文化游线路入选首批广东省乡村旅游精品线路，获省级扶持资金20万。

【旅游市场执法监管】 2019年，黄埔区文化广电旅游局出动执法人员236人次，检查旅游企业81家次。开展日常安全监管专项行动，突出行业和季节特点，开展旅游市场秩序“利剑行动—1”专项整治、旅游包车专项整治、A级旅游景区环境综合专项整治、旅行社旅游安全专项整治、重要时期旅游市场秩序专项整治、文明旅游专项整治、扫黑除恶等专项行动。全年联合安监、质检、体育、公安、国土、交通、卫生等多个部门和属地街道开展联合执法检查16次，旅游包车25辆次，导游查证25人次。重点检查整治“不合理低价游”“强迫和变相消费”“黑社、黑导、黑车”、

2019年1月30日，黄埔区文化广电旅游局联合区公安分局（交警大队）、区交通运输局、区市场和质量监管局到黄埔军校停车场、鱼珠码头开展春节前旅游市场专项保障联合检查　（潘文瑞　摄）

非法组织“港澳游”和“一日游”以及各旅游企业未落实各项工作制度等违法违规行为，促进各旅游企业严格落实安全管理制度，维护旅游市场秩序。

## 主要旅游景点

【概况】 2019年，黄埔区辖内新增3家国家AAA级旅游景区，有国家A级以上旅游景区5个，其中国家AAAA级旅游景区1个（南海神庙），AAA级旅游景区3个（辛亥革命纪念馆、广东凉茶博物馆、广东省环亚美容化妆品博物馆），AA级旅游景区1个（丹水坑风景区）。辖内还有黄埔军校、萝岗香雪公园等主要景点。

【黄埔军校旧址】 位于黄埔区长洲岛内，原为清朝陆军小学和海军学校校舍。1924年6月16日，孙中山在苏联顾问帮助下，创办培养军事干部学校，原名“中国陆军军官学校”，后更名为“中华民国陆军军官学校”。1938年，大部分建筑物被日军飞机炸毁。1965年，经过修缮，基本恢复原貌。1996年，广州市政府按国家文物局批复的“原位、原尺度、原面貌”原则重建，6月16日奠基，11月12日落成，面积1.06万平方米，耗资2000万元，复原孙中山、廖仲恺等人的办公室以及课室、师生饭堂、寝室等。校本部是一座“日”字形的二层砖木结构、三路四进、回廊相通的楼房。军校创办时在原陆军小学堂祠堂式大门前面增建欧陆式大门。孙中山故居即“史迹陈列室”，原为清朝广东海关黄埔分关的旧址，称为学海楼，砖瓦混凝土混合结构两层，1952年重修，经2017年重新丈量建筑面积为870平方米。军校旧址纪念建筑由黄埔军校校本部、孙总理纪念碑、孙总理纪念室、俱乐部、游泳池及东征阵亡烈士墓园等组成。1988年旧址被定为国家级文物保护单位。

2019年，接待游客220.75万人次。

【辛亥革命纪念馆】 位于黄埔区长洲岛金州北路563号，2011年10月对外开放，是为纪念辛亥革命100周年而建的全国性题材的专题纪念馆，建筑面积为2.07万平方米，总投资3.19亿元。2019年，被广州市旅游景区质量等级评定委员会评定为国家AAA级旅游景区。是国家二级博物馆、广州市优秀党员教育基地、广东省和广州市爱国主义教育基地、海峡两岸交流基地、粤港澳青少年交流活动基地。连续5年被评为广州市爱国主义教育优秀基地，连续3年被评为广州市爱国主义教育示范基地，在广州市优秀文化志愿服务评比中多次获奖。

该馆涵盖纸质、文书、徽章、邮品、织物、陶瓷铜铁器、武器、票据等品种，地域范围以国内为主，兼顾海外历史价值丰富和特色鲜明的藏品体系。基本陈列有“开辟共和新纪元——辛亥革命主题展”和“辛亥革命时期广东名人展”，展览全方位呈现辛亥革命对中国近现代社会发展起到的巨大推动作用。每年不定期推出各具特色的临时展览，至2019年年末，举办陈列展览35次，接待观众100万人次。

2019年，开设的“辛亥学堂”通过开发馆藏资源，有针对性地为不同层次观众开展教育活动。完善讲解、志愿者、巡回展览、讲座、“博物馆之友”等工作，与广州市八十六中、广州大学、西藏林芝一中等单位建立共建关系。完善观众服务配套，拥有大型生态停车场、无障碍通道、观众服务中心、母婴室、第三卫生间、行李物品寄存柜、自助饮水机等贴心服务设施。

【南海神庙】 又称波罗庙，为国家AAAA级景区，位于黄埔区庙头社区，是中国古代东南西北四大海神庙中唯一留存下来的建筑，也是中国古代对外贸易（海上“丝绸之路”的始发地）的一处重要史迹。创建于隋开皇十四年（594年），距今有1400余年历史。占地面积3万平方米，庙宇宏伟深广，在“海不扬波”石牌坊内，庙横阔73.33米，纵深106.67米，立体建筑五进，依次为头门、仪门、礼亭、大殿和后殿。仪门两侧有复廊，大殿前有东西两廊，均为清代以来重建。自隋唐以来，历代皇帝都派人到庙中举行祭典，留下不少珍贵的碑刻，故神庙又有“南方碑林”之称。

2019年，南海神庙景区举办第十五届广州民俗文化节暨黄埔“波罗诞”千年庙会。全年接待游客38.47万人次。

**【玉岩书院】** 位于黄埔区萝岗街道香雪公园内。初名萝坑精舍，辟于南宋宁宗嘉定十二年（1219年），是当地进士出身的绅士钟启初所建。入元以后，钟家后人钟复昌（一说钟彪义，是否为同一人，待考）又予扩建，因钟启初字而“玉岩”更名“玉岩书院”并沿用至今。钟氏扩书院、请名师、传儒学，旨在振兴闾里。明代民间书院不兴，玉岩书院遂告衰落，进而成为佛教殿堂萝峰寺。在原书院东侧修建大雄宝殿及侧殿，期间一墙之隔、一门相通，寺庙和书院形成既合且分之势。整座建筑倚山傍谷，一字排开，上下两进，横向分东西中三座，结构紧凑，设计精巧。西侧建有玉岩堂、庆余楼，楼堂间有石砌方池。寺院东侧山间的涧泉蜿蜒而下，萦绕于寺院内外，叮咚落入池中，池水不枯不盈，清澈见底，为寺院增色。

2019年，接待游客207.43万人次。

**【横沙书香街】** 位于黄埔区横沙村南部，建于元代，重修于清道光、咸丰、光绪年间。书香街260米长，曾有85间书塾、书舍、公祠及其他古建筑。清朝时期遗留私塾祠堂53家，因而被称为书香街。有“日新家塾”“广仁家塾”“锦江家塾”“文清家塾”“敬德家塾”“留香家塾”和“斐士家塾”等私塾。还有“罗氏大宗祠”“德星罗公祠”“银石罗公祠”等祠堂。书香街大致保留古时风貌的巷和里，包括“长春巷”“德福里”“朝阳里”和“仁寿里”等。

广东省凉茶博物馆位于香雪制药股份有限公司科学城总部，被评为国家AAA级旅游景区　（黄埔区融媒体中心供图）

**【广东省凉茶博物馆】** 位于广州市香雪制药股份有限公司科学城总部，于2008年建成使用，长期免费对外开放，被评为国家AAA级旅游景区、广东省食品药品科普宣传基地、广州市科普教育基地、广州开发区科普教育基地。

馆藏展示分为室内、户外两个部分，总占地面积3500平方米。室内展馆设有茶起源展示区、凉茶发展历程展示区、凉茶申遗历程展示区、现代凉茶展示区、岭南文化展示区、器具及珍贵药材展示区、配药区、药材气味辨别区、养生运动体验区等展区20个。室外芳香药用植物园，种植有300多种有药用价值（凉茶原料）和观赏价值的乔木、灌木、草本、藤类植物等。厚朴养生文化馆，可容纳200余人同时用膳。多功能会议厅可容纳300余人学习和交流。参观者可免费取阅宣传单，了解广东凉茶的历史，增强保健养生方面意识。

**【广东环亚美容化妆品博物馆】**

位于广州科学城内，是由广东省文化厅批准成立的世界首家中国美容化妆品行业博物馆。始建于2007年12月18日。为建设广东文化强省，2012年9月27日，博物馆新馆在环亚科技工业园二期基地落成开馆，建筑面积1300平方米，设有中国美容化妆史概说、历代化妆、历代发式、历代化妆品与妆具、新中国的美容化妆、化妆品示范体验区六部分，展示内容以实物（原件、仿制）、图片、绘画、图表、书籍、模型、文字描述为主，展出中国各时期最具代表性的化妆用品以及大量的富有民族色彩的近代化妆品。展示中国各朝代、各时期的文物和展品1000余件，图片1000余幅。该馆以中国美容化妆史陈列为主线，再现美容化妆的华夏文明，填补化妆品行业博物馆空白。环亚企业陈列馆占地面积2700平方米，作为博物馆展示补充，陈列馆从化妆品研发、生产、销售、培训多方面阐述化妆品行业领域的科学技术知识。馆内背景环境及色素设计，场景、艺术品、影视等动画、电子显示屏等多媒体可让观众

2019年，广东环亚美容化妆品博物馆被广州市旅游景区质量等级评定委员会评定为国家级AAA级旅游景区（黄埔区文化广电旅游局供图）

参与互动。

2019年，该博物馆被广州市旅游景区质量等级评定委员会评定为国家AAA级旅游景区。全年接待游客3.2万人次。

【丹水坑风景区】 位于黄埔区云埔街道丹水坑路1111号，占地面积100公顷，距广州市区20多千米。景区主要景点有佛迹岭、丹水八景、铜鼓鸣石、杨四将军庙等人文景观，配有惊险刺激、训练团队合作精神的笑翻天乐园；高尔夫球练习场；机动游乐园；野战场等游乐及拓展训练设施。

2019年，景区接待游客21.16万人次。

【萝岗香雪公园】 主要旅游资源属于建筑与设施类，其以综合人文旅游地类的园林游憩区域为主。香雪公园内山石突兀，树木葱笼，果树满山。该景点始于宋代，因特殊的自然条件，常梅开二度，花有红有白，农历岁末，冬至前后，梅花盛开，繁花如雪，“萝岗香雪”胜景由此而来。位于萝岗香雪公园内的玉岩书院和萝峰寺依山而建，数百年来，文人墨客、官僚名流慕名而来者数不胜数，为书院与寺庙留下许多石刻和墨宝。其中，著名的有唐朝韩愈的“鸢飞鱼跃”匾额；宋朝朱熹、文天祥的诗词；明朝海瑞的联句；清朝郑板桥的字画和拓本。

2019年，接待游客207.43万人次。

【龙头山森林公园】 位于黄埔区穗东街道庙头社区，距广州市中心20多千米，因山间有一股溪流蜿蜒而下状如飞龙起舞，故名龙头山。龙头山有山峰十余座，最高峰海拔198.8米。龙头山森林公园总面积335.2公顷，土地肥沃、植被繁茂，景区内有乔木、灌木、草本、蕨类、藤蔓等各类植物100多种，终年常绿，郁郁葱葱，还存有较为完整的天然次生林——南亚热带常绿阔叶林。园内森林覆盖率75%，空气中负离子含量1000—5000个/立方米。有似禽、似兽、似仙形态各异奇石景观。景区建有麻石、鹅卵石登山路总长2500米；有3个风景亭、卧龙湖、蒲林广场、蒲林小溪、前广场及3.33公顷的植物景观园区等景点，完成林相改造133.33公顷。景区景色优美，是一个集旅游观光、休闲健体、科普教育为一体的城区综合性森林公园。

2019年，接待游客20.9万人次。

【天鹿湖森林公园】 位于黄埔区西北部，公园内林木葱郁、景色秀美，植物种类丰富，内有珍贵的植物化石——桫椤、罕见的大型木质藤本花卉——禾雀花，是黄埔区生态公园。天鹿湖水库建于1958年，正常水位面积85.33公顷，总库存量730万立方米。南部的牛头山为最高点，海拔362米，上面有广州市差转台，铁架高120米。公园植被以次生阔叶林、针阔混高林为主，植物种类较为丰富，主要树种有杉、马尾松、黧蒴、桉、相思、格木、针阔混。竹及木本果，还有少量的古植物化石——桫椤。岭下有一棵形态酷似“梅花鹿”的橄榄树，传说天上的仙鹿曾到此饮水，因迷恋湖光山色不愿离去，化为鹿树长守于此，故曰“天鹿神榄”，天鹿湖因此得名。公园内还建造树上探险乐园——飞越丛林探险乐园，该项目由法国设计师设计，是国内唯一获欧盟CE安全认证的树上探险乐园。

2019年，景区接待游客33.13万人次。

（何书艳）

# 广州开发区

○编辑 田丽华

## 综 述

【历史沿革】 广州开发区为广州经济技术开发区、广州高新技术产业开发区、广州保税区、广州出口加工区四个国家级经济功能区和中新广州知识城的统称。广州经济技术开发区建于1984年，位于珠江和东江主干流交汇处，毗邻黄埔新港，面积9.6平方千米，即西区；至1995年，规划面积扩大至永和经济区，即东区。广州高新技术产业开发区建于1988年，为省级高新区，1991年升格为国家级高新区，原名为广州天河高新技术产业开发区，1996年更名为广州高新技术产业开发区（简称“广州高新区”），实行“一区多园”管理模式，包括广州科学城、天河科技园、黄花岗科技园、广州民营科技园和南沙资讯科技园；其中广州科学城是广州高新区的核心园区，是高新技术产业的示范基地，规划面积为144.65平方千米。1998年，广州高新区与广州经济技术开发区合署办公，实行“一个机构、两块牌子”管理体制。广州保税区建于1992年，在广州经济技术开发区西区范围内，面积1.4平方千米，与广州经济技术开发区实行财税分离，成为“友邻”单位。广州出口加工区建于2000年，在广州经济技术开发区东区范围内，面积2.0平方千米，广州出口加工区管理委员会与广州经济技术开发区管理委员会、广州高新技术产业开发区管理委员会合署办公，实行“一个机构、三块牌子”的管理体制。2001年，广州市政府明确广州经济技术开发区参照广州科学城的开发建设模式，负责对位于海珠区的广州国际生物岛（原名“官洲岛”）进行开发建设。2002年，广州市委、市政府决定，广州保税区管委会并入广州经济技术开发区管委会，挂广州经济技术开发区、广州高新技术产业开发区、广州出口加工区、广州保税区4块牌子，以上四区统称为广州开发区。合并后的广州开发区党工委、管委会对这四区实行统一管理。中新广州知识城建于2010年6月，中国政府和新加坡政府跨国合作标志性项目，规划面积123平方千米，其中规划建设用地面积60平方千米。是年10月，中新广州知识城管委会成立，是广州市政府的派出机构，享有市一级管理权限。2012年9月，中新广州知识城管委会与广州开发区管委会合署办公，两个机构仍为广州市政府派出机构。

【管理机构】 2019年3月13日，广州市编委印发《关于调整优化广州经济技术开发区、广州高新技术产业开发区、广州出口加工区、广州保税区、中新广州知识城党工委管委会内设机构的批复》，明确广州开发区党工委、管委会单独设置的工作部门9个：广州开发区政策研究室、广州开发区投资促进局、广州开发区国有资产监督管理局、广州开发区民营经济和企业服务局、广州开发区知识产权局、广州开发区金融工作局、广州开发区援建和对外经济合作局、广州开发区城市更新局和广州开发区营商环境改革局；广州开发区党工委、管委会部分工作部门分别与黄埔区委、区政府有关工作部门和市政府工作部门派出机构实行“一个机构、两块牌子”的单位有18个：广州开发区纪工委机关与黄埔区纪委机关一个机构、两块牌子，广州开发区党工委办公室（广州开发区管委会办公室与其合署办公）与黄埔区委办公室一个机构、两块牌子，广州开发区党工委组织部与黄埔区委组织部一个机构、两块牌子，广州开发区党工委机构编制委员会办公室与黄埔区委机构编制委员会办公室一个机构、两块牌子，广州开发区党工委老干部局与黄埔区委老干部局一个机构、两块牌子，广州开发区口岸局与黄埔区政府办公室（黄埔区口岸局）“一个机构、两块牌子”，广州开发区发展和改革局与黄埔区发展和改革局“一个机构、两块牌子”，广州开发区科技创新局与黄埔区科学技术局“一个机构、两块牌子”，广州开发区经济和信息化局与黄埔区工业和信息化局“一个机构、两块牌子”，广州开发区财政局与黄埔区财政局“一个机构、两块牌子”，广州开发区规划和自然资源局与市规划和自然资源局黄埔区分局“一个机构、两块牌子”，广州开发区生态环境局与市生态环境局黄埔区分局“一个机构、两块牌子”，广州开发区建设和交通局与黄埔区住房和城乡建设局“一个机构、两块牌子”，广州开发区应急管理局与黄埔区应急管理局“一个机构、两块牌子”，广州开发区审计局与黄埔区审计局“一个机构、两块牌子”，广州开发区市场监督管理局与黄埔区市场监督管理局“一个机构、两块牌子”，广州开发区统计局与黄埔区统计局“一个机构、两块牌子”，广州开发区行政审批局与黄埔区政务服务数据管理局“一个机构、两块牌子”。设置的功能园区管理机构有6个：中新广州知识城合作事务办公室（中新广州知识城开发建设办公室）、广州开发区西区产业园管理委员会（挂保税业务管理局牌子）、广州开发区长岭居管理委员会、广州开发区黄埔临港经济区管理委员会（挂长洲生态文化旅游区管委会牌子）、广州国际生物岛（中以合作区）管理委员会、广州开发区云埔工业区管理委员会。按照相关文件设置的机构1个：广州开发区商务局，与黄埔区商务局实行“一个机构、两块牌子”。2019年8月，广州开发区临港经济管理委员会与广州开发区重点项目工作办公室合并调整，实行“一个机构、两块牌子”。

**【国家新能源综合利用示范区建设】** 2019年，黄埔区、广州开发区出台《区促进氢能产业发展办法》（简称“氢能十条”）。全国首家燃料电池膜电极产业化项目建成投产；叶思宇院士工作站获评省级院士工作站；设立湾区氢能产业基金，启动建设湾区氢谷、黄埔氢能创新创业中心。加快建设省燃料电池汽车运营示范地区，雄川公司首批20辆燃料电池物流车运营；摩氢科技水氢燃料电池发电示范基站建成投运。知识城、西区2座加氢站建成投运。知识城北起步区分布式能源站一期工程、协鑫蓝天集中供冷项目投入运营。推行集中供热，至年末，全区建成集中供热机组14台，集中供热能力1141吨/小时，建成集中供热管道总长80千米，有集中供热用户150余家。

**【广州高新技术产业开发区科学城园区“双创”示范基地建设】** 2019年，广州高新技术产业开发区成功承办2019年全国大众创业万众创新活动周广东省活动周主会场活动，“双创”微信公众号上线运营。中以生物产业孵化基地、清华珠三角研究院孵化体系等5个“双创”重点项目建设加快，整体投资完成率36%。5月，广州高新技术产业开发区科学城园区作为首批国家级“双创”示范基地，获得国务院督查激励。

**【国家循环经济试点园区建设】** 2019年，广州开发区继续推进国家循环经济试点园区建设，发挥财政资金杠杆作用。全年安排绿色低碳专项资金3336万元，扶持150个绿色低碳类项目。加快分布式光伏发电项目建设，推动新增光伏发电总装机容量超过26兆瓦，年发电量新增2600万千瓦时，折算年节约标准煤3197吨（当量值）。全区分布式光伏发电已备案项目100余个，备案总装机容量超100兆瓦，建成约80兆瓦，年发电量近7800万千瓦时，折算年节约标准煤9586.2吨（当量值）。是年，广州开发区获评为2018年度国家级经开区绿色发展最佳实践园区，是连续第三次获该称号。

**【国家循环化改造示范试点园区建设】** 2014年7月2日，《国家发展改革委办公厅 财政部办公厅关于同意绍兴滨海工业园区等25个园区循环化改造实施方案的通知》明确同意广州开发区循环化改造实施方案，确定广州开发区为国家循环化改造示范试点园区，15个循环化改造重点项目获得中央财政支持2.33亿元，首批下达的资金1.167亿元已于2018年拨付完成，截至2019年年末，15个循环化改造重点项目中有13个项目建设完成并通过区组织的验收工作，另2个正在稳步推进中，已形成循环化改造试点园区终期验收自评估报告初稿，为顺利通过国家验收做好准备工作。

**【全国经济开发区创新提升示范区建设】** 2019年，黄埔区、广州开发区加大对国家有关外资、外贸、自贸区、综保区的政策研究力度，探索建设全国经济开发区创新提升示范区，开展将知识城纳入中国（广东）自由贸易试验区，在广州开发区从事新一代信息技术、人工智能、生物医药三大产业关键领域核心环节生产研发的企业减按15%征收企业所得税等方面的相关政策研究，向国家商务部、全国开发区大会等部门平台争取相关政策支持，形成《广州开发区创建国家级经济技术开发区创新提升示范区工作方案》上报广东省商务厅。

**【产业发展协调推进】** 2019年，黄埔区、广州开发区争取上级产业政策和资金支持，全年组织271个项目申报12个专项，其中108个项目获批上级扶持资金1.36亿元，根据项目建设进度使用3.28亿元，推动区域产业发展。推进各类产业技术创新和转化平台建设。金发国家先进高分子材料产业创新中心获国家发改委批复组建，该创新中心运营主体已注册成立，科技委员会组建完成。是年公布的广东省第七批省工程实验室中，区内智光电气、昊志机电、禾信仪器、锐博生物、生态环境部华南环境科学研究所5家实验室获批，占全省的25%。推进国家北斗产业创新园区科学城主园区建设，北斗相关国家重点支持项目整体按计划推进建设。重点协调推进海格智慧城市应用项目建设。北斗创新研究院前期筹备工作基本完成，中央预算内支持的孵化、检验检测等4个北斗专业平台项目进展顺利，整体投资完成率超过50%。

## 经济园区

### 中新广州知识城

**【概况】** 中新广州知识城（简称"知识城"）位于广州市的地理几何中心、黄埔区北部，规划总面积178平方千米，规划总人口70万—100万人。知识城是中国与新加坡的国家级双边合作项目，致力于推进科研成果创新转化，建设知识创造示范区，打造大湾区高质量发展重要引擎，建设具有全球影响力的国家知识中心。2010年6月，知识城项目奠基建设。2011年3月，知识城南起步区6.27平方千米获国家发改委核准。2016年7月，经国务院批准，知识城成为全国唯一的知识产权运用和保护综合改革试验区。2018年4月，习近平总书记在博鳌亚洲论坛期间强调，确定知识城升级为国家级双边合作项目。2018年11月，知识城升级为国家级双边合作项目。2019年2月，知识城列入《粤港澳大湾区发展规划纲要》重大创新载体。

**【中新合作全面深化】** 2019年，中新合作全面深化。知识城建立完善双边合作机制，组建副省级联合实施委员会中方架构，形成"国家—省—市"三级工作机制，推动解决知识城发展中的重大问题。建立国家部委、省市部门对知识城常态化政策创新举措辅导机制，通过高层互访、中新合作相关机制等多种形式，指导知识城做细做实政策体系，研究知识城知识产权证券化等10项政策，以促进知识城科技金融发展。加速激活创新发展新动能，链接粤港澳大湾区人才、金融、科技等高端资源，中新国际联合研究院研发平台6个、实验室23个，启动产业化项目44个，聚集科研人员240余人。推进新加坡南洋理工大学、中国科学院大学合作共建南洋理工大学研究生院，吸引新加坡商务服务中心（SBSC）落户腾飞园，引进10家新加坡和本地企业，助力"工业4.0"发展。强化产业带动发展，紧扣科技创新、知识产权保护与运用、先进制造业和人才培养四个重点领域，深化中新合作交流，加速"中新升级合作示范区"规划编制，加快新加坡国立大学创新研究院、龙沙生物等重点项目引进，推进知识城腾飞园建设，启动建设中新国际智慧产业园。

**【"一核两心三区四园"规划建设】** 2019年，知识城实施专业化产业集群培育，高标准建设"一核两心三区四园"，将国家战略落实到知识密集型产业园区建设各项行动中。开展环九龙湖片区城市设计国际竞赛，在九龙湖核心区打造1平方千米环湖总部经济带，打造城市核心、生态绿心、市民活动中心。建设九龙湖环湖总部核心经济带，枫下片区中心、新龙片区中心，大科学装置区、中试验证和应用推广示范区、科教创新区，生物医药、集成电路、智能制造、新一代信息技术四大价值创新园。其中，生物医药园引进GE生物科技、百济神州、诺诚健华等全球领先项目，将建设从研发、孵化、中试、检测、临床应用、教育培训到大规模制造和销售为一体的全球一流园区。

**【枢纽型网络城市建设】** 2019年，知识城推动枢纽型网络城市建设。加快推进"857"（8条轨道交通+5条高速公路+7条城市快速路）交通体系建设，构建"南北贯通、山海相连、东西合璧、互联互通"的大交通路网格局，着重强化对外交通联系，实现快速通达粤港澳大湾区主要城区，提升知识城交通综合服务功能。地铁21号线、地铁14号线、地铁14号线知识城支线已通车，穗莞深城际轨道已开工，广中珠澳、广河高铁等轨道交通已纳入相关规划，报国务院批准；广河高速公路、北三环高速公路已完工通车，花莞高速公路已开工，从埔高速公路筹备开工，增天高速公路处于规划阶段；永九快速路、东部快速路、知识大道、钟太快速路、广汕快速路5条城市快速路均开工，知识城至广州市中心区快速路车陂路北延线段开工，人才大道段进行线位论证。加快推进内部路网建设，粤芯项目配套道路工程、凤凰五路东延线等8条大路已完工，玉麟一路、康耀二路、腾龙大道等38条道路已开工或续建，玉麟大道、人才一路等44条道路前期工作已启动。

【全球生态智慧城市样板打造】2019年，知识城建设融入新加坡城市元素。高标准构建公共服务中心体系，规划建设18个邻里中心。借鉴新加坡风雨连廊设计理念，建设南起步区“全覆盖”风雨连廊，为居民提供舒适便捷的“最前1公里与最后1公里”步行体验。结合新加坡多层地表与垂直绿化理念，精细化立体设计绿化景观，实现绿道与水系林网穿插交融。建设国际水准公共配套设施，沿九龙湖布局国际会议中心、图书馆、博物馆等文化设施，加速建设知识城南方医院等一批高水平医疗设施，布局新加坡南洋中学等中小学、幼儿园48所，建设国家智能电网示范区，规划建设10座智能变电站，供电技术标准全球领先。建成城市综合管廊10.5千米。打造低碳生态智慧城区，获批全国首批智慧城市创建试点，基本完成智慧政务、智慧城管等47项创建任务。以凤凰湖、九龙湖及河涌综合整治工程为重点，打造全国独特“大海绵体”。制定绿色建筑星级分布专项规划，打造特色绿色建筑体系，绿色建筑率100%。

【高端产业加速集聚】2019年，知识城围绕战略性新兴产业进行布局，注册企业1691家，累计注册资本1402亿元。全年导入特沙生物医药、量子高科、国际创新驱动中心等重大知识密集型产业项目，签约总额110亿余元。GE（通用）生物科技园、卡尔蔡司新视界、香雪兆阳等15个项目于年末竣工；粤芯12英寸芯片9月投产，动工到投产仅18个月，填补广州“缺芯”空白；百济神州生物药一期项目于9月竣工，抗癌药研发、生产水平将达到国际先进水平。是年，GE生物招商模式获联合国颁“2019年度全球杰出投资促进机构大奖”。

【高水平科技创新载体和平台打造】2019年，知识城列入《粤港澳大湾区发展规划纲要》重大创新载体。建设中新国际联合研究院、清华珠三角研究院知识城创新基地、中国科学院大学广州学院等一批重大创新平台，聚集腾飞科技园、中慧科技园、知识城国际领军人才集聚区、广州国际智慧产业中心等专业孵化载体，高标准打造粤港澳科技创新合作区。强化智力支撑。筹备高端智库论坛，建设集思想库、项目库、人才库、动力库“四库合一”的高端智库。加强产权运用保护。推动成立粤港澳大湾区知识产权联盟，率先开展专利、商标、版权“三合一”管理体制试点；规划建设知识产权机构，引进北京大学知识产权发展研究院、广州知识产权法院等专业机构，落户审协广东中心，打造国家知识产权运用和保护综合改革试验区。

【征地拆迁安置】2019年，知识城新征地477.53公顷，交地408.13公顷，百济二期、恒瑞医药等重点项目交地全面完成。全年拆迁主体房屋、附属物和企业面积约86万平方米，实现管线迁改38.9千米，完成房屋、附属物和企业拆迁以及管线迁改补偿金额5.81亿元，九龙湖一二标、福山立交匝道、京东二期、凤尾坑整治工程、九龙大道南端扩建等重点项目拆迁工作均已完成，拆迁面积比上年增长222.7%。完成安置区90%房源的分配，南中安置区房源分配基本完成。土地平整77.8公顷，迁坟1372穴，加速九龙湖、花莞高速、永九快线、东部快速、平岗河、凤尾坑整治工程、九龙大道北改造工程等基础设施项目建设，保障诺诚健华、京东二期等重点企业加速落地以及四大价值创新园区的土地收储。

【14大项目集中动工】2019年9月27日，知识城举行环湖总部经济带动工暨穗港澳通用航线启动仪式。知识城九龙湖总部集群项目、国际创新驱动中心等14个重大项目在当天集中动工，总投资额约523亿元，项目涉及商业综合体、科研培训、创新平台、城市更新、航空客运、学校、医院和城市基础配套建设等行业。

打造环湖总部经济带。动工建设集商业、现代办公和国际星级酒店于一体的九龙湖总部集群项目，对标国际顶级总部经济创新集聚区，形成与经济带其他大型建设项目互通、互补、互利功能网络，打造“绿色生态的知识城总部湾、知识城高端创新资源集聚中心”。建设创新载体，国际创新驱动中心、广州知识城国际领军人才集聚区（一期）等创新平台项目动工，打造涵盖创新研发平台、总部经济办公、高端科技金融和人才服务等产业链全覆盖的国际创新资源集聚区，形成龙头科技企业+上下游科技企业+科技创客（研发团队）的良性产业生态环境，促进各阶段企业快速发展。发展知识经济。启动广东省知识产权服务业集聚中心建设，与“审协广东中心”全方位提供知识产权公共服务平台，加快吸引和聚集国内外优质知识产权服务机构和资源，发挥知识产权服务业对建设现代产业体系、加快转型升级的战略支撑作用。打造城市新标杆，动工建设粤港澳航空产业基地项目，启动粤港澳通用航线试飞活动，开通首条市区至香港、澳门的跨境直升机航线，打造穗港澳空中连廊。动工建设广州巴塞罗那国际医院、南洋华侨中学、广州实验中学，推动高端医疗、教育机构等资源集聚。

（任成）

## 西区产业园

**【概况】** 西区产业园位于黄埔区南端，处于珠江、东江交汇的三角地带，是1984年国家首批经济技术开发区——广州经济技术开发区的发源地，规划面积9.6平方千米。是广州开发区内最重要的制造业聚集区。至2019年年末，园区内有企业3500余家，形成精细化工、食品饮料等支柱产业集群，是广州开发区经济发展的主引擎。其中，规模以上工业企业114家，2019年，园区工业总产值909亿元，占广州开发区工业总产值15.32%，占黄埔区工业总产值11.46%；限额以上商贸企业163家，全年销售总额982亿元，占黄埔区销售总额11.03%。

**【园区招商】** 2019年，西区产业园完成招商项目18个，包括世朗普力斯（港资）、思瑞盈（澳资）、合嘉元能源、庆虹电子、金晟照明、铋天下、千橙出行等。支持穗港码头复建及穗港澳出入境大楼、摩天工坊等重点工程建设；协助屈臣氏、益海嘉里等企业增资扩产，推动心宝、露乐、澳兴冷链等6个筹建项目加快动工投产。

**【园区服务】** 至2019年年末，西区产业园区内累计注册世界500强投资企业77家，包括以宝洁、埃尔夫、陶氏、太平洋马口铁等为代表的制造企业，以丰田通商、三菱商事、丸红、伊藤忠、鲜进、杰富意等为代表的贸易企业。同时，园区内聚集一批国内外知名企业，包括以京信通信、依利安达、海瑞克隧道等为代表的电子通信和机械制造企业，以拜耳、费森尤斯卡比等为代表的医药企业，以中远航运、中远日邮、大田物流、世天威物流、普洛斯仓储为代表的交通运输企业，以国美电器、益海粮油、中邮普泰等为代表的商贸企业。是年，西区产业园管委会通过产销对接、银企对接、政企对接、园企对接、法企对接等多种模式全方位做好企业服务。全年举办座谈会、业务培训会10场，326人次参会，发放政策及宣传资料1000余份；走访企业164家，协调解决企业困难和问题108项次。

**【穗港智造特别合作区发展规划】** 穗港智造特别合作区位于珠江和东江交汇处，是广深港澳科技走廊的关键节点，范围为广州开发区西区及周边区域，总面积22.9平方千米，其中水域面积3.8平方千米。合作区内有穗港码头、黄埔新港，从穗港码头水路到达香港约1小时，黄埔新港现有12个外贸码头、岸线7.1千米，每年转运香港货物100万标箱。合作区内贯穿两条铁路线，具备快速广泛辐射内陆腹地和国际市场的交通优势。该区域未来将以嵌入式的摩天工坊、楼宇经济、园中园、企中企、专属园区等形态为支撑，吸引港澳企业落户。

2019年，西区产业园管委会支持穗港城产业园示范项目建设，打造集国际商务、服务、博览、交易、智造合作等功能为一体的大型综合体。建设穗港创新合作集聚中心，促进穗港创新生态链互补，协同香港发展新的先进制造业，联合打造具有国际竞争力的现代产业体系。加强与香港高校、企业在智能装备、机器人、智能物流、智能港口等领域的合作，加快聚集一批智能制造骨干企业。穗港智造特别合作区在建项目包括摩天工坊、新华穗港城、金博汇、保盈商业中心以及创业大厦。

**【海关特殊监管区域推进发展】** 2019年，西区产业园管委会贯彻落实国务院《关于促进综合保税区高水平开放高质量发展若干意见》，推进海关特殊监管区域整合优化工作，确定广州保税区核减面积、广州出口加工区迁址升级为综合保税区和广州保税物流园区升级为综合保税区的方案。至年末，广州保税物流园区升级为广州黄埔综合保税区的方案已经上报至海关总署，由海关总署征求国家各部委意见；广州保税区核减面积的方案已报送省政府；广州出口加工区迁址升级为广州知识城综合保税区的方案已报送至国务院，并由国务院批转至海关总署牵头办理。同时，海关总署批复同意本田汽车（中国）公司在广州出口加工区迁址升级期间实行视同区外监管政策。

推动广州开发区海关特殊监管区域整合升级，开展课题调研，借鉴其他海关特殊监管区域的发展经验，提出未来广州黄埔综合保税区和广州知识城综合保税区的发展路径，为后续综合保税区的建设和发展提供指引。持续推进海关特殊监管区域管理服务平台系统功能优化，提升用户体验及企业使用率；实现与市单一窗口对接，先后为72家企业提供服务。支持企业开展仓储货物按状态分类监管新业务，实现货物按状态分类监管，降低企业生产经营成本。强化特殊监管区域配套设施建设。持续推动广州出口加工区、广州保税区、广州保税物流园区3个特殊监管区域的围网视频监控和安全防范系统、卡口系统等改造升级，解决旧系统超年限使用、设计标准过时、设备达不到海关现行监管需求等问题。做好特殊监管区域安保、协管服务和卡口、围网、信息化系统维护等工作。

**【跨境电商等特色产业培育】** 2019年，西区产业园管委会发挥黄埔区、广州开发区《跨境电子商务产业发展的实施意见》政策效力，依托海关特殊监管区域功能优势，加大网购保税进口产业扶持力度，指导区内跨境电商监管中心、跨电产业园、各类电商企业、运营平台和配套服务公司利用保税政策开展跨境业务，并协调相关部门兑现政策红利。为京东、苏宁等大型电商平台提供量身定制服务，推行预约通关、24小时智能通关等，保障电商企业通关顺利。是年，广州保税区跨境电商进出口额28亿元，比上年增长1.92倍，包裹数1056万件，增长1.07倍。在国际整体贸易环境不利的情况下，跨境电商特色产业逆势增长，初具规模。拟结合穗港智造战略布局，发挥国家级功能园区政策叠加作用，扶持发展科技服务、工业设计、智慧物流、港航服务、大宗交易等生产性服务业，培育壮大跨境电商、红酒销售、冷链物流等特色产业。

（伍晓燕）

## 黄埔临港经济区

【概况】 黄埔临港经济区位于黄埔区南部，是广州开发区所属六大功能园区之一，地处粤港澳大湾区的地理几何中心，主要分布于珠江黄金岸线东10千米，总面积42平方千米（含水域15平方千米），岸线总长54.8千米（其中包括长洲岛、峨眉沙、洪圣沙、大蚝沙等岛屿岸线33千米）。“中国海上丝绸之路起点之一”南海神庙、“中国将帅摇篮”黄埔军校、千年“古港”“良港”黄埔港均坐落于此，被誉为粤港澳大湾区的“湾顶明珠”。

2019年，黄埔临港经济区焕发新活力。推进黄埔港片区控规调整，洪圣沙码头启动转型，保利鱼珠港、华南国际港航中心初具规模。大湾区航运研究院等83家航运机构落户，南方智媒大厦、广物商贸综合体、中国软件CBD总部开工建设，成为广州人工智能数字经济试验区重要一极。

【园区规划】 2019年，黄埔临港经济区管委会坚持规划引领，注重统筹谋划，主动作为，结合“建设以国际金融城——黄埔临港经济区为核心的广州第二中央商务区”和“建设黄埔港粤港澳大湾区现代服务创新区，把黄埔临港经济区打造成为服务港澳的新贸易创新中心”发展定位，统筹黄埔港区规划调整，协调加快港区规划调整报批进度，协调推进黄埔临港经济区控规调整编制，完成《广州开发区黄埔临港经济区（南片）控制性详细规划》中的智能产业装备园片区、鱼珠片区等控规编制工作，《广州港黄埔港区规划调整方案》上报省政府审议。引导规划范围内修建性详细规划编制，协助指导保利鱼珠港、港航中心、南方智媒大厦等单体建筑设计。配合将鱼珠片区纳入广州人工智能与数字经济试验区，协助开展《广州人工智能与数字经济试验区建设总体方案》编制相关工作。

【广州国际航运中心建设】 2019年，黄埔临港经济区管委会协调推进建设广州国际航运中心相关工作。牵头推动黄埔区与广州市港务局合作举办2019年世界港口大会，完成黄埔展区布展讲解、“湾区港口与城市融合发展”分论坛举办、专场商务洽谈、南海神庙“非遗”表演等工作，向全球50多个国家和地区超过1200名港航专业人士展示黄埔老港厚重的历史底蕴和新时代新面貌。谋划黄埔港发展大港口经济，协同开展“黄埔港老港口新活力战略研究”课题研究工作，并通过专家评审。推动广州航海学院成立粤港澳大湾区航运研究院，重点开展粤港澳大湾区航运政策法规、战略规划、金融保险、科技应用等方面研究。助力港航企业发展壮大，做好传统港航项目相继落户的同时，加紧推进现代航运服务类企业落户，为健全和完善黄埔区高端航运产业链奠定基础。

【重点项目开发建设】 2019年，黄埔临港经济区管委会推动辖内城市更新改造工作，促进珠江岸线企业转型升级，推进保利鱼珠港、广州国际港航中心、南方智媒大厦、广州日报科技文化中心、黄埔国际邮轮港等重点项目开发建设。

保利鱼珠港 该项目包括原鱼珠木材厂和鱼珠物流基地两个地

2019年12月27日，广物鱼珠产城综合体项目举行开工仪式

（黄埔临港经济区管委会供图）

块，总占地面积约55公顷，计划总投资250亿元。至年末，完成投资6.7亿元，累计已投资55亿元。单元一北地块已建成并对外出售，单元一南地块进行主体结构施工；单元二（广物鱼珠产城综合体）北地块项目规划设计方案经区城乡规划委员会城市景观专业委员会审议通过。其余地块工程建设前期工作正有序推进。

**广州国际港航中心** 该项目位于黄埔大道东983—980号，由广州港集团物资仓、机修厂地块组成，总用地面积7.9公顷。计划总投资60亿元，分3期开发。至年末，完成投资3.4亿元，累计投资37亿元。项目一期已建成并初步形成港航服务产业集聚，二期完成工程建设，三期申请规划设计条件等建设前期工作。

**南方智媒大厦** 该项目位于黄埔大道东以南、珠江以北，地处广州第二CBD核心地段（鱼珠段），总用地面积1.63公顷，计划总投资36亿元，拟以南方报业现有文化产业为基础，打造成为粤港澳大湾区新型文化创意产业新地标。12月，项目取得临时施工复函，至年末，项目基坑工程建设工作启动。

**广州日报科技文化中心项目** 该项目位于黄埔大道东以南、珠江以北，地处广州第二CBD核心地段(鱼珠段),总用地面积1.01公顷，计划总投资13亿元，拟打造成为以文化产业为主体的综合性商务中心，建设成为广州第二CBD的标志性建筑。至年底，项目取得临时施工复函。

**黄埔国际邮轮港项目** 该项目位于黄埔区港前路400号，用地面积约23公顷,计划总投资150亿元，拟建设地标性航站楼和8万吨邮轮泊位1个、3万吨客运泊位1个。打造集商务会议、休闲娱乐、商业金融、文化休闲为一体的吃住游“一站式”集聚区。通过项目更新改造、港口功能重塑，带动黄埔老港及其周边地区产业转型升级，实现“老港口新活力”“四个出新出彩”。5月，完成项目动工，签订《黄埔老港西侧地块收储项目国有土地使用权收储框架协议》；航站楼建筑方案设计经区城乡规划委员会城市景观专业委员会审议通过。至年末，完成项目航站楼地块地质勘探，同步推进项目标图建库、土地收储、规划建设等建设前期工作。

**【园区招商】** 2019年，黄埔临港经济区管委会把握“四区四中心+一区一园”联动发展，发挥“广深港澳科技创新走廊”重要节点的区位优势，优化商业布局，集聚新兴业态，打造粤港澳大湾区新贸易创新中心。全年接待商贸服务、信息技术、高端港航等企业60余家220人次。外出拜访高端航运、信息技术企业23家次。全年引入优质项目16个,其中重大项目3个（1个中国500强项目、2个总部类项目），完成实际利用外资1000万美元。完成各项招商指标，其中，新引进项目数完成316%、重大项目数完成200%、投资总额完成240%、项目投入资金完成280%、实际利用外资完成100%。

高端航运要素集聚加速。落实广州市参与国家“一带一路”建设三年行动计划，加快集聚高端航运要素。运易通科技有限公司、广州一链通互联网科技有限公司、广州一链通海运物流科技有限公司、富盈通（广州）航运有限公司等优质港航项目相继落户。推进集航运信息服务、航运电子商务服务、航运区块链服务等于一体的广州信天翁信息科技有限公司、广州唯一“单一窗口”项目运营公司广州电子口岸管理有限公司入驻广州国际港航中心。

总部经济集聚稳步推进。会同区投资促进局、国土规划局等相关单位，多次接待PFC&SRJ艺术公司董事长史蒂文·克拉克·洛克菲勒二世等一行到区考察“古港”“良港”千年文化底蕴和营商环境改革创新“黄埔样本”，推进洛克菲勒PFC&SRJ艺术中心项目选址工作。推进南方报业传媒集团总部项目，广州日报科技文化中心项目，推动成立合资企业广州南方智媒产业园有限公司,加速南方智媒大厦建设。会同区投资促进局等职能部门，多次陪同俄罗斯总统助理顾问沙集洛夫·谢尔盖·弗拉基米洛维奇等俄罗斯客人考察中俄金融中心项目意向地块。对接中国黄金、中建钢构、正威国际、广物控股、上海复星等业界名企开展洽谈。

**【园区服务】** 2019年，黄埔临港经济区管委会强化服务企业职能，通过密集走访辖内重点企业，了解企业在生产经营过程中遇到的问题和困难，及时掌握企业诉求，多渠道建立政企沟通联系机制，发挥协调作用，协调区相关部门解决企业诉求。全年走访企业103家次，收到企业反馈问题39项并全部解决。促进区内企业健康稳定发展，为企业减压减负，对意向申报区内惠企政策的企业开展培训指导，对8家企业申请现代航运服务业企业资格进行认定。为广东外运有限公司兑现园区运营奖50万元，为广州电子口岸管理有限公司兑现大型活动奖励49万元，协助广州中船船员管理有限公司向区商务局申请办公用房补贴。5月和10月先后两次组织企业召开“2019年广州开发区黄埔临港经济区现代航运服务业政策培训会”和“2019年广州开发区黄埔临港经济区重点企业政策培训工作会”，宣讲黄埔区最新惠企政策和税务政策，促进政府部门与企业之间交流，及时了解企业之需，解决企业之难。全年负责重点服务商贸企业24家，完成商品销售总额79.19亿元，比上年增长3.06%；其他营利性服务业企业1家，完成营业收入0.57亿元，增长2.8倍。

【招商宣传推介】 2019年，黄埔临港经济区管委会及时更新宣传片与宣传册，抓住第31届世界港口大会在广州召开的契机，通过设置展区、召开分论坛、播放招商宣传片、发放宣传册及举办相关活动，提升黄埔区、广州开发区在世界航运界的影响力和知名度。与IHS Markit Ltd.、TT Club Mutual Insurance Ltd.等资讯服务、航运保险知名外企相关部门负责人进行商务洽谈，宣传黄埔区、广州开发区的丝路底蕴、政策优势和营商环境。6月17日，在黄埔区举办2019广东片区“世界海员日”庆祝活动暨首届广东船员发展论坛。协调指导召开2019湾区“互联网+航运”黄埔大会举办筹备工作，成立湾区互联网航运创新联盟，扩大“湾顶明珠”在粤港澳大湾区港航业界的辐射范围。

【新兴产业培育】 2019年，黄埔临港经济区管委会引导广州拉卡拉互联网金融信息服务有限公司、广东省天然气管网有限公司、山东安然纳米实业发展有限公司等企业购置保利鱼珠港物业经营，助力国际商贸中心增强产业促进功能、发挥辐射带动作用；对接平台企业广东省进口食品协会，依托复星集团的资本支持，筹划广州（中国）进口食品交易中心项目工作；推动广物鱼珠产城综合体项目，将其打造成为高新科创产业的聚集展示区，搭建形成全生态链科技产业平台共同体。

（钟鸿颖）

## 广州国际生物岛

【概况】 广州国际生物岛位于广州市东南端、珠江主航道和次航道交汇而形成的官洲岛，南面为广州大学城，全岛占地面积1.83平方千米，东西长2.92千米，南北长0.99千米，四面环水。1999年，广州市政府提出将海珠区官洲岛建设成为国际化的生物技术研究开发及产业化基地，同年始启动广州国际生物岛规划设计工作。2000年12月，广州国际生物岛项目获国家发展计划委员会批复立项并命名为“广州国际生物岛”。2001年9月，广州市政府明确广州经济技术开发区参照广州科学城的开发建设模式，负责对生物岛进行开发建设。2006、2007年，广州国际生物岛分别被国家发改委、广州市政府授予“广州国家生物产业基地”。2007年《广州国际生物岛控制性详细规划（2007）》出台，确定广州国际生物岛的功能定位为国际化的生物技术和医药研究开发及产业化基地、国家级的生物产业研发和中试基地之一、南拓战略中的兼具创新经济模式和和谐城市环境的示范区。2008年12月，国务院批复《珠江三角洲地区改革发展规划纲要》，指出要加快建设广州国际生物岛等重大创新平台，广州国际生物岛被列入广州市重要建设内容。2013年8月，生物岛被广州市授予“广州光谷”光生物医学专业集聚区称号，成为广州市产业转型升级重点区域，承载非常重要的产业转型升级任务。2016年，广州国际生物岛（中以合作区）获“国家级科技企业孵化器”称号，并成为“三大战略枢纽”“一江两岸三带”建设的一个重要支点。2017年《广深科技创新走廊规划》发布，广州国际生物岛被列入广州市13个创新节点之一，成为广深科技走廊生物医药产业集群的有力支撑。2018年6月，广州国际生物岛被广州市政府列为首批建设的十大价值创新园之一。

2019年，生物岛谋划完善规划体系，赋予历史积淀深厚的官洲岛更多“智慧化”“现代感”“科技范”，道路景观全线提档升级，全面提升标准产业单元产业聚集片区和官洲中心商务片区的景观风貌，解决多项断头路堵路疏通、违建治理、绿化养护、应急管理等难题，保障岛内“干净、整洁、平安、有序”的环境，推进实施大湾区核心智能示范区建设，推动绿化与堤岸、自然山体与建筑形态优化，打造移步换景、规划科学的湾顶明珠。

【园区招商】 2019年，生物岛管委会依托全区出台的系列“金镶玉”政策，协同市、区相关招商单位，结合已入园企业产业门类分布和招商载体资源现状，严把项目准入关，开展补链、强链招商。

招引知名龙头项目签约入驻。默克广东创新中心启动开业，生物岛实验室办公大楼装修启用，思派集团大健康创投总部、拓唯思特中国公司落地运营。诺诚健华生物岛研发中心、创景粤港澳大湾区高性能医疗器械创新中心、阿斯利康中国南部总部、百济神州生物岛研发中心等用地项目报批建设加快。国家卫健委人体组织器官移植与医疗大数据中心、人类细胞谱系大科学研究设施稳步推进，打造集群共生的朋友圈。采用路演考察、项目接待、以商引商、靶向招商等方式，引入高成长性的生命科学与生物经济初创型项目。全年洽谈项目188个，接待项目来访考察112批次。岛内新增注册项目44个，包含区优质项目7个，科技创新项目3个；新引进及跟进区优质重大项目23个，报入市招商项目库项目15个。完成实际利用外资5500万美元，新签约项目投产7.27亿元。鼓励岛内大中小企业间开展多种形式的经济技术合作，链接民营企业和国有企业间的优势资源和项目线索，实现园区各类企业相得益彰，营商环境互惠互利。

强化交流推介的显示度。推进6月9—12日的第三届官洲国际生物论坛在生物岛的成功召开。高标准做好岛内项目施工监管、会场建设、装修改造、停车位配给以及论坛的社会氛围营造、园区推介宣传、系列招商对接工作。利用好中以生物产业孵化平台的特色与优势，举办4场“广州中以生物科技之桥”项目对接会，8家企业新落户中以基地，1个项目获中以基金投资。对接美国波士顿、澳洲优质项目，开展维多利亚创新药临床试验合作交流会、莱斯恩控股公司初创企业培训会、伯克利天台加速器生物科技高峰论坛等系列产业交流活动。助力岛内企业获取政策信息，举办3个市、区级人才政策宣讲会生物岛专场推介。完成省委、市委主要领导与山西省党政领导代表团视察调研生物岛重大活动的接待工作；带队赴重庆两江新区大地企业公园、苏州高新区中科院苏州生物医学工程技术研究所调研考察，深入交流园区的产业布局、物业载体、项目引入、危废品处理、专业化公共服务平台打造等问题，就建立项目差异化招商合作机制达成共识。

【园区服务】 2019年，生物岛管委会提供全周期贴心服务，优化共享平台和商务配套，为入园企业保驾护航。促进在岛企业稳增长引才智。与区各有关部门联动，做好园区小升规企业的培育及入统工作，全年新增小升规企业7家，至年末，岛内规模以上企业24家（商贸业4家、工业1家、服务业19家），其他营利性服务业主营收入比上年增长18.1%。全年走访岛内企业183家，建立重点企业跟踪台账，跟进重点项目进度，及时掌握增长潜力大的扩面线索。精准摸查岛内企业人才和技术需求，举办以“生物医药行业购销对接”为主题的“禾雀花”工程宣讲对接交流会，近40家企业代表参会对接合作意愿；举办以“才聚生物岛·引智创未来”为主题的2019年广州国际生物岛专场人才招聘会，到场招聘企业48家。做好生物岛经济普查相关工作。举办生物岛第四次全国经济普查登记培训活动，普查登记阶段生物岛单位清查底册整理企业共355家，上门收取、核查及协助企业完善表格完成系统录入，上报率110%。

拓展华南生物材料出入境公共服务平台功能。陆续开通天河火车东站连接香港的生物医药通关渠道、申报全国其他口岸验放的一体化通关渠道和连接香港、澳门生物医药卡车运输通关渠道，承接广州40%的生物材料入境业务，惠及众多广州市区及开发区“两城一岛”的生物企业。11月初，首批生物试剂通过铁路运输模式顺利经平台输入香港，为深化粤港澳生物医药产业链合作奠定基础。平台P3实验室建设现场地基已挑挖完毕，正进行钢筋材料给建筑梁柱加固施工。

【园区征地拆迁】 2019年，生物岛管委会拆除原生物岛管委会与海珠区官洲征拆工作队共用的临时办公大楼，拉直畅通星岛环北路，落实2018年生物岛控制性详细规划修编中的道路规划重大节点，并完成官洲生命科学创新中心B栋办公区的设计、装修监督、入驻整改等工作。加快收回原“红酒屋”“喜洲吧”等绿道配套用房，重新规划打造人才驿站、便民驿站、商服网点。全面推进政府储备用地及大村未移交土地的围蔽工作，推动渔业公司部分拆迁户办理安置房过户。主动与官洲街道办、官洲经济联社联系沟通，推进大村征地拆迁、陈氏大宗祠等文物建筑修缮及周边环境整治工作。推进再生水厂联动调试试运行采购、环境保护验收等收尾工作。完成星汉二路、螺旋二路断头路打通工程的主要建设工序，确保百济神州等重大项目如期动工。

【园区管理】 2019年，生物岛管委会做好综治平安、安全生产与环保工作。开展“安全生产月”和“119消防宣传月”系列活动，通过宣传物料发放和现场演练，督促企业全面落实安全生产主体责任，面向辖内企业负责人和安全管理人员举办消防安全培训2场、105人参加；组织4家企业开展各类应急演练，400余人参加。常态化利用网络、生物岛各工作微信和QQ群，及时发布或转发安全生产信息，配备5名专职安监员，重点对岛内广药、云润、益善、鹰仕达等在建工地开展安全生产监管。完成原管委会办公楼拆除，租赁官洲生命科学创新中心B塔部分楼层为办公场所，于9月底入驻办公。强化“公安＋城管”综合巡查执法。通过政府采购，在生物岛隧道关卡派驻32名保安，有序控制各类进出岛车辆，散装物料运输车辆超载、遗撒、泄漏以及倾倒等现象得到有效遏制。全年完成巡查处理1004起、其中巡查发现路面污染146起、市政设施问题266起，劝离“乱搭拉”592起，并协调及时解决。监督检查未拆迁大村地块工作，严查严控，确保大村地块无新增的违法建筑物。

【规划体系编制完善】 2019年，生物岛管委会部署并着手开展生物岛“十四五”规划、产业发展规划、片区策划、商服网点规划的编制筹备工作。指导区建管中心完成水墨园和环岛堤岸绿化景观提升设计方案并协同推进立项，组织编制生物岛环岛滨江走廊提升方案等规划建设方案，指导高新区集团组织编制生物岛大村建设项目概念性设计方案、生物岛大湾区协同创新中心概念性设计方案，配合区交通部门完善区水上交通规划设计方案。

**【大湾区核心智能空间示范区实施】** 2019年，生物岛管委会支持海格通信集团驻岛开展智慧园区试点，指导完成大湾区核心智能示范区、北斗孪生城市管理平台建设方案等规划编制。发展5G产业和应用，岛内全年完成5G基站站点建设25个，与华为、百度、海格通信、中国移动等通信领域巨头交流探索，搭建科技和产业共融的“智慧生物岛”。参与筹备12月底举办的“2019年智能网联汽车驾驶大赛”，支持无人驾驶技术、高端安防技术等新兴科技在生物岛试行试验，探索市政道路无人驾驶机械清洁化作业、危化品和医疗废弃物集中存储信息化、监管智能化创新举措和路径。

**【人文生态环境建设】** 2019年，生物岛管委会完成全岛7千米堤岸升级改造工程和全岛雨污管道疏通工程，在“羊城最美绿道”基础上再添一条生态堤岸滨水走廊；完成主干道及重要节点绿化升级近1万平方米，环岛堤岸新种植勒杜鹃5000余盆。保洁作业机械化程度加强，岛内道路全面提升为一级养护标准；环卫保洁、市政设施管养、堤岸维护等收归生物岛管委会管理，打破管理困局，消除推诿现象，管养水平提升；完成绿道公厕整改，增配便民设施，日常由专人养护，提升环境档次。全面落实标准产业单元重点企业集聚区的外立面整改，运用多重立体光影技术，打造全新视觉景观，贴合高端生物医药研发中心的标准要求。协调推进地铁12号线官洲换乘站施工，高标准督导叠翠园边坡修复、绿化美化和配套设施建设，着力保护生物岛自然山体形态与建筑优化结合。引入高端品牌商服企业，完善餐饮、金融、文体、卫生等配套服务，提升文化品位，聚集人气。

**【企业筹建项目建设稳步推进】** 2019年，生物岛管委会通过召开筹建企业座谈会、现场协调会，定期前往各在建项目工地现场，了解各项目建设进度及存在问题，开展辖区企业消防、治安、易制爆易制毒危化品排查工作。协调解决标准产业单元四期配套工程申办工程规划许可证受阻、创璟建设项目拟开设路口、官洲健康论坛总部临时板房、鹰仕达红线范围内路面开挖、益善项目永久供电、创景项目地块内苗木迁移、百济神舟项目路口开设、广药项目地块红线范围内通信塔的拆除及水表房等问题。至年末，云润、益善项目竣工验收，并进行二次装修；鹰仕达项目处于竣工联合验收部分整改阶段；标四项目主体结构封顶，砌筑完成80%；标四配套项目主体结构封顶，全面进入外立面工程和装修工程阶段；创璟项目主体结构23层施工；广药项目完成97%的支护工程施工；创景项目完成动工前相关准备工作；百济神舟项目已开设临时施工路口，并向职能部门申报临时施工许可。督促香雪制药公司加快推进生物岛酒店的升级改造，至年末，已全面完成飞碟造型钢构、三层宴会厅、行政会议室、全日制餐厅装饰、首层宴会到达厅的施工及垂直电梯、扶梯电梯厅的施工；完成低压配电房、消防水泵房、空调主机房（冷站）的安装调试和永久用电的通电。

（徐燕妮）

## 云埔工业区

**【概况】** 云埔工业区是1992年广州市为适应产业“退二进三”而批准设立的工业园区，2006年获批省级开发区，是国家级电子商务示范基地和广州市第一批战略性新兴产业基地。拥有高端智能装备、信息技术、精细化工、新材料、食品饮料等支柱产业集群。主导产业高新化、战略性新兴产业规模化，新能源、新材料、信息技术等三大战略性新兴产业加速发展。至2019年年末，有以广州数控、宏亚数控、瑞松科技、锐嘉工业、发那科、达意隆为代表的智能装备产业；以视源科技、中经汇通、腾讯信息为代表的电子信息产业；以珠江光电、娇妍日化为主的精细化工产业；天赐材料、鹿山高新为代表的新材料产业；统一企业、喜力啤酒、通用磨坊、黑牛食品为代表的食品饮料产业等技术密集和资金密集型企业1983家。其中有美国通用磨坊、荷兰喜力酿酒、日本西铁城、加达利等7家全球500强企业，京东、三一重工、黑牛食品、天赐高新材料、智光电气、视源电子等30家上市公司和知名民营企业，以及美国亚马逊等知名外资企业。

**【园区建设】** 2019年，云埔工业区管委会推动园区基础设施升级改造和配套设施工作，改善云埔工业区市政设施薄弱现状，提升园区投资环境和竞争力，配合黄埔区建管中心推进园区基础设施升级改造工作，加快项目施工进度。至年末，有轨电车2号线工程完成资本方采购工作，沿线管网调查工作及征拆前期工作继续展开，并与沿线市政道路对接设计方案。KE-NE道路及配套工程一标段排水工程完成、二标段完成60%；兴城路道路市政工程完成道路土方工程；耀南路道路扩建工程完成道路主体施工；埔南路道路升级改造工程完成道路初步验收；云埔工业区规划三路西道路市政工程完成道路主体施工；康南路道路升级工程完成道路主体施工；云埔工业区元岗一路、二路、三路市政道路及配套工程完成整体施工37%；东达路（埔北路以东段）道路升级改造工程完成整体施工30%；富南路升级改造工程完成整体施工25%。

**【园区招商】** 2019年，云埔工业区管委会推介广州开发区投资环境和“金镶玉”等系列政策，围绕重点产业、重点项目，利用各类招商平台，多渠道挖掘招商载体，多方式开展招商引资，强化招商引资项目全程服务，园区招商引资工作再上新台阶。全年推动62个项目在云埔工业区注册落户，总注册资本6.5亿元，其中注册资本1000万元以上的项目有玛斯特智能装备、欣邦贸易、君钰科技、浩景网络、华胜印艺、华登商务、德立信息科技等。

**【企业增资扩产引导】** 2019年，云埔工业区管委会鼓励企业开展增资扩产，并建立固定资产和技改投资意愿摸查台账，协助有投资意向的企业做好2020年新开工项目和跨年度项目备案。全年新增注册资本约4亿元，其中：广东吴泰钢结构有限公司增资2亿元；广州杰赛通新规划设计院有限公司增资6000万元；广州中设机器人智能装备股份有限公司增资3923万元；广州越海控股集团有限公司增资2800万元；一城一地（广东）餐饮管理服务有限公司增资2000万元。

**【园区服务】** 2019年，云埔工业区管委会完善常态化企业沟通服务机制，利用微信群和QQ群等现代通信手段，与企业保持密切沟通，及时跟进企业生产经营、增资扩产、技术改造、发展计划、补贴申请等方面的最新动态。全年出动工作人员660人次走访企业234次，平均每家企业走访2.8次；全年召集企业座谈会、业务培训会4场，期间，邀请广州开发区党工委领导到会指导，倾听企业困难，并就企业代表提出的困难事形式《问题清单》；通过召开座谈会，派送宣传册，宣传区内“金镶玉”系列政策中的产业发展、技术改造、区内并购等，为符合政策扶持的79家企业梳理细化各项扶持政策，根据企业自身特点，摘录政策要点，制作生产经营贡献、高管人才、产业联动发展等奖励预算表，并通知企业及时申报，力促规上企业的经济增长。

2019年10月10日，广州开发区云埔工业区管委会召开企业座谈会
（云埔工业区管委会供图）

推动园区产业升级，培育以高端产业为增长引擎的良性循环经济，全面打造宜商宜居优雅的园区综合环境。实地走访调研，了解企业发展存在的问题，寻找政府工作中存在的堵点、痛点、难点，形成《云埔工业区营商环境调研报告》《关于促进企业高质量发展调研报告》《积极推动基础设施升级改造打牢园区企业高质量发展基础——云埔工业区基础设施及道路交通现状调研报告》3份调研报告。

（陈惠曼）

## 招商引资

**【概况】** 2019年，黄埔区、广州开发区推动招商工作出新出彩，获颁联合国“2019年度全球最佳投资促进机构大奖”。组织赴欧美日韩等技术发源地区开展专题招商10余次，赴北京、上海、深圳和江苏、浙江等技术集聚地开展精准招商100余次，在博鳌、达沃斯等高端论坛开展招商路演，组织大型招商推介、论坛、签约、动工活动50余场，全年洽谈投资项目1000余批次。新注册外资项目167家，合同利用外资21.22亿美元，实际利用外资22.81亿美元，比上年增长1.5%，实际利用外资指标居全国五大开发区之首，连续多年保持省、市第一。新注册内资企业4.24万家，增长1.27倍，注册资本3444.2亿元，增长2.32倍。全年引进阿斯利康中国南部总部、宝能动力电池等重点优质项目164个，其中世界500强、央企或中国500强、民营500强投资项目和总部型项目38个。

**【国际招商】** 2019年，黄埔区、广州开发区以“湾区思维”“世界眼光”，围绕高质量发展开展靶向招商，赴欧美日韩等技术发源地区开展专题招商10余次，拜访日本烯湾科技研发中心、韩国LG化学、三星生物制剂总部、松下集团、特沙生物医疗科技等企业近100家。3月11—13日，赴韩国访问LG显示、LG化学总部、LG集团研发中心、三星生物制剂总部进行招商推介和项目洽谈。4月8—10日，拜访日本烯湾科技株式会社东京研发中心，参加在东京举办的粤港澳大湾区推介会，向SRL株式会社、DENSO株式会社等代表进行推介。7月9—16日，赴日本、韩国，开展为期8天的靶向招商及经验交流活动。拜访松下集团、本田技研、丰田集团、住友理工、华智科技、LG显示等区内项目的海外总部，促使其在更多领域与该区深入合作；拜访新日本科学、烯湾科技、早稻田大学、大成气体、韩国LB Lusem株式会社等近期有投资意向的产业龙头公司，推动产业重点在谈项目在该区落户；与理研免疫再生医学株式会社和香港新华集团签署三方合作战略协议；拜访华智日本株式会社，举办广州开发区日本招商工作站授牌活动；拜访东京都港湾局，了解东京湾临海副都心开发历程与进展情况；拜访韩国坡州LG平板显示产业基地和麻谷科技研发中心。7月25—26日，赴新加坡拜访特沙生物医疗科技公司，就特沙中国总部项目落户具体事宜展开洽谈。7月23日至8月1日，赴英国、丹麦、荷兰开展为期10天的靶向招商及经验交流活动，重点拜访已在该区投资的龙沙集团、GE医疗集团等项目的海外基地，促进其在更多领域与该区深入合作；与全球医药巨头阿斯利康签署关于设立大湾区总部和创新中心的战略合作备忘录；拜访葛兰素史克、马士基集团、诺和诺德总部、飞利浦集团、阿斯麦、塞仕软件、安世集团等近期有投资意向的

2019年12月9日，广州开发区投资促进局与美国商会华南分会签署合作备忘录
（广州开发区投资促进局供图）

产业龙头公司，推介投资环境和产业政策，邀请项目方到该区洽谈；拜访欧登塞机器人产业园、鹿特丹港务局、元造事务所，推动园区合作、学习港口规划提升经验、探索打造蓝色经济产业园。11月11—15日，广州开发区因成功引进GE生物科技园系列生物医药项目获联合国“2019年世界杰出投资促进机构奖”，赴瑞士出席此次颁奖活动，并拜访已在该区投资的重点产业龙头项目龙沙集团总部、雀巢集团总部，推动项目深入合作；拜访全球首家生产人工合成肽的医药公司辉凌制药总部、世界500强企业ABB公司电网总部和诺华集团总部，推动企业加快在该区的投资合作决策。

**【国内招商】** 2019年，黄埔区、广州开发区赴北京、上海、深圳、江苏、浙江等技术集聚地开展精准招商100余次，参与上海进博会，对长三角高精尖项目开展靶向招商。2月17—19日，赴上海、武汉、苏州、杭州四地开展紫光集团重点项目招商活动，实地访问武汉新芯集成电路制造有限公司、长江存储科技有限责任公司、上海集成电路科技馆、紫光展锐全球硬件测试中心、紫光工业云体验中心和新华三集团杭州总部。4月8—10日，与香港新华集团董事局主席蔡冠深进行洽谈，就共同打造穗港合作区等事宜进行交流。5月14—16日，赴澳门、香港开展重点招商项目合作对接及科技交流活动事宜。拜访澳门大学、澳门青年企业家协会和澳门工商联会、新华集团、香港科技园、天安中国、香港浸会大学，推动“澳门大学中药质量研究国家重点实验室广州中心”合作，推进广州科学城澳门青年创新创业部落落户广州开发区，推动穗港贸易之穗港城项目、天安粤港澳大湾区创新园项目尽早落户广州开发区。8月13—14日，区领导带队赴北京拜访紫光集团，洽谈项目合作事宜。9月6—8日，赴厦门考察三安集团，并与董事长林秀成就开展全面战略合作事宜进行沟通；赴厦门参加第十七届全国投资促进机构联席会议、绿色创新发展大会。10月15日，赴北京与北京计算机技术及应用研究所洽谈合作事宜，以期在信息技术应用创新项目建设、信息技术产业集群、新一代信息技术研究及产品孵化等方面开展合作。10月21—23日，赴西安、成都考察紫光产业基地。11月5日，赴上海拜访量子体育上海总部。11月6—9日，赴上海开展招商活动，拜访复宏汉霖、创胜生物、美国吉利德

公司和瑞士辉凌制药、德赛诊断公司、沛嘉医疗等生物医药企业，对长三角高精尖项目开展靶向招商。11月9—10日，赴成都会见TRI（日本医疗创新推进中心）CEO福岛雅典教授、绿叶生命科学集团刘殿波总裁一行，洽谈中日再生医学转化项目合作事宜。

2019年8月29日，黄埔区、广州开发区举行LG 8.5代OLED项目投产活动（广州开发区投资促进局供图）

【招商引资重大活动】 2019年，黄埔区、广州开发区在博鳌、达沃斯、进博会等高端论坛开展招商路演，组织举办广州国际投资年会分论坛、2019粤港澳大湾区生物医疗产业高质量发展合作交流会、中国发展高层论坛2019专题研讨会粤港澳大湾区首站交流活动等大型招商推介、论坛、签约、动工活动50余场。4月2—3日，由广州市人民政府主办，黄埔区人民政府、广州开发区管委会承办的“2019中国广州国际投资年会 广州高新区、广州开发区、黄埔区分论坛”在广州白云国际会议中心召开。该论坛围绕粤港澳大湾区规划建设新机遇等热点话题，邀请广东省社科院院长王珺作主题演讲，并邀请粤芯、龙沙集团、诺诚健华、高深智行、默克、文远知行等企业嘉宾进行研讨。活动期间，该区与紫光集团签署紫光广州存储系列项目合作框架协议，建立长期战略合作。5月17日，广州开发区投资促进局与国投基金共同举办生物医药项目对接会，力品药业、岸迈生物、瑞博生物、迪哲医药、人福医药等国内顶尖生物医药企业代表受邀参会，与多家与会企业代表达成初步投资意向。8月29日，黄埔区、广州开发区“全国首条高世代OLED面板线——LG Display广州OLED项目”投产，该生产线是全球最大尺寸和最先进的8.5代OLED生产线，总投资约460亿元。9月9日，举办中国发展高层论坛2019专题研讨会粤港澳大湾区首站交流活动，会议由中国发展研究基金会副理事长卢迈主持，与会的50多位500强企业代表、专家以及政府代表热议粤港澳大湾区建设与投资黄埔机遇。9月20日，统筹实施粤芯投产活动。粤芯项目是广州市第一个12英寸晶圆生产项目，是粤港澳大湾区第一个进入量产的12英寸芯片项目，中科院、清华大学等科研机构和高校知名专家，以及多家集成电路上下游企业高管出席。10月18日，协助ZETA联盟创始会员——广芯微电子举办2019物联网芯片赋能产业亚洲峰会，来自国内外近100家集成电路、电信运营商、物联网、物流行业的知名企业参会，会议推介该区营商环境和产业配套政策。11月9日，赴上海在进博会期间主办“2019粤港澳大湾区生物医疗产业高质量发展合作交流会”，来自卡尔蔡司、广州中以基金、百济神州、思派集团、恒瑞医药、腾讯医疗、岸迈生物、强生、阿斯利康、拜耳、欧姆龙、药明康德、IDG等50多家生物医疗企业和基金代表及广州市医保局负责人出席，共同为粤港澳大湾区及该区生物医疗产业发展建言献策。

【重点实体经济项目】 2019年，黄埔区、广州开发区对标高质量发展要求，围绕新一代信息技术，人工智能，生物医药（IAB），新能源，新材料（NEM）建链、强链和延链，加快该区新旧动能转换，打造产业生态。瞄准国内外新药研发、精准医疗、干细胞、医学检验开展生物医药招商，百济神州药物研发中心项目落地生物岛，将建成全国最大的临床开发基地，其知识城项目产能扩大3倍。广州诺诚健华药品生产基地项目封顶。国内最大创新药研发生产企业恒瑞医药集团南方总部及生产基地项目、恒瑞源正细胞治疗项目、粤港澳大湾区高性能医疗器械创新中心项目、国内最大整合式肿瘤医疗管理体系思派大健康产业项目等相继落户。聚焦平板显示、集成电路、下一代互联网核心设备等新一代信息技术领域招商，引进昂宝电子、微龛设计、东微半导体、京信通信5G天线、兴森高密度芯片载板等一批芯片设计和材料项目，打造区芯片产业集群。瞄准“安可”领域龙头开展招商，航天科工集团信息技术应用创新产业华南总部、飞腾等项目签约，抢占国家推进国家网络安全及信息技术应用创新战略调整的“风口”。

【招商服务】 2019年，黄埔区、广州开发全面兑现各类政策奖励扶持，政策兑现的满意度增强，企业获得感提升。针对促进平板显示产业发展需求，制定《广州市黄埔区、广州开发区促进新型显示产业发展扶持办法》，为引进龙头新型显示项目提供政策支撑。对重大项目提供全生命周期的持续跟进服务，高强度推进项目筹建，打造营商环境建设新样板。其中，全面协调用地、环评、报建、供电等工作，助力粤芯厂房在18个月即建成投产，并帮助粤芯对接潜在客户，使得粤芯在建期已获得相当于满产产能90%订单；协调LG8.5代OLED在18个月内建成投产，成为国内首条OLED生产线；协调百济神州生物药项目在18个月建成，并协助其纳入医保等，促进其开展一系列国际合作及股权投资、新药上市等工作。

【广州开发区获颁联合国“2019年度全球杰出投资促进机构大奖”及国家级“杰出投资促进机构奖”】 2019年9月8日，在第十七届全国投资促进机构联席会议暨国际投资促进研讨会上，广州开发区投资促进局获杰出投资促进机构奖，广州开发区引进的GE生物科技园（GE BioPark）项目获杰出投资促进项目奖，均为国家级大奖。11月11日，在联合国贸易和发展会议（UNCTAD）召开第二届“投资可持续发展目标大使”圆桌会议期间，广州开发区因成功引进GE生物科技园项目及在促进国际投资方面的突出贡献，获颁联合国“2019年度全球杰出投资促进机构大奖”。此项大奖共有29个国家或地区的项目参评，广州开发区是唯一获此奖项的中国机构，也是全球3家获此奖项的机构之一，同时也是广州开发区第二次获得联合国贸易和发展会议评选的大奖。

（王丽华）

## 企业建设和服务

【概况】 2019年，广州开发区在统企业筹建项目224个，新华穗港城、诺诚健华、合景泰富总部等48个重大产业、总部项目动工建设；乐金OLED、乐金化学偏光片、粤芯芯片、百济神州一期等60个产业项目投试产，项目投资额约716亿元，设计年产值约754亿元。全年实现筹建企业及企业设备购置固定资产投资414.72亿元，比上年增长15.4%。全年固定投资排名前十项目固定投资总量212.67亿元，占比51.3%。固定投资投资额1亿—5亿元的中小型企业投资项目57个，项目数增长72.72%，固定投资总量135.06亿元，投资额增长91.22%。企业投资项目新增动工开户项目104个（不含商业和国有企业投资项目），创历年新高。全年举办重大项目集中动工活动4次，动工项目96个、签约项目19个、揭牌项目5个。

【重点项目全程帮办】 2019年，广州开发区民营经济和企业服务局依托“信任筹建”政策优势，力促拿地未动工项目加快动工，已签投资合作协议项目加快勘察设计及规划报建，为项目筹建过程中的关键环节建立“绿色通道”，全区40余个筹建项目的临水、临电、土方提前外运、路口开设等事项纳入信任筹建，26个项目在取得用地前即完成地质勘探，项目筹建进度大幅加快。乐金化学偏光片、粤芯芯片项目只用14个月就完成从拿地到投试产全过程；百济神州一期、发那科机器人项目仅耗时18个月即完成从项目动工到竣工全流程；西门子配变智能化工厂项目实施全省首例“带规划方案出让用地”模式，从签订土地合同到获得施工许可证仅4个月；乐金OLED项目仅用12个月时间就完成56万平方米厂房建设，9个月时间完成3000余套大型设备进场组装。

2019年3月15日，广州粤芯半导体技术有限公司12英寸集成电路生产线项目主设备迁入厂房 （广州开发区投资促进局供图）

【企业服务】 2019年，广州开发区民营经济和企业服务局为各企业筹建项目安排专员开展贴身服务，企业筹建岗位全员配齐安全帽、防护靴，落实一线攻坚为企业协调筹建过程中出现的各种问题。每周至少一次组织相关部门赴筹建项目现场攻坚，疏通堵点；落实“有呼必应”，随时奔赴项目现场开展协调，化解难题。是年，及时有效解决 GE 生物科技园项目供电供气、雪松第一总部项目验收及规划路建设、卡斯马二期项目规划报建、宝能新能源汽车项目征地、明森项目用地争议、方邦项目交地、生物岛百济神州涉城轨安全保护范围等一大批项目筹建疑难问题，推动企业筹建工作顺利开展，获区内多家企业优良评价，全年收到企业锦旗、感谢信等 14 份。全年组织全区性和片区筹建业务培训 12 次，指导相关企业筹建工作人员熟悉掌握政策，了解项目报建、审批等流程。对筹建项目进行全程动态跟踪服务，实行项目管理档案化，工程管理节点化，全年完善标准化项目管理台账 212 个，细化项目节点，实施动态管理。落实项目筹建分析会制度，全年分片区研究项目筹建进展 16 次。针对未动工项目提前预判“痛点”，帮助企业设计最快动工“路线图”，南方智媒大厦、广州日报总部、迈景生物岛建设项目实现“拿地即动工”；协调区行政审批部门对西门子配变智能化工厂实施全省首例“带规划方案出让用地”模式，企业拿地后即办理施工许可证。建立部门之间联动服务机制，加强与招商部门联动，对接梳理南方智媒大厦、新加坡生物研发生产基地、迈景生物岛项目等一批已签投资合作协议项目筹建。加强与区发改、统计部门联动，及时跟进中国电信、联通、移动项目设备购置，一汽出行、广州祺宸、小鹏智慧出行车辆采购项目入统申报。加强与区审批、监管部门联动，对接施工许可项目入统情况。加强与区招商、国土部门联动，对 47 个拿地后怠于动工项目采取约谈措施，书面督办项目 5 个，提醒企业加快报建和施工前期准备。加强与街道联动，解决宝能新能源汽车项目征地、明森项目用地争议、雪洁项目边坡治理等一批征拆遗留问题。建立项目投试产专项验收和综合验收服务机制，组织区生态环境、水务、住房城乡建设、应急管理、市场监管等职能部门对企业筹建项目的多个验收子项同步提供验收指引和辅导服务，指导企业根据项目实际情况开展单项验收或综合验收，提升项目投试产验收效能。

**【重大项目集中动工和投试产活动】** 2019 年，黄埔区、广州开发区举办重大项目集中动工活动 4 次和投试产活动 1 次。1 月 21 日，举行重大项目投试产活动，80 个投试产项目总投资约 440 亿元，预计达产产值（营业收入）超 1700 亿元。3 月 1 日，举行重大项目集中动工活动，35 个项目集中动工，包括产业发展类项目 15 个、科技商业综合体类项目 7 个、城市更新类项目 7 个、市政配套设施类项目 6 个，总投资额约 1023 亿元。5 月 28 日，举行“穗港智造特别合作区全面启动暨新华穗港城等重大项目集中动工活动”，35 个项目集中动工，包括产业及科创综合体项目 23 个，民生、市政项目 11 个，城市更新改造项目 1 个，项目总投资额约 1280 亿元。8 月 28 日，举行“穗港科技合作园核心区暨京广协同创新中心启动活动”，13 个项目集中动工、5 个创新平台项目揭牌、18 个产业和创新载体项目集中签约，项目总投资额约 1523 亿元。9 月 27 日，举行“环湖总部经济带动工暨穗港澳通用航线启动活动”，14 个项目集中动工，总投资额约 523 亿元，1 个项目签约。

**【“企业有呼，服务必应”企业筹建机制】** 2019 年 9 月 17 日，黄埔区委全面深化改革委员会印发《广州高新区（黄埔区）民营经济、中小企业以及实体经济项目筹建服务“企业有呼，服务必应”工作方案》，在全国首创筹建阶段“企业有呼，服务必应”24 小时服务不打烊工作机制。对全区 41 个职能部门、街镇对应的 19 个类别、144 个企业筹建标准化服务事项实施清单化管理，实现企业筹建问题与相应职能部门精准对接、快速反应。开发建设“企业筹建项目管理与服务平台”（电脑版）和“企业筹建 APP”（手机版），融合区行政审批、规划和自然资源等部门的信息数据，同时与区“令行禁止、有呼必应”平台、“粤商通”平台实现无缝对接。投入使用后，企业可通过手机 APP 随时随地反应诉求并获取反馈信息，通过线上部门

2019 年 5 月 28 日，广州开发区民营经济和企业建设服务局举行广州高新区广州开发区穗港智造特别合作区全面启动暨重大项目集中动工活动
（广州开发区民营经济和企业建设服务局供图）

联动解决职能交叉、权责不清问题，进而建立高效便捷、权责清晰、服务精准、信息集成的企业筹建服务体系，开创线上线下一体化全新企业筹建服务模式。至年末，系统平台建成试运行。

【电网建设和迁改】 2019年，广州开发区推进500千伏科北、220千伏橄榄、220千伏漱玉、110千伏尖峰站二期等重点输变电工程建设工作，以及220千伏黄碧甲乙线、110千伏碧文碧沧线、水西路110千伏及220千伏电缆线路等补偿项目迁改工作。完成500千伏科北、220千伏移动等输变电工程，以及南安至沧头、科北站配套220千伏出线等线路工程和中低压配网工程建设工作，推动110千伏黄埔电厂出线工程、110千伏加庄扩建工程、110千伏云平2号变等竣工投产，全年完成电网基建投资7.99亿元，比上年增长34.2%；全年投产项目234项。解决民生热点和企业用电问题，实现43项“迎峰度夏”项目按期投产；实施筹建项目供电信任筹建，以《承诺函》形式加快推进60个项目用电报装送电工作，协调发那科机器人、卡斯玛、京信通信、国际领军人才集聚区、村社“旧改”等项目用电问题，完成乐金OLED、乐金化学偏光片、兴森快捷等重点筹建项目送电，为区域经济高质量发展提供电力保障。

【低效开发用地处置】 2019年，广州开发区民营经济和企业服务局研究制定《低效开发筹建项目管理办法》，通过明确部门职责分工，建立筹建项目节点管理及时间履约保证金制度、约谈制度和专项询问工作制度，全面强化筹建项目建设全过程计划管理，解决项目建设效率低下、筹建进度滞后等问题。至年末，该办法已上报黄埔区政府、广州开发区管委会，待印发后实施。通过支持区属国有企业参与、引导企业内部盘活等多种形式，协商处置低效开发用地项目20个。会同区投资促进局、规划和自然资源局等部门共同促成吉欧电子退还用地；广州开发区投资集团收储钢花机电、回旋医药地块；科学城投资集团与企业合作盘活力柏科技地块；支持广新投资项目转型升级；通过恒运集团与南科电子市场化合作方式，解决南科电子长达10年的土地历史遗留难题，全年有效盘活低效用地约32万平方米。会同区信访部门约谈督促西美公司，成功化解西美电器项目违规销售公寓房导致36人涉及约485万元的信访问题。

（谢子建）

## 重点项目

### 综　述

【概况】 2019年8月，广州开发区长岭居管理委员会和广州开发区重点项目工作办公室合并调整为广州开发区长岭居管理委员会（广州开发区重点项目工作办公室），承担全区征拆安置统筹工作。是年，抓好抓实安置房建设，加强与相关部门对接与协调，实地走访了解征拆安置现状情况，推动大涌湾、挞洲围2个安置房项目建设。12月17日，印发《关于实施〈广州市黄埔区临港片区集体所有土地征收补偿指导意见（试行）〉有关具体问题的通知》《关于实施〈广州市黄埔区科学城片区集体所有土地征收补偿指导意见（试行）〉有关具体问题的通知》《关于实施〈广州市黄埔区九龙片区集体所有土地征收补偿指导意见（试行）〉有关具体问题的通知》，就三个片区指导意见中各街镇普遍关心的适用范围、“村庄搬迁公告”的效力、夹心地边角地补偿、非住宅房屋的补偿、村民住宅房屋改商铺的补偿、钢结构的非住宅房屋补偿、停产停业补偿、村民住宅的历史房屋、临时借地等10个主要方面进行说明，为各街镇解决征拆难题提供政策支持和工作指引。

【征地拆迁统筹管理】 2019年，广州开发区重点项目工作办公室加强征拆一线资料的收集整理，完善重点项目进展情况与督查督办各类登记统计，形成一套完整的征拆工作台账，建立项目统筹协调督办制度。每月定期分别召开省、市重点项目和轨道交通项目征拆督办协调会议，及时梳理征拆进展。对照要求和时间节点督促落实；进展缓慢的项目，采取书面督查和实地督查相结合的模式，督办项目业主单位，并及时到项目现场协调处理。全年通过召开会议、现场督办等方式督导协调省、市、区重点项目征拆工作300余次。依托区土地和房屋征收及土地整理工作领导小组，对于征拆任务涉及的重难点问题，及时提请会议研究审议。全年召开领导小组会议5次，领导小组办公室会议40次，研究审议各类征收补偿事项220余项。通过集体讨论、集体决策的机制，提高征拆效率，及时解决重大征收事项及个案问题，推动征拆工作。是年，黄埔区首次在绩效综合考评基础上，选取征地拆迁作为专项考评项目。依托区土地和房屋征收及土地整理工作领导小组办公室，抓好专项绩效考评的具体实施。通过为区基层一线征收人员开展专门法律、业务培训，为各单位培训小教员，提升一线征拆人员的业务能力素质，强化征拆队伍建设，提高依法征拆工作水平，促进征拆工作。全年到全区各街镇进行征拆业务研究及政策培训50余次，得到各街镇的认可和肯定。

【重大产业和民生项目用地征拆】 2019年，广州开发区大批重大产业、民生项目建设取得新突破、新进展。新白广城际轨道、东北货车外绕线、花莞高速、机场第二高速（黄埔段）、珠三角城轨琶洲支线等省、市重点项目征拆任务完成并交付施工用地。宝能新能源汽车三期、广汕公路扩宽、新材料产业园等区内重点项目突破征拆难题取得良好成效。轨道交通项目征拆工作进展顺利：地铁12号线项目生物岛段、地铁13号线二期项目征拆工作全部完成；有轨电车1号线项目征拆工作完成，全线交地施工。至年末，7号线二期交地比例82%，位居广州市6条新建地铁项目首位；地铁5号线东延线项目保盈大道站、开发区站、黄埔客运港站全部提前进场施工。全年全区下达征收666.67公顷，拆迁55万平方米任务，实际完成征地收储702.67公顷，完成拆迁75.6万平方米。推进12个省、市重点交通项目，市前三季度通报中，黄埔区年度征地任务199.4公顷，居全市第二，在征地任务量前三名中完成率第一。

（张莹）

## 总部项目

【概况】 2019年，广州开发区共引进世界500强、央企或中国500强、民营500强投资项目和总部型项目38个。

【正威国际粤港澳大湾区总部项目】 2019年1月29日，广州开发区与深圳正威（集团）有限公司签署战略合作框架协议，在广州开发区成立粤港澳大湾区总部和硬科技产业园。至年末，已在广州开发区成立正威粤港澳大湾区（广州）控股有限公司、广东正威科城供应链有限公司和正威能源（广东）有限公司。广东正威科城供应链有限公司2019年入统营业收入310亿元。

【南方报业传媒集团产业总部项目】 2019年8月6日，广州开发区与广东南方报业传媒有限公司、广州盈胜投资有限公司签署投资合作协议，拟建设南方报业传媒集团产业总部（南方智媒大厦）。项目总投资36亿元，达产后年产值30亿元，拟注入南方报业文化经营实体，建设“南方智媒大厦”，包括全媒体产业运营中心、全媒体技术研发中心、文化金融投资中心、“传媒+”文创产业中心、南方传媒智库矩阵中心、智媒电商平台、黄埔文化产业会展中心等7大版块。至年末，该项目开工建设。

【中国黄金粤港澳大湾区总部项目】 2019年5月20日，广州开发区与中国黄金集团有限公司签署战略合作框架协议书。中国黄金集团有限公司成立于1979年，是中国黄金行业唯一央企。项目拟建设国际黄金珠宝会展中心、黄金珠宝交易结算中心、黄金珠宝检测鉴定中心、黄金珠宝金融创投中心、黄金珠宝设计研发培训中心、黄金珠宝知名品牌研发办公中国总部，投资总额约20亿元。

【广州日报科技文化中心项目】 2019年3月27日，广州开发区投资促进局与广州日报报业集团、广州开发区金融控股集团有限公司签署投资合作协议，建设广州日报科技文化中心项目。项目总投资13亿元，预计达产后营业收入12亿元，税收1亿元。项目第一期导入广州日报新媒体、文化企业及文化金融等三大板块产业企业，第二期吸引创意、科技类板块企业入驻，丰富园区产业板块构成，已开工建设。

【阿斯利康南方总部项目】 2019年11月6日，广州开发区与阿斯利康在上海进博会签署战略合作备忘录。阿斯利康是1家以创新为驱动的全球领先制药公司，全年全球营业收入243亿美元，拟在广州开发区投资设立南部总部项目，并设立一家外商独资企业执行本项目，将承担包括但不限于粤港澳大湾区及华南地区的运营管理、市场销售、创新孵化、技术支持等总部职能，同时将阿斯利康的创新药品、创新的诊疗一体化全病程管理方案进一步惠及粤港澳大湾区患者，预计2021—2026年可实现营业收入约100亿元。

【思派创投总部项目】 2019年3月8日，思派集团在中新广州知识城注册思派健康产业投资有限公司，其后投资设立6家项目公司。思派集团是专注肿瘤领域的医疗科技企业，从建立肿瘤领域的全国性临床肿瘤专家网络和肿瘤医疗数据网络出发，并以此为基础建设肿瘤领域的专业医学和专业医疗服务整合体系，提供提高新药企业研发和商业化速度、医生临床工作效率、病人诊断治疗效果等多方获益的综合解决方案。

【阿里健康大药房全国总部及阿里健康华南运营总部项目】 2019年12月19日，广州开发区与阿里健康科技（中国）有限公司签署投资合作协议。阿里健康以医疗医药、健康、追溯、医疗大数据和人工智能为核心业务，是阿里体系内大健康产业的龙头企业。阿里健康拟在广州开发区建设阿里健康大药房全国总部及阿里健康华南运营总部项目，主要包含涵盖非处方药和处方药的线上线下一体的阿里健康大药房全国总部，以及阿里健康互联网医院。阿里健康大药房医药连锁有限公司2019年营业收入60亿元，新增到位外商投资资金9.75亿元。

【医渡云华南总部项目】 2019年1月，广州开发区与医渡云签订合作协议，4月，注册成立医渡云（广州）技术有限公司，是国内首个以数据智能驱动医疗创新的人工智能技术公司。医渡云在广州开发区投资设立医渡云华南总部，并建设新药创制加速器、华南转化医学研究中心、粤港澳大湾区保险业务创新中心、华南生物样本库等，项目预计五年内总投资约3亿元，预计五年累计营业收入达5.8亿元。

【广湛铁路项目】 2019年8月9日，广州开发区与广东省铁路建设投资集团有限公司签署合作协议，拟将广湛铁路项目公司落户广州开发区。该项目总投资约950亿元（注册资本金499亿元），长度约410千米，设计时速350千米，途经广州、佛山、肇庆、云浮、阳江、茂名、湛江。广湛铁路全线运营后，预计最大客流量为2700万人次/年，预计年票务收入约50亿元，年均税收1.6亿元；同时伴随着沿线高铁站的物业开发，项目公司收入还可增加，另外还可带来车辆购置费等固定投资约30亿元。

【科华恒盛粤港澳大湾区总部项目】 2019年1月17日，广州开发区与厦门科华恒盛股份有限公司签署合作协议。厦门科华恒盛股份有限公司前身创立于1988年，专注电力电子技术研发与设备制造，是行业首批“国家认定企业技术中心”和“国家火炬计划重点项目”承担单位、国家重点高新技术企业、国家技术创新示范企业和全国首批“两化融合管理体系”贯标企业，拟在广州开发区设立粤港澳大湾区总部。

【美莱网广东纳维亚一号项目】 2019年7月25日，广州开发区与北京云杉世界信息技术有限公司签署投资合作协议。美莱网是中国最大的生鲜农产品移动电商平台，在国内的独角兽企业中位列15位，公司估值近70亿美元。项目拟建设美莱网大湾区总部基地、美莱网大湾区农产品冷链集散中心、美莱网大湾区农产品加工中心（中央厨房）、美莱网大湾区菜品研发和厨师培训基地，总投资4亿元。

## IAB产业项目

【概况】 2019年，广州开发区围绕IAB产业项目，先后与通用电气（GE）、龙沙制药、百济神舟、京信通信、LG偏光片等项目达成合作协议。

【硕贝德5G产业总部项目】 2019年2月20日，广州开发区与惠州硕贝德无线科技股份有限公司签署项目合作协议书，拟在广州开发区投资设立硕贝德5G产业总部项目，项目总投资5.85亿元，达产后产值18.45亿元，税收6267万元，主要从事5G基站天线及射频模块、5G毫米波终端天线模组、5G智能车用V2X射频天线及模块，无线充电接收与发射产品业务。

【龙沙生物制药项目】 2019年3月26日，广州开发区与龙沙集团签署投资协议，5月10日，成立龙沙生物技术有限公司。龙沙集团是瑞士制药巨头，是全球最大的生物药代工生产厂（CMO）。龙沙将在该区设立独资公司，经营临床前、临床和商业规模的人用生物药品开发和制造，包括单克隆抗体和相关的大分子药，成为医药合同定制研发生产（CDMO）服务供应商。龙沙将投资1亿余美元，运营管理Bridge项目，引进超高技能人才160人，产值预计1亿余美元。龙沙还计划在该区投资建设灌装车间和一次性小规模生产车间及不锈钢大规模生产车间。

【广州诺诚健华药品生产基地项目】 在广州开发区总投资21亿元建设的广州诺诚健华药品生产基地项目，于2018年7月20日签订合作协议，8月注册成立广州诺诚健华医药科技有限公司，注册资本10亿元。将建立以ICP-022肿瘤新药生产为核心的生产基地，于2018年12月20日动工，计划于2020年1月封顶。达产后预计实现年产值80亿元，税收约8亿元。北京诺诚健华医药科技有限公司是国内顶尖的创新药研发企业，由著名结构生物学家施一公院士领衔创立，专注于肿瘤和自身免疫疾病治疗的创新药物的研发。核心产品奥布替尼（ICP-022）是BTK靶点抑制剂，已获对国家药监局（NMPA）受理针对复发/难治慢性淋巴细胞白血病（CLL）、复发/难治性套细胞淋巴瘤（MCL）等两个适应征的上市申请（NDA）。2019年3月23日，诺诚健华母公司在港交所上市。

【恒瑞南方总部及产业化基地项目】 江苏恒瑞医药股份有限公司是一家从事医药创新和高品质药品研发、生产及推广的医药健康企业，是国内市值最大、最具创新力的医药龙头企业。恒瑞医药计划投资30亿元在黄埔区、广州开发区建设恒瑞医药南方总部和产业化基地项目，2019年4月注册成立广东恒瑞医药有限公司，注册资本10亿元，预计实现达产产值100亿余元，税收20亿元。

【创维智能产业创新基地】 2019年4月18日，广州开发区与创维集团签署投资协议。该项目计划投资70亿元建设超高清彩电产业基地、智能电子产业基地，集智能家电产品研发、制造、销售、供应链管理于一体的智能产业创新基地，打造国内生产规模最大和技术最先进的智能电视制造园区。

【小鹏汽车智造创新中心项目】 2019年7月19日，广州开发区与广州橙行智动汽车科技有限公司签署投资合作协议，建设小鹏汽车智造创新中心项目，项目拟有5个主要建筑内容：新能源汽车试验室、自动驾驶试验室、研发大楼、试制车间、试车跑道；同时，网约车出行平台全国运营总部将落户本项目中。项目总投资10.29亿元，达产后年产值29.8亿元。

【文远粤行项目】 2019年8月28日，文远粤行（广东）出行科技有限公司参加黄埔区、广州开发区集中签约动工活动。该公司于2019年8月21日在广州成立，是全球首家L4级自动驾驶出行运营公司，主要从事车载电脑等自动驾驶核心智能部件及自动驾驶汽车整车改装的测试、生产和销售及售后服务、自动驾驶出租车出行服务、网络预约出租车出行服务，运营后将为广东省各地区智慧交通出行提供服务。

【京信通信5G天线项目】 2019年10月12日，广州开发区与京信通信技术（广州）有限公司签署投资合作协议。京信通信拟投资扩充天线产品生产线，设立5G天线产品独立工厂。总投资估算5亿元，建筑面积1.7万平方米，包含5G天线和介质滤波器两大智能制造生产车间、AFU集成组装车间以及自动化包装和仓储等。

【广州生物制造工艺培训学院项目】 2019年11月27日，广州开发区与通用电气生物工程（中国）有限公司签署投资合作协议。与GE、NIBRT公司联合共建广州生物制造工艺培训学院，通过向生物医药产业技术人员及学校学生等提供培训服务，加强对市、区生物医药行业人才的培育，解决行业发展需要、加快行业发展。

【高新兴智能制造基地项目】 2019年11月21日，广州开发区与高新兴科技集团股份有限公司签署合作协议，拟新建智能制造基地并设新公司，统一承接全集团产品的生产加工业务，以及部分原材料采购业务，项目总投资约20亿元，预计达产后营业收入60亿元。高新兴科技集团股份有限公司是中国领先的智慧城市物联网应用与服务提供商，成立于1997年，于2010年上市，是中国首家以“物联网”概念上市的企业。

【航天科工集团信息技术应用创新产业华南总部项目】 2019年12月6日，广州开发区与北京计算机技术及应用研究所签署合作框架协议，拟在广州开发区设立中国航天科工集团信息技术应用创新产业华南总部。北京计算机技术及应用研究所成立于1957年，隶属于中国航天科工集团第二研究院，是中国最早从事计算机研究的大型骨干专业研究所之一。

【广东纬德信息总部及研发基地项目】 2019年12月31日，广州开发区与广东纬德信息科技股份有限公司签署纬德信息总部及研发基地项目投资合作协议，拟建设生产、组装中心，5G通信产品、加密芯片实验室，5G及加密芯片研发中心，项目总投资额2.74亿元，达产后年营收约7亿元。广东纬德信息科技股份有限公司是国家级高新技术企业、双软企业、国家商用密码产品生产定点单位和销售许可单位。

【阿里云IoT智能制造项目】 2019年，阿里云将IoT智能制造全国总部项目注入广州阿里云计算应用有限公司，与原已落地的ET工业大脑项目构成广州阿里云的两个重要业务板块，建设跨行业、跨领域的国内领先的工业互联网平台——飞龙工业互联网平台，完成飞龙工业互联网平台纳入广东省双跨平台，打通大、中、小型企业“上云上平台”，帮助制造业进行技术改革和技术变革。项目预计达产后，每年新增营收近5亿元。阿里云计算有限公司于2018年在广州开发区设立广州阿里云计算应用有限公司，主要从事运营阿里工业云全国总部项目。

【兴森科技半导体封装产业基地项目】 2019年，广州开发区与兴森签订投资协议，计划在广州开发区建设半导体封装材料产业基地，计划总投资25亿元，预计二期达产后产值30亿元。兴森是国内唯一具备类载板生产技术、拥有先进封装基板生产技术的企业。该项目是国家大基金在广州投资的第一个项目。

## 其他重点项目

【概况】 2019年，黄埔区、广州开发区引进一批如现代汽车氢能源电池、烯湾科技、GE海上风电等新能源、新材料、新进制造业等方面的投资项目。

【宝能新能源动力电池项目】 2019年8月19日，广州开发区与深圳市宝能投资集团有限公司签署投资合作协议，建设动力电池研发及生产项目，项目总投资99亿元，电池板块固定资产投资49.5亿元，达产产值约46亿元。具体内容为建设研发综合楼、产能8GWh工厂及辅助设施，主要产品为车用动力锂离子电池及模组，产能约8GWh。

【GE海上风电项目】 2019年7月12日，广州开发区与通用电气法国风电公司签署通用电气海上风电运营和开发中心投资合作协议。通用电气具有领先全球的高功率、高发电效率的大型风电机技术，与揭阳市、广州开发区开展合作，在揭阳市投资建设一个具备100万千瓦以上生产能力的GE海上风电机组总装基地，在广州开发区投资建设GE广州海上风电运营和技术中心，并与揭阳市一起联手推动GE揭阳海上风电产业园建设。设立在广州开发区的运营和开发中心将聚焦区域性需求，为中国市场进行海上风机设计优化和适应性改造，以实现Haliade-x 12兆瓦风机的本土生产能力。同时，该中心将为客户提供包括风机基础载荷和工程造价优化、培训、风电运营数据中心，以及运维服务等方面的支持，也将是GE可再生能源集团海上风电业务的区域销售和供应链管理中心。

【烯湾科技项目】 2019年12月6日，广州开发区与烯湾科技签署投资协议。烯湾科技将在知识城投资5.6亿元，建设碳纳米管纤维材料制造基地，建成后主要生产碳纳米管纤维粉体、碳纳米管导电浆料、碳纳米管导热/散热膜、碳纳米管纤维复合材料。后续还将建设与之配套的研发、检验、仓储等辅助设施与碳纳米管纤维原材料成品应用转化中心，形成产学研相结合、功能齐全的高科技碳纳米管纤维研发、成果转化的碳纳米管材料应用转化研发中心及生产基地。

【新华集团穗港智造特别合作区项目】 2019年4月14日，广州开发区与新华集团签署合作框架协议，投资建设穗港智造特别合作区，聚焦生物医药大健康、人工智能、电子信息、新能源新材料等战略新兴产业导入香港再工业化项目，打造穗港再工业化合作示范区、粤港澳大湾区制度创新先行区。

【一汽出行项目】 一汽集团是中央直属国有特大型汽车生产企业，总部位于吉林长春市，前身是第一汽车制造厂，2018年世界500强第125位。2019年9月16日，广州开发区与一汽出行科技有限公司签署投资合作协议。拟在广州开发区注册成立全资子公司一汽出行科技（广州）有限公司，作为一汽出行中南区域总部，以网约车运营、汽车租赁、融资租赁、平台运营、大数据等为主营业务，打造“红旗品牌”为核心的出行科技企业。未来五年计划投入1.9万辆运营车辆，覆盖华中、华南等省份区域，预计五年可实现累计收入60亿余元。

【凤凰传媒项目】 2019年8月28日，广州开发区与凤凰卫视有限公司签署合作备忘录。凤凰卫视将依托自身优势，整合媒体和文化产业资源，推动文化创意、影视制作、剧场演艺、文化论坛落地，推动广州开发区文化产业和事业集群化发展。搭建企业战略服务的产业平台，投资和孵化新媒体及内容产业、信息技术、人工智能等领域有发展潜力的初创企业。

【中国林业集团大湾区项目】 中国林业集团是国资委管理的中央企业，经营业务涵盖森林资源利用、种子种苗和生态旅游三大板块，在全球拥有并经营150余家企业，是全球最大的木材经营商。2019年7月26日，中国林业集团在广州开发区设立公司，开展大湾区的业务，注册资本3亿元，是年营业收入2亿元。

【麦和项目】 2019年4月1日，广州开发区与麦和（广州）实业有限公司签署投资合作协议。该公司专注于全球领先日用品研发管理营销，是集品牌开发升级、供应链管理、市场规划与销售为一体的创新型互联网公司，拟在广州开发区建立产品生产和销售总部。

（王丽华）

# 国有企业管理

## 综　述

【概况】 2019年末，黄埔区、广州开发区区属国有企业资产总额1886.94亿元，比上年（下同）增长62%，连续2年增幅超60%；所有者权益总额718.14亿元，增长28.17；年度营业总收入150.66亿元，增长111.90%；利润总额29.09亿元，增长57.84%。实现入统固定资产投资127.69亿元，增长21.1%。

是年，广州开发区国资局编制《广州开发区国资国企高质量发展五年规划》，优化国有资本布局规划，属219个国家级经济开发区区属国资国企中的首例五年规划编制。推动6对国企重组：知识城集团与广州开发区基金重组；九龙镇属企业广州市谷城企业管理服务有限公司、广州九佛经济发展总公司与科学城集团重组；广州开发区金控集团下属凯云发展公司与科学城集团下属科学城（广州）园区投资运营发展有限公司重组；广州开发区金控集团下属科云公司以股权转让方式与恒运集团下属恒运西区热力公司重组；开发区金控下属主干宽带网络公司以增资扩股方式与战略投资者广州市城投集团重组。推动托管1家：高新区集团托管人才工作集团。推动改制1家：广州九佛经济发展总公司改制为有限责任公司。推动并购4家：科学城集团并购上市公司皇朝家私；开发区金控并购新三板挂牌企业联讯证券更名粤开证券；科学城集团收购两家分别具有市政总承包一级及建筑工程总承包一级资质的公司，分别更名为科学城（广州）市政建设工程有限公司及科学城（广州）建筑工程有限公司；推进集团内部专业化重组，科学城集团组建城市更新集团、建设发展集团、环保产业投资集团、水务投资集团等4家二级产业集团。市场化选人用人机制实现新突破。指导凯得融资租赁公司试点实施职业经理人制度；首次向区属国企委派2名专职外部董事。

是年，区属国企开展“不忘初心、牢记使命”主题教育。制定主题教育1+5工作方案，落实四项重点措施。深入14家下属企业党支部调研，出台《国企基层党建工作业绩考核细则》，构建“一核四化”国企基层党建工作考核新机制。区属国企均成立专门党务工作机构，配备专职党务工作人员，完善国企党建基地——新时代文明实践中心运营资金保障机制。开展排查，企业党建进章程完成率100%。推动区属国企开展132个党组织书记述职考核评议。

**【国有企业服务】** 2019年，广州开发区国资局参与区内投资建设和项目筹建。区属国企全年完成区重点建设项目30项，其中基础设施建设项目8项、现代产业体系建设项目18项、社会民生项目4项，计划投资240亿元，实际完成投资248亿元，完成率103%。“5·28”“8·28”“9·28”总动工项目15个，投资额360亿元，涉及地块面积94万平方米。科学城集团组织实施的国家知识产权局专利局专利审查协作广东中心一期业务用房项目获国家优质工程奖。开发区基金与开发区金控、开发区投资共出资15.01亿元，与广州立景创新科投公司合作成立总规模35.01亿元产业基金，支持产景创新项目落户。区属国企服务区政府重点工作，全年推进征拆项目108个，完成征、拆、借地359万平方米。统筹解决中小企业融资问题。搭建300亿元产业投资基金和100亿元民营企业纾困基金对接民营及中小企业平台。产业投资基金投资项目71个，实际投资52亿元，民营发展基金投资项目7个，实际投资11亿元。广州开发区金控集团筹建民营科技型中小企业创新金融服务超市，搭建集金融产品、中介服务、政策咨询、信息共享等综合性金融服务于一体的对接平台。

打造区域智慧交通、绿色交通。广州开发区交投集团在黄埔区规划12条、总长度186千米的有轨电车线路，全面覆盖和串联区内轨道交通和重要的枢纽节点。在8个公交站场充电站共建成346个充电桩终端，为429辆公交车夜间充电及735辆公交车和约5000辆社会新能源车提供日间充电服务。全年为公交充电13.6万车次，社会车辆充电4.2万车次。助力碧水蓝天保卫战。恒运集团推动广州市首条氢燃料电池公交线示范运营，推动广州市中德氢能源研究院建设，黄埔氢能创新创业中心项目成功获批。科学城集团完成广州开发区水质净化厂污泥干化减量项目一期工程，萝岗、西区、东区、黄陂共4家水质净化厂污泥干化项目进入试运营，处置干化污泥量1346吨。科学城集团6家水质净化厂污水处理量累计完成8819万吨，外运处置污泥3.74万吨，污泥无害化处理率100%。打造科技创新产业园区运营载体。广州开发区投资集团建设黄埔实验室，引进北京协同创新研究院、中科院微电子所、国家纳米研究院等研究机构，成立广东粤港澳大湾区协同创新研究院、广东省大湾区集成电路与系统应用研究院、粤港澳大湾区纳米科技创新研究院。

**【国有企业监管】** 2019年，广州开发区国资局提高监管服务效率。优化国企重大事项审核、备案、产权登记工作流程，全面实行“无纸化”办公。8月始，区属国企办理产权登记管理工作只需在系统上提交电子档资料；11月始，办理审核、核准、备案事项通过办公系统报送，无须再提供纸质材料。为区属国企减负约300宗的产权登记、备案纸质资料，减少企业办事人员往返。加强企业干部职工队伍建设。将党管干部原则与董事会依法选择经营管理者相结合，会同区委组织部摸查区属国企干部基本情况并建立花名册，选拔3名优秀中层干部为集团副总经理。组织开展区属国企党务、财务风险管理、投资监督管理、法务、办公室业务、安全生产等培训12场，1106人次参训。制定国有企业投资监管、规范年金管理、规范土地资产处置，规范物业租赁4项制度，修订外部董事管理办法。

## 广州高新区投资集团有限公司

**【概况】** 2019年，广州高新区投资集团有限公司（简称广州高新区投资集团）实现营业收入7.29亿元（合并口径），比上年增长44.26%；利润总额2.47亿元，增长18.63%，总资产256.99亿元，增长38.21%；归属于母公司的净资产57.40亿元，增长20.93%。投资总额50.34亿元，其中股权投资12.49亿元，投资性房地产投资37.85亿元。物业租金累计收入3.39亿元。实现合同引进外资6064万美元，实际利用外资1.04亿美元，实际利用内资11.2亿元。

降负债和抗风险取得突破。对

效益低下、存在损失可能性的项目制定具体处置或退出方案回收部分投资资金；减少非主业投资规模，通过处置非主业的合作公司股权及外资企业股权回笼现金，聚焦做强主业，增强公司的自我造血功能；完善企业投资决策，在项目的投资管理方面，将加强债务管理、严控债务风险纳入投资决策的评价要素；建立债务处置应急机制，明确机构和人员及责任，确保不发生重大债务风险。

集团战略合作焕然一新。集团层面"朋友圈"不断扩大，分别与中建八局、绿地集团、越秀集团、广州建筑、阿克苏诺贝尔、侨鑫集团、中再资本、北京市政路桥集团构筑全面战略合作伙伴关系。全球影响大幅提升，通过举办各类学术论坛、沙龙、讲座、政策宣讲会积极吸引企业入驻，助力黄埔区、广州开发区打造全球生物医药高地。组织开展第三届官洲国际生物论坛、中国生物医药产业大会、中以项目路演及沙龙活动 8 场、其他大型生物医药交流活动 21 场。

开展安全生产、综治维稳、扶贫开发等专项工作。定期对有关责任单位进行检查、监督，落实各项整改措施，确保不发生安全责任事故。配合开展"12345"政府服务热线、云信访系统应用工作，跟进并处理上级通过"12345"平台转发的信访案件 51 件。对口阳山县大崀镇沙田村的一批扶贫农业种植项目推广铺开，光伏扶贫、扶贫扶智等帮扶措施成效显现，通过发展无花果集体产业，探索产业化扶贫道路。是年，光伏项目实现帮扶支持贫困村、户提供红利 21 万余元。

**【招商引资】** 2019 年，广州高新区投资集团围绕主营业务做强做优做大，以知识城生物医药价值创新园区、广州国际生物岛、华南新药创制中心、GE 生物科技园为依托，多措并举、多管齐下推进生物医药产业招商，引进瑞士制药巨头、全球最大的生物药物生产企业龙沙集团进驻 GE 生物科技园，全年引进爱敦生物技术、韩国新地 B-bio 血糖检测仪、广州新创忆药物临床研究、广州南创珠峰医疗、广州盛嘉生物，默克创新科技（广东）公司、瑞查森生物医学技术（广州）有限公司、思派健康产业投资公司、拓唯思特生物科技有限公司等 30 多家国际知名生物医药企业入驻黄埔区。

提高总部经济引进、培育、发展等工作实效，引进中国黄金行业唯一央企中国黄金集团，中国 500 强海康威视，促进黄埔区的增长动能水平和经济活力；围绕人工智能、区块链、绿色低碳、数字创意等战略性新兴产业，招引瀚决网络科技、阡寻信息科技、全食社区、汉图达科技、华富能环保科技等一批符合产业布局和未来发展的高科技项目；结合区政府关于支持传统产业转型升级的相关政策，坚持以商招商，吸引与传统产业相关的上下游优质企业来投资兴业，推动日本株式会社欧雅玛在区内已设企业的基础上增资扩产，与搜于特集团合作投资供应链领域，国内领先的产业互联网企业慧聪集团在区内成立大宗商品供应链公司，产业链条不断延伸，为黄埔区传统产业转型升级增添新动能。

官洲中心打造成为生物医药国际化创新创业载体，为高端生物医药科技企业总部和研发企业提供办公场地及配套商务服务。全年，官洲中心接待国家、省、市、区领导近百次，官洲生命科学会议中心作为官洲中心商务会议配套，更是生物医药圆桌会议永久选址地点。引才引智引技富有成效。引进专业人才，引进掌握核心技术的院士、战略科学家，进一步放大其价值，形成鲶鱼效应，激活产业能级提升，积极布局院士专家项目。引进英国皇家病理学和生物学会院士瑞查森、美国医学与生物工程院院士文学军、中国工程院院士任发政三位战略科学家主导或参与的项目，为开发区产业未来的发展注入智慧因素和强劲动力。

**【产业园区开发】** 2019 年，广州高新区投资集团加强协鑫南方总部项目建设，项目总投资 29 亿余元，为黄埔区、广州开发区总部招商做好配套设施服务。启动大湾区科创走廊新光谱建设，项目总投资 36.12 亿元，拟 2021 年完成主体结构封顶，建成后集总部商务办公、高层次人才公寓及商业为一体，完善黄埔区"一带一路"与粤港澳大湾区发展战略部署。重点打造保盈大道摩天工坊，该项目是根据区委、区政府关于"开发建设穗港智造特别合作区，推动广州开发区西区的整体升级改造"的战略部署和工作要求，在西区投资开发的第一个摩天工坊项目。项目总投资 20.24 亿元，通过建设现代化的"摩天工坊"和"工业上楼"，让存量土地实现倍增效益，推进产业结构调整和创新转型发展，提高土地节约集约利用水平，构建"都市型工业"新业态。完成博汇商务区一期物业收购，收购位于金博物流园区内的 12 栋商业建筑物，总建筑面积 14 万平方米，占地面积 5.9 万平方米，配合和支持广州开发区管委会推进益海嘉里华南粮油生产基地项目落户的重要工作部署。启动建设穗港澳航空产业基地。加强穗港澳三地联系，打造三地经济连廊，推动粤港澳大湾区经济发展，与合作伙伴共同出资成立穗港澳航空服务（广州）有限公司，联合打造广州地区首条穗港澳空中连廊，形成"山海相连"的全方位交通枢纽，并于 9 月 27 日举行航线启动仪式，产业基地已选址西区沿江地块，筹建工作正在加快实施。广佛园项目进展顺利，广佛公司作为园区投融资主体、开发主体，已全面组织建设园区主干路网及其他基础设施建设，同时建成占地面积6252平方米，具有办公、接待、展厅、服务窗口等四大功能为一体的展厅交付使用；创新服务中心项目全面开展施工建设。

**【参与区域重大项目建设】** 2019年，广州高新区投资集团参与生物岛建设。建设未来生物科技的CBD，总部公寓配套项目即将封顶，累计完成建设资金3415万元，竣工后为园区企业提供完善的配套服务设施；标四单元及配套项目全部封顶，投入运营后为园区企业提供科技研究、产品开发、孵化基地及商业配套服务；粤港澳大湾区协同创新中心预计投资19.65亿元，将打造为生物岛“城市客厅”和交通枢纽。加快中新知识城的GE-Lonza生物制药项目建设，完成KUBio设备安装，确保实现次年中顺利移交至龙沙公司投入使用。该项目助力广州开发区获得联合国全球杰出投资促进或机构大奖。加快国际生物医药创新中心建设，该项目位于中新广州知识城，总计容建筑面积20万平方米，总投资约18亿元，拟打造成集生物医药学术交流、研究孵化、办公、商业配套等业态的综合性产业园区，并作为知识城生物医药价值创新园首个商业办公配套项目，建成后将为园区内的百济神州、诺诚健华等龙头企业及其上下游企业提供舒适、方便、实用的商务环境。

**【科技金融服务】** 2019年，广州高新区投资集团在确保风险可控前提下，加强融资力度。分析金融形势及资金来源和结构，制定“加大传统金融机构融资力度，创新融资取得突破”策略，稳住原有规模，拓宽新渠道。全年融入资金68.48亿元，其中新增银行借款36.48亿元、银行续借16.99亿元、中票5亿元、超短融10亿元。集团公司信用等级评级历史上第一次达到AA+，为集团公司在资本市场融资奠定重要基础。全资拥有融资租赁公司后，以融资租赁及创业投资公司为通道实现外部融资近10亿元，杠杆稳中有降，结构持续优化，综合融资成本保持低位，银行融资全年平均成本为5.2%；超短融与中期票据发行均创全国市场当期同评级最低发行利率，保障到期债券的归还，维护集团公司在外部机构的良好形象。

**【产业投资】** 2019年，广州高新区投资集团生物医药主业全面提升。是年，战略布局更趋完备，入股康芝药业，强化集团生物医药主业，助力康芝药业在区内开展儿童专用药和婴童产品的研发创新，成为国内乃至国际一流儿童大健康产业企业。业态雏形逐步构建，与世界制药化工巨头——龙沙集团开展合作。继引进GE医疗后，又引进世界制药化工巨头——龙沙集团。配合双方推进GE-Lonza生物制药项目筹建，吸引高端技术和资源进入知识城生物医药价值创新园，同时加快配套建设，打造世界生物医药龙头企业集聚区。专业体系加速形成，打造全国顶级生物工艺培训学院。已落户广州国际生物岛的广州生物制造工艺学院是广州开发区管委会、生物岛公司与通用集团联合成立的高端生物医药学院，将为全国培养符合GMP标准的高端人才，为国内生物制药企业实现国际发展做好人才储备。专业发展成效明显。参股企业康方生物产品进入二期临床试验。该产品AK104 PD1/CTLA4靶点的双特异抗体是自主研发并且也是全球第一个PD1双抗进入二期临床试验的项目，是肿瘤免疫治疗领域新的尝试和突破。康方生物D轮融资后，公司估值8.5亿美元。

**【城市更新建设】** 2019年，广州高新区投资集团坚持“老城市焕发新活力”理念，推动城市品质提升。抓住黄埔区、广州开发区“四区四中心”更新改造工作的黄金期、窗口期，推进城市的成片连片更新改造，优先利用集团物业资产以及工作资源上的优势，把连片改造和微改造结合起来，以建设专业化、高端化“科技小镇”为引领，推动区内产业转型升级。西区升级改造工作优化提升。推动22平方千米的穗港智造特别合作区开发建设；推进黄陂公司旧改；推进横沙村级工业园建设；大沙街道低端低效物业改造形成品牌，推进重岗村、蟹庄村、莲塘村、沧联村和镇墟等5个村镇的城市更新改造，持续推进庙头社区及鱼珠片区城市更新工作。同步实施清远汤塘片区的土地收储，至年末，储备可开发土地面积超27平方千米。

**【参与推进“一带一路”合作项目】** 2019年，中沙产能合作项目进入全方位实质性的推进。广州高新区投资集团推动中沙合资公司的设立，促成中沙合作再上新台阶，委派中方人员参与公司的运营管理，全面启动中沙合资公司的各项工作，编制公司规章制度，完善公司人力体制机制建设，推动公司合同审定、证照变更等工作，为中沙项目下一步工作的顺利推进夯实基础。开展沙特吉赞园区招商工作，牵头举办各类投资推介活动，在谈储备项目40个以上，其中协助推进中沙合作首个落地的产业化项目泛亚聚酯“沙特石油化工化纤一体化”项目，并与隆基绿能科技股份有限公司、宁夏同乐新材料有限公司、福莱森（国际）有限公司3家有意向赴沙特投资的中资企业签订4份谅解备忘录，达成初步合作协议。

【全资直属企业】 2019年，广州高新投资集团有全资直属企业11家。

**广州高新建设开发有限公司** 原为广州永和建设发展有限公司，2019年5月起，变更登记为广州高新建设开发有限公司，简称高新建设。是年，高新建设围绕建设板块，加快推进建设资源整合，优质高效实施工程自建和代建业务，全年实现经营收入6001.42万元，净利润4976.34万元，资产总额4.28亿元，比上年增长16.49%。推进各项重点项目工程建设。九龙大道与广汕路口改造工程按计划推进。九龙三厂项目实现年底完工，完工时间提前半年。完成黄埔东路改造工程12月底三大节点任务，实现顺利通车。完成知识城东部快速路工程一期、华圣公园建设项目二期施工进度过半。征拆工作持续发力，实质推动翟洞村等地块收储、九龙大道南端扩建房屋动迁、广汕路立交工程拆迁补偿等项目，老大难问题实现突破。完成集团公司各物业的灯光亮化提升工程。推进集团及集团关联企业代建的中新知识城安置房（标段一）、生物岛总部社区、合景星辉广场（官洲生命科学创新中心）装修改造等项目，完成投资的粤港澳大湾区知识产权创新中心（首期）项目工程设计招标及场地平整工作。

**广州市国营黄陂农工商联合公司** 简称黄陂公司。全年实现营业收入6022.99万元，净利润6127.27万元。将联和街黄陂公司旧村全面改造项目纳入黄埔区2019年城市更新年度计划。征拆代业主工作取得突破，全年代业主收入突破400万元，创收完成率102.5%；顺利攻克区重点督办工作的机场二高黄埔区段征拆项目；完成省委党校第二校区选址地块征拆项目租赁地块上附属物的全部拆除，实现房屋腾空100%。加快森林公园基础设施建，打造特色景观，举办旅游文化节、文化创作节等系列活动；参股的“飞越丛林”冒险项目广受欢迎，至年末，接待游客7万余人次。加快开拓现代观光农业，与中国热带农业科学院广州实验站（热科院）合作开发广州天鹿热带作物科技示范园项目，与广东南方创意旅游开发股份有限公司合作开发“农业+”项目。

**广州国际生物岛有限公司** 简称生物岛公司。全年收入1.65亿元（合并）。是年，生物岛公司提升园区创新服务和生物医药产业孵化能力，打造最佳营商环境，广州国际生物岛国际生物科技交流合作孵化器平台建设项目通过验收。全年举办各类讲座、政策宣讲会、企业招聘等活动21场，帮助企业及时掌握政策信息、招聘人才，促进企业间相互交流与合作。组织开展中以项目路演及沙龙活动8场；协办中国生物医药产业大会、第三届官洲国际生物论坛等大型国际性论坛活动。

**广州科羽体育文化发展有限公司** 简称科羽公司。2019年1月，科羽公司作为业主负责承建的国羽中心配套公寓办公区域改造装修工程竣工，保障集团公司办公楼顺利搬迁。全年承办卡宾服饰年会、万孚生物年会、虎牙直播年度盛典、高校联盟羽毛球赛、广汽气排球比赛、北京科技大学新材料研究院主办的机器人大赛、2019MOMO现场巡乐会等大型活动36场。开辟餐饮版块业务，推出自主餐饮品牌“高新膳食”。实现营业收入1640.66万元，利润总额142.39万元。

**广州天经物业管理有限公司** 简称天经物业。2019年，天经物业优化发展原有项目，扩大经营业务范围，以主营业务带动增值服务，加大招商招租力度，倡导全员招租，经营服务费、场地租赁、房屋租赁、售电交易等新增收入508.23万元。全年实现营业收入7343.32万元，比上年增长92.01%。打造优秀物业行业品牌，全年新获“全国物业行业十佳企业”“质量、信誉双优企业”等9个证书，被评为AAA级企业资信。

**广州云埔工业区东诚实业有限公司** 简称东诚公司。2019年，东诚公司深挖云埔工业区升级改造潜力，主营业务有序铺开，开拓性业务依次推进。全年营业总收入840.54万元，资产总额5.92亿元，比上年均有增长，其中资产总额增长近4倍。物业的租赁面积和租金收入分别增长12.04%和38.65%。12月，动工建设自主投资的“东诚智造产业基地”项目，拟2022年8月竣工。承接重岗村、蟹庄村和沧联村等3个村旧村改造工作，其中重岗村于10月签订《前期合作协议》。推进参股项目“状智公司”“宝力特液压密封有限公司”的业务开展。

**广州高新区投资控股有限公司** 原为广州市黄埔乙丰投资经营有限公司，于2019年6月更名为广州高新区投资控股有限公司，简称高新控股。高新控股全年总收入1.83亿元，资产总额10.97亿元，资产增长率14.75%。是年，与横沙社区达成共识，利用“三旧”政策完善用地手续后合作开发，建设横沙村级工业园，打造粤港澳大湾区创新走廊核心组团，项目纳入黄埔区2019年城市更新年度计划（第二批）。负责鱼木小区旧城改造项目前期服务工作，并统筹考虑鱼珠片区（鱼木小区、鱼珠煤场地块四家国企联合改造区域、临港经济区起步区地块收储区域、939大院）各项目的整体规划设计。与合作公司成立丰悦公司对庙头社区旧村改造项目提供前期服务，推进庙头社区更新改造工作。与横沙社区合作开发丰乐北产业园地块等政府已收

## 广州高新区投资集团有限公司参股企业情况表

| 企业名称 | 集团股比 % | 登记注册类型 | 成立时间 | 企业经营 |
|---|---|---|---|---|
| 永丰余纸业（广州）有限公司 | 6.25 | 有限责任公司（港澳台合资） | 1990.10 | 纸制品 |
| 铃木住电钢线制品（广州）有限公司 | 6.67 | 有限责任公司（中外合资） | 1994.7 | 不锈钢丝 |
| 阿克苏诺贝尔太古漆油（广州）有限公司 | 10 | 有限责任公司（中外合资） | 1992.1 | 涂料 |
| 仙妮蕾德（广州）有限公司 | 10 | 有限责任公司（中外合资） | 1994.6 | 保健品、化妆品 |
| 欧文斯－科宁（广州）玻璃纤维有限公司 | 2.43 | 有限责任公司（中外合资） | 1994.7 | 生产玻璃棉制品 |
| 施耐德（广州）母线有限公司 | 5 | 有限责任公司（中外合资） | 1995.11 | 生产输配电设备 |
| 广州太平洋马口铁有限公司 | 7.50 | 有限责任公司（中外合资） | 2004.12 | 生产镀锡马口铁 |
| 广州怡翔辉房地产有限公司 | 30 | 有限责任公司（港澳台合资） | 2001.10 | 物业出租 |
| 广州怡华实业有限公司 | 40 | 有限责任公司（港澳台合资） | 2001.10 | 物业出租 |
| 广州协鑫蓝天燃气热电有限公司 | 8 | 有限责任公司 | 2015.11 | 供热 |
| 广州恒运企业集团股份有限公司 | 13.47 | 股份公司 | 1987.8 | 发电 |
| 广银国际投资发展有限公司 | 50 | 有限责任公司 | 2016.12 | 投资、咨询 |
| 广东威尔登酒店有限公司 | 30 | 有限公司（港澳台合资） | 2009.12 | 餐饮、酒店 |
| 广州奕佳房地产投资有限公司 | 40 | 其他有限责任公司 | 2012.1 | 房地产开发经营、投资管理 |
| 广州农村商业银行股份有限公司 | 0.09 | 股份公司 | 2009.12 | 金融 |
| 广州迅佳投资管理有限公司 | 20 | 有限责任公司 | 2007.12 | 投资管理、物业出租 |
| 广州森浩房地产投资有限公司 | 45 | 其他有限责任公司 | 2010.2 | 房地产开发经营、投资管理 |
| 广州智成置业投资发展有限公司 | 45 | 其他有限责任公司 | 2010.12 | 项目投资和管理、土地开发 |
| 广州峻和投资有限公司 | 34 | 有限责任公司 | 2008.10 | 房地产开发经营、投资管理 |
| 广州峻森投资有限公司 | 42 | 有限责任公司 | 2008.10 | 房地产开发经营、投资管理 |
| 广州市恒祥投资有限公司 | 42 | 有限责任公司 | 2006.8 | 投资管理、物业出租 |
| 广州森瑞春生物科技有限公司 | 45 | 有限责任公司 | 2016.9 | 科技推广和应用服务业 |
| 广州万得房地产开发有限公司 | 10 | 有限责任公司 | 2014.4 | 房地产开发经营、<br>投资管理 |
| 广州期颐投资有限公司 | 30 | 有限责任公司 | 2014.8 | 房地产开发经营、投资管理 |
| 广州瑞贝斯制药有限公司 | 15.79 | 其他有限责任公司 | 2014.12 | 医药制造 |
| 广州创泽投资有限公司 | 51.61 | 有限责任公司 | 2014.2 | 房地产开发经、<br>投资管理 |
| 湖南株洲珠江农村商业银行股份有限公司 | 3 | 股份有限公司 | 2017.12 | 金融 |
| 广州玻思韬控释药业有限公司 | 20 | 有限责任公司 | 2013.7 | 研究和试验发展 |
| 广州鑫业投资发展有限公司 | 90 | 其他有限责任公司 | 2017.4 | 商业服务 |
| 康方药业有限公司 | 5 | 有限责任公司 | 2017.8 | 医药制造业 |
| 高州协鑫燃气分布式能源有限公司 | 30 | 有限责任公司 | 2017.7 | 发电、供热 |

储的1.63公顷土地。启动文船生活区整体规划改造方案编制工作，推进文船生活区旧城改造事宜。通过微改造的方式将原南岗工业园变成“丰泽高新产业园”，提升园区的环境和品质、优化调整格局、推动产业转型升级，招商引入索芙特股份有限公司等8家优质企业，预计年租金收入约189万元，将打造高新科技、创新创意孵化器和智慧园区。通过竞价招租的方式，部分物业成功溢价出租，盘活横沙地块、处于升级改造前空置期的大沙工业区、收储前的大寮口地块等闲置物业和资产，提高公司经营收入。

广州国聚创业投资有限公司。简称国聚公司 2019年，国聚公司实现营业收入106.71万元，净利润240.08万元。以生物医药健康产业为主要投资方向，重点对生物、制药、医疗器械等行业开展股权投资与基金投资，开拓财政股权直投业务，辅导的广州领晟医疗科技有限公司和广州汉腾生物科技有限公司通过区金融局终审，总获批金额4350万元。完成发改委创业投资企业备案，并成功投资广州市金阖股权投资管理合伙企业（有限合伙）、冷泉港（广州）生物医药产业投资基金管理有限公司、冷泉港（广州）生物医药产业投资基金合伙企业（有限合伙）、北京盛诺基医药科技有限公司、广州元禾原点贰号创业投资合伙企业（有限合伙）、广州开发区星聚股权投资基金合伙企业（有限合伙）、广州汇聚新星股权投资合伙企业（有限合伙）、广州安必平医药科技股份有限公司、广州杰创智能科技股份有限公司，出资额1.14亿元。

广通生物科技（广州）有限公司 简称广通公司。主要投资建设项目GE生物科技园首期项目——GE中试平台连续2年入选省、市、区重点项目名录。2019年1月1日，完成主体结构封顶，室内外装饰装修和机电设备安装调试正在进行中。3月26日，与GE、Lonza签署相关协议，约定GE在完成KUBio设施和非KUBio部分的现场验收和设备验证（安装及运行调试），并完成与KUBio设施相关的培训后，桥接式生产设施将交由Lonza进行专业化运营管理，项目名称由GE生物科技园首期项目——GE中试平台更名为“GE—Lonza生物制药项目”。

广东瑞银融资租赁有限公司 简称瑞银公司。全年实现营业收入1.44亿元，净利润4195.98万元，总资产21.01亿元，总资产比上年增长90%。坚持以粤港澳大湾区为中心点，在工业装备、健康事业、消费事业和公用事业等板块布局租赁业务，实现全年立项项目138个，新增投放金额11.16亿元。与国家高新技术企业大型路由器生产商深圳市迈腾电子有限公司新增业务合作；加强内外资基建装备品牌的厂商租赁业务，以戴纳派克公司、中建机械公司等著名厂商制造的大型装备为标的投放租赁款项；扩展医疗建设服务，通过租赁方式支持大型三级综合医院湘雅常德医院的建设扩展，全年过会项目均为公立二级以上医院。注重文旅投资，通过租赁支持旅游景区建设，与上市公司张家界旅游开发股份有限公司实现合作。搭建多层次融资渠道。在传统银行融资渠道上，成功扩展同业和保理融资渠道等，新增融资比上年增加12亿余元。年末，开始启动资产证券化业务（ABS），拟在次年发行公司首单ABS。

香港恒域实业有限公司 简称香港恒域公司。2019年，香港恒域公司拥有总资产2199万港币，累计在港物业4套，其中写字楼1套，住宅宿舍3套。恒域公司全年收入136.99万港币。

**【参股企业管理】** 2019年，广州高新区投资集团盘活存量资产，适时退出和处置存量项目，加快兑现投资收益，增加集团的经营现金收益。基本完成奕佳公司股权转让工作，转让价格1.35亿元，是投入资金3800万元的3.56倍，实现国有资产保值增值。完成东区热力公司股权转让工作，回收资金3330万元，是实际投资款1350万元的2.47倍。完成恒祥公司100%股权转让，回收资金3.9亿元，实现项目盈利退出。已投产的19家参股企业中有12家实现盈利，可回收投资分红累计5660.17万元。集团公司参股企业情况（见附表）。

（薛晶晶）

## 科学城（广州）投资集团有限公司

**【概况】** 2019年，科学城（广州）投资集团有限公司（简称科学城集团）实现主营业务收入66.69亿元，比上年增长46.51亿元，完成年度预算2.65倍；利润总额6.02亿元，增长3.70亿元，完成年度预算3.88倍。至年末，资产总额314.69亿元，增长185.13亿元，完成年度预算1.91倍。

**【“引—建—投”三部曲】** 2019年，科学城集团引进项目（含增资及迁入）34个，其中，世界500强企业2家：正威集团供应链金融总部项目和国药生物科技项目；央企和省属大型国企项目2个：中国林业集团粤港澳大湾区总部和广东广湛铁路有限责任公司项目，广湛项目注册资本金500亿元，投资总额预计1000亿元，创下区内单个项目注册资本金和投资总额两项最高纪录。引进内资项目的新增企业注册资本金约552亿元；外资项目实际引进外资6457.5万美元，完成全年指标5000万美元的1.29倍。用时187天完成粤港澳大湾区纳米产业集聚区项目从设计到全套施工图审查，365天完成主体结构封顶。原九龙镇（现九佛街、龙湖街、新龙镇）及黄埔街下沙村等16个村农村生活污水治理工程，开挖道路360.53千米，其中铺设主管93.1千米、支管267.4千米，建一体化污水处理设施6个、观察井1.79万个，用时90天完成基本建设工作。完成国家知识产权局专利审查协作广东中心一期业务用房项目竣工验收备案，并取得国家优质工程奖、“詹天佑故乡杯”等重要奖项。仅用50天时间完成新龙镇政府办公大楼装修工程。完成信息电子材料光学膜（LG化学偏光片）一期项目、科学城LG水质净化厂三期工程项目、科乐苑项目交付使用。按建设任务计划节点有序推进科景苑项目、京广协同创新中心一期项目、九龙新城首期安置房标段二项目、中国软件CBD总部项目、LG小镇商务综合体项目、科学城粤港澳大湾区香港青年人创新天地及酒店装修工程项目、知识城信息大厦项目等。完成区内首个国企跨境收购上市公司股权项目——皇朝家俬部分股权收购，贯彻落实“走出去”战略。参与粤港澳大湾区建设，合资设立广州科润实业有限公司实施将军山粤港澳大湾区创新园项目。与文远知行科技、广州白云集团共同投资成立自动驾驶出行服务公司，助力培育人工智能发展。合资设立粤港澳大湾区（广州）高精尖产业基金、重庆穗龙股权投资基金合伙企业（有限合伙）、广州芯城半导体有限责任公司、科学城（广州）保险经纪有限公司、科东（广州）软件科技有限公司、广州环科环保科技有限公司等。放大资产增量，优化资源配置，斥资64.66亿元收购并持有科学城总部经济区A1-A5栋、摩登大道物业、威创集团名下物业、西陇精细等55.27万平方米物业作为招商载体。

**【城市建设开发与更新改造】** 2019年，科学城集团引进启迪控股股份有限公司，在广州开发区西区打造启迪·科学城智造科技城，与其合资设立广州启迪科城产业发展有限公司，以合资公司为载体，实施智造科技城项目的投资、开发和建设、运营。斥资11.3亿元购买中国铝业集团有限公司全资子公司广州冶炼厂有限公司100%股权，以持有位于区总部经济区的广江路398号，总用地面积19.5万平方米地块，未来将按照区委、区政府战略意图开发建设。城市更新集团统筹管理旧村改造、旧城改造、村留用地开发等20余个“三旧”改造项目。旺村旧村改造项目启动拆迁，村民安置补偿协议签约率93%，村民交房面积约15万平方米，拆除旧村房屋686栋，拆除面积约10万平方米，占应拆总面积的50%。金坑改造项目结合广汕路扩路房屋拆迁补偿，签约村民32户，拆除村民房屋18栋，拆除面积约8000平方米。

**【企业改革】** 2019年，科学城集团重组、整合和优化下属企业资产、人员和组织架构。调整集团管理架构，撤销金融资产管理部，组建战略投资策划部，赋予集团发展战略规划、项目投资全过程策划、股权投资、物业收购全过程策划的职能，将原金融资产管理部对金融资产企业的投后管理职能划归资产经营管理部，形成投前策划、投后管理相对分开，有利于规范管理、监督监管，推动企业管理高质量发展。

组建城市更新集团。将宏康公司、科城恒骏、科城鑫合、科珠置业、科城珠光等企业归入城市更新集团统一管理，由城市更新集团负责城市更新、“三旧”改造业务板块。组建建设发展集团。以东进公司、科学城建筑工程公司、科学城市政建设工程公司三家公司为基础组建科学城（广州）建设发展集团有限公司，统筹管理、推进集团建筑业务。组建环保产业投资集团。理顺集团公司环境治理及相关产业投资运营管理业务和管理机制，以科学城环保科技公司、环科环保科技公司为基础组建科学城（广州）环保产业投资集团有限公司，负责环境保护、环境治理、工业废固物处理等环保产业的投资运营管理业务。组建国际贸易公司。集团公司国际贸易部实行公司化运作，设立科学城（广州）国际贸易有限公司，搭建职业经理人专业团队开展国际贸易业务。优化园区及物业运营体系。明确科信产业投资公司负责产业园区规划设计、投资建设、运营管理职能，科乐运营管理公司负责商业性大宗物业的经营管理工作，使两个公司的功能定位更加精准，主业主项更加明确。与区属国有企业战略整合。将物业管理板块的科学城（广州）园区运营管理有限公司与区金控集团下属凯云发展公司进行战略重组，发挥各自的优势，将区内的物业管理业务做大做强，而且更加专业化。

**【企业管理】** 2019年，科学城集团解决融资难、融资贵问题，活用发行公司债、企业债、资产支持证券以及债转股等工具，促使金融机构扩大信贷投放、降低贷款成本，以降低企业负债率，改善融资紧张状况。是年，完成非公开发行公司债券20亿元的分期发行，期限5年，年利率5%—5.5%，创2018年以来同期限同级别公司债券利率新低。全年实际完成债务筹资128亿元（剔除超短融），完成预算2.37倍；实际偿还贷款20亿元，债务融资规模净增加108亿元。

1月1日，广州科学城水务投资集团有限公司（简称水投集团）接管水务业务，并设立下属全资子公司广州科学城排水管理有限公司，以负责全区排水管网的养护工作。3月6日，黄埔区、广州开发区将污水处理特许经营权授予科学城集团，特许经营期为30年。4月1日，水投集团接管区污水处理业务以及区净水中心156名员工。是年，水投集团运营的8间水质净化厂污水处理量累计完成9661万吨，COD（化学需氧量）削减量完成3.26万吨，氨氮削减量完成1600吨，总磷削减量完成500吨，主要污染物COD排放量1400吨，氨氮排放量40吨，均低于排放限值，污泥无害化处理率100%。九龙水质净化一厂扩建工程顺利完成，九龙水质净化三厂实现通水调试，东区水质净化厂提标改造、西区水质净化厂提标改造、黄陂1号供水加压站工程均完工，各项在建项目工程都在紧锣密鼓的建设当中。东区水质净化厂三期、永和北水质净化厂、萝岗水质净化厂二期、黄陂水质净化厂二期等新建工程项目持续推进，除黄陂水质净化厂二期外，其余3家于12月底开工建设。

**【区域共建】** 2019年，科学城集团与都匀结对帮扶，根据贵州省“大健康”“大生态”“大旅游”“大扶贫”的战略，在都匀投资兴业，分别组建贵州怡康公司和贵州科匀公司，项目包括大健康产业园、广州黄埔小镇、东山文化园等项目。在都匀绿博园出资建设黄埔馆项目，通过展示黄埔园艺、黄埔产业，充分展示黄埔区、广州开发区在绿化领域的造诣和建区以来的发展成就，为绿博赋能，为黔南添彩。对口帮扶清远，加强产业共建，承接广东顺德清远（英德）经济合作区的建设开发工作，是年获得广德园平台公司——广东宏德投资有限公司100%股权无偿划拨。

**【全资和控股企业】** 2019年，科学城集团主要的全资和控股企业有10家。

**科学城（广州）城市更新集团有限公司** 全年实现主营收入2198万元，净利润651万元。重点推进旺村、金坑村、鱼珠旧城改造项目，征拆工作顺利开展，已具备引进合作开发企业条件。拓展项目渠道，储备业务项目，旺村、金坑村、文冲村、南岗村、石桥村、贤江村、青年社区、石化大院等改造项目与改造主体签订合作协议，并与合作方成立了项目公司，广海局、广东火电、水西村、塘头村等项目均与改造主体签订了合作协议，大坑村、猛田村、长平村、裕丰围广医五院周边社区等改造项目也在推进中。引进高端产业项目落户，启迪科技城项目已与合作方成立项目公司，粤港澳大湾区青年创业科技园（荔红一路）项目用地控规调整可行性方案审批正在协调推进，爱莎国际教育城项目已与合作方成立项目公司，与玉树村签订前期服务协议工作正推进。

**广州科学城水务投资集团有限公司** 全年实现主营收入2.59亿元，净利润1814万元。4月1日接管萝岗厂、东区厂、西区厂、永和厂、黄陂厂、九龙一厂、九龙二厂和生物岛厂等8个水质净化厂。11月1日，实现生物岛厂、九龙一厂（扩建）和九龙二厂3个厂投入运营。完成东、西区厂提标改造项目工程建设，完成九龙三厂建设、通水试运行，推进永和北厂、萝岗厂二期和东区厂三期等3个水质净化厂扩建项目的前期工作。全年处理污水量9661万吨，COD削减量3.38万吨，氨氮削减量1576吨，TP消减量513吨。下属企业广州科学城排水管理有限公司全年接收管网1991千米。

**科学城（广州）环保产业投资集团有限公司** 2019年，按照集团公司要求，积极准备筹建，完善公司组织架构，建立新的企业规章制度。协助科环公司办理股权变更，并协助科环公司、科浩公司、环科公司、环境保护公司4家控股公司完成办理股东名称变更的工商手续。完成环保产业投资公司变更为环保产业投资集团名称变更。协助环科公司东部项目用地审批、稳评、环评等工作开展。协助区生态环境产业协会成立的筹备、账户开户等工作。

**广州东进新区开发有限公司** 全年实现主营收入1.21亿元，净利润2227万元。重点推进审协一期业务用房项目、知识城南安置区二期（北片）项目、北二环高速公路—开创大道出入口工程（香雪互通立交）、东区洋城岗小学（暂）新建工程、永九快速KC12段工程、九龙凤尾坑整治工程、示范社区治理、玉岩书院修缮保护工程等工程建设代建业务。拆迁代业主业务重点推进有轨电车1号线、广州医科大学附属妇女儿童医院、长岭居规划二、三、五路、长平路市政道路及配套工程、长岭居中冶地块周边市政道路及配套工程、萝岗新城外环路拆迁补偿及管线迁改补偿等项目拆迁补偿工作；萝岗市场和质量监督管理所、长岭居医疗地块、水西元贝地块等项目的收储补偿工作；萝岗新城外环路、鹏博士地块、雪松二总部地块、元岗一路明珞地块、KE-NE道路、萝岗中心区13号路、康南路、隔墙路西出口、耀南路、九龙大道中段扩建、永九快速、花莞高速、狮龙大道、科丰路隧道、科珠路隧道、开放大道、平岗河、细陂河等项目的管线迁改工作。

**广州开发区信息工程有限公司** 全年实现主营收入4750.4万元，净利润857.8万元。承担区纪委、区政法委、区政务办公信息化系统、区城市管理指挥中心、区环境指挥中心、区教育信息网、区应急办等等多个项目。打造5G网络应用示范项目的机遇，推进智慧灯杆项目，获得5G智慧灯杆统建、运营、维护和管理工作。协助区农业农村局推进厕所革命、径下特色精品村建设等重点项目。完成原萝岗财政统建通信管道（评估原值9597.63万元）95%资产划拨接收工作。与中设智控签约增资控股协议。是年，获得电子与智能化工程专业承包二级资质和安全生产许可证。

**广州市国营岭头农工商联合公司** 全年实现主营收入2109万元，净利润759万元。岭头公司“三旧”改造纳入黄埔区城市更新年度计划，旧改意愿征询表决达88%，私人房屋测量完成77%；完成房屋数据整理及旧改初步实施方案编制。完成留用地概念性策划设计编制。上述两个项目带动岭头社区居民经济和文化发展。

**广州科学城创业投资管理有限公司** 累计签约项目投资款6.9亿元，实际出资6.72亿元。重点围绕股权直投、政府直接股权投资资金管理和基金三大板块开展业务，完成政府直接股权投资资金投资项目5个，出资1.4亿元；股权投资项目12个，出资2.50亿元；基金项目6个，出资2.82亿元。

**广州科瑞投资服务有限公司** 全年实现主营收入1045.16万元，净利润149.9万元。承办国家部委领导及众多国内外院士参加的国家级峰会中高会，省市领导参与的区重大项目动工仪式及粤芯投产仪式等超大型活动；获得央企联通沃音乐、高云半导体、微毫半导体、华微电子等多个优质客户的科技项目申报服务订单；获得人力资源服务许可证、劳务派遣证、高端人才服务机构等专项审批许可。

**科学城（广州）国际贸易有限公司** 全年实现营业收入38.04亿元，净利润3397.96万元。属批发和零售行业，主营大宗商品，为国内较为稀缺资源商品进出口及国内贸易，涵盖平行车汽车、有色金属、化工产品、钢材、煤炭等多种类商品。全年贸易类业务比上年增长2.95倍。

**科学城（广州）融资租赁有限公司**。全年实现营业收入1.38亿元，净利润3485万元。行业投向主要聚焦新一代信息技术、人工智能、生物医药和环保节能等行业领域，支持黄埔区、广州开发区实体制造企业发展。成功设立全国首单“大湾区制造业”融资租赁资产证券化产品——“国君资管—科学城租赁大湾区制造业一期资产支持专项计划”，实现融资6.14亿元，完成在公开市场的首次亮相。贯彻落实粤港澳大湾区战略规划、推进广州开发区对国家知识产权运用和保护综改试验，针对区内优质的中小科创企业开展知识产权双许可服务，至2019年末，投放无形资产项目6个，投放规模1.03亿元，有效解决科创型轻资产企业融资难的问题。

（杨家怡　陈旻语）

## 知识城（广州）投资集团有限公司

**【概况】** 2019年年末，知识城（广州）投资集团有限公司（简称知识城集团）与广州开发区产业基金投资集团进行重组，重组整合后公司定位为投资类公司，成为集投资、建设、运营与服务为一体的知识城综合开发运营商和知识经济发展集成服务商。是年，立足知识经济集成服务商，通过搭建开发商、运营商、服务商“三商”服务平台，发展知识产权和人工智能业务。对物业租赁、货检服务、物流仓储、报关服务等传统业务进行转型升级，创新投融资和运营管理模式。至年末，知识城集团工商注册资本18.46亿元，全系统正常经营的二级全资控股企业9家、参股企业（含合资合作企业）19家。是年，营业收入总额4.08亿元，实际上缴税费2195.75万元，归属母公司所有者净利润11.48亿元，上缴国有资产收益1.81亿元。年末资产总额165.74亿元，归属母公司所有者权益47.38亿元，国有资本保值增值率130%。

2019年初，中新合作二期启动洽谈，作为中新二期合作商业谈判小组组长单位，知识城集团配合起草《关于位于中新广州知识城的中新国际科技创新合作示范区之框架协议》《关于中新广州知识城之中新国际科技创新合作示范区合作协议》《关于中新广州知识城之中新国际科技创新合作示范区开发建设共识性文件》，并分别在中新广州知识城联合实施委员会（省级）及中新双边合作委员会第十五次会议（国家级）上签订。

是年，知识城集团智能化收费系统投入使用，开发区车检场转关进场车辆3.69万车次，保税区车场17.70万车次。向黄埔区慈善会捐赠200万元，其中40万元用于火岗村扶贫项目、100万元用于区东荟花园小学扶贫地区远程教育帮扶项目、50万元用于玉许乡学校远程教育帮扶项目、10万元用于贵州三都县扶贫村。通过产业扶贫、消费扶贫、结对帮扶等方式，使火岗村贫困户年人均收入由3000元增至1.7万元，村集体收入从2.9万元增至21万元，脱贫率99.43%。

**【“三商”服务平台】** 2019年，知识城集团立足知识经济集成服务商，搭建投资开发商平台、产业园区运营商平台和生活综合服务商平台。投资开发商平台包括知识城大厦和知识城广场。知识城大厦集政务商务办公功能一体，占地8万平方米，建筑面积19万平方米，至年末，完成11万平方米建设；知识城广场是知识产权运用和保护综合改革试验区，占地20万平方米，建筑面积77万平方米，至年末，完成9.3万平方米建设。打造产业园区运营商平台，于10月成立广州智慧城市运营管理有限公司，搭建配套基础设施、产业服务体系以及智慧运营平台。打造生活综合服务商平台，建成城南邻里中心，占地1.8万平方米，建筑面积4.8万平方米，引进百胜餐饮集团、沃尔玛、维也纳酒店等品牌商户；第二邻里中心占地1.2万平方米，建筑面积3.2万平方米，并于9月启动勘察设计。

【知识产权和人工智能业务】 2019年5月，知识城集团设立推进人工智能工作专项小组，围绕人工智能发展方向，开展专题考察和研究，规划知识城集团人工智能主业发展。与广州子子陈投资有限公司合资成立拷贝威知识产权运营公司，围绕音乐版权投资、IP孵化及歌曲版权业务代理等对音乐版权市场进行精细化运作。开展树童英语“英语小歌手大赛”，完成《音乐狂人》新书发布及网剧剧本编制，筹备《燃烧攻略》健身网红大赛。与广州知商谷科技发展有限公司（汇桔网）合资设立广州人工智能知识产权保护与交易服务中心有限公司，打造市场化的以“人工智能”为特色的知识产权交易服务平台。

【资产运营和招商引资】 2019年4月，知识城集团合资设立广州智泰贸易有限公司，推进国有企业混合所有制改革，开展建筑类大宗材料交易。6月，知识城集团全资子公司广州经济技术开发区东江口岸发展有限公司与新港城投资（广州）有限公司合资成立穗港城投资（广州）有限公司，开发穗港码头航线地块及高住区用地、天惠食品用地，打造穗港城项目。完成对拷贝威知识产权运营（广东）有限公司增资。协助屈臣氏个人用品公司新设分店21家。10月10日，将东园商业中心及东园大厦项目提交产权交易所、“三资”平台等进行挂牌招租。

开展招商引资工作。全年接待洽谈项目30多家，完成注册登记项目6个，注册资本45.2亿元。引入35家公司在知识城注册落地，注册资本1.22亿美元。

【城市更新改造项目】 2019年2月，知识城集团合资成立广州鼎汇城改投资有限公司，负责均和村旧村改造项目。2月，与永岗社区签订《城市更新工作协议》，推进永岗社区旧村改造和留用地综合开发。5月，合资成立广州恒博投资有限公司，推进新港生活区旧改事宜，编制完成新港生活区旧改初步方案。7月，与广州美凯控股有限公司、新龙镇大坦村经济联合社就大坦村旧村改造项目签订《战略合作框架协议》。开展征拆代建业务。全年完成拆除房屋及附属物18.62万平方米，征地及征借地面积79.68公顷，完成财政支付征地拆迁补偿总金额14.16亿元，代建项目累计支付工程款项4.5亿元。

【全资控股企业】 2019年，知识城集团正常经营的全资控股企业有9家。

广州知识城投资控股有限公司 10月，由“广州知识城投资开发有限公司”更名为“广州知识城投资控股有限公司”，以房地产开发经营为主。是年，重点进行知识城大厦、知识城广场、穗港澳出入境大楼建设，改造西区肉菜市场，完成新能源新材料价值创新园控规中期成果。投资的中新广州知识城投资开发有限公司承担着公司在中新知识城重大战略投资业务，全年完成基础设施投入976万元，完成房地产投入4856万元，主办和参与招商战略合作接待244场次；投资的“中新国际智慧产业园”项目于12月动工；参股腾飞园、绿地城、龙湖双珑原著、万科幸福悦、保利拾光年等项目销售成绩理想。

广州商竣建筑工程管理有限公司 负责知识城集团代业主业务。全年负责的征拆项目中属广州市重点项目9个，区重点项目19个，主要有：珠江钢厂（金博物流园）项目，黄埔区福山屠宰场项目，穗东街隔墙北路油气管整治项目，

2019年10月15日，2019中新双边合作机制会议在重庆召开，中新广州知识城管委会与新加坡凯德集团、知识城（广州）投资集团有限公司在会上签署《关于中新广州知识城之中新国际科技创新合作示范区合作协议》 （知识城集团供图）

南湾产业园地块一、地块二项目，宝能（三期）项目，广汕公路（金坑至中新段）改造工程征拆项目，福山村、福洞村整体搬迁项目等。是年在建的代建项目有9个，九龙工业园凤凰五路东延线道路市政工程、知识城龙新路治污主管（环保）工程、广汕公路（金坑至中新段）改造工程全线管线迁改完成，九龙新城首期安置区（标段三）项目3号至5号楼进行初步验收。

**广州商慧投资顾问有限公司** 负责知识城集团招商引资工作，为企业提供咨询服务。全年引进完成注册登记的项目6个：乐道互动（广东）科技有限公司，注册资本1亿元；国药器械（广东）医学科技有限公司，注册资本6000万元；广州汇华投资有限公司，注册资本33.3亿元；广州梓恒投资有限公司，注册资本1000万元；广州钧禄投资有限公司，注册资本1000万元；雪松大宗商品（广州）供应链管理有限公司，注册资本10亿元；实际利用外资800万美元。

**广州华南海物业管理有限公司** 负责知识城集团物业租赁经营和服务管理工作。全年经营管理总面积40.9万平方米，其中经营出租管理投资性物业16万平方米；代管管理服务类物业面积24.9万平方米。

**广州经济技术开发区东江口岸发展有限公司** 2019年，与香港新华集团合作，共同投资开发运营穗港澳航线及穗港城项目。7月，确定穗港城——穗港澳出入境大楼项目设计施工总承包（EPC）中标单位，年底完成基坑支护和工程桩。

**广州保税物流中心有限公司** 负责出广州出口加工区保税物流基地的开发运营，拓展保税物流功能业务。2019年，保税物流基地二期临时堆场继续续租，保税物流基地三栋仓库投入使用，开展汽配零部件保税出口拼箱业务。

**广州开发区货检管理服务有限公司** 负责广州开发区、保税区货检管理服务工作。2019年开发区车检场进场车辆增长20%，保税区车场进场车辆增长11%。成功租出出口加工区二期1—5楼办公室及加工区外围场地。

**广州智成置业投资发展有限公司** 2019年，完成中新广州知识城城南邻里中心项目建设，筹建物业公司，对建成项目进行运营管理。开展第二邻里中心前期工作。

**广州智泰贸易有限公司** 2019年4月成立，国有企业混合所有制改革试点企业，定位为贸易服务产品化、平台化、集中化的供应链服务商。

（林静）

## 广州开发区投资集团有限公司

**【概况】** 2019年，广州开发区投资集团有限公司（简称广州开发区投资集团）投资企业35家，资产总额157亿元，比上年增长20%；其中经营性资产118亿元，比改制前增长2.03倍；负债总额57亿元，资产负债率36%；年度总收入7.8亿元，增长58%，其中投资收益1.8亿元，增长62%；利润总额6463万元，完成年初预算3000万元的2.15倍，剔除市政资产折旧1.33亿元的影响，利润总额2亿元。

**【投融资管理】** 2019年，广州开发区投资集团投资参股企业35家，股权投资总额53.2亿元，新增投资7.21亿元，投资企业分红9110.90万元。是年，万联证券、广州银行、洁特生物、鹿山新材等参股企业启动IPO。年末金融机构带息负债余额47亿元。年度累计融资额22亿元，其中新增项目贷款8.67亿元、流动贷款12.93亿元。6月底，启动公司债发行；9月，启动商业物业抵押贷款资产支持证券（CMBS）发行。至年末，集团有11笔未提款授信，授信额度25亿元。

**【产业投资及招商引资】** 至2019年末，广州开发区投资集团通过股权直投及基金投资等方式，投资广州粤芯、航天云网、鹿山新材、洁特生物、广芯微电子等高新技术产业及战略性新兴产业。是年，下属穗开股权投资有限公司设立和参与管理新兴壹号基金、穗开创芯基金等6支基金产品，总规模约64亿元。作为黄埔区财政直接股权投资基金受托管理机构，承担黄埔区直接股权投资扶持资金的管理，全年向广州开发区金融局申报区直投项目10个，涉及直投金额1.22亿元。全年洽谈科技含量高、产业带动性强的优质项目52个，其中备案项目23个，注册成立项目21个，注册资本累计25亿余元，预计投资总额累计132亿余元。重点引进世界500强中国冶金科工集团，更名设立中冶城市投资控股有限公司；引进融捷投资控股集团，建设融捷创新产业园；协助Deepmap注册成立高深智行（广州）有限公司，完成实缴注册资本300万美元；引进世界500强AAB集团建立战略合作关系，合作推进光伏、储能智慧能源示范项目。

**【园区运营】** 2019年，广州开发区投资集团完成广州华嘉膜业有限公司、博思格建筑钢结构（广州）有限公司、广州回旋医药科技股份有限公司厂房和广州钢花机电有限公司收购，投资总额12.05亿元，新增国有可控土地面积18.15万平方米，物业面积17.7万平方米。是年，穗开科技园被授予“黄埔实验室”称号，引进广东粤港澳大湾区国家纳米科技创新研究院、广东省大湾区集成电路与系统应用研究院、广东粤港澳大湾区协同创新研究院3家科研院，并引进美豪集团完善园区配套酒店；广州知识城创新创业园一期实现A区竣工；广州康弘远创护理学院新增4个专业，在校生1000余人；广州国际企业孵化器完成3项园区环境升级修缮改造，第四期园区扩建项目于8月28日集中动工；优宝科技园孵化器扩建项目施工前准备工作已完成。

【城市更新项目】 2019年，广州开发区投资集团推进省、市重点项目，以及区内轨道交通建设、河涌整治、“三旧”改造等项目的征地拆迁工作。完成钢富城整体拆迁。实现鱼珠湾海丝创新中心、保盈商业广场于5月28日集中动工。启动珠江村片区港湾四村、远洋宿舍、省食品公司宿舍的旧城改造项目；下属企业广州开发区建设投资有限公司、广州穗开电业有限公司、广州穗开物业投资有限公司与民企合资成立福银（广州）更新产业投资有限公司，拟开发荔枝山村等城市更新项目。

【物业运营】 2019年，广州开发区投资集团拥有物业总面积40.5万平方米，全年实现物业租金合同收入5554.72万元。其中壬丰大厦、优宝科技园、西区物业等物业出租率均超90%；中标老干部疗养院等26个物业管理项目和6个合作项目，新增物业管理面积81.3万平方米，绿地中央广场出租率88%，保税区物业地块整体出租率73.78%，其中粤境通仓储货物空间出租率100%；纳金供应链平均出租率87.44%。

【能源配置】 2019年，广州开发区投资集团销售电量61.92亿千瓦时，实现售电收益4285万元。拓展煤炭业务，全年煤炭采购量26.97万吨，销售量21.52万吨，实现收益500万元。开展鸿基创能膜电极、燃料电池系统总成和氢燃料电池发电等氢能项目；推进广医妇幼医院等3家医院分布式能源站建设；实现佛山森隆2.6兆瓦光伏项目并网发电，国际孵化器光伏、德渊项目开工建设，黄埔区分散式风电项目纳入省分散式风电规划；投资建设知识城粤芯电化学储能电站，开展“油氢电综合能源加注站”项目。

【国有资产监督与清算】 2019年，广州开发区投资集团推进改制前广州开发区管委会交办的国有企业监管与清算工作。至年末，集团监管的区内6家总公司及下属企业完成内部清算。其中，区国际经济贸易总公司、区能源总公司的破产清算工作基本完成，广州宜发及下属企业、康海、三盛电子等法院立案破产工作进行中。

【全资及控股企业】 至2019年末，广州开发区投资集团有全资、控股公司11家。

广州穗开电业有限公司 广州开发区投资集团全资子公司，成立于2016年1月，注册资本金10亿元，广东省内首批售电和增量配网双试点单位，拥有配电网、综合管廊等能源基础设施运营权的售电公司和大型综合能源服务商。全年销售电量61.92亿千瓦时，实现煤炭贸易业务收入1.6亿元。实现知识城22项配电网工程项目完工15项；获区建管中心委托5个高压线迁改项目，中标丰乐北路电力隧道、知识城科北路2个项目代业主业务；建成20兆瓦粤芯储能电站并投入运营；开发投资储备顺威厂房屋顶等100兆瓦光伏项目；投资开发建设知识城南方医院等5个能源站；推动知识城管廊二期工程施工建设。

广州穗开物业投资有限公司 广州开发区投资集团全资子公司，前身为广州经济技术开发区华穗国际合作投资公司，成立于1992年7月23日，注册资本1000万元。是广州市政府采购物业管理服务协议定点服务商、广州市物业管理行业协会和广州环卫协会会员单位。2019年，经营物业总面积21.04万平方米（其中土地面积4.5万平方米），租金收入4617.6万元；物管项目37个，管理物业总面积102.42万平方米。与民企合资设立广州福置投资有限公司，合作开发鱼珠湾海丝创新中心；合资设立广州开投环保科技有限公司，承接区内多个土壤污染状况调查项目等。

广州穗开股权投资有限公司 广州开发区投资集团全资子公司，成立于2017年12月28日，注册资本8亿元。是年，联合万联证券、智光电气、广州粤芯、广州商控、广州国发等大型机构发起设立产业基金，基金总规模64.43亿元，基金已投广芯微电子、广州粤芯、广州立景科技等战略新兴产业。全年对外投资6.02亿元，投资项目6个。

广州穗开物流供应链有限公司 广州开发区投资集团全资子公司，成立于2018年2月1日，注册资金1500万元。以产业服务为主导，以产业转型为支撑，集约广州开发区及保税区各项优惠政策，打造广州保税区现代服务业区域中心。2019年，管理在保税区内的物业、地块共14处计17.5万平方米，其中物业建筑面积10.2万平方米，土地面积7.3万平方米。

广州开发区建设投资有限公司 广州开发区投资集团有限公司全资子公司，成立于2018年12月，注册资本1000万元。主要承接区内轨道交通建设、河涌整治、“三旧”改造等项目的征地拆迁，“三旧”改造工程代建，以及合作开展城市更新业务。2019年，接受云埔街、长洲街、穗东街、鱼珠街、黄埔街、红山街、文冲街、南岗街、夏港街、长岭街等10个街道和区重点办委托，开展征拆项目32个，征地总面积158.87公顷，借地总面积24.97公顷；承接工程代建项目22个；推进鱼珠湾海丝创新中心、珠江村片区旧城改造，意向参与和已参与的更新项目33个，各项业务完成项目后的总收入1亿余元。

**广州穗开科技园管理有限公司** 广州开发区投资集团全资子公司，注册资本2.16亿元，前身为广州开发区投资集团并购的广州华嘉膜业有限公司，主要运营管理穗开科技园。穗开科技园项目定位为“黄埔实验室”，占地2.6万平方米，总建筑面积10.3万平方米，重点引进纳米技术、集成电路、人工智能、5G技术、新能源等新兴产业，打造粤港澳大湾区重大产业和科研聚集地。2019年10月，成立全资子公司广州雅寓投资有限公司，投资改造美豪丽致国际公寓，设有客房182间和餐厅、咖啡厅、超市等配套，为入驻“黄埔实验室”的科研人员提供完善的生活配套服务。

（张世港）

## 广州开发区金融控股集团有限公司

**【概况】** 2019年，广州开发区金融控股集团有限公司（简称广州开发区金融控股集团）按照公司制定的“并购、混改、协同”三大战略，夯实“科技金融服务、科技战略投资、科技价值园区”三大板块业务。收购控股联讯证券，美元债发行项目获取穆迪Baa1、惠誉BBB+的良好评级，首发5亿美元海外债券，发行全国首单知识产权化产品，完成OLED项目二期出资。打造高性能医疗器械创新高地，设立生物医药基金，完善生物医药产业布局，探索基因测序行业，瞄准精准医疗高端定位。改造提升加速器园区软硬件环境，打造民营科技型中小企业创新金融服务超市。全年实现营业收入64.41亿元，比上年增长73.92%；利润总额8.35亿元，增长67.43%；净利润5亿元，增长109.18%；公司合并总资产801.71亿元，总负债493.80亿元，净资产307.91亿元，资产负债率61.59%。

至年末，广州开发区金融控股集团投入自筹扶贫专项资金350万元，区财政投入资金300万元，对东江村投入扶贫资金650万元。扶贫资金用于基础设施类建设投入436.3万元，民生类投入60万元，生产类帮扶投入152万元，共计投入使用648万元。对口帮扶贵州都匀，推动黔南·广州产业加速器建设，共同组建基金规模不低于1亿元人民币的产业发展基金。与黔南州三都水族自治县开展携手奔小康行动，扶贫捐赠50万元，助力贵州三都中和镇新阳村和东山村实现贫困村出列，贫困人口全部脱贫。

**【科技战略投资】** 2019年3月，广州开发区金融控股集团下属企业高新科控按合资协议约定按时完成对LG8.5代OLED项目的第二期出资16.38亿元，保障项目建设及设备搬入进度，并于8月29日实现竣工投产，量产后将达到产能6万片/月，最终实现月产能9万片/月。6月，联合广州迈普再生医学科技股份有限公司等企业共同建设以广州迈景医学科技发展有限公司为载体的“粤港大湾区高性能医疗器械创新中心”，该中心是集产学研于一体的高端医疗产业生态圈，加快医疗器械产业聚集及增强区域产业的核心竞争力。7月，联合深圳力鼎与利德曼出资组建广州黄埔生物医药产业投资基金管理有限公司，拟设立的首支生物医药基金的总规模为10亿元，首期3亿元。该生物医药基金将作为公司完善生物医药产业布局的重要抓手，加速创新要素转变成为经济增长动能。8月，与谢晓亮院士领衔的赛纳生物科技（北京）有限公司接洽，拟以债股结合方式共同建设合资公司，该项目有望打破国内NGS基因测序仪市场被国外厂商垄断的局面。

**【联讯证券收购控股】** 2019年3月，广州开发区金融控股集团完成联讯证券47.24%股份收购，成为其控股股东，控股联讯证券。5月，召开联讯证券2018年度股东大会，选举产生新一届董事会，宣告入主联讯证券。该项目落地填补广州开发区总部级证券公司运营空白。

2019年5月20日，联讯证券召开股东大会

（广州开发区金融控股集团供图）

【加速器园区环境改造】2019年，广州开发区金融控股集团改造提升加速器园区软硬件环境。通过园区市政改造、主干道园林绿化升级改造、建筑外墙美化、休闲广场工程改造、灯光工程改造、楼栋LOGO标识和园区指示牌安装、功能区域改造、大门升级改造、商务休闲氛围提升等“一揽子”工程，加速器园区实现“颜值”巨变，为园区企业创造更优良的创新创业环境。

【美元债发行项目获穆迪“Baa1”、惠誉“BBB+”双评级】2019年，广州开发区金融控集团在美元债发行项目获取穆迪Baa1、惠誉BBB+的良好评级。创下全国多项纪录：国内第一家获评穆迪Baa1的区属企业、国内219个国家级经济开发区中第一家获评惠誉“BBB+”评级的区属国企、广东省内第一家获得穆迪与惠誉双评级的区属企业。

【全国首单知识产权证券化产品发行】2019年9月11日，全国首单专利许可知识产权资产证券化产品在深圳证券交易所完成发行设立。该产品由广州开发区金融控股集团发行，产品债项评级AAAsf，全场认购倍数2.25倍，产品发行票面利率4.00%，创2019年二年以上期限资产支持证券票面发行利率新低。

【首发5亿美元海外债券】2019年，广州开发区金融控股集团通过发行美元债及办理美元直贷，引入境外债务资金5.65亿美元，其中5亿元美元海外债券的成功发行是集团公司及黄埔区国有企业对境外融资的首次尝试。此次发行获逾10倍超额认购，债券定价较初始价格指引大幅收窄50个基点，发行利率创下2018年至发行日同评级非金融机构地方国企的最低发行记录。9月，发行全国首单知识产权化产品，通过资本市场验证企业专利价值，有效激发企业无形资产的融资功能，助力民营科技型中小企业解决融资难、融资贵问题。

【参控股企业】2019年，广州开发区金融控股集团控股参控股企业有15家。

粤开证券股份有限公司 简称粤开证券，前身为联讯证券股份有限公司，成立于1988年6月，注册资本31.26亿元，是一家拥有券商业务全牌照的综合类证券公司。2019年，广州开发区金融控股集团成为控股股东，完成董事会及监事会换届选举，并完成公司更名。是年，粤开证券以“立足粤港澳大湾区，打造全国一流特色精品券商”的战略目标，完善治理结构顶层设计，推进组织变革，构建粤开文化。与8家银行机构签署战略合作协议，借入次级债务提升资本实力，发展科技金融，成功上线恒生核心交易系统，“粤开金融”APP获多项行业大奖。全年实现营业收入8.33亿元，比上年增长69.52%，实现净利润1.16亿元，增长1.81倍。

广州凯得金融控股股份有限公司 简称凯得金融，于2008年成立，前身为广州凯得科技创业投资有限公司，是一家负责管理广州开发区的创业投资基金（包括引导基金、种子基金）的国有独资专业股权投资公司。2019年，凯得金融完成雪松实业20亿元永续债项目；新投子基金4支，基金合计总规模21.67亿元。其中，代表黄埔人才引导基金对外投资基金3支：广州黄埔视盈科创股权投资合伙企业（有限合伙）、广州弘晟创投投资有限合伙企业（有限合伙）、红土君晟（广东）创业投资合伙企业（有限合伙）；以自有资金形式出资基金1支：广州百度风投人工智能股权投资合伙企业（有限合伙）。至年末，凯得金融以引导基金参与设立子基金8支，出资4.85亿元，撬动社会资本直接投资19.74亿元，到位资金24.59亿元，撬动效应4.1倍。全年参与设立子基金15支，基金总规模202.19亿元。

广州科技创业投资有限公司 简称广州科创，于2019年1月10日发起设立广州海汇科创基金，基金期限8年，总规模7.88亿元，广州科创认缴出资3.8亿元，占总股比48.22%。基金管理人为武汉海汇投资管理公司。2019年，基金到位资金2.25亿元，8月前完成首期出资2.20亿元。根据广州开发区金融控股集团第六届董事会第五十七次会议审议通过的《广州开发区金控金融、基金板块重组方案》，广州凯得金融控股股份有限公司将其持有广州科创的73.91%股权通过无偿划转方式划转至广州开发区金融控股集团，划转后广州开发区金融控股集团持有广州科创73.91%股权。至年末，广州科创资产总额7.43亿元。

广州凯得新兴产业投资基金有限公司 简称凯得基金，于2015年成立，注册资本5.95亿元，是广州开发区金融控股集团全资子公司，是围绕战略性新兴产业投资的母基金平台，专注于新兴产业的价值投资，覆盖IAB、NEM等高新技术行业。2019年，凯得基金探索股权直投、重大战略性投资、固定收益投资、资本市场投资以及基金受托管理等业务，通过引入央企、省市国企等优质战略投资者，布局区内TMT、人工智能、新能源等高新技术产业。至年末，凯得基金发起设立子基金7支，与业内投资机构共同成立专业化私募股权基金管理公司3家，基金总规模101亿元，子基金累计投资项目31个，累计投资金额23.6亿元。

广州高新区产业投资基金有限公司 简称高新区基金，于2019年6月成立，由广州开发区金融控股集团、广州高新区投资集团和科学城（广州）投资集团共同发起设立，注册资本10亿元。主要为广州开发区建设穗港智造特别合作区和穗港科技合作园提供金融服务，通过市场化竞争进行高效的国有资产经营，业务范围涵盖受托管理股权资金、股权投资、投资管理服务等方面。将以“定制化投行服务＋产业投资”发展模式，紧密联系资本市场，依托广州开发区金融控股集团多层次、高品质的金融服务产业体系，依托广州高新区投资集团和科学城（广州）投资集团丰富的园区建设经验和强大的招商引资能力，整合优势资源，以区内优质企业和有意落户广州高新区的高新科技企业为目标开展股权投资和金融服务。

**广州市凯得雪松投资控股有限公司** 简称凯得雪松，于2019年5月10日成立，注册资本42亿元，为凯得金融联合雪松实业集团共同出资成立，其中凯得金融占股51%。主营业务聚焦于房地产开发建设、金融投资等业务板块。6月，完成广州松瓴企业管理有限公司（简称松瓴公司）100%股权收购及商事变更登记工作，松瓴公司为“凯得雪松智汇中心”项目公司。“凯得雪松智汇中心”项目位于黄埔区香雪地铁站上盖，交通便捷，占地3万平方米，总建面14.7万平方米；项目涵盖裙楼商业、酒店、写字楼小独栋办公墅等产品，总投资约22亿元（含土地费用）。

**广州凯得融资担保有限公司** 简称凯得担保，于2008年成立，是广州开发区政府为完善开发区投融资体系、改善区域融资环境、缓解科技中小企业融资难和担保难问题、加快优化区域产业结构调整升级、为中小企业快速成长和做强做大提供强有力政策支持而设立的国有独资担保机构，注册资本3.12亿元。2019年，凯得担保成为广州开发区知识产权质押融资风险补偿资金池受托管理人，服务区内民营企业和科技型中小微企业，稳健发展担保业务，全年累计为36家企业提供各类担保5.53亿元。

**广州凯得小额贷款股份有限公司** 简称凯得小贷，于2013年成立，是由广州开发区金融控股集团有限公司发起，联合市属国有企业广州金控资产管理有限公司及开发区内民营龙头企业共同设立的金融创新服务机构，实收资本3.1亿元，是广东省内少数获得准跨区域经营的特批许可的小贷公司之一。2019年，凯得小贷发放贷款440笔，合计5.64亿元，存量项目单笔金额97万元，笔均再创新低，形成稳定的“小额、分散”优质贷款格局。至年末，大消费金融标准化产品“凯得安居贷”、“凯得钱包贷”，供应链金融产品“凯得商承贷”，投贷联动产品“创投贷”，以及自建厂房贷款“厂房贷”、“抵押快贷”等特色标准化产品体系形成。是年，凯得小贷获评第四届广东省小贷行业“优秀产品营销设计奖”；六项指标（利润总额、贷款余额、累计放贷金额、累计放贷笔数、资本回报率、资本周转率）登上广州市小贷行业前十排名榜，并在广州小贷行业创新发展10周年评优评先活动中获得“优秀小贷公司”称号。

**广州凯得融资租赁有限公司** 简称凯得租赁，是由广州开发区金融控股集团有限公司发起设立，经商务部批准设立的中外合资融资租赁公司，于2018年8月8日揭牌运营，注册资本2亿元，以打造成为专业、特色、高效的区域型标杆融资租赁公司为发展愿景，秉持“差异化、专业化”的经营方针，聚焦高端智能制造、节能环保、医疗健康、汽车租赁四个目标行业，满足客户多元化的融资需求。凯得租赁以地方国有大中型企业单位、上市公司和区域及行业龙头企业为核心客户群为主，与中电建贵州公司、万孚生物、金发科技、高新兴、珍宝巴士、华银医学等20个客户建立合作关系。至2019年年末，凯得租赁总资产13.41亿元，负债11.28亿元，资产负债率84.11%，实现营业总收入7102.74万元，累计实现业务投放17.96亿元。2019年，以凯得租赁为主体成功在深交所发行黄埔区、广州开发区知识产权证券化产品“兴业圆融——广州开发区专利许可资产支持计划”，此专项计划是以专利许可费为基础资产的知识产权资产证券化产品。该产品融资规模3亿余元，是中国首个以纯专利许可费为基础资产的证券化产品。

**广州高新区科技控股集团有限公司** 简称高新科控，成立于1998年，注册资本39亿余元，是广州开发区金融控股集团全资子公司，围绕广州高新区“世界知识城、湾区创新源、国际人才港”目标，以科技金融为支撑，聚焦光电显示与生物医药两大领域。是广州高新区、黄埔区、开发区资产规模最大的科技战略持股服务平台。至2019年年末，高新科控总资产133.45亿元，净资产58.94亿元，2019年实现营业收入5.47亿元。是年，联合深圳市力鼎基金管理有限责任公司与北京利德曼生化股份有限公司组建广州黄埔生物医药产业投资基金管理有限公司；联合广州迈普再生医学科技股份有限公司等企业共同建设以广州迈景医学科技发展有限公司为载体的“粤港大湾区高性能医疗器械创新中心”；完成OLED项目二期出资；获得市政府批复同意光机电研究院由市财政局无偿划转至广州开发区金融控股集团有限公司，划转后有序推进市属科研机构转制，加速促进重大科技成果产业化；打造区域金融地标开发区金控中心，规划引入金融牌照类、上市公司、500强龙头企业等“高精尖”企业进驻，致力打造粤港澳大湾区高端金融创新服务集聚区。

**广州开发区投资控股有限公司** 简称广州开发区投控（原广州永龙建设投资有限公司），成立于2006年，注册资金50.4亿元，是区内国企中首个实现投、融、建、管于一体的开发建设综合体，承担区重点专项建设任务、自行投资业务和代建业务。2019年，广州开发区投控推进市场化进程并取得重大进展，第一个操盘的市场化合作项目——广州日报科技文化中心项目，第一个市场化房地产项目——永和隧道口住宅项目，第一个合作开发产业园项目——知识城驱动中心项目，第一个市场化施工项目——穗东街外立面整治工程相继落地。在科学城5个园区挖掘约9600平方米的可改造利用面积，年度租金增加600万元。打造高品质永龙飞驰众创空间，通过有针对性的增值服务使租金价格水平达到150元/平方米·月，被认定为黄埔区开发区创客空间（试点）。升级改造及开发建设西区管委会、加速器园区、四凯楼以及总部经济区二期等物业园区。至年末，承接代建项目16个，代建费总额7471万元。完成总部经济区一期A6栋及A1—A5栋出售，实现销售收入14.59亿元，销售利润5.3亿元。资产总额127.9亿元，比年初增加28.62亿元，增长28.9%。

**广州凯云发展有限公司** 简称凯云发展，于2009年成立，是广州开发区金融控股集团控股子公司，注册资本2300万元。2019年，凯云发展围绕“混改上市”总体目标，细分主业，下设专业化运作子公司，由早期单纯物业服务供应商，转型为综合服务运营管理载体。至年末，在管物业项目22个，管理建筑面积205万平方米，土地储备项目管理面积189万平方米，服务园区入驻企业693家，为政府和企业提供会议服务1325场次，接待各级领导考察调研园区重点企业569批次。开展在管园区升级改造及商业氛围“活化”工作，通过新增售卖点、知名连锁便利店，投入自主创立的“云咖啡”等商业配套，满足园区生活便利服务需求；利用科学城会议中心闲置会务档期，尝试与社会各界企事业单位、演艺机构合作，开展文艺会演、音乐会等广告会展类活动，成功打开“创新会展”主题大门；启用“智慧物管系统应用平台”，打造标准化、规范化、信息化的物业服务管理体系，提高整体物管品质水平。

**广州宽带主干网络有限公司** 简称广州宽带公司，成立于2000年，注册资本4.82亿元，是经广州市政府批准成立的国有全资公司。至2019年末，广州宽带公司网络资源近1万皮长公里，实现网络资源覆盖全市十一区85%以上的区域，服务3000余家政府机构、企事业单位。通过打造“全面覆盖的光纤网络+高等级数据中心+技术领先云平台”的资源组合，形成新一代信息化基础设施，推进广州市“云管端”一体化服务体系布局发展。重点推进智慧政务、智慧公安、智慧教育、智慧医疗等业务并取得突破性进展；实现广州市高中考连续十七年以及春运期间、全国两会、“中华人民共和国成立70周年”期间通信保障工作“零故障”。是年，获“10年智慧城市建设突出贡献奖”“2018—2019年度智慧城市信息安全技术创新奖”“2019年中国电子政务安全领域可信赖品牌”“2019年中国电子政务安全优秀解决方案”“2019年广东省医学信息优秀合作企业”等多个行业重磅奖项。

**广州市润埔投资有限公司** 简称润埔公司，成立于2009年，是经原黄埔区政府批准成立的区属国有独资公司，于2017年7月并入广州开发区金融控股集团。2019年，润埔公司推进将军山大湾区创新园项目，与区属国企和社会资本方共同设立投资基金完成对广州黄埔国际工程机械展贸有限公司（简称机械城公司）股权收购以解决土地收储问题；推进广州国际智慧产业中心物业工程验收、产权办理、招商运营工作。按照旧改程序推进原黄埔片区核心商业区更新改造项目改造方案编制报批；推进微轴厂地块更新改造，完成微轴厂居民和商铺改造意愿征询工作，进行开发模式、市场定位研究分析；负责夏园社区城中村改造，全面启动夏园村入户（共

2019年10月24日，广州日报科技文化中心项目开工仪式举行
（广州开发区金融控股集团供图）

3402栋）测量工作，按程序组织编制《夏园城中村改造方案》。是年11月，完成保利中誉广场项目国资物业确权工作，自保利中誉广场交楼后，经过三年的运营发展，出租率较为稳定，年平均出租率80%以上，每年可实现租金收入约1280万元。

广州留学人员创业园有限公司 简称留创园公司，成立于1998年，注册资金5000万元，是广州开发区金融控股集团全资下属企业，以招商引资与园区运营为主业。2019年，留创园公司依托开发区招商引资平台，结合广州开发区金融控股集团的科技金融服务、科技战略投资、科技价值园区三大业务板块优质资源，引进并推动上市公司硕贝德5G产业总部、明星企业迈普医疗器械创新中心以及绿地集团创新驱动中心、雪松控股集团金融中心、中建四局华南公司等多个世界500强、高精尖“IAB”和“NEM”产业项目落地。主办第八届中国创新创业大赛生物医药行业总决赛；开办双创黄埔特训营，组织科创板研讨、专利申报、知识产权申报及融资项目路演等一系列创新创业服务活动，助推园区企业高速发展。

（常智峰）

## 广州恒运企业集团股份有限公司

【概况】 广州恒运企业集团股份有限公司（简称恒运企业集团）是广州市第一大供热企业，第二大发电企业，股票简称穗恒运A，股票代码000531。2019年，恒运集团聚焦主业，聚焦区域，打造面向华南、辐射全国的清洁能源综合服务商，做大资产规模并提升盈利能力，构建电力热力、新能源、金融、科技创新产业园相互支撑的产业体系。稳步推进市、区重点项目9F燃气机组筹建，完成EPC招标等工作。投资省内最大的广东江门50万千瓦光伏发电项目已开工建设。配合越秀金控开展广州证券与中信证券的重大重组，广州证券100%股份过户至中信证券。

全年实现上网电量57.46亿千瓦时，比上年增长5.78%；销售蒸汽343.64万吨，下降1.36%。年末资产总额116.28亿元，增长10.07%。全年实现营业收入32.29亿元，增长3.53%；利润总额5.20亿元，增长68.28%，净资产收益率10.03%，在行业中居于中上水平。全年上缴税费2.98亿元。

【氢能产业发展】 2019年，恒运企业集团推进氢燃料电池电堆和系统、加氢站等氢能项目。合资设立氢能燃料电池电堆系统公司——广州雄韬氢恒科技有限公司，该项目总投资4亿元，规划三年内产能达到5000套电堆系统。推动开展广州市首条氢燃料电池公交线示范运营，该条线路将采用雄韬氢恒的发动机系统，拟次年一季度投入使用。推动广州市中德氢能源研究院建设，该院是恒运集团与中国能源建设集团广东省电力设计研究院有限公司、广东万铭科技企业孵化器有限公司共同发起成立。是年，成功获批建设“黄埔氢能创新创业中心”项目并开工建设。与广州开发区产业基金投资集团有限公司共同发起设立母基金“广州开发区湾顶新动能产业投资基金”及其子基金，基金总规模6亿元，主要用于投资一批优质氢能产业项目。

【安全环保】 2019年，恒运集团以“零事故、零伤害、零污染”和环保绿牌企业为目标，创新环保污染治理技术，完善环保监管制度，维护好“绿色电力”品牌。至年末，A厂连续安全生产运行5077天，D厂连续安全生产运行4597天。未发生责任人、设备、火灾、交通等安全事故和环境污染事故，未发生新增职业病例，安全环保形势总体稳定可控。连续十二年获广东省生态环境厅环保评价“绿牌诚信企业”。

【直属企业】 2019年，恒运企业集团新成立恒运电力工程技术有限公司、广州恒运东区天然气热电有限公司、广东江门恒光新能源有限公司、广州恒运新能源投资有限公司等4家公司，以广州恒运热电（D）厂有限责任公司为主体内部设立发

2019年8月28日，恒运集团举行黄埔氢能创新创业中心项目开工活动

（恒运集团供图）

电公司；变更名称及经营范围企业1家，政策性关停并转企业1家，委托代管企业2家。此外，恒运集团拥有14家下属企业。

**广州恒运东区热力有限公司（广州恒运西区热力有限公司、广州科云投资有限公司）** 2019年，广州恒运西区热力有限公司（简称西区热力）和广州恒运东区热力有限公司（简称东区热力）调研市场需求，挖掘潜在用户，全年新增统一公司、中一制药等8家新用户。东区热力实现营业收入1.89亿元，剔除加速折旧后的净利润745万元；西区热力预计实现营业收入1.48亿元，净利润736万元。完成科云公司、东诚公司管网收购。推进西区向东区长距离供热管道项目、东区至科学城规划十一路集中供热管道工程暨向LG公司供热工程以及向益海嘉里华南粮油基地集中供热等重点项目。

**广州恒运热电（D）厂有限责任公司** 简称发电公司，于2004年成立。2019年5月31日，发电公司进行优化调整，定位为恒运企业集团全资的二级企业。其核心职能是负责集团公司2×210兆瓦（6号、7号机组）和本公司2×330兆瓦（8号、9号机组）共4台热电机组电力生产和集中供热等业务。

**东莞恒运新能源有限公司** 全年售汽量171.18万吨，实现收入3.29亿元，利润总额2823.05万元，净利润2150.52万元。是年，拓展新用户，扩大供热辐射范围，新沙南项目获得东莞市沙田镇政府书面同意批复。

**广州恒运综合能源销售有限公司** 全年销售电量31亿千瓦时，实现购售电价差收入1269万元。出售365万吨碳排放权，实现收益2247万元。

**广州恒运建设投资有限公司** 原名广州锦泽房地产开发有限公司，2019年，实现业务转型发展，将主营业务由房地产业变更为园区服务业，并将企业名称变更为广州恒运建设投资有限公司。全年营业收入1.48亿元（仅包括锦泽园一期项目），实现净利润约5657万元（仅包括锦泽园一期项目）。启动GQ-C5、GQ-C5-1两地块代建相关工作。盘活南科电子地块资源，开展南科电子科创产业园前期工作，解决历史遗留问题。广州壹龙房地产开发有限公司为其控股子公司，壹龙项目建设全力推进；广州恒运新能源投资有限公司为其控股子公司，黄埔创新创业中心的建设筹备工作业已展开。

**广州恒运股权投资有限公司。** 2019年，配合越秀金控开展广州证券与中信证券的重大重组，并于10月30日获得中国证监会并购重组审核委员会审核通过，拟次年初完成交割。

**广州恒运分布式能源发展有限公司** 2019年，完成上网电量1.6亿千瓦时，售蒸汽量3.2万吨，获得天然气补贴及财政贴息1794万元，实现“当年投产、当年盈利”目标。

**广州恒运环保科技发展有限公司** 2019年，建设完成广州开发区水质净化厂污泥干化减量项目一期工程。萝岗、西区、东区、黄陂、镇龙5个水质净化厂污泥干化项目进入试运营，处置干化污泥量2609.91吨（含水率40%以下），收入546.05万元。

**广州恒运清洁技术投资有限公司** 2019年，完成工会持股的运翔（运宏）公司的政策性关停工作。恒运企业集团物管后勤保障转由恒运清洁技术投资公司管理。推进物业管理市场化，做好恒运大厦、厂区及锦泽园的物业管理，承接分布式能源公司的清洁、安保服务项目等。取得劳务派遣资质，承接电力工程公司劳务服务项目；取得从化中心对外经营资质。做好粉煤灰加工服务，一级灰生产超额完成，比上年增收近100万元。

**龙门县恒隆环保钙业有限公司** 全年加气砖产量为26.3万立方米、砖销量26万立方米，重钙粉产量963吨，粉煤灰产量4.42万吨。实现销售收入8589万元，利润总额711.21万元，净利润531.09万元。

**怀集恒运能源有限公司** 2019年，建设完成怀集工业园区集中供热管网，15吨/小时锅炉投产供热。11月25日，完成省发改委、省能源局项目能评备案工作。

**广州恒运电力工程技术有限公司** 于2019年4月成立。全年完成集团4台机检修维护和技改项目，开拓外部项目13个，合同金额410万元。取得劳务派遣资质证、电力施工总承包三级资质证、建筑机电工程专业承包三级资质证。

**广东江门恒光新能源有限公司** 于2019年11月成立。至年末，广东台山海宴镇500兆瓦光伏发电项目正在推进，该项目计划投资2.2亿元。

**广州恒运东区天然气热电有限公司** 于2019年8月15日成立，是恒运企业集团全资子公司。主要负责广州市重点项目——广州开发区东区2×460兆瓦级燃气轮机组热电冷联产项目的建设与运营。

**【党委代管企业】** 2019年，中国共产党广州恒运企业集团股份有限公司委员会（简称恒运企业集团党委）代管广州粤恒科技发展有限公司。6月，黄埔区政府、广州开发区管委会审议通过《黄埔区能源发展有限公司组建运营方案》，确定黄埔区能源发展有限公司（经工商最终核准登记注册为“广州粤恒科技发展有限公司”）由恒运企业集团党委对其进行经营管理。以2019年12月31日为划转基准日，广州开发区投资集团持有的穗开电业公司100%股权划转至粤恒科技公司，并由粤恒科技适时对恒运公司作价入股。恒运企业集团党委成立专项工作小组，按时限完成产权划转和工商变更手续。制定重组整合工作方案，清产核资、稳定队伍等工作有序开展。

（常欢）

## 广州开发区产业基金投资集团有限公司

**【概况】** 广州开发区产业基金投资集团有限公司（简称广州开发区基金）于2017年7月注册成立，注册资金12亿元，主业为非公开募集证券投资基金、其他资本市场服务、非货币银行服务。旗下有广州世星投资有限公司（简称世星公司）、广州开发区城市发展基金管理有限公司（简称城发基金公司）、广州开发区新兴产业投资基金管理有限公司（简称新兴基金公司）、黄埔投资控股（广州）有限公司（简称黄埔投资公司）4家控股子公司。《广州市黄埔区 广州开发区区属国有企业重组整合实施方案》将广州开发区基金定位为区属基金化投融资平台，主要通过“母基金＋子基金”运作模式，统筹开发区政策性引导基金，并联合产业龙头企业、知名投资机构等，共同设立专项子基金，通过引投、跟投等方式，打造资本与产业高效对接、国有资本与社会资本广泛参与的投融资平台。2019年12月，根据《广州开发区国资局关于印发〈知识城集团与开发区基金重组整合工作方案〉的通知》，广州开发区基金100%股权无偿划转至知识城（广州）投资集团有限公司，划转基准日为2019年11月30日。

至2019年年末，参与出资国家级产业母基金2支，受托引导基金参股设立12支子基金，主导发起设立产业化母子基金18支，不动产基金3支，固收类基金3支，民企发展基金1支，签约规模408.5亿元，管理规模157.9亿元，累计对外投资127亿元，实现基金在IAB、NEM、国际合作领域的全覆盖目标，全年实现营业收入6447万元、利润总额1203万元、净利润598万元。投出科创板上市企业方邦股份，荣膺《母基金周刊》“2019中国母基金TOP100”年度榜单、融资中国2019年度“中国最佳政府引导基金TOP30”“中国最具成长性有限合伙人”等称号，打造在国内创投行业有影响力的母基金管理平台，助力提升广州开发区在行业内的知名度、美誉度。

**【基金主业运营】** 2019年，广州开发区基金加强政府引导基金的受托管理，助力“金镶玉”政策落实见效，深度释放人才强区和创新驱动红利。受广州开发区金融工作局委托管理黄埔人才引导基金，严格按照引导基金政策要求，从29家申报机构中筛选出18家机构全部获得区管委会批准合作，全年向10支子基金出资3.2亿元，新增子基金实缴规模16.2亿元，撬动杠杆比例为1∶4.1，发挥财政资金的放大效应和引导作用。是年，黄埔人才引导基金落地子基金共投资项目13个，投资金额2.43亿元，其中投资区内项目6个，投资金额1.08亿元，支持高层次人才创新创业项目4个，投资的区内项目方邦股份（证券代码：688020）是广州市首家科创板IPO企业。受区知识产权局委托，管理知识产权运营发展基金引导资金（简称知识产权引导基金），是年，知识产权引导基金子基金广州开发区知识产权运营发展投资中心（有限合伙）投资区内项目1个，投资金额1000万元，通过创新性地将企业知识产权价值纳入项目挖掘、筛选和投资决策各阶段的重点考虑因素中，对于引导企业重视自主知识产权培育和运营发挥正面作用。

**国家集成电路大基金（二期）** 主动融入国家战略，配合、承接国家集成电路二期2000亿元大基金的出资工作，分七年出资20亿元。2019年，子公司黄埔投资公司完成首笔认股金1亿元缴付，协助国家集成电路大基金二期筹备组完成章程及合伙人协议的签署。

**受托管理直接股权投资** 开展政府直接股权投资管理，走访区内企业，辅导企业申报，为高成长性和高层次人才企业装上快速发展的“助推器”。是年，广州开发区基金助力1家企业完成3000万元直接股权扶持资金的申报及投放工作。

**百亿城市发展基金** 2017年年，广州开发区基金推动区属国企抱团发展，搭建母基金国企产投基金（规模30.05亿元，由区属八大国企联合出资）、子基金国寿百亿基金（规模100.11亿元，由国寿投资与国企产投基金共同出资，其中国寿投资通过中融信托计划出资70亿元）。基金执行事务合伙人、基金管理人为开发区基金下属企业城发基金公司。国寿百亿基金存续期13年，主要投向广州开发区产业园区建设、基础设施建设、城市更新改造、国企混改、新兴产业等领域，助力区属国企做大做强。2018年完成子基金国寿百亿基金首期款项60.11亿元的实缴工作。2019年完成59.8亿元项目投放，主要投资项目有科信产投、永龙置地、创造者社区和穗开科技园等项目。

**战略产业投资基金** 广州开发区基金子公司城发基金公司联合开发区属国企共同发起设立广州开发区战略产业投资基金合伙企业（有限合伙）用于支持和参与黄埔区、广州开发区城市更新和产业投资发展。基金规模15.16亿元，至2019年末，实缴3.05亿元，已投向将军山产业园项目，按照广深科技创新走廊规划，将军山产业园项目将整体打造成集高端企业总部、加速器和孵化器于一体的 IAB、NEM 产业集聚园区。

**氢能产业投资基金** 广州开发区基金子公司城发基金公司与区属上市能源公司恒运集团共同发起设立广州开发区湾顶新动能产业投资基金合伙企业（有限合伙）。基金总规模 6 亿元，主要投向以氢能为主的新能源领域子基金，其余可投资新能源、先进制造等其他战略新兴产业项目以及政府支持的重大项目的子基金。基金对优质氢能项目进行投资孵化，并以招投联动和设立专项子基金的方式，引导优质氢能项目落户黄埔区，做实做强氢能产业链，形成产业聚集。

**城景产业投资基金** 开发区基金与开发区金控、开发区投资及广州立景创新科技有限公司合作成立基金，基金规模 35.01 亿元，其中区属国企出资 15.01 亿元，广州立景出资 20 亿元，基金存续期 5 年，基金专项投资于广州开发区立景科技有限责任公司，助力立景创新扩大业务规模并将广州立景打造为全球视觉产品总部及 IPO 主体。2019 年，完成首期 15.51 亿元资金实缴及首期 15.5 亿元投资。

**冷泉港（广州）生物医药产业投资基金** 完成广州基金、开发区基金、益普资本、高新区集团的四方合作备忘录和基金协议签署。基金规模 100.1 亿元，存续期限为 8 年，基金一期 50.05 亿元，第一期首次交割为 5.05 亿元，合作各方按协议约定比例出资，投资领域为生物医药、医疗医养等产业。重点推进冷泉港（广州）生物医药产业基金落地，助推研究院、成果转化中心、DNA 学习中心等高端项目落地，加速聚集全球领先的生命科学技术、研究成果、人才及资本，树立广州开发区在国内乃至全球的生物医药产业领先地位；通过产业基金的杠杆效应，引导社会资金投向开发区顶尖的生物医药与健康产业。

**中欧“一带一路”产业投资基金** 广州开发区与银山资本有限公司合作成立基金，该基金首期规模 20 亿元，其中人民币基金 10 亿元，政府出资部门由开发区基金下属企业世星公司出资 1.5 亿元。基金投资期限 7 年（5 年投资期，2 年退出期），由广州银山世星股权投资基金管理有限公司作为基金管理人进行基金管理，将重点投向具有高速增长的中国、欧洲国际一流的医疗健康、教育培训、生物医药、智能装备、电子信息、新材料、新能源、节能环保、金融科技等领域。该基金的设立，是贯彻落实国家“一带一路”战略，打造国际高端合作平台的重要体现，将深化黄埔区、广州开发区中欧区域政策合作试点工作，助力引进一批国际一流的高端产业项目和股权投资类项目。

**广东毅达基金** 由中国知名创投机构江苏毅达资本及广东区域核心团队共同在华南地区设立的第一支创投基金，基金规模 6 亿元，开发区基金子公司世星公司作为有限合伙人之一认缴出资 1 亿元，毅达汇顺是毅达基金的普通合伙人和基金管理人。该基金重点投向新一代信息技术、生命健康、智能装备及机器人、新材料、高端装备制造、节能环保及现代服务业等领域。通过该基金开展招投联动，既重点深挖开发区内的优质项目进行投资，扶持区内企业快速发展；同时利用已投项目资源重点将长三角的优质项目导入广州开发区，助力招商引资和产业集群。

**花城创投基金** 该基金是由广州市各主要产业领域的民营龙头企业共同发起设立的一支专业化私募股权投资基金，基金首期规模 5.70 亿元，开发区基金子公司世星公司作为有限合伙人之一拟出资 1 亿元人民币，并按照相应比例持有基金份额。致力于投资高新技术、高成长性、高层次人才创办的新一代信息技术、人工智能、大健康、智能制造等领域的中小科技创新型企业及战略新兴产业项目。通过该基金，投资扶持一批优质项目，推动广州民营企业转型升级。

**广州黄埔智造产业投资基金** 开发区基金子公司黄埔投资公司联合上市公司鼎捷软件股份有限公司、投资机构珠海横琴汇森股权投资有限公司等共同发起成立广州黄埔智造产业投资基金合伙企业（有限合伙），并成功申请市新兴产业引导基金，基金实缴注册规模 1.88 亿元。该基金主要投资于新一代信息技术、智能制造等领域，不低于 5000 万元返投于区内，助力区内新一代信息技术产业聚集发展。2019 年，基金成功投资 2 家企业，投资 2150 万元，其中广州印芯半导体技术有限公司为开发区基金以招投联动方式，引进业内知名的芯片设计团队，并落地区内的企业。

**广州黄埔斐君产业投资基金** 广州开发区基金子公司黄埔投资公司联合专业投资机构斐君资本等共同发起设立重点投资于新材料和高端装备制造领域的广州黄埔斐君产业投资基金合伙企业（有限合伙），并申请市新兴产业引导基金、黄埔人才引导基金出资，该基金专注于 Pre-IPO 项目。2019 年，该基金合伙企业（有限合伙）规模由 1.5 亿元增加到 2.01 亿元，开发区基金与专业投资机构斐君资本合作投出了广州市科创板第一股——广州方邦电子股份有限公司（SH.688020），投资区内肿瘤病理诊断及医学检验企业安必平（拟次年科创板上市）、国内牛仔布行业龙头北江智联纺织股份有限公司（拟次年申报主板上市）等优质企业。

**广州新锐股权投资基金** 广州开发区基金子公司黄埔投资公司与市属国企广金基金、市新兴产业引导基金联合发起设立广州新锐股权投资合伙企业（有限合伙），实缴规模1亿元，重点投资新一代信息技术领域初创期和成长期企业，基金不少于50%返投于区内，促进区新一代信息技术产业转型升级。2019年，完成对区内项目杰创智能项目的投资。

**广州黄埔永平科创股权投资基金** 2019年，广州开发区基金子公司黄埔投资公司与专业Pre-IPO投资机构嘉兴斐君及市新兴产业引导基金联合发起设立广州黄埔永平科创股权投资合伙企业（有限合伙），实缴规模1.4亿元，重点投资Pre-IPO企业，基金不少于9000万元返投于区内，助力区内企业上市。

**广州黄埔视盈科创股权投资基金** 广州开发区基金子公司黄埔投资公司与区内民营上市公司龙头企业视源股份联合发起设立广州黄埔视盈科创股权投资合伙企业（有限合伙），基金实缴规模3亿元，其中获得广州市新兴产业发展引导基金及黄埔区人才引导基金各6000万元，面向新一代信息技术等国家战略新兴产业，以行业并购为导向，聚焦教育信息化、显示设备及周边产品、电子元器件、汽车电子等细分市场，重点投资于与视源股份主营业务相关、形成规模效应或者协同效应、行业前景看好且受国家政策支持和鼓励的高新技术产业项目。

**【物业购置和运营】** 2019年，广州开发区基金子公司黄埔投资公司完成总部经济区A6栋物业入驻率达93%以上，项目整体盈利前景看好，资产升值预期较强，有助于实现国有资产的保值升值及区属国企的做大做强。完成收购德浩产业园，自主搭建专业运营团队，通过市场化专业运作原则，自主全面招商优质项目，打造地区科技创新示范孵化器平台，提升科技孵化服务核心能力，吸引更多优质企业、人才项目、各类商业机会和资源平台项目汇聚。子公司新兴基金公司创新性采用与市场化机构合作模式，在科学城核心区域打造区内首个围绕人工智能及上下游产业的“智工场人工智能创新基地”，该众创空间位于科学城光谱中路23号，面积约1500平方米，办公环境舒适便捷，12月始为企业提供服务。

**【招投联动】** 2019年，广州开发区基金发挥子公司世星公司引资、引智、引技的龙头作用，带动其他子公司共同开展招投联动，全年引进内外资项目96个（含增资及迁入项目），其中总部项目2个、优质项目58个、行业龙头项目7个、高新技术企业项目4个、高层次人才创办项目5个、合同引进内外资折合美元10.06亿元（按登记注册资本计算）；实际引进内外资折合美元3.57亿元（按实缴注册资本计算）。发挥招投联动效应，在境内外举办及协办招商推介活动4次，跟随区领导带队赴市外拜访的企业13家，重点引进技术新、产值大、效益好的项目，推动卡尔蔡司医疗技术、富乐黏合剂、立景创新科技、莱弗仕康医疗器械、日通汽车物流、长晟智能制造等优质重点项目落地区内。引进的招商项目带动固定资产投资15亿元，助推黄埔区、广州开发区经济指标再创新高。通过毅达基金导入合信方册、信腾、橡栎莲葳等5个新项目落地；加强以人才为核心的企业引进，成功引入鸿溪见杉、艾迪特、汇电云联等一批院士及专家人才项目。子公司黄埔投资公司通过黄埔人才引导基金，带动法律人工智能领域新锐企业北京幂律智能科技有限责任公司在区内设立子公司广州幂律智能科技有限责任公司。

**【全资控股企业】** 2019年，广州开发区基金有全资控股企业4个。

**广州世星投资有限公司** 简称世星公司，成立于2000年11月，原是广州开发区管委会的全资子公司及指定招商项目服务机构，2017年9月，末世星公司整体划转并入开发区基金，世星公司注册资本1.7亿元，是一家“招投联动”+“人才引进”+“国际合作”+“企业服务”的综合运营平台；是广州开发区管委会指定的“金牌招商合作机构”“引才工作站”及“高端人才服务机构”。为国内外人才、技术、产业、资本、市场等诸要素提供资源对接整合专业化赋能服务，已服务800余家外资及内资项目。2019年年末，资产总额2.11亿元。全年引进内外资项目96个（含增资及迁入项目），为区域经济结构调整、效益提升注入新动能，其中实现工业指标4亿元，实现其他非营利性服务业指标3.69亿元。配合全区引资引智大局，跟踪洽谈哈工大基金、粤港澳大湾区天使投资基金等30余家基金合作机构。

**广州开发区城市发展基金管理有限公司** 简称城发基金公司，成立于2017年8月23日，注册资本1亿元，是由开发区基金（持股比例95%）、世星公司（持股比例5%）共同出资设立。2019年年末，资产总额7799.32万元。城发基金公司围绕城市更新改造、基础设施建设、产业园区建设、国企混改、新兴产业及不动产投资等核心领域，发挥和放大国有资本的杠杆作用，引导社会资本参与投融资业务，聚集优质金融资源与项目资源，促进区域经济快速发展，推动区域产业转型升级，助力区属国企做大做强。城发基金公司于2017年12月在中国基金业协会成功备案为私募基金管理人，2019年受托管理基金8支，管理资产规模123亿元，签约资产规模183亿元，优质合作伙伴包括中国人寿、广发银行、华夏银行、民生银行、浦发银行、中信银行等。

**广州开发区新兴产业投资基金管理有限公司** 简称新兴基金公司，成立于2017年8月，注册资本为10.22亿元，由广州开发区基金（持股比例51.07%）、广州开发区金融控股集团有限公司（持股比例48.93%）共同出资。新兴基金公司担任黄埔人才引导基金受托管理机构，受托管理广州开发区知识产权运营发展基金。2019年末，资产总额21.95亿元。新兴基金公司是新兴产业的区属基金化投融资平台，聚焦广州重点发展的“IAB”、“NEM”等新兴产业领域，发挥和放大国有资本作用，聚集、整合全球金融与项目优秀资源，开展股权投资管理、股权投资基金管理、股权投资、基金投资、投资咨询等服务。参与设立冷泉港生物医药产业基金等多个面向新兴产业领域股权投资基金，是年签约资产规模100亿余元。

**黄埔投资控股（广州）有限公司** 简称黄埔投资公司，成立于2018年6月8日，注册资本5000万元，资产总额16亿元。广州开发区基金将持有的控股子公司广州开发区投资基金管理有限公司（简称“广开基金”）51.22%股份无偿划转给黄埔投资公司。黄埔投资公司和广开基金按照开发区基金集团公司统一部署，聚焦IAB和NEM产业和区域发展大局，围绕“创规模、抓效益、做贡献”的总体目标，重点做强“融资杠杆”和“招投联动”两项能力，业务领域涵盖股权投资基金、投资基金管理、投资咨询服务、企业管理咨询服务、供应链管理、企业自有资金投资、风险投资、房屋租赁，物业管理等。2019年，受托管理黄埔人才引导基金5.4亿元，落地12支子基金，签约规模41.9亿元，实缴规模约35亿元；知识产权运营发展基金引导资金2000万元，落地1支子基金，签约规模和实缴规模均为6500万元，上述引导基金子基金投资领域已覆盖黄埔区、广州开发区重点发展的新一代信息技术、人工智能、生物与健康、新能源、新材料等新兴产业领域。依托引导基金平台，与万孚生物（300482）、视源股份（002481）、华宇软件（300271）、赛意信息（300687）、欢聚时代（（NASDAQ:YY）、三七互娱（002555）、新媒体股份（300770）、新希望（000876）等境内外上市公司合作，依托上市公司技术优势和产业链上下游资源优势开展项目投资和投后增值服务。设立5支市场化股权投资基金，分别为国企强强联合的广州新锐股权投资合伙企业（有限合伙）、新一代信息技术领域的广州黄埔智造产业投资基金合伙企业（有限合伙）、投资Pre-IPO项目的广州黄埔斐君产业投资基金合伙企业（有限合伙）及广州黄埔永平科创股权投资合伙企业（有限合伙），与民营上市公司龙头企业视源股份联合设立的广州黄埔视盈科创股权投资合伙企业（有限合伙），收购总部经济区A6栋及德浩产业园。

## 广州开发区交通投资集团有限公司

**【概况】** 广州开发区交通投资集团有限公司（简称广州开发区交投集团）是黄埔区委、区政府批准组建的区属一级国有独资企业，于2017年5月12日注册成立，注册资本20亿元。广州开发区交投集团定位为区交通基础设施建设和运维服务商，重点承担轨道交通、市政道路、高快速路、港口码头等交通基础设施项目、综合交通站点枢纽及周边土地的投资开发与建设运营，完善、优化区域交通设施布局，统筹区内公交公司运营和公交站场建设管理，开展交通道路沿线设计、广告等增值服务，发展绿色交通、共享交通等出行方式和营运模式。

2019年，广州开发区交投集团从全局上谋划，放大国有资本功能，筹划区域交通基础设施建设，开辟主业经营新增长点，搭建轨道交通产业生态圈。至年末，完成固定资产投资11亿元，实现营业收入3681万元，比上年增加1634万元，增长率79.82%，利润总额3822万元；在合并有轨电车1号线已建成资产后，资产总额32亿元，增长额3.58亿元，增长率12.42%；总负债6亿元，减少2亿元，资产负债率19.73%。

**【综合交通网络建设】** 2019年，广州开发区交投集团从关键点着手，建设走在全国前列的有轨电车，解决黄埔人民交通出行。全面收尾有轨电车1号线工程永顺大道段。协调推进有轨电车1号线永顺大道段各工序工作进度，实现“9·30”试验段空载运行。解决征地拆迁重难点工作，调研武汉、南京、成都、淮安、佛山有轨电车项目，推进PPP项目资产入账，永顺大道段初步具备车辆试运行条件，沿线市政配套工程基本同步完工，完成固定资产投资8.3亿元。有序推进有轨电车2号线工程前期工作。完成项目采购，与区住建局签订PPP合同；组建项目公司，取得工商营业执照；参与“8·28”穗港科技合作园核心区启动活动集中动工仪式；持续跟进项目报规报建，取得除黄埔东路段以外用地选址意见书；完成初步设计内审；全年完成固定资产投资7000万元。开展有轨电车3、4、5、6、9、12号线工程前期准备。办理有轨电车3号线（萝岗—港前路）立项审批手续；完成有轨电车5号线工程可行性研究报告编制，组织开展投融资研究；完成有轨电车4、6、9号线工程可行性研究报告编制；完成有轨电车12号线（赤坎桥—黄埔军校）前期方案研究；有轨电车3、5号线纳入广州市有轨电车线网近期规划。

【交通枢纽沿线土地综合开发利用】 2019年，广州开发区交投集团加强轨道交通枢纽综合开发。4月，岭福车辆段地块通过公开市场以6.5亿元转让福宝公司80%股权予广州市浩品房地产有限公司，由其主导有轨电车1号线岭福项目地块上盖开发。11月，玉岩停车场地块由区财政局受理项目盖板工程初设方案概算评审；永和车辆段地块完成有轨电车2号线永和项目地块地质灾害评估。12月，蓝月亮地块（云埔工业区A0205地块）有轨电车2号线整备车间基地（一期工程）开工建设。加强土地节约集约利用。与三一集团公司商谈埔南路1号地块合作开发，搭建有轨电车2号线与创新产业园无缝接驳，推动低端产业转型升级，创建创新创业载体平台，打造智能制造相关产业园。与广东地方铁路公司商谈贤江地块合作开发，完成地块概念方案设计，开展投资测算，研究“工改新”合作改造路径。参与其他项目综合开发。联合二十五局对下元货运场地进行产业升级改造；与科学城集团共同研究有轨电车2号线刘村停车场上盖综合开发实施路径；与省交通集团建立业务关系，共同推动广深高速萝岗立交改造，盘活立交16.67公顷土地用于综合开发。

【智慧交通建设】 2019年，广州开发区交投集团打造区域智慧交通。智慧交通运输管理中心系统集成项目等15个项目列入是年黄埔区智慧交通项目建设计划。智能公交管理系统、重点营运车辆监管系统等项目已立项推进，智慧交通运输管理中心系统集成项目纳入次年预算计划，智慧交通运营中心大楼项目处于编制概念方案及协调申请专项用地阶段。完成黄埔区科学城、生物岛片区香雪大道等12条道路，共62个站点新型智能候车亭项目（一期）建设、竣工验收，并协调区相关部门请款，完成固定资产投资3116万元。同步推动新型智能候车亭项目（二期）建设，完成22个站点升级改造。与深圳交通中心共同组建广州深研交通科技有限公司，落户黄埔区，借助深圳交通中心在智慧交通、大数据应用、微循环巴士等方面的技术优势，多方位服务黄埔区公共交通。全年直接或间接承接项目500万余元，实现公司当年成立当年营收。谋划参与交通领域智能科技产业，开展麦仑智能、广电运通、交通行业融资租赁等股权投资，信息安全产业园等股权及固定资产投资课题研究，与达泊公司在智能停车场项目建设及股权投资方面开展合作。推进校巴合资项目落地和微巴示范线项目可研工作。

发布《黄埔区有轨电车设计规范》。协调各参编单位完成《黄埔区有轨电车设计规范》修编；邀请中国工程院钱清泉院士出席，刘友梅、陈湘生院士出具专家意见，组织国内轨道交通权威专家评审；《黄埔区有轨电车设计规范》于企业标准信息公共服务平台发布，推动建立轨道交通行业标准。加快布局氢能源产业。围绕氢能产业链，与基金集团和雄川氢能公司共同出席“8·28”穗港科技合作园核心区启动活动湾区氢谷项目动工仪式，成立湾区氢谷有限公司打造湾区氢谷项目。与雄川氢能、雄川氢车速运公司合资1000万元成立氢源捷运物流公司，计划打造氢燃料电池汽车运营平台。

【参控股企业情况】 2019年，广州开发区交投集团全资控股企业5家，参股企业8家。

广州开泰交通投资有限公司 简称开泰交通投资公司，于2017年7月整体划入广州开发区交投集团，注册资本1000万元，是集团下属全资子公司，致力于黄埔区能源交通线网铺设基础设施建设，打造绿色能源交通新区。主要负责新能源综合领域配套设施建设、区内绿色资源整合、有轨电车沿线管线迁改、低效用地收储及更新改造。至2019年年末，总资产5492万元，净资产1104万元。

广州开发区交通置业投资有限公司 简称广州开发区交通置业公司，于2017年12月8日注册成立，注册资本5000万元，是集团下属全资子公司。主要负责辖区范围内综合交通枢纽建设开发与运营管理，以枢纽开发带动区域发展，推进有轨电车建设与城市更新有机结合。至2019年年末，总资产513万元，净资产473万元。

广州开发区公共交通站场有限公司 简称公交站场公司，于2017年12月7日注册成立，注册资本1000万元，是集团下属全资子公司。主要负责辖区范围内公交站场、公共停车场、公交候车亭管理以及公交站场、公共停车场配建充电桩的运营管理。至2019年年末，总资产1336万元，净资产822万元。

广州开发区交投建设有限公司 简称交投建设公司，于2019年5月20日注册成立，注册资本1000万元，是集团下属全资子公司，主要经营范围为土木工程建筑业，具有建筑工程施工总承包三级资质和市政公用工程施工总承包三级资质。承接了由集团公司作为项目业主的黄埔区科学城、生物岛片区、香雪大道等12条道路新型智能候车亭项目，黄埔区新型智能候车亭建设项目，有轨电车2号线整备车间基地的建设管理任务，负责项目前期储备立项，可研报告编制、报批，设计、招标、施工、竣工验收、结算等全过程的建设管理。至年末，总资产515万元，净资产509万元。

**广州市穗盈房地产有限公司** 简称穗盈房地产公司，于2018年9月12日注册成立，注册资本1000万元，是集团下属全资子公司，主要负责房地产经营及相关业务。至年末，该公司仍处于筹建阶段。

**广州福宝房地产有限公司** 简称福宝房地产公司，于2018年9月12日注册成立，注册资本1000万元。2019年，公开交易转让80%股权至广州市浩品房地产有限公司。其主要业务为房地产经营及相关业务，负责黄埔区有轨电车1号线岭福车辆段综合开发项目。

**广州市黄埔游艇码头文化旅游有限公司** 简称黄埔游艇码头公司。2017年7月，黄埔游艇码头公司整体划转并入广州开发区交投集团，成为集团下属全资子公司。2018年9月实行混合所有制改革后，股转成为集团公司参股企业，占比49%。

**广州黄埔铁投枢纽发展有限公司** 2017年9月26日，广州开发区交投集团与广州铁投集团二级公司广州综合交通枢纽发展有限公司合资成立广州黄埔铁投枢纽发展有限公司。注册资本6000万元，广州开发区交投集团参股50%。至2019年年末，该公司处于筹建阶段。

**广州黄埔区轻铁一号线投资建设有限公司** 2017年12月5日，广州开发区交投集团与中铁二十二局集团有限公司、中铁第四勘察设计院集团有限公司、广州有轨电车有限责任公司、广州铁建城市建设投资中心（有限合伙）合资成立黄埔区轻铁一号线投资建设有限公司。注册资本5.90亿元，广州开发区交投集团参股20%。主要承担黄埔区有轨电车1号线建设任务。至2019年年末，总资产11.95亿元，净资产5.89亿元。

**广州京穗勘察设计有限公司** 2018年6月14日，广州开发区交投集团与中铁第五勘察设计院集团有限公司合资成立广州京穗勘察设计有限公司，注册资本1000万元，广州开发区交投集团参股49%。主要承揽有轨电车设计咨询、市政道路设计、铁路车站改造设计等业务。

**通号粤港澳（广州）交通科技有限公司** 2018年11月22日，广州开发区交投集团与北京全路通信信号研究设计院集团有限公司、德坤（广州）轨道交通研究院有限公司、京信通信系统（广州）有限公司、北京中科路达工程技术有限公司合资成立通号粤港澳（广州）交通科技有限公司。注册资本2000万元，广州开发区交投集团参股15%。主营业务包括有轨电车标准制定、系统设计、装备研制、系统产品集成、工程实施、运营维护及制式推广。

**广州黄埔区轻铁二号线建设投资有限公司** 2019年10月25日，广州开发区交投集团与中铁二十五局集团有限公司、广州地铁设计研究院股份有限公司、广州有轨电车有限责任公司、中铁建投资基金管理有限公司合资成立黄埔区轻铁二号线建设投资有限公司。注册资本5.39亿元，广州开发区交投集团参股20%。主要承担黄埔区有轨电车2号线建设任务。

**广州深研交通科技有限公司** 2019年2月15日，广州开发区交投集团与深圳市城市交通规划设计研究中心股份有限公司合资成立广州深研交通科技有限公司。注册资本1000万元，广州开发区交投集团参股35%。主要开展智能联网及智慧交通系统研究及综合应用。

（张惠）

## 广州开发区<br>人才工作集团有限公司

**【概况】** 2019年，广州开发区人才工作集团有限公司（简称广州开发区人才工作集团）坚持“人才是第一资源”理念，聚焦“引进人才、投资人才、服务人才、提升人才”，突出主业，推动人才服务产品化、标准化，构建创新型人才教育服务模式，探索国企办学模式，启动人才安居工程，通过划拨、租赁、改造、自建、收购等多种途径筹集各类人才住房，打造人才养老服务品牌，扩大资产规模，做好投融资业务，为建设人才公寓、人才创新载体、人才教育载体等提供保障。至年末，人才工作集团注册资本13亿元，全年实现营业收入2.25亿元，资产总额49.56亿元。

**【人才服务】** 2019年，广州开发区人才工作集团推进人才引进、人才服务、人才创业、人才投资、人才产业园建设等核心业务。构建人才工作一站式全链条服务。是年，人才工作一站式服务平台受区科技局、人社局、人才交流服务中心委托对外开展人才、科技政策兑现和管理业务22项，全年服务企业1200余家，服务人才和经办人2.6万人次，接听政策咨询电话1.15万次，在线答疑4953次，审核电子和纸质材料3966件，受理纸质材料2071件。开展政策宣讲20场、高层次人才活动4场。对外输出服务产品，与广州（梅州）产业转移工业园签署咨询服务委托，为其提供优秀人才吸引政策制定、咨询等服务。完善人才服务场景。建成“一站式”网上大厅，完善功能，提升系统使用体验感，线上线下结合全方位开展人才服务工作，为各板块高层次人才做好服务，提升人才满意度和获得感。

搭建全方位引才招才平台。组织承办广东省国家重大科学仪器设备开发专项成果转化项目对接会、首届粤港澳大湾区高端科学仪器产业发展论坛、第3届官洲国际生物论坛、第21届中国海外人才交流大会、湾区青年创新论坛等重大活动；建设广州开发区人才工作专家库，200余名专家入库；发起设立黄埔人才创业促进会，将区内重要的创新科研院所、会计师事务所、法律事务所、创业公司等纳入作为会员单位形成人才服务联盟。

打造人才创业载体。推进湾区人才创业园建设，开展物业建设进度、物业工程验收、产业园移交前验收和产业园整体设计等方面工作，至年末，建设工程及整体招商工作完成。与迪森集团合作，共同运营大湾区国际人才创业园，创业园一期招商工作全部完成，二期工程建设正有序推进。开拓人才派送服务。拓展市场第三方服务外包业务，承接黄埔区人力资源和社会保障局“2019年度名企高校行”、广州市教育局2019年基础教育高层次人才引进工作，宣传推广广州开发区人才政策，举办大型教育杰出人才和骨干人才见面会，吸引教育高层次人才参与，建立与企业之间的互动机制。

**【人才安居】** 至2019年年末，广州开发区人才工作集团通过划拨、租赁、改造、自建、收购等多种途径筹集各类人才住房7580套。与7家全国公寓品牌运商共同发起筹建黄埔区住房租赁行业协会，提出《广州市黄埔区、广州开发区人才安居房政策建议》，实现基础性人才置业自住需求，解决企业引进人才的后顾之忧。推动才筑·科学家项目、才筑·长岭居项目、绿地城J地块、人才大厦、绿地城F地块T4栋、广垦商务大厦、科城山庄峻森园C4栋、保利罗兰、勤天智品上城别墅等人才公寓建设与供应；抓好刘村94套安置房、区246套周转房人才公寓划拨及香雪国际公寓、生物岛公寓、知祥公寓、萝岗和苑、榕悦花园、佳兆业盛世广场等人才公寓运营工作；推进港湾一村、二村项目、阀门厂片区等旧城改造工作。

**【人才教育】** 2019年，广州开发区人才工作集团按照“1个体系、3大模式”的运营思路，构建完善创新型人才教育服务体系。提升人才一幼的办学服务水平，深化国企创新举办“大公办园”模式。结合人才一幼成功经验，快速复制打造人才二幼、三幼、四幼和五幼，谋划人才六幼建设，至年末，该集团幼儿园办学总规模达到6所，可开设88个班，提供3000个学位，满足广大高层次人才和周边居民对优质普惠学前教育服务需求。开办“人才工作集团儿童成长中心”，实现0—12岁婴幼儿、少儿素质教育业务全覆盖，打造“大公办园+儿童成长中心”的学前教育服务双品牌。推动广州市产教融合示范区建设，将示范区项目纳入广州市创建国家产教融合试点城市核心项目，产教融合公司完成国家产教融合型企业评选申报。推动建立示范区建设发展议事协调机制，成立示范区建设领导小组；完成示范区起步区场地建设，推动首批产业学院进驻；接受国家发改委社会司、中国教科院、国内重点高校等单位专家、领导的考察调研。至年末，建成大师工作室4个，完成600名技能人才培训，举办技能大赛2场和校企合作洽谈会1场。

**【投资融资】** 2019年，广州开发区人才工作集团收购广州绿地城G地块T1地标写字楼（人才大厦）、广州绿地城F地块T4写字楼、区24项房产物业等资产项目，并以股权收购的方式收购广州市和生房地产开发有限公司属下的资产勤天智品上城项目及广州市恒祥投资有限公司100%股权。完成粤港澳大湾区首单公开市场融资业务，与国泰君安、兴业证券联合推行的资产证券化业务人才公寓租金ABS成功发行，获融资5亿元。申请中央财政支持住房租赁市场发展试点支持资金，第一期才筑科学家与才筑长岭居两块地的补贴3500万元到账。开展直接股权投资，管理规模6000万元，已投项目2个（广州昂科免疫生物技术有限公司、广州威溶特医药科技有限公司）。

**【直属企业】** 2019年底，广州开发区人才工作集团拥有6家直属企业。

广州科寓投资管理有限公司 简称科寓公司，全年总营收13799万元。是年，香雪国际公寓入住人才专家24名，人才公司20家，长租主要客户188家，合计营收3870万元，比上年增长33.5%。引进正威粤港澳大湾区（广州）控股有限公司、广州万达国际医院有限公司、国家纳米科技中心等重点团队的入住，打造专业化政府VIP接待团队，稳定优质客源，接待全国开发区年会，重要领导及政府机构单位平均每月6—7家。知祥公寓主要客户68家，入住率80%，合计营收1752万元，增长近一倍；生物岛分公司高质量完成官洲论坛接待工作，实现营收1368.11万元。智汇星公司与区政府和澳青科技签订10年期租赁协议，实现开业即满租业绩，与区直机关工委联合打造建设区直机关党群服务中心。6月1日，“大湾荟”餐厅对外营业，与航天云网数据研究院（广东）有限公司、天地互联科技（广州）有限公司等百达丰园区重点引进企业签订长期用餐合作协议。12月24日，科寓公司完成对广州市恒祥投资有限公司100%股权收购及股东变更及公司高层管理人员的变更工作。

广州开发区才汇创业服务有限公司 简称才汇公司。成立于2017

年9月14日，注册资本8800万元。2019年，实现收入2036.18万元。以“服务人才、创造价值”为发展理念，结合国家、省、市、区各类人才政策，打造人才工作“一站式”服务线上线下平台，开展人才政策咨询、申报受理和“黄埔工匠”评选；为各类人才和投资项目提供一对一的“人才创业经纪人”服务，对接高层次人才项目140余个，重点跟进项目41个，引进落地高层次人才项目25个。开展政府直接股权投资、自有资金投资，从项目立项、投前准备、公司决策、项目实施到投后管理构建投资服务体系，深挖投资空间。创新工作思路，开拓招聘渠道，开展人才派送和劳务派遣工作，建立与政府、企业、高校之间的互动机制，为区各类人才和投资项目提供从“项目引进、政策匹配、创业投资、创业载体”等全链条精准服务。

**广州开发区才锐房屋租赁有限公司** 简称才锐公司。成立于2017年11月17日，注册资本金1亿元。2019年，该公司总资产8.8亿元，净资产4.14亿元，营业收入1769万元。运营管理总房源4707套，总面积29.02万平方米。可出租房源2759套，已出租房源2568套，出租率93.08%。配合落实黄埔区人才住房政策，11月推出佳兆业盛世广场、萝岗和苑B区、科城山庄峻森园C4栋共1448套第一批人才住房，12月推出科城山庄峻森园C4栋、刘村新村B3B5栋、保利中珺广场3号和4号楼、云升科学园公寓共1052套第二批人才住房，为黄埔区各类人才提供住房保障。是年，创立“黄埔人才家”首个区属国有品牌，完成“黄埔人才家”品牌标识及“开启美好生活”广告语等一套品牌基因体系建设及VI系统设计。开展公寓导视系统概念设计及整体设计，实现科城山庄人才公寓导视系统落地，打造黄埔人才家示范项目。与区住建局联合举办“黄埔区人才住房政策及分配方案”宣讲培训会，向参会的346位企业代表介绍“黄埔人才家”品牌。该公司官方微信更名为“黄埔人才家”，与自媒体渠道、人才工作集团官号、黄埔发布、黄埔观察等平台合作，官方微信号累计关注人数2247人，比上年增长2.86倍。升级完善黄埔人才住房租赁管理平台，平台涵盖住房租赁监管、住房租赁服务共享、租赁资产管理、住房租赁监测等板块，提供住房租赁的全链条系统服务。牵头组建广州市黄埔区住房租赁行业协会，于5月23日召开协会成立大会暨第一次会员大会，才锐、红璞、冠寓、旭辉等15家发起单位参会。筹备行业交流会，策划“机遇洞察，避雷有招”交流会，组织承租企业安全责任培训。9月，广州绿地城J地块项目14栋建筑物全部封顶。

**广州开发区才英教育投资有限公司** 简称才英公司。成立于2018年2月8日，2019年末，注册资本金为6000万元。才英公司以“提升人才、创造价值”为宗旨，以“下管小”人才服务创新理念为导向，在国企“大公办园”模式的基础上，迅速优化完善学前教育服务链条，形成“大公办园+儿童成长中心”的业务格局。2019年，人才工作集团幼儿园从1家发展为6家。人才一幼作为区内首个国企举办的创新型“大公办园”，7月完成幼儿园规范化评估达标，并发挥示范引领作用，带动人才二幼、人才四幼和人才五幼快速实现筹建开园，人才三幼完成筹建及招生工作。才英公司作为运营主体，推动人才工作集团幼儿园标准化体系建设，制定大公办园筹建、运营管理管理规范，建设高素质的师资队伍，打造内涵统一、形式多样的办园环境杆。为探索国企办学可持续、多元化发展道路，按照市场化运营机制，开办“人才工作集团儿童成长中心”，实现0—12岁婴幼儿、少儿素质教育业务全覆盖，成功打造“大公办园+儿童成长中心”的学前教育服务双品牌。推动广州市产教融合示范区建设，将示范区项目纳入广州市创建国家产教融合试点城市核心项目，产教融合公司完成国家产教融合型企业评选申报；推动建立示范区建设发展议事协调机制，成立示范区建设领导小组；完成示范区起步区场地建设，推动首批产业学院进驻；接受国家发改委社会司、中国教科院、国内重点高校等单位专家、领导的考察调研；建成大师工作室4个、完成600名技能人才培训、举办技能大赛2场和校企合作洽谈会1场；对接高层次人才企业策划建设高新技术人才培养基地。

**广州开发区才筑房地产开发有限公司** 简称才筑公司。成立于2018年4月25日，注册资本金1000万元，以房地产开发经营为主营业务。2019年，才筑公司推进集团公司代业主管理的工程项目建设。才筑·科学家项目如期开工，完成投资额556万元；广州勤天智品上城改造工程顺利完工，完成投资额4359万元；T1、T4项目装修改造项目提前完成各项施工任务。广垦项目如期完成既定任务，完成投资额4712万元。开拓港湾一村、二村旧城改造项目并取得重大突破，协调引进广州港、越秀集团，推进三方框架协议签订，为拓宽城市更新业务奠定坚实基础。

**广州开发区战略研究院有限公司** 简称广州开发区战略研究院。成立于2018年5月9日，注册资本金1000万元。2019年，广州开发区战略研究院资产总额647.05万元，营业收入386.76万元。主要有智库运营、课题研究、专题培训三大业务板块。建立“三级专家群+咨询专家库+外围智库”，新加坡国立大学东亚研究所原所长郑永年，中国国际经济交流中心副理事长、商务部原副部长魏建国，万科集团创始人王石等67位知名专家、学者、企业家加入中新广州知识城智库。举办系列智库沙龙、研讨会等活动，强化智库的知识聚集效应。承办2019湾区青年创新论坛，《人民日报》《南方日报》等媒体报道77篇，视频直播点击量26.48万次。承接区发改局《广州科学城“五年大变化”行动计划》、区政策研究室《黄埔区广州开发区经济高质量发展政策体系研究》、区城市更新局《黄埔区广州开发区开展省“三旧”改造改革创新试点专题研究》等多家单位的重点专项课题，形成调研文章70万余字。承办区直机关党工委、区委组织部、区农业农村局、区公安分局等专题讲座等专项培训，培训人数2100余人次。

（李想）

## 黄埔文化（广州）发展集团有限公司

**【概况】** 黄埔文化（广州）发展集团有限公司（简称黄埔文化集团），是由广州开发区管委会投资设立并由广州开发区国有资产监督管理局一级监管的准公益性企业，是全市首家全资国有文化企业，业务指导部门为黄埔区委宣传部。2019年，挖掘黄埔文化资源，聚焦文化旅游、文化投融资、文化创意和文化服务四大主营业务板块，推进黄埔文化综合实力出新出彩。成立广州青禾文化投资有限公司、名未名（广州）研学旅行服务有限公司，建成粤港澳大湾区青少年研学基地、小鸟天堂文化艺术教育中心等。全年实现营业收入3757万元，完成年度考核指标3500万元的107%，比上年增长161%；资产总额18.29亿元，完成年度考核指标10.06亿元的181.81%，增长93.35%；完成入统固定资产投资3993万元。

**【珠江国际慢岛建设】** 2019年，黄埔文化集团推进长洲岛及相邻江心岛集体农地和物业租赁帮扶，完成260余公顷农地和2.25万平方米物业承包、租赁工作，配合推进高标水田建设，新增水田指标89.33公顷，节省水田指标竞买预算10亿余元。初步完成长洲岛农业公园总体规划及核心区规划设计方案，开展农业、文化、旅游结合项目引进洽谈工作。与励丰文化等社会资本就珠江国际慢岛平台公司的设立进行商务谈判。谋划推进“军校传奇”主题展演项目及军事主题街区建设，完成方案深化设计，与相关2家企业就项目建设所需军校路场地租赁开展商务谈判。高质量做好长洲游艇码头游艇靠泊、租赁及水上运动服务，承接广州体育节水上项目、世界名校赛艇邀请赛、广州市龙舟锦标赛等重要赛事，完成32个游艇码头主体工程建设。

**【科学城文化商业综合体打造】** 2019年，黄埔文化集团购置绿地中央广场SE栋，面积近6万平方米，交易总价13.17亿元，探索文化商业综合体模式，打造科学城文化商业新地标。购置绿地中央广场S4栋，面积近6000平方米，交易总价1.38亿元，配合黄埔区委宣传部打造“全国一流、广州第一”的区融媒体中心，并交付使用。

**【“月亮经济”及展厅服务】** 2019年，黄埔文化集团繁荣夜间文化经济，激发广州科学城新魅力。结合科城灯光秀推出丰富多彩的文化活动，灯光秀户外大屏累计播放主题灯光秀、公益宣传片等1000余场次；与上海丽远传媒公司合作打造时尚文化传播推广活动，网络点击量5000万余次。完成科学广场展示厅升级改造和配套工程，全年完成接待500余批次、8000余人次，成为广州开发区展示建设35周年重要成果的窗口。建成广州开发区企业产品展示中心（智尚黄埔荟），集中展示区内近200家高新技术企业300余件智能制造产品，与科学广场展示厅联动，成为全区招商引资、展示营商环境及“智造黄埔”成果的新名片。

**【“文化+”投资平台助力文创企业】** 2019年，黄埔文化集团加强文化科技融合发展专项资金管理，提高资金利用率，为重点领域文化科技企业提供“雪中送炭”式资金支持，累计（滚动）签约投资额8725万元，投资15家企业，其中腾猴科技获得高新技术企业和瞪羚企业认定，达力动漫著名IP动画《荒岛历险记之罗克和编程猫》获第十一届动感金羊“优秀动漫品牌授权”奖，欧科获2019中国地理信息产业优秀工程公司及个人银奖等。发挥财政资金引导作用，合作设立优创合影4K内容产业基金、三七互娱文化科技基金等专项文化产业子基金，基金总规模2.45亿元，撬动社会资本2.15亿元。举办“黄埔文投下午茶”活动，为所投资企业提供交流合作的增值服务。

**【广州大湾区文化产业园建设】** 2019年，黄埔文化集团推动园区提质增效，集聚湾区文化产业新业态。集团合资子公司运营的广州大湾区数字娱乐产业园被认定为“广州市级文化创意产业示范园区”“黄埔区企业孵化器园区”和“广州市企业孵化器登记园区”，入驻企业98家，入驻率90%，全年园区总产值2.5亿元，其中新引进的娱加娱乐公司营收1.5亿元。优创合影

4k内容创新制作基地已入驻12家企业，初步形成产业链闭环，与中广电传媒共同合作建设4K/8K超高清视频内容原创基地。优创合影公司出品的4K网络电影《巅峰营救》等2部影片在爱奇艺上线，预计盈利1051万元。与北京理工大学团队共同发起设立广州市大湾区虚拟现实研究院，于4月12日揭牌并举办首届虚拟现实与数字经济国际论坛，获得省科技厅“虚拟现实”重点专项1000万元支持，研究院技术团队参与2020年北京冬奥会吉祥物冰墩墩宣传片特效制作。

【黄埔文化新品牌塑造】 2019年，黄埔文化集团深入挖掘黄埔特色文化元素，塑造黄埔文化新品牌。获区委宣传部授权运营全新区域品牌形象视觉识别系统，开发文化衫、手机扣等一系列文创产品，在全区政务、商务、社会宣传、环境导视等领域全面铺开应用。围绕“到黄埔去”“海丝文化”“黄埔军校”等核心元素，推出黄埔态度系列帆布包、黄埔军旅系列明信片等文创产品。协助开展玉岩书院文史资料编印工作。策划提出香雪文化体验中心规划设计和运营方案。完成区“廉洁黄埔”logo设计、“埔小帅埔小妹”IP形象衍生品开发，探索企业文创内容服务。引进国画大家许钦松、音乐名家李海鹰、粤剧名角吴非凡，建设大师工作室。

【优质文化服务活动】 2019年，黄埔文化集团承办“不忘初心、牢记使命”——黄埔区 广州开发区党史、创业史档案文献展，吸引区属单位和团体6.5万人次参观学习。协助举办“我和我的祖国”国庆群众文艺嘉年华，承办“爱我中华——花园庆国庆”主题游园活动和广东发展成就摄影图片展等活动。利用科学广场水幕和绿轴广场户外大屏，推出“庆祝新中国70华诞”主题灯光秀、“我爱你中国”主题表白活动，播出《锦绣黄埔 赞美祖国》等专题短片，彰显黄埔精神、羊城活力、爱国情怀。国庆期间系列活动共吸引游览市民20万余人次，推进全区国庆活动出新出彩。在绿轴广场举办12场“到黄埔去户外音乐季”活动，为群众送上一场开放、包容、活跃的音乐文化大餐。主办广州国际购物节黄埔分会场暨购物嘉年华活动，参展企业80多家。承办粤港澳大湾区城市公共雕塑大展和黄埔花市粤港澳大湾区新春音乐会，展现多元文化融合共生、交相辉映的精彩魅力。构建科学城园区党群服务街企共建新模式，科学城园区“两新”组织党委被广州市委授予“广州先进党组织”称号。

【直属及控股企业】 2019年，黄埔文化集团直属及控股企业有6家。

黄埔文化（广州）股权投资有限公司 简称黄埔文投公司，于2017年11月16日成立，是集团文化产业投资平台，致力于布局完善集团文化产业链条，并受托管理广州国家级文化与科技融合示范基地专项资金。至2019年年末，该专项资金累计签约投资项目15个，投资额8725万元，其中基金项目签约投资额3000万元，撬动2.15亿元社会资本。所投项目涵盖教育、动画人才培训、数字博物馆、AR/VR科技、游戏及影视等领域。打造企业孵化+投融资服务平台，成功举办“文投下午茶”活动，为所投项目提供资源嫁接等增值服务。是年，为充分高效利用专项资金扶持更多优质企业，累计收回并滚动使用专项资金1543万元。

黄埔文化（广州）旅游发展有限公司 简称黄埔文旅公司，于2017年12月6日成立，是集团全资子公司，注册资本1000万元。2019年，黄埔文旅公司成功举办“时代华章——粤港澳大湾区城市公共雕塑大展”、“黄埔丝路”世界名校赛艇邀请赛、黄埔区迎春花市等活动，塑造黄埔文旅品牌；打造“我和我的祖国”国庆大型群众文艺嘉年华、“到黄埔去”户外音乐季、“不忘初心、牢记使命”——黄埔区、广州开发区党史、创业史档案文献展等庆祝中华人民共和国成立70

2019年9月，黄埔文化集团承办“不忘初心、牢记使命”——黄埔区、广州开发区党史、创业史档案文献展，吸引区属单位团体6.5万人次参观学习

（黄埔文化集团供图）

周年、建区35周年系列红色文化活动，延续红色文化热度；通过举办2019年广州国际购物节黄埔分会场活动，丰富以“海丝”“军校”为核心元素的文创品类、提供礼品定制文创服务，建设区域工业成就综合展示平台——智商黄埔荟等文化服务，不断创新“文化+”模式；打造节日、公益、明星等不同类型主题灯光秀活动推动绿轴广场“城市会客厅”建设，增强区内影响力，激发产业融合发展新活力。至年末，该公司资产总额1308.69万元，营业收入1031.25万元，比上年增长2.17倍。

黄埔商学院（广州）有限公司 简称黄埔商学院公司，于2017年11月10日成立，是集团全资子公司，注册资本100万元，以党群服务、培训服务、企业服务等业务为主，致力打造高端培训品牌。2019年，通过构建的“668”党建服务体系，在科学城园区推进“红色联和 筑梦科城”党群服务，组织开展参观、来访、交流、讲座、沙龙等活动70余场次。承办黄埔区2019年退役军人适应性培训，区内109名退役军人和全区退役服务机构工作人员全程参加培训。弘扬历史文化价值，编印以亲历、亲见、亲闻为特色的玉岩书院文史资料。

广州青禾文化投资有限公司 简称青禾公司，于2019年3月成立，注册资本6.6亿元。是年，购置科学城绿地中央广场大型6万平方米的商业综合体物业及地铁物业。该公司总资产9亿余元。与知名商业地产运营商展开合作，突出区域特色，深挖文化资源，将物业整体打造成为融合购物、艺术、餐饮、文创等多样化功能的科学城文创商业体验中心。

广州市黄埔游艇码头文化旅游有限公司 简称游艇公司。2019年，新建码头32个游艇泊位整体完成60%，协助集团承办“黄埔丝路”世界名校赛艇邀请赛。12月，完成广州长洲岛新担涌游艇公共服务基地项目码头工程（一期）码头定位桩PHC桩施工，与集团、广州长洲岛农业科技有限公司合资设立广州岛都市农业产业园有限公司。2019年年末，该公司资产总额4817万元，比上年增加473万元，增长11%，年度营业收入446万元。

名未名（广州）研学旅行服务有限公司 简称名未名研学公司，于2019年2月27日成立，注册资金400万元，集团全资子公司黄埔文旅公司控股，持股60%。是年，建立科学城首个研学基地——粤港澳大湾区青少年研学基地，面积约2200平方米，为幼儿、小学、初中、高中等不同年龄段青少年，提供科技创新、自然科学、农耕体验、军事教育、传统文化、生活技能等六大类课程。全年开展各类大小研学活动50余场，开展科普进校园活动3场，为2万余中小学生提供优质的研学及科普宣传教育服务，其中港澳台青少年200余人，扶贫助困160余人次。该基地先后获“广东省研学旅行协会会员单位”“黄埔区重点关爱青少年社区融入基地”“黄埔区、广州开发区青少年教育示范基地”“广东食品药品职业学院产学研基地”“黄埔区、广州开发区科普工作突出贡献单位”等多项荣誉。

【参股企业】 2019年，黄埔文化集团有参股企业3家。

广州大湾区数字娱乐科技有限公司。简称湾区数娱公司，运营管理的广州大湾区数字娱乐产业园。2019年，突出打造数字娱乐上下游产业平台，核心业务主要包含众创空间、孵化器、产业园招商运营，文化项目创投，举办策划行业高峰论坛、电竞赛事活动，以及提供数字娱乐内容营销推广服务。园区引入垂直产业相关企业98家，包括娱加娱乐传媒集团、秀美网络科技等知名企业，园区入住率90%，被评为市文化产业示范园区和市科技企业孵化器。全年实现物业租赁收入1098万元，园区总产值2.5亿元。

广东优创合影文化传播股份有限公司。简称优创合影公司，专注

2019年7月17日，“黄埔丝路”世界名校赛艇邀请赛在长洲岛游艇码头开幕
（黄埔文化集团供图）

于4K内容发展，依托4K内容创新基地，通过聚合4K内容生产上下游企业，打通项目孵化、项目生产、项目出口全环节，实现4K内容产业闭环。2019年，该公司打造的4K内容创新中心确定为“2019年度国家广播电视和网络视听产业发展项目库入库项目”，成功引进产业链相关企业17家入驻。联合出品摄制的网络电影《深海异种2》《巅峰营救》等成功上线，取得年度前20名的好成绩。与爱奇艺形成深度合作关系，中标爱奇艺“云腾计划”。7月，发起设立的影视基金于中国基金业协会完成备案，基金规模6100万元，至年末，基金已投资影视项目7个。

广州同文智荟教育投资有限公司。简称同文智荟教育公司，聚焦幼儿素质教育业务，整合国内外优质文化教育资源。2019年，同文智荟教育公司开展高端文化教育培训项目，联合芬兰库奥皮奥艺术学院、岭南教育慈善基金会设立中芬儿童文化教育基金，举办芬兰儿童创意艺术工作坊和创意艺术教师培训课程，并面向社会发布儿童素质教育1+1+X课程体系，开辟中芬文化教育交流合作新领域。6月对外招生，至年末，各级各类学生共154人。

（高亮）

## 民营企业管理

【概况】 2019年年末，黄埔区实有市场主体16.65万户，比上年增长37.89%；新登记市场主体5.23万户，增长86.94%，其中新登记企业4.26万户（含外资219户），增长125.96%，各项增速均居全市第一。是年，黄埔区民营及中小企业不断做专做精，做精做强，形成一批“专精特新”企业通过强化自身的创新能力，在细分市场占有优势地位的行业“单打冠军”和“科技小巨人”，在细分行业和专业市场拥有自己的核心技术。其中广州麦普数码科技有限公司、广州洁特生物过滤股份有限公司、广州视源电子科技股份有限公司、广州天赐高新材料股份有限公司、广州金域医学检验集团股份有限公司、广州禾信仪器股份有限公司、广州明珞汽车装备有限公司等12家重点中小民营企业，全年完成产值241.7亿元，比上年增长10.6%；11家工业企业实现产值250.3亿元，增长11.3%。企业新增专利申请量242项，新增授权104项。

【民营企业金融供给】 2019年，黄埔区强化金融供给促进民营企业发展壮大。努力降低融资成本。发挥银行、小额贷款公司、风险投资等融资渠道作用，对企业融资中产生的银行利息、债券利息、保险保费等费用给予补贴。组建民营企业发展基金，帮助企业化解股权质押、抽贷断贷等流动性问题；设立知识产权质押融资风险池和科技信贷风险补偿资金池，引导支持金融机构为民营及中小企业提供贷款。发展资本市场。对企业挂牌广东股权交易中心、挂牌新三板、境内外交易所上市、上市再融资、发行债券、并购重组等给予最高600万元奖励，鼓励企业通过多层次资本市场拓宽融资渠道，推进企业在多层次资本市场挂牌上市。目前，已培育出丸美股份、维港环保以及方邦股份上市。搭建服务平台。依托广州开发区金融公众号、金融超市小程序与实体店，搭建“一站式”融资服务平台，打造汇聚银行、证券、股权投资、融资担保、小额贷款、融资租赁在内的多层次、高品质金融服务链条。至年末，已吸引50余家金融服务机构和2000余家高新技术企业入驻。

【大中小型民营企业创新创业升级扶持】 2019年4月，黄埔区、广州开发区向工信部递交打造“大中小企业融通型”特色载体推动中小企业创新创业升级的建设方案，11月，举办促进大中小企业融通发展暨中小企业高质量发展论坛，工信部中小企业局、人才交流中心领导，广州市工信局领导，各省优秀经开区代表，国内外新兴产业、实体经济龙头、行业翘楚以及中小企业代表，行业协会及学会等学者、嘉宾，新闻媒体等600余人参加论坛，促进区内“大中小企业融通型”创新创业特色载体发展。至年末，全区创新特色载体累计从业人员3187人，达成合作的行业龙头企业数21家，创业导师数79人。

（谢子建）

【民营科技型中小企业创新金融服务超市上线】 2019年7月，由广州开发区金融局会同广州开发区金融集团联合打造的黄埔区、广州开发区民营科技型中小企业创新金融服务超市上线。该超市集金融产品、中介服务、政策咨询、信息共享等综合性金融服务于一体，整合广州开发区内银行、证券、股权投资、融资担保、小额贷款、融资租赁等在内的金融服务链条，缓解企业融资难、融资贵问题，投融产融对接效率得以提高。

（高亮）

【民营企业选介】 广州洁特生物过滤股份有限公司 成立于2001年，是一家从事生物实验室及医疗高端耗材、试剂及设备研发、生产及销售的高新技术企业，获国家级高新技术企业、国家知识产权贯标体系认证，是广东省生物实验室塑料耗材技术中心、广州市级技术中心等。该公司着力强化核心技术研发，承担国家科技型中小企业创新基金项目、省部协同创新与平台环境建设、广州市产学研协同创新重大专项等20余个项目。至2019年年末，共获得专利授权70项，其中发明专利11项、实用新型专利46项、外观专利13项。

广州明珞汽车装备有限公司 成立于2008年6月，是一家为汽车制造业和一般工业领域的工业制造企业提供智能制造解决方案的高新技术企业。先后被认定为国家高新技术企业、工信部首批智能制造系统解决方案供应商、省工程技术研究开发中心、省企业技术中心、省工业设计中心、省战略性新兴产业骨干企业、省机器人骨干企业等，获德勤中国高科技高成长50强&亚太地区500强等称号，至年末，拥有自主知识产权200余项。未来，将依托位于云埔工业区的新总部，打造“制造业管理信息化服务平台+数字化和工业物联网大数据平台+供应链资源协同平台”三位一体的智能制造服务体系，为制造业提供数字化平台与技术标准服务、运营维护支持服务以及产业金融服务，在汽车白车身、汽车零部件、动力总成与新能源和一般工业等四大领域贡献更多全面高效智能化的“明珞方案”。

广州禾信仪器股份有限公司 成立于2004年，是集质谱仪器研发、制造、销售及技术服务为一体的国家火炬计划重点高新技术企业，主要向环境监测、气象、工业生产、医药等多领域提供多种质谱产品及技术服务。坚持“做中国人的质谱仪器”理念，在国家“863”计划、国家重大科学仪器设备开发专项等重点项目的支持下，不断自主创新，拥有质谱核心技术、先进工艺装配技术和完整的生产线，在国内率先实现质谱仪器产品自主正向开发，实现中国最高端的科学仪器产品化，单台价值300万余元，至2019年末，该公司是中国能批量生产的最具价值的高端科学仪器，连续入选国家“十一五”“十二五”重大科技成就展。

（谢子建）

# 区域合作

## 粤港澳大湾区合作

**【概况】** 2019年12月，《中新广州知识城总体发展规划（2020—2035年）》由商务部会签相关国家部门报国务院批复印发。穗港智造特别合作区、穗港科技合作园启动区分别于5月28日、8月28日启动建设，《穗港智造特别合作区建设实施方案》通过市推进粤港澳大湾区建设领导小组会议审议。鱼珠片区成功纳入广州人工智能与数字经济试验区，《广州人工智能与数字经济试验区建设实施方案》以省大湾区办2020年1号文件印发实施。广州开发区发展改革局推进黄埔区、广州开发区融入粤港澳大湾区“1小时生活圈”，穗港城—穗港澳出入境大楼项目已开工建设，将开通连接香港机场、香港尖沙咀、澳门机场的水上航线。协调黄埔海关实现进出口货物24小时通关，实现海运出口货物“提前申报、运抵验放”。

**【广深港澳科技创新走廊重要节点建设】** 2019年，广州开发区成功争取将知识城、科学城列入《粤港澳大湾区国际科技创新中心建设方案》和广州市“三城一区十三节点”科创中心建设布局。是年，人类细胞谱系大科学装置、太赫兹国家科学中心等7家中科院大院强所集中落户广州开发区；粤港澳大湾区高性能医疗器械创新中心、高端科学仪器创新中心启动建设；金域医学国家体外诊断创新中心方案已上报国家发改委；视源电子等3家国家企业技术中心申报材料已通过省公示。清华珠三角研究院与香港浸会大学合作共建粤港澳创新中心、香雪制药与澳门大学合作建设粤港澳大湾区中医药标准化国际化创新转化中心、再生医学与健康省实验室与香港中文大学共建再生医学高等研究院。

**【港澳规则对接】** 2019年11月28日，黄埔区、广州开发区发布《广州市黄埔区 广州开发区推进粤港澳知识产权互认互通办法（试行）》，推进境内对港澳知识产权认定，成功发行全国首支知识产权证券化产品。探索香港工程建设管理模式试点，推动港澳医生在广州开发区医院试点执业等。

**【港澳青年创新创业平台建设】** 2019年，黄埔区、广州开发区打造“黄埔梦工厂”，出台支持港澳青年创新创业扶持办法和“海外尖端人才8条”，粤港澳大湾区青年创新创业基地建成广州区块链国际创新中心、澳门青年人创新创业部落、香港青年人创新天地、励弘粤港澳青年数字创意基地等4大重要载体，至年末，建成载体面积339万平方米，入驻基地的港澳资或聘用港澳员工企业25家。9月8—9日，举办“黄埔杯”第六届“创青春”广东青年创新创业大赛暨第二届粤港澳大湾区青年创新创业大赛和2019年湾区青年创新论坛；开展港澳青年社会实践活动“青春黄埔行”，25名港澳大学生到区内企业实习体验。

**【首届穗港澳质量管理交流大会在黄埔区举办】** 2019年11月4日，首届穗港澳质量管理交流大会在黄埔区举办。会上，黄埔区质量强区办公室与香港品质管理协会、澳门品质管理协会建立质量战略合作伙伴关系，探索开创以质量提升、标准引领、检测认证为基础的产业合作互融、人才引进交流新局面，助力打造“穗港智造”新引擎。发挥质量政策虹吸力，升级“金镶玉”系列政策2.0版，推出“港澳青年创新创业”等专项政策，开展工业互联网标杆品牌计划，支持港澳创新力量参与国际质量比对提升示范项目，推动三地质量管理高级人才交流，培养质量奖梯队后备军。发挥国际标准引领力，引导三地企业开展重大项目、成果和创新经验联合申报，推进资源与成果共享，共同参与国际标准制定、承担国际专业标准化技术委员会/分委员会秘书处或工作组。发挥检测服务品牌影响力，人类细胞谱系大科学装置、太赫兹国家科学中心、纳米国家科学中心等18个重点实验室建设稳步推进；区内机构参与穗港澳检验检测互认，强制性产品检测互认从“音视频设备类产品”扩展到“3C目录内所有产品”；鼓励检验检测认证机构开展第三方品牌认证，共同打造穗港智造区域品牌。相关做法被人民网、央广网、南方+、《广州日报》等国内媒体报道。

## 对口援建

【概况】 2019年3月14日，广州开发区援建和对外经济合作局成立，为广州开发区管委会单独设置的工作部门之一。划入原广州开发区产业园区开发办公室职责和发展改革局统筹全区中欧、中以、中沙等合作项目相关工作职责，区协作办公室同步划转至该局。7月，该局国际合作职能划转至区发展改革局。其主要职责：负责统筹境内政府项目经济合作，统筹协调省内有关园区合作，省外相关开发区间结对共建合作；会同区有关部门共同推进产业转移和合作园区有关工作；牵头实施国家、省、市赋予黄埔区的扶贫协作、对口支援和对口帮扶工作任务的整体推进和督促落实；完成黄埔区委、区政府，广州开发区党工委、管委会和上级相关部门交办的其他任务。

2019年，广州、清远两市签署《深化广清一体化高质量发展战略合作框架协议》，广州开发区主导广清经济特别合作区“一区三园”的开发建设，牵头拟定《广清经济特别合作区建设总体方案》，包括目标定位、功能布局等七个方面和向省申请的政策40条意见初稿。先后组织相关部门、园区和平台开发公司到国内合作共建先进园区苏宿工业园、苏滁现代产业园、深汕特别合作区等开展调研学习合作模式、体制机制、园区开发模式、园区规划、财政体制等经验，并请长城战略咨询华南中心开展广清经济特别合作区发展战略与产业定位研究，提前谋划布局合作区发展蓝图，探索国有资本主导跨区域经营的飞地发展新路径，推动合作区“一区三园”实现优势互补、错位发展，构建广清经济特别合作区“3＋X＋1”现代产业体系。广清产业园聚焦项目落地投产；广德产业园完成园区承接；广佛产业设施建设加快，已落地项目26个。

【广清经济特别合作区合作共建】 2019年，广州开发区深化广清一体化高质量发展战略，建设广清经济特别合作区。探索新的管理手段，初步形成“三个一”的工作机制：推动成立“一个工作领导小组”，决策园区发展建设重大事项；每月召开“一次工作例会”，建立广清经济特别合作区园区工作例会制度，明确在每月最后一个星期五由分管区领导主持，听取园区近期工作情况、存在问题和下一步工作计划的汇报，现场由相关部门提出解决方案，至年末，例会研究问题38个，包括广德园三方承接协议，人员派驻、业务经费、平台运作、重点项目等，其中已落实22个，正在推进的17个；每月编辑“一期园区开发建设简报”，了解广清经济特别合作区园区开发建设、招商引资、企业服务等动态情况，宣传总结园区经济建设成绩和存在的问题。多次召开专题会议研究园区开发建设工作；多次到清远三园区现场调研、现场指导、解决问题；多次就机构设置、承接工作、项目落地、用地指标等与当地政府和清远市政府沟通交流；多次与省发改委、市发改委、广清指挥部等沟通广清经济特别合作区总体方案等事项。黄埔区、广州开发区部门形成合力推进广清产业特别经济合作区发展，区纪委（监察委）进园区加强纪检工作指导培训，区委组织部派驻干部进园区加强党建指导；广州开发区援建和对外经济合作局会同区政研室牵头谋划建设总体方案和合作区政策，配合清远市政研室对总体方案进行多轮修改完善，会同政研室、长城战略研究所对广清经济特别合作区发展战略、产业规划和园区开发运营模式等开展课题研究；区财政局安排园区开发建设资金，与顺德区财政局沟通政府补偿金的拨付方式和渠道，推动两德园承接工作顺利完成，推动三园区开发建设，协调经费、项目、发展问题等事项。推动两德园三方承接协议的签订、股权接受单位的确认等工作。

【广清产业园聚焦项目落地投产】 至2019年年末，广清产业园区累计签约工业项目149个，其中投资额亿元以上项目119个，合同总投资约846亿元，全年实现工业总产值80.76亿元，比上年增长28.7%；财政总收入11.55亿元，增长2.04倍。初步形成以欧派家居、艾依格为首的智能家具产业；以富强汽配、庆达为首的汽车零配件产业；以金发、立邦涂料为首的新材料（精细化工）产业；以美宝、海大为首的高新现代农业生物技术产业；以有喜为首的美妆产业等集群效应。破解企业融资难问题，协调中行、广发行、清远农商行等金融机构为园区企业提供便捷的金融服务。推动低效厂房盘活力度。

**【广德产业园完成园区承接】** 从2018年7月起，科学城集团作为园区开发平台公司入驻两德合作区，2018年12月24日，广州开发区进驻两德合作区开展交接工作，经过与顺德、英德和清远等多次谈判协调，2019年8月30日，与顺德、英德签署三方移交协议，11月30日，区财政补偿金6亿元划拨至顺德区，12月3日前，科学城集团作为区指定的接受单位，无偿承接顺德区划转宏德公司100%的股权，至此，由顺德主导的“两德园”进入广州开发区主导的广德园时代。广德园从开展交接工作开始，解决园区发展问题，针对与园区交接和发展紧密相关的7大方面21个事项，主动与10多个部门对接，就人员安置、拆迁补偿、主要污染物排放指标等问题探讨解决办法。至年末，广德产业园临时党工委、管委会成立。12月24日，17个项目集中签约落地，计划总投资约124亿元，建成达产后年产值625亿元。至年末，广德园累计签约项目103个，计划总投资285.88亿元；全年完成固定资产投资21.41亿元，完成规模以上工业总产值1.80亿元，实现税收1.20亿元，比上年增长2.21倍。

**【广佛产业园区开发建设】** 2019年5月，广州开发区、清远佛冈共同进驻广佛园，开展园区开发建设。6月26日，广清经济特别合作区广佛（佛冈）产业园工作委员会（临时）成立，并授予广佛园管委会48项行政审批权限。广州高新区集团拟首期总投资33亿元高标准建设道路、土方平整工程、水利生态设施、污水厂等配套工程。是年，园区总体开发方案确定，首期控制性详细规划等专项规划获批准，园区水系、通信、燃气、道路环评等专项规划编制工作有序进行。供水、排污、电力、道路基础设施等高标准快速全面启动。12月30日，12个项目集中签约，计划投资额70亿余元。园区储备意向企业（项目）110个，正在洽谈的项目26个，已落地项目26个。

**【佛冈县对口帮扶】** 2019年，广州开发区对口帮扶佛冈县，结合共建广佛产业园的开发建设，重点围绕发展壮大佛冈县域经济、提升公共服务水平、切实改善民生等重点工作进行帮扶。是年，超额完成产业招商任务，为佛冈县引进27个工业产业项目，总投资96.45亿元。实施的项目围绕佛冈县的城镇扩容提质和社会民生事业安排，及时解决当地民生困难，提升广佛产业园营商环境。

**【阳山县精准扶贫】** 2019年，广州开发区帮扶阳山县35个省定贫困村在册贫困户3101户7388人，累计脱贫3079户7316人，贫困人口脱贫率99.02%。以产业帮扶、就业帮扶、示范村建设为抓手，确保脱贫成果稳定长效。

产业帮扶。至年末，15个光伏扶贫电站年累计发电量6948.87万千瓦时，创收6809.86万元，每年可为建档立卡贫困户增收3000元。各村镇因地制宜发展冬菇、无花果、旱地西洋菜、阳山鸡等特色农产品种养，“七彩水稻公园”形成带贫品牌效应。

就业帮扶。重视提升贫困户就业能力和专业技能，做到“扶智扶志相结合”，动员和合集团捐赠500万元专项资金用于挖掘机手培训、奔富合作社组建，实现培训1人输出1人、就业1人脱贫1户。

示范村建设。配合开展社会主义新农村示范村建设，是年，完成建设桥梁1座、村道硬化12.65千米、村道拓宽8.73千米、文体休闲活动场所42个、标准化卫生站2个、路灯安装286盏。

**【黔南州东西部扶贫协作】** 2019年，广州开发区对标国务院扶贫办制定的考核办法和上级要求，调动各方资源，人才支援、资金支持、产业合作、劳务协作和携手奔小康行动向深度贫困地区倾斜支持，把中央、省、市的决策部署落到实处，高标准完成东西部扶贫协作各项指标任务。是年，独山县、三都县顺利通过退出贫困县序列评估，至此，区帮扶县市全部脱贫摘帽。三都县作为贵州省14个深度贫困县之一，提前一年完成摘帽目标，设立的“黄埔三都民族班”和“黄埔三都民族技工班”成为粤黔两地教育、就业帮扶的标志性品牌。独山县在发展生猪养殖、种桑养蚕产业链带贫增收、创新助残扶贫模式等方面做出特色，都匀市在打造粤港澳大湾区“菜篮子”配送分中心、兴建扶贫车间解决贫困人口就业等工作中取得突破，都匀经济开发区申创国家级开发区取得阶段性成效，招商引资和项目推进取得新进展。

**【对口支援合作】** 2019年，广州开发区对口支援新疆、西藏，对口合作黑龙江齐齐哈尔市。

支援新疆。通过整合援疆帮扶资金1200万元援建托克扎克镇卫生院“黄埔楼”，协调区内国企与当地5个贫困村结对帮扶，提高当地基础医疗卫生服务水平，改善当地群众生产生活条件，促进民族交往交流交融。

支援西藏。区财政安排1000万用于玉许乡林下资源产业园、旅游帮扶项目和远程教育帮扶项目，改善藏族同胞的生产生活条件，提高基础教育水平。

对口合作齐齐哈尔。组织专家团队赴齐齐哈尔市，为当地产业园区的园区规划、建设思路、招商引资等方面提供具体指导和支持，协助齐齐哈尔市在广州市开展招商引资引智工作，两地合作日趋深入。

【赣州经济开发区结对共建】2019年，广州开发区与赣州经济开发区加强双方互访活动。2月，接待赣州经济开发区招商局来访团，探讨广州开发区投资集团参与江西赣州开发区合作建设标准厂房相关事宜，并由广州开发区投资集团负责后续跟进。11月7日，江西赣州开发区副书记傅小新带队来访，就两地合作展开交流。加强结对共建，分享体制优势品牌，将产业发展、园区建设、招商引资、城市建设、社会管理、公共服务等先进高效体制机制输出到江西赣州经济开发区。加强人员交流，赣州经济开发区先后选派4人，分别至广州开发区企业建设和服务局、市场质量监管局、西区产业园管委会和广州开发区投资集团挂职锻炼。

## 国际区域合作

【概况】2019年，广州开发区组织多次中欧交流活动。组织比利时网络行业联合会及欧洲基金联盟等到该区考察；召开中欧项目对接及智慧小镇合作研讨会，实施中欧智慧技术创新合作论坛；接待来自西班牙马德里大学、比利时等欧盟国家的政府、企业、院校机构高层人员来访等。开展与沙特在石油化工、港口建设等领域合作，建设中以生物产业合作平台，开展中以高技术产业合作重点区域建设。

【中欧区域政策合作试点地区建设】2019年，广州开发区促成德国城市代表与明珞公司达成初步合作意向，推进与复星集团在全球产业投资、共同参与“一带一路”建设、中欧区域政策及“一带一路”基金方面的相关合作事宜。组团赴丹麦、奥地利开展招商引资和交流工作，与当地IAB、NEM行业企业和园区进行项目对接，与荷兰非营利公益机构——欧中设计促进会签署合作共建“广州开发区欧中设计促进中心”的战略合作框架协议。推动与科学城（广州）投资集团有限公司、巴塞罗那医院、银山资本有限公司签订《广州巴塞罗那国际医院四方谅解备忘录》；科学城（广州）投资集团有限公司竞得巴塞罗那国际医院项目地块，项目相关用地手续办理工作稳步推进。

【中国——沙特吉赞经济城产能合作项目建设】2019年，中沙双方合资成立的“沙特丝路产业服务责任有限公司”取得沙特营业执照、宁夏发改委和商务厅的备案认证，注册资金约3000万美元全部到位。成功推进“沙特石油化工化纤一体化”项目落地，项目建设工程一期已启动。至年末，投资在谈储备项目40个以上，买化塑和安徽中鼎控股2个项目在黄埔区注册，成立广州嘉益智链科技有限公司和广州新鼎汽车零部件有限公司拟赴沙投资。其中，安徽中鼎集团沙特项目计划在沙特阿拉伯设立炼胶中心，已在广东省备案和完成原材料方面的谈判。推动广州港集团与沙特皇家委员会签署港口运营合作意向书，广州港集团派驻沙特的专业团队完成对吉赞园区的基础设施、港口建设进度及开港条件等情况的深入调研。

【中以高技术产业合作重点区域建设】2019年，中以生物产业合作平台（广州中以生物产业孵化基地+广州中以生物产业投资基金）重点聚焦生物产业创新项目引进与投资，参照以色列的成功模式，围绕广州战略产业布局和经济发展目标，引入创新产业技术落户基地。平台策划举办或参与产业相关活动20场，参与中外嘉宾1500余人次。累计对接国内外项目近200个，至年末已有19家中外创新企业落户。开展中以生物产业孵化基地专项资金项目申报工作，累计12个项目获批入驻基地，资助金额2700万元。培育创新社区，中以基地医疗器械公共平台GMP车间场地建设完成。获得广州市科技局认定“广州市众创空间”。

（王丽华）

# 教育

◎编辑 潘虹 张侠

## 综 述

【概况】 2019年8月16日，黄埔区印发《关于区教育局申请整合3个直属事业单位及设立区教研院等机构的批复》，将区教育研究中心、区教育信息中心、区教师发展中心优化调整为区教育研究院（挂区教师发展中心牌子）、区教师管理服务中心、区学前教育发展中心。

是年，黄埔区新开办7所公办学校、14所幼儿园，新增班级500多个、新增学位1.5万个；扩大“国企+教育部门”合作办园全新模式，开办国企办幼儿园12所；分流停止办学民办学校学生、妥善安置教师。投入国家财政性教育经费35.92亿元，一般公共预算教育经费33.31亿元，比上年增加6.33亿元。推出《广州市黄埔区进一步促进教育事业发展的若干办法》（简称“教育10条”），打造广州东部教育高地，提升教育教学质量，中高考成绩均取得进步，区属高中参加普通高考的考生2354人，文理科高优线上线人数484人，高优率23.74%，较上年增加6个百分点；本科上线人数1665人，本科率71.95%，较去年增长4个百分点。高优率和本科率均创该区历年高考新高。区属国家级示范高中录取分数均有提升，在广州多数高中学校录取分数下降的情况下，区属三所国家级示范高中录取分数均较2018年提升。

黄埔籍小将罗蕊获全国体操锦标赛女子团体冠军、混合团体冠军两枚金牌，并获“国家健将级运动员”称号；黄埔区代表队在“2019年广州市青少年散打锦标赛”中获10金10银11铜，创团体总分和金牌总数“双第一”的佳绩；东荟花园小学20名学生加入国家队出征“2019年WJR跳绳世界杯赛”并获18个项目冠军60枚金牌，打破2项赛会纪录，6项闯进无年龄限制组总决赛；区青少年宫孔健工作室在“悦创·汇”暨第二十届中小学电脑制作活动中获VEX机器人工程挑战赛广东省第一名；在第19届广东省青少年机器人竞赛中，区青少年宫在VEX工程挑战赛中获金牌4枚、银牌8枚；广州市玉岩中学被确定为中国教育科学研究院项目实验学校。

【教师队伍建设】 2019年，黄埔区各类学校教职工人数1.4万人。公办中小学正高级教师19人、特级教师18人、中小学高级教师902人，新增正高级教师5人，认定广州市百千万第四批教育专家培养对象9人、名校长培养对象3人、名教师培养对象13人。认定广州市第五批骨干教师培养对象82人。公办中、小学教师学历达标率100%。

是年，黄埔区教育局组织教师招聘12场次、录用教师850人（事业编制186人，编外聘用制教职员664人）；推进黄埔区中小学教师“区管校聘”管理改革，理顺2批336名借调人员编制、工资关系；将区教育研究中心、区教育信息中心、区教师发展中心优化调整为区教育研究院（挂区教师发展中心牌子）、区教师管理服务中心、区学前教育发展中心；出台《广州市黄埔区关于进一步促进教育事业发展的若干办法》；开展评选表彰活动，推荐市优秀教育工作者1人、市优秀教师2人、市优秀先进集体2个，评选区优秀教师、教育工作者872人；组织实施编外聘用制教师的岗位设置工作，完成329名初级职称和32名中级职称的编外聘用制教师岗位聘用。

开展区级教研活动602场，组织开展“一师一优课，一课一名师”活动，评出区优课例396节，160节获市级优课，55节获省级优课，17节被推荐为部级优课。

## 2019年黄埔区正高级职称教师情况统计表

| 序号 | 姓名 | 性别 | 学科 | 获取年度 | 所在单位 | 学段 | 备 注 |
|---|---|---|---|---|---|---|---|
| 1 | 王定铜 | 男 | 政治 | 2013年 | 广州市黄埔区教育研究院 | 高中 | |
| 2 | 刘艳红 | 女 | 生物 | 2013年 | 广州市黄埔区教育研究院 | 高中 | |
| 3 | 肖凌戆 | 男 | 数学 | 2016年 | 广州市黄埔区教育研究院 | 高中 | |
| 4 | 丁革兵 | 女 | 化学 | 2016年 | 广州市第八十六中学 | 高中 | |
| 5 | 冯蔚清 | 女 | 英语 | 2016年 | 广州市玉岩中学 | 高中 | |
| 6 | 郭云海 | 男 | 数学 | 2017年 | 广州市黄埔区东荟花园小学 | 小学 | |
| 7 | 江丽娟 | 女 | 美术 | 2017年 | 广州市黄埔区华峰中学 | 高中 | |
| 8 | 曹利娟 | 女 | 语文 | 2017年 | 广州市黄埔区黄陂小学 | 小学 | |
| 9 | 吴和贵 | 男 | 数学 | 2017年 | 广州市玉岩中学 | 高中 | |
| 10 | 徐丽雪 | 女 | 语文 | 2018年 | 广州市第八十六中学 | 高中 | 新疆支教评审 |
| 11 | 徐爱慧 | 女 | 数学 | 2018年 | 广州市第八十六中学 | 初中 | |
| 12 | 高海燕 | 女 | 语文 | 2018年 | 广州市第八十六中学 | 高中 | |
| 13 | 管国文 | 男 | 数学 | 2018年 | 广州市黄埔区教育研究院 | 高中 | |
| 14 | 甘晓芬 | 女 | 数学 | 2018年 | 广州市黄埔区教育研究院 | 初中 | |
| 15 | 高旦 | 女 | 美术 | 2019年 | 广州市黄埔区萝峰小学 | 小学 | |
| 16 | 李绪文 | 男 | 语文 | 2019年 | 广州市黄埔区玉泉学校 | 初中 | |
| 17 | 叶治平 | 女 | 生物 | 2019年 | 广州开发区中学 | 初中 | |
| 18 | 朱霞云 | 女 | 英语 | 2019年 | 广州市第八十六中学 | 高中 | |
| 19 | 詹怀京 | 男 | 英语 | 2019年 | 广州市玉岩中学 | 高中 | |
| 20 | 周国强 | 男 | 语文 | 2010年评审<br>2013年认定 | 广州市黄埔区教育研究院 | 高中 | 退休 |
| 21 | 李赤 | 男 | 化学 | 2010年评审<br>2013年认定 | 广州市黄埔区教育局 | 高中 | 退休 |
| 22 | 贾国富 | 男 | 数学 | 2017年 | 广州市第八十六中学 | 高中 | 退休 |

## 2019年黄埔区特级教师情况统计表

| 序号 | 姓名 | 性别 | 学科 | 获取年度 | 所在单位 | 专业技术职称 | 颁证单位 | 备 注 |
|---|---|---|---|---|---|---|---|---|
| 1 | 廖忠良 | 男 | 语文 | 2006年11月 | 广州市玉岩中学 | 高级教师 | 湖南省人民政府 | |
| 2 | 高海燕 | 女 | 语文 | 2018年8月 | 广州市第八十六中学 | 正高级教师 | 广东省人民政府 | |
| 3 | 关希暐 | 女 | 语文 | 1999年9月 | 广州市黄埔区荔园小学 | 高级教师 | 辽宁省人民政府 | |
| 4 | 李绪文 | 男 | 语文 | 2018年8月 | 广州市黄埔区玉泉学校 | 正高级教师 | 广东省人民政府 | |
| 5 | 周志友 | 男 | 数学 | 2004年12月 | 广州市玉岩中学 | 高级教师 | 河南省人民政府 | |
| 6 | 吴和贵 | 男 | 数学 | 2016年3月 | 广州市玉岩中学 | 正高级教师 | 广东省人民政府 | |
| 7 | 周志平 | 男 | 数学 | 1997年10月 | 广州市玉岩中学 | 高级教师 | 湖南省人民政府 | |
| 8 | 冯蔚清 | 女 | 英语 | 2010年9月 | 广州市玉岩中学 | 正高级教师 | 广东省人民政府 | |
| 9 | 黄小燕 | 女 | 英语 | 2010年9月 | 广州市黄埔区东荟花园小学 | 高级教师 | 广东省人民政府 | |
| 10 | 王定铜 | 男 | 政治 | 2010年9月 | 广州市黄埔区教育研究室 | 正高级教师 | 广东省人民政府 | |
| 11 | 王实玲 | 女 | 政治 | 2002年12月 | 广州市黄埔区教育研究室 | 高级教师 | 广东省人民政府 | |
| 12 | 周忠旺 | 男 | 历史 | 2000年8月 | 广州市第一一七中学 | 党支部书记、高级教师 | 广西壮族自治区人民政府 | |
| 13 | 罗东波 | 男 | 物理 | 2004年12月 | 广州市玉岩中学 | 高级教师 | 河南省人民政府 | |
| 14 | 丁革兵 | 男 | 化学 | 2016年3月 | 广州市第八十六中学 | 正高级教师 | 广东省人民政府 | |
| 15 | 陈智慧 | 男 | 生物 | 2006年12月 | 广州市第一一七中学 | 高级教师 | 广东省人民政府 | |
| 16 | 江丽娟 | 女 | 美术 | 2006年12月 | 广州市玉岩中学 | 正高级教师 | 广东省人民政府 | |
| 17 | 高 旦 | 女 | 美术 | 2018年8月 | 广州市黄埔区萝峰小学 | 正高级教师 | 广东省人民政府 | |
| 18 | 徐爱慧 | 女 | 数学 | 2002年9月 | 广州市第八十六中学 | 正高级教师 | 辽宁省人民政府 | |
| 19 | 凌宏勇 | 男 | 英语 | 2001年10月 | 广州市第八十六中学 | 高级教师 | 湖北省人民政府 | 退休 |
| 20 | 李 赤 | 男 | 化学 | 1997年8月 | 广州市黄埔区教育局 | 正高级教师 | 吉林省人民政府 | 退休 |
| 21 | 卢焕玲 | 女 | 英语 | 2006年10月 | 广州开发区第一小学 | 高级教师 | 广东省人民政府 | 退休 |
| 22 | 周国强 | 男 | 语文 | 1996年11月 | 广州市黄埔区教育研究院 | 正高级教师 | 湖南省人民政府 | 退休 |
| 23 | 贾国富 | 男 | 数学 | 2001年10月 | 广州市第八十六中学 | 正高级教师 | 湖北省人民政府 | 退休 |
| 24 | 刘春华 | 女 | 化学 | 2001年9月 | 广州市第八十六中学 | 高级教师 | 吉林省人民政府 | 退休 |
| 25 | 廖兵华 | 男 | 化学 | 1998年9月 | 广州市第八十六中学 | 高级教师 | 广东省人民政府 | 退休 |
| 26 | 曾冰妮 | 女 | 生物 | 1989年10月 | 广州开发区中学 | 高级教师 | 广西壮族自治区人民政府 | 退休 |

【校园安全管理】 2019年，黄埔区教育局以“平安学校”建设为主线，开展校园内外隐患治理，维护教育系统安全稳定，履行校园安全管理职责。与全区所有中小学、幼儿园签订安全管理责任书，压实校方主要领导的第一责任人身份，督促学校按要求完善各类突发事件应急处置预案，提高应急处置水平。制订全区校园安全管理考核方案，以考促改，推动学校完善各项安全管理制度。

是年，启动学校安保服务购买招标工作，投入经费8000余万元，为全区200多所学校配备1636名保安员。按600名学生配备1名医护人员的标准，对未配备校医、校医配备不足及新建办的17所公办学校（幼儿园）新增购买校医服务人员18人。投入约8000万元，对学校校门、校道、围墙、电气线路、运动场地进行改造，排查并整改学校安全隐患。投入600万余元，为11所交通不便的学校购买校车，确保学生出行安全。

联合黄埔区人民检察院印发《广州市黄埔区人民检察院广州市黄埔区教育局关于预防校园性侵害工作机制》，加大对未成年的保护；制订《黄埔区校园及周边安全隐患工作联席会办公室关于开展涉校安全隐患排查整治专项行动的通知》《关于开展涉校安全隐患排查整治专项行动的通知》等方案，开展校园安全整治；联合区公安、消防大队、城管、工商等部门进行开学安全大检查及消防、校车、环境、卫生等各项检查。出动1600余人次，检查发现、处置各项安全隐患360余处。组织学校开展安全隐患自查自纠，协调相关部门治理学校报送的各类安全隐患100余处。

是年，黄埔区利用“全国中小学生安全教育日”“119消防日”等节点集中开展消防宣传教育活动，联合区消防支队在全区中小学、幼儿园开展消防安全宣传教育，为50余所中小学、幼儿园作消防安全宣传教育培训；发动全区中小学、幼儿园4万余名学生参与“小手牵大手、拒乘五类车、共创文明道路交通”活动；联合区交警大队等部门开展学校安全主任、校车司机安全教育培训1500余人次；组织开展食品安全知识进校园宣传周活动115场次；组织12所中小学校6000名学生参加广州（黄埔）国际禁毒日主题宣传活动——首届广州市“最美禁毒人”颁奖礼暨公益演唱会。

是年，黄埔区管辖学校实现社会治安类、安全类、公共卫生类零事故。广州开发区华南师范大学附属外国语学校、山景城加拿达幼儿园、学府里加拿达幼儿园、金梦加拿达幼儿园、童荟堡幼儿园、鱼木实验幼儿园、玉城幼儿园、珠江嘉园瑞兴幼儿园等86所学校被认定为“广州市安全文明校园”。凤凰湖小学、凤凰湖幼儿园、华联外语实验幼儿园、金碧世纪实验幼儿园被评为“广州市健康学校”。

【学校卫生和健康教育】 2019年，黄埔区教育局开展学校卫生和健康教育工作，成立学校卫生、健康教育和国家慢性病防控示范区复评工作领导小组，各学校、幼儿园成立以单位法人为第一责任人的工作领导小组，将食品安全、卫生和健康教育等工作纳入大安全范畴，每年对学校进行考核。继续加强学校疾病防控力量，向区财政局、编办申请校医指标新增或补充校医指标18名并落实到学校；举办学校健康教育骨干培训班、学校卫生及食品安全管理人员能力提升再教育培训班等4期，培训学校卫生管理人员、校医800余人次，开展食品安全从业人员培训4300人次。与区卫生健康局联合选取港湾中学、东荟花园小学、玉岩天健实验学校等21所学校开展医校卫生应急协作机制试点工作。开展健康校园创建工作，以《“健康中国2030”规划纲要》为指导，以“儿童青少年近视眼防控”为突破口，创建广州市健康学校（幼儿园），凤凰湖小学、凤凰湖幼儿园、华联外语实验幼儿园、金碧世纪实验幼儿园4所学校被评为“广州市健康学校”。组织参加广州市校医（保健教师）学校卫生工作技能大赛，由玉岩中学王越、开发区第一小学朱小琼、开发区第二幼儿园江春玲组成的代表队获二等奖。在全区中小学、幼儿园推进落实集体用餐陪餐制度，明确陪餐人员与学生一同排队、一同就餐，做好陪餐记录，及时反馈和解决用餐过程中存在的问题。陪餐记录内容包括日期、餐次、饭菜品种、有关评价、学生反馈意见、发现问题、陪餐人员签名等。黄埔区中小学、幼儿园全部实施由校（园）长、中层干部和家委会成员参与的陪餐制度。

是年，黄埔区发放《广州市儿童青少年膳食健康手册》2000本，宣传海报、小册子等10万余份（张）；组织开展卫生、食品安全知识进校园宣传周活动115场次；派出参加广东省、广州市膳食营养与食品安全培训68人次；组织开展卫生、食品安全管理员培训830人次；组织学生及家长参加卫生、食品安全知识小程序答题等活动；组织全区中小学200余所学校负责人参加黄埔区生活垃圾分类千人宣传动员活动。

【学生组织建设】 2019年3月，共青团黄埔区教育工作委员会成立，负责管理黄埔区教育局所属各大中专院校、大中小学、幼儿园、特教学校、直属事业单位和机关团组织，领导黄埔区教育系统共青团和青年工作，协助指导学联、少先队工作。黄埔区教育系统发展1628名团员，并将初中阶段团学比例控制30%以内，高中阶段团学比例控制在60%以内。组织开展“我和我的祖国”微团课大赛、“温暖寒假——志愿服务伴我行”活动、中小学生环保主题摄影活动、中小学生庆祝中华人民共和国成立70周年、纪念五四运动100周年系列活动、“我与祖国共奋进”红歌主题活动、成人礼活动、黄埔区垃圾分类活动等。

**【扶贫助学】** 2019年，黄埔区教育局根据《省教育厅关于做好2017年国家学生资助政策和资助成效宣传工作的通知》家庭经济困难学生，至11月30日，补助2018—2019学年度区内义务教育、普通高中、本科、大专、中专、中技不同教育阶段408名学生，资助金额91.32万元。其中，义务教育126人次，补助金额11.25万元；普通高中130人次，补助金额24.8万元；中技、大专、本科73人次，补助金额31.57万元；建档立卡学生79人次，补助金额23.7万元。

2019年，黄埔区教育局签订《对口帮扶协议》，建立帮扶长效机制，制定具体的实施步骤；定期召开帮扶工作推进会、交流会，及时分析问题原因，研究解决办法措施，确保帮扶工作有序推进。赴贵州省黔南州、西藏喀什疏附县、新疆林芝波密县、清远市、从化区开展对口帮扶交流10余次，了解受扶地教育发展情况，找准帮扶方向。针对大部分帮扶学校基础设施滞后、学生活动场地欠缺等问题，筹措资金和教学物资。开展向贫困地区“捐书助学献爱心”活动2次，筹集各类书籍10万余册、运动健身器材设施1000余件（套），学习用品用具等物品近万件。区教育局机关与对口帮扶地区政府部门、教育单位交流协商、互访学习15次，对口帮扶学校之间互访交流学习活动200余次，送课入校100余堂。建立由校长到学科组长各层面的对口交流机制，实现资源共享。是年，黄埔区教育系统对口帮扶学校（幼儿园）117所。其中，贵州黔南州学校95所、新疆喀什疏附县学校6所、西藏林芝波密县学校2所、清远市佛冈县8所、清远市阳山县1所、从化区5所。受帮扶地区教育教学水平、教师队伍整体素质、校（园）办学软硬件设施得到提高，促进当地教育均衡发展。黄埔区教育局被贵州省扶贫开发领导小组评为2019年全省脱贫攻坚先进集体。

**【校务监督】** 2019年，黄埔区教育局根据《黄埔区校务监督委员工作意见》关于在公办学校全覆盖建立校务监督委员会的要求，跟进将在是年秋季开学的黄埔区玉山学校、天誉小学、天景小学、铁英小学校监会筹设的情况，协助学校解决筹设中遇到的问题和困难。10月，黄埔区玉山学校、天誉小学、天景小学、铁英小学按规定完成校务监督委员会设立工作。纪检室对天景小学等学校开展校务监督工作的情况进行现场督导检查。11月7日，组织局属公办学校（园）在从化举办一期“校务监督系统”使用培训班，培训区属91个公办学校（园）182名校监会主任及联络员。邀请广州市纪委监委就广州市中小学校务监督现状及监督业务的思考为学员授课。

**【学校体育建设】** 2019年，黄埔区学校体育工作坚持以“健康第一”的指导思想，落实“四个一”政策，加强学校体育工作，培养青少年良好的体育锻炼习惯和健康的生活方式。利用体教结合优势，加强体育课程建设、业余训练、体育师资队伍建设、体育赛事规范、校园足球“黄埔模式”开展等方面的管理。是年，黄埔区有国家级（足球、篮球、网球）特色学校18所，省级校园足球推广学校21所，市级校园足球推广学校60所；国家级体育传统项目学校1所，省级体育传统项目学校2所，市级体育传统项目学校19所。区内各学校开齐、开足体育课，采取常规课、传统项目课、特色项目课、健康教育课等多种形式相结合的方式，因地制宜开展体育教学活动。组织1万名中小学生参与区中小学生田径、篮球、游泳、足球、体育舞蹈、羽毛球等比赛，选拔优秀运动员2000余人参加市级以上体育比赛。创建“一校一品”体育特色，培养学生体育爱好、运动兴趣和技能特长。

是年，黄埔区教育局主办广州市第四届“市长杯”中小学校（黄埔赛区）三棋团体赛、黄埔区小学生足球联赛、黄埔区中小学生跳绳比赛、广州市黄埔区中小学青年体育教师基本功大赛、黄埔区第四届中小学健美操啦啦操锦标赛、黄埔区中小学生篮球锦标赛、黄埔区中小学生网球赛、黄埔区校园足球中学生联赛、广州市黄埔区第五届中小学生田径运动会等，承办、协办广州市小学体育教师10分钟体能操展示、首届“羊城学校体育节”游泳嘉年华、广州市中学生田径运动会等各级各类赛事。

年内，东荟花园小学云荟跳绳队再次代表中国，参加在挪威举行的跳绳世界杯赛；沙步小学毽球队在全国青少年毽球锦标赛上摘金夺银，毽球队女双连续4年在全国赛获冠军；黄埔区怡园小学、科学城中学、下沙小学、新港中学被教育部、全国校园足球办公室评定为全国青少年校园足球特色学校；117中学获“全国青少年校园足球优秀特色学校”称号；新港小学温丽珍获“全国青少年校园足球优秀特色学校校长”称号；玉岩中学徐剑平获“优秀校园足球教师”称号；怡园小学符成武获“优秀校园足球教练员”称号，新港小学杨一琳获“校园足球‘未来之星’”称号。

## 教育经费与设施

【概况】 2019年，黄埔区、广州开发区校园工程建设新立项项目27个，主要改造内容包括外电增容，教学楼整体改造，校门、校道、围墙、电气线路、运动场地改造等，项目总投资13889万元，该年度安排资金1510.3万元。续建项目67个，继续完善2019年以前立项的项目建设，安排专项经费20794万元。完成东荟小学加建工程项目建设，为满足区域居民和教育部门办学需要，在学校教学区和运动区之间建设一栋5层综合楼，占地1528平方米，建筑面积7508.5平方米，项目投资总额4467万元。2019年2月底开工，8月移交学校使用。

对学校体育、卫生、教育装备等基础设备设施进行升级改造。安排1672万元校舍维修改造专项经费，用于公办学校、幼儿园校园内建筑物应急维修项目、场室改造、公共区域的维修和校园文化建设。安排安全隐患整治项目经费500万元；幼儿园扩班及安全隐患改造经费350万元；完善上年未完工的校舍维修改造项目建设经费822万元。完成贤江小学新风系统建设，根据《关于研究贤江小学周边企业空气污染问题的会议纪要》的要求，对学校进行微改造，建设校内建筑新风系统。

推进学校“厕所革命”工作，根据《关于研究中小学校“厕所革命”工作的会议议定事项》要求，茅岗小学等27个单位提出“厕所革命”改造提升工程项目，其他小型提升建设由各校自行实施，2019年底完成工程建设。

【教育经费保障】2019年，黄埔区、广州开发区建立教育经费投入保障机制，加大对教育经费投入。出台《广州市黄埔区关于进一步促进教育事业发展的若干办法》（简称“教育十条”），设立区属公办校（园）长管理基金，加大素质教育和教育装备投入，促进民办学校优质均衡发展，促进学前教育普惠健康发展，区财政按各项政策标准落实经费保障工作。新设立教育集团化发展专项经费，制订《广州市黄埔区幼儿园生均经费补助实施方案》《广州市黄埔区公办普通高中生均公用经费补助实施方案》，财政全额保障公办学校（幼儿园）各项投入，逐年提高公办学校生均公用经费标准，保障学校日常运转。

是年，投入国家财政性教育经费35.92亿元，一般公共预算教育经费33.31亿元，比上年增长23.46%；生均一般公共预算教育经费支出为学前教育1.48万元，小学教育2.62万元，初中教育4.83万元，高中教育4.78万元，职业教育3.11万元；分别比上年增长15.17%、5.48%、3.67%、12.76%和12.87%。实现一般公共预算教育支出和生均一般公共预算教育经费“两个只增不减”的目标。

【教学装备及信息化建设】 2019年，黄埔区教育装备和信息化建设持续创新发展。完成远程视频互动教研教学系统、黄埔片视频安全监控、中心机房三期升级改造等项目实施，完善教育城域网补点建设，公办和民办中小学实现教育网覆盖，开展区教育公共服务平台升级改造、信息安全等级保护测评，组织推广开展“钉钉”移动办公平台建设，夯实黄埔区教育装备和信息化基础。

是年，黄埔区教育局开展网络信息安全保障工作，引导学校建设统一的微信公众号，清理关停网站、应用系统40余个，落实重大节日相关人员值班制度；组织教育系统实验室危险化学品工作，按照《黄埔区教育系统危险化学品安全综合治理实施方案》，部署学校存储和使用的实验室危险化学品安全专项整治，组织并开展学校实验室危险化学品安全专项检查。

印发《关于取消使用向家长收费的“校讯通”等APP或软件的通知》，全部231所中小学、幼儿园进行自查，清理11个涉及131所学校向家长收费的应用软件，由学校购买免费供家长使用，做法受到广州市教育局借鉴推广。

开展智慧校园建设试点，在广州开发区中学继续开展智慧课堂试点，在北京师范大学广州实验学校开展BYOD建设模式的智慧课堂试点，推广智慧课堂积累经验。组织学校申报各级智慧类实验学校，北京师范大学广州实验学校通过广东省教育厅审批，成为省第二批信息化中心学校；北京师范大学广州实验学校、九龙一小成为广州市第二批智慧实验学校。推进人工智能课程改革试点，黄埔区成为广州市人工智能课程改革3个实验区之一，全市147所人工智能课程改革实验学校中20所为黄埔区属；追加600余万元财政预算用于20所实验学校开展人工智能科创室建设。9月，广州市人工智能课程改革启动大会在北京师范大学广州实验学校召开，“广州市人工智能课程改革第一课”在广州市黄埔区玉山学校开展。

## 教育改革和素质教育

【概况】 2019年，黄埔区为贯彻落实国家《加快推进教育现代化实施方案（2018—2022年）》《广东省人民政府办公厅关于全面深化新时代教师队伍建设改革的实施意见》《广东省人民政府关于鼓励社会力量兴办教育促进民办教育健康发展的实施意见》《广州市人民政府办公厅关于印发广州市教育事业发展第十三个五年规划（2016—2020年）的通知》等文件精神，结合黄埔区实际，推出《广州市黄埔区进一步促进教育事业发展的若干办法》（简称“教育10条”）。“教育10条”适用于黄埔区区属公办中小学（含职业中学及特殊教育学校）、幼儿园以及辖区内的民办中小学、幼儿园。“教育10条”在机制创新、经费投入、均衡发展、融合发展上解难题、出实招，旨在推动区域义务教育的优质均衡发展，破解区域教育发展存在的堵点、痛点、难点，构建与经济发展水平相匹配的广州东部教育高地。着重梳理教师队伍管理、装备与经费投入、办学自主权等方面的问题，结合实施“湾区+”战略，有针对性地提出改革创新对策。加快推进教师“区管校聘”改革、鼓励集团化办学、完善教师发展考核激励机制、设立区属公办校（园）长管理基金、加大素质教育和教育装备投入、促进民办学校优质均衡发展、促进学前教育普惠健康发展、鼓励社会力量参与和支持教育发展、参与国际教育交流与粤港澳大湾区教育合作发展。

【教学科研活动】 2019年，黄埔区以教研、科研促进教学改革与教育质量提升。是年，区教育研究中心各学科教研员开展区级教研活动602场。全区新增省级课题5项（含1项重点课题）、市级课题7项（含1项重点课题）；11项成果被广州市教育局推荐参加2019年广东省教学成果奖评审，其中2个项目一等奖，1个项目获二等奖，16项教学成果获选为广州市基础教育教学成果培育项目库入库项目；立项区级课题48项，并在7月前基本完成开题。研究教学实际问题，促进教育质量提升，高优上线率（一本率）23.74%，首次突破20%，较上年增加6.62个百分点；本科上线率（二本率）71.95%，突破70%，增加4.25个百分点。在教育部“一师一优课，一课一名师”活动中，黄埔区教师在“国家教育资源公共服务平台”上所展示的课例有396节被评为区级“优课”，160节被评为市级“优课”，55节被评为省级“优课”，15节被评为部级“优课”。首届广州市中小学青年教师教学能力大赛中，黄埔区各学科选送参赛教师获一等奖22个、二等奖23个和三等奖54个。

【基础教育课程改革】 2019年，黄埔区以推进新一轮课程改革为契机，深化育人关键环节和重点领域改革，培养德智体美劳全面发展的社会主义建设者和接班人。督促区内中小学开齐、开足、开好国家课程，指导建设地方课程，协助开发校本课程。理解各学科的课程性质、课程结构、课程内容、实施建议、评价建议等，以学生对不同类型知识的学习策略为基础，深入学生学习的不同阶段，实施课堂教学，提高教学效益。

是年，黄埔区教育局推进各个专项实验工作，促进区内各校特别是小学阶段各校均衡、优质发展。开展第三轮小学“阳光教育”课程建设进校园专题活动，组织专题活动10场，以主题研讨、课例展示、交流互动等方式，传播育人理念，帮助教师提炼教学策略，提升教学实效性。开展深化素质教育展示活动4场，促进多角度、多层次的校际交流与学习。开展攀登英语教学实验，组织开展全区攀登英语师生风采大赛、攀登英语口语与广州版口语教学研讨等系列活动。推进广州市中小学智慧阅读提升工程，14所学校申报成为广州市中小学智慧阅读第二批试点学校，是年，黄埔区智慧阅读试点学校30所。

【集团化办学】 2019年，黄埔区探索创新工作机制，实现集团化办学、品牌化发展。以“共建、共管、共享、共赢”的原则，教育集团学校开展形式多样活动，探索办学理念、学校管理、教育教学、教师培训、学生发展、信息化建设等方面的途径，提升教育集团办学水平，让优质教育资源惠及更多学生，逐步树立和发挥教育集团品牌效应。实施《广州市黄埔区人民政府关于推进公办基础教育集团化办学的若干意见》，在上年成立首批5个基础教育集团的基础上，成立广州科学城教育集团、广州开发区中学教育集团、黄埔长洲教育集团、广州知识城教育集团。12月，黄埔区教育局推动成立全区首家职业教育集团——黄埔职业教育集团，至年末，黄埔区有教育集团10个。基础教育集团成员学校38所，涵盖学生4.2万人。

【名校长、名教师、名班主任培养工程】 2019年，黄埔区推进中小学教育专家、名校（园）长、名教师工作室（简称工作室）等建设，发挥工作室主持人的示范引领和辐射带动作用，激励各工作室开展丰富多彩的教研、科研、培训活动，推动黄埔区基础教育事业可持续发展。至年末，黄埔区有4个教育专家工作室（含1个省级），8个名校（园）长工作室，49个名教师工作室（含4个省级），3个名班主任工作室（含2个省级）。

是年，广东省中小学教师培训专家王定铜工作室和广州市教育专家王定铜工作室共同完成编写《教师专业发展的理论与实践》，该书由华东师范大学出版社出版。广州

## 2019年黄埔区在职名校长、名教师、名班主任情况统计表

| 序号 | 姓名 | 类别 | 所属单位 | 备注 |
|---|---|---|---|---|
| 1 | 王定铜 | 教育专家、广东省中小学教师培训专家 | 黄埔区教师发展中心 | |
| 2 | 刘艳红 | 教育专家 | 黄埔区教育研究中心 | |
| 3 | 龙国明 | 广州市名校长 | 广州开发区中学 | |
| 4 | 印贤文 | 广州市名校长 | 广州市玉岩中学 | |
| 5 | 孟纯初 | 广州市名校长 | 广州市玉岩中学 | |
| 6 | 李悦新 | 广州市名校长 | 广州开发区第二小学 | |
| 7 | 郭云海 | 广州市名校长 | 黄埔区东荟花园小学 | |
| 8 | 刘玲萍 | 广州市名校长 | 黄埔区荔园小学 | |
| 9 | 黄红波 | 广州市名校长 | 黄埔区科峻小学 | |
| 10 | 陈宏文 | 广州市名校长 | 黄埔区文冲小学 | |
| 11 | 王实玲 | 广州市名教师 | 黄埔区教育研究中心 | |
| 12 | 肖凌戆 | 广州市名教师 | 黄埔区教育研究中心 | |
| 13 | 孙冬梅 | 广州市名教师 | 黄埔区教育研究中心 | |
| 14 | 陈文娟 | 广州市名教师 | 黄埔区教育研究中心 | |
| 15 | 冯迪鸿 | 广州市名教师 | 黄埔区教育研究中心 | |
| 16 | 甘晓芬 | 广州市名教师 | 黄埔区教育研究中心 | |
| 17 | 曲天立 | 广州市名教师 | 黄埔区教育研究中心 | |
| 18 | 符丽雪 | 广州市名教师 | 黄埔区教育研究中心 | |
| 19 | 管国文 | 广州市名教师 | 黄埔区教育研究中心 | |
| 20 | 廖创英 | 广州市名教师 | 黄埔区教育研究中心 | |
| 21 | 郑少花 | 广州市名教师 | 黄埔区教育研究中心 | |
| 22 | 庄续玲 | 广州市名教师 | 黄埔区教育研究中心 | |
| 23 | 王希愚 | 广州市名教师 | 黄埔区教育研究中心 | |
| 24 | 雷　旭 | 广州市名教师 | 黄埔区教育研究中心 | |
| 25 | 刘穗洁 | 广州市名教师 | 黄埔区教育研究中心 | |
| 26 | 徐　晗 | 广州市名教师 | 黄埔区东区中学 | |
| 27 | 陈海祥 | 广州市名教师 | 黄埔区镇龙中学 | |
| 28 | 詹怀京 | 广州市名教师 | 广州市玉岩中学 | |
| 29 | 江丽娟 | 广州市名教师 | 广州市玉岩中学 | |
| 30 | 周志友 | 广州市名教师 | 广州市玉岩中学 | |
| 31 | 罗东波 | 广州市名教师 | 广州市玉岩中学 | |
| 32 | 廖忠良 | 广州市名教师 | 广州市玉岩中学 | |
| 33 | 周志平 | 广州市名教师 | 广州市玉岩中学 | |
| 34 | 刘永良 | 广州市名教师 | 广州市玉岩中学 | |
| 35 | 吴和贵 | 广州市名教师 | 广州市玉岩中学 | |
| 36 | 徐爱慧 | 广州市名教师、广东省名教师 | 广州市第八十六中学 | |
| 37 | 欧阳缚龙 | 广州市名教师 | 广州市第八十六中学 | |
| 38 | 丁革兵 | 广州市名教师 | 广州市第八十六中学 | |
| 39 | 陈智慧 | 广州市名教师 | 广州市第一一七中学 | |
| 40 | 周忠旺 | 广州市名教师 | 广州市第一一七中学 | |
| 41 | 项　利 | 广州市名教师 | 广州市第一二三中学 | |
| 42 | 翁宗琮 | 广州市名教师 | 广州市第一二三中学 | |
| 43 | 黄小燕 | 广州市名教师 | 黄埔区东荟花园小学 | |
| 44 | 张　颖 | 广州市名教师 | 黄埔区东荟花园小学 | |
| 45 | 王　艳 | 广州市名教师 | 黄埔区东区小学 | |
| 46 | 曹利娟 | 广州市名教师 | 黄埔区黄陂小学 | |

续表

| 序号 | 姓名 | 类别 | 所属单位 | 备注 |
|---|---|---|---|---|
| 47 | 徐德兵 | 广州市名教师 | 黄埔区黄陂小学 | |
| 48 | 李　薇 | 广州市名教师 | 广州开发区第二小学 | |
| 49 | 王莉曼 | 广州市名教师 | 黄埔区科峻小学 | |
| 50 | 高　旦 | 广州市名教师 | 黄埔区萝峰小学 | |
| 51 | 罗远林 | 广州市名教师 | 黄埔区永岗小学 | |
| 52 | 李国英 | 广州市名教师 | 黄埔区玉鸣小学 | |
| 53 | 冯蔚清 | 广州市名教师、广东省名教师 | 广州市玉岩中学 | |
| 54 | 吴和贵 | 广东省名教师 | 广州市玉岩中学 | |
| 55 | 王　秋 | 广州市名教师、广东省名教师 | 黄埔区香雪幼儿园 | |
| 56 | 朱穗清 | 广州市名班主任 | 广州石化中学 | |
| 57 | 李　爽 | 广州市市名班主任 | 黄埔区怡园小学 | |
| 58 | 熊　峰 | 广东省名班主任 | 广州市玉岩中学 | |

市基础教育系统第三批名校长郭云海、孟纯初名校长工作室成立联合工作室，是广州市首个中小学联合工作室，联合工作室通过主题研讨、读书分享、现场交流、案例分析、学校调研等方式，为黄埔区不同学段学校管理者交流共研、相互学习、加强合作搭建平台，引领校长优化学校管理、加快专业发展、提高办学水平。广州市庄续玲名教师（心理）工作室开展师带徒活动，对工作室成员个人发展指出努力方向，提出三个“一”（完成一节精品课，做好一个区级课题，发表一篇专业论文）指导思想，在教育教学实践活动中加强对青年教师的培养及专业引领，通过专家讲座、同课异构及微讲座形式，围绕生命教育、生涯规划、正念冥想技术及个案督导4个主题开展教育教学研讨活动16场次。联合荔湾区教育研究院心理科开展跨区域生涯规划课例研讨、带领工作室成员支教帮扶贵州周覃镇周覃小学。该工作室两项广东省、广州市教育科学规划十二五课题结题。1个课例获“一师一优课”评比活动的省部级一师一优课，2个课例获市级“一师一优课”。工作室主持人及成员在《中小学心理健康教育》及《班主任》杂志发表教育教学论文4篇，在广州市心理健康教育指导中心校园心理剧展演活动评选中获广州市一等剧目1个、获二等奖剧目3个。广东省名班主任熊峰工作室以“做一名幸福的班主任”为愿景，形成“成员在科研中务实提升、学员在指导下多样成长、工作室在生成中动态发展”的工作思路，整合黄埔区德育资源，成立区级名班主任工作室联盟并开展主题活动6次，成为黄埔区中小学班主任的交流和成长平台。

**【广州市玉岩中学被确定为中国教育科学研究院拔尖创新人才培养项目实验学校】** 2019年5月，根据《中国教育科学研究院 广州市人民政府共建教育结合改革实验区合作框架协议》，经中国教育科学研究项目实验学校专项工作小组和广州市教育局共同遴选，确定广州市玉岩中学为中国教育科学研究院项目实验学校，进行“学校拔尖创新人才培养新模式”的探索实验，实验期限为2019年1月至2021年12月。

该项目以培养有责任担当，有家国情怀的人为目标，引导拔尖创新人才树立正确的国家观、历史观、民族观和文化观，厚植爱党爱国爱人民的思想情怀，树立为中华民族伟大复兴而读书的志向。致力搭建多元发展平台，让每一个有独特才能的孩子适性扬才，促进多元发展，让其成为某个领域的拔尖创新人才。破除唯分数论的单一人才评价模式，重视在实践中的教育，拓宽实践渠道、强化实践操作、增加课外活动，培养学生创新思维和实践能力。以科技创新教育为主要任务，依托广东省青少年科技教育团队工作室，通过机器人、智能车、无线电测向、3D打印、航模、无人机等社团开展多种科技教育活动，对学生进行科技创新教育，从开班普及到竞赛提高，培养学生的创新精神和实践能力，提高其科技素质和创新潜质。基于玉岩中学为国家级体育传统项目学校（田径）、全国青少年校园篮球特色学校、全国青少年校园足球特色学校的优势，发展体育特色教育，培养技能水平高、运动等级高的体育人才，以传统优势项目带动参U系列青少年赛事等其他体育项目发展，加强纵向合作和引流，形成人才培养链，加强和高校的合作，为拔尖创新人才的后续发展做准备。基于项目式学习的综合实践教育，利用广州生物岛、广州科学城、中新知识城、永和开发区、云埔工业区等高新技术产业园区的平台，为玉岩中学培养拔尖创新人才提供社会实践基地。培养模式为双导师制，聘请高校及研究院的教授专家，对于拔尖创新人才实行“双导师制”（校内导师和校外导师），给予课程和活动支持。聘请校外专家定期开展学术讲座，拓宽科学创新人才的成长途径。与高校和研究院建立长期的拔尖创新人才合作培养关系，玉岩中学与中科院广州生物医药与健康研究院达成合作协议，共建拔尖创新人才联合培养基地，选拔对生物医药方面有兴趣的学生，以课题研究为导向进行联合培养，培养创新人才及未来的科学家。与清华珠三角研究院达成初步合作意向，就拔尖创新人才联合培养方面开展系列合作。与周边企业共同合作开展研学活动，共同开发既能提高高中生学习能力又具有企业特色的专项课题。推动建立国际交流，将对外交流作为拔尖人才拓宽文化视野、提高交流沟通能力、激发创新思维的重要平台。与新加坡华侨中学是姊妹学校，每年互派优秀学生进行互访和交流学习；与德国浮士德文理中学合作，选派优秀学生到学校体验课程和地域文化特色。

【国际合作办学】 2019 年，黄埔区教育局跟进黄埔修仕倍励实验学校、知识城南洋华中学校、美国格兰纳达山特许学校筹办及英国人学校（黄埔区茅岗路）和广州爱莎外籍人员子女学校科学城校区（玉树南路以北）立项工作。促进姊妹学校合作交流活动，石化小学与香港天主教圣华学校合作参加 2019 年粤港澳姊妹学校经典诵读比赛并获三等奖。新增两所境外姊妹学校，黄埔会元学校缔结香港中华基督教育协和小学（长沙湾），北师大广州实验学校缔结澳门培道中学。黄埔区 19 所中小学共缔结 22 所境外姊妹学校，石化小学、姬堂小学、东区小学、凤凰湖小学、联和小学、黄埔军校纪念中学、玉岩中学、启智学校等学校，与香港的姊妹学校在学术研讨、经验交流、信息共享、语言培训、教师培训和学生交流等方面开展合作，为学生全面发展提供更丰富的资源。

【德育】 2019 年，黄埔区按《中小学德育工作指南》落实立德树人根本任务，紧密结合学生生活实际，不断创新德育工作方式、拓展德育工作渠道、丰富学校德育内容、以科研为引领，以活动为载体，将德育工作贯穿于学校教育教学的全过程。以实践体验为基本途径，引导学生养成良好的行为习惯，加强中小学生日常行为规范养成教育，提高学校德育工作的实效性。开展系列德育活动，引导学生树立正确的理想信念，促进学生健康、全面发展。组织开展“我和我的祖国”十大系列活动，联系新中国成立 70 年来的历程，对中小学生进行革命历史、革命传统、爱国主义、社会主义理想信念、意识形态、改革开放和民族团结教育。培养学生爱党爱国爱人民，增强国家意识和社会责任意识，教育学生理解、认同和拥护国家政治制度，引导学生准确理解和把握社会主义核心价值观的深刻内涵和实践要求，养成良好政治素质、道德品质、法治意识和行为习惯，形成健康的人格和良好心理品质。

在玉岩中学和广州开发区第一小学成立“广州市家庭教育基地”，发挥家庭教育在少年儿童成长过程中的重要作用，形成稳固的家校共建网络。搭建系统化的学校、家庭、社区“三结合”的教育平台。编写《家长学校管理手册》、指导家长学校开展工作，以《家庭教育——关注孩子健康成长》为家长学校统一教材。联合区文明办分别在九龙第一小学、九龙第二小学建立乡村学校少年宫，挖掘和整合学校教育资源，为农村未成年人提供优质的活动场所和教育资源。

注重德育干部的管理能力培养和思想道德建设工作，开展各校德育干部思想交流活动，通过抓实德育干部、班主任队伍建设，从而加强学校思想政治教育工作。是年 4 月 1—2 日，黄埔区召开中小学德育工作会议及德育干部培训会议，要求学校尤其是德育干部必须立德树人，为教育事业发展提供坚强思想保证。

推动“书香黄埔，阅读分享”全民阅读活动。结合全民阅读月、世界阅读日开展经典诵读、好书推荐等活动，提高中小学生的阅读素养与文化品位。4 月 5 日，区教育局与区图书馆、区文明办共同举行黄埔区 2019 年中小学读书节活动启动仪式。联合区图书馆举办“品阅黄埔”系列读书活动。将系列读书活动形成的优秀作品汇编成册，发给老师和学生，并在图书馆上架。联合区文明办举办中小学生诵读中华经典美文表演大赛，选拔 2 个中学、2 个小学参加广州市第十一届经典美文表演大赛，86 中学（初中部）获市赛中学组一等奖，科学城中学获市赛中学组二等奖，荔园小学获小学组一等奖，怡园小学获市赛小学组二等奖。10 月 15 日，九龙二小乡村学校少年宫选送的节目参加广州市文明办、广州市教育局举行的第二届广州市乡村学校少年宫建设成果展演活动获优秀节目奖，黄埔区教育局被评为优秀组织单位，活动在广州电视台、广东电视台转播。

【科技教育】 2019 年，黄埔区依据《全民科学素质行动计划纲要实施方案（2016—2020 年）》《广州市科学技术普及条例》，适应国家创新驱动发展战略对人才教育培养的要求，围绕提升学生科学素养、创新精神和实践能力、实施科技教育提升工程，深化中小学生科技素质教育、强化管理、夯实基础、科学统筹，促进科技教育工作发展。

抓基础建设，营造科技教育工作的良好环境，实施科技教育管理干部业务能力提升计划，依托科技教育专项培训打下基础，提升科技教育队伍素质能力。举办2019年黄埔青少年创客教师培训、航空航天模型教师培训、青少年无线电测向教育竞赛教师培训、科技辅导员专场讲座、第35届黄埔区青少年科技创新大赛项目提升专家指导等活动。推进“科技教育”特色创建与提升工程，把科技教育贯穿于学科课程、活动课程和育人环境之中，并借助科技周、科技节等平台，开展丰富多彩的科技活动，提高他们爱科学、学科学、用科学的积极性。举办2019年黄埔区青少年实体机器人竞赛、2019年“飞向北京——飞向太空”全国青少年航空航天模型教育竞赛黄埔区预选赛、2019年黄埔区青少年无线电测向教育竞赛、2019年广州市黄埔区科技活动周启动仪式暨黄埔区中小学第三届科技博览会、2019年“共筑家园”全国青少年建筑模型教育竞赛黄埔预选赛、第35届广州市青少年科技创新大赛黄埔区预选赛、2019年广州市青少年（OM）创新思维大赛、2019年广州“院士专家校园行”“科普进校园”“水土保持知识进校园”等活动，培养青少年的创新精神和实践能力，增强其科技意识和科技素质。

【艺术教育】 2019年，黄埔区按照课程设置方案和课程标准、教学指导纲要，遵循以“艺术教育全面普及和精品发展相结合”为基本策略，面向全体，多途径，多举措开展中小学生艺术教育工作。把艺术教育渗透于各项活动之中，通过采取普及与提高相结合、课内与课外相结合、校内与校外相结合、艺术教育活动与课题研究相结合等措施，推进学校美育工作改革，加强美育育人功能。

举办“墨韵寄意心绘羊城”黄埔区中小学师生书画及手工艺作品比赛、“乐韵悠扬奏响羊城”广州市中小学生器乐展演活动（黄埔区专场）、广州市第十四届学校合唱节黄埔区初赛，组织该区优秀节目参加“舞韵飞扬美耀羊城”广州市中小学生舞蹈节目展演、“共同成长筑梦羊城”广州市农村和外来务工子女学校艺术教育成果展示、“粤韵国风恰少年”广州市第二届中小学生传统文化艺术展演，开展“高雅艺术进校园”“粤剧进校园”“非遗舞蹈进校园”活动，宣扬传统文化、弘扬民族精神，用行动践行文化自信，促进学生全面发展。

组织黄埔区师生参加2019年广州青年交响乐团普及音乐会、广州青年交响乐团2018/2019交响乐音乐季闭幕式音乐会、广州青年交响乐团长号+打击乐声部重奏音乐会、2019年“京沪穗深港澳”青少年音乐舞蹈教育教学成果展示暨艺术教育交流活动、2019年中小学校合唱教师（第2—3期）专项培训、广东国际合唱大师班专项培训、2019年学校艺术节教育行政管理专项培训、2019年“文美润童心轩昂沐书香”文学艺术名家进校园活动、美国人国际学校高中部音乐剧表演音乐会等活动。通过观摩、交流、培训等各类活动拓宽师生美育视野和学习交流平台，使中小学生在表演的过程中感受美、鉴赏美、创造美，培养中小学生健康的审美情趣和艺术创新意识，提高美育素养和综合素质。

推进艺术特色学校创建工作。八十六中学、玉岩中学为广东省中小学艺术教育特色学校，怡园小学、石化小学、八十六中学、玉岩中学为广州市艺术重点基地学校，开发区第二小学为广州市民乐特色学校，九佛第二中学、凤凰湖小学、夏园小学是广州市粤剧进校园传统特色学校。

在广州市第十四届学校合唱节决赛中，黄埔区科学城小学、怡园小学西校区、怡园小学东校区、石化小学、科峻小学、二中高中部（区辖市属）、玉岩中学、启智学校、知明学校获一等奖，86中学获二等奖。

是年，黄埔区青年教师志愿者服务队在天鹿幼儿园、九龙中心幼儿园等学校开展义务教学活动26场，教学内容有美术、舞蹈、体育、语言等艺术课程，251名流浪少儿免费接受艺术教育。

【首届学生环保运动嘉年华】

2019年，黄埔区举办知识城首届学生环保运动嘉年华。11月1日，“垃圾分类，志愿同行”中小学生志愿服务大赛启动仪式暨2019年知识城首届学生环保运动嘉年华在黄埔区会元学校举行。天誉小学、天景小学、九龙一小在活动当天成立学生志愿服务队，走进大街小巷宣传垃圾分类知识，开展环保志愿服务活动。所有参与人员化身环保卫士唱响垃圾分类歌。以环境保护为主题，通过环保主题垃圾分类接力、跳袋鼠垃圾分类、篮球运球投篮分类等趣味游戏，将环保理念融入体育项目中。环保小卫士们在赛场上进行体能与环保知识的逐，让垃圾“简”分，运动加分，让“垃圾分类，环境保护”成为黄埔学生们未来的一种生活习惯。

## 学前教育

【概况】 2019年，黄埔区有各级各类幼儿园132所，在园幼儿36640人。其中，公办幼儿园44所（教育部门办园13所、大公办幼儿园31所），在园幼儿数15029人，占全区在园幼儿总人数的41%；民办幼儿园88所，其中普惠性民办幼儿园57所，在园幼儿数21611人，占全区在园幼儿总人数的51%。公办园和普惠性民办幼儿园101所，公办园和普惠性民办幼儿园在园幼儿人数约占全区幼儿总人数的79%。有99所幼儿园通过广东省规范化幼儿园评估，占全区幼儿园总数的75%。学前儿童毛入园100.60 %。有省一级幼儿园4所、市一级幼儿园14所、区一级幼儿园43所，等级幼儿园占幼儿园总数的46.97%。幼儿园在园教师2631人，其中公办园在园教师1108人，民办园在园教师1523人；持教师资格证教师2370人，占在园教师总人数的86%；取得大专及以上学历教师2304人，占83%。是年，黄埔区被评为广东省学前教育改革发展实验区。

是年，黄埔区全面启动小区配套幼儿园移交并通过公开招投标办成公办性质幼儿园，包括人才工作集团第二幼儿园（保利罗兰配套园）、第三幼儿园（云峰原著配套园）、第四幼儿园（时代天韵配套园）、第五幼儿园（佳兆业配套园）、第六幼儿园（幸福誉三期配套园），广钢和苑幼儿园，广钢科城幼儿园，广钢华标幼儿园，万科尚城配套园等，增加公办幼儿园学位4110个。对学前教育困难的幼儿按类别给予补助，确定符合第一类优先资助对象33人，符合第二类特殊资助对象1316人，符合第三类普通资助对象1666人；资助金发放标准为优先资助4000元/年/人，特殊资助1000元/年/人，普通资助300元/年/人。

**【无证幼儿园整顿】** 2019年，黄埔区增加黄埔区消防救援大队为学前教育查处无证办园工作联席会议成员单位。是年，由区学前教育查处无证办园工作联席会议成员单位，查处大沙街道无证园7所，查处穗东街道、新龙镇、龙湖街道、九佛街道、夏港街道5个镇（街道）12所无证园15次。穗东街、南岗街及龙湖街因“三旧”（旧城、旧厂、旧村）改造，需拆除部分无证幼儿园，区教育局配合街道办事处召开分流协调会，现场协调3所无证园幼儿分流工作，公布周边有证幼儿园地址、联系电话。定期收集各镇（街道）填写的《黄埔区无证园摸查情况表》，指导符合办园条件的幼儿园取得办园证件，不符合办园条件的幼儿园，责令其关停。

**【广东省学前教育改革发展实验区创建】** 2019年，黄埔区根据学前教育现状，确定“扩大普惠性学前教育资源，强化幼儿园规范办园监管”工作思路。按照推动学前教育普惠健康发展、构建学前教育公共服务体系的总体要求，落实黄埔区政府发展学前教育的主体责任，健全学前教育管理体制，建立促进学前教育普惠健康发展的长效机制。

发展公办园，黄埔区教育局结合公办资源现状采取有效措施，接收、甄选基础好的幼儿园办成公办幼儿园或公办园分园，增加公办幼儿园学位。支持企事业单位、集体办园，尝试国企办园，探索多元化办园模式。以推进区域学前教育为核心，接管黄埔区范围内楼盘配建幼儿园，以国企办园形式补充大公办园数量，提升区域学前教育公共服务能力，扩大公办资源，扭转公办资源短缺、布局不合理状况。将小区配套幼儿园办成普惠性民办园，引导和支持民办园、公办性质园提供普惠性服务，制定政府监管普惠性学前教育服务的服务标准、支持方式、收费监管、退出机制、契约管理等具体政策措施，建立扶持普惠性民办园的长效机制。探索学前教育管理机制，完善管、办、评分离模式。充实管理力量，配备6名行政管理人员，落实幼儿园监管职责，建立和完善幼儿园年检制度和幼儿园动态监管机制，健全学前教育管理信息系统，做好无证园清理整治工作。保证黄埔区学前教育行政管理业务及教科研业务的顺利开展，由区政府聘任兼职学前教育督学，加强幼儿园督导力量。把全区幼儿园分成7个责任区，建立责任区督学工作机制。引导和支持各类幼儿园改善办园条件，规范办园行为和管理水平，提升规范化幼儿园比例。落实各级政府监管要求，建立和完善幼儿园办园行为督导评估制度，落实督学责任区制度。组建学前教育督导评估队伍，建立工作机制，聘任幼教专家为黄埔区学前教育评估员，以《黄埔区学前教育督导评估工作会议暨评估工作培训资料汇编》规范评估工作。根据黄埔区各类幼儿园分布情况，以城区、乡镇为单位，将全区幼儿园划分为7个共建片区，每个片区以示范性幼儿园、公办幼儿园为龙头，带动民办幼儿园发展，形成“联片互动、资源共享、协作提高”的管理格局，将公办园规范化的保教常规、精细化的管理要求、科学化的教育理念渗透到民办幼儿园工作中，建立起互帮互助的片区共同体。是年4月，经广东省教育厅组织专家评定，黄埔区被评为“广东省学前教育改革发展实验区”。

**【幼儿园创建评估规范化】** 2019年，黄埔区新增规范化幼儿园11所。其中，公办园2所：凤凰湖幼儿园、广州开发区人才集团第一幼儿园；普惠性民办幼儿园8所：金梦加拿达幼儿园、爱特城瑞兴幼儿园、珠江嘉园瑞兴幼儿园、科城心悦幼儿园、岭南林语瑞兴幼儿园、山畔新星幼儿园、里享家幼儿园、学府里加拿达幼儿园；非普惠性民办幼儿园1所：爱汀堡幼儿园。另外，金种子幼儿园等9所区一级幼儿园初评满4年的区一级幼儿园通过黄埔区区一级幼儿园复评。至年末，黄埔区有规范化幼儿园107所，占全区幼儿园总数的84.25%。

## 义务教育

【概况】 2019年，黄埔区有各类中小学校105所（含民办学校）。其中，小学67所（民办8所），初中17所（民办5所），九年一贯制11所（民办9所），十二年一贯制2所，特殊学校2所。中小学生10.75万人。其中，小学生7.29万人（民办1.61万人），初中学生2.46万人（民办7324人），高中学生7668人，特殊学校学生170人，中职学生2147人。中考平均分550.16分，比上年（538.55分）增加11.61分。

【义务教育标准化学校】 2019年，黄埔区有义务教育阶段学校96所（公办76所、民办20所）。其中，小学61所（公办54所、民办7所），初中16所（公办11所、民办5所），九年一贯制学校13所（公办5所、民办8所），普通完全中学5所（公办5所），十二年一贯制学校1所（公办1所）。是年，开元学校、玉山学校、铁英小学和易址另建的民办洋城学校创建为黄埔区义务教育标准化学校；东荟花园小学等14所初评满4年的义务教育标准化学校通过复评。黄埔区教育局对上年开办的科学城小学北校区，怡园小学北校区，广州开发区第二小学东校区、北校区，新港小学东校区4所学校5个校区开展标准化学校情况检查，均符合广东省义务教育标准化学校要求。至年末，通过验收的标准化学校共91所（公办74所、民办17所）。其中，小学57所（公办52所、民办5所），初中16所（公办11所、民办5所），九年一贯制学校12所（公办5所、民办7所），普通完全高中5所（公办5所），十二年一贯制学校1所（公办1所）。通过验收的标准化学校占义务教育阶段学校总数的94.79%，其中通过验收的公办学校占义务教育阶段公办学校总数的97.37%，通过验收的民办学校占义务教育阶段民办学校总数的85.00%。

【特殊教育】 2019年，黄埔区基本普及残疾儿童少年义务教育，入学率95%以上；非义务教育阶段特殊教育规模扩大，其中视障、听障少年儿童高中阶段入学率95%以上。黄埔区特殊教育工作以特殊教育工作指导中心（设在区教育研究院）为核心，特殊教育学校（知明学校、启智学校）为骨干（接纳中、重度学生），随班就读为主体（接纳轻度学生），送教上门、社区康教点为辅助，涵盖学前教育、义务教育和职业教育。

黄埔区知明学校组织教师团队对新庄小学、东区中学等普通学校进行实地融合教育指导及线上工作指导，与会元学校、广州商学院及社会各界志愿者团队共同开展融合运动会，开展融合教育理念推广及随班就读教育支持；每月开展2次班级及专业组送教，推进送教上门工作；践行“零费用”制度，实现残障学生义务教育全覆盖；以学生的发展目标为重点，着力IEP（个别化教育计划）模式运作，全面提高特教学生综合素养；开展安全综合治理工作，该学年学校未发生校园安全责任事故；与骏怡汇汽车科技有限公司、洋葱公司、华峰中学等多家单位举行义工、捐赠等多方联动的社会融合活动；获12月全国残疾人排舞比赛智障组一等奖、11月广州市中小学合唱比赛获特殊教育组一等奖、第五届广州特奥融合足球友谊赛第三名、第五届残疾人民间足球争霸赛分赛区广东省第一届融合足球比赛第三名、珠三角地区特殊教育学校体育联盟校际特奥融合足球比赛第三名、广州市个别化教育计划优秀成果评比三等奖；获市级以上各等次奖项教师45人次、区级以上各等次奖项20多人次、校级以上各等次奖项70多人次。

黄埔区启智学校教师团队获多项特教教科研成绩。其中，在广东省特殊教育学校个别化教育研究优秀成果评审活动中获一等奖5项、二等奖11项、三等奖4项；在广州市特殊学生个案研究成果的征集和评选活动获一等奖1项，二等奖3项，三等奖3项；在广州市特殊教育个别化教育课程建设优秀成果评选获一等奖1项，二等奖1项；在广州市特殊教育小课题研究优秀成果评比获三等奖2项。该校教师蔡燕丹获首届广州市中小学青年教师教学能力大赛一等奖；足球队获广东省特奥足球周活动暨第四届广州市特奥融合足球友谊赛冠军；合唱队获广州市第14届中小学合唱比赛一等奖；故事表演《丑小鸭》获得广州市“同心圆”特殊学生智慧阅读主题活动二等奖；出版学生美术作品集《悦美》以及体育工作汇集《悦运动》。

【义务教育阶段招生】 2019年，黄埔区义务教育阶段学校起始年级招生24034人，其中小学一年级14922人，初中一年级9112人。义务教育阶段公办学校起始年级户籍生招生人数1.3万人，其中小学8900余人，初中4100余人。全区公办小学招生1.17万人，公办初中招生6392人；民办初中招生2720人，民办小学招生3221人。解决政策性照顾人员子女入学93人，其中小学68人，初中25人。为来穗人员随迁子女积分制入学提供学位2885个（其中公办学位2225

2019 年黄埔区公办义务教育学校基本情况表

| 序号 | 学校名称 | 学校类别 | 是否标准化学校 |
|---|---|---|---|
| 1 | 广州开发区中学 | 初中 | 是 |
| 2 | 广州市黄埔区东区中学 | 初中 | 是 |
| 3 | 广州市第一一七中学 | 初中 | 是 |
| 4 | 广州市黄埔区九佛中学 | 初中 | 是 |
| 5 | 广州市黄埔区九佛第二中学 | 初中 | 是 |
| 6 | 广州市黄埔军校纪念中学 | 初中 | 是 |
| 7 | 广州市第一二三中学 | 初中 | 是 |
| 8 | 广州市黄埔区港湾中学 | 初中 | 是 |
| 9 | 广州市黄埔区新港中学 | 初中 | 是 |
| 10 | 广州市黄埔区双沙中学 | 初中 | 是 |
| 11 | 广州市黄埔区镇龙中学 | 初中 | 是 |
| 12 | 广州市黄埔区华峰学校 | 九年一贯制 | 是 |
| 13 | 广州市黄埔区开元学校 | 九年一贯制 | 是 |
| 14 | 广州市黄埔区玉泉学校 | 九年一贯制 | 是 |
| 15 | 广州市黄埔区会元学校 | 九年一贯制 | 是 |
| 16 | 广州市黄埔区玉山学校 | 九年一贯制 | 是 |
| 17 | 广州市黄埔区东荟花园小学 | 小学 | 是 |
| 18 | 广州石化小学 | 小学 | 是 |
| 19 | 广州市黄埔区港湾小学 | 小学 | 是 |
| 20 | 广州市黄埔区夏园小学 | 小学 | 是 |
| 21 | 广州市黄埔区沧联小学 | 小学 | 是 |
| 22 | 广州市黄埔区长洲岛小学 | 小学 | 是 |
| 23 | 广州市黄埔区深井小学 | 小学 | 是 |
| 24 | 广州市黄埔区怡园小学北校区 | 小学 | 是 |
| 25 | 广州市黄埔区鱼珠小学 | 小学 | 是 |
| 26 | 广州市黄埔区怡园小学 | 小学 | 是 |
| 27 | 广州市黄埔区荔园小学 | 小学 | 是 |
| 28 | 广州市黄埔区下沙小学 | 小学 | 是 |
| 29 | 广州市黄埔区横沙小学 | 小学 | 是 |
| 30 | 广州市黄埔区姬堂小学 | 小学 | 是 |
| 31 | 广州市黄埔区文冲小学 | 小学 | 是 |
| 32 | 广州开发区第一小学 | 小学 | 是 |
| 33 | 广州开发区第二小学 | 小学 | 是 |
| 34 | 广州市黄埔区东区小学 | 小学 | 是 |
| 35 | 广州市黄埔区光远小学 | 小学 | 是 |
| 36 | 广州市黄埔区萝峰小学 | 小学 | 是 |
| 37 | 广州市黄埔区香雪小学 | 小学 | 是 |
| 38 | 广州市黄埔区长岭居小学 | 小学 | 是 |
| 39 | 广州市黄埔区玉树小学 | 小学 | 是 |
| 40 | 广州市黄埔区联和小学 | 小学 | 是 |
| 41 | 广州市黄埔区黄陂小学 | 小学 | 是 |
| 42 | 广州市黄埔区新庄小学 | 小学 | 是 |

续表

| 序号 | 学校名称 | 学校类别 | 是否标准化学校 |
|---|---|---|---|
| 43 | 广州市黄埔区贤江小学 | 小学 | 是 |
| 44 | 广州市黄埔区永岗小学 | 小学 | 是 |
| 45 | 广州市黄埔区禾丰小学 | 小学 | 是 |
| 46 | 广州市黄埔区凤尾小学 | 小学 | 是 |
| 47 | 广州市黄埔区枫下小学 | 小学 | 是 |
| 48 | 广州市黄埔区何棠下小学 | 小学 | 是 |
| 49 | 广州市黄埔区九龙第三小学 | 小学 | 是 |
| 50 | 广州市黄埔区九龙第四小学 | 小学 | 是 |
| 51 | 广州市黄埔区汤村小学 | 小学 | 是 |
| 52 | 广州市黄埔区福洞小学 | 小学 | 是 |
| 53 | 广州市黄埔区科学城小学 | 小学 | 是 |
| 54 | 广州市黄埔区科峻小学 | 小学 | 是 |
| 55 | 广州市黄埔区怡瑞小学 | 小学 | 是 |
| 56 | 广州市黄埔区凤凰湖小学 | 小学 | 是 |
| 57 | 广州市黄埔区玉鸣小学 | 小学 | 是 |
| 58 | 广州开发区第二小学北校区 | 小学 | 是 |
| 59 | 广州市黄埔区新港小学东校区 | 小学 | 是 |
| 60 | 广州市黄埔区科学城小学北校区 | 小学 | 是 |
| 61 | 广州开发区第二小学东校区 | 小学 | 是 |
| 62 | 广州市黄埔区铁英小学 | 小学 | 是 |
| 63 | 广州市黄埔区天誉小学 | 小学 | 否 |
| 64 | 广州市黄埔区天景小学 | 小学 | 否 |
| 65 | 广州市黄埔区庙头小学 | 小学 | 是 |
| 66 | 广州市黄埔区南岗小学 | 小学 | 是 |
| 67 | 广州市黄埔区南湾小学 | 小学 | 是 |
| 68 | 广州市黄埔区沙步小学 | 小学 | 是 |
| 69 | 广州市黄埔区新港小学 | 小学 | 是 |
| 70 | 广州市黄埔区黄船小学 | 小学 | 是 |
| 71 | 广州市黄埔区茅岗小学 | 小学 | 是 |
| 72 | 广州市黄埔区火村小学 | 小学 | 是 |
| 73 | 广州市黄埔区九龙第一小学 | 小学 | 是 |
| 74 | 广州市黄埔区九龙第二小学 | 小学 | 是 |
| 75 | 广州市黄埔区文船小学 | 小学 | 是 |
| 76 | 广州市黄埔区启智学校 | 特殊学校 | |
| 77 | 广州市黄埔区知明学校 | 特殊学校 | |

## 2019 年黄埔区民办中小学基本情况表

| 序号 | 学校名称 | 学校类型 | 是否标准化学校 |
|---|---|---|---|
| 1 | 广州市黄埔华南师范大学附属初级中学 | 初中 | 是 |
| 2 | 广州市黄埔中大附属外国语实验中学 | 初中 | 是 |
| 3 | 广州市黄埔广附实验中学 | 初中 | 是 |
| 4 | 广州市黄埔区玉岩天健实验学校 | 初中 | 是 |
| 5 | 广州市二中苏元实验学校 | 初中 | 是 |

续表

| 序号 | 学校名称 | 学校类型 | 是否标准化学校 |
| --- | --- | --- | --- |
| 6 | 广州开发区华南师范大学附属外国语学校 | 九年一贯制 | 是 |
| 7 | 广州市黄埔国光学校 | 九年一贯制 | 是 |
| 8 | 广州市黄埔同仁学校 | 九年一贯制 | 是 |
| 9 | 广州市黄埔崇德实验学校 | 九年一贯制 | 是 |
| 10 | 广州市黄埔育才学校 | 九年一贯制 | 是 |
| 11 | 广州市黄埔东晖学校 | 九年一贯制 | 否 |
| 12 | 广州市黄埔东联学校 | 九年一贯制 | 是 |
| 13 | 广州市黄埔区南方中英文学校 | 九年一贯制 | 是 |
| 14 | 广州市黄埔恒威实验小学 | 小学 | 否 |
| 15 | 广州市黄埔黄埔中黄外国语小学 | 小学 | 是 |
| 16 | 广州市黄埔万科城市花园小学 | 小学 | 是 |
| 17 | 广州市黄埔利民艺体实验小学 | 小学 | 是 |
| 18 | 广州市黄埔区宏岗学校 | 小学 | 否 |
| 19 | 广州市黄埔区洋城学校 | 小学 | 是 |
| 20 | 广州市黄埔区嘉洲小学 | 小学 | 是 |

个，政府补贴民办学位 660 个），比上年增加 382 个学位。通过积分入学申请，获填报志愿资格总人数为 3895 人（其中小学 2746 人，初中 1149 人）。积分制入学第一次实际填报志愿总人数为 3685 人，录取总人数为 2551 人（小学 1676 人，初中 875 人）；第二次补录填报志愿人数 456 人，其中小学 386 人，初中 70 人，实际补录 320 人（小学 300 人，初中 20 人）。两次合计录取人数 2871 人（小学 1976 人，初中 895 人），所提供初中学位指标全部录完，小学剩余 14 个学位未分配出去，积分入学录取人数占填报志愿总人数 78%。

是年，参加黄埔区重点企业入学指标的企业 266 家，参加人数 612 人，实际填报志愿人数 547 人（部分员工因参加积分入学已录取到学位，放弃重点企业填报志愿）。其中，小学 393 人，初中 154 人；最终录取获得学位 475 人，其中小学 350 人，初中 125 人。重点企业入学指标录取人数占填报志愿总人数的 86.84%。

**【民办中小学管理】** 2019 年，黄埔区教育局加强民办学校审批与管理。结合“十统一”政务服务要求，梳理行政审批事项清单，使行政审批工作公开、透明、便民。针对民办学校教研风气不浓，学籍管理不规范，档案管理不科学，未按要求进行招生广告和章程变更备案，班级人数超额，课程不能开齐开足，收费不公示，未经许可提高收费标准或不按“新生新办法，老生老办法”原则执行收费政策，校车违规运行等问题，对照《广州市民办学校年检量化表》，通过网上年检 + 现场检查的方式，对 22 所民办中小学（小学 8 所，初中 5 所，九年一贯制学校 9 所）开展年检工作。审议合格 19 所，占全部抽检学校的 86.36%；基本合格 1 所（万豪儒林小学），占 4.55%；不合格 2 所（东晖学校、南方中英文学校），占 9.09%。配合“三旧”改造，完成万豪儒林小学、春晖学校 1000 余名学生分流工作。

## 高中教育

**【概况】** 2019 年，黄埔区明确规模化、优质化、特色化高中教育发展思路，以教学水平评估为手段，更新普通高中办学理念，规范学校管理，加强队伍建设，促进内涵发展和特色建设。全区 7 所普通高中（含十五年制），6 所为省、市教学水平评估“优秀”学校，优质普通高中学校占比达 100%。广州市第八十六中学“海润生命”特色课程获广州市特色课程重点立项。

是年，黄埔区高中学校高考一本（高优）上线 452 人，高优率突破 20%，高优上线率 23.74%，比上年增加 6.41 个百分点；本科上线 1370 人，本科上线率 71.95%，增加 4.84 个百分点。

**【广州市玉岩中学】** 广州市玉岩中学位于黄埔区玉中路 1 号，占地面积 15 万多平方米。创办于 2006 年，是一所全寄宿制管理的全日制完全中学，是广东省国家级示范性普通高中，广东省德育示范学校，广东省中小学教师培训实践基地，国家、广东省体育传统项目学校（田径项目）。以“为社会引领者成长奠基”为办学理念，以“博学于文，行己有耻”为校训，培养出清华、北大等高等学府优秀学子，为中国空军输送多名飞行员。倡导全面发展的素质教育，在各类竞赛中获国

2019 年黄埔区公办高中基本情况表

| 序号 | 学校名称 | 学校类别 | 学校等级 | 是否标准化学校 |
|---|---|---|---|---|
| 1 | 广州市玉岩中学 | 完全中学 | 广东省国家级示范性高中 | 是 |
| 2 | 广州市第八十六中学 | 完全中学 | 广东省国家级示范性高中 | 是 |
| 3 | 北京师范大学广州实验学校 | 完全中学 | | 是 |
| 4 | 广州科学城中学 | 完全中学 | 广东省一级学校、广州市示范性高中 | 是 |
| 5 | 广州石化中学 | 完全中学 | 广东省一级学校 | 是 |
| 6 | 广州开发区外国语学校 | 完全中学 | 广州市一级学校 | 是 |

际、国家、省、市、区等各级荣誉逾千项。

2019 年，学校有初、高中共 6 个年级和新疆部。高一招生 635 人，在校学生 3041 人；学校在职人员 289 人，专任教师 252 人，其中高级职称人数 110 人（正高级教师 4 人）、特级教师 7 人，拥有省、市级名班主任、名师工作室 10 余间。实行“导师制”德育模式，构建“学校、家庭、社会”三位一体的教育网络，以教育合力促学生成长。定期举办新生家校恳谈、教学开放日、家长论坛等大型校园活动，为学生打造多元发展的平台，拥有学生社团 40 余个。

是年，玉岩中学新疆班开展“我和祖国共奋进　唱响新时代团结之歌”民族团结进步教育实践、“我和祖国共成长做感党恩听党话跟党走爱党爱国爱家乡的新时代青年”主题宣传教育、国防教育夏令营等活动，坚持每周主题班会和每月学生大会。加强安全管理，在常规管理方面，多方联动，互通信息，密切警民校合作；严格智能手机管理，加强常规管理和外出管理；加大对重点时段、重点场所的检查。推进民族交流交往交融，创新工作方法，邀请新疆班优秀学生家长到学校考察，5 月 26 日至 6 月 1 日、10 月 13—19 日期间，分别邀请 4 名同学家长到学校开展民族团结教育活动。实施全面混餐，从国庆节后到第二餐厅改造完成前，两个食堂同时向新疆学生和本地学生开放，选派部分新疆学生到第一食堂混合用餐，同时选派部分本地学生到第二食堂混合用餐。开展多轨制结对子活动，本地学生及家庭与新疆学生结对子，党员教师与新疆班学生结对子，区直机关部分领导干部、企业、社会公益人士、新疆工作队领导与少数民族同学结对子。注重新疆班学生的全面发展，利用节假日进行文化课补习，为丰富新疆班学生的课外生活，培养学生兴趣爱好，提高学生综合素质。打造新疆班特色和品牌课程，新疆班在周末和节假日开设普通话、书法、篮球等特色校本课程。10 月 15 日，新华社、《中国教育报》《中国青年报》《光明日报》、广东电视台、《南方都市报》《羊城晚报》《广东教育》等多家媒体到玉岩中学，分别采访校长、新疆部管理人员、来访学生家长和多位学生，了解学校在“三混”工作中的做法，宣传学校在民族融合中的典型经验。经验介绍在《广州日报》《南方都市报》《广东教育》长篇刊载。2019 年 12 月 12—3 日，广州电视台《民族同心圆》栏目到玉岩中学，对学校的党员结对子活动、普通话强化、课外体育活动（篮球）进行专门采访报道。

**【广州市第八十六中学三都民族班】** 2019 年，广州市第八十六中学招收 3 批 146 名来自贵州三都民中的学生。对三都民族班的学生进行细致而有针对性的计划，将民族班学生平均分配到学校资源最优的海洋班，促进其全面发展。利用周末、寒暑假等节假日开设社会实践课程，让学生在实践中感悟海洋文化，拓展视野，感受穗黔两地文化的差异。至 2019 上学期末，3 个民族班开展社会实践活动约 80 次。针对两地教学方法不同，教学进度不同，部分科目教材版本不同，学生的基础不同等问题，由广州市第八十六中学和三都民中的老师利用晚自习和周末时间为学生进行课外辅导。三都班蒙秋霞在是年贵州省全国青少年科技创新大赛上获一等奖，吴祖浪在广州市讲科学秀科普讲解大赛黄埔赛区获三等奖。

## 职业教育和社会教育

**【概况】** 2019 年，黄埔区构建现代职业教育体系，推动产教融合，加快职业教育发展。贯彻落实《广东省职业教育“扩容、提质、强服务”三年行动计划（2019—2021 年）》，推进职业教育改革，加强中职扩招等政策宣传，提高全区对职业教育的关注度和支持度。推动成立黄埔职业教育集团，整合政府、职校、企业资源，增强职业教育办学活力，服务区域经济和产业发展。12 月底，推动成立全区首家职业教育集团——黄埔职业教育集团，由广州市黄埔职业技术学校牵头联合广东岭南职业技术学院、广州产教融合信息服务有限公司、高新兴科技集团股份有限公司共同组建，旨在加快培养适合粤港澳大湾区尤其是黄埔区产业发展特点的各类技术技能人才。

【广州市黄埔区职业技术学校】 创建于1968年，是黄埔区唯一公办全日制中等职业技术学校，2010年3月，被教育部批准为国家级重点中等职业技术学校，是黄埔职业教育集团核心单位。学校占地面积6万多平方米，开设汽车运用与维修、机电技术应用、数控技术应用等10个专业。坚持“为每一位孩子点亮希望的灯，给每一位孩子铺就成功的路”的办学理念，秉承“敬业乐群，困知勉行”的校训，坚持科学发展，注重内涵建设。2019年，汽车运用与维修获批入选为广东省第二批中等职业学校“双精准”示范专业建设项目。

是年，学校继续推行“产教融合、校企合作”的多元化、开放式办学模式，与广州本田、传祺、海格通信、高新兴、中国电信等企业签订订单式培养和就业协议；为学生构建升学渠道“立交桥”，与广东省机电职业技术学院、广州工程技术职业学院合作开设汽修、机电专业三二分段升学班；与广东邮电职业技术学院签订现代学徒制人才培养合作框架协议，在电子商务、财会、计算机应用、计算机网络专业联合开展“中职+高职”（3+3、3+2模式）的现代学徒制培养项目。与广东技术师范大学合作共建 广东省联合培养研究生示范基地，为中职教育的师资建设注入新的活力，实现资源共享，互利共赢。

【民办非学历教育培训机构】 2019年，黄埔区教育局规范民办非学历教育培训机构的审批和管理，提高审批工作效率。完成各类机构审批事项50余项。制定《黄埔区民办培训机构审批许可服务指南（试行）》并在网上发布，明确规范审批指引。至年末，区内有核准设立的民办非学历教育培训机构54个，分教点8个，包含学而思、新东方、卓越、龙文、明师、狮王、罡得、华兴、好精彩、有思、品读行、立尚等多家社会认可度较高的品牌机构。掌握区内各机构运行情况，3—6月，组织对区内注册机构进行年检，了解和掌握各机构的动态情况，督办整改存在的问题。推进校外培训机构治理工作，建立相关工作机制，完善日常监管责任体系，起草《关于建立黄埔区规范校外培训机构发展联席会议制度的通知（征求意见稿）》。不定期开展无证照校外培训机构检查、查处等工作，加强对校外机构的整治管理，推动黄埔区培训市场规范发展。

【社区教育】 2019年，黄埔区完善社区教育工作机制，满足市民需求。向区社区教育各成员单位印发《2019年度社区教育工作要点》，协调各街镇开展社区教育活动，发展“社区大讲堂”“全民终身学习周”等社区教育品牌。8月13日，黄埔区被中国成人教育协会授予“2018年全民终身学习活动周成功组织单位”称号。9月，印发《黄埔区推进老年教育实施方案（2018—2020年）》，整合区各有关部门、街镇的老年教育资源，共同推进黄埔区老年教育工作。11月16日，黄埔区在龙湖街缤纷广场举办“2019年黄埔区终身学习活动周”启动仪式。至年末，黄埔区老年大学、社区学院等老年教学点在校学员2300人次，完成课程并结业学员2.3万人次。

【黄埔区青少年宫】 2019年，黄埔区青少年宫通过优化兴趣培训项目，使艺术团步入良性发展轨道，提升公益服务能力，提高服务质量和水平，为专业院校输送艺术、科技、体育新苗。满足青少年儿童兴趣培养的需求，整合丰乐宫和萝岗宫资源，将两宫特色融入园区环境建设中，突出丰乐宫的中国传统文化特色，凸显萝岗宫的现代、科技特色。以文化育人，以美育人，打造区艺术教育示范园；以“和、美、雅、乐、智”的理念打造艺术大观园、文化生态园、学习体验园、活动游乐园和科技创新园五大园区。是年，丰乐宫、萝岗宫开设培训项目80余个，培训学员2.8万人；保持21个分教点的正常运行，培训学员近1万人，开展公益活动惠及120万人次。为青少年儿童提供更多的培训学位，解决边远学校学生校外教育困难问题。开展“欢乐田园”农耕公益活动，让学生知农、爱农，每期有开耕仪式和收获季活动；在田园旁打造“泥趣草堂”陶艺体验中心，民间扎染、古法造纸体验坊，让孩子感受艺术之美；开展“我的六一 我做主”公益活动；在“梦想码头”公开展示各专业课程，让社会了解少年宫的课程情况。

是年，区青少年宫开启黄埔区图书馆黄埔区青少年宫（萝岗宫）服务点“知道书堂”阅览室，与市、区图书馆联网，打造集图书阅览、大讲堂、沙龙交流为一体的活动空间，并定期开展“知道书堂”名师大讲堂活动。所获荣誉参见附录“2019年广州市黄埔区青少年宫获奖情况”。

（杨俊玲）

# 科学技术

○编辑 潘虹 张侠

## 综 述

【概况】 2019年，黄埔区、广州开发区实施创新驱动发展战略，提升创新能级。加强研发经费投入，引导企业加大研发投入，经国家统计部门核准的研发经费118.96亿元，占GDP比重3.43%。建设黄埔实验室，集聚中科院系7所院校。两城（知识城、科学城）三节点（生物岛、云埔、临港）纳入广深港澳科技创新走廊“一区三城十三节点”规划，显现创新枢纽核心地位。依托清华珠三角研究院筹建粤港澳大湾区新兴产业国家技术创新中心，启动建设“三个1平方公里”，在黄埔实验室（启动园区）周边1平方公里打造原始创新策源地，在机械谷周边1平方公里建设黄埔实验室核心园区，在知识城建设1平方公里的中国纳米谷。创建世界一流高科技园区，科技创新在全国219个开发区中排名第一，国家高新区排名升至第七名。连续两年位列“广州城市创新指数”创新综合能力第一名。加速集聚大项目，新引进高端科技成果创新转化平台10个，投入项目协议资金200亿余元，基础研究和应用基础研究能力增强。在科学城筹划建设纳米国家科学中心、太赫兹国家科学中心，“黄埔一号”卫星载荷发射升空。争取中科院科技成果转化母基金60亿元并落地科学城。举办第三届官洲国际生物论坛，邀请百名院士科学家参加；在科学城举办亚太材料科学院国际学术年会、全国双创大赛开幕式暨生物医药行业总决赛、中国高科技产业化高峰会议、全球集成电路传感器高峰论坛、科技部火炬统计培训会等大型科技交流活动。坚持“中小企业成大事”理念，从政策、资金、场地等方面给予支持，建设迈普医疗器械创新中心、禾信科学仪器创新研究院、洁特医疗高端耗材研究院。区内4家高新技术企业上市，3家科技企业通过科创板发审会；方邦电子成为科创板广州第一股；亿航智能登陆美国纳斯达克；科技企业在全国双创大赛中获奖励3项，为历史最好成绩，其中奇点医药获生物医药获行业初创组第一名，微芯生物获新能源及节能环保行业成长组第二名，文远知行获先进制造行业初创组第二名。科技部遴选瞪羚企业总数连续5年位列全国高新区前四名，区瞪羚企业数量突破300家，新增国家级孵化器4家，“两高四新”“专精特新”“单项冠军”中小企业持续涌现。是年，黄埔区、广州开发区举办2019年度全国火炬统计工作培训班；获中国海外人才交流大会暨第21届中国留学人员广州科技交流会“最佳组织奖”。

【广州高新区全国排名提升】 2019年，广州高新区在国家高新区年度综合评价中排名第七，比上年提升2位。是年，广州高新区策划一系列重点任务：调整火炬统计调查范围扩大至484平方千米范畴；培训并推动各分园区、全区职能部门、4000余家企业按质按量完成火炬统计五大项目填报任务；协助科技部火炬中心国家高新区管理体制座谈会、高质量发展、全国火炬统计培训等多个会议会务及材料等筹备；形成《广州高新区世界一流高科技园区建设方案》、黄埔创新指数等指导性建设文件。

【高新技术产业发展】 2019年，黄埔区、广州开发区推动生物医药产业发展，奇绩医药的“金蓉颗粒”获区内企业首张新药证书，百济神州的单克隆抗体药物研发取得突破性进展，恒诺康在抗病毒、器官纤维化和中枢神经系统等领域的新药研发取得阶段性成果，绿十字制药的地塞米松棕榈酸酯注射液等3个产品进入国家仿制药参比制剂目录。广州粤港澳大湾区生物医药产业促进会成立。推动全国创新生物医药创业投资服务联盟发展、广州海关P3实验室升级改造建设，扩大生物材料进出口通关平台覆盖范围。创新工场AI工程院粤港澳大湾区总部开业启动，完成25亿元规模的第三期创新工场智能投资基金募集。百度风投设立人工智能专项风投基金，规模20亿元，投资项目超过40个，正在建AI创业中心区、全球技术转化区、产业智能化示范区。文远知行L4级自动驾驶试验成功，麦仑科技自主研发仙人掌智能系统推广应用。依托1个研究院（粤港澳大湾区国家纳米科技创新研究院）、1个园区（粤港澳大湾区纳米创新产业集聚区）、1项政策（“纳米10条”）、1家公司（广东省广纳科技发展有限公司）、1个基金（粤港澳大湾区纳米产业投资基金），培育壮大纳米技术新兴产业。

**【技术合同登记】** 2019年，黄埔区、广州开发区技术合同成交额首次突破200亿元，达到226.51亿元，比上年增长47.5%，总量占全市技术合同成交额的1/5。争取省级技术合同认定登记权限，并获广东省政府批复，于9月1日下放省级行政职权。将技术合同交易额纳入考核监测指标，制订技术合同认定登记工作实施方案，明确技术合同认定登记项目数和技术合同成交额“双增长”工作目标。优化流程缩短办结时限，实现技术合同认定登记办结时间从30个自然日缩减到8个工作日。出台扶持政策，在《促进高新技术产业发展办法2.0版》中新增促进黄埔区技术合同认定登记发展的扶持政策。印制《广州市黄埔区技术合同认定登记业务办理手册》，组织大型政策宣讲会3场，参会企业900余家。

**【科技招商】** 2019年，黄埔区科技局（广州开发区科技创新局）引进广汽移动出行、谢晓亮院士ECC基因测序仪及配套试剂、广州科技金融集团、昭衍（广州）新药评价中心、奥咨达总部等产业化项目，推进10个重点项目与管委会签订合作协议。引进国家智能控制系统制造产业计量测试中心、锦能生物、生物岛粤港澳大湾区协同创新中心、铂思雅生物医药缓控释制剂等产业化用地项目。与国家科技评估中心深度合作，推动国家重大科技计划项目支持的“高精尖”科技成果到黄埔区转化，引进西安有色金属研究院3D打印和南京理工大学高效智能增材智造等项目。重点引进优质科技项目86个，新增注册资本28.35亿元，新增注册外资（实际利用外资）1.28亿美元。争取60亿元规模的中科院科技成果转化母基金落地。

**【科技信贷风险资金池】** 2019年，黄埔区、广州开发区设立初始规模为2000万元的科技信贷风险资金池，推动银行加大对民营及科技型中小企业的贷款支持，对合作银行为民营及科技型中小企业提供贷款所产生的本金损失进行有限补偿。对于纳入区资金池的贷款项目产生的贷款本金损失，由区资金池承担50%，银行承担50%；对于同时纳入上级资金池的贷款项目，由省、市、区共同承担风险的，代偿比例累计最高90%。

**【科技贷款成本补贴和保险补贴】** 2019年，黄埔区、广州开发区开展上年度广州开发区科技型中小企业贷款成本补贴工作，对取得商业银行机构贷款的科技型中小企业，贷款成本（包括贷款利息及担保费用等）超过中国人民银行同期基准利率的部分给予50%的补贴，向广东旭龙物联科技股份有限公司等135家企业拨付科技型中小企业贷款成本补贴合计人民币743.43万元。向广州思泰信息技术有限公司等101家企业拨付上年度科技保险专项资助资金271.80万元。对购买科技保险险种的区内科技企业，在获得广州市补贴后，按市补贴比例的50%给予保费支出补贴。

**【科技成果及奖励】** 2019年，黄埔区、广州开发区加强政策宣传培训，落实支持科技创新系列政策，引导企业加强研发投入，涌现一批科技创新成果。在国家科学技术奖励会上，广州开发区有4个科技项目获奖，在全省9个牵头完成项目中有2个为广州开发区项目。3月27日，广东省科技创新大会颁布上年度科学技术奖，广州开发区有24个科技项目（个人）获奖，其中突出贡献奖1项，自然科学奖3项（一等奖1项、二等奖2项），技术发明奖一等奖1项，科技进步奖19项（一等奖5项、二等奖14项）。

**【科普活动】** 2019年5月19—26日，黄埔区、广州开发区举办科技活动周，主题为“科技强国 科普惠民”。活动周期间，组织重点活动项目28个。承办单位涵括区职能部门、街（镇）、孵化园区、科技企业、科普基地。活动内容包括科技企业一日游、机器人大赛、科普讲解大赛、科技博览会、科普宣传进社区等。入场进行互动展示的科研院所及科技企业20余所（家），现场进行5G知识、智能语音识别技术、物联网技术、3D现场打印、有微生物检测、显微镜和细胞切片观察、有害入侵生物等科普知识宣传，皮肤及化妆品现场测试，中医药现代展示、药材识别，蘑菇世界等互动体验项目。是年，区教育系统组织开展学校科技节活动，纳入区级重点科普活动4项，街道重点科普活动5项、企业承担的重点科普活动3项、科普基地开放日活动12项。参与对象为中小学校青少年、街镇社区居民，活动直接参与人数2万余人。是年，广州地区“讲科学、秀科普”大赛暨全国科普讲解大赛选拔赛中，来自广州市第八十六中学学生张睿获一等奖，享学教育科技总经理李优获二等奖，其中张睿以第四名的成绩代表广州市参加6月份的全国比赛（全市6个国赛参赛名额），是广州市历届比赛中唯一一位以中学生身份入选国赛的选手。白云山中一药业马泽一、广州市第八十六中学学生林俊源、环亚化妆品张诗韵获三等奖。

（谭聚）

## 科研机构和平台建设

【概况】 2019年，黄埔区、广州高新区、广州开发区实施创新驱动发展战略，以打造粤港澳大湾区国际科技创新中心核心枢纽为目标，提升产业竞争力和自主创新能力，优化创新创业环境，加快集聚各类创新资源，推动协同创新发展。至年末，全区建成各类重点实验室、工程中心、技术中心等研发机构1130个。其中，国家级34个；省级515个，省级新型研发机构26个，占全省的十分之一；市级581个。新设立省级科研事业单位6个，占广东省级科研事业单位一半。5家研究院被认定为广东首批高水平研究院，占全省首批认定的高水平研究院2/3。至年末，全区有市级科普基地22个。

【黄埔实验室建设】 2019年，黄埔区、广州高新区、广州开发区围绕建设国家实验室和高水平创新研究院集群，发挥“集聚、加速、协同、攀登”四大功能，组建科学技术融合、前沿学科交叉、突破型引领型平台型一体的黄埔实验室网络架构，打造成为粤港澳大湾区乃至国家创新体系战略力量的“科技黄埔军校”。集聚大院、大所、大学、大家和大科学装置等高端创新资源；加速推动高端创新资源落地、建设和发挥作用；协同高端科技创新资源，横向促进前沿学科交叉融合，纵向促进形成基础研究、应用研究、成果转化和产业化全链条；攀登科技高峰，构筑创新高地，打造粤港澳大湾区国际科技创新枢纽核心引擎和国家综合性科学中心重要承载区。在广州科学城布局建设黄埔实验室启动园区，入驻广东粤港澳大湾区国家纳米科技创新研究院、广东省大湾区集成电路与系统应用研究院、广东腐蚀科学与技术创新研究院和广东粤港澳大湾区协同创新研究院4家研究院。以黄埔实验室启动园区为中心的1平方公里范围内，聚集中科院广州生物医药与健康研究院、生物岛实验室国际合作中心、中科院空天信息研究院粤港澳大湾区研究院、中科院自动化所广州人工智能与先进计算研究院、广东粤港澳大湾区硬科技创新研究院、中科院长春应化所黄埔先进材料研究院和环保部华南环科研究所等一批重大科技创新平台。在广州人工智能与数字试验区（鱼珠片区）规划建设黄埔实验室总部园区，拟入驻广东粤港澳大湾区国家纳米科技创新研究院、中科院空天信息研究院粤港澳大湾区研究院、广东腐蚀科学与技术创新研究院，建设研究院总部和重大科技基础设施。建设一批重大科技基础设施，推动建设人类细胞谱系大科学装置、航空轮胎动力学大科学装置，加快建成太赫兹国家科学中心、纳米国家科学中心、粤港澳大湾区生物安全创新中心，实现重大科技基础设施的集聚带动，加快突破一批关键核心技术，形成一批重大原创成果，打造粤港澳大湾区重大原始创新策源地。

【科普基地建设】 2019年，黄埔

2019年黄埔区科普基地统计表

| 序号 | 科普基地名称 | 依托单位 | 地址 | 基地面积（平方米） | 单次接待能力（人次） |
|---|---|---|---|---|---|
| 1 | 广州气象卫星地面站 | 广州气象卫星地面站 | 广州市黄埔区黄陂北社路38号广州气象卫星地面站B站区 | 6000 | 200 |
| 2 | 广州水果世界 | 广州市果树科学研究所 | 广州市黄埔区九龙镇九佛东路402号 | 135000 | 100 |
| 3 | 广州市光机电技术科普基地 | 广州市光机电技术研究院 | 广州科学城科研路3号 | 7000 | 100 |
| 4 | 广州市黄埔区青少年宫 | 广州市黄埔区青少年宫 | 广州市黄埔区大沙东路298号 | 1100 | 100 |
| 5 | 广州白云山中一药业有限公司科普基地 | 广州白云山中一药业有限公司 | 广州市黄埔区云埔一路32号 | 12000 | 100 |
| 6 | 广州市第八十六中学动物博物馆 | 广州市第八十六中学 | 广州市黄埔区大沙西5号 | 688 | 50 |
| 7 | 广东环亚美容化妆品博物馆 | 广州环亚化妆品科技有限公司 | 广州市黄埔区科学城南云一路18号 | 2500 | 100 |
| 8 | 脐带血造血干细胞库 | 广州市天河诺亚生物工程有限公司 | 广州市黄埔区南云四路1号 | 10000 | 50 |

续表

| 序号 | 科普基地名称 | 依托单位 | 地址 | 基地面积（平方米） | 单次接待能力（人次） |
|---|---|---|---|---|---|
| 9 | 岭南特色凉茶养生文化科普基地 | 广州市香雪制药股份有限公司 | 广州市黄埔区经济技术开发区科学城金峰园路2号 | 5000 | 200 |
| 10 | 广东省物联网科普教育基地 | 广东省数字广东研究院 | 广州市萝岗区科学大道162号创意大厦B1栋首层广东省数字广东研究院 | 688 | 50 |
| 11 | 广高电器科普基地 | 广州广高高压电器有限公司 | 广州市黄埔区云埔工业区云埔一路15号 | 20000 | 100 |
| 12 | 数字文化互动体验科普基地 | 广州励丰文化科技股份有限公司 | 广州市科学城科学大道8号 | 48000 | 100 |
| 13 | 刀锋无人机科普基地 | 广州刀锋智能科技有限公司 | 广州市黄埔区丰乐北路398号北附楼318 | 460 | 50 |
| 14 | 赛莱拉干细胞科普基地 | 广州赛莱拉干细胞科技股份有限公司 | 广州国际生物岛螺旋四路一号生产区第五层502单元 | 13300 | 100 |
| 15 | 神奇的蘑菇世界科普基地 | 广东粤微食用菌技术有限公司 | 广州市黄埔区广州开发区科学城神舟路792号 | 5000 | 100 |
| 16 | 有害入侵生物安全及防控科普基地 | 广州瑞丰生物科技有限公司 | 广州科学城科学大道162号创意大厦B3栋5层503单元 | 600 | 50 |
| 17 | 冠昊生命体验中心科普基地 | 北昊干细胞与再生医学研究院有限公司 | 广州市黄埔区瑞泰路2号A栋2楼 | 500 | 50 |
| 18 | 雪糕自动化生产科普基地 | 明治雪糕（广州）有限公司 | 广州经济技术开发区夏园东路1号 | 569.6 | 120 |
| 19 | 励弘文创旗舰园“文科荟”科普基地 | 广州励弘文创创业服务有限公司 | 广州市黄埔区科学大道8号 | 856.26 | 100 |
| 20 | 广州市干部疗养院心理健康科普基地 | 广州市干部疗养院（广州市第十一人民医院） | 广州市黄埔区斗岗西街2号 | 700 | 20 |
| 21 | 倍特生命科学科普基地 | 广州博疆一生物科技有限公司 | 总部地址：广州国际生物岛螺旋四路5号四层 | 5129.5 | 1000 |
| 22 | 广东燕塘乳业科普基地 | 广东燕塘乳业股份有限公司 | 广州市黄埔区永和街香荔路188号 | 275091.36 | 100 |

区、广州开发区增加科普经费投入，区财政投入科普经费139.4万元（区科技局投入20万元、科协投入119.4万元），动员、鼓励社会力量投入资金支持科普事业，带动社会力量投入741.55万元。是年，黄埔区新增广州市干部疗养院心理健康科普基地、倍特生命科学科普基地、广东燕塘乳业科普基地3个科普基地，全区市级科普教育基地22个，科普基地面积达55万平方米。其中，18个科普基地参加科学技术普及基地年度评估，有9个排名靠前，中一药业等科普基地获年度评估运行后可获得补助资金285万元，各科普基地自筹资金721.6万元，常年开展社会化大科普活动3000场次，受众50万人次。22个科普基地全年开展活动2900场次，受众47.8万人次。

**【科技金融综合服务中心平台建设】** 2019年，广州开发区科技金融服务中心引入众创空间企业103家，组织各类创新创业服务活动113场，包括项目展示、资源对接、投融资对接、银行贷款对接。走访黄埔区内重大项目30个。组织由科技金融服务、企业管理、法律咨询、知识产权服务等方面的17名专家，探索以项目为切入点，服务产业的新方法、新模式，开展项目辅导服务30次、融资服务13次、知识产权服务3次、上市指导服务5次。开展“黄埔有故事——百家企业的故事”创业家专访活动。通过线上线下相结合的方式，对黄埔区、广州开发区内科技企业进行专访，形成黄埔有故事的企业专版系列。成立黄埔科创学院。黄埔科创学院联合政府部门、头部金融机构等资源，重点打造科创板辅导班、黄埔科创私董会、黄埔有故事、黄埔科创早餐会、黄埔科创下午茶等5个“IP”，助力科创企业成长。9月20日，黄埔科创私董会第一期启动，邀请28名营收超过1个亿或估值超过10亿的科技企业董事长和总经理参加。

**【华南生物材料出入境公共服务平台】** 2019年，华南生物材料出入境公共服务平台发展合作客户57户，其中30户为长期稳定合作客户，主要为广州市及周边的生物医药企业。平台以代理出入境清关、配送为主营业务，承接广州市生物材料出入境45~50%的总量，惠及广州市“两城一岛”（中新广州知识城、广州科学城、广州国际生物岛）主要生物企业，涉及北京、上海、江西、成都、香港等地区的业务。至年末，平台完成9.4亿人民币货值的生物材料入境，比上年增长2倍，实现超1.6亿元关税，增长2.6倍，为企业节约入境耗时920天，每票货物可节约2—3个工作日，企业通关成本节约30—50%。

（谭聚）

## 科技交流合作

【粤港澳大湾区科技合作】 2019年，黄埔区、广州开发区支持组建粤港澳创新共同体。广州再生医学与健康广东省实验室牵头70多家单位发起组建广州粤港澳大湾区生物医药产业促进会，集聚大湾区生物产业链上下游企业和创新资源开展协同创新及成果转化。与国投创合签订合作备忘录，成立全国创新生物医药创业投资服务联盟。组建黄埔区粤港澳大湾区青年创新创业联盟。推动粤港澳协同创新平台建设。由市、区和北京协同院三方联合共建的粤港澳大湾区协同创新研究院落户并建设。借助清华大学的创新资源和港澳合作基础，设立致力于港澳湾区高校科技成果转化的清华珠三角研究院粤港澳创新中心，总投入2.5亿元，与香港浸会大学签订战略合作协议，与香港Brinc孵化器签订合作备忘录，开展科研、孵化、投资合作。开展穗港澳产学研对接活动。科技企业与香港金融界开展对接。5月22日，黄埔区科学技术局（广州开发区科技创新局）携手金域医学集团在香港科技园举办金域医学创新与技术合作推介会，为《粤港澳大湾区规划纲要》发布后，首次由国内的第三方医检机构走出去广发科技合作“英雄帖”，推动粤港澳在生物医药技术方面的交流合作。对接粤港澳大湾区规划纲要。规划建设8.6平方千米的广州科学城粤港澳大湾区青年创新创业基地，已被省列入港澳青年创新创业基地建设实施方案的“1+12+N”的空间布局规划。成立区推进粤港澳大湾区青年创新创业基地专项小组。做好百达丰粤港澳青年创新创业基地、励弘众创空间、澳门部落等专业孵化载体指导服务工作。

【国际科技合作交流】 2019年，广州开发区科技创新局赴英国、爱尔兰和丹麦开展科技项目引进和交流工作。广州高新区与早稻田新材料有限公司签署《关于设立中日科技技术研究院合作备忘录》，促进广州再生医学和健康广东省实验室与日本神户医药产业园开展技术转化，中日双方将在广州高新区结合粤港澳大湾区和中日科技研发学院合作产业园区的规划布局，共同推进中日科技产业创新合作。举办澳大利亚新南威尔士大学火炬创新园区科研路演对接会，接待澳大利亚昆士兰州卫生部等海外机构，推介广州高新区相关生物医药产业情况，促进企业相关合作。在第三届官洲国际生物论坛中设立中以智慧医疗高峰论坛专业分论坛，邀请100余名以色列生物医药专家、国内外投资界参加，探讨智慧医疗产业发展的机遇和挑战。支持中新国际联合研究院发展，深化中新两国间的科技协同创合作，对研究院创新创业孵化工作及科技经费的使用给予支持指导。

【国际科技合作项目专项】 2019年，广州开发区通过国际科技企业申报科技项目的方式，支持阳普医疗在美国、金发科技在德国等地挂牌设立广州高新区海外创新中心，开展离岸项目孵化、国际技术转移、科技项目和人才引进工作。全年有21个区国际科技合作项目立项。

【第六届全球集成电路·传感器高峰论坛暨中国物联网应用峰会】 于2019年10月11日在黄埔区、广州开发区开幕。邀请国内外集成电路、传感器及物联网相关领域的院士、资深学术领军人物、专家学者、海内外企业高管等嘉宾参与，围绕国内外产业发展趋势、产业生态、产业集群建设等主题建言献策，共同探讨全球传感器、光电子技术以及中国物联网应用产业的现在与未来、挑战与机遇。国内外集成电路、传感器及物联网相关企业、招商公司、孵化器运营单位、投融资机构以及政府职能部门相关人士等800余人参加会议。

【第三届官洲国际生物论坛】 于2019年6月9—12日在广州国际生物岛举办，由广州市政府主办，广州高新区承办，主题为“聚焦生物经济 共谋湾区创新”。由官洲生命科学圆桌会议，开幕式及主题论坛，创新生物医药投融资论坛，中以智慧医疗高峰论坛等环节组成。参会人数超1000人，参会企业超200家，国内外主流媒体推出报道400余篇。论坛在助推项目落地、平台建设、人才集聚、政策创新、营商环境优化方面发挥作用。

【亚太材料科学院国际学术年会】 于2019年11月15—18日在广州高新区举行，邀请中国两院院士和亚太材料科学院院士55人，就材料科学领域的最新发现与进展开展交流。会议由广州高新区、中国科学院金属研究所承办，包括院士圆桌会议、开幕式、大会特邀报告、各类技术报告和亚太院士会议等环节。会议决定将亚太材料科学院总部永久落户广州高新区。会上，广州高新区管委会与国家金属腐蚀控制工程技术研究中心签署合作备忘录，共同启动广东粤港澳大湾区腐蚀科学与技术创新研究院建设，推动广州装备制造、能源材料、海洋科技等产业发展。此次会议是广州高新区IAB（新一代信息技术、人工智能、生物医药）、NEM（新能源、新材料）产业领域的标杆性行业会议。

【第八届中国创新创业大赛开幕式暨生物医药行业总决赛】 于2019年10月15—18日在广州高新区举

办，全国有233家参赛企业。广州高新区的奇点医药科技（广州）有限公司获初创组一等奖；德琪（浙江）医药科技有限公司获成长组一等奖。比赛由科技部、财政部、教育部、中央网信办和全国工商联指导举办。中国创新创业大赛生物医药行业总决赛连续两年在广州高新区举办，吸引多个生物医药领域的科技创新成果同台展技。

**【第二届中国高科技产业化高峰会议】** 于2019年11月25—26日在黄埔区、广州开发区举办。邀请15名中外院士和500余名行业专家、学者、企业家参会，围绕科技产业化主题展开讨论。会议聚焦航天育种、人工智能、5G产业、区块链、环保等热门领域打造“1+9”主题论坛，组织“科学家与企业家对话”，探讨高科技前沿发展态势，谋划产业发展路径。现场完成航天育种产业创新联盟与华南农业大学等7家单位合作签约，公布AirWave仙人掌智能系统等6项高科技产业化成果，发布航天育种、智能制造等行业发展报告。

（谭聚）

**【首届黄埔国际化妆品科技创新大会】** 于2019年12月6日在科学城举行，由黄埔区政府指导，全国工商联美容化妆品业商会化妆品化学师专委会（China-SCC）、黄埔化妆品产业协会、广东丸美生物技术股份有限公司联合主办，全国工商联美容化妆品业商会、中国美妆网协办。来自法国、美国、日本、韩国、泰国、英国等7名化妆品行业知名专家学者和技术大咖现场作主题演讲，宝洁、安利、高露洁等国内100余家知名企业的400余名企业骨干参会。

（胡伟琪）

**【广州高新区、广州开发区、黄埔区科技创新和企业家大会】** 于2019年2月22日召开。大会有科技、工业、商贸服务业、新引进企业以及知识产权服务机构、创业投资机构等350家企业和机构的负责人参加。会议提出要在新一轮科技创新大潮中走在前列，把竞争和发展的主动权牢牢掌握在自己手中；要保持战略定力、激发创新活力，让企业家精神在新时代绽放光彩。大会要求扭住粤港澳大湾区建设的“纲”，牵住科技创新“牛鼻子”。会议表示重点从四方面推动区科技创新工作再出发：一是抢抓大湾区科技创新核心资源；二是擦亮“广州高新区”金字招牌；三是推动粤港澳科技力量协同创新；四是全面提升科技部门服务水平和效率。会议为获“创新人才之星”称号的裴端卿、袁玉宇、米格尔·依斯特班等科技人员颁发奖杯；为获“创新发展之星”称号的中国科学院广州生物医药与健康研究院等企业机构，获“卓越贡献奖”称号的中国石油化工股份有限公司广州分公司等企业授牌。

（钟庆红）

2019年12月6日，以“科技·创新·高质量”为主题的首届黄埔国际化妆品科技创新大会在黄埔区举行（禤文帅 摄）

## 科技企业培育

**【高新技术企业培育】** 2019年，黄埔区、广州开发区高新技术企业认定通过649家，高新技术企业总数突破2100家，比上年增长3%，约占全市高新技术企业的五分之一。推动高企树标提质，优化高企监管工作，出台《黄埔区高新技术企业树标提质工作实施方案》，发布《广州市黄埔区科学技术局关于加强高新技术企业日常管理工作的通知》，加强对全区高新技术企业的日常属地监管，采取定向检查和抽查相结合的形式对高新技术企业开展核查；调整、优化资金拨付形式，对高企认定奖励、黄埔区高企落户奖励等区级资金拨付从一次性拨付调整为分3年拨付。强化高企申报现场考察，举办高企政策宣讲培训会5场，参加人数2000余人次。组织专家现场培训、答疑，让企业了解高企认定的相关政策。完善高企申报现场考察流程，全年组织3批974家申报企业的高企现场考察，向上级部门推荐765家，最终通过认定649家，通过率位居全市前列。推动高企创新能力建设，加强政策宣传和培训力度，举办高企税收政策风险专场培训，邀请税局专家讲解、答疑，引导全区高企按照税局要求填报相关报表、享受企业所得税优惠。鼓励高新技术企业加大研发投入、加快技术改造，提升企业科技创新能力。兑现上年度第一批242家高企认定通过奖励经费4270万元。

【瞪羚企业培育】 2019年，黄埔区、广州开发区瞪羚企业数量居全国前列。科技部火炬中心遴选瞪羚企业数量在全国157个高新区中连续5年位居前四，多项遴选和研究指标全国领先。是年，遴选区级瞪羚（培育）企业356家，比上年增加78家，增长28.1%，其中瞪羚企业236家，增长27.6%，瞪羚培育企业120家，增长29%。77家企业连续3年被认定为瞪羚（培育）企业，占瞪羚（培育）企业总数的21.6%。全区瞪羚（培育）企业近两年营收复合增速40.85%；实现净利润总额81.51亿元，上升13.16%，企业群体净利润率为11.51%；实现纳税总额32.08亿元，近两年纳税总额复合增长率为33.2%。超过七成瞪羚企业分布在“IAB”产业领域，为广州市打造全国“IAB”示范集聚区提供支撑。

【独角兽企业培育工程】 2019年，黄埔区科学技术局（广州开发区科技创新局）组织第三方开展专题调研，摸底筛查全区独角兽企业发展情况及前景，围绕独角兽企业成长路径、科创板上市培训、未来科技行业领域发展等方面邀请行业专家、高成长企业代表、金融机构、媒体100多名嘉宾开展对话交流。启动开发区独角兽企业遴选认定，申报企业10家，企业估值均超过1亿美元，最终认定独角兽数量取得新突破。是年，辖区企业广州橙行智动汽车科技有限公司、广州文远知行科技有限公司、广州燃石医学检验所有限公司、亿航智能设备（广州）有限公司、广东卓志供应链科技有限公司入选2019广州独角兽创新企业名单。

（谭聚）

## 科技人才引进

【概况】 2019年，黄埔区、广州开发区以“立体化、全方位”的创新创业人才政策体系吸引“高精尖缺”人才，促进全球战略科学家加速集聚。引进一批尖端人才，中国科学院院士徐涛担任再生医学与健康广东省实验室主任，成为首位在黄埔区全职工作的院士，中国科学院、美国科学院、美国医学院和美国艺术与科学院“四院院士”谢晓亮，中国科学院院士陈晔光，中国工程院院士林东昕，英国皇家生物学学会院士瑞查森，美国工程院院士亚瑟等院士，以及谢志、李远清、叶其壮、赵俊华、刘轶等16位海内外高端人才项目先后落户。培养一批潜力型企业创新人才，全年全区遴选创新创业领军人才22人、创业英才47人、认定领军人才156人、创业英才175人，全区高层次人才800余人。打造一批高端人才服务机构，举办2019海交会系列活动，为71个高层次人才项目提供一对一精准服务，其中12个项目已完成注册。在全区科技创新大会上对提高原始创新能力、突破核心技术等方面做出重要贡献的20名企业家代表进行奖励。

【创新创业领军人才项目评审】 2019年，黄埔区科技局（广州开发区科技创新局）修订创新创业领军人才政策，加大领军人才政策项目扶持力度、丰富项目遴选方式、简化项目资助方式。是年有43个项目申报区创新创业领军人才，经形式审查、专业评审、背景调查和综合考察答辩等环节最终确定20人入选区创新创业领军人才，2人直接认定为区创业领军人才。其中，风险投资类4人，机构推荐类2人，专家评审类14人，直接认定类2人。入选项目的领域分布情况为生物与健康医药项目11个，新一代信息技术领域10个，新材料、精细化工领域1个。至年末，全区认定领军人才178人。

【创业英才项目评审】 2019年，黄埔区科技局（广州开发区科技创新局）每季度开展一批创业英才评审工作，全年收集整理160个创业英才项目的申报材料，认定区创业英才52人。全年拨付36家创业英才企业创业资助资金1900万元，并按区创业英才相关管理规定对中止研发的3家企业追回尚未使用的监管账户剩余扶持资金127.06万元。

（谭聚）

## 孵化器

【概况】 2019年，黄埔区、广州开发区孵化载体规模和质量“双提升”：新增区级孵化器面积35.73万平方米，总孵化面积近500万平方米，成为华南地区规模最大的孵化器产业集群。孵化器质量提升，全区6家孵化器获第二届中国孵化器TOP粤港澳优秀孵化器，占全市6成；8家孵化器获“广州市科技企业孵化器二十强”；3个创客空间获“2019中国百家特色空间”；4家孵化器新认定为2019年度国家级科技企业孵化器，占全市4成。孵化器集群成为孕育科技创新型企业的重要载体，全区孵化器累计孵化科技企业5282家，在园企业4889家，培育高新技术企业989家，规上入统企业440家，上市企业（包含新三板）55家。位于科技企业加速器的方邦电子成为广州首家登录科创板的企业；奇点医药获中国创新创业大赛生物医药行业全国总决赛初创组一等奖；百奥泰公司的国内首个阿达木单抗生物类似药格乐立（BAT1406）获批上市并于次年登录科创板。

是年，黄埔区、广州开发区出台《广州市黄埔区 广州开发区支持港澳青年创新创业实施办法》，扶持港澳青年创新创业孵化载体，建设百达丰粤港澳大湾区青年创新创业基地、励弘众创空间穗港青年数字体验创业中心、清华珠三角研究院粤港澳创新中心、赛莱拉公司“穗港干细胞生物医药平行孵化园区”等一批面向港澳的科技企业孵化器和众创空间，吸引港澳青年人才到黄埔创新创业。依托粤港澳大湾区国际科技创新中心核心枢纽的区位优势引进广州PNP国际创新中心、广州中以生物产业孵化基地、广州知识城腾飞园等14家国际化孵化器；在海外设立广州中以国际生命科学平行孵化中心等4个孵化机构。

**【科技企业创新创业孵化链条】** 至2019年年末，广州开发区建成创客空间47个，其中国家级9个，省级以上15个，市级以上37个；建成101家科技企业孵化器，其中国家级孵化器14家，省级以上孵化器22家，市级以上孵化器69家；累计建成科技企业加速器7家。投资建成31.55万平方米的广州科技创新基地、广州科学城综合研发孵化区（创意大厦和创新大厦）和74.5万平方米的科技企业加速器。聚集广州国际企业孵化器、广东软件科学园、中国科协广州科技园、华南新材料创新园等一批不同投资主体建设的科技企业孵化器。形成“1+N”的孵化器集群体系。各创业载体利用广州开发区产业资源，建成多个分园区，形成资源互补、配套齐全的科技企业孵化器集群。广州火炬高新技术创业服务中心发挥平台化引领作用，统筹管理全区孵化载体。出台《关于进一步规范与提升区孵化器的指导意见》制定年度考核指标体系，修订、编制区创客空间、孵化器、加速器认定审批和变更工作规范等。全年对26个创客空间、23家孵化器试点及46家孵化器开展绩效评价，兑现孵化器各类扶持项目162个，资金5142.78万元。

**【广州火炬高新技术创业服务中心】** 于2019年获“第二届中国孵化器TOP粤港澳优秀孵化器”和“广州市科技企业孵化器二十强”等荣誉称号。直接管理和服务广州科技创新基地、创意大厦、创新大厦和加速器等财政直接投资建设的园区，负责整合区内各类创新资源、构建区域创新体系、统筹协调留学人员广州创业园各园区工作。为企业提供入驻、工商、税务等筹建“一条龙”服务和孵化增值服务，重点服务企业搭建创业辅导、投融资、人才培育和公共培训“四大”服务平台，聚集整合区内外创新资源，为企业提供技术转移、产学研合作、产业集群等多层次的创业服务。

作为科技部火炬中心首批11家“中国创业导师行动”试点孵化器，该中心建立孵化器园区及企业走访机制，发现和解决园区及企业存在的困难及问题。聘请企业家、金融投资家、管理咨询专家等作为“创业导师”，通过电话咨询、一对一辅导、一对多专题研讨等方式，为孵化器园区及企业提供深度创业辅导服务。全年开展创业导师活动11次。

搭建投资机构、贷款及担保机构、其他类别机构组成的科技金融中介体系，结合投融资对接、担保贷款、新三板和创业板上市辅导、技术产权交易、知识产权质押融资、科技保险、征信体系建设等科技金融服务于一体，为企业提供“一站式”“链条式”科技金融服务以及集知识培训、信息共享、人才交流等多功能的综合性科技金融服务，搭建孵化器园区、企业与投融资机构的服务平台，缓解企业资金瓶颈。全年开展项目对接会5场。

建立多层次人才服务网络，与广州地区各高校、人力资源服务机构和培训机构等建立合作关系，通过校园招聘与社会招聘相结合，线上与线下招聘相结合的方式，为孵化器园区与企业寻找和推荐合适的人才。在广州大学城举办“生物医药与电子信息”广州开发区孵化器集群专场校园招聘活动，帮助孵化器内企业引进专业技术人才，16家孵化器110家企业参会。举办E-learning等活动，围绕营销销售、综合管理、人力资源、财税管理、技能素养、政策培训等方面为企业提供人才培育服务。提供600个E-learning学习账号，使“互联网+培训”在孵化器集群全覆盖。

整合政府机关及第三方服务机构资源，定期组织开展企业管理、市场拓展、知识产权服务、财务管理、国家法律法规、政策宣讲等专题培训活动，为孵化器园区及企业提供各类培训。组织开展知识产权、税务、法律、融资、政策宣讲等专题培训活动43次。

**【留学人员广州创业园】** 于1999年8月由广州开发区投资创办并与国家教育部、科技部合作共建，是广州开发区留学人员创业的主要聚集地。2019年，该园建成广州科学城综合研发孵化区、广州科技创新基地、广州国际企业孵化器、广东软件科学园、科学城信息大厦、广州科技园、广州开发区科技企业加速器等多个分园区，形成资源互补、配套齐全的孵化网络。引进和培育大批优秀留学人员企业，其中威创科技、安凯电子、万孚生物、冠昊生物、洁特生物、瑞博奥生物等多家广州留创园毕业企业买地建厂或实现规模化生产。

（谭聚）

## 知识产权

【概况】 2019年，黄埔区、广州开发区申请专利2.73万件，比上年下降6.5%。其中，发明专利申请量9387件，比上年下降7.4%；专利授权量17644件，增长20.0%；发明专利授权量2803件，增长19.2%；PCT国际专利申请量756件，占全市比例的46.6%；商标申请量1.91万件，增长58.1%，批准注册量1.09万件，增长91.2%。完成知识产权质押融资金额23.63亿元，占全市比例的43.6%，排名全市第一，帮助98家企业融资。通过国家知识产权管理规范化认证企业261家；新增国家知识产权示范企业4家、国家知识产权优势企业53家，分别占全市的57.1%和47.3%。新获评中国专利奖21项，占全市的46.7%，获全市唯一中国专利金奖。全年为2348家企业受理政策兑现申请1.32万项，发放资助金额共8023.11万元。（参见人物荣誉“2019年黄埔区、广州开发区国家知识产权优势、示范企业名录”）。

【知识产权创造】 2019年，广州开发区知识产权局开展“十百千”知识产权质量提升工程，组织优质知识产权服务机构对接10个区内孵化器，聘请资深知识产权导师驻点，指导企业进行知识产权创造，鼓励工业类高新技术企业消灭“零发明专利”现象，全年完成专利创造1381件，其中专利申请590件，商标申请346件，版权申请385件。（参见附录“2019年黄埔区、广州开发区中国专利奖项目情况”）

开展高价值专利培育工程，组织国家知识产权服务品牌机构深度对接50家发展潜力大、创新能力强的高新技术企业及20家外贸型企业，以走访调研、数据检索等方式，开展企业专利状况分析，出具高价值专利分析报告，为企业提供知识产权创造、保护、运用、管理等一站式服务，全年举办高价值专利培育对接活动5场，高价值专利培育项目启动会4场，帮助区内企业完成具有核心价值的发明专利申请776件，促成21项校企间的产学研合作。举办商标业务培训，开展商标品牌培育工作调研以及提升地理标志品牌价值研究，组织召开提升地理标志品牌价值座谈会，在2019年粤港澳大湾区知识产权交易博览会的地理标志展区展示推介黄埔区、广州开发区地理标志保护产品“萝岗甜橙”。是年，黄埔区、广州开发区商标申请量1.91万件，比上年增长58.1%；批准注册量1.09万件，增长91.2%；区内驰名商标17件；商标有效注册量3.49万件，增长50.5%。

2019年4月24日，在审协广东中心，全国首支纯专利权知识产权证券化产品立项发布（林志腾 摄）

【知识产权保护】 2019年，作为广州市唯一行使省级专利执法权限的区域，广州开发区知识产权局（黄埔区知识产权局）承接省市下放的5项对专利代理机构、代理人执法权限，1项对发明专利案件、涉外案件、其他重大或复杂或在全市范围内有较大影响专利案件裁决权限。在新一轮机构改革中，广州开发区知识产权局（黄埔区知识产权局）形成专利、商标、地理标志“三合一”管理模式。全年开展对农资、食品、器械等重点市场的专项执法行动14次，出动执法人员322人次，检查店铺330家，检查商品3000余件。组织开展地理标志保护工作，强化商标专用权保护，全年查处商标侵权案件线索61条，立案14件，结案10件，罚款4万元，受理专利侵权案件3件，结案1件。检查省、市移交的无专利代理资质机构案件线索373条，通过专利资助审查发现非法执业行为案件线索5批，向市局移送51条，立案查处8件，罚款14.37万元。黄埔区、广州开发区“知识产权大保护大协同机制”被市发改委列入首批优化营商环境典型经验，在全市范围内复制推广。驻区的全国首家省级知识产权保护中心——中国（广东）知识产权保护中心投入运营，为广东新一代信息技术、生物医药产业提供“快速预审、快速确权、快速维权”等知识产权保护服务，首期获批备案企业1614家。

至年末，该中心为1800多家企业完成快速预审服务备案，构建起知识产权快速协同保护体系。

是年，广州市知识产权公证处在广州科学城创意大厦挂牌成立，为知识产权运用和保护提供专业化、特色化公证服务，为企业在跨境贸易纠纷等方面提供更专业的知识产权公证服务。与中国贸促会知识产权服务中心广东分中心合作，组建广东企业海外知识产权保护专家委员会，完善企业海外知识产权维权援助服务平台建设，组建广东省企业海外知识产权维权促进会，为企业海外知识产权工作提供全方位咨询服务。区知识产权局、区司法局与省知识产权研究会、国际争议解决及风险管理协会、澳门知识产权研究会在粤港澳大湾区知识产权保护协作论坛上共同签署《粤港澳大湾区知识产权调解中心合作框架协议》，宣告成立粤港澳大湾区知识产权调解中心。

**【知识产权运用】** 2019年，广州开发区知识产权局首创以专利权许可费用作为基础资产的证券化产品，通过专利权许可方式形成预期收益，实现专利所有权、使用权、许可权“三权分离”。9月11日，广州开发区知识产权证券产品“兴业圆融——广州开发区专利许可资产支持计划”在深圳证券交易所挂牌转让，发行规模3.01亿元，底层资产是11家区内民营科技企业的140项核心专利，每家企业获300~4500万元融资款，成为全国首单专利资产证券化产品。12月，广东省人民政府办公厅发布《关于做好优化营商环境改革举措复制推广借鉴工作的通知》，将“知识产权证券化”列为全省复制推广借鉴的优化营商环境改革举措。

创新知识产权融资服务，推进知识产权质押融资，全链条100%补贴企业知识产权质押贷款过程的评估、担保或保险费，并给予贷款贴息；创办“知融汇”活动品牌，提供常态化融资需求洽谈对接服务；设立2000万元区级知识产权质押融资风险补偿资金池，提高银行信贷资金投放量；发挥“知识产权特色支行”作用，打造标准化知识产权金融产品，提升企业融资效率。是年，全区专利权质押金额23.63亿元，帮助98家企业融资，占全市比例的43.6%，居全市第一。

发挥知识产权基金作用。引进和设立广州市重点产业知识产权运营基金、广州开发区知识产权运营基金，完成区内科技企业股权投资9个，投资金额2.1亿元，其中包括近期在科创板上市的广州洁特生物过滤股份有限公司。

建设知识产权交易运营平台。促成广州知识城交易中心与香港知识产权交易所、新加坡知识产权交易所建立合作关系。是年，广州知识产权交易中心完成知识产权交易1570宗，交易金额合计35.5亿元。建设军民融合知识产权运营平台，4月，与中国船舶工业综合技术经济研究院合作共建的广东省知识产权军民融合知识产权运营平台揭牌运营，构建“线上线下配合、军民共生互利”的全产业链军民融合知识产权服务和运营生态系统。该平台推动全省首家国防专利代理机构“中国船舶专利中心广州分中心”落户黄埔区。申报建设国家级知识产权运营中心。整合区内优势资源，申报建设中国（广州）国际知识产权运营中心，联合驻区央企南方电网集团公司、知识产权运营机构、金融机构共建电力新能源产业知识产权运营中心。

完善产业导航发展工作机制。1月发布生物医药、体外诊断产业专利导航分析报告，11月启动氢能源产业专利导航项目，为黄埔区、广州开发区重点产业引智引才引资提供支撑。选取广州海格通信集团股份有限公司、巨轮（广州）机器人与智能制造有限公司、广州赛莱拉干细胞科技股份有限公司等企业开展微导航，为企业技术研发和转型升级提供建议。广州开发区北斗导航知识产权联合会（联盟）成立，成员包括广州中新知识产权服务有限公司、京信通信系统（中国）有限公司等16家企事业单位。

选定广东永顺生物制药股份有限公司等8家区内科技企业设立第二批知识产权工作站。审协广东中心委派专利审查员走访区内工作站，推选出2件专利申报国家专利奖，其中广州迪森热能股份有限公司获中国专利奖优秀奖。启动建设专利远程会晤咨询平台，提供便利化的远程会晤及咨询服务，解决申请人在实际案件审查中遇到的疑难问题和其他知识产权问题。

**【知识产权管理】** 2019年，广州开发区知识产权局完善知识产权政策体系，筹备知识产权专项政策修订的前期准备工作，组织召开多场征求意见座谈会，分批邀请区内企业、知识产权服务机构代表、知识产权领域专家参加，围绕《加强知识产权运用和保护促进办法》（知识产权“美玉10条”），提出修订意见和建议。发挥黄埔区、广州开发区拥有华南地区最大的孵化器集群优势，推行“以科技企业孵化器为单位、在孵企业集体贯标、配套推送互联网云平台服务”的集体贯标模式，全年新通过国家知识产权管理规范化认证企业261家。开展知识产权标杆企业培育工作，全年新增国家知识产权示范企业4家、国家知识产权优势企业53家，分别占全市的57.1%和47.3%；评选区知识产权示范企业10家、区知识产权优势企业20家。

**【知识产权服务】** 2019年，黄埔区、广州开发区加快知识产权高端要素集聚。北京大学粤港澳大湾区知识产权发展研究院揭牌运营。发布《粤港澳大湾区专利趋势观察报告（2016—2018）》等研究成果，《湾区知识产权观察》创刊号发行。广州知识产权国际协同创新研究院落户，为建设广州开发区知识产权创新服务中心奠定基础。知识产权出版社广州开发区知识产权大数据应用基地揭牌运作，为黄埔区、广州开发区企业提供权威知识产权大数据服务。至年末，集聚知识产权服务机构数量216个，包括超凡、品源、华进、三环、汇桔网等在内的18个全国知识产权服务品牌机构或品牌培育机构，在广州科学城形成保利中创孵化器、创新大厦+创意大厦+创新基地、总部经济区3个知识产权服务机构主要集中区域，服务内容涵盖代理、法律、信息、商用化、咨询、培训六大领域，构建较为完善的知识产权服务体系。

高标准建设中新广州知识城占地28公顷的知识产权服务园区，总投资91亿元，与占地6.67公顷的审协广东中心、占地1.33公顷的广东省知识产权服务业集聚中心协同规划，采取国际招标的方式，重点打造知识产权保护中心和交易中心，探索建设全国首家知识产权博物馆。与广东省市场监管局、审协广东中心、广州市市场监管局共建的知识产权文化传播与普法基地启用，全面宣传中央及国家知识产权决策部署、顶层设计、广东地区知识产权工作实践、创新成果。

联合审协广东中心，遴选广东永顺生物制药股份有限公司等8家区内科技企业作为第二批知识产权工作站，搭建专利审查员与专利工作者在专业技术、知识产权等方面的互助交流平台搭建企业与专利审查部门的交流桥梁，提高企业专利撰写质量。全年委派38人次专利审查员，走访区内工作站14次。对申报优秀专利的8份专利文件开展评价工作，选出2件专利申报国家专利奖，其中广州迪森热能股份有限公司获中国专利奖优秀奖。

加强知识产权人才培养。举办党政干部知识产权培训班，组织区知识产权工作领导小组21个成员单位的23名党政领导干部参加；承办国家知识产权局2019年“知识产权服务万里行”中新广州知识城首站活动，来自政府、高校、企事业单位、知识产权服务机构等300余人参加活动；举办广东省企业知识产权管理实务高级研修班培训活动，区内160余家科技企业负责人及知识产权服务机构负责人参加培训。全年举办符合企业特点的知识产权培训活动60场，培训4500余人次。

【知识产权运用和保护综合改革试验】 2019年，黄埔区、广州开发区在新一轮机构改革中保留单独设立区知识产权局，职能覆盖全区专利、商标、特殊标志、原产地地理标志工作，建立统一高效的知识产权工作机制，是全国唯一单设区级知识产权局的区域。召开全区知识产权工作领导小组（知识产权运用和保护综合改革领导小组）暨推进粤港澳大湾区建设领导小组知识产权专项小组会议，总结上年全区知识产权运用和保护综合改革试验工作情况，向各成员单位部署2019年重点任务分工。开展知识产权综合改革宣传，组织“走进国家知识产权改革试验田”——广州开发区知识产权运用和保护综合改革三周年媒体巡回采访活动，围绕中新广州知识城开展知识产权综合改革三周年、发行全国首支纯专利权知识产权证券化产品等专题进行报道，宣传黄埔区、广州开发区开展知识产权综合改革试验的成效、经验和做法，推出知识产权“中新广州知识城”模式，新华社、人民网、南方日报等主流媒体刊发黄埔区、广州开发区改革相关稿件34篇，其中综合三周年原创报道15篇，证券化原创报道19篇。“PCT国际专利申请量”“发明专利授权量”两项知识产权指标连续两年在商务部国家级经济技术开发区综合发展水平考核评价中，居200多家国家级经济开发区首位。“探索知识产权运用和保护综合改革试验”被国家知识产权局列入第一批知识产权强省建设试点和典型案例，“知识产权证券化”成为广东省优化营商环境改革复制推广借鉴举措，“知识产权大保护大协同机制”入选广州市首批优化营商环境典型经验。

【粤港澳大湾区知识产权合作】

2019年，广州开发区知识产权局建立粤港澳大湾区知识产权工作机制，区粤港澳大湾区建设领导小组设立知识产权专项小组，成员包括知识产权局、司法局、金融局等21个单位，统筹全区粤港澳大湾区知识产权重大政策制定、合作项目实施、沟通交流衔接等工作。制定《广州市黄埔区 广州开发区推进粤港澳知识产权互认互通办法（试行）》（简称“粤港澳知识产权互认10条”），鼓励港澳企业家、知识产权从业者到黄埔开展服务，鼓励企业利用香港、澳门的仲裁、调解、诉讼等资源解决知识产权纠纷，推动组建港澳陪审员、仲裁员以及调解员队伍，设立知识产权金融超市，打通港澳知识产权融资渠道，实现港澳知识产权在黄埔区同等认定。

6月21日，黄埔区、广州开发区举办粤港澳大湾区知识产权合作推进会，增聘8名知识产权运用和保护综合改革试验专家咨询委员会委员，与来自香港、澳门、台湾等地的知识产权领域顶级专家共同为粤港澳大湾区知识产权发展、推进知识产权综合改革试验工作献言献策。9月25日，与香港知识

2019 年 11 月 13 日，粤港澳大湾区知识产权调解中心签约仪式（丁文雄 摄）

产权署共同举办“企业知识产权策略：把握粤港澳大湾区创新发展机遇”2019 粤港知识产权与中小企业发展（广州）研讨会，发布《粤港澳大湾区企业专利创新百强榜》，黄埔区、广州开发区 6 家企业上榜。粤港两地专家和企业代表围绕粤港澳大湾区战略中的知识产权法律、中小企业知识产权海外布局、知识产权纠纷的仲裁解决机制、海外展会知识产权保护等问题进行探讨。11 月 12—14 日，与省、市相关单位共同承办 2019 粤港澳大湾区知识产权交易博览会，推出网上知交会交易平台，通过交易博览、专场拍卖等方式，促成知识产权合作意向金额 101.47 亿元，比上年增长 12.74%。实现专利和商标交易金额 14.86 亿元，比上年增长 42.61%。期间，黄埔区、广州开发区主办知识产权运用和保护综合改革试验高峰论坛，邀请国内外嘉宾围绕知识产权金融创新与营商环境主题进行研讨，广州知识产权国际协同创新研究院、知识产权大数据应用基地、澳门科技大学知识产权实践教学基地、电力新能源产业知识产权运营中心、粤港澳大湾区知识产权调解中心等五大知识产权重大项目落户黄埔区、广州开发区。12 月 5 日，与香港贸易发展局共同举办第九届亚洲知识产权营商论坛“知识产权在大湾区的发展机遇”，宣传知识产权综改工作、推动粤港澳知识产权互融互通、促进科技成果转移转化方面的政策措施，鼓励港澳企业家、投资者、知识产权从业者开展以港澳知识产权为主题的合作交流活动。

**【中新知识产权合作】** 2019 年，黄埔区、广州开发区落实中新两国政府知识产权领域合作谅解备忘录中的合作事项，与广州知识产权法院、中国人民大学知识产权学院、新加坡管理大学签署《知识产权保护国际合作项目备忘录》，将围绕知识城知识产权运用和保护综合改革试验、知识产权司法保护制度理论与实践等开展知识产权国际交流研讨活动。

组织有关部门、企业、知识产权机构代表参加新加坡知识产权周（IP Week）活动，到新加坡专利代理人协会、东盟知识产权协会、新加坡国际知识产权交易所和新加坡国立大学、南洋理工大学参观交流，学习先进知识产权管理理念。与新加坡知识产权局共同举办“中新知识论坛系列专题活动之——新时期贸易环境下的知识产权合作与共赢”中文专题论坛，宣传推广中新广州知识城知识产权综合改革工作，让新方企业和机构进一步了解知识城。

在知识产权周期间，中新国际知识产权创新服务中心投入试运行，为两国企业提供知识产权人才高端培训、知识产权价值评估等国际化服务，在粤新理事会期间，新加坡教育部部长王乙康率政企高层代表团考察知识城，为中新国际知识产权创新服务中心揭牌。

**【首届粤港澳大湾区生物医药和生物医学工程知识产权创新峰会】**

于 2019 年 12 月 20 日在黄埔区举办，由黄埔区政府指导，广东省食品药品审评认证技术协会、广东省生物医学工程知识产权联盟、广东省知识产权研究会等单位联合主办。大会以“大湾区生物医药和生物医学工程知识产权创新”为题，聚焦生物医药创新、生物医学工程知识产权、药品上市持有人及医疗器械注册人制度、医疗器械合规准入、粤港澳三地卫生健康系统知识产权平台搭建等新时代热点议题，特邀粤港澳三地生物医药相关领域“产学研”三方面的专家代表进行主题演讲和实践经验分享，近 800 名生物医药专家学者和行业引领者参加会议，为粤港澳大湾区生物医药和生物医学工程知识产权创新和深度合作注入新动能，推进粤港澳资源相互融通，助力粤港澳大湾区建设世界一流的生命科学和生物医药产业生态圈和创新创业生态。

（林佳儿　吴宇静　陈中奇）

## 气象监测

**【概况】** 2019 年，影响黄埔区的台风有3个，具有“来得早、结束早、影响偏轻”的特点：初台“木恩”7月3日登陆，初台时间较历史平均（7月11日）偏早8天。2月21日，黄埔区受冷空气和切变线共同影响，录得首场暴雨和初雷，联和街天鹿湖自动气象站、广州黄埔国家基本气象站、联和街联和小学自动气象站3个站点录得100毫米以上的雨量，并伴有9级阵风。黄埔区入汛早、雨量多、龙舟水重，汛期（3—9月）黄埔区降水量为2247.6毫米，较常年同期偏多4成。“龙舟水”期间（5月21日至6月20日），全区强对流和强降水天气频发，平均累积降水量为532.3毫米，较常年偏多5成。

【强对流天气】 2019年4月19—21日，全区普降暴雨到大暴雨，并伴有6—8级阵风，全区平均累积雨量为172.7毫米，其中6个自动站录得超过200毫米的过程累积雨量，龙湖街道办自动气象站录得全区最大累积雨量为245毫米，广州（黄埔）国家基本气象站录得最大阵风17.6米/秒（8级）。此次是全区年度综合影响最强的暴雨过程。

6月24日，黄埔区出现大暴雨，全区平均累积雨量136.5毫米，3个自动站录得超过200毫米的降水，其中新龙镇九龙二小自动气象站录得全区最大累积雨量为216.2毫米。此次大暴雨降水过程历时长、影响范围广、累积雨量大，造成全区多处水浸，其中新龙镇、龙湖街、九佛街、长岭街和南岗街水浸较严重，紧急转移74人。全区中小学、幼儿园等停课。

【台风天气】 2019年，黄埔区主要受“木恩”“韦帕”“白鹿”3个台风的影响。7月2—3日，受是年第4号台风“木恩”外围环流影响，全区雷雨频繁，伴有7~8级阵风，全区平均累积雨量为29.9毫米，其中4个自动站录得超过50毫米的过程累积雨量，夏港街东基自动气象站录得全区最大累积雨量为99.3毫米，广州石化厂自动气象站录得最大阵风为18.9米/秒（8级）。

是年第7号台风“韦帕”于8月1日凌晨在海南文昌沿海地区登陆，于8月1日17时40分在广东湛江坡头区沿海再次登陆。黄埔区受其外围环流影响，于8月1—2日出现暴雨，并伴有8—9级大风，其中广州国际生物岛自动气象站录得最大累积雨量86.3毫米，云埔街中海誉城自动气象站录得最大阵风20.9米/秒（9级）。

是年第11号台风“白鹿”具有“路径较稳定，结构不对称，降雨范围广”的特点，于8月24日，在台湾屏东县满州乡沿海登陆、8月25日，在福建东山县登陆。受其外围环流，25—26日全区出现暴雨到大暴雨，平均累积雨量为82.1毫米，并伴有8级阵风，主要降雨时段在25日16—20时。其中联和街联和小学自动气象站录得最大累积雨量176.3毫米和最大小时雨量55.1毫米，云埔街东澳广场自动气象站录得最大阵风17.6米/秒。

【高温天气】 2019年上半年，黄埔区降水较多，未出现长时间炎热天气。7月1—2日、5—9日、15—20日、25—27日出现长时间炎热天气，日最高气温超过35℃的天数为6天，其中18日录得年度最高气温38℃。受第9号台风“利奇马”外围下沉气流影响，8月5—16日全区出现长时间炎热天气，其中7—12日连续6天出现35℃以上的高温，8—10日连续3天出现37℃以上的高温。

【秋冬干旱天气】 2019年9月18日至年末，全区连续104天无透雨。持续晴热天气，导致蒸发量偏大，土壤水分亏损严重，气象干旱发展，最严重时黄埔区气象干旱等级为重旱。

【气象服务决策】 2019年，黄埔区气象局落实值班制度，24小时无缝隙监测天气变化，为防灾减灾指令的发出提供决策参考。以预警信号为先导，强化“党委领导、政府主导、部门联动、社会参与”的防灾减灾工作机制，实现全区在气象灾害中无人员伤亡，降低财产损

2019年6月24日，黄埔区龙湖街道部分房屋及道路受浸
（黄埔区气象局供图）

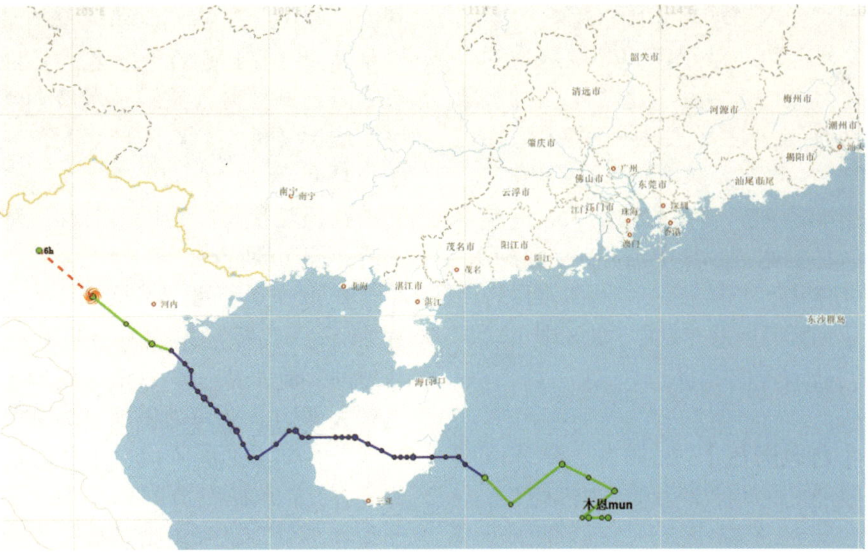


2019年第4号台风“木恩”移动路径示意图　（黄埔区气象局供图）

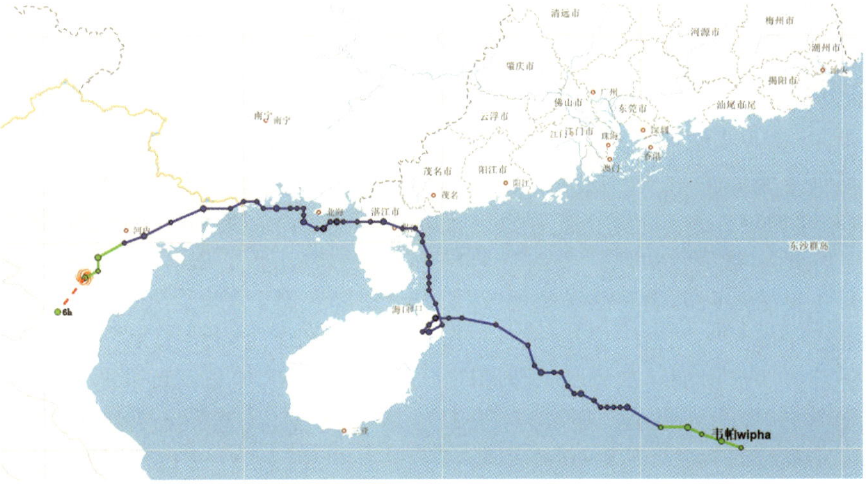


2019年第7号台风“韦帕”移动路径示意图　（黄埔区气象局供图）

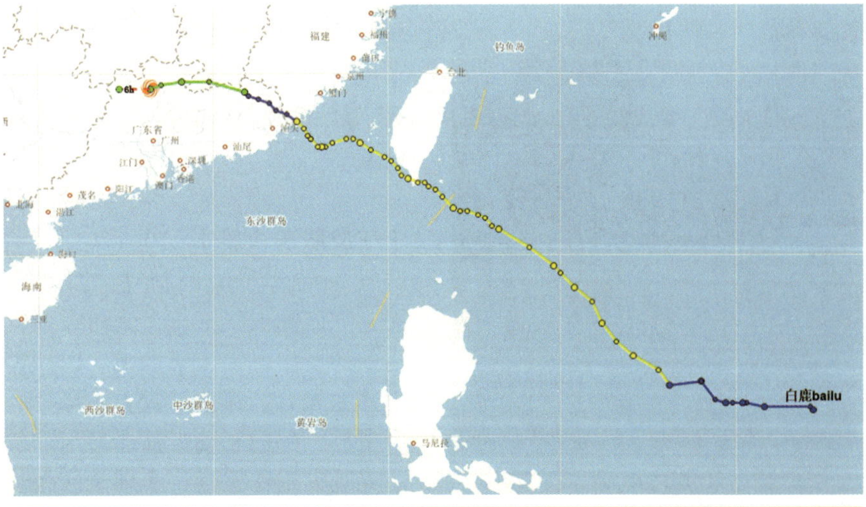


2019年第11号台风“白鹿”移动路径示意图　（黄埔区气象局供图）

失。发布《黄埔气象信息快报》23期、《黄埔气象信息专报》60期、《黄埔区农业气象服务周报》52期，发布预警信号145次（不含解除），其中发布雷雨大风预警信号43次，暴雨预警信号68次（暴雨红色预警信号3次），冰雹预警信号2次，台风预警信号1次，寒冷预警信号1次，森林火险预警信号10次（森林火险红色预警信号2次），高温预警信号20次。

**【气象服务社会】** 2019年，黄埔区气象局制定印发《黄埔区气象公共服务白皮书》，指引全区广大人民群众获取和使用气象服务产品。编制《黄埔区气象服务工作手册》，完善气象服务业务工作流程，提升公众气象服务能力。通过手机短信、微博、微信、网站等方式，多渠道做好日常天气、灾害性天气等预报预警服务信息发布工作，做好公共气象服务。全年发布手机预报预警服务信息近740万人次，发布微博天气预报预警服务信息约3500条，公众总阅读量813万次，“黄埔天气”政务微博连续进入全国气象微博政务指数排行榜前百强。黄埔区气象服务满意度位居全市第一。开展气象防灾减灾科普宣传，发挥广州（黄埔）国家基本气象站的科普教育基地平台作用，围绕“3·23”世界气象日、“5·12”防灾减灾日、全国科普日等，进学校、进社区、进企业，面向中小学生和社会公众开展一系列气象科普活动，全年组织活动8次，参与人数2000人，发放科普宣传材料7000份。

全年完成“安全生产月”徒步活动、项目集中投试产、项目集中动工等区内重大事项气象保障服务24次。完成春节假期、清明假期、五一假期、端午假期和龙舟竞渡活动、中秋假期、国庆假期、重阳登高等重大节假日和春运、迎春花市、中高考等社会重大活动和“第15

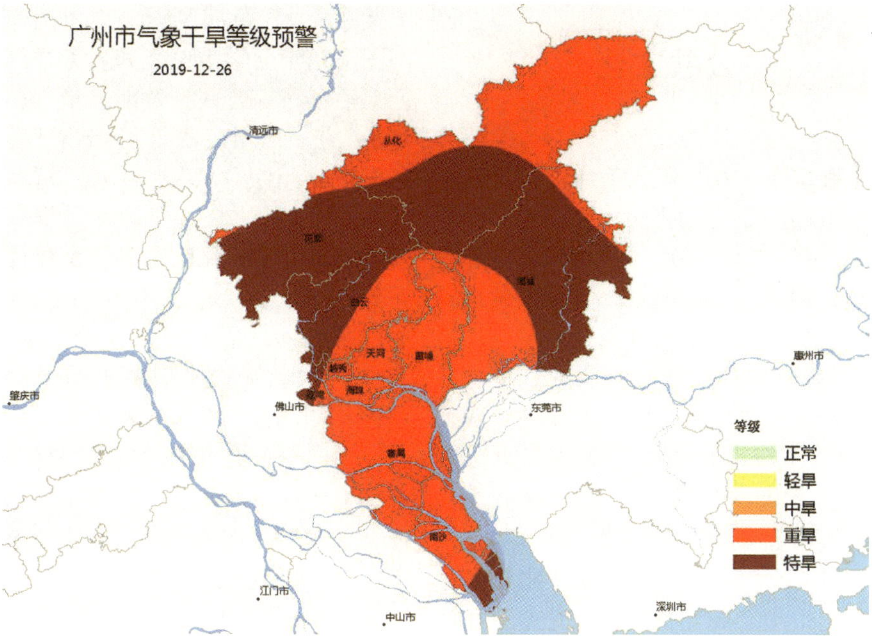


2019年年末，黄埔区气象干旱等级达重旱　（黄埔区气象局供图）

届广州民俗文化节暨黄埔‘波罗诞’千年庙会”“2019年黄埔区禾雀花文化旅游节”等区内重大文化旅游活动的气象保障服务工作。

是年，黄埔区针对区内企业气象服务需求，为辖区内1034家企业的相关联系人提供气象预报预警服务信息，其中为部分重点企业提供《黄埔区企业气象服务专报》52期，不定期发布突发灾害天气提醒，协助企业防御灾害性天气、避免造成损失。为黄埔区轻轨一号线投资建设有限公司提供一年的“量体裁衣”特色气象服务，重点针对有轨电车一号线重点施工地段和重要施工节点，做好点对点的短期、中长期精细化预报和临近灾害性天气预报预警服务，为项目施工提供有效支撑，降低因气象灾害带来的财产损失。

**【防灾减灾体系建设】** 2019年，黄埔区气象局以“区突发事件预警信息发布中心”建设为契机，强化与各级防灾减灾及应急管理部门之间的信息共享和应急联动，深化防灾减灾资源整合与协调配合。黄埔区“三防”办根据气象预警信号，及时启动相应级别应急响应，全区各职能部门、各街镇按照相关部署要求，加强值守和巡查，全面开展防御工作。更新气象灾害应急指挥部成员名单，通过气象灾害应急指挥部成员群和联络员群实时发送气象灾害防御工作信息，开展气象灾害防御组织管理工作。

与黄埔区规划和自然资源局联合开展地质灾害气象风险预警发布工作，提醒地质灾害隐患点附近的居民、工地、学校、企业和事业单位等发现险情及时撤离，全年发布地质灾害气象风险预警8期。与区教育局完善台风暴雨停课机制，联合制定《广州市黄埔区灾害性天气延迟上学及停课安排指引》，明确黄埔区灾害性天气延迟上学、学校停课安排和信息发布，共同做好学校防灾减灾工作，全年发布停课消息1次。与黄埔区应急管理局联合修订印发《黄埔区气象灾害应急准备工作认证实施细则》，落实镇街、气象灾害重点防御单位和涉农企业、单位气象灾害应急准备工作。

组织突发事件气象保障服务应急演练1次，参加广州市“朱雀”2019反恐维稳处置演练和黄埔区2019年综合应急演练。提高黄埔气象应急救援分队的应急响应实战能力和应急应变能力，加深应急工作处置的熟练程度，检验气象应急设备，为应对未来可能发生的气象灾害做好准备。全年举行气象安全协管员和信息员气象防灾减灾工作培训会议2次。强化基层防灾减灾“最后一公里”建设，减少自然灾害造成的损失。

**【防雷安全监管】** 2019年，黄埔区气象局创新气象安全监管工作模式，通过第三方测评和现场实例讲演的模式，推动区域气象灾害防御、防雷安全生产工作。全区全部危险化学品场所签订《责任书》。全年防雷专项检查易燃易爆、危险化学品场所、气象灾害防御重点单位等企事业单位111家，出动执法人员350人次，排查隐患25处，开具整改建议25份，完成整改25份，整改率100%。全年雷击零死伤。

按照“宽进严管、成熟先行、同步配套”的原则，提升“防雷装置设计审核”“防雷装置竣工验收”“升放无人驾驶自由气球或者系留气球活动审批”3项气象行政审批事项的网上政务服务能力，并实现可网上办理行政许可“7个100%”：“网办”率100%，“最多一次跑动”率100%，“零跑动”率100%，“行政许可事项不用跑”率100%，“进驻大厅”率100%，“进驻综合一窗”率100%，“可预约”率100%。

（张旭）

# 文化

○编辑 龚晓华 田丽华

## 公共文化

【概况】 2019年，黄埔区加大文化市场的监管和执法力度，出动执法人员2720人次，检查各类文化经营单位1184家次。至年末黄埔区图书馆馆藏171.61万册（件），全年接待读者321.9万人次，图书总借阅量224.3万册次，新增分馆10个，新增藏书17.7万册，新增办证读者4.98万人。黄埔区登记的不可移动文物5大类、499处。举办第十一届萝岗香雪文化旅游节、第十五届广州民俗文化节暨黄埔“波罗诞”千年庙会。9月，广州海事博物馆（广州海上丝绸之路博物馆、广州海上丝绸之路学术研究中心）项目主体建筑底封顶。

是年，原创舞蹈《凤艇谣》《波罗粽香》获“羊城之夏”2019广州市民文化节——第二届广州市群众原创音乐舞蹈大赛金奖、银奖。4月，黄埔区图书馆获广东省文化和旅游厅、广东省立中山图书馆举办的“喜阅新一代——2019年世界阅读日粤港澳创作比赛”优秀组织奖；6月，黄埔区图书馆入选中国图书馆学会学术论文和业务案例征集活动“综合服务效能之星”；7月，获“广州市黄埔区 广州开发区先进党组织”称号；9月，黄埔区图书馆获广东省“颂时代华章 献礼新中国70华诞”朗诵大赛优秀组织奖；11月，《创新让阅读更精准——“品阅黄埔·思维部落”工作坊》案例获广东图书馆学会2019年阅读推广案例大赛三等奖，被评为广州市第40届“羊城之夏”青少年暑期系列活动获积极单位；12月，黄埔区图书馆获广州市“羊城之夏”40周年“突出组织奖”、2019年广州图书馆特殊群体阅读推广项目“优秀合作伙伴”称号。

【群众文化活动】 2019年，黄埔区组织各类群众文化活动2000余场次，其中大型文化活动20场，送戏下乡20场，举办展览34场次，公益电影放映1300余场。全年电影免费放映1336场，月均放映场次111场，受众17.2万人次。开展各类惠民艺术培训、“非遗进校园”培训、讲座2000余节次，受众15.01万人次。

2019年10月23日，黄埔区文化馆原创舞蹈《凤艇谣》在广州蓓蕾剧院演出，获“羊城之夏”2019广州市民文化节——第二届广州市群众原创音乐舞蹈大赛金奖 （黄埔区文化广电旅游局供图）

【公共图书馆管理及服务】 2019年，黄埔区图书馆落实《中华人民共和国公共文化服务保障法》《中华人民共和国公共图书馆法》，保障辖区群众的公共阅读权益。至年末，黄埔区图书馆馆藏171.61万册（件），全年接待读者321.9万人次，图书总借阅量224.3万册次。开展各类活动826场次，71.49万人次参与，招募文化志愿者1545人次，服务时间2.52万志愿时。对外接待和参观58批次1187人次。网站和微信公众号访问量36.19万人次，数字资源阅读与下载量91.38万人次，微信公众号关注量8.61万人次。是年新增分馆10个：大沙街分馆、黄埔街荔园分馆、黄埔街金丽园分馆、龙湖街分馆、云埔街分馆、广州科学城总部经济区分馆、纳金科技分馆、莱迪分馆、瑜源分馆、萝岗街香雪绘本馆，新增藏书17.7万册，新增办证读者4.98万人。至年末，黄埔区图书馆建设“政府主导、社会参与”的图书馆总分馆服务体系，建成图书馆分馆31个，其中直属分馆2个，街镇分馆11个，社区分馆2个，社会力量共建分馆16个，形成黄埔区公共图书馆服务全覆盖的态势。

【群众文艺团队建设】 2019年，黄埔区有常设团队5支：黄埔区戏剧社、黄埔区文化馆艺术团、黄埔区文化馆少儿合唱团、黄埔区香雪教师合唱团、黄埔区工人合唱团，总人数超过300人。开展面向群众文艺团队的公益培训课程715节次，惠及群众团队成员315人。艺术团队培训利用业余时间，每周开课2节，包括舞蹈团培训、戏剧培训、声乐培训，培训教师为黄埔区文化馆专业艺术骨干。组织群众艺术团队参加区外、省级、全国性艺术交流活动11次，参加全区、全市各项文艺表演活动100场，受众20万人次。其中原创舞蹈《布龙飞上天》获“第五届广东省中老年舞蹈展演”创作金奖、表演金奖、作品金奖、“广东省广场舞展演”十佳团队奖；《快乐的小貔貅》获“羊城之夏”2019第三届广州市少儿艺术大赛银奖；《凤艇谣》《波罗粽香》获“羊城之夏”2019广州市民文化节——第二届广州市群众原创音乐舞蹈大赛金奖、银奖等。

【艺术欣赏与展示】 2019年，黄埔区文化广电旅游局以2019“我们的节日”、2019“品乐黄埔”系列活动为主线，结合第十一届萝岗香雪文化旅游节、2019黄埔区迎春花市、第十五届广州民俗文化节暨黄埔“波罗诞”千年庙会、庆祝中华人民共和国成立70周年嘉年华等节庆，全年举办各类文艺演出活动120余场，受众20万人次。其中，组织选调各类节目100余个，组织群众团队参与广州市、黄埔区各种群众嘉年华活动18场次，出动演职人员5000余人次。其中，“我和我的祖国——黄埔区庆祝中华人民共和国成立70周年嘉年华”活动，组织演出团队23个，演员1038名，出动车辆75车次，搭建舞台1000平方米，使用户外屏幕1.6万平方米，动用无人机700架，组织观众6000余人。活动相关话题登上新浪微博热搜第15位，阅读量1.2亿人次，据不完全统计，各级媒体报道黄埔区国庆活动1000余条次，其中中央级媒体报道150余条次。

全年举办公益性艺术展览34场次，受众10.8万人次。其中，国庆期间联合承办广东省第15届美术书法摄影作品联展，接待观展5万人次；“书画进企业”书画展览与区内20家企业合作。

2019年12月29日，“数字阅读 全民共享”广东省公共数字文化系列推广暨黄埔阅读季活动在黄埔区图书馆启动

（黄埔区文化广电旅游局供图）

【文艺创作成果】 2019年，创作文艺作品100余件，类型涵盖舞蹈、歌曲、粤剧、书画、非遗表演、非遗展示等，其中获奖文艺作品44件，参加省、市各类比赛活动总计获奖51项，包括省级奖项6项，市级奖项41项。其中，金奖7项，银奖10项，铜奖5项，二等奖3项，三等奖4项。创作作品数量比上年增长66%，作品获奖数量增长114%。

【文化遗产保护与传承】 2019年，黄埔区登记的不可移动文物5大类、499处（按文物本体计，含受海珠区委托管理生物岛的8处不可移动文物），分别为：古遗址类5处、古建筑类359处、古墓葬类78处、近现代重要遗址及代表性建筑类53处、石窟寺及石刻类4处。其中，定级文物保护单位83处（按公布名称计），包括南海神庙、黄埔军校旧址2处国家级文物保护单位；外国人公墓、玉岩书院与萝峰寺2处省级文物保护单位；市级文物保护单位35处和区级文物保护单位44处。

是年，黄埔区给予横沙会、乞巧等12项“非遗”代表性项目、陆柳卿等9位“非遗”代表性传承人和“非遗”传承基地文冲东约善群堂龙狮协会补助经费55.5万元。完成第四批区级非物质文化遗产代表性项目申报工作，新增区级“非遗”代表性项目3项：“龙舟龙头、龙尾制作技艺”“嫁女饼（绫酥）制作技艺”和“龙形拳（黄埔）”；区级非物质文化遗产代表性项目“广绣”升级为第七批市级非物质文化遗产代表性项目。至年末，黄埔区有代表性非物质文化遗产项目33项，其中1项国家级非物质文化遗产代表性项目——“波罗诞”；3项广东省非物质文化遗产代表性项目——“赛龙舟（扒龙舟）”“萝岗香雪”“金花娘娘的传说”；10项广州市非物质文化遗产代表性项目，包括“横沙会”“波罗粽制作技艺”“乞巧节”“舞春牛”等；19项黄埔区非物质文化遗产代表性项目，包括醒狮、金花诞等。黄埔区非物质文化遗产代表性项目代表性传承人26名，其中省级1名、市级4名、区级21名。

引入社会力量，创立黄埔区文化遗产监督保育工作站，建立由黄埔区文物行政主管部门、文物执法机构、专业人士、社会团体和社区组成的文化遗产安全监管体系，形成由“政府主导，工作站协助，保育员参与”的多方联动机制模式，为黄埔区文物安全提供专业技术支持和保障，并入选国家文物局《文物建筑开放利用案例指南》的优秀案例。至年末，黄埔区有文物保育员46名，全年开展文物点巡查1104人次；提交巡查监查表4852份、文物点实况监测照片1.2万张、专项巡查报告12份。

**【海事博物馆建设】** 2019年9月底，广州海事博物馆（广州海上丝绸之路博物馆、广州海上丝绸之路学术研究中心）项目（一期）主体建筑封顶，同步推进配套完善工程建设，纳入区2019年政府投资建设项目储备计划。经黄埔区政府同意，广州海事博物馆陈列布展工作采用EPC（设计施工一体化）方式实施。是年，广州海事博物馆坚持做好日常藏品保管与库房管理，跟进出水瓷器脱盐工作。由黄埔区财政追加藏品征集经费，重新启动相关工作，全年完成486件/套（实数493件）价值807.5万元的藏品征集。根据陈列布展全过程服务工作内容及广州海事博物馆筹建实际需要，实施陈列策展专业咨询服务项目。项目中标方在广州海事博物馆陈列布展、配套完善工程、博物馆功能分区等项目中提出专业意见，协助开展相关业务工作。

**【文化市场管理】** 2019年，黄埔区开展“扫黄打非”、文化市场专项整治、“扫黑除恶”专项斗争、安全生产及消防安全检查、案件查处、宣传教育等工作，重点抓文化市场的源头治理及日常监管。全年出动执法人员2720人次，检查各类文化经营单位1184家次，其中印刷企业162家次、书报刊店94家次、网吧228家次、娱乐场所94家次、电影院38家次、高危体育场所85家次、卫星电视广播地面接收设施（企业）22家次、互联网文化企业18家次、文物保护单位11家次，艺术品经营单位2家次，监管营业性演出活动14场次。远程检查网站321个，游戏63个，直播APP3个，监听调频广播频道28个，短视频APP1个。全年取缔、查处无证无照文化经营店、摊档52家次，收缴（暂扣）电脑设备33台（套）、非法出版物3043册（张）。受理举报件200宗，办结200宗。立案查办案件19宗，办结案件19宗，罚没款3.3万元。

**【第十一届萝岗香雪文化旅游节】** 于2018年12月28日至2019年1月3日，在萝岗香雪公园举办以“又见香雪 倾听花开——科技绚烂文化 创意美好生活”为主题的第十一届萝岗香雪文化旅游节。结合主题推出文化+科技创意市集、文创工艺作品展示、趣味寻宝活动等节目，将文创与科技、文化与体验完美结合。活动赠送书籍1000余册、“福”字和对联600余幅，书画纪念品300余份节日期间接待游客15万人，期间单日接待游客最高峰6万人。

**【第十五届广州民俗文化节暨黄埔“波罗诞”千年庙会】** 于2019年3月17—19日，在南海神庙举办，入庙参与节庆活动的游客13万人次，单日最高峰6万人次。该届“波罗诞”分海丝盛会、“非遗”精粹、梨园荟萃、互联网+庙会、寻味庙会等特色板块，在传承传统民俗、弘扬海丝文化的基础上，更加注重群众参与性与体验感。

**【时代华章——粤港澳大湾区城市公共雕塑大展】** 于2019年1月19日在黄埔区开幕，是粤港澳大湾区首次举行的大规模城市公共雕塑专题展览，60名雕塑名家携雕塑作品参展。展览期间，雕塑家黎明、孙振华、俞畅等共同倡议成立粤港澳大湾区公共雕塑发展联盟。大展首站设在黄埔区图书馆（香雪馆），展至1月28日。第二站为广州大剧院，展期至3月底。

（何书艳）

## 传 媒

【概况】 2019年6月25日，根据中共广州市委机构编制委员会《关于广州市黄埔区新闻中心（挂创业导报编辑部牌子）更名的批复》，广州市黄埔区新闻中心（挂创业导报编辑部牌子）更名为广州市黄埔区融媒体中心（挂广州市黄埔区新闻中心牌子），简称黄埔区融媒体中心。

8月28日，黄埔区融媒体中心作为全市首批区级融媒体中心挂牌。位于黄埔区绿地中央广场S4栋，建筑面积5700平方米。是年末，完成黄埔区融媒体中心场地建设。是年，黄埔区融媒体中心构建报、刊、网、端、微、屏“六位一体”的全媒体矩阵，覆盖逾150万用户。编印发行《黄埔新时代》《黄埔新生活》，编辑播出《黄埔电视新闻》，运营政务微博“广州黄埔发布”、微信公众号“广州高新区发布”、手机报每日快讯。利用官方网站、官方微信微博等宣传平台，聚焦黄埔区中心大局和重点工作，策划选题，创新表现形式，灵活运用网言网语，制作品质精良、传播面广、互动性强的推送信息，获关注与好评。官方微信“广州黄埔发布”全年发布微信推送948篇，点击量600万次，在全市政务新媒体评比中稳居第一，被评为“首届网络文明号优秀政务号”；官微运营团队上榜“南粤十大好网民故事”，为全省唯一入选的区级官方新媒体团队。广州开发区官方微信“广州高新区发布”立足开发区经济功能区定位，宣传区域经济发展、产业升级等经验成效，提升广州开发区的显示度和影响力。

参与拍摄制作《我爱你中国》《夜黄埔，你变了》《锦绣黄埔赞美祖国》等5个短视频，其中《锦绣黄埔 赞美祖国》在新华社客户端发布，阅读量100万人次；组织新华社、《中国青年报》、“南方+”网络直播黄埔区国庆嘉年华活动，观众均突破100万人次；剪辑黄埔区700架无人机升空表白祖国小视频，向中央级媒体全网推送，《人民日报》官方微博首发并登上微博热搜，阅读量1.2亿人次，中央电视台发稿5条。10月24日，配合区委宣传部策划推出“中小企业能办大事”系列专题报道，全网点击量突破2000万次。参与采写的长篇通讯登上《光明日报》头版；与《人民日报》“麻辣财经”工作室联合采访的图文视频报道获各大平台转发；在新花城客户端组织报道专题，得到首页推荐；运营的微博号“广州黄埔发布”位居2019年第四季广州11区政务新媒体榜冠军。

【《黄埔新时代》编印】 2019年，《黄埔新时代》密集报道黄埔区重点项目集中试投产、加快推进“四治”暨建设动员会、营商环境和招商引资会议、重大项目集中签约、科技创新和企业家大会、重大项目集中动工等全区性重大系列活动。推出“牢记总书记嘱托 中小企业能办大事”大型专题报道。开设《壮丽70年 奋斗新时代》专栏，报道黄埔区发展的成就和经验，推出“追梦奋进 祝福祖国——庆祝中华人民共和国成立70周年特刊”，报道黄埔区庆祝中华人民共和国成立70周年嘉年华。开设《守初心、担使命、找差距、抓落实——深入开展“不忘初心、牢记使命”主题教育》专栏，报道全区推进主题教育活动成果，编发报道100多篇。全年发行《黄埔新时代》99期。

【《黄埔新生活》编印】 2019年，《黄埔新生活》策划报道“区块链应用为王”“5G未来已来”“造车新势力”“人工智能路线图”“谁是药神”等系列专题报道，突出黄埔区建设国际创新枢纽核心区及科技创新成果。全年发行《黄埔新生活》12期。

【电视新闻报道】 2019年，黄埔区电视新闻采编完成高清设备升级工作。《黄埔电视新闻》多次为中央及省、市新闻媒体提供高质量的新闻素材。《黄埔电视新闻》组织拍摄黄埔区灯光秀航拍素材，被新华社、省、市新媒体平台和电视新闻采用。在“不忘初心 牢记使命”主题教育活动中，《黄埔电视新闻》开设主题教育专栏，重点策划“中小企业能办大事”系列专访，以企业家访谈形式，展示企业在习近平总书记视察广州科学城一年来取得的成绩与变化，拍摄的原创素材被广东省电视台制作的广州开发区建区35周年专题片采用。组织参加全国高新区微视频大赛活动，其中选送的4件作品分别获最佳视觉奖、公益类优秀奖和2个优秀作品奖。

【新媒体业务】 2019年，黄埔区融媒体中心按照“平台再造、流程优化”的要求，打破不同种类媒体间原有的界限，聚焦新中国成立70周年、习近平总书记视察科学城一周年、广州开发区建设35周年等重大时间节点，以及黄埔区实施“湾区+”战略、打造“中小企业能办大事”先行先试区等重大主题，策划并推出一批有影响力的重大报道和融媒产品。

制作推出“系列10条政策解读”“感官黄埔四重奏”“聚‘胶’黄埔”“花漾黄埔”“2019年黄埔大片”“黄埔超能‘碌’战队”“一封特别的家书”等新媒体产品，网络点击量超1000万次。加强政务微博@广州黄埔发布、@广州开发区发布的管理，及时发布权威声音，澄清不实消息。政府门户网站的新闻信息发布、更新，强化网站"窗口"宣传效应，全年发布信息1万余条。每日编印手机报，发挥短平快的特点，及时报道最新要闻、工作动态、涉区媒体信息，发送理论热点、学习参考等内容。

**【"到黄埔去"客户端】** 2019年，黄埔区融媒体中心开发新媒体矩阵拳头产品"到黄埔去"客户端，打造"新闻+服务+互动"的综合性客户端，面向黄埔区群众及企业的官方客户端，提供时政热点、民生便利、生活周边的同时，对接各社区的丰富资源。12月，完成内部测试和上线准备。"到黄埔去"客户端将成为黄埔区的主流舆论阵地、高效的综合服务平台，实用的社区信息枢纽。与"广州黄埔发布""广州高新区发布"微博、微信和人民号、南方号、头条号、抖音号等外部平台的移动端构成立体传播矩阵。

（刘立华）

## 党史编研

**【概况】** 2019年，黄埔区委党史研究室、广州开发区党工委党史研究室完成《中国共产党广州经济技术开发区历史（1984-2002）》《中国共产党广州经济技术开发区组织史资料（1996—2016）》《中国共产党广州经济技术开发区历史资料汇编（2003—2015）》编纂；《广州市黄埔区革命老区发展史》通过广东人民出版社审核，列入广东省第一批革命老区发展史出版计划；继续编纂《中国共产党广州市黄埔区历史（1978-2002）》。启动《中国共产党黄埔区历史资料汇编（2003—2015）》编辑、革命遗址普查登记和东江纵队历史资料收集整理工作。《广州高新区（黄埔区）建设广东省营商环境改革创新实验区的探索与实践》《中新广州知识城的建设与发展》入选《奋进新时代——党的十八大以来广州改革发展实践》一书。联合区委宣传部、区国家档案馆举办《"不忘初心 牢记使命"——黄埔区 广州开发区党史、创业史档案文献展》。编绘《黄埔红色地图》《黄埔红色故事》。

**【《中国共产党广州经济技术开发区历史（1984—2002）》完成编纂】**

该书于2016年启动，历时三年，历经十余稿，约20万字。2019年10月底，书稿通过专家组评审，专家组认为，该书如实展现广州开发区在改革开放历史进程中的探索与实践，突出广州开发区党的历史发展主题和主线、主流和本质，为深化学术研究提供史料借鉴，为持续深化改革开放提供探索经验和实现路径，有利于读者深入了解认识广州开发区改革开放历程，具有较高的存史、资政、育人价值。12月，经黄埔区委、广州开发区党工委研究，同意该书予以出版发行。

**【《中国共产党广州经济技术开发区组织史资料（1996—2016）》完成编纂】** 2019年，黄埔区委组织部、广州开发区党工委组织部推进《中国共产党广州经济技术开发区组织史资料（1996—2016）》修订工作。8月完成初稿，在对初稿进行校核基础上，11月进行资料补充征集和修订，12月再次进行资料补充及反复校核修订，12月底完成定稿。

**【《中国共产党广州市黄埔区历史（1978—2002）》完成初稿编纂】**

该书于2017年底启动，根据《广州市及各区党史（第三卷）编写规范》要求，编辑部通过查档查册、走访知情人士、咨询专家学者、征求相关单位意见等方式，对改革开放以来至党的十六大召开，黄埔区党委带领广大人民群众进行社会主义现代化建设和改革开放的实践活动进行研究。12月，完成初稿编纂。

**【《广州市黄埔区革命老区发展史》列入出版计划】** 2019年，黄埔区委组织部、广州开发区党工委组织部高效推进《广州市黄埔区革命老区发展史》编修工作。2月，初稿通过专家组评审，提交广东省人民出版社审校。8月，根据广州革命老区发展史编纂工作会议上广东省老促会审稿专家提出的点评意见，该书编辑部对初稿进行修改，调整篇目框架结构，补充、编辑相关篇目资料。至10月，完成16万字、图照70余张的送审稿，经广东省老促会审稿专家同意，并经广东省人民出版社审核，同意将该书列入广东省第一批革命老区发展史出版计划。

（李欣）

## 档案事业

**【概况】** 2019年3月25日，黄埔区机构改革，档案管理机构作出调整。黄埔区委办公室、广州开发区党工委办公室、广州开发区管委会办公室加挂黄埔区档案局牌子，档案行政管理职能划入区委办公室，广州市黄埔区国家档案馆（广州开发区档案馆、广州市黄埔区人民政府地方志办公室与其合署办公）是区委直属事业单位，为正处级，加挂广州市黄埔区方志馆牌子，加强对全区档案工作的领导，实现政事分离。区委办公室秘书处（档案管理处）负责档案行政管理工作。

开展“6·9”国际档案日宣传活动，在全区开展“新中国的记忆”主题征文活动。梳理、编制权责清单，制定职权运行流程图，并将权责清单在省政务服务网上公示。依法依规开展档案行政审批工作，加快推进政务服务事项标准化，将档案行政审批业务纳入区政务服务大厅“一窗”综合受理，开通网办和电子证照，档案政务服务事项可网办率和最多一次跑动率均为100%。全年办理档案中介机构备案12件。

是年，开展“不忘初心、牢记使命”主题教育，牵头联合区委组织部、区委宣传部共同主办“不忘初心、牢记使命”——黄埔区广州开发区党史、创业史档案文献展，近7万人参观。服务全区机构改革，确保机构改革期间，区属各单位档案处理流向清晰；服务广州开发区建区35周年系列纪念活动。配合广东广播电视台拍摄广州开发区建区35周年宣传片《开创》《奋进》；服务乡村振兴战略。浓缩全区344个自然村的基本村情和历史文化资源，以行政村和转制社区为单位，编印《黄埔村情手册》口袋书1000册；服务经济社会发展。全年为巡察、巡视、审计、破产企业清算等工作查考和财产纠纷、社保确认等提供大量档案作为参考和凭证。档案基础业务建设中，档案馆各项业务指标得到全面提升，通过市档案局开展的国家综合档案馆业务建设评价；档案信息化建设取得新进展，数字档案馆系统项目完成开发，项目一期通过验收；档案安全管理全面提升，通过市档案局的安全检查。

（张楠　康文斌）

**【档案业务监督指导】** 2019年3月，原黄埔区档案局（黄埔区国家档案馆）政事分离，档案行政职能划转至黄埔区委办。在未理顺移交之前，原黄埔区档案局（黄埔区国家档案馆）主动跟踪督导黄埔区土地确权整改、收尾阶段档案工作；开展档案安全风险隐患专项排查整治工作，筑牢档案安全底线；指导广州泰捷电力建设有限公司开展档案业务等级评定工作，推进基层档案规范化建设；多方沟通，协助处理两德合作区档案资料流向争议以及市外扶贫文件材料的收集、整理、归档工作。上门检查指导黄埔区政府办、黄埔区人力资源社会保障局、黄埔区市场监管局（原食品药品监管局）、原黄埔区农林局、黄埔区科协、萝岗街道、云埔街道、沙步社区等单位档案工作30多次。利用电话、QQ、微信常态化开展档案业务指导。6月13日，市委副秘书长、市档案局局长到区国家档案馆开展安全检查，肯定黄埔区档案工作和档案安全风险隐患排查整治工作。

7月，档案行政管理职能完成交接，黄埔区档案局履行行政管理职能。指导黄埔区直机关工委、黄埔区人力资源社会保障局、黄埔区市场监管局等单位开展档案工作。督导检查黄埔区民政局地名普查档案工作。前往九佛街、龙湖街和新龙镇督促指导原九龙镇档案移交工作，确保原九龙镇档案的完整。年末，黄埔区档案局、区国家档案馆、广州开发区城市建设和房地产档案馆联合对瑞松智能生产基地、中经汇通物联网金融商务区、华南国际港航服务中心二期、雪松总部大楼、LG化学偏光片重大建设项目开展项目档案指导、验收工作。是年，广州泰捷建设有限公司被广州市档案局核准为“广东省企业档案工作二级乙等规范单位”。全年辖区未发生档案违法违纪案件。

（张楠　张东虹）

**【重点建设项目档案验收】** 2019年，黄埔区档案局组成项目档案工作验收组，完成对瑞松智能生产基地、中经汇通物联网金融商务区、华南国际港航服务中心二期3个重点建设项目档案验收，黄埔区实现市重点建设项目档案验收工作“零”的突破。是年，对雪松总部大楼、LG化学偏光片等8个重点建设项目档案验收进行指导。

（张楠）

**【机构改革和部分街镇区划调整档案工作】** 2019年，黄埔区国家档案馆对标上级，结合实际先后起草《关于做好区级机构改革中档案工

2019年6月20日，黄埔区国家档案馆到新龙镇九楼村开展纪念建党98周年暨“6·9”国际档案日宣传活动

作的通知》《广州市黄埔区人民政府办公室关于做好部分街镇区划调整档案工作的通知》，明确相关档案工作基本原则、工作任务、档案处置方式及管理要求，既全面贯彻落实上级指示精神，又更符合该区实际，具有更强的针对性和实操性，为区级机构改革和部分街镇区划调整后的档案工作开展奠定基础。3月21日，参与区编办牵头的机构改革业务培训并印发培训资料，提高机关档案管理人员基础业务素质，为机构改革和部分街镇区划调整档案工作提供相关业务支撑。及时督导原广州开发区交通运输局、原黄埔区食品药品监管局、原黄埔区法制办等撤销单位及相关街镇档案工作，多次联系新龙镇，指导其档案室建设及原九龙镇档案资料的整理、移交工作。

（张东虹）

**【档案接收、保管和利用】** 2019年，黄埔区国家档案馆接收进馆纸质档案35卷、5040件。在进馆前检查拟移交的所有档案，接收进馆后逐卷清点、检查、上架。全年完成1.25万卷、1.44万件档案目录著录，著录目录6.23万条。重新整理涉密档案，并在原档案盒和目录上标注，完成1.72万件涉密档案的整理和标注工作。配合档案扫描项目出库档案9975卷、7.59万件，入库档案3318卷、11.04万件，逐件清点出库和入库档案，确保档案安全有序。对原黄埔区馆已整理好的涉密档案补签备考表中的整理人，完成467盒涉密档案的补签工作。完成实物档案的上架和标注600件。核对并整改全宗电子目录，核对5150条、整改1226条。全年接待查阅纸质档案1587人次，查阅档案6480卷、3226件，复印3万余页。其中，单位查阅利用档案1232人次，查阅档案6178卷、3225件；个人查阅利用档案355人次，查阅档案302卷、1件。至年末，馆藏纸质档案44.95万卷，实物档案5602件，馆藏照片档案8.7万张，数码照片11.74万张。

**【档案编研和宣传】** 2019年，黄埔区国家档案馆编印《黄埔区、广州开发区新闻汇编》，每月出版一期，收集黄埔区、广州开发区新闻，宣传黄埔区、广州开发区经济社会发展最新成果。配合区“不忘初心、牢记使命”主题教育，编印《“不忘初心、牢记使命”——黄埔区、广州开发区党史、创业史档案文献展纪念画册》。开展“6·9”国际档案日宣传活动，在全区开展“新中国的记忆”主题征文活动，以“一年一扇”的艺术形式，在区国家档案馆查阅服务大厅构建档案文化宣传长廊。开展档案、地方志知识进村居、进学校工作，6月20日，到九龙二小九楼分校开展“坚守初心、为民服务”主题宣传活动，向群众和少年儿童普及档案法律法规。

（彭丽玲）

**【“不忘初心、牢记使命”——黄埔区、广州开发区党史、创业史档案文献展】** 2019年7月19日，区国家档案馆与区委组织部、区委宣传部联合主办“不忘初心、牢记使命——黄埔区广州开发区党史、创业史档案文献展”，面向全区征集、精选馆藏档案文献400余件，在黄埔区图书馆一楼展厅布展面积2000余平方米、展线长450米，其中部分为首次公开，且具有黄埔区、广州开发区特色的珍贵档案文献，展示中国共产党为中国人民谋幸福、为中华民族谋复兴的伟大历史，真实记录中国共产党人早期在黄埔的奋斗足迹，生动再现黄埔区委、广州开发区党工委团结带领全区各级党组织和党员群众敢为人先、勇立潮头的光辉历程。9月1—25日，参观人数6.52万人，其中预约参观展览的团体505个，参观人数1.02万人，未经预约自发参观人数5.5万人。该展览内容先后在《光明日报》《中国档案报》《黄埔新时代》、广州黄埔发布等媒体上报道。

**【区级国家综合档案馆业务建设评价排全市前列】** 2019年8月，广州市档案局印发《广州市档案局关于开展区级国家综合档案馆业务建设评价工作的通知》，计划在全市开展区级国家综合档案馆业务建设

2019年9月，黄埔区国家档案馆与区委组织部、区委宣传部联合主办“不忘初心、牢记使命——黄埔区广州开发区党史、创业史档案文献展”

（康文斌 摄）

2019 年 12 月 17 日，广州市区级国家档案馆业务建设领导专家检查组到黄埔区国家档案馆开展现场评价 （姚广军 摄）

评价工作。黄埔区国家档案馆把迎检工作与“不忘初心、牢记使命”主题教育相结合，按照“守初心、找差距、补短板、强弱项、促提升”的思路，加强组织领导，制订《黄埔区国家档案馆关于推进国家综合档案馆业务建设工作方案》，成立以馆长为组长、副馆长为副组长、其余处级干部和科室负责人为成员的工作领导小组，明确分工，压实责任。馆领导带队先后到省档案馆、市档案局、市国家档案馆等开展考察调研，深入理解业务建设评价指标要求，学习借鉴业务建设先进经验做法，组织全馆人员学习领会评价标准，落实分工，形成合力，凝心聚力开展业务建设评价工作。在对照评价标准逐条自查的基础上，建立问题清单、责任清单、整改清单。将此项工作列入督办事项，每周例会通报，召开专题会议，研究协调解决工作推进中的困难和问题。12 月 17 日，市档案局区级国家综合档案馆业务建设评价专家组到区国家档案馆开展现场评价，对照 62 项测评指标，逐项打分，测评结果在广州市 11 个区县中排第二名。

（康文斌）

**【声像档案工作】** 2019 年，区国家档案馆全年拍照 716 次，形成数码照片 7.02 万张，拍摄次数及图片采集量居历年之冠。及时完成 2018 年区重大活动、重要工作 5367 张数码照片的整理、归档及馆藏原萝岗区、广州开发区 4.82 万张纸质照片整改，对整改馆藏原黄埔区照片档案进行立项。声像档案工作制度化、规范化、科学化水平明显提升。严格对标上级区级国家综合档案馆业务建设标准以及相关业务规范，制定《黄埔区国家档案馆 广州开发区档案馆声像档案工作管理制度（试行）》，摸清“家底”，理顺馆藏全宗，完善管理台账，规范库房管理。是年，区国家档案馆馆藏纸质照片档案 8.66 万张；数字化及原生电子照片 29.8 万张，其中，已整理、归档数码照片 11.74 万张。录音带 1162 盒、时长 222 小时 17 分钟 11 秒，录像带 174 盒，时长 83 小时 26 分钟 50 秒。先后为市、区相关单位提供、利用照片档案 3200 余张。《人民日报》海外版、《中国档案报》《经济日报》《广州日报》、广东广播电视台等国家、省、市、区新闻媒体分别使用其中一些有代表性照片。同时，也为区“不忘初心 牢记使命”主题教育档案文献展以及建国 75 周年、广州开发区建区三十五周年系列纪念宣传活动提供照片档案 1300 余张、录像档案 40 件。

（张东虹）

**【数字档案馆建设项目完成开发并通过项目一期验收】** 2019 年，原黄埔区档案局和原广州开发区档案馆的 2 个数字档案馆建设项目，按合署办公后的架构合并开发。项目整合升级后，节约财政资金 36.6 万元。该项目历经两区合并、深度融合、架构变更、方案和预算的调整以及分子项采购等过程，面对区属五套全宗 500 多个全宗单位的所有历史数据集成进系统、交叉运用，如何将数据快速精确准地分配到每一阶段的某个全宗下等技术难题，经过深度调研需求、调整细化研发方案、反复测试数据、加强演示操作等方式方法，数字档案馆（室）系统平台于 7 月完成开发并上线试运行，8 月在区疾控中心、区组织部、区教育局等 8 家试点单位安装使用；9 月召开全区系统平台操作培训会，在全区推广，区属一级全宗单位、档案局、档案馆、档案中介服务机构 92 家单位的 150 余人参加；11 月项目一期通过专家组验收。数字档案馆（室）系统平台的成功建设和推广应用，对档案业务的监督指导、行政审批、执法检查及档案室的综合评估等管理工作实现全过程的信息化，提升区档案资源信息共享的实现程度，及区档案事业在“数字黄埔”建设中的定位和水平。

**【馆藏档案数字化工作稳步推进】** 至 2019 年年末，黄埔区国家档案馆已完成馆藏档案扫描830万页，目录著录 60.46 万条，粘贴电子标签 2.48 万张，系统挂接 100 万页。馆藏档案出库质量不高，前处理问题多，为确保项目稳步推进，通过项目组例会通报、领导督办、建立复核机制等方式，有序把控工作环节，强调互补协作和系统高效的原则，任务、进度、质量同时抓，及时对工作流程做出合理调整和安排，确保扫描工作有序、高效地推进。馆藏档案数字化质检项目基本和扫描项目同步推进，完成830万页扫描页的质检。

**【档案信息安全管理】** 2019年，黄埔区国家档案馆投入近10万元，在馆工作区域内重新敷设光纤接入，办公网络全部接入馆内部管理；各办公室及查档利用窗口增加交换机；办公卡位敷设内、外网线和电话线；办公电脑加装双网络适配卡、硬盘，原配置硬盘与新安装硬盘分别安装操作系统，使用独立静态内外网IP地址，工作电脑均实现内、外网切换登录。馆办公场所范围内从信息机房到网络布线，到计算机终端均实现内网、政务网和互联网三网分离，新的数字档案馆系统上线后，外网连入政务网，登陆数字档案室管理平台，运行各档案室的室藏数据；区属各全宗单位的档案室通过离线方式移交电子数据进馆，确保档案信息系统和档案数据的安全。该项目的完成，为“数字档案馆（室）系统”的全区推广部署，数字档案馆（室）系统平台的安全运行打下扎实的基础。

**【档案信息机房维护管理】** 2019年，黄埔区国家档案馆每月进行机房硬件和网络安全巡检，两月彻底除尘机房设备一次；及时收集入侵检测系统、防火墙等安全设备日志，诊断当前安全态势，有效采取阻止入侵的技术手段；机房原配备空调是普通的家用空调，按机房规范长期24小时不间断工作状态后导致故障频出，为确保机房温湿度符合规范要求，所有服务器和存储等系统硬件设备稳定运行，投入35万元，将内网机房原配备的普通家用空调更换为机房专用精密空调。机房专用精密空调的运行，使机房空调配备符合国家机房建设规范要求，有效避免局部环境过热现象，确保机房设备平衡运行，系统数据处理和存储工作更加安全稳定。

（胡琼）

**【广州开发区城市建设和房地产档案馆】** 至2019年年末，广州开发区城市建设和房地产档案馆馆藏量90万卷，城建档案类别22个大类。2019年，强化档案公共服务，助力民生发展和营商环境优化。推出不动产登记档案信息微信查询，增加档案查询自助机电子印章功能，为银行网办提供实时数据，公开承诺“一门受理、一网通办、一次办结”，实现政务服务网办指标考核100%达标，让群众、企业少跑腿，实现“查询零距离，服务再提升”目标；发挥城建档案的凭证作用。为征地拆迁三旧改造重点项目、区住建局、国规局、各街镇等职能部门的行政审批以及群众旧楼加装电梯、企业评优扩建等提供大量凭证材料；推行建设工程档案符合性检查项目，为企业提供高效便捷的业务指导服务，确保档案归档进馆质量；开展档案保证金清理工作，向社会公开发布清退公告，主动联系区内各企业传达沟通，做到“一个项目不落，一个企业不落”。

全年接收外单位移交档案数量12.95万卷，其中房地产档案11.2万卷，建设工程竣工档案0.62万卷，接收黄埔区住建局（含原交通局、建设局、民防办）档案1.13万卷。提供档案查阅利用11.31万人次，查询利用16.55万卷，其中房地产查询11.15万人次（含自助查询机），规划建设管理查询0.16万人次。

加强建设工程档案归档接收业务的指导。全年指导79个项目完成建设工程档案归档接收和移交，出具79个项目的《工程档案接收证明》，接收建设工程竣工档案0.62万卷。

完成“新中国的黄埔记忆、开发区的蝶变之路”档案资料征集活动第一阶段工作，收集反映黄埔区城乡建设图片资料143张，主动拍摄区内重点建设项目。航拍有轨1号线电车工程、穗港智造区、香雪大道（萝峰村改造段）、水西村改造项目等黄埔区重点工程，设立20个固定驻点进行无人机拍摄，形成航拍图片163张，航拍视频15段。开展“档案在你身边”党员进社区宣传活动，在双沙社区活动现场发放宣传单张、宣传手册等资料200余份，参与档案知识问答150余人次，民众参与热情极高。深入村社，走访区氏宗祠、简氏宗祠、华帝古庙等古建筑，发掘双岗村、华坑村具有历史的古建筑与人文风俗文化元素，收集声像、文字资料为打造“美丽乡村记忆工程”编研成果奠定基础。

（王丽）

## 地方志事业

**【概况】** 2019年，广州市黄埔区人民政府地方志办公室（简称黄埔区地方志办）抓住工作重点，区志、年鉴和名街志名村志编纂工作齐头并进并分别在全市推广介绍经验，地方志信息化工作有序推进，至年末，黄埔区地方志办编纂成果全部数字化并入省地情数据库。《黄埔年鉴2019》编纂出版，《黄埔区志（2001—2015）》修改完稿并通过广州市党史文献研究室复审，《长洲街道志》《萝峰村志》完成初审和复审。《黄埔年鉴（2018）》获得全国地方志优秀成果二等奖、广东省年鉴优秀等级二等奖，编印《黄埔村情手册》口袋书获全区干部职工好评。

【《黄埔年鉴2019》编纂出版】 2019年，黄埔区地方志办提早谋划、统筹安排，坚持围绕“3-6-9-10”时间节点开展年鉴编纂工作。3月《黄埔年鉴2019》编纂方案由黄埔区委办、区政府办联合发文至各参编单位；举办年鉴组稿培训会议，邀请专家授课；建立地方志业务工作QQ群，上传共享年鉴编写业务规范、基础知识，针对性地开展线上业务指导和咨询；4月底前完成各参编单位稿件征集，同时收稿、编辑两不误。6月完成初稿编辑和总纂；内学外引，微调框架，编辑部业务讨论和交流成为一种常态；8月底前完成总纂稿的交叉核对，发至排版，制作成评议送审书稿。9月召开年鉴评审会，邀请年鉴界专家、区宣传、统计及保密部门对年鉴送审书稿进行审核评议，编辑部根据专家评审组及黄埔年鉴编委会意见，完成修改补充和完善。10月完成编委会审校、供稿单位核校、出版社审校“三同步”工作。12月经过三轮编校，综合、补充、完善回执和修改意见形成样书稿送出版社，经黄埔年鉴编委会批准并送至印刷厂付印出版。全书设类目38个，计129万字。

【地方志资料年报工作】 2019年，黄埔区地方志办切合实际，制订黄埔区、广州开发区2019年地方志资料年报工作方案，有序推动地方志资料年报工作。是年，为确保资料收集齐全，准确记录机构改革变动情况，方案中将资料年报收集时段顺延至2019年3月。并向各报送单位发征求意见函，收集反馈意见，报请黄埔区政府、广州开发区管委会批准，于6月印发至区属各单位及相关驻区单位。常态化开展地方志资料年报业务指导，并召开地方志资料年报培训会议，邀请专家授课，重点从年报的总体纲目、搜集编写要求等方面进行辅导。至年末，报送地方志资料年报单位100余家。

【《黄埔区志（2001—2015）》通过复审】 2019年，黄埔区地方志办立足精品，开展《黄埔区志（2001—2015）》编修工作。按照《黄埔区志（2001—2015）》初审会议上专家意见和建议，区志编辑部对志稿认真进行修改、补充，并按精品志书要求调整篇目框架结构。征集、补充、编辑相关篇目资料，完成专记、图片等资料的征集、补充。至9月，完成约87万字、图照240余张的送审志稿，报送至广州市党史文献研究室复审。11月29日，广州市委党史文献研究室召开复审验收会议，会议认为，《黄埔区志（2001—2015）》送审稿质量较高，全面、客观、系统地记述2001—2015年黄埔区的发展历程，观点正确、内容全面、特点突出、资料、行文简洁，符合志体，同意通过复审。12月19日，黄埔区地方志办应邀在广州市方志理论研讨会上介绍《黄埔区志（2001—2015）》编修工作经验。

【《萝岗区志》通过终审】 2018年12月，《萝岗区志》编辑部根据第一次复审、第二次复核意见，修改、补充形成送审稿报送至广州市人民政府地方志办公室（简称广州市地方志办）终审。2019年5月，广州市地方志办汇总整理广州市地方志审查委员会16名成员的书面审查意见，并提出处理建议，反馈至黄埔区地方志办。黄埔区地方志办根据终审意见对志稿进一步修改完善，形成送审稿再次报送至广州市地方志办，送审稿约120万字、图片160余幅。2019年12月，广州市地方志办经复核认为：《萝岗区志》全面、客观地记述萝岗区从2005年4月设立至2015年8月撤销的10年发展历程，观点正确，内容全面，重点突出，资料翔实，体例严谨，符合地方志书质量规定，同意通过终审验收。12月19日，黄埔区地方志办应邀在广州市方志理论研讨会上介绍《萝岗区志》编修工作经验。

【名街名村志编修】 2019年，黄埔区地方志办确定试点，以点带面，

2019年11月29日，广州市委党史文献研究室召开《黄埔区志（2001—2015）》复审验收会议（黄埔区地方志办供图）

推进名街志、名村志编修工作。联系相关街道、转制社区，传达省志办文件精神，动员开展街志、村志编修。并摸查街、村情况，了解其编修意愿，综合考量条件具备情况，确定《长洲街志》为名街志、《萝峰村志》为名村志编修试点。《长洲街志》由街道组织编纂，9月12日通过街道初审，12月13日通过区志办复审。《萝峰村志》由区志办组织编纂，9月18日通过社区初审，11月15日通过区志办复审。12月16日，黄埔区地方志办在广州市名街志名村志编纂会议上作经验介绍。

**【黄埔地情资料供稿】** 2019年，黄埔区地方志办完成省、市级综合年鉴及相关地情资料供稿任务。树立黄埔形象，讲好黄埔故事，主动向国家、省、市刊物提供黄埔地情资料。继续向《中国开发区年鉴》供稿。向省地方志办报送《广东省特色产业村》和《广东省物产》相关文字和图片材料。修改补充《全粤村情》黄埔区卷稿件，配合黄埔区委宣传部《广州建设发展70年》编纂工作，配合黄埔区文化广电旅游局提供区内相关文化史迹的典故材料，配合广州开发区政研室编写相关编研材料，向区内其他单位提供各类区情资料等。

采取向有关单位发函征集、通过黄埔区广州开发区门户网站、《黄埔新时代》等媒体及相关渠道搜集资料，确立特色条目内容，编写完成并报送《广东年鉴2019》黄埔区稿件。该稿包括“黄埔概况”“中新广州知识城升级为国家级双边项目”及“全国首条全自动化农业智能生产线交付使用”等条目计2000余字。

完成向《广州年鉴》黄埔区部分提供稿件4600字，包括经济概况、“文创10条”出台、全国首条畜牧业无人生产线交付使用、首届黄埔区广州开发区企业展示产品交易会开幕、黄埔国际财经媒体和智库论坛开幕、打造“区块链+特色金融”创新高地、培育世界级生物医药产业集群、黄埔区民营经济、2018年黄埔区国民经济主要指标、2017—2018年黄埔区社会事业主要指标等内容。提供广州开发区部分稿件6000字，包括广州开发区获中国十佳营商环境示范县市称号、第七届中国创新创业大赛生物医药行业总决赛在广州高新区成功举办、面向全球遴选高精尖人才等方面内容；提供中新广州知识城部分稿件3700字，包括中新广州知识城上升为国家级双边合作项目、规划战略性新兴产业价值创新园、枢纽型网络城市建设、公共配套设施建设、招商引资成效瞩目、14个重大项目集中动工总投资近200亿元、打造高水平科技创新载体和平台、参加新粤合作理事会等方面内容。

完成向《中国开发区年鉴》提供广州开发区部分稿件6700字。内容包括广州开发区获中国十佳营商环境示范县市称号、中新广州知识城上升为国家级双边合作项目、“民营及中小企业18条”发布、“文创10条”发布、全国首家省级机器人创新中心落户广州开发区、中以国际生命科学平行孵化中心落户广州生物岛、广州开发区牵手德国海德堡共建离岸创新中心、粤港澳大湾区知识产权联盟成立、粤港澳大湾区区块链联盟成立、亚洲金融智库成立、广东省新一代通信与网络创新研究院成立、第七届中国创新创业大赛生物医药行业总决赛在广州高新区举办、面向全球遴选高精尖人才等方面，客观反映广州开发区的年度发展特色和亮点。

**【《黄埔村情手册》编印】** 2019年10月，黄埔区国家档案馆、黄埔区地方志办以《全粤村情·广州市黄埔区卷》为蓝本，配合区委“不忘初心 牢记使命”主题教育，开发利用自然村落普查资源宣传村情，编印《黄埔村情手册》口袋书。该手册浓缩全区344个自然村的基本情况和主要历史文化，以转制社区、行政村为单位，记述其基本情况和特色内容，方便全区党员、干部、群众了解黄埔区的历史和地域文化，为黄埔区、广州开发区推进粤港澳大湾区建设、推动乡村振兴工作提供参考资料。

**【黄埔区、广州开发区大事记编印】** 2019年，黄埔区国家档案馆、黄埔区地方志办完成每月大事记编写。通过黄埔区、广州开发区门户网站、《黄埔新时代》、手机导报等多渠道及时搜集资料，确立入选大事、要事，每月采编完成区大事记初稿，同时精选部分随文图片插入每月大事记中，内容彰显生动而直观。坚持将区每月大事记发送至黄埔区委办、区政府办审核，确保大事记编写的准确严谨，并于每月10日前完成上月大事记编写。是年，《黄埔区、广州开发区大事记（2017.7—2018.12）》完成汇编印刷，《2019年黄埔区、广州开发区大事记》编印。

（田丽华）

# 卫生 体育

○编辑 龚晓华 潘 虹

## 卫生综述

【概况】 2019年3月，黄埔区实施机构改革，将原黄埔区卫生和计划生育局的职责，以及区安全生产监督管理局的职业安全健康监督管理、区民政局的老龄工作等职责整合，组建黄埔区卫生健康局，黄埔区老龄工作委员会的日常工作由黄埔区卫生健康局承担，不再保留黄埔区卫生和计划生育局。全区构建“区级综合医院＋专业公共卫生机构”—社区卫生服务中心（乡镇卫生院）—村（居）卫生站三级医疗卫生服务体系，实现城区15分钟、农村（村改居）地区30分钟医疗服务圈（居民步行可达）。

至2019年年末，黄埔区各类医疗卫生机构368家，各类卫生机构病床4360张，医疗卫生工作人员9044人。其中卫生技术人员7141人，执业医师2557人、执业助理医师231人、注册护士2813人、药剂人员400人、检验人员633人、影像技人员76人、其他卫生人员662人，其他技术人员283人，管理人员502人，工勤人员1118人（不含中山一院东院、中山三院岭南医院数据）。

全区医疗机构全年诊疗量697.42万人次、入院病人9.74万人次、出院人数9.72万人次。其中，3家区属医院总诊疗人次180.52人次，平均门诊费206.81元人次，出院人数3.04人次，人均住院费用9639.93元，驻区医院总诊疗人次154.36万人次，平均门诊费用319.2元，入院6.02万人次，出院6.01万人次，人均住院费用1.54万元；镇卫生院门急诊21.61万人次，平均诊疗费用64.3元，入院511人次，出院510人次，人均住院费用3752.4元。社区卫生服务中心总诊疗人次116.29万人次，门诊病人次均诊疗费用147元，入院4900人次，出院4883人次，人均住院费用8102.6元（不含中山一院东院、中山三院岭南医院数据）。全区机构实有床位数4360张，病床使用率82.06%，病床周转次24次。其中医院3975张，卫生院38张，社区卫生服务机构374张。

全区全年报告国家法定传染病1.89万例，4例死亡病例。其中，甲类传染病无报告，乙类传染病报告乙类传染病12种3750例，甲乙类传染病发病率336.59/10万。

全区卫生事业财政拨款10.01亿元（含医疗、基建投入），其中公立医院投入2.02亿元，基层医疗卫生机构1.64亿元，公共卫生投入2.3亿万元，基建投入1.2亿元。1月12日，黄埔区通过2018年度国家现场复审检查，根据国家卫生健康委办公厅《关于公布2018年度国家慢性病综合防控示范区复审结果的通知》，确认黄埔区为国家慢性病综合防控示范区，是2019年广州市获此国家级荣誉的唯一行政区。

是年，黄埔区卫生健康局联合辖区17个街、镇举办“关爱女孩成长建设幸福家庭”“幸福黄埔 健康先行”、计生协“5·29”会员日暨家庭发展促进月等主题宣传服务活动。全年开展家庭文化宣传、培训、服务活动252场次，家庭保健类活动178场次，科学育儿类活动108场次，养老照护类活动132场次，青少年健康发展类活动132场次，医养结合类活动93场次，其他类活动103场次，服务群众14.95万人次，投入资金183.89万元。

【医疗行政管理】 2019年，黄埔区卫生健康局开展“改善医疗服务行动计划”。3月，组织区医学会专家督导检查区属公立医院和社区卫生服务中心17间。开设军人、残疾人士、急危重症病人、老年人、孕妇等特殊人群优先服务窗口，推进医院“厕所革命”建设和无障碍设施建设，完善就医指引标识，提供候诊公共区域网络、阅读、餐饮服务。全区二级以上医院开展预约诊疗，全年预约诊疗122.44万人次，总诊疗814.07万人次。黄埔区发证管理医院开展临床路径管理病种超过40种，完成病历1.62万份，总出院人次3.49万人，临床路径管理住院病人占比46.4%。评选黄埔区优秀护理集体12个、区优秀护士长12名和区优秀护士106名。委托广州开发区黄埔区医学会和黄埔区中医医院开展医师定期考核，434人报名。组织开展医师资格考试，399人报名，165人通过医师资格考试。

定期收集全区14个医疗机构麻醉药品，换发医院《麻醉药品、第一类精神药品购用印鉴卡》，麻醉药品、第一类精神药品培训考核830人，合格764人。现场监督萝岗区红十字会医院、广东省第二中医院黄埔医院销毁过期盐酸氯胺酮注射液、盐酸麻黄碱注射液等针剂124支。广州开发区医院、黄埔区中医医院开展限制类临床应用医疗技术有冠心病心导管介入治疗技术、先天性心脏病心导管介入治疗技术、心律失常心内电生理介入治疗技术、心脏起搏器介入治疗技术、人工髋关节置换技术、人工膝关节置换技术、神经血管介入诊疗技术7项371例。组织区内各二级以上医院6家参加全国医疗质量数据抽样调查。开展电子病历系统应用水平分级评价工作，广州开发区医院分级评价达到三级，黄埔区中医医院、萝岗区红十字会医院达到一级。组织参加国家、省、市级举办医院感染防控知识培训1066人次。督导检查医院感染预防与控制工作医院30间。配合区环保局医疗废物联单系统管理。组织区内各医疗机构签订《广东省医疗机构感染预防与控制工作责任书》和《广州市医疗机构感染预防与控制工作责任书》。核准诊所、社区卫生服务站、村卫生室（站）抗菌药物静脉输液4间。加强临床用血管理工作，确保临床用血安全。开展无偿献血者临床用血费用直接减免工作，广州开发区医院、黄埔区中医医院作为首批试点医院，通过制订院内免费用血直报工作流程，统筹医务、血液、财务、信息等部门推进直报工作。完成普通高校招生学生体检3834人。选派广州医科大学第五附属医院参加全省医疗卫生机构“新基药粤健康”临床合理用药技能竞赛市级决赛获一等奖。

成立黄埔区院前急救工作领导小组，各网络医院制订处置突发公共卫生事件应急预案，区内9家医院加入广州市“120”急救网络系统，“120”急救车出车1.53万次，抢救道路交通事故伤员2510人次。完成医疗保障373次，出动医护人员数865次，出动车次360次。

推动广州开发区医院心血管内科、心脏大血管外科、介入放射学专业等临床专科建设。开展冠心病心导管介入治疗技术307例，心脏起搏器介入治疗技术4例。推动广州开发区医院参与区级危重症孕产妇、危重新生儿救治中心建设，各医院危重孕产妇转出375例，危重新生儿转出562例。脑卒中中心建设纳入广州开发区医院建设发展规划。

**【公立医院改革】** 2019年，黄埔区卫生健康局联合区财政局制定《黄埔区公立医院财政补助办法》，对区属公立医院的财政保障范围予以明确，主要分为基本建设经费、医疗设备配置更新经费、人员补助经费、床位补助及医学重点专科建设补助五个大类，提高区属公立医院的补助标准，保障可持续的公立医院运行新机制。推进区域医联体建设，构建基层首诊、分级诊疗和双向转诊就医秩序，推广发展远程医疗服务，鼓励和支持“互联网+医疗”。开展临床路径管理工作，规范临床诊疗行为，提高医疗质量，保障医疗安全。全年各医院开展临床路径管理病种超过40种，各医院基本药物使用率40%以上。制订《黄埔区控制公立医院医疗费用不合理增长实施方案》，开展公立医院绩效考核。

**【中医药服务】** 2019年，黄埔区

2019年9月12日，广东省中医药管理局组织评审专家组到黄埔区开展全国中医药工作先进单位复评工作　　（黄埔区卫生健康局供图）

卫生健康局开展中医医疗机构中药饮片采购验收专项检查，现场检查机构 20 家。组织辖区内 15 人参加中医医术确有专长人员医师资格考核。做好广州市中医专家人选推荐，其中黄埔区中医医院 7 名，黄埔区社区卫生服务中心 1 名。开展中医药文化进校园系列活动。通过在校园内种植中草药，播放中医药宣传资料、健康讲座、三伏天灸贴敷等活动，在校园内普及中医药文化。开展送医送药下乡义诊活动，组织黄埔区中医医院与黄埔区龙湖街汤村党委联合举办义诊科普活动，接受村民咨询问诊 100 人次，免费测血糖 50 余人次，发放宣传资料 200 余份。

**【医疗卫生机构基础设施建设】** 2019 年，黄埔区卫生健康局跟进广州医科大学附属第五医院临床教学综合楼（一期）工程、中山大学附属第三医院岭南医院二期工程、南方医院知识城分院、广州医科大学附属妇女儿童医院、中山大学肿瘤防治中心知识城院区、广州皇家丽肿瘤医院知识城院区、广州泰和肿瘤医院知识城院区立项后的建设工作。3 月 1 日，广州医科大学附属妇女儿童医院动工奠基，12 月 12 日，广州医科大学妇女儿童医院一期工程完成主体结构封顶。

是年 3 月，广州开发区医院新门急诊大楼投入使用，住院大楼及医技楼改造中。推进黄埔区妇幼保健院装修改造、黄埔区红十字会医院门诊住院综合楼改造、萝岗区红十字会医院二期升级改造、黄埔区中医医院原址改扩建等区属医院建设工程。协调广州市第十二人民医院易址新建选址优化协调工作。完成富春山居、岭南雅筑、岭南林语、金色梦想公建配套卫生站装修工作。完成时代天韵、幸福誉、保利学府里、中新里公建配套业务用房移交协议签订及档案资料接收工作。完成峰湖御园、东荟城、万科山景园、时代春树里、时代香谢里、融御穗府、东荟城公建配套业务用房产权划拨手续。启动鱼珠社区卫生服务中心、南岗社区卫生服务中心、云埔街社区卫生服务中心新址装修工作。启动爱特城、时代春树里、香榭里、时代天韵、万科山景城公建配套业务用房装修设计工作。完成龙翔汇、保利罗兰、万科尚城公建配套业务用房现场查勘工作。

**【家庭医生签约服务】** 2019 年，黄埔区卫生健康局组织基层医疗卫生机构开展“优质服务基层行”活动，督促各基层医疗卫生机构从内部管理、人员培训、绩效评价、薪酬分配等方面提升管理效益，切实提升服务能力和服务质量。黄埔区红山街社区卫生服务中心、九龙镇中心卫生院符合推荐标准，其中红山街社区卫生服务中心代表广州市通过国家专家组复核。出台《黄埔区加快推进家庭医生签约服务工作实施方案》，推进各基层医疗卫生机构规范化设置家庭医生签约服务区和家庭医生工作室，规范签约服务工作流程。除提供免费服务包外，重点推进医保和个人付费基本服务包和个性化服务包，制定《黄埔区孕产妇家庭医生签约综合服务包及其费用标准》《黄埔区计划生育特殊家庭成员的家庭医生签约综合服务包及其费用标准》，以孕产妇及计划生育特殊家庭等重点人群为签约工作重点，整合基本医疗、基本公共卫生服务和个性化健康管理功能，为重点人群提供针对性健康服务。

至年末，黄埔区所有社区卫生服务中心和乡镇卫生院开展家庭医生签约服务，签约 40.04 万人，签约人群服务覆盖率 36.7%，其中各类重点人群签约 19.63 万人，重点人群签约服务覆盖率 88.12%。

**【区域医疗联合体建立】** 2019 年，黄埔区卫生健康局印发《黄埔区建设区域医疗联合体工作方案》，由区统一规划，设置两个医共体，每个医共体以 1 家区级医院牵头，整合一定数量基层医疗卫生机构，采用集约式一体化管理模式，发挥区级医院城乡纽带作用和区域龙头作用，形成区、镇（街）、村（社区）三级医疗卫生机构分工协作机制，构建三级联动区域医疗服务体系。两个医共体与区内三级医院，以“专病优先，就近转诊”的原则组建医联体，构建基层首诊、分级诊疗和双向转诊的就医秩序，做到大多数病人诊治不出区。

**【职业健康监督】** 2019 年，黄埔区卫生健康局开展职业病危害项目申报与职业卫生投诉、举报处理工作，9 月末，启用职业病危害项目申报系统，动员全区各企业申报，至年末，完成职业病危害项目申报 41 家，劳动总人数 1.87 万人，接触职业病危害人数 6785 人。开展重点行业专项整治工作，制订职业卫生监测咨询项目，采用公开选定方式，选定一家技术服务公司承接。开展重点行业专项整治工作，印发《黄埔区矿山、冶金、化工等行业领域尘毒危害专项治理工作方案》，开展重点职业病危害调查工作，开展职业健康技术服务机构专项检查和职业病防治技术支撑机构摸底调查，摸底调查全区职业健康管理和监督执法队伍情况。开展“职业病防治法宣传周”系列活动，发放法律单行本，设点宣传，解疑问答等形式，活动发放单行法本 500 余册，发放宣传册 4070 份，开展各类宣传活动 11 项，宣传栏 21 期，制作横幅 21 条，参与群众 3725 人次。召开黄埔区尘肺病患者随访与回顾性调查工作会议、执法协调会，开展职业健康工作定期评价，职业健康监管专项督导工作。完善建设项目职业卫生“三同时”监督管理，至年末，完成40宗次32个建设项目职业病危害控制效果评价报告出具意见。

**【爱国卫生】** 2019年10月，经黄埔区政府、广州开发区管委会同意，调整黄埔区、广州开发区爱国卫生运动委员会成员，由黄埔区委、广州开发区党工委副书记、区长陈勇任爱国卫生运动委员会主任，广州开发区党工委委员、管委会副主任黄晓峰，黄埔区副区长、区公安分局局长雷虎任副主任，黄埔区相关职能部门42个单位为成员。具体工作由黄埔区卫生健康局承担，办公室设在区卫生健康局。

国家卫生城市复审工作。制订黄埔区迎接国家卫生城市复审工作方案，落实责任分工，确保工作落到实处；召开巩卫迎复审工作动员会，要求各单位、各部门做好各项迎检准备工作；强化督导检查。采取联合督查和专项督导双结合方式，督促责任单位整改问题。4月9日，黄埔区通过国家卫生城市公共卫生与医疗服务项目省级专项实地检查验收。9月末，通过国家卫生城市复审暗访。

病媒生物预防控制和登革热疫情防控工作。开展冬季灭鼠、越冬蚊卵清除行动、第31个爱卫月活动等专项行动，发放药物9次，其中灭蚊药物40吨，灭鼠药物47吨，毒鼠屋1万个。公开招标三支PCO公司作为区应急消杀队伍，负责处置疫点半径200米范围成蚊消杀和蚊媒滋生地清理工作。督促各街镇开展清除积水等滋生地爱国卫生运动和入户宣传发动工作，建立和完善街居级蚊媒应急消杀队伍，做好登革热防控各项工作。

控烟工作。开展以“烟草和肺部健康”为主题第32个世界无烟日活动，每月开展控烟联合执法或专项执法检查和每周巡查，全年组织出动联合执法人员31人次，劝导个人吸烟行为18宗，发出整改通知书4份，处罚违法吸烟者6宗，检查单位52家；推进省、市无烟单位申报和督导检查工作，创建省无烟单位4个，市无烟单位14个；落实居民投诉吸烟行为，及时处理投诉16宗。

爱卫宣传和培训工作。向各街镇发放宣传折页12万份，海报2.65万张，宣传台卡2.5万份，控烟标志1.3万张。举办大型宣传活动100余场、参与咨询市民3.6万人，派发宣传品11万份，派发各类除害药物3万份。组织全区业务培训和会议6场次，培训人员670人。

医疗机构厕所革命和生活垃圾分类工作。推进区属公立医疗卫生机构公共厕所升级改造，制订《黄埔区医疗卫生机构厕所整洁专项行动（2019—2020年）工作方案》，成立医疗卫生机构厕所整洁两年专项行动工作领导小组，督导检查区内医疗卫生机构公共厕所管养工作。制订《黄埔区医疗卫生机构深化垃圾分类三年行动计划（2019—2021年）》《黄埔区医疗卫生行业垃圾分类专项行动工作推进方案》，成立黄埔区医疗卫生机构垃圾分类管理工作领导小组，督导检查区属医疗卫生机构垃圾分类工作。

**【医养结合】** 2019年，黄埔区卫生健康局制订《黄埔区促进医疗卫生和养老服务相结合实施方案》，提供老年人医疗卫生服务4160人次，提供家庭病床服务740人次。制订《黄埔区在社区建设护理站的实施方案》，红山街社区卫生服务中心护理站、卓医航东荟护理站、颐家宏康护理站、福寿康康埔护理站、许乃芬护理站被确定为广州市护理站试点单位。9月，开展宣传咨询活动61场，站内护理康复1000余人次，上门居家护理康复服务670人次，其他服务活动5700余人次，满足黄埔区老年人就近享受医疗护理服务需求。推进智慧健康养老项目，夏港街道被选定为广州市智慧健康养老试点单位，中期评估成绩排全广州市第二名。辖区各镇街日托中心、老年人星光之家与医疗机构签订医疗服务协议；组织辖区老年人参加各类健康讲座和义诊；组织基层社区卫生服务机构开展老年人健康体检，提供检查场地、早餐等。

**【红十字会工作】** 2019年，黄埔区红十字会开展卫生急救培训工作，组织开展国家救护师资注册，7个培训基地23名师资注册国家救护师资。组织14名人员参加市红十字会救护师资培训，取得救护员培训师资资格。组织各培训基地有计划开展救护员培训工作，全年7家区级培训基地开展救护员培训59期，经考核合格救护员2665人。开展贫困家庭先天性心脏病救助工作。全区先天性心脏病儿童12名，组织省中医院大学城医院专家初筛评估，需到大学城医院接受手术治疗儿童2名。组织2020年春节前红十字“博爱送万家”慰问区内困难群众活动，采购家庭生活用品525份9.77万元。开展造血干细胞捐献志愿者招募工作，全年招募造血干细胞捐献志愿者106人。开展无偿献血宣传和献血活动，全年无偿献血2.4万人次。

**【区域卫生信息化建设】** 2019年7月17日，黄埔区卫生健康局组织完成“广州市黄埔区开发区审批系统升级与卫生计生局事项进驻项目”验收工作。项目各功能模块均上线运行，优化该局审批、许可等业务流程，支撑放管服工作改革，适应信任审批、快速审批要求。10月23日，完成“黄埔区社区卫生服务信息云系统（一期）项目”建设，通过黄埔区政务服务数据管理局组织专家评审验收。该项目打造黄埔区统一社区卫生服务信息系统，实现社区卫生服务基本医疗和公共卫生系统从前端到底层深度融合，数据互联互通，服务流程优化，基层医疗服务质量和工作效率提升，建立健全基层医疗卫生绩效考核机制，对接广州市全民健康信息平台，实现电子健康档案数据互联互通，实现广州市电子健康码在黄埔区基层医疗卫生机构落地应用，接入广州市区域检验中心、区域影像中心等诊断平台，实施与广州市家庭医生签约系统对接应用，推进区级系统与上级各类疾病监测报告条线系统整合。11 月 11 日，“黄埔区数字化智慧医院建设（一期）项目”完成项目合同签订，该项目已启动。

【卫生行政执法】 2019 年，黄埔区卫生健康局实施行政检查 835 次，其中“双随机、一公开”检查 139 次；收到听证申请 3 宗，组织听证 3 次；申请法院强制执行案件 1 宗，已经裁定准予执行；被申请行政复议 2 宗，行政复议决定为维持；无行政诉讼事项；作出行政征收决定 6 次，征收总金额 35.45 万元；作出行政给付 12 次，给付总金额 352.93 万元；作出行政奖励决定 13 次，奖励金额 3086.71 万元。推行医师电子化注册制度，全年末，办理医师在册人数 3041 人，办理护士在册人数 3980 人。全年办理医师多点执业备案 262 人，办理护士多点执业备案 48 人。

【区级疫苗第三方储送一体化管理】 2019 年，黄埔区卫生健康局制订并有序实施《黄埔区预防接种工作提升计划（2019—2020 年）》，在保障疫苗接种安全方面，创新疫苗安全监管新模式、新体系，与国药（广州）控股有限公司合作通过签订协议形式，与该公司合作开发建立疫苗追溯平台并开始试点运行，实现疫苗采购、供应、仓储、物流、验证、接种等全环节、全过程可追溯管理。在广东省实现首家区级疫苗第三方储送一体化管理，形成区市场监管部门—专业公司—区疾控中心三重监管。解决辖区群众预防接种问题。

【黄埔马拉松赛医疗保障】 2019 年 12 月 22 日，黄埔区卫生健康局全方位提供医疗保障工作，保驾护航黄埔马拉松赛事，其中在全程、半程和迷你马拉松赛道配备救护车医疗队 24 支，医疗站 24 个。参加医疗保障人员 1090 人，其中医护人员 266 人，骑行救护队 82 人、医疗志愿者 640 人，其他后勤保障人员 102 人。赛事期间为肌肉痉挛、肌肉拉伤、皮肤擦伤等参赛跑者施行医疗康复和救治 1572 人次，完成赛事医疗保障任务。

（秦锡扬）

## 社区卫生服务

【概况】 2019 年，黄埔区有社区卫生服务中心 12 所：长岭街社区卫生服务中心、九佛街社区卫生服务中心、文冲街社区卫生服务中心、云埔街社区卫生服务中心、龙湖街社区卫生服务中心、黄埔街社区卫生服务中心、鱼珠街社区卫生服务中心、穗东街社区卫生服务中心、南岗街社区卫生服务中心、夏港街社区卫生服务中心、萝岗街社区卫生服务中心、永和街社区卫生服务中心。各中心主要提供社区预防、保健、医疗、康复、健康教育、计划生育等基本公共卫生服务工作。

【黄埔街社区卫生服务中心】

该中心占地面积 2000 平方米，服务面积 7.39 平方千米，服务 9.5 万人。主要承担黄埔街辖区的基本医疗和基本公共卫生服务工作。设有全科医疗、中医、康复、慢性病门诊、家庭医疗服务、妇女保健、儿童保健、计划免疫、健康教育、健康管理、检验和功能检查。落实防治结合政策，糖尿病管理工作在区里名列前茅。新聘副主任医师、副主任护师、副主任药师各 1 名。副高职称医护人员 5 名，外聘区中医院副主任医师 2 名定期做诊，“5+3”全科规范化培训医师 3 名。2019 年，突出中医药特色，做好中医治未病、中医适宜技术推广、中医服务能力提升工程、中医示范单位等工作。完成中医药先进单位 5 年评审工作。门诊中医饮片处方占全部处方 20.95%，中医诊疗人次占全部诊疗人次 63.23%。

是年，该中心推进重点人群管理和居民健康档案管理。随访老年人、高血压、糖尿病、精神病患者，并提供免费体检服务；为辖区幼儿园提供健康体检服务，健康检查 5.9 千人次。完善家庭医生工作室，加快家庭医生契约式服务签约工作。至年末，常住人口签约 2.1 万人，比上年增长 26.44%。

（谢笑玲）

【穗东街社区卫生服务中心】

该中心设有全科医疗、中医、康复、理疗、妇女保健、儿童保健、计划免疫、健康教育、健康管理、检验和功能检查等科室，是公费医疗、基本医疗保险（门诊）定点医疗机构。配有 DR 机、彩色 B 超、心电图机、尿分析仪、全自动生化仪、全自动血球仪、除颤仪和一批康复理疗和冷链设备。配备 104 种中成药、315 种中药饮片及 219 种中药颗粒剂，庙头站配备 52 种中成药、178 种中药颗粒剂。

2019 年，该中心建立规范化电子居民健康档案 5.07 万份，健康档案动态使用率 76.13%。建立老年人档案 1381 份，建档率 100%，65 岁以上老年人健康检查 1287 人，健康管理率 93.2%；高血压规范管理人数1490人，规范管理率69.59%，体检人数1490人，体检率69.59%；糖尿病规范管理人数510人，规范管理率66.7%；常住人口家庭医生式签约人数2.37万人，全人群签约服务覆盖率38.3%。管理重点人群8711人，重点人群签约人数8323人，重点人群签约服务覆盖率95.6%；常住人口有偿签约人数2383人。预防接种一类疫苗1.32万人次，二类疫苗8962人次，未出现错误接种或不当接种等差错。新生儿访视人数600人，新生儿访视率100%；早孕建卡514人，早孕建册率91.95%，产后访视率98.39%。举办健康教育健康知识讲座23次，参加人数1666人次，公众健康咨询21次，参加人数2747人。开展社区健康干预活动6次；落实控烟工作资金，巩固无烟单位称号。

（赵放平）

**【鱼珠街社区卫生服务中心】**

该中心业务用房面积3800平方米，服务总面积9.11平方千米，涵盖鱼珠街9个居委会，承担辖区6万名居民的基本医疗和预防保健工作。设有社区卫生服务站2个：金碧社区卫生服务站、茅岗社区卫生服务站。

2019年，该中心业务总收入905.2万元，其中药品收入427.9万元。中心门诊诊疗人数5.49万人次，比上年（下同）增长20.4%，在岗职工人均负担门诊数2552人次，人均门诊诊疗费用99.36元。开展中医诊疗服务，设置有中医诊室，全年中医门诊量3.53万人次，开展中医适宜技术6785人次。严格执行医疗保险有关政策，城镇职工、城镇居民医保定点数6867人，增长18.1%。建立规范化电子居民健康档案4.61万份，规范化电子健康档案建档率80.2%；电子健康档案合格率100%，建档利用率70.0%；高血压规范管理人数1708人，规范管理率77.11%；糖尿病规范管理人数639人，规范管理率77.0%；开展家庭医生基本包签约服务工作，全年签约1.05万人，其中基本包1899人。全年预防接种2.47万针次，其中二类疫苗1.32万针次；新生儿入户访视人数366，新生儿访视率97%；早孕建卡592人，早孕建册率87%，产后访视率97%；举办健康教育健康知识讲座24次，参加人数1650人，公众健康咨询13次，参加人数1120人。

（袁爱华）

**【萝岗街社区卫生服务中心】**

该中心主要为萝岗街、长岭街所辖13个社区（居委）提供儿童保健、妇女保健、预防接种等14项基本公共卫生服务、家庭医生签约服务和中医药健康管理服务。

2019年，该中心完成居民健康档案建档6.8万份，建档率82.91%；发放健康教育印刷资料37种1.8万份，举办健康教育讲座25次，参加2046人，举办健康教育公众咨询活动19次，参加1460人，儿童健康管理率99.08%，新生儿访视率100%；早孕建卡955人，早孕建册率87.29%，孕产妇系统管理率98.45%；产后访视率98.54%；65岁及以上老年人健康体检人数2492人，老年人健康管理率（完整率）64.31%；接种一类疫苗3.51万人次，接种二类疫苗2.45万人次，总接种疫苗5.96万人次，比上年（下同）增长17.8%；高血压患者健康管理的人数1902人，高血压患者规范管理率63.89%；Ⅱ型糖尿病患者健康管理人数634人，Ⅱ型糖尿病患者规范管理率68.9%；接受中医药健康管理服务65岁及以上居民1905人，老年人中医药健康管理率57.3%。接受中医药健康管理服务0—36个月儿童数2592人，0—36个月儿童中医药健康管理服务率67%；随访恶性肿瘤388例个案，恶性肿瘤患者建档率98.91%；发放避孕套1520只，下乡体检数3819人，居民签约家庭医生服务协议书（免费包）3819人。

（陈天亮）

**【云埔街社区卫生服务中心】**

该中心承担辖区居民基本医疗服务和基本公共卫生服务任务，是“广州市第二批中药医特色社区卫生服务示范中心”、基本医疗保险、新型农村合作医疗定点机构。设有全科医疗部、护理部、预防保健部、医技部和综合部。组织开展各类专业知识培训，推行“零距离”服务模式，在辖区卫生站开设“慢性病专科门诊”及“慢病诊疗流动门诊”。2019年，诊疗5.12万人次，其中中医门诊4865人次，中医治疗1.23万人次，坐诊诊疗8308人次。

是年，该中心为辖区内65岁以上老年人提供免费中医药健康管理服务1次，服务包括中医体质辨识和中医药保健指导。辖区内65岁以上老年人2207人，完成老年人中医药健康管理人数1536人，占比62%。为辖区内居住0—36个月儿童提供儿童中医饮食调养、起居活动指导服务，按照儿童月龄不同，给家长传授摩腹和捏脊方法及不同学位的按摩方法，完成儿童中医药管理人数4396人，占比45.1%。

至年末，建立电子档案12.19万份，建档率74.8%；举办健康教育宣传活动60次，发放健康处方宣传资料39种27344份，更换宣传栏资料15期，举办家长育儿知识讲座22次，0–3岁广州市户籍内儿童管理率100%；孕产妇健康管理率92.1%。为辖区各居委65岁以上免费体检1次，全年完成体检数2645人。接种国家免疫规划一类疫苗72541针次，建证建卡5073人。对辖区32所托幼机构及小学保健医生及老师新生入学查验证工作培训，培训率100%，查验新生4885名，查验率、补种率、补证率均符合要求；协助区疾病预防控制中心开展传染病疫情处理和消毒，传染病疫情调查处理和消毒处理46宗，发现肺结核和疑似肺结核病人66例，均按时追访；开展窝沟封闭宣传与筛查工作，完成辖区学生窝沟封闭筛查894例，进校窝沟封闭完成人数452例，牙数1057颗，无差错事故发生。

（钟冬明）

【永和街社区卫生服务中心】该中心占地面积1900平方米，建筑面积1.17万平方米。主要承担永和辖区居民基本医疗和基本公共卫生服务项目工作。设有全科医疗、外科、妇产科、口腔科、中医康复科、预防保健科，辅助科室有检验科、药剂科、B超及放射等，配有全自动生化仪、彩色多普勒、DR等先进的设备设施。

2019年，该中心推进14项基本公共卫生服务项目工作，建立居民健康档案5.91万人，其中65岁以上老年人1309人、高血压患者1831人、糖尿病患者614人、重性精神病患者109人、肿瘤患者168人。开展重点人群年度健康体检工作，全年完成体检的重点人群分别有65岁以上老年人870人、高血压患者1181人、糖尿病患者430人、精神病患者77人。

（李继朋）

【夏港街社区卫生服务中心】该中心设有全科诊室、中医诊室、化验室、B超室、放射室、心电图室、抢救室、预防接种室、儿童保健室、妇女保健和计划生育技术指导室，为辖区常住居民提供基本公共卫生和基本医疗服务。2019年，门诊诊疗7.02万人次，比上年（下同）增长20.56%。解决老百姓看病贵看病难问题，定期为行动不便、卧床、高龄、孤寡老人等特殊患者，送医送药送治疗上门服务。推进分级诊疗制度建设，与广州开发区医院签订双向转诊合作协议，开设转诊绿色通道，建立“基层首诊，双向转诊，急慢分治，上下联动”医疗服务模式。

至年末，建立居民健康档案3.68万份，建档率95.55%，发放健康教育资料71种2.27万份，有针对性发放健康教育处方26种5996份；开展健康教育讲座31次，参与人数2436人；开展健康教育义诊咨询14次，参与人数841人。本辖区0—6岁儿童4108人，健康管理4035人，儿童健康管理率98.22%，建档率100%。到辖街各个居委及街道，宣传免费婚检，并在3个月内随访。在管孕产妇859人，完成产前随访5次，产后随访2次。该辖区65岁以上老年人1335人，建档居民1335人，老年人建档率100%。4月，开展65岁以上老年人免费体检及健康指导工作，916名65岁以上老年人参加免费体检，接受健康指导，老年人健康管理率68.6%。完成疫苗接种2.07万针次，相应传染病控制在脊髓灰质炎0/10万、白喉0.01/10万、百日咳1/10万、麻疹1/100万以内。执行传染病登记和网络直报工作，传染病疫情报告制度、门诊日志、登记本等齐全，报告传染病90例，无传染病迟报、漏报，无死亡病例。传染病报告准确率100%，传染病报告完整率100%，传染病诊断符合率100%。协助开展食源性疾病、饮用水卫生安全、学校卫生、非法行医和非法采供血、计划生育实地巡查。规范管理结核病患者17人、艾滋病患者23人、高血压患者2086人、糖尿病患者646人、肿瘤患者246人、严重精神障碍患者68人。

（钟琳）

## 妇幼保健

【概况】黄埔区妇幼保健院是黄埔区妇幼健康技术指导中心、业务培训中心、全国妇联“三优”教育基地，黄埔区婚前保健、免费孕检指定机构、广东省妇儿健康专科联盟之乳腺疾病防治、妇科疾病防治、出生缺陷与产前诊断、儿童保健专科。黄埔区儿童入园（托）体检、女职工健康检查定点医疗机构，为公益一类事业单位建制。位于中山大道东486号，占地3620平方米，建筑面积6453平方米。建有黄埔区产前遗传病、先天性心脏病产前筛查及产前诊断服务体系及筛查网络；黄埔区出生缺陷干预中心、儿童早期综合发展中心、儿童听力筛查中心、早产儿视网膜病变筛查中心、乳腺病防治中心、宫颈疾病防治中心。广州市区级妇幼保健院中第一个创建早产儿视网膜病变筛查点，市级妇幼健康优质服务示范区。

业务部门有孕产保健部、儿童保健部、妇女保健部、计划生育技术指导部及医疗门诊部。开展主要服务项目：婚前保健服务、孕前保健、妇女保健、计划生育手术、妇产科门诊、乳腺保健、更年期保健、围产保健、优生优育、儿童早期综合发展、儿童眼保健、儿童口腔保健、儿童听力保健、儿童心理保健、新生儿疾病筛查、儿童身高促进、健康检查等以及全区群体保健管理、培训基层妇幼保健人员、妇幼信息管理、健康教育、计划生育技术管理等工作。

开设有计生专科门诊、盆底康复专科门诊、妇女营养专科门诊、儿童营养专科门诊，为妇儿群众提供优质便捷妇幼保健服务。推进专科联盟申报，促进与广东省妇幼保健院合作。10月被授予“广东省妇科疾病防治专科联盟”牌匾，12月，被授予“广东省妇幼保健院医联体医院——儿童保健专科技术协作单位”牌匾。

【妇女保健服务】 2019年，黄埔区妇幼保健院组织全区12家助产机构，分解预防艾梅乙传播服务责任，完善工作流程及技术规范。规范开展免费叶酸发放工作，全年户籍人口发放3140人，12382瓶；流动人口发放2837人，1.128万瓶。做好全区“两癌”筛查及妇女病普查普治工作。制订《2019年黄埔区妇女“两癌”检查和“妇女病查治”项目工作方案》，全年完成“宫颈癌“检查8744人，“乳腺癌”检查8819人，全区发现宫颈癌癌前病变29例，宫颈癌2例；乳腺癌癌前病变0人，乳腺癌2人，妇女病普查4667人。

【妇幼保健指标】 2019年，黄埔区孕产妇死亡率为零，婴儿死亡率1.89‰，5岁以下儿童死亡率2.65‰，婚前医学检查率41.68%，出生缺陷儿发生率150.35/万。黄埔区妇幼保健院母婴室被广州市妇女儿童工作委员会办公室命名为广州市公共场所母婴室示范点。

【妇幼健康宣传】 2019年3月，黄埔区妇幼保健院组织开展纪念“三八”咨询义诊系列活动、5月“世界地贫日”及“家庭发展促进月”宣传义诊，6月组织全区托幼园所开展庆“六一”健教系列之儿童爱眼卫生知识比赛，组织各社区卫生服务中心和助产机构开展母乳喂养周宣传、出生缺陷预防宣传周宣传。办好婚育学校及家长学校。是年，孕妇学校举办260期，开展托幼机构健康讲座4次。

【母婴安康行动计划】 2019年，黄埔区妇幼保健院救治危重症孕产妇473例，转区级救治中心救治251例，未发生孕产妇死亡。救治危急重症儿童1681例，救治成功率99.1%。完成基层产科医师及助产士培训、新生儿复苏培训、百名新生儿科医师进修、儿童高级生命支持培训项目工作。组织母婴健康素养大讲堂活动，提高母婴健康知识巡讲效果和对群众影响力；区级妇幼健康技能培训基地按计划充实，购买新模具，举办培训班19期。

【出生缺陷干预管理】 2019年，黄埔区妇幼保健院和中山大学附属第三医院岭南医院联合建立黄埔区出生缺陷综合干预中心。加强出生缺陷重点病种群体干预和母婴阻断，推进免费婚检及孕前优生健康检查，全区免费产检人数7879人次，婚检人数3023人次，婚检率41.11%。完成孕前检查5794人次。规范落实新生儿疾病系列筛查工作，6月，启动黄埔区先天性心脏病筛查项目，增设对外接诊早产儿视网膜筛查工作，全区早产儿视网膜筛查率80.08%，新生儿疾病筛查率99.68%；新生儿听力筛查率97.54%；全区转诊听力诊断中心175人次。

【集体儿童保健管理】 2019年，黄埔区妇幼保健院规范托幼园所卫生保健，承担辖区儿童入园（所）健康检查、托幼机构工作人员岗前及年度健康检查工作。7月，国家妇幼中心启动“托幼机构卫生保健工作指标体系建设试点项目”，黄埔区托幼机构区级以上幼儿园列为项目试点60间。完成集体儿童听力筛查1.01万人次，视力筛查1.11万人次，口腔保健1.25万人次，新生入托体检7241人次。

## 计划生育

【概况】 至2019年年末，黄埔区常住总人口121.11万人，已婚育龄妇女24.42万人，出生人数1.95万人，自然增长1.7万人，自然增长率14.47‰，出版性别比113.62（女为100），政策生育率92.68%。户籍人口已婚育龄妇女12.39万人，出生人口1.22万人，自然增长9844人，自然增长率17.73‰，出生性别比116.47（女为100），政策生育率94.14%。全区户籍人口孕产妇系统管理率97.80%，孕产妇死亡率1/10万，婴儿死亡率1.89‰，7岁以下儿童保健管理率98.61%。“全面两孩”政策实施以来，全区2016—2019年户籍人口政策内二孩出生2.59万人，流动人口政策内二孩出生1.68万人。

【计划生育齐抓共管】 2019年，黄埔区财政部门保障各项计生工作经费拨付到位，全年投入计生事务经费1.45亿。提高基层计生工作人员待遇，落实生育保险产假津贴。对计划生育特扶老人实行公办养老机构入驻优先轮候，对实行计划生育的困难家庭优先给予临时救助。将新建学校项目纳入政府重点工作，增加学位，开展校内托管服务，解决二孩家庭后顾之忧。

【优生促进工程】 2019年，黄埔区深化常住人口计生基本公共服务均等化，落实免费避孕药具发放与管理，健全药具管理机构，设置各级药具仓库标准，满足发放网点需求。1—9月，全区8家定点医院完成免费计划生育手术653例，手术术后随访率100%，未发生手术并发症和差错事故。开展常住人口婚育信息登记和生育登记等服务管理。

【利益导向机制建立】 2019年，黄埔区计划生育家庭奖励和扶助，全年发放城镇独生子女父母奖励金3038.67万元、计划生育家庭特别扶助金350.1万元、农村家庭计划生育奖励金13.97万元、农村计划生育节育奖励金59.21万元，受惠群众1.87万人，投入财政资金787.8万元，免费参加计划生育家庭综合险计生家庭3.53万户8.85万人，参保率100%。落实计划生育特别家庭扶助政策，出台计划生育特殊家庭医生签约服务包免费升级为基础包政策，全区计划生育特殊家庭对象394人，签约率100%。

（秦锡扬）

【计生技术服务】 2019年，黄埔区妇幼保健院规范管理，发放避孕药具，完成免费提供避孕药具服务进公立医疗机构，落实区域基本避孕药具发放机构比例100%，全区新增免费药具发放箱100台和二代身份证取套机22台，全区设置免费药具发放网点676个。开展全区退出育龄期后未取环人员的摸底调查，完成辖区已婚育龄妇女避孕节育情况清查。组织全区基层计生技术人员和药具员业务培训4期、市药具站业务培训1期、各类主题义诊活动5次、药具宣教与进企业讲座5期。

【计生协会工作】 2019年，黄埔区计生协会获批生育关怀项目区，开展幸福工程捐款筹款39.79万元，完成安康母亲和阳光女孩的申报审核。黄埔区广州航海学院中标中国计生协青春健康高校项目；云埔街新市民健康行动项目获批省级项目，举行“为爱坚持，科学避孕”的主题宣传服务活动；文冲街获批市级流动人口计生协“四级示范创建”项目；穗东街获批计生基层群众自治示范街镇项目；黄埔区被确定为国家青春健康生命之舞新策略试点项目区。开展“5·29”计生协会会员日群众性宣传教育行动。

（邱子芹）

## 疾病预防控制

【概况】 2019年，黄埔区疾病预防控制中心（以下简称黄埔区疾控中心）是黄埔区卫生健康局下属事业单位，设传染病预防控制科、免疫规划科、慢性非传染性疾病预防控制科、综合卫生科、健康教育与健康促进科、检验科、突发公共卫生事件应急科、地方病与寄生虫病预防控制科等10个科室。全年开展各类宣传活动1000余场，举办区级健康教育好讲师演讲竞赛活动，14家机构16位选手参赛，选派1名优秀选手代表黄埔区参加市级竞赛，获三等奖。举办区级健康教育技能竞赛，组队参加市级健康教育技能竞赛，其中健康素养监测项目获市级竞赛三等奖。是年，辖区保持无脊灰状态，无新生儿破伤风病例。全年筛查艾滋病病毒感染31万例，确证阳性131例；活动性肺结核患者登记管理599例。开展食品安全风险监测，区内无发生食物中毒事故。

【健康教育】 2019年，黄埔区疾控中心发放健康教育资料28.79万份，播放音像宣传资料1.93万小时，更换宣传栏297期，举办讲座、咨询和干预活动664场次、6.21万人次，开展健康素养进机关、进学校、进企业等巡讲活动5场1170人次，发放宣传资料和礼品7704份；开展相约社区行——健康大讲堂专题讲座302场、2.64万人次，发放宣传资料21.55万份；开展社区健康教育志愿者服务活动177场，受众1.78万人次。组织开展全民营养周、健康教育宣传周、世界无烟日、全民健康生活方式行动日等主题日系列宣传活动，受众3500人次，发放资料1.6万份。新增创建健康社区、单位、医院、食堂、步道等健康支持性环境9个，新增健康家庭3.58万户。完成国家居民健康素养和中医药健康文化素养监测，抽样问卷调查永和街道、鱼珠街道和文冲街道居民510户，完成率100%；配合第三方机构完成广州市居民健康素养监测工作，抽样问卷调查联和街道、南岗街道、九佛街道居民378户。举办区级健康促进与教育业务培训4期和医疗卫生机构控烟工作培训1期。开展巩卫迎省和国家复审专项工作督导，出动督导97人次，覆盖重点迎检单位73家。完成基本公共卫生服务健康教育项目常规督导工作4次。

【艾滋病及性病防控】 2019年，按现住址、审核日期定统计，黄埔区新发报告HIV/AIDS（艾滋病病毒感染者/病人）病例101例（含既往转化为AIDS 9例），终审死亡5例。艾滋病疫情监测和网络直报工作，全年筛查309825例，初筛阳性472例，确证阳性131例，网络报告并流调83例（48例为既往阳性）。贯彻落实《艾滋病防治条例》，播放宣传片5万条次，发放安全套6万只，宣教覆盖2万人次，四类人群（居民、流动人口、青少年、失足妇女）艾滋病知晓率93.37%。落实“四免一关怀”政策，全区16家VCT门诊开展免费自愿咨询检测952人次。病例随访干预651人次。全年干预失足妇女3275人次，干预男男性接触者1290人次。推进“十三五”规划及第四轮全国艾滋病综合防控示范区建设，探索“一地一策”。

至年末，黄埔区报告性病1756例，其中梅毒725例（一期25例、二期37例、三期7例、隐性梅毒655例、胎传梅毒1例）、淋病206例、生殖道衣原体感染746例、尖锐湿疣46例、生殖器疱疹33例。日常开展报告质量审核及订正工作，未发现性病聚集性疫情。组织区相关单位市级培训4次，开展区级督导及迎接市级督导各1次，开展性病漏报调查工作2次，开展梅毒基线调查项目工作。

**【结核病防控】** 2019年，黄埔区活动性肺结核患者登记管理599例，活动性肺结核病原学阳性率55.93%；活动性肺结核患者成功治疗率94.20%；基层医疗卫生机构肺结核患者规范管理率95.16%；活动性肺结核患者HIV筛查率94.66%；耐多药高危人群可疑者筛查率100%；新涂阳肺结核患者耐药筛查率97.66%；病原学阳性肺结核患者密切接触者筛查率98.93%；报告肺结核患者和疑似肺结核患者总体到位率96.35%。推进学校结核病防控工作，全年发生学校肺结核患者17例（学生13例，教师4例），为散发病例，无聚集性疫情。筛查密切接触者胸部（DR）881人，结核菌素试验（PPD）936人，其中DR异常2人，PPD强阳性9人，无密切接触者确诊肺结核病例，所有病例按照定点医院诊断意见提出休学或停工治疗建议。3月24日，结合“世界防治结核病日”宣传活动，全区各基层医疗机构举办结核病防治宣传活动26场、悬挂宣传横幅16条、出版墙报宣传栏16期，接受群众咨询7500人次，派发宣传物品2.7万份。

**【公共卫生监测】** 2019年，黄埔区疾控中心开展食品安全风险监测，全区抽取11大类、261份食品样品，检测3354项次，比上年增加1310项次。开展食源性疾病监测医疗机构23家，审核监测点上报个案122例，其中识别聚集性病例15宗，未出现迟审、漏审。全年未发生食物中毒事故。抽样检测萝岗街、黄埔街、永和街、联和街、南岗街300户家庭（其中200户是8—10岁儿童家庭，100户是孕妇家庭）盐碘和尿碘样品，采集检验食盐300份、尿液标本300份，检测合格碘盐食用率95.67%。开展职业健康核心指标监测：收集汇总8家职业健康体检机构在岗体检个案卡3.17万份，完成率147.2%；审核疑似职业病75例，新发职业病28例，其中职业性噪声聋16例，尘肺病6例，慢性职业中毒（苯中毒）5例，职业性肿瘤1例。尘肺病患者职业卫生现况调查，随访与调查292例，尘肺病患者存活164例，死亡128例，失访54例。存活患者社会保障率83.5%（137/164）。开展医疗机构消毒质量监测23家，检测重点科室样品490宗，合格466宗，总合格率95.1%；新增项目医疗机构医疗用水专项监测15家、90宗样品，合格54宗，合格率60%，不合格项目为“细菌总数”。托幼机构消毒质量监测11家，采样284宗，合格239宗，合格率84.15%；协助广州市疾控中心对广州医科大学附属第五医院、广州开发区医院开展肠道病毒污染状况专项监测采样94宗，合格率100%。

开展公共场所监测，公共卫生国家随机监督抽查（美容美发、住宿、沐足）53家，实抽查44家（其中9家失联），完成率83.0%；检测用品用具299宗516项次。公共场所委托检测26家，其中室内空气监测40项次，用品用具采集检验样品298份。城市市政供水水质监测，设置生活饮用水监测点25个，每季度监测1次。检测95宗生活饮用水微生物、理化和毒理检测项目33项、3135项次。完成农村半集中式供水水质样品卫生监测29宗和分散式供水水质检测10宗。完成龙湖街佛朗村等5条自然村环境卫生情况调查和20户农户入户调查。游泳场所采集泳池水质检测25家100宗。

完成9所中小学校幼儿园2796名学生视力检查，抽样学生视力不良及影响因素专项问卷调查1977名；学校卫生双随机监督监测中小学12所、幼儿园7所和校外培训机构3家，监测课室44间704宗

**2019年黄埔区各类卫生监督情况统计表**

| 监督类别 | 监督对象间数（间） | 其中：新发证间数（间） | 从业人员数（人） | 监督间次（间次） | 处罚间次（间次） | 金额（元） |
|---|---|---|---|---|---|---|
| 传染病防治监督 | 340 | | | 498 | 95 | 60800 |
| 医疗卫生 | 340 | 35 | 6351 | 518 | 89 | 589084 |
| 学校卫生 | 112 | | | 152 | 25 | 0 |
| 公共场所卫生 | 1352 | 67 | 3192 | 1293 | 188 | 102500 |
| 职业健康体检机构 | 7 | 1 | | 9 | 0 | 0 |
| 放射卫生 | 32 | 11 | | 62 | 6 | 0 |
| 饮用水卫生 | 61 | 0 | 286 | 69 | 0 | 0 |
| 控烟 | | | | 1377 | 3 | 100 |
| 餐饮具集中消毒单位 | 3 | | | 32 | 3 | 10000 |

样品，检测记录1948个数据。开展学校教学环境综合评价监测，监测学校26所教室67间2350宗样品，记录数据7992个。在17间定点医疗机构和81间小学开展儿童六龄齿免费窝沟封闭项目，应检查学生12697人，实际检查12657人，检查率99.7%；应封闭8130人，实际封闭7189人，适应证率64.2%，人数封闭率88.4%。应封闭牙数21714颗，实际封闭牙数19131颗。人数复查率99%，封闭剂保留率98.9%，封闭剂完好率93.4%。

【慢性病防治】 2019年，黄埔区持续推进国家慢性病综合防控示范区建设工作。1月，国家卫生健康委重新确认黄埔区为国家慢性病综合防控示范区，辖区试点实施脑卒中高危人群筛查和干预项目，组织黄埔区中医医院及黄埔、鱼珠、穗东、红山、长洲街社区卫生服务中心完成辖区内1004人调查、医学体检及实验室检测；评估988例，其中低危人群520人，中危人群205人，高危人群263例。辖区内11家医院及15家基层医疗卫生服务机构开展死因监测工作，户籍死亡2345例，粗死亡率4.61‰（2345/508491）。辖区11家医院及15家基层医疗卫生服务机构上报肿瘤报告卡1691张和心脑血管病事件985例，15家基层医疗卫生机构随访肿瘤患者4517人。组织穗东街、长洲街社区卫生服务中心各建立1个高血压（糖尿病）健康自我管理小组，全年开展活动6次，完成活动组25人和对照组22人的问卷调查、体格检查和实验室项目检验。

【免疫规划】 2019年，黄埔区儿童卡介苗、脊灰疫苗、百白破疫苗、麻疹疫苗（含麻风疫苗）、乙肝疫苗、乙脑疫苗、A群流脑疫苗和甲肝疫苗报告接种率、新生儿乙肝第一针及时接种率和麻疹第一针及时接种率均90%以上。是年，报告本地AFP病例1例，后经病毒分离结果为阴性排除，辖区保持无脊灰状态；发现麻疹疑似病例19例，经采血检测后全部排除；无新生儿破伤风病例。辖内17个预防接种门诊均有开展疑似预防接种异常反应监测工作，全区报告AEFI病例173例，其中一般反应116例，异常反应50例，偶合症7例。

（刘顺玉）

## 卫生监督

【概况】 2019年，黄埔区卫生监督所出动执法人员6826人次，执法车辆2185车次，检查各类监管单位4020间次，其中公共场所单位1293间次，医疗机构518间次，学校152间次，生活饮用水单位69间次，传染病卫生监督498间次，放射卫生监督62间次，餐饮具集中消毒单位监督32间次，职业卫生监督19间次，控烟工作检查1377间次，下达各类执法文书1750份。处理上级交办、群众来电投诉线索110宗，受理104宗均办结回复。实施卫生行政处罚案件409宗，其中公共场所处罚188宗，医疗卫生处罚89宗，传染病卫生监督处罚95宗，放射卫生处罚6宗，学校卫生25宗，餐饮具集中消毒单位3宗，控烟处罚3宗，处理投诉案件26宗，罚款金额65.99万元，没收违法所得10.26万元。

【卫生行政许可】 2019年，黄埔区卫生行政许可受理窗口接到各类行政许可事项申请4154宗，受理3710宗，行政许可3500宗，其中公共场所卫生许可533宗、医疗机构许可357宗、放射诊疗许可56宗、饮用水供水单位卫生许可2宗、中医诊所备案7宗，母婴保健技术服务执业许可8宗，母婴保健技术考核合格证书核发44宗，医师执业注册1337宗，护士执业注册1144宗，乡村医师执业注册12宗。不予许可17宗。

【医疗卫生监督】 2019年，黄埔

**2019年黄埔区儿童免疫规划建卡及接种情况统计表**

单位：人

| 建卡人数 | 卡介苗 | | | 脊髓灰质炎 | | | 百白破 | | |
|---|---|---|---|---|---|---|---|---|---|
| | 应种人数 | 实种人数 | 接种率（%） | 应种人数 | 实种人数 | 接种率（%） | 应种人数 | 实种人数 | 接种率（%） |
| 141679 | 11056 | 10935 | 98.91 | 18923 | 18691 | 98.77 | 17950 | 17735 | 98.8 |
| 建卡人数 | 麻疹 | | | 乙肝 | | | 乙脑 | | |
| | 应种人数 | 实种人数 | 接种率（%） | 应种人数 | 实种人数 | 接种率（%） | 应种人数 | 实种人数 | 接种率（%） |
| | 21152 | 20800 | 98.34 | 19480 | 19231 | 98.72 | 21007 | 20751 | 98.78 |

**2019年黄埔区公共场所卫生监督情况统计表**

| 类别 | 旅业 | 娱乐场所 | 理发美容 | 泳场 | 商场 | 其他 |
|---|---|---|---|---|---|---|
| 监督家次 | 158 | 50 | 893 | 78 | 15 | 158 |

区卫生监督所对医疗机构加大日常监督检查力度，重点督查屡遭投诉，管理混乱、问题突出医疗机构，监督检查各类医疗机构518间次。对辖内91间存在不良执业行为医疗机构给予记分，共记342分。开展医疗机构执业行为、非法代孕以及中医诊所专项整治行动32次。摸查和系统治理辖区内无证黑诊所，查处非法行医场所49间次，取缔35间次，实施行政处罚10宗。联合相关街道、派出所、区市场监督管理局等职能部门综合整治非法行医点行动10次，查处非法行医场所29个，清缴医疗器械、药品14批次。全年立案查处涉及医疗卫生违法案件89宗，罚款金额48.65万元，没收违法所得10.2584万元，吊销医疗机构执业许可证2间。

【传染病卫生监督】 2019年，黄埔区卫生监督所监督检查各类医疗机构498家次。完成12家二级及以上医疗机构、7家一级医疗机构、63家未评级医疗机构传染病防治分类监督综合评价工作。专项监督辖区内公立医院及民营医院，妇幼保健院的感染预防与控制工作，监督检查17家次。陪同国家卫健委专家组飞行检查黄埔区3家医疗机构抗（抑）菌剂专项整治工作，行政处罚违反传染病防治法等法律法规案件95件，罚款6.08万元。

【放射卫生监督】 2019年，黄埔区持有放射诊疗许可证医疗机构32家，黄埔区卫生监督所专项监督检查持证放射诊疗医疗机构62家次，年度校验27宗。指导医疗机构做好放射卫生质量管理、防护用品配置、放射设备周期检测以及个人防护培训工作。依法开展新建、改建、扩建放射卫生建设项目预评价报告卫生审查和竣工验收工作，全年开展放射诊疗建设项目卫生审查（预评价审核）15宗，控制效果评价8宗。实施行政处罚6件。

【公共场所卫生监督】 2019年，黄埔区卫生监督所全覆盖监督检查辖区内重点区域、重点路段“四小”（小浴室、小美容院发室、小歌舞厅、小旅店）单位，检查各类公共场所1293家次，抽查从业人员1892人，引导办证364家。委托第三方社会检测机构监督抽检公共场所523家次，全覆盖监督检测重点路段、巩卫迎检路段公共场所。辖区内7家公共场所开展A级评审。查处公共场所违法案件188件，罚款10.25万元。

【学校卫生监督】 2019年，黄埔区卫生监督所联合黄埔区疾控中心对26家学校开展环境卫生监测，辖区内112家学校（含3家高校）全部完成卫生综合评价工作。参与区教育局查处无证幼儿园及托管机构专项行动5次。全年检查各类学校152间次，下达监督意见书132份，实施行政处罚25件。

【职业卫生监督】 2019年，黄埔区卫生监督所协助专业卫生机构开展职业病防治宣传活动，保护劳动者身体健康。全年检查职业病危害企业10家次，职业健康体检机构9家次，职业危害投诉调查3件。

【生活饮用水卫生监督】 2019年，黄埔区卫生监督所针对黄埔区新建、在建居民小区楼盘较多现状，提前介入，摸底调查，全年检查各类二次供水设施单位62家（包括全覆盖检查5家分质供水单位），检查二次供水水池水箱43个。

【双随机监督抽检】 2019年，黄埔区卫生监督所协调黄埔区疾病控制中心与第三方检测机构监督抽检任务单位，与广州市卫生监督所开展上下联动监督，完成“双随机”（随机抽取检查对象、随机选派执法检查人员）任务。全年抽取“双随机”任务139项，其中公共场所94项、生活饮用水2项、职业卫生3项、放射卫生2项、学校卫生12项、医疗卫生14项、消毒产品3项、传染病防控单位9项。参加与黄埔区市场监督管理局跨部门随机抽查工作任务1项，检查公共场所5家。

【控烟执法监督】 2019年，黄埔区卫生监督所每月定期开展公共场所、医疗机构等场所控烟执法专项监督检查。全年监督检查各类控烟场所1377间次，参联合执法9次。实施行政处罚3件，罚款金额0.01万元。

【卫生监督协管】 2019年，黄埔区卫生监督所邀请省、市专家专题

**2019年黄埔区传染病发病情况统计表**

单位：例

| 黄埔区 | 艾滋病 | 甲肝 | 乙肝 | 丙肝 | 丁肝 | 戊肝 | 肝炎（未分型） | 麻疹 | 出血热 | 登革热 | 痢疾 | 肺结核 | 伤寒+副伤寒 |
|---|---|---|---|---|---|---|---|---|---|---|---|---|---|
| 黄埔区 | 41 | 20 | 1835 | 241 | 2 | 33 | 4 | 2 | 6 | 121 | 6 | 539 | 2 |

| 黄埔区 | 猩红热 | 淋病 | 梅毒 | 疟疾 | 流行性感冒 | 流行性腮腺炎 | 风疹 | 急性出血性结膜炎 | 斑疹伤寒 | 其他感染性腹泻病 | 手足口病 | 合计 |
|---|---|---|---|---|---|---|---|---|---|---|---|---|
| 黄埔区 | 45 | 211 | 641 | 1 | 6565 | 201 | 8 | 10 | 1 | 1217 | 7117 | 18869 |

培训辖区内48名卫生监督协管员。随机抽取红山街社区卫生服务中心与市卫生监督所稽查科联合开展协管服务业务督导检查工作。全年卫生监督协管员出动2751人次，日常巡查各类服务对象单位1523家次，开展饮用水安全等健康宣教活动38次，发出指导意见书346份，发现并上报协管服务事项信息数48个。

【餐饮具集中消毒单位监督】 2019年，黄埔区卫生监督所监督检查与抽检辖区现有餐饮具集中消毒企业32家次，规范餐饮具集中消毒单位生产经营活动。实施行政处罚3件，罚款1万元。

【重大活动卫生保障】 2019年，黄埔区卫生监督所采用专项行动与日常检查相结合方式，重点监督检查辖区重点地域、重点场所，落实各项卫生保障措施。全年完成广交会、黄埔“波罗诞”千年庙会、中高考等重大活动卫生保障任务6项，出动执法人员98人次，受众4000余人。

（葛碧瑾　吴丽萍　陈子浩）

## 医疗机构

【概况】 至2019年年末，黄埔区各类医疗卫生机构368家，卫生技术人员7141人。其中，区属医院3家：广州开发区医院、黄埔区中医医院、萝岗区红十字会医院；镇卫生院1家：九龙镇中心卫生院；驻区医院9家：中山大学附属第一医院东院、中山大学附属第三医院岭南医院、广州医科大学附属第五医院、广东省第二中医院黄埔医院、广州亿仁医院、广东省中能建电力医院、广东省工人医院、干部疗养院、东升医院；民营医院（含护理院）11家；公共卫生机构16家，其中专业公共卫生机构3家（黄埔区卫生监督所、黄埔区妇幼保健院、黄埔区疾病预防控制中心）、计划生育机构13家；社区卫生服务机构53家，其中社区卫生服务中心13家、社区卫生服站40家；村卫生室27家；社会力量办门诊部50家，个体诊所122家，厂企学校医务室、卫生所43家；护理站7家；其他卫生检验机构27家。

【广州开发区医院】 广州开发区医院是由黄埔区政府、广州开发区管委会开办的公立综合性三级医院。2019年2月15日，广州开发区医院和广州市黄埔区第一红十字会医院（原广州市黄埔区红十字会医院）整合，设置新的广州开发区医院（挂中国医药生物技术协会南方生物诊疗中心牌子），总建筑面积9.03万平方米，服务区域覆盖夏港、南岗、云埔、穗东等街道及东莞麻涌地区。“中国医药生物技术协会南方生物诊疗中心”依托该院平台与中国医药生物技术协会合作举办的科研诊疗机构，经广东省卫生厅批准的医院第二名称。医院设立西区院区和南岗院区，西区院区位于广州开发区友谊路196号，南岗院区位于广州市黄埔东路3762号。该院开设病床750张，业务科室22个，其中妇产科、创伤外科、儿科、影像学科等优势专科达广州市先进水平。医院装备有磁共振、螺旋CT、数字化DSA平板机、数字胃肠X光机、数字化乳腺钼靶、骨密度仪、床边X光机、DR及车载DR机、CBCT、高端四维彩色超声等大型医疗设备100余台。1月，被中国妇女发展基金会伊爱基金、中华医学会计划生育学分会评为“流产后关爱（PAC）长效避孕培训基地”。11月，广州开发区医院获2019年贵州省脱贫攻坚先进集体，黄丽获中共黔南州委颁发全州脱贫攻坚优秀共产党员。

是年，制订和增加50余种常见多发病临床路径方案，纳入临床路径管理疾病129种，开展临床路径1.06万例，管理率58.7%，实现良好单病种控费管理。开展品管圈活动15项。9月19日，启动市级危重症孕产妇、危重新生儿救治中心建设。受理医疗投诉、纠纷案件42宗，结案35宗，正在处理7宗。全年签订医疗协议企业49家。

该院派出医疗保障队73次，出动医护人员228人次，出动救护车83次。开展志愿服务活动55

2019年5月10日，广州开发区医院新门急诊大楼举行落成庆典仪式
（黄埔区卫生健康局供图）

次，参加人员220人次，活动时间1020小时。传染病网络直报3654例，收治疑似登革热病人81例。组织完成院内疾病监测，死因、肿瘤监测报告死亡病例215例、肿瘤123例、心脑血管病例监测报告119例、处理并报告食源性疾病个案10例，报告精神障碍病例4例。完成东荟社区卫生服务站医保定点门诊申报工作，10月完成揭牌仪式，开展基本医疗服务。完成责任社区年度肺结核病防治工作任务。组织完成三个街道社区育龄妇女“两癌”检查和妇女病普查工作，其中“两癌”检查2313人、妇女病普查1163人，初步检查出患病人数438人，患病率12.6%。完成重点职业病监测工作，报告疑似职业病34例、监护有毒有害作业企业65家、重点职业病个案监测5980例。完成霍乱、细菌性痢疾、感染性腹泻监测工作，收集并送检标本84份，其中霍乱检测49例、细菌性痢疾与感染性腹泻监测检测35例。

至年末，该院诊疗数114.54万人次，比上年增长9.54%；出院人数1.81万人次，增长7.21%；床位使用率69.11%，增长3.81%；病床周转次38.17次，增长7.22%；平均住院日6.47天，缩短0.13天。业务总收入3.87亿元，增长4.88%，其中医疗收入3.79亿元，增长4.7%。

（朱杰玲）

**【黄埔区中医医院】** 黄埔区中医医院加挂暨南大学医学院附属黄埔中医院牌子，位于蟹山3号，占地面积8870平方米，业务用房面积1.38万平方米。2019年，门诊部设急诊、内、外、妇、儿、骨伤、肛肠、针灸、眼耳鼻喉、口腔、皮肤科等科室及10余个专科专病门诊，并设有检验科、放射科、功能检查科、麻醉科（手术室）等医技科室；住院部设内一科（肺病）、内二科（心病）、内三科（脑病）、妇产科、骨伤科、肛肠科、外科7个病区，其中康复科为广东省重点中医专科，妇产科为广州市中医名科、市中医重点专科，急诊科为广州市中医急救能力建设单位。设下沙门诊部、黄埔电厂医务室和市场管理监督所医疗点等两个院外门诊。主要医疗设备有16排螺旋CT、数字胃肠机、口腔CT、摄像系统（DR）、脑血管测定仪、C臂X光机、五分类血球仪、可视微创针刀镜、飞利浦IU Elite高端彩超、日本宾得高清胃肠内窥镜、奔驰“120”救护车等。该院拥有院内制剂生产能力，现有名中医验方制剂10种。独立或者合作形式承担国家、省、市、区多个科研课题。先后被评为二级甲等中医院、广州市医保定点医疗机构AAA级单位、广州市行风评议先进单位、广州市“120”急救单位、广州市中医名院、省级爱婴医院、健康医院、省无烟医院等。妇产科获评广东省“十三五”中医特色专科建设项目；内三科、骨伤科获评广州市中医特色专科培育项目。

是年，名中医工作室进驻名中医专家有：广东省名中医郝建军、暨南大学中医学院杨钦河、赵国平、马民、曹勇等20余名教授。内一科挂牌“郝建军省名中医传承工作室”，肛肠科挂牌“郝建军广州市基层名中医传承工作室”。3月27日，与暨南大学附属第一医院签订共建外科协议，引进暨南大学附属第一医院肝胆外科副主任医师李震东，担任外科主任，挂职副院长。

该院作为黄埔区脑卒中高危人群筛查和干预项目牵头单位，内三科是国家十二五科技支撑扩展项目—脑卒中预防定点单位，承担黄埔区脑卒中高危人群筛查和干预项目工作。联合黄埔街、穗东街、鱼珠街、红山街和长洲街社区卫生服务中心开展脑卒中高危人群筛查干预工作1000例。在黄埔区老年大学、黄埔区环保局、黄埔区退管办、企业社区等巡诊12批次，组织义诊活动7次，派出医务人员97人次，受众2800人次。面向社区举办基层常见病多发病中医适宜技术培训班6期，培训1000余人次。

至年末，该院诊疗数59.4万人次，出院病人8031人次。住院手术1325人次，无痛分娩140例。急诊120出车1524人次；体检3.38万人次。承担黄埔区马拉松等各类医疗保障任务31次，派出医护人员80人次。完成5所学校362名二年级学龄儿童的窝沟封闭工作。

（李娜）

**【萝岗红十字会医院】** 位于广州市黄埔区新龙镇镇龙大道429号，占地面积2.23万平方米，总建筑面积1.9万平方米，设有急诊科、门诊部、内科、外科、妇产科、儿科、精神科、口腔科、五官科、预防保健科、医学影像科、检验科、精防办等科室。该院是黄埔区唯一设有精神康复专科二级综合性医院，下辖管理镇龙社区卫生服务站（广州市医保定点医疗单位）。承担辖区居民综合医疗服务、广汕公路沿线（自增城区中新镇至武警医院路段）46千米“120”急救医疗救护服务及全区精神卫生防治、重型精神病患者治疗、康复工作任务，是国家爱婴医院、广州市医保定点医院、广州市“120”急救网络医院、广东省精神、智力残疾评定定点医院、广州市残疾人康复资助定点机构、黄埔区平安医院、黄埔区智力、精神残疾康复技术指导中心，是广东省食品药品技术学校、广州商学院定点实习教学医院。2019年，被评为社会保险诚信公约签订单位；陆超鹏被评为“广州市无偿献血先进个人”；廖思强被评为“2019年黔南州‘百名优秀医生’‘健康扶贫卫士’”；殷爱东被评为“三都县健康扶贫卫士”；张慧被评为“广州市优秀护士”，覃桂黎被评为“广州护理学会优秀会员”；王小弟获广州市卫生健康委员会、广州市总工会、广州市妇女联合会颁发的“35年护龄荣誉证书”及2019年“红棉天使情怀、初心传承永恒”感动奖。

精神科作为该院特色专科有20余年历史，负责区内精神疾病预防、诊治、社区康复、残疾评定等工作。每月派出精神专科诊疗小组到各街（镇）开展巡诊，专业指导全区精神病患者服药、治疗，派出工作人员164人次，巡诊患者980人次，其中上门巡诊213人次，调整药物150人次，建议住院21人次，收治来穗高风险严重精神障碍患者40人，其中出院34人。全区登记在册严重精神障碍患者2695人，检出率2.47‰，规范管理率91.61%，面见访视率84.79%，服药率84.81%，精神分裂症患者服药率84.81%。

开展医疗新业务、新技术，包括心脏电复律术治疗、烧伤疮疡再生技术应用、导尿管外固定改良技术、BPPV变位试验与手法复位等15项。承担庆祝中华人民共和国成立70周年、新春花市、黄埔马拉松比赛等各类保障任务170次，派出医护人员338人次，出动二线救护车157次。完成区级“两癌”筛查和妇女病普查工作，“两癌”筛查859人次、妇女病普查316人次。

至年末，全院设置编制床位258张，其中精神科158张、综合科100张；开放床位440张，其中精神科340张，综合科100张。全年诊疗数17.7万人次，出院4223人次，急诊出车1039次。全年业务收入9274万元，比上年增长9.2%。

（潘奕君）

**【九龙中心卫生院】** 黄埔区九龙中心卫生院位于广从公路与广汕公路连接主干道九龙大道上，处于中新广州知识城中心区，是一所集基本医疗与公共卫生于一体的一级甲等综合医院，占地面积1.02万平方米，建筑面积7705平方米。下辖村卫生站27个。2019年，设置编制病床60张。启动“优质服务基层行”活动并通过国家级抽查复审，12月，在国家卫生健康委员会举办2019年度“优质服务基层行”活动中达到推荐标准机构，获国家卫生健康委员会通报表扬。

开展家庭医生式签约服务，常住人口家庭医生式签约8.14万人，全人群签约率70.31%；重点人群3.69万人，签约3.52万人，其中0—6岁儿童签约1.67万人、65岁及以上老年人签约7447人、孕产妇签约1527人、高血压签约5412人、糖尿病签约1747人、特殊计生家庭签约25人等，签约率95.17%，续约率79.14%。基本包签约3155人。3月，开展家庭医生师资骨干培训工作，负责肇庆市、汕尾市、揭阳市29名家庭医生培训任务。

至年末，该院诊疗数21.98万人次，日诊疗814人次，出院514人次，病床使用率70.29%，住院手术272人次，门诊手术1932人次，药占比42.83%。开展农村妇女“两癌”筛查和妇女病普查工作，宫颈癌筛查1289人，乳腺癌筛查1294人，妇女病普查1577人；筛查出乳腺癌病例2例并手术治疗；子宫颈上皮瘤变3级（CIN3）3例，其中已治疗2例。

（罗华　夏秀文）

**【中山大学附属第一医院东院】** 位于黄埔区黄埔东路183号，占地面积1.75万平方米，建筑面积3.04万平方米，临床业务用房2.81万平方米，是目前广州东部最早具备三级甲等水平，集医疗、教学、科研、预防保健和康复为一体的，规模最大、综合实力最强的三级甲等医院，并已成为国内首批专职器官捐献获取组织试点、首批国家级房颤中心、心衰中心、首批全国脂肪肝规范诊疗中心、国家神经免疫与感染疾病临床研究分中心、神经专科相关的特色治疗中心（如华南眩晕中心联盟、华南脑脊液检测中心及华南地区罕见病诊疗协作网等）、黄埔区重症孕产妇救治中心、黄埔区重症儿童救治中心等。

2019年，重点培养青年骨干力量，被评为羊城好医生有7人、羊城青年好医生2人。打造广州东部医学研究平台，将医学研究列入医院重点工作，推动临床研究更上台阶，获各级科研立项8项，其中国家自然科学基金4项、省部级1项、厅局级3项，发表SCI论文31篇，入选国家卫生健康委员会主导的2019年中国现代医院管理“护理管理典型案例”1项，被中华护理学会评为2019年全国“病人安全管理案例”最佳贡献案例1项，入选2019年改善医疗服务行动计划第五季全国医院擂台赛优秀案例1项。

全年开展义诊活动10余场，受众6000余人，参与开展各类宣教活动。选派1人参与国家医疗队到西藏昌都边坝县支援1年；派出急诊科和康复医学科30余人团队，完成广州马拉松、黄埔马拉松等重大赛事医疗保障工作，处理伤员2200人次。完善便民惠民举措，新增便民就诊电子屏、广州日报电子阅读机、自助取袋机、共享轮椅、共享充电宝、自助身高、体重体脂测量仪、自动售卖机、免费羊城晚报取阅、网上快递病案“医寄通”等。实现APP预约挂号、HIE集成系统、医技系统（超声、病理、放射）等信息系统同步。以护理临床案例为导向，实行风险预警与安全警示教育，开展患者健康教育工作，基于案例数据库，打造三级风险前置管理体系，提升整体护理质量。

建立黄埔区首个国家级房颤中心，牵头成立华南眩晕中心联盟、华南罕见病/遗传病诊治协作网、华南脑脊液检测中心等，带领周边医院同步掌握新技术，提升黄埔区重症救治和护理水平。该院心胸外科、肝胆外科、神经一科、心脏监护室（CCU）入选由广州日报报业集团和艾力彼医院管理中心联合发布的“广东医院最强科室推荐2019”榜单。实施全球首例小儿阴囊移位成形术、45公斤巨大卵巢肿瘤切除、胆道损伤修复重建术、晚期胆囊癌伴多器官转移切除等高精尖手术，获国家、省、市各级媒体关注和报道，通过技术突破实现Ⅲ级和Ⅳ级（技术难度大、手术过程复杂、风险度大的手术）手术量创历史新高，分别为5533例和1447例，增长30.6%和24.9%，为广州东部地区疑难重症群众提供健康保障。

至年末，开放床位777张；固定资产2.50亿元，净资产7207.07万元。诊疗数70万人次，出院2.48万人次，比上年（下同）增长12.9%，住院手术1.51万人次，增长16.7%；平均住院日8.93天，比上年缩短0.56天。

（何旭鹏）

**【中山大学附属第三医院岭南医院】** 位于黄埔区开创大道2693号，是原萝岗区政府、中山大学、中山大学附属第三医院（简称“中山三院”）合作共建的综合性三级医院。是黄埔区危重症孕产妇救治中心、急危重症儿童救治中心和广州市免费产前筛查定点医院。开设专科39个、病区22个及支撑服务平台的配套设置11个。2019年，该院组织成立综合门诊志愿服务队，全年接收志愿者943人。服务周边居民，举行开展义诊6次。9月6日，举办建院八周年大型义诊活动，19个专科20名专家参与，接诊330余人。

完善院内危重症孕产妇、儿童救治流程、出生证办理相关流程等。7月5日，举办黄埔区内急危重孕产妇肩难产、子痫及新生儿窒息复苏的急救演练活动以及相关专题讲座，12家医院69名医务人员现场观摩学习，发挥区内重症孕产妇、儿童救治中心技术指导作用。完成2019年黄埔马拉松比赛、2019年广州国际灯光节黄埔区分会场等医疗保障工作。开展无偿献血活动，医院联合广州市血液中心组织献血活动2次，医教职工参加无偿献血234人次，献血量6.31万毫升。开展出院随访服务，4个病区建立患者建档机制，随访420例。

参与临床实践教学，安排校内外学生到院实习108人，主要在科室内科（含综合ICU）、感染科和康复科轮转。获各项纵横向项目51项，科研经费2799.9万元。获国家自然科学基金项目19项，直接经费774万元；以第一作者单位发表SCI论著和综述30篇，其中，IF ≥ 5有11篇；授权实用新型专利8项；肝病平台陶玉教授获国家重点研发计划青年科学家专项1项，资助经费500万元。

至年末，该院诊疗数100.2万人次，比上年增长15.2%；日均门急诊3944人次，增长17.4%；出院2.45万人次，增长3.6%；平均住院日9.06天；床位使用率96.84%，增长2.14%；手术例数1.85万例，增长20.7%。

（李蓓）

**【广州医科大学附属第五医院】** 位于黄埔区港湾路621号，占地面积2.3万平方米，建筑面积8.7万平方米。加挂广州再生医学与健康广东省实验室附属医院、广州医科大学第五临床学院牌子，是国家呼吸系统疾病临床医学研究中心分中心、国家改善医疗服务行动示范医院。2019年，连续第4年入选“进一步改善医疗服务行动计划”榜单。获全国改善医疗服务优秀医院案例，骨科、儿科、总务科获全国改善医疗服务优秀科室案例，被评为全国改善医疗优秀管理者1人；院刊《五院之窗》和医院官方微信平台获2019年度健康传播优秀案例。获“广州市五四红旗团支部”称号1个，“广州市优秀共青团干部”称号1人，“广州市优秀共青团员”称号1人。产科获2018年度广州青年文明号标兵和2019年广东省青年文明号，口腔科获2018年度广州市青年文明号。入选广东省杰出青年医学人才1人，获广州市高层次人才认定青年后备人才A证7人。入选广州市高层次卫生人才“医学领军人才”1人、“医学重点人才”2人、“医学骨干人才”1人。选派医疗服务队及志愿者队伍参加广州马拉松、黄埔马拉松赛事医疗保障和志愿服务，获广州黄埔马拉松赛事组委会颁发的突出贡献奖。

强化临床专科建设，通过2019年度第三批次中国胸痛中心认证，成为黄埔区首个国家级胸痛中心。康复医学科成为广州市高水平临床重点培育专科。泌尿外科和妇科各有1个项目入选广州市临床特色技术拟建名单。推进多学科诊疗协作模式（MDT），以肿瘤疾病为主，建立多学科诊疗团队，制订诊疗工作方案，探索远程多学科会诊模式。探索新医联体模式，与中山大学肿瘤医院合作共建儿童肿瘤病区，床位数30张。建成广州东部地区第一个配备完整的放射治疗中心，配备华南地区首台锗黄金640层CT。完成银医通项目，建设在黄埔区医联体远程心电、远程会诊系统。

获批重大新药创制国家科技重大专项“恶性肿瘤和自身免疫性疾病治疗用生物技术药物早期临床试验评价技术平台的建设”项目（立项经费383.30万元），为医院首个国家科技重大专项。获批广州市

2019 年 9 月 28 日，广州医科大学附属第五医院挂牌国家呼吸系统疾病临床医学研究中心分中心 （黄埔区卫生健康局供图）

科技局重点实验室——广州市加速康复腹部外科重点实验室（立项金额 200 万元），为医院首个市级重点实验室。药物临床试验研究中心Ⅰ期临床研究病房开展广东省首个生物大分子研究项目。9 月 28 日，挂牌国家呼吸系统疾病临床医学研究中心分中心。广州再生医学与健康广东省实验室附属医院项目作为医院谋划的粤港澳大湾区医养中心项目中的子项目，纳入广州市粤港澳大湾区建设重点工作。

成为首届广东省泌尿外科专科护士培训基地，中山医科大学“中-欧国际伤口治疗师”培训基地。消化内科内镜室通过中国医师协会消化内镜医师培训基地评审，入选中国医师协会基本消化内镜医师培训基地，是广州唯一一家获评医院。

各级科研项目立项 33 项，经费总额 656.7 万元，其中国家级项目（国家自然科学基金项目）7 项、省部级项目 2 项、市厅（局）级项目 10 项。签订横向项目合作协议 2 项，获合同经费 2 万元。公开发表科研论文 143 篇，其中 SCI 收录论文 33 篇。获发明专利授权 1 项、实用新型专利授权 10 项。医院专家在国家级学术团体理事 1 人次、委员 8 人次，在省级学术团体担任副会长 2 人次、理事 6 人次、副主任委员 2 人次、常务委员 6 人次、委员 67 人次。

2 月 25 日，第二届粤港澳大湾区卫生健康合作大会召开。该院参与“粤港联合发展高水平康复医学平台建设项目”“粤港运动与脑健康研究中心”项目作为 62 项目中 2 个合作项目，在会上签署。11 月 8—10 日，第七届定量药理学与新药评价国际会议由中国药理学会定量药理专业委员会主办，广东省药理学会、广州医科大学附属第五医院、广州医科大学药学院、广州医科大学附属第六医院共同承办。该会议为国际上颇具影响力的定量药理学交流平台之一。会议邀请海内外讲者 50 名，设置圆桌讨论、一周定量药理学论坛、建模与模拟专场、临床试验与个体化用药专场等多轮环节交流。

至年末，编制病床 1000 张（牙椅 21 张），实际开放病床 1124 张。诊疗数 82.95 万人次，黄埔区大沙街社区卫生服务中心门诊 9.4 万人次，年出院量 4.42 万人次，年住院手术量 3.47 万例；平均住院日 7.71 天，病床使用率 99.73%，病床年周转次 47.26 次。

（黄锐）

**【广东省第二中医院黄埔医院】**

位于黄埔区萝岗公路街 212 号，占地面积 4.01 万平方米，建筑面积 2.16 万平方米，是广州市 120 急救网络医院、广州市城镇职工基本医疗保险定点医疗机构、爱婴医院、平安医院、健康教育（促进）医院，多家医疗教学科研机构的实习基地。拥有 16 层螺旋 CT、DR、高档彩超、电子胃肠镜、腹腔镜、前列腺电切镜、全自动生化分析仪、全自动血球分析仪、中医综合诊断系统、双能 X 张骨密度仪、钬激光碎石机、床旁监护系统等现代化诊断治疗和康复设备。设有 10 个住院病区，以及内科、外科、骨伤科、妇科、产科、儿科、针灸康复科、急诊科、五官科、口腔科、肛肠科、皮肤科、体检中心等临床科室和检验科、影像科、B 超室、心电图室、胃镜室等医技科室，是一所集医疗、预防、教学以及保健、康复、为一体现代化综合性花园式中医医院。

2019 年，该院邀请全国名中医教授邱健行、广东省名中医教授蔡妙珊、知名儿科专科主任余德钊以及其他临床各科专家到医院坐诊、查房、会诊、讲课和教学。补充儿科、肿瘤内科、骨伤科、口腔科、治未病中心及检验科等专科医生及大批专业护理人员。加强儿科建设发展，提供儿科夜诊服务，受到广大患儿家属赞誉。

是年，开展中医特色项目，组织全院护士培训“耳穴埋豆”“腕踝针”“埋针”中医项目。开展中医护理项目 18 项，其中埋针 2.0 万例，中药热奄包 11.58 万例，艾灸 8160 例，中药熏药 1.53 万例，中药硬膏热贴 2.21 万例，中药贴敷 3.11 万例，耳穴压豆 1.17 万例。

落实艾滋病、梅毒、乙肝、妇幼保健、美沙酮禁毒、犬伤门诊等公共卫生服务工作。完成黄埔区马拉松赛医疗保障、黄埔区拆迁工作医疗保障、窝沟封闭工作等各项医疗保障任务。承担并完成社区慢病健康检查103人次，黄埔区学生体检1.46万人次，黄埔区事业单位人员体检3581人次，征兵体检230人次，妇女“两癌”筛查667人次，妇女病普查311人次。

至年末，该院诊疗数28.4万人次，比上年增长19.5%，其中门急诊量28.13万人次，增长20.15%。开放床位240张，收治住院病人7780人次，床位使用率92.2%。手术2784人次，增长50.57%。体检8.22万人次，增长22.14%。“120”救护车出动2610车次。

（李倩）

【广东中能建电力医院】 位于黄埔区黄埔东路旁，与广州经济技术开发区毗邻，医院门诊部位于广州市黄埔区黄埔东路2957号大楼；医院住院部位于广州市黄埔区黄埔东路3375号大院，是国家二级甲等综合医院、爱婴医院和广州市“120”医疗急救网络医院，是集医疗、教学、预防保健为一体的综合性医院，医保定点单位，是广州市职业安全健康协会会员单位。该院配置上海联影40层螺旋CT、德国西门子数字化摄影系统（DR）、美国GE高端彩超、德国狼牌腹腔镜、深圳安健DR胃肠机、日本富士电子胃肠镜、电子肠镜、动态心电图机、全自动五分类血球计数仪、罗氏全自动生化分析仪、宫腔镜、体外震波碎石机、超声乳化治疗白内障系列设备等先进医疗设备。设置病床200张，开设内科、外科、妇产科、儿科，急诊科、麻醉科、五官科、口腔科、血液透析科、康复理疗科、中医科等临床医疗科室；并设有药剂科、检验科、放射科、B超室、心电图室、胃肠镜室、高压氧等医技、辅助科室。该院外一科被华润医疗控股有限公司授予“优秀团队”称号。陈铸、张宁宁、骆剑鸣、郭明强被华润医疗控股有限公司授予“优秀员工”称号。

2019年，该院根据华润医疗发展战略打造以妇产科、创伤外科、健康体检科为医院品牌特色临床学科建设，开展“赛马”机制，在优势科室中提炼部分优势专业，从设备设施、环境改造、人力资源给予支持，推动专业学科发展。4月，启动患者服务体系建设暨“想方设法让每一位患者满意”大讨论活动，开展各种形式讲座、培训、送健康知识进学校、进工厂患者服务提升体验；建立健全制度、优化服务流程，开展润心服务活动，提升患者满意度，建立全员为患者服务协同机制、改进机制、评价机制和激励机制，持续开展员工服务理念转变和患者服务体验提升工作。

创伤外科是该医院重点品牌，医院与外院知名专家合作开展股骨头置换、脊柱、肋骨骨折手术等。新开展肋骨骨折手术，成功抢救因受车祸伤、全身20余处骨折极危重休克老年病人1名。成功抢救骨筋膜室综合征患者2例。加大泌尿外科、普外肛肠业务，与中山大学附一医院开展甲状腺、乳腺专科合作，开展甲状旁腺手术、大隐静脉曲张微波消融血管内闭合术。

落实“母婴安康”工作，开展宫腔镜手术，与腹腔镜、阴式手术一并打造妇科微创手术，开展宫腔镜检查、宫腔粘连松解、宫腔镜下取环、宫腔镜下疤痕妊娠清除、宫腔镜子宫内膜息肉切除、宫腔镜下黏膜下肌瘤剔除、宫腔镜下输卵管插管术等常规术式技术。开设不孕不育与生殖健康门诊，整合不孕不育、复发性流产、生殖内分泌病人，提供备孕、产检、生育、产康服务链条。开展盆底康复工作医疗技术。

组织从事职业病有害因素作业的劳动者上岗前健康检查，及时发现职业禁忌，减少职业病危害因素，保护劳动者健康和企业利益，开展粉尘作业人员、接触有害化学因素和物理因素作业人员等职业健康检查。完成普通体检和职业健康体检7.66万人次。

至年末，该院诊疗数20.85万人次，出院数6238人次。

（林枫）

【广州亿仁医院】 位于黄埔区石化路241号，占地面积3.5万平方米，是大基医疗集团下属一家旗舰医院，是广州市集医疗、预防、保健、康复、教学、科研为一体的现代化非营利性大型综合性医院，广东省工伤定点医院，广州市医保、工伤、生育定点医院，黄埔区公费医疗定点医院。承办黄埔区文冲街社区卫生服务中心站和残疾人康复中心。拥有一批技术先进的大型诊疗设备：美国GE公司生产的螺旋CT、DR、DSA和数字化胃肠机；美国通用电气公司生产的MRI；大型贝克曼全自动生化仪、彩色多普勒、史塞克腹腔镜、关节镜、胃镜、肠镜、纤维喉镜等。设有内科、外科、妇科、肿瘤科、肾内科、儿科、五官科、皮肤科、急诊科、中医科、预防保健科、检验科等，拥有150张床位。

2019年，该院承办社区卫生服务中心相关配套建设，落实国家各项配套政策，社区卫生服务功能得以增强，项目开展齐全。开展中医康复理疗、口腔、眼部治疗等新业务，齐备内外妇儿等科室。

（李科）

【广东省工人医院】 位于黄埔区长洲街长江路320号，是集医疗、科研、教学和医养结合于一体的综合性医院，是广州市首批“120”急救网络医院之一，广州市医疗保险定点医院，广东省、广州市、黄埔区三级公费医疗定点医院，广东省工伤保险定点医院，广东省餐饮业从业人员健康体检定点医院，广州中医药大学、肇庆医学专科学校、广东黄埔卫校等多个大中专院校教学、实习、见习医院。设有内科、外科、妇科、产科、计划生育科、儿科、急诊科、精神科、口腔科、五官科、检验科、医学影像科等20余个临床科室和医技科室。其中，内科老年疾病专科是该院重点专科，是广州市医养结合模式起步较早科室。具有医养特色老年护理专区是广州市医保局定点医养结合模式之一，开放床位60张。至年末，开放床位800张。

2019年，该院特色专科精神科，是全国综合医院最大精神科。占地3万平方米，开放床位500张，主要从事诊断、鉴定和收治各类精神疾病患者。设有独立病区3个，拥有独立治疗室、重症监护室、隔离观察室、心理治疗室、音乐治疗室、工娱治疗室、认知功能障碍治疗室、经颅磁刺激治疗室和生物反馈治疗室等多个专业治疗室，针对不同病情开展多位一体专业治疗项目。精神科获评省工人先锋号，广东省行业医院优秀特色科室，多次被评为黄埔区优秀护理集体称号。

（陈家慧）

## 体 育

**【概况】** 2019年，黄埔区体育局推进《全民健身计划2016—2020》，形成全区竞技体育、群众体育、学校体育和体育产业四大体育事业稳步发展。是年，33名黄埔籍运动员代表广州市参加全国第二届青年运动会，获8金3银8铜。其中，8名冠军分别为拳击马雨彤、体操罗蕊、柔道陈依婷、举重邓华、水球赖赋、足球马奔力和梁逊；3枚银牌得主分别为击剑周乐尧与郑燕华；8铜牌枚得主分别为击剑谭志娟、足球吴思豪与钟铭城、体操罗蕊、曲棍球谢嘉豪、网球唐淳溪与蔡昀霏、蹦床刘志健。体操运动员罗蕊获全国青年U系统锦标赛女子U15全能冠军、团体冠军，全国体操锦标赛暨世界锦标赛选拔赛女子团体冠军、混合团体冠军，“国家健将级运动员”称号。黄埔区1200余名运动员参加广州市23个项目锦标赛，获金牌84枚、银牌102枚、铜牌115枚和团体总分5595分，其中摔跤、散打、拳击3个项目团体总分获全市第一。区体育局宋琦被评为第七届世界军人运动会拳击竞赛委会优秀裁判员；区体校击剑教练刘玉玲获“中华人民共和国成立70周年广州市基层优秀教练员”称号、广州市重大比赛贡献奖，个人记三等功一次。

**【群众体育】** 2019年，黄埔区举办第五届广州户外运动节开幕式暨广汽本田“锦绣黄埔任我行”48

**2016—2020年黄埔区传统项目学校情况表**

| 序号 | 学校名称 | 项目 | 级别 |
|---|---|---|---|
| 1 | 广州市玉岩中学 | 田径（国家级）、足球（省级）、篮球（省级）、健美操（市级）、羽毛球（市级） | 国家级 |
| 2 | 广州市黄埔区九佛第二中学 | 跆拳道 | 省级 |
| 3 | 广州市黄埔区茅岗小学 | 击剑 | 市级 |
| 4 | 广州市黄埔区东荟花园小学 | 跳绳 | 市级 |
| 5 | 广州市黄埔区南岗小学 | 羽毛球 | 市级 |
| 6 | 广州市黄埔区沙步小学 | 足球、毽球、国际象棋 | 市级 |
| 7 | 广州市黄埔区荔园小学 | 篮球、击剑 | 市级 |
| 8 | 广州市黄埔区玉树小学 | 轮滑、足球 | 市级 |
| 9 | 广州市黄埔区文船小学 | 羽毛球 | 市级 |
| 10 | 广州开发区第二小学 | 羽毛球 | 市级 |
| 11 | 广州市黄埔区香雪小学 | 田径、射击、游泳 | 市级 |

续表

| 序号 | 学校名称 | 项目 | 级别 |
|---|---|---|---|
| 12 | 广州市黄埔区汤村小学 | 跳绳 | 市级 |
| 13 | 广州市黄埔区石化小学 | 足球、国际象棋、击剑 | 市级 |
| 14 | 广州市黄埔区怡园小学 | 羽毛球、游泳 | 市级 |
| 15 | 广州市黄埔区深井小学 | 足球、毽球 | 市级 |
| 16 | 广州市第一二三中学 | 篮球、击剑 | 市级 |
| 17 | 广州市第八十七中学（开外） | 篮球、足球 | 市级 |
| 18 | 广州开发区中学 | 田径、跆拳道、足球 | 市级 |
| 19 | 广州市黄埔区职业技术学校 | 健美操 | 市级 |
| 20 | 广州科城中学 | 田径 | 市级 |
| 21 | 广州市第八十六中学 | 田径、篮球、足球 | 市级 |
| 22 | 广州市黄埔区东区小学 | 武术 | 市级 |
| 23 | 广州市黄埔区业余体校 | 国家高水平体育后备人才基地 | 射击项目省级单项重点班 |

千米徒步大会活动，吸引3300余名市民参与。活动以科学广场为起点，300名选手挑战48千米全程路线，3000余人参加18千米亲子线路以及8千米体验线路；举办“市长杯”百姓系列乒乓球赛，200余支队伍1000余人参赛；举办“市长杯”机关男子篮球赛、机关羽毛球团体赛；举办黄埔区企业职工篮球联赛、“贵州大曲杯”足球赛暨黄埔禁毒公益足球赛；与区直机关工委联合举办区直机关“迎国庆、强体魄、展风采”趣味运动会；组织150人参加横渡珠江活动；组织健身气功队参加广州市健身气功站点联赛；组队参加广州市国际龙舟邀请赛，彩龙分别获一、二、三等奖各一个。完成国民体质监测工作，区级站全年完成监测3944例。

**【体育赛事】** 2019年，黄埔区举办和承办多项体育赛事。举办第三届村镇龙舟邀请赛，设置村镇组及公开组，有24支队伍参赛；举办雪松国际信托黄埔区篮球文化节，由豪群基金中国体育产业交流峰会暨篮球产业人才研修班、豪群联盟U系列青少年S1三人篮球联赛和雪松国际信托林书豪明星赛三部分组成；举办市长杯羽毛球赛黄埔区预选赛，1200余人参赛；举办“黄埔丝路”世界名校赛艇邀请赛，邀请英国剑桥大学、牛津大学、澳大利亚莫纳什大学、日本同志社大学、

2019年5月13日，黄埔籍小将罗蕊在全国体操锦标赛暨世界锦标赛选拔赛平衡木比赛瞬间 （黄埔区教育局供图）

澳门大学、香港科技大学、中山大学等知名高校赛艇队参赛，并在赛事中融入文化交流活动，宣传黄埔区创业环境和生活环境；承办全国国际象棋棋协大师赛广州·黄埔站比赛，吸引全国各地近500人参加；承办广东省国际象棋棋士赛，吸引500余人参赛；承办第二届广东省平踢毽球赛，576人参加比赛；11月23—24日，全国新区经开区高新区首届职工健康运动会在黄埔区体育中心举行，来自全国新区经开区高新区的91个代表队近1000名运动员参加比赛，黄埔区获首届职工健康运动会团体总分第一名；11月24日，由广州经济技术开发区管理委员会、东莞水乡特色发展经济区管理委员会联合主办，麻涌镇人民政府承办的“穗莞杯”东莞水乡国际龙舟嘉年华决赛在麻涌华阳湖举行，国际混合组、粤港澳大湾区混合组、两区合作男子组50多支代表队在华阳湖竞渡。

**【竞技体育】** 2019年，黄埔区籍运动员有在国家队集训8人、广东省队队员15人、市队队员81人。黄埔区少年业余体校24个项目有1500余名运动员、教练员、工作

**2019年第二届全国青年运动会黄埔籍运动员成绩表**

| 序号 | 项目 | 姓名 | 成绩 | 区带训教练 | 区输送学校 | 备注 |
|---|---|---|---|---|---|---|
| 1 | 拳击 | 马雨彤 | 女子48KG第一名 | 叶金伙 | 枫下小学九佛二中 | 体校组 |
| 2 | 体操 | 罗 蕊 | 女子甲组团体 | 黄理丰 | 香雪小学、北京师范大学附属中学 | 体校组 |
| | | | 第一名 | | | |
| | | | 女子甲组综合团体第一名 | | | |
| | | | 男女子混合团体第三名 | | | |
| | | | 女子甲组个人全能第七名 | | | |
| | | | 女子甲组高低杠个人第四名 | | | |
| 3 | 柔道 | 陈依婷 | 女子乙组48KG第一名 | 冼东彩、邓建福 | 九龙一小、九佛中学 | |
| 4 | 水球 | 赖 赋 | 第一名 | 欧旭敏 | 怡园小学 | 体校组 |
| 5 | 举重 | 邓 华 | 男子甲组81KG第一名 | 姚满钟 | 镇龙中学 | 体校组 |
| | | 林 鑫 | 男子乙组102KG第五名 | | 九佛中学 | 体校组 |
| 6 | 曲棍球 | 谢嘉豪 | U15第三名 | 沈丽红、李仙嫦 | 117中学 | 体校组 |
| 7 | 网球 | 唐淳溪 | 女子乙组双打第三名 | 奚峰 | 怡园小学 | |
| | | 蔡昀霏 | | 赖建科 | 开发区国际网球学校 | |
| 8 | 手球 | 朱嘉晴 | 女子U18组第四名 | 罗佳 | 东区小学 | 体校组 |
| 9 | 蹦床 | 刘志健 | 社会俱乐部甲组大网团体第四名 | 林梦爽<br>李菡 | 光远小学、玉泉学校 | 社会俱乐部组 |
| | | | 双蹦床团体第四名 | | | |
| | | | 双蹦床个人第六名 | | | |
| | | | 双蹦床同步第三名 | | | |
| | | 曾颖诗 | 女子乙组大网团体第八名 | | 香雪小学 | 体校组 |
| | | | 双蹦床团体第六名 | | | |
| | | | 双人同步第四名 | | | |
| 10 | 足球 | 马奔力 | 男子14-15岁组别第一名 | 邓国键 | | 社会俱乐部组 |
| | | 梁 逊 | | | | |
| | | 吴思豪 | 男子13岁组第三名 | | 玉岩中学 | 体校组 |
| | | 钟铭城 | | | | |
| 11 | 击剑 | 周乐尧 | 女子佩剑个人第二名 | 刘玉玲<br>彭少坤 | 茅岗小学、123中学 | 体校组 |
| | | 谭志娟 | 女子花剑团体第三名 | | 怡园小学北校区、86中学 | |
| | | 周乐尧 | 女子佩剑团体第二名 | | 茅岗小学、123中学 | |
| | | 郑燕华 | 女子佩剑团体第二名 | | 怡园小学北校区、86中学 | |
| | | 林扬昊 | 男子佩剑团体第四名 | | 荔园小学、123中学 | |
| | | 钟濠民 | 男子佩剑团体第四名 | | 港湾小学、123中学 | |
| | | 林扬昊 | 男子佩剑个人第六名 | | 荔园小学、123中学 | |

人员在广州市体育局注册；有43名运动员获国家级运动员证书，其中国家一级运动员5人、国家二级运动员38人。1月和8月，黄埔区少年业余体校有24个项目队分别在黄埔体育中心、香雪小学、九佛二中、九佛中学、117中学、镇龙中学、北师大广实、东区小学、怡园小学、荔园小学、姬堂小学、网球学校12个训练点开展寒假20天、暑假40天的训练工作。

**【体育产业】** 2019年，黄埔区体育产业稳步发展。严格检查各高危体育场所，开办各项培训班，为高危体育场所保驾护航。泳季前，落实救生员岗前培训180余人、高危体育管理人员93人，为各游泳场所的救生员恢复技能提供必要的技术支持。邀请广州市水上运动中心在黄埔区开展为期两周的防溺水进校园活动。分别在华峰中学、九佛二中、镇龙中学、姬堂小学、嘉州学校、同仁学校、广州市第一一七中学、国光学校和崇德学校举行防溺水宣传教育活动15场次、覆盖学生6000余人次。做好黄埔区体育行政许可等事项新系统新要求的填报工作，以及省、市、区关于“十统一”新系统要求的梳理。着重产业化求发展，3月配合国家体育总局到辖内广州大桐利体育用品有限公司、广州亿航智能技术有限公司调研，寻求体育产业的发展新时机。完成全区体育场地普查工作，是年，黄埔区有1644个体育场地，相对全国第六次体育场地普查增加量为154.49%，全区17个街道134个居委会，区内107所学校上报资料全部审核通过，检查面100%，通过率100%。引进“林书豪—李群篮球基金会”为黄埔区篮球运动的指导顾问单位。

**【广州农商银行·2019广州黄埔马拉松赛】** 于2019年12月22日在黄埔区举行，由中国田径协会、黄埔区人民政府、广州开发区管委会共同主办，黄埔区体育局、广州中体体育有限责任公司承办。比赛设全程马拉松、半程马拉松和迷你马拉松3个项目，来自26个国家和地区，国内31个省、自治区、直辖市的2万名选手参赛（全程马拉松6000人、半程马拉松6000人、迷你马拉松8000人），起点设在科学城绿轴广场，终点设在中新广州知识城凤凰湖。组委会邀请20名来自肯尼亚、埃塞俄比亚具有国际水准的选手参赛。此届黄埔马拉松赛首次设置“警察护跑团”，由来自全国20多个省600余名警察组成，与赛场外5300余名警察一起为马拉松比赛打造黄马安全赛道。在比赛中，黄埔警方首次利用搭建的可视化指挥平台，以大数据、云计算、物联网等技术，展现赛事治安信息管理动态，通过AR实景指挥技术实现赛事安保指挥调度精准、快捷、高效；使用无人机开展高空巡控，与地面执勤警力形成立体化安保防控体系；在入场检录环节使用掌脉识别技术，保证赛事公平性、提高检录效率；搭建“互联网+智慧交通”综合平台，根据赛事进程及时解封赛事路段，做好赛道周边车辆分流工作，服务出行市民群众的需求。此届黄埔马拉松赛首次组建“粤港澳大湾区‘9+2’城市迷你马拉松方阵”，邀请150名粤港澳大湾区城市代表参赛。肯尼亚选手Julius kiprono Tarus以2小时11分47秒的成绩获全程马拉松男子组冠军，埃塞俄比亚选手Hailemichael Mekonnnen Assefa以2小时11分59秒的成绩获亚军，肯尼亚选手Felex Kipchumba Korir以2小时12分5秒的成绩获季军。内蒙古选手何引丽以2小时40分17秒的成绩获得国内女子选手第一名。半程马拉松冠军均为国内选手，边岐以1小时07分45秒的成绩获男子组冠军，叶娜莹以1小时24分43秒的成绩获女子组冠军。粟国雄以2小时18分54秒的成绩获国内男子选手第一名。比赛全程完赛率为97.60%，半程完赛率为99.50%，为国内较高水平。

**【黄埔区少年业余体校】** 2019年，黄埔区少年业余体校设有击剑、射击、田径、游泳、篮球、网球、蹦床、武术、棒垒球、手球、曲棍球等训练项目，其中重点项目有重竞技5项：跆拳道、摔跤、柔道、拳击、举重。该校连续两届被评为“国家高水平体育后备人才基地”。向广东省和国家队输送雷声、刘畅、陈可汗、罗蕊等40多名优秀运动员苗子。至年末，该校学生在国家队集训8人，有广东省队队员15人、广州市队队员81人。是年，广州市体育局组织专家对市辖11所区级业余体校进行办学水平评估，黄埔区少年业余体校获区级体校办学水平“优秀”等级。

**【广州开发区国际网球学校】**

2019年，广州开发区国际网球学校免费派出教练、网球器材，在8所校园为2012名小学生授课超过4000课时。同时为香雪小学、香雪山幼儿园开展校本网球特色课，这是国内有报道以来首个幼儿园网球校本课，也是广州开发区首次尝试网球校本特色课程。全年参训学员2377人，其中校园推广的学生2012人，常年训练的学生365人，比上年增长16%。参与国家男子精英后备人才项目（ATP100）运行管理，提供专用宿舍14间、训练用场4个、专业红土场2个、体能康复室等设施设备服务。外教国际班全年配置外国主教练4人、中方教练2人，全年开展国际化训练255天、1541小时，参训学员58人。网球队训练人数从44人增至68人，训练总天数106天、386小时。寒、

## 2019年广州开发区国际网球学校运动员参加市级（含）以上比赛成绩表

| 序号 | 获奖时间 | 获奖个人 | 所属单位 | 荣誉名称 | 颁奖单位 |
|---|---|---|---|---|---|
| 1 | 2019.8.18 | 蔡昀霏 | 广州开发区国际网球学校 | 第二届全国青年运动会网球比赛女子双打中第三名 | 中华人民共和国第二届全国青年运动会组委会 |
| 2 | 2019.8.18 | 唐淳溪 | 广州开发区国际网球学校 | 第二届全国青年运动会网球比赛女子双打中第三名 | 中华人民共和国第二届全国青年运动会组委会 |
| 3 | 2019.8.30 | 蔡昀霏 | 广州开发区国际网球学校 | 2019广东省网球锦标赛丙组团体第二、单打第一 | 广东省体育局 |
| 4 | 2019.8.30 | 章奕萱 | 广州开发区国际网球学校 | 2019广东省网球锦标赛乙组团体第一、双打第一、单打第三 | 广东省体育局 |
| 5 | 2019.8.30 | 钟栩晋 | 广州开发区国际网球学校 | 2019广东省网球锦标赛丙组团体第一、单打第五 | 广东省体育局 |
| 6 | 2019.8.30 | 温棋塬 | 广州开发区国际网球学校 | 2019广东省网球锦标赛乙组团体第一、双打第一、单打第三 | 广东省体育局 |
| 7 | 2019.7.31 | 唐淳溪 | 广州开发区国际网球学校 | 2019广州市网球锦标赛甲组团体第二，单打第二 | 广州市体育局 |
| 8 | 2019.7.31 | 温棋塬 | 广州开发区国际网球学校 | 2019广州市网球锦标赛甲组团体第二，单打第三 | 广州市体育局 |
| 9 | 2019.7.31 | 钟栩晋 | 广州开发区国际网球学校 | 2019广州市网球锦标赛单打第一，双打第二 | 广州市体育局 |

暑假训练班人数233人，春、秋季课后班人231人。派出教练18人66人次，学员90人261人次，参加26项国际、国内赛事，56人次获冠军，86人次获前八名。其中，ATP100项目成绩突出，有14人次获ITF等国际青少年赛事冠军，队员李翰文、张羽、古今的国内排名分别为第一、三、十位，国际排名分别位28、122、239位。外教国际班学员、黄埔区注册队员刘力桐3次获全国青少年积分赛冠军，蔡昀霏、唐淳溪在全国第二届青年运动会上获双打铜牌，创广东省该赛事最好成绩，该校代表队获广州市锦标赛团体第二。第六次承办“广开网校”杯·2019国际网联世界青少年网球巡回赛·广州站，吸引22个国家及地区的运动员参赛，参赛人数近200人，该赛事为是年广州最高级别的青少年网球赛事。举办第三届校园网球邀请赛、广东青少年网球巡回赛、广州市青少年网球团体赛等地区性赛事。承办地区性赛事和国际性赛事，促进粤港澳大湾区网球运动交流和融合，推升黄埔区国际影响力。注重体教结合，钟愉靖（黄埔区注册）成为人民大学保送硕士研究生，陈力等8名学员以网球特长分别被上海交通大学、暨南大学、广东省实验学校、广州市二中、培正中学、玉岩中学等众多优质学校录取。为广州市输送学员5人。

### 【广州市黄埔区体育发展中心】

2019年，广州市黄埔区体育发展中心（简称黄埔区体育发展中心）构建和完善免费、低价向社会开放的公共服务体系，提升场地设施公益开放率，多项惠民运动项目共计开放时长2.04万小时，累计进场运动28.6万人次，受众18.15万人次。累计承接各类赛事活动61项，80%为公益性活动。参与人数超过1000人的赛事活动有29项，其中较大型公益性活动有黄埔迎春花市、全国新区经开区高新区首届职工健康运动会、粤港澳大湾区青少年三人篮球联赛总决赛、黄埔区深化全国文明城市创建暨推进生活垃圾分类誓师动员大会、广州市青少年航空航天模型教育竞赛、区工会职工运动会气排球比赛、全民健身日活动暨黄埔区健身气功比赛、第二届广东省平踢毽球赛、区工会趣味运动会、区直机关趣味运动会、环卫工人竞赛表彰大会暨庆祝广州市第32个环卫工人节活动、黄埔区校园足球中学生联赛等。是年，黄埔区体育发展中心下属的国家级“强人青少年俱乐部”按计划开设寒假、春季、暑期和秋季4期班，主要项目有篮球、羽毛球、乒乓球、网球、跆拳道、击剑等。与区少年宫（上半年）、古广明足球俱乐部等合作办班，实现资源整合、优势互补，协助招生1800人次，协办组织各级别的比赛40场。中心俱乐部U15男子篮球队获2019年国际篮球世界杯迷你世界杯总决赛第四名；获2019年“广州市青少年足球锦标赛”总分第二名；代表广州市参加“广东省青少年足球锦标赛”获第四名；受区残联委托组队参加2019年广州市残疾人锦标赛，获金牌39枚、银牌22枚、铜牌9枚，羽毛球团体总分第一名，乒乓球、游泳及田径团体总分第二名。

**【广州市玉岩中学打造体育特色学校】** 2019年，广州市玉岩中学打造体育文化窗口，成立专门领导机构，制定相关制度，为体育工作提供保障。是年，该校体育发展迅速，各个竞赛项目均衡发展，被评定为国家级传统体育项目学校（田径），中国中学生体育协会田径会员学校，足球会员学校，全国校园足球特色学校，广东省体育特色学校（田径、足球、篮球），广东省体育传统项目学校（田径、足球、篮球），广州市体育传统项目学校（田径、足球、篮球、羽毛球、健美操），广州市全民健身青少年羽毛球示范学校，广州市校园足球试点学校，广州市排球网点学校，华南理工大学青少年体育俱乐部田径训练基地，广州市群众体育先进单位，广东省学生体育艺术联合会年度优秀组织竞赛工作单位。

是年，玉岩中学获广东省中学生田径锦标赛甲组团体总分第四名、乙组团体总分第六名，广东省中学生田径冠军赛甲组、乙组、丙组一等奖，广州市中小学运动会高中组、初中组团体总分第二名，黄埔区中小学生田径运动会高中组、初中组团体总分第一名；获“富力杯”广州市第五届中小学生足球赛高中超级组第六名，“富力杯”广州市第五届中小学生足球赛初中甲组第四名，“富力杯”广州市第五届中小学生足球赛初中乙组第三名，广州市高中冠军足球赛第三名，黄埔区中小学足球联赛高中组冠军，黄埔区中小学足球联赛初中甲组冠军，黄埔区中小学足球联赛初中乙组冠军；获耐克高中篮球联赛广州赛区第四名，广东省中学生三人篮球赛初中组第六名、第七名，广东省双鱼杯三人篮球赛女子初中组B组第四名、A组第五名，广东省中学生三人篮球锦标赛高中男子B组第二名，广州市中学生篮球比赛（初中男子组）暨2019年斯伯丁广州中学生初中男子篮球联赛第五名，广州市体育传统（篮球）项目学校比赛初中男子组第三名，黄埔区中小学篮球赛初中组第一名、高中组第一名；获广州市体育传统羽毛球比赛高中团体第四名；获广东省网球锦标赛团体第四名，黄埔区中小学生网球比赛团体第一名。

**【沙步小学推动毽球足球项目融合】** 2019年，沙步小学将开展阳光体育活动与“教书育人 立德树人”建设相结合，丰富校园文化，推进素质教育。将传统体育项目毽球融入足球的脚法、羽毛球的场地和排球的战术，确定“足毽”为龙头项目，毽球为学校“一校一品”项目，推动、普及校园体育，“足毽”逐步形成特色、品牌。

是年，沙步小学毽球队获全国青少年毽球锦标赛少儿组（天津站）女双冠军（梁诺儿，邓雅心），女子三人亚军（梁诺儿、邓雅心、陈梓仪），男子双人第四名（徐文杰、梁浩辉），广东省女子团体冠军、男子团体第四名，广州市男子团体冠军。11月20—23日，沙步小学将毽球作为帮扶活动项目，赴贵州三都县周覃小学开展结对帮扶活动。开展毽球传统特色文化宣传、毽球普及活动和教学指导课程、学科评课交流活动。

**【怡园小学推广羽毛球运动】** 2019年，怡园小学坚持“健康第一”，结合“怡文化”办学理念，把羽毛球运动作为群体性运动进行推广，配备体育老师协助教练进行球队管理，教练员针对队员具体情况制订训练计划、选拔运动员。是年，在广州市传统羽毛球比赛中，怡园小学窦文欣获女子B组单打第一名；5月，怡园小学获广州市第十三届市长杯万家乐羽毛球系列大赛中小学校羽毛球赛（黄埔赛区）小学组5—6年级组女子团体季军，小学5—6年级组男子单打第四名、男子团体第五名，小学3—4年级组男子团体第五，小学1—2年级男子团体殿军。

（胥茜）

社会民生

○编辑 龚晓华 潘 虹

## 劳动就业

【概况】 至2019年末，黄埔区户籍城镇人员失业登记总数1.63万人，就业登记1.25万人，失业登记人员就业率76.98%，其中高校毕业生失业登记2410人，就业登记1762人，就业率73.11%；无特困家庭高校毕业生，“零就业家庭”全部实现1人以上就业，实现动态清零管理。城镇新增就业4.78万人，帮扶就业困难人员实现就业7440人，失业人员登记失业率控制在3.5%以内。办理就业登记35.67万人次，办理失业登记2.15万人次。整理全区失业人员人事档案7.31万份，接收档案125份，查询档案2009份，移出档案855份。举办各类招聘会107场，进场企业3507家，提供空缺就业岗位7.84万个，推荐人员5.67万人，达成意向和现场录用1.11万人。空岗信息采集7.58万条，求职者信息采集7364条。新吸纳转移就业建档立卡人员268人（其中黔南州130人、毕节市138人），其中稳定3个月就业196人。

（庄良伟）

【就业援助】 2019年，黄埔区开展充分就业社区（村）创建、公益性岗位申报管理、社工就业辅导等工作，完善就业困难人员就业服务工作台账，强化对就业困难人员的动态管理和及时帮扶，形成人本服务、动态管理、及时援助的长效就业帮扶机制。全年完成创建充分就业社区84个，创建率75.68%，完成创建充分就业村20个，创建率71.43%。摸查公益性岗位4329个，招用4174人。全区实施个案辅导320人次，职业介绍1450人次，实现就业425人次，开展小组活动81场，开展社区活动151场，社工就业辅导服务3.26万人次。动态管理全区适龄劳动力30.36万人。全年举办“零距离”招聘会35场。受理受影响企业和职工认定673家，2873人。

（庄良伟）

【创业就业扶持】 2019年，黄埔区人力资源社会保障局扶持自主创业2763人，创业带动就业1.26万人。广州港技工学校被认定为广州市创业培训定点机构。广州市创业担保贷款认定92人（家），贷款12笔，放款金额218万元。创建纳金科技创新创业基地和蚁米价值创新园2个市级创新创业（孵化）示范基地。组织举办创业培训班2期，培训41人，组织创业指导进社区、进校园16场。

（王晨 庄良伟）

【人力资源和劳务派遣许可服务】 2019年，黄埔区人力资源社会保障局管理全区机构801家，受理许可1074件、实地巡察机构358个次。人力资源许可压缩审批时限为5个工作日（法定标准20个工作日）；劳务派遣许可压缩审批时限为6个工作日（法定标准20个工作日），人力资源服务许可中注销子项压缩为即办事项。

（庄良伟）

【就业专项补贴】 2019年，黄埔区出台《广州市黄埔区就业专项资金管理办法》，贯彻落实《〈关于大力支持民营及中小企业发展壮大的若干措施〉的实施细则》。筹集专项资金1.7亿元（其中中央资金0.14亿元、省级资金0.07亿元、市级资金0.24亿元、区级资金1.25亿元）。发放专项资金1.68亿元，补贴企业2.7万家次，补贴个人11.8万人次。

（王晨）

**【校企合作】** 2019年，黄埔区举办第六届黄埔区、广州开发区校企合作洽谈会，来自省内外113所大中专、高职院校与区内200家企业代表参加。113所院校提供约30万名毕业生生源，近200家企业提供工作岗位1万个。现场同时举办政、校、企三方论坛，推进校企合作洽谈会深度发展。组织乐金、鞍钢联众、瑞松集团、捷普电子、创维平面、旺旺食品、多益网络、粤芯半导体、视源电子等200余家区内重点企业赴桂林电子科技大学、广西科技大学、西华大学、四川大学锦城学院、西南石油大学、西南科技大学、成都理工、许昌学院、信阳职业技术学院、北方民族学院、中国矿业大学银川学院、宁夏理工学院、宁夏大学、揭西技工学校、梅州技师学院、嘉应学院等省内外30多所院校开展校园招聘会及校企对接活动。分别与西南石油大学，宁夏大学，益阳安化、河南省三门峡市等各类院校和人社部门开展多项合作交流活动，签订校企合作协议，建立长效机制。举办区实训基地第四届技能人才专场招聘会，区内130余家企业提供3000个技术岗位，10家院校约2500名毕业（实习）生到场求职，意向录用1200余人。举办技能人才培养输送座谈会，21家企业参会，达成多个人才培养输送意向。推进"广州市产教融合示范区"建设，引导示范区进驻院校与区内企业开展校企合作。出版刊发3期《校企合作特刊》，宣扬优秀企业校企合作成果。

（庄良伟 戴海波）

**【就业失业动态监测】** 2019年，黄埔区加强重点行业和重点用工企业服务力度，完成企业"六监测两调查"申报9167家次。在春节前后有针对性地选取区内35家异地务工人员规模较大的企业开展用工需求调查，监测异地务工人员流动情况。将区内产值百强工业企业、新兴产业企业以及大型劳动密集型企业纳入监测范围，实时定点监测企业用工情况180家，失业动态监测80家，重点监测中美贸易相关企业38家，企业人工成本监测160家和企业薪酬调查230家。设立服务专窗，建立重点用工企业微信服务群，全程提供用工政策对接和协调服务，每季度对区定点30家重点用工企业（一次性新增用工500人以上，或用工规模达2000人以上）进行用工需求调查。

（庄良伟）

**【职业技能培训】** 2019年，黄埔区落实职业技能培训奖励政策，支持劳动力转移就业培训和企业组织员工开展技能晋升培训，对参加转移就业培训的劳动力和组织技能晋升培训的企业按技能晋升补贴政策给予培训费用补贴。全年全区安排技能晋升培训资金1026.98万元，其中广东省下达资金671万元，黄埔区安排资金355.98万元。全年发放技能晋升培训补贴666.3万元，资助3804人，其中培训机构申请补贴961人175.48万元，个人申请补贴2843人490.82万元，资助户籍或对口扶贫地区贫困户籍学生就读技校中专800人128万元，审核和发放在职技能人才晋升奖励776人191.4万元。通过竞争性方式评选出优秀高技能人才1000人，给予每人6000元住房补贴。全年发放住房补贴594万元。评选"黄埔工匠"10人，给予每人60万元奖励。新认定实训点2个，每个给予一次性建设资助10万元，考核合格实训点15个，每个给予日常运营管理资助5万元。

（王晨）

**【劳务协作帮扶】** 2019年，黄埔区制订就业精准扶贫计划，推动实施劳务协作。开展用工需求摸查和推荐，依托信息平台与劳务协作工作站，实现线上线下实时招聘共同进行。组织21家企业，携2465个岗位赴清远市阳山县青莲镇和清远市佛冈县举办精准扶贫招聘会2场，进场400余人，达成意向和现场录用85人。2次组织41家企业，携3769个岗位参加黔南州都匀市、独山县、三都县举办劳务帮扶系列招聘会，收到求职简历547份，达成意向307人，现场录用139人，招聘活动后独山县、三都县转移就业劳动力41人（其中建档立卡贫困户18人）。不定期与对口帮扶地贫困人员通过电话、微信、短信等方式进行沟通，发送区就业中心和劳务协作站相关信息，宣传相关就业政策。进企业开展对口帮扶就业人员人文关怀及慰问。到喜星电子（广州）有限公司及其黔南州员工开展送政策、送服务关爱活动。

（庄良伟）

**【职业能力建设】** 2019年，黄埔区开展多项职业技能培训，强化区域职业能力建设。开设公益实训6期，实训项目56个，实训技能人才3948人。引导2所进驻院校自主实训学员3331人，推动达元绿洲、科方生物等企业自主实训职工2629人。开设7S管理实务等高端管理课程4个，参训高管69人。开展技术交流会1次，参训技术精英30人。引导进驻培训机构开设智能制造等课程，培训企业学员1478人。举办技能大师专题讲座6场，参训学员920人。开展电工等3个工种技能鉴定415人，开展1期电工企业高技能人才评价，产生高级工23人、技师19人、高级技师3人。是年，区实训基地实训技能人才1.24万人，其中企业在职技能人才9074人，占实训总人数73%，学员宿舍使用率100%，实训设备使用率超70%。举办区第十一届技能大赛，设置叉车司机（电动）、广府风味烹饪、机械人（手）编程设计等5个项目，60家企业275名选手参赛，产生技术能手54人，区级以上“技术能手”增至302人。协办广东省电工职业技能竞赛和广州市属高职院校动漫制作技术技能竞赛，提升区内企业和培训机构高级别大赛组织能力和参赛水平。推动广州数控等5家企业与广东轻工职业技术学院等院校合作新型学徒制，备案学员613人。开展职业技能提升行动服务周活动，参与企业150余家。推进“南粤家政”和“粤菜师傅”工程，组织区内粤菜代表企业参加广州国际美食节。搜集400余名技能导师信息，设立区级技能人才导师库，向区内企业开放共享。依托17个技能人才实训点开展企业技能人才培养工作，全年实训职工3.4万人。开展民办职业培训机构办学水平评估1次，引导机构申报各类培训补助，促进培训机构开展培训1.73万人。

（戴海波）

【行政审批改革】 2019年，黄埔区人力资源社会保障局推进“数字政府”建设。落实政务服务“好差评”工作要求，扩大“秒批”及“零到场”事项范围。将社保、就业5项业务纳入第二批“秒批”清单，全局所有审批业务实现“最多跑一次”，行政许可事项办理时限缩减70%，擦亮“黄埔人社”服务品牌。

（方润雨）

【劳动保障监察执法】 2019年，黄埔区人力资源社会保障局制定《广州市黄埔区人力资源和社会保障局重大行政执法决定合法性审核暂行规定》《广州市黄埔区人力资源和社会保障局行政执法全过程记录指引》，全面推行行政执法三项制度。依法完成行政许可、公共服务及纠纷处理工作。办理特殊工时许可事项475项、出具企业劳动保障守法证明88份、办结人社信访件163件、承办“12345”热线工单2883件。在办理特殊工时许可业务时注重协调劳资矛盾，将集体协商程序引入行政许可事项。聘请法律顾问，充实法制力量。开展日常监察，全年巡查企业1103家，调处劳动者投诉案件256件，立案查处254家，行政处罚16件，处置突发性事件73件，云信访61件，“12345”热线1403宗。保障农民工工资支付，落实属地责任和监管责任，采取有力措施治理拖欠农民工工资问题。

（方润雨　万志国）

【劳动关系保障】 2019年6月1日起，广州市人力资源社会保障局下放省直和中央驻粤单位集体合同备案事项，全年全区受理集体合同、工资集体协商协议审查并修改备案134份，涉及人数8.36万人。

是年，黄埔区人力资源社会保障局落实中央环保督察交办案件，成立关于相关企业“关停搬迁”工作期间劳资纠纷应急调解工作领导小组，出台工作预案，细化工作职责，设立指挥协调组、现场处置组、维稳保障组，加强与相关职能部门之间协调合作，齐抓共管，共同做好相关企业关停搬迁、土地收储工作期间的社会稳定，报送每月工作推进情况。全年未收到相关企业因搬迁问题引发的员工信访、投诉或发生集体性劳资事件。主动对接供给侧结构性改革，加强对辖内企业在转型升级、化解产能过剩、环保专项整治等过程中的裁员、降薪和人员安置等争议问题的研判，依法及时调处，将争议风险降至最低程度。全年为68家因“关闭、停产、兼并、转产重组、搬迁、裁减”等因素需处理职工后续安置工作予以政策指引，涉及员工6927人，涉及金额2.14亿元。其中，办理规模性企业裁员备案25家，涉及员工2081人，涉及工资、补偿金1.66亿元。协调处置多件企业员工安置案。

（吴晓莹）

【和谐劳动关系创建】 2019年，黄埔区人力资源社会保障局开展劳动关系和谐单位创建工作，推荐区内2家企业获评“全国模范劳动关系和谐企业”称号，并由广州白云山中一药业公司代表黄埔区企业在“全国模范劳动关系和谐企业巡回演讲活动”（广州站）介绍经验。完成2019年度广州市劳动关系和谐单位创建工作，接收申报企业243家，其中新申报企业106家，提交年度报告企业132家，提交劳动关系和谐示范区年度报告街（镇）、园区5家，总体增长6.1%。开展构建和谐劳动关系专题宣传月活动，联动“三方四家”（“三方”指政府、企业、工会，“四家”指人社局、总工会、企联、工商联）做好企业、员工的劳动法宣传、培训等工作，加强典型个案的讲解、辨析，提高工作效率和宣传效果。举办“推进企业工资集体协商，构建和谐劳动关系”宣讲会，参与企业180家；在广州开发区高技能人才公共实训鉴定基地、科技企业加速器园区、光宝工业园区举办法律法规宣传咨询活动，免费向企业员工派发《女职工劳动保护法规宣传资料》《集体合同法规宣传资料》《劳动合同法及劳动合同法实施条例》《广东省工资支付条例》等1500本，300余名劳资人员参加。协同区司法局举办人民调解宣传咨询日活动，发挥基层劳动人事争议调解在矛盾纠纷多元化调解机制中的基础性作用，强化群众通过基层调解途径解决矛盾纠纷的意识。举办“抢抓大机遇焕发新活力，营造粤港澳大湾区共建共治共享和谐劳动关系新格局”暨2019年度创建劳动关系和谐单位工作专题培训班，区内240家企业的劳资人员参训。

（吴晓莹）

【基层劳动人事争议调解组织建设】 2019年，黄埔区推进基层劳动人事争议调解组织建设，针对新一轮政府机构改革，指导区内1个镇16个街道，重新梳理基层劳动人事争议调解组织架构，加强基层调解组织工作规范化、标准化、专业化和信息化，推进调解组织建设、制度建设和队伍建设，提升调解组织工作效能和社会公信力。发挥三方协调机制优势，区三方联合调解中心于是年1月起进驻区劳动人事争议仲裁院，每周3天固定为当事人提供预约调解服务，首批8名律师和1名律师助理在黄埔区三方联调中心驻点开展工作，全年三方联合调解中心调解劳动争议案件620件、涉及标的4803.64万元，其中案件调解成功410件，调解成功率66.13%，为职工挽回经济损失885.51万元。

（吴晓莹）

【劳动人事争议仲裁】 2019年，黄埔区劳动人事争议仲裁院打造"阳光仲裁"。处理案件3927件，涉及劳动者5941人。其中，立案处理2236件，涉及劳动者2689人；案外调解1691件，涉及劳动者3252人。涉及金额1.49亿元。不予受理227件，涉及劳动者331人。立案数比上年增长41.61%。受理案件中，结案2287件，结案率95.08%。办结案件中，以调解或经调解后撤诉方式结案1407件，占结案总数61.52%，案件整体调解率78.89%；以裁决方式结案的880件案件中，终局裁决案件398件，终局裁决率45.23%；以要素式办案办结案件285件。出台《广州市黄埔区劳动人事争议仲裁院与高校法学院共建教学实践基地工作方案》，与广州商学院法学院签约共建教学实践基地，探索与高校合作模式，为学生实习提供专业指导，促进优秀法学教师和优秀仲裁员"走出来""走进去"。

与市总工会共建法律援助点，区劳动人事争议仲裁院服务中心前台设立常规化服务的法律援助窗口，为有需要的劳动者提供免费援助，减少"黑律师"对仲裁工作的影响。至年末，为407名劳动者提供有效法律援助，办结案件中为劳动者追回工资及补偿款868.31万元。

（杨菠）

## 社会保障

【概况】 2019年，黄埔区发放各项社会保险18.22亿元，发放人次10.41万人次。其中，养老保险4.99万人次，核发金额16.25亿元；失业保险3.73万人次，核发金额0.72亿元；生育保险1.06万人次，核发金额0.46亿元；工伤保险0.63万人次，核发金额0.79亿元。全年全区户籍人员参加城乡居民养老保险7.22万人，年度参保扩面6.32万人。前台操作业务近23万笔，打印各类社保凭证12.5万份，办理退休3400人，协助办理省内生存认证1300人次，接待来人来电咨询5.5万人次，处理"12345"热线工单及信访1330余件。落实稳岗补贴及受影响企业返还政策，惠及企业4130家，推动辖内企业降本增效。

【机关事业单位养老保险改革】 2019年，黄埔区人力资源社会保障局加强机关事业单位养老保险参保登记、保费征缴、待遇核发等业务指导和统筹，协调解决特殊人员参保问题，保障机构体制改革所涉单位和人员的社保权益。全年292家单位1.23万人参保，累计征收养老保险及职业年金7.14亿元，4660人领取待遇，累计发放退休金4.24亿元。完成年度退休人员基本养老待遇调整，人均增加养老待遇284元。协调区财政等部门落实职业年金参保资金，协调区财政局将2014年10月至2018年12月全额拨款单位职业年金单位补收部分资金额度下发至各单位，于11月征缴扣费。6月1日起，将全区公务员及参公编制人员纳入工伤保险范围。

【社保业务办理服务优化】 2019年，黄埔区优化提速服务流程，推进"秒批"服务事项。将90项"秒批"社保事项整合为29项，纳入"秒批"清单。推进服务事项流程再造，推动办事环节、材料、时限、次数"四减"。启动社保业务全流程网办系统建设，投入117万元资金开发社保网上受理系统，参保人可通过手机、自助一体机、电脑等终端设备申办社保业务，在全市率先实现业务全流程在线办理，实现"不见面审批"、办事"零跑动"。开展送社保政策上门、送法进企业活动。结合"不忘初心、牢记使命"主题教育，走进企业讲解稳岗补贴、受影响企业社保返还等惠企政策。举办社保政策培训班，200多家企业参加，并向企业派发《社保政策100问》。

【社保稽核和内部风险控制】 2019年，黄埔区人力资源社会保障局组织学习《社会保险基金管理违法案件分析汇编》，组织观看警示教育片《骗保诡计》，开展《社保工作人员纪律规定》二十个不准学习考试，提升社保经办人员风险防控意识。开展社保基金管理风险防控专项行动和风险警示教育，主动自查各项社保业务在办理流程、内部控制等方面的不足，推动相关业务查漏补缺和优化管理。内控稽核联合发力堵塞基金风险，全年内控审核经办业务3.78万条，发现疑点业务192条并主动整改。打击社保欺诈行为，受理社保稽核案件173件，处理涉嫌欺诈、重复领取社保待遇183人，追回社保基金195.23万元。

**【社保信息公开】** 2019年，黄埔区人力资源社会保障局在办事大厅公开宣传社保政策和办事流程。加强现场管理和终端设备维护，将宣传资料置于醒目位置，方便办事群众取阅。将群众常办事项制作成样板说明，张贴于大厅立柱上，并设置填表样板，便于群众及时了解社保办理要求和流程。在办理机关事业单位养老保险参保登记、企业失业保险稳岗补贴申领和全民参保登记工作等业务时，通过微信、QQ等现代传媒手段加强信息发布，及时公开最新政策、推进进度和注意事项等情况。

**【被征地农民养老保障】** 2019年，黄埔区加快清理征地项目社保预存款分配资金，加强申请征地社保资金清退指导、资料整理和申报手续办理等工作，至年末，清理包括历年征地项目在内的41个项目的预存款，涉及总金额6604万元，涉及应保人数4068人。

**【社保扶贫】** 2019年，黄埔区人力资源社会保障局开展社保扶贫促民生兜底，将符合条件的贫困人员全部纳入社会保险覆盖范围，实现“老有所养、病有所医”的社保扶贫目标，完成社保精准扶贫4870人，其中核心贫困对象108人。

**【社保档案标准化管理】** 2019年，黄埔区人力资源社会保障局接收业务档案2676卷41.86万页。事中扫描影像资料抽查553卷，抽查率21%。指导和监督外包档案工作，抽查档案5092件，问题件103件，完成数据修改审核。完成2017—2019年度稽查案件整理归档120卷2.07万页，机关事业单位养老保险业务资料整理归档106卷1.60万页。全年提供档案查阅利用108人次、602卷，复印176页，为参保人员养老保险参保、续保、调待、工龄确定、养老保险关系转移提供档案支持。

**【工伤认定】** 2019年，黄埔区处理工伤认定案件2295件，认定为工伤2277件，不认定为工伤16件。

**【退管服务】** 2019年，黄埔区社会化管理退休人员2.37万人，其中广东省企业移交1285人、省社保移交社会申办人员1514人、广州市企业移交3500人、区属企业移交2625人、社会申办退休1.48万人。“十类人员”2570人，其中孤寡210人、80岁以上高龄1486人、独居156人、特困50人、精神残疾53人、工伤残疾250人、重病住院261人、劳动模范4人、军转干部100人。是年，完成全区社会化管理退休人员人事档案的数字化建设工作，实现全区2万余名退休人员档案影像化一次性全覆盖。各镇、街道退管专职人员可通过区局域网进行档案检索、咨询等。

以“十类”人员作为退管工作重点，实施精细化管理。规范企业移交特殊退休人员财产管理。全部退回特殊退休人员的养老金存折、医保卡（折）等重要物品，由退休人员（监护人）自行管理。对已故3名特殊退休人员无人承受的遗产管理，制定相应制度，严格管理遗产编制造册。协助企业移交特殊退休人员申领经济补助，全年为企业移交特殊退休人员申请经济补助26人次11.08万元。申请困难帮扶3人次7500元。坚持“零距离”服务，突出重点关爱，上门为高龄、重病等退休人员养老金资格提供认证服务。全年组织开展上门慰问、探访退休人员3.87万人次。新接收社会化管理退休人员1850人，协助更改社会保险个人资料65人，办理异地就医零星报销14人次，接待社会化管理退休人员来访来电咨询1.09万人次。组织1250名退休人员参加年度健康体检。举办老年人急救知识讲座14场，覆盖17个镇、街道。在大沙街道和萝岗街道，开办制作月饼和插花课程3场。组织新年游园会、“登白云山、游新黄埔风貌”、观影等活动4场，6000名退休人员参加。组织退休人员代表队参加“歌唱祖国·夕阳争辉”文艺会演并获“最佳台风奖”。组织退休人员参加“歌唱祖国·夕阳争辉”摄影大赛，5件作品获优秀奖。

**【公费医疗管理】** 2019年3月1日，黄埔区同步执行广州市社会医疗保险药品目录诊疗项目目录（2019年版）。是年，黄埔区制定《黄埔区广州开发区公费医疗门诊特定病种医疗待遇操作指引》《黄埔区区属公费医疗保障人员参加工伤保险后相关业务操作指引》。完善异地就医有关规定，制订符合黄埔区实际的临时异地就医报销范围和办理程序，下发《关于进一步明确黄埔区干部职工临时异地就医有关问题的通知》，保障全区干部职工合理医疗待遇。根据《广东省第二中医院整体融合萝岗区中医医院协议书》的有关规定，终止原萝岗区中医医院享受黄埔区公费医疗待遇资格。根据《关于研究广州开发区医院岗位设置等事宜的会议议定事项》要求，落实广州开发区医院退休人员公费医疗待遇，解决广州开发区医院在编退休人员的医疗保障问题。是年，黄埔区公费医疗享受单位264家，公医享受人员2.35万人，其中在职1.15万人、离退休人员

5058人、统筹医疗家属6459人、医疗包干人员501人。

（陈南星 张丽霞 李晓芳 杨兴伟）

## 民政事务

【概况】 2019年，黄埔区完善社会救助体系，低保救助应保尽保、应退尽退、按时发放。城镇在册低保334户、549人；农村在册低保374户、875人；城镇在册低收入28户、80人；农村在册低收入8户、40人，在册城镇特困人员56人，农村在册特困人员39人，社会散居孤儿、事实无人抚养儿童42人，发放各类保障金2003万元。开展低保专项治理，防范化解“脱保”“漏保”等风险。落实医疗救助各项政策，资助参保1.01万人次、337.3万元，医疗救助1.52万人次、2148万元。发放残疾人两项补贴9.9万人次、2100万元，将重度残疾人助餐配餐服务工作纳入养老大配餐服务体系。是年，养老服务改革落实养老机构备案管理，推进养老机构医养结合。推进基层政权和社区建设，完成新设镇街挂牌、社区居委会及社区公共服务工作站调整设立。推进村（社区）民主法治建设，完成新成立社区居民委员会选举工作。开展扫黑除恶专项斗争，核查涉黑涉恶线索7条，清理“三类”人员4人。建立“令行禁止 有呼必应”社区议事协商机制，出台工作方案，实现议事协商平台与“有呼必应”综合指挥平台无缝对接。加强社区专职工作人员队伍建设，实行社区居委会弹性工作和预约办事制度，提升服务效能。落实创新城乡社区治理专项改革试点、建立社区服务长效机制工作、解决社会治理不平衡等重要文件3个。开展“三社联动”示范村（社区）建设，社工站实施“113X”服务模式，推进志愿服务“时间银行”建设，成立志愿服务队伍74支8000余人。推进社工站标准化建设，社工站“硬件+软件”服务上台阶。扶持发展和规范管理社会组织，将公共服务事项纳入“秒批”事项清单，实现即日办理。

【社会救济】 2019年，黄埔区低保对象687户、1347人，其中城镇334户、549人、农村374户、875人。特困集中供养30人，特困分散供养65人。低收入家庭36户、120人，其中城镇28户、80人、农村8户、40人。供养孤儿11人，事实无人抚养儿童31人，全年发放各类救济金2003万元，发放实物救助折合人民币90.5万元，医疗救助1.52万人次，救助金额2148万元。财政全额资助城乡居民医疗保险，全年资助困难人员参保1.01万人次，支出337.3万元。全年发放残疾人两项补贴10.74万人次、2296.26万元，其中困难残疾人生活补贴1.21万次、199.76万元；重度残疾人护理补贴9.53万人次、2096.5万元。黄埔区城乡低保标准提高到1010元/月，农村特困供养标准2413元/月，城镇特困供养标准1721元/月，散居孤儿养育标准2406元/月，城乡低收入困难家庭认定标准1515元/月。困难残疾人生活补贴标准165元/月；重度残疾人护理补贴标准220元/月。

【慈善救助】 2019年，黄埔区慈善会实施医疗救助2人，应急救助2人，累计救助金额13.68万元；定向资助困难学生1人，救助金额3万元；支持黄埔区妇联开展“阳光女孩及安康母亲”慰问扶贫活动，慰问阳光女孩2人、安康母亲8人，慰问金额4.8万元。

1月，对口帮扶佛冈县因残、因病和上学困难的农村特困家庭60户，为每个家庭提供5000元的助困帮扶金，帮扶金额30万元。联合黄埔区心灵家园服务中心在黄埔香雪节和黄埔区新春花市开展义卖，筹集善款2.31万元；联合黄埔区总工会举行黄埔区公益慈善亲子徒步活动，发动区内机关企事业单位800余名职工参加，筹得善款4.3万元；参与由中国田径协会、黄埔区人民政府主办的2019广州黄埔马拉松开放400个慈善名额，活动筹得善款19.95万元。

开展“羊城慈善为民”广东扶贫济困日活动。通过“项目对接资源”的方式，向社会推出扶贫、济困等慈善项目，募集慈善资金，动员区机关事业单位、村居代表、爱心企业、爱心人士参与，近130家爱心企业与被帮扶贫困村签订扶贫框架协议或达成帮扶意向，现场认捐2500万余元。至年末，收到扶贫项目资金2701.88万元，划拨慈善扶贫定向资助款项1223.55万元。为全区的精准扶贫精准脱贫、东西部扶贫协作和对口支援对口帮扶工作提供有力的资金保障。全年接收群众捐赠旧衣物点接收捐赠衣物7914件。协调市捐赠站向贵州三都水族自治县捐赠衣物8692件。

开展涉及扶贫、济困、助学、扶老等领域慈善项目，全年筹集资金3399.97万元：扶贫类项目筹集资金2701.88万元；助学类项目筹集资金66.33万元；扶老类项目筹集资金24.3万元；捐助工程类项目筹集资金598.55万元；其他项目筹集资金8.89万元。全年“教育系统困难职工救助专项基金”筹集资金13.94万元；“茅岗社区爱心帮扶项目资金”帮扶困难家庭10户，救助金额4.8万元；“政法机关干部爱心帮扶资金”帮扶干部职工4人，救助金额5万元。

【流浪救助】 2019年，黄埔区遵循“自愿受助，无偿救助”原则，开展流动救助服务队街面巡查和救助工作。救助流浪乞讨人员34人（其中送广州市救助管理站21人、广州市民政局精神病院13人）。建立黄埔区生活无着流浪乞讨人员救助管理工作联席会议制度。12月，召开黄埔区生活无着流浪乞讨人员救助管理工作联席会议专题会议，明确黄埔区生活无着流浪乞讨人员救助管理工作联席会议各成员单位主要职责。发挥社会工作专业优势，引入社会力量，开展流浪乞讨人员救助社会工作介入服务，对流浪乞讨人员开展情绪疏导、情感抚慰、心理辅导、关爱帮扶、返乡教育等服务。

【福利彩票】 2019年，黄埔区调整萝岗万达广场、新增永和街等即开型福利彩票“刮刮乐”销售网点。举办中秋、元旦期间即开型福利彩票集中销售活动。全年即开型福利彩票销量807万元，中福在线福利彩票视频销量3619.53万元，筹集福利彩票公益金1779.18万元。全年区级福彩金资助项目16个，资助金额2293.9万元。

（庞杏玉）

【儿童福利】 2019年7月19日，黄埔区老人院增挂牌子设立“区未成年人救助保护中心、区儿童福利服务指导中心”。推进孤儿、事实无人抚养儿童等困境儿童、农村留守儿童关爱保护工作，落实各项救助帮扶政策。对3名符合条件年满18周岁的在读孤儿每年拨付1万元助学金。开展困境儿童和农村留守儿童关爱项目。开展社工和心理辅导专业个案22个、服务144人次。

（覃希）

【老龄工作】 2019年，黄埔区设立黄埔区老龄工作委员会，老龄工作由黄埔区卫生健康局家庭发展与老龄健康科承担。至年末，黄埔区60周岁以上老年人7.4万人，占户籍人口13.01%，属于广州市人口老龄化城区之一，老年人口呈逐年递增趋势。百岁老人25人（黄埔街道3人、鱼珠街道3人、文冲街道1人、穗东街道2人、南岗街道2人、长洲街道4人、联和街道4人、永和街道1人、九佛街道1人、新龙镇2人、云埔街道1人、萝岗街道1人）。

全年为辖区60周岁及以上老年人办理广州市老年人社会保障卡6237人、办理审验手续9071人。老年人社保（优待）卡专窗17个，每个专责窗口配备工作人员1人。开展宣传报道活动，在各街道、社区张贴《广州市老年人社会保障卡》办证宣传通告，引导老年人到社区办理领取手续。

培育黄埔区老年文体队伍，印发《2019年黄埔区老年文体队伍培育发展资助工作方案》，组织老龄委各成员单位开展敬老活动。印发《关于开展2019年黄埔区“敬老月”活动方案》，开展2019年“孝老爱亲，向上向善”暨欢庆中华人民共和国成立70周年文艺展演活动，黄埔区老年人协会组织144支老年文体队伍开展“孝老敬老，向上向善”暨庆祝国庆70周年文艺展演，按团队所属地就地安排展演。展演节目123个，参加表演2073人，其中声乐类节目20个、综合类41个、舞蹈类62个。

全年为辖区7.1万名老年人购买参保意外伤害保险，保费支出142万元，覆盖率100%，辖区老年人获得总给付支出90万元，赔付率超过63%。解决“服务最后一公里”问题，实现常态社区驻点服务社区54个，巡点社区58个。全区16个街道和1个镇均设立街道驻点

**2019年黄埔区福利彩票公益资助项目情况表**

| 资助项目名称 | 资助金额（万元） | 申请单位 |
| --- | --- | --- |
| 2019年黄埔区福彩金公益创投大赛项目 | 120 | 黄埔区民政局 |
| 黄埔区困境儿童和农村留守儿童成长关爱服务 | 63 | 黄埔区民政局 |
| 黄埔区流浪乞讨人员救助服务社会工作介入项目 | 60 | 黄埔区民政局 |
| 黄埔区老年人协会分会培育发展资助 | 28 | 黄埔区老龄工作委员会办公室 |
| 2019年黄埔区老年人协会老年文体队伍资助发展 | 43.2 | 黄埔区老龄工作委员会办公室 |
| 黄埔区重点关爱青少年群体行动 | 117.8 | 中国共产主义青年团黄埔区委员会 |
| 黄埔区康园工疗站服务项目 | 92.88 | 黄埔区残疾人联合会 |
| 黄埔区精神康复服务项目 | 181.44 | 黄埔区残疾人联合会 |
| 黄埔区老人院周边设施改造工程项目 | 170 | 黄埔区老人院 |
| 黄埔区爱晚托老院购置老年人康复保健休闲设施设备 | 12.26 | 黄埔区爱晚托老院 |
| 黄埔区萝岗福利院安全防护工程项目 | 18 | 黄埔区民政局 |
| 黄埔区萝岗福利院购置消防器材、标示卡等设备项目 | 28.7 | 黄埔区民政局 |
| 黄埔区龙头山寿星院新装1250KVA专用变压器安装工程 | 63 | 黄埔区龙头山寿星院 |
| 黄埔区老人院2019年度社会工作服务购买项目 | 180 | 黄埔区老人院 |
| 黄埔区龙头山寿星院智障区装修工程 | 148 | 黄埔区龙头山寿星院 |
| 黄埔区老人院二期工程建设项目 | 967.62 | 黄埔区老人院 |

专员。

是年，黄埔区老年人协会、南岗街老人协会、南岗街沙步老年人协会、龙湖街何棠下村老人协会、九佛街蟹庄村老人协会和东荟城社区老年人协会完成注册登记手续。黄埔区老年人协会、南岗街老人协会、南岗街沙步老年人协会、龙湖街何棠下村老人协会被广州市老龄委评为广州市示范性基层老年协会。

（秦锡扬）

**【养老机构建设】** 2019年，黄埔区公办养老机构护理型床位拥有率81.48%，在立足“保基本、托底线”功能定位的基础上，黄埔区老人院、萝岗福利院分别通过政府购买、“公建民营”方式，引入专业社会工作服务，探索痴呆老年人护理、临终关怀、社会工作等专业服务。完善多种类、多层次补贴标准，全年资助民办社会福利机构34个，资助护理补贴金额153.28万元，资助新增床位补贴581万元，资助医养结合补贴5万元。探索养老机构与医疗卫生机构的合作机制，全区13个取得养老机构设立许可证或已登记备案的养老机构中，持有医疗机构执业许可证8个，养老机构与医院签署就医合作协议4个，正在办理医疗机构执业许可证1个。实现在运营养老机构医养结合全覆盖、责任保险全覆盖，鼓励有条件的养老机构纳入长期护理保险、高龄重度失能老年人照护商业保险、医保定点等范围。发挥区老人院、萝岗福利院兜底保障、示范引领和风险化解功能。泰康之家·粤园、黄埔区福利院（区老人院）被广东省民政厅评为五星级养老机构，萝岗福利院被评为四星级养老机构，龙头山寿星院、万颐智汇坊被评为三星级养老机构。全区床位数5623张，每千名老人拥有床位数76张，基本满足老年人养老、医疗服务需求。

**【社区居家养老服务】** 2019年，黄埔区建设爱心午餐供应点162个，街镇、社区日间托老中心142个，实现长者日间照料服务、养老大配餐服务社区全覆盖。成立区级居家养老服务指导中心，组建街镇养老管理员队伍，形成区指导统筹、街镇管理实施、社区服务跟进的三级服务管理网络。为全区户籍60岁以上困难长者和需要照顾的80岁以上高龄长者提供免费午餐，配餐服务惠及长者6131人、133.8万人次、投入配餐资金1639.77万元。委托专业机构，开展老年人照顾需求等级评估服务，全年服务3048人次，依托社工机构、家政公司、邻里照顾等方式，对特殊困难老人实施“到户式”居家服务。引入有养老服务专业经验的社会组织提供督导服务，监督检查全区养老服务机构，包括区、街镇级养老服务综合平台、养老机构、社区级居家养老服务设施。开展培训和政策宣讲，推动养老机构服务规范运营，提升服务水平。

（庞杏玉）

**【社会工作】** 2019年，黄埔区45个社工站财政投入购买服务资金4400万元，承接服务的社工机构15个，均为AAAA以上等级机构，专业服务及财务评估结果优良率均为100%。加强培训推动社工人才队伍建设。举办2019年全国社会工作者职业水平考试考前培训班，参与初级班培训565人次，中级班培训243人次。全区社工持证人数782人。

全区各社工站发挥社工党员及社区党员的作用，开展家庭、长者、青少年服务，拓展特色服务，带领义工参与公共服务和兜底性弱势群体服务。至年末，全区社工党员52人，开展“党建引领”为主题的相关活动149次。

6月，广州市第二批社工服务站标准化建设第八次现场导入会在黄埔区召开。永和街社工站完成标准化建设验收，文冲街及萝岗街社工站入选第二批社工服务站标准化建设导入单位。

**【志愿者服务】** 2019年，黄埔区发展社区志愿服务，推进志愿服务“时间银行”建设。推进全市志愿服务“时间银行”建设工作，各社工站根据社区需求，设置志愿服务项目，搭建志愿服务“时间银行”服务平台。指导社工站培育发展社区志愿服务队伍143支，社区志愿者8500余人，社区志愿服务站（岗）按照“七有”（有固定的办公场所，有明确的志愿服务站标牌，有2名专职或兼职工作人员，有一定数量的志愿者，有工作制度，有活动制度，有相应的设备工具、物品）标准建设。

**【社会组织管理】** 2019年，黄埔区在册社会组织587个，其中行业协会22个、一般社会团体193个、社会服务机构372个。新登记注册社会组织45个，其中社会团体21个、社会服务机构24个。有456个提交上年年度报告并审核公示，占登记社会组织77%，对76个未提交完成的社会组织按规定列入异常名录并作出行政处罚。黄埔区民政局会同区教育局开展无牌无证违法幼儿园清查工作10次。抽查社会组织的机构运营、法人治理、重大事项报备等情况28个。

是年，黄埔区民政局申请福利彩票公益金120万元，用于开展黄埔区第二届社会组织公益创投大赛项目，资助社会组织开展为老、助残、青少年、救助帮困等服务。黄埔区慈善会参与“羊城慈善为民”广东扶贫济困日活动，接收扶贫项目资金2701.88万元。黄埔区草根助学济困联合会赴贵州省独山县上司镇开展扶贫助学活动，资助18名学龄儿童及家庭。黄埔区三生家庭教育研究院参与贵州省独山县特教资源室建设项目。黄埔区社会组织联合会发动黄埔工程机械行业协会、黄埔区物流与供应链行业协会、黄埔区互助公益协会、黄埔区心灵家园服务中心、黄埔区爱海慈航社会工作服务中心、黄埔区红山街社区卫生服务中心等会员单位，向贵州省独山县第四幼教集团幼儿园捐款 2.1 万元。

【婚姻登记】 2019 年，黄埔区依法办理结婚登记 5382 对，离婚登记 1734 对，补领婚姻登记证书 497 份，其中补领结婚证 423 份，补领离婚证 74 宗。完成 7616 卷婚姻登记档案立卷整理归档工作。

【殡葬管理】 2019 年，黄埔区火化率保持 100%，落实殡葬惠民政策，免除户籍居民 2309 人（含异地火化 2 人、困难群众 9 人）殡葬基本服务费用 188.11 万元。组织开展 4 月殡葬改革宣传月活动，悬挂宣传横幅 330 条，派发宣传单 1.5 万份。清明期间，做好群众拜祭安全保障工作，全区各殡葬服务场所包括祥景陵园、公益性骨灰楼（福寿楼、惠泽堂、思德园）、九佛街和龙湖街 4 个骨灰临时存放点，接待前往拜祭的群众 13.73 万人次、车辆 2.12 万辆次，期间未发生安全事故，实现“零事故、零警情、零投诉”。

【行政区域勘界】 2019 年，黄埔区推进部分镇街行政区划调整工作。3 月 27 日，云埔街道揭牌成立；3 月 28 日，长岭街道揭牌成立；3 月 30 日，新的萝岗街道揭牌成立。

是年 3 月 7 日，广东省民政厅批复同意撤销黄埔区九龙镇分别设立黄埔区新龙镇、九佛街道、龙湖街道。黄埔区启动九龙镇行政区划调整组织实施工作。4 月 18 日，龙湖街道、九佛街道揭牌成立；5 月 30 日，新龙镇揭牌成立。行政区划调整后，黄埔区现辖 16 个街道 1 个镇：黄埔街道、红山街道、鱼珠街道、夏港街道、大沙街道、文冲街道、南岗街道、穗东街道、长洲街道、联和街道、永和街道、萝岗街道、长岭街道、云埔街道、九佛街道、龙湖街道、新龙镇。5 月，黄埔区民政局启动黄埔区部分镇街行政区划调整勘界、黄埔区行政区划图编制等工作。

【地名管理】 2019 年，黄埔区民政局组织开展黄埔区第二次全国地名普查文件材料整理和归档。推进广州市深化平安有序规范城市管理专项行动中道路（街巷）地名历史遗留问题整治、无图形标准地名标注上图工作。做好“四标四实”（“四标”指一张标准作业图，一套标准建筑物编码，一个标准地地库，一张标准基础网格；“四实”指通过入户走访，外业调查的方式，核准实有人口、实有房屋、实有单位、实有设施）城中村基础信息大排查专项行动的道路（街巷）命名查漏补缺工作。全年受理地名案件 72 件，批复道路命名 94 条、更名 3 条、销名 20 条，批复非住宅类建筑物命名案件 14 件、更名案件 1 件，批复自然地理实体命名 1 件，批复住宅类小区命名 18 件、更名 1 件。

**2019 年黄埔区道路（街巷）命名情况表**

| 名称 | 起止点 | 长度（米） | 宽度（米） | 批准时间 |
|---|---|---|---|---|
| 连琨路 | 西南起于东恒街，东北止于连云路 | 220 | 20 | 2019.1.3 |
| 墩美北街 | 起于墩美南街，止于墩美北街三巷 | 180 | 3 | 2019.1.18 |
| 晋和里 | 起于双沙平阳大街，止于巷尾 | 64 | 3 | |
| 深和横里 | 起于深和里，止于巷尾 | 47 | 3 | |
| 沙浦塘片三巷 | 起于沙浦东路西十四巷，止于巷尾 | 29 | 3 | |
| 沙浦塘圣下一巷 | 起于沙埔塘圣下一巷 1 号建筑物，止于巷尾 | 25 | 4 | |
| 碧粉大街 | 起于碧山东一巷，止于街尾 | 317 | 4 | |
| 横沙沙头大路 | 起于护林中路，止于路尾 | 463 | 5 | 2019.2.1 |
| 横沙沙头大路一横 | 起于横沙沙头大路，止于横沙长岭路 | 216 | 5 | |
| 横沙长岭路 | 起于护林中路，止于路尾 | 455 | 5 | |
| 仓下仓库边 | 起于仓下大街，止于仓下仓库边 3 号建筑物 | 28 | 2.5 | |
| 仓下十一巷 | 起于仓下大街，止于仓下十一巷 14 号建筑物 | 51 | 2 | |
| 木棉街北三巷 | 起于联和木棉街，止于巷尾 | 285 | 3 | |
| 木棉居街 | 起于联和木棉东街，止于巷尾 | 773 | 3 | |
| 田心雅苑一巷 | 起于田心雅苑一巷 1 号建筑物，止于巷尾 | 143 | 3 | |
| 田心雅苑二巷 | 起于田心雅苑二巷 1 号建筑物，止于巷尾 | 67 | 3 | |
| 田心雅苑三巷 | 起于田心雅苑三巷 1 号建筑物，止于巷尾 | 146 | 3 | |
| 悦容一街 | 北起于丽正街，南止于政和街 | 312.68 | 4 | |
| 悦容二街 | 东北起于政和街，止于文康街 | 225.78 | 4 | |
| 大氹沙湖街 | 起于大氹南街，止于大氹沙湖街二巷 | 107 | 4 | 2019.3.11 |
| 大氹沙湖街一巷 | 起于大氹北街，止于大氹沙湖街 | 102 | 4 | |
| 横沙大塘街 | 起于岐山路，止于街尾 | 317 | 4 | |

续表

| 名称 | 起止点 | 长度（米） | 宽度（米） | 批准时间 |
|---|---|---|---|---|
| 科睿路 | 起于光谱中路，止于揽月路 | 150 | 20 | 2019.3.11 |
| 茅岗南路（延伸） | 起于茅岗南路，止于中山大道东 | 277 | 4.5 | |
| 茅岗南横街 | 起于茅岗南路（延伸），止于街尾 | 197 | 4 | |
| 港湾西四街 | 起于东苑小区，止于港湾路 | 362 | 12 | |
| 凤凰七路 | 起于凤凰五路，止于规划路 | 840 | 30 | 2019.3.13 |
| 凤凰八路 | 起于凤凰五路，止于凤凰五路 | 1993 | 45 | |
| 凤凰六路 | 起于九龙大道，止于凤凰七路 | 460 | 40 | |
| 石桥南街六巷 | 起于石桥中街，止于巷尾 | 112 | 1.5 | 2019.3.19 |
| 迁岗西街 | 起于迁岗中街，止于暹岗中路 | 232 | 4 | |
| 迁岗中街 | 起于暹岗东路，止于迁岗西街 | 247 | 4 | |
| 迁岗东街 | 起于暹岗东路，止于迁岗东街111号建筑物 | 324 | 4 | |
| 名成一街 | 起于名城三街，止于小区北侧26米规划路 | 384 | 4 | 2019.3.26 |
| 名成二街 | 起于名城一街，止于名城一街 | 165 | 4 | |
| 名成三街 | 起于小区南部商业主入口（人行），止于小区北部次入口（人行） | 369 | 4 | |
| 峻翰街 | 起于骏玥街，止于峻岚街 | 432 | 4 | 2019.4.2 |
| 穗科街 | 起于小区东南部车行出入口，止于小区西北部车行出入口 | 544 | 10 | 2019.4.16 |
| 幸福坊东一街 | 南起20米宽规划路，往北折向东后折向南，止于20米宽规划路 | 629.17 | 5.5 | 2019.7.16 |
| 幸福坊东二街 | 东起幸福坊东一街，往西折向北后折向东，再折向北后折向西，止于小区自编C11栋建筑物北侧 | 483.11 | 4 | 2019.7.16 |
| 幸福坊西一街 | 南起20米宽规划路，往西北折向北，止于小区自编G5栋垃圾收集站西北侧 | 292.99 | 5.5 | |
| 幸福坊西二街 | 西起幸福坊西一街，往东折向北后折向西，再折向北后折向西，止于幸福坊西一街 | 279.93 | 4 | |
| 幸福坊西三街 | 西起幸福坊西一街，东止幸福坊东一街 | 107.79 | 4 | |
| 幸福坊西四街 | 南起幸福坊西三街，往北折向东后折向南，止于幸福坊西三街 | 117.31 | 4 | |
| 幸福悦东一街 | 西起30米宽规划路，往东折向北，止于20米宽规划路 | 401.49 | 6 | 2019.7.16 |
| 幸福悦东二街 | 东起幸福悦东一街，往西曲折往南后折向西，止于小区自编B1栋建筑物北侧 | 487.11 | 4 | |
| 幸福悦东三街 | 东起幸福悦东二街，西止小区自编B4栋建筑物北侧 | 62.58 | 4 | |
| 幸福悦东四街 | 东起幸福悦东二街，西止小区自编B10栋建筑物南侧 | 88.11 | 4 | |
| 幸福悦西一街 | 北起小区自编G1栋建筑物西北侧，往南折向东后折向北，止于小区自编G4栋建筑物东南侧 | 195.87 | 5.5 | |
| 幸福悦西二街 | 东起30米宽规划路，往西折向北后折向东，止于小区自编2栋入口门楼北侧 | 422.13 | 5.5 | |
| 幸福悦西三街 | 南起幸福悦西二街，往北折向西，止于幸福悦西二街 | 69.95 | 4 | |
| 幸福悦西四街 | 南起幸福悦西三街，往北折向东，止于小区自编A8栋建筑物南侧 | 89.11 | 4 | |
| 幸福悦西五街 | 东起30米宽规划路，往西折向北后折向西，止于小区自编A10栋建筑物南侧 | 85.15 | 4 | |
| 幸福悦西六街 | 西起幸福悦西二街，往东折向北后折向东止于小区自编A16栋建筑物南侧 | 127.13 | 4 | |
| 幸福悦西七街 | 西起幸福悦西二街，往东折向南，止于幸福悦西六街 | 111.2 | 4 | |
| 星樾大街 | 起于小区图书馆东北侧，止于小区自编13栋建筑物西南侧 | 879 | 7 | 2019.8.14 |
| 星樾东一街 | 起于星樾大街，止于小区自编19栋建筑物北侧 | 266 | 4 | |
| 星樾东二街 | 起于星樾大街，止于星樾东八街 | 573 | 4 | |
| 星樾东三街 | 起于星樾大街，止于小区自编45栋建筑物东北侧 | 132 | 4 | |
| 星樾东四街 | 起于星樾大街，止于星樾东三街 | 159 | 2.5 | |
| 星樾东五街 | 起于星樾大街，止于樾东二街与星樾东六街交汇处 | 159 | 2.5 | |
| 星樾东六街 | 起于星樾大街，止于星樾东二街 | 150 | 4 | |
| 星樾东七街 | 起于星樾大街，止于小区自编17栋建筑物东北侧 | 144 | 4 | |
| 星樾东八街 | 起于星樾大街，止于星樾大街 | 325 | 4 | 2019.8.14 |
| 星樾西一街 | 起于小区地下车库出入口南侧，止于小区幼儿园东北侧 | 245 | 7 | |
| 星樾西二街 | 起于星樾大街，止于星樾西三街 | 323 | 4 | |
| 星樾西三街 | 起于星樾大街，止于小区自编2栋建筑物南侧 | 484 | 4 | |
| 星樾下街 | 起于20米宽规划路，止于小区自编8栋建筑物东南侧 | 409 | 7 | |
| 横沙大塘山东路 | 起于姬堂长庚西街，止于吉儿岗 | 406 | 10 | 2019.9.5 |
| 凤凰五路（延伸） | 起于凤凰五路，止于向东规划路，向西规划路 | 2650 | 50 | |

续表

| 名称 | 起止点 | 长度（米） | 宽度（米） | 批准时间 |
|---|---|---|---|---|
| 拾光大街 | 西起小区自编 33 栋建筑物西南侧，往东折向北后曲折向西，止于小区自编 34 栋垃圾收集站东南侧 | 796.74 | 4 | 2019.9.29 |
| 拾光一街 | 南起小区南侧规划路，北止拾光大街 | 210.5 | 4 | |
| 拾光二街 | 南起拾光二横街，北止拾光大街 | 119.75 | 4 | |
| 拾光三街 | 南起拾光二横街，北止拾光大街 | 120.1 | 4 | |
| 拾光一横街 | 东起拾光一街，西止小区自编 28 栋建筑物西北侧 | 148.98 | 4 | |
| 拾光二横街 | 西起小区自编 5—1 栋建筑物西北侧，东止小区自编 2—2 栋建筑物东北侧 | 245.2 | 4 | |
| 拾光三横街 | 东起小区自编 20 栋建筑物东北侧，西止小区自编 22 栋建筑物西北侧 | 213.52 | 2.5 | |
| 拾光四横街 | 西起小区自编 8 栋建筑物西北侧，东止拾光一街 | 127.02 | 4 | |
| 拾光小径 | 西起小区西侧规划路，往东折向北，止于小区自编 34 栋垃圾收集站西侧 | 82.94 | 4 | |
| 中新智慧一街 | 西起小区自编 C-1 栋建筑物西北侧中新智慧三街，往东折向东北后折向东南，再折向西南，止于中新智慧三街 | 544 | 6 | 2019.10.16 |
| 中新智慧二街 | 西南起中新智慧三街，往东北折向北后折向东南，再折向西南，止于小区自编 B-1 栋建筑物北侧 | 443 | 4 | |
| 中新智慧三街 | 北起中新智慧一街，往南曲折向东南，止于约 50 米宽规划路 | 442 | 6 | |
| 邻里街 | 西南起小区车库出入口，往东北折东南，止于小区自编 A 栋建筑物东北侧 | 328 | 4 | 2019.11.1 |
| 杉禾田一街 | 西北起小区西北侧 15 米宽规划路，往东南折向东后折向南，再曲折向东北，止于杉禾田三街 | 200 | 4 | 2019.11.6 |
| 杉禾田二街 | 西南起杉禾田一街，东北止于杉禾田三街 | 220 | 4 | |
| 杉禾田三街 | 西北起杉禾田二街，往东南折向东北后折向西北，止于小区西北侧 15 米宽规划路 | 345 | 4 | 2019.11.6 |
| 杉禾田北街 | 西北起杉禾田二街，东南止于杉禾田三街 | 220 | 4 | |
| 杉禾田南街 | 西北起杉禾田三街，东南止于小区自编 23 栋建筑物东侧 | 125 | 2 | |
| 杉禾田一巷 | 西南起小区自编 11 栋建筑物西侧，东北止于小区自编 13 栋建筑物北侧 | 130 | 2 | |
| 杉禾田二巷 | 西南起小区自编 14 栋建筑物西侧，东北止于小区自编 16 栋建筑物北侧 | 130 | 2 | |
| 康耀南路 | 西北起规划的康兆二路，往东南折向东北，止于新镇二路 | 1522 | 30 | 2019.11.14 |
| 揽境街 | 东南起小区自编 1# 栋住宅出入口，往西北顺时针绕小区绿地一周，止于小区自编 1# 栋住宅出入口 | 542 | 4 | 2019.11.23 |
| 翁裕一街 | 南起小区行人主入口东北侧，往北折向东后折向东南，再折向东，止于翁裕二街 | 150 | 4 | 2019.12.24 |
| 翁裕二街 | 西起 26 米宽规划路，往东折向北，止于大沙地东 | 220 | 6 | 2019.12.24 |

## 2019 年黄埔区道路（街巷）销名情况表

| 名称 | 起止点 | 长度（米） | 宽度（米） | 批准时间 |
|---|---|---|---|---|
| 涌口路 | 起于李家埗头，止于江沥海 | 1500 | 6 | 2019.2.22 |
| 金洲路 | 起于长洲码头，止于赤坎桥 | 4500 | 7 | |
| 深井紫来里 | 起于南田西街，止于紫来里 | 40 | 4.5 | |
| 深井平安里 | 起于丛桂东街，止于秋岗 | 28 | 1.5 | |
| 新乐横路 | 起于科丰路，止于新乐路 | 350 | 20 | 2019.3.19 |
| 新阳横路 | 起于科丰路，止于新阳西路 | 580 | 30 | 2019.3.19 |
| 蚧山西路 | 起于原中山路茅岗立交桥西端，止于黄埔大道一段 | 810 | 6 | 2019.3.27 |
| 蟹山横街北一排 | 起于蟹山路铁路南边，止于黄埔公社南边 | 21 | 3.1 | |
| 蟹山横街二排 | 起于蟹山路铁路边，止于山边 | 91 | 3.1 | |
| 蟹山横街横排 | 起于蟹山路铁菜店，止于蟹山横街 | 14 | 3.1 | |
| 蟹山横街六排 | 起于蟹山路铁路边，止于山边 | 31.5 | 3.1 | |
| 蟹山横街七排 | 起于蟹山路铁路边，止于山边 | 52.5 | 3.1 | |
| 蟹山横街三排 | 起于蟹山路铁路边，止于山边 | 21 | 3.1 | |
| 蟹山横街四排 | 起于蟹山路铁路边，止于山边 | 17.5 | 3.1 | |
| 蟹山横街五排 | 起于蟹山路铁路边，止于山边 | 21 | 3.1 | |
| 蟹山横街一排 | 起于蟹山路铁路边，止于山边 | 14 | 3.1 | |
| 黄埔西路 | 起于深涌桥，止于山边 | 1425 | 40 | |

续表

| 名称 | 起止点 | 长度（米） | 宽度（米） | 批准时间 |
|---|---|---|---|---|
| 红荔二街 | 起于广深公路口，止于火电小学 | 350 | 3 | 2019.7.6 |
| 红荔三街 | 起于广新公路，止于广冶小学 | 150 | 3 | |
| 红荔一街 | 起于庙头路口，止于火电宿舍 | 250 | 3 | |

## 2019 年黄埔区住宅类小区命名情况表

| 名称 | 地点 | 用地面积（平方米） | 总建筑面积（平方米） | 绿地率（%） | 批准时间 |
|---|---|---|---|---|---|
| 西华花园 | 位于黄埔区茅岗路以西 | 751322 | 236014.4 | 30 | 2019.4.11 |
| 江贝花园 | 位于黄埔区茅岗路以西 | 30979 | 90239.8 | 30 | 2019.4.12 |
| 悦光花园 | 位于黄埔区石化路以西 | 105461 | 414976.1 | 46.44 | 2019.4.10 |
| 华贝和庭 | 位于黄埔区茅岗路以西 | 11761 | 74942.4 | 30 | 2019.5.17 |
| 万科幸福悦花园 | 位于黄埔区中新知识城南起步区 KS1 号路以北 | 191580 | 344844 | 35 | |
| 保利拾光花园 | 位于中新广州知识城南起步区南部快速路以南，KS1 号路以东 | 128742 | 364396 | 30 | 2019.6.13 |
| 杉禾田花园 | 位于黄埔区开源大道以南、云峰路以东 | 48326 | 189130 | 35 | |
| 星樾花园 | 黄埔区开创大道以南、荔红一路以东、伴河路以北、开源大道以西 | 312376 | 935795 | 34.5 | 2019.6.28 |
| 东新御景花园 | 黄埔区开源大道以东，瑞和路以西 | 25894 | 148561 | 35 | 2019.7.5 |
| 揽境花园 | 位于黄埔区永顺大道以南、万科山景城以西 | 49404 | 240957 | 35 | 2019.9.26 |
| 佳大瑞园 | 位于水西路以东、开萝大道以北 | 18902 | 60260 | 36.6 | |
| 时代印记花园 | 位于黄埔区中新广州知识城九龙大道以东、凤凰一路以北 | 209231 | 818738 | 35 | 2019.10.31 |
| 壹云花园 | 位于黄埔区长岭居长岭路以北、岭头新村以东 | 71806 | 255115 | 35 | 2019.11.11 |
| 鹭樾台 | 位于黄埔区茅岗路以东、坑田路以北 | 13802 | 73323 | 30 | 2019.11.12 |
| 翁裕苑 | 位于黄埔区大沙东路双沙段南面、广州航海高等专科学校东侧 | 13590 | 76807 | 30 | |
| 尚玥花园 | 位于黄埔区茅岗路以西 | 36035 | 152852.7 | 30 | 2019.12.4 |
| 盈禧花园 | 位于黄埔区广园快速路以南、东鹏大道以东 | 41395 | 222976 | 32.8 | |
| 火村宏祥花园 | 位于黄埔区开源大道以东、瑞和路以西 | 67191 | 438393 | 38.7 | 2019.12.12 |

## 2019 年黄埔区道路、非住宅类建筑物、住宅类小区更名情况表

| 类　别 | 原来名称 | 更名名称 | 起止点 | 批准时间 |
|---|---|---|---|---|
| 道路 | 新田上仔下路 | 新田山仔下路 | 起于新田山仔路，止于新田山仔路 | 2019.2.22 |
| | 新田浦江路 | 新田埔江路 | 起于新田禾塘路，止于新田埔江西路 | |
| | 新田浦江西路 | 新田埔江西路 | 起于新田埔江路，止于田边 | |
| 非住宅类建筑物 | 铂金公寓 | 奕佳和轩 | 位于黄埔区联和街道，大观北路以东、悦榕路西北侧 | 2019.9.6 |
| 住宅类小区 | 东新御景花园 | 瑞璟花园 | 黄埔区开源大道以东，瑞和路以西 | 2019.12.30 |

**2019 年黄埔区非住宅类建筑物命名情况表**

| 名称 | 地点 | 用地面积（平方米） | 总建筑面积（平方米） | 用途 | 批准时间 |
|---|---|---|---|---|---|
| 广州知识城大厦 | 位于九龙大道西侧、瑚璟花园东南侧、亿创广场西北侧地段 | 79572 | 190669 | 办公商业 | 2019.1.3 |
| 知识城创新园 | 位于黄埔区中新广州知识城内，凤湖三路以北地段 | 55111 | 143033 | 商务工业 | 2019.1.29 |
| 广州宝能金融中心 | 位于黄埔区开创大道南侧、保利罗兰花园西北侧 | 46470 | 307948 | 商务商业 | 2019.2.15 |
| 润慧科技园 | 位于黄埔区联和街道内，神舟路东侧、科翔路以北、莲花砚路以南地段 | 36358 | 94482 | 工业 | 2019.6.6 |
| 广州知识城广场 | 位于黄埔区中新广州知识城内，知识城创新园西南侧、黄山南路东北侧地段 | 156757 | 775880 | 商务 | 2019.7.8 |
| 水西商业广场 | 位于黄埔区萝岗街道内，萝岭路以西、长贤路南侧地段 | 95044 | 297052 | 商务商业 | 2019.8.1 |
| 中新智慧园 | 位于黄埔区中新广州知识城内，腾飞中新里东北侧 | 64245 | 183322 | 科研办公 | |
| 邻里商汇 | 位于黄埔区龙湖街道内，轨道交通十四号线知识城支线何棠下站西南侧、新镇三路西侧、瑚璟花园北侧 | 18000 | 47935 | 商业酒店 | 2019.8.23 |
| 云润轩 | 位于黄埔区管理的官洲岛内，星际四路以西、寰宇二路北侧、寰宇三路东侧 | 1389 | 7182.9 | 科研 | 2019.8.29 |
| 云润大厦 | 位于黄埔区管理的官洲岛内，星际四路以西、星际三路东侧、寰宇一路南侧 | 3076.5 | 33978.1 | 科研 | 2019.9.2 |
| 星悦峰商贸广场 | 位于黄埔区穗东街道内，龙头路东侧、黄埔东路北侧、庙头东华路西侧地段 | 11404 | 65465 | 商业商务 | 2019.10.3 |
| 珍宝产业园 | 位于黄埔区联和街道内，科翔路以北、大观北路东侧 | 62780 | 187931 | 公共交通站场 | 2019.11.5 |
| 利通大厦 | 位于黄埔区鱼珠街道内，茅岗路以东、广深铁路以南、护林中路以北 | 2576.8 | 33283.5 | 科研 | 2019.11.8 |
| 火村商务园 | 位于黄埔区云埔街道内，东明三路北侧、瑞和路西南侧 | 10676 | 46820 | 商业商务 | 2019.12.26 |

**【社区建设】** 2019 年，黄埔区挂牌成立新龙镇、龙湖街道、九佛街道，调整九佛社区居委会、凤凰湖社区居委会管辖区域范围，增设 4 个社区居委会、1 个社区公共服务工作站。至年末，全区共有 127 个社区，28 个行政村。

制定《黄埔区“三个一肩挑”推进期间村（居）民委员会成员补选工作指引》，指导 5 村 7 社区完成村（居）委会主任补选，实现“三个一肩挑”全覆盖。举办新社区居委会选举培训班，指导云埔街道、永和街道等 8 个新成立社区完成居民委员会、监督委员会选举工作。清理村（居）涉黑涉恶人员“三类人员”4 名，指导相关镇街依法依规补选 2 名村委会成员、2 名村民小组长。加强社区专职工作队伍建设，公开招聘社区专职工作人员 136 人。组织开展为期 2 天的新入职岗前业务培训，培训社区专职工作人员 83 名。

指导相关镇街落实省、市关于村（居）务公开“五化”要求，加强村民小组规范化建设。建立健全村（居）务监督委员会各项工作制度，开展村务监督委主任工作成效综合评估，举办村（居）务监督委主任年度业务培训班。指导各村（村）修订村规民约，至年末，70% 村（居）完成村规民约（居民公约）修订完善工作，基层德治水平稳步提高。在社区居委会全面实行弹性工作和预约办事制度，提升社区居民委员会服务效能。推进优势主导型“三社联动”工作，实现全区村（社区）“三社联动”100% 全覆盖。建立“令行禁止 有呼必应”机制。完成全区各镇街村（社区）居民议事厅建设任务，开展议事 2907 次，形成决议 4179 项，执行落实 3947 项。

（庞杏玉）

## 退役军人事务

**【概况】** 2019 年 3 月 28 日，广州市黄埔区退役军人事务局（简称黄埔区退役军人事务局）挂牌成立，同时成立广州市黄埔区退役军人服务中心，加快推进退役军人服务保障体系建设，处理退役军人接收安置，落实优抚关爱政策，稳固拥军优属基础，推进退役军人三级服务体系建设，完善军休管理规范。

是年，黄埔区退役军人事务局打造“六室一厅一廊”阵地。督导各镇街服务站按照“五有”“全覆盖”要求，推进镇街服务站体系标准化建设，全区建成17个镇街服务站、145个村社服务站建设。6月，梳理统计黄埔区退役军人信息指标1176项，完成退役军人数据信息的采集及汇总，完善区退役军人信息库。10月，建立“老兵”调解工作室，采用现场、网上和电话咨询方式，满足区退役军人的法律咨询服务需要。11月，开展退役军人“大走访”活动，新龙镇退役军人服务站被评为市级服务站示范点。12月19日，组织开展退役军人服务站知识竞赛，以赛促学，提高区退役军人系统工作人员业务水平。开展黄埔区“最美退役军人”“最美军嫂”“最美双拥标兵”评选活动，并于7月31日举行发布仪式。

【优抚工作】 2019年，黄埔区退役军人事务局落实各项抚恤优待政策，做好优抚对象兜底保障。全年发放优抚对象抚恤补助和优待金、临时物价补贴等2226.8万元，抚恤优待面和抚恤金兑现率实现2个100%。落实医疗保障待遇，审批发放医疗救助131人次148万元；组织全区优抚对象免费体检，完善重点优抚对象健康档案。办实事解难事，支出11.5万元帮助5名优抚对象解决临时生活困难；指导各镇街开展元旦、春节、八一建军节期间走访慰问优抚对象活动；组织入户慰问全区4名70周岁以上五、六级残疾军人。加强烈士褒扬和烈士纪念设施管理，组织黄埔区烈属赴广西祭扫；在“9·30”烈士纪念日期间，慰问全区28户烈属，举行向东江纵队烈士纪念碑敬献花篮仪式。加强指导烈士纪念设施保护管理，维护全区7处烈士纪念设施，确保教育宣传功能；编撰完成黄埔区《中华人民共和国烈士英名录》。举办黄埔区为烈属、军属和退役军人等家庭悬挂光荣牌工作启动仪式和全市悬挂工作现场会，“三不挂”“六部曲”工作经验被广东省退役军人事务厅确定为全省工作规范。至年末，全区上门悬挂光荣牌1.22万块，做到“应挂尽挂”。

【安置工作】 2019年，黄埔区开展最美退役军人宣传活动，完成退役军人接收安置，解决军休所历史遗留问题，加强军休干部服务保障等。接收安置符合政府安排工作改革的退役士兵，接收安置秋、冬季退役士兵。强化退役军人就业创业服务，3月和10月分别组织退役士兵参加广州市退役军人事务局举办的招聘会，10月24日—28日，组织开展秋季退役士兵适应性培训。11月28日，举办黄埔区年度“弘扬军人本色，建设美丽黄埔”退役军人专场招聘会。11月，围绕“阳光安置”的原则，成立区退役军人移交安置工作专项小组，完成军转干部接收安置。其中，现场选岗军转干部通过集中打分选岗、座谈会、个别谈话和岗位公布等环节，于25日在科学城会议中心完成现场选岗公证处对选岗全程作证据保全公证；营以下考试军转干部根据个人意向和各接收安置单位需求，按照“人岗相适”的基本原则进行岗位分配，完成安置工作。12月9日，在全市率先打造军转干部接收报到“一站式服务”，一次性为军转干部办理相关手续。

2019年7月31日，黄埔区“最美退役军人”“最美军嫂”“最美双拥标兵”发布仪式
（黄埔区退役军人事务局供图）

【双拥工作】 2019年，黄埔区开展国防教育和双拥宣传进机关、进学校、进社区、进企业、进连队，增进军地情感认同。在中心街道和广场、公园等人流密集场所设立双拥公益广告喷画、横幅等宣传标语，利用微博、微信等新兴媒体开展经常性双拥宣传。在元旦、春节和八一建军节期间，组成拥军慰问团（组）20多个，赠送部队官兵节日慰问金、慰问品。筹集资金33万元，帮助部队实际困难。先后为44名军人子女解决入学入托问题，并帮助驻非洲吉布提保障基地干部子女解决入学难题。制订印发《黄埔区创建全省双拥模范区“五连冠”实施方案》《黄埔区创建全省双拥模范区“五连冠”工作任务推进表》，根据70条考评标准，完善双拥工作资料，开展创建省双拥模范区申报材料撰写、考评标准自评、“群众满意度”测评、双拥画册和专题片制作、双拥工作资料归档整理、双拥共建品牌打造等工作。

【军休管理】 2019年，黄埔区退役军人事务局开展调研活动，形成《黄埔区退役军人事务局关于事业单位转隶和管理情况报告》《黄埔区军休服务管理现状及分析》《黄埔区开展伤病残离退休干部和退休士官走访调研的情况报告》等材料，按照时间节点完成军休所人员整体转隶。解决军休人员移交安置、异地医疗报销、安置补助经费清退、军休干部住房加装电梯、军休人员滞留接收等历史遗留问题。推动军休干部年度疗养制度落实。完成全国军休干部（士官）相关信息采集和报送。完成52名军队退休干部（士官）接收和相关手续办理。完成无军籍离退休人员相关信息采集汇总和报送，加强无军籍离退休职工人事档案管理，提升无军籍职工的日常服务保障管理水平。

（刘坪辉　邢趣　江银曼）

## 民族宗教事务

【概况】 2019年年末，黄埔区少数民族户籍人口5400人，流动人口3.9万人，其中相对较多的少数民族有壮族、土家族、苗族、瑶族。少数民族流动人口在黄埔区就业主要以在区内各企业务工和开办个体面馆为主，维吾尔族人员大多从事烧烤及瓜果、干果贩卖。至2019年年末，区辖内清真拉面店137家。玉岩中学从2010年开设新疆班，已招收10届学生430人，至2019年年末有新疆班4个、新疆籍学生152人。广州市第八十六中学于2018年开设黄埔·三都民族班，至2019年末，该班已招收3届146名少数民族学生就读。促进贵州黔南对口帮扶地如期全面脱贫，推进劳务协作工作，在广东岭南职业技术学院开设“黄埔·三都民族技工班”，至年末，招收三都县少数民族学生93名。

全区宗教信教群众主要以信奉佛教和道教为主。至年末，信教人数8万余人，其中佛教4.5万人，道教3.5万人，基督教1000余人，天主教500余人，伊斯兰教500余人。区辖内登记开放的佛教活动场所3个：华峰寺、法雨寺、武台寺；基督教固定处所2个：塘头聚会点、穗田堂；临时活动点1个：天主教长安村临时活动点。全区无道教，伊斯兰教聚会场所、无教外教。民间信仰活动场所32个，主要场所有玄帝古庙、北帝古庙、杨四将军庙、金花古庙等。

【民族宗教工作机制建立】 2019年，黄埔区民族宗教事务局建立区、街（镇）、社区、网格四级管理机制，完善民族宗教工作网络。成立区委民族宗教工作领导小组，由区委书记为组长、统战部部长为副组长；各街镇成立民族宗教工作领导小组，由街镇党工委书记为组长，形成街镇主要领导亲自抓、分管领导具体管理、组织办具体负责的民宗工作格局；全区141个社区均安排1名兼任民宗联络员；发挥全区1804个网格作用，将民族宗教信息收集、政策宣传等下沉至网格，将问题解决在一线。加强与少数民族流动人口“流出地”政府联系，黄埔区清真拉面店主籍贯90%以上为青海省化隆回族自治县，区民族宗教事务局与青海省化隆县驻广州办事处、青海省化隆回族自治县政府及有关职能部门建立联系机制，完善“流入地”与“流出地”对接机制。加强民族工作平台建设，至年末全区有民族团结进步协会1个，少数民族义工队1支，民族之家5个（黄埔街民族之家、夏港街民族之家、云埔街民族之家、云埔街美荔家园民族之家、永和街民族之家）。

【民族宗教政策宣传培训】 2019年，黄埔区委把学习贯彻习近平总书记关于宗教工作重要论述和重要指示批示精神纳入区委理论学习中心组学习内容。6月14日，黄埔区民族宗教事务局会同区委宣传部、区委组织部等单位举办“黄埔大讲坛”，邀请广州市民族宗教局局长讲授宗教知识课程，黄埔区委、广州开发区党工委中心组全体成员，区属各单位领导干部、区属各国有企业负责人，区委民族宗教工作领导小组成员单位联络员600余人参加学习。7月3—4日，举办黄埔区民族宗教工作培训班，区委民族宗教领导小组成员单位分管领导及联络员，区民族团结进步协会理事代表、各民族之家负责人等80余人参加学习，参观海珠区民族之家及纯阳观，学习民族宗教管理先进经验。8月1日，在区委党校举办黄埔区2019年度清真拉面店主法制教育培训班。9月，在2019年处级公务员任职培训中，专题组织学习《习近平总书记对宗教工作的重要论述》《宗教事务条例》《宗教法规应知应会手册》等政策法规。

【民族团结进步创建“六进”活动】 2019年，黄埔区民族宗教事务局深化民族之家创建工作，将民族之家工作经费纳入财政预算，全年支持服务经费25万元。依托民族之家，开展民族团结进步创建进企业、进园区、进社区、进学校、进寺庙、进机关等“六进”活动。

进企业。以云埔街民族之家为平台，开展民族团结进步创建进企业活动，走进少数民族员工较多的捷普电子有限公司、飞登广州电子有限公司、广州数控设备有限公司、广州璨宇光学有限公司等开展民族团结进步宣传。春节、端午期间探访企业少数民族代表，深化与挂牌企业合作关系，探索企业少数民族服务新模式。

进园区。发挥佳大公寓、印象黄埔的平台作用，将民族政策宣传深入园区，通过电访、探访等形式了解少数民族，收集基本需求，支持帮扶生活和工作陷入困境的弱势少数民族。

进社区。以各街镇民族之家为平台，加强民族团结进步宣传活动，开展“民族美食分享”、宣传积分入学、积分入户等政策宣传、送“义诊”、送“温暖”等进社区等活动。

进学校。加强玉岩中学内地新疆班、广州市第八十六中学三都班、岭南职业技术学院三都技工班联系，促进外地少数民族学生融入校园生活。

进寺庙。在华峰寺等宗教场所设置民族团结进步宣传专栏，宣传各项民族政策法规，组织宗教教职人员和信教群众参加民族团结知识培训，了解掌握党和国家的民族政策。

进机关。将习近平总书记对民族宗教工作的重要论述，以及民族工作画册等民族团结进步创建宣传送进机关，让机关干部了解民族团结知识。

**【少数民族服务管理】** 2019年，黄埔区落实少数民族优惠政策，真情为少数民族流动人员服务。伊斯兰教“开斋节”和“古尔邦节”是回族、维吾尔族、哈萨克族、乌孜别克族、塔吉克族、塔塔尔族、柯尔克孜族、撒拉族、东乡族、保安族等10个信仰伊斯兰教少数民族的传统节日，给予区内各单位上述少数民族干部、职工在两个传统节日各放假一天。开展“吃一碗拉面、拉一次家常、交一个朋友”活动。黄埔区民族宗教事务局全年走访区内137家清真拉面店，了解拉面店在经营、生活以及宗教生活方面的情况，并协助解决问题。是年，清真拉面店代表人士韩木海买被评为“青海省海东市化隆县最美拉面人”“青海省劳动模范”。成立清真拉面义工队，到龙头山寿星养老院开展新春敬老活动。发挥清真拉面店微信群作用，拓宽交流平台。清真拉面店代表人士担任辖区内清真拉面店微信群群主，架起政府和清真拉面店主的沟通桥梁，搭建清真拉面店互动交流桥梁，分享拉面店经营、招工用工等信息，帮助清真拉面店主更好地融入城市。至年末，全区涉拉面店矛盾纠纷大幅下降。加强与少数民族流动人口、流动信教人口流出地政府、青海省化隆县驻穗办等驻穗机构协作配合，依法妥善处理涉民族宗教的矛盾纠纷。是年，电话接受变更民族成分的咨询8宗，办理民族成分变更事项3宗，协调子女入学4宗，协同大沙街、萝岗街、云埔街、龙湖街等有关街道，处理涉及少数民族拉面店经营纠纷、用工合同纠纷4宗。

**【宗教事务管理】** 2019年，黄埔区贯彻《宗教事务条例》，按照《宗教教职人员备案办法》《宗教活动场所主要教职任职备案办法》《广东省宗教活动场所七项管理制度的基本内容》等规定，强化辖区宗教活动场所内部管理。加强宗教场所财务管理，建立宗教场所每月财务报表报送制度，华峰寺、法雨寺、武台寺、基督教塘头聚会点、穗田堂聚会点、天主教临时活动点等每月向区民宗局报送财务报表，定期公布财务收支情况和接受、使用捐赠情况，接受宗教事务部门、宗教团体和信教群众监督。开展爱国主义教育和民族团结进步教育，开展国旗、宪法和法律法规、社会主义核心价值观、中国优秀传统文化“四进”宗教活动场所活动，用中国优秀传统文化浸润各宗教，在春节、端午等传统节日，在宗教场所开展挂灯笼、写春联、吃团年饭、包粽子等活动。落实《广州市宗教场所管理规范》，指导宗教场所完善管理，推进制定一本制度汇编、设置一个宣传栏、每月一份财务报表、每年一次消防演练“四个一”工作。在佛教活动场所开展“文明敬香”活动。各寺观免费提供三支清香或一支小香祈福。指导场所做好安全生产工作，重大民族及传统节日期间，组成联合巡查组，巡查排除宗教场所安全隐患。

**【黄埔区民族团结进步协会】** 2019年，黄埔区民族团结进步协会发动少数民族热心人士加入黄埔区少数民族义工队，到龙头山敬老院开展“送温暖”活动。开展“吃一碗拉面、拉一次家常、交一个朋友”活动、“民族团结、情融拉面”撒拉族敬老活动。组织代表参加黄埔区民族宗教工作培训班。7月，组织少数民族代表人士参加广州市民族团结进步宣传活动暨民族同心圆启动仪式。8月，配合区民族宗教事务局在区委党校开展黄埔区2019年度清真拉面店主法治教育培训活动，为清真拉面店主讲解积分入户、入学，以及劳动合同、房屋租赁等相关法律知识。

（叶峰）

镇 街道

◎编辑 田丽华

## 新龙镇

【概况】 2019年3月8日，新龙镇筹备工作组成立，5月30日新龙镇人民政府成立。镇辖面积75.87平方千米，下辖行政村11个：金坑村、均和村、福山村、福洞村、麦村村、大坦村、九楼村、迳头村、新田村、洋田村、镇龙村，社区1个：镇龙社区；11个经济联社，177个经济社。办公地址位于广汕八路333号。至年末，新龙镇有耕地面积1237.67公顷，养殖水面106.87公顷，林地3764.56公顷，森林覆盖率53.54%；有水库3座，其中金坑水库库容约1900万立方米、沙岩水库库容7.17万立方米、柯木窿水库库容58.6万立方米。主要河流有金坑河、平岗河，水系呈扇形分布；内有黄埔区第一高峰油麻山，最高峰海拔433.6米。

至年末，户籍总人口4.14万人，常住总人口为3.82万人，流动人口总人口5372人。农作物主要以蔬菜、水果为主。全镇蔬菜种植面积346.8公顷，常年种植面积166.73公顷；有以经营叶菜、瓜豆品种为主的大型菜场3家，占地面积118公顷，年产量2320吨，年产值1329万元，其中有一家已通过“有机农产品认证”并获注册商标。轮造（早造和晚造）种植优质丝苗水稻面积约20公顷。主要水果有荔枝、香蕉、萝岗甜橙、火龙果、木瓜、百香果、番石榴、龙眼等品种，种植面积533.33公顷。镇辖户籍人口已婚育龄妇女8765人，出生802人，出生率19.54‰，政策生育率86.41%，出生性别比为112.7（女为100）；常住人口已婚育龄妇女8311人；流动人口已婚育龄妇女1024人，出生57人。居住半年以上流动人口总人口数3975人，出生41人，政策生育率65.85%。

完成适龄劳动力调查1.37万人。全年再就业率86.7%，充分就业社区（村）创建率75%；办理失业证人数1826人，帮扶1247名失业人员再就业，困难人员实现再就业337人。举办现场招聘会3场，参与招聘活动企业53家；协助127名“4050”人员申请灵活就业社保补贴；协助20个创业户享受创业类政策扶持，带动辖内240人实现就业。开发空岗信息1015个，建立用工信息平台，向群众提供就业资讯。

完成次年度城乡居民医保缴费人数2.21万人。为905名民政对象办理新参保、续保，为108人次办理困难资助参保零星报销5.39万元。为601人次的困难群众提供医疗救助94.96万元。帮扶160名贫困人员完成城乡居民基本养老保险参保；完成被征地村民参加广州市城乡居民基本养老保险参保5814人。协助53名异地退休人员办理领取年度养老金资格认证。全年为284户低保户712人发放低保救济金574.73万元；为38名五保户发放补助110.35万元；为3名孤儿发放补助8.69万元。向105户困难群体发放中秋慰问金（品）8.2万元。

落实助残政策，做好康复、教育、就业、扶贫、医疗、社保、无障碍等残疾人服务。全年受理申请轮椅、助听器、拐杖、义肢等残疾辅助器具68人次；为47名残疾学生或残疾人家庭子女申请教育补助；发放残疾人特惠补贴57.72万元。

3月，新龙镇退役军人服务站成立，下辖11个村退役军人服务站。全年为退役人员办理各项业务353宗，谈心解决思想认识问题230余人次。组织走访退役人员450人，接待省退役军人事务厅安排参观学习200余人。是年，新龙镇退役军人服务站被确认为全省建设示范点。

完善日托中心、星光之家场地设施，持续保障为60周岁以上老人提供生活照料、休闲娱乐、爱心午餐等服务，全年为9.48万人次提供免费爱心午餐服务。9月，通过黄埔区民政局对全镇12个日间托老供餐点的评估，10月，开展“星光老年之家”评估并通过，完成合同续签工作。完成居家养老服务平台签约工作，并上线投入使用。全年为符合条件的315名老人办理老人优待证新申请，为65名老人审核升级优待证，为40名老人补办优待证申请。生存状况核查，符合条件并已登记的1919名70岁以上老人发放高龄老人长寿保健金171.30万元。

对口帮扶清远市阳山县七拱镇岩口村。全年投入扶贫资金68.48万元，主要用于大病救助、村标建设、改善贫困户居住条件、太阳能路灯维修、基层党组织阵地建设、助学帮扶工作、大喇叭工程资金、党群服务中心建设、购置垃圾清运车垃圾桶和垃圾清运费和日常工作。至年末，改造贫困户危房47户。是年，岩口村贫困户年人均可支配收入1.42万元，贫困村年人均可支配收入1.9万元，年人均收入超过省脱贫线（8478元），脱贫率100%。

**【党建工作】** 2019年，新龙镇党委下辖基层党组织23个，其中机关企事业单位党组织6个、村（社区）党组织12个、非公企业党组织5个。有党员1515人。全年预备党员转正32人、吸收34人，培养入党积极分子41人。洋田村等11个村（社区）党组织升格，各村（社区）党委（党总支部）下设的38个党支部选举产生支部委员会委员114人。完成金坑村、九楼村、麦村村“三个一肩挑”（党组织书记同时担任村民委员会主任和村级集体经济组织负责人）工作。开展“不忘初心、牢记使命”主题教育活动。全年组织中心组学习10次，开展专题学习35次，组织听党课56次，培训2150人次，专题调研222次，撰写调研报告17份。开好领导干部专题民主生活会、专题组织生活会。开展民主评议党员工作，50个党支部1515名党员参加，其中403名被评为优秀党员，1112名为合格党员。强化党组织生活、落实“三会一课”制度化常态化，开展主题党日、志愿服务等活动75次，组织党员干部到育廉馆接受警示教育，重温入党誓词，瞻仰东江纵队纪念碑。强化基层党建。完成金坑村、大坦村软弱涣散基层党组织整顿，下达《提醒函》督促整改存在问题的基层党组织。完成镇属12个村（社区）党群服务中心建设。配备第一书记10名，书记助理7名，大学生村干部助理16名。保障基层党建经费，下拨党建工作经费926万元。创新党建工作平台。创刊《新龙党建》（月刊），搭建党建交流平台。

**【纪检监察】** 2019年，新龙镇纪委坚持问题导向，依照党纪党规和程序，对严重违纪违法党员开除党籍处分3名、取消预备党员资格3名。协助完成2019年黄埔区委第一轮和第二轮村级巡察和整改。对新任领导干部开展集体廉政谈话2次、15人次，对关键岗位及风险岗位开展提醒谈话13人次。开展农村基层正风反腐专项治理，严肃查处党员干部违纪行为，立案查处党员干部违纪违法案件7件，其中结案6件；收到信访举报10件，已办理8件，办结率80%。

**【人大代表履职】** 2019年5月27日，新龙镇第一届人民代表大会第一次会议召开，预备会议审议通过主席团名单。是年，新龙镇人大新建镇级人大代表中心联络站（人大代表之家）1个、村级人大代表联络站3个、村人大代表联络点9个，形成“人大代表之家—联络站—联络点”三级网络，搭建代表履职活动平台，打造联系选民、知政议政阵地，拓宽代表联系群众渠道。7月22—23日，组织开展“更好发挥人大代表作用”主题活动，聚焦打好污染治理攻坚战、助推征拆改造建设、建设生态宜居美丽乡村等中心工作，组织代表对金坑河和平岗河改造、龙新路污水管道铺设、广汕路隧道开通和八车道扩建、洋田美丽乡村建设等工作开展专题视察。10月23—25日，举办2019年人大代表履职提升培训班，65名区、镇人大代表参加培训。11月14日，镇一届人民代表大会第二次会议召开，将区、镇两级人大代表分成财政经济、城建环保、农业农村和科教文卫4个专业代表小组，全体代表一致表决通过《关于黄埔区新龙镇2019年预算调整草案的报告》。

**【新龙镇第一届人民代表大会第一次会议】** 于2019年5月27日召开。会议听取和审议《新龙镇人民政府筹备组工作报告》《新龙镇一届人大筹备组工作报告》《新龙镇财政预算报告》，通过《新龙镇人民代表大会举选办法》《新龙镇人民代表大会议事规则》《关于镇人大开展“三议两评”分组跟踪监督方法的意见》《关于推行政府民生实事项目人大代表票决制的实施意见》。5月28日，镇一届人大一次会议完成各项议程并闭幕。会议选举产生新龙镇第一届人民代表大会主席、副主席，第一届人民政府镇长、副镇长。罗伟平当选镇人大主席，李贵清当选镇人民政府镇长；钟晓青当选镇人大副主席，何良新、王春权、何燕媚当选镇人民政府副镇长。大会依次表决通过《新龙镇人民政府筹备组工作报告的决议》《新龙镇一届人大筹备组工作报告的决议》《新龙镇财政预算报告的决议》。大会收到人大代表建议33件，并交由镇政府办理33件，代表建议办理率100%。

【社会治安综合治理】 2019年，新龙镇案件类总警情比上年下降1%，涉黑警情持平，涉恶警情下降32.10%，涉黄警情下降64.71%，涉赌警情下降47.83%涉毒警情下降81.82%。

开展基层综合治理。全年投入18.8万元，完成对洋田村、九楼村、麦村村治安视频监控维护，完善社会治安技术视频防控网。开展社会治安重点地区排查整治，清查辖内卖鸡巷、横头巷等多条“涉黄”街巷出租屋40栋48套。坚持“源头防范”，开展辖区矛盾纠纷、打击走私、反恐等重大隐患排查。化解新田村移民新村危房重建纠纷案件，成功处置广州市贝客音涂料有限公司工人劳资纠纷案件、华隆市场B区44户商家搬迁合同纠纷等事件。完善精神障碍患者救助体系，签订监护补助协议24份，发放监护补贴72.4万元；完成严重精神障碍患者随访工作，全镇纳入管理281人，管理率87.9%。配合黄埔区交警大队四中队、镇龙派出所在辖区内开展“五类车”整治行动，出动警力1200人次，查扣“五类车”1328辆，处罚机动车乱停放行为2000余宗。规范寄递行业技防、人防、物防等工作措施，做到物流寄递企业排查工作常态化，建立“一企一策”。推进农村基层社会治理，以大坦村为试点，“五治同创”阳光村居。以以政治强主，以法治因保障，以德治扬正气。以自治增省略，以智治创新高，建设共建共治共享的社会治理新格局。是年，大坦村案件类警情下降37.5%，立案下降42.86%，涉黄下降100%，涉赌下降100%，涉毒下降100%。

全年开展反邪教宣传活动105场次，实现邪教人员管控“三零”“三无”目标。成立“扫黑除恶”专项斗争工作领导小组，开展扫黑除恶专项行动，在全镇12个村（社区）召开党员、干部宣传教育会。全年查处涉毒违法情况（行政类）行政拘留21人，比上年下降36.36%。开展禁毒工作。启动精准化毒品预防宣传教育，覆盖辖区12个村（社区），全年举办宣传活动239场，受众24万人次，国家、省、市、区各级主流新闻媒体宣传报道新龙镇禁毒工作62篇次。社区戒毒执行率和社区康复执行率100%；全镇执行社区戒毒康复人员就业率100%。

【司法服务和人民调解】 2019年，新龙镇驻村法律服务工作站立足村（社区），为村（居）民提供各类法律服务，接受村民法律咨询1149件，为村（社区）提供法律建议266件，为村（社区）指导制定村规民约63件，帮助村（居）民制定规范性文件225件，调解村民纠纷178件，开展普法讲座与宣传56次，受众2600人次，派发便民服务卡7500余份，张贴宣传海报13次，发放宣传资料9300余份。

开展社区服刑人员家庭走访358次，集中教育457人次，个别谈话教育358人次，组织前往镇禁毒体验馆、东华农场开展现场警示教育，开展社区服务769次。社区矫正对象在矫正期间，无发生治安处罚行为，重新犯罪率为零。全年接收刑满释放人员51人，帮教率100%。落实刑满释放人员帮扶措施，为辖区部分特困刑释人员以及监狱服刑人员、社矫服刑人员的未成年子女实施帮扶活动。

开展人民调解工作。全年受理信访案件775件，接待群众来访122批次、327人次，办结775件，办结率100%。开展各类矛盾纠纷排查15次，调处土地权属、外嫁女问题、青苗款分配、建房摔伤赔偿、拖欠农民工工资、土地承包合同、建筑工地拖欠工程款、工伤赔偿等各类矛盾纠纷128宗，调处率100%，涉及人数682人，涉及金额581万元。落实领导公开接访制度，接待群众来访15批次33人次，化解15件重大矛盾纠纷和信访案件。受理行政处理申请书案件30件，作出行政处理决定18份，涉及行政诉讼8件，均已收集资料委托律师跟进处理。

【城区建设管理】 2019年，新龙镇组织拆违行动104次，拆除各类违法建设47.22万平方米，处罚违法建设提供建筑材料车辆2辆，罚款5万元。拆除乱搭建1.43万平方米，清理广告牌1200余块，清理占道经营、乱摆卖2200余宗。镇城管执法队全面检查辖内19个工地120余次，立案11件，处罚金额共3.56万元。多次组织燃气安全检查，查处燃气违法行为，罚款2万元。全年开展“无遗漏、全覆盖”排查整治“散乱污”行动6次，依法取缔“散乱污”企业，实施断水断电场所82个，拆除违建8560平方米，排查“散乱污”场所293家，整治完成率100%。以整促拆，以拆促建。排查整治广汕路、九龙大道两侧的“散乱污”场所，关停“散乱污”场所78家，拆除贝客音违法建筑9栋，关停华隆市场B区“散乱污”场所45家，助力征拆及广汕公路扩建、花莞高速落地。

推动金坑河、平岗河整治工程建设并取得实效。金坑河整治工程总长度10.02千米，至年末，完成工程量60%，完成平岗河河道主体整治。全面落实河道清淤和小微水体整治，水环境质量持续改善，摘掉黑臭河水体帽子。推进农村生活污水截污工程，率先完成迳头村、九楼村、大坦村、麦村村、新田村、洋田村6个行政村的污水管网建设，实现雨污分流。

**【城市更新改造】** 2019年，新龙镇主要有金坑村、均和村、镇龙村、洋田村4个重点旧村改造项目。

金坑村（邓屋片区）旧村改造项目。12月11—20日，金坑村邓屋片区8个社1369名18岁以上村民参与改造工作，并对《拆补方案》、集体土地转为国有土地、历年留用地（返还用地）一并纳入改造等内容进行表决，同意率88%。

均和村旧村改造项目。该项目段有79栋房屋选择旧村改造并与政府、企业签约。至年末，拆除房屋76栋，拆除面积1.91万平方米，拆除率96%。该项目通过村民改造意愿表决，完成全村房屋数据测量。至年末，基础数据公示完成，并取得公证书。

镇龙村（东片区）旧村改造项目。该项目基础数据公示工作完成并取得公证书，通过民主决议程序决议同意“合作改造”。7月，完成东片区的基础数据摸查；8—12月，配合扩建广汕公路沿线和九龙大道沿线的征拆工作，广汕公路征拆6栋房屋，总建筑面积690.09平方米；九龙大道征拆房屋7栋，总建筑面积4302.49平方米；三清三拆时，部分瓦房数据固化21栋，总建筑面积470.73平方米。

镇龙村（西片区）旧村改造项目。该项目基础数据公示工作完成并已取得公示证书，村民代表改造意愿表决完成，通过率82%。编制完成实施方案征求意见稿初稿，配合完成广汕路拓宽工程的征拆任务。

洋田村旧村改造项目。该项目基础数据公示工作完成并已取得公证书，通过民主决议程序决议同意“自主改造”调整为“合作改造”，洋田村旧村改造拆迁补偿安置方案及实施细则经全村18周岁以上村民表决通过，通过率98.4%。

金坑村（邓屋片区）旧村改造项目（新龙镇供图）

均和村旧村改造项目（新龙镇供图）

**【征地拆迁】** 2019年，新龙镇有征拆建设项目56个，其中省、市重点项目40个，其中涉及市政道路项目19个、民生项目18个、重点产业项目3个。7月1日，实现九龙立交改造工程南北隧道贯通，10月1日，实现东西立交桥通车；12月底，实现广汕路八车道贯通。8月2日，完成广州铁路枢纽外绕线交地；9月18日，完成科北变电站交地；9月27日，完成中国科学院大学意向用地交地；10月9日，完成珠三角城际轨道交地；10月17日，完成平岗河整治和广州市第二老人院交地；10月23日，完成花莞高速交地。全年完成新征土地177.58公顷，完成率191%；收地129.27公顷，完成率143%；主体以及附属物签约26.78万平方米，完成率239%；拆除1132栋房屋及附属物面积35.36万平方米，山坟补偿签约892穴，解决征地群

镇龙村（西片区）旧村改造项目 （新龙镇供图）

洋田村旧村改造项目 （新龙镇供图）

众社保问题 6639 个。

【安全生产和劳动监管】 2019 年，新龙镇落实安全生产责任制，未发生安全生产和消防安全事故。与辖区 12 个村（社区）、46 家重点监管企业、70 家一般监管企业、34 家小微企业签订安全生产、消防、道路交通、食品安全和整规打假责任书。全年检查各类生产经营单位 3168 家次，开具现场检查记录 3168 份，完成率 103.5%；开具责令限期整改指令书 178 份，整改复查意见书 178 份。推进辖区企业购买安全生产责任保险 69 份，完成率 115%。国家直报系统上报率 100%。联合开展安全专项整治行动 48 次。投入 53.5 万元与九龙消防中队开展消防共建活动，排查各类场所 2709 家，下发告知书 80 份，清理涉及违规充电电动车场所 157 处，清理违规停放、充电电动车 355 辆，督促消除安全隐患 304 处。签订《12 类场所 10 类消防安全突出风险“三自主两公开一承诺”单位自检自查情况表》85 份，派发并张贴《关于人员密集场所防范重大消防安全风险加强消防安全管理的通告》97 份。投入 32.1 万元用于村（社区）交通安全员、交通劝导员、岗亭运行费工作经费，进行 960 次劝导工作，劝导人数 4800 人次。开展以生产安全、消防安全、交通安全、食品安全为主题的大型宣活动 24 次，发放各类宣传资料 5200 余份，宣传礼品 4100 余份，受理咨询 1760 余人次，开展应急演练 20 余场。组织 12 个村（社区）安管员、交通安全员、交通安全劝导员 245 人参加技能培训；组织及督促辖区 46 家重点监管企业负责人和安全管理人员参加生产经营单位安全管理人员培训班。

开展劳动保障监察工作。全年接待来访案件 63 件，其中普通案件 30 件，涉及人数 160 人，涉案金额 317.94 万元；处置群体性突发事件 6 件，涉及农民工 106 人，涉案金额 46 万元。

【村（社区）文化建设】 2019 年，新龙镇有文化室、体育场地和文化广场等基础设施设备 113 个。下拨村（社区）文化室工作经费 24 万元，推动位于中泰天境小区内的党群服务中心与文化站融合建设。建立村（社区）群众文体团队 18 支，制定《新龙镇群众文体团体管理和扶持奖励办法（试行）》，投入基础、扶持、奖励经费 54 万元，其中大坦村貔貅舞醒狮和洋田村客家山歌被评为市级非物质文化遗产项目。全年投入镇财政资金 300 万元支持 12 个村（社区）文化建设。

举办“2019 黄埔越野挑战赛暨美丽乡村 魅力新龙欢乐跑”活动，2000 余人参加；组织大坦村新时代舞蹈队参加“2019 品乐黄埔——黄埔区广场舞大赛”“‘羊城之夏’广州市民文化节——‘文明广州·舞动花城’广州市第四届广场舞大赛决赛”活动，获金奖；组织镇龙村、新田村篮球队参加 2019 年“市长杯”黄埔区村居男子篮球赛；联合村（社区）组织开展“中国红·家园绿·洋田新——庆祝中华人民共和国成立70周年文艺晚会”、新龙镇第一届“贺岁杯”篮球赛、2020新龙镇春节群众文艺会演等各类文体活动10余场。

【乡村振兴和人居环境整治】 2019年，新龙镇创建省定干净整洁村9个、省定美丽宜居村6个和特色精品村1个。5月，大坦村获评广州市美丽乡村；在全区32个“五个最美”获奖名单中，新龙镇占比19个。12月，洋田村获评全国乡村治理示范村。

全年召开大型人居环境整治动员部署、督导、通报会议5次。采取镇领导走访检查督导暗访、挂村领导和挂村组检查督导、振兴办每周分组到各村巡查督导、聘请第三方测评公司等方式对各村人居环境整治开展检查评估和综合打分，并进行曝光通报，发出督办黑点1945个。推动全民参与大清理行动。各村社干部召开乡村振兴（人居环境整治）动员大会183次。第一书记、书记督导，村干部分片包干，社干部全社落实。全年人居环境清理整治出动2.76万人次，清理水沟37.64千米，清理垃圾3431吨，清理鱼塘94个，三线整治6.09千米，清理广告牌1425平方米；拆除乱搭建铁棚137宗，拆除面积8102.5平方米；拆除危旧房1500余间，面积3万平方米。改造建设小游园13个，硬底化7万平方米，粉刷3万平方米，砌花基153处15千米，种植时花2万平方米。

争取财政资金3149万元用于乡村振兴工作。镇本级财政投入到乡村振兴工作的经费1.10亿元。通过招商引资推介会、百企帮千村、万企帮万村、区属国企挂村帮扶等多种途径，推动社会资本投入镇乡村振兴，鼓励工商资本投入，引导社会和金融资本参与农业农村建设。

【村社经济】 2019年，新龙镇有11个经济联社，177个经济社。有农户数6219户3.67万人。集体所有农田用地总面积5390.27公顷，耕地面积1237.67公顷。全年农村集体总收入769万元。

（劳美华）

## 黄埔街道

【概况】 2019年，黄埔街总面积7.39平方千米。有耕地72.27公顷，山林地19.8公顷 。全街户籍人口5.79万人， 流动人口5.42万人。下辖下沙、荔园、港前路、港湾北、港湾一村、怡港社区、丰乐、黄埔花园、怡园、港湾五村、港湾机关村、金丽园、悦涛、东苑、金逸雅居、金港华园16个社区居委会，其中下沙社区为转制社区。街辖内驻有中央、省、市、区各类企事业机关单位59家，辖区注册企业3535家，其中规模以上企业269家，个体工商户2582家。

全年街辖户籍人口出生646人，政策内出生623人，政策外出生二孩2人，政策外出生多孩21人，出生率11.18‰，政策生育率96.44%。全街流动人口出生593人，政策内出生553人，政策生育率88.00%。全年办理政策生育情况审核证明160份、计生证明171份、一孩和二孩生育登记1345份，再生育审批18例。为流动人口办理生育备案27份、积分入学审批手续38个。为77名独生子女申办独生子女保险，为7133户1.74万名独生子女家庭申购独生子女家庭综合险，为486名独生子女父母申办独生子女奖励金，为15人成功申请独生子女死亡计划生育家庭特别扶助金。

推进劳动就业。职介窗口全年接待企业288人次，登记招聘人数3439人次；求职登记697人次，实现就业133人；发布求职信息455条，发布岗位信息786条。指导港湾北、悦涛社区开展广州地铁公司专场招聘会，达成用工意向55人次。举办2场社区“零距离”招聘会。全年发放低保金49.5万元、残疾人护理津贴及生活补贴131.85万元、爱心券5.3万元、减免学费8.28万元；为低保、低收入户、残疾人等特殊群体报销各类医疗救助金约29万元。

完成2400余名退役军人的信息采集，悬挂“光荣之家”牌匾2168块。落实部分退役士兵社会保险接续。开展“不忘初心、牢记使命”退役军人专题“大走访”活动。

全年发放残疾人特惠补助金569人次17.1万元；发放残疾人全民健身运动交通补贴2280元；为281人次办理残疾证；为224人次办理年审乘车优惠卡；为4人申办居民养老保险；为170名残疾人申办医保个人自付部分医疗补助报销；为32人申请扶残助学补助金；为15名康复需求训练患者申请机构康复训练资助；为135名精神病患者申请免费发药资助；为65名残疾人申请辅助器具70件。

在册登记社会化退休人员4282人，开展社会化退休人员生存认证工作。组织慰问“十类”退休人员，发放慰问品1111份。设立社区日间托老服务中心17个，实现区域全覆盖，为辖区老年人提供日间托老、居家照顾、居家安全等三大类及助餐配餐、文化娱乐、心理慰藉等12项具体服务。为900名长者提供爱心午餐13.5万份，并坚持为80岁以上行动不便长者送餐上门。

对口帮扶清远市阳山县岩洞村和结队帮扶贵州省黔南州都匀市。是年，岩洞村的政府投入资金使用率90.5%，自筹资金使用率81.1%。投入资金222万元，其中130万元用于都匀市扩建扶贫车间，解决当地群众就业问题，壮大村集体经济；92万元用于安装太阳能路灯项目。全村实现脱贫率100%。

**【党建工作】** 2019年，黄埔街道有党组织146个（含“两新组织”42个），其中党委14个、党总支部5个、党支部127个；党代表工作室3个（怡港、东苑、社区服务中心）。街党工委直属党组织47个，其中直属党委13个、党总支部4个、党支部30个。有党员2473人。在港湾北社区成立黄埔区首个业主委员会党组织，能力规范化建设基层党支部126个。开展“不忘初心、牢记使命”主题教育活动，开展调研并形成报告12份，对照党章党规找差距报告12份、检视剖析材料13份、梳理出问题清单248条，并整改落实到位。搭建“红色e站”智慧党建平台，利用融媒体开展党的宣传，推进城市基层党建创新发展。投入300万余元、107.59万元、97.84万元分别升级改造街道党群服务中心、10个社区党群服务中心和党校。启动街道与区退管办共建党群服务中心，实现资源共享。

**【纪检监察】** 2019年，黄埔街道重点核查上年度广州市交叉审计反馈指出的公务卡结算33万元经费违规问题，并向区纪委提交核查报告。开展明察暗访活动7次；发送促廉短信4条730人次；受理信访投诉5件；谈话提醒4人次；排查上报问题线索6条；立项问责2件2人；立案3件3人，其中严重警告处分1人，开除党籍处分2人。

**【人大代表履职】** 2019年，黄埔区人大黄埔街工委补选区人大代表3名。9月29日，黄埔街“人大代表中心联络站”揭牌成立。全年依托社区联络站，组织省、市、区人大代表58人次开展进社区活动，接待选民255人次，收集意见建议40件，33件已办复，正在协调7件，办复率82.5%。全年围绕荔园图书馆、建设大厦征拆、金丽园社区新席党群活动中心建设、新溪低效物业改造、黄埔花园社区服务中心建设、大吉沙租赁工作等重点项目进展情况，广州大湾区数字娱乐产业园、大吉沙岛都市锦田计划、大吉沙岛示范社区等三个重点项目推进情况，黄埔花园社区、下沙社区推进垃圾分类和示范社区建设情况，街道推进垃圾分类（黄埔花园社区）、老旧小区微改造（丰乐社区、荔园社区）、城市更新改造（珠江村连片更新改造）、黄埔花园社区活动中心建设工作情况，组织开展人大代表视察调研活动。

**【社会治安综合治理】** 2019年，黄埔街道辖内案件类警情、刑事警情、治安警情、入室警情、“两抢”警情均实现降幅27%以上。“12345”政府热线办结1694件；信访云综合处理系统27件，完成25件，完成率92.59%；来访52件，办结37件，完成率67%。开展各类综合整治，改进治安状况。查封涉黄出租屋11间，抓获并拘留21人。开展整治“五类车”行动36次，查扣车辆940辆。推进志愿者专项活动，组建群防共治队伍，巡查易涉毒场所，做好社会面治安整体防控。完善街、社区两级综治中心功能和运行机制，联合区人民法院、检察院、司法和律师等专业部门排查化解矛盾纠纷。完成街道自建视频监控项目建设。加强吸毒人员、精神障碍人员、邪教人员等特殊人群动态管控，创建平安和谐社区。

开展“扫黑除恶”专项斗争。全年涉黑涉恶警情85宗，比上年下降6.6%。涉恶涉黑案件刑拘35人，逮捕18人，新增18人。办结涉黑恶线索3条，破获寻衅滋事涉恶团伙2个，刑事拘留10人；破获赌博窝点1个，刑事拘留10人，行政拘留赌博人员14人。

**【来穗人员和出租屋管理】** 2019年，黄埔街道开展出租屋安全隐患排查，全年巡查出租屋1.84万套，核实出租屋来穗人员3.30万人。重点清查“多合一场所”、群租房、寄递物流场所、重点隐患出租屋6634间次，现场整改并签发整改通知书358间次。办理居住证8409张，其中新办2111张；办理租赁备案合同1371份；办理公共集体户落户管理867人。

**【司法服务和人民调解】** 2019年，黄埔街道成功调处矛盾纠纷180宗。举办法制宣传（法制课）78场，派发宣传资料3.2万份。16个社区聘请13名法律顾问开展法律宣传64场次，参加调解案件16件，提供法律咨询498人次。全街全年列管刑释人员98人，帮教率100%，安置率99%，全年无重新犯罪；列管社区矫正对象50人，无脱管、漏管和重新犯罪。开展社区矫正对象个别谈话教育248人次，组织社区服务358人次，组织集中学习310人次，发放法律宣传资料及矫正读本80余册。

开展人民调解，化解各类矛盾纠纷。重点调处悦涛社区停车费涨价问题、丰乐路111大院与南碱小区出入口问题、大沙东路176号和178加装电梯引发的矛盾纠纷、百佳超市与永辉超市合并引发员工与公司纠纷、菲力斯健身连锁俱乐部关停涉及过万会员权益受损等纠纷，妥善处理小学学位分配相关问题。

**【城区建设管理】** 2019年，黄埔街道完成违法填土图斑整治、地质灾害防治、井盖设施管理、危房治理等整改，针对微改造中居民提出的“三线零乱”问题开展三线整治。开展市容环境整治专项行动，建立长效市容整治行动管理机制。通过购买社会服务资源的方式整合社会力量，控制“六乱”违规行为。

全年开展市容环境整治专项行动119次。完成以广州市第八十六中学国控点为中心的涉气企业、露天堆场的清场工作。整治夜间烧烤点，排查辖内餐饮企业油烟处理设施，减少油烟污染。全覆盖排查和整治辖内“散乱污”场所。开展整治“五类车”行动36次，查处“五类车”940辆。重点清除历史存量违法建设和乱搭建，拆除违法建设73宗12.03万平方米。升级改造垃圾收运点，消除臭味污染。将黄埔花园和丰乐市场打造成具有可复制和示范效应的“生活小区”“农贸市场”垃圾分类管理示范品牌。完成全街小区楼层的撤桶工作，金逸雅居社区被打造成为一步到位实现撤桶并点投放和居民自行分类投放的样板社区；黄埔花园升级使用“呐吉岛”智能垃圾分类装置。承办广州市生活垃圾分类“定时定点”分类投放暨示范片区创建动员部署会和区生活垃圾分类行动日健康赋能跑，在央视及省、市媒体均有报道。

组织开展燃气专项执法行动25次，检查餐饮店293家，暂扣不合格煤气瓶65个。全年发出责令改正指令书245份，立案查处违规违章企业11家。其中联合安监、公安等部门在广州港机关大院查处“以车代泊”非法销售燃气经营行为1宗，暂扣不合格煤气瓶59个。全年街道辖区未发生燃气安全事故。

落实河长制，加强水环境治理。全年街级河长巡河率100%，村（居）级河长巡河率98%，岸边保洁基本常态化。完成洗河计划，对辖区内3条河涌实施洗河行动，总洗河长6.49千米、面积4.09万平方米。处理投诉案件42件，完成率100%。完成下沙社区相关村社小微水体工作，解决丰乐市场排水管道至污水管网等问题。巩固乌涌、珠江涌整治效果，完成三岸涌沿线截污及新溪水闸、一体处理站建设。

**【城市更新改造】** 2019年，黄埔街道完成大吉沙岛86.67公顷土地租赁解约交地验收任务，助力解决黄埔区耕地占补平衡承诺实现和用地指标。完成拆除丰乐中路建设大厦1.3万平方米物业，形成国企征拆示范效应。完成开放大道南中外运仓码路段及市重点项目地铁7号线裕丰围路段征拆交地工作，保证市、区重点项目顺利推进。优化人居环境，投入8027万元对辖内7个老旧小区微改造，其中丰乐77号大院、丰乐91号大院、荔园、荔景、怡园共5个项目已完工，惠及老旧小区居民6950户2.37万人。黄埔花园社区活动中心（图书馆）建设完成。总投资1990万元的大吉沙岛示范社区建设工程开工。推进广州港中大码头收储项目。推进黄埔区首例“旧村旧城旧厂”连片更新改造项目——珠江村片区旧改及裕丰围城中村、新溪片核心商业区及港湾一村、二村旧改，改造范围60公顷，惠及居民3000余户。其中，珠江村旧改取得阶段性成果，完成下沙一社、二社的民意表决和拆除方案制定，完成珠江村旧村改造方案表决和3.47万平方米珠江工业村及嘉利仓集体物业拆除；开展港湾一村、二村、四村、远洋宿舍等10个片区的旧城改造意愿表决工作，改造同意率超90%；拆除新溪石牌区域低效物业2.7万平方米，并完成改造意愿表决工作；裕丰围项目与科投集团达成合作意向。

**【安全生产和劳动监管】** 2019年，黄埔街道落实安全生产“一岗双责”制度，按规定落实街道安委会“双主任”制度和“双副主任”制度，16个社区居委会与辖区95家企事业单位签订责任状。全年检查各类企业、“三小”场所3378家次，整改各类隐患470余处，隐患整改率99%。执法检查常态化，全年办理安全生产行政处罚案件11件，结案11件，罚款5.8万元，案件完成率137.5%。动员157家企业购买安全生产责任保险，完成率157%。全年未发生各类安全生产事故，各项安全生产指标任务完成情况均排在全区各街镇前列，是年，被评为广州市“镇街一级安全生产执法监察成绩突出单位”。

加强渡口安全监管。在乌冲码头安装视频监控和电子显示屏。加强消防安全管理。全年检查各类消防重点单位、人员密集场所、仓储物流和“三小”场所等1055家次，发现各类消防安全隐患225处，并全部整改完毕。是年，黄埔街道被省挂牌督办的第十批火灾隐患重点港湾一村社区通过整改并摘帽。强化交通劝导和宣传。开展在严管路段、重点路段车辆执法3000余宗；在投诉多的公园西路、海员路183号巷等路段安装隔离护栏，解决人车分流和车辆占道停车问题。注重食品安全宣传，健全食品安全监管体系。与16个社区签订《食品安全工作目标责任书》；检查各种经营场所164家次。开展打假打私行动，全年检查各类场所460家次。

加强劳动监管，规范企业用工行为。全年受理劳资纠纷案件18件，结案15件，涉及劳动者291名。追讨被拖欠工资总额369.7万元。

**【社区文化建设】** 2019年，黄埔街道加强文化基础设施建设，开展各类群众文体活动，繁荣文化生活。

规范辖区文化市场经营秩序，净化文化市场。5月30日，黄埔区图书馆荔园分馆对外开放运营，至年末，接待读者5.62万人次，借书1万余册，还书9568册，新增读者342人，被评为广州市“最美图书馆”。黄埔区图书馆金丽园分馆已开放，黄埔花园分馆、下沙分馆处于建设中。是年，黄埔街道获全市文化站优秀书画展优秀组织奖、广州公共图书馆“最美基层图书馆”。联合开展街辖内校园周边及校外学生托管、校外培训机构等场所，巡查及整治行动21次，检查各种摊店131家次，惩治黑网吧不规范经营行为。重点整治图书音像制品经营场所及不法游商活动的地段，收缴非法出版物10余份。全年组织开展群众性广场文体活动190场次，举办综合性文艺演出12场次，免费放电影及小电影86场次，组织开展“读书一夏”、公益讲座、培训、体育竞赛等系列惠民文体活动60场次。继续擦亮“黄埔之夏”品牌，开展第35届“黄埔之夏”活动，丰富青少年的暑期生活。举办美术、硬笔书法培训班、读书征文、经典诵读等文体活动59项。参加活动的青少年5500余人次，其中有400人次在各类竞赛活动中分别获一、二、三等奖。

**【转制社区】** 2019年，下沙社区是黄埔街转制社区，包括珠江、下沙、新溪、裕丰围、大吉沙、生鱼洲6个自然村11个经济社，其中大吉沙位于黄埔港码头对面珠江中的大吉沙岛上，社区总面积5.6平方千米。有耕地72.27公顷，山林地19.8公顷。重点推进公园西项目A、B、E栋产权办理；探索讨论C、D栋项目的合作开发模式和公开招标条件，开展研究区文化集团向社区提交《广州大湾区数字娱乐产业园》C、D地块项目方案和共同开发的合作意向可行性。完成表决上平台的大吉沙土地87.27公顷，完成率100%。完成新溪片石牌地块低效闲置物业的解约和清拆工作，与石牌地块原租户签订处置补偿协议，处置建筑物、构筑物3.24万平方米，处置补偿金额1617.9万元。两级经济组织全年总收入1.33亿元，比上年增长41.66%，其中经联社（发展公司）0.28亿元，增长25.78%；经济社1.05亿元，增长46.59%。全年通过“三资”平台交易的农村集体资产项目93宗，成交合同总额1.99亿元，成交额与交易底价对比增加1026.26万元，增长率5.45%。

（何升聪）

## 红山街道

**【概况】** 2019年，红山街道总面积9.77平方千米，耕地面积48.33公顷，山林地面积5.67公顷。有华坑生态村、乌涌炮台、清官兵合葬墓等历史遗址，辖区常住人口5.15万人，其中户籍人口1.87万人，居住满半年以上流动人口3.28万人。辖文船、航专、火电、远航钢、广冶菠船、双沙6个社区居委会，其中双沙社区为转制社区。辖内主要企、事业单位有广州文冲船厂有限责任公司、中国能建广东火电工程有限公司、广东中远海运重工有限公司（广州分公司）、广州航海学院等。辖内企业1165家、个体经营户1180家。至年末，规模以上工业总产值34.69亿元，比上年增长24.6%；规模以上服务业营业收入26.18亿元，增长21.5%；限额以上商业营业收入20.80亿元，下降25.8%。是年，引进大吉沙都市锦田项目，项目总标价值1746万元，首年收入46.26万元。

全街已婚育龄妇女8442人，其中户籍已婚育妇女2941人，居住满半年以上流动已婚育妇女5501人。出生性别比为115.24（女为100），户籍人口出生226人，政策生育率96.90%，政策外多孩率2.65%；流动人口出生297人，政策生育率87.88%，政策外多孩率9.43%。全年办理计划生育服务证、流动人口婚育证等1456例；审批计划生育家庭特别扶助金、独生子女父母奖励等申请157人；接待人员来访、电话咨询1800人次；辖内29个药具发放点发放避孕套13.64万只、外用药144份、口服药40板。

全年失业登记2003人，就业1805人，就业率90.0%。办理社区灵活就业员补贴423人。公共集体户人员登记管理人数128人。完成劳动力情况和就业困难群体服务摸查3648份，完成率103.5%。创建双沙、广冶、航专、火电、远航钢5个充分就业社区，申请创建率89.90%。全年社会保险参保1.2万人，社保扩面完成率97.0%。低保户19户38人、低收入户1户3人、特困户4户，发放低保金61万元，申请医疗救助金1.90万元、广州市社会医疗保险零星报销8.70万元。协助42户住房困难家庭申请公共租赁住房实物配租或住房租赁补贴等。

4月，成立红山街退役军人服务站，社区居委会成立退役军人服务站6个。全年为73名退役军人提供补缴社会保险咨询服务。采集录入713名退役军人及现役军属信息，悬挂光荣牌613块。开展走访慰问活动。举办返乡欢迎座谈会，组织退役军人参加就业创业适应性培训，做好退役军人接待接访工作。

全年完成10户残疾人家庭无障碍设施改造工程，为55名残疾人配置轮椅等辅助器具65件，为491人次困难残疾人发放特惠补贴14.73万元。重大节日慰问困难残疾人、工疗人员等561人次，慰问金和慰问品价值11.60万元，为27名工疗人员发放职业训练津贴11.91万元。完成辖内501名残疾人基本服务状况需求信息数据动态更新调查工作；为10名残疾人申请康复资助，组织康复师上门为391人次残疾人做康复；为104名残疾人申请医疗保险资助。为227人次残疾人办证、办卡年审等，为81名精神病人申请免费服药。

全年接收退休人员74人，至年末，有社会化退休人员1065人。全年完成养老金资格认证954人。落实“日间托老＋爱心午餐”项目，完善社区日间托老服务点建设8个，投入72万元为老人提供免费午餐6.01万人次，发放长寿保健金2.13万人次224.43万元；新办老年人优待卡177张，升级145张，挂失补办127张。

对口帮扶阳山县黎埠镇扶村村。精准扶贫对象177户、384人。全年完成11户30人年度脱贫任务。区财政统筹帮扶资金563.93万元，帮扶单位自筹帮扶资金246万元，资金使用率90.0%。为34户贫困户发放阳山鸡苗和饲料，年度养殖纯收益33万余元。光伏扶贫项目分红有劳动力贫困户人均增收3000元，无劳动力低保户、五保贫困户人均增收500元。有劳动力贫困户通过小水电项目人均增收800元；16户贫困户家庭完成危破房改造并入住。是年，帮扶单位自筹18.8万元安装185盏路灯完成村庄光亮工程建设；资助在校生助学补助3.15万元，资助扶村小学、村委会安装LED显示屏1.24万元。

**【党建工作】** 2019年，红山街党工委下属党组织47个，其中社区党委1个、党总支2个、支部44个。党员587名，其中党员583名、预备党员4名。开展“不忘初心、牢记使命”主题教育，民主生活会、街属党组织专题组织生活会，开展民主评议党员工作。加强基层党组织“头雁”工程建设，选优配强社区党组书记，配齐配强12名社区党组织书记后备干部。11月，完成双沙社区党委、居委会主任、经联社党总支书记和经联社董事长四个“一肩挑”工作。开展基层党组织书记年度轮训工作，对44个党支部书记开展三期培训，组织基层党务工作者参加省、市、区培训班30次。创建模范机关工作，推行党员亮身份、亮职责、亮承诺，设立党员示范岗、党员责任区、党员服务窗口。全年走访慰问困难（老）党员65人。开展“双报到”和在职党员到社区报到工作，开展“千名干部入基层，万名党员联系群众”解难题活动。投入近200万元升级街道党群服务中心，总面积1000平方米，配备大型显示屏，设置党建文化展示大厅、党建书吧、党员活动室、党校大课堂、党史长廊。整合力量、资源共享，利用社区现有办公用房的资源，投入300万元专项资金升级改造社区党群服务站6个。做好领导干部驻点普遍直接联系群众工作，全年走访2000余户，接待群众2100余人，帮助群众解决生产生活问题80多个。做好“书记项目”库建设，推进低效物业整治、征拆，加快推进城中村改造、河涌治理、“散乱污”整治等工作。

**【纪检监察】** 2019年，红山街道突出抓早抓小，开展重点领域专项监督，推动落实党风廉政和一把手谈话制度。街道班子成员签订《廉洁自律承诺书》；5个重点科室和各社区在春节前对工作人员83人进行提醒谈话，并签订《廉洁自律承诺书》83份。街纪工委监察组在火电社区开展“不忘初心、牢记使命，举报贪腐，共创廉洁”纪检宣传进社区活动，380人次参与活动。落实纪检监察干部联系社区（集体经济组织）制度。制作一社区一册，一人一表的基础数据信息表和统一的廉情信息收集表。开展新任职和岗位调整人员的任职廉政谈话2人次，廉政谈话6个社区班子成员23人次。强化重点领域、重点人员、重点岗位的监督提醒，对街道城管执法队、城管科、征拆办、环卫站、财务室等重点科室开展集体谈心谈话70人次，对社区开展集体谈心谈话28人次，责令作出书面检查2人。对巡察、办信过程中发现的问题，开展谈话提醒9人次。全年办理信访件8件，其中区纪委转办举报件3件全部办结。办理党纪立案7件，其中违反国家法律法规行为3件、违反组织纪律行为2件、违反中央八项规定行为2件，均办结并执行完毕。

**【人大代表履职】** 2019年，黄埔区人大红山街道工委开展人大代表进社区活动8次，参加活动的代表29人次，接待选民群众20人次，收集意见建议17条，经街人大工委交办、督办均已解决，并由街人大联络站负责反馈人大代表和选民群众代表。做好人民群众关注的热点、难点问题调研工作和代表学习培训工作。稳步推进老旧小区加装电梯工作；参与精准扶贫工作。组织人大代表参加视察调研2次、学习培训1次、向选民述职1次。

**【社会治安综合治理】** 2019年，红山街道实施专项打击和“群防共治”相结合方式，辖内全年案件类警情482起，比上年下降5.9%。其中刑事警情97起，下降33.6%。全年开展“扫黑除恶”宣传活动26场，融合群防共治队伍力量，打好“组合拳”，将“扫黑除恶”专项斗争贯穿全街各领域。是年，街辖在册精神病患者152名，每月随访率99%以上，发放监护补助26.65万元，未发生严重精神障碍患者肇事肇祸情况。对辖内41家寄递物流企业进行造册登记。全年登记在册禁毒人员46名，落实“无漏管”管理。是年，红山街处理各类纠纷矛盾623件，其中“12345”热线509件，广州信访云综合处理系统23件；接待群众131人次。

**【来穗人员和出租屋管理】** 2019年，红山街道登记在册出租屋3923栋2.29万套、流动人口2.72万人。办理房屋租赁登记备案1114宗，受理居住证5837张。巡查出租屋5.17万套次，告知安全隐患3.01万宗，比上年下降37.64%。实施“人屋”精细化管理。联合公安、消防、安监、城管等部门开展专项行动30多次，涉及消防、燃气、电动车、非法行医、“黄赌毒”等，出动630人次。受理大积分申请1053人次，积分入学139人，积分入户39人。融合关爱来穗人员。参与举办慰问留穗过年来穗务工人员系列活动，以“社工＋志愿者”服务模式开展赠送春联活动、迎“五一”送温暖活动、“小金雁安全学堂之心肺复苏和溺水急救教学活动”“来穗人员积分制政策解读”融合大学堂、“时代少年·红色梦”关爱来穗候鸟儿童亲子游活动等多项主题活动。

**【司法服务和人民调解】** 2019年，红山街道开展普法宣传活动31次，派发各类宣传资料1万余份、便民服务联系卡500余张，制作普法宣传栏12期，解答法律咨询300人次，接待群众来电来访121人次。全街全年在册刑释解教人员34人，均列入帮教，帮教率100%。全年管理社区矫正对象21人，落实管教措施到位，解除矫正对象9人，至年末，在册矫正对象13人。辖内6个社区均实现“一村（社区）一法律顾问”，全年帮助困难群众成功申请法律援助5宗。全年司法排查纠纷24次，调解民间纠纷70件，协议涉及金额239.61万元，调解率成功率100%。全年开展人民调解12宗。其中，劳资纠纷3宗、合同纠纷3宗、非因工死亡赔偿纠纷1宗、财产纠纷1宗、其他纠纷1宗、租赁纠纷1宗、其他劳动纠纷1宗、损害赔偿纠纷1宗，涉及人数56人，涉及金额678万元，达成书面协议11宗，调处成功率91.7%。

**【城区建设管理】** 2019年，红山街道城管立案17件，罚款额17.52万元，其中查处一般程序违法案件14件，罚款额17.50万元；简易案件3件，罚款额150元；处理占道经营5385处、乱摆卖6808处、露天烧烤115处、乱搭建229处、乱拉挂217处、乱堆放284处、乱开挖55处，整治校园周边环境1023处、农贸肉菜市场3055档，检查在建工地124个次、车辆1192辆，整顿违法招牌218个（拆除面积628平方米），违法占道指示牌、杆、栏128个（拆除面积311平方米）。拆除违法建设115宗，面积17.58万平方米。处理“12319”群众投诉1002宗、“12345”政府服务热线258宗，回复率100%。

联合开展低效物业处置工作。回收和拆除占地面积14.19万平方米，建筑面积11.2万平方米的白沙市、大发钢材市场和观音庙3个地块集体土地上的低效物业，用时3月，再次刷新“黄埔速度”。是年，轨道交通五号线东延段收地面积4.47万平方米，拆迁面积2.08万平方米，借地面积3.24万平方米；黄埔东路道路及绿化升级改造工程收地面积6666.67平方米，拆迁面积286平方米；大沙东路四期（红山段）工程拆迁面积2933平方米。

加大环卫保洁、爱国卫生巡查和整改力度，提升辖区环卫保洁作业质量和机械化作业水平，完成2019年广州市市容环境卫生责任区制度示范街创建工作。开展周五统一爱国卫生运动，清理卫生死角，清除蚊虫滋生地；做好越冬蚊虫清除和灭鼠行动，定期实施登革热疫情防控灭蚊消杀。

加强垃圾分类源头减量和回收利用，全年收运废旧木材420吨、废旧沙发床垫1800张、旧衣物8.4吨、废玻璃2.2吨，分拣有害灯管1200支。推进双沙社区华坑村创建垃圾分类示范片区，设定定时定点3处、误时定点投放点1处，促进居民养成“家里分好类，定时拎下楼，定点精准投”的习惯。推进文船社区、火电社区、广冶菠船社区创建广州市示范社区（生活小区），引进智能分类回收设备，探索互联网＋智能垃圾分类模式。

加强河涌治理。对双岗涌、双岗涌左支涌、文涌支涌左岸开展“洗河”行动，实现“河涌无大面积漂浮物，河岸无垃圾，河涌水干净，河涌景观美”目标。全年出动365人次，洗河长度7.1千米，清理人行道与绿化带面积约8.60万平方米、建筑垃圾杂草杂物等144吨；拆除珠江黄埔航道、大发市场、旧围路等临河违法建筑物7宗，拆除面积4270平方米；河涌巡查280次，办结市、区督办件71宗，完成“源头减污挂图作战工作”56宗并销号；巡查典型排水户336家1344次，现场督促整改未安装三级过滤器的排水户。

清理整治“散乱污”场所。排查用电企业69家、用电居民490户，确认第二批用电大数据“散乱污”企业3家；新增“全覆盖、无遗漏”“散乱污”场所112家，其中关停取缔89家，整治提升26家。向152家“散乱污”企业下发限期关闭整治通知书；完成“散乱污”场所清理整治122家，通过区生态环境局的验收，建立一企业一档案。

**【城市更新改造】** 2019年，红山街道投入资金8000万元，完成沙浦垃圾收集点改造、双岗涌下游围仔围墙改造、沙浦公园东门西门公厕建设、信华路户外广告和招牌整治提升、文船社区“文趣园”环境综合改造、双沙社区福田围地块周边环境提升项目等基础设施改造工作；完成双岗示范社区、沙浦公园升级改造2个示范社区施工相关工作；完成钢管小区、航专小区、远航小区、菠船生活区4个微改造施工相关工作；完成火电社区、文船社区二期2个微改造前期设计工作；完成黄埔东路（红山段）立面整治项目4个子项施工工作。

**【安全生产和劳动监管】** 2019年，红山街道整合“三防”、森林防火和应急工作力量和物资储备，纳入街道安经办（应急办）工作范畴并组织实施，落实安全生产等应急工作“双主任”制度，完善应急管理工作机制和责任体系。加强安全应急宣传，利用辖区文船技校资源，全区首创社区+学习培训教育基地。全年开展专项检查24次，出动9876人次，检查企业和“三小”等各类场所3183家次，发现事故隐患623处，消除隐患598处；发出责令限期整改指令书308份、整改复查意见书287份、询问通知书21份，抽样取证凭证1份、鉴定委托书1份，依法立案查处广州某储运有限公司安全生产违法行为9起，处罚金额7.5万元。购买安全生产责任保险企业111家。应对“三防”灾害，从6月至汛期结束，启动三防一级预警响应1次、二级预警响应10次、三级预警响应28次，出动排涝抢险救援力量10次。宣传森林防火法规知识，定期清理防火带和消防蓄水池，开展森林防火专项活动3次，出动排涝抢险队洒水66次。开展交通安全专项行动，查扣电动车91辆、三轮车84辆、摩托车256辆，签订责任书89份。

加强劳资监管巡查，全年检查用人单位283家，接待群众咨询100人次，受理举报投诉33起，立案处理26起，涉及劳动者425人，追发劳动者工资35万元，结案率100%。劳动争议调解中心处理劳动争议案件4起，涉及人数220人，涉及金额2600万元。

**【社区文化建设】** 2019年，红山街道组织举办文艺演出及文体活动12场次，受众3万人次。举办各类公益培训班，开展美术书法、跆拳道、舞蹈、美容化妆、气功健身等培训活动110场，受众2000余人次。为社区文化室订阅报刊30种，配合完成图书馆、文化馆街道分馆建设。11月，被区教育局评为“黄埔区社区教育先进单位”。协助双沙社区做好广州民俗文化节暨黄埔“波罗诞”千年庙会、“五子朝王”长安巡游传统民俗活动。举办双沙社区乞巧节活动，100余名巧姐制作手工精良的工艺品1000余件在4个祠堂展览7天，3000余人次到场参观。选送双沙社区乞巧作品参加黄埔区评选，获区二等奖2名、三等奖2名、优秀奖2名。在第十一届“市长杯”黄埔赛区乒乓球比赛中获团队第一名、黄埔区健身气功交流展示大赛获第二名。开展端午节赛龙舟等民俗活动。12月，红山街第三届辖区居民趣味体育运动会在广州航海学院举行，社区及驻街企业代表23支队伍参加。

**【转制社区】** 2019年，双沙社区是红山街道转制社区，下辖双岗（2个社）、沙浦（2个社）、华坑（1个社）3个自然村5个经济合作社，总面积6平方千米。户籍人口5107人，常住人口3.03万人，耕地面积48.33公顷，园地、林地、水面61.67公顷。物业资产面积26.12万平方米。是年，双沙社区集体经济组织总收入1.24亿元，至年末，双沙社区集体经济组织总资产9.07亿元，净资产4.64亿元。农村家庭经营经济以商饮业为主，总收入2.67亿元；村集体企业经营企业以服务业为主，总收入1.24亿元。社区股东2019年度集体分红人均2.82万元，股值均值75.02元/股。是年，双沙社区通过资产交易平台成功交易并签订合同154宗，比上年增长367%；成交合同总金额1.24亿元，增长138%。

（蔡俏丽）

## 鱼珠街道

**【概况】** 2019年，鱼珠街道总面积9.11平方千米，有耕地5.87公顷，山林地73.33公顷。辖区户籍人口3.07万人，来穗人口4.14万人。下辖社区9个：莺岗社区、天虹社区、瓦壶岗社区、鱼木社区、蟹山社区、鱼珠社区、茅岗社区、九沙社区和金碧社区，其中转制社区2个：茅岗社区和九沙社区。辖内有广汽本田汽车有限公司、东风本田发动机有限公司、广东经纬冷链有限公司、广州吉盛润滑科技有限公司、广州优行科技有限公司、广州市卓志物流服务有限公司、广州市巨和工程机械有限公司、广州晟琛金属材料有限公司等重点企业。至年末，街辖内规模以上企业115家，7家规模以上工业企业完成工业总产值1235.23亿元，比上年增长5.58%；64家规模以上商贸业企业实现商品销售额162.42亿元，增长3.67%；42家服务业企业实现营业收入28.16亿元，增长10.03%。5000万元及以上项目完成固定资产投资20.72亿元，其中工业企业技术改造项目是年完成投资13.51

亿元。

全街户籍人口已婚育龄妇女5825人，出生465人，政策生育率95.48%，出生率15.35‰，自然增长率9.24‰。流动人口已婚育龄妇女7643人，出生338人，政策生育率83.73%，出生性别比为95.38（女为100）。全年办理一、二孩登记515例、再生育一孩审批9例、独生子女父母光荣证3个、流动人口婚育证明13份、流动人口生育备案登记38人、电子婚育证明180人。提供孕情检查864人次。免费发放叶酸片1936盒；免费孕前优生健康检查率100%；免费出生缺陷筛查率161.4%。发放避孕药具21.91万只，外用药1659支，口服药60盒。全年围绕创建新家庭发展、家庭生殖保健、优生优育、科学育儿、医养结合及“六期教育”等举办知识讲座和培训班23期，开展宣传活动20次，参与1.5万人次，派发宣传册2.5万份。开展上门服务447人次，早孕随访804人次，产后随访684人。开展妇女病普查普治人数159人，“两癌”筛查保健人数535人。

全年街辖内城镇失业登记1086人，新增就业1202人，办理失业人员签到认证905人、个人社保清单打印和单位打印参保证明263人。登记失业人员就业率80.85%，失业人员再就业629人，完成任务139.59%，就业困难人员实现就业366人，适龄劳动力动态管理录入系统数据1.45万人，就业失业网办审核数据1270人，年末实有登记的失业人员106人，开展劳动力调查人数700人，提供针对性的公共就业服务；组织开展再就业援助慰问40人；办理灵活就业人员589人；空岗信息录入2770个岗位；求职者信息录入229人；举办“零距离”招聘会2场，提供600个空岗选择。

至年末，街辖内参加城乡居民医保4351人，完成医保扩面指标107.1%；参加城乡居民养老保险665人，其中办理新增人数78人；社保密码重置80人；7个充分就业社区中，茅岗、鱼木、莺岗、金碧等4个社区就业率82%以上；在9个社区居委建立工作站。为48户87人次家庭办理低保、低收入困难家庭、“三无”人员申请、续期、停止救助等审批手续；发放低保金60.95万元、分类救助金5.58万元、“三无”生活供养22.72万元。为12位优抚对象办理资助参保零星报销金额9064.82元；为5位低保户办理资助参保零星报销金额3399元。全年医疗救助金额10.38万元（不含低保低收家庭和优抚对象的区级医疗救助金额）。

落实普惠性住房保障政策。全年办理公租房实物配租及租赁补贴新申请、期满审查、变更、意向登记、资格复核等业务200宗，其中新申请58宗、期满35宗、变更17宗、意向登记49宗、资格复核业务41宗。接待群众咨询450人次。至年末，街辖内有优抚对象48人，全年投入优抚经费4.53万元。

开展退役军人信息采集、登记、录入等工作。上门采集信息994条，登记在册退役军人994人，悬挂光荣牌896块。召开双拥座谈会，走访慰问驻街部队，开展免费为优抚对象体检、上门慰问等活动。

全街在册残疾人673人，其中精神残疾93人、肢体残疾338人、智力残疾54人、听力语言残疾96人、视力残疾38人、多重残疾40人。全年为990人次贫困残疾人申请特惠补贴29.7万元；为18名机动车驾驶员发放燃油补贴4680元。节日期间慰问困难残疾人502人并发放慰问金14.72万元；为61名贫困精神病人免费发放药品；为275名残疾人办理二代残疾人证；为83名残疾人办理乘车证年审业务；为38名肢体残疾人发放轮椅，为10名听力残疾人适配助听器，为视力残疾人申请智能出行系统2套。

依托“星光老年之家”、日托中心和各社区居委开展敬老爱老活动。组织社区开展尊老、敬老、爱老、养老和助老活动，关爱老年群体。全年组织保险公司进社区开展宣传银铃安康9次，新增保189人。协助办理理赔69宗13.35万元。全年派发65岁以上户籍老人体检券1168张。全年新办理老年人优待卡369人、老年人社会保障卡98人，补办老年人优待卡153人、升级152人（不含社区），发放卡片522人。全年爱心午餐就餐10.46万人次，餐费125.36万元。为辖区内2605人逐月复核发放长寿保健金，全年全街发放总金额341.53万元。

对口帮扶清远市阳山县杜步镇杜步村。协助杜步镇中小学整修教室、篮球，支持该村村道升级、改造农林水利设施和危房维修，慰问贫困户再就业等，全年支持扶贫资金40万余元。开展援黔携手奔小康行动，投入50万元支援乡村振兴农业种植。对口扶持西藏波密县玉许乡，组织赴西藏波密县玉许乡开展扶贫调研工作，投入10万元支持美丽乡村建设。

**【党建工作】** 2019年，鱼珠街党工委下设9个社区基层党组织和1个机关党总支，党员1114人。发展党员9人，预备党员转正5人。开展“不忘初心、牢记使命”主题教育，把学习教育、调查研究、检视反思、整改落实四项重点措施贯穿始终。开展革命传统教育、党史和新中国史教育、廉洁教育，将主题教育与实际工作结合起来，领导班子成员入基层调查研究和讲专题党课。开展“千名干部深入基层，万名党员联系群众”解难题活动，开展志愿服务58次，解决楼道车辆乱停放、卫生黑点等民生实事37件。开展“令行禁止、有呼必应”党建引领基层治理活动。建成党群服务中心9个，完成各党群服务中心与新时代文明实践所（站）、“两代表一委员”联络站一体融合建设；同时在鱼珠智谷产业园建成非公经济企业党群服务中心。

开展“头雁领航”行动。落实社区干部队伍建设“四个一”专项工作，以提升组织力为重点，提升基层党组织带头人的能力水平，举办《中国共产党支部工作条例（试行）》《中国共产党农村基层组织工作条例》《榜样4》和学习黄文秀先进事迹等专题培训班，落实年度党组织书记抓基层党建工作述职评议考核，以培训促实干、以考核促实绩。加强转制社区基层党组织建设。优化调整茅岗社区、茅岗经联社党组织，设立茅岗社区党委，理顺社区党组织关系。安排下派2名干部到社区担任社区党委第一书记和纪委书记。实现社区党组织书记、居委会主任、经联社董事长三个“一肩挑”。

【纪检监察】 2019年，鱼珠街纪工委组织召开全街党风廉政建设工作会议，街道党工委与各科室、社区签订《2019年党风廉政建设责任书》，印发《党工委落实党风廉政建设责任清单》，下发2019年度党风廉政建设工作计划，保证党风廉政建设责任制有效落实。全街各社区均设置监察站，各配站长1名、监察员2名。开展监督执纪，诫勉谈话3人次、谈话提醒11人次。全年受理信访举报14件，办结14件。立案4宗、办结2宗。组织街道及社区党员160人到反腐倡廉教育基地——育廉馆开展警示教育。

【人大代表履职】 2019年，黄埔区人大鱼珠街道工委重点落实人大代表中心联络站建设，实现与党群服务中心高度融合。完善民众“议事厅”议事规则，搭建代表与群众、企业、相关政府部门之间的议事平台。组织联组7位人大代表开展代表述职活动。全年开展进社区进网格活动7次，进社区、进网格44人次，接待群众171人次，收集意见45条，至年末，解决问题39个。完成黄埔区一届人大代表鱼珠选区补选工作，选举出区人大代表1名。

【社会治安综合治理】 2019年，鱼珠街道发动街坊群防共治力量，召集4000余人参与群防共治；发动派出所、辅警中队，社区治安联防队、网格员、企业保安队伍等力量，开展社会治安防控。全年受理案件类警情311件，比上年下降26.8%，其中刑事警情88件，下降18.2%；治安警情223件，下降27.8%；“两抢”警情零件；盗窃警情44件，下降4.5%。扫除“黄赌毒”，整治“五类车”等治安隐患。强力整治铁路、企业、校园、医院周边的复杂场所、交通和治安突出问题，开展各类行动24次，出动各种力量2330人次。破获刑事案件35件，刑事拘留28人，治安案件178件，治安拘留63人；涉毒案件16件，处置强制隔离戒毒7人。加强重点人群教育管控。部门联动，专班履责，抓好严重精神障碍患者排查监护工作。服务化系统入库数135人，对132名严重精神障碍患者监护人发放监护补助及购买责任保险，发放补助金13.9万元。督促落实监护责任，救治救助送医院2人。开展全方位禁毒，推进防范邪教工作及教育转化帮扶工作引向深入。

【司法服务和人民调解】 2019年，鱼珠街道推行“街所结对”法治建设进社区活动，与广东高义律师事务所签约，至年末有9名社区法律顾问及1个法律服务所。为居民开办法制讲座16课，提出法律意见9件，服务和咨询120宗，推动各社区民主法治建设。接待群众来电来访法律咨询182件，受理指引法律援助2件，举办法律宣传咨询活动11次。举办学法培训班、讲座、法制课堂36场，实现居民普法率85%以上。全年接收刑满释放人员13人，安置帮教对象72人，安置率、帮教率均为100%，重新犯罪率和脱管率均为零。管教社区矫正对象44人，其中期满解除矫正20人、特赦1人、终止矫正（因病去世）1人、在册社区服刑矫正对象18人，整体表现良好，无脱管漏管和重新犯罪现象。

全年全街人民调解13件，均成功调解；参与成功调处重大和群体性事件3件。新增行业性、专业性人民调解组织4个：黄埔区智谷园调解委员会、鱼珠码头调解委员会、黄埔区中医院调解委员会及陈英和解工作室，将人民调解工作延伸至企业、医院等领域，完善辖内矛盾纠纷多元化解机制。

【来穗人员和出租屋管理】 2019年，鱼珠街道登记在册出租屋4433栋2.25万套，来穗人员4.14万人；新办理居住证2123个，续期1.13万个。征收出租屋综合税467万余元。办理房屋租赁登记备案810宗。全年受理来穗人员“积分入户”146宗、“积分入学”244宗。通报出租屋各类安全隐患9066宗。通过信息平台发送出租屋安全管理宣传短信49万余条。在茅岗社区实行出租屋智慧门牌，来穗人员可第一时间掌握房源信息。营造“来穗人员共建共治共享”社会格局，开展系列来穗人员融合关爱活动，组织开展“关爱来穗候鸟儿童亲子活动”，联合举办“来穗人员融合大学堂”。

【城区建设管理】 2019年，鱼珠街道完成立案44宗，罚款金额28.59万元。整治“散乱污”。处理回复“12345”和“12319”投诉2059宗，群众信访事项20宗，交督办58宗，按时回复率100%。处理回复“12345”热线356件，群众信访事项8件，按时回复率100%。全年查处违法建设1025宗，拆除面积32.61万平方米。清理违章户外招牌广告784宗，拆除面积2460平方米。整治流动商贩乱摆卖3717宗，简易程序立案18宗，罚款900元，固定商户超门槛占道经营3699宗。整治辖区内主干街面流动商贩，劝离1200档次，整治规范商铺2160家次。开展夜间建筑废弃物排放秩序执法192次，查处泥头车运输过程造成余泥撒漏，污染路面8宗，罚款6.33万元；查处余泥车辆无证运输1宗，罚款10万元；查处余泥运输车辆未密闭运输6宗，罚款3000元；查处向水域倾倒建筑废弃物1宗，罚款4.1万元。

加强生活垃圾分类执法。启动金碧世纪花园小区未能落实好垃圾分类工作立案查处程序，罚款1万元；针对未按规定将生活垃圾分类投放到指定的收集点的情况，开出2张200元的个人罚单。全年开展燃气执法行动16次，组织餐饮场所燃气专项检查4次，纠正违法行为3起，查扣石岗新村以车代库燃气瓶28个；运输车1辆。出动550人次开展机动车乱停放专项整治行动27次，相关执法部门开具罚单200余张，张贴“温馨提示”200张，查扣“五类车”152辆。

开展省下发图斑线索核查上报及违建别墅清理整治，拆除美香山庄违章建筑。完成茅岗西华改造区西侧边坡国家森林督查图斑、茅岗顶岗山羽毛球馆占用林斑等卫片图斑的整改复绿，2019年卫片图斑零增长。

全年处理环保投诉270宗。跟进中央环境保护督察及“回头看”期间群众举报案件。督促16家机动车维修行业开展挥发性有机物（VOCs）污染整治提升工作，开出《专项检查问题告知书》60余份，涉及企业中完成整治提升12家并已通过市环保产业协会和区生态环境局的验收，另4家承诺不再从事喷漆业务。对辖内21个在建工地开展常规性巡查，全年巡查1512个次，发出施工工地扬尘污染防控问题告知函45份，督促工地严格落实“6个100%”扬尘防控工作。检查餐饮企业988家次，开出检查笔录271份，发出环境问题整改告知书111份，有127家餐饮企业完成油烟净化设备和隔油隔渣排污整改。推进落实固体废物专项督察各项整改任务，全年开展巡查201家次。及时处理塘口南无主弃置危险废弃油污液体3桶，并进行无害化处理；巡查发现沙井黄新村及大涌湾弃置油墨30桶，对当事人进行教育并勒令处理。开展经常性噪声检查39宗次，开出检查笔录39份、整改告知书9份，已整改14宗，移送区生态环境局查处13宗，建立检查整治台账39份。

对辖内2744家企业展开排查，定性“散乱污”企业405家，其中整治提升87家，关停取缔318家，整治完成率100%。对塘口南（非改造区域）地块内45家“散乱污”企业实施整治，整治涉及违法建筑面积5万平方米，并建立长效机制。大涌湾95家和海军仓12家企业已经全部迁出，建筑物已经拆除完毕。

投入202.02万元聘请专业养护公司保洁维护管养河涌堤岸绿化和人行道；投入37.85万元，聘请河涌巡查员每日巡查河涌；组建水面保洁队伍，每日对深涌水面进行常态化保洁。全年协助整治违法排水80余起，处理乱堆放90余起，清捞、整理共享单车2000余辆。在河长APP管理系统，办结投诉件108宗。处理垃圾黑点、违建、排水口等河涌问题148起。全年拆除河涌管理范围内违建7宗，面积6.80万平方米。完成8家重点单位4个小区雨污分流整治。委托专业公司封堵深涌流域非法排水口500余处。推进深涌流域水环境治理，至年末，深涌全面消除黑臭，达到长治久清标准。组织开展入户宣传治水活动，受众1100户。

【城市更新改造】 2019年，鱼珠街道辖内茅岗路以西城中村改造项目涉及总房屋2194栋，签约1833栋，签约率83.55%。已拆除集体物业栋数51栋，占地面积17.62公顷，私宅1369栋，占地面积6.04公顷。至年末，有11栋安置房完成封顶。

【安全生产和劳动监管】 2019年，鱼珠街道监管企业366家，其中重点监管企业56家，一般监管企业310家。辖内企业购买安全责任险107家，完成率133.75%。全年开展安全生产重点整治行动69次，辖内企业安全生产、消防安全无伤亡事故发生。开展安监执法，全年出动1.35万人次，日常执法检查出具文书3510份，查处并整改隐患456处，开出责令限期整改指令书245份，复查意见书245份，询问通知书18份，立案查处违法违规企业6家，罚款金额3万元。全年投入消防、森林防灭火经费30万元，重视消防安全宣传，全年派发防火宣传资料8000余份、小礼品2000余份。对150处场所安装NB智能物联网感烟报警系统，安装NB智能物联网感烟器200个。全街设有微型消防站13个，全年检查微型消防站8次，组织微型消防站演练4次。更新各社区消防设施设备，采购水带100条，DN65卡口转快接转换头50个，DN65带开关快接水枪 30 支，DN65 带开关快接分水器 20 个，消防泵 1 个，灭火器 150 个。开展“12·2”全国交通安全宣传日主题宣传活动，组织 8 个社区劝导站全员上岗，引导、劝导居民安全文明出行，参与群众 1000 余人。各劝导站录入、应用农村道路交通安全管理信息系统和“农交安”APP，完成安全劝导日志和台账录入 7087 条。开展交通安全宣传活动 20 余次，出动 400 余人次参与交通宣传工作，派发宣传资料 3000 余份，劝阻交通违法行为 100 余宗。

开展辖内生产经营单位的劳资关系检查，检查生产经营单位 310 家次，涉及劳动者 1.25 万人。对辖区涉及劳动密集型加工制造企业、在建和已建施工单位进行逐一排查，对辖区企业拖欠农民工工资情况进行清查，检查企业 33 家次。对发生劳资欠薪纠纷单位开展“回头看”，及时发现和整改欠薪行为，并对街道正实施的项目进行排查，其中检查政府投资工程项目、国企项目 2114 个。全年调处劳资纠纷 16 宗，涉及员工 22 人，为劳动者追回工资合计 20.58 万元。

**【社区文化建设】** 2019 年，鱼珠街道下发社区时事聚焦、讲文明树新风、文明旅游、文明餐桌、科普宣传、数说广东改革四十年等宣传海报 600 余幅和宣传单 1000 张。挖掘特色，整合资源，打造社区舞蹈队、太极拳队、老年合唱队、青年业余艺术团等文艺团队。全年举办各类赛事、演出等群众文化体育活动 30 场，举办大型文艺晚会 2 场，七夕传统文化活动 1 场，科普活动 1 场。制订社区文艺团队巡演方案，辖内各社区按月轮流承办，组织社区群众文化活动 8 场。黄埔区图书馆鱼珠街道分馆每周开馆时间 51 小时，全年接待读者 5.39 万人次，举办读者推广活动 13 场次。以社区为单位，开展广场舞、篮球、羽毛球等体育活动 4 场；新建健身路径 4 条。定期对文物开展日常安全状况巡查，每月实地巡查不少于 4 次。完成 2019 年“扫黄打非”进基层站点规范化标准化达标工作；定期对辖内网吧、印刷厂及校园周边进行“扫黄打非”巡查。

**【农业农村工作】** 2019 年，鱼珠街道完成年度犬只防疫工作，辖内有 332 只犬只接受正常防疫免疫接种；完成九沙社区渔民休渔期补贴和油价补贴的核查、申报工作；完成该街离岗基层老兽医资料收齐工作，并按时将相关资料文件提交至区农业农村局认定工作小组；督促土地确权证书发放工作。开展茅岗社区资产管理和交易审批立项工作，全年审批立项 76 宗，交易审批 66 宗，资产退回 11 宗，小额工程 7 宗，资产不流转申请 16 宗，终止合同 10 宗，其他申请 6 宗。开展茅岗社区农村集体被拖欠租金清理专项工作，全年向茅岗经联社发督办通知书 6 次。开展基层党组织活动违规使用农村集体资金发放补贴的专项整治；完成茅岗经联社董事会成员考核，并印发《鱼珠街关于茅岗经联社董事会成员薪酬考核指导意见》；举办 2019 年度茅岗农村社区集体“三资”平台管理及社区监督委员培训班；全面开展茅岗经联社农村集体产权制度改革专项工作。

**【经济服务】** 2019 年，鱼珠街道组织完成第四次全国经济普查工作。核实单位 2279 家，完成率 100%；完成规模以上企业“一套表”单位 115 家，完成率 100%；完成反馈核实、数据查询约 700 个，完成率 100%。是年，鱼珠街道第四次全国经济普查办公室被评为广州市第四次全国经济普查表现突出集体，韩雪梅被评为广州市第四次全国经济普查表现突出个人。建立联系走访企业制度，全年走访企业 150 余家，协调解决企业子女入学、融资、招工、道路整修等问题。组织开展政策宣讲、培训、座谈等活动 8 场，向企业发放《黄埔区支持促进企业发展政策汇编》等宣传资料 1500 余份。优化营商环境，做好低端产业、市场升级改造等工作。专人跟进黄埔港鱼珠湾创新中心项目、鱼珠国际木材市场、黄埔环宇（国际）机械城等升级改造。整治提升鱼珠智谷产业园、茅岗大春园（2 号工业区块）村级工业园产业园，10 月，鱼珠智谷产业园被认定为广州市 2019 年第一批提质增效试点产业园区项目（黄埔区唯一项目）。致力打造鱼珠丰巢链谷区块链产业园成为具有黄埔特色，以区块链为主的高新产业园，引进广州瞪羚信息科技有限公司、广州一链区块链科技有限公司、链谷（广州）区块链科技有限公司等 30 多家区块链企业。

**【转制社区】** 2019 年，鱼珠街道有转制社区 2 个：茅岗社区和九沙社区。

茅岗社区。占地面积 5.86 平方千米，下辖 13 个自然村 21 个股份经济合作社。至 2019 年末，有户籍人口 7900 人，外来暂住人口 3.6 万人。2019 年，社区本级经济总收入 2774 万元（含储运公司收入 319 万元），比上年增长 1.83%，经济社本级经济总收入 1.93 亿元，增长 40.73%。人均股份分红 2.71 万元（含社会股），增长 52.62%。

九沙社区。占地面积 0.02 平方千米。2019 年，有户籍人口 562 人，流动人口 20 人。九沙社区居民以渔业捕捞为主，全年渔业收入 6 万元。

（梁宝心）

## 夏港街道

【概况】 2019年，夏港街道总面积14.8平方千米。全街总人口5.58万人，其中户籍人口2.99万人，流动人口2.59万人，常住总人口3.97万人。下辖社区6个：青年社区、丽江社区、普晖社区、金碧社区、墩头基社区和保税社区，其中墩头基社区为转制社区。

全街户籍人口出生532人，政策生育率96.62%；居住半年以上的流动人口出生227人，政策生育率90.31%。全年办理计生家庭综合保险2487户6327人，走访慰问及帮扶计生家庭205户，计划生育特殊家庭完成家庭医生签约6户10人、特别扶助扶金领取3户5人。辖区内避孕药具全覆盖，设立人工发放网点9个、自助发放网点37个。举办计生专家群会诊活动18场，参加人数2160人；开展活动24场次，服务人数3860人次，发放宣传资料1200余份、避孕套3450只。慰问流动人口困难家庭21人，流入婚育龄群众避孕药具免费发放率100%，办理生育一、二孩登记、再生育审批、户口移交等业务4498人次，窗口服务满意率100%。5月31日，夏港街道被黄埔区政府授予“2018年度黄埔区计划生育目标管理责任制考核优秀等次镇（街）”称号。12月6日，夏港街被广州市卫生健康委员会授予“2018年度广州市计划生育目标管理责任制考核先进镇（街）”称号。

全街道在册失业人员570人，至年末已就业410人，就业率72%，特困人员就业率100%；“零就业家庭”就业率100%。系统录入空岗1848个，求职者信息登记录入系统346人。举办“零距离”招聘会、就业技能培训、创业指导进社区活动8场。

做好困难群众的最低生活保障受理、续期及建档工作，落实困难群众资助参保、医疗协助，完成原民办、代课教师困难补助申请。至年末，全街困难户18户， 在保人数32人。完成困难群众资助参保续保26宗；办理医疗救助零星报销9宗。全年发放老年人长寿金63.5万元；办理公租房经济核查业务49宗、低保经济核查业务20宗、困难残疾人生活补贴14宗。推进各社区三社联动及议事协商工作创建，投入经费10万元，完成街道级和6个社区7个居民议事厅建设。

5月6日，夏港街道退役军人服务站揭牌成立。是年，完成辖区630名退役军人信息采集和录入并建立信息台账，完成618户光荣牌挂牌。退役军人赵木生、张勇被授予“2019年黄埔区最美退役军人”称号。

为37名残疾人成功申请免费发放辅助器具，为29名残疾人申请康复训练；为持证残疾人发放特惠补助4.14万元，“两项”补贴47.54万元、为6名残疾学生发放教育资助9500元；为26名残疾人申请城乡居民医保，为37名残疾人申请城职零报；为165名残疾人发放慰问金4.95万元；组织残疾人参加全民健身活动并发放交通补助2400元；投资3.86万元，为9户困难残疾人家庭申请家庭无障碍改造；投资14.89万元，升级改造街道工疗站。

对口帮扶清远市阳山县黎埠镇升平村，贵州省都匀市毛尖镇江边村、坪阳村和墨冲镇罗马村、白头村，西藏波密县玉许乡。全年为5村1乡提供帮扶资金145万元，走访扶贫地9次，组织帮扶干部及爱心企业员工70人次与贫困户开展一对一结对帮扶，为升平村91户贫困户发放鸡苗6030只、养殖饲料210包，助学帮扶贫困生37名，资助危房改造13户，落实大病求助3户，解决升平村集中供水问题，推动玉许乡则普村生物质供暖项目。对口帮扶建档立卡贫困户233户、591人实现全部脱贫。

【党建工作】 2019年，夏港街党工委新建“两新”组织党组织5家，其中2家为社会组织，新发展41名预备党员中，有35人为“两新”组织从业人员。至年末，有“两新”组织党组织93家，党员2233人。全面落实“群众有呼、党政必应”，通过走访调研收集群众“操心事、烦心事、揪心事”53件，整改落实39件。开展主题教育活动，组织中心组理论学习34次、班子成员讲党课12场，开展垃圾分类等专题调研26次，形成调研报告6份，组织党员观看红色电影5场，开展街属“两新”党组织书记专题培训1000余人次。举办“不忘初心、牢记使命”——“穗港智造+”战略专题演讲比赛、“中小企业能办大事”专题研讨会及主题征文活动。联合团街道工委开展主题教育知识竞赛；开展“不忘初心、扬帆夏港”每月之星评选活动，至年末，评选出每月之星65个。

【纪检监察】 2019年，夏港街纪工委开展街道领导轮流谈话提醒58人次。接待群众39人次，走访27人次，参与社区重大会议19次，提出监督意见9条，处理信访及化解矛盾纠纷5件，实现对“小微权力”监察全覆盖。及时向市、区平台审核发布党务、财务数据771项，按规定在“三资”平台操作集体资产交易活动，有7宗集体资产进入平台交易成功，交易总金额289.46万元，无相关信访投诉，无产权流转红黄牌预警。核查处理信访投诉5宗，结案3宗，给予党内警告2人，开除党籍1人。开展工作纪律、会议纪律暗访 8 次，通报上报迟到、违反会风会纪等问题 30 人次。

【人大代表履职】 2019 年，黄埔区人大夏港街道工委组织代表社区联络站开展人大代表进社区活动 18 次，参加活动的人大代表 56 人次，接待选民群众 161 人次，收集意见建议 24 条，推动解决 21 件选民群众关心的热点、难点问题；完成 4 名区人大代表补选工作。

【社会治安综合治理】 2019 年，夏港街道受理刑事治安警情 516 起，比上年下降 9.9%，其中刑事立案 175 件，下降 7.9%；入室盗窃 3 件，下降 57.1%。全街设立治安摄像头 388 个、视频监控室 9 个，小区实施封闭式管理，居民楼栋门禁系统覆盖率 95%。开展综治、禁毒、防范邪教宣传活动 350 余场，青年社区通过无邪教“三个一”示范社区考核验收。开展寄递物流行业整治行动，查封不规范寄递物流行业 1 家，限时整改 5 家。开展“五类车”整治，查扣“五类车”352 辆。举办“反走私”“反金融诈骗”“扫黄打非”专项整治和宣传活动；开展“扫黑除恶”专项斗争宣传活动 40 余场，组织线索排查行动 40 次，排查线索 3 条，解决 3 条。是年 1 月，夏港街道被广州市委、广州市政府授予“2016—2018 年度广州市维稳及综治工作先进集体”称号，“扫黄打非”工作经验在广州市推广。

【来穗人员和出租屋管理】 2019 年，夏港街道登记居住来穗人员 2.61 万人、出租屋 1686 栋、房屋 1.56 万套。新制发广东省居住证 9327 张。办理房屋租赁备案 5086 套；代征收出租屋综合税 490.65 万元。受理来穗人员积分入学 142 人、积分入户资格审核 132 人。受理公共租赁住房申请 31 宗，成功 20 宗。开展专项清查整治行动 48 次，出动出租屋管理员 756 人次；核查来穗人员 1.59 万人次，清查出租屋 3.09 万套次，“三小”场所 253 间；发现消防安全隐患 323 处，电动车充电 453 处，违规使用直排热水器 739 处，现场整改存在安全隐患的出租屋 797 套次，配备灭火器 126 个，派发整改告知书 1067 份。

【司法服务和人民调解】 2019 年，夏港司法所解决群众法律疑难，解答群众法律问题。全年开展大型纠纷排查 4 次，调解各类矛盾纠纷 28 宗，调解成功 27 宗，调解成功率 96.4%。举办大型的普法宣传活动 10 场，派发法治宣传资料 3 万份；办理法律援助案件 1 件、1 人次，接待群众咨询 147 起。成立“微关”小组，完善和维护微信群运行。安置帮教接收 9 人，期满解除 7 人。社区服刑人员收矫 13 人，期满解矫 5 人。每月定期督促检查村居法律顾问值班制度，配合律师做好每个社区每季度法律宣传讲座工作。全年夏港街道人民调解中心受理社会矛盾纠纷 627 件，办结 627 件，其中“12345”转办 457 件，“12319”交办 170 件，回复和办结率均为 100%。

【城区建设管理】 2019 年，夏港街道开展市容市貌综合专项整治行动 63 次，发放《责令限期改正通知书》146 份，教育劝离乱摆卖 1400 余宗，整治占道经营 1300 余宗，乱拉挂 180 宗，清理乱堆放 160 宗，拆除乱设置户外广告 60 宗，拆除面积 200 平方米。开展建筑废弃物整治行动 192 次，出动执法车 620 辆次，出动执法人员 1220 人次，检查运输车 1.24 万辆次，立案查处违法违规行为 9 宗，罚款 2.22 万元。对工地扬尘污染问题发放《责令限期改正通知书》10 份，工地落实绿网覆盖率 100%。拆除辖区各类存量违法建设 130 宗，拆除面积 30.63 万平方米。开展燃气专项整治行动 89 次，暂扣煤气瓶 810 个，查封燃气无证经营黑点 2 个。立案调查违法行为公司 1 家，罚款 1.6 万元。2 月 21 日，保税社区被广州市城市管理和综合执法局评为“广州市容貌示范社区”。

完成“散乱污”企业（场所）整治 277 家，清退低效、无污染治理设施“散乱污”企业（场所）36 家，清退水韵翔庭小区周边无环保手续、无治理设施企业 10 家，促使 52 家企业安装并使用油烟治理设施等。开展宣传、发动、督导、指导等活动 270 次，召集垃圾分类志愿者 201 人，发放宣传资料、分类指引、宣传海报 1.10 万份，宣传覆盖率 100%。建立生活垃圾分类管理联席会议制度，引进第三方互联网 + 垃圾分类回收设备。开展病媒生物预防控制统一行动 40 次，清理积水 2000 余处，投放缓释剂 600 余千克，免费派发粘鼠板 3000 余张、灭蚊片 1.4 万盒、灭蟑胶饵 7500 余片。推进“厕所革命”建设，投资 66 万元，新建公厕 1 座。是年，墩头基社区环卫工人韩春和被评为“2019 年度广州市优秀城市美容师”。

开展河涌治理集中宣传、入户宣传。落实河涌“四洗五清”，清理垃圾 31.4 吨。拆除河涌 6 米管理范围内违建 6 宗、面积 9037.5 平方米。6 个社区污水管网覆盖率 100%，辖内沙涌、鹤子坦两条河涌不黑不臭，通过验收。整治典型排水户 271 家，至年末，完成排水系统整改 94.5%。

【城市更新改造】 2019 年，夏港街道加强城市设施建设，协调配合黄埔区住建局改造道路 8.1 千米、候车亭 1 座，翻新清洗天桥 3 座，增设安装中华灯 220 盏，新建星一类公厕 1 座，规划修缮改造公厕 2

座；完成丽江社区整体升级改造工程；确定6个老旧小区微改造项目；配合相关部门新建西滘涌、墩头涌、东滘涌三座水闸及加高部分堤岸，梳理改造墩头基截污工程范围内的排水系统；投入4.8万元，绿化提升丽江社区休闲广场。

**【土地收储和征地拆迁】** 2019年，夏港街道全面摸查辖区土地信息，其中，烂尾楼9栋，土地面积4.71万平方米；闲置厂房18栋，土地面积15.42万平方米；低端低效用地10块，土地面积26.13万平方米；土地使用权到期地块41块，土地面积28.04万平方米，建筑面积66.73万平方米。是年，收回土地13块（其中6块无收储任务，面积3.81万平方米），合计收回土地21.45万平方米，至年末累计收回30块土地，面积58.49万平方米。是年，完成金博物流（益海项目）地块土地面积19.43万平方米、建（构）筑物面积6.29万平方米土地测量、评估工作和签订《国有土地使用权收回补偿协议书》，落实区“5·28”穗港智造重大项目动工；完成城市轨道交通五号线东延段工程项目借地1.39万平方米，征地816.2平方米，房屋建筑拆除2786.6平方米。协调德尔信公司在未签订补偿协议、未收到补偿款前，自行拆除上（构）建筑物1.50万平方米，确保地铁等相关项目施工顺利推进。

**【安全生产和劳动监管】** 2019年，夏港街道与辖内“三小”场所、企业签订安全生产与消防安全管理责任书1200余份，开展企业安全生产检查3410次、消防安全检查1925家次，发现和限期整改隐患390处；组织重点行业领域专项治理行动38次、水上交通专项检查4次，发现和整改隐患492处；开展建筑工地专项检查30余次，处理建筑工地案12宗，新增电动车智能充电桩3处。“打非治违”，查处流动贩油车违规加油13宗，查扣黑油车16辆，清除黑窝点3个，查获成品油15.04吨、违规储存危险化学品7.2吨。开展“安全生产大讲堂”宣讲活动30场，举办专题培训10次，为120余家企业提供技术服务。开展各种消防培训演练活动135场次，举办消防宣传活动28场，印制派发火灾事故案例及消防安全知识单2万余份。4月28日，夏港街道被广州市应急管理局评为“全市镇街安全生产执法监察工作成绩突出单位”。11月13日，青年社区被广州市消防安全委员会办公室评为“消防安全家园”试点单位。

全年处理劳资纠纷案件208宗，涉及人数1300人，涉及金额4000万元。开展建筑工地专项检查30家次，处理建筑工地案12宗，涉及人数200人，涉及金额500万元；处理突发事件17宗，涉及人数350人，涉及金额2700万元。接待来访咨询群众298批次；日常巡查企业105家，涉及人数2.4万人；下达询问通知书38份，整改指令书23份。

**【社区文化建设】** 2019年，夏港街道打造文化阵地，完善影剧院系列设备，提升舞台灯光、LED屏，全年举办各类演出活动40场，开展会议及主题培训讲座30场，播放免费电影100余场。举办拥抱“穗港智造特别合作区”共建夏港美丽水乡暨墩头基社区2019国际龙舟节、“我和我的祖国”黄埔区庆祝中华人民共和国成立70周年嘉年华夏港街专场等系列文化活动、“2018最美夏港追梦人”“我爱夏港追梦前行”——2019黄埔夏港地区徒步等活动广受好评。9月24日，青年社区被广东省妇女联合会、广东省精神文明建设委员会办公室评为“第五批广东省家庭文明建设示范点”。

**【经济发展服务】** 2019年，夏港街道辖内有各类大小企业3409家（其中包括工业422家、商贸1052家、服务业1935家），经贸关系涉及32个国家和地区，其中宝洁、安利、箭牌、三菱等24家世界500强企业。规模以上工业企业113家共完成产值909亿元，现价比上年增长1.93%；限上商贸企业166家共完成商品销售额981亿元，增长19.18%；规模以上服务业企业135家营业收入89.42亿元，增长8.92%；年度新增“四上企业”101家。全年组织召开各类会议19场，举办2场“企业活动日”活动；走访企业213家，帮助企业解决问题和困难272件；8月30日，举办“穗港智造特别合作区民营经济发展大会暨夏港街商会第一届资源对接会”，企业参会人员450人；完成第四次经济普查工作；配合各职能部门走访准达标企业，66家企业通过市级审批；向企业宣传“黄金十条”“美玉十条”等各种奖励政策扶持促进企业发展，帮助企业做强做大并促进企业入驻；发挥民营企业能动作用，夏港街商会会员发展至81家，成立商会党支部，树立中小企业能办大事的理念。

**【转制社区】** 2019年，墩头基社区是夏港街道转制社区。社区总面积2.86平方千米，辖经济合作社3个。社区户籍人口2484人，流动人口8686人。经联社总收入361.14万元，总支出177.71万元，该年收益183.43万元，比上年下降0.27%，可分配收益642.90万元。第一经济社总收入291.82万元，总支出51.29万元，人均分配4031元；第二经济社总收入234.82万元，总支出41.45万元，人均分配3321元；第三经济社总收入248.44

万元，总支出45.55万元，人均分配3406元。

（张敏）

## 大沙街道

【概况】 2019年，大沙街道总面积13.051平方千米，下设横沙、姬堂、大沙东、泰景、大沙北、瑞宁、豫章苑7个社区居委会，其中横沙社区、姬堂社区为转制社区，大沙东社区、泰景社区、大沙北社区、瑞宁社区、豫章苑社区为城市社区。街辖户籍人口2.47万人，常住人口6.94万人，流动人口5.05万人。辖内有原黄埔体育中心、黄埔图书馆大沙分馆、黄埔区文化馆、中小学5所及广州医科大学第五附属医院。有主干道广园快速路、大沙东路、丰乐北路、护林路、石化北路，创新大道、开放大道等，有地铁5号线大沙地东站，地铁7号线（二期在建）大沙东、加庄、姬堂3个站。辖区注册企业有2000余家，个体工商户1800余家，其中规模以上企业52家。辖内规模以上工业企业工业总产值13.97亿元，规模以上商贸业企业商品销售额75.25亿元，规模以上服务业企业营业收入10.38亿元。经济发展保持良好势态。投资25亿元的雅居乐黄埔创新中心（横沙11公顷）项目建设稳步推进；横沙“头啖汤”、商贸城地块的星级酒店破土动工；姬堂城中村改造全面推进，首期湾区科创走廊1号动工建设。横沙数字经济产业园一期启动，土地平整已完成，道路建设、场地围蔽、地质勘查等工作正在进行；EPC招标和监理招标完成。

全街户籍已婚育龄妇女4976人，出生407人，政策生育率95.33%；常住已婚育龄妇女1.6万人，出生1202人，政策生育率91.10%；流动已婚育龄妇女1.13万人，出生888人，政策生育率88.4%。组织221名育龄妇女参加妇科病普查普治；参加“两癌”筛查妇女870名；参与孕前优生健康检查夫妇211对；参加出生缺陷筛查夫妇384对。

全年办理失业登记846人次，失业审核861人次，失业人员就业率70%以上，其中“农转居”人员就业率82%以上，“4050”人员就业率85%以上，“充分就业社区”创建率80%，未出现“零就业家庭”，并为2869人次领取失业救济进行月度认证。举办招聘会，推荐失业人员就业425人次，劳动就业备案108家企业832人次，劳动力调查600人，求职登记623人次，录入空岗信息1633个。全民医保在册4821人，出具参保记录证明3.6万人次。

社会化管理人员1683人，其中新增150人，减员12人。全年探访126名“十类人员”。是年，参加区组织的大型活动2次，包括部分退休人员免费体检及广州一日游活动，完成养老金生存认证工作，保证养老待遇顺利发放。办理老人优待证234人，补办189人，升级592人，签收发放433人，派发65岁以上老年人免费体检券715张。为辖内60周岁及以上广州市户籍长者提供养老配餐服务，全年就餐356人，服务6.31万人次，助餐配餐服务补贴75.22万元。为辖区内符合政策的长者网上办理“平安通”业务，全年服务412人。

5月，成立大沙街道退役军人服务站挂牌。全年采集街辖内559名退役军人信息，悬挂光荣牌417个。为符合条件的176名退役士兵办理社会保险续保，联合电信公司为退役军人办理电信感恩卡。组织开展优抚对象年度体检、走访慰问和帮扶活动。组织街辖退役军官参加适应性培训和专题招聘会。

全年为483名一至四级残疾人办理困难特惠补贴，发放特惠补助金14.49万元，为204人办理残疾证，为130名残疾人网上录入医保资料信息，为49名精神残疾人免费发药，为20名残疾人办理免费乘车IC卡。慰问困难残疾人368人次、9.93万元。为20名残疾学生、残疾低保家庭子女申请扶残助学金。为有需求的残疾人购买社保。为10名残疾人机动轮椅车车主发放机动车燃油补贴并组织培训。安排残疾人18人次参加西式、中式点心培训。协助做好严重精神障碍患者排查、评估、走访等。至年末，工疗站有工疗人员29人，全年发放职业津贴12.6万元、手工加工费1.3万元。是年，组织开展各项活动140次。

对口帮扶清远市黎埠镇凤山村。是年，凤山村贫困户75户、170人全部脱贫。投资22万元，为贫困户发放鸡苗5000只、过渡玉米4.12万千克、茶树苗280棵，奖励补助发放农资2万元。支持资金6万元用于维修破损村小组旧路、设置垃圾堆放点和清理垃圾。投入6万元用于全年节日慰问贫困户。投入3.5万元用于民生补助。投入1万元用于贫困户技能培训和就业安置。投入4万元，安装太阳能路灯34盏。分批使用项目资金10万元，推进一村一品规模化种植，发展村级特色农产品种植。投入4.5万元支助贫困学生和贫困户安全住房维修。至年末，大沙街道筹集帮扶资金60万元，广州开发区城市更新局慈善捐款10万元。对口帮扶贵州省三都县都江镇，全年拨付112万元，用于都江镇精准扶贫专项资金。是年，大沙街道被评为三都水族自治县脱贫攻坚先进集体。

【党建工作】 2019年，大沙街党工委下辖社区党委2个、党总支3

个、党支部49个，有党员986名，发展新党员14名。理顺横沙社区和姬堂社区党组织架构及隶属关系，撤销横沙社区党总支和经联社党委，成立横沙社区党委；撤销姬堂社区党总支和经联社党委，成立姬堂社区党委。新成立大沙北社区党总支部和瑞宁、豫章苑社区党支部。开展“双报到”和在职党员回社区服务系列活动。开展“不忘初心、牢记使命”主题教育活动，把学习教育、调查研究、检视问题、整改落实贯穿始终，推动主题教育真抓实做，高效开展，取得实效。是年，在首届广东基层党建创新案例征集活动中，大沙街《党建引领城市更新，创造“加速度”》被中国期刊协会党刊分会、南方杂志社、全国党刊研究会评为广东省基层党建十大优秀创新案例，大沙街道是广州市唯一获此殊荣的街道。

**【纪检监察】** 2019年，大沙街纪工委、派出监察组履行监督职责，强化执纪问责，按照监督执纪“四种形态”落实抓早抓小措施，规范选人用人监督。纠正“四风”，整治形式主义、官僚主义新表现。推进基层正风反腐和扫黑除恶专项斗争，加强各类违纪违法案件线索和岗位廉政风险排查。对转制社区党员干部在“三资”领域、征地拆迁和低效用地收储领域的违纪问题线索进行查处，全年处置线索14个，受理信访6件，立案办理案件5宗。对个别经济社干部、党员开展逾10人次警示谈话。强化党风廉政建设宣教，每季度开展一次街道全体党员干部以及社区党组织书记、经联社及经济社负责人的廉洁学习教育；开展纪律教育学习月活动和作风纪律整顿，整治违规发放津补贴和违规收送“红包”礼金问题专项行动。开展廉洁文化进社区工作，构建基层党风廉政教育阵地，每个社区建立廉洁齐家园地、好家风阅览室、党廉文化长廊，打造廉洁文化品牌。强化制度建设，推进监察职能向基层延伸，在各社区成立监察站，实现对社区公职人员的监察全覆盖。

**【人大代表履职】** 2019年，黄埔区人大大沙街工委组织代表开展进社区接待选民群众、“更好发挥人大代表作用”主题教育、省外调研、年终视察、述职评议、夜间谈心（试点）等联组活动20多次。建设豫章苑社区第一联络站、大沙北社区第二联络站、姬堂社区第三联络站，横沙社区联络点、泰景社区联络点，配齐软硬件设施和工作人员。开展财政预算监督工作，推进街道预算有序执行；通过“阳光预审会”，提高街道预算执行效率。

**【社会治安综合治理】** 2019年，大沙街道案件类警情比上年下降5.3%，其中刑事警情下降18.8%，入室盗窃警情下降53.3%。刑事拘留犯罪嫌疑人119人，行政拘留违法人员184人，查获涉毒人员57人，综合工作成效居全区前列。对寄递物流行业进行进度培训2场次、突击检查12次，封停15家不符合规定的寄递物流企业并勒令停业限时整改。全年办理完成“12345”政府服务热线交办案件1419件，按时完成率100%；街道三级平台信息系统、信访云综合处理系统、中心受理来电、信访、网访51件，办结率100%。全年开展禁毒宣传“六进”活动196场次，开展“进场所”禁毒宣传30场，不定期突击检查辖内酒吧、网吧、足浴店等娱乐场所及宾馆、出租屋等易涉毒场所。开展“扫黑除恶”宣传。在保利广场及街道的LED屏上每天不定时滚动播放宣传标语、动漫视频和漫画宣传海报，在人流密集的场所进行形式多样的宣传，在全街范围内设置“扫黑除恶”宣传栏100余个，横幅300余条，喷画200余张，全年派发宣传单2万余张。

**【来穗人员和出租屋管理】** 2019年，大沙街道纳入管理的出租屋4.18万套，来穗人员4.56万人。是年，新登记出租屋2903套，来穗人员1.56万人，注销2.21万人。办理居住证2.71万张（含续期），办理房屋租赁备案724件，全年税收553万元。开展消防安全专项知识培训讲座，多次开展出租屋安全隐患大排查工作。开展来穗人员积分及随行子女积分入学、来穗人员公租房及其他融合工作。印制各类使用安全的《温馨提醒》、法律法规小册子2万余份，并通过黄埔区短信平台发送安全提醒信息。

**【司法服务和人民调解】** 2019年，大沙司法所担任社区居委会、经济社、个体户等35家单位常年法律顾问，接待群众来访230余人次。全年指导街道和社区出版法制宣传栏12期105栏，发放法治宣传资料5万份，参与法治宣传咨询活动31次。辖区内在册刑满释放人员38名，帮教率97.4%；监管社区矫正对象35人，其中在册15人，解除矫正19人，撤销缓刑1人，无脱管或重新犯罪。是年，街道和社区两级调委会调解各类民间纠纷50宗，调解率100%，成功率100%，参与和成功调处群体性纠纷6宗。

**【城区建设管理】** 2019年，大沙街道推进市、区重点建设项目征拆和土地收储工作。全年完成征地37.4公顷，拆除建筑物面积4.25万平方米，收地面积39.87公顷。完成科林路市政道路及配套工程、丰乐北产业园一号和四号地块、科丰路隧道工程、园区三路、捷普东侧路西延线项目的征地工作以及大沙地污水处理厂、地铁7

号线二期大沙东站、中间风井的借地任务。

环境卫生整治。开展城中村、内街巷及农村人居环境卫生整治工作。全年保洁总面积61万平方米，保洁农厕7座，保洁范围全部覆盖。环卫作业管理定员定岗，每天保洁时间12—17小时，市政路人行道保洁时间为5:00—22:00，全天17小时保洁，社区内街内巷保洁时间为6:00—21:00，全天15小时保洁，其他路段范围12小时保洁。生活垃圾日产日清，每天清运垃圾量约80吨，处理终端由区环美中心统一运送到福山焚烧厂处理。设置大件垃圾（低值回收物）拆解中心2个，横沙社区、姬堂社区各1个。

污染防治。每天巡查辖区内露天焚烧垃圾情况，发现露天焚烧垃圾29处。全面排查摸清辖区内机动车维修企业及洗车档底数并建立清单，在列企业名单15家，按照“一企一册”的形式收集整理资料。发出《机修车维修行业挥发性有机物整治告知函》2份，督促机修车维修企业对挥发性有机物污染进行整改。督促固废污染企业整治工作。督促44家企业进行固废申报登记及干洗行业企业核查工作。对6家重点行业土壤污染状况进行深入调查。重点针对周边区域大型货车停车场、工地及道路扬尘污染，组织开展防控工作。对辖内4个在建工地发出《防控告知函》36份，督促施工工地落实扬尘防治“6个100%”。组织专项整治12次，对偷倒建筑废弃物等行为重点监控守点并进行围蔽管理，重点监控护林路水满基、三多路、姬堂村口、加庄尾、旧党校地块等地段区域。余泥渣土巡查数据上报1796宗。

垃圾分类。全年开展垃圾分类全民行动日宣传活动77场，入户宣传2.50万次人次，入户宣传覆盖率93%，向居民派发《居民生活垃圾分类指引》1.1万张，派发小礼品1.1万份。全街于9月5日全部完成楼道撤桶工作，比区规定的10月31日前的时间节点提前完成。10月26日，举办垃圾分类健康赋能跑活动，230人参与，途经豫章苑、君和名城2个样板小区的6个垃圾分类投放点和收集点。创建居住样板小区，指导豫章苑、东城华庭、君和名城、瑞东花园和银丰花园5个小区参加样板小区创建工作，完成垃圾分类设施配置。修缮改造姬堂社区公厕，并于10月完工投入使用。

燃气安全管理。针对街辖内无证经营燃气黑点，开展专项检查行动，派发燃气安全宣传资料4000份，查处违法存储经营瓶装燃气黑点1宗，扣押燃气瓶94个，对泰景花园施工损毁天然气管道事件处罚1宗，罚款6.5万元，加罚3900元，合计6.89万元。

“两违”查控。全年拆除违法建设433宗，拆违面积40.09万平方米。推进姬堂社区“三条围”安全搬迁项目的拆除，对超大面积房屋立案32宗。专项整治镇东路、大沙东路、护林路等路段的落地广告牌、灯箱、横幅等广告招牌。采取先告知、检查、最后扣押的方法进行治理，全年整治规范拆除广告招牌111宗，拆除面积450平方米。

“六乱”整治。全年整治乱摆卖372宗、占道经营287宗、乱拉挂412宗，规范文明工地4个，开展建筑废弃物专项整治32次。加强重点地段的“六乱”的日常巡查、守点、整治，重点整治儿童公园桥西侧和广州市第八十六中学、横沙小学、泰景小学周边。

河涌治理。全年组织召开“河长制”、黑臭水体整治工作专题会议6次；完成区交办案件50件，完成率100%；办结“广州河长”APP投诉案件88件，办结率100%。整治各类水环境问题，拆除河涌两岸6米管理范围内违法建设5件、690平方米；完成乌涌左支流两岸15米范围内14家“散乱污”场所整治；完成涉及该街7家水污染防治重点工业行业企业自查；巡检典型排水户1983家；完成整改违法排水户267家；完成网格化污染源任务及新增上报的整治销号149个；开展辖区内乌涌、乌涌左支流、三戽涌“洗河”行动12次。协助黄埔区水务局完成三戽涌截污管网完善工程、三戽涌流域排水单元达标创建工程，三戽涌调水补水工程完工，建成气盾坝1座。是年，街辖乌涌东支涌河段被评为广州市河涌示范段。

“散乱污”整治。开展“全覆盖、无遗漏”散乱污场所排查整治，排查出“散乱污”企业（场所）123家并全部完成整改，通过区生态环境局的验收。检查发现存在问题餐饮业286家，完成整治50家，整治中236家。

**【城市更新改造】** 2019年，大沙街道全面推进横沙城中村改造二期建设，启动姬堂城中村改造项目前期工作，完成拆除“三条围”原址全部房屋，启动老旧小区微改造项目6个。

横沙城中村改造二期项目。至年末已签约2926栋，签约率92.16%。二期建设拆迁范围房屋260栋，已签约232栋，签约率89.23%；二期范围内已拆除房屋195栋，已拆私宅面积4.7万平方米，占二期房屋拆除率89.2%。至年末，安置区二期计容面积22.38万平方米，安置区二期4B地块计容面积6.08万平方米开工建设，基坑支护工程施工、除施工坡道外全部的土方工程和全部工程桩的超前钻勘探等全部完成，工程桩施工完成70%；融资二期4A地块计容面积13.25万平方米，完成地质勘探、地面清表、场地围闭和施工用电等工程；融资4C地块计容面积

3.97万平方米，完成地质勘探、地面清表、场地围闭和施工用电等工程，基坑支护工程施工已开始。是年，该项目完成投资额1620万元。

姬堂城中村改造。将姬堂村集体土地、政府已征用地和高新区控股公司（区属国有旧厂）用地270.56公顷纳入连片改造范围，改造后复建建筑总量276.22万平方米，融资建筑总量110.27万平方米。其中住宅95.95万平方米、商业3.80万平方米、市政配套设施10.55万平方米。5月13日，黄埔区更新领导小组审议会议原则同意通过姬堂社区更新改造项目《改造实施方案》；20日，姬堂项目被纳入《广州市开发区2019年城市更新年度计划（第一批）》；28日，复建启动区举行湾区科创走廊1号动工活动；7月，基坑支护工程开始施工。已启动文评、安评、环评、交评、不良地质处理评估、融资地价评估、市政基础设施评估、社会风险评估、土壤场地调查、姬堂传统村落发展规划等工作，并完成初步评估报告。

“三条围”搬迁项目。于12月20日提前11天完成搬迁任务，共分配安置房2131套，涉及搬迁的715栋房屋已全部拆除，全面实现安全搬迁。

老旧小区微改造项目。开展东五街、筷子楼、银丰小区、怡德苑、乐苑小区和乙烯小区等6个老旧小区微改造项目。至年末，微改造项目完工，共计投入1350.89万元。

**【安全生产和劳动监管】** 2019年，大沙街道多次开展安全生产、消防、交通、三防、森林防灭火等安全检查活动，全年出动人员8630人次，组织检查各类企业单位、经营场所3472家次，发现各类安全生产隐患2516处并全部完成整改。执行安全生产委托执法案件8件，处罚金额11万元，未收到行政复议申请，其中查处非法储存危险化学品1起，查获危险化学品31.2吨，处罚金额6万元。企业投保安全责任险97家，完成率121.3%；国家安全生产执法直报系统录入检查数3472家，完成率100%。组织辖内企业在线接受安全警示教育，受众3017人，考核完成率100%。全年处理“12345”反映安全生产检查问题投诉7宗，未引发群体事件或不良社会影响。

开展劳资纠纷调解工作。登记核查辖内安全生产经营单位的劳资投诉，全年接待来访咨询200余人，调解劳资纠纷30余宗，涉及金额50万余元，结案率100%。

**【社区文化建设】** 2019年，黄埔区图书馆大沙街分馆和黄埔区文化馆大沙街分馆升级改造工程竣工验收并投入使用，图书分馆内增设自助借还、办证服务终端、门禁系统等设备，实现与广州图书馆、黄埔区图书馆及各街镇分馆通借通还。是年，大沙街道完成黄埔区图书馆大沙街分馆第三方评估工作的资料收集、整理、汇总、上报工作。大沙街道文化站内各功能室、活动室向居民群众免费开放。以“我们的节日”为主题，传统节日期间开展主题文化活动。举办庆祝中华人民共和国成立70周年大型文艺嘉年华活动，参与群众3000余人。各社区以不同形式开展庆“五一”“六一”“七一”等群众性文化活动。举办横沙社区第十二届书香文化节，举办2019“姬堂会”群众文化盛会。组织辖内广场舞团队参加黄埔区广场舞大赛获三等奖和优秀组织奖；乞巧团队创作的3件作品在“广州市乞巧文化节”活动中获金奖2个、银奖1个。扶持和奖励辖内58支业余群众文体团队16万余元。协同黄埔区体育局实地勘察辖内12处公共体育设施的修建、更新、需求情况，排除安全隐患。完成全国体育场地普查工作，走访和调查街辖内除区教育行政部门调查范围外的所有体育场地的数量、面积、类型等，完成街辖区内所有体育场地的定位、数据采集、录入、上传、汇总等工作。加强国民体质监测点监测工作的宣传，进学校、入企业派发宣传资料1500余份，上传监测数据1200例。组织20名迷你方阵运动员参加2019黄埔马拉松。完成街辖12名“疑似失学儿童情况和劝返复学”核查情况，并上报上级相关部门。是年，大沙街道被评为黄埔区2019年度社区教育先进单位。指导社区妥善处理野罗公祠被违规使用问题，保护文物，完成锦江家塾屋面及院内清理，落实文物保护属地责任。

**【生态公益林损失性补偿资金“一卡通”发放】** 2019年，大沙街道做好生态公益林损失性补偿资金“一卡通”发放工作。横沙社区生态公益林面积108.18公顷，损失性补偿资金12.98万元。姬堂社区生态公益林面积176.89公顷，损失性补偿资金23.01万元，损失性补偿按股份比例通过“一卡通”方式发放到股东手中。

**【乡村人居环境整治】** 2019年，大沙街道开展乡村振兴人居环境整治工作，根据区人居环境暗访实录，完成全街四类环境问题专项整治工作，划拨专项经费90万元用于横沙社区、姬堂社区乡村振兴和人居环境整治。清拆整治“看护房”2间。清理“田园垃圾”1.38公顷、2500千克，其中回收农药包装废弃物80千克。加强农产品质量安全管理。全年出动72人次，检查种植户58家次，农药店6次，其中蔬菜检查10次、样品32个，草莓园检测4次、样品14个，农药化肥种子样品24个；配合市、区农产品和农药安全执法检查7次、23家次。派发《农产品质量安全告知书》136 份、《蔬菜生产质量安全承诺书》43 份、农资安全宣传资料 150 份。

**【转制社区】** 2019 年，大沙街道有转制社区 2 个：横沙社区和姬堂社区。街辖内农村集体通过区“三资”平台成功交易项目 128 宗，其中横沙社区 69 宗、姬堂社区 59 宗，交易总金额 3.23 亿元，其中横沙 0.78 亿元、姬堂 2.44 亿元，成交价交易首年租金与上年度首年租金对比增长率 66.26%，其中横沙增长 81.26%、姬堂增长 58.95%；成交额与交易底价对比增加 1.24 亿元，其中横沙 973.69 万元、姬堂 1.14 亿元，增长率 62.29%，

横沙社区。下辖经济社 16 个，户籍人口 7400 人，流动人口 1.39 万人。主要农作物有蔬菜、荔枝、龙眼、黄皮和花卉，种植面积 25.53 公顷，其中蔬菜 3.5 公顷、荔枝 3.33 公顷、龙眼 5.3 公顷、黄皮 3.9 公顷、花卉 9.53 公顷。蔬菜年产量 360 吨、荔枝年产量 20 吨、龙眼年产量 85 吨、黄皮年产量 50 吨。

姬堂社区。下辖经济社 14 个，户籍人口 5248 人、流动人口 2.89 万人。主要农作物有蔬菜、荔枝、龙眼、玉米和花卉，种植面积 214 公顷，其中蔬菜 160 公顷、荔枝 42 公顷、玉米 2 公顷、花卉 0.13 公顷。蔬菜年产量 2300 吨、荔枝年产量 1 吨、龙眼 3 吨、黄皮 10 吨、玉米 19.5 吨、花卉 2 万枝。

（王雪）

## 文冲街道

**【概况】** 2019 年，文冲街道总面积 10.07 平方千米。有耕地 58 公顷，山林地 140 公顷。常住人口 6.29 万人，其中户籍人口 2.94 万人，流动 3.53 万人。下辖石化、文冲、海安、开元、万科花园、骏雅、文冲新村、瑞东花园 8 个社区居委会（其中文冲社区为转制社区，有经济合作社 22 个，居民小组 144 个；骏雅社区原为金碧领秀社区，于 2019 年 8 月更名）。辖内主要企事业单位有中国石油化工股份有限公司广州分公司、捷普精密工业（广州）有限公司、广州机施建设集团有限公司、中船工业成套物流（广州）有限公司、广州市宏丽黄埔百货有限公司、广州若羽臣科技股份有限公司、广州繁星互娱信息科技有限公司、广东南物国际商贸有限公司、广州亿仁医院等 4000 余家，其中规模以上企业 181 家。

全年全街户籍人口出生 527 人，其中政策内出生 513 人，政策生育率 97.34%，比上年下降 0.63%。全街流动人口 3.53 万人，出生 510 人，其中政策内出生 476 人，政策生育率 93.33%。开展预防出生缺陷提高人口素质专题宣传进社区 19 场次，发放宣传资料 1 万份，走访驻街企业 10 多家，送服务上门，一对一宣传 2300 人次；出生缺陷干预重点病种免费筛查发券 436 人，参检 353 对，完成率 111.70%；免费孕前优生健康检查 330 人，完成率 90.16%；发放免费公共卫生服务券 635 人 1905 份；免费妇女病普查 152 人、“两癌”筛查 665 人；生育随访 913 人、早孕随访 192 人。完成国家孕前优生信息系统及市优生优育健康信息系统的参检对象建档及早孕、生育随访信息录入，信息准确率 100%，早孕及产后随访率 99% 以上，高风险人群随访 100%。

全年完成在册失业登记 362 人，就业登记 565 人，“4050”人员就业登记 334 人，无“零就业家庭”和“低保劳动力家庭”。为 1392 人次“4050”社区灵活就业人员争取政府社保资助 148 万元。开展“就业援助月”活动，落实“实名制”登记，摸查掌握家庭困难长期失业人员 22 人，协助 285 名在册“4050”人员以灵活就业人员身份在地税参保。7 月，开展以“春风助推稳就业，服务民生新作为”为主题的“春风行动 2019”活动，举办招聘会 2 场，邀请 23 家企业，提供 417 个岗位 90 多项工种，200 余人进场咨询，达成双方求职意向 48 人。开展岗位信息发布和就业推荐等职业介绍，网上系统空岗信息采集录入确认发布 385 条 4590 个岗位，就业推荐 233 人，为企业异地务工人员备案 31 家 173 人。完成家庭服务业调查试点工作，在黄埔区企业法人和个体经营户名单中，利用互联网和其他途径筛选街辖范围的 43 家。

在册低保户 18 户、低收入户 1 户，全年救助 222 人次，核发放低保救济金（区发）16.60 万元，核发放实物兑换券 237 张。医疗救助困难人员 155 人次、11.38 万元，临时救助困难人员 8 人次、2.45 万元。为辖内城镇户籍中等偏下收入住房困难家庭、新就业无房职工等群体提供公共租赁住房，解决符合条件的公共租赁住房保障对象的基本居住需求。办理入住手续家庭 9 户，新申请家庭 19 户，轮候家庭 31 户，处于经济核对环节家庭 3 户。期满审查的家庭 10 户均取得续租资格。通过家庭可支配收入的信息变更 2 户。

4 月，成立文冲街道退役军人服务站。宣传落实退役军人政策，开展退役军人的诉求接访及事务办理服务。为 616 名退伍军人建立档案，其中包括重点优抚对象 37 名。完成 2019 年入伍义务兵军属优待金资料上报；组织辖区 27 名重点优抚对象体检；完成 27 名优抚对象的医保参保的审查续保、部分退役士兵社会保险接续工作；完成公益性岗位安置工作。

全街持证残疾人 515 人，工疗

人员28人。全年为489名符合条件的残疾人申请困难残疾人特惠补贴，发放金额14.67万元。春节期间慰问贫困残疾人9户2700元。“全国助残日”慰问一、二级重度残疾人288人8.64万元。“六一”儿童节慰问0—14岁残疾儿童14人4200元。中秋节慰问困难残疾人25名5000元。发放扶助残疾人教育各项补助1.8万元。为工疗站学员发放职业训练津贴340人次11.97万元。为24名肢体残疾人免费适配24件辅助器具，为12名听力残疾人免费适配助听器。为61人次精神病患者成功申请专科门诊治疗康复免费资助。为25人次精神病患者申请住院治疗资助。为7人次肢体残疾人申请居家康复训练。为7人次0—14岁残疾儿童申请机构康复训练。

全年接收新增社会化管理退休人员154人。至年末，登记在册社会化管理退休人员1568人。开展退管业务延伸工作，加大宣传，提高认证年审的知晓率。不限时段为社会化管理退休人员开展生存认证审核，认证率100%，协助178名异地居住退休人员进行养老金资格认证，走访慰问重病住院“十一类”及特困人员275人次。为老年人办理广州市老年人优待卡申领及升级年审，全年办理老人优待卡535张（含升级）。全年为70岁以上1.88万人次办理长寿保健金申请、复核、发放共195.79万元；为符合辖区内重残人员4513人次核发“两项”补贴计96.59万元。全街设立10个助餐配餐点，为306名老人提供配餐服务，全年用餐5.4万人次。

对口扶贫清远市阳山县七拱镇塘坪村。全村在册贫困户143户329人均达到“八有”标准，第一批退出贫困户137户305人。2016—2019年，文冲街道为塘坪村筹措资金711.3万元，作为到户、到村帮扶资金投入到光伏扶贫项目、贫困户自主产业以及村道硬底化等村基础项目。为2018—2019学年度84名学生落实教育补助政策，适龄贫困户子女接受义务教育比例超过93%。在册贫困人口全部落实新农合，符合重大疾病救助贫困人口享受重大疾病救助医疗费用全免或救助，为273名符合政策条件贫困人口落实新农保，其中169人由财政资助购买新农保，104人满60岁以上均享受新农保。

**【党建工作】** 2019年，文冲街党工委下辖党委4个、党总支部2个、党支部34个，有党员1205人。全年新发展党员15人，预备党员转正9人。有非公有制企业党组织26个，社会组织党组织1个，其中党委2个、党支部24个。“两新”组织党组织党员439人，全年发展党员8人。推行“大党工委”制度，与32家单位签订党组织共建协议；组织党支部书记轮训180人次；建成街道、社区、园区共7个党群服务中心；完成对文冲新村社区软弱涣散党组织整顿工作。

组织开展“不忘初心、牢记使命”主题教育活动。组织专题理论学习和研讨交流23次，开展革命传统教育活动40余次，参与1400人次，挖掘以石化社区抗美援朝老兵王玉祥为代表的红色教育资源；聚焦群众最急最忧最盼问题开展调研活动25次，形成调研报告11篇；检视问题，召开座谈会听取意见，收集意见建议26条，并建账整改落实。解决群众“揪心事”21件，化解老旧居民楼加装电梯等矛盾纠纷10件。

领导干部驻点普遍直接联系群众。街道班子成员指定联系社区，组织党员干部、社区工作人员、网格员、志愿者等150余人参与“直联”工作。组建驻点团队8个，采取定点接访、分片走访、上门慰问、座谈听证等多种方式联系群众。全年组织驻点团队成员开展工作2000余人次，派发民情卡和联系卡1.79万套，入户走访群众1.79万户次；团队负责人入户855户，接待群众1937人次，联系外来人员680人次，收集群众反映意见建议136条，解决各类实际问题136个。

规范文冲社区、石化社区、骏雅社区和万科花园社区4个基层党组织建设。加强党组织对集体经济全面领导，建立完善“四议两公开”制度。新组建广东省有色工业建筑质量检测站有限公司党支部和捷普精密工业（广州）有限公司党支部2个“非公”组织党组织。组织在职党员回社区报到，街辖内8个社区在职党员报到人数1049人，开展党员进社区服务69次474人次。

建立“有呼必应”工作机制。7月，成立“有呼必应”工作领导小组，以党建引领，深入社区治理，围绕综合执法、重点工作、重大项目、民生服务、应急处置和其他情况，依托“令行禁止 有呼必应”综合指挥平台，实现“区—街镇—社区”三级响应。

**【纪检监察】** 2019年，文冲街纪工委处置线索16个，受理信访6件，纪检监察立案5件。强化公权力人员风险防控的制度建设，对经联社“两委”领导班子成员和经济社社长承租经营性集体物业和土地进行报备登记；对出入境人员、组织拟提拔任用人选加强审核，做好婚丧喜庆事宜的报备工作。每月底开展一次街道全体干部以及社区党组织书记、经联社及经济社负责人的廉洁教育学习大会，持续开展廉洁文化进社区活动。构建基层党风廉政教育阵地，每个社区建立廉洁齐家园地、好家风阅览室、党廉文化长廊。打造廉洁文化品牌，石化社区打造每月“好家风”故事会品牌，万科花园社区坚持开展一年一度的廉洁书画展等。设置谈心谈话室、廉洁文化墙、党廉教育室。街道和社区党群服务中心融入廉洁文化元素，展示廉洁文化成果。11月2日，石化社区接受国家统计局广州调查队的党风廉政建设入户问卷调查。

【人大代表履职】 2019年，黄埔区人大文冲街工委开展人大代表视察调研活动。利用“人大代表网上联络站”和社区联络站线上、线下联动，拓宽人大代表履职途径，结合群众需求、工作重点、代表资源，开展代表进社区进网格活动。全年组织省、市、区人大代表开展代表进社区活动71人次，接待选民70人次，收集意见、建议18件，围绕事关民生的社会治理、河涌整治、安全生产等问题，开展专题调研10次。

【社会治安综合治理】 2019年，文冲街道辖内案件类总警情1062件，比上年下降11.3%，“110”案件类总警情819件，下降12.1%。其中刑事立案297件，下降5.2%，治安警情765件，下降7.5%。通过“广州街坊”微信小程序发动群防共治力量4250人次。创建无邪教“三个一”示范工程工作获省、市考核好评。全年办理信访案件32件，其中上级交办30件，街道接访2件，办结率100%。参与处理矛盾纠纷160件，办结率100%。是年，辖区无重大治安刑事案件和群体性事件。

街辖8个社区平安创建工作全面铺开，覆盖率100%。全街购置平安创建综治宣传品8.5万元，派发宣传资料、宣传品2.5万份。

投入“扫黑除恶”宣传经费20万余元，搭建大型宣传广告牌6个，制作宣传画6幅、社区宣传栏10个、电子宣传显示屏4块、宣传单5000张、宣传横幅20条。开展宣传活动49场次，其中大型宣传活动10场、小型宣传活动39场次。开展宣讲活动24场次，入户宣传2000次，派发宣传单及宣传品6850份、宣传册1450本，告市民一封信3800封，群众对“扫黑除恶”专项斗争的知晓率提高。

开展整治“五类车”非法营运工作，全年整治“五类车”162次，查扣984辆，其中摩托车510辆、电瓶车464辆、三轮车10辆。

【司法服务和人民调解】 2019年，文冲街道发挥法律顾问作用，解决群众法律问题，解答群众法律疑难。全年举办法律咨询和法律宣传活动11场次，组织举办一村（社区）一法律顾问举办各类学法培训班、讲座、法制课等44场次，送法进企业活动2场次，辖区受众2.7万人次。编发法制宣传资料3.72万张（册），出版法制宣传栏10期。“宪法宣传周”期间，举办宪法宣传活动9场次，发放宣传册4000份，宣传品500余份，解答法律咨询90人次。全年调解矛盾纠纷178件，调处成功率100%，涉及826人，涉及金额2320万元。联合文冲司法所开展各类矛盾纠纷排查96次，预防纠纷22件，防止群体性事件发生5件，涉及200人；调处街道群体性疑难复杂矛盾纠纷18件，涉及金额560万元，涉及人数180人。

【来穗人员和出租屋管理】 2019年，文冲街道辖内有出租屋2.1万套，流动人口3.53万人，征收出租屋综合税470万元，登记和更新出租屋3037栋、2万余套。综合网格员巡查出租屋2.8万套次，发出安全隐患整改口头通知或书面通知4695份；登记和更新来穗人员3.44万人次，注销1.90万人。办理新增和续签居住证1.91万张，办理合同登记备案963宗。免费为有隐患的饮食店、“三小”场所和出租屋配备灭火器1000个。在江北、文元、渡头片区更新6个出租屋宣传栏，上门派发各类相关宣传单3.5万张。受理来穗人员积分制服务2200人次，为来穗人员解决积分入户、入学、入住等民生问题。全年受理公租房申请273人，147人符合申请条件；受理积分入学申请184个，170人符合资格申请。

【城区建设管理】 2019年，文冲街道加大城市管理执法力度，开展“六乱”整治行动714次，出动执法人员3204人次，出动执法车辆1090辆次，针对占用人行道设摊经营的，依法立案94宗。全年组织对辖区内燃气企业执法检查123次，依法查扣非法燃气瓶19个。开展对建筑废弃物排放和运输的专项整治，从严查处无证运输、污染路面和偷倒等违法行为，全年针对工地违法行为依法立案处罚8件，罚款199万元。在全区率先成立垃圾分类工作指导中心，辖内居民小区全部实现楼层撤桶。拆除、关停“散乱污”场所，加大对“散乱污”场所整治，完成整治128家。加强工地扬尘专项治理，对建筑工地立案处理95宗，制止露天烧烤、露天焚烧75次。

开展爱国卫生运动。对街辖内200万平方米公共区域实施除“四害”行动，利用每周五爱国卫生统一行动日、专项行动日、爱卫月和节假日，清除蚊虫滋生地1560处，卫生死角890处；安装老鼠屋350个，投放鼠谷2860千克，投放水体及水沟灭蚊颗粒剂1100千克，消杀灭蚊药1440千克、2.5万份。

河涌治理。落实河长制，街道和社区两级河长主持召开专题协调会议27次，协调解决黑臭水体治理中存在的困难和问题25宗。全年组织拆除涉及河涌违法建设和“污染源”33处，拆除面积1.88万平方米；组织“洗河”行动11次。巡检排水户613家，完成率92%；

督促 123 家违法排水用户整改，完成整改率 100%。辖内乌涌水质保持良好，没有出现新增违法排污口；文涌水质持续达标，基本实现不黑不臭要求，10 月，通过广州市第三方评估单位治理成效的初步评估。

**【城市更新改造】** 2019 年，文冲街道有石化路以西城中村改造项目和江北、文元、渡头旧村改造项目。

石化路以西城中村改造项目。该项目范围东至石化路，南至广深公路，西至乌涌，北至石化职工医院，用地面积 50.49 公顷，总建筑面积 201.15 万平方米，计算容积率建筑面积 151.42 万平方米。改造范围内有集体和居民住宅等物业 1916 户，一期、二期、三期、四期 H3 栋、五期 C3 和 C4 栋、六期 I5 栋、七期（H9、H10、H11）栋共 3179 套单元房已回迁入住，已建好的三期回迁房商业用房 2.4 万平方米完成招商。全年动迁签约 58 栋。是年，将原修规中地块三的 11.2 万平方米商业面积调整为居住面积，并补齐片区教育设施，"住宅不够回迁分配，商业有大量剩余"的不平衡问题得以解决。

渡头、文元、江北旧村改造项目。该项目改造范围内有居民楼 2049 栋、6025 人，总建筑面积 106.99 万平方米，其中村民住宅 68 万平方米、村集体经济发展物业 38.48 万平方米。2019 年股东代表会议表决通过将江北大望南地块、文元金融地块、文元广新路地块、渡头文元花园东侧地块、渡头留用地地块作为安置区先行启动安置房建设。地块测量、房屋入户复核测量及房产证收取工作完成，改造范围内界线的最终确定和公示工作业已完成。

**【安全生产和劳动监管】** 2019 年，文冲街道投入 105.5 万元用于安全生产、消防、交通监管，配备 4 台安全监察专用车，以及执法装备、防护用品等保障日常执法；建设安全设施、交通安全基础设施 22 处；印制各类安全知识宣传展板、手册、单张 3.2 万份用于宣传活动，提高群众知晓率。至年末，辖内在册监管企业 70 家，其中危化企业贸易类 51 家、生产加工型类 8 家、仓储物流类 6 家、建筑类 5 家。全年巡查 3260 家次，查处整改各类隐患 230 处，完成国家安全生产执法综合统计直报系统信息录入 2782 条，完成率 100%，重点监管企业检查覆盖率 100%。推进辖内企业购买安全生产责任保险 108 份，完成率 108%。立案查处安全生产违法案件 13 件，处罚金额 8 万元。全年未发生安全生产、消防安全事故。

全年劳动保障监察用人单位 329 家次，涉及企业劳动者 3.32 万人，成功调解劳资纠纷 28 件，为 262 名企业劳动者追回工资、押金 180.87 万元。

**【社区文化建设】** 2019 年，文冲街道投入 10 万余元改造黄埔区图书馆文冲分馆并于年底对外开放。为新设的文冲新村、瑞东居委文化室购置价值 8800 元图书。举办"不忘初心、牢记使命"文艺晚会和以"我和我的祖国"为主题的文艺嘉年华文艺演出活动。在万科社区举办 2019 年春季免费国画班培训；在石化社区举办免费葫芦丝培训；在文冲新村社区举办免费少儿武术班培训。组队参加乒乓球、广场舞、健身气功、醒狮表演、龙舟等各类比赛，万科佳缘舞蹈队参加"2019 品乐黄埔"——黄埔区广场舞大赛获"银奖"，文冲社区太极队参加 2019 年全民健身日活动暨黄埔区健身气功交流展示系列大赛中获第三名，文冲善群堂醒狮队代表区参加广州市青少年醒狮表演赛中单狮决赛获"银奖"和"地青王奖"。

**【第四次全国经济普查】** 2019 年，文冲街道第四次全国经济普查阶段，完成黄埔区统计局下发的非一套表单位底册数 3980 家，完成填表上报单位 3848 家，其中新增库外单位 625 家，上报率 84%，比全区平均水平高 9%；个体户完成上报 206 家，上报率 116%。是年，文冲街道被广州市第四次全国经济普查领导小组、广州市统计局授予"广州市第四次全国经济普查表现突出集体"称号。

**【经济发展服务】** 2019 年，文冲街利用现有资源，推动经济发展。街辖内四上企业（规模以上工业企业、资质等级建筑业企业、限额以上批零住餐企业、国家重点服务业企业等四类规模以上企业的统称）181 家，其中工业企业 4 家，全年产值 651.78 亿元，批零住餐企业 112 家，全年销售额 179.24 亿元，服务业企业 60 家，营业收入 40.84 亿元。月度和年度小升规新纳入统计库企业数 66 家，贡献销售额 36 亿余元。

状元谷二期项目。该项目地块面积 16.2 万平方米，引进科学城（广州）投资集团有限公司建设中国软件 CBD 总部项目，总投资额 20 亿元，于 2019 年 1 月 1 日交地科学城公司使用并开始计算租期。

大沙东路金融地块项目。该地块位于石化路以东、大沙东路以南，用地面积 1.51 万平方米，容积率 2.0，已完成留用地落地手续，纳入旧村改造范围，土地用途为商业用地。是年，该项目地块的所有补偿和拆迁工作完成，并已进行围蔽。

岭背商业地块项目。该地块位于石化路以西，护林路以南，大沙东路以北，用地面积 40178 平方米，总建筑面积 5.98 万平方米，规划作为商业地块。项目建设报批手续已基本完成，合作方办好施工许可证等相关手续即可开始进入施工，并于2019年1月1日起开始计算租期。至年末，该项目已进入施工阶段。

【转制社区】 2019年，文冲街道辖转制社区1个：文冲社区。文冲社区辖有东坊（8个经济社）、西坊（4个经济社）、文元（3个经济社）、江北（5个经济社）、迴龙市、渡头（2个经济社）6个自然村共22个经济合作社。社区总面积10.03平方千米，耕地55公顷，山林地140公顷。至年末，有户籍人口8364人，外来人口2.06万人；社区股东人数3608人，社员人均年收入4.57万元。是年，社区经联社、经济社两级经济总收入1.61亿元。

是年，文冲社区集体经济通过区级交易平台成功交易29宗。交易底价总额1128.32万元，成交总额2122.28万元。成交总额与交易底价总额对比增长额993.97万元，成交总额与交易底价总额对比增长88.09%。

（胡金林）

## 南岗街道

【概况】 2019年，南岗街道总面积13.74平方千米。有耕地面积57.63公顷，山林地105.45公顷；户籍总人口3.73万人，来穗人员7.62万人。下辖社区12个：南岗、沙步、南岗圩、南岗头、海地、省电力一局、四航局、新港、黄埔电厂、广海、尚城、康南，其中南岗、沙步为转制社区。辖内有广州统一企业有限公司、中国能建广东电力工程局、南方碱业、广州海洋地质调查局、广州海警训练基地、广州海警船舶修理厂等机关企事业单位70多家。至年末，辖内规模以上工业企业12家，年度总产值10.46亿元；规模以上商业企业16家，总销售值28.02亿元；规模以上服务业企业11家，年度营业收入4.25亿元。

全街常住人口已婚育龄妇女2.29万人，出生人口1376人，政策生育率93.9%；流动已婚育龄妇女1.71万人，出生1091人，政策生育率90.93%。流动人口生育备案165例。办理独生子女父母奖励270人；为3120户计划生育家庭购买独生子女家庭综合险，6098人享受到意外伤害和重大疾病保障；为49户特困家庭与家庭医生签约提供一对一上门服务。开展入户清查活动24次，新建全员流动人口信息卡5576张。全年通过PADIS反馈各种信息523条。联合开展打击“两非”“代孕”行动6次，检查辖内所有诊所并取缔非法诊所1间。全年为212对夫妇进行孕前检查，孕前参检率92.57%；筛查出生缺陷人数353人，筛查率89.59%。为824名妇女提供免费“两癌”筛查。举办宣传、健康讲座和慰问活动86场，开展“幸福工程救助贫困母亲”募捐行动共筹集2万元；慰问贫困母亲12户、特别扶助慰问家庭28户、1.24万元。

全街登记在册失业人员1046人。为辖内“4050”人员和“零就业家庭”等就业困难群体单独建档立册，实行“一对一”跟踪服务；全街“零就业家庭”就业安置率100%，协助486名社区灵活就业困难人员申领补贴。创建沙步、四航、海地、黄电、南岗头、南岗圩、省电力一局、广海、新港9个充分就业社区。

全年办理城镇居民基本医疗保险1537人次、城乡养老保险884人。社区服务中心接待群众1.6万人次。全街在册低保家庭40户、59人，低收入家庭3户、5人。为1名学生发放困难家庭学费补助6650元。

全街社会化管理退休人员2201人。在12个社区设立39个互助组，参加人数95%以上。全年探访、慰问退休人员3600余人次。向街内独居、孤寡特殊人员推广“平安钟”服务，上报并安装“平安钟”9个。为3586位70周岁以上老年人申请办理老年人长寿保健金。其中70—79周岁2347人，80—89周岁1148人，90—99周岁89人，100岁以上2人。整合街道和社区资源，发挥家庭综合服务中心作用，与日间长者照料护理中心、社区文化站、星光老年之家等服务设施无缝对接，形成“一中心、多功能、多网店”服务体系，为街辖居民群众提供青少年服务、长者服务、家庭服务、残障康复服务、新市民服务以及义工服务。

全街持证残疾人1050人。其中视力残疾67人、听力言语残疾223人、肢体残疾493人、智力残疾88人、精神残疾123人、多重残疾56人。全年为777人次申请困难残疾人特惠补助金23.31万元。为751名符合条件的残疾人申请困难残疾人专项补助金192.38万元。节日走访慰问残疾人687户20.49万元。为112人办理和补办换领第二代残疾人证，为192人到期换证重评更换残疾人证，为42人办理免费乘车卡和乘车优惠卡，为156名残疾人办理社会医疗保险零星报销申请，投入6.88万元完成10户残疾人家庭无障碍改造。为134名残疾人申请免费适配辅助器具。资助92名精神障碍患者专科门诊免费服药、2名精神障碍患者住院治疗，为24名残疾人提供免费的机构康复训练和服务。

全街退役军人在册1332人，其中优抚对象51人。完成南岗街退役军人信息采集和退役军人社会保险接续工作，举办退役军人就业创业招聘会，配合开展2019年度退役军人适应性培训和退役军人“大走访”活动，组织全街优抚对象体检。

对口帮扶阳山县太平镇大城

村。大城村有贫困户 86 户、204 人，至年末贫困户脱贫 82 户、193 人，并申请大城村退出贫困村。为大城村筹措 222.3 万元资金用于光伏项目用款，该项目收益已初见成效；自筹 36 万元拓宽主要道路；自筹 9900 元为子女就学贫困户发放助学金；自筹 23.25 万元安装 75 盏太阳能路灯；自筹 8.9 万元慰问贫困户。投入扶贫专项财政资金 7.55 万元购买鸡苗及饲料并发放至贫困户；投入专项资金 7500 元救济帮扶重大疾病患者；投入专项资金 9000 元为贫困户修缮火灾房屋工程建设；投入专项资金 1.5 万元为试点养殖户购买孔雀及饲料；投入专项资金 3 万元安装鱼塘护栏。完成大城村 3 户贫困户危房改造。引进实力公司采取“公司 + 基地 + 入农户”模式进行现代农业规模种植。通过引导社会力量捐赠图书、电脑等方式，改善大城村小学教育设施，提高教学水平，确保贫困户适龄子女义务教育阶段不因贫辍学，考上高中和高等院校的能顺利完成学业。

【党建工作】 2019 年，南岗街党工委下设党委 4 个，党总支 13 个，党支部 87 个。有党员 1359 名，发展新党员 14 名，预备党员按期转正 14 名。“两新”组织党组织 23 个，其中党委 1 个，党支部 22 个，实现规模以上工业企业和本地龙头企业全部建立党组织。夯实党建主体责任，完善机制强化保障，强化党建主体意识和责任意识。落实“一岗双责”，履行党风廉政建设责任。开展“全面从严治党五分钟”活动，将党建主体责任落实到基层党组织干部中。

开展“不忘初心、牢记使命”主题教育活动。成立主题教育领导小组，制订主题教育实施方案及集中学习研讨、调查研究、检视问题、整改落实工作方案。安排党工委书记围绕初心和使命讲党课 3 次。召开专题集中学习交流会 5 次，参观主题展览 2 次，爱国主义教育观影活动 2 次，廉政教育 2 次。

开展“头雁领航”行动。举办基层党组织书记轮训，配备 1 名副书记专职负责党建工作，并结合街镇机构改革，单设组织办公室统领基层党建和组织人事工作，配备 4 名党建指导员。是年，招聘社区党建组织员 6 名，壮大基层党建力量。

加强党组织规范化建设。排查和整改各级党组织的设置情况。针对南岗、沙步两个转制社区党建和业务功能混乱问题，提出整改方案。建立由社区党委统一领导的党组织体系，社区党委书记、经联社董事长、居委会主任一肩挑，经联社在社区党委的领导下开展经济建设工作，社区居委会“两委”成员交叉任职。

打造党建品牌。通过设立南岗街党校，建设各社区党群服务中心，全方位、多层次开展党建阵地建设。打造基层党建服务品牌，10 个社区党群服务中心挂牌成立。推进融合建设，各社区设立党员志愿者先锋服务队，社区党员和回社区报到党员加入并提供服务。

鼓励“两新”组织开展形式多样的党建活动。针对无党员、无党组织的民营小微企业，成立非公有制企业孵化器党支部，实现对“两新”组织全覆盖。

【纪检监察】 2019 年，南岗街纪工委摸查街道机关和辖内各社区 129 名行使公权力公职人员情况；排查违法线索，重点对两个转制社区的 627 名党员干部的违法事实和线索建册归档。排查发现南岗社区有 3 名党员违反国家法律法规，均立案审查。全年开展明察暗访活动 3 次；发促廉短信 3 条 820 人次；办理上级纪委交办信访 6 件；排查问题线索 10 条；办结党员违纪案件 3 件，党内警告 3 人。完成上级纪委交办信访案 4 件，区委组织部交办 1 件，协助派驻纪检组办理案件 3 件，完成监督自查案件 2 件，办结率 100%。打通监察职能向基层延伸的“最后一公里”，在 10 个社区设立监察站。施行《廉政风险、综治维稳、安全生产“三个五分钟”工作汇报制度》。开展纪律教育月活动；组织观看警示教育片《迷失的初心》《玩火》，开展作风建设提醒警示和常态化监督检查提醒；加强廉政警示教育，制作《牢记初心使命，永葆清正廉洁》《严查诬告陷害，优化举报环境》《举报贪腐，共创廉洁》等 5 期廉政教育主题宣传栏。组织填报党风廉政建设责任制监督评估系统。

【人大代表履职】 2019 年，黄埔区人大南岗街工委在区人大一届七次会议期间提交建议 4 件，回复率 100%。组织人大代表进社区活动 6 次，接待选民 93 人，收集意见 39 条，通过座谈问询、督促整改，落实南岗山公园街灯及金竹山路口保留问题。组织人大代表对宏岗河、沙步涌、金紫涌河涌整治，南岗山公园设施，黄埔东路金竹山路口，沙步小学，广州开发区外国语学校（南校区）等开展调研和考察。推进人大工委规范化建设，重点建设人大代表之家和社区代表联络站。完成南岗街第五、第七选区补选人大代表 2 名。组织人大代表听取街道年度工作计划、年中工作推进和年终任务完成情况的报告，听取南岗街综治办禁毒工作情况汇报，听取南岗派出所社会治安治理情况汇报，听取街道办事处关于上一年度机动财力使用情况报告，听取并审议通过机动财力预算。组织人大代表参与自选式帮扶活动、慰问残疾人。

【社会治安综合治理】 2019 年，南岗街道受理各类矛盾纠纷案件 67

件，其中综治类60件、司法类3件、劳监类4件，办结率94.02%。“12345”政府热线承办2064件，办结审核一次性过件数2049件，完成率99.27%。落实领导包案制度，并以“五个一”（一个不稳定问题、一名责任领导、一个调处小组、一套调处方案、一个解决期限）原则，把化解矛盾纠纷问题责任落实到具体包案领导、具体责任部门、具体工作人员。组织调处化解重大不稳定问题79次。成功调处沙步社区商铺拆迁纠纷、南岗圩居民在微信群发布恐慌言论、南岗尚品居物业纠纷、保沙路2号南洋会地块拆违暴力维权等矛盾纠纷。

警务室与治安力量。全街设南岗、沙步、电力一局居民连片3个警务室，实施社区民警24小时值班制度。将治安员、守口员、出租屋协管员3支队伍统一归口警务室管理，由社区民警负责人事管理、日常考核等工作。是年，各警务室分别配备警用电动车4辆、警用摩托车15辆。至年末，南岗社区有治安联防队员60人；沙步社区有治安联防队员51人。

全街户籍在册吸毒人员224人，其中社会面吸毒人员129人、社区戒毒11人、社区康复18人、在监管场所内45人、死亡21人，社区戒毒（康复）执行率100%，没有脱失吸毒人员，分类定级率100%，入格率100%。

**【来穗人员和出租屋管理】** 2019年，南岗街道辖内有出租屋8772栋、4.17万套，来穗人员7.62万人。全年开展专项整治行动184次，出动6081人次。整治出租屋1798套，新登记出租屋2360套，恢复房屋出租2807套，新登记来穗人员4.02万人，注销来穗人员3.38万人，制发、续期（签注）居住证1.97万个。制作宣传栏喷画2期42幅及“室内严禁电瓶车充电”提示1.5万张，派发宣传单9.5万份。组织出租屋主和承租人观看火灾警示教育片39次，投入20万余元购买灭火器材配置于规模以上出租屋内。完成来穗人员随迁子女积分入学申请审核、来穗人员承租市本级公租房申请及来穗人员积分制入户申请。联合开展融合服务周、集中咨询宣传、专题讲座、微心愿传递、关爱来穗“候鸟儿童”之敞开心扉交朋友活动、“我型我造”亲子活动、“候鸟儿童”安全知识小课堂等系列融合活动18场次，2100余人参与。联合举办“点燃梦想，唱响我未来”第二届和谐杯来穗人员青年才艺大赛活动。承办“心安黄埔，悦享融合”2019年来穗人员融合大学堂之积分入户政策专题讲座，230余名来穗人员参加。

**【司法服务和人民调解】** 2019年，南岗街道受理群众来电来访法律咨询245人次；制作法治宣传栏48期，开展法治宣传活动15场次，发放法治宣传资料1万余份。至年末，全街有刑满释放人员92人，帮教率100%，安置率99%；有社区服刑人员33人，无重新犯罪和脱管、漏管现象发生。全年开展大型人民内部矛盾纠纷专项排查2次、定期人民内部矛盾纠纷排查21次。主持调解及指导各社区调委会调解民间纠纷227宗，其中邻里纠纷84宗、物业纠纷11宗、婚姻家庭纠纷10宗、损害赔偿纠纷43宗、其他纠纷79宗，调解率100%，成功率94%。

**【城区建设管理】** 2019年，南岗街道开展城市精细化管理。坚持开展周末卫生大扫除和每月垃圾分类及燃气安全宣传活动；定期开展村规道路冲洗；清理整治辖内偷倒淤泥情况；综合整治地铁出入口周边环境；扩大垃圾分类定时定点投放范围，在机团单位推行垃圾强制分类。指导各社区设置建筑垃圾堆放点，规范建筑垃圾堆放。投入精细化管理专项经费，维修各社区内破损路面、公共设施。推进老旧小区微改造项目，将黄电社区（423万元）、省电社区（875万元）、四航社区（842万元）微改造项目打造成为精细化管理示范性亮点景观项目，以小区公共区域景观提升、楼道粉刷、更换消防设施以及视频监控更换为主。

拆违控违。全年拆除违法建设30.55万平方米。落实“控新增、减存量”要求，早发现早处理，控制违法建设新增长。立案处罚万科尚城商业地块未批先建无规划施工，罚款602.70万元。全年一般案件及简易案件立案112件，处罚金额749.70万元。结合“散乱污”治理、河涌整治、征拆等重要任务，重点拆除沙步河涌、宏岗河涌、金紫河涌、沙涌河涌范围内、富南路、黄埔东路、后山路、康南路等征拆区域内存量违法建设，减少存量建设18.97万平方米。拆除违法设置的广告招牌、横幅285宗共2890平方米。处理群众投诉1680件、群众信访13件，投诉、信访回复率100%。处理上级交办58件。

垃圾分类。成立生活垃圾分类工作领导小组，制定生活垃圾分类方案和垃圾分类联席会议制度。全年各社区组织活动宣传160场，入户宣传5100次，发放宣传资料4万份，设置大型宣传栏20个、广告栏35个、美化亮化各社区投放点5个。发动党员、志愿者站桶服务，引导居民正确分类投放。各社区每月餐厨垃圾800桶约40吨、拆解出废旧木材约72吨、废旧床垫420张、废弃玻璃4.86吨。

爱国卫生运动。街道环卫站组建1支20人支援队伍，协助各社区及物管公司对社区范围内的公共环境开展各类型积水清除及卫生死角清理工作。走进居民家中宣传防蚊灭蚊、预防登革热知识；组织13支队伍共150人参与省电社区、沙步社区、南岗圩社区清除蚊虫滋生隐患大行动。安装毒鼠饵屋1500个，投放鼠药5000千克，有效降低社区的鼠类活动密度。督促市场做好禽流感防控宣传，对辖内活禽经营市场和集贸市场活禽经营区检查监管，做到休市期间无活禽交易、有清洁消毒，确保休市制度落实到位。

河涌治理。开展河涌整治行动，拆除建（构）筑物152宗，拆除面积19.60万平方米。排查重点河涌流域“散乱污”企业302家，其中关停、取缔、拆除195家，整治提升107家。整治和围闭东江北干流管理范围内的海景沙场、沙润沙场、广发沙场、凯一沙场。整治排口265个，在河长APP上报、销号污染源182个；完成巡检排水户686户。清理水面面积38.47万平方米、绿化带面积14.43万平方米、垃圾杂物1170.5吨、人行道面积15.21万平方米、岸墙面积4.58万平方米。协调解决村居级河长上报的河涌拆迁、排污等重点难点问题26件。处理案件310件，回复率100%。全年举行宣传活动9次，发放宣传简报和小礼品7500份。完成小微水体整治24个，沙涌、沙步涌流域小微水体清淤5.25万立方米；金紫涌流域小微水体清淤1.48万立方米。7月25日，《广州日报》《南方都市报》等媒体采访报道黑臭河涌宏岗河水质治理以及取得的成效。

开始“散乱污”整治。全年出动432人次，巡查工地528次，开具告知函16份；处理露天焚烧现象36起。排查“散乱污”场所297家，完成整治297家，关停取缔216家，升级改造81家。对168家餐饮企业开展违法排污专项检查。结合“三旧”改造，拆除2018年省级环境保护督察案件中涉及的部分企业。完成金紫涌“散乱污”场所整治，关停取缔69家；完成南岗涌片块“散乱污”整治5家，关停取缔3家，升级改造2家。

开展堤岸整治。达标整治和修复加固沙涌堤岸，涉及长度1.68千米，新建沿河花岗岩栏杆8.40千米、绿化景观6.94万平方米、硬质铺装及园路步道1.37万平方米、亲水平台1260平方米。金紫涌流域升级改造工程中景观提升总面积13.6万平方米。宏岗河综合整治中河道挡墙装饰1.75千米，改造堤顶路和两岸的绿化景观布置面积5.23万平方米。

**【城市更新改造】** 2019年3月15日，沙步城中村改造项目获黄埔区政府批复，改造范围内总建筑面积163.09万平方米，拆除总建筑面积157.74万平方米，保留建筑5.35万平方米（其中合法集体物业4.72万平方米，涉及历史文保建筑0.63万平方米）。至年末，已进入拆迁及复建阶段。南岗南片拆旧范围159.34公顷，主要以黄埔东路以南及广深沿江高速以西地块，拆旧范围内以旧村居为主，其余多为旧厂房。南片基础数据已稳定，市更新院已出核查报告并上报区更新局审批。北片拆旧范围主要以黄埔东路以北及广深沿江高速两侧地块。北片基础数据摸查完毕。

**【安全生产和劳动监管】** 2019年，南岗街道安监中队巡查企业3080家次，查处事故隐患1821处，监督完成事故隐患整改1821处，开出责令限期整改指令书52份，并全部整改复查完成，整改率100%；行政处罚15宗，处罚金额12.5万元。完成区企业安全生产责任保险投保工作，与辖内12个社区和辖内155家企业签订2019年度安全生产目标管理、消防安全目标管理和交通防火目标管理责任书。南岗、沙步两个转制社区分别与下属39个经济社及辖内152家生产经营单位签订安全生产、交通防火责任书，全街形成“横向到边，纵向到底”的安全层级责任网络。强化村居安全生产管理和监督，制定季度考评细则并通报考评结果。完善微型消防站基础设施建设，更换新增消防器材。全面排查整治火灾隐患，开展火灾防控、“三小”场所、出租屋和电动自行车专项治理、“六类场所，十项必查”专项行动、夏季消防大检查、电气火灾综合治理等多项行动，联合排查各类场所火灾隐患，针对“三小”场所违规住人、违规使用明火、电气线路损坏等重点隐患，发函告知区消防大队及派出所跟踪整改。

全年处理劳资案件60余件，为209名外来务工人员追回拖欠工资443万余元。通过日常巡查等方式全面铺开用人单位信息采集工作，建立并定时更新用人单位信息采集卡，做到“一户一卡、一街一册”。

**【社区文化建设】** 2019年，南岗街道加强文化基础设施建设。南岗街图书馆分馆升级改造完成，全年末分馆藏书量1.5万册，“通借通还”系统建立并搭建全市范围的借阅网络。升级改造南岗社区剧场，加强社区健身路径等建设。推进社区文化室建设，建立内部管理制度、完善功能设置，购买图书书及配备书架。全年举办文化体育活动30场，举办免费电影进社区活动27场次。3月，“波罗诞”庙会期间，沙步社区开展富有民间民俗特色的文化活动；6月，南岗和沙步社区开展传统龙舟活动；10月，南岗社区粤乐社参加黄埔区、广州开发区庆祝中华人民共和国成立70周年活动文艺嘉年华演出；11月初，南岗剧场举办“把粤剧传承好发扬好”——粤港澳大湾区粤剧名家重温习近平总书记视察广东发表重要讲话一周年暨2019黄埔·秦中英粤剧作品展演；11月中旬，沙步社区龙舟队参加区第三届村镇龙舟赛获冠军。街道文化站组织“羊城之夏”系列活动，定期和不定期地在辖区范围内开展“扫黄打非”专项整治行动。南岗街老人协会艺术团参加2019年黄埔区广场舞大赛活动获铜奖。

【农田基础设施建设】 2019年，南岗街道投入161.16万元建设南岗社区高标准农田基础农用设施设备，新建泵站1座，整修灌溉排水系统工程1.15千米。

【转制社区】 2019年，南岗街道有转制社区2个：南岗社区和沙步社区。

南岗社区。总面积约8平方千米，下辖8个片25个经济社。至年末，户籍户数4650户1.07万人，来穗人员3.35万人，出租屋3972栋、3.08万套，商铺510套。全年社区经济总收入2.70亿元，比上年增加4845万元，增长21.90%。其中第一产业收入1685万元，增加124万元，增长7.94%；第二产业收入1215万元，减少235万元，下降16.2%；第三产业收入24064万元，增加4956万元，增长25.94%。社区经联社常规性收入3470万元，其中物业出租收入1100万元，土地出租收入2370万元。社员人均收入2.83万元，其中股民人均分红1.40万元。

沙步社区。总面积1.93平方千米，其中耕地面积13.3公顷，山林地4.25公顷。下辖鹿步、三南、沙涌3个片，14个经济社。户籍人口7552人，流动人口4.26万人。全年社区集体经济总收入1.49亿元，增长9.3%，其中社区级总收入（含片级收入）7993万元，增长14.5%，经济社级收入6877万元，增长11.7%。经联社及公司1839万元用作股份分配，满股（450股）平均分配1.76万元，增长36.6%。

（莫冬梅）

## 穗东街道

【概况】 2019年，穗东街道总面积12.12平方千米。耕地面积62.8公顷，山林地面积205.14公顷。街辖户籍人口1.25万人，流动人口5.3万人。下辖夏园、南湾、庙头、南石市4个社区居委会，其中夏园、南湾、庙头为转制社区，南石市为城市社区。辖内主要的大中型企业有中国石化广东石油分公司黄埔油库、广东粤华发电有限公司、广州市越秀丽油库有限公司等。

全街户籍人口已婚育龄妇女2547人，出生223人，其中一孩101人、二孩110人、多孩12人；政策内出生216人，政策外出生4人，政策生育率96.86%；死亡77人，死亡率5.62‰；自增人数146人，自增率10.66‰。流动人口已婚育龄妇女1.17万人，比上年增加1656人，出生809人，增加204人，政策内出生703人，政策生育率86.9%。设置药具发放点6个、免费药具发放箱11个。投入40万元，为1000余名39—64岁妇女提供“两癌”筛查服务；为4857人次提供免费查环查孕服务；组织102对符合条件的对象参加孕前优生检查、204人参加产前筛查。早孕随访200人次，妊娠结局随访118人，高风险人群随访21对，三大重点病种（地中海贫血、常见染色体非整倍体疾病、六大明显组织结构畸形）高风险人群随访27人次，产后随访246人。投入16.7万元慰问困难群众158户221人；募捐爱心款2.2万元。

全年全街户籍人员失业登记610人，就业登记501人，就业率82%，其中“4050”人员失业登记396人、就业登记347人，就业率87.6%。举办“零距离”专场招聘会3场，107家用人企业进场并提供工作岗位1451个。协助市、区创业指导职业技能培训班2期，170人参加；为470余名灵活就业困难人员申请社保季度资助200万余元；开展“就业援助月”活动，慰问就业困难人员54人1.08万元；收集企业空岗信息1900条，求职者信息录入190个，完成率130%；完成500个指标适龄劳动力动态管理信息的入户调查工作，更新录入人员信息2500份，完成率100%。发放低保金22.7万元、实物救助兑换券245张，慰问辖内低保、低收入户和困难户84户次共计1.68万元。动员辖内2954人参加医保，发放医保卡170张，医疗救助112人7.6万元。完成城乡居民养老参保80人、城乡养老参保175人，向辖内70周岁以上老人发放保健金补助3000人次200万元，为100余位老人办理老人优待卡新申请及审核升级，银龄安康宣传告知500余人次；依托星光老年之家和日托中心，为337位老人提供爱心午餐服务6.67万人次。

全街在册残疾人572人，其中肢体残疾273人、视力残疾30人、听力残疾118人、言语残疾2人、智力残疾32人、精神残疾50人、多重残疾67人。是年，穗东街残联坚持对残疾对象实行动态管理，组织残疾人参加区残疾人健身培训班、残疾人机动轮椅车驾驶员安全教育学习，并对困难残疾家庭实施救助行动，帮助辖内101户残疾人家庭完成无障碍设施改造，为残疾人适配轮椅、助听器、拐杖、沐浴椅等辅助用具。春节、“助残日”等期间，向困难残疾人发放慰问金

12.42 万元。

全街登记在册社会化管理退休人员1099人,其中新增74人。春节、中秋节期间慰问探访辖内“十类”人员与生活困难人员170人次;协助养老金异地认证230人;办理丧葬抚恤金领取手续9人。组织退休人员参加老年人大学急救知识讲座、“一日游”活动与健康体检活动;组织退休老党员观看电影《我和我的祖国》;组织退休老人参加“歌唱祖国 夕阳争辉”迎春游园活动。

对口帮扶清远市阳山县江英镇三联村。筹措扶贫自筹资金30万元,帮助群众解决热点、难点问题,为三联村养老院安装空气能热水器2台、治安监控设备1套、LED显示屏2台和一级广播1套,帮助10户贫困户改造危房,春节、中秋节前慰问67户贫困户。坚持产业发展帮扶,向60名贫困户发放鸡苗及鸡饲料,抓好养殖业,培养特色产业,引导贫困群众走上强农致富路。实施教育帮扶,向17户贫困户24名学生发放帮扶助学生活慰问金。

**【党建工作】** 2019年,穗东街党工委辖党的基层组织77个,其中党委3个、党支部74个(包括非公有制企业党组织28个)。有党员698人,具有大专及以上学历党员382名,新发展党员8名。

是年,穗东街党工委以“提升组织力”为重点,突出政治功能,全面加强街道党的建设。落实党的建设主体责任,开展“不忘初心、牢记使命”主题教育活动。严肃党内政治生活,以理论中心组学习、“三会一课”等形式,组织理论中心组学习24次。履行“一岗双责”,基层党组织通过党员大会、主题党日等形式开展学习,实现辖内基层党组织学习宣传全覆盖。开展南湾社区软弱涣散党支部整顿工作。理顺基层党组织架构,调整社区党委书记、副书记3名,实行“社区推、街道选、区考察”培养选拔制度,择优选拔社区后备干部19名。强化党建引领重点工作,把支部建在连上,用党的组织纪律、党员的先锋模范带头作用和攻坚突击队的战斗力量全面推动辖区城市更新发展。落实街领导干部挂点联系社区制,利用“双报到”“两代表一委员”接访等活动载体,发动党员群众参与社区建设。建立“社区、街道、区职能部门”协调解决机制,构建“令行禁止、有呼必应”基层党建工作格局。依托“一街四社区”党群服务中心,实现党务政务公共服务一站式办理。强化立足岗位做奉献,设置“党员示范岗”,接受群众监督。在“波罗诞”庙会等重点活动期间,设立党员志愿服务点,为群众提供服务。

**【纪检监察】** 2019年,穗东街纪工委落实党风廉政建设主体责任,开展党风廉政宣传、警示教育活动,严明政治纪律,强化制约监督,以监督执纪强化基层治理。贯彻落实中央“八项规定”精神,坚决纠正“四风”。全年未发现辖内党员干部在节日期间违反中央“八项规定”行为及“四风”问题。办理涉纪检监察业务、群众表达诉求问题强烈的信访件6件。全年核查党员干部违纪违法线索14条,其中党纪立案11件、11人,处理党员违法案件1件、1人,对党员干部履职不力问题问责处理1件、1人,谈话提醒处理6人,并责令作出书面检查。推进夏园经联社党委巡察整改工作。完成69个问题整改及8条线索初核,立案处理10件、10人,开展调查谈话26人次、谈话提醒16人次。完成4个社区监察站建设,推进监察职能向村(社区)延伸。强化执纪监督“四种形态”,构建抓早抓小工作机制,及时介入谈话提醒,全年开展谈话38次、46人次。

**【人大代表履职】** 2019年,黄埔区人大穗东街工委将人大规范化建设与街道重点工作相结合。召开工委工作会议3次,围绕“黄埔东路低端低效物业升级改造”等街党工委中心工作,制订全年人大代表活动计划,安排人大工作议题。强化基层阵地。健全人大街道工委和联络站,并将人大中心联络站与街道党群服务中心融合,依法依规做好人大代表补选,定期走访社区联络站。协助街道举办普法教育讲座,组织代表参加“羊城代表学堂”、人大代表培训班、“头雁讲堂”、党群服务中心讲座,组织人大代表到惠州、增城和郑州、武汉等地调研学习基层人大工作经验。以“为民监督 落地生根”主题活动三年行动计划为基础,打造“人大代表问政,让建议、议案落到实处、见实效”的人大代表工作品牌。组织人大代表进社区接待群众活动5次,收集意见建议20个,涵盖社区交通安全、环境卫生、返留用地等各方面问题。利用区人大议案建议管理系统,通过分办、跟踪意见建议的办理情况,提高办理质效。关注街辖内民生工程,组织代表视察将军山转型升级开发项目、夏园小学异地重建项目、夏园湖改造情况等;审议街道2019年机动财力拟实施项目及年度预算;听取穗东街2019年工作总结和2020年工作计划。组织代表到阳山县江英镇三联村开展慰问贫困学生活动。

**【社会治安综合治理】** 2019年,穗东街道以创建“和谐社区”为目标,挖掘平安“密码”,狠抓“扫黑除恶”、禁毒工作,强化信访矛盾纠纷排查化解,开展平安创建活动,落实社会治安治理的各项措施,维护街辖平安和谐。全年接处刑事治安警情724件,比上年下降

1.1%。其中，双抢警情清零；盗窃警情348件，下降3.6%。破刑事案件83件，查结治安案件84件，刑事拘留108人、行政拘留134人，查扣“五类车”1172辆。

以街道（社区）综治信访维稳中心（工作站）为平台，定期排查街辖内的矛盾纠纷，开展信访矛盾化解攻坚专项行动，落实领导包案制度。全年街综治信访维稳中心平台受理、转接信访件85件宗，办结率100%；“12345”政府服务热线系统按时办结投诉案件772件，服务满意率100%。

开展“扫黑除恶”专项斗争。按照“有黑扫黑、无黑除恶、无恶治乱”要求，将斗争锋芒指向人民群众反映最强烈、最突出的重点地区行业、领域、治安问题。全年立涉黑案件18件，其中故意毁坏财物5件、故意伤害7件、寻衅滋事案件4件、敲诈勒索1件、开设赌场1件，破获涉黑恶案件13件，依法刑拘21人，逮捕13人。

全年开展禁毒宣传活动156场，组织辖内群众参观黄埔区永和禁毒馆4次。张贴宣传海报120张，派发禁毒宣传单12万余份。联合多部门对辖内31家寄递物流企业进行登门摸查，督促全面落实“五个100%”，使用“云递安”系统巡查运单1500单。针对KTV、旅馆、网吧等重点场所和隐蔽部位，开展集中清查整治行动36次。行政拘留涉毒人员57人，逮捕涉毒人员13人，收戒20人。

**【来穗人员和出租屋管理】** 2019年，穗东街道规范出租屋管理服务，强化日常巡查、人屋登记，深化来穗人员融合。全年登记出租屋5395栋、4.1万套，其中住宅3.8万套、非住宅0.3万套。登记来穗人员5.3万人，新办理居住证2.6万张，续期1.2万张。加强出租屋消防安全管理，印发宣传资料5万份，组织力量3000余人次，开展专项整治36次，清查出租屋4万余套次，发出隐患告知书6500余份，联合整治消防隐患5.3万处，取缔无证作坊12家、无证代客加气19处、无证游医6家、无证托管7家、住改仓10家。

**【司法服务和人民调解】** 2019年，穗东街道推进“七五”普法工作，开展各类普法宣传活动25场次，发放法制宣传资料1.5万份，张贴海报、画报100余张，受众3.3万人。加强对社区服刑人员、刑释人员管理，强化各项制度落实，完善档案管理，接收矫正人员16名，解除矫正人员21名，转至区内其他司法所管理2名。为群众提供法律服务，受理来电、来访法律咨询服务619人、190次。建立调解队伍微信群，健全完善排查信息网络，及时传递辖区内相关信息。开展人民调解咨询宣传活动2场。全年排查街辖内各种利益诉求以及可能引发群体性事件的矛盾纠纷96次，及时成功调解各类纠纷76件，其中及时化解群体性纠纷8件。

**【城区建设管理】** 2019年，穗东街推进市政基础设施建设。投入资金，完成夏园会场周边整治、文成街市容整治提升和夏园社区道路交通整治3项工程，立项开展黄埔东路沿线庙头段容貌提升、庙头社区容貌提升、庙头牌坊灯饰、南湾社区村口环境改造项目、夏园社区停车场车牌识别系统5项工程，推进黄埔东路沿线外立面整治，通过高标准农田建设项目竣工验收。定期检查和监测辖内地质灾害隐患点3个和在册危房28栋，全年未发生地质灾害事故。

城市精细化管理。拨付城市精细化管理经费110万元至社区，调动社区积极性、主动性，提升精细化管理水平。开展日常保洁，采取“日常保洁+周五统一行动”方式，对辖内环境卫生进行专项清洁行动，全年出动3000余人次，清理内街内巷400余条、卫生死角580余处、堆积物430余处、地面积水630余处、垃圾320余车、乱张贴小广告9800余张。开展“六乱”“五类车”整治行动等。建立街道、社区多层级巡查督导模式，实行每天巡查、微信群联动、月度考评机制，形成上下贯通、覆盖全面的精细化管理责任网络。全年发现社区问题1351个，整改1151个，整改率85.2%；完成整改市、区关于干净整洁城市环境交办问题1339个，整改率100%。

开展以“全民介入爱国卫生共建共享康健中国”为主题的第31个爱国卫生月宣传咨询活动。以灭蚊、灭蝇、灭鼠、灭蟑为重点，组织消杀公司、巡查服务公司、各社区工作人员每月定期开展蚊虫滋生地调查、除害防病消杀行动。

加强登革热防治。投入资金约50万元，出动工作人员3000人次，组织单位、居民住户利用灭蚊片等药械杀灭室内成蚊，清除成蚊栖息场所，使用灭蚊药水2253升、灭蚊片86箱，有效降低蚊虫等病媒生物密度，切断登革热等媒介传染性疾病发生和流行的传播渠道。

违建治理。调动各方力量，通过分片包干社区、组成巡查联合小组等方式，加大“两违”执法力度，建立严控违法建设的长效管理机制，遏制辖内的违法建设。刹住乱建之风，减少历史存量，保证新违建“零增长”。全年拆除各类违法建设面积33万平方米。

河涌治理。落实“河长制”，从突击治水向制度化治水推进，实现河道治理工作的常态化和长效性。针对辖内6条河涌的主要问题，出动450人次，开展专项整治8次。定人定责，坚持河道巡查，全街两级河长巡河687次，限期整改巡查中发现的问题。由整转防，抓好河涌违建防治，全年省市区“清四乱”清单中穗东街为零宗。完成 329 家典型排水户的整治和季度巡检，完成率 100%。推行网格化治水，形成以全街 91 个网格为单元，横向到边、纵向到底，全覆盖、无盲区的治水网格体系。投入 3.50 亿元，完成截污、管网完善工程和景观升级工程 5 个。

“散乱污”整治。开展地毯式滚动式摸查，全面摸查辖区范围内“散乱污”场所数量、位置、违法情形等情况，坚持立查立改，并建立“散乱污”场所清单，形成信息排查和反馈机制。采取“固定 + 移动”“线上 + 线下”“收看 + 收听”的全方位、多角度、立体式宣传方式，引导全街力量共同参与、共同监督。排查整治企业数 146 家，完成率 100%。排查 8 个“村级工业园”内企业 146 家，整改完成率 100%。开展第二批用电大数据“散乱污”排查整治工作，排查工业用电场所 78 家，其中“散乱污”场所 1 家，并完成整治；居民用电目标数 1358 家，排查 1358 家，其中“散乱污”场所 1 家，并完成整治。坚持每周巡查辖区内工地，并将巡查信息录入系统，对未落实“六个 100%”要求的工地发出告知函并责令整改。10 月，穗东街道“散乱污”整治工作通过区验收。

**【城市更新改造】** 2019 年，穗东街道围绕南湾产业园、夏园小学异地重建、将军山产业园区地块收储等 12 个征拆项目，率先建立“作战室”，倒排工期、挂图作战，每天定期召开项目进展碰头会，随时掌握项目进展情况，确保 12 个征拆项目按照时间节点、进度、标准稳步推进。全年完成辖内征地 3.98 公顷，占全年征地任务的 100.6%；完成收地 21.44 公顷，占全年收地任务的 102.55%；完成拆迁面积 7.04 万平方米，占全年拆迁面积任务的 356.75%。

**【安全生产和劳动监管】** 2019 年，穗东街道推进辖内企业安全生产标准化建设，与辖内 72 家重点单位签订安全生产责任保险，构建“横向到边，纵向到底”的安全生产和消防安全的管理网络。建立日常隐患排查工作制度，强化“三小”场所、停车场、沿江高速安全隐患排查整治，加强节日及重大活动期间的安全生产、消防安全大检查，严防安全事故发生。全年组织开展消防安全治理、安全排查等专项联合行动 16 次，检查企业 3214 家次，开具现场检查记录 3214 份、责令限期整改指令书 382 份、整改复查意见书 402 份，查处安全生产违法案件 15 件，罚款金额 10.5 万元。建立安全生产企业、“三小”消防安全数据库。组织各社区举行消防演练 12 次，指导企业演练 26 次，组织辖内重点企业、重点行业等 16 家企业开展同堂听课，组织 2000 人集中开展交通警示教育，提升居民群众、企业负责人及从业人员的安全意识和应急救援能力。

全年依法处理涉劳动监管案件 6 件，调解劳动报酬争议投诉纠纷 29 件，指引循法律途径解决纠纷 15 件，涉及职工 89 人。开展劳动保障法律法规宣传活动 2 场。

**【社区文化建设】** 2019 年，穗东街道有文体队伍 38 支，全年举办各类型文艺演出、广场舞蹈、篮球循环赛等群众性文体活动 30 多场。协助完成第十五届广州民俗文化艺术节暨黄埔“波罗诞”千年庙会、推进海事博物馆建设工作。协助省市区文物保护部门跟进南湾古庙修复工作。推进南湾旅游文化特色村建设。

成功承办广州市公益春风行惠民演出 5 场。完成国庆嘉年华文艺表演专场演出，粤剧表演专场先后登上《信息时报》《广州日报》和人民网。举办穗东街“秦中英”粤剧协会成立大会暨穗东街第一届粤曲大赛，传承发扬粤剧艺术。区图书馆穗东分馆接受第三方评估考核，以干净整洁的阅读环境和设备、藏书颇受读者好评。区文化馆南湾分馆全年承办文艺演出、书画展览、免费公益培训和讲座、播放免费电影等 95 余场次。

举办第 18 届省市区乒乓球协会竞赛；组织龙舟联队参加“穗莞杯”国际龙舟邀请赛获得 3 个奖项奖杯；组织社区参加广州市体育进社区系列活动暨黄埔区村居男子篮球赛，夏园社区获得亚军；组织社区参加黄埔区第三届村镇龙舟赛，均获优胜奖。完成第三届黄埔马拉松沿线氛围造势点组织和展示工作，广东体育直播频道、新华网等媒体均有现场采访和报道。

**【转制社区】** 2019 年，穗东街道转制社区有 3 个：夏园社区、南湾社区和庙头社区。

夏园社区。总面积 4.18 平方千米，有耕地 21.73 公顷，山林地 135.33 公顷。辖 13 个经济社，户籍人口 2215 户 5786 人。有经济户 1586 户 4257 人。是年，社区经济总收入 8535 万元，比上年增长 25.35%。

南湾社区。总面积 0.98 平方千米，有耕地 30.4 公顷，山林地 6.48 公顷。社区户籍人口 2698 人，辖 7 个经济社。是年，该社区经济总收入 5549 万元，人均股份分红 1.56 万元。

庙头社区。总面积 6.57 平方千米。有耕地 10.67 公顷，山林地 63.33 公顷。社区户籍人口 3726 人，由东片、中片、西片组成，辖 15 个居民小组（含 14 个经济社）、3 个片联社，划分 22 个网格。是年，社区集体经济总收入 5522 万元。

（骆燕玲）

## 云埔街道

【概况】 2019年，黄埔区部分街道行政区划调整，由原东区街、荔联街合并成立云埔街，总面积46.78平方千米。3月27日，云埔街道办事处挂牌成立。至年末，街辖人口总数23万人，其中户籍人口7.63万人、流动人口15.37万人。下辖11个社区，其中转制社区4个：笔岗社区、火村社区、刘村社区、沧联社区；城市社区7个：东荟城社区、东区社区、新东社区、中海誉东社区、誉品社区、金梦社区、雅筑社区。辖内广深铁路、广深高速公路、广园东路、东二环、107国道和其他市政道路纵横交错。是广州出口加工区所在地，是一个工业、商业、农业和旅游业综合性城区。辖内有多家大数据、先进制造业、大健康、新材料、现代物流等高新技术产业。有规模以上工业企业265家，占全区规模以上工业企业28.68%，全年完成生产总值1604.65亿元，比上年增长1.75%；限额以上商贸业103家，全年完成商品销售额417.01亿元，增长16.03%。其他营利性服务业107家，完成营业收入102.71亿元，增长26.91%。

全年全街户籍人口已婚育龄妇女1.92万人，人口出生2374人，其中一孩出生1009人，政策内出生1007人；二孩出生1229人，政策内出生1227人；三孩及以上出生136人，政策内出生60人，政策外出生76人。流动人口已婚育龄妇女2.47万人，出生2014人，政策生育率91.61%。

全年办理就业登记361人次，失业登记1089人次。城镇新增就业3881人次，就业困难人员实现就业828人次，职业介绍226人次，空岗录入2880个，创建“充分就业社区（村）”6个。开展公益性招聘会6场，参与企业290余家，提供4000余个空岗供现场匹配，参与求职人员1300余人次，现场达成入职意向200余人。举办就业创业社区讲座4场，参与居民200余人，派发宣传简章200余份，接受咨询跟进服务30余人。

参加城乡医保1.98万人。窗口受理城乡养老保险业务173人次；城乡医保4933人次，为2769人次办理打印社保清单、失业签到、社保密码修改及资料变更等。

完成820名社会化管理退休人员及220名异地退休人员养老金资格认证。组织辖区社会化管理退休人员开展迎新春座谈会、健康体检、中秋慰问、退休党员观看电影以及“广州一日游”“登白云山 游新黄埔风貌”“金秋游园会”等活动。举办健康知识讲座4场。坚持定期走访制度。节日期间上门探访慰问“十类”退休人员210人次；日常电话慰问1860次。为13名长者提供居家养老上门服务446人次。为63名长者提供日托服务。推进“爱心午餐”大配餐工作，政府资助106.20万元，全街享受爱心午餐长者546人，配餐8.85万人次。为老年人申办老年人优待卡401张，办理遗失补办和换卡164张，升级270张；发放长者长寿金280.85万元，惠及2.65万人次；发放65周岁及以上户籍老年人体检券910张。

5月，成立街道及各社区退役军人服务站，实现退役军人保障服务全覆盖。为退役军人及现役军属采集信息，悬挂513块光荣牌，光荣牌的申领率96.5%。节日期间慰问残疾、参战重点优抚对象和60周岁农村籍退役士兵236人次，慰问率100%。为16名参战优抚就业困难对象提供公益性岗位，全年发放公益岗位人员工资及高温补贴46.22万元。为重点优抚对象办理各种补助申请42人次：其中为重点优抚对象办理生活（医疗）困难临时补助4人次；资助参医保零报业务31人次；缴纳基本养老保险费补助申请1人次；60周岁以上农村籍退役士兵申请老年生活补助4人次；受理政府安排工作退役军人补缴社会保险业务2人次。

全街在册残疾人1713人，其中一级残疾561人、二级残疾524人、三级残疾392人、四级残疾236人。新增护理补贴申请113人、生活补贴43人，终止“两项补贴”808人。申请区困难残疾人特惠补贴379人次，发放特惠补贴11.37万元。为32名残疾人办理免费参加城乡居民养老保险，受理20名达退休年龄残疾人申请资助继续购买职工养老保险费用，为324名自费购买医疗保险残疾人办理资助参保零星报销，为15名困难残疾人申请广州市困难人员医疗救助。为20名残疾车驾驶员开展安全知识培训。发放2019年度残疾人机动轮椅车燃油补贴5200元。为6户残疾人进行家庭无障碍改造，节日期间开展慰问困难残疾人1193人，发放慰问金34.94万元。申请残疾人辅助器具277人次、机构康复训练类资助44人，为4人报销首次办证评残费用。完成残疾人证信息核对、残疾人基本服务状况和需求信息数据动态更新工作。

对口帮扶黔南州都匀市匀东镇、独山县上司镇。组织街道、社区及企业代表赴黔南州都匀市匀东镇新坪村、独山县上司镇打羊村开展结对帮扶，慰问困难家庭20户计1万元。统筹资金援助上司镇50万元，提供自筹帮扶资金20万元；协调企业定向援助新坪村捐赠7.59万元。对口帮扶清远市阳山县太平镇田庄村。是年，动用街道机动财力列支资金12.4万元用于改善田庄小学环境项目。

【党建工作】 2019年，云埔街

党工委下辖238个党组织，其中党委11个、党总支部6个、党支部221个；“两新”组织党组织145家；党员4704人。开展“不忘初心、牢记使命”主题教育活动，制订《云埔街关于开展“不忘初心、牢记使命”主题教育实施方案》、组织街领导班子成员学习，对标对表自身查，并对检视问题逐一落实整改。督促各支部结合“两学一做”学习教育常态化，利用“三会一课”、党员学习活动日、专题讲座、“学习强国”平台等方式开展学习，各党支部书记和党员检视剖析自身存在问题。

推动支部建设规范化，加强组织建设。调整落实党组织规范化设置，整合街道机关、中心、执法队党支部，完成转制社区支部设置整改4个；新成立社区党支部6个，完成社区党组织换届选举4个。新成立非公党组织14家，升格党委4个、党总支2个，拆分党支部36个。为全体党员上专题党课3场，参与人数1128人次。结合基层党组织和党员“双报到”工作，通过共建活动为社区基层治理和建设提供扶持和帮助。接收报到党员2485人，开展社区服务47次。制定云埔街“大党工委”联席制度。开展全面自查，整顿软弱涣散党组织工作常态化。完善和改进党群服务中心建设。创新“两新”党建模式，以加速器园区党委为标杆，推动非公党组织“扩面提质”。推动园区非公企业党建由“单点突破”向“整体推进”转变。以穗港澳合作园为着力点，形成“两新”组织党建工作同经济社会融合互动的发展格局。成立云埔街穗港科技合作园区党委，深度融通粤港澳创新资源，通过品牌共创、文化共建、力量共聚、效益共赢，发挥党建引领和党员先锋模范作用。

**【纪检监察】** 2019年，云埔街纪工委、监察组受理信访件举报件40件，其中上级交办9件、自收4件，“12345”热线平台11件、综信办转办16件；舆情件2件；核查上级交办线索13件；通过排查各类线索，进行党纪立案和监察立案16件。快查快办涉嫌黑恶势力保护伞的案件，审查区纪委监委转交办的涉黑线索立案2人。

**【人大代表履职】** 2019年，黄埔区人大云埔街工委完成补选代表9名。开展调研视察工作，深入选区收集民意，撰写各类议案、建议15篇。逢单月15日分别组织联组代表开展进社区、进网格接访选民活动。投入经费1.8万元，建设代表联络站工作室。完成区政府交办的人大代表建议和政协委员提案的组织协调和督办事项26件。

**【社会治安综合治理】** 2019年，云埔街道在中海誉东社区开展“构建和谐社区”入户大走访，对中海誉东社区的重点人员、活跃骨干人员、困难弱势人员等群体进行入户走访，了解居民诉求，就群众关心的居住环境、环保、入学、社区管理等重点热点问题，做好解释工作，听取建议，提升居民群众的满意度、幸福感。创新社会管理机制和模式，成立“云埔街老兵志愿队”，志愿队佩戴红袖章加强白天日常路面巡逻和夜间重点地区治安巡逻，共保辖区平安。

**【来穗人员和出租屋管理】** 2019年，云埔街道登记在册出租屋1.09万栋10.89万套，出租屋合格率98%。新办理租赁备案6686宗，登记备案率95%；来穗人员16.51万人，登记率99.3%。强化人屋管理，结合出租屋精细化管理及“有呼必应”工作要求，开展重点出租屋整治和消防行动。举办融合宣传活动，促进来穗人员融入社区，开展“不忘初心，扬帆云埔”“融合大讲堂”等来穗融合系列活动，惠及来穗人员2000余人，发放宣传资料5000份。落实出租屋消防安全责任。全年处理积分制业务咨询7866次，开展政策解读、社区宣传活动10场，派发积分制资料3200份，积分入户审核836个。

**【司法服务和人民调解】** 2019年，云埔街道社区法律顾问开办普法宣传活动及法律讲座36场次，提供免费法律咨询310人次，为社区审查征地补偿协议等合同文件。设立公共法律服务中心，为弱势群体提供法律援助绿色通道。是年，法律援助工作站及街道公共法律服务中心为310名群众进行法律援助、免费咨询及申请法律援助指引。受理投诉案件3541宗，按期办结率100%。全年排查各类矛盾纠纷223宗，其中劳资纠纷137宗，死亡纠纷7宗，损害赔偿11宗，其他纠纷68宗。

**【城区建设管理】** 2019年，云埔街道绿化美化升级，区域环境全面提升，落实开创大道、开泰大道、开发大道、开源大道、刘村路段、连云路段、植树公园等重点路段绿化美化工作。全年投入经费约900万元，清表复土30万余平方米，环境绿化美化总面积50万余平方米。完成9座公厕装修整改。完成12个水浸隐患点整治。坚持源头管理和严查深挖不放松原则，整改图斑22宗。危房解危191间，解危率72.08%。处理各社区物业管理投诉425宗、处理“12345”政府服务热线593宗、处理广州市“12319”数字化城市管理信息系统投诉733宗、处理精细化管理考评情况通报问题169宗、处理环境专项巡检督查整改问题526宗，办结环保信访投诉1951宗。开展“洗河”“五清”专项行动18次，洗河

20.9千米，清理水面、人行道及两岸绿化面积18.23万平方米，清理垃圾27吨、淤泥735立方米。拆除河道管理范围内的建筑物85宗，总拆除面积1.80万平方米。投入经费2.04亿元，综合整治细陂河、埔安河、宏岗河三条黑臭河涌，展开拉网式排查，保证巡河频次，整治违规排水工地7处，拆除黑臭河涌河道管理范围内建筑物22宗共6937.07平方米，对470家企业发出《整改通知书》并督促整改。全年完成6593家场所的排查，排查出“散乱污”企业场所448家，完成整治434家，整治率96.9%。

**【城市更新改造】** 2019年，云埔街道“三旧”改造工作全面开展，除已批复火村、刘村、笔村3个“三旧”改造项目以外，宏岗村旧村改造项目1月已过会；双井、元岗、岗贝、乌石等村社已纳入区城市更新局2019年的“三旧”改造更新计划，小塱、沧联旧村改造也在前期工作中，同步开展“三旧”改造策划方案编制、补偿方案征询意见、房屋测量等工作。火村社区火村旧村改造项目完成房屋签约2735栋，占比91.8%，完成房屋拆除66.88万平方米，占比97.2%；同步开展复建区、公建配套的建设工作。刘村社区刘村—格岗片旧村改造项目完成房屋签约864栋，占比78.4%，完成房屋拆除约20.05万平方米，同时开展复建区的围蔽、老人安置房的建设及入住工作。笔岗社区笔村旧村改造项目完成房屋签约2133栋，占比91%，完成房屋拆除约34.93万平方米，占比79.2%，集体物业厂房拆除8.02万平方米，占比81.8%；同步开展复建区、公建配套的建设工作。岗贝—双井、华甫—荷村、莲潭、洋城岗旧村改造项目均在2019年陆续启动签约。其余旧村改造项目也按“百日攻坚”行动开展工作，测量、表决、签约成效明显。

**【安全生产和劳动监管】** 2019年，云埔街道开展安全生产日常检查企业4332家次，开具执法文书4607份。查出安全隐患1220处。对18家企业安全生产违法违规行为进行行政处罚并全部结案，处罚金额52.6万元；处理各类投诉举报15宗。对化工医药企业危险化学品安全检查70家次，查处隐患13家。组织开展危化品专项执法检查，检查企业186家次，查处安全隐患93项；开展打非治违巡查11次，查处危险化学品30.73吨，其中立案查处7宗，罚款金额42万元。组织开展安全生产检查专项行动，检查各类企业、场所1167家次，查处各类安全隐患978处。开展消防检查“三小”场所、陵园公墓、文物古建筑及旅游风景区1965家次、出租屋1.83万间次、学校1385所次，发现安全隐患5612处，查处违反电气安全管理行为203起，发动居民开展隐患自查5149家。开展“同堂听课”活动245场次、开展事故高发时期“同堂警示”活动。开展“消防安全宣传月”培训、演练等活动11场次，受众8000人次。组织200余名企业主要负责人和安全管理人集中再教育培训班。

发挥劳动保障监察职能作用，举办维权、法律法规宣传活动，督促劳动用工备案和劳动合同签订，开展书面审查、专项检查工作，解决拖欠农民工工资，建立健全劳动用工管理长效机制。全年受理投诉案件552宗，处理群体突发事件18宗，结案率100%，涉及金额3890万元，涉及劳动者2830人。

**【社区文化建设】** 2019年，云埔街道文化站举办站级以上各类活动85场，服务1.45万人次；图书馆进馆量5.26万人次，借阅量1.19万册次；“2131”工程播放公益电影114场，观影人数1.89万人次；11个社区举办群众文化体育活动249场，服务3.03万人次。全年各类赛事奖项31个、其中省级赛事获一等奖4个、二等奖2个；市级赛事获第一名6个、第二名2个、第三名2个；民间非遗传承队伍（弘毅国术会）参加省港澳等交流赛事获金奖2个、铜奖1个。建立“到云埔来，有戏！”文化品牌。区文化馆区文联全年共8场专题好戏（儿童剧、非遗剧、粤剧、综艺晚会、戏剧、杂技等）输送至云埔，受众5000人次。

**【转制社区】** 2019年，云埔街道转制社区有4个：笔岗社区、火村社区、刘村社区和沧联社区。

笔岗社区。总面积11.5平方千米，有耕地100公顷，山林地85.9公顷。辖19个经济社。有户籍人口2980户、8900人。全年社区经济总收入1.41亿元。

火村社区。总面积14平方千米，下辖岗头元、花厅、上岭、勒竹、赵溪等23个经济社，有户籍人口2983户、8726人，流动人口3.6万人。全年社区居民股份全年分配8733.6万元，人均分配收入1.05万元。

刘村社区。总面积13.61平方千米，下辖3个片、9个自然村、13个经济社。有户籍人口9634人，流动人口3万余人。全年村社集体收益1.1亿元，居民人均股份分配2.6万元。

沧联社区。总面积6.58平方千米。下辖沧头（6个社）、小迳（1个社）、南兴（1个社）、榕村（4个社）、沙元下（1个社）5个自然村13个经济社。有耕地15公顷，山林地25公顷。有户籍人口2042户、5808人，流动人口4.03万人。有社区经济股东4679人，社区级经济收入1.33亿元。

（卢雪婷）

## 长洲街道

【概况】 2019年，长洲街道总面积11.5平方千米，其中水域面积3平方千米。有林地83.53公顷，果园103.93公顷，河涌8条，水闸10座。常住人口4.5万人。下辖长洲、深井、黄船、梅园4个社区居委会（其中长洲社区为转制社区，有12个经济合作社；深井社区为转制社区，有14个经济合作社）。名胜古迹有黄埔军校旧址、孙总理纪念碑、东征阵亡烈士纪念坊、白兔岗炮台、白鹤岗炮台、巴斯教徒墓地、竹岗外国人公墓遗址、柯拜船坞遗址、凌氏宗祠、曾氏宗祠等。主要公园有中山公园、圣堂山公园、南洲公园。辖内有中船黄埔文冲船舶有限公司等大型企业；南华工商学院黄埔校区、广东黄埔卫生职业技术学校、华南师范大学附属初级中学、黄埔军校纪念中学、黄船小学、长洲岛小学、深井小学等教育单位；广东省工人医院、黄船医院等医疗机构。

至年末，街辖户籍人口已婚育龄妇女3528人，出生258人，出生性别比为118.64（女为100）；常住人口已婚育龄妇女7068人，出生445人，出生性别比为103.19（女为100）；流动人口已婚育龄妇女3394人，出生205人，出生性别比为109.18（女为100）。办理计生证明1113个，一孩登记111个，二孩登记123个，服务证145个，生育备案12个，婚育证明105份。现场解答群众计生咨询213个，电话解答185个；网上办理服务证审核46条，一、二孩登记审核69条；现场补上传办证证件22份，电话通知群众现场办理25个。全年免费孕前优生健康检查108对户籍夫妇，出生缺陷免费重点病种筛查140对夫妇，高风险随访40人；发放公共卫生服务券323张。投入12万余元，组织530名无业户籍育龄妇女参加妇女常见病的免费普查普治，组织710名妇女病参加免费“两癌”筛查。向育龄群众免费发放避孕药具13.48万只。产后随访300人，早孕随访108人，孕前随访884人次，6个月产后随访185人次，12个月产后随访193人。全年办理新增领取独生子女父母计划生育奖励98人，按月领取独生子女父母计划生育奖励1189人；新增领取计生家庭特别扶助金群众2人，按月领取27人；投入53.02万元为2144户独生子女家庭5302人购买计生家庭综合保险；投入4680元为78名失业人员购买独生子女综合保险。投入1.85万元慰问贫困母亲10名、患病困难群众25名，投入2.12万元慰问独生子女死亡、伤残计生特殊家庭28人。

组织举办春季养生健康讲座、心理讲座、传承好家风大讲堂专题讲座、孕前优生健康检查知识讲座、青春期知识和艾滋病知识讲座。联合开展宣教活动20期。举办“两癌”和妇女病普查工作培训班6期，参加培训300人次。投入2.85万元制作“两癌”和妇女病普查宣传品1500份；投入2.8万元制作无偿献血宣传品。

为“4050”困难就业群体提供个性化就业服务管理，实行逐人建档、跟踪服务，全年提供社区就业岗位359个。办理社保与医保资助、岗位补助301.15万元，推荐就业服务120人次，提供就业岗位137个，失业救济金月验证业务690宗，求职登记业务115宗，企业用工人员就业备案12人。

全街有低保户40户63人、低收入户3户9人、特困供养人员9人。为困难群众发放救济金38.12万元、分类救济金1.67万元。发放817张面值50元的慈善爱心领物券。全年为有重大疾病困难户及困难群众申请广州市零星医疗救助金4.75万元、困难群众普通门诊医疗救助金2.87万元；每月发放残疾人生活补贴80人次，护理补贴500人次。办理城乡居民养老、老年居民养老参保、变更等业务236宗，办理城镇居民医保新参保、变更等业务581宗，发放城镇居民医保卡41张。

全街有社会化管理退休人员1523人。全年完成异地居住退休老人认证服务176人，办理退休人员养老金账号等个人资料变更手续12人、退休人员转区手续2人，省属转入社会化管理退休人员15人。协助办理抚恤金23人，协助重度失能退休人员办理长期护理险6人。慰问探访“十类特殊人员”986人次，探访重病人员23人，重大节假日为特殊退休人员派送慰问礼品451份。组织300名社会化管理退休人员参加“歌唱祖国夕阳争辉”一日游、登白云山游新黄埔风貌、健康体检、“歌唱祖国夕阳争辉”等迎新年游园会活动。

为17位独居、孤寡老人提供居家养老服务，为全街600名符合条件的长者提供免费爱心午餐服务。保障老人福利事业，协助办证中心办理申领老年人社会保障卡新办业务159人、挂失176人、补卡176人、升级业务188人；为2972名70岁以上长者发放长寿保健金370.82万元；为辖内60岁以上4714名老人购买人身意外伤害综合保险。为年满80岁的老人免费安装平安通，至年末，为565户有需要的老人安装平安通。

全年投入20名社工，以“113X”模式（即1个核心项目——党建引领社会工作服务，1个重点项目——辖区居民最迫切、最需要、最直接的社会工作服务，3个基础项目——夯实家庭、长者、青少年社会工作服务，探索拓展“X”个特色项目——探索拓展多领域的社会工作服务）开展青少年服务、长者服务、家庭服务及特色服务。在心理辅导、情绪支持、就业训练和资源链接等方面，协助青少年适应社会、培养人际交往能力，针对青少年领域开展个案29个、小组27个、社区活动32场。整合社区资源，多方联动，开展个案31个、小组19个、社区活动33场，为长者提供心灵慰藉、社区情感支持、健康维护、陪伴就医、免费义诊活动等服务2360人次。家庭领域开展个案36个、小组25个、社区活动29场。

开展公共租赁住房保障宣传和咨询活动，发放宣传资料1100余份，派发公共租赁住房入住通知书、资格轮候通知书、年审续期通知书和意向登记资料220份。接受市民咨询1100余人次。受理公共租赁住房申请104户，完成公共租赁住房经济核查78户，受理、审核公共租赁住房资料300户次。至年末，有公共集体户籍193人，全年迁出公共集体户籍18人。

5月7日，长洲街道退役军人服务站、社区退役军人服务站挂牌成立。全街登记在册退役军人及其他优抚对象1208人，完成光荣牌悬挂774户，办理优抚对象医疗救助4宗，发放救助资金4424.15元，完成无军籍离退休职工兑换医疗记账单750张。完成63名申请退役士兵社会保险接续。开展退役军人专题“大走访”活动；组织退役军人参加就业创业培训班和洽谈会、退役军人全员适应性培训、退役军人招聘会以及“最美退役军人”“最美好军嫂”“最美双拥标兵”等各项活动19次。开展节日走访慰问和优抚对象体检活动，并派发慰问金。落实双拥工作，组织宣传活动4次，发放宣传单800份。

街辖在册残疾人866人，其中精神残疾95人、肢体残疾370人、智力残疾37人、视力残疾64人、听力语言残疾254人、多重残疾46人。重大节日慰问残疾人特困户、重疾人员、归侨侨眷、残疾儿童共617户，发放粮油副食慰问品和慰问金16.76万元。配合做好残疾人“两项补贴”申请7244人次、153.99万元。办理残疾人特惠补贴申请979人次，发放特惠补贴29.34万元。办理残疾人乘车优惠卡新办15人，更换补办、注销、年审手续128人。办理残疾人证电子测评228人，新办残疾人证40人，改证、注销、迁出、迁入等62人，到期换证163人。

办理城镇居民基本医疗保险资助8人、续保220人；为137名自购医保的重度残疾人办理社会医疗保险资助申请；核查192名重度残疾人社保参保情况，办理广州市城乡居民养老6人、职工社保资助6人。发放《黄埔区残疾人精准康复服务手册》《广州市残疾人人身意外综合保险告知书》《广州市黄埔区残疾人服务指引手册》等宣传资料1800余份。做好在册866名残疾人基本服务状况需求信息数据动态更新调查，开展18—59岁重度残疾人“养老大配餐”信息调查。为26名肢体残疾人配送轮椅、座便椅等辅助器具，为22名听力残疾人配发助听器。

协助精防医生为68名精神病患者免费门诊及发药，做好病人访视和心理辅导。组织辖区5名残疾人参加职业技能培训，组织10名精神和智障残疾人参加2019年广州市残疾人残健共融趣味运动会，组织60名残疾人参加全民助残健身活动，组织优秀残疾人、工疗站工疗人员40人次开展外展活动。工疗站开展技能培训、知识讲座、义卖及助残志愿活动等156次。完成4户残疾人家庭无障碍设施改造工作。全年提供居家康复训练服务2340次，康复总人数26人。是年，广东狮子会光大服务队资助12名困难群众5.28万元，走访慰问15名孤寡、独居老人和5户困难家庭，并送上价值9200元的慰问品。

对口帮扶清远市阳山县太平镇龙塘村。该村有贫困户111户、227人，至年末，全部实现“八有”，年人均收入达到或超过8478元的省脱贫线，脱贫率100%。全年投入扶贫资金80.78万元，主要用于贫困户慰问帮扶、发放鸡苗、完善基础设施建设和改善民生工程。6月，开展“学习强国 有呼必应 公益健步行”活动为龙塘村贫户捐赠价值3.5万元物资。7月，黄埔区“萝岗练音社”组织专业音乐老师和学员，以公益夏令营的方式到龙塘村开展教育帮扶活动，对龙塘小学35名学员进行为期两天的音乐培训，并赠送体育用品和学习用品。12月，京信通信系统（中国）公司捐赠5万元支持龙塘村文化广场建设。

**【党建工作】** 2019年，长洲街党工委下辖2个社区党委（辖10个党支部）和21个直属党支部（其中包括4个非公企业联合党支部，9个非公企业独立党支部、2个退休党支部）。有党员483名。新发展党员8人，预备党员转正4人。建有党员干部现代远程教育终端接收站点5个、驻点直联室4个、党群服务中心5个、设有街党代表工作室1个、社区党代表工作室4个。完成长洲、深井社区规范化党组织设置，选举产生新一届社区党委委员，实现社区党组织书记、居委会主任、经联社董事长“三个”一肩挑。

开展“不忘初心、牢记使命”主题教育活动。组织集中专题学习研讨，完成专题辅导报告11个；举办专题辅导15场，参与学习483人次，基层党员干部学习覆盖率100%。开展“千名干部深入基层，万名党员联系群众”解难题活动，走访驻岛单位100余次，走访党员群众1300余人次，召开各类会议

80场次。

开展党组织换届选举工作。长洲水电装修装饰工程公司党支部、第三建筑工程公司党支部、深井非公企业联合党支部、长洲街非公有制孵化器党支部召开换届选举党员大会，选举出新一任党支部书记。

建立党建联席会议制度。制定《长洲街“有呼必应”三级管理机制实行办法》等制度10项，完善《长洲街社区城乡协商议事制度》等制度5项。实行“大党工委”工作制，实现辖区33个党组织党建资源共享。是年，召开党建工作联席会议6次。

开展“头雁领航”专项行动。设立“头雁”专项资金50万元，成立“头雁”工作室5个。设立轨道交通、社区微改造、河涌整治3个临时党支部，通过党组织集中各方力量推进地铁征拆等重点项目实施。党政一把手兼任社区“第一书记”，压实四个社区“第一书记”责任，以党建促农村集体管理工作。

**【纪检监察】** 2019年，长洲街纪工委制定完善《长洲街关于落实党风廉政建设责任制党工委主体责任清单》《长洲街纪工委关于履行党风廉政建设监督责任清单》《长洲街党风廉政建设签字背书制度》《长洲街接待群众来信来访来电管理工作制度》《长洲街纪工委关于完善谈话提醒工作机制的通知》等制度。党工委主要负责人与各科室、社区、直属党支部负责人分别签订《长洲街党风廉政建设责任书》43份。制作廉政文化宣传画，为街道和4个社区统一制作纪律教育主题宣传栏。开展一把手约谈，任前谈话、诫勉谈话、提醒谈话、谈心谈话等。是年，街纪工委立案7件7人。全年接收群众信访件47件，已办结43件。

**【人大代表履职】** 2019年，黄埔区人大长洲街工委有2个社区人大代表联络站、2个联络站点，全年开展代表进社区、进网格活动10次56人次，接待走访慰问选民群众101人次，收集意见建议59条，解决55件，办理率93.2%。推动解决选民群众关心的热点、难点问题30件。开展“更好发挥人大代表作用”主题活动，组织代表集中视察活动2次，配合广州市人大、黄埔区人大调研活动3次。10月，长洲街道第四、第八选区补选人大代表各1名，联组代表有各级人大代表16人，其中市人大代表3人、区人大代表13人。打造“长洲人大工作（线上）平台”，运用互联网技术手段，通过“线上+线下”互动形式，搭建即时、便捷的代表联系选民平台，激发代表履职热情，拓宽代表联系和听取选民意见建议的渠道，形成线上了解社情民意、线下解决实际问题的“双线履职”模式。至年末，平台注册选民492人，人大微信公众号关注人数725人，收到民意反馈40余条。

**【社会治安综合治理】** 2019年，长洲街道通过广州“12345”政府服务热线系统、广州信访云综合处理系统、“有呼必应”系统和中心前台，受理群众来访、来电、来信等650宗，办结复核630宗，受理矛盾纠纷33宗，成功调处29宗。及时做好思想教育疏导及协调，化解争议，调解纠纷。走访探问市严重精神障碍患者社会化服务系统及“优护”APP对系统内登记管理的患者，居家看护患者走访率及累计走访率均超过100%。开展扫黑除恶主题宣传活动35场，维护更新广告牌98个、张贴宣传横幅19条。

加强群防群治工作。对辖内46名社会面吸戒毒人员进行毛发采集，采集完成率96.88%；查处涉毒案件21件，处理29人。组织参观永和禁毒教育馆；招聘禁毒志愿者426人；分类管理在册14名防范人员，定期走访帮教，巩固转化成果。开展禁毒防邪、扫黑除恶、学法守法、反恐防恐等宣传活动232场。在学生上学、放学时段安排辅警维持秩序疏导交通。是年，辖区和谐稳定，居民安全感提升。

**【来穗人员和出租屋管理】** 2019年，长洲街道辖内有出租屋3033栋、1.08万套，非本市户籍人口1.68万人，全年受理有效居住证3513个。实现申请积分入学、积分公租房、积分入户实行“大积分”分数共享。办理房屋租赁登记备案1197宗，全年征收出租屋综合税104.13万元，比上年下降31.26%。开展城中村基础信息大排查，完成与公安警综系统标准地址和实有房屋信息比对，完成全街实有门牌详址5590比对等价，完成率100%，有效详址总数1.78万套，完成比对率100%。

**【司法服务和人民调解】** 2019年，长洲街道接待来电、来访法律咨询群众70人次，处理法律援助案件1件，出版法治宣传栏60期，开展大型法治宣传活动9次，发放法治宣传教育资料9万份，受教育群众约3万人次。加强对各个社区的法律顾问监督管理，不定期走访检查。要求法律顾问每月参与人民调解工作、参与法治宣传活动，并落实坐班时间不少于8小时、每季开展法治讲座不少于1次。完善公共法律服务中心、妇女儿童维权服务站、法律援助工作站建设。落实社区矫正管理规定，全年对14名社区服刑人员开展社区矫正工作。安置帮教刑释解教人员24名，安置率、帮教率100%。

开展人民调解宣传月活动。通过拉横幅、电子显示屏循环滚动、摆摊设点进行法律宣传和咨询活动。派发宣传册1500余份，派发小礼品500余份，受教育民众500余人次。开展矛盾纠纷排查60次，调处各类矛盾纠纷36宗，调解率、成功率100%。

【城区建设管理】 2019年，长洲街道查违拆违和“六乱”整治取得实效，环卫保洁及机械化水平高标准提高。在全区2019年度精细化考核排名中，环卫保洁位列第一，垃圾分类、爱国卫生均位列第三，1人被评为2019年广州市“优秀城市美容师”；在2019年创建生活垃圾分类示范片区和示范村年终检查评估的600个创建生活垃圾精准分类样板居住小区（社区）中排名中，黄船社区位列第二十六。

全年投入43万余元增加环卫冲洗、运输设备。梅园社区4801厂一区生活区成为第三批垃圾分类样板小区，并引进广东沫益清环保科技有限公司“互联网+垃圾分类回收”项目。投入20万元制作垃圾分类文化墙、建设垃圾分类宣传栏和分类桶。开展长洲街生活垃圾分类行动日“健康赋能跑”活动、“小手拉大手”垃圾分类进校园宣传活动。全年大件家具拆解木材571.11吨，拆解回收大件家具80车，废旧玻璃148.17吨，旧衣物17.66吨，收集有害垃圾灯管2.5万条、过期药品1桶、废电池1桶。

全年清拆违法建设和乱搭建51宗、面积8.92万平方米。清拆户外广告、标语横幅235条，清理乱堆放建筑垃圾和卫生死角226处，乱张贴、乱刻画256张（处）。整治乱摆卖1785宗，暂扣三轮车28辆。处理回复群众来电来访、“12345”热线、“12319”热线和各类投诉780宗，回复率100%。行政处罚立案45宗、结案43宗，罚款2.13万元。

整治辖区“五类车”非法营运和车辆乱停乱放行为。全年联合执法行动40多次，查扣“五类车”87辆，其中摩托车60辆、电动车27辆。

加强“散乱污”整治。全覆盖、无遗漏排查268家。新增“散乱污”企业（场所）40家，其中关停取缔类27家、整治提升类13家，完成率100%。第二轮大数据系统“散乱污”企业（场所）排查696家，排查出6家散乱污场所并完成整治。9月，长洲街道通过黄埔区“散乱污”整治办验收。

河涌治理。拆除临河违建12处。处理长洲河道阻塞问题；上报源头减污挂图作战19个问题。出动人员138人次、船只9艘次、车辆12车次。组织长洲1号涌、新担涌洗河行动，清理河涌垃圾20多吨。上报河涌设施损毁17处（包括护栏、亲水平台、路面等）。摸查上报典型及违法排水户113家，其中完成违法排水户整治76家、巡检典型排水户37家，完成率100%。全年完成区级河长、街道总河长、代理河长徒步巡河34次，召开河涌现场会议8次，坚持河涌每日巡查；处理“12345”平台、上门投诉案件46宗，案件回复及走访率100%。

雨污分流。深井社区雨污分流完成，深井涌截污工程完成污水管网2.78千米，占总工程量的94.1%，所有排污口截污完成。长洲社区福南坊新村和洪福市片区雨污分流完成，其余片区纳入2020—2024年排水单元达标建设。

河涌升级改造。深井涌升级改造工程完成85%。长洲4号涌升级改造工程完成96.02%，其中堤防工程完成97.03%，绿化完成63%、桥梁工程完成97%，截污工程完成100%，全年完成河涌整治左岸1.91千米、右岸1.39千米，桥梁4座，桩基4座，截污3处，绿化种植7000平方米。完成长洲岛堤防及水闸的加高加固工程。

【城市更新改造】 2019年，由长洲街道作为征拆实施单位的征拆项目有地铁、城轨、小学重建、土地收储、河涌升级改造等8个。其中新围地块收储项目暂未确定征地红线图；4号涌整治进入收尾阶段，征地工作基本完成；轨道交通项目、深井小学异地重建项目取得突破性进展。辖内赤坎桥旧桥修复和深井桥拓宽已启动施工。

地铁7号线二期工程项目。该工程在长洲街道设车站3个：深井站、长洲站及洪圣沙站，需借地面积11.39万平方米。至年末，项目借地工作基本完成，3个站点均已进场施工。

穗莞深城际轨道琶洲支线项目。该项目涉及借地面积5.48万平方米。至年末，红线内所有地块的借地协议签署完成，施工单位已进场施工。

深井小学异地重建项目。该项目总用地面积1.42公顷，其中1.16公顷土地权属深井经联社，0.26公顷土地权属深井六社。已完成红线内所有地块的交地工作。

扡洲围安置地块项目。该项目计划收储面积1.32公顷，用于长洲街道征拆项目安置房建设，主要涉及深井一、六、七社。前期测量摸查、红线调整、土地初步分界工作已完成。

新围地块收储项目。该项目已完成前期摸查测量工作，因现行红线存在较多边角地块，应村社要求，正在对接区规自局进行该地块规划调整或项目红线调整，尽量不留边角地。

扡洲围地块收储项目。该项目计划征地面积29.41公顷，已完成全部征地补偿工作。签订征地补偿协议，补偿款项已拨付，地上建构筑物补偿已完成。深井一社、深井经联社完成交地22.60公顷，交地率77%；已完成该地块上0.94公顷地上附着物的清表工作及深井一社地块内废旧物及垃圾1300立方米的清理。

深井涌升级改造项目。该项目涉及征地面积1.33万平方米。已全面完成土地征收工作，红线内6栋历史房屋的认定、红线范围内20余处构筑物及附着物的征拆补偿工作均完成，拆除深井涌两岸建构筑物0.77万平方米。全线需拆迁房屋面积为23栋0.53万平方米，深井涌房屋逐栋定性工作正在进行，至年末，签约8栋，拆除3栋。

四号涌综合整治项目。该项目综合整治长度1.6千米，征地面积3.48万平方米。项目征地补偿工作全部完成，河涌两岸施工基本完成。

【安全生产和劳动监管】 2019年，长洲街道检查企业及“三小”场所2453家次，出动执法人员6533人次，发现安全隐患102起，出具《责令限期整改指令书》9份并监督整改复查完毕。行政执法立案处罚4宗，签订安全责任险33份。开展春节后复工复产全员安全教育“同堂听课”活动18次，参与听课4800余人次。组织长洲经济联社、深井社区、中船黄船文冲3支队伍参加区2019年微型消防站业务技能比武，获团体总分第二名，转制社区个人手抬机动泵操第一名，消防重点单位个人65米水带连接室内消防栓打靶第一名和第三名。

开展劳动保障监察，调处各类劳资纠纷，全年接待来信来访12件，受理投诉4件，涉及人数19人，结案4件，涉案金额18.51万元，结案率100%。

【社区文化建设】 2019年，长洲街道社区文化活动场馆设施配套齐全，经费划拨及时。购买2019年长洲街文化站公众责任保险开展长洲街第十一届“金花诞”民俗文化活动、免费电影进社区活动（每个节日2场）、2019年群众文化活动（每月8场）、长洲街第十七届迎春群众文艺演出系列活动、“迎新春送春联”惠民活动等。组织各类讲座培训，举办书画展、摄影展等。组织开展科普活动4场，并为辖区中小学赠送科普仪器。开展长洲街道国民体质监测服务，全年采集完成国民体质数据1000条。修复健身路径3条、篮球场2个。举办社区象棋赛、篮球赛；组织长洲、深井社区龙舟队参加广州市国际龙舟邀请赛；组队参加2019年黄埔马拉松比赛等。

【农业农村工作】 2019年，长洲街道制订《长洲街2019年乡村振兴工作计划》。完成2019年中央耕地地力保护补贴发放公示工作，配合黄埔区农业农村局为407户农户发放补贴7.51万元，补发渔船油价补贴1.53万元。落实产品农产品质量安全监管制度，开展日常巡查和对农资店例行巡查，快速检测蔬菜、审批监督工作。至年末，全街成交500份，未发现禁用农药残留。整治清拆农业污染源和农地非农地块，拆除红虫交易场所2个；整治清拆散小乱家禽养殖，督促养殖户自行拆除养殖点，欢乐谷、元野农场完成“农地非农”违规建筑物的拆除；长洲经联社以及12个经济社完成换证赋码工作；调解转制社区股股东身份界定、社区股与社会股股东分红、租地争议等问题。通过农村集体“三资”平台，跟进集体资产交易项目的指导73宗，成交总额2.98亿元；集体“三资”财务公开数据录入5837条，完成率99.78%，准时发布率99.78%。

【转制社区】 2019年，长洲街道转制社区有2个：长洲社区和深井社区。

长洲社区。辖上庄（4个社）、下庄（6个社）2个自然村和洪福市片区（2个社）共12个经济社。陆地面积5.9平方千米，有耕地23公顷，山林地56公顷。本地户籍1459户、4872人，流动（常住）2772户、8944人；经联社户籍人口2643人，持股份人数2219人，其中经联社社员人均年收入1.49万元，社级人均股份分红2338.13元，股值10.53元/股。该社区的经济由长洲经济发展公司经营。是年，社区集体经济收入（经联社、经济社两级）2965万元，其中经联社级1621万元。

深井社区。辖由岐西、南田、正吉、丛桂、中约、安来市、海珠街、江沥海、花基新村、丰收新村等片域，共有14个经济社。占地面积2.6平方千米，居住区面积1平方千米。有耕地65公顷，山林地27.53公顷。本地户籍1343户、4028人，社区股东2468人。其中经联社社员人均年收入17698元，社级人均股份分红3072元，股值9.51元/股。该社区的经济由深井经联社经营。是年，社区集体经济收入（经联社、经济社两级）1674万元；其中经联社级667万元。

（黄俏铭）

## 萝岗街道

【概况】 2019年，萝岗街道总面积22.67平方千米，总人口7.88万人。下辖7个社区：萝岗社区、萝峰社区、荔红社区、香雪社区、科城社区、新福港社区、罗兰社区。主要产萝岗甜橙、荔枝、青梅、白榄、板栗等水果。辖内有玉岩书院、香雪公园等景点；乐金（LG）显示（广州）有限公司等大型企业；玉岩中学、科学城中学、萝峰小学、香雪小学等省市区示范性学校；广州宝能国际体育演艺中心等大型体育场馆；萝岗中医院等医疗机构。12

月31日，成立罗兰社区，该社区地处广州市科学城开创大道以南，新阳东路以北，辖区面积54.54万平方米，常住人口3200人，户籍人口2153人。辖内有学校2所（广州开发区第二小学北校区、人才集团第二幼儿园），住宅小区1处（保利罗兰花园小区）。

启动“智汇街区”项目建设，建成“一个指挥中心、一个通用平台、1+N个功能子系统”，实现基层治理在智能化、现代化上的突破，中央、省、市主要媒体均有宣传报道。是年，香雪社区党支部被评为“广州市先进党组织”，其经验做法被纳入《广州市建设“全国基层党建工作示范市”创新案例》一书。创新推进人大和妇儿工委工作，是年，萝岗街道被评为广东省县乡人大工作和建设先进集体，萝岗社区妇联被评为广州市“巾帼文明岗”。

全街户籍已婚育龄妇女7797人，人口出生899人，其中一孩出生364人、二孩出生477人，政策内出生471人、三孩出生58人，政策生育率95.55%。办理计生服务证364例，户籍人口一孩登记468例，二孩登记552例。流动人口生育备案55例。申请办理城镇独生子女父母奖励对象143人；计划生育家庭综合保险参保及退保名单投保户1341户、3360人，退保户109户、242人。辖内设避孕药具人工发放点9个，智能发放机1台，发放箱16个，免费避孕药具发放覆盖率30%。开展二孩政策、优生优育、科学育儿、青少年健康发展、整治“两非”、关爱女孩、中秋国庆节日走访慰问等多个宣传活动。开展幸福工程捐款活动，收到善款4.31万元。

全街城镇适龄劳动力登记人数1.68万人，全年办理失业登记1763人，实现就业1446人，就业率82%；“4050”就业困难人员失业登记796人，实现就业693人，就业率87%。“零就业家庭”动态清零。

完善低保对象、优抚对象、高龄老人和残疾人等特殊群体的救济帮扶工作机制。为13户21人办理低保。建立健全困境儿童保障工作体系，辖内困境儿童10名，街道一级设立儿童督导员1名，各社区设立儿童主任1名，确保困境儿童合法权益。全年发放困难残疾人生活补贴和重度残疾人护理补贴5239人次、188.95万元；办理医疗救助17人次、3.02万元。辖内有街道级社工服务站和社区级社工服务站各1家。全年社工服务站通过个案、小组、社区、义工工作、常规家访电访、社区调研、社区专案等形式直接服务辖区居民1.51万人次、间接服务1.25万人次。

4月29日，成立萝岗街道退役军人服务站。全街退役军人539人，“三属”（烈士遗属、因公牺牲军人遗属、病故军人遗属）4人，在乡复员军人1人，伤残人员5人，其他享受定期补助人员65人。落实优抚政策，开展“文化双拥”显荣光活动，为优抚对象解决困难，全年发放慰问金1.44万元、问品72份。

全街在册残疾人832人，其中视力残疾50人、听力残疾200人、语言残疾13人、精神残疾62人、智力52人、肢体373人、多重残疾82人。全街6个社区均建有残疾人协会，各社区选聘协调员1名、康复员1名。落实救助政策，全年帮助529名残疾人申请重度护理补贴、181名残疾人申请生活补贴和181名残疾人申请特惠补贴，按时发放困难残疾人特惠补贴5.43万元。节日期间走访慰问残疾人836名24.64万元。组织辖内残疾人200人次参加区残联举办的手工制作比赛、残疾人健身运动培训、康园工疗站文艺会演等。推荐30人次参加花草树木栽培、手艺活动、就业援助月活动和插花班等就业技能培训班。

街辖社会化管理在册退休人员647人，“十类”人员87人，实现社会化管理率100%、社区管理率100%。全街30岁以上养老保险参保人员1.32万人。社会医疗保险参保1.80万人。至年末，全年为全街304名街户籍60岁以上特殊困难人员或80岁以上老人免费申请爱心午餐，就餐4.63万人次，就餐费用55.56万元。全年办理老年人优待卡369张，挂失补卡155张，升级330张。发放65岁以上户籍老人体检券3900张；发放长寿金2.26万人次244.30万元。

对口帮扶清远阳山县太平镇太平村，开展各种形式帮扶。保洁公益项目帮扶15.33万元，安装太阳能路灯9.98万元，追加光伏修路2.7万元；购买鸡苗用于发放贫困户养殖9.91万元；用于贫困户危房改造1.32万元；助学金帮扶2.04万元；中秋和春节慰问贫困户7.11万元。资金扶贫贵州省都匀市三都县九阡镇4个贫困村。援助33万元用于贫困村永阳村和深度贫困村新阳村建设太阳能路灯，解决82户、312人夜间照明；援助50万元，用于新阳村七星鱼养殖基础设施建设项目。

**【党建工作】** 2019年，萝岗街党工委下设党组织23个，有党员996人。新建立商务楼宇党支部3个、园区党支部1个，建立孵化器党支部1个。全年开展专题学习研讨5次、专题讲座5次。举办“同升国旗、同唱国歌”和“同吃生日面、共强爱国情”活动，组织参观党建示范点和展览、主题党日暨趣味运动会、观看红色电影等活动，引导党员群众践行“学深悟透”，其中“同升国旗、同唱国歌”活动在学习强国中进入广东学习平台。搭建以“智慧党建e平台”为主载体的社区公众号、微信和QQ群。设立组织办，升级改造街道本级和6个社区党群服务中心。推进区域化大党建，制订完善《萝岗街“双报到”“大党工委”工作实施方案》。

【纪检监察】 2019年，萝岗街纪工委向区纪委报送违纪违法线索4条，受理信访举报件1件、党纪立案审查2件。全年谈话提醒党员干部8名。强化政治责任担当，立足街情实际，突出早提醒、早预防，践行监督执纪“四种形态”，推动全面从严治党向纵深发展。是年，党纪立案3件3人，其中党内严重警告处分1人、党内警告处分2人；问责17人次，其中通报批评1人次，责令书面检查10人次，诫勉谈话6人次；提醒谈话13人次。加强岗位廉政风险防控，组织街道各部门排查梳理岗位廉政风险点113个，其中重要风险点9个、中级风险点75个、一般风险点29个，制定防控措施206项。

【人大代表履职】 2019年，黄埔区人大萝岗街道联组代表12名。设立中心联络站1个，社区联络站3个：萝岗社区联络站、萝峰社区联络站、香雪社区联络站，社区联络点4个：荔红社区联络点、新福港社区联络点、科城社区联络点、保利罗兰社区联络点。是年，萝岗街“两代表一委员”中心联络站、香雪社区“两代表一委员”联络站，萝岗社区、萝峰社区“两代表一委员”联络点挂牌。

全年组织代表进社区活动6次，参加代表25人次，接待选民群众45人次，收集群众普遍关注的热点问题17个，并解决问题15件，跟踪处理中2件，其中1件将作为涉及广大群众普遍关注的热点问题形成人大一届八次会议建议。组织全体代表视察广州国际生物岛、广州市第二CBD（黄埔临港经济区）高端平台建设情况，集中视察辖区天窿河水源地环境保护情况。组织代表进社区调研新建楼盘居住区留建行政管理等配套公共服务设施情况。

依法履行监督职责，定期听取街道阶段性工作、机动财力、各项经费预算使用等情况报告；参与萝峰社区、萝岗社区大塱自然村的“三旧”改造项目监督，督促区有轨电车1号线、萝峰旧村改造等46个重点征地、拆迁、收地及管线项目推进。关注萝岗街道城市管理，联合多部门走基层、入社区，倾听民声，体察民意。全年区一届人大七次会议受理萝岗街联组代表建议14条。

【社会治安综合治理】 2019年，萝岗派出所破获涉恶案件22件；其中寻衅滋事案7件、聚众斗殴案3件、非法拘禁案2件、开设赌场案1件。打掉涉恶团伙5个，刑拘涉恶人员64人，逮捕35人，公诉18人。全年稳控涉套路贷、涉非法集资等各类重点人员320人次。全年受理信访类案件233件，“12345”案件2545件，处置突发性矛盾纠纷83宗。

全年在各社区、重点行业、人流密集商圈开展法治宣讲活动125场。开展在册吸毒人员帮教工作，每月帮教对象见面不少于165人次。落实寄递物流巡查制度，“云递安”系统安装和录入情况均持续排名全区前列。结合社会主义核心价值观主题实践活动，将“无邪教社区创建”“一墙一窗”“市内媒体反邪教宣传报道”等纳入“反邪教、促和谐、迎大庆”主题宣传活动。派发专题宣传品3000份。

全年投入群防共治力量3.5万人次，萝岗街道平安促进会被推荐为市群防共治先进单位，群防共治队伍“香雪哨兵”被推荐为市“广州街坊”群防共治品牌队伍。投入25万元购买电动巡逻车3辆，加强重点目标、企事业单位、治安复杂场所等区域的巡逻防控，堵塞视频监控巡防盲点，形成“天网”“地网”互补的无缝隙巡控网。

【来穗人员和出租屋管理】 2019年，萝岗街道登记在册出租屋3245栋2.87万套，备案率95%，新增出租屋2846套。新办理合同登记备案2975份，注销合同备案5339份。登记在册来穗人员4.15万人，新登记来穗人员2.14万人，注销2.25万人，受理居住证2.14万张，来穗人员居住证办证率95%。至年末，街辖内登记来穗人员已婚育龄妇女4066人。开展来穗人员系列关爱活动。依托“乐飞家园”创办来穗人员社区融合学堂。为246名来穗人员提供随迁子女积分入学初审服务，受理169名来穗人员提供积分入户申请，完成来穗人员公租房申请44宗。

全年排查出租屋1.38万套，核实来穗人员1.77万人，发现消防隐患789处，整改457处，发出告知书485份，与出租屋屋主签订出租屋治安责任书1082份。清查无证照经营“时租日租房”65家；清理电动自行车违规充电出租屋94套，查封证照不齐“三小场所”“三合一”“二合一”类出租屋52间。派发《出租屋人法律责任常识》《出租屋消防安全守则》《广州市垃圾分类倡议书》《居民生活垃圾分类指引》等宣传单和贴画1.3万份。

萝岗社区、荔红社区作为辖内出租屋智能视频门禁系统试点区域，来穗人员通过刷卡即可将信息直接传送到来穗人员信息管理平台，出租人通过手机APP系统扫描租住人员身份证信息即可实现人员信息的快速登记、注销并同步传送到来穗人员信息管理平台，达到“以屋管人”的效果。

【司法服务和人民调解】 2019年，萝岗街道在册社区服刑人员22人，其中男性17人、女性5人，均为缓刑人员，撤销缓刑收监执行1人，全年重新犯罪率为零，未出现漏管、脱管现象。在册安置帮教人员49名，重新犯罪率为零。接收矫正36人，解矫17人，收监执行1人。举办学法培训班，组织及参加人民调解、法律援助、村（居）法律顾问等法制宣传讲座、咨询活动33场，发放法制宣传资料3万份。推进依法信访和一村一法律顾问送法入村居工作。全年受理调解55件，成功调解53件，调解成功率96%，其中萝峰社区调委会调解案件34件，占全街道的62%。调处成功的标的额555万余元。

【城区建设管理】 2019年，萝岗街道发出违法建设《责令限期改正通知书》215份，《询问通知书》172份，纸质立案26件，拆除新增违建353件、面积2.32万平方米，拆除存量违建253件、面积4.61万平方米。拆除乱搭建86件、面积6212平方米。查处萝峰和大塱违建869件，拆除面积32.60万平方米；拆除长岭路医疗地块、有轨电车等5个重点项目建筑9宗；收集排查涉及违法建设黑恶线索3条，受理信访案件8件，谈话函询社区干部2人，处理查控“两违”不力社区干部1人。

垃圾分类。科城山庄、保利香雪山、锐丰中心3个社区成功创建“广州市第三批生活垃圾分类样板居住小区”，并在全区率先完成楼层撤桶，撤桶率100%。全街设有4个精准分类小区：石桥新村小区、线坑花园小区、奥园香雪公馆、鼎峰小区；设有大件废弃家具拆解点2个，有害垃圾暂存点1个，误时投放点10个，定时投放点113个；设有餐厨垃圾分拣点9个：萝岗社区3个（石桥、塘头、大坑），萝峰社区4个（塘山、塘西、竹松、龙田），荔红社区1个（三级地桥底），萝岗市场设1个；设有害垃圾临时存放点1个：萝岗社区石桥新村。自9月11日起，采用桶装清运取代箱体清运的方式，并实行每日专人定点定时站桶管理模式。率先完成辖区转制社区（村居）石桥新村的垃圾分类投放点设置。全年垃圾分类执法立案3件，罚款金额2.24万元，发出《责令限期改正通知书》28份。开展学校、家庭、社区垃圾分类实践活动60次。

市容环境整治改善。萝岗街道村村通公路保洁面积4.35万平方米，内街内巷及鱼塘保洁面积67.29万平方米。有垃圾收运点72个，箱体点36个，铁桶点34个，地埋点2个。新建厕所5个，改建12个。全年开展市容整治行动30次，发出市容宣传告知书1000余份。10月始，开展公路街环境专项整治行动，拆除取缔临时摆卖点，安装约4000米的安全围栏。在石桥旧村LG厂区村边林带，拆除违章建筑500余平方米，改建“口袋公园”。投入82.92万元开展萝岗文化广场周边市政道路三线整治、修建风雨廊、翻新围墙、地面等升级改造项目。检查在建出泥工地246次，检查泥头车125辆，发出《责令限期改正通知书》等执法文书142份。处理路面污染9件，立案处罚1件。立案处罚萝峰旧村改造工地的无余泥排放证违法行为，处罚30万元；立案处罚夜间超时施工20件，处罚12.16万元。

“散乱污”整治。制订萝岗街道“散乱污”企业（场所）专项整治行动工作方案，辖内列入第一批“散乱污”企业综合整治范围有176家，其中29家关停取缔类企业已实施“关停搬迁”，并予以取缔清空；升级改造类企业147家，完成147家，完成率100%。第二批根据用电量大数据排查，有10家企业列入“散乱污”企业综合整治范围，其中29家关停取缔类企业中3家已实施“关停搬迁”，并予以取缔清空；7家升级改造类企业，完成5家，完成率71.4%。整治石桥、塘头、下中、新阳东路等“散乱污”企业和“六乱”，拆除“散乱污”建筑物25个，清理“六乱”3190宗，处罚211宗，罚款9200元，清扫乱堆放建筑垃圾及杂物378吨，查扣无证经营流动烧烤车38辆，帐篷、桌椅等各类物品100余件。

征地拆迁。全年办理土地移交14块，面积80.80公顷，征地补偿签约面积5.03公顷，完成建（构）筑物拆迁面积2385.61平方米，迁坟24穴。完成征地、收地、拆迁、管线协议签约159份（不含补充协议和购房合同），协议金额2.93亿元。完成有轨电车1号线、雪松第二总部等10多个省、市、区重大工程和重点项目建设的征地拆迁任务。开展房源大安置工作，覆盖被拆迁对象230户，开放岭头、刘村、萝岗、萝坎新村安置房397套，成功选房324套，约3万平方米。

河涌治理。制订全面推行“河长制湖长制”实施方案，组建巡查养护队伍，形成覆盖全街的河长制工作网络。摸清底数，采用“隐患集中排查”和“河长定期巡查”双管齐下，逐个锁定破坏水生态的问题和源头，展开水环境整治工作。抓源头治理，拉网式排查辖内排水户，至年末，完成典型排水户巡查整改501家。专项整治辖内废品回收站点，清理污染源，全年投入人力1824人次，洗河14.9千米，清理河道垃圾9.8吨，整治河涌污染源37家，拆除河涌6米范围内违建2000余平方米。

加强大气环境保护，维护公共安全，把大气污染防治工作量化任务到社区、村。全年常态化巡查在建工地，督促落实施工扬尘“六个

100%”，严控土方工程施工，严格建筑材料和建筑垃圾管理，推进安装扬尘在线监测系统，严格散装物料运输车辆管理。全年巡查工地1750次，发出《责令限期改正通知书》等执法文书书164份，整改告知函330张。

大气污染治理。落实VOCs（挥发性有机物）污染整治工作，完善《机动车维修行业挥发性有机物（VOCs）污染整治工作方案》，每周巡查企业，并督促整改。是年，关停取缔企业1家，完成整治企业2家。联动职能部门治理油烟乱排，与区建设局创新联动，要求小区物业管理公司履行管理职责，由物业公司前期管理和整改个别小区内餐饮企业，至年末，物业小区内餐饮单位全部完成油烟乱排整治。

**【城区更新改造】** 2019年，萝岗街道高效高质高速推进“三旧”改造，坚持“拆”字当头，先拆后建、以拆促签、以拆促建、拆建并举。发挥“社区党支部+项目部”作用，以“社区党委带动党支部、党支部带动党员、一名党员带动一户、一户带动一群、一群带动一村”，实行“组团攻坚，集团推进”。是年，萝峰社区签约2918栋，签约面积88.41万平方米，签约率81.85%，拆除已签约397栋；大塱村已签约562栋，签约面积18.3万平方米，签约率81.21%，拆除已签约459栋。

**【智汇街区建设】** 2019年6月，萝岗街道启动“智汇街区”建设。依托5G技术、物联网、大数据等信息技术，利用无人机、水位传感器、体温传感器等科技手段，进行数据采集、自动分析、事件分拨、风险监测、信息共享、辅助决策、应急调度。建成“一个指挥中心、一个通用平台、N个功能子系统”等“三大应用场景”（“一个指挥中心”即萝岗街“令行禁止、有呼必应”管理指挥中心；“一个通用平台”即依托黄埔区“令行禁止、有呼必应”综合管理系统搭建的通用运行平台；“N个功能子系统”即集国土查违、水质监测、城市内涝监测、社会关爱人群监护功能为一体的子系统运行模块）。至年末，国土查违子系统辖区25平方千米建立80多个网格监控点，报告疑似违建案件59件，核实处理58件，拆除萝峰社区塘山社后山违规搭建铁皮棚1.5万平方米，制止青山密林间的隐秘违建行为；水务系统实际推送案件5件并全部处理完毕。“智汇街区”建设成效受到市、区领导肯定，多家新闻媒体采访报道：11月6日，《广州日报》《信息时报》、广州电视台、区新闻中心等多家新闻媒体采访报道；11月26日，《南方日报》采访报道；12月12日，《科技日报》在“学习强国”平台报道萝岗“智汇街区”工作；12月24日，萝岗街“智汇街区”建设工作在市委党校初级班学员现场教学会上作经验介绍；《民主与法制时报》也有报道。

**【安全生产和劳动监管】** 2019年，萝岗街道实行安全生产“一岗双责”，落实街道安委会“双主任”工作机制，强化主要领导带队巡查工作机制，开展“春夏攻坚战”、消防安全、交通安全、“十类”重点行业领域、“打非治违”“回头看”等专项整治行动。投入150万余元，组织开展安全工作基础建设、宣传和整治；投入20万元购买电瓶执法车2辆。开展安全监管巡查324次，巡查企业、“三小”场所3351家次，查处整改隐患144处，暂扣各类违法车辆1100辆次，处罚违停车辆5500辆次。查处“打非治违”案件1件，查处非法存储窝点2个，查扣汽油2.21吨。完成企业日常检查2526家次，开具执法文书2361份，日常检查完成率100.89%，促进51家企业购买安责险，完成率127.5%。全年举办安全生产、消防工作、交通安全管理、应急管理现场宣传活动48场，悬挂宣传横幅305条，更换窗橱宣传栏72个，派发宣传单3.6万份，宣传礼品1.2万份。

11月，萝岗街道劳监中队成立。全年处理案件212件，日常巡查工地、企业53家，其中“12345”系统转办案件93件；正常来访案件84件；突发事件35件。巡查工地30家、巡查企业23家。

**【社区文化建设】** 2019年，萝岗街道举办新年原创音乐会、迎春游园、金龙瑞狮闹元宵、庆“六一”等文化惠民活动30多场次。升级改造街道图书馆，实现通借通还。完成辖区全民健身设施升级改造前期摸查报批。开展体育活动，组织参加各种体育比赛，获“市长杯”乒乓球赛黄埔分区赛第一名1个、第二名2个、第三名3个和第五名5个；获“市长杯”羽毛球赛（黄埔赛区）中青年组第五名。

**【转制社区】** 2019年，萝岗街道有转制社区2个：萝岗社区、萝峰社区。

萝岗社区。总面积12.9平方千米，有鱼塘41个、面积13.4公顷，耕地面积11.47公顷，林地88.87公顷。下辖自然村8个：塘头、孟田、萝坎、下中、线坑、大塱、石桥、大坑，有经济社15个：西社、均一、均二、南一、南二、北社、下中、线坑、萝坎、孟田、塱一、塱二、塱三、石桥、大坑。至年末，该社区居住人口5.4万人，其中户籍户数2738户9270人（60岁以上老年人1620人），流动人口4.5万人。是年，该社区被评为黄埔区2018年度就业工作先进社区（村），社区妇联被评为广州市“巾帼文明岗”。

萝峰社区。辖区面积10.13平方千米。下辖9个自然村：岗潮、坑围、坑村、龙田、竹松、迳子、塘山、塘山围、山下；12个经济社：岗潮、坑围、坑东、坑西、龙田、竹松、迳子、塘一、塘二、塘东、塘西、山下等；社区居委会下设有12个居民小组。是年4月，被评为黄埔区2018年度就业工作先进社区（村）。

（冼纳芸）

## 联和街道

【概况】 2019年，联和街道总面积51.76平方千米。辖黄陂、玉树、暹岗、联和、天鹿湖、金峰园、龙华、科翔、富春等9个社区居委会，5个经济联合社，26个经济合作社，52个居民小组。全街常住人口9.6万人，其中户籍人口4.1万人，来穗人口5.5万人。辖区内有广东岭南职业技术学院、广东省城市建设高级技工学校2所院校，广州市第二中学、广州市第一一七中学等4所中学，黄陂小学、玉树小学、联和小学、科学城小学、嘉洲小学等5所小学，9所幼儿园等教育机构；有岭南医院（中山大学附属第三医院分院）、黄陂医院（联和街社区卫生服务中心）等医疗机构。辖内有规模以上企业1030家，其中有中国南方电网有限责任公司、杜邦应用面材（广州）有限公司、3M材料技术（广州）有限公司、广州苏宁易购物流有限公司、中国能源建设集团广东省电力设计研究院等世界500强企业。辖区北部的天鹿湖森林公园有“第二白云山”“广州东肺”“科学城的后花园”之称。

全年辖内规模以上工业总产值1840亿元，比上年增加11.09%，其中街道负责工业累计产值232.17亿元，增长7.67%；商贸业销售额1407亿元，增长6.17%，其中街道负责商贸业销售额404.81亿元，增长21.76%；其他营利性服务业营业收入445亿元，增长34%，其中街道负责的其他营利性服务业营业收入128.97亿元，增长24.33%。

全街户籍人口出生982人，其中政策内出生917人，政策生育率93.38%；流动人口居住满半年以上出生788人，其中政策内出生720人，政策生育率91.37%。育龄妇女建卡率和全员人口建卡率均为100%。推进出生缺陷干预工程，打击“两非”，到社区、企业开展政策法规、优生优育等卫生知识讲座，举办卫计专题文艺表演；发挥各级计生协会作用，落实特殊群体生育关怀和帮扶奖励。开展严重精神障碍患者排查，在册管理118人，住院14人，评估率100%。

全街在册失业登记770人，其中成功推荐就业593人。“4050”人员失业登记483人，其中成功推荐就业406人，“4050”灵活就业人员社会保险资助525人次、71万元。举办就业进社区现场公益性招聘会3场。开展社工就业辅导服务1573人次、职业介绍服务就业辅导83人次、就业服务进社区活动3场。举办灵活就业人员社保补贴社区宣传2期，服务500人次。

推进医疗、养老保险全覆盖。户籍居民2.59万人参加社会医疗保险；30岁以上户籍居民1.61万人参加社会养老保险。全年为11户低保家庭、1户低收入家庭办理申请、续期；为323名老年人办理老年优待证；核查70岁以上户籍老人生存情况，全年发放老人长寿保健金1.61万人次、177.25万元；春节、中秋节期间慰问90岁以上老人、孤寡老人、低保户、低收入群体196人次6.34万元。

全街在册社会化管理退休人员1731人。协助145名异地居住退休人员完成养老金资格认证；探访“十类”人员2万人次，慰问困难及重病人员540人次；开展座谈会、讲座、参观学习等文体活动18场。投入211.5万元至街道级社工服务站，投入120万元至4个社区社工服务站，为居民提供资源链接、紧急援助、危机干预、心理减压、情绪支持等系列社工服务，服务居民5.68万人次。依托1家街道级、8家社区级日间托老服务中心，为老年人提供日间托老、爱心午餐、居家养老服务，全年为老年人提供文化娱乐、精神慰藉、医疗保健、日间托管等服务4.06万人次；为195名长者提供爱心午餐，服务4.68万人次；为42名老年人提供上门居家服务，服务3200人次，服务时数6456小时。是年，联和街家庭综合服务中心被评为广州市优秀社区志愿服务站点。

5月，联和街道退役军人服务站挂牌成立，下辖10个社区退役军人服务站。至年末，采集登记的退役军人和其他优抚对象信息人数772人，悬挂光荣牌730个。春节、八一建军节等重大节日分别慰问优抚对象和辖内驻地部队。中华人民共和国成立70周年之际为全街101名优抚对象每人送上2张电影票自行前往观看红色故事片。开展“不忘初心、牢记使命”退役军人专题“大走访”活动，投入9万余元购买毛毯1200份走访慰问辖内退役军人。全年走访573人，走访率74.2%。全年就业安置退役军人6人，申请就业安置的20名参战人员均已安置，为21名退役士兵办理补缴申请。

全年发放残疾人特惠补助368人次、11.04万元。开展残疾人各类救助申请审核，全年申请资助精神障碍患者专科门诊治疗42人次，资助金额9.86万元；机构康复训练类22人次，资助金额14.45万元；辅助器具资助类23人次，资助金额4.12万元；医疗康复类4例，资助金额5800元。春节、助残日和中秋节慰问残疾人396人次，发放11.54万元慰问金和慰问品。对10户残疾人家庭进行无障碍设施改造，投入10万元修缮街道康园工疗站。

对口扶贫清远市阳山县小江镇沙寮村。沙寮村光伏发电达5.6万千瓦时，收益49.43万元。开展"育苗行动"奖教奖学项目，利用社会捐赠资金，奖励优秀学生和教师，有5名优秀学生、10名优秀教师获得奖励。投入40万元支持沙寮村输水管道、太阳能路灯、主干道窄路拓宽、三面光水渠等多项民生工程已完工。对口帮扶贵州三都县中和镇及5个村扶贫。投入50万元，支持红星村完成环境整治、太阳能路灯建设与蔬菜大棚工程项目建设。落实"百企帮百村"扶贫结对帮扶，辖内企业与中和镇的达便村、水根村签订帮扶框架协议；翔龙公司捐赠50万元教育基金资助中和镇贫困学生。

**【党建工作】** 2019年，联和街党工委下辖党委10个、党总支部16个、党支部236个，有党员4845人。开展党员学习教育活动。围绕《习近平新时代中国特色社会主义思想三十讲》《习近平新时代中国特色社会主义思想学习纲要》等开展专题教育30余场次；进机关、社区、企业、校园宣讲50余次。组织参观党史、创业史档案文献展等各类参观学习120余场次；开展"爱党爱国爱家"主题活动120余次；购买发放各类党建书籍、学习笔记1.5万册。开展"千名干部深入基层、万名干部联系群众"解难题行动，3500余人次参与"垃圾分类"宣传、预防"登革热"环境治理、扶弱助困等服务活动。

开展"不忘初心、牢记使命"主题教育活动，以《习近平关于"不忘初心、牢记使命"重要论述选编》等为重要读本，集中学习研讨22次。围绕垃圾分类精细化管理、破解"三旧"改造难题等9项重点工作开展调研，形成调研报告11份；召开6次专题会议研究解决问题。建立完善"一台账、两清单"，查找问题133项，制定整改措施165条，立行立改。解决天鹿花园等4个拆迁安置小区管道煤气安装等22件群众"三心事"，推进加速7个"三旧改造"及重点项目征地拆迁，如期拆除别墅40余栋。

加强党组织标准化建设。规范党员管理和组织建设，整建制转入党组织101个，接收党员3670人，转出党员249人，发展党员28人。升格党组织9个，新成立党支部12个。落实基层党组织书记党建第一责任人职责，推进基层党组织"头雁"工程，开展党组织书记培训5次，260余人次参加。转制社区党组织书记"三个一肩挑"。完成天鹿湖社区软弱涣散党组织整顿工作，实现由后进变先进的"逆袭"。"两新"组织党建实现质的提升，党的组织、党的工作100%全覆盖。党群服务组全年走访企业700余家。是年，广州科学城园区"两新"组织党委被评为"广州市先进党组织"。

加强党群服务阵地建设。完成街道"1+10+N"红色阵地建设布局。推进街道党群服务中心二期建设，整合区图书馆创新基地分馆和育廉馆党建教育资源功能，新设"联和街党校分教点""党建业务接待窗口"等服务功能，组织开展专题活动30余次。依托党群服务中心，完善街道党校及各分教点建设，培训党员4000余人次。10个社区党群服务中心全面建设或改造升级完成，融合社区政务服务站、社工服务站、"两代表一委员"服务站、新时代文明实践站等功能站室，融合率100%。同步推动企业建设党群活动室。

**【纪检监察】** 2019年，联和街修订贯彻落实"两个责任"加强党风廉政建设统一领导工作方案，压实街道党工委主体责任和街道纪工委监督责任。围绕村社自留地开发、征地拆迁等重点工作强化执纪监督。配合黄埔区委村级巡察第二组完成对黄陂、暹岗、玉树、天鹿湖4个转制社区开展的第三轮村级延伸巡察工作。完善"抓早""抓小"工作机制，组织新提拔干部任前谈话和廉政谈话，强调纪律挺在前面，谈话提醒有苗头性、倾向性的党员干部。开展党风廉政教育，强化纪律法规学习，开展警示教育宣传。纠正"四风"，加强对党员干部"八小时以外"监督管理，强化节日期间廉洁纪律。制订廉洁文化进社区工作方案，开展群众性廉洁文化宣传活动和好家风宣传活动22场，受众2816人次。健全廉政风险防控机制，贯彻落实"三重一大"决策制度，落实项目监督评审机制，坚持选人用人原则，强化对拟提拔人选的廉政审查。完成社区监察站挂牌9个。全年处理信访举报22件，立案7件，党纪处分5人，诫勉谈话1人；通报批评2人；提醒谈话23人，发出监察建议书2份。

**【人大代表履职】** 2019年，黄埔区人大联和街道工委补选2名黄埔区一届人大代表。组织代表参加"不忘初心，牢记使命"主题教育党课、"羊城代表学堂"，参加南京大学、西安交通大学培训班，赴深圳、珠海等地参观学习人大工作规范化建设和创新社区管理经验。搭建平台，完成人大代表之家、人大代表社区联络站与"两代表一委员"联络站（点）融合工作。组织代表参加活动79人次，其中人大代表进社区活动33次，接待选民群众173人次，收集问题意见17条。实地视察调研暹岗、黄陂社区以及联和社区相关自然村"三旧"改造情况、八斗经联社自留地选址落地问题、天鹿花园管道燃气建设问题、玉树社区配套公立幼儿园问题、残疾人工作、开创大道北与广汕路交界路段交通情况、天鹿湖森林公园文化产业项目等。听取和审议街道办事处2018年工作报告、2019年业务专项经费、机动财力、工作专项经费预算草案，检查街道2019年上半年部门预算执行情况及科学城科珠路和科林路交叉口隧道工程建设情况、阳光预审街道2019年部门预算执行情况及2020年部门预算草案、财政投资重点民生项目——联和街公共服务及文体中心建设工程项目等。

【社会治安综合治理】 2019年，联和街道刑事治安警情1645件，比上年下降11.7%，刑事拘留175人，上升7.4%；治安拘留218人，下降17.4%。协调处理司法、劳监、信访等各类案件及矛盾纠纷684件，涉及1.35万人，涉及金额1.90亿元，调解矛盾纠纷684宗，调解成功率100%。

【来穗人员和出租屋管理】 2019年，联和街道登记在册出租屋3713栋、5.39万套，来穗人员8.2万人（含科学城企业员工）。新办理居住证4850人，新办理房屋租赁备案1.08万件，新登记来穗人员信息4.6万条，注销来穗人员信息8.9万条。联合开展出租屋清查行动103次，出动人员1155人次，发出整改通知书1541份，整改出租屋首层直通天面楼梯571栋，出租屋逃生出口等消防安全隐患4235套。结合积分制政策、居住证等热点问题和防诈骗、防盗窃、消防安全等主题，举办户外宣传活动5场，派发宣传资料2万余份。投入9.8万元以“社区人文关怀建设”为着力点，开展“融合共享，汇聚联和”及“凝聚青春力量，共享融合发展”等街道来穗融合服务项目，重点关注来穗儿童青少年融合，建立健全“来穗人员之家”“来穗融合大讲堂”阵地。全年开展来穗大学堂、来穗儿童青少年融合活动等各类活动29场，参与来穗人员4705人次。

【司法服务和人民调解】 2019年，联和街道接待群众来访法律咨询330人次，出版普法宣传栏4期，印发法治宣传资料1.2万份，举办法律宣传咨询活动10次，举办学法培训班、讲座、法制课4场。在册安置帮教对象53人，安置人数53人，安置率、帮教率均为100%，重新犯罪率和脱管率为零；社区矫正服刑人员在册32人，解除矫正23人，接收矫正33人，接收率100%，重新犯罪、脱管和失控率为零。开展矛盾纠纷排查70次，调处调解案件70件，调处70件，调处率、成功率均为100%。

【城区建设管理】 2019年，联和街道开展“干净、整洁、平安、有序”环境综合整治。治理违法建设470宗、面积13.76万平方米；完成图斑整改18宗，整改违法用地4.72万平方米；开展综合突击巡查专项整治行动1185次，罚款45.51万元；教育劝离“六乱”等行为1962件，劝导教育违停车辆6500辆，整治五类车800余辆，整治共享单车9000余辆；拆除乱拉挂广告牌（横幅）756个，拆除广告箱等1537个。

加强城市环境卫生精细化管理。全年清运生活垃圾1.83万吨，大件废弃物1750吨。垃圾日产日清，垃圾清运率100%，环境卫生干净整洁常态化。开展环境卫生专项整治行动。全年整治卫生黑点321处、出动人员1030人次、出动大型压缩车32辆次、出动车辆935辆次。清理树枝、树叶、生活漂浮垃圾370吨。

推进垃圾分类工作。辖内物业小区15个（包含4个转制社区），全部实行楼层撤桶、楼下定点，其中6个垃圾分类样板小区，坚持“定时定点”的生活垃圾分类投放运作模式。组建20人的垃圾分类指导工作专业队，75人站桶守点志愿者和200余人的义务垃圾分类宣传队。开展生活小区垃圾分类入户宣传1.55万人次、生活小区户外宣传活动4082次、机团单位上门培训活动23次、宣传1.96万人次、派发宣传资料1.96万份。购置240升分类垃圾桶200个、60升分类垃圾桶240个，升级改造小区生活垃圾定时和误时投放点，并设立洗手盆。指导完善垃圾分类基础设施配置，增强垃圾分类宣传氛围，督导建立垃圾分类专项台账。

开展全国第二次污染源普查。对黄埔区下发的1395家企业名单，通过网络查询、电话咨询、入户清查等方式展开排查。对企业进行环保专项及日常检查企业255家次，要求整改企业169家，立案查处企业13家，督促整改完成68家。排查工业园区11个、281家企业。加强工地扬尘监管。全年巡查辖内工地86个、554次，发整改告知函32份。发现和处理露天焚烧17宗，派发禁烧宣传单3250份，派发《拒燃烟花爆竹倡议书》至各社区400份。开展机动车维修行业综合整治，辖区内汽修企业有60家，全年开展检查144次，并完成综合整改。检查辖区内7家加油站油气回收系统26次。

河涌治理。实施辖内河湖治理系列工程，包括乌涌广深高速以南至科林路段全线升级改造、天鹿湖环湖截污、小乌涌调水补水、黄鳝田水库除险加固、天鹿南排水系统整治、万里碧道建设等工程项目。组织召开河（湖）长制工作联席会议，河长牵头、多部门协同联动推进治水工作。开展河湖“四洗五清”“清四乱”活动，全年清理河湖、沟渠水体及两岸垃圾、杂物、障碍物60余宗。摸查河湖违建21宗，拆除销号18宗。摸查典型排水户290家，季度巡查率100%。源头减污上报线索59条，全部落实销号。针对企业、工地错、漏、混接以及违法排放问题，联同水务、环保、城管等部门综合执法43次，开具执法文书37份，"回头看"106次，督促整改率100%。全面排查街辖内17个山塘、水塘、鱼塘，对问题突出的14个小微水体制定"一点一策"纳入整治计划。

全年"广州河长"APP受理群众反映水环境问题132宗，通过市、区河长办交办水环境问题46宗、"广州河长"APP转办问题74宗、"12345"受理群众反映水环境投诉12宗，信访受理群众反映水环境问题2宗。投入45万元购买服务，安排人员巡查河涌。是年，乌涌被评为广州市"水清岸绿、鱼翔浅底"9条示范性河涌之一。

"散乱污"整治。开展"散乱污"排查清理整治。整治行动分四个阶段进行，第一阶段排查"散乱污"企业223家并全部完成清理整治，其中拆除52家、搬离100家、停产停业27家、整治提升44家；拆除河涌两岸违建40处、拆除面积1.13万平方米。第二阶段对用电量3000千瓦时以上大数据工单进行排查，排查1710家，其中居民类1272家、企业类438家（排查率100%），排查出"散乱污"场所34家并完成整治。第三阶段全覆盖无遗漏排查整治街辖内"散乱污"企业（场所），地毯式排查出136家并完成整治。第四阶段，完成用电量2000~3000千瓦时大数据工单排查，排查1524家，排查率100%，排查出"散乱污"场所14家并完成整治。

**【城市更新改造】** 2019年，联和街道完成征地22.82公顷，包括广州新白云国际机场第二高速公路项目22.48公顷征地、黄陂小学东侧路及联和南路东延线项目红棉酒家地块及暹岗地块0.34公顷征地。完成收地59.29公顷，包括广州新白云国际机场第二高速公路项目收地8.6公顷、大凼征地拆迁项目收地27.29公顷、玉树村华光庙及马坑园地块收23.4公顷，保证重点项目地块供地。完成拆迁面积8.76万平方米，包括省委党校用地项目1.41万平方米、黄陂小学东侧路及联和南路东延线项目及黄陂社区大凼经济社征拆项目7.11万平方米、暹岗二期安置房地块拆迁项目0.24万平方米。全年开展暹岗、长安龙伏、华侨、沙湾、黄陂公司5个片区旧村改造，拆除房屋882栋及附属物面积39.4万平方米。

**【安全生产和劳动监管】** 2019年，联和街道检查企业安全生产2946家次、"三小"场所6062家次、油气站10家、在建工地38个，排查隐患548处，完成整改率100%。全年办理一般行政处罚案件立案16件，处罚5.3万元，办理打非治违案件2起，查获非法加油车3辆，安全转移燃料油1.82吨。组织参与企业、社区应急救援逃生演练20余场次，参加人数6000余人次。安全生产月、消防宣传月期间，举办安全生产趣味运动会，开展应急演练及消防体验活动。

全年处理区劳动信访立案投诉213件、涉及人数346人、涉及金额约700万元、结案率98%。接"12345"政府热线转办案件487件，涉及人数1.53万人、金额1.9亿元，结案率99%。另接信访云综合处理系统、网上投诉案件27件，涉及人数3.12万人、涉及金额约410万元，结案率99%。接待来访群众117批次。至年末，常态巡查各类用人单位61家，涉及人数3.31万人，对2家存在用工不规范的企业发出询问通知书，对3家存在违法行为的企业开具整改通知书。

**【社区文化建设】** 2019年，联和街道推进街道公共服务及文体中心可行性研究报告的设计、编制工作，该项目已通过可研报告评审、区人大"阳光预审"政府投资项目审查及区管委会的研究立项主题会议阶段。协助区体育局开展辖区体育场地和设施统计调查，调查企业50家、社区9个，普查出足球场3个、健身路径27条、篮球场45个、羽毛球场56个、游泳池9个、网球场5个、门球场2个、健身房5个、乒乓球台23张、高尔夫球场1个、马术场1个、攀岩馆1个。投入2万元，更换、维修黄陂社区部分损坏健康路径器材和篮球场损坏围网。投入5.98万元改造天鹿花园休闲娱乐活动场地。接收富春山居429平方米文体活动站。投入35万元装修建设峰湖御境综合性文化服务中心。

开展群众文化活动。在文化站、各社区举办全民阅读活动39场次，惠及社区居民1700人。面向辖内单位、企业组织开展迎春文艺演出、庆元宵游园活动、迎新春挥毫送春联进社区、第五届广场舞比赛、庆祝中华人民共和国成立70周年书画展、联和街才艺大赛、元旦文艺晚会等活动27场次，受众1.7万人次。成立舞蹈队、合唱团、柔力球队、器乐队4支街道文艺队伍，并开展系列培训活动。全年投入4.4万元支持暹岗曲艺社、富春旗袍队、黄陂篮球队等14支社区团队建设。打造特色品牌文化，本土作协会员创作《你我的联和》《放歌联和》原创诗歌、舞蹈队编排原创舞蹈《客乡茶韵》等。开展"扫黄打非"绿色书签活动，派发资料1400份。开展国庆节前出版物文化市场巡查和整治行动。

开展全民健身活动。组织100名社区居民开展柔力球培训，50名社区居民和企业职工参加乒乓球协会年度交流赛。组织联和山下创義堂及联和醒狮队参加第15届广州民俗文化节开幕活动获参演奖。组队参加“市长杯”羽毛球男女混合团体赛（黄埔赛区），获青年组和中青组第四名；“市长杯”乒乓球百姓系列和谐赛（黄埔赛区）获第五名；全民健身日活动暨黄埔区健身气功比赛获“八段锦”组一等奖。组织辖内600名社区居民参与完成国民体质监测工作任务。组织1100名群众为黄埔马拉松参赛选手们声援助威。

**【经济发展服务】** 2019年，联和街道企业服务中心结合黄埔区“金镶玉”系列企业扶持奖励政策，举办大型政策宣讲会和企业座谈会11场、企业高管政策培训及统计员业务培训等5场，参会人数1500余人次。举办暖企文艺会演2场，辖区企业员工1800余人参加。到辖内孵化器及各大园区开展企业查询和上门实地调查，核查绿地智慧广场、科汇金谷、创新大厦、创新基地、国际孵化器等企业2500余家，结合基本单位清查工作，统计企业基本经营情况，为四大工程规模以下企业转四大工程规模以上企业以及全国第四次经济普查清查打下基础。

**【转制社区】** 2019年，联和街道有转制社区4个：黄陂社区、暹岗社区、玉树社区和天鹿湖社区。辖5个经济联合社（黄陂、华沙、暹岗、玉树、八斗），26个经济合作社（黄陂9个、华沙2个、暹岗9个、玉树3个、八斗3个）。全街有集体农用地总面积887.13公顷，物业面积28.01万平方米，货币资金7.49亿元，签订合同204份。至年末，辖区集体经济组织实行股份制固化，股东人数9502人。全年农村经济总收入2.50亿元。

黄陂社区。总面积7.14平方千米。辖自然村2个：黄陂（9个经济社）、华沙（2个经济社）。有耕地面积11.74公顷，山林地面积235.32公顷。至年末，有户籍人口1.05万人，流动人口2万人。全年经联社经济总收入2111.36万元，经济社总收入5694.32万元，社级人均股份分红额2.57万元。

暹岗社区。总面积5.8平方千米。辖经济社9个。至年末，有户籍人口4738人，流动人口1.43万人。全年经联社经济总收入886.25万元，经济社总收入10691.66万元。

玉树社区。总面积0.5平方千米。辖自然村2个：玉树（3个经济社）、马坑园。至年末，有户籍人口1607人，流动人口5070人。全年经联社经济总收入2122.27万元，经济社总收入1919.35万元，社级人均股份分红额2.9万元。

天鹿湖社区。总面积13.67平方千米。辖自然村7个：老屋、榕树坑、茶山下、慕园、东社、北社、璋坑，经联社1个。有耕地面积9.7公顷。至年末，有户籍人口2508人，流动人口716人。全年经联社经济总收入97.92万元，经济社总收入235.25万元，社级人均股份分红额965元。

（林萍　周海仪）

## 永和街道

**【概况】** 2019年，永和街道总面积33.2平方千米。辖4个转制社区：新庄、永岗、禾丰、贤江，37个经济社，5个城市社区：青藤、蓝藤、山景城、里享家和珠江嘉园。户籍人口2.9万人，常住人口8.5万人。辖内有规模以上企业250家，其中工业205家、批发零售业12家、服务业20家、住宿餐饮业5家、建筑业1家、房地产业7家。街辖规模以上企业工业总产值527.31亿元，比上年增长1.19%；批发零售业销售额24.67亿元，下降2.17%；服务业营业收入27.3亿元，增长7.2%。

全街户籍已婚育龄妇女7097人，流动已婚育龄妇女1.44万人。出生1760人，其中户籍出生1043人、流动人口出生717人，常住人口出生1359人。全年为计划生育家庭购买综合保险416户1129人11.29万元，发放2019年度独生子女保健费及办理父母光荣证一次性奖励1.35万元。孕前优生健康检查参检336人。开展打击“两非”联合整治行动和摸查行动4次、宣传活动4次。发放外用药54盒、避孕套30.12万只、口服药14盒。处理人口统计数据信息1.66万条。

全年举办劳动就业招聘会3场，参加企业90家，提供职位1612个、岗位1762个，达成就业意向828人。摸查劳动力300人次；慰问就业困难群众24人次；安置残疾人就业5人次。完成全民参保登记调查，开展城乡居民医保参保扩面宣传活动5场次，派发宣传资料1240份，宣传礼品685份。至年末，参加城乡居民医保1.23万人。加强街辖4个社区日间托老服务中心监管。是年享受日间托老、爱心午餐的长者128人，申请社区居家养老服务的老人10人。

4月，永和街道退役军人服务站挂牌成立，社区退役军人服务站同时成立。开展全街500名退役军人、现役军人家属、其他优抚对象管理服务工作。开展慰问活动，举办“八一”、春节双拥座谈会、2019年退役军人返乡欢迎会，并组织退役军人适应性培训。发放悬挂“光荣之家”牌400余块。为60余名退役军人办理社保转移接续，为9名退役军人申请“三难”救助。是年，退役军人卢运柏被评为黄埔区首届最美退役军人。是年，接管永和街东江纵队纪念广场的管养服务。

全街持证残疾人455人，其中智力残疾38人、肢体残疾202人、言语残疾4人、听力残疾97人、视力残疾30人、精神残疾67人、多重残疾17人。全年新办更换二代残疾人证173人次，注销19人；二代乘车卡办理15人，年审88人次。为3246人次申请护理补贴，为28人次申请困难生活补贴，给28人发放特惠补贴8400元。申请残疾人职工医保零星报销196人次12.4万元，职工社保资助3人1.46万元。开展残疾人基本服务状况和需求专项入户调查466户。申请残疾人住院医疗救助5人次2000元，资助精神病康复入院治疗4人2.4万元。申请资助精神免费服药62人12.7万元。申请资助康复机构训练类14人20.3万元。资助19.2万元为街道残疾人配发35件辅助类器具。全街符合就业条件的残疾人就业率80%。为9名残疾学生申请扶残助学金1万元。节日期间走访慰问困难残疾人家庭18户16.6万元。完成10户残疾人居家无障碍改造工程。为全街455名残疾人续缴医保。

对口帮扶清远市阳山县太平镇大清村。至年末，自筹资金全部用于改善大清村基础设施和走访慰问贫困户，全年完成8项，投入资金67.54万元；1项正在进行中，需投入资金5万元。完成使用区统筹资金100万元，实施6项贫困户增收项目。至年末，完成全村预脱贫74户211人，脱贫率97.74%。

**【党建工作】** 2019年，永和街党工委以党建为引领，从实际出发，创新社会治理，加强基层建设。整合资源，统筹各方力量搭建党员活动经常化平台开展主题党日活动，全年开展主题党日活动28次，2800人次参加。开展“不忘初心 牢记使命”主题教育活动。制订主题教育实施方案计划，开展集中学习、革命传统教育、党课宣讲等学习教育活动38次，参加活动1800人次；将调研工作纳入主题教育实施方案，深入社区、基层开展调研41次，检视道路交通、市政等民生问题70多项，并及时报相关部门跟进处理。落实党群联系制度，发挥党群服务中心、新时代文明实践中心等平台作用。全年街党群服务中心接待外来参观单位36家360人，开展“新时代文明实践中心”宣讲会21场，1500人次参加。通过党员家庭户联系群众制度，走访联系户2217次，解决群众困难、问题176个。加强社区党群服务中心建设，至年末，建成社区党群服务中心8个，为党员居民群众打通服务“最后一公里”。

“两新”组织党建。在全街305家企业中组建党支部45个，至年末，永和街非公企业党组织覆盖率100%。创新成立汉德、澳加、红棉、永兴、汽配、精细化工、食品行业、生物科技8个孵化器党支部，覆盖辖区内规模以上企业近300家。服务“两新”组织，开展党员发展、组织党员活动、党组织筹建等工作，发挥“孵化器”党支部的孵化党员、孵化活动、孵化组织三方面作用，形成“两新”党建新模式，实现“两新”组织党组织全覆盖。

软弱涣散党组织整顿。贤江社区、禾丰社区党委被列为2019年软弱涣散党组织整顿对象，永和街党工委制订整顿软弱涣散社区党组织工作实施方案，成立以街党工委书记挂点指导，挂片领导、第一书记具体抓，各科室为成员单位配合的工作领导小组。从配强社区党委班子、推进城市更新工作、解决历史现实问题、改善人居环境整治、挖掘红色文化等方面入手，巩固社区党组织的领导核心地位，提升社区“两委”凝聚力和向心力，整顿成效明显。

**【纪检监察】** 2019年，永和街纪工委全年立案15件15人，结案15件，办理信访7件，办结率均为100%。以问题为导向开展谈话提醒21人次。开展暗访33次，对辖内18口小微水体（鱼塘）和2个水库水体整治情况进行突击式检查；开展群众接访活动9次，接待信访群众26人次，进社区走访35次，收集整理群众反映问题38项。制定社区监察站积分制工作业绩考核办法，4个社区监察站接待群众58人次，走访68次，参与社区重大会议125次，上报反映各类问题8件，由街道监察组完成调查并作处置16件，处理信访及化解矛盾纠纷32件。完成4个社区153名“两委”班子成员和经济社社委廉情档案的填报工作。深化作风建设，开展常态暗访23次，发出上班纪律检查情况及会风会纪检查情况的通报，严防“四风”反弹。梳理职权42项，查找岗位业务廉政风险153个。开展廉洁文化宣传活动7场，派发宣传单3000余份、宣传品1000余份，现场解答群众问题90余个。永和好家风榜样刘瑞莲事迹登载《黄埔新时代》；街道选手于艺作品《孝行永和》参加区纪委主办的《我的祖国我的家·弘扬黄埔好家风》演讲比赛获三等奖，作品《天上掉下个金龟婿》参加市妇联主办、各区妇联协办的《我的祖国我的家·弘扬广州好家风》演讲比赛获三等奖。

**【人大代表履职】** 2019年，永和街道有黄埔区人大联组代表14人，其中党政机关6人、社区代表3人、企业代表5人。是年，黄埔区人大永和街工委落实解决民生实事项目，收集代表提交建议9件。调动资金126.58万元，用于开展民生实事项目的建设21项，是年完成12项。组织代表到社区联络站联系群众活动6场次，收集群众意见、建议23条，并上报协调相关部门解决。听取和审议街道机动财力执行情况和预算安排、重点工作和重点项目报告，并提出综合性意见。

【社会治安综合治理】 2019年，永和街道综治信访维稳中心受理信访和“12345”交办案件1138件，调处成功率100%。调处各类纠纷110宗，达成书面调解协议31宗，调解金额2709.6万元，调解成功率100%。

群防群治。广州街坊·华峰志愿服务队、由参战退伍老兵组成的“永和街夕阳红”志愿服务队参与属地社会治安巡防、帮扶解困济贫、搜集上报治安和安全隐患、及时掌握涉邪教社会动态等一系列任务，全年辖区刑事治安警情大幅下降。“广州街坊·新庄小学家长护航队”“广州街坊·永岗小学星火护航队”“广州街坊·贤江小学贤心护航队”等群防群治品牌队伍在学生上学、放学时段，在学校门口维护交通秩序。5月，“广州街坊·华峰志愿服务队”入选“2018年广州市十大群防共治品牌队伍”，全年开展各类宣传教育活动23场，受众2000余人。

特殊人群服务管理。永和街道被定为省级社区戒毒社区康复工作示范点、市级网格化示范街镇，连续三年被评为区禁毒工作考核优秀单位。至年末，辖区有在册吸毒人员137人，吸毒人员社会化管控系统管控率全年保持100%，吸毒人员网格化管理服务100%。社区戒毒社区康复人员就业率92.5%。全年开展禁毒宣传“六进”活动213场次，禁毒教育馆接待区、街道机关党员干部、社区“三委”干部、社区群众、企业员工、青少年学生、吸毒人员家属108批次5500余人到馆参观，接受警示教育。开展“防范邪教进校园、进社区、进企业”16场。辖区精神病人得到有效管控及救治救助，未发生严重精神病人肇事肇祸事件。

“打非治违”整治。全年开展“打非治违”行动15次，立案查处3件，处罚金额4.5万元，移交公安机关2件、行政拘留1人，取缔非法加油站点2处，查获成品油58.36吨，非法加油车9辆。开展烟花爆竹打非巡查出动142人次，检查场所88处。开展“五类车”专项整治30余次，查扣“五类车”341辆，查处乱停乱放机动车1675辆。开展多部门联合执法行动16次，清除不规范煤气瓶300余瓶，拆除违建和临时搭建棚70多处，清理违规停放、充电电动车1000余辆，检查各类场所320家，发现并整改隐患497处。

“扫黑除恶”专项斗争。成立永和街道“扫黑除恶”专项斗争领导小组，定期召开专题会、推进会，听取汇报，研究部署，统筹推进“扫黑除恶”工作深入开展。开展线索排查活动，在社区及人流密集场所设置线索举报信箱20个。开展多形式、多渠道、全方位宣传活动。在广场、公交车站、辖区主干道、市场、村（社区）等地设置宣传专栏9块、宣传展板38块、宣传牌39个，向全街1.3万名群众通过街道短信平台发送信息。全年开展宣传活动39场，悬挂横幅84条，派发宣传资料2万余份。机关办公区域、政务服务大厅、企业智能宣传车、各社区LED显示屏和社区门禁系统巡回播放“扫黑除恶”卡通宣传片和宣传标语。利用“永和平安”微信公众号、QQ群、微信群发送《致永和居民朋友的一封信》，公布举报方式，全民参与“扫黑除恶”。是年，黄埔区开展政治、法治、德治、自治、智治“五治同创，阳光村居”社区治理创新，贤江社区被列为试点之一。

【来穗人员和出租屋管理】 2019年，永和街道登记备案出租屋4557栋5.90万套，比上年增长6.55%和12.4%。登记在册流动人员7.18万人，增长8.57%。代征出租屋综合税459.07万元，下降1.92%。联合开展专项整治行动53次，出动3896人次，排查出租屋550栋、7087套，入户巡查2442套，清查流动人员2689人，登记流动人员535人，注销流动人员301人。清查、复查时租日租房2183套，重点出租屋259套，经营场所843户。至年末，安装智能门禁596套，覆盖出租屋1.04万套。

积分入学和积分制受理。全街接受积分入户申请403人，已成功入户广州96人，全年核验受理资料115人；积分入学网上接受资格申请605人，通过资格审核590人，通过积分初审476人，积分制处理3842人次。

来穗人员融合服务。全年开展融合服务活动15次，为多家大型企业服务2500人次；开展社区宣传、讲座10余场，服务4000人次；开展“关爱暑期‘候鸟儿童’成长计划”活动，为来穗“候鸟儿童”开设融合课程38项，提供服务4500人次；开展关爱长者、来穗朋友服务活动，探访本地困境长者、孤寡老人75人次。

【司法服务和人民调解】 2019年，永和街司法所及村居法律顾问参与各种法制宣传教育活动26次，开展普法讲座16次，进校园、进企业、进社区提供法律咨询136次，各村居法律顾问每年提供法律咨询不少于96小时。普法活动对象2.6万人次；发放各类普法资料3000份、法制宣传单4000张。成功提供法律援助2件。至年末，街辖在册刑释解教人员25人，在册社区服刑人员35人，均纳入信息化管理并做到一人一档，建档率100%，未发生脱管、漏管和重新犯罪现象。全年调解矛盾纠纷案件调解纠纷39宗，调解成功率100%，调解金额300.8万元。是年，纠纷案件中占比较大的矛盾纠纷类型有：死亡赔偿纠纷6宗，人身损害赔偿纠纷7宗，雇佣关系纠纷9宗。

【城区建设管理】 2019年，永和街道城市管理执法办案223件，行政处罚款25.88万元。组织大型拆违行动32次，控制、拆除各类违章建筑（含乱搭建）531宗、面积16.05万平方米。开展市容环境专项整治行动62次，出动3860人次。禾丰社区被评为“黄埔区2019年度容貌示范社区”。

全年开展燃气执法管理专项摸查整治行动25次，出动人员182人次、车辆36辆次。清查违规使用燃气的代充点24家，暂扣存在隐患不合格燃气瓶492个。查封燃气代充点9个。

全年整治内街内巷卫生环境，整治道路沿线和闲置空地卫生黑点2180处，清理社区居民丢弃废旧家私等物品和垃圾1350车，清理杂物2300处，清理积水3150处，清理乱粘贴乱涂画7.4万处，清扫其他垃圾1.9万吨，升级改造垃圾收集点12处。

开展垃圾分类宣传“四进”活动。举办宣传活动203场，入户宣传1.2万户，印发宣传单、彩页20万份，赠送分类垃圾袋、纸巾盒等3万份，制作宣传栏60个、墙绘19处。开展垃圾分类主题绘画比赛，4000余名学生参加，巡回展出优秀作品50幅。全年餐厨垃圾分拣分运、厨余垃圾分类每月1000桶约640吨；分类回收低值废旧衣服、纸类、铝铁制品、塑料瓶等109吨；回收废木材560吨，树枝树叶就地粉碎消化92吨，减量率25.27%。是年，永和街道5个垃圾分类样板小区通过广州市检查考评均合格，其中禾丰新村样板小区排名广州市600个样板小区第39名。

全年投入83.34万元完成惠民小工程12项。包括新庄社区隔塘社小公园升级改造、横坑社公园周边整治、甘竹中街路面水泥硬底化；永岗社区田心社篮球场改造、井头社小鱼塘围栏增设；禾丰社区新村蓄水池建设、禾丰新村体育设施维修及更换、禾丰新村足球场及周边环境整治、禾丰新村沙井盖新增塑胶圈、布岭社篮球场石凳增设；贤江社区贤堂正街周边绿化整治、江东社沙塘路改造、贤江公园垃圾桶更换。完成新建公厕1座、改造2座、维修5座。投资175万元推进门店招牌整治提升工程建设，统一改造田园路、小东社、新安路等招牌，至年末，完成工程量70%。实施贤江新村社、来安社贤三社乡村绿化美化建设工程项目，至年末，完成工程量80%。

河涌治理。落实河长制。全年开展主题治水宣传27次，派发宣传礼品6500余份、治水宣传单8800余张、“全力打好污染防治攻坚战暨涉水涉污持证简述”456份、生态环境调查表373份。开展永和河14个排污口溯源排查，排查企业242家，督促完成整改130家，整改105家，关停7家。开展“散乱污”场所清理整治153家。推进“环保管家”试点建设，将水环境治理作为重要内容纳入“环保管家”试点建设项目；推进区分解的98户违法排水户整治，并全部完成整改；巡查排水户2160余家次，排查发现57家违法排水户并完成整改；对47家污染源开展整治并完成销号。投入经费37万元，对永和河、洞尾河实施季度洗河行动，清理绿化带面积174.80万平方米、人行道面积18.38万平方米；投入6.6万元清理红旗水库段水面4400平方米。清理整治涉湖范围内的违法建筑，督办拆除红旗水库尾违建房屋面积140平方米；开展联合整治专项行动，排查涉水企业83家，落实督办和整改42家。是年，永和河实现消除黑臭目标。

【城市更新改造】 2019年，永和街道收地238.99公顷，拆迁4.82万平方米，征地6.25公顷。3月，拆除开元学校教育地块“钉子户”；5月，完成禾丰社区已拍地块上7个动迁户签约；6月，处理完成敏瑞公司涂装生产线停产补偿事宜；9月30日，完成黄埔区有轨电车1号线（永和段）试行通车；11月，完成翟洞村已征土地的收储和管理目标，收回翟洞村256.27公顷已征土地，并完成围蔽；12月，完成110千伏东北外绕线配套工程、洛科威整体收储和怡全厂房拆除。协调田园路西延线、长岭居规划一路、元永路西延线、长平路西延线和规划二、三、五路建设及其市政配套工程征拆工作。加快城市更新改造进程，新庄、永岗、贤江社区已与区属国企签订前期服务协议，启动房屋、物业、土地等基础数据测量工作。

新庄社区改造。1月23日，与高新区集团和中鼎集团签订框架协议，完成片区概念规划研究、旧改规划展示中心选址及选出基础数据摸查测量单位等工作。7月23日，成立中鼎城市更新集团新庄项目部。

贤江社区改造。7月18日，与科城鑫合城市更新公司签订旧村改造前期服务协议。11月中旬，完成旧村改造意愿征询表决，并成立贤江社区城市更新指挥部。12月，开展入户测量并实施方案编制，至年末，测量房屋209栋。

永岗社区改造。2月28日，与知识城集团签订前期工作协议。8月16日，举行城市更新基础数据调查工作专题培训会。11月29日，启动永岗社区范围10个经济合作社的私人房屋测量，至年末，完成705栋房屋测量。横迳联社与时代集团签订合作意向，数据调查基本完成，基础数据核查外业工作完成。

【安全生产和劳动监管】 2019年，永和街道开展安全生产、交通、消防宣传活动16次。针对各学校及容易造成交通事故地段，派发宣传资料2万余份，交通劝导教育群众5500余人次，与辖内餐饮、酒吧、酒店等场所负责人签署劝阻酒、醉驾责任书70份，录入交通劝导日志2650条。全年接火警41起，出动车辆62辆次，出动警力366人次，抢救和疏散被困人员149人，抢救财产价值79.3万元。全年检查企业1389家次，“三小”场所1344家次，开具文书3512份，责令限期整改指令书323份，整改复查意见书338份，发现整改隐患323处，复查整改率100%。全年办理行政处罚案件18件，处罚金额17.5万元，全年零行政诉讼。安全责任险投保167家，完成率111%。

【社区文化建设】 2019年，永和街道举办各类培训、赛事和演出350余场，参与人数5万人次；接待大型培训、演出类活动15场。街道图书馆藏书3.43万册，入馆总人数9418人次，借还2094人次。

【第四次全国经济普查】 2019年，永和街道完成第四次全国经济普查工作。清查阶段街辖底册单位2162家，其中核查正常填表单位1340家，标注单位822家，实际上报单位1447家，个体户清查1988户。普查阶段街辖普查非一套表单位1524家，标注非一套表单位672家，清查一套表单位239家，登记上报非一套表单位1416家，抽样调查个体经营户56家。

【转制社区】 2019年，永和街道有转制社区4个：禾丰、新庄、贤江和永岗社区。

禾丰社区。总面积10平方千米。辖经济社10个：新村社、九岭社、布岭社、禾朗社、上围社、下屋社、斗塘社、木古社、田心社、石迳社。有山林地326.83公顷。户籍人口4214人，流动人口6274人。是年，农村集体经济组织收入（集体土地出让出租收益）3316万元，人均分红收入10.75万元。

新庄社区。总面积4平方千米。辖经济社6个：小东社、横坑社、甘竹社、隔塘社、甘中社、柯元社。有山林地187.09公顷。户籍人口2836人，流动人口2.98万人。是年，农村集体经济组织收入（集体土地出让出租收益）1139.13万元，人均分红收入2942.71元。

贤江社区。总面积8.7平方千米。辖经济社8个：贤一社、贤二社、贤三社、新村社、江东社、东胜社、东新社、来安社。有山林地158.74公顷。户籍人口5168人，流动人口1.24万人。是年，农村集体经济组织收入（集体土地出让出租收益）1756.06万元，人均分红收入1935.42元。

永岗社区。总面积4.5平方千米。辖经济社13个：横东社、横南社、横北社、井一社、井二社、井三社、吓围社、田心社、雅瑶社、永茂社、罗宙社、宋屋社、树吓社。有山林地116.72公顷。户籍人口3983人，流动人口2.44万人。是年，农村集体经济组织收入（集体土地出让出租收益）3322.82万元，人均分红收入4897.4元。

【翟洞村征地收储完成】 翟洞历史遗留问题时间跨度长达10多年。2003年12月3日，原萝岗区征用翟洞村土地88.87公顷，2007年12月26日，再征用167.4公顷，合计256.27公顷。至2019年上半年，实际开发利用仅53.33公顷。2019年，黄埔区委、区政府针对翟洞村已征土地回收问题，多次调研、召开专题会议研究；永和街道联合高新建设公司、区各部门，用时2个月，完成翟洞村10户村民房屋水浸损失补偿、46户村民拆迁签约奖励差额和临迁费差额补偿、永和禾丰与永宁翟洞3.18公顷争议地补偿协议签订。翟洞村220.45公顷已征土地实现全线收储。其中，7月完成移交11.14公顷（8个地块），8月完成移交16.81公顷（10个地块），9月完成移交11.41公顷（1个地块），11月完成移交114.43公顷（2个地块）。至年末，基本完成总长7500米主体围墙和总长4400米铁丝网建设，并开展已收地块巡查管理的招投标工作，实现已收地块从“放任”到“有序”的衔接管理。

（刘锐娟）

## 长岭街道

【概况】 2019年3月28日，长岭街道揭牌成立，总面积52.17平方千米，总人口5.82万人。下设水西社区、长平社区、黄登社区、黄麻社区、岭头社区、长岭社区、和苑东社区与和苑南社区8个社区，其中水西社区、长平社区、黄登社区、黄麻社区为转制社区。辖内有地铁21号线、7号线二期、有轨电车、凤凰山隧道等多条交通枢纽。驻有中央、省、市、区企事业机关单位8家，注册企业2158家，其中规模以上企业21家，个体工商户861家。

全街户籍人口2.2万人，已婚育龄妇女5169人；常住人口4.08万人，已婚育龄妇女6314人；流动人口1.41万人，已婚育龄妇女2107人。出生743人，其中户籍人口出生561人，出生性别比为111.73（女为100），政策生育率93.76%；流动人口出生182人，出生性别比为100（女为100），政策生育率90.66%。全年一孩登记85例、二孩登记112例。全年投入计生工作经费62万元，开展宣传服务活动12场、讲座6场、专题培训5场，服务群众1.3万人次，发放宣传资料1.8万份、宣传品2600余份。为辖内7户计生特殊家庭落实家庭医生签约；审核新增城镇独生子女父母奖励对象197人；为计划生育家庭综合保险续保492户1375人、退保52户117人。开展整治“两非”专项行动4次，出动人员42人次，检查医疗机构、无证行医12家。组织孕前优生健康检查夫妇80对，“三大病种”免费产前筛查建档家庭368个，开展妇女“两癌”免费筛查200人。设置免费避孕药具发放点27个，区域基本避孕药具发放覆盖率70.29%。开展“幸福工程——救助贫困母亲”捐款活动，筹善款6857.5元。

全街办理城镇失业登记610人，实现就业476人，就业率78.03%；“4050”就业困难人员失业登记269人，实现就业236人，就业率87.73%。办理灵活就业社会保险补贴131人次，援助慰问就业困难人员6名。创建充分就业社区5个（水西、长平、黄登、黄麻、岭头），创建率100%。采集空岗信息并录入发布1574条，录入求职者信息153个；开展就业创业宣传活动3场；组织举办“零距离”就业现场招聘会2场，提供就业岗位757个，咨询应聘362人次，达成录用意向60人次。开展适龄劳动力摸查登记300人，适龄劳动力人员动态管理及更新100%；自主创业个体户20家，促进就业人数20人，创业带动就业者90人。

全街30岁以上养老保险参保1.02万人；城乡居民医疗保险参保6723人，社保扩面完成率103.02%。全街特困人员6户6人，低保22户47人；低收入3户8人。发放特困救助金12.38万元，低保救助金34.17万元，分类救济金2.7万元。申请医疗救助金13.1万元。全年发放困难人员实物救助卷267张、1.34万元。完成广州市居民家庭经济核对23户。

全街社会化管理在册退休人员863人，实现社会化管理率100%，社区管理率100%。“十类”特殊社会化管理人员67人。加强退休人员健康管理，组织50名社会化管理退休人员健康体检并建立健康档案；组织40名退休人员参加老年人急救知识讲座。“中秋节送温暖”慰问退休人员821人。组织72名社会化管理退休党员集体观看电影《我和我的祖国》、100名社会化退休人员代表参加白云山登山活动。组织社会化管理退休人员开展“歌唱祖国 夕阳争辉”迎新年游园会活动。

落实“居家养老+爱心午餐”项目，完善社区居家养老服务点建设5个，为长者提供休闲娱乐、助餐配餐等服务。投入30.56万元为高龄长者提供免费爱心午餐2.55万人次，投入1.96万元为7名困难长者提供上门居家养老服务588人次。为126人办理发放老人优待证，为65岁以上老年人发放免费体检券1704张；发放长者长寿保健金59.68万元。

5月，长岭街道退役军人服务站挂牌成立。完成442名退役军人信息采集及登记，悬挂光荣牌430块。“八一”期间发送慰问信98封，慰问退役军人178人次，为32名重点优抚对象免费体检，协助50名退役军人办理电信套餐。全年接待来访军人57人次。开展“不忘初心、牢记使命”主题教育大走访活动，上门慰问退役军人482人。完成35名立功受奖退役军人事迹上荣誉墙工作。为9名退役士兵办理医疗补助报销资料审核和上报工作；为29位退役军人办理社保接续申报。

全街在册持证残疾人414人。其中，一、二级持证残疾人244人，三、四级持证残疾人170人。办理残疾人证新申请21人，办结改证、到期换证、遗失补办、迁入、注销申请115人次。为精神病患者免费服药申请8人次，申请残疾人辅助器具15人次，协助完成上门评残9人，帮助23名残疾人申请参加城乡居民养老保险；为2533人次发放残疾人“两项补贴”54.82万元，为165人次发放残疾人特惠补贴4.95万元。慰问困难残疾人263人次、7.68万元。开展2019年全国残疾人基本服务状况和需求信息数据动态更新调查，收集录入辖内残疾人信息427条。组织辖内5名残疾人机动轮椅车车主开展安全教育学习培训。

开展辖区犬只狂犬病免疫接种1054只。推进大中型水库移民光伏发电项目，计划总投资1000万元，至年末，完成第一期招标工作，中标价556.72万元，惠及水库移民2668人。组织开展2019年“广东扶贫济困日”捐款活动，收到捐款9.14万元。

对口帮扶清远市阳山县杜步镇石溪村，为16户贫困户发放慰问金4800元。资助石溪村4万元配置党群服务中心设备。划拨结余专项扶贫资金44.33万元至黄登社区、14.3万元至黄麻社区。

**【党建工作】** 2019年，长岭街党工委挂牌成立，辖基层党组织36个，其中基层党委2个（水西、长平）、党总支4个（黄登、黄麻、岭头、元贝）、党支部30个（含机关党支部3个、两新党组织3个），有党员739名。全年新成立党支部5个，发展党员8名。开展“不忘初心、牢记使命”主题教育活动，落实“三会一课”制度，推进党建工作向纵深发展。建立街党工委中心组学习理论制度，开展主题学习研讨 18 次，调研 90 余次，下社区讲党课 14 次。强化“头雁领航”，优化调整社区班子队伍，实现岭头社区书记、主任“一肩挑”，实现黄登社区、黄麻社区书记、主任、经联社董事长“一肩挑”，“三个一肩挑”比例达 100%。投入 65 万元改造黄登、黄麻社区党群服务中心。构建以街道党工委为核心、社区党组织为基础、辖内 40 多家单位为成员的“大党建”体系，成立 24 支党员突击队，建立需求清单和服务清单，推进区域共治共建共享新格局的形成。开展形式多样的党建活动，举办联欢晚会、环保徒步、观影等活动 50 余场，惠及党员群众 7000 余人次，开展“千名干部深入基层，万名党员联系群众”活动，走访居民 1500 余户，派发宣传资料 4500 余份。

**【纪检监察】** 2019 年，长岭街纪工委严格落实党风廉政建设责任制，推动全面从严治党向基层延伸。督促完善各项工作制度和流程，全年监督审核“三重一大”事项 363 项，用制度管权、管事、管人。办结信访件、案件（线索）13 件，立案并结案 1 件、中止 1 件；党纪处分 2 人。建设标准化谈话室，在辖内各社区建立监察站。助推长岭街社区巡察整改、软弱涣散基层党组织整顿、违规发放党员津补贴清退、环境综合整治等重点难点工作。重点监督检查芳一社旧石场地块图斑整改和华夏奇观历史遗留问题的解决等问题，牵头对长平社区芳一经济社旧石哥果园开展非法偷倒建筑废弃物事件进行核查，处理街道、社区失职失责的相关人员 11 名。

**【人大代表履职】** 2019 年，黄埔区人大长岭街道工委建立街道人大代表中心联络站 1 个，社区联络站 2 个：水西联络站、长平联络站；社区联络点 6 个：长岭社区联络点、和苑东社区联络点、和苑南社区联络点、黄登社区联络点、黄麻社区联络点与岭头社区联络点。至年末，街人大代表有 12 名。是年，组织联组代表开展视察、调研活动，举办代表专题学习培训。全年组织代表接访调研 6 次，接访选民 40 人次，听取专项工作报告 2 次，集中视察 2 次，代表履职 47 人次，解决民生问题 12 件，群众满意度 85% 以上。

**【社会治安综合治理】** 2019 年，长岭街道警情案件类警情 386 件，其中电信诈骗 62 件，涉黄警情 1 件，立案 120 件。全年依托“12345”政务热线平台和各社区综治工作站，受理信访云综合处理系统 50 件、来访 3 件，“12345”热线 1194 件，协调办理 1164 件，按期办结率 100%。妥善处置突发事件 22 件，其中死亡纠纷 3 件、劳资纠纷 4 件、伤害纠纷 3 宗，经济纠纷 2 宗、土地纠纷 4 件、其他纠纷 6 件。

全年辖内社区戒毒（康复）执行 16 人，执行率 100%。开展上门家访 73 次，回访 31 次，对 103 人进行毛发采集和尿检查效，结果均为阴性。帮助 101 名戒毒康复人员就业，就业安置率 90%。开展禁毒宣传活动 42 场，派发宣传小礼品 9000 余份；在辖内 3 所学校、6 个社区组织专题讲座 6 场，4800 余人参加。开展重点场所整治，责令整改并关停查封违规、无牌无证经营企业、网店。清查出租屋 138 间、物流场所 11 间、空旷山林 9 处，均未发现制毒化学品和制毒设备。

开展“扫黑除恶”专项斗争宣传活动 12 场，派发宣传单及礼品 7750 余份，安装扫黑除恶举报信箱 7 个，收到举报线索 4 件。开展反邪“六进”宣传活动 7 场，发放宣传资料 1500 余份，宣传品 1500 余份，受众 3000 余人次。

**【来穗人员和出租屋管理】** 2019 年，长岭街道辖内有出租屋 1101 栋、1.03 万套，登记在册流动人员 9500 人。全年办理居住证 4265 人次，其中新办居住证 627 人次、续期 3638 人次。受理出租屋租赁备案 618 件。全年排查出租屋 5 万套次，新登记来穗人员 4565 人次，注销 5621 人次。

**【司法服务和人民调解】** 2019 年 4 月，长岭司法所成立。从萝岗司法所转入社区矫正对象 14 人，接收社区矫正对象 9 人，解除社区矫正 6 人，至年末，在册 17 人，未成年人 1 人，重新犯罪率为零，未出现脱管、漏管现象。在册刑满释放人员 42 人，其中从萝岗司法所转入刑满释放人员 31 人，新接收刑满释放人员 11 人；监狱和看守所释放 27 人，社区矫正转入有 15 人，刑满释放人员帮教率、安置率均为 100%，无脱管失控及重新犯罪。组织法制讲座 13 场次，印发法制宣传资料 1 万份，举办学法培训班，组织及参加人民调解、法律援助、村（居）法律顾问等法制宣传咨询活动 20 场次。全年，组织开展矛盾纠纷排查 6 次，全年受理矛盾纠纷案件 16 件，调解成功率 100%，其中包括损害赔偿 3 件，劳资纠纷 1 件，婚姻家庭纠纷 1 件，邻里纠纷 3 件，其他纠纷 8 件，涉及金额 427 万元。

**【城区建设管理】** 2019 年，长岭街道推进辖内违建治理、“散乱污”企业（场所）清理整治和环境综合整治等重点工作。建立违建网格化管理机制，严防严控违法建设和违法占地行为。加强市容环境卫生监管，开展“四治”“六乱”工作，整顿市容市貌，改观城区环境，推进垃圾分类工作。落实辖内中央环保督察、图斑整改、地质灾害和危房治理及创文创卫迎检等工作。是年，代表黄埔区接受全市“散乱污”清理整治工作验收检查。

全年开展市容整治行动62次，发出市容整治告知书223份，整治各类占道经营600余宗、乱摆卖等“六乱”行为1847宗。开展户外广告和招牌安全隐患专项整治行动，拆除各类违规户外广告、招牌58宗。打击私气、黑气等违法违规行为，派发安全用气宣传单980余份，组织燃气整治行动23次。开展环境卫生专项整治340次，清运垃圾75.4吨。对主干道、内街巷、学校周边、农贸市场、公园等进行大冲洗，冲洗面积21万平方米。做好辖区登革热防控、爱国卫生运动统一行动工作，开展灭蚊消杀150余次，消杀面积450万平方米，使用灭蚊灭鼠等除“四害”药物5000千克。

推进拆违专项整治行动。全年拆除违法建设、违法用地上的建（构）筑物、乱搭建等1025宗，面积29.62万平方米。拆除华夏奇观地块违法建筑物58处、6.06万平方米，为城市建设和村社发展提供优质土地33.4公顷。解决南方中英文学校违建门楼、广汕五路5号农药厂、长平地铁口等多宗影响广汕路、永顺大道道路沿线景观的环境重疴顽疾。

完善辖内19个强制分类单位及相关单位配套设施设备；对样板小区实施“定时定点+误时定点”分类投入模式试点，建立垃圾分类兼职督导员队伍，指导小区（社区）垃圾分类；开展进企业、进学校、进社区、进家庭“四进”垃圾分类推广活动，全年开展垃圾分类宣传70场，入户2700余户，派发宣传礼品6000余份，覆盖7.5万人次。推动垃圾分类源头减量和回收利用工作，设立餐余垃圾分拣点和大物件拆拣中心，全年二次分拣餐厨垃圾883桶，回收低值大件物131.36吨、有害垃圾0.21吨、旧衣服1.9吨。

全年开展交通安全劝导工作时间2520小时，上岗人数1056人次，劝导群众2000余人，派发交通安全宣传资料5800余份。

落实河长制。全年街镇级河长巡河41次，村级河长巡河829次。完成192户典型排水户巡检，其中销号12户；拆除龟咀涌岸边无名石灰场、沙场、广兴汽车货柜车厢厂共4368平方米，花窿水库违法建筑1365.15平方米，水声水库边黑妹农庄1482平方米；开展“洗河”行动8次，清理珠山涌、龟咀涌、南岗河河边建筑废弃物80吨。

开展“散乱污”专项整治行动。整治黄登路口油罐车停车场、广兴汽车货柜车厢厂和违规养禽等“散乱污”场所，全年排查整治“散乱污”企业（场所）144家，整治率100%。重点整治“五小”行业，对涉及将油烟直接排入下水道的餐饮店进行整治，拆除排放管25宗。强化建设工地扬尘污染监管，督促落实扬尘防治“六个100%”要求。全年检查在建出泥工地180余次，发出责令限期改正通知书等执法文书56份。督促辖内餐饮业业主完成环评备案以及落实油烟治理设施，严控排放污染源。加强对辖内加油站、露天焚烧垃圾的综合排查整治。

【城市更新改造】 2019年，长岭街道辖内征地、拆迁、收地项目共99个，其中重点项目8个。收地任务共33项，完成移交地块6块，面积75.09公顷，借地1.18公顷，完成征地15.32公顷，完成迁坟592座，签约943份。全街总安置面积12.47万平方米，已安置8.75万平方米，完成率70%。发生项目资金支付的有18个，完成支付补偿款6.53亿元，其中征地补偿类5.55亿元、拆迁补偿类9764.86万元、临迁费拨款1373.92万元。至年末，完成万达医疗、妇女儿童医院、元贝紫光、五矿地产、天健地产、地铁7号线水西段、有轨电车1号线永顺大道段和东北货车外绕线黄登段8个项目的征地拆迁任务。

【安全生产和劳动监管】 2019年，长岭街道落实安全生产责任制。开展安全生产培训12次，辖内有重点监管企业19家，建筑工地20家，全年出动安全生产巡查182次，检查企业、建筑工地125家次，整改安全隐患34处，隐患整改98.5%。开展危险化学品“打非治违”行动15次，办理安全生产行政处罚3件，结案3件，罚款金额12.5万元。动员企业购买安全生产责任险15家，动员社区、物业公司购买安全生产责任保险21份。全年未发生重大消防安全事故。登记在册“三小”场所374家。全年出动消防安全巡查人员2068人次，出动车辆536辆次，检查“三小”场所1938家，发现消防安全隐患384处，现场整改隐患326处，责令整改隐患58处。全年开展消防安全专项联合整治行动4次，出动人员64人次，出动车辆16车次，发现消防安全隐患32处，现场整改15处，责令限期整改12处，复查整改5处。开展辖区“119消防宣传日”活动和消防安全“七进”活动，全年消防宣传横幅36条，派发宣传单和宣传知识手册2000余份。

全年处理劳资矛盾纠纷18宗（其中3宗为无效投诉），调解纠纷15宗，为258名农民工追回劳动工资589.61万元。

【社区文化建设】 2019年，长岭街道结合传统节日、重大时事组织举办长岭街首届男子篮球赛、长岭街庆祝中华人民共和国成立70周年联欢晚会、长岭街LOGO（标识）设计方案征集、“美在长岭”摄影大赛、“趣在长岭”徒步越野活动等，放大长岭区域生态旅游资源，提升长岭区域知名度和影响力；成立长岭街欢乐跑团，参与“黄埔马拉松”赛事；开展暑期关爱来穗“小候鸟”系列活动，包括青少年篮球培训、户外拓展、攀岩、“巧姐、巧艺进社区”亲子手工活动等。全年举办或参与各类群众文体活动50余场，受众2.48万人次。

重点扶持水西龙狮队、黄麻客家山歌队等优秀队伍，打造地域特色文化。水西社区龙狮队多次参与“扫黑除恶”、反邪禁毒等主题宣传活动，举办龙狮公益培训班及成果展演，多次参加省、市级相关比赛并获得奖项15个，在香港亚洲三地传统南师邀请赛、2019粤港澳工人醒狮邀请赛、广东省龙狮锦标赛、广州市工人龙狮表演大赛、第三届广州市青少年醒狮大赛均获冠军。黄麻社区“观音会”“菠萝会”“清明会”“冬至会”“一年四会”融汇客家人饮食文化和习俗，成为独有客家文化景观；粤曲社定期开展粤曲研习，参与2019黄埔·秦中英粤剧作品惠民演出系列活动，粤曲作为非物质文化遗产得以弘扬和传承。

**【转制社区】** 2019年，长岭街道转制社区有4个：水西社区、长平社区、黄登社区、黄麻社区。

水西社区。总面积13.55平方千米，其中林地332.43公顷，辖自然村6个：水西、燕山、长龙、元贝、华里、水东；社区经济联合社管辖11个经济社，分别为一社、二社、三社、四社、五社、六社、燕山社、长龙社、元贝社、华里社、水东社。社区户籍人口6271人，流动人口3944人。社员年人均收入3.47万元。

长平社区。总面积约10平方千米。耕地面积8.67公顷，山林面积578公顷。辖区内9个自然村：芳一、芳二、东风、朱山、长平、屋角、高田、九明、山塘，共9个经济社。社区户籍人口2853人，流动人口1000人。社员年人均收入1.22万元。

黄登社区。总面积6.8平方千米。耕地面积73.04公顷，山林面积512.61公顷。辖4个经济社：黄登一社、黄登二社、黄登三社、黄登四社。社区户籍人口1661人，流动人口64人。社员年人均收入1.80万元。

黄麻社区。总面积10.2平方千米，有耕地面积64.8公顷，山林面积842.44顷。辖区自然村6个：沙挞一、沙挞二、坳背、黄麻、八哥、鹅山经济社6个。辖内有小学1所，福利院1家。社区户籍人口2589人，流动人口365人，社员年人均收入1.7万元。

## 九佛街道

**【概况】** 2019年4月18日，九佛街道随着九龙镇撤镇建街而揭牌成立，总面积55.81平方千米，总人口3.5万人，户籍总人口2.93万人，常住总人口为3.02万人，流动人口7865人。下辖燕塘村、佛塱村、莲塘村、重岗村、枫下村、蟹庄村、红卫村、凤尾村、山龙村等9个行政村78个经济社和穗北社区。辖内耕地面积596.4公顷，水产养殖户88户养殖总面积110公顷，农资生产经营店4家。主要以蔬菜、瓜豆、水果种植为主，蔬菜、瓜豆种植面积132.6公顷，其中常年种植面积33.33公顷，其中外耕户（广西籍）21户，耕种面积19.4公顷，水果种植面积80公顷，主要是荔枝、龙眼、石榴，还有少量乌榄、白榄、黄皮、枇杷等其他杂果。辖内森林面积（林地管护面积）2791.95公顷，其中生态公益林面积是1758.53公顷；有水库4座，总库容76.7万平方米，主要河流有凤凰河、伯坑涌等10条，河段总长度50.94千米。辖内有中国传统村落莲塘村、广州市传统村落燕塘村和重岗村，莲塘、燕塘古村始建于宋末元初，距今有700余年历史，村内仍保存有成片的古村落、建于清代的“时四陈公祠”，保存有古祠堂、古石屋。有始建于唐代的武台寺，距今1000余年，是历史悠久的佛教名寺，是黄埔区佛教活动场所之一。区域交通便利，地铁14号线知识城支线经过辖区，设有红卫、新南、枫下三个站，1小时可到达天河体育中心等市中心城区；穗莞深城际铁路（新塘经白云机场至广州北站线）贯穿街道中部，设佛塱站和新南站，与地铁14号线支线新南站换乘，可快速到达白云机场、深圳、东莞；九龙大道贯通南北，北距105国道约2千米，北三环高速公路从辖区东面穿过，并设有一个出入口，经过辖区的永九快速、东部快速和钟太快速路正在建设中。辖区内有凤尾小学、凤尾小学培贤校区、枫下小学等学校；建有四星级酒店1家、公寓1家。

全街户籍人口已婚育龄妇女6587人，出生597人，出生率20.37‰，政策生育率86.43%，出生性别比122.76（女为100）；常住人口已婚育龄妇女6810人，出生563人，出生率10.00‰，政策生育率87.03%，出生性别比119.92（女为100）；流动人口出生62人，其中居住半年以上流动人口数5863人，出生45人，政策生育率82.22%，出生性别比125（女为100）。全年举办卫生健康大型宣传咨询活动4场、促进幸福家庭活动8场，联合开展活动14

场，组织帮扶慰问活动2场次，走访慰问计划生育特殊家庭6户，“幸福工程救助贫困母亲捐款”活动募集善款1.75万元。发放农村部分计划生育家庭奖励金331人、3.32万元、独生子女父母奖励金1185人次、15.63万元、独生子女保健金187人1.01万元、独生子女死亡残疾计划生育特别扶助金2人次、1.25万元。计生家庭综合保险在保人数2891人。全年孕前优生健康检查完成率106.84%；“三大重点病”免费产前筛查诊断完成率93.07%；避孕药具覆盖率90.31%。组织“两癌”筛选和妇女病普查活动，其中“两癌”参与人数685人、妇女病普查参与人数140人，完成率100%；组织448名育龄妇女进行生殖健康检查。

全年调查适龄劳动力人数9712人。开展现场招聘活动4场，参与活动企业84家，提供岗位1106个。举行创业指导会2场，参与活动200人。探访慰问55户就业困难家庭。

全街参加养老保险人数5.82万人；医保卡发放1280张，城乡医保档案资料归档3000余份。在册低保户51户103人，低收入2户9人，特困户5人，事实无人抚养儿童6人、孤儿1人。社工服务站服务困难人群2.29万人次。完成广州市经济状况核对信息97份，入户核查低保低收入困难家庭情况105户，向低保、低收入、“五保”、事实无人抚养儿童等民政对象1088人次发放实物救济券5.44万元。申请市医疗救助5人次3153.58元。为70岁以上高龄老人发放长寿保健金176.00万元，提供长者免费爱心午餐服务7.56万人次。

8月9日，九佛街残联成立。落实各项助残政策，做好各项服务。提高残疾人专项补助金发放标准，残疾人专项补助金享受生活津贴565人次，护理补贴2959人次，特惠补贴565人次，发放特惠补贴16.95万元。通过电子评残，为残疾人提供便捷的办证流程，为118名符合条件的残疾人办理残疾证业务，为29名符合条件的残疾人办理乘车卡。受理申请轮椅、助听器、拐杖、义肢等残疾辅助器具55人次，康复资助5名贫困残疾儿童，申请落实在市内各康复中心进行免费康复训练。为85名持证精神残疾人申请享受在广州市内医院免费服药，协助为10名村民上门评残。为15户残疾人家庭改造居家环境，改造金额7.32万元。完成8名残疾学生或残疾人家庭子女申请教育补助8000元。全国助残日期间向495名重度残疾人发放慰问金14.85万元；联合广州农村商业银行九佛支行向九佛工疗站捐赠物品，联合举办“爱心黄埔 情满九佛”主题文艺晚会。中秋节期间，向40名残疾人发放慰问金8000元。开展2019年残疾人基本服务状况和需求信息数据动态更新调查，调查残疾人底册820人。

对口帮扶清远市阳山县江英镇英阳村。开展访贫慰问贫困户53户1.59万元。开展光伏发电帮扶，是年江英镇沙坝光伏发电站收益2万余元，贫困户人均分红400元；开展养殖帮扶，投入经费3.81万元用于资助英阳村43户一般贫困户养殖江英鸡；投入经费4000元协助村居家养老服务站改善饮水条件；投入经费1.05万元为村居家养老服务站安装治安监控；投入经费4万元为村居家养老服务站修建围墙；资助英阳村5万元办公经费，用于加强制度建设，完善定期上墙公布村重点事项和财务收支尤其是扶贫资金情况。

**【党建工作】** 2019年，九佛街党工委下设基层党组织25个，其中，村（社区）党组织10个、机关党支部3个、退休干部党支部1个、非公企业党支部10个、“两新”组织孵化器党支部1个，有党员1135名。全年确定入党积极分子25名、培养发展对象25名，吸收预备党员28名。强化基层党组织政治功能，落实并完成基层党组织书记“四个一肩挑”工作；精准整顿佛塱村软弱涣散基层党组织。加强基层组织规范化建设，完成8个升格村级党组织共29个下设党支部委员会的选举工作；完成机关一、二、三党支部、退休干部党支部、“两新”组织孵化器党支部的组建和选举工作；在非公企业中组建“两新”党组织10个。全年开展党工委中心组集中学习20次。开展“不忘初心、牢记使命”主题教育活动，通过发放书籍、举办多场专题研讨会、召开党工委中心组学习会、观看教育影片、进村入户实地调研等方式，把主题教育活动与中心工作相互结合、相互促进。

完善党群服务中心建设，把党群服务中心建设成为集教育、管理、服务、展示为一体的开放式、多功能、专业化的党建工作综合阵地。10个村（社区）党群服务中心完成建设并投入使用；严格按照“六有”标准进行党校建设，成立九佛街党校。

**【纪检监察】** 2019年，九佛街党工委推进巡察整改工作落实，对28项需要长期坚持整改的工作，明确完成时限，责任到人。推进正风反腐专项工作，对3名涉嫌违纪党员立案处理，对5名党员干部批评教育；摸排农村基层党员、干部违纪违法线索34条。

**【人大代表履职】** 2019年，行政区划调整后，九佛街道有市、区两级人大代表10人。成立九佛街人大和枫下村“两代表一委员工作室”，完善物资保障和人员配备，建设代表联系群众的活动平台。落实人大代表进社区和闭会期间代表活动，开展每单月15日代表进社区接待群众活动，收到涉及“三旧”改造、医疗、治安管理、道路交通、污水治理等方面的意见建议24条，办理11条，正在协调办理13条。7月31日上午，市、区二级人大代表围绕水环境治理、乡村振兴等议题，开展人大代表专题视察活动，并听取街道上半年工作汇报；下午，在枫下村委会议室开展人大代表进社区接待选民活动。10月28日，九佛街选片第六选区完成区人大代表补选工作，依法选举产生区一届人大代表1名。

【社会治安综合治理】 2019年，九佛街道维护社会稳定，辖区整体形势平稳，信访案件办结率提升，社会治安持续向好，群众满意度提高。进村入户约谈重点人员，帮助解决实际困难，面对突发事件，主动介入，稳妥处置意外伤亡事件3起。推进全民禁毒工程，加强涉毒人员管控，组织禁毒和法律知识宣传教育等活动。落实精神障碍群体管控，摸底排查，全面掌握精神病人基本情况。组织宣传防范邪教活动。配合交警查处违法行为181宗，查扣“五类车”和机动车416辆。

“扫黑除恶”专项斗争。在村（社区）人流密集场所、宣传栏张贴各类海报200余张；借助LED电子屏滚动播放标语和微视频；投放大型“扫黑除恶”宣传广告牌、灯旗40条，举办集中宣传活动11次。入户派发“扫黑除恶一封信”等资料，引导群众关注广州市“扫黑除恶”举报平台，打通“扫黑除恶”宣传“最后一公里”。

整治“黄、赌、毒”。组织力量核查辖内涉毒人员，核查率100%；涉毒在册人员毛发采集率位列全区第二。从源头加强禁毒宣传教育，落实禁毒宣传“六进”活动，分别到枫下村、红卫村等开展“小课堂”毒品预防教育宣传进学校活动，组织禁毒和法律知识宣传教育等宣传活动80次，派发禁毒宣传资料9000余份，受众1万余人。

治安联防和宣传。投入25万元，配置治安联防装备。重点设置50个控地岗和巡逻路线，调动治安联防队伍、社会志愿者等力量参与社会面群防共治。组织以“反邪教、促和谐、迎大庆”为主题的防范邪教集中宣传活动，开展反邪教教育宣传，发放标识宣传单2500余份，反邪教知识读本宣传读本2000余册。投入12万元，将各村（社区）、九龙大道等作为重点区域，投放大型宣传广告牌，走家入户，向群众宣传社会治安、法律法规、防范邪教、平安创建知识及“扫黑除恶”工作成效，派发宣传资料6000余份。

【来穗人员和出租屋管理】 2019年，九佛街道完成登记纳管出租屋1030栋、9459套，来穗人员系统登记在册来穗人员7582人，新登记来穗人员2833人。新办理房屋租赁登记备案2263宗，新制居住证253人次，续期居住证1474人次。出租屋各项隐患告知4368宗，各项隐患整改3489宗。联合开展出租屋清查整治28次，出动950人次，整治出租屋6500套，核查来穗人员3200人，离走注销来穗人员3400人，没收违规电热棒305根。完成积分入学预审及受理130人，提供积分制咨询服务200人次，完成积分制预审65人，受理及初审70人，积分调整预审及受理8人，积分异议预审及受理2人。开展融合周活动，联合九佛社工服务站开展大型活动3次，100名来穗儿童、900名来穗务工人员参加。开展各项宣传活动17次，上门派发宣传资料6.3万份。

【司法服务和人民调解】 2019年，九佛街道成立后并着手公开聘请常年法律顾问，开展法律咨询、服务等工作。全街由3家律师事务所10名律师担任辖内10个村（社区）的法律顾问，为村（社区）提供精准化服务，实现村（社区）法律顾问全覆盖。各村（社区）法律顾问由原来的每村每月坐班一天转变为每村每周坐班一天，优化“榕树下”法律服务工作站一村（社区）一法律顾问模式。全年“榕树下”法律服务工作站为村（社区）及居民群众拟订、审查、修改村（社）合同及文件资料53份；接受村民法律咨询1380件；开展普法讲座与宣传32次，受众650人；调解纠纷2件。是年，辖内在册安置帮教人员46人，其中刑满释放33人，解除社区矫正13人，衔接接收率和安置帮教率100%，未出现重新犯罪。全年调解各类民间纠纷71件，调解成功45件，基本实现人民调解工作无民间纠纷积压，无民间纠纷激化引起的刑事案件、非正常死亡、群体性械斗、群体性害、群体性上访“六无”目标。全年受理信访案件471宗，办结411宗，办结率93%。

【城区建设管理】 2019年，九佛街道以拆除存量、严控增量为抓手，对新增“两违”实施“冒头就打、发现即拆”，结合重点项目征地拆迁、“三旧”改造、河涌两岸“散乱污”场所整治、图斑整治等工作，依法对违法建设、违法用地等进行整治，拆除面积45.6万平方米，完成率103.75%。开展图斑整改工作，整改率65%。改善城乡环境面貌，开展市容环境整治、燃气检查及工地管理工作。全年查处乱摆卖116宗，占道经营72宗，乱拉挂、乱张贴、乱丢吐、乱堆放等81宗；拆除户外广告牌47宗、面积379平方米；每两周全面安全检查辖区内的2个燃气服务销售点；工地管理问题立案10宗，处罚金额77.5万元。

落实河长制，督促落实整改巡河发现的问题，打击乱搭乱建、乱采乱挖，乱排乱放等现象，清拆、整治河道流域污染源。全年拆除河涌两岸违法建设46宗，拆除面积2.2万平方米。开展洗河行动，全年清理水面2万平方米，清理河道垃圾、杂物21吨，治理绿化带面积1.3万平方米，凤凰河水质逐月好转。推进凤凰河流域污水处理工程，拆除影响九龙水质净化三厂建设长达4年的建筑物7栋，面积7400余平方米。

【城市更新改造】 2019年，九佛街道推进红卫、凤尾、枫下等村的城市更新项目，促进优化片区规划发展布局和产业布局。完成红卫村（一、二社）改造范围内占用土地的9栋房屋拆除，历时9年的旧村改造项目拆迁工作全部完成，进入复建房建设施工阶段。红卫（三、四社）、凤尾、枫下等村分别开展前期数据摸查、编制实施方案等工作。全年拆除25万余平方米，枫下旧村改造项目空心村拆除1.48万平方米、九龙大道沿线拆除5200平方米、九龙大道拆除2800平方米、九龙大道沿线棚架拆除2600平方米；红卫村三、四社旧村改造拆除房屋35栋，拆除面积1.43万平方米；凤尾村旧村改造项目完成拆迁面积2.2万平方米。

【安全生产和劳动监管】 2019年，九佛街加大安全生产执法检查力度，提高执法检查的覆盖面和频次。开展医药化工企业、粉尘涉爆、建筑工地、“防风险 保平安 迎大庆”等18项安全专项检查2300余家次；与10个村（社区）联合执法检查，检查企业、建筑工地、微小企业1741家次，发现安全隐患423处并全部完成复查整改。组织辖区内企业应急演练25次，参加演练人数1700余人。督促辖内企业开展警示教育7300余人次，参与“同堂警示”教育人数4264人。联合九龙消防中队、党群服务中心等部门加强消防安全巡查，出动检查人员955人次，检查各类场所730家，发现消防安全隐患102个。加强道路交通安全管理。出动交通劝导员200人次，劝导1500余次。是年，重岗村被评为“广东省交通安全文明示范村”。

【村（社区）文化建设】 2019年，九佛街道开展第六次全国体育场地普查，摸查体育场地46个。完善街道硬件娱乐建设，新建乒乓球室和舞蹈室；投入20万元加强各村（社区）基层文化室建设，10个村（社区）均设立农家书屋，蟹庄、穗北、莲塘等村还增设文体娱乐室。通过各种文体活动，丰富群众文化生活。7月，举办“残联”文艺晚会；8月，成立九佛街篮球协会，组织开展篮球、足球比赛；12月，开展乒乓球比赛、“送戏下乡”文艺汇演、送春联活动；组织参加黄埔区村居篮球赛、黄埔区“长者杯”粤曲大赛、黄埔区广场舞大赛、2019年黄埔马拉松比赛活动及各项市、区组织的比赛活动。

【村社经济】 2019年，九佛街道有9个经济联社，78个经济社。有农户数5763户2.85万人。集体所有农田用地总面积2982.93公顷，其中耕地面积为596.4公顷。全年村集体纯收入为1961.04万元，社级集体收入8856.56万元。

（马健瑜）

## 龙湖街道

【概况】 2019年4月，龙湖街随着九龙镇撤镇建街而揭牌成立。总面积45.73平方千米。有耕地面积365.8公顷、水产养殖面积有26.07公顷、森林面积（林地管护面积）1797.79公顷。有大小水库5座，总库容584.87万立方米。街辖户籍人口3.73万人，常住人口3.47万人，流动人口5215人。下辖8个行政村1个社区：汤村村、旺村村、黄田村、大涵村、长庚村、迳下村、何棠下村、埔心村、九佛社区；在建4个社区：凤凰湖社区、幸福誉社区、天韵社区、腾飞社区。特色农产品主要有番薯、迟菜心、番石榴、火龙果、阳桃、龙眼、荔枝、柠檬、玉米和香蕉等。山冈和小山坡实行封山育林，建设防火林带，普遍种植荷木树。规划建设安置区4个，商业楼盘10个，以及综合体育馆、邻里中心、市政公园、人才公寓等，可容纳40万人；规划配套有医院5家、大专以上院校2家、中小学幼儿园15所。至年末，中新知识城企业注册2703家。培育和发展各类市场商事主体123户、各类经济实体5459户。是年，龙湖街工业总产值17亿元，比上年增长103%；限额以上商贸企业商品销售额2685亿元，增长276.16%；限额以上服务业营业收入147亿元，增长123.01%；村社集体纯收入5.8亿元，增长11.73%；财政一般公共预算支出1.18亿元。

全街户籍已婚育龄妇女8908人，出生972人，出生率28.04%，政策生育率90.23%，出生性别比107.25（女为100）；常住总人口已婚育龄妇女8299人，出生867人，出生率26.79%，政策生育率89.04%，出生性别比108.41（女为100）；流动人口出生101人，政策生育率84.52%，出生性别比104.88（女为100）。全年举办卫生健康大型宣传咨询活动9场、促进幸福家庭活动13场，联合开展活动18场，组织帮扶慰问活动2

场。走访慰问计划生育特殊家庭4户，“幸福工程救助贫困母亲捐款”活动募集善款9599元。发放农村部分计划生育家庭奖励金396人、5.76万元、农村计划生育奖金3744人次、18.72万元、独生子女父母奖励金1956人次、29.34万元、独生子女保健金601人、2.58万元。计生家庭综合保险在保人数3092人。联合九龙中心卫生院为全街20—64岁本地户籍人口已婚育龄妇女731人，开展“两癌”免费筛查和妇女病普查。

全年办理失业证1493人；办理灵活人员就业登记213人，发放灵活就业人员社保补贴约60万元。开展就业援助月活动，探访就业困难户22户，开展现场招聘活动3场，74家企业提供岗位1205个，求职者1000余人。开展适龄劳动力摸查，摸查总人数1.02万人。全街在册低保户94户209人、低收2户10人、特困户6人、事实无人抚养儿童3人。完成广州市经济状况核对信息517份，入户核查低保低收入困难家庭情况136户，向低保、低收入、五保、事实无人抚养儿童等2601人次发放2019年实物救济券13万元；申请广州市医疗救助107人次、24万元。社工服务站全年服务困难人群1.03万人次。全年为70岁以上高龄老人发放长寿保健金176.43万元；提供长者免费爱心午餐服务7.31万人次。

投入8万元开展拥军优属系列活动和退役军人专题“大走访”活动。拨付4万元支持旺村村革命烈士纪念碑广场环境绿化美化整饰。组织退役军人参加招聘会和首届返乡适应性培训；召开退役士兵返乡欢迎座谈会，为优抚对象进行年度例行健康体检。全年完成476块“光荣牌”悬挂。

开展2019年残疾人基本服务状况和需求信息数据动态更新调查，收集录入辖内残疾人信息755条。上门评残13人次；验配助听器和辅具配送服务52人次，机构康复训练1人次，精神障碍患者专科门诊治疗9人次；对长期在工疗站的31名特殊学员开展康复服务和康复训练，举办活动286场次，受训891人次，入户走访60人次，解决和帮助需求20件次；组织全民助残健身活动和健身培训2次，20人参训。完成残疾人家庭无障碍改造2户。发放残疾学生或残疾人家庭子女教育补贴16人、1.85万元。为符合条件的残疾人发放特惠补贴1252人次、37.56万元；发放各类慰问金15.06万元。

对口精准扶贫清远市阳山县黎埠镇水井村。全年投入18万元向贫困户发放鸡苗与饲料，建立起土鸡养殖生产发展长效机制。向29名贫困户在校学生发放教育补助2.54万元，支出3.41万元援建村小学多媒体教室。投入4.1万元，资助部分危房改造资金与基本生活用具。投入2.3万元，在村内修建路灯57盏。全年消费扶贫4.9万元。春节、中秋节向贫困户发放价值5.6万元慰问品。推进稻米加工厂、自来水工程改造、梨园建设与桑蚕养殖项目等，多措并举增加贫困户收入，改善村民生产生活。

**【党建工作】** 2019年，龙湖街党工委下设18个基层党组织，其中村（社区）党组织9个、机关党支部4个、退休老干部党支部1个、国企党支部1个、非公企业党支部2个、“两新”组织孵化器党支部1个，有党员1008名。全年发展党员26名，吸收预备党员23名，培养入党积极分子49名。是年，龙湖街党工委重点提升组织力，规范基层党组织建设。全年开展党工委中心组集中学习13次。开展“不忘初心、牢记使命”主题教育专题学习10次，把学习教育、调查研究、检视问题、整改落实四项重点措施有机融合、贯彻始终。实施基层党建“头雁工程”。选优配强党组织书记，撤换村（社区）党组织“四不书记”，培养选拔村（社区）后备干部队伍。完善街党群服务中心建设并投入使用，组织活动34场，856人次参加。投入412万元完成辖区内红色村建设，弘扬“红船精神”，加强对迳下村、旺村村红色资源村的保护利用。推进在职党员进社区服务工作，覆盖率100%。整顿并解决何棠下村、汤村村两村党组织存在的弱化、虚化、边缘化突出问题。

**【纪检监察】** 2019年，龙湖街纪工委开展农村基层正风反腐专项治理，查处党员干部违纪行为。摸排农村基层党员、干部违法线索14条，立案查处党员干部违纪违法案件5件5人，收到信访举报27件。谈心谈话4人次，提醒强化纪律意识；批评教育2人次，谈心谈话提醒25人次。

**【人大代表履职】** 2019年7月23日，黄埔区人大龙湖街工委组织区人大龙湖街联组省、区人大代表围绕推进农村人居环境整治，建设生态宜居美丽乡村，推进水污染防治等方面开展集中视察活动。组织代表进社区联系党员群众活动，参加代表12人次，接待选民群众22人次，收集意见、建议15条，至年末，解决问题5个，纳入解决8个，处理率86.6%。10月21—28日，完成在龙湖街第6选区（即汤村村、旺村村）补选区第一届人大代表1名。12月26日，组织区人大代表开展区一届人大八次会议的会前集中视察活动，先后到知识城展厅、凤凰湖、九龙湖、黄马龙湖街赛区、九佛凤凰市场、绿地缤纷城实地视察。组织17名省、市、区代表参加人大代表履职培训班。

【社会治安综合治理】 2019年，龙湖街道惩治违法犯罪，盗窃、诈骗、黄赌毒警情保持平稳态势，未发生涉邪教、“两抢”警情，社会治安持续安全稳定。处理突发事件，化解矛盾纠纷，全年未发生非正常上访事件，未有发生有影响的群体性事件和极端事件。

全年投入232万元，完成大涵村、汤村村、旺村村3个村社会治安视频监控项目建设，主要出入口、主干道、人流密集场所等安装高清监控摄像头160个，并接入黄埔区公安局社会治安视频监控联网统一平台。全年出动警力168人次，查扣“五类车”197辆，清理违规停放、充电电动车450辆。

开展反邪教宣传活动22场次，省级、市级媒体均有报道。开展“扫黑除恶”专项斗争，对黑恶违法犯罪形成高压态势，刑拘38人、逮捕30人，打掉涉恶团伙3个。查处涉毒违法（行政类）行政拘留54人。开展禁毒宣传活动179场，受教育群众10万余人次，国家、省、市、区各级主流新闻媒体均有宣传报道。社区戒毒执行率和社区康复执行率100%；实施就业帮扶，全街执行社区戒毒康复人员就业率95.6%。

开展严重精神障碍患者的随访工作，全街纳入管理人数198人，管理率93%，全年签订监护责任书211份。落实完善精神障碍患者救助体系，发放监护补助39.2万元。

【来穗人员和出租屋管理】 2019年，龙湖街道登记纳管出租屋823栋4621套。登记在册来穗人员6202人，离走注销来穗人员2963人，因地址问题未能登记系统的来穗人员5000人，新办理房屋租赁登记备案862件，新制居住证（含续期）1956人次，派发居住证服务指南5492份，代收出租屋个人综合税45.57万元。全年开展出租屋排查64次、2.83万套次，核查来穗人员1.55万人次，注销来穗人员2963人，出租屋各类隐患告知2037件，整改1783宗，整改率87.53%。为220名流动人员随行子女积分入学申请进行审核，完成积分入学预审及受理199人，提供积分制咨询服务722人次，配合全区开展流动人员积分入户审核工作。服务关爱来穗人员，开展来穗人员“爱满分”融合活动、关爱来穗人员宣传活动和关爱来穗候鸟儿童同乐日活动，846名来穗职工、332名来穗儿童参加。

【司法服务和人民调解】 2019年5月，原九龙镇区域调整，由原九佛司法所和镇龙司法所拆分成立龙湖街司法所，并设立中新广州知识城公共法律服务中心、矛盾纠纷多元化解中心，两个中心与司法所合署办公，主要负责人民调解、社区矫正、普法宣传、安置帮教、公共法律服务等职能。是年，龙湖街“榕树下”法律服务工作站立足村（社区）为村（居）民提供各类法律服务，接受村民法律咨询1460件，受理委托案件9件，提供上访案件法律咨询35件，拟定、审查、修改村、社合同及文件资料167份，调解村民纠纷66件，挽回村社经济损失600万元。开展普法讲座与宣传51次，受众3500余人，发放学习资料1.35万册，便民服务联系卡1.5万张。

全年接收刑满释放人员86人，解除安置帮教11人，至年末，安置帮教在册70人，帮教率100%。接收社区矫正22人，解除矫正8人。开展社区矫正人员走访120余次。组织社区服刑人员前往禁毒体验展览馆参观28人次，开展社区服务200余次。社区矫正对象在矫正期间，无治安处罚行为发生，重新犯罪率为零。

全年接待群众来访139批次、380人次，受理各类信访和政务工单1655件并全部办结。调处各类纠纷案件92件，涉及金额322.5万元，调解成功率100%，其中劳资纠纷案件33件，涉及劳动者165人，涉案金额82.5万元；其他纠纷案件59件，涉及354人，涉及金额240万元。落实领导公开接访制度，公开接待群众来访7批次、35人次，成功化解重大矛盾纠纷和信访案件5件，涉及楼盘问题、道路问题、征地补偿、供水供电问题、住改商问题等，受理《行政处理申请书》案件75件，做出行政处理决定94份，涉及行政诉讼22件，均已收集资料并委托律师处理跟进。

【城区建设管理】 2019年，龙湖街道“打早、打小、打苗头”，统筹开展辖区各村的“两违”查控、工地安全生产监管、市容“六乱”整治等专项整治工作。全年组织拆违行动63次，拆除违法建设用地1799宗，拆除面积45.71万平方米。出动市容环境整治行动125次。整改乱摆卖1432宗、占道经营1851宗，整改乱张贴、乱拉挂横幅522条，整治乱设置灯箱广告1027个，拆除广告招牌219宗、956平方米。查处余泥偷倒违法行为为16宗，处罚金额9.44万元。立案查处辖区内在建工地无证施工、污染路面等涉嫌违法43宗，处罚金额72.03万元。处理投诉案件2012件，其中“12345”投诉案件1734件、“12319”投诉案件266件、街道信访转办12件，回复率100%。

开展“四个查清”（即查清河道两岸通道贯通情况、查清河道蓝线范围内的疑似违法建筑、查清河道流域范围内的散乱污场所和查清河道沿岸所有排水口排水情况）工作，加快推进河、湖（库）流域的生活污水的截污厂网建设，对距离河涌较近的九佛社区等村居开展生活污水治理，截污工程全面建成后沿线村庄可实现100%的截污纳管率；全面清理河道及小微水体漂浮垃圾，落实清理水体周边垃圾、杂草等综合整治工作；开展“洗河”行动，对沿河设施、设备、河岸、台阶等进行全面清洗、保洁，河道范围内无新增排污口。至年末，河道水质好转，氨氮值降低明显；河道范围内无新增违法建设、无新增排污口，河道无垃圾、杂物、障碍物，河道综合环境卫生明显好转。

**【城市更新改造】** 2019年，龙湖街道指导、协助3个村4个项目的城市更新（旧村庄改造）工作，推进汤村村、何棠下村、旺村村等九龙大道、广汕公路、广河高速沿线范围内旧村改造项目的方案报批和项目建设。其中，汤村村旧村改造实施方案于7月23日获批，项目规划复建安置区总用地面积45.06公顷，总建筑面积143.27万平方米；何棠下村旧村改造项目实施方案正在报批中，项目复建安置区拟规划总用地面积66.96公顷，拟规划总建筑面积240.4万平方米；旺村村旧村改造项目实施方案正在报批中，项目复建安置区拟规划总建筑面积35.13万平方米；汤村村五福堂一社、二社旧村改造项目前期数据摸查正在进行中。是年，完成老旧小区微改造项目（龙湖街范围）总工程量的60%，完成龙湖街绿化公园工程建设、龙湖街“三防”办公楼立面整饰工程，开展凤凰山公园升级改造工程施工前期准备工作。

**【安全生产和劳动监管】** 2019年，龙湖街道落实安全生产责任，检查各类生产经营单位2353家次，开具安全检查记录2353份，责令限期整改指令书79份，整改复查意见书79份，整改完成率100%。日常安全生产执法检查2.34万家次，一般程序行政处罚案件办理2件，危险物品“打非治违”案件办理1件。全年完成安全责任险投保企业20家。与九龙消防中队开展消防共建，提升安全应急救援能力。组织开展火灾防控等7类专项整治活动，检查12类及其他场所2853家次，发现隐患264个，督促整改81个，现场整改183个。在辖区各村机动车通行较集中的道路路口设置交通劝导站，协助完成九佛社区警保合作劝导站建设，劝阻各类交通违法行为，其中劝导行人和驾驶人5852人次、车辆4520辆。出动执法人员365人次，联合行动2次，对主干道两旁的商铺开展专项行动6次，检查生产、经营单位756家，废旧场所10处。开展大型宣传活动5场次，派发宣传资料3000余份，咨询群众3000余人次；安全宣传“七进”活动80场次，覆盖8个村5个社区、12所学校和幼儿园以及12家重点监管企业，发放各类安全宣传资料2万余份，安全教育受众3万余人次。在九龙大道主干道沿线、地铁出入口、村（社区）主要路口设置交通安全宣传警示牌40块。联合组织应急演练40多场，9500余人参与。是年，全街发生安全事故2起、死亡2人；火灾事故11起，无人员伤亡；道路安全事故126起，死亡4人，受伤75人；没有发生食品安全事故。安全生产形势呈现平稳态势。

**【村（社区）文化建设】** 2019年，龙湖街道推动“粤剧下乡”，营造“文化惠民”良好范围。开展凤凰曲艺社送戏下乡到黄田村、九佛社区等10场次。推进各村社区基层文化室的建设，规范图书室管理，打造黄埔图书馆龙湖街分馆，改善九龙影剧院，增加党群服务中心展厅。举办中新广州知识城花市，提升当地群众对地方传统民俗文化的认识。举办“乒乓球贺岁杯”“篮球贺岁杯”“足球贺岁杯”等各类文体活动20余场次；组织凤凰乒乓球队参加广州市第十一届“市长杯”时代中国乒乓球百姓系列和谐赛，并获老年组冠军；组织参加黄埔区体育局举办的全民健身日暨黄埔区健身气功比赛，获二等奖；组织2.2万人参与2019年黄埔马拉松比赛活动。

**【村社经济】** 2019年，龙湖街道有8个经济联社，83个经济社。有农户数5178户2.81万人。集体所有农田用地总面积2329.94公顷，其中耕地面积768.87公顷。全年村集体纯收入1034.85万元，社级集体收入9887.47万元。

（何文婷）

人物
荣誉

○编辑 田丽华

## 先进人物

**【“广东省技术能手”“广东省五一劳动奖章”获得者伍照进】** 1988年3月出生，汉族，广东韶关人，中国能建广东火电阳江核电维护项目转机班长。2006年参加工作，工作兢兢业业、刻苦钻研，从一名技术小白成长为“机修大师”，被称为厚积薄发的“80后”转机维修干匠。节假日期间坚守岗位是常态，带领班组加班加点进行电厂停机维护及设备维修，为万家灯火提供保障。不仅是技术能手，同时也是一名基层管理者，工作重心转向班组管理。根据班组成员的工作特点，他将每天的工作仔细分工，详细交代关键点、注意事项及主要风险，并进行再次验证，给予必要的技术指导，确保安全质量达标。在每项工作完成后，坚持组织班组成员研讨总结，提升班组成员的检修技能。维修项目时，坚持“一次把事情做好”，相继完成阳江核电维护项目的8次大修、5次小修，未发生一起安全质量事件。2019年11月12日，“伍照进劳模和工匠人才创新工作室”在阳江核电维护项目部成立，是该公司第一个在工作现场成立的工作室，为公司搭建一个技术开发、分享和交流的平台，解决公司检修维护的技术难题，以及新技术的研发与应用，进一步提高技术工人的素质。伍照进先后获公司“2018年度基层管理者之星”“2018年度广东火电优秀班长”“2018年度广东省辅机安装工职业技能竞赛第一名”等荣誉，2019年5月，获得“广东省技术能手”“广东省五一劳动奖章”“广州好人”等称号。

**【中央企业优秀党务工作者叶国文】** 1975年1月出生，汉族，广东潮州人，中国能建广东火电送变电工程公司党总支书记、副总经理。1993年参加工作，2002年6月加入中国共产党。叶国文带领员工参与港珠澳大桥110千伏珠海人工岛变电站等国家重点工程，为粤港澳三地的综合运输体系和高速公路网络提供电力保证，助力粤港澳大湾区可持续发展。探索党建创新，做党建联建的搭建者。所在党支部与业主、设计、监理单位成立党建联建临时党支部，通过搭建平台、创新方式、转变职能，发挥基层党建联建临时党支部的最大功效，形成互促共进的良好局面。2018年8月参加广东省工作技能大赛暨市县机关工作技能邀请赛，并晋级到半决赛。他带领送变电党总支下属工程第三党支部（公司技术团队）党员干部积极投身“创优争先”活动。2017—2019年，所带领的科研团队获省部级科技成果荣誉共计42项。其中，国家专利14项（含2项发明，12项实用新型）、科技进步奖8项、工法6项，关键技术14项。立足中心工作，做党建生产的融合者。坚持党建文化是最优秀的企业文化的文化理念，把“党建工作” 和“生产经营”进行有机融合，秉承“党建，做实了就是生产力，做强了就是竞争力，做细了就是凝聚力”的先进理念，以党建工作不断推动工程质量的持续提高。送变电工程公司也在行业内树立了良好品牌，获中国南方电网有限责任公司500千伏及以上、220千伏基建电网项目施工承包商评价第一名。叶国文先后获中国能源建设集团有限公司“优秀党员”称号、中国能源建设集团有限公司科学技术发明奖、2017—2018年度中国安装工程优质装（中国安装之星）工程项目经理特别荣誉奖等，2019年6月，被国务院国奖委授予“中央企业优秀党务工作者”称号。

【第七届世界军人运动会拳击项目优秀裁判员宋琦】 1963年2月出生，汉族，辽宁省宽甸县人，中共党员，本科学历，黄埔区教育（体育）局体育发展科主任科员。在职兼任广东省拳击协会副主席、常务理事、裁判员委员会主任，中国拳击协会裁判委会委员，中国拳击协会拳击裁判讲师，拳击国际级裁判员。宋琦利用业余时间推广拳击项目进校园的活动。参与国内外拳击比赛的竞赛筹备、组织和裁判工作。2019年，完成《中国大众与青少年拳击竞赛规则》校对工作，撰写《中国拳击协会青少年赛事办赛服务指南》。2019年11月，在中国拳击协会举办“2019年全国拳击裁判员讲师培训班”上获国际拳联颁发结业证书，并获中国拳击协会颁发的首批裁判员讲师证；12月，当选广东省拳击协会副会长、副理事长、裁委员会主任。2019年8月，受国家体育总局委派任全国第二届青年运动会拳击比赛决赛副技术代表；10月，第七届世界军人运动会在武汉举办，宋琦应国际军体理事会邀请担任拳击项目的裁判员，由于执裁认真，能坚守公正、公平原则，工作成绩突出，被第七届世界军人运动会拳击项目竞赛委会评为优秀裁判员。

## 道德模范人物

【“中国好人”苏金标】 1986年4月出生，广西梧州人，高中文化程度。2008年12月参加工作，现任广州市公安消防支队萝岗大队永和中队抢险救援班班长。苏金标爱岗敬业，忠于职守，作为一名政府专职消防队员，橄榄绿是他的颜色，标准礼是他的标签，无数次出入火海、抢险救灾，他总是冲在最前面，将生死置之度外，从不畏惧，永不退缩。参与社会消防培训1200余次，参加灭火救援1400余次，抢救被困人员260余人，疏散被困人员780余人，抢救财产价值约6000万元。2018年5月14日19时左右，苏金标因轮休驾车回家，路过黄埔区永和街道樟山下村光明钓鱼场鱼塘时，突然听见一声巨大的“嘣”，敏感的他立即反应这是落水的声音，当即停车往鱼塘跑去，边跑边脱衣服，黑暗中只见水面上露出一个车顶，即将全部没入水中，他立即跳进水中，往车的方向游过去，因为是夜晚，鱼塘的水又浑浊，能见度太低，苏金标不知道车里有多少人，他只能通过触摸回应实施救援，三次潜入水里，历经困难和危险，竭力救回全车5人。2019年6月，因“见义勇为，一人勇救5人”，被评为见义勇为类“中国好人”。

【“广东好人”林卫忠】 1970年9月出生，中共党员，大学本科文化程度，黄埔区公安分局干警，现任黄埔区驻阳山县扶贫领导小组副组长兼七拱镇隔坑村驻村扶贫工作队队长。2019年9月，被评为敬业奉献类“广东好人”。林为忠从2010年7月始，连续3届参加扶贫工作，舍小家、为大家，扎根乡村近10年，扶贫“老兵”助力“拔穷根”，“把不可能变为可能”是他带领乡亲们脱贫的理想理念，“白天赴村头，晚上俯案头”是他的工作常态，带动近300户贫困户致富，2018年，被评为广东省“优秀扶贫干部”。《人民日报》、人民网等央媒对林卫忠坚守扶贫一线的故事均有报道。2019年5月，被授予“广州市劳动模范”荣誉称号。

【“广东好人”巫胜祥】 1972年1月出生，广东兴宁人，初中文化程度，家住黄埔。1998年加入出租车行业。2019年6月，被评为助人为乐“广东好人”。从业20年来，一直保持着“零违章、零投诉、零事故”的“三零”记录，是“五星”司机。在同事们眼中，他是驾驶技术娴熟、心态阳光的先锋模范。在乘客心中，他是最知心的忘年交朋友。他长期接送多名行动不便的老人就医。为人低调本分、待客热情，开车从不挑客。坚守自己的原则——让最需要坐车的人优先打车。每每在路上见到行动不便的老人、残障人士想打车，他都会提供方便。因缘际遇，在过去十多年里，巫胜祥一直坚持为一对空巢老人谭伯夫妇及其朋友周伯夫妇提供接送看病服务，从司乘到忘年之交，巫胜祥与他们情同家人，多年一直坚持为他们提供自己力所能及的帮助。人们亲切地称他“暖心的哥”。

2019年黄埔区“广州好人”情况表

| 时间 | 姓名 | 好人种类 | 性别 | 单位 |
|---|---|---|---|---|
| 2019.2 | 孙鸿松 | 助人为乐 | 男 | 黄埔区心灵家园服务中心 |

续表

| 时间 | 姓名 | 好人种类 | 性别 | 单位 |
|---|---|---|---|---|
| 2019.3 | 巫胜祥 | 助人为乐 | 男 | 白云出租汽车集团有限公司 |
| 2019.3 | 邓锦泉 | 敬业奉献 | 男 | 广州白云山中一药业有限公司制造一部消渴丸生产线维修班 |
| 2019.4 | 李桂华 | 诚实守信 | 女 | 黄埔区鱼珠街茅岗社区 |
| | 卢秀兰 | 诚实守信 | 女 | 黄埔区豫章苑体育彩票店、中国福利彩票店 |
| 2019.5 | 甘运品<br>钟达照<br>冯汝森<br>刘克训<br>陈治富<br>黄广胜 | 敬业奉献 | 男 | 黄埔区动物卫生监督所 |
| | 冯杰梅 | 孝老爱亲 | 女 | 黄埔区长洲街黄船社区 |
| 2019.6 | 胡小末 | 诚实守信 | 男 | 广东鸿山环境集团有限公司 |
| | 林卫忠 | 敬业奉献 | 男 | 黄埔区驻阳山县扶贫领导小组 |
| 2019.7 | 暴沛然 | 敬业奉献 | 男 | 中国石油化工股份有限公司广州分公司 |
| | 伍照进 | | 男 | 中国能建广东火电拓奇电力技术发展有限公司阳江核电维护项目转机班 |
| 2019.8 | 刘克辉 | 助人为乐 | 男 | 黄埔区惠民社会服务中心 |
| | 肖　义 | 敬业奉献 | 男 | 广州创维平面显示科技有限公司 |
| 2019.9 | 施红军 | 见义勇为 | 男 | 黄埔区夏港街保税社区 |
| | 莫兵兵 | 敬业奉献 | 男 | 中国南方电网超高压输电公司机巡作业部直升机巡检一组 |
| 2019.10 | 罗浩棠 | 助人为乐 | 男 | 黄埔区广州公交集团三汽四分公司 |
| | 王雯琦 | 敬业奉献 | 女 | 黄埔区启智学校 |
| 2019.11 | 冯丹丹 | 助人为乐 | 女 | 黄埔区广州公交集团三汽四分公司 |
| 2019.12 | 严　敏 | 助人为乐 | 女 | 文冲街黄埔新邨小区业委会 |
| | 陈茂林<br>高长胜 | 见义勇为 | 男 | 黄埔区广州公交集团三汽四分公司 |
| | 邹鸿志 | 敬业奉献 | 男 | 中山大学附属第六医院 |

# 荣　誉

## 2019年黄埔区、广州开发区知识产权优势、示范企业名录

| 序号 | 企业 | 类别 |
|---|---|---|
| 国家知识产权优势、示范企业名录 | | |
| 1 | 广东丸美生物技术股份有限公司 | 示范企业 |
| 2 | 广州视睿电子科技有限公司 | 示范企业 |
| 3 | 广州市昊志机电股份有限公司 | 示范企业 |
| 4 | 广州兴森快捷电路科技有限公司 | 示范企业 |
| 5 | 广东合一新材料研究院有限公司 | 优势企业 |
| 6 | 广州龙之杰科技有限公司 | 优势企业 |
| 7 | 广州海格通信集团股份有限公司 | 优势企业 |
| 8 | 广州洁特生物过滤股份有限公司 | 优势企业 |
| 9 | 广州吉必盛科技实业有限公司 | 优势企业 |
| 10 | 广州飒特红外股份有限公司 | 优势企业 |
| 11 | 广州朗圣药业有限公司 | 优势企业 |
| 12 | 广东粤微食用菌技术有限公司 | 优势企业 |
| 13 | 广州标际包装设备有限公司 | 优势企业 |
| 14 | 广州鹿山新材料股份有限公司 | 优势企业 |
| 15 | 广东达志环保科技股份有限公司 | 优势企业 |
| 16 | 广州和实生物技术有限公司 | 优势企业 |
| 17 | 泰斗微电子科技有限公司 | 优势企业 |
| 18 | 广州柏诚智能科技有限公司 | 优势企业 |
| 19 | 广州市中崎商业机器股份有限公司 | 优势企业 |
| 20 | 达尔嘉（广州）标识设备有限公司 | 优势企业 |
| 21 | 日立楼宇技术（广州）有限公司 | 优势企业 |
| 22 | 广州格拉姆生物科技有限公司 | 优势企业 |
| 23 | 广州中智融通金融科技有限公司 | 优势企业 |
| 24 | 广州众诺电子技术有限公司 | 优势企业 |
| 25 | 广州华大生物科技有限公司 | 优势企业 |
| 26 | 广州新莱福磁电有限公司 | 优势企业 |
| 27 | 广州瑞丰生物科技有限公司 | 优势企业 |
| 28 | 赛业（广州）生物科技有限公司 | 优势企业 |
| 29 | 广州亦盛环保科技有限公司 | 优势企业 |
| 30 | 广州中科建禹环保有限公司 | 优势企业 |
| 31 | 广州珠江黄埔大桥建设有限公司 | 优势企业 |
| 32 | 广州天赐高新材料股份有限公司 | 优势企业 |
| 33 | 广州方邦电子股份有限公司 | 优势企业 |
| 34 | 广州博士信息技术研究院有限公司 | 优势企业 |
| 35 | 广州明珞汽车装备有限公司 | 优势企业 |
| 36 | 广州广电运通信息科技有限公司 | 优势企业 |

续表

| 序号 | 企业 | 类别 |
|---|---|---|
| 37 | 广州市儒兴科技开发有限公司 | 优势企业 |
| 38 | 广州华工环源绿色包装技术股份有限公司 | 优势企业 |
| 39 | 广州高澜节能技术股份有限公司 | 优势企业 |
| 40 | 广州毅昌牛模王科技有限公司 | 优势企业 |
| 41 | 广州市白云泵业集团有限公司 | 优势企业 |
| 42 | 广东灿腾智能设备有限公司 | 优势企业 |
| 43 | 广州机施建设集团有限公司 | 优势企业 |
| 44 | 广州市迪拓信息科技有限公司 | 优势企业 |
| 45 | 广州晶优电子科技有限公司 | 优势企业 |
| 46 | 广东利世康低碳科技有限公司 | 优势企业 |
| 47 | 广州鸿力复合材料有限公司 | 优势企业 |
| 48 | 广东易美图影像科技股份有限公司 | 优势企业 |
| 49 | 广州三晶电气股份有限公司 | 优势企业 |
| 50 | 广州多益网络股份有限公司 | 优势企业 |
| 51 | 广州市心德实业有限公司 | 优势企业 |
| 52 | 广东科玮生物技术股份有限公司 | 优势企业 |
| 53 | 广州西麦科技股份有限公司 | 优势企业 |
| 54 | 广州沧恒自动控制科技有限公司 | 优势企业 |
| 55 | 高新兴科技集团股份有限公司 | 优势企业 |
| 56 | 中国能源建设集团广东省电力设计研究院有限公司 | 优势企业 |
| 57 | 招商华软信息有限公司 | 优势企业 |
| | **广东省知识产权示范企业名录** | |
| 1 | 达尔嘉（广州）标识设备有限公司 | 示范企业 |
| 2 | 广州市白云泵业集团有限公司 | 示范企业 |
| 3 | 广州飒特红外股份有限公司 | 示范企业 |
| 4 | 广州龙之杰科技有限公司 | 示范企业 |
| 5 | 广州市中崎商业机器股份有限公司 | 示范企业 |
| 6 | 广州中智融通金融科技有限公司 | 示范企业 |
| 7 | 广东灿腾智能设备有限公司 | 示范企业 |
| 8 | 广州柏诚智能科技有限公司 | 示范企业 |
| 9 | 广州标际包装设备有限公司 | 示范企业 |
| 10 | 广州三晶电气股份有限公司 | 示范企业 |
| 11 | 广州市心德实业有限公司 | 示范企业 |
| 12 | 广州明珞汽车装备有限公司 | 示范企业 |
| 13 | 广州方邦电子股份有限公司 | 示范企业 |
| 14 | 招商华软信息有限公司 | 示范企业 |
| 15 | 广州广电运通信息科技有限公司 | 示范企业 |
| 16 | 广州博士信息技术研究院有限公司 | 示范企业 |
| 17 | 广州众诺电子技术有限公司 | 示范企业 |
| 18 | 广东易美图影像科技股份有限公司 | 示范企业 |

续表

| 序号 | 企业 | 类别 |
|---|---|---|
| 19 | 广州市迪拓信息科技有限公司 | 示范企业 |
| 20 | 高新兴科技集团股份有限公司 | 示范企业 |
| 21 | 泰斗微电子科技有限公司 | 示范企业 |
| 22 | 广州市儒兴科技开发有限公司 | 示范企业 |
| 23 | 广州鸿力复合材料有限公司 | 示范企业 |
| 24 | 广东合一新材料研究院有限公司 | 示范企业 |
| 25 | 广州鹿山新材料股份有限公司 | 示范企业 |
| 26 | 广州晶优电子科技有限公司 | 示范企业 |
| 27 | 广州沧恒自动控制科技有限公司 | 示范企业 |
| 28 | 广州天赐高新材料股份有限公司 | 示范企业 |
| 29 | 广州朗圣药业有限公司 | 示范企业 |
| 30 | 赛业（广州）生物科技有限公司 | 示范企业 |
| 31 | 广州和实生物技术有限公司 | 示范企业 |
| 32 | 广州洁特生物过滤股份有限公司 | 示范企业 |
| 33 | 广东科玮生物技术股份有限公司 | 示范企业 |
| 34 | 广东粤微食用菌技术有限公司 | 示范企业 |
| 35 | 广州华大生物科技有限公司 | 示范企业 |
| 36 | 广州瑞丰生物科技有限公司 | 示范企业 |
| 37 | 广州西麦科技股份有限公司 | 示范企业 |
| 38 | 广州格拉姆生物科技有限公司 | 示范企业 |
| 39 | 广州亦盛环保科技有限公司 | 示范企业 |
| 40 | 广东利世康低碳科技有限公司 | 示范企业 |
| 41 | 广州华工环源绿色包装技术股份有限公司 | 示范企业 |
| 42 | 广州中科建禹环保有限公司 | 示范企业 |
| 43 | 广东达志环保科技股份有限公司 | 示范企业 |
| 44 | 广州新莱福磁电有限公司 | 示范企业 |
| 45 | 广州毅昌牛模王科技有限公司 | 示范企业 |
| 46 | 广州珠江黄埔大桥建设有限公司 | 示范企业 |

## 2019年黄埔区、广州开发区专利奖项目情况表

| 中国专利奖项目情况 | | |
|---|---|---|
| 序号 | 专利名称 | 专利权人 |
| 1 | 天线控制系统和多频共用天线 | 京信通信系统（中国）有限公司 |
| 2 | 延迟固体口服避孕药或终止妊娠药溶解的剂型及其应用 | 广州朗圣药业有限公司 |
| 3 | 一种斑蝥黄质的制备方法 | 广州智特奇生物科技股份有限公司 |
| 4 | 分布式数字处理系统及方法 | 威创集团股份有限公司 |
| 5 | 一种宽动态范围的飞行时间质谱仪器及其实现方法与应用 | 广州禾信仪器股份有限公司<br>上海大学 |
| 6 | 生物质气给料放散自动控制系统以及生物质气化反应系统 | 广州迪森热能技术股份有限公司 |

续表

| 中国专利奖项目情况 | | |
|---|---|---|
| 序号 | 专利名称 | 专利权人 |
| 7 | 一种纸币式散状介质自适应整理装置 | 广州中智融通金融科技有限公司<br>广州广电运通金融电子股份有限公司 |
| 8 | 一种多个试管管帽的脱帽装置 | 广州阳普医疗科技股份有限公司 |
| 9 | 粒状洗涤剂用组合物及其制备方法 | 广州洁特生物过滤股份有限公司<br>广州拜费尔空气净化材料有限公司 |
| 10 | 一种安全型留置针以及屏蔽帽 | 广州阳普医疗科技股份有限公司<br>阳普医疗（湖南）有限公司 |
| 11 | 一体机多通道显示的批注方法及装置 | 广州视睿电子科技有限公司 |
| 12 | 一种用于地铁基坑支撑梁的钢模板体系 | 广州机施建设集团有限公司<br>广州鑫桥建筑工程有限公司 |
| 13 | 一种多镜头航空摄影稳定平台 | 广州市红鹏直升机遥感科技有限公司 |
| 14 | 铝合金板材电阻焊接工艺及焊接设备 | 广州松兴电气股份有限公司 |
| 15 | 一种基于倒排技术的智能安全芯片的指令分发方法和系统 | 南方电网科学研究院有限责任公司 |
| 16 | 一种增强现实摄像机虚拟标签实时高精度定位方法 | 高新兴科技集团股份有限公司 |
| 17 | 一种改性聚硅氧烷共聚物及其制备方法和在化妆品中的应用 | 广州星业科技股份有限公司 |
| 18 | 无芯板制造构件、无芯板以及无芯板制作方法 | 广州兴森快捷电路科技有限公司<br>宜兴硅谷电子科技有限公司<br>深圳市兴森快捷电路科技股份有限公司 |
| 19 | 配钞方法、配钞装置以及金融自助设备 | 广州广电运通信息科技有限公司<br>广州广电运通金融电子股份有限公司 |
| 20 | 一种人脸识别方法、系统及用户终端、服务器 | 广州视源电子科技股份有限公司 |
| 21 | 全自动袋式包装柔性生产线 | 广东丸美生物技术股份有限公司<br>广州丸美生物科技有限公司 |

| 广东省专利奖项目情况 | | |
|---|---|---|
| 序号 | 专利名称 | 专利权人 |
| 1 | 聚合物，包含其的混合物、组合物、有机电子器件，及其单体 | 广州华睿光电材料有限公司 |
| 2 | 一种物品定量分堆及计数的方法及装置 | 达尔嘉（广州）标识设备有限公司 |
| 3 | 无芯板制造方法 | 广州兴森快捷电路科技有限公司 |
| 4 | 一种V型串直流瓷绝缘子用锌环及其应用 | 南方电网科学研究院有限责任公司<br>清华大学深圳研究生院 |
| 5 | 基于ATL的设备管理方法、系统和金融自助设备 | 广州广电运通金融电子股份有限公司 |
| 6 | 天线控制系统和多频共用天线 | 京信通信系统（中国）有限公司 |
| 7 | 一种数据传输方法、装置及通信系统 | 广州视睿电子科技有限公司 |
| 8 | 一种新型五加仑瓶坯合模机构 | 广州一道注塑机械股份有限公司 |
| 9 | 一种气浮高速电主轴 | 广州市昊志机电股份有限公司 |
| 10 | 一种加快卫星导航接收机热启动定位速度的方法及系统 | 泰斗微电子科技有限公司 |
| 11 | 生物质气给料放散自动控制方法以及生物质气化反应系统 | 广州迪森热能技术股份有限公司 |
| 12 | 一种微小区基站系统、相关设备及数据处理方法 | 京信通信系统（广州）有限公司 |
| 13 | 低功耗的恒流控制电路和电视机 | 广州视源电子科技股份有限公司 |
| 14 | 用于中央空调循环冷却水的三元聚合型缓蚀阻垢剂及其制备方法 | 广州特种承压设备检测研究院 |
| 15 | 一种整体卫浴间 | 广州鸿力复合材料有限公司 |
| 16 | 一种碱式氯化铜的生产方法 | 广州科城环保科技有限公司 |

## 2019年广州市黄埔区内单位获市级（含）以上表彰情况表

| 获奖时间 | 获奖单位 | 荣誉名称 | 颁奖单位 |
|---|---|---|---|
| 2019.2 | 黄埔区区政协办公室驻阳山县七拱镇新圩村工作队 | 广东省2016–2018年脱贫攻坚突出贡献集体 | 广东省扶贫办 |
| 2019.3 | 黄埔区人民检察院 | 广州市首届网络文明号“优秀政务号”称号和广州市文明媒体联盟成员单位 | 广州市网络文化协会 |
| 2019.4 | 九佛街道重岗村 | 2019年度广东省交通安全文明示范村 | 广东省公安厅<br>广东省教育厅<br>广东省交通运输厅<br>广东省精神文明建设委员会办公室<br>广东省司法厅<br>广东省应急管理厅 |
| | 黄埔区图书馆 | “喜阅新一代——2019年世界阅读日粤港澳创作比赛”优秀组织奖 | 广东省文化和旅游厅<br>广东省立中山图书馆 |
| 2019.6 | 黄埔区贸促会 | 第八届广州国际食品食材展览会优秀组团单位 | 中国国际贸易促进委员会广州市委员会 |
| | 黄埔区图书馆 | 中国图书馆学会学术论文和业务案例征集活动中入选“综合服务效能之星” | 中国图书馆学会 |
| 2019.7 | 中国能建广东火电公司送变电公司共青团支部 | 中央企业五四红旗团支部 | 中央企业团工委 |
| 2019.9 | 黄埔区文化馆 | “我和我的祖国”广东省广场舞展演十佳团队奖 | 广东省文化和旅游厅 |
| | 黄埔区香雪教师合唱团 | 广东省第十三届“百歌颂中华”歌咏活动银奖 | 广东省文化和旅游厅 |
| | 黄埔区图书馆 | 广东省“颂时代华章 献礼新中国70华诞”朗诵大赛优秀组织奖 | 广东图书馆学会 |
| | 黄埔区人民检察院 | 全国检察宣传先进单位 | 最高人民检察院 |
| | 广州开发区投资促进局 | 杰出投资促进机构奖 | 第十七届全国投资促进机构联席会议暨国际投资促进研讨会 |
| | GE产业园（GE BioParK）项目 | 杰出投资促进项目奖 | 第十七届全国投资促进机构联席会议暨国际投资促进研讨会 |
| 2019.11 | 广州开发区管委会 | 2019年度全球杰出投资促进机构大奖 | 联合国贸易和发展会议（UNCTAD） |
| 2019.12 | 黄埔区人民检察院 | 全国检察品牌活动20强 | 最高人民检察院 |
| | 中国能源建设集团广东火电工程有限公司工会 | 工会财务工作先进单位 | 中华全国总工会 |
| | 黄埔区文化广电旅游局 | 2019年全省文化市场行政处罚优秀案卷和规范案卷 | 广东省文化和旅游厅 |
| | 新龙镇洋田村 | 全国乡村治理示范村 | 中央农村工作领导小组办公室<br>农业农村部<br>中央宣传部<br>民政部<br>司法部 |

## 2019年广州市黄埔区内个人获市级（含）以上表彰统计表

| 获奖时间 | 获奖个人 | 所属单位 | 荣誉名称 | 颁奖单位 |
|---|---|---|---|---|
| 2019.4 | 吴俊峰 | 黄埔区人民检察院 | 龙小卫等侵犯著作权案入选《最高检2018年度检察机关保护知识产权典型案例》、《2018年度全国打击侵权盗版十大案件》、《广东省保护知识产权十大典型案例》 | 最高人民检察院<br>国家版权局<br>全国“扫黄打非”办公室<br>广东省版权保护联合会 |
| | 张秋杰 | | 龙小卫等侵犯著作权案入选《最高检2018年度检察机关保护知识产权典型案例》、《2018年度全国打击侵权盗版十大案件》、《广东省保护知识产权十大典型案例》 | 最高人民检察院<br>国家版权局<br>全国“扫黄打非”办公室<br>广东省版权保护联合会 |
| | 林卫忠 | 新龙镇 | 广州市先进工作者 | 中共广州市委员会<br>广州市人民政府 |
| 2019.5 | 林建军<br>伍照进<br>何远锋<br>莫家林 | 中国能建广东火电公司 | 广东省技术能手 | 广东省人力资源和社会保障厅 |
| | 伍照进 | | 广东省五一劳动奖章 | 广东省总工会 |
| 2019.6 | 丁　啸 | 广州市黄埔区文化馆 | 2018年度广东省群众文艺作品评选舞蹈类三等奖 | 广东省文化和旅游厅 |
| 2019.6 | 丰呈文 | 黄埔区应急管理局 | 广州市优秀党务工作者 | 中共广州市委 |
| | 郭伟成 | 黄埔区农业农村局 | 广州市优秀共产党员 | |
| 2019.7 | 王　锋 | 黄埔区人民检察院 | 2018年度全国检察宣传先进个人 | 最高人民检察院 |
| | 邓奕中 | 新龙镇 | 广州市优秀党务工作者 | 中国共产党广州市委员会 |
| 2019.8 | 曾小贝 | 区委依法治区办 | 广东省依法治省工作先进个人 | 广东省委 |
| 2019.9 | 刘晓曼 | 黄埔区文化馆 | “羊城之夏”2019年广州市民文化节“同心共筑，奋进新时代”热烈庆祝中华人民共和国成立70周年广州群文美术作品大赛优秀奖 | 广州市文化广电旅游局 |
| 2019.9 | 许志斌 | 黄埔区人民检察院 | 个人二等功 | 广东省人民检察院 |
| 2019.10 | 卢燕萍 | 新龙镇 | 优秀城市美容师 | 广州市人民政府 |
| | 缪伟辉 | 黄埔区人民检察院 | 《广州顺旺客公司生产、销售不符合安全标准食品刑事附带民事公益诉讼案》入选最高检“保护千家万户舌尖上的安全”公益诉讼专项监督活动典型案例 | 最高人民检察院 |
| | 李丹萍 | | 《广州顺旺客公司生产、销售不符合安全标准食品刑事附带民事公益诉讼案》入选最高检“保护千家万户舌尖上的安全”公益诉讼专项监督活动典型案例 | |
| | 卢丽敏 | | 《廖×冲侵犯公民个人信息、强迫交易案——如何区分非法获取计算机信息系统数据罪之“数据”与侵犯公民个人信息罪之“信息”》入选省检察院涉网络犯罪典型案例 | 广东省人民检察院 |
| | 周小波 | | 《廖×冲侵犯公民个人信息、强迫交易案——如何区分非法获取计算机信息系统数据罪之“数据”与侵犯公民个人信息罪之“信息”》入选省检察院涉网络犯罪典型案例 | |
| | 王博韬 | 黄埔区人民检察院 | 《张×等销售伪劣产品案——如何认定网络犯罪的犯罪金额》入选省检察院涉网络犯罪典型案例 | 广东省人民检察院 |
| | 宋　琦 | 黄埔区教育局 | 优秀裁判员 | 第七届世界军人运动会拳击竞赛委员会 |
| 2019.11 | 杨　帆 | 黄埔区市场监管局 | 黔南州脱贫攻坚优秀共产党员 | 黔南州委 |
| 2019.12 | 郑　帆 | 黄埔区人民检察院 | 全国检察自媒体20强 | 最高人民检察院 |

# 统计资料

○编辑 田丽华

## 统计公报

## 2019年黄埔区国民经济和社会发展统计公报

2019年，黄埔区、广州开发区深入学习贯彻习近平新时代中国特色社会主义思想，全面贯彻党的十九大和十九届二中、三中、四中全会以及中央经济工作会议精神，全面贯彻落实习近平总书记对广东重要讲话和对广东工作一系列重要指示精神，坚持稳中求进工作总基调，认真对照高质量发展要求，统筹推进供给侧结构性改革、科技创新、对外开放等各项工作，经济社会实现持续健康发展。

### 一、经济综述

#### （一）经济总量

GDP（生产总值，下同）稳步增长。据初步核算，2019年，黄埔区完成生产总值3502.47亿元，同比增长8.6%，比去年增速提升1.0个百分点。我区GDP总量占全市的14.8%。GDP总量及增速均位居全市各区第二位。

固定资产投资稳健。2019年，黄埔区固定资产投资1398.72亿元（项目在地口径），同比增长20.1%。工业项目投资372.02亿元，下降3.3%，其中技改投资117.33亿元，同比增长15.8%；第三产业项目投资1026.70亿元，同比增长31.6%。

财税征收良好2019年，黄埔区财税总收入1168.16亿元，同比增长11.03%；税收收入907.45亿元，同比增长4.8%，税收总量占全市的16.3%。

#### （二）产业结构

第二产业增长向好。2019年，在工业经济增长带动下，黄埔区第二产业增加值同比增长7.4%。其中建筑业增加值、工业增加值分别同比增长6.1%、7.4%。

第三产业增速加快。2019年，在商贸业、其他服务业快速增长带动下，黄埔区第三产业增加值同比增长11.4%，第三产业增长进一步加快，增速较去年（6.8%）提高4.6个百分点。

#### （三）经济效益

人均GDP稳步提升。2019年黄埔区人均生产总值为30.92万元，同比增长5.7%，高出全市平均水平15.28万元，是全市平均水平的2.02倍。

财税收入质量保持优良。在南网、宝洁、东本及分众传媒等重点税源企业税收快速增长带动下，2019年黄埔区一般公共预算收入181.19亿元，其中区库税收收入154.55亿元，占一般公共预算收入比重的85.3%，比全市平均水平高出7.2个百分点。

企业利润保持快速增长。在汽车、石油加工及食品饮料等三大支柱行业利润快速增长的拉动下，2019年黄埔区规模以上工业企业实现利润总额752.83亿元，同比增长2.6%；规模以上工业企业主营业务收入利润率为9.4%，比上年同期提高0.7个百分点。

## 二、行业发展

### （一）农业

农业经济稳中有降。2019年，黄埔区完成农业总产值7.81亿元，同比下降38.14%。全年蔬菜播种面积50579亩，同比下降17.6%；蔬菜总产量54091吨，同比下降18.5%。全年水果播种面积39687亩，同比下降4.7%；水果总产量9142吨，同比下降36.9%。水产品总产量5798吨，同比增长4.36%，其中淡水产品产量5652吨，同比增长4.9%。

### （二）工业

工业经济企稳向好。2019年，黄埔区完成工业总产值8049.78亿元，同比增长5.7%，其中规模以上工业总产值7936.50亿元，同比增长5.7%；工业增加值2089.21亿元，同比增长7.4%。我区工业经济保持全市领先优势，民营企业生产经营良好，全年规模以上民企完成产值1050.09亿元，同比增长2.3%，占全区规模以上工业总产值比重的13.2%，较去年提高1.3个百分点。

八大支柱产业五升三降。2019年，黄埔区工业八大支柱产业完成规模以上工业总产值6545.85亿元，占全区规模以上工业总产值的82.5%。其中电子及通信设备制造业（同比增长5.3%）、汽车制造业（同比增长2.5%）、电力、热力生产和供应业（同比增长10.5%）、电气机械及器材制造业（同比增长3.8%）、化学原料及化学制品制造业（同比增长12.2%）五大产业产值实现增长；金属冶炼及加工业（同比下降2.6%）、石油加工、炼焦和核燃料加工业（同比下降1.7%）、食品饮料制造（同比下降4.5%）、三行业产值小幅下降。

战略性新兴产业快速成长。2019年，黄埔区IAB产业中，以乐金、视源电子等为代表的新一代信息技术产业完成产值1063.32亿元，同比增长3.3%；以金域医学、香雪制药等为代表的生物医药产业完成产值847.84亿元，同比增长3.5%；以广州数控、亿航无人机为代表的智能装备产业完成产值249.60亿元，同比增长4.5%。427家规模以上高新技术工业企业完成产值2805.47亿元，占全区工业总产值的35.3%，较去年提高12.1个百分点。全区规模以上高技术产业（制造业）产值2073.60亿元，占全市的72.6%。

### （三）建筑业

建筑业高速增长。2019年，黄埔区资质以上建筑业企业实现总产值525.41亿元，同比增长54.2%；其中建筑工程产值409.88亿元，同比增长81.3%；安装工程产值85.52亿元，同比下降10.4%。

### （四）批发零售贸易业

消费新业态发展快速。2019年，在以晶东等为代表的电子商务零售企业稳健发展带动下，黄埔区社会消费品零售总额实现996.95亿元，同比增长7.1%，增速排全市第9位。全年限额以上批发和零售业网上商店销售额993.64亿元，占全区商品销售额的11.2%。

商品流通规模不断扩大。2019年，黄埔区实现商品销售总额8899.73亿元，大幅增长38.0%，增速排全市第1位，其中批发业实现商品销售额7770.35亿元，大幅增长44.2%。年销售额超亿元的商贸业企业有397家，累计实现销售7408.49亿元，大幅增长46.5%。

### （五）住宿餐饮业

住宿餐饮业增长平稳。2019年，黄埔区住宿餐饮业实现营业额45.26亿元，同比增长6.8%。其中住宿业实现营业额6.02亿元，同比下降1.8%；餐饮业实现营业额39.24亿元，同比增长8.3%。

### （六）房地产业

房地产投资大幅增长。2019年，黄埔区房地产项目完成固定资产投资475.36亿元，同比增长49.0%，占全区固定资产投资总量的34.0%。

商品房销售平稳放缓。2019年，黄埔区商品房施工面积1658.44万平方米，增长3.9%；商品房销售面积245.86万平方米，下降29.1%。商品房销售金额488.59亿元，下降17.4%。

### （七）其他服务业

其他服务业较快增长。2019年，黄埔区规模以上服务业企业实现营业收入1089.43亿元，同比增长21.7%。在规模以上服务业行业中，交通运输、仓储和邮政业，信息传输、软件和信息技术服务业，科学研究和技术服务业，租赁和商务服务业营业收入居前，分别实现营业收入358.15亿元、260.20亿元、218.22亿元、180.79亿元，分别同比增长28.0%、19.9%、16.3%、16.5%。

## 三、对外经济

### （一）对外贸易

进口好于出口。2019年黄埔区实现进出口总额2886.73亿元，同比增长7.4%；其中进口总额1601.68亿元，同比增长9.2%；出口总额1285.04亿元，同比增长5.3%，分别占全市进出口的28.9%、进口的33.8%和出口的24.4%。

### （二）招商引资

利用外资有下降趋势。2019年，黄埔区合同利用外资20.09亿美元，同比下降51.5%，占全市合同利用外资的5.1%；实际使用外资22.81亿美元，同比增长1.5%，占全市实际使用外资的31.9%。2019年，黄埔区工业项目实际使用外资12.71亿美元，同比下降5.4%；工业项目合同利用外资6.38亿美元，同比下降72.6%。第三产业项目实际使用外资10.10亿美元，同比增长12.0%；第三产业项目合同利用外资13.71亿美元，同比下降24.7%。全年新批外商直接投资项目162个，合同利用外资13.44亿美元，同比下降53.7%；其中新批投资总额超千万美元的项目有22个，合同利用外资11.72亿美元，同比下降57.4%。当年增资外商直接投资项目84个，合同利用外资11.76亿美元，同比下降31.1%。

从外资总量看，2019年，黄埔区引进外资新批和增资项目246个，其中：按项目投资额分，投资总额超5000万美元的项目12个，合同利用外资14.55亿美元；超1亿美元的项目5个，合同利用外资9.79亿美元。

从外资结构看，2019年，黄埔区工业合同利用外资项目22个，合同利用外资6.38亿美元，占全区总量的31.7%；第三产业合同利用外资项目144个，合同利用外资13.71亿美元，主要集中在零售业，租赁和商务服务业、信息传输、软件和信息技术服务业，分别占第三产业总量的13.3%、12.0%和10.9%。

## 四、科技创新

高新技术企业不断扩容，高端研究平台和机构等创新载体显著集聚。全年通过国家高新技术企业认定企业659家，全区高企总数超过2100家。遴选区级瞪羚企业236家、瞪羚培育企业120家，共356家。科学城建成华南地区最大的孵化器集群，新增孵化面积36万平方米，总孵化面积达500万平方米。其中，国家级孵化器14家，省级以上孵化器22家，新增市级以上孵化器13家，市级孵化器总数达71家，新增区级孵化器10家，累计超过100家。累计建成47家区级创客空间，其中，国家级创客空间9家，省级以上15家，新增市级以上创客空间11家，市级创客空间总数达38家。完成广东粤港澳大湾区国家纳米科技创新研究院、中科院空天信息研究院粤港澳大湾区研究院、广东省大湾区集成电路与系统应用研究院、中科院自动化所广州人工智能与先进计算研究院、广东硬科技创新研究院在我区注册成立并签署合作协议。推动广东腐蚀科学与技术创新研究院、中科院长春应化所黄埔先进材料研究院顺利落地。

## 五、重大项目（平台）进展

省市重点项目均超额完成年度计划。2019年，黄埔区牵头的148个市“攻城拔寨”重点建设项目完成投资587.5亿元，完成年度计划投资的122.7%。其中，15个省重点项目完成投资224.1亿元，完成年度计划投资的175%；62个市重点项目完成投资358亿元，完成年度计划投资的115%。省、市、区重点建设项目均提前完成年度计划。诺诚健华、康方药业、卡尔蔡司等37个重点项目顺利开工，乐金OLED一期、LG化学偏光片一期、粤芯半导体一期、瑞松机器人、雪松总部等16个项目顺利投试产。

全年引进优质项目164个，总投资超过3000亿元，其中西门子、中国黄金、广汽等世界500强、中国500强、民营500强及央企投资项目22个（500强、央企、总部38个），益海嘉里、融捷创新等产出超百亿项目12个。

## 六、人口与人民生活

人口逐年增长，居住密度稳步上升。2019年末，黄埔区户籍人口户数为16.28万户，户籍总人口56.22万人，比上年增加3.46万人，同比增长6.6%。户籍人口出生率为21.8‰，死亡率4.0‰，人口自然增长率为17.8‰。至年末，黄埔区常住人口115.12万人。

就业保持稳定，居民收入持续增长。2019年，我区新增就业4.78万人；黄埔区户籍城镇登记失业人员总数为16296人；城镇登记失业人员实现就业12544人，其中就业困难人员实现就业7440人，就业率76.98%；城镇登记失业率始终控制在3.5%以内。2019年黄埔区城市居民年人均可支配收入66253元，同比增长9.3%。农村居民人均可支配收入39120元，同比增长10.5%。

## 七、社会保障、福利救济和安全生产

社会保障：2019年，黄埔区城镇职工养老保险参保67.08万人，共发放各项社保待遇10.41万人次，核发金额18.22亿元；黄埔区户籍人员参加城乡居民养老保险（包括农转居养老保险）2.91万人，完成率市人力资源和社会保障局下达任务数的114.1%，领取居民养老待遇3.36万人；深化推进机关事业单位养老保险及职业年金制度落实，累计12297人参加机关事业单位养老保险，0.47万人领取待遇。

福利救济：2019年，黄埔区有养老机构16家，共有机构养老床位总数5623张，每千名老人拥有床位数79张。全区享受城镇和农村居民最低生活保障人员分别为549人、875人。社会捐赠接收工作站1个，全年接收社会捐赠金3399.97万元。

安全生产：2019年，黄埔区各类生产安全责任事故死亡人数为43人。其中，工矿商贸生产安全责任事故死亡人数为9人，生产经营性道路交通责任事故死亡人数为34人，火灾事故死亡人数为0人。

## 八、文化、体育与教育、卫生

公共文化服务方面：截至2019年底，有17个街镇文化站（文化中心）机构，其中14个为省特级文化站，1个为省1级文化站，全区143个社区（村）均设有综合性文化服务中心，与社会力量合作，共建成各类图书馆、文化馆分馆56个，服务点14个。每万人拥有公共文化设施面积为1796.23平方米。

区文化馆全年共组织举办艺术欣赏、艺术交流、艺术培训、艺术展示2383场（节次），惠及群众72.35万人次。开展全国“2131工程”免费电影放映以及“我们的节日”专场电影放映，在各街镇共进行免费电影放映1336场，惠及群众超17万人次。

区图书馆共接待读者321.9万人次，图书总借阅量224.3万册次，新增办证读者4.98万人。馆藏总量达171.61万册（件），其中本年度新增中文图书新书17.7万册。全年开展各类活动792场次，参与人次数65.49万人次。文化志愿者服务1545人次，累积服务时间2.52万志愿时。对外接待和参观共58批次共1187人次。网站、黄埔文化云和微信公众号访问量36.19万人次，数字资源阅读与下载量91.38万人次，微信公众号关注量为8.61万人次。

文化遗产方面：2019年，黄埔区现有文物保护单位84处，其中全国重点文物保护单位2处，省级文物保护单位2处，市级文物保护单位35处，区级文物保护单位45处。

我区现有非物质文化遗产项目33项，其中国家级1项，省级3项，市级10项，区级19项。非遗代表性传承人26位，其中省级1位；市级4位；区级21位；市级非遗传承基地2个，区级非遗传承基地3个。区内现有登记备案博物馆6座（含市属博物馆），其中非国有博物馆3座。

体育：2019年，黄埔区新建社区七人小型足球场1片，改造篮球场6片，羽毛球场3片，足球场1片，门球场1片，新增健身路径器材401件，儿童乐园8套，室外乒乓球台41张等体育设施及改造建设。黄埔体育中心免费或优惠向社会开放，开放时长2万小时，累计进场运动28.6万人次，惠民人数达18.15万人次；开发区国际网球学校累计对外开放9万小时，进场人数约9.4万人次。成功举办2019广州黄埔马拉松赛、2019年全国新区经开区高新区首届职工健康运动会、两区合作“穗莞杯”2019年东莞水乡国际龙舟嘉年华等大型赛事。成功举办第五届广州户外运动节开幕式暨广汽本田“锦绣黄埔任我行”48公里徒步大会活动、黄埔区第三届村镇龙舟邀请赛、雪松国际信托2019黄埔区篮球文化节、黄埔丝路”世界名校赛艇邀请赛等各类赛事活动。竞技体育保优势。承办“广开网校”杯·2019年国际网联世界青少年网球巡回赛·广州站、粤港澳大湾区青少年三人篮球联赛总决赛等国际、国内赛事。加大向省、市专业队输送运动员的力度，目前我区在国家队集训8人，省队正式队员15人，市队正式队员81人。2019年，我区33名运动员代表广东省参加全国第二届青运会获8枚金牌，我区籍运动员罗蕊获得全国青少年体操锦标赛4枚金牌。我区1200名运动员参加广州市锦标赛23项目，获84金，总分5595分，其中摔跤、散打、拳击三个项目团体总分获全市第一。

教育：截至2019年12月，全区共有各级各类学校（幼儿园）238所。其中幼儿园132所，公办幼儿园44所（教育部门办园13所、大公办幼儿园31所），民办幼儿园88所（其中普惠性民办幼儿园57所）。中小学校共106所（含民办学校），其中小学67所（含民办7所，分校6所），初中16所（民办5所），九年一贯制12所（民办8所），十二年一贯制1所、十五年一贯制1所，完全中学6所，特殊学校2所，中职学校1所。另辖区内有高校2所，高等职业院校3所。全区中小学校（幼儿园）在校学生约14万人，教职工人数近1.4万人。全区公办中小学正高教师22人，特级教师23人，高级教师820多人。公办中、小学教师学历达标率100%。是年，全区新开办幼儿园12所，中小学校7所，招聘教师招聘了850名教师（其中在编186名，编外聘用制教职员664名）。

卫生：2019年年底黄埔区各类医疗卫生机构368家。医院21家，其中，区属医院3家，驻区医院8家，民营医院10家，社区卫生服务中心（站）53家及公共卫生机构16家等。全区各类卫生机构病床4360张。医疗卫生工作人员9044人，其中，卫生技术人员7141人，执业（助理）医师2557人、注册护士2813人、药剂人员400人、检验人员633人、影像技人员76人、其他卫生人员662人；其他技术人员283人；管理人员502人；工勤人员1118人（不含中山一院东院、中山三院岭南医院数据）。

注：1.本公报中综合统计数据为年报数据，部

门统计数据均由相关部门提供。

2. 公报中地区生产总值、各产业产值、增加值绝对数按当年价格计算，增长速度按可比价格计算。

## 2019 广州开发区经济发展统计公报

2019 年，广州经济技术开发区、广州高新技术产业开发区、广州出口加工区、广州保税区（以下简称“广州开发区”）在区政府、党工委、管委会的正确领导下，践行“创新、协调、绿色、开放、共享”的发展理念，科技创新实力显著提升，产业结构持续优化，产城融合不断发展，园区经济效益持续位居全国开发区前列。

### 一、综合水平

经济总量：2019 年，广州开发区实现生产总值（GDP，下同）2978.89 亿元，按可比价格计算，比上年同期增长 8.6%。其中，第一产业增加值 5.11 亿元，同比下降 10.0%；第二产业增加值 1897.88 亿元，同比增长 8.3%；第三产业增加值 1075.91 亿元，同比增长 9.3%。

产业结构：2019 年，广州开发区第一、二、三次产业增加值的比例为 0.2 ∶ 63.7 ∶ 36.1。三次产业对经济增长的贡献率分别为 -0.3%、61.7% 和 38.6%。

### 二、行业经济

#### 第二产业

工业：2019 年，广州开发区实现规模以上工业总产值 5934.42 亿元，同比增长 5.8%；工业增加值 1779.14 亿元，同比增长 8.5%，占全区生产总值总量的 59.7%。

七大支柱产业稳健发展。2019 年，广州开发区电子信息、电力供应、化学制造、汽车制造、食品饮料、金属冶炼、电气机械制造七大支柱产业完成规模以上工业总产值 4276.05 亿元，占全区规模以上工业总产值的 72.1%。其中电子信息产业完成产值 1622.02 亿元，同比增长 5.1%，占全区产值的 20.4%。其余六大支柱产业的电力、化工、汽车、食品饮料、金属冶炼、电气机械制造分别完成产值 912.54 亿元、618.88 亿元、465.33 亿元、577.98 亿元、250.71 和 224.58 亿元，分别同比增长 10.5%、12.3%、-5.3%、-4.5%、-2.5% 和 3.7%，占全区产值的 11.5%、7.8%、5.9%、7.3%、3.2% 和 2.8%。

建筑业：2019 年，广州开发区建筑业实现增加值 118.74 亿元，同比增长 4.4%，占 GDP 总量的 4.0%。

#### 第三产业

批发零售业：2019 年，广州开发区限额以上批发零售业企业 615 家，完成商品销售额 7129.54 亿元，大幅增长 46.4%，其中批发业商品销售额 6295.76 亿元，大幅增长 52.9%，占全区限额以上批发零售业的 88.3%；零售业商品销售额 833.78 亿元，同比增长 11.1%，占全区限额以上批发零售业的 11.7%。全区商品销售额超 10 亿元以上的企业共 70 家，合计实现商品销售额 6348.74 亿元，同比增长 55.1%，占全区限额以上批发零售业商品销售额的 89.0%。批发零售业实现增加值 251.98 亿元，同比增长 15.5%，占全区生产总值和第三产业增加值的比重分别为 8.5% 和 23.4%。

其他服务业：2019 年，广州开发区规模以上其他服务业企业 769 家全年实现营业收入 1962.82 亿元，同比增长 12.82%。其他服务业企业中，营业收入排前四位的行业依次为：交通运输和仓储服务业、信息传输、软件和信息技术服务业、科学研究和技术服务业、租赁和商务服务业，分别实现营业收入 1294.09 亿元、237.78 亿元、213.96 亿元和 175.15 亿元，分别同比增长 10.8%、20.4%、16.4% 和 25.6%，分别占全区规模以上服务业营业收入总量的 65.9%、12.1%、10.9%、和 8.9%。其他服务业实现增加值 438.38 亿元，同比增长 10.5%，占全区生产总值和第三产业增加值的比重分别为 14.7% 和 40.7%。

### 三、固定资产投资

2019 年，广州开发区完成固定资产投资 1274.32 亿元（项目在地口径），同比增长 22.8%。

第三产业投资大幅增长。2019 年全区第三产业完成投资 935.73 亿元，同比增长 35.4%，比全区固定资产投资增速高 12.6 个百分点，占全区投资的比重为 73.4%，工业项目完成投资 338.60 亿元，同比下降 2.4%，占全区投资比重 26.6%。

### 四、园区经济

“四区四中心”实现联动发展。2019 年，中新广州知识城、科学城、黄埔港、生物岛合计完成固定资产投资 931.38 亿元，同比增长 15.5%，占全区的比重为 73.1%；完成工业总产值 2832.37 亿元，占全区的比重为47.7%，合同利用外资12.19亿美元，占全区的比重为60.7%。其中，中新广州知识城全年完成固定资产投资365.52亿元，同比增长25.2%，规模以上工业总产值91.25亿元，同比增长19.3%，新增合同利用外资7.22亿元。集聚新一代信息技术、生物医药等主导产业的科学城完成固定资产投资522.67亿元，同比增长12.6%；规模以上工业总产值2700.46亿元，同比增长8.4%，在阿里健康、百奥泰等企业增资带动下新增合同利用外资4.71亿元；黄埔港（临港经济区）完成固定资产投资33.70亿元，同比增长5.0%；规模以上工业总产值40.26亿元，同比增长9.3%。生物岛完成固定资产投资9.48亿元，工业总产值0.37亿元，合同利用外资0.26亿元。

注：文中地区生产总值、各产业的产值、增加值绝对数按当年价格计算，增长速度则按可比价格计算；部门统计数据均由相关部门提供。

## 统计报表

# 2019年黄埔区国民经济和社会发展统计报表

### 广州市黄埔区国民经济主要指标一览表

| 指标 | 单位 | 2015年 | | 2016年 | | 2017年 | | 2018年 | | 2019年 | |
|---|---|---|---|---|---|---|---|---|---|---|---|
| | | 总量 | 增长% | 总量 | 增长% | 总量 | 增长% | 总量 | 增长% | 总量 | 增长% |
| 土地面积 | 平方公里 | 484.17 | 持平 | 484.17 | 持平 | 484.17 | 持平 | 484.17 | 持平 | 484.17 | 持平 |
| 年末户籍人口 | 万人 | 43.95 | 3.5 | 45.75 | 4.1 | 48.94 | 7.0 | 52.76 | 7.8 | 56.22 | 6.6 |
| 年末常住人口 | 万人 | 89.85 | 2.1 | 108.26 | 20.5 | 109.10 | 0.8 | 111.41 | 2.1 | 115.12 | 3.3 |
| 地区生产总值（GDP） | 亿元 | 2765.44 | 8.0 | 2796.74 | 4.7 | 2949.69 | 5.8 | 3131.62 | 7.3 | 3502.47 | 8.6 |
| 人均GDP | 万元/人 | 31.10 | 5.8 | 28.23 | -6.0 | 27.14 | -3.6 | 28.40 | 5.8 | 30.92 | 5.7 |
| 工业总产值 | 亿元 | 7111.20 | 6.5 | 6831.97 | 2.3 | 7568.67 | 5.2 | 7709.60 | 3.6 | 8049.78 | 5.7 |
| 农林牧渔业总产值 | 亿元 | 14.31 | -1.2 | 14.61 | -6.4 | 13.75 | -1.7 | 11.67 | -7.5 | 7.81 | -38.1 |
| 固定资产投资 | 亿元 | 790.44 | 15.5 | 856.55 | 8.4 | 1101.19 | 28.6 | 1164.89 | 12.1 | 1398.72 | 20.1 |
| 社会消费品零售总额 | 亿元 | 534.07 | 17.5 | 611.98 | 13.7 | 821.66 | 12.3 | 930.88 | 9.2 | 996.95 | 7.1 |
| 出口总值 | 亿美元 | 189.64 | 2.4 | 193.37 | 1.7 | 192.04 | -0.3 | 184.17 | -4.2 | 186.46 | 0.7 |
| 实际使用外资 | 亿美元 | 11.47 | -30.3 | 21.90 | 91.0 | 22.21 | 1.4 | 22.47 | 1.2 | 22.81 | 1.5 |
| 税收收入 | 亿元 | 705.93 | 7.3 | 780.03 | 10.5 | 819.58 | 5.1 | 866.29 | 5.7 | 907.45 | 4.8 |
| 一般公共预算收入 | 亿元 | 149.29 | 7.7 | 141.21 | -1.5 | 160.32 | 13.5 | 173.40 | 8.2 | 181.19 | 4.5 |
| 一般公共预算支出 | 亿元 | 147.19 | 11.9 | 170.68 | 16.0 | 230.54 | 35.1 | 272.25 | 18.1 | 343.73 | 26.3 |
| 城镇居民人均可支配收入 | 元 | 47529 | 8.7 | 51379 | 8.1 | 55606 | 8.2 | 60610.50 | 9.0 | 66253.33 | 9.3 |
| 农村居民人均可支配收入 | 元 | 25970 | 9.4 | 28956 | 11.5 | 31823 | 9.9 | 35419.02 | 11.3 | 39120.31 | 10.5 |

## 广州市黄埔区生产总值（GDP）一览表

| 指标 | 2015年 | | | 2016年 | | | 2017年 | | | 2018年 | | | 2019年 | | |
|---|---|---|---|---|---|---|---|---|---|---|---|---|---|---|---|
| | 总量（亿元） | 增长% | 比重% | 总量（亿元） | 增长% | 比重% | 总量（亿元） | 增长% | 比重% | 总量（亿元） | 增长% | 比重% | 总量（亿元） | 增长% | 比重% |
| 地区生产总值（GDP） | 2765.44 | 7.0 | 100.0 | 2796.74 | 5.7 | 100.0 | 2949.69 | 6.8 | 100.0 | 3131.62 | 7.3 | 100.0 | 3502.5 | 8.6 | 100.0 |
| 第一产业 | 7.56 | -3.1 | 0.3 | 5.27 | -7.9 | 0.2 | 4.86 | -7.5 | 0.2 | 4.95 | -15.6 | 0.2 | 4.4 | -34.0 | 0.1 |
| 第二产业 | 1952.90 | 5.6 | 70.6 | 1883.31 | 7.3 | 67.3 | 1919.28 | 7.0 | 65.1 | 2007.20 | 5.5 | 64.1 | 2130.1 | 7.4 | 60.8 |
| 工业 | 1909.98 | 5.3 | 69.1 | 1847.99 | 10.0 | 66.1 | 1890.72 | 7.4 | 64.1 | 1968.80 | 5.6 | 62.9 | 2089.2 | 7.4 | 59.6 |
| 建筑业 | 45.90 | 13.9 | 1.7 | 43.76 | -3.3 | 1.6 | 36.66 | -16.7 | 1.2 | 45.03 | 10.1 | 1.4 | 48.0 | 6.1 | 1.4 |
| 第三产业 | 804.98 | 10.7 | 29.1 | 908.17 | 8.3 | 32.5 | 1025.55 | 6.4 | 34.8 | 1119.47 | 11.6 | 35.7 | 1368.0 | 11.4 | 39.1 |
| 交通运输、仓储和邮政业 | 111.78 | 6.0723 | 4.0 | 106.77 | 1.0 | 3.8 | 116.98 | -1.3 | 4.0 | 115.85 | -5.8 | 3.7 | 129.2 | 0.1 | 3.7 |
| 批发和零售业 | 175.63 | 5.0506 | 6.4 | 189.35 | 0.2 | 6.8 | 194.64 | 6.8 | 6.6 | 197.77 | 9.7 | 6.3 | 248.7 | 20.9 | 7.1 |
| 住宿和餐饮业 | 27.42 | 0.6697 | 1.0 | 24.07 | -9.7 | 0.9 | 20.37 | -6.2 | 0.7 | 22.17 | -8.9 | 0.7 | 24.1 | 0.2 | 0.7 |
| 金融业 | 1.39 | 39.725 | 0.1 | 24.20 | 326.8 | 0.9 | 58.60 | 306.8 | 2.0 | 97.22 | 316.1 | 3.1 | 112.9 | 8.2 | 3.2 |
| 房地产业 | 144.08 | 18.542 | 5.2 | 180.06 | 19.7 | 6.4 | 189.32 | -1.4 | 6.4 | 207.22 | -4.0 | 6.6 | 249.2 | 5.3 | 7.1 |
| 其他服务业 | 340.72 | 14.361 | 12.3 | 374.26 | 10.2 | 13.4 | 436.45 | 8.2 | 14.8 | 471.34 | 6.6 | 15.1 | 595.6 | 13.3 | 17.0 |

## 广州市黄埔区工业支柱产业产值一览表

| 序号 | 行业名称 | 2015年 | | 2016年 | | | 2017年 | | | 2018年 | | | 2019年 | | |
|---|---|---|---|---|---|---|---|---|---|---|---|---|---|---|---|
| | | 总量（亿元） | 占全区比重% | 总量（亿元） | 增长% | 占全区比重% | 总量（亿元） | 增长% | 占全区比重% | 总量（亿元） | 增长% | 占全区比重% | 总量（亿元） | 增长% | 占全区比重% |
| 全区规模以上工业总产值 | | 7036.02 | 100.0 | 6734.71 | 2.3 | 100.0 | 7459.11 | 5.2 | 100.0 | 7602.67 | 3.6 | 100.0 | 7936.5 | 5.7 | 100.0 |
| | #八大支柱产业合计 | 6169.54 | 87.7 | 5848.30 | 1.9 | 86.8 | 6491.91 | 5.3 | 87.0 | 6604.91 | 3.7 | 86.9 | 6545.8 | 3.9 | 82.5 |
| 一 | 电子及通信设备制造业 | 2260.12 | 32.1 | 2170.84 | 3.5 | 32.2 | 1761.23 | 7.3 | 23.6 | 1717.00 | 2.8 | 22.6 | 1624.1 | 5.3 | 20.5 |
| 二 | 汽车制造业 | 1278.24 | 18.2 | 1307.66 | 10.1 | 19.4 | 1631.13 | 17.8 | 21.9 | 1659.12 | 2.1 | 21.8 | 1678.8 | 2.5 | 21.2 |
| 三 | 化学原料及化学制品制造业 | 1123.68 | 16.0 | 995.43 | -5.5 | 14.8 | 874.58 | 4.7 | 11.7 | 781.48 | -5.8 | 10.3 | 622.1 | 12.2 | 7.8 |
| 四 | 电力、热力生产和供应业 | — | — | — | — | — | 826.49 | 0.6 | 11.1 | 654.55 | 13.0 | 8.6 | 926.3 | 10.5 | 11.7 |
| 五 | 石油加工、炼焦和核燃料加工业 | 484.87 | 6.9 | 411.80 | -8.7 | 6.1 | 500.40 | 2.7 | 6.7 | 835.03 | 14.3 | 11.0 | 633.3 | -1.7 | 8.0 |
| 六 | 食品饮料制造业 | 540.16 | 7.7 | 457.96 | -9.1 | 6.8 | 453.16 | 2.3 | 6.1 | 477.03 | 4.0 | 6.3 | 579.0 | -4.5 | 7.3 |
| 七 | 金属冶炼及加工业 | 316.99 | 4.5 | 338.15 | 14.9 | 5.0 | 271.11 | -18.5 | 3.6 | 276.17 | -1.0 | 3.6 | 256.8 | -2.6 | 3.2 |
| 八 | 电气机械及器材制造业 | 165.48 | 2.4 | 166.45 | 8.1 | 2.5 | 173.81 | 7.4 | 2.3 | 204.52 | 15.1 | 2.7 | 225.6 | 3.8 | 2.8 |

## 2019 年黄埔区规模以上企业和项目数量一览表

| 序号 | 项目 | 黄埔区 | |
|---|---|---|---|
| | | 单位（个） | 比重 % |
| | 全区“四上”单位和项目合计 | 3825 | 100.0 |
| 一、 | 按企业规模分类 | | |
| （一） | “四上”单位 | 3825 | 100.0 |
| 1 | 规模以上工业 | 1025 | 26.8 |
| 2 | 建筑业 | 74 | 1.9 |
| 3 | 批发和零售业 | 1362 | 35.6 |
| 4 | 住宿和餐饮业 | 97 | 2.5 |
| 5 | 房地产开发经营业 | 110 | 2.9 |
| 6 | 规模以上服务业 | 1157 | 30.2 |
| 二、 | 按产业分类 | 3825 | 100.0 |
| （二） | 第二产业 | 1099 | 28.7 |
| 1 | 工业 | 1025 | 26.8 |
| （1） | # 制造业 | 996 | 26.0 |
| （2） | 电力、热力、燃气及水生产和供应业 | 20 | 0.5 |
| 2 | 建筑业 | 74 | 1.9 |
| （三） | 第三产业 | 2726 | 71.3 |
| 1 | 批发和零售业 | 1362 | 35.6 |
| 2 | 交通运输、仓储和邮政业 | 351 | 9.2 |
| 3 | 住宿和餐饮业 | 97 | 2.5 |
| 4 | 信息传输、软件和信息技术服务业 | 243 | 6.4 |
| 6 | 房地产业 | 194 | 5.1 |
| 7 | 租赁和商务服务业 | 188 | 4.9 |
| 8 | 科学研究和技术服务业 | 212 | 5.5 |
| 9 | 水利、环境和公共设施管理业 | 15 | 0.4 |
| 10 | 居民服务、修理和其他服务业 | 29 | 0.8 |
| 11 | 教育 | 10 | 0.3 |
| 12 | 卫生和社会工作 | 10 | 0.3 |
| 13 | 文化、体育和娱乐业 | 15 | 0.4 |

## 广州市黄埔区农林牧渔业总产值一览表

| 行业 | 2015 年 | | 2016 年 | | 2017 年 | | 2018 年 | | 2019 年 | |
|---|---|---|---|---|---|---|---|---|---|---|
| | 总量（亿元） | 增长 % | 总量（亿元） | 增长 % | 总量（亿元） | 增长 % | 总量（亿元） | 增长 % | 总量（亿元） | 增长 % |
| 农林牧渔业 | 14.31 | -1.2 | 14.61 | -6.4 | 13.75 | -1.7 | 11.67 | -7.5 | 7.81 | -38.1 |
| 其中：1、农业产值 | 6.15 | -1.0 | 5.95 | -10.7 | 5.47 | -3.9 | 4.50 | -13.9 | 3.77 | -25.1 |
| 2、林业产值 | 0.37 | 29.1 | 0.24 | -22.0 | 0.24 | -1.0 | 0.21 | -6.7 | 0.12 | -43.8 |
| 3、牧业产值 | 4.70 | -5.4 | 5.02 | -9.0 | 4.68 | 1.7 | 3.33 | -14.7 | 0.72 | -81.7 |
| 4、渔业产值 | 0.66 | -13.5 | 0.92 | 26.8 | 0.75 | -22.1 | 0.60 | 4.4 | 0.64 | 4.4 |
| 5、农林牧渔服务业产值 | 2.43 | 8.8 | 2.48 | 3.3 | 2.62 | 3.9 | 3.03 | 13.1 | 2.57 | -17.6 |

## 广州市黄埔区规模以上工业主要经济效益指标表

| 指标 \ 年份 | 单位 | 2015 年 | 2016 年 | 2017 年 | 2018 年 | 2019 年 |
|---|---|---|---|---|---|---|
| 规模以上工业企业数 | 个 | 791 | 820 | 850 | 894 | 1025 |
| 年职工平均人数 | 万人 | 35.40 | 33.32 | 35.65 | 34.91 | 35.65 |
| 利润总额 | 亿元 | 411.63 | 462.14 | 661.92 | 745.45 | 752.83 |
| 产品销售收入 | 亿元 | 6074.89 | 6168.52 | 7453.59 | 7781.49 | 7875.95 |

## 广州市黄埔区固定资产投资情况表

| 指标 | 单位 | 2015 年 | | 2016 年 | | 2017 年 | | 2018 年 | | 2019 年 | |
|---|---|---|---|---|---|---|---|---|---|---|---|
| | | 总量 | 增长 % | 总量 | 增长 % | 总量 | 增长 % | 总量 | 增长 % | 总量 | 增长 % |
| 全区 | 亿元 | 790.44 | 15.5 | 856.55 | 8.4 | 1101.19 | 28.6 | 1164.89 | 12.1 | 1398.72 | 20.10 |
| 基础（公共）设施 | 亿元 | 148.94 | -18.9 | 192.16 | 29.0 | 240.17 | 25.0 | 323.37 | 14.6 | 387.31 | 19.80 |
| 工业项目 | 亿元 | 198.04 | -6.5 | 175.35 | -11.4 | 273.86 | 56.2 | 384.81 | 111.2 | 372.00 | -3.30 |
| 第三产业项目 | 亿元 | 592.36 | 25.3 | 681.20 | 15.0 | 827.33 | 21.5 | 780.08 | -8.9 | 1026.70 | 31.60 |
| 其中：房地产开发 | 亿元 | 330.64 | 66.9 | 399.71 | 20.9 | 463.79 | 16.0 | 319.07 | -35.0 | 475.36 | 49.00 |

## 广州市黄埔区建筑业企业情况表

| 指标 | 单位 | 2015 年 | | 2016 年 | | 2017 年 | | 2018 年 | | 2019 年 | |
|---|---|---|---|---|---|---|---|---|---|---|---|
| | | 总量 | 增长 % | 总量 | 增长 % | 总量 | 增长 % | 总量 | 增长 % | 总量 | 增长 % |
| 建筑业总产值 | 亿元 | 251.34 | 6.1 | 297.60 | 18.4 | 157.50 | -8.2 | 319.87 | 78.5 | 5671485.30 | 51.9 |
| # 建筑工程 | 亿元 | 197.22 | -1.8 | 205.97 | 4.4 | 57.36 | -21.3 | 206.27 | 169.0 | 4098838.80 | 81.3 |
| 安装工程 | 亿元 | 45.22 | 29.2 | 87.37 | 93.2 | 89.31 | -4.4 | 94.36 | 3.4 | 855167.90 | -10.4 |
| 房屋建筑施工面积 | 万平方米 | 225.39 | 5.4 | 230.58 | 2.3 | 259.15 | 14.1 | 606.88 | -4.7 | 819.81 | 34.9 |

注：统计范围为辖区内具有三级以上资质等级的建筑业企业。

## 广州市黄埔区房地产开发与经营企业情况表

| 指标 | 单位 | 2015 年 | | 2016 年 | | 2017 年 | | 2018 年 | | 2019 年 | |
|---|---|---|---|---|---|---|---|---|---|---|---|
| | | 总量 | 增长 % | 总量 | 增长 % | 总量 | 增长 % | 总量 | 增长 % | 总量 | 增长 % |
| 本年完成投资 | 亿元 | 330.64 | 66.9 | 399.71 | 20.9 | 463.79 | 16.0 | 319.07 | -35.0 | 475.36 | 49.00 |
| # 住宅 | 亿元 | 228.98 | 104.3 | 286.13 | 25.0 | 350.58 | 22.5 | 214.71 | -42.8 | 461.45 | 49.60 |
| 房屋施工面积 | 万平方米 | 1021.56 | 32.4 | 1313.09 | 28.5 | 1479.14 | 12.6 | 1684.61 | 5.1 | 1658.44 | -1.56 |
| # 住宅 | 万平方米 | 661.12 | 41.6 | 807.30 | 22.1 | 915.83 | 13.4 | 1082.60 | 4.6 | 1079.95 | -2.50 |
| 商品房销售面积 | 万平方米 | 172.16 | 31.5 | 283.18 | 64.7 | 326.89 | 15.4 | 346.71 | 6.1 | 245.86 | -29.10 |
| 商品房销售金额 | 亿元 | 229.50 | 14.1 | 428.08 | 86.5 | 539.03 | 25.9 | 591.35 | 9.7 | 488.59 | -17.40 |

注：统计范围为在辖区内办公的房地产开发企业。

## 广州市黄埔区商贸业企业经营情况表

| 指标 | 2015 年 | | 2016 年 | | 2017 年 | | 2018 年 | | 2019 年 | |
|---|---|---|---|---|---|---|---|---|---|---|
| | 总量（亿元） | 增长 % | 总量（亿元） | 增长 % | 总量（亿元） | 增长 % | 总量（亿元） | 增长 % | 总量（亿元） | 增长 % |
| 商品销售总额 | 4056.47 | 6.0 | 4383.12 | 8.1 | 5565.56 | 26.8 | 6450.9 | 22.6 | 8899.73 | 38.0 |
| 1. 批发业 | 3291.60 | 0.9 | 3530.05 | 7.2 | 4592.48 | 30.1 | 5388.85 | 25.7 | 7770.35 | 44.2 |
| 2. 零售业 | 764.86 | 36.2 | 853.07 | 11.5 | 973.08 | 13.1 | 1062.05 | 9.2 | 1129.38 | 6.3 |
| 社会消费品零售总额 | 534.07 | 17.5 | 611.98 | 13.7 | 821.66 | 12.3 | 930.88 | 9.2 | 996.95 | 7.1 |

## 广州市黄埔区利用外资情况表

| 指标 | 2015年 | | | 2016年 | | | 2017年 | | | 2018年 | | | 2019年 | | |
|---|---|---|---|---|---|---|---|---|---|---|---|---|---|---|---|
| | 项目数（个） | 金额 | 增长% | 项目数（个） | 金额 | 增长% | 项目数（个） | 金额 | 增长% | 项目数（个） | 金额 | 增长% | 项目数（个） | 金额 | 增长% |
| 一、投资总额 | 78 | 170172 | -43.4 | 92 | 720051 | 323.1 | 117 | 550245 | -23.6 | 173 | 1196006 | 117.4 | 166 | 488923 | -59.1 |
| 其中 超1000万美元以上 | 29 | 151403 | -45.6 | 23 | 615871 | 306.8 | 32 | 539654 | -12.4 | 55 | 1199319 | 122.2 | 40 | 443651 | -63.0 |
| 超3000万美元以上 | 16 | 131205 | -46.6 | 13 | 596435 | 354.6 | 20 | 518469 | -13.1 | 35 | 1166308 | 125.0 | 28 | 420613 | -63.9 |
| 超5000万美元以上 | 14 | 124024 | -45.8 | 3 | 576036 | 364.5 | 13 | 491309 | -14.7 | 22 | 1116812 | 127.3 | 21 | 393941 | -64.7 |
| 超1亿美元以上 | 3 | 44010 | -72.0 | 3 | 542929 | 1133.7 | 8 | 463597 | -14.6 | 14 | 1054168 | 127.4 | 17 | 249595 | -76.3 |
| 其中 新批金额 | 73 | 120979 | -38.6 | 88 | 575753 | 375.9 | 117 | 293662 | -49.0 | 173 | 1017248 | 246.4 | 162 | 207800 | -79.6 |
| 增资金额 | 50 | 46294 | -55.7 | 51 | 142517 | 207.9 | 74 | 262641 | 84.3 | 72 | 203064 | -22.7 | 84 | 320626 | 57.9 |
| 其中 工业项目 | 28 | 87586 | -48.2 | 17 | 154837 | 76.8 | 16 | 156776 | 1.3 | 17 | 804349 | 413.1 | 22 | 191798 | -76.2 |
| 三产项目 | 50 | 82586 | -38.9 | 75 | 565214 | 584.4 | 101 | 393469 | -30.4 | 161 | 391656 | -0.5 | 144 | 297125 | -24.1 |
| 二、合同利用外资 | 78 | 101949 | -57.7 | 92 | 421633 | 313.6 | 117 | 224401 | -46.8 | 173 | 414501 | 84.7 | 166 | 200884 | -51.5 |
| 其中 超1000万美元以上 | 29 | 68369 | -49.4 | 23 | 416833 | 509.7 | 25 | 232096 | -44.3 | 43 | 436855 | 88.2 | 44 | 220040 | -49.6 |
| 超3000万美元以上 | 16 | 58518 | -50.7 | 13 | 415274 | 609.7 | 11 | 207957 | -49.9 | 21 | 403253 | 93.9 | 21 | 179790 | -55.4 |
| 超5000万美元以上 | 14 | 53791 | -51.3 | 7 | 401023 | 645.5 | 9 | 199556 | -50.2 | 13 | 374372 | 87.6 | 12 | 145544 | -61.1 |
| 超1亿美元以上 | 3 | 14258 | -80.6 | 3 | 393680 | 2661.1 | 6 | 182883 | -53.5 | 8 | 335509 | 83.5 | 5 | 97929 | -70.8 |
| 其中 新批金额 | 73 | 57990 | -44.6 | 88 | 397638 | 585.7 | 117 | 115323 | -71.0 | 173 | 290365 | 151.8 | 162 | 134368 | -53.7 |
| 新批超千万美元以上 | 20 | 51190 | -50.8 | 12 | 395557 | 672.7 | 12 | 105058 | -73.4 | 22 | 274783 | 161.6 | 22 | 117177 | -57.4 |
| 增资金额 | 50 | 59160 | -60.5 | 51 | 36719 | -37.9 | 74 | 136524 | 271.8 | 72 | 170706 | 25.0 | 84 | 117577 | -31.1 |
| 增资超千万美元以上 | 9 | 17178 | -51.3 | 12 | 30676 | 78.6 | 13 | 127038 | 314.1 | 22 | 162071 | 27.6 | 22 | 102863 | -36.5 |
| 减资 | 15 | 15202 | 12.3 | 26 | 12724 | -16.3 | 24 | 27405 | 115.4 | 26 | 46591 | 70.0 | 39 | 51059 | 9.6 |
| 其中 工业项目 | 28 | 53479 | -68.2 | 17 | 48644 | -9.0 | 16 | 84628 | 74.0 | 17 | 235587 | 178.4 | 22 | 63765 | -72.9 |
| 三产项目 | 50 | 44462 | -39.0 | 75 | 372990 | 738.9 | 101 | 139070 | -62.7 | 161 | 178894 | 28.6 | 144 | 137118 | -23.4 |
| 三、实际使用外资 | 120 | 110597 | -32.8 | 51 | 219006 | 98.0 | 34 | 222126 | 1.4 | 65 | 224705 | 1.2 | 79 | 228097 | 1.5 |
| 其中 工业项目 | 69 | 68196 | -41.4 | 30 | 21834 | -68.0 | 22 | 19399 | -11.2 | 36 | 134341 | 592.5 | 27 | 127062 | -5.4 |
| 三产项目 | 51 | 42401 | -11.9 | 21 | 198420 | 368.0 | 12 | 202727 | 2.2 | 28 | 90364 | -55.4 | 52 | 101033 | 11.8 |

## 2014–2019年黄埔区教育卫生主要情况表

| 指标 | 单位 | 2015年 | 2016年 | 2017年 | 2018年 | 2019年 |
|---|---|---|---|---|---|---|
| 普通中学学校数 | 所 | 33 | 35 | 34 | 35 | 36 |
| 普通中学在校学生数 | 人 | 28302 | 28784 | 29826 | 30683 | 32271 |
| 小学学校数 | 所 | 57 | 59 | 61 | 64 | 75 |
| 小学在校学生数 | 人 | 54799 | 57414 | 61490 | 67601 | 72932 |
| 幼儿园数 | 所 | 93 | 97 | 103 | 112 | 129 |
| 幼儿园在园人数 | 人 | 24668 | 26325 | 29412 | 31175 | 36356 |
| 各类卫生机构数 | 个 | 258 | 249 | 251 | 324 | 368 |
| # 医院 | 个 | 13 | 14 | 15 | 23 | 21 |
| 各类卫生机构床位数 | 张 | 4125 | 3379 | 3956 | 4078 | 4360 |
| # 医院 | 张 | 3244 | 3084 | 3622 | 3726 | 3975 |
| 卫生技术人员 | 人 | 5696 | 5280 | 6391 | 6351 | 7141 |
| # 医院 | 人 | 3116 | 1870 | 2232 | 2250 | 2557 |

# 2019年广州开发区经济发展统计报表

## 广州开发区历年主要经济效益指标表

| 指标＼年份 | | 单位 | 2015年 | 2016年 | 2017年 | 2018年 | 2019年 |
|---|---|---|---|---|---|---|---|
| 总量指标 | 地区生产总值（GDP） | 亿元 | 2337 | 2471 | 2639 | 2795 | 2979 |
| | 其中：工业增加值 | 亿元 | 1497 | 1533 | 1594 | 1662 | 1779 |
| | 财税总收入 | 亿元 | 620 | 624 | 754 | 1052 | 1168 |
| | 税收收入 | 亿元 | 472 | 537 | 576 | 866 | 907 |
| | 工业总产值 | 亿元 | 5589 | 5363 | 5838 | 5793 | 6048 |
| 亩产效益指标 | GDP/已出让土地面积 | 元/平方米 | 4311 | 4304 | 4454 | 4551 | 4775 |
| | 财税总收入/已出让土地面积 | 元/平方米 | 1144 | 1087 | 1272 | 1713 | 1873 |
| | 税收收入/已出让土地面积 | 元/平方米 | 871 | 935 | 971 | 1410 | 1455 |
| | 工业总产值/已出让工业用地面积 | 元/平方米 | 17035 | 16131 | 16990 | 16353 | 16753 |
| | 工业增加值/已出让工业用地面积 | 元/平方米 | 4564 | 4610 | 4639 | 4693 | 4929 |
| 人均效益指标 | 人均地区生产总值（人均GDP） | 万元/人 | 52.6 | 53.3 | 55.1 | 56.9 | 53.8 |
| | 人均财税总收入 | 万元/人 | 14.0 | 13.5 | 15.7 | 21.4 | 21.1 |
| | 人均税收收入 | 万元/人 | 10.6 | 11.6 | 12.0 | 17.6 | 16.4 |
| | 人均工业总产值 | 万元/人 | 179.7 | 164.8 | 179.3 | 172.0 | 180.0 |
| | 人均工业增加值 | 万元/人 | 48.1 | 47.1 | 49.0 | 49.4 | 52.9 |

注：亩产效益指标中的财税效益数据自2018年起按财政预算新模式口径计算；人均效益指标涉及的人数均按开发区从业人员口径计算。

## 广州开发区历年主要经济指标情况表

| 指标<br>年份 | 地区生产总值（GDP） | | | 工业总产值 | | | 合同利用外资 | | | 实际使用外资 | | |
|---|---|---|---|---|---|---|---|---|---|---|---|---|
| | 总量（亿元） | 增长% | 占市比重% | 总量（亿元） | 增长% | 占市比重% | 总量（万美元） | 增长% | 占市比重% | 总量（万美元） | 增长% | 占市比重% |
| 1984 | — | — | — | | | | 106 | – | 0.5 | | | |
| 1985 | — | — | — | 0.07 | — | 0.0 | 1715 | 1520.3 | 2.4 | 1239 | — | 7.9 |
| 六五合计 | — | — | — | 0.07 | — | — | 1820 | 1520.3 | — | 1239 | — | — |
| 1986 | — | — | — | 0.67 | 816.8 | 0.3 | 3434 | 100.3 | 10.2 | 565 | -54.4 | 3.1 |
| 1987 | — | — | — | 2.98 | 345.2 | 1.2 | 1918 | -44.2 | 6.7 | 1279 | 126.4 | 14.9 |
| 1988 | — | — | — | 5.29 | 77.5 | 1.6 | 4174 | 117.6 | 7.9 | 1761 | 37.7 | 6.5 |
| 1989 | — | — | — | 8.26 | 56.1 | 2.0 | 2226 | -46.7 | 3.9 | 2401 | 36.3 | 5.5 |
| 1990 | 5.74 | — | 1.8 | 13.76 | 66.5 | 3.1 | 6781 | 204.6 | 12.2 | 3070 | 27.9 | 11.3 |
| 七五合计 | 15.73 | — | — | 30.97 | 185.1 | — | 18534 | 31.7 | — | 9076 | 19.9 | — |
| 1991 | 8.51 | 48.3 | 2.2 | 22.63 | 64.5 | 3.9 | 6520 | -3.8 | 7.5 | 3230 | 5.2 | 8.0 |
| 1992 | 10.79 | 18.3 | 2.1 | 25.57 | 13.0 | 3.2 | 16012 | 145.6 | 3.4 | 3768 | 16.7 | 5.1 |
| 1993 | 20.46 | 64.5 | 2.7 | 41.96 | 64.1 | 3.7 | 17414 | 8.8 | 2.5 | 7264 | 92.8 | 4.9 |
| 1994 | 31.34 | 37.5 | 3.2 | 68.53 | 63.3 | 4.6 | 43269 | 148.5 | 6.1 | 16366 | 125.3 | 8.0 |
| 1995 | 56.00 | 78.7 | 4.4 | 140.96 | 105.7 | 7.3 | 37114 | -14.2 | 5.4 | 46769 | 185.8 | 20.8 |
| 八五合计 | 127.10 | 60.2 | — | 299.65 | 59.3 | — | 120328 | 40.5 | — | 77397 | 72.4 | — |
| 1996 | 76.06 | 35.8 | 5.2 | 178.98 | 37.3 | 7.5 | 31527 | -15.1 | 6.2 | 39296 | -16.0 | 15.1 |
| 1997 | 85.97 | 21.0 | 5.1 | 227.12 | 23.7 | 9.0 | 53514 | 69.7 | 24.3 | 45001 | 14.5 | 15.6 |
| 1998 | 101.45 | 14.0 | 5.4 | 231.02 | 16.6 | 8.3 | 37021 | -30.8 | 15.1 | 43234 | -3.9 | 14.2 |
| 1999 | 112.65 | 11.0 | 5.3 | 273.61 | 18.4 | 8.8 | 34009 | -8.1 | 19.7 | 57545 | 33.1 | 18.1 |
| 2000 | 149.39 | 32.6 | 6.0 | 351.74 | 28.6 | 10.4 | 53771 | 58.1 | 32.9 | 54727 | -4.9 | 17.6 |
| 九五合计 | 525.52 | 21.7 | — | 1262.48 | 28.8 | — | 209841 | 7.7 | — | 239803 | 3.2 | — |
| 2001 | 203.32 | 36.1 | 7.2 | 446.61 | 27.0 | 13.2 | 80467 | 49.6 | 40.1 | 52578 | -3.9 | 15.8 |
| 2002 | 244.74 | 20.4 | 7.6 | 560.52 | 25.5 | 14.8 | 106678 | 32.6 | 33.7 | 55994 | 6.5 | 21.1 |
| 2003 | 423.19 | 41.5 | 11.3 | 895.87 | 59.7 | 19.0 | 128785 | 18.6 | 32.0 | 60466 | 8.0 | 19.7 |
| 2004 | 560.29 | 32.4 | 12.6 | 1338.49 | 49.3 | 23.2 | 131709 | 2.6 | 39.3 | 65548 | 8.4 | 26.5 |
| 2005 | 652.94 | 16.7 | 12.7 | 1608.24 | 20.6 | 23.8 | 135401 | 2.8 | 37.0 | 68106 | 3.9 | 24.0 |
| 十五合计 | 2084.48 | 34.3 | — | 4849.73 | 35.5 | — | 583040 | 20.3 | — | 302692 | 4.5 | — |
| 2006 | 789.44 | 20.1 | 13.0 | 2003.87 | 24.7 | 21.7 | 182575 | 34.8 | 39.3 | 79249 | 16.4 | 25.9 |
| 2007 | 947.66 | 20.2 | 13.3 | 2451.34 | 22.3 | 24.8 | 224676 | 23.1 | 31.4 | 92736 | 17.0 | 27.2 |
| 2008 | 1140.29 | 20.3 | 13.8 | 2944.79 | 20.1 | 25.7 | 233269 | 3.8 | 38.6 | 103445 | 11.6 | 27.4 |
| 2009 | 1321.80 | 17.9 | 14.5 | 3437.79 | 18.9 | 27.8 | 201627 | -13.6 | 51.9 | 116509 | 12.6 | 30.1 |
| 2010 | 1617.83 | 18.6 | 15.1 | 4227.52 | 21.3 | 29.3 | 129596 | -35.7 | 25.6 | 122597 | 5.2 | 30.0 |
| 十一五合计 | 5817.02 | 19.4 | — | 15065.31 | 21.3 | — | 971743 | —0.9 | — | 514536 | 12.5 | — |
| 2011 | 1872.39 | 16.0 | 15.1 | 4938.16 | 16.1 | 29.7 | 175243 | 35.2 | 25.6 | 111166 | -9.3 | 25.4 |
| 2012 | 2008.19 | 13.0 | 14.8 | 5003.78 | 12.3 | 29.3 | 210000 | 19.8 | 30.3 | 140063 | 26.0 | 29.5 |
| 2013 | 2110.01 | 12.1 | 13.7 | 5180.92 | 13.9 | 28.3 | 220627 | 5.1 | 30.1 | 149634 | 6.8 | 29.5 |
| 2014 | 2212.37 | 7.5 | 13.2 | 5348.80 | 4.8 | 27.6 | 231548 | 5.0 | 28.0 | 157376 | 5.2 | 28.9 |
| 2015 | 2336.82 | 9.6 | 12.9 | 5589.27 | 8.4 | 28.1 | 99413 | -57.1 | 11.9 | 108613 | -31.0 | 20.1 |
| 十二五合计 | 10539.78 | 11.6 | — | 26060.93 | 11.0 | — | 936831 | -5.2 | — | 666852 | -2.4 | — |
| 2016 | 2471.19 | 6.0 | 12.6 | 5750.00 | 3.5 | 27.2 | 405124 | 307.5 | 40.9 | 205990 | 89.7 | 36.1 |
| 2017 | 2639.45 | 7.0 | 12.3 | 5837.68 | 5.3 | 25.7 | 216285 | -46.6 | 16.2 | 221043 | 7.3 | 35.1 |
| 2018 | 2795.39 | 7.8 | 12.2 | 5793.37 | 3.7 | 29.0 | 414493 | 91.6 | 10.4 | 224705 | 1.7 | 34.0 |
| 2019 | 2978.89 | 8.6 | 12.6 | 6047.70 | 5.8 | 31.5 | 200884 | -51.5 | 5.1 | 228097 | 1.5 | 31.9 |
| 历年累计 | 29994.55 | 24.1 | — | 70997.90 | 39.5 | — | 4078923 | 24.1 | — | 2691430 | 16.6 | — |

## 广州开发区历年主要经济指标情况表（续表）

| 年份 | 出口总值 | | | 进口总值 | | | 财税总收入 | | 税收收入 | | | 一般公共预算收入 | | | 固定资产投资 | | |
|---|---|---|---|---|---|---|---|---|---|---|---|---|---|---|---|---|---|
| | 总量（万美元） | 增长% | 占市比重% | 总量（万美元） | 增长% | 占市比重% | 总量（亿元） | 增长% | 总量（亿元） | 增长% | 占市比重% | 总量（亿元） | 增长% | 占市比重% | 总量（亿元） | 增长% | 占市比重% |
| 1984 | | | | 1749 | — | — | | | | | | | | | 0.41 | — | 1.4 |
| 1985 | 1374 | — | — | 3082 | 76.2 | — | 1.62 | — | 1.62 | — | — | 0.72 | — | 3.4 | 1.38 | 236.6 | 3.2 |
| 六五合计 | 1374 | — | — | 4831 | 76.2 | — | 1.62 | — | 1.62 | — | — | 0.72 | — | — | 1.79 | 236.6 | — |
| 1986 | 1866 | 35.8 | — | 2050 | −33.5 | — | 1.30 | −19.4 | 1.30 | −19.4 | — | 0.61 | −15.3 | 2.1 | 1.96 | 42.0 | 3.7 |
| 1987 | 6813 | 265.1 | 6.7 | 4251 | 107.4 | 3.7 | 2.11 | 61.6 | 2.09 | 60.5 | — | 1.01 | 67.0 | 3.3 | 1.79 | −8.7 | 3.1 |
| 1988 | 13194 | 93.7 | 9.0 | 8884 | 109.0 | 5.0 | 3.98 | 89.0 | 3.96 | 89.4 | — | 1.92 | 89.6 | 5.6 | 3.81 | 112.8 | 4.2 |
| 1989 | 12273 | −7.0 | 6.9 | 6941 | −21.9 | 3.9 | 5.31 | 33.4 | 5.28 | 33.2 | — | 2.86 | 49.1 | 7.2 | 4.57 | 19.9 | 4.9 |
| 1990 | 12590 | 2.6 | 5.3 | 8341 | 20.2 | 4.6 | 0.99 | −81.4 | 0.89 | −83.0 | — | 0.98 | −65.7 | 2.1 | 3.07 | −32.8 | 3.4 |
| 七五合计 | 46736 | 55.7 | — | 30467 | 22.0 | — | 13.69 | −9.4 | 13.53 | −11.2 | — | 7.39 | 6.5 | — | 15.20 | 17.3 | — |
| 1991 | 19928 | 58.3 | 6.8 | 16581 | 98.8 | 6.8 | 1.59 | 61.3 | 1.40 | 56.7 | — | 1.47 | 49.3 | 4.0 | 2.68 | −12.7 | 2.6 |
| 1992 | 22720 | 14.0 | 6.2 | 19273 | 16.2 | 5.7 | 2.26 | 42.1 | 2.01 | 43.6 | — | 2.07 | 40.9 | 4.3 | 5.69 | 112.3 | 3.0 |
| 1993 | 26141 | 15.1 | 4.1 | 22893 | 18.8 | 3.3 | 4.35 | 92.3 | 3.46 | 72.1 | — | 3.96 | 91.6 | 7.7 | 17.60 | 209.3 | 4.7 |
| 1994 | 35178 | 34.6 | 4.1 | 32658 | 42.7 | 4.4 | 6.71 | 54.3 | 5.85 | 69.1 | — | 3.20 | −19.3 | 4.1 | 27.74 | 57.6 | 5.3 |
| 1995 | 43745 | 24.4 | 4.6 | 43748 | 34.0 | 6.1 | 14.61 | 117.7 | 13.28 | 126.8 | — | 6.37 | 99.4 | 10.1 | 39.00 | 40.6 | 6.3 |
| 八五合计 | 147712 | 28.3 | — | 135153 | 39.3 | — | 29.51 | 71.4 | 26.01 | 71.5 | — | 17.07 | 45.3 | — | 92.71 | 66.3 | — |
| 1996 | 51098 | 16.8 | 5.6 | 40625 | −7.1 | 5.4 | 22.32 | 52.8 | 21.16 | 59.3 | — | 7.40 | 16.0 | 7.6 | 38.28 | −1.8 | 6.0 |
| 1997 | 59627 | 16.7 | 5.6 | 60620 | 49.2 | 7.4 | 24.72 | 10.7 | 22.20 | 4.9 | — | 8.93 | 20.7 | 10.5 | 37.43 | −2.2 | 5.7 |
| 1998 | 69804 | 17.1 | 6.8 | 53340 | −12.0 | 7.1 | 27.88 | 12.8 | 24.45 | 10.1 | — | 11.00 | 23.3 | 11.3 | 63.38 | 69.3 | 8.4 |
| 1999 | 75719 | 8.5 | 7.7 | 124669 | 133.7 | 13.4 | 34.62 | 24.2 | 29.70 | 21.5 | — | 15.03 | 36.6 | 11.4 | 33.49 | −47.2 | 3.8 |
| 2000 | 106728 | 41.0 | 9.1 | 171233 | 37.4 | 14.8 | 44.45 | 28.4 | 38.24 | 28.7 | — | 15.82 | 5.2 | 9.0 | 23.64 | −29.4 | 2.6 |
| 九五合计 | 362976 | 19.5 | — | 450487 | 31.4 | — | 153.98 | 24.9 | 135.75 | 23.6 | — | 58.18 | 19.9 | — | 196.22 | −9.5 | — |
| 2001 | 114449 | 7.2 | 9.8 | 181914 | 6.2 | 15.9 | 58.82 | 32.3 | 46.98 | 22.9 | — | 18.50 | 16.9 | 9.2 | 28.29 | 19.7 | 2.9 |

续表

| 年份 | 出口总值 | | | 进口总值 | | | 财税总收入 | | 税收收入 | | | 一般公共预算收入 | | | 固定资产投资 | | |
|---|---|---|---|---|---|---|---|---|---|---|---|---|---|---|---|---|---|
| | 总量（万美元） | 增长% | 占市比重% | 总量（万美元） | 增长% | 占市比重% | 总量（亿元） | 增长% | 总量（亿元） | 增长% | 占市比重% | 总量（亿元） | 增长% | 占市比重% | 总量（亿元） | 增长% | 占市比重% |
| 2002 | 187616 | 63.9 | 13.6 | 224917 | 23.6 | 15.9 | 67.19 | 14.2 | 58.20 | 23.9 | — | 20.46 | 10.6 | 8.3 | 58.23 | 105.8 | 5.8 |
| 2003 | 322570 | 71.9 | 19.1 | 391812 | 74.2 | 21.7 | 85.59 | 27.4 | 74.27 | 27.6 | — | 27.54 | 34.6 | 11.2 | 90.18 | 54.9 | 7.7 |
| 2004 | 475548 | 47.4 | 22.1 | 594997 | 51.9 | 25.5 | 126.13 | 47.4 | 110.32 | 48.5 | — | 32.10 | 16.5 | 11.7 | 99.75 | 14.9 | 7.4 |
| 2005 | 625117 | 31.4 | 23.4 | 754050 | 26.7 | 28.1 | 156.76 | 24.3 | 146.35 | 32.7 | 11.2 | 43.17 | 34.5 | 14.3 | 127.74 | 28.1 | 8.4 |
| 十五合计 | 1725300 | 42.4 | — | 2147690 | 34.5 | — | 494.48 | 28.7 | 436.13 | 30.8 | — | 141.76 | 22.2 | — | 404.19 | 40.1 | — |
| 2006 | 751558 | 17.1 | 23.2 | 827498 | 4.6 | 26.4 | 188.38 | 20.2 | 166.70 | 13.9 | 10.8 | 41.61 | 11.8 | 11.2 | 133.00 | 4.1 | 7.8 |
| 2007 | 843880 | 12.0 | 22.3 | 955084 | 14.4 | 26.8 | 228.91 | 21.5 | 186.11 | 11.6 | 9.9 | 55.09 | 32.4 | 12.9 | 163.07 | 23.4 | 8.8 |
| 2008 | 1050757 | 24.5 | 24.5 | 1133281 | 18.7 | 29.1 | 264.41 | 15.5 | 235.17 | 26.4 | 10.7 | 67.19 | 22.0 | 12.8 | 213.55 | 30.1 | 10.1 |
| 2009 | 1023152 | -3.3 | 27.4 | 1193851 | 3.0 | 30.4 | 311.41 | 17.8 | 267.65 | 13.8 | 11.4 | 74.17 | 10.4 | 11.9 | 264.58 | 23.9 | 9.9 |
| 2010 | 1367697 | 33.3 | 28.3 | 1949694 | 60.7 | 35.2 | 388.56 | 24.8 | 316.26 | 18.2 | 10.9 | 80.24 | 8.2 | 11.4 | 317.81 | 20.1 | 9.7 |
| 十一五合计 | 5037044 | 17.0 | — | 6059408 | 20.9 | — | 1381.67 | 19.9 | 1171.89 | 16.7 | — | 318.31 | 13.2 | — | 1092.01 | 20.0 | — |
| 2011 | 1607154 | 17.5 | 28.5 | 2279789 | 17.0 | 38.2 | 471.96 | 21.5 | 376.33 | 19.0 | 11.1 | 99.60 | 24.1 | 11.4 | 365.48 | 15.0 | 10.7 |
| 2012 | 1700184 | 5.5 | 28.9 | 2210895 | -1.1 | 38.0 | 504.03 | 6.8 | 401.81 | 6.8 | 10.9 | 109.89 | 10.3 | 11.2 | 458.08 | 25.3 | 12.2 |
| 2013 | 1535647 | -4.5 | 24.5 | 2029077 | -7.4 | 36.2 | 543.06 | 12.9 | 425.46 | 5.9 | 11.1 | 109.81 | 7.2 | 10.0 | 559.83 | 22.2 | 12.6 |
| 2014 | 1659000 | 7.9 | 22.8 | 1994000 | -2.1 | 34.4 | 600.90 | 10.7 | 458.56 | 7.8 | 10.9 | 120.82 | 10.0 | 10.6 | 578.57 | 15.6 | 11.8 |
| 2015 | 1707432 | 1.8 | 21.0 | 1780197 | -11.2 | 33.8 | 620.37 | 3.1 | 472.23 | 3.0 | 10.8 | 126.51 | 4.7 | 9.4 | 674.27 | 16.5 | 12.5 |
| 十二五合计 | 8209417 | 4.5 | — | 10293958 | -1.8 | — | 2740.33 | 9.8 | 2134.39 | 8.3 | — | 566.63 | 9.5 | — | 2636.23 | 16.2 | — |
| 2016 | 1717177 | 1.2 | 21.8 | 1664148 | -5.0 | 32.5 | 624.01 | 0.6 | 536.75 | 13.7 | 11.8 | 116.69 | -3.3 | 8.4 | 723.49 | 7.3 | 12.7 |
| 2017 | 1726538 | -1.0 | 20.2 | 1830630 | 5.0 | 31.6 | 753.81 | 20.8 | 575.60 | 7.2 | 11.1 | 132.50 | 13.6 | 8.6 | 956.87 | 32.7 | 16.2 |
| 2018 | 1667944 | -3.5 | 19.7 | 2153756 | 13.4 | 33.8 | 1052.11 | 3.8 | 866.30 | 5.7 | 11.3 | 173.40 | 8.2 | 10.6 | 1038.07 | 29.7 | 17.5 |
| 2019 | 1642555 | -1.5 | 21.8 | 2127827 | 3.7 | 33.9 | 1168.16 | 11.0 | 907.45 | 4.8 | 16.3 | 181.19 | 4.5 | 10.7 | 1274.32 | 22.8 | 18.4 |
| 历年累计 | 22284773 | 23.2 | — | 26898355 | 22.5 | — | 8413.37 | 21.4 | 6805.42 | 20.5 | — | 1713.84 | 17.7 | — | 8431.10 | 25.8 | — |

## 广州高新技术产业开发区历年主要经济情况表

| 年份 | 营业总收入（亿元） | 工业总产值（亿元） | 企业数（个） | 认定高新技术企业数（个） | 职工总数（人） | 申请专利数（个） | 其中：发明专利（个） | 拥有发明专利数（个） |
|---|---|---|---|---|---|---|---|---|
| 1991 | 3.16 | 1.26 | 374 | — | 2637 | — | — | — |
| 1992 | 7.50 | 4.17 | 619 | 26 | 5300 | — | — | — |
| 1993 | 20.20 | 9.52 | 1110 | 66 | 9765 | — | — | — |
| 1994 | 26.00 | 14.26 | 1197 | 104 | 15600 | — | — | — |
| 1995 | 38.00 | 18.00 | 1346 | 138 | 16400 | — | — | — |
| 1996 | 53.67 | 24.53 | 1172 | 170 | 17174 | — | — | — |
| 1997 | 73.95 | 36.73 | 1204 | 195 | 16323 | — | — | — |
| 1998 | 92.10 | 44.40 | 1261 | 225 | 21435 | — | — | — |
| 1999 | 105.41 | 55.09 | 1152 | 232 | 23606 | — | — | — |
| 2000 | 152.00 | 82.50 | 1175 | 258 | 31474 | — | — | — |
| 2001 | 268.22 | 170.81 | 1475 | 339 | 48268 | — | — | — |
| 2002 | 377.49 | 259.18 | 1884 | 392 | 63562 | 454 | 94 | 130 |
| 2003 | 588.19 | 423.05 | 2481 | 453 | 89211 | 304 | 104 | 217 |
| 2004 | 831.74 | 613.62 | 2869 | 561 | 85539 | 566 | 204 | 396 |
| 2005 | 976.71 | 728.59 | 3079 | 671 | 114287 | 685 | 219 | 441 |
| 2006 | 1271.13 | 987.92 | 3500 | 1727 | 139421 | 835 | 391 | 300 |
| 2007 | 1628.33 | 1213.20 | 3857 | 1800 | 153135 | 2666 | 1197 | 413 |
| 2008 | 1986.20 | 1419.83 | 4090 | 1549 | 212776 | 2666 | 1197 | 495 |
| 2009 | 2669.88 | 1880.20 | 4274 | 595 | 290956 | 3347 | 1819 | 509 |
| 2010 | 3413.80 | 2689.45 | 4768 | 666 | 334586 | 4237 | 2415 | 719 |
| 2011 | 3909.50 | 2924.00 | 4957 | 741 | 357604 | 5841 | 3314 | 1904 |
| 2012 | 4106.30 | 3033.10 | 5244 | 835 | 431616 | 7623 | 4043 | 1768 |
| 2013 | 4680.00 | 3501.00 | 5317 | 902 | 448690 | 8937 | 5075 | 2030 |
| 2014 | 5029.00 | 3610.00 | 5357 | 938 | 440023 | 8749 | 4818 | 2345 |
| 2015 | 5365.75 | 3943.66 | 5197 | 953 | 410131 | 9337 | 5137 | 3826 |
| 2016 | 6024.22 | 3903.52 | 7655 | 1816 | 469592 | 14070 | 7026 | 9945 |
| 2017 | 7131.84 | 4167.44 | 17124 | 2877 | 541788 | 26831 | 12825 | 17796 |
| 2018 | 10540.78 | 6880.82 | 72888 | 3544 | 669540 | 29582 | 14269 | 21361 |
| 2019 | 11724.61 | 7408.25 | 107433 | 3599 | 705326 | 27381 | 12604 | 25314 |

说明：1.2000年及以前“营业总收入”为“技工贸总收入”指标。

## 广州保税区历年主要经济情况表

| 年份 | 工业总产值（万元） | 工业增加值（万元） | 产品销售收入（万元） | 工业利润总额（万元） | 固定资产投资 | | | 税收收入（万元） | 外商直接投资 | | | | 外贸进出口 | | |
|---|---|---|---|---|---|---|---|---|---|---|---|---|---|---|---|
| | | | | | 合计（万元） | # 基础（公共）设施（万元） | # 工业项目投资（万元） | | 项目（合同）数（项） | 投资总额（万美元） | 合同利用外资（万美元） | 实际使用外资（万美元） | 进出口总值（万美元） | 出口总值（万美元） | 进口总值（万美元） |
| 1994 | — | — | — | — | — | — | — | 2302 | 76 | 14745 | 5854 | 3195 | 8767 | 2736 | 6031 |
| 1995 | — | — | — | — | — | — | — | 4192 | 38 | 2560 | 2111 | 2070 | 12801 | 1138 | 11663 |
| 1996 | — | — | — | — | — | — | — | 5243 | 56 | 6250 | 4694 | 1097 | 11559 | 5078 | 6481 |
| 1997 | — | — | — | — | — | — | — | 7017 | 50 | 9651 | 5669 | 7329 | 20395 | 9449 | 10946 |
| 1998 | — | — | — | — | 25500 | — | — | 10833 | 59 | 5239 | 4109 | 2858 | 26952 | 11341 | 15611 |
| 1999 | 69527 | 17700 | — | — | 39500 | — | — | 12349 | 48 | 8587 | 3842 | 10724 | 31672 | 10686 | 20986 |
| 2000 | 128447 | 15400 | — | — | 31000 | — | — | 16194 | 37 | 10436 | 4816 | 6628 | 54992 | 16975 | 38017 |
| 2001 | 123659 | 19800 | — | — | 31000 | — | — | 24536 | 72 | 23121 | 11396 | 2571 | 59892 | 16752 | 43140 |
| 2002 | 195144 | 39800 | — | — | 25600 | — | — | 27139 | 79 | 11480 | 4708 | 4156 | 97918 | 29774 | 68144 |
| 2003 | 288906 | 44947 | 351402 | 6976 | 58964 | 7043 | 46405 | 45778 | 81 | 15635 | 9018 | 4540 | 155974 | 43802 | 112172 |
| 2004 | 665028 | 181521 | 683301 | 2601 | 49367 | 29548 | 11440 | 61945 | 59 | 22993 | 12030 | 3004 | 228407 | 79931 | 148476 |
| 2005 | 1062760 | 232927 | 1046380 | 6897 | 25634 | 2941 | 18577 | 95616 | 34 | 9109 | 6404 | 4025 | 328591 | 130493 | 198097 |
| 2006 | 1131868 | 250526 | 1131157 | 14987 | 33326 | 1434 | 29228 | 103616 | 26 | 9000 | 3862 | 1965 | 321022 | 146678 | 174344 |
| 2007 | 1256960 | 259502 | 1275040 | 21421 | 17265 | 297 | 14627 | 113105 | 10 | 22070 | 8687 | 6644 | 366377 | 152851 | 213526 |
| 2008 | 912004 | 203906 | 873521 | 23537 | 21900 | 900 | 11500 | 125640 | 12 | 12222 | 9672 | 6669 | 318540 | 126836 | 191703 |
| 2009 | 723047 | 136077 | 706020 | 9659 | 22900 | 1000 | 13300 | 102090 | 9 | 2946 | 2290 | 1371 | 264568 | 103956 | 160611 |
| 2010 | 782161 | 158565 | 783553 | 12436 | 26100 | 1200 | 14400 | 105519 | 16 | –4226 | –616 | 4265 | 374219 | 148250 | 225970 |
| 2011 | 758126 | 152762 | 756671 | 11444 | 13374 | 0 | 6977 | 143516 | 9 | 4300 | 3383 | 5224 | 424979 | 166414 | 258565 |
| 2012 | 714708 | 161667 | 712320 | –5347 | 14334 | 0 | 9965 | 101694 | 2 | 7546 | 3578 | 3219 | 458756 | 152216 | 306541 |
| 2013 | 753335 | 173584 | 569916 | 2847 | 136700 | 0 | 13535 | 87070 | 5 | 12310 | 2900 | 1358 | 385117 | 123195 | 261922 |
| 2014 | 618211 | 146022 | 554314 | 2654 | 114072 | 0 | 2140 | 80955 | 2 | 495 | 435 | 1256 | 214443 | 57538 | 156905 |
| 2015 | 523891 | 123743 | 483025 | 9324 | 57258 | 0 | 2565 | 82514 | 6 | 188 | –572 | 0 | 243177 | 106002 | 137175 |
| 2016 | 501625 | 118484 | 490763 | 19693 | 356461 | 0 | 22766 | 90934 | 0 | 0 | 0 | 1451 | 248586 | 110310 | 138276 |
| 2017 | 507315 | 131395 | 521740 | 21317 | 254382 | 0 | 37314 | 95553 | 4 | 656 | 1058 | 0 | 198802 | 54830 | 143972 |
| 2018 | 549295 | 146662 | 521281 | 27911 | 12721 | 0 | 12721 | 90592 | 3 | 6225 | 3214 | 600 | 210316 | 43906 | 166410 |
| 2019 | 595032 | 133140 | 578870 | 34306 | 49576 | 0 | 49576 | 113733 | 4 | 1217 | 489 | 0 | 1754000 | 432000 | 1322000 |

## 广州出口加工区历年主要经济情况表

| 年份 | 工业总产值（万元） | 工业增加值（万元） | 产品销售收入（万元） | 工业利润总额（万元） | 外贸进出口指标 | | |
|---|---|---|---|---|---|---|---|
| | | | | | 进出口总值（万美元） | 出口总值（万美元） | 进口总值（万美元） |
| 2004 | | | | | 1979 | 38 | 1941 |
| 2005 | 122022 | 10375 | 106796 | 3648 | 18432 | 13166 | 5266 |
| 2006 | 211531 | 24858 | 211894 | 5204 | 35790 | 26292 | 9498 |
| 2007 | 362344 | 60063 | 363064 | 11670 | 64336 | 46902 | 17434 |
| 2008 | 387533 | 44208 | 387533 | 9315 | 70411 | 56685 | 13726 |
| 2009 | 249332 | 42386 | 249122 | 8488 | 40200 | 35746 | 4454 |
| 2010 | 222831 | 42338 | 221718 | 6377 | 37391 | 33405 | 3986 |
| 2011 | 235613 | 44766 | 235649 | 6545 | 41382 | 35085 | 6297 |
| 2012 | 284504 | 58494 | 287099 | 8034 | 57573 | 46630 | 10943 |
| 2013 | 285580 | 58715 | 287255 | 7648 | 51256 | 39180 | 12076 |
| 2014 | 438482 | 90590 | 434009 | 15418 | 30216 | 28079 | 2137 |
| 2015 | 364571 | 75320 | 358917 | 10051 | 62325 | 59274 | 3051 |
| 2016 | 321924 | 66510 | 322105 | -18422 | 55382 | 48353 | 7029 |
| 2017 | 330842 | 68352 | 329928 | 10462 | 63186 | 49433 | 13753 |
| 2018 | 268597 | 59897 | 270319 | 7001 | 49732 | 40473 | 9260 |
| 2019 | 271821 | 62519 | 271025 | 7341 | 433000 | 347000 | 86000 |

## 广州开发区科学城历年主要经济情况表

| 年份 | 营业总收入（万元） | 工业总产值（万元） | 固定资产投资（万元） | | 批准项目总计（个） | | 合同利用外资（万美元） | 实际使用外资（万美元） |
|---|---|---|---|---|---|---|---|---|
| | | | 合计 | #基础（公共）设施 | | #外商投资项目 | | |
| 2000 | 223159 | 194800 | 63479 | 54617 | 41 | 5 | 6614 | 914 |
| 2001 | 443557 | 310591 | 101167 | 59583 | 27 | 4 | 5573 | 614 |
| 2002 | 892682 | 696782 | 214000 | 131100 | 38 | 8 | 5217 | 2466 |
| 2003 | 2014013 | 1833164 | 390090 | 312664 | 147 | 26 | 13793 | 4035 |
| 2004 | 3122324 | 2734149 | 425421 | 303708 | 133 | 43 | 30217 | 2930 |
| 2005 | 3500298 | 3072756 | 436576 | 282455 | 129 | 34 | 30634 | 13205 |
| 2006 | 4266073 | 3814925 | 420244 | 243056 | 159 | 57 | 54585 | 13321 |
| 2007 | 5917191 | 4925949 | 598696 | 392541 | 126 | 47 | 77354 | 19204 |
| 2008 | 8326356 | 7169062 | 730229 | 407518 | 164 | 43 | 62903 | 29600 |
| 2009 | 14243993 | 9667059 | 923366 | 485451 | 103 | 35 | 53957 | 32000 |
| 2010 | 20337898 | 13824916 | 1174968 | 536248 | 57 | 28 | 34067 | 37114 |
| 2011 | 23281767 | 16939090 | 1315671 | 576055 | 92 | 43 | 28742 | 36703 |
| 2012 | 24133479 | 13504658 | 1458032 | 623953 | 118 | 29 | 123191 | 24333 |
| 2013 | 27788208 | 18432501 | 2557710 | 658648 | 180 | 31 | 20179 | 62324 |
| 2014 | 31260052 | 20048029 | 2779082 | 711788 | 178 | 29 | 51470 | 48890 |
| 2015 | 35009378 | 24285689 | 3127555 | 392837 | 291 | 24 | 18889 | 46330 |
| 2016 | 37931801 | 25156301 | 3420873 | 215901 | 539 | 30 | 380089 | 194526 |
| 2017 | 49011937 | 26472407 | 4433621 | 590061 | 550 | 27 | 48292 | 210698 |
| 2018 | 43441736 | 25324934 | 4642380 | 295136 | 730 | 57 | 225520 | 113378 |
| 2019 | 51569010 | 27004567 | 5226745 | 589616 | 549 | 73 | 47129 | 135513 |

## 中新（广州）知识城历年主要经济情况表

| 指标 | 单位 | 2011年 | 2012年 | 2013年 | 2014年 | 2015年 | 2016年 | 2017年 | 2018年 | 2019年 |
|---|---|---|---|---|---|---|---|---|---|---|
| 一、规模以上工业总产值 | 万元 | 365490 | 363794 | 367215 | 428602 | 449231 | 582067 | 666822 | 725203 | 912525 |
| 二、固定资产投资 | 万元 | 257336 | 406766 | 923052 | 1154401 | 1237350 | 1557595 | 2550529 | 2919100 | 3655224 |
| 其中：基础（公共）设施 | 万元 | 219234 | 364592 | 535232 | 597436 | 520731 | 546901 | 1112882 | 1226621 | 1171755 |
| 三、批准项目 | 个 | 5 | 7 | 7 | 9 | 10 | 31 | 30 | 27 | 27 |
| 四、合同利用外资 | 万美元 | 47488 | 18023 | 26055 | 35463 | 18695 | 9277 | 155848 | 126724 | 72233 |
| 五、实际使用外资 | 万美元 | 274 | 10423 | 41233 | 17239 | 21046 | 1984 | 4252 | 51402 | 69574 |

## 广州开发区生物岛历年主要经济情况表

| 指标 | 单位 | 2011年 | 2012年 | 2013年 | 2014年 | 2015年 | 2016年 | 2017年 | 2018年 | 2019年 |
|---|---|---|---|---|---|---|---|---|---|---|
| 一、规模以上工业总产值 | 万元 | — | — | — | — | — | 0 | 0 | 0 | 3694.5 |
| 二、固定资产投资 | 万元 | 96368 | 150353 | 151680 | 64759 | 229363 | 151978 | 137655 | 178246 | 94800 |
| 其中：基础（公共）设施 | 万元 | 96368 | 68572 | 61087 | 20635 | 47788 | 134586 | 26685 | 2237 | 11836 |
| 三、批准项目 | 个 | — | — | 5 | 0 | 5 | 2 | 9 | 11 | 9 |
| 四、合同利用外资 | 万美元 | — | — | 872 | 81 | 1439 | 3 | 3267 | 284 | 2568 |
| 五、实际使用外资 | 万美元 | — | — | 0 | 341 | 52 | 0 | 0 | 105 | 1919 |

## 广州开发区历年地区生产总值一览表

| 年份 | 地区生产总值（亿元） | 第一产业 | 第二产业 | | 第三产业 |
|---|---|---|---|---|---|
| | | | | # 工业 | |
| 1996 | 76.05 | — | 56.98 | 52.07 | 19.07 |
| 1997 | 85.97 | — | 74.97 | 71.08 | 11.00 |
| 1998 | 101.45 | — | 78.68 | 71.99 | 22.77 |
| 1999 | 112.65 | — | 81.75 | 76.93 | 30.90 |
| 2000 | 149.39 | — | 116.15 | 114.11 | 33.24 |
| 2001 | 203.32 | — | 151.16 | 148.48 | 52.16 |
| 2002 | 244.74 | — | 193.56 | 185.98 | 51.18 |
| 2003 | 423.19 | 1.44 | 332.04 | 324.15 | 89.72 |
| 2004 | 560.29 | 1.37 | 465.23 | 455.32 | 93.69 |
| 2005 | 652.94 | 1.40 | 517.72 | 505.32 | 133.82 |
| 2006 | 789.44 | 1.48 | 619.92 | 606.17 | 168.03 |
| 2007 | 947.66 | — | 738.82 | 723.14 | 208.84 |
| 2008 | 1140.29 | — | 865.61 | 841.03 | 274.69 |
| 2009 | 1321.80 | — | 990.32 | 959.99 | 331.47 |
| 2010 | 1617.83 | — | 1197.10 | 1159.00 | 420.73 |
| 2011 | 1872.39 | — | 1358.17 | 1292.91 | 514.23 |
| 2012 | 2008.19 | 6.96 | 1440.59 | 1360.40 | 560.63 |
| 2013 | 2110.01 | 6.97 | 1479.61 | 1397.61 | 623.42 |
| 2014 | 2212.37 | 6.47 | 1527.03 | 1439.75 | 678.87 |
| 2015 | 2336.82 | 5.80 | 1594.47 | 1497.34 | 736.55 |
| 2016 | 2471.19 | 4.87 | 1639.02 | 1532.65 | 827.30 |
| 2017 | 2639.45 | 3.86 | 1711.88 | 1593.95 | 923.71 |
| 2018 | 2795.39 | 5.39 | 1800.70 | 1662.49 | 989.30 |
| 2019 | 2978.89 | 5.11 | 1897.88 | 1779.14 | 1075.91 |

## 广州开发区历年地区生产总值构成一览表

| 年份 | 地区生产总值（%） | 第一产业 | 第二产业 | | 第三产业 |
|---|---|---|---|---|---|
| | | | | # 工业 | |
| 1996 | 100.0 | 0.0 | 74.9 | 68.5 | 25.1 |
| 1997 | 100.0 | 0.0 | 87.2 | 82.7 | 12.8 |
| 1998 | 100.0 | 0.0 | 77.6 | 71.0 | 22.4 |
| 1999 | 100.0 | 0.0 | 72.6 | 68.3 | 27.4 |
| 2000 | 100.0 | 0.0 | 77.7 | 76.4 | 22.3 |
| 2001 | 100.0 | 0.0 | 74.3 | 73.0 | 25.7 |
| 2002 | 100.0 | 0.0 | 79.1 | 76.0 | 20.9 |
| 2003 | 100.0 | 0.3 | 78.5 | 76.6 | 21.2 |
| 2004 | 100.0 | 0.2 | 83.0 | 81.3 | 16.7 |
| 2005 | 100.0 | 0.2 | 79.3 | 77.4 | 20.5 |
| 2006 | 100.0 | 0.2 | 78.5 | 76.8 | 21.3 |
| 2007 | 100.0 | 0.0 | 78.0 | 76.3 | 22.0 |
| 2008 | 100.0 | 0.0 | 75.9 | 73.8 | 24.1 |
| 2009 | 100.0 | 0.0 | 74.9 | 72.6 | 25.1 |
| 2010 | 100.0 | 0.0 | 74.0 | 71.6 | 26.0 |
| 2011 | 100.0 | 0.0 | 72.5 | 69.1 | 27.5 |
| 2012 | 100.0 | 0.3 | 71.7 | 67.7 | 27.9 |
| 2013 | 100.0 | 0.3 | 70.1 | 66.2 | 29.5 |
| 2014 | 100.0 | 0.3 | 69.0 | 65.1 | 30.7 |
| 2015 | 100.0 | 0.3 | 68.2 | 64.1 | 31.5 |
| 2016 | 100.0 | 0.2 | 66.3 | 62.0 | 33.5 |
| 2017 | 100.0 | 0.1 | 64.9 | 60.4 | 35.0 |
| 2018 | 100.0 | 0.2 | 64.4 | 59.5 | 35.4 |
| 2019 | 100.0 | 0.2 | 63.7 | 59.7 | 36.1 |

## 广州开发区历年规模以上工业企业经济效益指标一览表

| 年份 | 规模以上工业企业数（个） | 年职工平均人数（人） | 利润总额（万元） | 产品销售收入（万元） | 产值利润率（%） | 产品销售率（%） | 全员劳动生产率（万元/人年） |
|---|---|---|---|---|---|---|---|
| 1985 | 9 | – | 17 | 85 | 2.30 | 11.60 | — |
| 1986 | 26 | 1177 | 410 | 9700 | 6.10 | 144.20 | — |
| 1987 | 46 | 3453 | 2135 | 18600 | 7.20 | 62.20 | — |
| 1988 | 70 | 5656 | 7729 | 41100 | 14.60 | 77.60 | — |
| 1989 | 90 | 8907 | 3753 | 50000 | 4.50 | 60.50 | — |
| 1990 | 79 | 10890 | 7036 | 118100 | 5.10 | 85.80 | — |
| 1991 | 82 | 14091 | 17104 | 207600 | 7.60 | 91.70 | — |
| 1992 | 98 | 14282 | 12676 | 242100 | 5.00 | 94.70 | 3.95 |
| 1993 | 107 | 14656 | 15060 | 385700 | 3.60 | 91.90 | 6.32 |
| 1994 | 166 | 17884 | 68513 | 657300 | 10.00 | 97.40 | 8.06 |
| 1995 | 203 | 24985 | 120513 | 1282300 | 8.50 | 91.00 | 12.00 |
| 1996 | 214 | 32446 | 175634 | 1809500 | 9.80 | 101.10 | 14.50 |
| 1997 | 223 | 41162 | 185009 | 2086400 | 8.10 | 92.41 | 17.20 |
| 1998 | 258 | 44275 | 119345 | 2309500 | 5.20 | 99.97 | 12.00 |
| 1999 | 266 | 45249 | 95992 | 2988900 | 3.80 | 95.96 | 17.00 |
| 2000 | 247 | 52325 | 225496 | 3334800 | 7.20 | 98.40 | 22.00 |
| 2001 | 267 | 58279 | 311099 | 4045800 | 7.20 | 93.17 | 25.00 |
| 2002 | 272 | 68445 | 577304 | 5426800 | 10.70 | 98.55 | 33.00 |
| 2003 | 338 | 89234 | 1052240 | 8315700 | 12.10 | 96.56 | 35.00 |
| 2004 | 394 | 118501 | 1473048 | 12990600 | 10.85 | 94.08 | 38.00 |
| 2005 | 425 | 137862 | 1644813 | 15703600 | 10.23 | 97.04 | 36.70 |
| 2006 | 457 | 179370 | 1821764 | 19104000 | 9.09 | 96.87 | 33.00 |
| 2007 | 562 | 209129 | 2407543 | 23758900 | 9.97 | 97.11 | 34.14 |
| 2008 | 789 | 237769 | 2429427 | 27889957 | 8.42 | 96.63 | 34.87 |
| 2009 | 798 | 252219 | 2738836 | 32049169 | 8.12 | 95.97 | 38.06 |
| 2010 | 778 | 284842 | 3144623 | 39472650 | 7.57 | 97.04 | 40.36 |
| 2011 | 595 | 297224 | 3037964 | 45847300 | 6.28 | 96.01 | 43.49 |
| 2012 | 634 | 310108 | 3050058 | 46666967 | 6.23 | 94.50 | 41.19 |
| 2013 | 663 | 333787 | 3793004 | 46770849 | 7.41 | 96.31 | 41.87 |
| 2014 | 679 | 323239 | 3429091 | 46642548 | 6.50 | 95.43 | 44.54 |
| 2015 | 689 | 301108 | 3141647 | 45736717 | 5.67 | 95.39 | 49.73 |
| 2016 | 735 | 319354 | 3765337 | 47111958 | 7.14 | 92.39 | 47.99 |
| 2017 | 804 | 318853 | 4991243 | 56774812 | 8.71 | 97.60 | 50.00 |
| 2018 | 811 | 314332 | 5799355 | 59655787 | 10.22 | 98.50 | 52.89 |
| 2019 | 879 | 326671 | 6076726 | 58721176 | 10.24 | 98.95 | 54.46 |

注：1. 规模以上工业企业2010年前是指年销售收入500万元以上（含500万元）的工业企业；2011年后是指年销售收入2000万元（含2000万元）以上的工业企业。

2. 全员劳动生产率1986—1991年按不变价总产值计算，1992年以后按工业增加值计算。

3.2016年以后采用两区合并后口径。

## 广州开发区历年规模以上工业企业经济效益综合指数一览表

单位：%

| 年份 | 综合指数 | 主要经济效益指数 | | | | | | |
|---|---|---|---|---|---|---|---|---|
| | | 总资产贡献率 | 资本保值增值率 | 资产负债率 | 流动资产周转率 | 成本费用利润率 | 全员劳动生产率（万元/人年） | 产品销售率 |
| 2000 | 322.28 | 28.79 | 123.21 | 56.13 | 1.58 | 9.33 | 22.00 | 95.52 |
| 2001 | 311.70 | 26.48 | 111.65 | 59.13 | 1.65 | 8.70 | 25.00 | 93.58 |
| 2002 | 341.25 | 18.54 | 133.09 | 56.23 | 1.89 | 12.01 | 33.00 | 98.54 |
| 2003 | 437.52 | 26.96 | 129.35 | 56.37 | 2.28 | 13.92 | 35.00 | 98.09 |
| 2004 | 408.41 | 33.56 | 128.71 | 56.66 | 2.60 | 12.85 | 38.00 | 94.08 |
| 2005 | 391.95 | 31.36 | 128.06 | 55.35 | 2.51 | 11.94 | 36.65 | 97.81 |
| 2006 | 343.56 | 21.67 | 122.02 | 56.13 | 2.31 | 10.49 | 33.01 | 96.87 |
| 2007 | 355.35 | 22.33 | 120.75 | 57.96 | 2.41 | 11.15 | 34.14 | 97.11 |
| 2008 | 347.38 | 19.56 | 117.18 | 57.82 | 2.39 | 9.45 | 34.87 | 96.63 |
| 2009 | 363.27 | 18.87 | 123.71 | 55.52 | 2.20 | 9.28 | 38.06 | 95.97 |
| 2010 | 370.92 | 17.86 | 112.93 | 58.46 | 2.08 | 8.61 | 40.36 | 97.04 |
| 2011 | 384.44 | 16.42 | 104.82 | 60.63 | 2.46 | 7.10 | 43.49 | 96.01 |
| 2012 | 369.32 | 16.07 | 115.22 | 54.97 | 2.30 | 7.36 | 41.19 | 94.50 |
| 2013 | 380.32 | 18.14 | 102.75 | 54.61 | 2.18 | 8.86 | 41.87 | 96.31 |
| 2014 | 386.58 | 14.59 | 112.25 | 52.99 | 2.08 | 8.05 | 44.54 | 95.19 |
| 2015 | 412.09 | 13.28 | 111.46 | 51.03 | 1.93 | 7.65 | 49.73 | 95.39 |
| 2016 | 388.64 | 12.82 | 109.14 | 49.62 | 1.88 | 8.16 | 47.99 | 92.39 |
| 2017 | 411.99 | 9.96 | 110.64 | 42.64 | 1.77 | 9.65 | 50.00 | 97.60 |
| 2018 | 427.74 | 10.61 | 109.60 | 40.71 | 1.72 | 10.53 | 52.89 | 98.50 |
| 2019 | 441.81 | 9.92 | 110.72 | 39.89 | 1.68 | 10.72 | 54.46 | 99.00 |

## 广州开发区历年固定资产投资一览表

| 年份 | 固定资产投资（亿元） | 一、按资金来源分 | | 二、按产业项目分 | | |
|---|---|---|---|---|---|---|
| | | 1. 财政投资（亿元） | 2. 社会投资（亿元） | 1. 第二产业（亿元） | # 工业（亿元） | 2. 第三产业（亿元） |
| 历年累计 | 7156.78 | 1975.38 | 5161.73 | 2526.81 | 2526.81 | 4629.97 |
| 1984 | 0.41 | — | — | | | 0.41 |
| 1985 | 1.38 | — | — | 0.38 | 0.38 | 1.00 |
| 1986 | 1.96 | — | — | 1.11 | 1.11 | 0.85 |
| 1987 | 1.79 | — | — | 1.17 | 1.17 | 0.63 |
| 1988 | 3.81 | — | — | 2.04 | 2.04 | 1.77 |
| 1989 | 4.57 | — | — | 3.04 | 3.04 | 1.53 |
| 1990 | 3.06 | — | — | 2.37 | 2.37 | 0.69 |
| 1991 | 2.68 | — | — | 2.13 | 2.13 | 0.55 |
| 1992 | 5.69 | 1.37 | 4.32 | 4.32 | 4.32 | 1.37 |
| 1993 | 17.60 | 4.15 | 13.45 | 13.45 | 13.45 | 4.15 |
| 1994 | 27.74 | 5.32 | 22.42 | 22.42 | 22.42 | 5.32 |
| 1995 | 39.00 | 12.79 | 26.21 | 26.21 | 26.21 | 12.79 |
| 1996 | 38.28 | 9.16 | 29.12 | 29.12 | 29.12 | 9.16 |
| 1997 | 37.43 | 7.13 | 30.30 | 30.30 | 30.30 | 7.13 |
| 1998 | 63.38 | 6.93 | 56.45 | 56.45 | 56.45 | 6.93 |
| 1999 | 33.49 | 4.60 | 28.89 | 28.89 | 28.89 | 4.60 |
| 2000 | 23.64 | 9.40 | 14.24 | 14.24 | 14.24 | 9.40 |
| 2001 | 28.29 | 9.42 | 18.87 | 18.87 | 18.87 | 9.42 |
| 2002 | 58.23 | 18.28 | 39.95 | 39.95 | 39.95 | 18.28 |
| 2003 | 90.18 | 47.36 | 42.82 | 42.82 | 42.82 | 47.36 |
| 2004 | 99.75 | 46.77 | 52.98 | 52.98 | 52.98 | 46.77 |
| 2005 | 127.74 | 42.30 | 85.44 | 81.40 | 81.40 | 46.34 |
| 2006 | 133.00 | 40.59 | 92.41 | 84.00 | 84.00 | 49.00 |
| 2007 | 163.07 | 61.36 | 101.71 | 84.60 | 84.60 | 78.47 |
| 2008 | 213.55 | 76.29 | 137.26 | 97.30 | 97.30 | 116.25 |
| 2009 | 264.58 | 101.22 | 163.36 | 109.40 | 109.40 | 155.18 |
| 2010 | 317.81 | 107.41 | 210.40 | 128.60 | 128.60 | 189.21 |
| 2011 | 365.48 | 112.02 | 253.46 | 148.80 | 148.80 | 216.68 |
| 2012 | 458.08 | 130.16 | 327.92 | 165.30 | 165.30 | 292.78 |
| 2013 | 559.83 | 160.06 | 399.77 | 175.80 | 175.80 | 384.03 |
| 2014 | 578.58 | 165.58 | 413.00 | 172.30 | 172.30 | 406.28 |
| 2015 | 674.27 | 133.63 | 540.64 | 155.96 | 155.96 | 518.31 |
| 2016 | 723.49 | 164.66 | 558.83 | 150.50 | 150.50 | 573.00 |
| 2017 | 956.87 | 204.02 | 752.84 | 233.53 | 233.53 | 723.33 |
| 2018 | 1038.07 | 293.40 | 744.67 | 347.07 | 347.07 | 691.00 |
| 2019 | 1274.32 | — | — | 343.23 | 343.21 | 923.22 |

## 2004—2018年广州开发区利用外资情况一览表

| 指　标 | 单位 | 2005年 | 2006年 | 2007年 | 2008年 | 2009年 | 2010年 | 2011年 | 2012年 | 2013年 | 2014年 | 2015年 | 2016年 | 2017年 | 2018年 | 2019年 |
|---|---|---|---|---|---|---|---|---|---|---|---|---|---|---|---|---|
| 一、项目数 | 个 | 183 | 197 | 143 | 115 | 109 | 99 | 117 | 79 | 97 | 63 | 63 | 77 | 112 | 173 | 166 |
| 1. 其中：合资企业 | 个 | 33 | 38 | 27 | 25 | 13 | 22 | 34 | 14 | 19 | 18 | 19 | 19 | 26 | 47 | 46 |
| 合作企业 | 个 | 11 | 3 | 4 | 3 | 2 | 1 | 0 | 1 | 1 | 0 | 1 | 0 | 0 | 2 | 1 |
| 独资企业 | 个 | 139 | 156 | 112 | 87 | 93 | 76 | 83 | 64 | 77 | 45 | 43 | 56 | 82 | 123 | 119 |
| 外商投资股份制 | 个 | — | — | 0 | 0 | 1 | 0 | 0 | 0 | 0 | 0 | 0 | 2 | 4 | 1 | 0 |
| 2. 其中：1千万美元以上 | 个 | 89 | 95 | 109 | 75 | 68 | 55 | 68 | 48 | 58 | 35 | 29 | 22 | 30 | 43 | 44 |
| 5千万美元以上 | 个 | 9 | 14 | 24 | 27 | 28 | 16 | 27 | 24 | 34 | 16 | 14 | 12 | 12 | 13 | 12 |
| 1亿美元以上 | 个 | 1 | 1 | 2 | 2 | 1 | 1 | 4 | 4 | 8 | 7 | 3 | 7 | 7 | 8 | 5 |
| 3. 其中：工业项目 | 个 | 116 | 135 | 102 | 58 | 61 | 1 | 46 | 61 | 46 | 25 | 24 | 3 | 16 | 17 | 22 |
| 二、合同利用外资 | 万美元 | 135401 | 182575 | 224676 | 233269 | 201627 | 129596 | 175243 | 210000 | 220627 | 231548 | 99413 | 405124 | 216285 | 414493 | 200884 |
| 1. 其中：合资企业 | 万美元 | 11160 | 24388 | 26302 | 14084 | 18596 | 7249 | 54869 | 1756 | −13864 | 91277 | 3682 | 6712 | 53829 | 231226 | 48504 |
| 合作企业 | 万美元 | 2763 | 11360 | 4895 | 25069 | −12080 | 614 | 507 | 5520 | 4189 | 3244 | 686 | 3007 | 0 | −9355 | 11 |
| 独资企业 | 万美元 | 121478 | 146037 | 191810 | 184341 | 184521 | 119449 | 112486 | 202480 | 229367 | 137025 | 92748 | 35537 | 122296 | 148125 | 151078 |
| 外商投资股份制 | 万美元 | — | 790 | 1669 | 9775 | 10590 | 2284 | 7381 | 244 | 935 | 2 | −1704 | 359867 | 40160 | 44497 | 1291 |
| 2. 其中：1千万美元以上 | 万美元 | 121820 | 156979 | 197413 | 216745 | 226224 | 126481 | 196558 | 231377 | 227787 | 131770 | 68369 | 400947 | 224382 | 436855 | 220040 |
| 5千万美元以上 | 万美元 | 28038 | 59552 | 92200 | 150041 | 173335 | 74398 | 141277 | 194710 | 199136 | 110395 | 53791 | 388137 | 193883 | 374372 | 145544 |
| 1亿美元以上 | 万美元 | — | 5867 | 19200 | 18006 | 10555 | 19541 | 47898 | 105529 | 64893 | 73558 | 14528 | 380794 | 182883 | 335509 | 97929 |
| 3. 其中：工业项目 | 万美元 | 108584 | 151991 | 157246 | 118418 | 174805 | 72973 | 84153 | 124006 | 162569 | 163650 | 52256 | 32758 | 78805 | 235589 | 63765 |
| 三、实际使用外资 | 万美元 | 68106 | 79249 | 92736 | 103445 | 116509 | 122597 | 111166 | 140063 | 149634 | 157376 | 108613 | 205990 | 221043 | 224705 | 228097 |
| 1. 其中：合资企业 | 万美元 | 12725 | 6495 | 9329 | 14363 | 9742 | 10198 | 11588 | 12603 | 57575 | 63010 | 24419 | 1231 | 9662 | 133519 | 125824 |
| 合作企业 | 万美元 | 676 | 6665 | 10430 | 6234 | 2602 | 5169 | 1465 | 40 | 5675 | 3276 | 4237 | 0 | 4060 | 0 | 0 |
| 独资企业 | 万美元 | 54705 | 66089 | 71928 | 82848 | 93835 | 97112 | 95315 | 125151 | 85445 | 91090 | 75572 | 12451 | 21930 | 41993 | 85378 |
| 外商投资股份制 | 万美元 | — | — | 1049 | 0 | 10330 | 10118 | 2798 | 2269 | 939 | 0 | 384 | 192307 | 185391 | 49193 | 16894 |
| 2. 其中：工业项目 | 万美元 | 59994 | 67690 | 67824 | 76027 | 74137 | 79256 | 81117 | 88247 | 78693 | 115796 | 68040 | 7570 | 18310 | 134341 | 127062 |

注：1. 不包括歇业、停业、终止和撤销的项目。
2. “其中超N千万美元以上”是指以投资总额超N千万美元以上的合同利用外资金额。

附录

# 黄埔区 广州开发区促进5G产业化发展办法

（2019年7月5日）

第一条 为大力促进5G发展，推进5G网络建设和应用创新，培育孵化5G产业集群，结合《“十三五”国家信息化规划》（国发〔2016〕73号）、《国家信息化发展战略纲要》（国发〔2016〕73号）、《广东省信息基础设施建设三年行动计划（2018－2020年）》（粤府办〔2018〕14号）、《广东省加快5G产业发展行动计划（2019—2022年）》（粤办函〔2019〕108号）等相关文件，结合我区加快下一代信息基础设施建设，推动5G及下一代信息技术产业赋能实体经济的定位，制定本办法。

第二条 本办法适用于工商注册地、税务征管关系及统计关系在广州市黄埔区、广州开发区及其受托管理和下辖园区（以下简称本区）范围内，有健全的财务制度、具有独立法人资格且承诺10年内注册及办公地址不迁离本区、不改变在本区的纳税义务、不减少注册资本的5G企业或机构。若被扶持企业或机构违反承诺，将追回已发放的扶持金。

第三条 【鼓励5G核心环节突破】鼓励发展砷化镓、氮化镓等化合物半导体和光交换、基带、中高射频、图像处理等5G高端芯片及元器件，鼓励发展基于5G技术的智能手机、可穿戴设备、虚拟现实/增强现实（VR/AR）等终端产品。对新设立或新迁入本区5G及下一代通信芯片模组、高端元器件、5G新型行业终端（含4K/8K终端、智能可穿戴设备、无人机/车/船）的企业或机构，实缴注册资本1000万元以上的，按实缴注册资本的5%给予培育奖励，每家企业或机构累计奖励最高不超过300万元。在培育奖励的基础上，一次性给予30万元技术人才引进补贴。

第四条 【鼓励5G企业做大做强】发展产值过亿的5G及下一代信息技术龙头企业，分类培育5G新型智能硬件、5G小型化基站设备、5G基站天线设备、5G高频元器件、5G网络产品等细分领域的骨干企业，形成融通发展的良好局面。针对主营业务为5G的企业或机构，年度营业收入首次达到1亿元、5亿元、10亿元的，按照其对本区地方经济发展贡献的10%予以奖励，同一企业按差额补足方式最高奖励200万元。本年度营业收入达到1000万元，且5G业务收入同比增长100%以上的5G企业或机构，按照其研发投入或对本区地方经济发展贡献的10%予以奖励，最高不超过200万元。

第五条 【支持5G应用示范推广】鼓励区内行业龙头企业、电信运营商、5G及下一代信息技术企业联合开展5G应用示范，打造国家级5G应用示范区。每年竞争性评选10至15个5G应用示范项目，按项目投入的30%给予补贴，每个项目最高补贴不超过500万元。其中，每年评选“5G＋智能制造”应用示范项目不少于5个，每年评选港澳企业参与的5G应用示范项目5个。

第六条 【鼓励5G产业联动发展】鼓励运营商为区内规模以上工业企业核心生产区域实施5G室内网络覆盖。当年覆盖20家及以上规模以上工业企业的运营商，按每新覆盖1家给予5万元奖励，每年每家运营

○编辑 田丽华 钟欢

商奖励累计最高不超过200万元。

对本区企业生产的小微基站、高端光通信产品、网络产品等5G及下一代信息技术核心设备年销售额首次达到1亿元以上的，给予200万元的一次性奖励。

第七条 【支持打造5G示范园区】推进5G众创空间、孵化器、加速器等公共平台建设，支持区内龙头骨干企业联合上下游企业、高校、科研院所，面向制造业建设5G成果转化基地（中心）。对我区认定的5G众创空间、孵化器、加速器、5G成果转化基地（中心），自认定起连续3年，给予每年50万元的运营补贴。鼓励多方合作重点发展5G基础材料、通信设备及智能终端制造及5G融合应用，打造5G产业园。自认定起连续3年，给予最高200万元的园区运营补贴。

引进5家及以上5G企业或机构的5G众创空间、孵化器、加速器、5G成果转化基地（中心）和引进10家及以上的5G企业或机构的5G产业园，按每新引进1家给予5万元奖励，每年累计奖励最高不超过100万元。

5G企业或机构入驻本区5G众创空间、孵化器、加速器、5G成果转化基地（中心）和5G产业园，租用办公用房且自用的，自租用办公用房起3年内，每年每家企业给予最高1000平方米且最高60万元的租金补贴；并一次性给予30%的装修费用补贴，最高补贴100万。

第八条 【支持建设5G创新平台】鼓励本区5G及下一代信息技术企业或机构联合国家级研究机构、行业龙头企业、国内外重点院校共同成立5G创新中心和5G实验室。经国家部门单独或联合认定的5G创新中心和5G实验室，采用后补助的方式给予500万元资助。经省级部门单独或联合认定的5G创新中心和5G实验室，采用后补助的方式给予300万元资助。

第九条 【优化5G产业发展环境】对5G企业通过商业银行或者融资担保的方式获得的银行贷款，给予贷款利息及担保费用全额补贴，每年每家企业最高补贴金额50万元，补贴期限3年。对首次获得风险投资机构投资的种子期、初创期的5G企业，按实际获得投资额的10%给予奖励，每家企业最高奖励100万元。

鼓励企业或机构在我区举办国际级或国家级5G产业峰会、重大论坛、创新大赛等活动，经认定备案，每个活动补助最高不超过100万元。

第十条 【重大项目奖励】对带动性强、地方经济贡献大的重大5G产业项目，经区政府、管委会同意，另行予以重点扶持。

符合本办法规定的同一项目、同一事项同时符合本区其他扶持政策规定（含上级部门要求区里配套或负担资金的政策规定）的，按照从高不重复的原则予以支持，另有规定的除外。获得奖励的涉税支出由企业或个人承担。本办法从公布之日起实施，有效期3年。有效期届满或有关法律政策依据变化，将根据实施情况予以评估修订。

# 黄埔区 广州开发区促进工业互联网产业发展办法

（2019年6月4日）

第一条 为深入贯彻党的十九大关于“加快建设制造强国，加快发展先进制造业，推动互联网、大数据、人工智能和实体经济深度融合”战略部署，落实《国务院关于深化“互联网+先进制造业”发展工业互联网的指导意见》（国发〔2017〕50号）、《广东省人民政府关于印发广东省深化“互联网+先进制造业”发展工业互联网实施方案及配套政策措施的通知》（粤府〔2018〕23号）、《广东省经济和信息化委员会、广州市人民政府、广州开发区管理委员会共建广东省工业互联网产业示范基地战略合作协议》内容，大力推动我区工业互联网产业发展，推动全产业链条要素整合优化和产业生态体系重构，全面促进制造业向数字化网络化智能化服务化转型升级，为全省工业互联网发展提供试点经验和示范引领，结合我区实际，制定本办法。

第二条 【适用范围】本办法适用于工商注册地、税务征管关系及统计关系在广州市黄埔区、广州开发区及其受托管理和下辖园区（以下简称本区）范围内，有健全的财务制度、具有独立法人资格、实行独立核算的工业制造业企业、工业互联网服务商或机构，且承诺10年内注册地址及办公地址不迁离本区、不改变在本区的纳税义务、不变更在本区的统计关系、不减少注册资本。若被扶持企业或机构违反承诺，将追回已经发放的扶持金。

第三条 【支持产业资源集聚发展】对新落户本区的工业互联网服务商，实缴注册资本达到500万元以上、1000万元以上、2000万元以上的，分别给予最高50万元、最高100万元、最高200万元奖励。

第四条 【加快数字化升级改造】开展工业设备上平台“领跑者”计划。鼓励通过标准通信接口、协议转换、传感设备、边缘计算等采集方式实现生产过程设备、智能装备产品数据在平台上汇集，开展设备数字化管理、设备在线故障诊断、预测性维护、产能提升、节能降耗、质量管理等分析应用。对于“上平台”的生产过程设备、智能装备产品，按照每台（套）“上平台”设备给予最高2000元全额补贴，单个企业每年补助不超过10万元。

开展中小企业核心业务上云“加速”计划。降低中小型工业企业工业软件工具使用成本，围绕企业关注的成本、效率、品质等问题，加快中小企业工业互联网应用普及，对使用云化工业软件及工具的中小型工业企业，按其使用云化工业软件的实际费用及配套工具采购费用的50%给予补贴，单个企业每年补助不超过20万元。

开展工业互联网标杆品牌计划。支持本区工业企业以降本、提质、增效为目标开展工业互联网应用，打造互联工厂和全透明数字车间，形成智能化生产、网络化协同、个性化定制和服务化延伸等应用模式。对工业企业在研发设计、生产制造、经营管理、物流配送、售后服务、节能减排、安全生产等环节实施工业互联网集成应用，经评定，应用效果明显、具有标杆示范意义的，按照不超过项目总投入金额的30%给予补贴，每家企业补贴最高不超过300万元。鼓励区内港资、澳资工业互联网服务商发挥技术优势积极参与工业互联网标杆项目建设，每年打造5个“港澳工业互联网应用示范标杆”。

第五条 【推进网络基础设施建设】支持本区工业企业探索基于标识解析的供应链管理、工厂内物流、关键产品追溯、个性化定制、全生命周期管理等转型升级，对开展工业互联网标识解析创新应用的企业给予一次性最高150万元补贴，补助比例不超过项目总投资的30%。对参与建设工业互联网标识解析二级节点并取得良好应用效果的工业企业、工业互联网服务商、工业互联网协会或联盟按参与投资额30%给予补贴，最高不超过300万元。

第六条 【培育协同共赢平台体系】支持基于自主可控工业操作系统的工业互联网平台建设及推广应用，加快工业大数据系统、工业数据建模和分析、工业微服务框架、边缘计算、人工智能算法库、开发工具和组件库等平台关键技术研发。对安全稳定、资源丰富、服务完善、创新活跃且取得良好应用效果的跨行业跨领域工业互联网平台，给予最高500万元平台建设费用，补助不超过平台建设总投入的30%。

支持面向汽车、航空航天、石油化工、机械制造、电子信息、生物医药、船舶制造、定制家居、能源等行业升级需求建设行业级工业互联网平台，对具备特色功能并取得良好应用效果的特定行业工业互联网平台，给予最高300万元平台建设费用，补助不超过平台建设总投入的30%。

支持工业互联网服务商做大做强，鼓励其在制造业网络化、数字化、智能化改造中开展的5G、人工智能、大数据、区块链等新兴技术融合应用上自主创新，对纳入“广东省工业互联网产业生态供给资源池”的平台服务商和解决方案商，给予累计最高180万元核心产品研发费用。

第七条 【强化产业生态支撑能力】鼓励服务商面向区内企业提供工业互联网应用评估或解决方案测试，对区内企业使用经本区认定的工业互联网服务商的评估类、测试类产品或服务，给予产品或服务费用的30%补贴，单个企业每年补助不超过15万元。

鼓励企业将自主创新技术形成工业互联网技术标准，对牵头制定工业互联网国际、国家、行业和地方标准（规范）的企业、单位，在标准（规范）公告并执行后分别给予100万元、50万元、30万元和10万元奖励，年度累计最高不超过100万元。

第八条 【鼓励关键技术创新应用】培育基于研发设计、生产制造、运营维护和经营管理等制造业关键业务环节的重点需求的安全可靠、基础共性、行业通用的新型工业互联网APP，形成一批与行业特点紧密结合的工业互联网解决方案，对具有行业竞争力的高价值、高质量的工业APP最高给予300万元补助。

第九条 【提升信息安全防护能力】提高工业物联网系统、工业控制系统、工业应用系统等领域的自主可控信息安全防护能力，支持攻击防护、漏洞挖掘、入侵发现、态势感知、安全审计、安全可信工业用芯片、自主可控工业控制服务器、自主可控工业操作系统等工业信息安全技术、产品研发与应用推广，对通过安全评估且投入市场的工业信息安全产品给予最高200万元的产品和技术推广费用。

第十条 符合本办法规定的同一项目、同一事项同时符合本区其他扶持政策规定（含上级部门要求区里配套或负担资金的政策规定）的，按照从高不重复的原则予以支持，另有规定的除外。获得奖励的涉税支出由企业或个人承担。本办法从公布之日起实施，有效期3年。有效期届满或有关法律政策依据变化，将根据实施情况予以评估修订。

# 黄埔区　广州开发区人才住房建设和使用办法（试行）

（2019年5月10日）

## 第一章　总则

第一条　为全面贯彻落实人才优先发展战略和创新驱动发展战略，牢固树立“发展是第一要务，人才是第一资源，创新是第一动力”的理念，坚持因地制宜、多措并举，营造高品质的创新创造创业环境，提升“上管老、下管小”服务品牌，完善具有黄埔特色的人才生态链，根据《广州市黄埔区 广州开发区聚集“黄埔人才”实施办法》（埔开管办〔2017〕23号），结合黄埔区、广州开发区（以下简称“本区”）实际，制定本办法。

第二条　本办法所称人才住房是指面向黄埔区广州开发区范围内符合条件的人才给予财政补贴的住房，包括高层次人才住房及基础性人才住房。

高层次人才是指经区人才工作领导小组认定的杰出人才、优秀人才、精英人才、名校（园）长、名教师、优秀医学专家、黄埔工匠。

基础性人才指全日制本科及以上学历和学士及以上学位（含教育部认可的境外高等院校毕业的归国留学人员），或具有中级及以上职称，或国家职业资格二级及以上技能等级的人才，以及经区人力资源和社会保障部门评选的企业中高级管理人员和技术骨干。

第三条　区住房和建设部门负责人才住房的政策制定、政策指导、编制年度建设计划、资金预算，以及建设、筹集认定、分配、管理等工作；或委托实施机构负责人才住房的建设、筹集、分配、管理等工作。

区人才主管部门以及发展改革、经济和信息化、科技、财政、人力资源和社会保障、国土规划、国资、统计、知识产权、城市更新等部门，应当在各自的职责范围内做好人才住房相关工作。

## 第二章　筹集与建设

第四条　人才住房可以通过购买、租赁市场房源，接管、盘活政府存量房源，也可以通过配套建设、集中新建等方式筹集、建设。鼓励采取政府与社会资本合作等方式建设人才住房。鼓励用人单位等社会力量通过直接投资、间接投资、参股等方式参与人才住房建设、筹集、运营和管理。

第五条　筹集方式

（一）盘活国有存量住房。将现有空置并符合使用条件的存量政府公有住房、国有企业物业等房源划转作人才住房使用。

（二）划转剩余的拆迁安置房。将满足征地拆迁、城市更新项目安置需要后剩余的安置房源转作人才住房使用。

（三）移交配建的人才住房。将年度招拍挂出让的普通商品住宅用地、城市更新项目公开出让地块等房地产开发项目配建的人才住房，根据土地出让合同约定移交，项目配建比例按市、区有关规定执行。

（四）改造市场房源。将收购、租赁符合条件的市场房源转作人才住房使用。

（五）认定市场房源。结合人才住房筹集情况，可将符合使用条件的市场房源认定为人才住房使用。

第六条　建设方式

（一）加大对人才住房建设用地支持力度，每年给予新增建设用地指标倾斜，并提前1年以上入库储备，按照公共租赁住房建设用地政策执行，采取划拨或公开出让方式供地。项目规划选址应考虑职住平衡等因素，优先选择城市轨道交通相对便利、产业布局相对集中、公共配套相对完善的区域。

（二）鼓励用人单位利用符合城乡规划和土地利用总体规划的自有存量土地、集体建设用地、留用地，自行或合作开发建设人才住房，提高土地资源利用效率，经批准认定的直接列入人才住房建设计划。

（三）人才住房以满足不同层次人才居住需求为原则。新建人才住房应设置多种户型，一般不超过150平方米。

（四）人才住房应满足入住条件和具备必要的生活设施设备，并同步配套教育、医疗、交通等公共设施。

第七条　区财政每年安排不低于土地出让净收益10%的资金，用于人才住房建设及保障性住房建设。每年安排人才住房租金补贴专项资金，用于不同层次人才的租金补贴。

## 第三章 申请规定

第八条 高层次人才、高层次人才父母或配偶父母，以个人（家庭）方式申请租赁人才住房。基础性人才以单位整体租赁方式申请租赁人才住房。整体租赁对象为工商注册地、税务征管关系及统计关系在黄埔区广州开发区范围内高新技术企业、本区地方经济发展贡献前 100 强企业等重点企业、省级以上研发机构，以及政府公共服务部门或批准的其他单位。

第九条 高层次人才住房申请规定

（一）高层次人才自住住房

1. 符合条件的高层次人才可申请一套不超过 150 平方米、最长 5 年 100% 租金补贴的自住住房。

2. 申请人本人及其配偶、未成年子女在广州市黄埔区无自有产权房，且当前未享受广州市级人才公寓、公共租赁住房等优惠政策。

3. 诺贝尔奖获得者、院士等人才的人才住房，经区政府、管委会同意，另行予以安排。

（二）高层次人才父母或配偶父母自住住房

1. 符合条件的高层次人才可为其父母或配偶父母申请一套不超过 120 平方米、最长 5 年 50% 租金补贴的自住住房。

2. 申请人父母或配偶父母在广州市黄埔区无自有产权住房，且当前未享受广州市级人才公寓、公共租赁住房等优惠政策。

第十条 基础性人才住房申请规定

（一）符合条件的基础性人才可申请一套不超过 90 平方米、最长 2 年 50% 租金补贴的自住住房。

（二）申请人本人及其配偶、未成年子女在广州市黄埔区无自有产权住房，且当前未享受广州市级人才公寓、公共租赁住房等优惠政策。

第十一条 其他申请规定

（一）符合条件的人才仅能申请 1 套自住住房；夫妻双方均符合申请条件的，原则上以家庭为单位申请 1 套自住住房，申请面积不超过每名申请人应享受面积累加值的 80%，最大不得超过 150 平方米，夫妻双方可享受的租金补贴不能累加；夫妻双方均属于高层次人才，每人均可申请 1 套父母住房，申请面积不能累加。

（二）每年向民营企业、中小企业人才倾斜供应不少于 30% 的人才住房，当供应量大于申请量时，可向其他类别符合条件的单位进行分配。

第十二条 申请人不得同时享受人才住房以及广州市黄埔区、广州开发区有关安家费、住房补贴等政策。本办法实施前正在享受安家费、住房补贴等，申请人才住房的，应当扣减相应租金补贴或缩短租赁年限。

第十三条 人才住房的分配程序

（一）申请登记。符合条件的申请人或单位按规定在人才住房租赁管理平台提交申请，并选择意向房源。

（二）资格审核。申请受理后，由区住房和建设部门（或其委托的实施机构）会同有关职能部门对申请人或单位提交的资料进行审核，确定准入资格。

（三）统筹配租。区住房和建设部门（或其委托的实施机构）根据房源情况及申请人或单位意愿，进行统筹配租。

（四）签约入住。选房结果予以公示 5 个工作日，无异议的，由人才住房权属单位与申请人或单位签订租赁合同，办理有关入住手续。当住房权属单位与管理单位分离时，由人才住房权属单位、区住房和建设部门（或其委托的实施机构）与申请人或单位签订租赁合同。

（五）缴交租金。承租对象在签订租赁合同的同时缴交首月租金及双倍月租金保证金。以用人单位作为申请主体申请租赁的，租金由用人单位统一缴交。

（六）租金补贴。缴满一年租金的承租对象，凭一年的交款明细（或发票）、租赁合同、人才的社保或个税缴纳证明，前往区政务服务中心政策兑现窗口申请相应比例的租金补贴返还。缴交租金不满一年退租的，结清租金后，于合同解除后的一年有效期内凭缴款明细（或发票）、租赁合同、人才的社保或个税缴纳证明，前往区政务服务中心政策兑现窗口申请相应比例的租金补贴返还。

## 第四章 管理与监督

第十四条 人才住房租金以建筑面积计算，具体租金标准每年由区住房和建设、发展改革、国土规划、人力资源和社会保障等职能部门，会同人才住房权属单位、委托实施机构，参照同区域、同品质、同类型住房的市场租金形成价格方案，提交区政府、管委会研究确定。

第十五条 承租对象应按时支付租金和房屋使用过程中发生的水、电、燃气、网络、有线电视、物业服务等其他费用。

第十六条 租赁合同应载明房屋的基本情况、租金标准、租金收取方式、租赁期限、使用管理、合同解除、违约责任以及双方权利义务等。

第十七条 承租对象不得转借、转租、闲置，不得擅自改变房屋结构和房屋用途，不得擅自对房屋进行装修，不得用于从事其他经营活动，否则由区住房和建设部门（或其委托的实施机构）追缴不当得利并收回住房。因使用不当造成房屋或者附属设施损坏的，应当负责维修或者赔偿。

第十八条　承租对象有下列情形之一的，终止其租赁合同并收回已配租的住房：

（一）不在黄埔区开发区工作或不在申请单位工作的；

（二）实际居住人及其配偶、未成年子女在广州市黄埔区拥有自有产权住房的；

（三）实际居住人及其配偶在广州市黄埔区内通过其他方式自行解决住房的；

（四）改变人才住房用途的；

（五）破坏或者擅自装修人才住房，拒不恢复原状的；

（六）未按约定缴纳租金等应缴纳费用的，或者无正当理由连续1个月以上闲置人才住房；

（七）人才认定资格被撤销的；

（八）因犯罪受到刑事处罚的；

（九）违反其他相关规定或租赁合同约定的。

第十九条　租赁合同期满或出现终止合同情形的，承租对象应当主动腾退住房。因特殊情况确需续租的，应当提前3个月提出申请，经审核同意后，按照同区域、同品质、同类型住房的市场租金价格缴纳租金。

第二十条　区住房和建设部门对弄虚作假的个人和用人单位，立即收回人才住房并追缴违规享受的租金补贴，5年内不再受理其申请；对涉嫌违法犯罪的，依法移送司法机关处理；对人才住房相关单位工作人员滥用职权、玩忽职守、徇私舞弊的，依法依规追究责任。

第二十一条　区住房和建设部门（或其委托的实施机构）应建立黄埔区开发区人才住房租赁管理信息库，实时、动态掌握人才住房房源、租赁比例、后期管理等情况，实现本区人才的身份、户籍、婚姻、家庭、社会保险、住房情况等信息共享，逐步实现人才住房网上申请、受理、查询、公示、投诉、监督等功能。

第二十二条　区本级用于单位整体租赁的人才住房应按照“供需匹配、动态调整”的原则，区住房和建设部门（或其委托的实施机构）可以根据分配方案实施、承租对象分租、租金缴纳等情况，动态调整人才住房分配方案，提高人才住房使用效率。

## 第五章 附则

第二十三条　符合市、区人才住房优惠政策规定的，按照从高不重复的原则予以支持，另有规定的除外。本办法从公布之日起实施，试行1年。试行期满或有关法律政策依据变化，将根据实施情况予以评估修订。

第二十四条　本办法涉及的租金补贴兑现采用“一门受理、内部流程、集成服务、限时办结”政策兑现办理模式。区政策研究室负责形式审核和跟踪督办，区住房和建设部门（或其委托的实施机构）负责实质审核。对审核通过的租金补贴申请，由区住房和建设部门按程序进行资金拨付。

# 索引

○编辑 田丽华

## 说明

1. 本索引采用条目标题分析方法，按标题的首字拼音顺序排列。
2. 索引款目后数字表示内容所在的页码，数字后的英文字母（a、b、c）表示版面栏别（1、2、3栏）。
3. 同一主题内容在文中多处出现时，其款目后用多个页码标明。
4. 特载、大事记、附录及个别条目未列入主题索引。
5. 首字为数字、英文字母的条目排序置前。

## 主题索引

## C

D

E



F



G

H

J

K



L

M



N

## P



## Q

R



S

T



W

## X



## Y

Z